盐城市交通运输年鉴

（2011～2015）

盐城市交通运输年鉴编纂委员会编

图书在版编目(CIP)数据

盐城市交通运输年鉴. 2011-2015 / 盐城市交通运输年鉴编纂委员会编. -- 北京：方志出版社，2018.9
ISBN 978-7-5144-3261-9

Ⅰ. ①盐… Ⅱ. ①盐… Ⅲ. ①交通运输业 - 盐城 - 2011-2015- 年鉴 Ⅳ. ①F512.753-54

中国版本图书馆 CIP 数据核字(2018)第 214552 号

盐城市交通运输年鉴(2011—2015)

编　　者：盐城市交通运输年鉴编纂委员会
责任编辑：范　静

出 版 人：冀祥德
出 版 者：方志出版社
地址　北京市朝阳区潘家园东里 9 号(国家方志馆 4 层)
邮编　100021
网址　http://www.fzph.org
发　　行：方志出版社图书经销中心
电话(010)67110500
经　　销：各地新华书店
印　　刷：盐城志坤印刷有限公司

开　　本：889×1194　1/16
印　　张：38.5
字　　数：988 千字
版　　次：2018 年 9 月第 1 版　2018 年 9 月第 1 次印刷
印　　数：0001~2000 册

ISBN 978-7-5144-3261-9　定价：350.00 元

《盐城市交通运输年鉴》(2011—2015)
编纂委员会

《盐城市交通运输年鉴》（2011—2015）
编纂人员

主　　编　姜海昆

编　　辑　方仁和　李世航

资 料 员　（按姓氏笔划排列）

马智波	王永宁	王进军	王银忠	王仲林
王　帅	王　鑫	仇锦云	计小刚	边有成
孙宏连	孙良洲	刘　泉	刘俊华	成荣广
成建国	朱高峰	朱晶晶（女）	吉　荣	吉海蓉（女）
庄家磊	张静怡（女）	张兆发	张　晨	张　勤
许　莹（女）	严　俊	苏　华	吴文萍（女）	吴　荣
吴登成	陈　波	陈征涛	陈建国	陈柏森
周珊珊（女）	周鹏程	陆云林（女）	杨学梅（女）	杨岚亭
杨正中	孟薇薇（女）	周轶平	姜海涛	姜华中
殷　莺（女）	赵　君（女）	赵树海	赵　琼	赵志勇
胡俊良	徐海红（女）	徐竣江	徐　婧（女）	徐永刚
顾　枫	顾　佩	夏瑞慧（女）	唐伟东	郭春梅（女）
秦文龙	高小苏	曹　阳	曹　曙	曹正开
葛　浩	董亚洲	董胜卫	蔡红斌	蔡倩雯（女）
管加平	管　荣（女）	潘矜清	薛　俊	戴万林

序

《盐城市交通运输年鉴》(2011—2015)正式出版了,我谨表示热烈祝贺!

"十二五"期间,在市委、市政府坚强领导下,在省交通运输厅指导和大力支持下,盐城交通运输事业取得了巨大成绩。五年完成交通基础设施投资523.42亿元,比"十一五"增长82.04%。全市公路总里程近2万公里,实现了县县通高速;铁路建设进入"高铁时代";空港建设跻身区域中等机场行列;内河航运实现"通江达海接运河";沿海地区集疏运体系和"一港四区"协同发展的格局基本形成;镇村公交稳步推进,大市区率先实现城乡公交一体化"全覆盖";开工建设盐城市内环高架快速路网,一期工程——范公路北段于2015年9月正式通车;启动综合交通客运枢纽和指挥中心的规划建设;交通体制机制改革迈出了新步伐;从严治党取得了新进步。总之,这五年,是公、铁、水、空全面发展、运输能力显著增长的五年;是民生交通、智慧交通、安全交通、法治交通建设扎实推进的五年;是交通产业转型升级、交通运输服务保障能力大幅提升、群众获得感满意度倍增的五年;是交通改革创新、精神文明建设不断新拓展的五年。

《盐城市交通运输年鉴》(2011—2015)真实地记录了盐城交通运输业"十二五"期间的发展和变化,为我们今后提高科学决策和管理水平提供了借鉴,为社会各界了解盐城交通这一阶段的发展,为编纂第三轮《盐城市交通运输志》提供了宝贵的资料,是一部内容丰富、资料翔实的资料文献和交通运输业地情工具书。

全市"十三五"交通运输发展的宏伟蓝图已经绘就,高架快速路网二期工程、盐丰高速公路已于去年建成通车。盐城南洋机场新候机楼、盐连铁路也将于今年建成。盐通、盐徐高铁、市综合客运枢纽等一批重大项目正抓紧推进。交通"一张网"建设的任务繁重、责任重大、我们重任在肩,使命崇高,让我们更加紧密地团结在以习近平总书记为核心的党中央周围,在市委、市政府的领导下,进一步求真务实,开拓创新、奋发有为,为完成"十三五"交通运输发展目标任务,推进盐城现代综合交通运输体系建设,建设"强富美高"新盐城做出更大的贡献!

盐城市交通运输局局长、党委书记

盐城市铁路建设办公室主任

2017年2月

编辑说明

1.《盐城市交通运输年鉴》(2011—2015)以马克思列宁主义、毛泽东思想、邓小平理论、“三个代表”重要思想、科学发展观、习近平新时代中国特色社会主义思想为指导，坚持辨证唯物主义和历史唯物主义的立场、观点和方法，主要记述“十二五”期间盐城交通运输事业取得的成就，是一部交通运输行业的资料性文献，为了解和发展盐城交通事业提供信息和历史借鉴，为续编第三轮《盐城市交通运输志》积累资料。

2.本鉴由卷首、卷末和主体内容三大部分组成。卷首包括编纂委员会、编纂工作人员、序、编辑说明、图照。主体内容设特载、大事记、交通机构(单位)、交通基础设施建设、交通运输、交通管理和执法、党群工作、人物·荣誉、县(市、区)交通 9 编(相关编和类目设有专记)，类目 33 个、分目 72 个、条目 1135 个。各层次标题,目录和正文以不同字号或字体标识。文中条目标题使用与正文同号，黑体字并括以“【】”。卷末设附录，包括文件选编、交通论坛、媒体报道、统计资料。本鉴共有表格 108 幅、图 3 幅，在表格(图)的左上方统一编排表(图)序。

3.本鉴“人物·荣誉”编，“人物”部分集中收录市(厅)及以上劳动模范和五一劳动奖章获得者及受省(部)级及以上表彰的先进个人。其中对省(部)级及以上劳动模范和五一劳动奖章获得者逐一作人物简介，其余列表表示。“荣誉”部分以表格形式集中收录受市级及以上表彰的先进单位(集体)。

4.本鉴收录图照 769 幅，其中卷首照片 180 幅，条目插入图照 446 幅，各县(市、区)交通照片 127 幅，先进人物照片 16 幅。卷首照片包括各级领导考察调研检查指导交通工作、精神文明建设、交通行政执法与服务、交通运输、交通基础设施建设、农村公路与镇村公交，其中省市委、政府和相关部门领导考察调研、检查指导交通工作照片按先省后市、时任职务高低排列，同等职务按考察时间先后顺序排列。市交通运输局(市铁路建设办公室)、市港口管理局领导考察调研、检查汇报交通工作照片按部门分别排列，同等职务按时间先后顺序排列。为全面反映交通建设，部分卷首照片和条目插入照片时间下限延至 2016 年。

5.市内环高架快速路网工程建设情况时间下限延至 2016 年。

6.本鉴资料由全市交通运输系统各部门、各相关单位提供，并经单位负责人审核,同时采用《盐城交通》报相关资料。统计资料数据来源于盐城市交通运输局编制的《盐城市交通运输综合资料汇编》。本鉴封面照片为市内环高架快速路网潘黄枢纽(顾枫摄影)、封底照片为连盐铁路正在铺轨(王亚洲摄影)，其余照片摄影者除署名外，由交通各有关单位提供或源于《盐城交通》报。

一、省市委、政府和相关部门领导考察调研、检查指导交通工作

2015年2月10日，省委书记罗志军（前左三）考察连盐铁路工程

2011年10月，省长李学勇（右二）考察滨海港，听取港口情况汇报

2015年4月4日,省政协主席张连珍(左三)在建湖县考察交通建设工作

2011年8月16日,副省长史和平(右三)考察在建中的S234工程

2014年11月29日，省交通运输厅厅长游庆仲（左一）在盐城调研考察沿海开发推进工作

2015年7月21日，省交通运输厅党组书记、省铁路办主任刘广忠（前左二）考察连盐铁路跨苏北灌溉总渠和沿海高速公路特大桥工程

2013年10月29日，省民政厅厅长凌航（左三）到盐城交通技师学院考察调研

2010年4月，省交通运输厅副厅长李先友(左四)率督察组在滨海县公路养护应急处置中心督查养护工作

2012年5月28日，省交通运输厅副厅长王永安（左二)检查亭湖区交通安全工作

2013年8月22日，省交通运输厅副厅长王昌保（右二）到大丰港海洋监测预报中心调研

2014年10月15日，省总工会副主席曹海（左三）到盐城检查交通重点工程劳动竞赛情况

2015年2月10日，省交通运输厅副厅长梅正荣（左三）到盐城汽车客运站检查春运安全和生产工作

2015年4月21日—22日，省铁路办副主任丁军华（前左一）到盐调研铁路建设工作

2015年6月17日，省交通运输厅副厅长丁峰(左三)到盐城交通部门开展“三解三促”工作

2012年3月29日，出席市委常委扩大会议的领导现场听取大丰港区关于“打造亿吨大港，助推沿海开发”的发展情况介绍

2012年11月3日，市委书记、市人大常委会主任赵鹏(左二)考察亭湖大道东延上跨沈海高速公路接线工程

2013年10月1日，市长魏国强（左二）在市区新增250辆公交车启用仪式上要求，大力实施公交优先战略，让群众共享发展成果

2014年1月15日，市委书记、市人大常委会主任朱克江（左四）到中铁十局连盐铁路施工现场检查指导

2015年8月8日，市委书记、市人大常委会主任朱克江（前右二）考察内环高架快速路网工程，在车站枢纽工地慰问建设者

市委书记朱克江（前右二）、市长王荣平(左一)欢迎盐阜公路运输集团全国劳动模范沙惠林从北京载誉归来

2014年8月,市长王荣平(前右三)考察射阳港

2015年3月6日，市长王荣平(左二)检查盐丰高速公路建设情况

2015年5月4日，市长王荣平(右四)考察内环高架快速路网工程

2015年8月11日下午，市长王荣平(前右二)到盐城南洋机场现场查看改扩建工程

2015年4月7日，市政协主席李驰(前左三)考察内环高架快速路网工程、新洋港内河水上服务区项目及城市公共自行车项目的建设和运营情况

2012年1月10日，市政府常务副市长陈正邦在阜建高速公路奠基仪式上讲话

2012年1月10日，副市长丁建奇主持阜建高速公路奠基仪式

2013年7月25日，市人大常委会副主任、市总工会主席陈卫国（左一）带队慰问内环高架快速路网建设者

2013年10月12日，市政协副主席陈还堂(前左二)带领部分政协委员考察交通工程

2014年9月13日，副市长王荣(左二)与市交通运输局、市公安局等部门有关领导就范公路与世纪大道平交道口交通有关问题现场会办

2014年12月16日，市人大常委会副主任周德祥（左二)率部分省人大代表考察铁路建设工作

2015年6月30日，市四套班子老领导一行40人，考察内环高架快速路网工程一期工程范公路、市区城西水运物流网、盐邵线盐城水上服务区等重点交通工程

2015 年 7 月 16 日，市委常委、组织部长庄兆林（左三）带队慰问内环高架快速路网工程一线施工人员

二、市交通运输局（市铁路建设办公室）、市港口管理局领导考察调研、检查汇报交通工作

1、市交通运输局（市铁路建设办公室）

2015 年 1 月，市交通运输局局长、党委书记管亚光（前）在第九届交通文化艺术节闭幕式上致辞

2015 年 9 月 10 日，市交通运输局局长、党委书记管亚光（右二）带队督查内环高架快速路网建设情况

2015年9月28日，市交通运输局局长管亚光(前)出席2015年市政府为民办实事工程—环保科技城公交枢纽启用仪式并致辞

2015年5月18日，中铁第五勘察设计院就盐城至海安城际铁路东台段的线路及站场规划建设工作派员赴盐城市东台市考察调研。市交通运输局副局长、党委副书记、市铁路办主任潘进山(右三)参加调研

2014年5月21日，市交通运输局副局长薛华(右三)带队督查港口建设施工安全工作

2014年8月28日，市交通运输局副局长陈日晓(左二)带队赴临海高等级公路大丰服务区检查工程建设情况

2014年10月7日，市交通运输局副局长崔花(左一)向市长王荣平(前右二)汇报机场改扩建情况

2015年3月6日，市交通运输局副局长周忠(前右一)向市长王荣平(前左一)汇报阜建高速公路建设情况

2015年3月6日，市交通运输局副局长裴义婷（前左一）向市长王荣平（前右二）汇报盐丰高速公路建设情况

2015年6月6日，市交通运输局党委委员、市纪委派驻组组长赵明（右二）督查内环高架绿色施工情况

2015年11月4日，市交通运输局总工程师陈惠民（左三）陪同“全国环境保护模范城市”验收专家在内环高架工地检查

2013年4月26日上午10时，盐城至南京增开空调列车，市铁路建设办公室副主任王铮（中）主持新闻发布会

2014年10月15日，市铁路建设办公室副主任周正雄（右中）到连盐铁路施工单位调研

2015年6月18日，市铁路建设办公室副主任商颖（左二）在连盐铁路施工现场检查安全

2016年6月30日，市铁路建设办公室副主任杨华（右一）陪市领导踏勘徐宿淮盐铁路盐城段线路

2、市港口管理局

2012年7月6日，市港口管理局局长葛春宽（左三）考察大丰港区码头建设

2015年7月29日，市港口管理局局长戚太龙（前左二）考察响水港区

2012年5月2日，市港口管理局副局长赵飞(左三)深入基层开展进企服务活动，帮助联系农副产品销路

2013年9月3日，市港口管理局纪检组长王世法(左三)带队赴滨海港区开展“三走进三服务”活动

三、精神文明建设

2014年4月1日，为扎实推进全市交通系统群众路线教育实践活动，继承和发扬铁军精神，市交通运输局党委组织党委领导班子全体成员、局机关全体党员、市直交通系统科级以上党员干部等200余人参加祭扫五条岭革命烈士陵园活动，缅怀先烈，重温入党誓词

2014年12月4日，是首个国家宪法日，也是第十四个全国法治宣传日。全市交通系统深入开展以“弘扬宪法精神，建设法治交通”的“12·4”国家宪法日暨法治宣传日系统宣传活动。上图为集体诵读《宪法》下图为在维护宪法权威墙上签名

2015年5月15日，市交通运输局组织机关干部赴响水检察院警示教育中心接受“警钟长鸣催人醒，清正廉洁牢记心”廉政教育

每月20日为党员统一活动日，市局机关党委组织开展青年党员学习日活动。通过读书交流，开阔视野，增长知识，提高素质

2011年12月20日，在北京召开的“全国精神文明建设工作表彰大会”上，盐城民航站被中央精神文明建设指导委员会评为第三批全国文明单位，成为全国近200家中小支线机场中唯一获此殊荣的机场。图为盐城民航站站长崔花（前右）在接受奖牌

2015年4月，盐阜公路运输集团盐城汽车客运站“沙惠林服务班”班长沙惠林被中共中央、国务院授予“全国劳动模范”称号。2015年4月28日，市总工会、盐阜公路运输集团领导等热烈欢迎沙惠林（左四）载誉归来

2013年12月，盐阜公路运输集团东台公司出租车驾驶员曹荣杰(右一)被中华见义勇为基金会授予“全国见义勇为英雄司机”荣誉称号。盐城市委常委、东台市委书记张礼祥(左一)会见曹荣杰

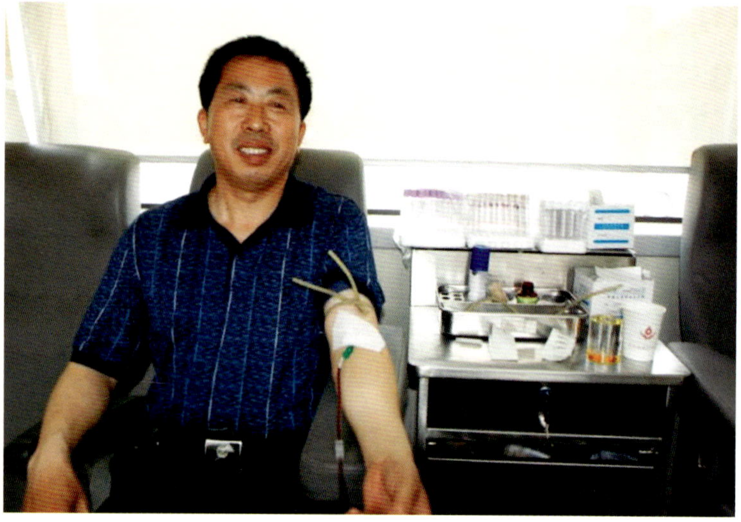

2006—2015年，东台市乡镇交管所交管员翟怀宇无偿献血100余次，4次获得全国无偿献血奉献奖金奖

2015年春节期间，96196交通服务热线人员帮公共自行车服务公司整理共用单车

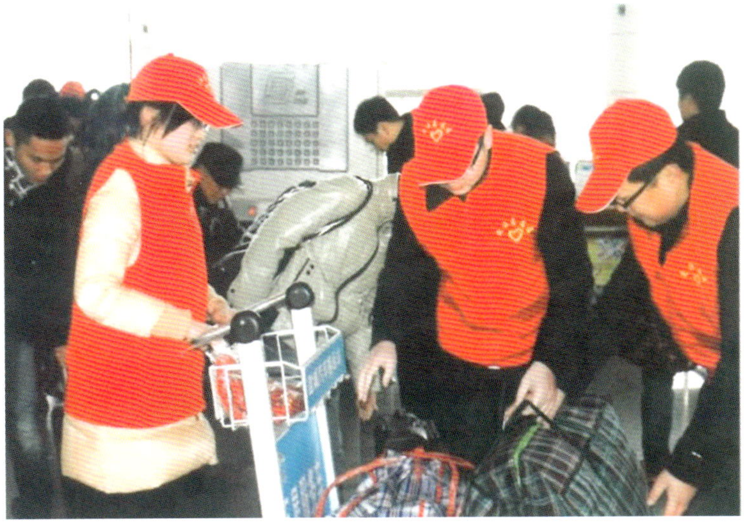

2013年3月，市运管处志愿者服务队一行15人在盐城汽车客运站开展“服务农民工助力出行”活动，用实际行动学习雷锋，诠释雷锋精神。其间共为旅客运送行李32次，导乘2次，帮助70多位旅客通过安检

2013年3月1日，市地方海事局开展“手拉手，捡回一个希望，还母亲河一片绿色”系列活动。图为青年志愿者在通榆河、新洋港市河段打捞水中污染物和垃圾，并发放环保宣传材料

天津市滨海新区特大爆炸事故发生后，市交通运输局机关党委联合局团委共同开展“心系灾区，无偿献血”活动。市局机关及公路处、航道处、运管处、公交公司等市交通单位80名党员干部踊跃献血20600毫升

2013 年 7 月 5 日，市交通运输系统“微爱传递·助 Ta 园梦”爱心结对助学行动在市交通大厦一楼大厅举行。局机关党员干部、青年职工纷纷参加爱心捐助，现场募得园梦善款 30000 元，爱心包裹资金 5700 元

2015 年 4 月，市交通运输局组织“相约缨花园、共建生态城”交通绿色环保志愿者公益活动。大家进园区帮助捡垃圾，向游客宣传文明旅游保护环境的知识，用个人的一份努力妆点绿色美丽盐城

2015 年中考高考期间，全市出租车行业开展“爱心送考”志愿服务活动

2014年5月24日，在第65个“国际儿童节”来临之际，市航道管理处组织青年志愿者前往市儿童福利院，看望孤残儿童，慰问老师员工，并送去节日的祝福和慰问金

2014年“六一”儿童节前夕，市地方海事局干部职工代表一行4人到阜宁县新沟镇合力村，向16名贫困留守儿童赠送16份书籍和学习用品，引导留守儿童建立良好的学习习惯

2014年5月30日，市交通志愿者与交通企业困难职工家庭30名儿童开展“少儿手拉手，幸福大交通”结对帮扶活动

2014 年“六一”儿童节来临之际，公路、民航志愿者到福利院看望儿童，带去防蚊虫用品、婴儿洗浴、尿不湿、纸巾等日常用品

凝聚青春力量，展示交通风采。96196 盐城交通热线全体话务人员参加 2014 年盐城团市委举办的“擦亮号牌树形象”集中服务月活动，详细介绍 96196 热线的服务流程。随着活动的展开，强化了为民服务意识，得到社会各界广泛好评

2015 年 5 月 13 日，射阳新纪汽车出租有限公司驾驶员夏国忠拾金不昧，归还失主，失主赠锦旗一面以表谢意

阜宁汽车站学雷锋小组为旅客服务

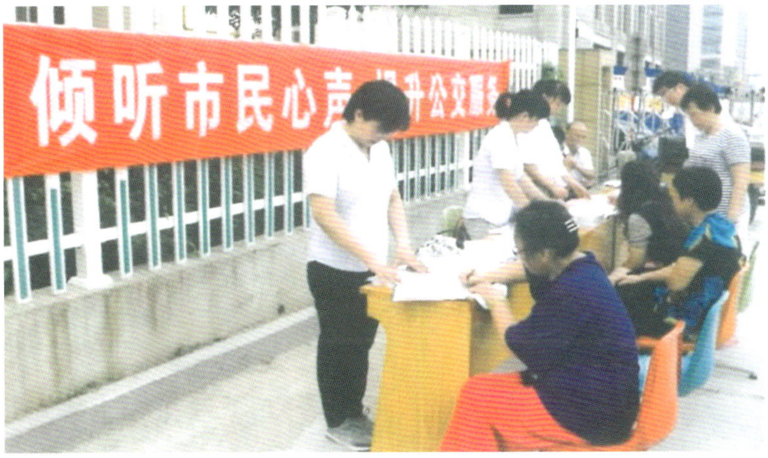

市公交总公司创新服务方式，倾心听取市民心声，提升行业形象

2014 年 9 月 6 日，市航道处党总支第二支部、盐都航道站、直属航道站党员放弃周末休息时间来到挂钩社区城西村进行义务劳动。在义务劳动过程中，认真倾听居民意见，对居民反映的生活设施上的问题，积极与社区联系，帮助协调解决，受到社区居民的好评

大丰航道站建立“水上流动书屋”，为船民送上精神食粮

四、交通行政执法与服务

盐都区交通执法人员上路检查车辆有关证件

射阳县交通执法人员上路检查超限车辆

东台交通运输综合行政执法人员依法查处窜线经营的客运班车，现场向乘客取证

2013年9月，市公路管理处路政执法人员设点进行法规宣传

2014年12月29日，市地方海事部门开展渡口安全检查

2014年3月27日，市地方海事部门开展水上加油站安全检查

市地方海事局巡航护航保水上交通安全畅通

2014 年 12 月 29 日，市地方海事部门执法人员登船检查船舶证书

航道部门上线巡航，保证航道畅通

市质监站执法人员对东台市交通工程检测中心进行执法专项检查

航道部门执法人员考试

全市交通系统执法人员会操

东台交通行政执法人员在街头集中宣传，接受业主政策法规咨询

航道执法人员向船民宣讲航道法规重点条规

航道志愿者服务船民到船头，邀请服务对象征询座谈

阴雨雾霾天气东台地方海事人员为运行船舶引航

2013年10月1日，建湖县地方海事处开展九龙口旅游区水上安全巡查活动

2014年5月1日，建湖地方海事处加大黄金周重点渡口渡船安全检查力度

2012年6月，响水县首创海事、船闸、水警联合办公服务模式

2012年9月25日，响水县交通运输局路政执法人员监督超限车辆卸载

五、交通运输

2015年，盐城南洋机场实现对外开辟直飞日韩港台等5条国际(地区)航线，对内直达北上广深等17个大城市空中通道，在飞航线22条，周航班量125班

2012 年 7 月 28 日，大丰港大件码头吊装大型风电设备，直接运销美国等海外市场，标志着该码头正式投入商业运营。码头安装一台单件最大起吊能力 500 吨的桅杆吊，年吊装能力可达 600 件以上，填补江苏中部沿海无大件进出通道的空白

2015 年 11 月，大丰港滚装码头通航，小轿车正在驶入滚装船船舱

2014 年 3 月 4 日，射阳港装卸盐城海运麦芽公司啤酒大麦原料

盐城火车站旅客有序排列上车

BRT（快速公交运输系统）试运营第一天乘客爆满

乘客在BRT（快速公交运输系统）站台等候乘车

市政协领导考察公共自行车项目

在公共自行车启用仪式上，市交通运输局党委书记、局长管亚光(左二)讲话

公共自行车启用仪式上，市政府和市交通运输局领导带头骑行，倡导绿色出行

通衢大道拉动旅游热。新226省道全面建成通车后，紧邻的大丰荷兰花海的游客量成爆发式增长，2014年游客接待量120万人次，2015年增至200万人次

六、交通基础设施建设

市内环高架快速路网“一环五射”工程总长57公里，总投资92亿元。先期实施的第一条射线——范公路北段（世纪大道至盐城北互通，包括北环路枢纽）全长13.6公里，总投资24亿元，由市公路管理处组织实施。2012年年底正式开工建设，2015年9月全面建成通车。图为“第一射”展现出的勃勃雄姿，无比壮美

市内环高架快速路网五星枢纽

市内环高架快速路网潘黄枢纽

市内环高架快速路网南环路高架串场河西段

连盐铁路跨沿海高速公路和苏北灌溉总渠特大桥施工现场。特大桥全长1.26万米，钻孔灌注桩3232根，共18.9万延米，设计墩台362个，为盐城境内最大最长桥梁

2014 年 3 月 13 日上午 10 点 30 分，由中铁十局施工的连盐铁路跨沿海高速和苏北灌溉总渠特大桥 51 号墩（位于盐城市滨海县东坎镇沙庄村境内）开始浇筑

正在建设中的连盐铁路（射阳段）施工现场

阜建高速公路嘎粮河大桥

阜建高速公路东益互通

阜建高速公路阜宁收费站

2013年10月,盐丰高速公路开工建设,2016年建成。图为盐丰高速公路大丰港主线收费站

盐丰高速公路步凤互通

盐丰高速公路主线

盐丰高速公路绿化

临海高等级公路与 S332 交汇处

2011 年 5 月建成的大丰港石化码头

2013 年 10 月建成的大丰港粮食集装箱码头

2013年10月1日，盐城港射阳港区万吨级航道通航。图为吊机在装卸货物

2015年3月，射阳港航道二期工程铺设软体排

2014年10月28日，盐城港滨海港区10万吨级通用码头开港试航，滨海由此打开东向出海的黄金通道，步入港海经济新时代。作为盐城特色产业港建设的新起点，10万吨级通用码头的通航，将为滨海港区后方腹地产业转型和进出口贸易提供更为便捷的物流服务，同时辐射淮河流域28万平方公里，成为拉动区域经济增长的蓝色引擎

2014 年 12 月建成的响水港双港作业区

整治前的刘大线航道(2009 年 12 月)

整治后的刘大线航道(2013 年 7 月)

连申线新灶桥南侧航道建成前(2013 年 4 月)

连申线新灶桥南侧航道建成后(2013 年 6 月)

整治后的连申线东台段三级航道及建成通车后的新灶大桥雄姿

2013 年 2 月建成的连申线安丰段风光带

2015 年 1 月建成的连申线东台水上服务区

G204与淮河入海水道滨海枢纽交汇场景(2012年9月建成)

2012年12月建成的刘庄船闸

2013年4月开工、2016年12月建成的滨海船闸全景

2013 年 5 月开工、2016 年 11 月建成的阜宁船闸通航

2014 年 1 月 1 日，盐城南洋机场扩建后的新机坪正式投入运行，机位由原来的 3 个增加到 8 个，其中近机位由原来的 1 个增加到 4 个

改扩建后的机场跑道，由 2200 米延长至 2800 米

盐城汽车客运北站,2009 年开工建设,2011 年 11 月投入运营,为二级汽车客运站

2012 年 5 月建成的一级汽车客运站—阜宁汽车客运站

2015 年 8 月 31 日,新建成的一级汽车客运站—东台汽车客运站投入试运营。图为车站正面

2016年10月建成的盐城市公交调度中心站

盐城市公交调度中心停保场二期工程站内面貌

盐城市公交调度中心停保场二期工程站外面貌

BRT(快速公交运输系统)站台

BRT(快速公交运输系统)站台

公共自行车车棚

公共自行车车棚

七、农村公路与镇村公交

大丰区对农村公路进行提档升级，3.5米宽的乡间小道拓宽到5米，大丰区50多个行政村200多公里村道，“十二五”期间实现了亮化工程。图为大丰区农村公路乡道Z243（新鼎线）。
（摄影：邱鹏）

2015年，东台市新建成的农村四级公路，并配齐了警告警示标志标牌

2013年，亭湖区便仓镇农路建设被评为全省农村公路示范工程

“十二五”期间，阜宁县委、县政府大力打造农村公路畅、洁、绿、美、安工程。图为已建成的羊寨镇农村公路羊于线(摄影:陈建波)

“增收之路”

大丰区南阳镇农村公路村道南恒线，70多岁的季兰英推着装满柿子的小车，走在平坦的农路上，准备运往销售点

(摄影:邱鹏)

“小康之路”

大丰区大中镇农村公路村道C592(恒北线)西段。恒北线横穿全国最大的早酥梨商品基地大丰区大中镇恒北村。该镇于2010年成为首批创建江苏省农村公路管养及安保工程示范乡镇。农村公路通达里程、路网密度和养护质量名列全省前茅(摄影:邱鹏)

“绿色之路”(响水县)

“平安之路”(东台市生态园)

“富民之路”(盐都区)

“旅游之路”(东台市)

新建的农村公路客运站台（盐都区）

2012年11月，东台市溱东镇开通镇村公交。

2015年10月31日，便仓306线、新兴310线镇村公交开通，亭湖区在全市率先实现镇村公交全覆盖

旅游大客车从镇村公交旅游专线—大纵湖专线驶出

2014 年 1 月 26 日，黄尖 301 线、盐东 303 线、南洋 309 线镇村公交开通

2014 年 5 月 29 日，省电视台采访亭湖区城乡公交一体化建设

镇村公交开通杨侍生态美食园

乡村乘客等待镇村公交车

目　录

第四编 基础设施建设

公路建设

铁路建设

站场建设

第五编 交通运输

陆路运输

海上运输

民航运输

第六编 交通管理和执法

路政管理

航政管理

运输管理

地方海事管理

工程管理

安全管理

交通执法

第七编 党群工作

党建工作

纪检监察

工会工作

共青团工作

第八编 人物·荣誉

模范人物

集体荣誉

第九编 县（市、区）交通

东台市交通

大丰区交通

亭湖区交通

盐都区交通

射阳县交通

建湖县交通

阜宁县交通

滨海县交通

响水县交通

附　录

地方有关交通规范性文件选编

交通论坛

媒体报道

统计资料

第一编　特　载

【市内环高架快速路网建成通车，市区进入“立体交通”时代】

沿海开发上升为国家战略后，盐城进入跨越式大发展，在“产业强市、生态立市、富民兴市”方针指导下，全市社会经济快速发展，市民生活水平不断提高，提前迈入“汽车时代”(至2015年年底，市区私家车已达20.3万辆)。与此同时，市区道路拥堵问题日益突出，不仅制约城市发展，也拉低了市民生活的幸福指数。

为了摆脱这个困境，市委、市政府审时度势，抓住近些年工程建设成本和融资成本相对较低的良机，建设内环高架快速路网工程，实施有史以来自筹资金建设的体量最大、难度最高、技术最复杂的城建交通项目。

项目由市交通运输局牵头组织实施。已建成通车里程57公里，总投资92亿元，构成市区“一环五射”快速路网系统，市区迈入“立体交通”时代。“一环”由范公路南段(青年路至南环路段)、南环路西段(范公路至西环路段)、西环路南段(南环路至青年路段)、青年路西段(西环路至范公路段)构成，长26公里；“五射”由范公路北段(青年路至盐城北互通，包括北环路枢纽)、南环路东段(范公路至开发区互通)、西环路南延(南环路至盐城南互通)、青年路西延(西环路向西至204国道后向南至盐城西互通)、西环路北延(青年路至蟒蛇河大桥南)组成，长31公里。

其中，一期工程范公路北段2015年9月建成，长13.6公里，主跨216米的新洋大桥为盐城新的地标性建筑。二期工程全程高架，长达46公里(其中与一期工程重叠2.6公里)，2015年2月先导段开工，当年5月全面施工，2016年12月30日建成通车，建有大型枢纽4个、上下匝道25对、主辅出入口6个。全面施工时间仅20个月。

20个月600个日日夜夜，数以万计的建设者紧紧依靠市委、市政府的正确领导，依靠沿线政府、市直相关单位和部门的全力支持，依靠广大市民群众的理解配合，立足“创省优、争国优、冲刺鲁班奖”目标，建立完善的进度保证体系、质控体系、安全管理体系，克服工程体量大、技术难度高、施工矛盾复杂等困难，严字当头，狠抓管理，优质高效地为市区建起了交通主骨架、大走廊，为城市系上一圈美丽的金腰带，为区域未来发展开启又一个新纪元。市民由主城区、城南新区内任意一点出发，15分钟内基本可以进入市区高速公路环线。未来，还将继续实施三期、四期，乃至更远期的高架项目建设。

【连盐铁路、徐宿淮盐铁路相继开工建设，盐城迈入“高铁时代”】

“十二五”期间，盐城铁路发展以服务沿海开发战略为总揽，强化区域对外通道建设，优化路网结构，提高路网质量，全市客、货运系统的主骨架基本形成，铁路在现代综合交通运输体系中的作用显著提升，对经济社会发展的支撑作用显著增强，人民群众出行质量显著改善。“十二五”期间，铁路客运量累计完成1343.81万人，其中2015年完成433.52万人，比2010年增长111.32%，货运量累计完成722.35万吨，其中2015年完成135.05万吨，比2010年增长294.88%。

2013年12月，连盐铁路(盐城段105公里)开工建设，这是全市境内第一条电气化快速铁路，改写了响水、滨海、射阳三县无铁路的历史，极大地优化了全市临海地区集疏运体系，对于加快全市沿海开发步伐，优化东部沿海产业布局，完善区域铁路网结构都具有十分重要的意义。至2015年年底，全市已提供全部红线用地349.59公顷和临时用地74.27公顷；完成拆迁1086户，占总数的100%；“三改”工程已完成180个，占总数的55.73%；完成桥梁桩基17263根，占设计数的99.5%；完成承台2082个，占设计数的97.9%；完成墩台身2052座，占设计数的96.5%；架梁598片，占设计数的8.18%；项目开工以来累计完成投资额50.36亿元。

2015年2月，徐宿淮盐铁路获国家发改委立项批复。这是全市境内第一条高铁，设计时速250公里，途经阜宁县、建湖县、亭湖区、城南新区，标志着盐城迈入高铁时代。徐宿淮盐铁路盐城段(72公里)经历了“从无到有”“从有到无”“从低到高”“从高到优”的艰辛争取历程。2015年12月28日，徐宿淮盐铁路全线开工建设，创造了高速铁路项目“当年立项、当年设计、当年建设”的纪录。盐通高铁(盐城段90公里)、盐泰锡常宜高铁(盐城段33公里)，已被列入国家“十三五”规划。这几条高铁建成后，盐城境内有高铁300公里，实现到南京、上海一个半小时通达，到北京四个半小时通达。盐城迈入了“高铁时代”。

【阜建高速公路建成通车，全市实现县县通高速】

阜建高速公路(阜宁至建湖)是江苏沿海开发的重要交通基础设施之一，也是省“十二五”规划中“县县通高速”目标的收官之作。该公路的建成，进一步完善了区域高速公路网络结构，大大便捷了阜宁、建湖对外交通，提升了阜宁、建湖对外投资环境，极大地促进了地方经济社会发展。

阜建高速公路采用“省市共建、以市为主”的建设管理模式。建设过程中，以“创百年工程，建生态高速”为统领，按照“发展理念人本化、项目管理专业化、工程施工标准化、管理手段信息化、日常管理精细化”的要求，加强质量管理、进度管理、安全管理、环境保护管理、档案资料管理、合同与财务管理，整个工程质量被评定为优良工程，2014年阜建高速公路项目获“省级平安示范工程”称号。

阜建高速公路全长36.2公里，双向四车道，设计时速120公里。总投资21.35亿元。2012年1月10日在阜宁举行奠基仪式，2015年1月8日全线全幅贯通，2015年10月顺利通过交工验收，2015年11月2日通车。

【建设BRT快速公交系统，实施公交优先发展战略】

2009年7月，江北第一条快速公交(BRT)在盐城市区解放路开工建设，2010年2月1日投入试运行。这项由政府投资6.5亿元倾力打造的民心工程，在车流密集的主线道路上开辟了专用车道，设置了优先通行信号系统，开创了公交优先、老百姓“特权路”的先河。到2014年4月30日，市区“一主一环六支”快速公交系统(全长156公里)全面开通运营，投放车辆156辆，建设站台45座、专用车道40.5公里，贯通老城区、城南新区、开发区、盐都区和亭湖区部分区域。建成快速公交智能化系统，完善城市交通基础设施，公交场站建设以前所未有的速度推进。“十二五”期间，市区共扩建10个停车场，建成19个首末站和回车场，新增停车场地总面积近21万平方米，投入公交场站建设资金达6亿多元。“十二五”期间，BRT客运总量达1.5亿人(次)，占市区公交客运总量4.17亿人(次)的36%。

【“十二五”期间，亭湖区、盐都区、开发区、城南新区实现镇村公交全覆盖】

城乡公交一体化是城乡一体化建设的重要组成部分，是关系群众切身利益的社会公益事业，也是解决农村居民出行难的关键所在。

2013年以来，盐城市政府按照“规划先行、城乡共建、以点带面、以城促乡”的城乡公交一体化发展思路，明确全市城乡公交统筹发展目标、政策措施以及公共交通科学发展的长效机制，攻坚克难，投资近1亿元，对盐都区、亭湖区300多辆个体经营的中巴车进行了收购改造，打通了公交运营的神经末梢，使镇域内公交在通达深度和密度上延伸。

截至2014年年底，亭湖区、盐都区、开发区、城南新区实现了镇村公交全覆盖，共开通市镇公交线路12条，投入市镇公交车辆149辆；开通镇村公交线路37条，投入镇村公交车辆128辆，形成了城市公交、市镇公交、镇村公交三级公交线网，建立起以城市为中心、镇为节点、站场为依托、多种交通方式相互衔接，线路覆盖城乡、依托枢纽换乘的城乡一体化公共交通新格局。市镇公交每18—20分钟一班，镇村公交为25—30分钟一班；票价上让利于民，市镇公交票价只有原来班车票价的60%左右，镇村公交每次1元，所有优待人群一律半价或免费乘车，预计每年为城乡居民节约出行费用达3500万元以上。城乡公交一体化，不仅改善了当地群众的出行环境，规范了客运市场，还有力拉动了地方旅游经济和产业发展。老百姓在享受公交发展带来便利的同时，切身感受到的是政府为民服务的浓浓暖意。

【市交通运输局“十二五”年年获市综合先进】

市交通运输局在“十一五”连续四年（2007—2010年）获市目标任务绩效考核综合先进基础上，“十二五”期间又连续五年获市目标任务绩效考核综合先进。

“十二五”期间，完成交通基础设施建设投资523.50亿元（其中，公路建设261.15亿元、铁路建设50.56亿元、航道建设24.7亿元、港口建设127.65亿元、站埠建设7.87亿元，内环高架快速路网建设51.57亿元），比“十一五”增长82.04%。“十二五”末，公路总里程达19525.5公里，比“十一五”末增加1110.45公里，其中高速公路359.08公里，一级公路1394.27公里，分别比“十一五”末增加36.58公里和592.17公里。公路密度每百平方公里113.46公里，比“十一五”末增加4.96公里。2288个行政村村村通公路。

连盐快铁（盐城段105公里）、徐宿淮盐高铁（盐城段72公里）分别于2013年12月、2015年12月开工，盐通高铁（盐城段90公里）、盐泰锡常宜城际铁路（盐城段33公里）相继被列入国家“十三五”规划。盐城铁路建设迈入“高铁时代”。

市区内环高架快速路网工程于2012年11月开工建设，到2016年12月建成“一环五射”，通车里程57公里，总投资92亿元。市民由主城区、城南新区内任意一点出发，15分钟内可进入市区高速路网环线。盐城市区交通进入“立体交通时代”。

2015年2月阜建高速公路建成通车，提前实现全市“县县通高速”目标。

“十二五”建成了大丰港疏港航道（55.7公里）、通榆河东台南段航道（25.73公里）、实现了“通江达海接运河”。

盐城南洋机场实施了改扩建工程，机场跑道由2200米延长至2800米，满足了C类飞机全载起降和部分D类飞机的起降条件。“十二五”期间，累计完成客运量228.4万人，比“十一五”增长295%，其中2015年完成85.20万人，比2010年增长3.44倍。

2015年年底盐城港已建成1类开放口岸1个；生产性泊位86个，其中万吨级以上泊位15个。“十二五”期间，盐城港累计完成货物吞吐量2.40亿吨，其中2015年完成7575.94万吨，比2010年增长5.8倍，累计完成集装箱38.72万标箱，比“十一五”增长4.12倍，其中2015年完成17.21万标箱，比2010年增长4.61倍。沿海港口落户企业近千家，其中包括中电投、中海油等一批投资数百亿的央企，形成了煤炭集散、港口物流、重型装备等一批临港特色产业园区。

建成BRT快速公交156公里（一主一环六

支），大大地方便了老百姓出行。镇村公交建设扎实推进，40%的乡镇开通了镇村公交，亭湖区、盐都区、开发区、城南新区实现镇村公交全覆盖。

建成公共自行车站点400个，投放自行车1万辆，解决了市民出行“最后一公里”难题。

“十二五”期间，市交通运输局在全面落实省厅18项深化改革任务的基础上，着重抓了民航事改企改革（成立盐城南洋机场有限责任公司）、投融资体制改革（重组交通控股集团有限公司）、综合执法体制改革（水上统一上航执法和乡镇交管所综合执法）、公共交通服务体制改革（加强了对出租车、公交投资、用人、管理等体制改革），有力地促进了交通事业的发展。

“十二五”期间，市交通局党委认真贯彻落实党的十八大、十八届三中、四中、五中全会精神和习近平总书记系列重要讲话精神，深入开展“群众路线实践教育”“三严三实”“两学一做”党风廉政建设和“工人先锋号”“交通服务之星”“敬老爱幼自愿服务”“雷锋车队”“爱心济困扶贫”等文明创建活动，调动了广大交通干部、职工“建设交通、发展交通”的自觉性、积极性和创造性。至2015年市交通运输局及所属各级党组织累计有70个党委（党总支、党支部）被上级党组织评为先进党委（党总支、党支部）、有194人被评为优秀党员，有26人被评为优秀党务工作者。全市交通系统累计有83家分别获国家、省、市“文明单位”称号，有5个单位获“行业文明标兵”称号，市局机关党委被市机关工委评为“五好示范机关党组织”，市航道管理处、盐阜公路运输集团工会被中华全国总工会表彰为“全国模范职工之家”、盐城民航站被中央精神文明委员会表彰为“全国文明单位”。盐城民航站“飞燕班组”、市公交总公司BRT“刘飞温馨服务示范线”、盐阜公路运输集团“沙惠林班组”、阜宁汽车站“学雷锋小组”多次被评为全国、全省“青年文明号”“优质服务品牌”。有2人被评为全国劳动模范和五一劳动奖章获得者，有14人被表彰为江苏省劳模和五一劳动奖章获得者，有37人被表彰为市（厅）劳模和五一劳动奖章获得者，有36人被表彰为省（部）级以上先进个人。2010—2012年，市交通运输局被省委、省政府，市委、市政府评为“江苏省文明单位标兵”和“盐城市文明行业标兵”。

第二编　大事记

2011 年

1 月 1 日　响水县举行临海高等级公路响水段开工暨 S326 等四条公路通车仪式。市领导陈正邦出席仪式并致贺辞，盐城军分区领导宋修明、市交通运输局领导管亚光、周启兆、响水县领导潘道津、马俊健等参加通车仪式。临海高等级公路响水段全长 26.05 公里，全线按一级公路标准建设。

▲　G228 滨海段开工典礼在滨海港镇裕众村举行。市领导陈正邦，市交通运输局领导管亚光、周启兆，县领导王斌、姚兆春，中城建二局领导孙斌等出席开工典礼。临海高等级公路滨海段全长 34.84 公里，全线按一级公路标准建设。

1 月 17 日　市交通运输局召开全市交通运输系统 2011 年春节运输工作动员大会，副局长薛华作动员讲话。

1 月 22 日　S331 盐城东段全线通车。市领导赵鹏、冯永农、周古城、顾春芳，以及市有关部门负责人出席通车仪式，市领导陈正邦主持仪式，市领导丁建奇讲话。

1 月 25 日　盐市交委〔2011〕3 号文，刘新春任市交通技师学院院长（市交通高级技工学校校长），试用期一年。

2 月 3 日　市领导赵鹏、陈正邦、戴元湖等到盐城汽车客运站亲切看望慰问奋战在春运一线的干部职工。

2 月 16 日　在交通大厦 302 会议室召开全市交通运输工作会议。副市长丁建奇出席会议并讲话，局长管亚光作工作报告。

3 月 1 日　接盐委组〔2011〕2 号文，周启兆任市交通运输局副调研员。

3 月 23 日　中电投党组成员、副总经理余德辉率公司高管到滨海港考察，准备在煤电化工及物流等方面加强与滨海港合作。

3 月 24 日　盐市交委〔2011〕16 号文，接盐委组〔2010〕198 号文通知，郭东成任市铁路建设办公室副主任。

▲　盐市交委〔2011〕17 号文，接盐委组〔2011〕4 号文通知，陈红旗任市运输管理处副调研员。

3 月 30 日　盐城市连盐铁路建设指挥部办公室（简称“市铁指办”）主任潘进山率市铁指办相关人员和各县（市、区）铁路办主任、征地拆迁业务骨干一行 30 人，赴扬州、镇江两市考察学习铁路拆迁安置及内业资料整理工作。

3 月 31 日　全市铁路工作会议在盐城召开。省铁路办连盐项目部、市铁指办相关人员，各县（区）铁路办征地拆迁业务骨干出席会议。省铁路办连盐项目部盐城组组长高剑敏出席会议并作了具体的业务指导，市交通运输局副局长、党委副书记、市铁路办主任潘进山出席会议并讲话。

4 月 6 日　盐市交委〔2011〕15 号文，刘红任市交通档案馆馆长。

4 月 8 日　市交通运输局 2010 年度综合平安创建工作总结表彰会议在盐城民航站召开。市局副局长、党委副书记潘进山，市局相关处室负责人，市直交通各单位分管领导和职能科室负责人共 30 多人出席会议。

4 月 11 日　连申线东台段航道整治工程顺利开工，标志着整个连申线东台段航道整治工程拉开建设大幕。

4月14日 省交通运输厅副厅长李先友、省公路局副局长徐铁昆等一行到盐城督查指导迎检工作。听汇报、查资料、看养护,对盐城迎检工作给予充分肯定，并就下一步迎检工作提出指导意见和要求。

4月19日 市区城市快速路网工程范公路BT项目正式签约。市政府领导及江苏国信集团董事长董启彬出席签约仪式并致辞。

4月22日 市政府组织干线公路“迎国检”工作专项督查,副市长丁建奇要求各县(市、区)及有关部门进一步加大工作力度，努力为江苏迎检夺冠作贡献。

4月26日 市航道管理处直属站获全国企事业单位班组建设最高荣誉——“全国工人先锋号”。

4月29日 至今日连盐铁路盐城市境内29条市、县管辖骨干河道30座桥梁防洪评价工作圆满完成,发放了行政许可决定。

5月1日 市交通运输局机关办公自动化系统建成启用,实现无纸化办公。

5月13日 一艘7.70万吨级美国“托姆斯卡恩”货轮满载7万吨焦化煤炭,靠泊大丰港二期码头卸货，再一次刷新了大丰港乃至盐城地区有史以来停泊最大货轮的纪录。

5月17日 临海高等级公路射阳段跨套河大桥开工建设。

5月20日 副市长曹友琥就航空物流发展问题到南洋机场调研。

5月22—23日 交通运输部检查组对全市干线公路养护管理工作进行检查。检查组在听取全市干线公路养护管理工作情况汇报的基础上,查看了规范化管理台账、G204“数字”公路示范段、有关桥梁和盐城服务区、S233“精细化”养护现场、一个大中修工程、滨海公路站(路政大队)、东坎养护工区和G204响水治超站;检查了沿海高速公路上的盐东收费站、射阳服务区、路政三大队、养护中心及两座管养桥梁，并对G204响水到盐城段、沿海高速公路东台至响水段路况进行全程检测。

5月27日 副市长曹友琥等市领导在台湾访问期间拜会了台湾“交通部民用航空局”局长尹承蓬,就开通盐城与台湾的定期航班事宜进行了商谈。市交通运输局局长管亚光等有关人员随同参加。

▲全市内河交通安全管理观摩会在盐都区召开，来自全市基层地方海事部门的负责人及航监管理人员一行40人参加了会议。

5月29日 大丰港煤炭集散中心被省发改委列为“国家煤炭战略储备中转基地”。

6月3日 G228射阳段、亭湖段施工图设计通过省公路局的审查，至此该项目前期设计工作全部结束进入施工实施阶段。

6月8日 东风悦达起亚、盐城交通技师学院校企合作签约仪式在市交通技师学院举行。

6月14—15日 省口岸办主任徐斌带领相关查验部门负责人到建湖县，调研建湖港区二类水运口岸建设情况。

6月15日 G228东台段建设工程指挥部召开预防职务犯罪工作会议，东台市检察院主动派员就预防职务犯罪进行法律法规辅导，为交通重点工程建设保驾护航。

6月21日 大丰市委书记倪峰、市长陈平率全体党代表到通港大道现场。大丰市交通重点工程建设指挥部副总指挥、副市长范大玉向全体党代表详细汇报了通港大道的建设情况。通港大道为盐城市第一条双向八车道出海大通道。

6月27日 省交通运输厅在南京召开全省交通运输行业纪念中国共产党成立90周年大会,盐城民航站“飞燕班组”党小组被表彰为“全省交通运输行业创先争优活动十大先进典型”。

6月28日 盐城大市区快速路网范公路快速通道建军路立交工程开钻。工程范围北起黄海路南,南至建军路南,全长1.66公里,计划工期2年。

▲ 市直交通运输系统隆重召开庆祝建党 90 周年大会。会上，表彰了党史知识竞赛获奖单位和个人，观看了红色经典影片《建党伟业》。市直交通运输系统 200 名党员干部参加了庆祝大会。

7 月 1 日 《公路安全保护条例》正式施行。

7 月 7 日 省发展和改革委员会（以下简称发改委）正式批复盐淮高速公路大丰港至盐城段项目建议书(苏发改基础发〔2011〕1048 号文)。

7 月 15 日 省发改委召开“阜宁至建湖高速公路初步设计审查会”，通过了阜宁至建湖高速公路初步设计审查。阜宁至建湖高速公路，起自阜宁城西南接 S329，止于盐淮高速公路，全长 36.26 公里。全线采用双向四车道高速公路标准建设，工程概算总投资 21.7 亿元，建设工期 4 年。

7 月 28—30 日 为期三天的苏北片区徐州、淮安、连云港、宿迁、盐城五市道路客运企业联办的首届“城际杯”站务技能操作竞赛在盐城汽车客运站圆满落幕。盐阜公路运输集团有限公司、徐州公路运输集团有限责任公司、连云港汽车运输有限公司分别荣获团体一、二、三等奖。

8 月 1 日 省交通运输厅 G228 建设管理办公室、省交通重点工程纪检监察领导小组驻临海高等级公路建设项目办公室在盐城省临海项目办驻地正式揭牌。

8 月 3 日 市委组织部长庄兆林、市总工会主席陈卫国在市交通运输局领导管亚光、葛春宽陪同下，带着夏季慰问品，到市内环高架快速路网建设工地慰问广大建设者。

8 月 5 日 省交通运输厅副厅长钱国超到盐城考察 S234 亭湖段建设情况。亭湖区领导李东成、陆达成、沈政，市交通运输局副局长葛春宽等陪同。

8 月 16 日 副省长史和平带领省相关部门负责人到盐城考察调研，察看了 S234 盐城段改扩建工程亭湖段与通榆河大桥建设情况。省交通运输厅副厅长王昌保等省有关部门负责人，市领导赵鹏、戴元湖、丁宇、丁建奇、谷家栋等陪同调研。

8 月 24 日 市委常委、常务副市长陈正邦率市沿海办、发改委、国土局、交通运输局等相关部门和江苏银宝集团负责人考察 G228 射阳段工程建设情况。射阳县县委、县政府主要负责人陪同考察。

8 月 26 日 市政府召开连盐铁路盐城段建设指挥部组成人员会议。连盐铁路盐城段建设指挥部总指挥、副市长丁建奇就如何做好连盐铁路盐城段建设作了讲话。

9 月 7 日 下午 3 点 15 分，从台北桃园机场起飞的华信航空 AE095 航班满载 158 名乘客，经过约两小时飞行，跨越台湾海峡，平稳降落在盐城南洋机场。两小时后，由东方航空公司执飞的 MU971 航班，从盐城南洋机场飞往台北。至此，盐城至台北直航航班正式开通，成为江苏省第 4 个且唯一不受航权和航季限制的直航台湾的空港城市。盐城至台北航班由台湾“中华航空公司”、台湾长荣航空公司和东方航空公司执飞，台北桃园机场为直航机场，航程 1500 公里，飞行时间约两小时，航班为每周 6 班。

9 月 8 日 市交通运输局领导管亚光、潘进山等一行到交通技师学院庆祝教师节并慰问了广大教职工。

9 月 14 日 《盐城南洋机场(民用部分)总体规划》(以下简称《总规》)评审会在盐城召开。省发改委副主任林一峰，市委常委、常务副市长陈正邦到会并讲话，民航华东地区管理局机场处副处长保卫国主持会议。会议同意《总规》提出的盐城南洋机场近、远期规划目标年分别为 2020 年和 2040 年，其民用部分在民航机场分类中近远期均为中型机场。近期规划跑道延长 600 米，即由现有的 2200 米增加至 2800 米；两侧道肩分别加宽 2.50 米，即由现有的 2.50 米增加至 5 米；扩建停机坪，增加机位 14 个(10C4D)；规划航站区向东北扩建。

9 月 22 日 省发改委组织专家对 S331 盐城西段进

行工程可行性研究审查。S331 西段位于盐都区、建湖县境内，长 43 公里，按一级公路标准设计，概算投资 13.80 亿元。

9 月 23 日　省交通运输厅副厅长钱国超，在省公路局副局长、省临海高等级公路办公室常务副主任宋国森和盐城市、亭湖区交通运输部门负责人的陪同下，考察了临海高等级公路亭湖段。

10 月 10 日　盐城港大丰港区二期工程 5 万吨—10 万吨级石化码头暨大件码头试通航仪式在大丰港区举行。省政府副秘书长徐立，市委书记赵鹏、代市长魏国强等出席仪式。

10 月 18 日　省长李学勇、省政府秘书长樊金龙以及省有关部门领导在市委书记赵鹏、代市长魏国强、常务副市长陈正邦等陪同下，先后察看了盐城港响水港区、滨海港区和射阳港区。李学勇强调指出，港口建设是沿海开发的重要基础，要以港口码头建设推进沿海开发。

10 月 24 日　市委书记赵鹏主持召开全市交通重大基础设施项目会办会，对新长铁路盐城至海安段扩能项目、阜宁至建湖高速公路项目、盐城南洋机场扩建项目、“田”字型快速路网项目等全市交通重大基础设施项目逐一过堂。

10 月 28 日　S333 东台北绕城段工程通榆河大桥开工。通榆河大桥全长 733.20 米，主跨 110 米，一孔跨越通榆河；概算投资 8000 万元，计划 2013 年 6 月 30 日建成通车。

▲ 东台市召开连申线东台段航道整治工程拆迁动员大会，全面启动房屋拆迁及土地征用工作。

10 月 31 日　市委书记赵鹏、市委组织部长庄兆林等在市交通运输局局长管亚光的陪同下，考察了盐城交通技师学院新校区。

11 月 7 日　截至本日，大丰港货物吞吐量近 1100 万吨，同比增长 14%。已接卸各类船舶 1342 艘（次），预计到年底货物吞吐量将突破 1200 万吨。

11 月 8 日　盐城南洋机场客运量达 20.09 万人，首次突破年客运量 20 万人大关，比上年全年增长 5%，这标志着盐城民航发展又迈上了一个更高的台阶。

11 月 11 日　全市干线公路建设现场会在射阳召开，市交通运输局副局长、公路处主任葛春宽、射阳县政府有关负责人出席。与会代表观摩了 G228 射阳段 LQ3 标、LQ6 标施工现场。会议传达了全省干线公路建设工程现场会精神，通报了 2011 年全市干线公路建设工程质量督查情况。

11 月 15 日　市妇联举行了“岗位建新功，巾帼展风采”巾帼文明岗风采展示活动，在这次文艺演出活动中，盐城民航站《燕翔蓝天》荣获一等奖，96196 盐城交通服务热线《您好，96196》荣获二等奖。

11 月 16 日　市交通运输局副局长、党委副书记，市铁路建设办公室主任潘进山在市航道管理处书记束必专、东台市交通运输局副局长朱殿明等陪同下检查连申线东台段航道整治工程的拆迁工作。

11 月 19—21 日　盐城交通技师学院第二十七届田径运动会隆重举行。

11 月 22 日　盐城市委常委、东台市委书记张礼祥到 G228 东台段检查指导工作。

11 月 23 日　市第六届交通文化节在交通技师学院隆重举行。局领导管亚光、潘进山、陈志超参加了开幕式。

11 月 30 日　盐城汽车客运北站正式启用。

12 月 13 日　盐城 23 名省市人大代表在市政协主席冯永农、市人大常委会副主任陈卫国等率领下视察盐城农村交通基础设施建设。

12 月 23 日　盐市交委〔2011〕34 号文，接盐委组〔2011〕200 号文通知，薛锋任市运输管理处主任、党总支书记。

12 月 29 日　盐市编办〔2011〕101 号文，同意在盐城市亭湖地方海事处、盐城市盐都地方海事处增挂“盐城市亭湖水上执法大队”“盐城市盐都水上执法大队”牌子,在各自辖区行使水上统一上航执法职责。

12 月 31 日 接盐委组〔2011〕223 号文,陈正华任市地方海事局局长。

12 月 盐城民航站被中央精神文明建设指导委员会授予“全国文明单位”。

▲ 全市全年完成交通基础设施建设投资 84.81 亿元,比上年增长 11.78%。其中公路建设 55.71 亿元、航道建设 5.80 亿元、港口建设 22.54 亿元、公路客货运站场建设 7590 万元。

2012 年

1 月 10 日 阜宁至建湖高速公路建设工程奠基。

1 月 12—13 日 市交通运输局领导班子带领局各处室及直属单位主要负责人、各县(市、区)交运输局主要领导,到全市沿海开发的最前沿—大丰港港区,共同谋划新一轮交通发展大计。

1 月 19 日 大市区南环路最后一个节点如期贯通,整个南环路实现通车。盐城市区南环路东接 G15 开发区互通,西连西环路,全长 13.05 公里,沿途跨通榆河、串场河,下穿新长铁路,分别与东环路、希望大道、老 G204、滨河路、康居路、人民路、胜利路、解放南路等重要城市干道相交,是大市区南部地区东西大走廊。

1 月 20 日 下午市局组织机关全体干部职工、市直交通单位中层以上干部共上廉政大课。集中观看了中纪委近年查处的建设领域大案要案电视片,并进行了“以案为鉴,警钟长鸣”廉政演讲活动。市局领导潘进山出席会议并讲话。

1 月 30 日 市交通运输局局长管亚光带领市运管处及局机关负责同志到挂钩服务点盐阜公路运输集团开展“三服务”工作调研指导。

2 月 7 日 省交通运输厅党组书记刘大旺、副厅长钱国超带领厅有关部门负责人察看了 G228 盐城亭湖段,市政府副市长丁建奇,市交通运输局及亭湖区政府、交通运输局、临海办主要负责同志陪同考察。

▲ 省交通运输厅副厅长钱国超一行,到响水县调研临海高等级公路灌河通道征地拆迁情况并召开灌河特大桥项目建设推进会。

▲ 市长魏国强专题会办盐城南洋机场改扩建工程建设有关问题,强调加快推进工程建设,适应全市发展需要。市领导陈正邦、丁建奇,市有关部门及亭湖区负责人参加会办。

2 月 12 日 全市 2011 年度交通运输工作总结表彰大会在盐召开。市局党委书记、局长管亚光作题为《立足“五个坚持”,谋求“五大突破”,奋力开启盐城交通运输现代化新征程》工作报告。会上表彰了目标考核先进集体和先进个人;各县(市、区)交通运输局、市直单位向市局递交 2012 年目标任务绩效考核责任状;市公路、航道、东台、大丰、阜宁五个县(市、区)作交流发言。市局党委副书记、副局长、市铁办主任潘进山主持会议。

2 月 27 日上午 盐都区乡镇交通运输综合管理所正式揭牌成立,下设四个乡镇交通运输管理所,具体负责辖区内的交通运输综合执法工作,市局副局长薛华等出席揭牌仪式。

▲ 滨海临海办召开 G228 滨海段工程推进会,全面落实加快 G228 滨海段建设各项工作。全体工作人员,施工、监理单位及跟踪审计部门有关负责人 70 多人出席会议。会上特邀了滨海县检察院副检察长、反贪局局长刘文胜、滨海县纪委刘长山主任参加。

▲ 市交通工委在盐召开全市交通运输系统工会工作会议,深入学习贯彻省市交通运输工作会议、省海员交通工会、市总工会会议精神,全面总结交流 2011 年交通运输工会工作,表彰先进,部署 2012 年工会工作任务。会上市局党委委员、交通工委主任陈志超作了题为《围绕中心,服务大

局，团结动员广大职工在盐城交通运输现代化新征程中建功立业》的工作报告。市总工会副主席周新民出席会议并讲话。

2月29日　接盐城市委盐委组〔2012〕38号文通知，束必专任市航道管理处副调研员，免去市航道管理处党委书记、委员职务；曹兆祥任盐城民航站副调研员。

3月2日　盐城民航站“学习雷锋好榜样”志愿者集中行动正式启动。该站组织40多名志愿者在机场候机大厅开展便民利民志愿服务活动。

3月3日下午　S333东延至G228段建设工程通过交工验收。

3月6日　全市内河港口工作会议在盐召开。参加会议有市局相关处室负责人、各县(市、区)交通运输局分管内河港口工作的领导、内河港口管理部门负责人、市内河港口管理处主、分管领导和港口管理科全体人员出席会议。市局党委委员、总工程师陈日晓到会并作讲话。

3月8日下午　市局举办主题为“展示青春魅力，秀出靓丽风采，培塑高尚情操，构建和谐交通”的女职工时装表演比赛，来自全市交通系统的局机关、公路、航道、海事、运管、民航、交校、设计院8支女职工代表队参加。

3月11日上午10时40分　G228亭湖段箱涵浇筑在全市率先完成。

3月14日下午　在市行政中心三楼东报告厅召开全市交通运输工作会议，市长魏国强在会上作题为《围绕实施沿海开发战略加快打造综合交通体系》讲话。市人大常委会副主任周德祥、市政协副主席葛传华等出席。副市长丁建奇作工作报告。

▲ 市港口局邀请省交通运输厅水运研究中心主任、江苏省交通规划设计院副院长王仙美一行7人到响水港区商讨灌河口外10公里规划岸线的研究。

3月20日　省发展改革委员会和民航华东地区管理局在南京联合组织召开了盐城南洋机场机坪扩建工程《可行性研究报告》评审会。原则同意《可行性研究报告》提出的机坪扩建的内容及规模。

3月23日下午　全市铁路工作会议在响水县召开。连盐铁路沿线各县(区)铁路办主任、征地拆迁业务骨干、市铁路办相关人员出席会议。连盐铁路项目部部长、省铁路办综合处蒋龙泉处长出席并对连盐铁路征地拆迁工作做了具体的业务指导。市交通运输局党委副书记、副局长、市铁路办主任潘进山在会上作了讲话。

3月27日　刘大线航道桥梁工程第一片桁架梁成功吊装。

3月28日上午　市长魏国强、副市长丁建奇和市规划、建设等部门负责人察看盐城市区范公路快速通道工程、盐城南洋机场改扩建工程推进情况和城市快速公交系统运行情况。并听取全市交通运输工作情况汇报，对全市交通运输工作进行调研。他指出，交通要超前谋划，科学规划，引领交通事业大建设、大发展；狠抓重点工程，完善交通结构，推进城市建设，服务经济发展。

3月29日　出席市委常委扩大会议的领导在大丰港区听取大丰港区关于“打造亿吨大港，助推沿海开发”发展情况介绍。

3月31日　亭湖区重点交通工程S234项目中的串场河大桥已完成承台、主桥墩浇筑工作，进入了板梁悬浇工序。计划9月桥梁贯通。

4月16日　市内河港口管理处组织召开全市内河港口管理工作座谈会，参加会议的有各县(市、区)港口管理部门主要负责人、市内河港口管理处分管领导和港口管理科全体人员。会议要求，进一步重视内河港口规划，要认真落实《危险化学品安全管理条例》，切实做好危险化学品安全监管工作。市局总工程师陈日晓到会并作讲话。他充分肯定内河港口工作所取得的成绩，要求下一步内河港口管理工作要做到“四个统一”即统一机构、统一工作标准、统一执法尺度、统一收费政策。

4月26日下午　全市2012年开通镇村公交乡镇规划方案专题汇报会在盐召开，市局领导管亚光、葛春宽、薛华、陈日晓和市运管处领导薛锋，以及各县(市、区)交通运输局局长、分管局长、运管处(所)主任(所长)交管所所长等参加了会议。

5月4日　市交通运输局在市交通大厦举办"全市交通重点工程档案业务培训班"。来自各县(市、区)交通运输局、市直交通各单位办公室主任、档案员，全市各交通重点工程项目建设、施工、监理等单位档案员、试验室负责人以及相关涉及档案人员200多人参加了培训。市局党委副书记、副局长、铁办主任潘进山到培训班讲话。

5月5日　接盐城市委盐委组〔2012〕96号文通知，葛春宽任市港口管理局党组成员、副书记，免去市公路管理处主任、党委书记、委员职务。

5月6—7日　中国商用飞机有限责任公司副总经理罗荣怀、吴光辉一行到盐调研考察，寻求国家大飞机研发和制造的后续试飞合作。市委书记赵鹏、市长魏国强，副市长丁建奇、谷家栋陪同考察。

6月1日　市长魏国强一行到国家民航总局就开通盐城至东京航线等事宜进行汇报对接。国家民航总局副局长夏兴华接待魏国强一行。市委常委、常务副市长陈正邦，市发改委、交通运输局、民航站主要负责同志陪同。

6月3日5时20至40分　G15盐城段K1013至1017区间，因团雾造成多起追尾交通事故，致11人死亡，19人受伤。省委书记罗志军、省长李学勇就该起事故分别作出重要批示。副省长史和平指导救援工作，省政府副秘书长王志忠，省公安厅、卫生厅、安监局负责同志赴现场组织事故处置工作。市委书记赵鹏、市长魏国强赶赴现场，强调千方百计、不惜一切代价抢救伤员，认真做好善后处置工作。市领导陈正邦、戴元湖、丁宇、谷家栋、夏存喜，及市有关部门和大丰市主要负责同志等一同看望伤员、参加事故应急处置情况汇报会。

6月12日上午　市纪委、法制办、优化办行政权力网上运行检查调组一行4人来市交通局检查调研市交通行政权力网上公开透明运行工作开展情况。经听汇报，查看台账并现场观摩网上运行情况，对取得的成绩给予充分肯定。

6月13日　市局局长管亚光督查在建的交通重点工程连申线航道东台段和刘大线航道整治工程。

6月15—16日　盐城市第七届交通文化艺术节开幕式暨第一届交通运输职工运动会在盐城交通技师学院体育中心隆重举行。市局党委书记、局长管亚光宣布第一届交通运输职工运动会开幕，局领导潘进山、周忠、葛春宽、陈志超、陈日晓等出席开幕式。市局机关、各县(市、区)交通运输局、市直交通运输单位及盐阜公路运输集团共19支代表队、400余名运动员、教练员参加了本次运动会。

6月20日　盐城内河第一个水上服务区(位于大丰市大中镇北翼)开工建设，总建筑面积3000平方米，工程总造价1150万元。由江苏纬信工程咨询有限公司设计，中国江苏国际经济技术合作公司承建，江苏科兴工程建设监理有限公司承监。

6月28日　接盐委工发〔2012〕14号文，市交通运输局机关第一党支部，被市委市级机关工作委员会授予五星级先进基层党组织。

6月30日下午　盐城市交通运输局隆重举行纪念建党91周年庆祝大会。

7月2日　根据市政府统一部署，市和各县(市、区)、开发区政府开始清还新长铁铁路借资款。1996年全市共筹集铁路建设资金1.12亿元，其中市直3636.45万元。

7月9日　盐城市机构编制委员会办公室（盐市编办〔2012〕64号文批复)同意将市局综合计划处所挂"盐城市交通行业与产业项目招标投标管理办公室"牌子更名为"盐城市交通运输局建设管理办公室"。

7月15日 8时起，盐城境内G204刘庄收费站、G204施庄收费站、陈李公路新洋收费站同时停止征收车辆通行费。此次撤销的三个收费站共涉及债务余额3. 67亿元，涉及转岗分流安置收费员工196人。

7月20日下午 全市交通运输上半年工作座谈会在盐城召开,局长管亚光作报告。

▲ 江苏省地方海事系统“领航杯”辩论赛决赛在南京举行,经过精彩、激烈的对决,盐城市地方海事局代表队获得“冠军”,李可及被评为“最具风采奖”。

7月26日 省交通运输厅公路局局长、省临海办主任张立早一行督查了解G228盐城段建设情况。

7月27日 盐城市人大副主任谷家栋带领部分人大代表视察G228盐城段建设情况。

7月29日 省交通运输厅游庆仲厅长在盐城市交通运输局局长管亚光、副局长潘进山等陪同下至盐城交通技师学院考察工作，调研交通职业教育情况。

8月7日晚 S234亭湖段改扩建工程通榆河大桥灯火通明,23点30分,大桥顺利合龙。

8月10日 省交通运输厅副厅长钱国超和省发改委等部门有关领导，在盐城交通部门相关负责人的陪同下,检查了解收费站点拆除情况。

8月11日下午 全市城建交通工作座谈会召开,市长魏国强出席并讲话。

8月16日 G228射阳段新洋港大桥顺利合龙。

9月5日 G228灌河大桥隆重开工,史和平副省长出席开工典礼并致辞。

9月11日 江苏省交通运输厅航道局副局长韦纬一行7人在市航道管理处主任陈建斌等人的陪同下,考察了连申线东台段航道整治工程,对工程的快速推进给予了充分肯定。

9月15日 市交通运输局局长、党委书记管亚光、副局长周忠、裴义婷带队专程考察了阜建高速公路建设。

10月9日 市交通运输局局长管亚光、总工程师陈日晓、市临海办主任周启兆等领导现场会办G228亭湖、大丰、东台段景观绿化建设方案。

10月12日 省铁路办副主任丁军华在省铁路办有关处室负责同志及中铁五院、省国土厅土地勘测设计院相关领导陪同下调研盐城市铁路建设工作,市长魏国强会见调研组一行,副市长王荣、市交通运输局局长管亚光、市铁路办主任潘进山等领导陪同调研。

10月18日 中国大丰第十届国际麋鹿节开幕式暨10—15万吨级进港深水航道试验段开工仪式在大丰港举行。

11月1日 盐城市副市长王荣在市交通运输局局长管亚光、总工程师陈日晓等陪同下,实地察看了G228射阳段、滨海段的建设情况。

11月2日 盐城市交通运输局召开机关党委换届选举大会,局党委副书记、副局长、铁路办主任、机关党委书记潘进山代表上届机关党委向大会作工作报告，并选举产生了11名机关党委委员,召开了新一届机关党委委员第一次会议,潘进山当选为第二届局机关党委书记，陆建平为专职副书记。

▲ 位于盐都大冈境内的S410工程进入开挖阶段。

11月3日上午 市领导赵鹏、戴元湖等考察了亭湖大道东延上跨G15接线工程。

11月15日 G228建设劳动竞赛动员大会在盐城市隆重召开，副省长史和平出席作讲话并启动活动仪式。省交通厅厅长游庆仲作动员讲话,省总工会副主席胡同军宣读了劳动竞赛实施意见,盐城、南通、连云港三市市政府领导及有关人员出席会议。

11月17日 市内环高架快速路网范公路工程一标正式开钻,该工程由市交通公路部门具体实施。

11月24日　市交通运输局党委书记、局长管亚光到盐城民航站，专题调研2013年民航工作发展思路。

11月29日　由省航道局和盐城市航道处有关专家联合组成的验收小组，对盐宝线航道盐城段三期护岸工程进行检查考核。对照航道护岸工程验收评定细则，该工程被评审为优良工程。

11月30日　王荣副市长带队前往安徽蚌埠拜访空军航空大学飞行教官训练基地领导，争取军方对盐城机场建设和发展给予支持。空军航空大学飞行教官训练基地主任姜明热情接待了王荣副市长一行。市交通运输局局长管亚光，副局长、民航站站长崔花陪同。

12月18日　S226亭湖至大丰段通车仪式在大丰举行，省交通运输厅副厅长王昌保，盐城市委常委、常务副市长戴元湖，盐城市人大常委会副主任周德祥，副市长王荣，市政协副主席李长见，市交通局局长管亚光，大丰市委书记倪峰，市长陈平，市政协主席韦新等领导共同出席通车仪式。

▲ 刘大线航道全线通航仪式在大丰刘庄船闸举行，标志刘大线航道全线建成通航。

12月19日　S234盐城段改扩建工程全线通车典礼在亭湖区举行，副市长王荣、市政府办副秘书长陈锋、市交通运输局局长管亚光及建湖、阜宁、亭湖区政府主要负责人等出席通车仪式。

12月22日　盐城港滨海港区中电投煤炭码头一期工程举行开工典礼，标志着总投资35亿元的煤炭码头正式全面开工建设，滨海港向"能源港、产业港"的目标又迈进了一步。

12月26日　S304东台(高兴东)段一级公路建设工程施工前的准备工作全面展开。

12月29日　苏北首家免税店在盐城南洋国际机场开始试营业，副市长王荣到现场察看，市交通局局长管亚光以及市口岸办、海关办、盐城出入境检验检疫局、盐城机场边防检查站、民航站等单位负责人陪同。

▲ 全市完成交通基础设施建设投资105.46亿元，比上年增长24.29%。其中公路建设72.73亿元、航道建设5.9亿元、港口建设23.95亿元、站埠建设2.23亿元、市内环高架快速路网建设0.6亿元。

2013年

1月8日　市交通企业服务中心在鸿基大厦举行揭牌仪式，宣告市交通控股集团并入市交通运输局，在盐城市交通运输局机关服务中心增挂盐城市交通企业服务中心牌子。

1月11日　市公路管理处、市交通质量站、市交通设计院等单位相关专家，对大市区南环路三期工程进行竣工验收，综合评分97.5分。

1月15日　市交通运输局党委在市直交通运输系统组织以"清风沐交通，廉洁伴我行"为主题的学习教育和竞赛活动。

1月16日　省交通运输厅副厅长梅正荣率省厅第七综合督查组到盐开展综合督查工作。主要督查三个方面：一是春运期交通运输安全工作的落实情况；二是春运前后交通行业维稳工作的落实情况；三是2012年省市目标任务的完成情况。

1月18日　盐城市第七届交通文化艺术节"辉煌路·交通情"大型主题情景歌舞在盐城市文化艺术中心大剧院上演。

1月31日下午　盐城市委常委、常务副市长戴元湖带领市相关部门负责同志到建湖县检查春节前安全生产工作。建湖县领导葛启发、徐宁建、沈玉兰、陈巍亮等陪同检查。

2月7日　副市长王荣在市交通运输局局长、党委书记管亚光，副局长、民航站站长崔花的陪同下，到盐城南洋机场慰问春运期间坚守在民航运输一线的干部职工。

2月18日　盐城市交通运输局召开全市2012年交通运输工作总结表彰大会。局长管亚光在大会上要求全力推进盐城交通现代化。

2 月 20 日 根据国务院大部制改革方案及省、市机构改革相关文件要求，市公交总公司整体划归交通部门管理。

3 月 6 日下午 江苏省交通运输厅召开"学雷锋、转作风、树立交通运输新形象"视频会议。在盐城分会场，市交通运输局副局长、党委副书记、铁路办主任潘进山，市港口局局长、市交通运输局副局长葛春宽，市交通运输局副局长、民航站站长崔花等领导，局机关处室负责人，市直交通运输系统各单位负责人，交通行业服务窗口负责人，先进典型代表等收听收看了会议。市港口局分管领导、各职能处室负责人也一并参会。

3 月 8 日上午 副市长王荣在市交通运输局局长、党委书记管亚光陪同下，到盐城交通技师学院考察调研。

3 月 12 日上午 省交通运输厅副厅长王昌保到盐督查连申线东台段航道整治工程进展情况。盐城市交通运输局局长、党委书记管亚光、副局长周忠、盐城市航道管理处主任陈建斌、副主任花全、东台市政府副市长崔康、交通运输局副局长朱殿明等领导陪同督查。

3 月 14 日上午 盐城市交通运输局局长管亚光到盐城南洋机场改扩建机坪工程施工现场，督查工程建设进展情况。市纪委派驻市交通运输局纪检组组长仇筱云陪同。

4 月 7 日 省交通运输厅和盐城市领导在宁就推进盐城交通科学发展及沿海重大交通基础设施建设等重要事项进行深入交流。省交通运输厅厅长游庆仲，副厅长王昌保，省铁办副主任陈宏程，省交通运输厅副巡视员惠先宝，盐城市委书记朱克江，市长魏国强，市委常委、秘书长潘道津，副市长王荣等出席了座谈会。会议提出，为沿海开发增强后劲，增添活力。

4 月 16 日 省交通运输厅副厅长李先友率调研组到盐城调研城乡客运统筹发展工作。市交通运输局局长、党委书记管亚光，副局长薛华陪同考察。调研组实地考察了滨海县正红镇四渡村等路面提档升级改造情况。市交通运输局及响水、滨海、阜宁、盐都、亭湖等县(区)政府分管领导汇报了农村客运班车通达和镇村公交发展情况。

4 月 17 日 市委书记朱克江在副市长王荣陪同下，到范公路工程重要节点新洋港大桥建设工地调研范公路快速路系统建设推进情况，市交通运输局局长、党委书记管亚光陪同调研，并汇报了范公路建设进度情况。

4 月 29 日 "五一"节来临之际，市委书记朱克江看望慰问市交通系统坚守一线的干部职工。市委常委、秘书长潘道津，副市长王荣，市交通运输局局长、党委书记管亚光陪同考察。

5 月 1 日 S304 东台绕城段顺利建成通车。S304 东台绕城段西接宁靖盐高速公路，东连 G15 和 G228，全长 12.64 公里，双向四车道。一级公路标准，路基顶宽 26 米，设计时速 100 公里。全线建大桥 2 座，中小桥 7 座、涵洞 45 道，下穿新长铁路隧道 1 条，建设总投资 5.28 亿元。比合同工期(2013 年 6 月 30 日)提前两个月通车。

5 月 2 日 副省长史和平到盐城，对 G228 盐城段建设情况进行检查指导。省交通运输厅厅长游庆仲，省沿海办主任梁学忠及省发改委、财政厅等部门负责人随同检查。市委书记朱克江、市长魏国强等陪同。盐城市分管负责人在汇报会上作项目推进情况介绍。

5 月 8 日 市交通运输局局长管亚光召集沿海四县(市、区)交通局、临海办及市局相关处室负责人会议，就 G228 盐城段建设情况进行专题会办。

5 月 10 日 连接盐城市高新区和盐都张庄街道的振兴路跨蟒蛇河大桥正式通车。该大桥主跨达 90 米，是全市已建普通干线公路同类桥梁中跨径最大，可称"公路第一跨"。

5 月 9—10 日 受江苏省人民政府委托，省人力资源和社会保障厅组织专家评估组，对盐城交通技师学院进行复评，一致认为盐城交通技师学院完全符合技师学院设置标准，建议省人力资源和社会保障厅上报省政府审核批准。

5月14日　市长魏国强察看市区交通重点工程项目，副市长王荣，市交通运输局局长、党委书记管亚光等陪同察看。先后察看了大市区水上服务区和锚地项目、范公路快速路系统、大山路建设工程、S331跨线桥工程以及南洋机场改扩建等市区交通重点工程建设现场。

5月16日　省交通运输厅副厅长汪祝君带领省厅调研组，就如何推进机构改革、加强基层交管所建设、准确界定其执法范围，规范执法行为等课题在盐城东台市进行专题调研。

5月23日　市长魏国强赴上海同中国商飞公司进行沟通交流，洽谈合作事项，并与中国商飞民用飞机试飞中心签订了战略合作框架协议。市交通运输局局长、党委书记管亚光等一起参加签约仪式。

5月30日　市委书记朱克江考察南洋机场路绿化工程时提出：让生态环境更美好，让城市形象更靓丽。副市长王荣，亭湖区委书记、人大主任崔浩，市交通运输局局长、党委书记管亚光陪同考察。

6月下旬　盐城市副市长周绍泉带队到盐城民航站，开展安全文化进企业活动，市交通运输局副局长、民航站站长崔花等陪同参加活动。

6月17日　省交通运输厅副厅长钱国超到盐走基层、听民生活动。副市长王荣、市交通运输局局长管亚光陪同调研。

6月27日　市交通运输局隆重举行庆祝中国共产党成立92周年暨“七一”表彰大会。市交通运输局局长、党委书记管亚光在会上强调：加强党的建设，为盐城交通现代化作出新贡献。会议由副书记、副局长潘进山主持。

7月11日　省交通运输厅副厅长钱国超一行顶着烈日，到G228射阳段，察看工程建设施工情况并慰问奋战在一线的施工人员。市交通运输局局长、党委书记管亚光，市交通运输局总工、市公路管理处主任陈日晓一同察看和慰问。

8月6—8日　省交通运输厅副厅长王永安一行到盐城进行为期两天的安全生产专项督查。

8月20日　副省长史和平到盐调研连盐铁路建设推进工作，市委书记朱克江，省政府副秘书长陆志鹏，省交通运输厅党组书记、铁路办主任刘广忠，上海铁路局常务副局长王峰，市长魏国强等陪同调研。

▲　省交通运输厅副厅长王昌保一行6人在滨海县开展江苏沿海地区港口发展专项调研。

8月22日　省国资委副主任李琨一行到盐城南洋机场，对今年以来该站的政风行风建设“回头看”工作进行检查。市国资委主任张耀邦，副主任徐兆军，市交通运输局副局长、盐城民航站站长崔花等陪同。

▲　交通运输局局长、党委书记管亚光在市交通运输局总工程师、市公路处主任、书记陈日晓的陪同下，到盐城南洋机场察看机坪改扩建工程施工建设情况，现场指导推进工程建设的措施。

9月1日　市政府召开连盐铁路盐城段建设推进会。会上副市长王荣要求：一着不让推进开工建设各项准备工作。

9月15日　市交通运输局局长管亚光带领市运管处、市公交总公司负责人，现场调研大市区6个公交站台建设情况。交通运输局、亭湖区、盐都区有关负责人一起参加调研。

10月1日　盐城港射阳港区万吨级航道正式通航。市委书记朱克江、市长魏国强、市政协主席李驰等市领导出席通航仪式。

▲　市长魏国强参加新增公交车发车仪式，并提出2014年公交车要突破1000辆，大市区要提前实现城乡公交一体化的两大任务。市交通运输局局长、党委书记管亚光，市公交总公司总经理王

文法陪同。

10 月 10—11 日 省交通运输厅副巡视员惠先宝一行到滨海县调研渠北地区和黄河故道沿线地区交通项目建设情况。市交通局副局长裴义婷，滨海县委常委、常务副县长、纪委书记陈大江，副县长姚兆春陪同调研。

10 月 12 日 市政协副主席陈还堂带领部分政协委员考察市交通重点工程建设推进情况，市交通运输局局长、党委书记管亚光，副局长周忠等陪同考察。

10 月 14 日 副市长王荣主持会办市区快速路范公路工程建设相关问题，要求协力同心破解矛盾，全力推进工程无盲点施工。

10 月 29 日 省民政厅厅长凌航一行到盐城交通技师学院检查指导。市交通运输局党委副书记、副局长、市铁路办主任潘进山，民政局副局长彭涛等陪同调研。

10 月 30 日下午 市长魏国强带队察看大市区交通重点工程建设现场，并召开座谈会听取交通运输工作情况汇报，研究明确明年的交通工程建设重点和推进措施。副市长王荣及市政府秘书长陪同调研。魏国强强调：以改革的思维、创新的办法、务实的作风推进交通发展。

11 月 7 日 市委书记朱克江在盐会见南京信息工程大学党委书记、校长李廉水一行，双方就加强校地合作、争取联合办学进行了商谈。市委常委、秘书长潘道津，副市长朱传耿，以及市交通运输局局长管亚光、市教育局局长常逢生等参加。

11 月 7—8 日 省驻交通运输厅纪检组组长陈宏程一行到盐考察调研交通工作。市交通运输局局长、党委书记管亚光，副局长周忠，总工、公路处党委书记、主任陈日晓，市纪委驻局纪检组组长赵明等陪同调研。

11 月中旬 市交通局局长、党委书记管亚光带队察看盐城市大市区水上服务区和公共码头项目推进情况。局领导潘进山、葛春宽与市航道管理处负责人一同察看。

11 月 17 日 市委书记朱克江考察沿海交通基础设施建设项目，强调加快重大项目推进，打通对外快捷通道，服务沿海开放开发。副市长王荣，市交通局局长、党委书记管亚光陪同考察。

11 月 盐丰高速公路建设全面启动。

12 月 7 日 江苏省苏北快速铁路网的关键工程连盐铁路全线开工建设。省长李学勇在盐城考察连盐铁路工程现场要求：加快推进苏北快速铁路网建设，为长三角一体化提供有力支撑。副省长史和平、省政府秘书长张敬华、上海铁路局局长郭竹学，市委书记朱克江、市长魏国强以及省有关部门和连云港市负责人等参加了考察活动。

12 月 13 日 盐城南洋机场通过竣工验收。本次交付验收的主要有扩建机坪、道肩 3.35 万平方米，及与其配套的排水工程、电气工程、廊桥工程、监控工程、除冰工程和消防工程等项目。完成工程投资 4000 余万元。

12 月 27 日下午 盐城市第八届交通文化艺术节闭幕式暨“盐城交通之歌”职工文艺汇演，在盐城交通技师学院教学楼三楼大礼堂举行。

▲ 全市完成交通基础建设投资 90.25 亿元，比上年下降 14.42%，其中公路建设 52.85 亿元、铁路建设 0.5 亿元、航道建设 6.23 亿元、港口建设 24.47 亿元、站埠建设 2.12 亿元、市内环高架快速路网 6.08 亿元。

2014 年

1 月 1 日 盐城南洋机场扩建后机坪正式投入运行。盐城南洋机场机坪扩建工程于 2013 年 12 月 31 日通过由民航华东地区管理局组织的行业验收。

1 月 8 日 市政府召开连盐铁路盐城段征地拆迁动员大会，副市长王荣出席会议并讲话。他强调，要又好又快地完成连盐铁路征地拆迁任务，为连盐铁路建设创造良好的施工条件。

1月9日　省交巡总队总队长李文武在市公安局副局长崔恒华、盐阜运输集团公司董事长邢健康等陪同下到盐城汽车客运站检查指导安全生产工作。

1月15日　省委书记罗志军和省委常委、秘书长樊金龙等到连盐铁路跨G15和苏北灌溉总渠特大桥建设工地现场，向承担施工任务的中铁十局广大建设者表示亲切慰问并考察了解连盐铁路建设情况。罗志军要求加快推进重大基础设施建设助力沿海开发，造福人民群众。

1月16日　省航道局局长董文虎、副局长韦玮一行到盐城调研航道建设情况。市交通运输局局长管亚光、副局长周忠，滨海县委书记李逸浩、副县长姚兆春，市航道管理处主任陈建斌陪同调研。

2月18日　西安—盐城—上海航线成功完成首航。这条新开通的航线将盐城与国际大都市上海的距离拉近到了50分钟。

2月26日　全市铁路建设工作座谈会在建湖县上冈镇召开。苏北铁路公司总经理、省铁路办连盐项目部部长蒋龙泉参加，市铁路建设办公室主任潘进山作了题为“改进作风服务一线，凝心聚力推进盐城铁路建设”讲话。

3月18日　市长魏国强实地调研察看交通工程建设情况，要求加快交通基础设施建议，打造富民、惠民、便民工程，改善投资环境，服务经济社会发展。市委常委、大丰市委书记倪峰，亭湖、盐都区委区政府及市交通运输局主要负责人陪同。

3月31日　盐城市开通武汉—盐城—大连航线，每周一、四、六3个班次。至此盐城南洋机场在飞航线增到14条。

4月23—24日　交通运输厅副厅长王昌保到大丰港开展“三解三促”调研活动。省港口局局长朱培德、市港口局局长葛春宽陪同调研。

4月28日　省航道局局长董文虎、副局长徐斌到盐城，对盐宝线航道盐城段、阜宁小中河航道、阜宁船闸进行调研。市交通运输局局长管亚光、副局长周忠，市航道处主任陈建斌等陪同调研。

5月4日　由中国铁路总公司、上海铁路局和中铁第五勘察设计院组成的专家组到盐城市对盐徐铁路盐城段线路走向、设计方案进行勘察，市委书记朱克江陪同。

5月7日　副市长、市公安局局长夏存喜到盐城南洋机场检查指导治安防控工作，市公安局副局长朱晓明，市交通运输局副局长、盐城民航站站长崔花随同。

5月10日　省交通运输厅厅长游庆仲一行赴建湖县考察指导交通工作，市交通运输局局长管亚光、建湖县委书记葛启发等陪同调研。

5月13日　省档案局副巡视员欧阳旭明一行到市局调研档案工作，参观市局交通成就展厅，察看档案库房。

5月14—16日　省交通运输厅质监局局长姜竹生带队对盐丰高速公路进行了质量监督技术交底，并开展第一次质量综合督查。

5月15日　省铁路办副主任丁军华一行来盐城市调研铁路建设工作。

5月21日　市交通运输局副局长薛华带领市局安全处等部门的人员，到市区港区凤冈作业区码头项目建设工地，现场督查施工安全生产工作。

5月23日　省交通厅副厅长王昌保、厅港口局局长朱培德一行到市局督查指导群众路线教育实践活动开展情况，市交通运输局局长、党委书记管亚光陪同察看，并详细介绍了市局教育实践活动第一环节工作开展情况。

5月30日　市政府在响水县召开了连盐铁路盐城段征地拆迁工作推进会，副市长王荣到会并作讲话，副秘书长陈锋主持会议，市交通运输局局长管亚光、响水县委书记马俊健出席会议，市连盐铁路建设指挥部相关单位负责人参加了会议。

6月16日　省公路局党委书记张鸿飞、副调研员董松一行到盐，对口指导市公路处党的群众路线教育实践活动。

6月19日　市人大常委会副主任谷家栋带领部分省、市人大代表视察了全市沿海重大交通基础设施建设情况。市政府副秘书长陈锋、市交通运输局局长管亚光，副局长陈日晓以及有关县（市、区）负责人陪同视察。

6月21日　市交通运输局局长、党委书记管亚光到市公路管理处调研指导公路工作，副局长裴义婷陪同调研。

7月2日上午　市长魏国强参加市政府为民办实事工程—市区新增124辆公交车发车仪式。他强调，优先发展城市公交，全力改善市民出行条件。副市长王荣主持仪式。亭湖、盐都、经济技术开发区、城南新区及市交通运输局负责人参加了活动。

7月18日　副市长王荣一行冒雨到盐城南洋机场察看改扩建项目推进情况，并出席跑道延长工程启动仪式。副秘书长陈锋，市交通运输局局长管亚光，副局长、民航站站长崔花陪同参加。

▲ 副市长王荣带队察看大市区交通重点工程建设情况，副秘书长陈锋、市交通运输局局长管亚光以及市公路处、市航道处负责人陪同察看。王荣强调，统筹安排，科学推进，保证质量，建设精品。

7月30—31日　交通运输部国际合作司副司长任为民率海关总署、质监总局等相关部门的人员到盐考察调研中韩陆海联运试点工作。代市长王荣平接待了来宾。省厅副厅长王昌保，副市长王荣及省厅港口局、市交通运输局、港口局主要负责人陪同调研。

8月6日　省厅副厅长王永安到盐城市交通局督查交通安全生产，他指出，要以高度政治敏锐性抓好青奥会安保各项工作。市局局长管亚光、副局长薛华陪同督查。

8月13日　市委常委、常务副市长戴元湖带领市相关部门负责人，深入建湖县交通重点项目施工现场，检查安全生产工作。首站到双湖路西塘河大桥项目现场，实地察看、了解安全设施配备、安全责任制落实情况，并与项目负责人交流，提出相关安全生产要求。

8月19日上午　市委书记、市人大常委会主任朱克江率队再次赴京走访国家发改委和中国铁路总公司，分别与国家发改委副主任徐宪平、中铁总公司副总经理彭开宙，就徐宿淮盐铁路淮安至盐城段设计标准等问题进行深入交流。市委副秘书长、市委办主任陈健翔，市交通运输局党委书记、局长管亚光等陪同拜访。

8月28日　盐城南洋机场改扩建工程军民协调会在盐城召开。副市长王荣出席会议，他要求发扬光荣传统，在军民共建中发展。

9月2日，9月6日　市交通运输局局长、党委书记管亚光带队两次乘坐江苏航政008艇察看通榆河大市区段内河港口浮吊拆除专项整治工作开展情况。副局长薛华及市地方海事局、市航道管理处等部门的主要负责人陪同察看。

9月13日　王荣副市长冒着细雨，与市交通、公安部门的相关领导，就范公路与世纪大道平交路口交通有关问题进行现场会办。局长、党委书记管亚光参加。

▲ 市局局长、党委书记管亚光带队对全市交通运输系统创卫工作进行冲刺之前的督查。副局长陈日晓，局副调研员李金荣等一同参加。管亚光强调，全面动员，全力以赴，确保走好创卫“最后一公里”。

9月19日　省交通运输厅与市档案局联合组成复查组对市局档案馆“特一级”达标情况进行复查。经过一系列的检查评估，完全达到了省档案“特一级”单位的标准。

10月7日　市委副书记、代市长王荣平实地调研市内环高架快速路网和机场改扩建工程建设，并主持召开会办会、协调解决项目建设中的问题。副市长王荣和市有关部门主要负责人参加调研和会办。

10月11日 省交建局局长何平一行到盐城察看阜建高速全线建设情况。市交通运输局局长管亚光、副局长周忠等陪同察看，阜宁县主要领导介绍了工程建设相关情况。

10月15日 省总工会副主席曹海等到盐城检查重点工程劳动竞赛开展情况，省交通运输厅副厅长梅正荣等陪同检查，市交通运输局局长管亚光、市铁路办副主任周正雄等前往连盐铁路滨海特大桥、滨海港区疏港航道船闸工程施工现场迎接并介绍工程进展情况。

10月16—18日 交通运输部安全与质量监督管理司司长成平带领部质量安全督查组一行九人，对全省公路水运工程质量安全工作进行综合督查。盐城市在建的盐淮高速公路大丰港至盐城段工程(盐丰高速)作为唯一的公路项目，代表江苏在建高速公路工程接受了综合督查。省交通运输厅副厅长王永安，厅党组成员、省交建局局长何平等陪同来盐；副市长王荣接待督查组并汇报盐城经济社会和交通发展情况。市交通运输局局长管亚光等陪同赴工程建设现场督查。

11月1日 省交通运输厅航道局局长董文虎、副局长丰玮一行来盐调研内河港口建设情况，市交通运输局局长管亚光，市航道管理处主任陈建斌等陪同考察调研。

11月6日 省铁路办副主任俞强一行到盐赴建湖交通局开展“三解三促”活动，市铁路办主任潘进山、建湖县副县长孙海山等陪同调研。

11月7日 市政府在市行政中心16楼中庭会议室隆重举行城市快速路网工程项目投资合作建设框架协议签约仪式。市人民政府常务副市长戴元湖、副市长王荣、副秘书长陈锋、市交通运输局局长管亚光及市发改委、财政局等部门及单位的负责人出席。管亚光局长介绍了工程概况和合作建设情况。

11月25日 省交通控股集团总经理靳向东一行5人到盐，并赴盐丰、阜建高速项目建设现场实地考察了解工程建设和管理情况。市交通运输局局长管亚光、省宿淮盐公司总经理陈小泉等陪同考察。

11月29日 省交通运输厅厅长游庆仲在盐城调研考察沿海开发推进工作，期间察看了盐城市交通运输局交通成就展览馆、交通规划展示馆、调查了解盐城市近年来交通运输发展情况，并就盐城交通未来的现代化建设与盐城市交通运输局局长管亚光等进行了交流。他指出，盐城交通运输发展要从立足构建中国沿海中心城市枢纽的高度，规划和完善“公铁水空”综合交通运输体系。

12月3日 副省长史和平到盐并赴射阳考察连盐铁路建设情况。省交通运输厅党组书记、省铁路办主任刘广忠，市委副书记、代市长王荣平，市委常委、秘书长、射阳县委书记潘道津，副市长王荣，及省、市交通、铁路等相关部门负责人陪同考察。史和平要求，科学安排，合理组织，加快推进，保证质量，建成精品。

▲ 省交通厅党组书记、省铁路办主任刘广忠带队赴盐城督查了解盐城市2013年度交通运输重点工作完成情况，省厅政治处、省铁路办、省厅公路局、省厅运管局、省厅港口局有关负责人一起参加督查调研。

12月16日 市人大常委会副主任、党组副书记周德祥率代表一行视察了解市铁路建设工作。市交通运输局局长、党委书记管亚光，市铁路办主任潘进山等陪同省人大代表们进行视察。

12月21日下午 深圳—盐城—天津航线成功开通。副市长王荣、副秘书长陈锋、春秋航空公司副总裁沈巍、市交通运输局局长管亚光、市交通运输局副局长、民航站站长崔花等出席首航仪式。

12月 继2013年完成盐都区、市开发区公交一体化后，今年又开通了连接亭湖区盐东、黄尖、新洋港镇的两条市镇公交线路。

▲ 全市完成交通基础设施建设投资110.60亿元，比上年增长22.55%。其中公路建设40.66亿元、铁路建设25.88亿元、航道建设2.04亿元、港口建设27.46亿元、站埠建设1.37亿元、市内环高架建设13.10亿元。大市区城乡公交一体化全部完成。

2015年

1月4日 市交通运输局联合盐都区政府隆重举行盐城传化公路港物流项目战略合作协议签约仪式。传化物流集团副总裁徐炎、传化集团北部大区发展部副部长张治梁、高级法务王有民、发展部高级拓展经理姜蓬，市交通运输局局长管亚光、盐都区区长吴本辉、市交通运输局副局长薛华、市铁路办副主任周正雄、盐都区副区长商建明及相关部门负责人出席了签约仪式。

1月7日 市政协主席李驰带队，率部分市政协委员实地考察市区交通重点工程推进情况，市政协副主席李长见、陈还堂等领导参加了考察活动，市交通运输局局长管亚光陪同考察。李驰要求，努力把市区交通重点工程打造成景观工程、文化工程、实事工程、标志工程。

2月2日 市局专门邀请交通运输部法制司副司长魏东来盐作题为《依法治国与法治政府部门建设》的专题讲座。局长、党委书记管亚光主持讲座并讲话。

2月11日 德国教育交流促进会德国职业教育专家教授密布斯先生一行3人应邀来访盐城交通技师学院。双方围绕职业学校的教育改革和汽车行业发展的新途径展开交流。

2月12日 2015年全市交通运输工作会议在市交通运输局召开。市交通运输局(铁路办)领导班子全体成员，局机关(铁路办)各处室负责人，各县(市、区)交通运输局党政负责人、办公室主任，公路站、运管处、航道站、海事处等单位负责人，市直交通各单位领导班子全体成员及办公室主任出席了会议。管亚光提出：适应发展新常态、奋力谋求新作风、全力推动盐城交通发展迈上新台阶。

2月14日 市委、市政府为民办事重点工程，市区内环高架快速路网工程全线开工建设。市长王荣平出席开工动员会，并亲切看望慰问工程参建人员。王荣平讲话时强调：高起点规划，高质量施工，努力打造惠民工程、精品工程、效率工程、环保工程、廉洁工程。

2月15日 盐城市交通运输局制定出台了《交通运输行政执法规范手册》和与之配套的行政执法工作记录簿。

2月25日 市委书记朱克江得知全市在2014年度全省铁路建设工作目标任务考核中获一等奖第一名，及徐宿淮盐铁路盐城段高铁项目得到国家发改委立项的消息时，作出重要批示："铁路建设工程取得重大突破，市交通铁路系统做出了积极贡献，谢谢你们！今年望持续努力，一着不让抓衔接，抓到位落实。"

3月6—7日 市委副书记、市长王荣平带队督查全市交通重点项目建设情况。他要求，要凝心聚力，攻坚克难，加快重大交通基础设施建设，构建沿海地区现代化综合交通枢纽，为"建设新盐城、发展上台阶"提供坚实支撑。副市长王荣陪同督查，有关区、部门负责人作了汇报。

3月26日 市委书记朱克江、市长王荣平就交通运输局呈报的"关于市区公共自行车营运情况的汇报"作出批示，朱克江批示："根据需求设置好站点最关键。"王荣平批示："公共自行车服务系统是一项民生工程，一定要把实事办实，好事办好。四点工作意见很好，希望有关部门协调配合，抓好落实。"

4月4日 省政协主席张连珍到盐并赴建湖县察看交通建设工作。张连珍对家乡建湖近年经济社会发展取得的成绩给予充分肯定。市委、市政府领导朱克江、王荣平、潘道津及建湖县有关领导陪同考察。

4月9日　省安监局、省厅质监局组成联合督查组，对盐丰高速公路工程项目开展安全工作监督检查。

4月15日　市长王荣平用4天时间察看了临海高等级公路沿线6个县(市、区)的13个乡镇，42个园区和项目现场。要求着力打造黄金海岸经济带,加快沿海中部掘起。市领导张礼祥、倪峰、马成志、王荣、周绍泉、吴晓丹等分别参加调研。

4月21—22日　省铁路办副主任丁军华到盐调研铁路建设工作情况,副市长王荣陪同调研。市交通运输局局长管亚光、市铁路办主任潘进山,以及相关县(区)分管负责人一同参加调研。

4月22—25日　副市长王荣带队专程赴苏南、上海、浙江、福建等地考察铁路综合客运枢纽规划建设工作,市交通运输局局长管亚光、市规划局局长孔逸忻、市铁路办主任潘进山，以及各县(市)人民政府分管负责人参加了考察活动。

5月4日　市长王荣平实地察看市内环高架快速路网工程建设现场,并主持召开会办会,研究解决项目建设中的矛盾和问题，对下一阶段工作推进提出要求，强调要高标准高质量推进市内环高架快速路网项目建设,确保如期建成通车,改善市民出行条件。

5月13日　副市长王荣带队赴民航西南地区管理局，就盐城机场航线发展等工作进行对接，恳请给予盐城南洋机场发展的支持。民航西南地区管理局副局长吴小兵等接待了王荣副市长一行,盐城南洋机场有限责任公司主要负责人等陪同前往。

5月16日　盐城市阜宁船闸管理所正式揭牌。阜宁县委、盐城市交通运输局主要领导为管理所揭牌。

5月20日　市长王荣平在市直有关部门、盐都区主要领导人的陪同下，实地察看盐靖高速公路城西互通改造工程项目的建设情况。

5月28日　桂林—盐城—静冈航线开通,这是省内江北8座城市首条赴日航线。6月2日,桂林—盐城—大阪的航线也将开通。这样每周盐城市往返日本大阪、静冈和桂林三地的航班将达到4个，极大地方便了盐城市及周边地区的游客往返几个城市之间,促进两国四地之间的经济文化交流。

6月6日　副市长王荣带领市交通、城管、交巡警等部门的主要领导及区政府的有关领导,一同察看市内环高架快速路网南环路、西环路、青年路、范公路南段工程建设现场,重点考察了解各标段的绿色施工情况。市交通运输局局长管亚光陪同视察。

6月16—17日　省交通运输厅副厅丁峰一行在市交通运输局局长管亚光,盐都区区长吴本辉、大丰市市长陈平等陪同下,深入到盐都区、大丰市开展“三解三促”工作。

6月30日—7月1日　市长王荣平带队考察徐宿淮盐高铁开工建设准备工作,秘书长徐龙波、副秘书长陈锋,及阜宁县、建湖县、亭湖区主要领导,市发改委、财政局、规划局、交通运输局、铁路办、环保局、国土局等部门的主要负责人陪同参加考察。

6月30日　市四套班子老领导一行近40人，先后考察了市内环高架快速路网一期工程范公路、大市区城西水运物流港、盐邵线盐城水上服务区等重点交通工程，由衷称赞近年来交通发展的巨大变化。市交通运输局局长管亚光等陪同考察。

7月1日　市交通运输局隆重召开庆祝建党94周年纪念大会,局领导班子全体成员,局机关全体党员;市直交通各企事业单位领导班子成员、职能科室负责人,市直交通企事业单位党总支、支部书记以及受表彰的党组织和党员代表参加了会议。局党委书记管亚光作讲话,会议由副局长崔花主持。

7月7—8日 省交通运输厅副厅长王永安带队到盐开展"三解三促"工作。市交通运输局局长管亚光，建湖县县长薛盛堂以及市交通运输局副局长薛华、裴义婷等陪同察看了市交通重点工程推进有关情况。

7月15日 山西省晋中市交通运输局局长邢俊杰一行10人到盐城市考察了解市区公共交通发展、运营和管理等情况。市交通运输局副局长薛华、市公交总公司总经理王文法等陪同。

7月16日上午 市委常委、组织部长庄兆林带队慰问市内环高架快速路网工程建设一线的施工人员。市总工会主席沈洪清以及市交通运输局局长管亚光，市内环高架项目办主任陈日晓、副主任赵明等陪同慰问。

7月21日 省交通运输厅党组书记、省铁路办主任刘广忠到盐城督查铁路工作，副市长吴晓丹陪同，副秘书长陈锋，市交通运输局局长管亚光，市铁路办主任潘进山等领导参加活动。刘广忠要求：加强工作的主动性和计划性，把年度目标任务落到实处。

7月27日 市长王荣平专程赴沪拜访民航华东地区管理局和中国东方航空股份有限公司，重点对接盐城南洋机场工程建设和航线发展等有关事宜。秘书长徐龙波、盐城南洋机场有限责任公司董事长葛春宽等陪同前往。

7月29日 市委常委、政法委书记丁宇带队调研市交通运输行业践行全面推进依法治市"四个行为规范"试点工作以及交通运输依法行政工作。市法制办主任戴红春、市交通运输局局长管亚光、副局长薛华等陪同参加调研。

7月31日 市长王荣平到市内环高架快速路网工程6个标段的建设现场，看望和慰问高温酷暑期间坚守在工程一线的广大建设人员和协助建设的交警、城管部门的人员。副市长夏存喜、王荣和市公安、交通运输部门的主要负责人参加慰问。

8月3日 市交通运输局局长管亚光带队深入公交一线，看望和慰问顶酷暑、战高温、坚守岗位的人员，副局长崔花陪同参加慰问和调研。

8月6日 副市长王荣赴盐丰高速公路工程建设工地，现场考察工程建设情况。副秘书长陈锋、市交通运输局局长管亚光、副局长裴义婷等陪同察看。

8月8日 市委书记、市人大常委会主任朱克江察看交通重点工程建设情况，亲切看望慰问奋战在项目建设一线的施工人员。

8月11日 市长王荣平到盐城南洋机场现场察看改扩建工程，并主持召开会办会，协调解决项目建设中的问题。

8月20日 市人大常委会副主任谷家栋带领人大代表建湖一组成员视察了市铁路基础设施建设情况。

8月31日下午 市交通运输局组织机关部分党员干部共30多人赴盐城泰山庙新四军重建军部旧址，参观了"浴血奋战、英雄盐城"新四军抗战大型专题展。

8月 市区淘汰最后一批22辆无空调车，标志着盐城市成为全省第四、苏北第一个实现公交车空调全覆盖的地级市。

9月2日下午 副市长王荣带队督查盐靖高速公路盐城西互通改造工程项目的推进情况，盐都区政府主要领导、分管领导及市交通运输局、建设局、规划局、园林局等部门主要负责人一同参加了督查。

9月25日 市交通部门根据省铁路办日前在宁召开的徐宿淮盐铁路开工前准备会精神，专题部署市相关单位做好各种准备，确保徐宿淮盐铁路盐城段率先在12月份中旬开工建设。徐宿淮盐高铁建设标准确定为每小时250公里。

9月28日 市政府新闻办公室在市交通运输局交通大厦301会议室举行2015年交通民生实事工程重点项目新闻发布会。《新华日报》、《现代快报》、《扬子晚报》、中国新闻网、省广播电台、《盐阜大众报》等省内十多家媒体派员参加。市交通运输局局长管亚光,副局长薛华、崔花、陈日晓,以及市交巡警支队、市公路处、运管处、公交总公司等部门负责人应邀出席新闻发布会。

10月15日 振兴盐城北京咨询委员会顾问、中国铁道企业管理协会会长,原铁道部副部长王兆成、振兴盐城北京咨询委员会副主任、原铁道部纪检书记张有民在盐参加振兴盐城北京咨询委员会年会。其间,专题听取了盐城市关于盐城铁路发展的规划汇报,并对盐城铁路发展规划提出重要意见和建议。市交通运输局局长管亚光、市铁路办主任潘进山、市规划局局长孔逸忻以及市发改委等单位相关负责人参加了会议。

10月25日上午9:03 由海口美兰机场飞来的JD5773航班平稳降落盐城南洋国际机场。同日12:3 8由成都飞来的MU2885航班降落南洋机场。这是盐城至海口、成都两条航线开通后,首个抵达盐城市的航班。

10月26日 上海东方卫视在“看东方”专题栏目中,以“盐城—上海航线实现每天1班,两地直飞仅需1小时”为题,专门报道了盐城市真正跻身国际大都市上海“一日商务圈”的消息。

11月2日 江苏高速公路网的最后一个县级节点工程—阜宁至建湖高速公路正式开通,结束了阜宁县不通高速公路的历史,标志着江苏提前实现“县县通高速”目标。市委书记、市人大常委会主任朱克江到阜建高速公路工程现场察看建设情况,并看望慰问工程建设人员。市长王荣平、市政协主席李驰等参加慰问。

12月4日上午 中铁总公司工管中心副主任孔文亚、省铁路办副主任丁军华、上海铁路局副局长李迎九一行到盐城踏勘徐宿淮盐铁路盐城段先行开工点情况。市政府副秘书长陈锋,市交通运输局局长、铁路办主任管亚光等陪同。

12月8日下午 市交通运输局局长、铁路办主任管亚光检查连申线盐城大市区城东新界水上服务区和内河集装箱专用码头项目建设和运行情况,市航道管理处主任陈建斌等陪同检查并介绍工程建设和招商情况。

12月11日下午 徐宿淮盐高铁盐城段建设指挥部召开第三次成员单位会议。市委书记、市人大常委会主任朱克江就高标准高效率做好开工准备工作作出重要批示,市委副书记、市长王荣平出席会议并讲话,副市长王荣主持。

12月21—22日 盐城至南通铁路可行性研究审查组的专家率先到盐实地考察线路走向情况。市长王荣平接见并陪同专家组一行人员,市委常委,副市长王荣等陪同踏勘。市交通运输局局长、市铁路办主任管亚光参加了踏勘活动。专家组一行实地察看了盐城火车站出站端、通榆河桥位、大丰站站址及东台站等地的情况。

▲ 全年完成交通基础设施建设投资132.44亿元,比上年增长19.71%。其中公路建设42.40亿元、铁路建设24.18亿元、航道建设4.73亿元、港口建设29.23亿元、站埠建设1.4亿元、市内环高架局快速路网30.50亿元。

第三编 交通机构(单位)

【盐城市交通运输局(盐城市铁路建设办公室)】

2012 年 2 月 12 日,市交通运输局局长、党委书记管亚光在全市 2011 年度交通工作总结表彰会上讲话(陆建平 顾枫)

"十二五"期间,在市委、市政府的坚强领导下,市交通运输局(市铁路建设办公室)紧紧围绕"建设新盐城、发展上台阶"的奋斗目标,抢抓沿海开发上升为国家战略,以及长三角一体化发展战略、"一带一路"倡议的发展机遇,按照打造沿海地区新的综合交通运输体系的发展目标,强势推动交通基础设施建设上新的台阶,经过 5 年拼搏努力,各项工作取得令人瞩目的成就,概括起来有 20 个亮点。

1. 交通基础设施建设投资创历史新高。2011—2015 年,全市交通基础设施建设累计完成投资 523.42 亿元,比"十一五"增长了 82.04%。其中 2015 年就完成 132.44 亿元,是省交通运输厅下达投资计划的两倍多,比 2014 年增长 19.75%,比 2010 年增长 72.52%。

2. 公路建设实现两个全省第一的目标。2011—2015 年,全市公路建设完成投资 260.50 亿元,比"十一五"期间增长 8.30%,新改建公路 4687 公里,重点实施了 G228(临海高等级公路)、S331、S125、S234、S352、S348 等 18 个国省干线公路项目,市域范围内基本形成以一级公路为主的"四纵九横"干线公路网。截至 2015 年年末,全市公路总里程近 2 万公里,全省第一;其中农村公路 1.70 万多公里,全省第一。

3. 高速公路建设让全省"县县通"目标提前完成。2015 年 11 月 2 日阜建高速公路全线建成通车,使全省最后一个不通高速公路的县通上高速,提前实现全省"县县通高速公路"的目标;盐丰高速公路全线实现贯通,将于 2016 年建成通车。并积极争取阜建高速公路南延北接和盐城直达南京高速公路的项目。

2012 年 7 月 30 日,市交通运输局副局长、党委副书记、市铁路办主任潘进山,局工委主任陈志超深入工程施工一线,慰问正在顶着烈日施工的市公路工程有限责任公司干部职工(姜进 顾枫)

4. 铁路建设进入了"高速时代"。2013 年 12 月,开建境内第一条电气化快速铁路—连盐铁路,彻底改变市内响水、滨海、射阳 3 县无铁路的历史,将于 2017 年建成通车;市委、市政府主要领导多次跑省跑部,终使徐宿淮盐铁路盐城段按高铁标准建设,并增建与连淮扬镇铁路客运专线的双向联络线,已于 2015 年 12 月 28 日开工建设。盐城市目前在建铁路规模达 177 公里，成为全省铁路建设的主战场。盐泰锡宜城际铁路列入全省“十三五”开工项目,将彻底解决盐城市通往上海、南京、北京三个重要节点城市的高速通达问题;盐城至南通铁路可研报告已通过国家铁路总公司的评审。

2011 年 3 月 31 日，全市铁路工作会议在盐城召开，图为市铁路建设办公室领导在主席台就座(郑志龙、单以超)

5. 空港建设跻身区域中等机场的行列。按照沿海中心航空枢纽的发展定位，实施了盐城南洋机场改扩建工程,机场跑道由 2200 米延长至 2800 米，满足了 C 类飞机全载起降和部分 D 类飞机的起降,机坪达到 8 个 C 类机位。不断拓展新的航线和加密航班，开通了江苏省长江以北地区首条至日本大坂、静冈的航线,新辟深圳、天津、桂林、福州、海拉尔、重庆、大连、南京、成都、海口等国内航线,加密至上海、北京、台湾、首尔等航班,在飞航线达 22 条，每周出港航班达 111 架次,2015 年旅客吞吐量超过 85 万人次。特别是每天一班来回的上海航班，将盐城融入了国际大都市上海的一小时“商务圈”,极大地带动了两地之间的经贸合作和人文交流,东方卫视专题进行报道。机场 T2 航站楼已开工建设,快速干线正在推进前期。

6. 内河航运实现“通江达海接运河”。以构建“通江达海接运河”的骨干航道网为主线,实施高等级航道 160 公里。先后建成通江航道通榆河东台南段、达海航道大丰港疏港航道等三、四级航道;拓宽改造了盐邵线、盐宝线等一批干线三级航道,保证了全市 4300 多公里干支线航道的安全畅通；启动京杭大运河与通榆运河联络航道小中河改造和阜宁船闸项目的建设，建成滨海港疏港航道船闸 1 座，开工建设船闸 3 座，全市内河航道“通江达海接运河”目标基本实现。

7. 沿海地区集疏运体系基本形成。以港区建设为龙头,先后建成大丰港、滨海港、射阳港 5 万吨、10 万吨级的深水码头,“一港四区”协同发展的格局基本形成。全面建成 6 条通往港区、港城的东西向通海公路,市区和各县经济节点、重要镇区全部一级公路连通;大丰港疏港航道建成通航,滨海港疏港航道正在推进，射阳港疏港航道已完成前期,全市东部沿海地区的路、港、航集疏运体系大格局已经形成。

8. 开工建设江北最长的内环高架快速路网。积极推进“交通进城”,以道路交通主框架撑起城市发展新空间，正在建设盐城建市以来投资和规模最大的单体工程项目——市内环高架快速路网系统。已建成高架快速路网一期工程——范公路北段,并于 2015 年 9 月 28 日正式通车;二期工程大部分标段开始架梁施工,预计 2016 年年底将全面建成。内环高架绿色施工悉心呵护盐城“好空气”的成功经验被《中国交通报》《新华日报》《江苏交通报》等多家新闻媒体推介。

9. 建成临海高等级公路盐城段旅游风光带。全长 240 多公里、总投资 70 多亿元的临海高等级公路纵贯盐城东部沿海的南北，形成了新的经济长廊,带动了盐城沿海 6 县(市、区)经济和旅游业的快速发展。临海高等级公路盐城段自然风光独特,被原省长李学勇称赞为生态大道、开发大道、旅游大道、质量大道。

10. 大市区率先实现城乡公交一体化“全覆盖”。加速推进公共交通服务均等化,建成市区“一主一环六支”快速公交 BRT 系统,线路总长 156 公里。近两年又相继投入 5 亿多元对市区公交车辆和站场进行更新和改造，市区公交车保有量已突破 1000 辆,私营中巴车全部退出客运市场。建成环保科技城公交枢纽站、漓江路公交回车场等 6

个公交服务场站，建成公交首末站4个，2015年市区公交出行总量已突破1.20亿人次。

2013年2月18日，全市2012年度交通运输工作总结表彰大会召开，图为局领导在主席台就座（张静怡）

11. 解决了市民出行“最后一公里”难题。全面完成市区公共自行车1期、2期工程，布设站点400个，建成锁车器1.20万个，公共自行车拥有量达1万多辆，最高日借车量达1.69万人次。

12. 提前完成江苏公交“一卡通”互联互通任务。“江苏交通一卡通”是2015年省政府《政府工作报告》中明确的一项为民办实事任务，是省交通运输厅为民办实事的庄严承诺。为确保把这件民生实事办好，市交通运输局专门成立了“一卡通”互联互通工作领导小组，组建了盐城黄海通市民卡公司，与国内知名软件开发公司合作，于2015年11月20日与全省各市实现互联互通公交IC卡，是全省第三家、苏北首家完成公交“一卡通”互联互通的地级市。盐城黄海通市民卡在满足市民公交出行的同时，还预留了出租车、自行车、地铁和金融服务等功能，待功能全部完善后，可真正实现公共出行一卡走遍全省。

13. 内河港口建设步入了规范化、规模化发展新阶段。以市政府名义出台了《盐城内河港总体规划》《关于加强全市内河干线航道港口岸线及建设管理的意见》，重新规划布局市域范围内的干线航道内河港口，为全省首家以政府名义立法规范内河港口的地级市。集中清理通榆河大市区段非法装卸作业点38个，推动零星码头向规模化公用港区集中，建成了大市区城东、城西、步凤、新兴4个内河港码头；连申线东台、盐城、阜宁，刘大线大中，盐邵线盐城等5个水上服务区正式投入运营。实施了东台时堰、建湖里下河、阜宁东港作业区以及中石油盐城特庸油库码头项目工程，2011—2015年全市内河港口完成货物吞吐量1.54亿吨。

14. 撤渡建桥等农村实事让群众深切感受到发展的新变化。20世纪90年代，盐城市共有渡口1199道，是全省渡口最多的一个地级市。通过建桥撤渡工程，截至2010年底尚余196道渡口。此后通过农村公路新建、改建、提档升级等实事工程的建设，至2015年年末，全市仅剩渡口96道。3059平方公里的大丰区成为全市首个“无渡区”。全市农村公路突破1.70万公里，实现了“村村通客运班车”的目标；盐城市区开通了至大丰、建湖等地的城际公交；全市已有40个乡镇开通镇村公交，镇村公交开通率达40%。

15. 全市客货运站场规划和建设不断完善。市区顺利启用汽车客运北站，形成了“一主三辅”的汽车客运站场布局；各县（市、区）汽车客运站均按一级客运站的标准进行规划和建设，新建成建湖、阜宁、滨海、东台等多个一级汽车客运站；科学布局新长铁路、连盐铁路和徐宿淮盐铁路沿线的客货运站场，全市形成“县县有铁路枢纽”的新格局。

16. 启动综合交通客运枢纽建设。按照综合交通客运枢纽“零换乘”的建设标准，市区正在规划建设以高铁为主，集公交、出租、长途客运、县际班车等多种运输方式相互间“零换乘”的综合客运枢纽，目前选址已确定在东进路东延与范公路交界处，正在和国家铁路总公司深化轨道和站场建设的方案。

17. 启动综合交通指挥中心的规划和建设。建成全市公路数据中心、G204盐城段“数字公路”、G228盐城段“智慧公路”、连申线东台段“智慧航道”等一系列重点项目；建成全省第一艘多功能综合救助打捞船、二类船员实操考试船、全中文船员操纵模拟器和全省最大的船员电子考场；建成启用盐城市联网售票分中心，全市10个二级以上汽车客运站全部联网售票，实现全省范围内异地购票。

正在规划和建设全市综合交通指挥中心,建设场地已经确定,项目已得到发改委等部门的认可。

18. 交通公共服务设施不断完善。建成G228大丰和响水服务区,以及“风吹麦浪”、“渔村风光”等多个观景台;正在建设市水上搜救基地、出租车服务中心、S331盐东服务区自驾游基地等交通公共服务设施。

19. 交通体制机制改革迈出了新步伐。以全面深化改革统领交通运输工作全局,主动适应新常态并抓住用好新常态蕴含的新机遇,在全面落实省厅18项深化改革任务的基础上,重抓“四大改革”工作。一是民航事改企改革。成立了盐城南洋机场有限责任公司,完善了公司法人治理结构。二是投融资体制改革。成功重组交通控股集团有限公司,在现有交通投资有限公司的基础上,全面整合交通全系统的优势资源,系统内原有的企业全都划归控股管理,实现了交通融资平台的单一性融资向实体型投资转变。三是综合执法体制改革。完成各县(市、区)交通综合执法所改革的工作任务,水上统一上航执法和乡镇交通综合执法改革基本到位;全市54个乡镇交管所、综合所的规范化建设、标准化改造和交通执法形象“四统一”(统一外观形象、统一执法标志、统一执法证件、统一工作服装)建设被交通运输部认可,亭湖地方海事处被交通运输部列为全国交通运输基层执法站所“三基三化”(基层执法队伍职业化、基层执法站所标准化、基础管理制度规范化)建设试点单位;目前正在组建市交通运输行政执法支队,实行统一综合执法试点工作。四是公共交通服务体制改革。从2011年开始,出租、公交等公共交通服务的管理职能划归交通管理,市交通部门从公司化改造入手,强化对这些服务的管理体制、投资体制、用人体制的规范化运作,目前正在对市公交总公司进行法人治理结构的改革。

20. 从严治党取得了新进步。按照中共中央和省市委的工作部署,扎实开展了科学发展观、党的群众路线教育实践活动和“三严三实”专题教育,把守纪律、讲规矩摆在更加突出的位置,并按照抓长抓细抓常的要求,紧盯“四风”问题,贯彻执行好中央《八项规定》和省市委《十项规定》、“一案双查”等制度,加强对重点工程、重点岗位、重点环节的监督和检查,对腐败实行“零容忍”。组织开展了全系统“10+2”专项清理和“治三公、查三在”专项行动;聚焦社会主义核心价值观,定期开设“道德讲堂”“廉政微电影”“廉文荐读”等活动。注重挖掘、培树先进典型,全市交通运输行业56个单位全部创建成市级及以上文明单位;盐城民航站创建成全国文明单位,市交通运输局创建成省文明单位标兵,盐城民航站“飞燕班组”、市公交总公司BRT“刘飞温馨服务示范线”、盐阜公路运输集团“沙惠林班组”、阜宁汽车站“学雷锋小组”多次被评为全国、全省“青年文明号”“优质服务品牌”,沙惠林被评为全国劳模,刘飞等4人被评为省劳模。系统内还有1人入选“中国好人”、6人被评为“盐城好人”。

市交通运输局(市铁路建设办公室)2011—2015年连续5年荣获市政府综合目标考核奖。市铁路建设办公室2011—2012年,连续2年被省铁路办评为全省铁路工作先进集体,2014—2015年,连续2年荣获省铁路办全省铁路建设工作目标任务考核一等奖。

2013年6月2日,全市交通运输系统在盐城交通技师学院举行了以“强素质、练精兵、树形象、促发展”为主题的执法人员队列会操比武活动,图为13个方队中部分比武镜头。(顾枫、张静怡、王莹)

2011—2015年市交通运输局（市铁路建设办公室）领导任职情况

表 1

姓名	职务		时间		备注
	党内	行政	任职	离职	
管亚光		局长	2007.2		
	党委书记		2008.3		
		市铁路办主任	2015.11		
潘进山	党委副书记	副局长	2006.6	2015.2	
		市铁路办主任	2010.2	2015.2	
周启兆	党委委员	副局长	1996.12	2011.3	
		副调研员	2011.3	2014.12	退休
周忠	党委委员	副局长	2003.6		
薛华	党委委员	副局长	2007.7		
葛春宽	党委委员	副局长	2009.10	2015.2	调市港口管理局
裴义婷	党委委员		2009.10		
		副局长	2012.8		
崔花	党委委员	副局长	2012.8		
仇筱云	党委委员	纪检组长	2004.7	2013.5	
		副调研员	2013.5		
陈志超	党委委员	工委主任	2005.12	2015.2	
陈日晓	党委委员	总工程师	2011.12	2014.4	
		副局长	2014.4		
周正雄	党委委员		2012.11	2015.6	调市交通控股集团
赵明	党委委员	纪检组长	2013.10		
陈惠民	党委委员	总工程师	2014.4		
朱金明		副局长	2013.3	2015.2	
李金荣		副调研员	2014.1		
吴树堂		市铁路办副调研员	2008.3	2011.3	退休
徐修俊		市铁路办副调研员	2009.4	2012.9	退休
郭东成		市铁路办副主任	2009.10	2012.10	调省铁路办
王铮		市铁路办副主任	2009.10	2014.3	
	党委委员		2012.11	2014.3	
		副调研员	2014.3		
戴道	党委委员	市铁路办副主任	2015.2	2015.5	调市信访局
商颖	党委委员	市铁路办副主任	2015.2		
杨华	党委委员	市铁路办副主任	2015.5		

2011—2015年市交通运输局(市铁路建设办公室)处室领导任职情况

表2

姓名	职务（党内）	职务（行政）		时间（任职）	时间（离职）	备注
陈建斌		市交通运输局	办公室主任	2005.4	2012.8	
刘志军			办公室主任	2012.8		
陆建平			办公室副主任	2005.1	2014.11	2008.12—2012.10兼任市交通综合服务信息中心主任
	局机关党委专职副书记			2012.10	2014.11	
			政策法规处处长	2014.11		
张少森			办公室副主任	2012.12		
	局机关党委专职副书记			2014.11		
计小刚			办公室副主任	2014.11		
李金荣			政策法规处处长	2005.1	2014.1	
彭培元			政策法规处副处长	2012.4		
			市交通行政许可服务大厅主任	2014.11		
孙一明			政策法规处副处长	2014.10		
陈日晓			综合计划处处长	2009.10	2012.3	
丁胜			综合计划处处长	2012.10		
储骏骅			综合计划处副处长	2002.8		
			建设管理办公室主任	2012.8		
刘春兰			妇委会主任	2011.4		
			航空产业处处长	2012.5		
刘孝江			综合计划处副处长	2014.11		
宋长松			安全监督处处长	2006.12		
蒯晓春			安全监督处副处长	2014.11		
杨成楼			财务审计处处长	2011.4		
邱立松			财务审计处副处长	2012.4		
孙爱军			财务审计处副处长	2014.11		
许卫			组织人事处处长	2008.12		
郑志龙			组织人事处副处长	2008.12	2011.7	
			监察室主任，市纪委、监察局派驻市交通运输局纪检组副组长	2011.7 2012.4	2017.8	
王栩			组织人事处副处长			2011.4任局团委书记
祁步华			交通战备办公室副主任、人武部部长	2004.6	2013.9	
姚立斌			交通战备办公室副主任	2013.9		
卞勇			人武部部长	2014.11		
杨华		市铁路办公室	规划计划处处长	2011.3		
惠德林	党支部委员		建设工程管理处处长	2011.3		
丁娅	党支部副书记		综合处副处长	2012.4		

（张少森　王栩）

【盐城市港口管理局】

市港口管理局副局长裴义婷与省港口管理局领导签订2012年目标责任书。 （薛俊、陆建平）

2015年10月8日，市港口管理局局长戚太龙主持召开“三严三实”专题教育活动学习研讨会

盐城市沿海岸线总长582公里，约占全省的60%，共规划港口岸线128.20公里，其中，深水港口岸线64.90公里，至2015年年底已利用22.50公里。盐城港下辖大丰、射阳、滨海、响水4个港区，常年不冻，波浪较小，泊稳条件好。“十二五”期间，盐城沿海港口事业迅猛发展，至2015年年底，盐城港已建成一类开放口岸1个，临时开放口岸1个，生产性码头泊位86个，其中万吨级以上泊位19个，泊位总长8770米，综合通过能力6018万吨，成为全市临港产业发展的重要依托和区域综合交通运输体系的重要枢纽，苏北地区及淮河流域经济社会发展和对外开放的重要口岸，江苏沿海地区性重要港口。

“十二五”期间，盐城港累计完成港口建设投资127.65亿元，年投资额连续五年均突破20亿元，2015年达27亿元，新建万吨级以上码头泊位16个，其中5万吨级8个，新增货物通过能力4209万吨，年均增长53.50%，新增汽车通过能力23万辆，实现沿海万吨级深水航道全通航。建成大丰港区7万GT滚装码头，射阳港区万吨级通用码头、航道一期工程，滨海港区10万吨级航道导堤、北区通用码头，响水港区小蟒牛作业区一期2万吨级码头等一批重大战略性工程项目。大丰、射阳港区深水航道以及港池锚地、港区道路连接线等项目争取部、省专项补助资金12亿多元。智慧低碳港口建设取得较大突破。大丰港区云计算中心、生产指挥中心建成使用，大宗商品电子交易平台上线运营；大丰港区绿色循环低碳港口项目通过省交通运输厅评审，成为江苏沿海继连云港港之后的第二个低碳主题性港口，港口能耗监测平台投入使用，岸电技术在码头应用，投放LNG清洁能源车辆100多台，车辆全球定位系统、场站集装箱网上订单系统全面启用。

坚持以《盐城港总体规划》（以下简称《总规》）引领沿海港口开发建设，并根据上级要求和盐城市经济发展规划，适时组织对《总规》进行修订，加快推进盐城港“十三五”发展规划编制工作。同时，重点加强对《总规》的宣传和规划执行情况的督查。持续抓好“平安工地”创建，推进港口建设市场信用等级考评，深入开展港口工程“未批先建”专项整治行动，对13个项目补办了34项审批文件，彻底解决了多年来的遗留问题。推进基本建设程序的规范化、标准化，加强工程质量监督，出台《盐城市沿海港口岸线使用管理办法》，严格按规定申报、审批、使用岸线，从严核发“港口经营许可证”。下放行政审批权限共9项，并加强后续监督和指导。推进港口企业安全生产标准化建设，加强港口安全生产宣传教育培训，深入开展“打非治违”、安全生产大检查等专项行动，建立第三方安全评价机制，每年组织安全检查50多次。重点对港口剧毒化学品、易燃易爆危险化学品和重大危险源等，实施全天候动态监控。组织安全生产突发事故处置演练，强化港口设施保安监管，加强重点时段的应急值守。“十二五”期间，盐城港没有发生一起重大安全责任事故和有影响的港口设施保安事件。

2013年9月3日，市港口管理局纪检组组长王世法带队赴港区开展“三走进三服务”活动

港口基础设施的日趋完善、综合服务功能的不断提升，促进了临港产业快速集聚和发展，实现了港口与产业的良性互动。“十二五”期间，盐城港累计完成货物吞吐量2.40亿吨，集装箱37.51万标箱，分别年均增长46.90%和36%，同比“十一五”累计完成货物吞吐量增长545.20%、集装箱量增长358%。2015年完成货物吞吐量7575.94万吨，集装箱17.21万标箱，分别同比增长24.10%和66.80%。比2010年分别增长584.40%、365.10%。至2015年年底，已开通航线27条，其中外贸线8条，内贸线19条，到达上海、宁波、青岛、日照、太仓、连云港、营口、大连以及韩国仁川、釜山、平泽、光阳等国内外主要港口。大力开辟货源，港口腹地已延伸至河南周口、皖北、鲁西南等地区，货种呈多元化发展趋势。“十二五”期间，码头靠泊船只累计2.79万艘，比“十一五”增长134.50%，其中2015年靠泊船只8150艘，比2014年增加2227艘，比2010年增加3870艘；安全引航国内外船舶4954艘(其中5万吨级以上672艘)，其中2015年安全引航船舶1698艘(其中5万吨级以上302艘)，同比增长31.80%。盐城港引航站筹备组建工作开始启动。沿海港区落户企业近千家，集聚了一批新型能源企业，其中包括国家电投、中海油、协鑫、大唐、博汇、德龙等一批投资数百亿元的央企、民企项目，形成了煤炭集散、港口物流、木材石材、重型装备、石化新材料等一批临港特色产业园区。

2011—2015年盐城市港口管理局领导任职情况

表3

姓名	职务		时间		备注
	党内	行政	任职	离职	
管亚光	党组书记		2009.8	2015.11	兼任
朱新龙	党组副书记	局长	2010.1	2012.1	
葛春宽	党组副书记	局长	2012.5	2015.2	
戚太龙		局长	2015.5		
	党组书记		2015.11		
倪向荣	党组副书记	副局长	2009.8	2011.3	兼任
裴义婷	党组成员	副局长	2009.8	2012.8	
王世法	党组成员 纪检组长		2009.8		
诸裕良	党组成员	副局长	2010.5	2012.5	(挂职)
赵　飞	党组成员	副局长	2010.12		
周广展	党组成员	副局长	2011.6	2013.6	兼任

表4 2011—2015年盐城市港口管理局处(队)负责人任职情况

姓名	处(队)名称	职务		时间		备注
		党内	行政	任职	离职	
徐环聪	综合处		副处长	2011.12	2013.1	
薛 俊			副主任科员	2011.12		
王浦江		机关支部副书记		2012.8		
陈 蓉	规划建设处			2011.12		
胡大俊	港务管理处			2011.12		
袁雪梅	财务审计处			2011.12		
赵 飞	盐城市港政执法支队		支队长	2011.12		兼任
陈 蓉			副支队长	2011.12		
胡大俊			副支队长	2011.12		
王浦江			综合科科长	2011.12		
袁雪梅			稽查科科长	2011.12		

（薛俊、王鑫）

【盐城市高速公路建设指挥部办公室】

“十二五”期间,盐城市主要建设了阜宁至建湖和盐淮高速公路大丰港至盐城段两条高速公路,2015年11月2日阜宁至建湖高速公路建成通车,盐淮高速公路大丰港至盐城段截至2015年年底累计完成投资12.56亿元,预计2016年10月也将建成通车。

阜宁至建湖高速公路项目（以下简称阜建高速公路)是沿海开发的重要交通基础设施之一,也是江苏省“十二五”规划中“县县通高速”目标的收官之作。该项目北起阜宁县城西S329，向南经硕集、建湖建阳至建湖高新产业园西侧接淮盐高速公路,线路全长36.20公里。项目全线按双向四车道高速公路标准设计，工程概算投资21.35亿元。该项工程采用“省市共建、以市为主”的建设管理模式,于2012年1月10开工建设。盐城市高速公路建设指挥部办公室（以下简称市高指办）树立“建百年工程、建生态高速”建设目标,根据工程特点,组织施工单位努力克服施工难点,强化工程质量、进度、合同、安全、财务、环境保护和档案资料管理,积极开展科研创新与技术推广,经过广大工程建设者的精心组织和团结拼搏，圆满完成工程建设各项任务,顺利通过省交工验收。省交工验收委员会认为:阜建高速公路工程管理科学严谨,克服了征地拆迁协调难度大，实际工程工期短等突出困难,大力推行施工标准化和“平安工地”建设等活动,工程精细,质量优良。于2015年11月2日正式通车。

盐淮高速公路盐城至大丰港段（以下简称盐丰高速公路)是江苏省“五纵九横五联”高速公路网规划中的“横二”丰(沛)县至大丰港高速公路的重要组成部分,项目东接大丰港,西与S18盐淮高速公路、G15沈海高速公路衔接。路线起自大丰港经济区，经海丰农场向西跨临海高等级公路、S226、斗龙港,终点接盐淮高速公路步凤枢纽一期工程,路线全长36.60公里。全线按双向四车道高速公路标准设计,工程概算投资20.71亿元。该项工程采用“省市共建,以市为主”的建设管理模式,市高指抽调精干力量组建盐丰项目办，按照省厅提出的建成“精品工程、品牌工程”的目标任务,打造全省第一条全标准化施工的高速公路，严格实行工地建设标准化、施工工艺标准化、工程管理标准化、安全管理标准化、监理工作标准化、试验检测标准化。该项工程于2013年10月开工建设，至2015年年底累计完成投资12.56亿元，占概算投资总额的60.65%。

2013年10月，市交通运输局机关离退休老干部参观阜建高速公路建设，市高指副指挥周忠现场介绍情况。(杨海丰)

2011—2015年盐城市高速公路建设指挥部领导任职情况

表5

姓名	职务	时间		备注
		任职	离职	
管亚光	常务副指挥	2007.2		
周忠	副指挥	2003.6		
裴义婷	副指挥	2012.8		

2011—2015年盐城市高速公路建设指挥部办公室领导任职情况

表6

姓名	职务	时间		备注
		任职	离职	
管亚光	常务副指挥	2007.2		

2011—2015年盐城市高速公路建设指挥部办公室各处(组)、项目办负责人任职情况

表7

姓名	职务	时间		备注
		任职	离职	
杨岚亭	综合处副处长	2012.8		
姚云逸	计划处处长	2011.6		
吴军	工程处副处长	2011.6	2015.12	
	阜建项目办主任	2012.11	2015.12	兼任
周正殿	技术监督处处长	2011.6		
尤红梅	财物处副处长	2011.6		
崔桂林	省纪委派驻盐城市高指纪检组组长	2012.8		
张文寰	省纪委派驻盐城市高指纪检组副组长	2012.8	2015.11	
蒋为民	省纪委派驻盐城市高指纪检组副组长	2014.9		
周启兆	盐丰项目办主任	2013.8		兼任

(周正殿、朱高峰)

【盐城市内环高架快速路网工程项目管理办公室】

盐城市内环高架快速路网工程项目管理办公室(以下简称“二期工管办”)成立于 2015 年 2 月,为临时工作机构,由市交通运输局和市直交通单位抽调人员组成,具体负责内环高架快速路网二期工程建设管理工作。办公室内设规划计划处、工程管理处、安全监管处、财务审计处、综合处、双征办公室、纪检监察室。

二期工管办前身为盐城市城市快速路网工程建设指挥部项目管理办公室(以下简称“一期工管办”)。该办公室成立于 2010 年 9 月,由市公路管理处机关干部和处直单位抽调人员组成,具体负责内环高架快速路网一期工程建设管理工作。一期工管办内设计划科、工程科、安全科、综合科。

2014 年 11 月 7 日,市快速路网工程项目投资合作建设框架协议在市行政中心 16 楼中庭会议室签订(姜卫、顾枫)

盐城市内环高架快速路网线路总长 57 公里,由“一环五射”组成。工程设计标准为主车道双向六车道,辅道单向不少于两车道;设计车速主路 80 公里 / 小时,辅路 40 公里 / 小时;新建桥梁设计荷载公路 – Ⅰ级。工程总投资 92 亿元。该项目为盐城市历史上自筹资金建设的体量最大、难度最高、技术最复杂的基础设施建设项目。

工程分步实施:一期工程为范公路北段(包括北环路跨新长铁路和通榆河段),全长 13.60 公里,由市公路管理部门牵头组织实施,2012 年 11 月开工建设,2015 年 9 月全面建成通车,总投资 24 亿元。二期工程为“一环四射”全程高架,实际建设长度 46 公里(其中范公路世纪大道至朝阳河桥 2.60 公里为一期复线,总里程合计时扣减),由市交通运输局牵头组织实施,至 2015 年 12 月,二期工程累计完成投资 30.50 亿元,占年度计划 26 亿元的 117.31%。二期工程预计 2016 年年内建成通车。

2015 年 7 月 15 日,市内环高架办主任陈日晓督查各标段绿色施工情况(顾枫)

在工程实施过程中,项目管理办公室紧紧围绕创省优、争国优、冲刺“鲁班奖”的创优目标,完善质保体系,狠抓标准化、规范化施工。同时,积极推广运用“新材料、新技术、新工法”,通过科技创新建造精品工程。始终围绕工期目标,倒排计划,任务分解到季度、月度和每周,通过精心组织,确保每一个环节无缝衔接。严格执行安全生产责任制,建立“横向到边、纵向到底,各负其责”的安全监管网络,强化督查和考核,确保安全施工方案、交通组织方案在工程一线得到全面贯彻落实。按照市委主要领导制定的“36 字方针”,强化绿色施工。全线高标准围挡封闭,并组建绿色施工执法队动态巡查,确保“六个到位”,最大限度地降低扬尘、噪声、污水、强光等对市民生活和出行的影响。

一期工程通车后,盐城火车站至宁靖盐高速公路盐城北互通的行车时间,已由过去的 30 多分钟减少到 8 分钟,让广大市民初步尝到内环高架快速路的甜头。二期工程建成后,将全面形成盐城市区交通主骨架、大走廊，并减轻城市主、次干道网的交通压力，提高整个路网的交通容量和快速疏解能力，同时还将方便城市布局的调整和优化，带动沿线土地的开发和利用，为盐城进一步做大做

2015 年 5 月 26 日，市内环高架办召开廉政教育警示大会，陈日晓主任与各施工、监理、检测单位及高架办各处(室)负责人签订党内廉政目标责任书(傅臣毅、顾枫)

强奠定坚实基础。届时，市区大部分区域市民快速出行问题亦将得到有效解决，由老城区、城南新区内任意一点出发，15 分钟内基本可以进入市区高速公路环线。

2014 年 5 月，一期工程 LQ3 标(新洋港大桥标)项目部被省总工会授予江苏省"工人先锋号"。

2014 年 12 月，一期工程项目管理办公室被市政府表彰为盐城市重点工程劳动竞赛先进集体。

工程建设期间，盐城空气质量仍保持全省第一、全国领先，2015 年多次跻身全国前十名，与海口、昆明、拉萨这些著名的旅游城市比肩齐名。在全国文明城市、全国环境模范城市、优秀管理城市检查考评中，内环高架绿色施工得到评审专家的一致赞誉，并于 2015 年 12 月被推荐申报全省城市管理优秀案例(全市仅 2 例)。

一期工程项目管理办公室领导和部门负责人任职情况

表 8

姓　名	职　　务	时　间		备　注
		任职时间	离职时间	
葛春宽	主任	2010.9	2012.4	
陈日晓	主任	2012.5	2014.2	
杨　春	主任	2014.3	2015.12	
姚立斌	副主任	2010.9	2013.11	
秦长国	副主任	2010.9	2015.12	
陶　涛	副主任	2014.5	2015.9	
姜　进	综合科科长	2012.9	2015.12	兼党支部书记
祁佚飞	计划科科长	2012.9	2015.12	
范　鹏	工程科科长	2014.9	2015.12	
李洪彬	安全科科长	2014.5	2015.11	

表 9 二期工程项目管理办公室领导和部门负责人任职情况表

姓名	职务	时间		备注
		任职时间	离职时间	
陈日晓	主任	2015.2		
赵　明	副主任	2015.2		
陈惠民	副主任	2015.2		
姜进	综合处处长	2015.2	2015.4	
孙加刚	综合处处长	2015.5		兼任党支部书记、工会主席
刘孝江	规划计划处处长	2015.2		
花　全	工程管理处处长	2015.2		
刘其良	安全监管处处长	2015.2		
杨成楼	财务审计处处长	2015.2		兼任
郑志龙	纪检监察室主任	2015.2		
刘训国	双征办公室主任	2015.2		

（顾枫）

【盐城市公路管理处(盐城市公路路政支队)】

“十二五”期间，盐城公路部门抢抓江苏沿海开发机遇，按照构建综合交通运输体系的总体要求，全面加快建设步伐，着力完善路网结构，不断提升服务保障水平，全市干线公路面貌焕然一新，养护管理水平大幅提升，服务创新能力不断增强，公路事业取得长足发展。

1. 加快建设步伐，公路路网逐步健全。5年来，盐城市新建、改建17条国省干线公路，通车里程达576.52公里，完成投资144.60亿元，较“十一五”增长17.66%，基本构建形成了“七纵十一横”的干线公路网。新建、改建农村公路3790公里，实施提档升级3357公里，改造桥梁2528座，完成投资61亿元。积极参与大市区建设，投资24亿元，建成全长13.60公里的内环高架城市快速路网一期工程；投资1.65亿元，完成盐靖高速盐城西互通改造。到“十二五”末，全市社会公路总里程达19525.55公里，比“十一五”末增加1110.45公里，增加6.03%。全市公路密度达113.46公里/百平方公里和23.38公里/万人，分别比“十一五”末增加6.80公里、4.03公里。全市基本形成以高速公路为骨架、干线公路为主体的公路网络，实现市区10分钟、县城20分钟、乡镇30分钟接通高速和市到市通高速公路、市到县通一级公路、县到乡通二级公路、乡到乡通三级公路、所有行政村全部通达四级以上等级公路的目标。

2011年7月1日，市交通运输局副局长、市公路管理处主任葛春宽现场指导《公路安全保护条例》宣传活动(刘志军、顾成湖、姜卫)

2. 加强养护管理，公路品质持续提升。五年来，盐城市累计投入普通国省道养护资金11.86亿元，实施干线公路大中修项目46个426公里，新改建桥梁26座，干线公路MQI值达93.90，PCI优良率为90.60%，RQI优良率为91.60%，公路综合养护季度考核多次进入全省第一方阵。全市建立12个县级农路管养机构、129个乡级农路管养机构，成功创建74个省级农村公路管养机构规范达标乡镇、8个省级乡村公路管养及安保工程示范镇和3条69公里省级县道文明样板路及安保工程示范路。投资3.85亿元，实施县道养护大中修工程756公里、投资5148万元，实施县道安保工程722公里，县道MQI值达81.50，优良路率达75.50%，乡村道好路率达73.20%。全市普通国省道养护机械设备总数达631台（套），平均每百公里51台（套）。全市沥青路面小修机械化作业率一、二级公路分别达90%、40%，一级公路路面保洁、机械清扫及绿化修剪机械化率达100%，养护大中修施工全部实现机械化。

2012年2月21日，全市公路工作会议召开，大力推行管养一体化，破解公路"早期劳损"死结，市公路处有关领导在主席台就座(顾枫)

3. 坚持综合治理，依法治路能力日益增强。全市公路部门深入开展"五项执法行动"和"路政巡查规范年"等活动。滨海、响水、东台等县(市)试点运用路政养护协同巡查系统，积极推行管养一体，取得较好成效。加强路域环境综合整治，5年累计清除障碍物9300余立方米，非标悬挂物3760余块，取缔马路市场1780处，整治挂牌集镇路段11个，立案查处路政案件1.52万件。共建成8个固定治超站、3套动态称重检测系统、4套普通公路收费站联合治超系统，完成大市区治超一站三点和G228治超站点的布局规划，基本实现辖区道路重要关卡全覆盖。试点开展非现场处罚与收费站口联合治超，构建相邻市域和市县两级联合治超机制，累计查处超限超载车辆1.61万辆，公路超限率从"十一五"末的2.90%降到0.86%。盐城市治超站被表彰为全省公路系统文明执法示范站所。建成1个养护应急处置中心、8个养护应急处置基地，省市县三级联动的应急处置体系全面形成。投资5000多万元，建成13条1252公里公路安保工程；投资7324万元，完成标志标线管理维护工作，保证了全市路网安全、便捷、舒适、畅通。

4. 依靠科技引领，创新驱动亮点纷呈。紧紧围绕智慧交通发展大局，不断夯实公路信息化基础。全面建成路网管理与应急指挥体系，全面推广应用办公自动化、视频会议等信息系统，在全省率先完成《盐城市干线公路路网监测点布局规划》，基本完成G204、G228、S331东段路网监测点建设。完成《可变信息标志管理系统》研发并推广应用，全市干线公路可变情报板信息实现统一发布和管理。倡导节能减排理念，注重资源集约利用，积极推进公路技术创新研发与成果转化。干线公路建设中，广泛应用新技术、新材料，借助新工艺、新设备，全面推广改性沥青、智能张拉、循环压浆，大力应用橡胶沥青、柔性管涵等新技术；公路养护中，

2012年12月21—22日，省交通运输厅公路局"2012年争先创优劳动竞赛"考评组到盐考评，市交通运输局总工、市公路管理处主任陈日晓陪同考评(顾枫)

推广使用稀浆封层技术 142.30 公里，沥青再生技术 198.46 公里，完成投资 1 亿多元，消除了质量隐患，提升了工程质量。

2014 年 7 月 17 日，市总工会主席陈卫国一行到市内环高架新洋港特大桥工地慰问施工一线职工，市公路处主任、党委书记杨春陪同（原载《盐城交通》2014 年 7 月 18 日一版）

5. 树立民生为本，服务理念不断提升。 牢固树立“更好地为公众服务”的理念，不断拓宽服务范围，拓展服务方式，提升服务质量。积极投身“绿色盐城”、“绿地行动”活动，建成公路绿色通道 3027.30 公里，种植草皮 30 万平方米，完成投资 14.70 亿元。拓宽信息发布渠道，利用可变情报板、手机、微博等新兴载体，发布各类路网信息 1.13 万条，连续 3 年全省排名第一。与 96196 交通服务热线搭建联合工作平台，及时处理群众咨询投诉，公众满意率达 98%。优化收费服务举措，完成陈李公路耦耕收费站、S234 建湖收费站 MTC 建设，G204 东台收费站 ETC 建设，提升了通行效率。严格落实鲜活农产品绿色通道和重大节假日小型客车免费通行政策，全市累计放行 7 座及以下小型客车 116.40 万辆次，绿色通道车辆 51.50 万辆次，减免通行费 2667.90 万元。严格贯彻收费公路改革政策，撤销 G204 刘庄等 3 个一级公路收费站，分流安置 118 名通行费征管人员。市公路处“青年突击队”、维修服务中心“鹤路先锋”、G204 响水收费站“温馨 365、满意 100”阳光班组服务品牌被省市主管部门表彰为优秀服务品牌。

6. 强化队伍建设，作风行风不断改进。 全市公路系统始终把精神文明建设摆在更加突出的位置，创新思路、创新内容、创新方法，有力地促进了公路事业可持续发展。深入开展党的群众路线教育实践活动和“三严三实”专题教育，定期开展“青年干部论坛”、“道德讲堂”、党委中心组等学习活动，通过领导宣讲、专家授课、专题讨论、警示教育等形式，进行大学习大讨论大交流，干部职工综合素质明显提升。严格落实党风廉政建设“两个责任”，对重大事项、重点项目派驻纪检监察监督，有效遏制了各类违法违纪案件。深入开展“清风公路”创建，出台活动实施意见，打造公路品牌文化。全市公路系统 14 个单位创建成为市文明单位、4 个单位创建成为省文明单位。市公路处连续 14 年被评为省市文明行业、文明单位。多次获得市委、市政府和省交通运输厅的表彰奖励，2013 年被评为“全国安康杯竞赛活动优胜单位”。全系统先后涌现出姚焕平、秦长国、徐爱华、王德健等一批全国和省、市劳模。

2011—2015 年盐城市公路管理处领导任职情况

表 10

姓名	职务		时间		备注
	党内	行政	任职	离职	
葛春宽	党委书记	主任	2004.5	2012.5	
姚立斌	党委委员	副主任	2004.12	2013.9	
陈日晓	党委委员	副主任	2005.3	2012.3	
	党委书记	主任	2012.8	2014.4	
杨春	党委委员	副主任	2013.9	2014.4	
	党委书记	主任	2014.4		
徐军	党委委员	副主任	2005.3	2013.9	
刘志军	党委委员		2010.7		
秦长国	党委委员	副主任	2010.7		
姜华	党委委员 纪委书记		2010.7	2013.9	
唐海峰	党委委员	工会主席	2010.7	2014.7	
	党委委员	副主任	2014.7		
陈惠民	党委委员	副主任	2012.5	2014.4	
陶涛	党委委员	总工程师	2013.9	2015.8	
李建东	党委委员	副主任	2014.7		
张杰	党委委员、纪委书记		2014.7		

（胡俊良）

【盐城市航道管理处(盐城市内河港口管理处)】

“十二五”是江苏航道发展全面提速的 5 年，也是盐城航道超常规跨越发展的 5 年。5 年来，市航道处通过不懈的努力，初步实现了“通江达海接运河”的梦想，在盐城经济社会发展中发挥了“先行军”作用，为建立现代化综合交通运输体系做出了积极贡献。

1.航道建设超越历史。“十二五”期间，市航道处大力推进刘大线疏港航道、连申线东台段和滨海港疏港航道船闸等一批重大工程项目建设。刘大线西起大丰刘庄镇通榆河口，东至大丰港区内港池，全长 55.70 公里，2010 年 10 月开工建设，2012 年 12 月交工通航，全线建成集绿化、亮化、智能化于一体的现代化四级航道。连申线东台段北起通榆河与引江河交叉口，南至东台与海安交界处，全长 25.73 公里，于 2011 年 9 月开工建设，2013 年 12 月交工通航，全线达三级航道标准。“十二五”期间，盐城航道建设累计投资 23.90 亿元(含养护投资 4.20 亿元)，是“十一五”期间投资的 5 倍，超过前十一个 5 年计划投资额的总和。至 2015 年年末，全市内河航道通航总里程达 4346.24 公里，约占全省内河航道总里程的 20%，其中等级航道 156.42 公里。

2012年2月，市航道管理处党委书记束必专为被省交通运输厅航道局评为“孝敬父母模范职工”的季晓燕颁奖（王仰红、成耀军）

2.航道养护力保畅通。五年来，市航道处按照“以养代建”的模式，投资3.30亿元对盐城大宗物资水运西出口航道盐宝线和盐邵线进行集中整治养护，共实施航道养护专项工程14个，新建护岸86公里，疏浚土方200余万立方米，工程优良率达100%。通过整治，进一步改善航道的通航条件，有效防止该段航道岸坡的水土流失，提高了防洪能力，美化了航道环境，为增强水运综合效能发挥了积极作用。“十二五”期间，全市航道部门共完成航道疏浚62.70万立方米、航道护坡1.70万米、航标维护395座次，保障全市干支线航道的安全畅通，提升了一批内河航道的通航条件，使盐城航道集水运通道、绿化通道、景观通道于一体的和谐通道。

3.航政管理促进水运。市航道处坚持建设与管理并重，管理与服务同行，认真贯彻落实《江苏省航道管理条例》和《江苏省航道赔（补）偿标准》，切实加强航政管理，5年来共投入168.40万元，对50座航标进行更换，67座航标实现了遥控遥测，航标正常率达99%以上。全面推行执法责任制、公示制、错案追究制和“三化”（执法亲情化、执法规范化、执法透明化）、“六服务”（承诺服务、延时服务、上门服务、热情服务、阳光服务、廉洁服务）管理模式，积极探索航道“共管、协管、群管”方式，按照“行为规范、运转协调、公正透明、廉洁高效”的要求，实现一个窗口对外，集中受理，限时办结，统一送达机制。“十二五”期间，全市航道部门共办理航道许可315件，处罚（理）案件100件，收取罚款3.19万元，赔（补）偿费3265.08万元；巡航54.74万公里，扫床1.19万公里，清除堆弃废物183吨，打捞沉物50吨、沉石3吨，清除违章码头17座、沉船66艘。航政管理的强化促进水运事业的发展，“十二五”期间，全市内河港新增码头泊位88个、通过能力2242万吨，完成吞吐量1.54亿吨，集装箱5800标箱，实现了全市内河港口集装箱运输零的突破。

2015年10月1日，市航道管理处主任陈建斌慰问节日期间坚守一线的施工人员（陈海峰、戴万林）

4.科技领先创新发展。市航道部门按照“提速信息化、提升科技化、带动现代化”航道发展思路，强力推进航道信息化工作。加强科研项目的研究

市航道管理处主任陈建斌、副主任徐军陪同市交通运输局局长管亚光查看水上服务区建设情况（陈海峰、戴万林）

与申报，其中《生态护坡在通榆河岸坡坍塌整治工程中的推广应用》列入省交通运输厅科技推广项目，《适宜海积土质条件的护岸结构研究》列入省

航道局科研项目，实现了盐城航道科研项目零的突破。积极运用信息技术创新管理手段。在刘大线、连申线率先建成监控指挥系统，结合大市区水上服务区建设，建设市区干线航道监控系统；推广运用3G巡航和航政车艇GPS定位；建成刘庄船闸水上ETC便捷过闸系统；推进航政许可网上审批；建立六级以上航道信息公开平台；全面实行无纸化办公，实现行业管理初步现代化。

5. **民主管理造就和谐。**几年来市航道处坚持以人为本，大力推行民主管理，强化民主政治建设，全处上下政通人和，干部职工心齐劲足，三个文明全面协调发展。在全系统推行职工代表大会制度，每年都按规范程序召开职工代表大会，凡是涉及单位内部改革，航道管理的大政方针，关系职工切身利益的重大问题，都及时向职工代表大会报告，接受职工审议监督。尤其是事关全局的重大决策，让职工事前酝酿、事中参与、事后向职工通报落实结果，切实保证广大职工的知情权、审议权、监督权和决定权。同时，大力推行政务公开制度，不断拓展民主管理的渠道。为使民主管理常态化、制度化，市航道处还定期向全处职工征集合理化建议，号召全处职工围绕航道管理的主要工作参政议政、建言献策。处领导重视关注民生，十分关心职工工作、学习和生活，千方百计地帮助职工排忧解难，用实际行动践行以人为本的理念，在全处营造出公正和谐、奋发向上的良好氛围。

6. **文明创建亮点纷呈。**全市航道系统积极开展创建文明行业活动，市航道处和90%以上的基层单位连续被评为市级文明单位，70%以上单位被评为省级文明单位。“航标服务组”“航道一站通”被评为省、市优质服务品牌。刘大线大中水上服务区被评为“盐城市五星级文明窗口”。在航道处直属航道站分别建成“全国工人先锋号”“全国职工书屋示范点”。刘大线、连申线、滨海船闸项目办和大市区水上服务区项目办分别被评为省、市“工人先锋号”。市航道处党建品牌已经成为全市交通系统的亮点，机关党总支被表彰为全省双百双先“先进堡垒党支部”。扶贫开发、关心下一代工作连续多年受到市委市政府的表彰。全系统有18人次荣获省、市五一劳动奖章“全省交通技术能手”“巾帼建功标兵”“十佳文明新事”“百佳书香女性”“十佳孝星”等称号。

2011—2015年盐城市航道管理处领导任职情况

表11

姓名	职务		时间		备注
	党内	行政	任职	离职	
周忠	党委副书记	主任	2002.7	2012.8	
束必专	党委书记		2005.4	2012.8	
陈建斌	党委委员	副主任	2005.3	2012.7	
	党委副书记	主任	2012.8	2016.1	
杨春	党委委员	副主任	2000.3	2013.9	
朱三宝	党委委员	副主任	2005.3	2013.9	
花全	党委委员	副主任	2011.12		
徐军	党委委员	副主任	2013.9		
姜华	党委委员	副主任	2013.9		
彭正刚	党委委员	工会主席	2011.12	2015.3	

（戴万林）

【盐城市运输管理处(盐城市交通运输局运政稽查支队)】

“十二五”期间，盐城市运管部门深入贯彻落实科学发展观，积极推进落实交通运输各项改革，充分发挥道路、水路运输业在综合运输体系中的比较优势，突出运输结构调整，加快运输能力建设，转变运输发展方式，注重运输服务质量，强化行业监管，维护行业稳定，努力促进全行业的科学发展、和谐发展。

5 年间，市运管处不断强化推进运输基础设施建设，形成了以市区 1 个客运枢纽为中心，各县(市、区)6 个一级客运站和响水 1 个二级客运站为节点，54 个乡镇客运站为终端，呈中心发散的三级站场网络体系，实现了“路、站、运”一体化的总体要求。持续推进镇村公交惠民工程，全市行政村客运班车通达率已达 100%，40%的乡镇开通了镇村公交线路，超额完成“十二五”省定指标。强化推进运输结构转型升级，积极鼓励现有客运经营主体以《公司法》为依据，以资产为纽带，以客运线路和客运站场为资源，采取收购、置换等方式进行重组或股份合作，取得了较好的效果。积极实施市区公共自行车服务系统项目，一、二期共建设 400 个公共自行车站点，投放 1 万辆公共自行车。持续推动现有物流企业做大做强，全市形成了以依托外向型经济的国际中转物流（大丰港物流园区）、依托综合枢纽的中转物流(阜宁港物流园区)、依托专业市场的配送物流（建湖里下河物流园区）、依托都市商贸的第三方物流（盐城现代物流园区）、依托产业基地的工业物流(盐城城西南物流园区)的货运物流新格局，为经济社会转型升级提供重要支撑。全力实施长江干线和内河船型标准化工作，成绩显著，受到交通运输部的表彰，行业发展质量明显提升。全面推进驾培智能化系统，在全省率先全面启用了驾校电子围墙设置，从业资格证考试实现了无纸化，升级了智能化系统手机版，实现了培训学时数据与公安考试管理系统的对接。全市机动车维修救援网络 24 小时救援服务，累计救援车辆 1.68 万辆次，建成“江苏车大夫”专家门诊，服务广大市民。全力规范运输市场秩序，充分发挥监管职能，抓住市场的热点和群众反映的突出问题，创新管理的体制、机制和管理方式、方法及手段，以新举措推动行业管理取得新成效，行业形势安全稳定。以加强执法队伍建设和管理为出发点，全力推进和谐执法、规范执法、文明执法，着力提升社会和群众满意度，连续多年被评为“省级依法行政示范点”。

2014 年 1 月，市运管处主任、党总支书记薛锋陪同市交通运输局局长管亚光检查盐阜公路运输集团创建国家卫生城市工作(局创卫办)

2012 年 2 月，市运管处召开全市运管工作会议。图为运管处领导在主席台就座

5 年来，市运管处多次被评为省、市文明单位、文明行业、文明标兵行业，受到市委、市政府和省交通运输厅的各类表彰奖励，被交通运输部评为“2011 年度全国交通运输行政执法评议考核优秀单位”、被中国道路运输协会表彰为“2015 年道路运输安全管理先进单位”。

2011—2015年盐城市运输管理处领导任职情况

表12

姓名	职务		时间		备注
	党内	行政	任职	离职	
陈红旗	党总支书记	主任	2002.7	2011.3	
薛锋	党总支书记	主任	2011.12		
仇爱培	党总支委员	副主任	2002.7	2011.3	
张本进	党总支委员	副主任	2002.7	2011.3	
吴少松	党总支委员	副主任	2008.11		
杨惠林	党总支委员	副主任	2011.12	2013.9	
方小飞	党总支委员	副主任	2011.12		
徐新和	党总支委员	副主任	2011.12		
蔡中冠	党总支委员	工会主席	2011.12		
孙根山	党总支委员	副主任	2012.5		
胡蒙森	党总支委员	副主任	2013.9		

（成荣广）

【盐城市地方海事局(盐城市船舶检验局)】

“十二五”期间，盐城市地方海事局按照上级的部署要求，以开展群众路线、“三严三实”教育实践活动为动力，以改革创新为主线，以海事“三化”建设为标准，以科技装备为基础，努力打造一支“人心向上、争创一流”的地方海事船检队伍，全面推进落实各项工作，较好地完成了目标任务。通过强化源头管理，进一步落实水运企业安全管理主体责任；加强船舶管理，圆满完成船型标准化改造任务，较好地解决了防船舶污染水域问题，促进了盐城造船工业的发展；重视船员管理，通过严格的培训、考试、发证，提高了船员队伍的整体技术素质；突出渡口管理，抢抓机遇，大力推行渡口撤并工作，大丰率先实现了无渡口县(市、区)，通过层层落实渡运安全责任，使全市渡运实现了22年安全无事故；严密港航监督管理，建成江苏首艘多功能救助打捞船，开建盐城市内河搜救基地项目。“十二五”期间，全市地方海事系统共查处纠正违章船舶11.97万艘，救助遇险船员202人次，船舶

2012年5月16日，市地方海事局局长陈正华带领执法人员检查亭湖渡口安全（庄家磊、赵树海）

2012年8月28日，市地方海事局副局长单永平率队赴阜宁县新沟镇合力村开展“五送”扶贫活动。（赵树海、严东）

170艘,挽回经济损失2000多万元,全市水上辖区未发生重特大水上交通事故和因管理不到位而造成8小时以上航道严重堵塞事故,从而保障和促进了盐城水运事业的发展,为盐城交通运输现代化和“建设新盐城,迈上新台阶”作出了积极的贡献。

“十二五”期间,盐城市地方海事局连续多年被评为省、市文明单位、文明行业,多次受到市委、市政府和省交通运输厅的表彰,被全国安康杯竞赛组委会办公室评为“2014年度全国职工公共安全健康知识普及竞赛活动优秀组织单位”,被交通运输部确定为“三基三化”建设试点单位。在全省“领航杯”海事辩论赛和船舶审图竞赛中夺得冠军,在全省地方海事系统水上搜救大比武和知识竞赛中荣获二等奖,海事宣传信息工作在全省地方海事系统和全市交通运输系统连年名列第一。

2011—2015年盐城市地方海事局领导任职情况

表13

姓名	职务		时间		备注
	党内	行政	任职	离职	
陈正华		局长	2010.12		
	党委副书记		2013.12		
单永平		副局长	2005.10		
	党委书记		2013.12		
胡蒙森	党总支委员	副局长	2005.3	2013.9	调市运管处
黄国庆		副局长	2008.12		
	党委委员		2013.12		
李建东		副局长	2011.12	2014.7	调市
	党委委员		2013.12	2014.7	公路处
陈玉年		工会主席	2011.12	2014.7	
	党委委员		2013.12	2014.7	二线
杨惠林		副局长	2013.9		
	党委委员		2013.12		
刘汉茂	党委委员	副局长	2014.7		

(赵树海)

【盐城市交通控股集团有限公司】

2015年,市委、市政府决定对市直交通系统所有的国有(控股、参股)企业和部分自收自支事业单位实行新一轮改制,于当年8月26日,经市委、市深化改革领导小组同意,市政府批准重组盐城市交通控股集团,10月13日经工商部门注册登记,11月24日正式挂牌运营。集团注册资金为30亿元,截至2015年年底达150余亿元,下辖全资子公司盐城市交通投资有限公司等20个、控股公司5个、参股公司3个以及盐城市交通规划设计院等3个自收自支事业单位。主要职责:承担全市公路、铁路、机场、航道、港口、码头和公共交通等重大交通基础设施项目的投融资任务;负责政府划入的各类国有资产的经营管理和保值增值;受委托对授权范围内的参股企业行驶国有资产出资人权利;负责全市交通运输行业的开发、投资、经营和管理等工作,以独资、控股、参股等方式对公路桥梁、航道港口、客货场站、水陆服务区、交通广告业、交通服务业及衍生产业等进行投融资建设和运营管理等。

由于集团公司于2015年8月开始组建，当年主要工作成绩如下：

1.**创新工作方式，筹资融资成效明显**。为保证市政府交通基础设施建设重点工程项目的资金供给，该公司着力创新融资方式，千方百计用足用活政策。2015年融资总值53.50亿元，占全年筹资融资计划20亿元的267.50%。采取单独组建公司筹措项目资金的办法，全年计筹措建设资金17.30亿元，全力保障了快速路网项目资金供给。全年拨付各类交通工程项目资金28.30亿元，支付银行利息3.10亿元。全年计兑付职工集资资金5.98亿元，并按照市财政局的规定，在年底前将未到期的职工集资款从年利息12%统一降至8%，计调整5.72亿元，降低利息支出4293万元。同时，科学安排土地出让，及时做好存量土地的抵押、解押工作，有效促进了筹资融资工作的顺利进行。

交通控股集团组建后，坚持扩大融资规模，力促降本降息，在创新融资方式上寻求新的突破。优选金融合作伙伴，用足用活国家信贷政策，紧扣棚户区改造、城市停车场、农村公路等民生工程，争取国家重点信贷扶持资金，实行由商业银行向国开行和农发行等政策性银行转移，进一步调优了债务结构，努力把融资成本控制在8%以下。

2. **注重项目建设，重点工程有序推进**。根据市政府盐政发〔2015〕2号和15号文件安排，航空大厦、G228大丰、射阳、响水3个服务区有序推进。同时相继实施了S331自驾游营地、市区高架快速路网绿化移栽、盐靖高速公路西出口互通房建和环境整治、市区五星工业园地块高压线入地、公共自行车棚安装、高炮广告等项目建设，启动了市区出租车服务中心、原交校地块、城市回车场、客运枢纽中心等项目的设计工作。该公司始终坚持把交通基础设施建设作为第一要务，以“质量至上、安全第一、勤政廉洁、推进有序”为总体要求，主攻市政府重点工程项目建设，突击完成市委、市政府交办必须速战速决的建设任务。配合市区内环高架快速路网，实施沿路市政绿化移栽工程项目；按照市公路处对快速路市政绿化移栽总量调查，制定了实施方案，在S331盐东服务区新建自驾生态旅游体验基地项目，移栽各类大、中苗木2万余株；为保证盐城西出口在9月28日正式通车营运，超前完成2800平方米房建任务和配套设施建设，受到市委、市政府和市局领导的充分肯定；加快实施市政府2015年度城建重点工程项目航空大厦的建设，该项目总投资1.50亿元，地处解放北路市中心地段(原盐阜报社地块)，于年内完成围护、工程桩基施工、人防、消防、土建招标；根据市政府2015年64号会办纪要精神，决定在全市国省道干线公路新建12个规范化服务区。为确保此项政府民生实事工程快速推进，该司细化工作职责，坚持依法依规办事，为打造优质、阳光、廉洁工程提供有力保障。同时，超前谋划服务区建成后的营销策略，通过网络发布招商信息、鼓励员工实施承包经营等举措，推动大丰、射阳、响水服务区的经营运作工作。

3. **加大协调力度，科学安排房屋征收**。该公司在抓紧落实亭湖区20万平方米、开发区20万平方米、交校7.47万平方米、交通产业园13.67万平方米土地资源的基础上，注重储备土地房屋征收工作的科学安排，努力降低土地储备成本。先后启动了新204国道东、鹿鸣路南地块，市交通运输局东侧地块二期的房屋征收工作，合计176户，约2.30万平方米，总投资2亿元左右，截至当年12月底已完成145户；先后配合市国土局重点协调了大庆路北、小马沟东侧地块解除出让合同，火车站8.67万平方米土地清退部分出让金仲裁，中江嘉城欠缴土地出让金，西城中央日照矛盾处置等遗留问题，通过调解、应诉、仲裁等方式，努力把损失降到最低；为降低房屋征收项目的过渡费支出，先后与江苏丰盛、盐城通银、中海房产和市房产局安置房建设单位沟通，加快安置房建设进度，以确保按照合同约定保质保量如期交付；与市住房保障中心对接，先后对园中园、东郊新村、阳光御园小区内的安置房源，进行了逐户核对，并登记造册备查，切实弄清了房屋征收项目安置房源的分配与存量情况。市审计局已对该司实施的四路一广场、五星工业园、南北林、西城中央、舟游沟五大拆迁和房屋征收项目进行全面审计，并作出了审计结论。对盐都区境内腾飞路地块的房屋征收工作，采取先进入房屋征收申报程序，视市场和招商情况再确定启动征收时间的举措，有效地减少了存量土地的储备成本。

4. **深化企业改革，着力提升整体效能。**该司按照市国资委和市交通运输局关于进一步深化国有企业改革的总体要求，紧扣市国资委2015年经营业绩考核责任书既定的基本指标、专项指标和综合指标，全年国有资本保值增值率达100%以上；年度重点工作任务计完成投资总额40多亿元，比责任书确定的27.10亿元增加47.60%，超额完成市委、市政府下达的目标任务。2015年公司资产负债率、融资成本率和管理费用严格控制在考核标准以内。在企业经营管理中，注重党风廉政建设，一年来，未发生任何违纪违规和引发社会不安定因素问题，较好地完成了全年目标任务。公司各职能部门和企业，严格履行岗位职能，在狠抓建章立制、月度考核的基础上，落实员工岗位责任制，完善资产登记管理台账，重视经营性实体公司的管理，基本完成划入集团企业的股权调整和资产划转，积极配合公车改革工作，组建公车改革服务平台，较好地保证了市级机关公车改革工作的顺利推进。

5. **践行"三严三实"，重抓队伍作风建设。**该公司坚持把开展"四个全面"和"三严三实"专题教育作为提升职工队伍整体素质的重要举措，围绕构建学习型公司总体目标，突出理想信念教育，突出"三严三实"教育，突出反腐倡廉教育，着力提升职工队伍综合素质，进一步弘扬勤奋务实、廉洁高效的企业作风。

表14

2011—2015年盐城市交通控股集团有限公司领导任职情况

姓名	职务		时间		备注
	党内	行政	任职	离职	
周正雄		董事长	2015.6		
夏立新		副总经理	2015.9		
李翔		副总经理	2015.9		
夏春柏		副总经理	2015.12		

（曹阳）

【盐城市交通工程质量监督站】

"十二五"期间，全市交通基础设施建设继续保持高投入大发展的态势，盐城市交通工程质量监督站（以下简称市交通质监站）紧紧围绕交通工作目标，创新工作思路、认真履行职能、提高工作效率，全面加强工程质量安全监管，出色地完成了各项工作任务。

1. **强化质监工作职能，工程质量稳定提升。**"十二五"期间，针对全市交通工程投资规模大、建设项目多、专业类别全、技术要求高的特点，市交通质监站创新工作思路，确立"以面查点、以点带面、跟踪落实"的督查方式，按年制定质量监督工作计划，并按照工程时序进度和质量监督需要，适时组织开展质量监督检查工作。同时加大对重点工程项目的技术指导和日常监督巡查，帮助建设单位解决工程管理中的技术问题，较好地发挥了质监工作效能。

根据省厅要求,积极推进"优质工程"和"扬子杯"创建活动,激发参建单位的创优热情,选取交通典型工程,切实加强指导服务。"十二五"期间,组织临海高等级公路盐城段、S125 盐都段、市区城市快速路网范公路工程、连申线航道东台段及盐城港大丰港区粮食码头、S331 盐城东段、S333 东台段、G204 盐城绕城段、S331 盐城东段通榆河大桥等工程项目申报省厅三大"优质工程"奖和"扬子杯"。在日常监管中,该站不断加大全市在建工程的质量检查频率和力度,共对全市重点公路水运工程进行了 31 次综合检查和 129 次专项检查,共发出质量检查通报 42 份,质量抽查意见通知书 96 份,检测报告 290 份,检查各类数据 30.61 万点(组)。特别是加强了工程质量通病的治理,使道路工程的技术状况得到进一步提升,工程质量合格率达 100%,优良率达 95%以上。

2015 年 11 月 16 日,市交通工程质量监督站站长张红兵参加市交通运输局"公述民评"大会(许卫、杨海丰、顾枫)

2. **推进"平安工地"创建,工程安全形势稳定**。"十二五"期间,市交通质监站继续深入推进"平安工地"创建活动,及时对创建省级"平安工地"示范项目提出了明确要求。重点围绕安全制度建立、安全责任制落实、安全防控措施、隐患排查治理及安全培训教育等方面进行检查指导,切实提高全市各参建单位安全管理水平。多个项目通过了省厅"平安工地"考核评估,通过率远远高于全省平均水平。同时,狠抓全市交通建设安全监管工作,继续以"平安工地"建设为载体,以"防坍塌、防坠落、反三违"专项整治"回头看"、公路桥梁工程施工安全专项整治、打非治违专项行动等为抓手,突出大型、特大型桥梁和边通车、边施工路段的安全监管,不断加大检查力度。"十二五"期间,共对 50 个重点项目、137 个项目部、45 个驻地监理组开展 54 次安全大检查,查出安全隐患 391 条,下发了安全检查整改意见 85 份,安全检查通报 62 份。全市交通工程安全形势持续稳定,未发生重特大安全生产事故。

3. **加大行业管理力度,规范行政执法行为**。强化涉企中介机构日常监管,大力引导市内 2 家交通咨询监理公司参加市中介办、市优化办联合组织的星级中介机构申报,争创服务示范点,规范监理企业工作行为,提升监理企业服务质量,优化发展环境。强化从业人员业务能力建设,"十二五"期间,共组织全市公路水运工程监理从业人员 637 人参加监理工程师过渡考试;组织全市公路水运工程试验检测从业人员 1344 人次参加试验检测工程师过渡考试,提高了从业人员的业务技术水平。

根据省厅质监局的统一部署,市交通质监站加大工作力度,扎实推进交通工程质监行政执法工作。一是明确执法权力清单和自由裁量权限。在认真梳理现有交通工程质量安全监督行政执法权责和依据的基础上,制定下发了《盐城市交通质监行政执法权力清单》和《盐城市交通质监行政处罚权力事项及自由裁量基准表》。二是规范执法文书式样和监督执法程序。为强化质量安全监督行政执法基础工作,结合质量安全监督特点,该站会同市局法规处统一了质监执法文书式样和监督行政执法程序。围绕一般程序和简易程序,组织了多次交通质监行政处罚案例讨论和模拟执法,提升执法人员执法水平。三是开展质监行政执法工作。针对全市第三方试验检测机构数量众多,水平不一的特点,为规范检测行为,加强行业管理,组织开展了第三方试验检测机构专项执法监督检查,并对东台市交通工程检测中心更换了检测和办公地址未及时办理变更手续的问题，进行了现场质监执法，取得了执法案例零的突破。四是加强执法队伍建设，先后多次组织全市交通质监执法人员参加省交通工程质量监督行政执法轮训。五是统一着装，提升执法形象。按照省厅质监局部署，统一着装开展质监工作，展示交通质监执法队伍新形象，推进质量监督执法规范化，培养质量监督行政执法人员公正执法、廉洁从政的意识。

4. 参与科研项目，获得“三新”技术成果。针对盐丰高速公路施工紧临海边，在盐雾气候作用下钢筋易产生严重锈蚀的情况，该站参与省交通科学研究计划项目《高性能功能聚合物半刚性防锈涂料在钢筋混凝土结构中的应用研究》，研制一种环保优质半刚性水性防锈涂料，这种涂层与钢筋有良好的结合并有很好的防锈效果，与后期浇筑的混凝土有良好的结合能力，并在浇筑后的钢筋混凝土中发挥良好的防锈作用，同时兼顾耐久性、经济性和环保性。还参与了《振动法加固可液化地基在淮盐高速公路（大丰港—盐城段）应用研究》，推广应用十字共振法施工，通过共振法处理液化地基，达到消除液化的目的。通过在盐丰高速公路上的应用研究，2015 年两个科研项目均通过了省交通运输厅结题许可。

表 15　**2011—2015 年盐城市交通工程质量监督站领导任职情况**

姓名	职务		时间		备注
	党内	行政	任职	离职	
陶杰	党支部书记	站长	1997.7	2014.8	
张红兵	党支部书记	站长	2014.11		
高艺		副站长	2005.1		

（朱晶晶）

【盐城交通技师学院】

盐城交通技师学院是一所以技师，高级、中级技工教育为主，集职业技术培训、鉴定等为一体的综合性技工院校。2011 年年初，该学院整体搬入新校区。现有实验、实训场所面积 7.60 万平方米，建成汽修、建筑、计算机、船舶等 4 大类专业实训基地，实训室、实训设备总值达 4035 万元，实习工位数达 2720 多个；运动场地面积 1.95 万平方米，有田径、足球、篮球、排球、乒乓球等运动场和 1 个休闲体育培训中心，体育设施和器材配备齐全；图书馆藏书 15 万余册，期刊近百种。学院着力打造智慧校园，建有千兆校园网，班班建成多媒体网络教学设施，能够满足教育和培训的需要。“十二五”期间，该院在人才培养、校企合作、职业教育、教师队伍建设等方面取得了显著成绩。

1. 教师团队建设为改革发展提供人力支撑。该院先后新招聘教师 65 名，引进高技能人才 25 名，学院通过三大平台提升教师综合水平和教学能力。一是依托课程改革，加快教师专业成长。人才培养模式和课程体系改革是对培养目标、教学理念、模式、内容、方法、评价的全面革新。该院要求全员参与，做到人人头上有指标，个个手中有课题，年年都有新成果，让每位教师都能得到历练提高。二是严格教学督查，形成有效教学常态。该院高度重视教学过程管理，用教学过程质量保证教学质量。为客观评价教学质量，制定了《盐城交通技师学院教师学期教学质量综合考核方案》，使教师教学质量好坏得到客观评价，有效考核教师的教学业绩和能力水平。三是拓宽培训渠道，提升教师整体水平。培训是提高教师素质的重要路径，该院一抓教职工学历提高；二抓专业知识更新和专业课教师实践能力提高；三抓教师教学技能提高。

通过校本培训、外派学习、以师带徒、以赛促训等渠道,培训教师。各专业都制定在岗培训计划,培训内容包括专业建设与课程开发,课堂教学与教学改革,实践操作水平的提高,职业素养与师德师风的培养等方面。“十二五”期间,派3人赴德国学习,70人参加省级以上培训。各专业还采取签订师徒协议的方式,充分发挥传帮带的作用,对口指导,跟踪培养,效果明显。每年举行一次“技能节”,每学期举办一次教师优质课竞赛活动,为全体教师搭建一个交流的平台,以此提高教师的业务水平和专业技能。

2012年7月29日,省交通运输厅厅长游庆仲视察盐城交通技师学院,该院院长刘新春向游厅长一行汇报学院近年来发展情况(陆建平、蔡红斌)

2. **校企深度合作激发改革创新动力。**学院建成了以“校企合作联谊会”为依托,包括教学研究、师资培养、顶岗实习、学生就业“四位融合”的深度校企合作机制。一是学院与东风悦达起亚、奥新新能源等40多家知名企业建立合作关系,实现互惠双赢。二是专业教师到企业锻炼制度化、常态化。三是参与企业技术升级和设备改造,各重点专业利用技术和场地优势,积极开展对外技术服务工作。四是引进江淮汽车4S店,引进江苏仁禾中衡会计师事务所以及与校内航空假日酒店达成岗前实习的协议。五是不断深化校企合作模式,通过设立冠名班,与企业共同制定培养方案,实现学生对口就业。“十二五”期间,毕业生就业率达到99%,对口就业率和稳定就业率达到90%以上。通过校企合作获得相关企业设备的捐赠,东风悦达起亚汽车有限公司向该院捐赠了各种型号系列整车及发动机累计300多万元的设备。校企深度联手激发了改革创新活力,促进了教师的专业成长和学院的专业建设。

2013年12月9日,盐城交通技师学院举办第十届校园文化艺术节,图为文艺汇演现场(蔡红斌)

3. **人才培养模式创新厚植发展优势。**一是专业建设贴近市场需求。根据盐城地方产业发展规划和市区各职业院校专业布局及高技能人才队伍建设的需求,形成汽车类、建筑类、计算机类、商贸类、船舶类等5大专业群。同时超前规划,瞄准盐城市蓝天航空航天产业园小飞机项目,与江苏蓝天航空航天产业园共同探索开发小飞机航空服务专业。结合现代社会工作之余人们喜欢运动健身这一特点,新设了休闲体育专业。二是“多证+”制培养综合素质。学院按照现代企业生产需求和学生未来成长需要,推行“多证+”制,即学生毕业时除获得毕业证书、职业资格证书、专业模块合格证书和驾驶证外,还必须获得本专业从业资格证书。三是模块化教学提升专业能力。模块化教学一月一模块,一月一考核,按照“应知、应会、平时成绩”进行综合考核,凡是学生的应知、应会、平时成绩三个环节有一个不合格的,必须补训补考,三个环节全不合格的,组织专门的研修学习班,请家长共同参与,帮孩子号脉问诊,通过严格的教育与温馨的鼓励,帮助他们再树信心。

4. **坚持立德树人创塑职教德育品牌。**一是推行素质养成梯度培养模式。根据学生综合职业素养养成规律,围绕“文明礼仪、职业道德、理想信念、就业创业、遵纪守法、心理健康”等六大主题开展教育,在巩固已有教育成果的基础上,提炼学校的核心价值观,并将之内化为全体师生的信念和心理取向。二是规矩教育落实到教育教学的每个环节。根据技工院校生源特点，抓实学生的规矩教育，开展“教师走进学生”活动。在新生入学第一堂课就要求学生课堂要做到“四有两无”即：有教科书、有课堂笔记、有笔、有作业本，无玩手机、无课堂打瞌睡。三是德育活动与“学分银行”融合。开展第二课堂活动，让学生积极参与学校组织的各类文体活动，给予一定积分，与最终文化理论和实践成绩相结合，提高学生的参与度。每学期学院的校园文化艺术节、田径运动会的开幕式表演、最美广播操和健美操展示形成了该院特色的校园文化景观。

5. **做大做强培训项目提升职教服务能力。**一是多元化培训资质。学院具有交通运输部海事局核发的内河二、三类船员培训资质，江苏省渔业船员培训资质，江苏省机动车维修从业人员培训资质，江苏省退役士兵中长期培训院校资质；是江苏省机关事业单位汽驾技师培训考核定点单位，江苏省交通运输厅行政执法人员轮训基地、江苏省创业培训基地、盐城市新录用公务员初任培训基地、盐城市人社局工考定点培训机构、盐城市农村劳动力转移培训基地、盐城市汽车驾驶教练员继续教育培训基地。学院被省民政厅、省财政厅、省军区等联合表彰为“退役士兵培训先进单位”、被省人社厅表彰为“工考培训工作先进单位”，培训服务被评为市交通运输系统“2014年度交通服务品牌”。二是订单式培训任务。学院与盐城市地方海事局共同中标承建全国首套内河船员模拟器考试题库，解决了实船考试效率低、污染重、成本高、风险大的问题。与河海大学联办交通工程硕士研究生班，与盐城经济技术开发区联办汽车钣金涂装订单式培训班，与盐都区人社局、城南新区管委会共同开展企业下岗职工转岗、在职职工技术等级培训、农村劳动力转移等定岗式培训等，与市公路处等联合开展市政、道桥等定向培训。几年来专项培训人数逐年递增，2012年6115人次、2013年6360人次、2014年7968人次、2015年8690人次，近两年每年递增达10%左右。

2014年11月6日，盐城交通技师学院举办第三十届田径运动会，图为开幕式（蔡红斌）

表16

2011—2015年盐城市交通控股集团有限公司领导任职情况

姓名	职务		时间		备注
	党内	行政	任职	离职	
刘新春	党总支副书记	院长	2011.1	2016.4	
	党总支书记		2014.11	2016.4	
李翔	党总支书记		2008.8	2014.11	
杨岚亭		副院长	2002.10		
	党总支副书记		2008.8		
陈益奎	党总支委员	副院长	2011.2		
	党总支副书记		2014.11		
孙一明	党总支副书记		2013.8	2014.11	
蒋卫民	党总支委员	副院长	2006.4	2013.7	
吴建宝	党总支委员	工会主席	2006.4	2015.3	
吴成峰	党总支委员	副院长	2008.8		

（吴成峰、蔡红斌）

【盐城市交通规划设计院(盐城市交通工程咨询监理有限公司)】

“十二五”期间,盐城市交通规划设计院紧紧围绕“效益提升、技术进步、市场拓展、管理规范”的工作目标,深化改革、强化管理、优化服务,坚持体制创新,着力抓好职工队伍建设,努力实现可持续发展,取得了三个文明建设的丰硕成果。

1. **以人为本,经营资质连续提升。**2011年以来,该院坚持以人为本,狠抓内部管理,不断优化服务,连续提升经营资质,增强市场竞争能力。该院继取得公路行业设计甲级资质后,又于2011年经国家发改委批准,获得公路行业咨询乙级资质。同年,经建设部批准,首次获得市政设计丙级资质,为该院拓展了服务领域,增添了发展后劲。2013年该院检测中心通过省交通运输厅质监局乙级资质评审,并通过省质量技术监督局资质计量认证,取得认证检测产品23项,计参数161个。该院具有试验仪器120多台,能从事力学、水泥、水泥砼、沥青、沥青混合料、土工集料、化学分析等试验和交通工程质量现场检测。2015年2月,该院在原工程质量检测中心和盐城市交通工程质量检测中心有限公司的基础上成立江苏智通工程技术有限公司,是专业从事材料试验及相关技术咨询、工程检测、结构检测、安全评价的中介服务机构。公司为有限责任公司,注册资本1000万元人民币,法定代表人为夏春柏。主要检测业务服务范围为:地基基础、建筑材料、道路工程、结构混凝土、交通安全设施等。

2. **拓展市场,经济实力逐年增强。**2012年,盐城市交通规划设计院围绕“以重点工程建设为支撑,以干线公路、农村公路建设为重点,以园区、交通咨询评估为增长点”的工作思路,加大技术革新,强化内部管理,积极拓展市场份额,有效地保持该院(监理公司)各项业务的平稳发展。当年设计业务完成产值1100万元,工程监理完成产值1542.50万元,工程检测完成产值739万元,累计

2013年4月11日,市交通规划设计院院长夏春柏参加市内环高架范公路新洋港特大桥施工方案和安全管理方案评审会。(顾枫)

总产值3381.50万元,比2011年总产值增长了10.15%。2013年勘察设计业务签订合同额1680万元,完成产值1200万元、收入1276万元。工程监理签订合同额3772.80万元,完成产值2059.50万元。其中盐城片区新签订合同额421.50万元,完成监理产值899.50万元,收入655万元;外市监理片区新签订合同额3021.30万元,完成监理产值1010万元、收入723万元;市政监理片区新签订合同额310万元,完成监理产值150万元、收入84万元。工程检测签订合同额2256万元,完成产值1569万元、收入497万元。全年设计、监理和检测合同总额累计7708.80万元,完成产值4828.50万元,比上年增长42.79%,完成收入3159万元。“十二五”期间,该院共完成各项业务收入1.60亿元,经济实力大大增强。

3. **优质服务,社会信誉大为提高。**“十二五”期间,市交通规划设计院主要完成下列业务工作。设计工作:一级路方面完成了S234建湖段、亭湖段工程,临海高等级公路射阳段、亭湖段工程,S331盐城东段、盐都区段、建湖段改扩建工程;规划S125盐都段建设工程,规划S331盐城东段改扩建工程(南环路至临海高等级公路段),建湖县九龙大道工程,滨海县海港大道等项目设计任务。二级路方面完成了S331盐都段乡镇连接线工程,临海高等级公路至海堤公路接线建设工程,盐靖高速公路青墩互通盘湾连接线建设工程,盐城市

海堤战备公路东台段改扩建工程，东台市长青路工程，滨海县坎振线道路改扩建工程(陈李线—临海高等级公路)，滨海县国防公路工程，阜宁益林镇振东公路工程，阜宁县双陈线(X303)改扩建工程，射阳县四明至长荡公路四明段建设工程等项目设计业务。桥梁方面完成了盐都区商侍大桥、西塘河大桥、双新路跨蟒蛇河大桥、亭湖区天辰大桥、开发区袁坎通榆河大桥等桥梁设计任务。

监理工作:完成了宿迁至新沂高速公路工程，盐淮高速公路大丰港至盐城段主体工程，临海高等级公路赣榆段、射阳段工程，S331盐都段改扩建等项工程施工监理项目以及在建的盐城市区高架快速路网建设项目南环段工程施工监理项目。

检测工作：完成了S231盐都段，G204阜宁段、响水段，S329阜宁段、射阳段，S226射阳段、亭湖段、大丰段，S332大丰段等工程检测项目。

在工程设计、监理、检测中及时组织精悍队伍，努力提供优质服务，受到交通主管部门、项目建设单位和施工企业的广泛好评。

4. **注重教育，文明创建结出硕果。**“十二五”期间，市交通规划设计院相继开展了“保持党的纯洁性”、“党的群众路线”、“三严三实”等教育实践活动，认真贯彻中共中央、省、市有关规定，加强党风廉政建设，着力提高职工队伍素质。该院多次被评为省、市文明单位，荣获盐城市五一劳动奖状。

2011—2015年盐城市交通规划设计院领导任职情况

表17

姓名	职务		时间		备注
	党内	行政	任职	离职	
夏春柏		院长	2002.9		
	党支部书记		2012.9		
陈惠民		副院长	1999.9	2012.4	
	党支部书记		2008.12		
李书权		副院长	2012.5		
蔡二伟		副院长	2012.5		

（刘成华、潘矜清）

【盐城市交通运输局机关服务中心(市交通企业服务中心)】

(一)

“十二五”期间，盐城市交通运输局机关服务中心紧紧围绕市局中心工作，以持续创建学习型、高效型、节约型单位为切入点，促进后勤保障队伍能力素质和工作作风的有效提升，扎实推进服务保障和管理创新上新台阶。

1. **加强后勤队伍建设，创建学习型组织。**认真制定并实施各年度学习计划，开展学习辅导和教育，增强后勤保障工作的理论指导和责任意识。开展专业化培训，加强食堂人员规范化管理。组织食堂管理人员赴市国税局、供电公司、城南新区政府等11个单位学习食堂管理经验、经营方式、服务理念及菜肴花式品种等，提升食堂员工的素质、服务理念和管理水平，保障了行政接待和职工就餐的正常有序。

2. **牵头组织公车改革，努力做好机关后勤保障。**机关服务中心通过努力，不断提升后勤工作执行力和管理服务水平，在保障机关正常运转、提高机关工作效率中发挥了积极作用。一是牵头组织市直交通系统公务用车制度改革工作。根据市委、市政府《关于公务用车制度改革实施方案》的要求，成立公务用车改革领导小组，多次召开专题会议部署改革方案,落实专人负责清理、上报工作。同时,落实专人做好车辆使用管理基本信息的登记,规范车辆使用手续,形成长效机制,切实推动公务用车使用管理规范化工作的深入开展。二是开展办公用房清理工作。根据市委、市政府统一部署,牵头组织交通大厦办公用房清理工作。经全面清理,局机关共清理腾退办公用房 535 平方米,根据要求集中腾退在 4 楼作为交通档案馆库房使用。局属公路、运管、航道等部门共同使用交通综合楼,相应办公用房清理工作都参照市局机关方案同步实施,落实到位。三是抓好交通大厦办公区和东西交通大院的环境整治。全市创建卫生城市活动期间,根据上级要求,牵头组织市直交通系统创卫工作,成立创卫领导小组、设立办公室,下发创卫工作方案和创卫行动计划,加强爱国卫生健康宣传,狠抓责任落实,推进了环境卫生的长效管理。四是抓好交通大厦房产和设施维修。随着交通大厦房产、水电设施的老化,维修任务多、突发性强,服务中心精心安排维修力量,做到出现故障及时修复。先后对交通大厦中央空调系统进行了改造,完成大楼蒸汽锅炉自建以及改造、新增安防监控系统,保障了机关正常办公和东西交通大院的安全防护工作。

3. 坚持勤俭节约原则,抓好公共机构节能。“十二五”期间,交通大厦无论单位面积综合能耗,还是人均能耗,都低于市委、市政府有关文件规定的标准。主要采取三项措施做好公共机构节能降耗工作。一是广泛宣传造氛围。充分利用短信平台、宣传栏、发放宣传单等多种渠道开展节能宣传,营造出良好氛围,引导大家在思想上重视节能,在行动上自觉养成节约的习惯。二是建章立制强督查。将入驻交通大厦的各单位纳入管理体系,细化落实工作责任,制定公共机构节能工作具体方案及相关制度,定期组织节能工作专项督查,使各类资源能得到合理的利用。三是日常管理不放松。认真做好每月水、电、气用量的统计工作。对中央空调、锅炉等高能耗设备指定专人负责,定时巡检,若发现异常现象及时进行综合分析,掌握第一手资料,为节能降耗提供基础数据。

2011—2015 年盐城市交通运输局机关服务中心领导任职情况

表 18

姓　名	职　　务		时　间		备　　注
	党内	行政	任职		
刘红		副主任	2005.1	离职	
		主任	2012.8		
李俊		副主任	2014.1		

(李晨)

(二)

盐城市交通企业服务中心是根据市政府常务会议 2012 年第 2 号和 95 号纪要精神,经市编办批准,在市交通控股集团划归市交通运输局管理后组建成立的交通事业单位,于 2012 年 1 月 8 日正式挂牌运作。该中心负责交通控股集团改制企业的行业管理和历史遗留问题处理,为做大做强交通企业提供服务工作。2015 年年末,有正式员工 5 名,均具有中级或高级专业技术职称,并具备一定的管理服务企业的实际工作经验。重点服务的交通改制企业有 4 家,分别为市一档企业江苏盐阜公路运输集团有限公司,市二档企业盐城港口集团有限公司、市新阜公路有限公司、中海外集团公司盐城分公司。其中盐阜公路运输集团是2004年率先改制的交通企业，改制后，企业规模逐步扩大，至2015年年末资产总值达17亿元，比改制前2003年的3.36亿元增长了405.95%。“十二五”期间该中心主要做了以下工作。

1. 以党建工作为引领，积极发挥党组织作用。坚持每个季度组织一次该中心党员及退休党员有计划地集中理论学习，深入到市直交通各企业开展“服务企业，金桥下访”活动，切实为企业做好政策咨询、业务培训、发展指导及协调发展难题，特别是企业所面临的一些信访问题，积极加以指导，通过各种渠道努力化解，与企业一道共同维护好交通系统的行业稳定。组织开展企业党建工作指导、服务和交流，总结推广经验，协调解决企业发展过程中的困难和问题。根据自身情况积极开展“凝心聚力，访贫问苦、送温暖”等系列活动。通过多种形式在企业营造“你追我赶、奋力争先”的工作氛围，通过选树典型、推优表彰，开展争当青年岗位能手等活动。

2012年1月8日，市交通企业服务中心在鸿基大厦举行揭牌仪式，市交通运输局局长管亚光、副局长潘进山为该中心揭牌(张兆领)

2014年11月，市交通企业服务中心党总支组织党员干部到盐阜公路运输集团“沙惠林劳模工作室”观摩学习，座谈交流，学习先进，争做贡献(张琴)

2013年7月30日，市交通企业服务中心深入一线送关怀，图为该中心领导为生产一线职工送上慰问品(姚建中)

2. 创建特色服务品牌，弘扬企业文化建设。在已有“沙惠林服务班”、“刘飞公交服务专线”、“文明乘车示范引导员”等服务特色品牌的基础上，各企业不断挖掘内部先进集体和个人的典型潜力，培养创建具有企业特色的服务品牌，以带动市直交通企业整体形象的再提升。弘扬交通企业文化建设，积极将企业文化建设与企业思想政治工作、经营管理和精神文明建设相融合，着力培育企业核心价值观、优秀企业精神、特色经营理念，增强企业核心竞争力，增强企业职工的认同感和归属感。

3. 全力做好信访工作，促进企业和谐稳定。一是妥善解决信访突出问题，切实维护企业稳定。坚持每个月下基层调研一次，专门成立信访工作领导小组，认真处理来信来访，倾听职工的意见和合理诉求，并积极与市信访局、市信访联席办、市交通运输局保持沟通联系。二是制订处置信访突出问题应急预案，建立层级化管理体制。实行中心、企业、二级单位三级联动的信访工作机制，形成比较完善的信访工作格局，推行“谁主管，谁负责”的工作责任追究制度，明确责任范围和工作主体，划定权责，在市直交通企业系统范围内形成良好的管控体系。三是2013年和2014年，分别举办信访业务专题培训班，专门邀请市信访局的专家授课。不定期召开信访工作座谈会和信访研判工作会议，做到上下联动，共同应对，及时分析信访排查化解工作的新情况和新问题。四是重点抓好企业集访和进京到省非正常上访的化解处理,建立重点人头、重要时段、重大节日信访稳控包保责任制,组织跟踪督查和责任追究。2011—2015年,交通企业服务中心共接待来访近40批次、70多人次,受理信访件30多件,有效处理和办理终结的信访件20多起。成功解决了港口集团马建屿因房屋拆迁纠纷,原交建公司陈德诗因个人保险问题,原船务公司20世纪五六十年代精简下放职工孙荣珍因生活困难问题,原第二船厂职工赵士风因劳动关系纠纷等几起典型的信访问题。

4. 指导企业拆迁工作,协助行业创卫达标。一是全面完成串场河沿岸200多户拆迁、原南新河船厂140户拆迁以及市局东侧串场河景观带房屋征收任务。同时,解决了原船厂职工上访多年的改制历史遗留问题,为船厂地块顺利拆迁扫除了障碍。协助处理新天地花园12号楼的拆迁工作,帮助原交通工程处通榆北路2号1万平方米土地出让过户问题。二是协助各交通企业做好国家卫生城市创建工作,投入资金做好南新河原船厂家属区的卫生整治,多次督导交通窗口服务单位的卫生环境整治,抓好市委、市政府开展的"十项专项整治"工作中涉企的相关工作,协调港口集团等企业土地征用手续办理和交通物流基地建设项目申报工作。

2011—2015年盐城市交通企业服务中心领导任职情况

表19

姓名	职务		时间		备注
	党内	行政	任职	离职	
陆建平		主任	2012.1	2014.12	
李翔		主任	2014.12		兼任市交通控股集团副总经理
姚建中		副主任	2014.8		

(曹曙)

【盐城市交通档案馆】

"十二五"期间,盐城市交通档案馆始终坚持档案管理为现代交通综合运输体系建设服务的指导思想,确立"把档案当作交通产品来看待和维护"的理念,按照档案管理工作行业标准的要求,以档案管理规范化、科学化、信息化为目标,以交通档案馆建设为龙头,以强化工程技术档案管理为重点,不断完善档案管理网络,努力提高服务水平和服务质量,全力打造"现代型"交通综合档案;实现了档案工作与交通建设同步管理、同步发展。全市9个县(市、区)交通运输局和市直交通10个单位档案管理全部达到省级以上标准,其中市局机关、市航道管理处、市公路管理处、市运输管理处档案管理均达到国家二级标准。市交通档案馆是五星级档案馆,至2015年年末,具有馆藏档案14.89万/2.19万卷(件、张、盒、袋),其中图片档案1145张,声像档案385盒,工程档案5591盒,运管业务档案11.63万卷(袋),是江苏省交通运输系统第一个综合性交通专业档案馆,年年被省交通厅、市档案局等单位表彰为先进单位。

2011年11月1—8日,市交通运输局会同市档案局对交通重点工程档案进行督查,图为督查现场(刘红)

1. **强化档案管理达标升级。**市局成立档案达标工作领导小组，配备兼职档案管理人员，建立健全档案管理工作网络和领导责任制，明确市交通档案馆为档案达标升级工作的牵头和扎口部门，实现了各种门类、载体档案的集中统一管理。市交通档案馆结合档案工作实际，制定了切实可行的迎接档案管理达标复审工作计划，按照《江苏省机关团体企业事业单位档案工作规范》测评细则，制定了迎接档案达标复审工作任务分解表，逐项明确工作内容、工作要求、责任部门和完成时间，做到了任务清、时限定、分工细、责任明，确保了达标升级工作的顺利推进。以档案达标复审为契机，进一步修定完善了《盐城市交通档案管理制度》，其中涵盖了《盐城市交通档案馆主要职责》《归档制度》《档案保管制度》等20多项细则，并以正式文件形式下发到各县(市、区)交通运输局(港口局)，市直交通各单位、市局机关各处室，做到有章可循，以制度管档，有力地促进了档案管理工作的制度化、规范化建设。同时，组织全系统档案人员认真学习习近平总书记系列重要讲话精神和《中华人民共和国档案法》《江苏省档案管理条例》，严格按照交通运输部《交通档案管理规范》的要求，扎实抓好依法治档工作。积极开展每年一度的“6·9国际档案日”活动。通过听取专家授课辅导，组织到外地学习交流等形式，提高档案管理人员的业务素质。每年对所属单位的档案资料归档情况进行督查并考核评比，表彰奖励先进，发现问题限期整改到位，促进档案管理达标升级工作。

2. **加强档案管理设施建设。**市局领导想方设法，优先保障档案管理用房。市交通档案馆用房总面积达1000平方米（其中库房面积430平方米、办公用房面积70平方米、阅档用房面积50平方米、交通历史展览馆和规划展示厅面积450平方米），“八防”设施(防盗、防火、防潮、防尘、防鼠、防蛀、防高温、防霉变)全部到位，内设重点工程档案库、局机关档案库、公路、航道和运管档案库，将相关单位和重点交通工程的档案集中存放保管，档案管理人员集中办公。“十二五”期间，市局累计投资12万元，添置标准化档案橱柜12套，档案案卷（盒）全部采用省档案局统一监制的档案盒装置，所有档案装具的式样、规格及质量均符合规定要求。配置计算机、激光打印机、复印机、扫描仪、光盘刻录机、温湿度计、吸湿机、灭火器、摄像机、数码照相机、缝纫机、一体机等较为先进的档案管理办公设备，并根据档案馆藏规模发展，适时补充相关特殊设备。为方便声像档案收集、整理，专门购置录音笔、移动硬盘、专用防磁柜等。配备计算机档案管理专用软件，全面采用计算机档案管理系统，提升了档案管理信息化、现代化水平。市交通档案馆不断充实更新设在交通大厦一楼的交通历史展览馆和规划展示厅。展馆以“记述发展历程、记录发展成就、展示发展蓝图”为宗旨，采用声、光、电等现代高科技手段，全面展示“十二五”盐城交通事业取得的重大成就，介绍盐城交通发展的历史变迁，推介交通系统的先进典型和各个行业取得的丰硕成果。展厅通过电脑可查阅到“十二五”交通发展成果和“十三五”交通发展规划的各种数据。展馆开放以来，已累计接待各级领导和各界人士200多批5000人次，受到了社会各界的好评，成为档案利用和展示盐城交通发展成就的重要窗口。

3. **加强档案管理业务建设。**市交通档案馆坚持把档案业务建设作为工作的重中之重来抓，严格标准，严格程序，严格管理，全力打造精品档案。建立纵向到底、横向到边的档案管理网络，按照应收尽收、全面细致、符合规范的要求，重点抓好工程、基建、设备、音像、电子档案等薄弱环节，确保文件归档率达100%。“十二五”期间，共整理文书档案9352件，并对7742件永久和长期件进行全文数字化扫描及数据挂接软件工作。从2011年开始，市交通局档案馆督促系统内相关单位对已竣工的交通工程项目档案进行全面整理。按照统一标准、部门立卷、按期移交、检索登记、入库管理，使各类档案规范建档、全部上柜、排列整齐、标识清晰、分类存放，确保归档文件完整、准确、系统。同时建立符合规范要求的全宗卷。库房内标有准确的档案资料存放示意图。按规定测记库房温湿度，定期检查档案存放状况和安全情况，确保库存档案无霉变、尘污、虫咬等现象。建立各种档案统计台账，档案移交、收进、移出、借阅、利用效果等记录详细全面。创新档案资料收集和归档方式，努力提高归档率和规范化水平。把工程项目档案工作纳入工程招投标和合同管理之中，使建设、设计、施工和监理单位职责明确、责任落实，在工程一开始就注重档案材料的收集、保管、整理工作，使档案工作与项目建设同步进行。对船型标准化工程，则采取一船一档，统一档案目录、格式，统一装订成册，统一分类存放，受到部、省、市领导的高度评价和业户一致好评。按照市档案管理部门的要求，市交通档案馆使用永乐档案管理软件，健全了档案目录库，系统能够实现档案收集、整理、编目、统计、借阅利用等功能，完善更新馆藏全部档案的文件级目录数据库，档案人员能熟练运用档案管理系统。档案馆专用计算机使用正版杀毒软件，能够确保档案信息和系统安全，备份的电子文件真实、完整。为了提高档案利用效率，市交通档案馆还按编研材料要求，编制了各种门类和载体的档案案卷目录、全引目录、专题文件目录、发文汇集等检索工具，并将2011—2015年归档文件目录、案卷目录全部输入电脑，实现计算机管理，较好地满足了领导和各方面对档案利用的需求。

2014年5月13日，省档案局巡视员欧阳旭明一行到市交通运输局调研档案工作，参观了盐城交通成就展厅、档案库房，充分肯定了市交通档案馆工作(刘红、杨学梅)

2014年9月19日，省交通运输厅和市档案局联合对市交通档案馆达标情况进行复查，顺利通过省"特一级"档案馆达标复查验收(刘汉、顾枫)

4. **加强档案资料开发利用**。在日常管理工作中，注重编研资料多层次、多渠道开展档案信息开发利用，最大限度地开发档案信息资源的能动效应。一是编制科学检索工具，便于档案的查阅。坚持务实态度，从全宗的构成沿革、全宗内档案内容和成份等方面，进行全面总结和概括，确保全宗指南的编写质量。为让阅档者能够顺利准确地查找所需档案，编制了文书、会计、工程、基建、设备、音像、实物、电子等不同门类和载体档案的案卷目录、全引目录、归档文件目录，还编制了全部库房的存放示意图。系统内各单位全部建立了文件级检索目录数据库，实现了计算机查档并做好档案资料利用效果反馈。二是准确组织编研材料，推进档案深加工。5年来，市局和市公路、航道、运管等部门共编制了各类编研资料达56种。如在每年编写大事记汇编、组织机构沿革、基础数据汇编、发文汇集必备编研材料的基础上，又编研了大事记续编、干部任免文件汇编、专业职称文件汇编、机构文件汇编、奖励文件汇编、《"十二五"期间重点工程简介》《盐城公路》《盐城铁路》《市区高架桥建设纪实》《通榆河整治资料汇编》、盐城"十二五"发展成就画册、《船型标准化工程图册》,以及连续多年的《盐城交通年鉴》等,此外还编制了如交通行业管理纪实专题片、交通政务公开专题片、交通文化活动纪实专题片等10多种。还为《盐城交通》报的编辑提供大量交通发展史料,建立报纸电子文档。利用举办交通文化节之机,收集交通廉政书法、短信、字画以及大量反映全市交通建设和行业管理成就风采的照片1000多幅,丰富了照片档案内容。三是充分利用档案资源,提高档案利用率。仅2015年,全系统就累计接待查档370多人次,提供档案5000卷次,复印档案资料6亿页,为公路、铁路、高架、航道工程的勘测、设计、施工、养护及航道的管理节省各项经费累计达400万元。为领导决策、工程建设、交通管理以及行政执法、企业改制等项工作提供高效优质服务,受到广泛好评。通过多次查阅人事档案、文书档案等,为在职人员、提前退休人员、改制转企业人员等所有涉及人员的情况进行全面梳理,为人员身份置换工作奠定了基础,为改制工作的顺利推进起到了不可替代的作用。在行政执法过程中,执法人员通过查阅档案,依据相关政策法规和上级部门的规范性文件,对事实清楚、证据充分的案件进行准确定性,严格执法。

2011—2015年盐城市交通档案馆领导任职情况

表20

姓名	职务		时间		备注
	党内	行政	任职	离职	
刘红		副馆长	2005.8	2011.4	
		馆长	2011.4	2012.8	
		馆长	2016.4		
刘汉		馆长	2012.10	2016.3	
陈瑜		副馆长	2006.12	2015.5	退休

（刘红）

【盐城市交通综合服务信息中心】

“十二五”期间,盐城市交通综合服务信息中心完成多项建设任务,努力为广大市民和社会公众提供交通咨询、救助、投诉、建议等服务;做好办公自动化建设管理、网站维护管理、投诉举报处理、救援抢险、信息化处理,受到上级机关的肯定和社会各界的好评。

1. **完成盐城市交通规划展示馆建设。**盐城市交通规划展示馆项目布展总面积为514平方米,由成就馆和规划馆两个展馆组成。展示馆以现代化的展示手段,融展示与互动、参观与体验、学习与娱乐、传统与现代、科学与艺术、高雅与通俗于一体,使观众在轻松愉快的氛围中欣赏各个展项。由于布展采用了多媒体设备、中控系统、球幕影院、弧形影院、智能手机导览等新技术,因此该馆实际上也是一个小型的智能展馆。盐城市交通建设成就馆主要展示盐城交通的发展历程和建设成

2011年1月31日,市政府副市长丁建奇在春节前冒着凛冽寒风,亲切看望慰问坚守岗位的市交通综合服务信息中心96196盐城交通服务热线的干部职工(陆建平、邱明华)

就,分为“序厅”、“历史回顾”、“建设成就”和“飞行影院”四个展区。展馆以盐城交通闭塞的过去为起点,逐步走向成就辉煌的现在,以丰富的史料和照片,展现出一幅几代交通人坚持不懈、努力改变盐城交通落后面貌、铸就今日辉煌的历史画卷。盐城市交通规划展示馆是展示盐城交通未来的专门展馆,分为“序厅”、“2013—2030 年交通运输规划”“‘十二五’规划,三年行动计划”和“梦想影院”四个展区。通过多媒体、声光电、重要节点模型等手段,系统性展示盐城近远期交通运输规划目标、任务、方案等,描绘出集现实与梦想为一体的盐城交通新未来。展示馆于 2013 年建成开馆,此后每年更新内容。

2. **完成盐城市交通运输局市县纵向网建设。**盐城市交通运输局按照省厅《江苏省交通电子政务建设实施方案》和《关于开展交通运输市县纵向网、县级横向网建设有关事项的通知》要求,根据业务管理系统应用需求,按照统筹规划、统一部署、分步实施的原则,2014 年 6 月完成了盐城交通运输局市县纵向网建设。该网是江苏交通电子政务专网的重要部分,项目建设推进了交通电子政务专网在省、市、县三级交通运输部门的互联互通,支撑省、市、县三级交通运输信息化联网应用,更好地推进“十二五”交通运输信息化建设。

3. **完成盐城交通视频会议系统建设。**盐城交通视频会议系统于 2014 年 7 月 23 日完成安装并首次与各县联调成功。该系统是在盐城市交通运输局与各县(市、区)交通运输局之间构建一套集语音、视频和文字图表于一体的综合多媒体通讯平台。利用该平台,可满足盐城市交通运输局在远程会议、图像传输、教育培训、应急处理等多种业务的实际需要。系统图像清晰、运行稳定,实现多路图像在电视墙上的同时显示。该系统提高了全系统信息化建设的水平,增强了网络系统的科技含量,实现全系统的交互式行政会议和面对面的视频交流;提高全系统各类会议召集速度,加大干

2014 年 9 月 12 日,市交通综合服务信息中心举行模拟门户网站服务器遭到病毒攻击的网络信息安全应急演练,以提高应急能力,保障网站信息畅通(谢桂根、房芳)

部教育培训力度,大大减少会议和培训成本,节约大量差旅费和时间,产生良好的经济效益;以视频会议系统及市县纵向网项目建设为契机,可以大力推动系统其他应用业务的开展,提高全系统的电子信息化建设进程和应用水平。

4. **完成盐城市交通运输局公众出行一期建设。**盐城市交通运输局公众出行项目将涵盖各单位公众出行方面服务,实现出行领域数据的整合,同时发布交通资讯,通过公众服务平台向用户进行开放,实现出行领域信息的全面共享,打造便民、惠民、利民的信息化服务平台,提供出租车、公共自行车、公交车公众服务,项目于 2016 年 3 月 1 日完成一期建设。

5. **完成盐城市交通运输局机房改造。**盐城市交通运输局机房初建于 2005 年,经过十余年的运行,存在线路老化、标识不清、故障率高和业务支撑系统落后等问题,不能适应当前交通业务多元化、智能化发展的需要,迫切需要打造一个现代化、智能化、高效率并适应市局未来业务发展需要的新机房。机房改造的重点是对原有机房进行升级改造,改造后机房将原有两间机房打通,三间接入合并成一大间,并实现了统一机柜,所有机柜连接线全部采用上走线的方式,避免了线路杂乱、相互交叉的情况,无论网络线路接入,还是网络故障排查都在一个房间完成,从而提高工作效率,缩短故障排查时间。原有机房没有独立空调、新风、消

防、环控、KVM 等系统，经常发生温度过高、漏水等故障。改造后机房采用双精密空调系统实现了恒温、恒湿的自动控制，双 UPS 主机实现了机房设备不间断电源供给，动环监控系统实现了机房断电、温度过高、电压负载等故障的自动手机短信、电话语音报警。从而真正达到无忧机房、无人值守机房的要求。2016 年 4 月 30 日，机房改造主要项目完成，5 月 3 日进入试运行，据初步测试及内部验收，机房各项指标正常，运行情况良好。

6. **96196 盐城交通服务热线通过复核认定为“省级青年文明号”**。自 2008 年被授予“省青年文明号”以来，96196 盐城交通服务热线已成为盐城交通一张靓丽的名片、为民便民服务又一温情的窗口。热线以其特服号声讯、全省统一短信平台、http://yc96196.Jscd.gov.cn 网络三种服务方式，24 小时忠实的履行着交通咨询、救助、投诉、建议等服务职能，督促办理厅长市长等各类信箱、网络发言人、政风热线、汽车维修救援和 12345 公共平台投诉服务，承担着交通展览馆接待解说，及时反馈全社会对交通行业服务质量、行政执法等咨询监督意见。近三年年平均话务量达 4.70 万个，手机短信服务 8 万余条，投诉办结率 100%，满意率达 99.80%，公众满意率在 99% 以上，被社会公众亲切地称为“及时雨”“一线通”。经过热线青年常年如一日的辛勤努力、真诚奉献，春运、节假日、雾霾、雨雪天气等特殊时期的恪尽职守，尽职尽责，热线工作得到了上级领导的一致认可，热线取得了较多荣誉。被江苏省交通运输厅、共青团江苏省委授予“省级星级文明窗口”；被江苏省妇女联合会授予省级“巾帼文明岗”；被共青团江苏省委授予“青年文明号”；2017 年 2 月，经省交通运输厅、共青团江苏省委联合复核，继续认定为 2014—2015 年“省级青年文明号”；被盐城市人民政府授予“人民满意基层服务单位”；被盐城市妇女联合会授予“盐城市三八红旗集体”；连续三年荣获全市交通运输系统“交通服务品牌”。

2014 年 5 月 27 日，市交通综合服务信息中心组织 96196 服务热线人员参观新四军纪念馆，缅怀革命先烈，接受革命传统教育（蒋卫民、房芳）

2015 年 12 月 14 日，市交通综合服务信息中心 96196 服务热线话务员到市儿童福利院送温暖献爱心，给孩子们送来图书、玩具、糖果，与孩子们一起唱歌、跳舞、做游戏，以独特的方式陪伴孩子们度过快乐的时光（蒋卫民）

2011—2015 年盐城市交通综合服务信息中心领导任职情况

表 21

姓名	职务		时间		备注
	党内	行政	任职	离职	
陆建平		主任	2008.12	2012.10	
王栩		主任	2013.3	2013.8	
谢桂根		主任	2013.9	2015.3	
刘春兰		主任	2015.4		
蒋卫民		副主任	2013.8		
徐明		副主任	2015.4		

(陈波)

【盐城南洋机场有限责任公司(盐城民航站)】

“十二五”期间,盐城南洋机场有限责任公司紧紧围绕“服务地方经济社会发展”目标,按照沿海中心机场定位,加快基础设施建设,优化和完善航线网络,不断扩大机场运行规模,积极服务地方经济社会发展。

2015 年，盐城南洋机场实现对外开辟直飞日韩港台等 5 条国际(地区)航线,对内直达北上广深等 17 个大城市空中通道,在飞航线 22 条,周航班量 125 班

截至 2015 年年底,盐城南洋机场在飞航线有韩国首尔、日本(大阪、静冈)、香港、台北以及北京、广州、上海(虹桥)、深圳、南京、成都、重庆、大连、天津、武汉、西安、沈阳、厦门、哈尔滨、海口、昆明、长沙,其中北京、上海、广州、成都、重庆、武汉、西安、沈阳、昆明、长沙、南京、大连等航班均达到每天一班以上,在飞航线 22 条,周航班量 125 班。2015 年安全保障航班 8840 架次,完成客运吞吐量 85.20 万人次，货邮吞吐量 3005.70 吨，分别比 2014 年增长 50.70%、61.10%、39%,是“十一五”末的 322.56%、347.37%、86.07%,“十二五”期间年平均增长分别为 36.34%、38.39%、6.65%。

“十二五”期间,民航基础设施建设累计完成投资 6.50 亿元,比“十一五”增长 225%,主要是实施盐城南洋机场机坪扩建工程和盐城南洋机场改扩建工程,全面启动航站区改扩建工程。其中,机坪扩建工程于 2013 年 12 月建成并投入使用。盐城南洋机场改扩建工程(主要是跑道由 2200 米延长至 2800 米,并配套建设相关基础设施)于 2015 年 6 月建成并投入使用。航站区改扩建工程取得了省发改委立项和可研报告批复。

2012 年 12 月 29 日,盐城南洋机场免税店试营业,民航站站长崔花陪同市政府副市长王荣、市交通运输局局长管亚光检查免税店开业情况

“十二五”期间,盐城市委、市政府对盐城南洋机场管理体系进行改革。2013 年 7 月,盐城市委六届四次全会提出对盐城南洋机场管理体制进

行改革，由事业单位改制为国有独资企业。2014年10月，市政府办印发《盐城民航站转企改制工作方案》。2015年2月5日，盐城南洋机场有限责任公司成立，当年4月完成清产核资、工商登记等工作。

“十二五”期间，盐城南洋机场高度重视文化建设，提出以“规范·温馨·幸福”为表征的盐城民航文化理念，独创了“三化三心”“二三四五”服务标准以及“十个一”民航工作法，成功打造了“飞燕班组”和“蓝天金盾”服务品牌。其中“飞燕班组”被表彰为全国巾帼文明岗、全国青年文明号。“蓝天金盾”被表彰为全国青年安全生产示范岗。盐城南洋机场于2011年12月被中央文明委表彰为全国文明单位。“十二五” 期间累计受到各种表彰137项，其中国家级表彰8项、省级表彰16项、市级表彰25项、市局级表彰88项。

2016年1月17日上午，市委书记、市人大常委会主任朱克江到盐城南洋机场调研机场改革发展工作，盐城南洋机场有限责任公司董事长葛春宽作汇报

2011年4月13日，中国民用航空局局长李家祥在接受凤凰卫视《问答神州》栏目主持人吴小莉的专访时谈到中小机场发展问题时表示，盐城市委、市政府突出机场的公益性发展机场，盐城机场以小投入大产出，为地方经济社会发展发挥了重要作用。

2011—2015年盐城南洋机场有限责任公司（盐城民航站） 领导任职情况

表22

姓名	职务		时间		备注
	党内	行政	任职	离职	
崔花	站党总支书记	站长	2004.9	2015.2	
葛春宽		董事长	2015.2		
	公司党委书记		2015.5		
张育强		总经理	2015.2		挂职
	公司党委副书记		2015.5		
王荣军		副站长	2002.8	2015.3	
		副总经理	2015.2		
	公司党委委员		2015.5		
唐文明	站党总支委员	副站长	2005.4	2015.3	
		副总经理	2015.2		
	公司党委委员		2015.5		
潘晓	站党总支委员	副站长	2012.5		
鲁红专	站党总支委员	工会主席	2012.5		
陈廷鸿	站党总支委员	副站长	2013.9		
谢桂根	站党总支委员	副站长	2005.3	2013.9	调出
曹兆祥	站党总支委员	民航站副调研员	2012.8	2015.2	退休

（徐峻江）

【盐城市公共交通总公司】

“十二五”期间，盐城市委、市政府高度重视公交事业的发展，积极实施公交优先发展战略和城乡公交一体化战略，在规划布局、设施建设、车辆装备、运营服务等方面不断加大保障力度，特别是2013年，城市公交体制划归市交通运输局管理，大市区公交事业实现了跨越式发展，取得了前所未有的成绩，受到了社会各界和广大市民的普遍赞誉。安全可靠、经济适用、便捷高效、舒适文明的城市公共交通服务体系逐步构建，城市公共交通的竞争力和吸引力持续增强。

1. **公交设施跨越发展。**“十二五”期间，市本级和各区按照合力建城的要求，共新建市公交调度中心、亭湖区回车场、高职园区回车场、开发区

2013年5月，市委书记朱克江慰问公交一线职工，市公交总公司总经理王文法陪同

漓江路停车场等10个停(回)车场，占地面积为21万平方米，投资额为2.41亿元。新增盐都区盐龙公交枢纽站、环保科技城公交枢纽站、解放南路BRT公交回车场等首末站17个，面积5.31万平方米，投资额6550万元。站场总面积26.31万平方米，是“十一五”末的7.20倍，投资总额3.07亿元。“十二五”期末，市区共有961辆公交车，73条线路，线路长度1591.60公里，分别比“十一五”期末增长2.75倍、2.21倍和2.95倍。

2. **智能公交初具规模。**盐城公交积极推进信息技术在公交线网优化、运营调度、服务监管和行业管理等方面的应用，先后建成了公众出行

2013年9月15日，市交通运输局局长管亚光调研市区公交站场建设情况，市公交总公司有关领导陪同并现场汇报情况(吉海蓉、王莹)

信息服务系统、车辆运营调度管理系统、安全监控系统和应急处置系统。所有运营车辆安装了卫星定位、视频监控等车载终端设备。全省公共交通一卡通在盐城成功实施、常规公交站台智能化改造(电子站牌)以及“掌上公交”等正在加紧实施。

3. **公交线网得到优化。**根据城市发展、社会需求和城市公共交通专项发展规划，市公交总公司每年都要对现有公交线路、站点进行调研，在广集民意的基础上逐一摸底、设计和论证，新辟、优化、加密公交线路不低于10条，不断扫除公交盲区，逐步扩大公交辐射面，使线路走向更加科学合理。从2013年年初实施城乡公交一体化工作以来，在市局党委指导下，由市运管处牵头，该公司积极推动盐都区、开发区、亭湖区境内的市镇公交、镇村公交开通工作，在不足两年时间内，实现郭猛、盐东、步凤等13个乡镇、30多个自然村通达公交车，圆满完成市政府下达的大市区城乡公交全覆盖的目标任务。

4. **快速公交成为亮点。**2011年年底，市区快速公交“一主一环五支”BRT系统全面建成，2014年又开通了B支6线，该公司着力在提高BRT运行质量和效率上做文章，至2015年年末该公司共有快速公交线路8条，线路长度156公里。2015年日均客流量为10.50万人次，约占公司日均客

2015年7月15日，山西省晋中市交通运输局到盐城考察城市快速公交建管工作，市公交总公司总经理王文法向客人介绍情况(徐婧)

流总量的31.80%。快速公交的开通，为市民提供了快捷舒适的出行服务，深得广大市民的赞誉和社会各界的好评，成为盐城市区的一大亮点。

5. **文明建设持续推进。**市公交总公司通过开设道德讲堂、班组长学习、职工培训等形式，不断加强职工的职业道德和职业素养教育。先后开展了“优胜线路”“共产党员先锋岗”“示范达标线路评比”“创人民满意公交”“季度之星”等优质服务竞赛活动。在活动中树形象、出典型、立品牌，累计有656个车组和365人次受到表彰。公司先后培养出市级(含市级)以上先进集体26个、市级劳动模范4人、市级(含市级)以上荣誉获得者29人。其中快速公交B1线“刘飞温馨服务示范线”在荣获全省交通运输系统优质服务品牌的基础上，2015年又相继荣获江苏省第四批优质服务品牌和全国交通运输行业文明示范窗口称号，B1线驾驶员刘飞被评为全国交通运输系统劳动模范(享受省劳模待遇)。2014年有3名公交职工被评为“盐城好人”，其中沈超被评为“江苏好人”，并入围“中国好人”评选。近两年市公交总公司先后荣获江苏省文明单位、盐城市文明单位、盐城市五一劳动奖状等荣誉。

“十二五”期间，该公司顺利实施职工工资分配调整方案，使分配机制更趋合理。2014年，结合企业发展需要，遵照干部选拔有关规定，报请市局党委研究同意，提拔了13名中层干部，并对部分中层干部进行了轮岗交流，解决了困扰企业10多年的干部配置问题。2015年，该公司还首次面向高等院校，通过市人才市场招录了28名全日制大学本科生，为企业的发展储备了人力资源，使盐城市公交事业的发展更具有生命力和竞争力。

表23

2011—2015年盐城市公交总公司领导任职情况

姓名	职务		时间		备注
	党内	行政	任职	离职	
王文法	党委书记	总经理	2009.11		
廖杭军	党委副书记	副总经理	2014.8		挂职
周正中	党委委员	副总经理	1996.4	2014.9	
董海荣	党委委员	副总经理	2011.12		
吴宏标	党委委员	副总经理	2011.12		
夏建龙	纪委书记		2011.12		
邵吉龙	党委委员	工会主席	2013.10		
严金桥	党委委员	总经理助理	2013.10		

(吉海蓉)

【江苏盐阜公路运输集团有限公司】

江苏盐阜公路运输集团有限公司是盐城市唯一具有国家道路运输一级资质的综合性运输企业。“十二五”期间，该公司面对经济运行新常态的挑战及生产经营成本上升压力，坚持统筹全局、协调发展的总基调，围绕“稳增长、调结构、促升级”的总思路，顺应经济发展新常态，上下一心，攻坚克难，争先率先加大转型升级力度，着力构架集团“一主多元”活力业态，创新创优管理体制机制，强化人才队伍和信息化建设，较好地完成了各项目标任务，实现了企业稳定持续发展，企业实力迈上了一个新的台阶。到“十二五”末，公司资产总值17亿元，拥有营运客货汽车2000多辆，客运班次2568个，长途直达25个省、市、自治区。“十二五”期间，公司实现营收净收入26.15亿元，为“十一五”的131%；实现利润3.65亿元，为“十一五”的166%。公司连续多年被盐城市政府评为“五星级企业”“盐城市一档企业”。公司先后被授予“全国交通运输企业文化建设优秀单位”“全国模范职工之家”和“中国道路运输百强诚信企业”等荣誉称号。

2013年1月31日，市长魏国强一行到盐城汽车客运站检查指导春运工作，盐阜公路运输集团董事长、党委书记陆进陪同

1. **加快产业结构调整，综合实力得到平稳提升。**随着社会经济的发展，新型城镇化进程的加快实施，私家车保有量的逐年上升，人民群众出行方式选择正日趋多元化，针对道路客运量增长缓慢的趋势，该集团公司主动适应经济新常态，加快产业结构调整、转型升级的步伐。5年来，在做精、做强道路客运主业的基础上，结合自身优势，瞄准新兴产业，先后投资物流经营、LNG加气站建设、房地产开发等项目。同时遵循政策方向，调整市场战略，把更多的注意力和精力投入到校车、厂包车、旅游、公车租赁、城际城乡公交等市场开发中。通过资本扩张，集团公司逐步形成公路客运、物流、公交、汽车服务、商贸、房地产等多元化经济格局。

2. **实施集约化经营，创新开拓能力得到提高。**“十二五”期间，该公司持续推进客运主业的提档升级，通过坚持公车公营主导理念，推进班线改造，公车公营479辆，公司化率提高到39.42%。客运班线省际193条、市际261条、县际167条，共计621条。拥有一级客运站6个，二级客运站4个，三、四级(乡镇)客运站2个，经济效

2014年3月5日，盐阜公路运输集团党委书记陆进主持召开党的群众路线教育实践活动动员大会

益逐年提升，安全监管明显强化。物流项目迈开步伐，与市交投公司合作建立江苏盐海现代物流有限公司，完成注册及初期选址论证，并注册成立了盐城沿海货运公司。集团下辖的东台公司、大丰公司、建湖公司等单位镇村公交、城乡公交业务初具规模。汽车技术服务以修为主，在确保内修的基础上，积极开拓，吸引外修，积极承揽汽车综合性能检测、一二级维护等业务。通过独资经营和参股的方式，积极拓展加油站、加气站、充电桩、双龙4S店等经营业务。驾培中心在全市率先推行预约培训和先培训后付款模式，抢占培训行业先机。

3. **优化资源配置，转型发展取得新进展。**5年来，该公司采用线路捆绑、委托经营等形式，加大公司内同向客运班线的整合力度。强化运调管理，结合旅客对流时、流向、流速的不同需求，调优班线、班车和班次结构，最大化发挥车辆利用效率和客运资源效益。大力推进公司化经营改造，规范运输市场，集约化经营，在大力推进盐城至南通、淮安地区公车公营的基础上，又新增加了盐城至连云港公车公营班线(含赣榆、东海班

线)，使盐城和连云港两地百姓出行更加方便。目前该线路公司化改造班线10条，在营客车24辆。实现黄标车和老旧车辆的置换，对运输经纪人、经营公司有益，也对社会减少空气污染、促进企业创建运输服务品牌有益。为节能减排，降低运营成本，节支增效，公司投放了LNG新能源燃气客车，车上配置空调和必要的服务设施，乘客乘坐舒适。按照行管部门要求，做好公车公营改造。依据“科学调度，优化班次，提高收入，降本增效”的原则，“提质提优”现有经营班线，坚持“车头向下”“车头进厂（校)”“车头看景”“车头接轨”，实现从车站等客到车头向工厂、学校、机场、旅游景点、偏僻农村转变。与盐城民航站、盐城火车站、相关旅游景点等开展合作，延伸和拓展客运的衔接、换乘功能，与其他运输方式形成紧密对接的新网络，实现优势互补、合作共赢。该公司在运营所属9个客运站过程中，强化车站营销意识，增强车站组客能力。加快实现客运车站智能化服务，借助联网售票、网上购票、自助售票、电信114订购等手段提升市场营销力。进一步发挥代售点、网络售票、手机售票、会员制等营销方式的作用，积极推进“巴士管家”手机APP工作，全体员工进学校、入工厂、跑社区，通过不懈努力，2015年年初短短2个月时间，盐城汽车客运站就全面完成集团公司下达促销售票2.80万人次目标任务。目前“巴士管家”售票工作成效初显，月营收达100多万元。票务营销全年与携程网“畅途网”和“12308”进行合作，拓展了售票渠道。

4. 着力管理创新驱动，管控能力得到提升。“十二五”期间，该公司按照“专业分类，实施分步，以点带面，推动全局”的总体部署，以安全生产标准化创建达标为契机，加强企业安全生产规范化管理，完善安全内评信息平台，搞好人员职业技能和安全素质教育，持续贯彻各类评标要素，提升本质安全度；加强安全生产科技装备，重视车辆GPS、3G视频动态监控，提高安全保障能

2015年3月26日，盐阜公路运输集团召开2015年工资集体协商会议，拟定“五年工资倍增计划”

力。严格落实“全员、全方位、全过程”的精细化监管模式，抓好责任落实，强化安全生产包保责任网络建设，确保安全责任不留“盲区”；完善“1+3”监控体系，立足源头、抓住现场，持续排查、整治各类安全隐患。扎实抓好机务技术管理，不断增强机务基础保障作用，积极推进公营车辆单车燃料、材料定额管理考核，推进燃油、燃气公司化经营，最大限度地降本增效。不断提升机务技术管理水平，推进企业节能减排和集约化发展。同时，抓实综合治理，抓好消防安全，全力遏制各类事故的发生，确保安全生产形势持续稳定。法人治理结构依法规范，制定《关于规范子公司法人治理结构和运作的意见》，推进架构完善与权责明晰。制定《党员领导干部廉洁从业若干规定》，规范党员干部廉洁从业行为。在修订《经营管理目标考核办法》等管控规则的同时，完成制度汇编成册工作，用制度来规范经营行为。

5. 构建和谐企业文化，品牌形象得到提升。5年来，该公司通过深入开展文明单位、先进班组、品牌班线、青年文明号、岗位能手、选树标兵等各项创建活动，建立健全各项工作制度、VIS形象识别系统，将企业文化建设向纵深推进，实现员工对企业价值、理念、精神的认同，明确企业的共同行为准则，规范员工行为，完善企业管理体系和基本管理制度，塑造管理流程，建立学习型组织，推动员工价值和企业价值共同实现。

“十二五”期间，集团公司在保证企业效益的同时切实提高员工福利待遇，职工收入稳步增

长。较好地实现了“十二五”确定的员工收入增长目标，员工年均收入由“十一五”末的1.90万元升至“十二五”末的3.43万元。创新服务方式，拓展服务项目，提高服务水平，努力打造一批“拿得出”、“叫得响”、“受欢迎”的独具特色的服务品牌。成立旅客投诉受理和计算机服务中心，及时处理和分析旅客投诉。创建“江苏快客”品牌班车139辆。开展“快乐之旅，诚信盐阜”主题创建活动，抓好金牌驾驶员、星级车站、文明班车等创建重点工作。旗下“盐阜旅游”、“盐阜客运”、“盐阜汽修”等服务品牌的市场地位逐步确立，市场影响力不断增强。

2015年4月29日，盐阜公路运输集团董事长、总经理邢健康欢迎全国劳模沙惠林载誉归来

2011—2015年江苏盐阜公路运输集团有限公司领导任职情况

表24

姓名	职务		时间		备注
	党内	行政	任职	离职	
陆进		董事长	1995.3	2013.6	
	党委书记		1995.3	2015.4	
卞敬友		总经理	2002.6	2011.12	
	党委副书记		2002.6	2012.4	
		副董事长	2002.6	2013.10	
邢健康		总经理	2011.12		
	党委副书记		2012.5		
		董事长	2013.6		
	党委书记		2015.4		
孙亦波	党委副书记、纪委书记	董事	1996.7		
杨朝钧	党委委员	董事	1998.5	2015.2	
蔡禹	党委委员	董事	1996.11	2015.4	
吉曼青		工会主席	1996.7	2011.10	
程波	党委委员	董事	1999.6		
汪沛		副总经理	2007.3	2011.10	
	党委副书记		2011.4		
		工会主席	2011.10		
贾秀全	党委委员	副总经理	2004.4		
王学军		副总经理	2004.10		
	党委委员		2011.4		
陈建平		总经理助理	2012.5	2013.10	
		副总经理	2013.10		
	党委委员		2015.4		
葛志政		总经理助理	2014.3		
钱纪中		总经理助理	2015.9		
王均军		总经理助理	2015.9		

（张晨）

【盐城市新阜公路有限责任公司】

盐城市新阜公路有限责任公司始建于1994年7月，是从事公路投资、经营、管理的股份制企业。2006年1月改制之初，该公司提出了二次创业、二次腾飞的工作目标，企业发展逐步稳定。在此基础上，进入"十二五"之后，该公司又提出了第二个五年计划，将战略性调整公路经济结构摆上了重要议事日程。5年来，诸多意想不到的困难制约着目标任务的完成，主营业务由于相关政策的调整，高速公路的开通、普通公路的网络化、收费环境的不断恶化，导致车辆通行费收取实绩逐年下降。房地产开发项目由于政府多次调整规划及国家宏观政策调整，几经波折，其间还遇到了S226新洋、G204施庄两个收费站的撤销及人员分流、资金补偿等一系列问题。但是，该公司始终坚持调整公路经营结构的信心不动摇，克服了各种困难，较好地维持了传统收费项目，妥善地解决了各类矛盾，消除了两个收费站拆除的不良影响，顺利地完成了房地产开发一期工程，还稳妥推进了海外工程、国内贸易、物业管理、房产租赁等业务，新涉足了承德铁矿项目，实现年综合营收超亿元，上缴利税1000多万元。该公司的经营格局逐步形成了房地产及其附属产业、传统收费项目、境外工程、铁矿采选业等几个板块，初步完成了经济结构的战略性调整，从而提高了生产经营营利水平和抗风险能力，该公司经济逐步走了内生增长、创新驱动的全新轨道。

2011年1月，市新阜公路有限责任公司董事长、党委书记朱克林向市交通控股集团领导汇报公司改革发展情况（陆建平　张琴）

该公司2011—2012年被江苏省文明委评为省文明单位，2011—2015年被盐城市文明委评为市文明单位，2015年度被中国交通企业协会评为全国交通运输行业诚信建设先进单位。

表25　2011—2015年盐城市新阜公路有限责任公司领导任职情况

姓　名	职　务		时　间		备　注
	党内	行政	任职	离职	
朱克林	党委书记		2009.10	2013.12	
		董事长	1994.7	2015.4	
铁步昌		总经理	1994.7	2014.1	
叶彪	党委副书记	工会主席	1997.3		
李安全		副总经理	1998.6		
陈贵高		副总经理	2011.3		
朱加飞		总经理助理	2012.1	2013.1	
		副总经理	2013.3	2014.1	
	党委书记		2013.12		
		总经理	2014.1		
		董事长	2015.4		

（张海峰）

【盐城港口集团有限公司】

“十二五”期间，盐城港口集团有限公司于2012年5月完成了二次改制，实现了由自然人王勇、张桂红两人持股的有限公司经营模式。在国内外经济形势持续趋紧，水陆运输(物流)行业普遍运行困难的情况下，盐城港沿着既定的目标，深入转化改制成果，强力推进转型升级，不断淘汰落后产能，积极培植优势亮点，经过艰苦不懈地努力，总体上仍稳住了大局，并有所创新。“十二五”期间，新增固定资产6000余万元；投资近5000万元，全面建成了占地面积近20万平方米的步凤港区；建成了市建军东路76号地下两层地上八层计1.04万平方米的盐港大厦；完成了新港装卸49%的股权收购任务，港口集团对北货场实行了100%控股；二公司、三公司、六公司装卸价格在原有的基础上，上调15%左右；圆满地完成了通榆河市区段整治、市内环高架快速路网一期工程范公路大桥建设、串场河市区段整治、徐宿淮盐高铁建设的拆迁任务。该公司被市政府表彰为城市建设先进集体，被上海铁路局表彰为新长铁路沿线先进单位。

盐城港口集团2013年工作总结暨年度表彰大会召开。图为集团公司领导在主席台就座

盐城港口集团有限公司董事长张桂红看望困难职

表26　2011—2015年盐城市港口集团有限公司领导任职情况

姓名	职务		时间		备注
		行政	任职	离职	
张桂红	党委委员	董事长	2012.5		
王勇		总经理	2012.5		
陈金福	党委委员	副总经理	2012.5		
王志		副总经理、财务总监	2012.5		
王建荣		副总经理	2012.5		
曹正开		副总经理	2012.5		
陈辉		副总经理兼馨安房地产公司总经理	2012.5		
朱学源	党委副书记		2012.5		
严以俊	党委副书记	兼任六公司经理	2012.5		
章勇	纪委副书记	工会主席	2012.5		
秦剑		总经理助理兼办公室主任	2012.5		

(曹正开)

【盐城市星宇公路运输有限公司】

为贯彻落实交通部2000年4月27日发布的《道路旅客运输企业经营资质管理规定(试行)》(交公路发〔2000〕225号)和江苏省交通厅有关规定,2002年5月10日,经江苏省交通厅运输管理局批准,由原来的12家汽车运输公司整合,组建盐城市星宇公路有限公司。至2015年12月底,还有建湖环宇陆运集团有限公司、盐城市新亚实业总公司、盐城市盐淮运输有限公司、盐城客运有限公司、响水县汽车运输有限公司、盐城市荣泰运输公司、大有客运有限公司等7家分公司。

"十二五"期间,该公司对各股东单位主要是做好相关业务和强化安全生产监管工作,帮助申请客运线路、班次,参加省、市客运线路招投标,反映各股东企业的意见和要求,传达贯彻各级政府和行业管理部门有关文件,督促各股东企业规范管理、优质服务、安全行车、遵章守法等。各股东单位的各项核算、人事安排、考核考勤、税费征缴等事务性工作仍由各股东企业自行负责。

该公司设有董事会、监事会,内设机构包括办公室、运务处、安(全)机(务)处、财务处。决策层设董事长(董事会选举产生)一人、董事若干人;经营层设总经理1人,副总经理1人(由董事长任命);执行层各处室负责人(由总经理提名、董事会通过)。

2011—2015年,该公司经营客运线路120条,其中省际线路22条、市际线路31条、县际线路67条。拥有客运车辆133辆5187座。其中:按客车类型分有大型客车60辆、中型客车73辆;按客车等级分有高级客车40辆、中级客车70辆、普通客车23辆,2015年完成客运量122.37万人2.33亿人公里。

2011—2015年盐城市星宇公路运输有限公司领导任职情况

表27

姓名	职务		时间		备注
	党内	行政	任职	离职	
陈必新		董事长	2010.10		
凌长贵		总经理	2006.8		
李银霞		副总经理	2013.7		

(李银霞)

专记1

齐心浇灌文明花

——市交通运输局创建全国文明城市资格市工作侧记

卞勇 刘泉

交通运输行业是城市文明的"窗口",其文明程度的高低,直接影响着群众对城市文明的印象,在交通运输行业开展好创建全国文明城市资格市工作十分重要。为做好工作,盐城市交通运输局认真贯彻落实市委、市政府关于创建全国文明城市的重大决策,将此项工作纳入加强交通自身建设、创造优良发展环境工作之中,在系统内全面推行"文明行政、文明执法、文明管理、文期服务、文明建设",重点实施好文明礼仪普及、交通"窗口"服务质量提升、文明服务品牌创建、运输市场综合治理、优化交通站场环境、文明执法、文明出行等"七大文明行动",以交通文明促进城市文明,努力为全市创建文明城市贡献力量。

三张具有盐城特色的新名片

作为交通运输服务的一个主阵地，客运行业服务的好坏不仅决定了老百姓能否享受到优质的客运资源和服务，更影响到一座城市在“外乡人”眼中的形象。多年来，作为交通服务人民群众的主要窗口，盐城五星客运站、盐城民航站、火车站始终恪守“服务人民、奉献社会”的宗旨，坚持“以旅客为中心，以质量为核心”的服务管理理念，遵循“用心做事、亲情服务、注重细节、追求完美”的服务精神，积极推行现代化管理手段，建立起全方位、全过程的文明优质服务体系。大力推广普通话及承诺服务，不断推出“微笑服务”及“岗位明星”评树等活动，以“三米微笑”及“有我你放心”等方式，用甜美的笑容、真诚的爱心和热情周到的服务，打造具有盐城特色的新名片。为进一步提升文明服务水平，盐城五星客运站“沙惠林服务班”、盐城民航站“飞燕班组”专门为有困难的旅客排忧解难，让旅客享受家一样的温暖，向社会展示良好的文明服务“窗口”形象，赢得广大旅客和社会各界的广泛赞誉和认可。交通窗口秩序是否良好，很大程度上取决于市民文明交通意识的高低，该局在深入推进“文明交通行动”的基础上，以“文明乘车，礼让先行”为主题，广泛开展文明志愿劝导活动，成立了以党员、团员为骨干的志愿者服务队伍，在各站场、广场、公交站点开展文明交通服务活动，引导广大市民从规范自身交通行为做起，在全社会营造践行文明交通的浓厚氛围。

794 道亮丽文明的风景线

公交是一个城市独特的风景线，它记载着城市的变迁，延伸着城市的脉络，彰显着城市的活力。盐城市交通运输局根据城市建设发展需要和市民的出行需求，多方筹集资金，全面推进城乡公交一体化建设。2014 年 7 月，市区新增了 124 辆公交车，之后又新增 56 辆；全市已拥有城市、城乡新公交车 794 辆，同年 11 月，另有 120 辆公交车将投入营运。同时加快城市公交枢纽站建设，合理规划、设置公共交通场站和配套设施，科学、合理地调整和优化公交运营线路、运行班次和停车站点，积极推进公交智能化管理，提高服务质量和效益，方便群众换乘。随着盐城经济技术开发区步凤镇、袁坎村等 3 个公交回车场建成并投入使用，大市区已建成 10 个公交回车场，市区实现了城乡公交一体化目标，基本建立起与城市发展速度、发展规模、经济社会发展战略实施相适应的结构合理、设施配套、高效快捷的公共交通服务体系。在此基础上，全面优化公交服务，做到车容车貌整洁，驾、乘、站人员挂牌上岗，文明行车，严格遵守交通规则，车内均设有为老、弱、病、残、孕专座，引导乘客主动为特殊人群让座，司乘人员引导乘客友善对待外来人员，耐心热情回答陌生人员询问。并通过打造全国、省、市级青年文明号、共产党员示范岗、公交示范线路、公交品牌车队的方式拓展延伸服务内容，逐步形成了“BRT 微笑名片”“B2 线省级青年文明号”“刘飞服务工作室”等一批具有行业特色和特点的公交服务品牌，涌现出一大批扶贫济困、见义勇为、热心公益、拾金不昧的先进集体和个人，794 辆公交车俨然成为 794 道亮丽文明的风景线。

1010 个文明流动的小窗口

出租车被称为城市流动的窗口。在我市每天都有 1010 辆出租车往来穿梭于城市的大街小巷，为市民提供服务。出租车司机的一言一行、一举一动备受关注。为有效地提升出租车文明服务形象，市交通运输局以创文为切入点，不断建立完善行业管理长效机制。严格车辆年审，对出租车车容车貌、车内外广告、营运标志、车内卫生、计价器使用及业户服务规范进行详细查验，对不符合服务标准的出租车进行停业整顿，提高出租车行业整体素质。加强舆论监督，与盐城电视台、广播电台和《盐城晚报》合作举办“创建文明城市出租车曝光台”节目，对没有服务卡、标志不齐全、车容车貌车内卫生差、驾驶员仪表不整洁、不使用文明用语、不按规定安装使用计价器、不主动出具发票、宰客甩客等违规违法行为出租车业户，每月两次曝光出租车车号，努力在全行业形成“守信光荣，失信可耻”的良好氛围。提升服务质量，为出租车司机印发《盐城市出租车驾驶员服务手册》2000本，要求驾驶员随车携带，利用运营间隙认真学习，规范营运行为。积极参加公益活动。从“雷锋车队”、“爱心车队”和“文明标兵车”中精选出近百辆出租车，免费接送考生和社区困难群众，主动向社会奉献爱心，受到了广大市民的称赞。

仙鹤神鹿故乡，因文明创建而显得更加美丽。东方湿地之都，因交通人的奉献而更加精彩。一分耕耘，一分收获，盐城市交通运输局连获全市目标任务绩效考核综合先进“七连冠”，被省委、省政府授予文明标兵单位。展望明天，任重道远。文明服务，没有最好，只有更好，在创建盐城共同美好的家园中，盐城交通人将不断创造更加辉煌的业绩！（作者单位：卞勇 市交通运输局，刘泉 市航道管理处直属站）

专记 2

用声音塑造完美 用微笑化解烦忧

——“96196”倾心为交通服务

陆建平　赵　君

民有所呼，我有所应。

热线连着你我他，倾情服务为大家。

拨通一串串爱的音符，搭起一座座心的桥梁。

在各级领导的亲切关怀下，在广大市民的热心呵护下，“96196”盐城交通服务热线已成长为盐城交通一张靓丽的名片、为民便民服务又一温情的窗口。2008年热线开通以来，“96196”以特服号声讯、全省统一短信平台、httP://ye96196.jscd.gov.cn网络三种服务方式，坚持“亲情、规范、高效、和谐”八字方针，24小时履行交通咨询、救助、投诉、建议等服务职能，督促办理厅长、市长等各类信箱、网络发言人、政风热线、汽车维修救援和“12345”公共平台投诉服务，承担着交通展览馆接待解说，及时反馈全社会对交通行业服务质量、行政执法等咨询监督意见。热线现有5个话务坐席、10名专职话务员，可同时接入30路电话。近三年年平均话务量达4.7万个，手机短信服务8万余条，投诉办结率100%，满意率达99.8%，年采写发布简报12期，更新96196网站信息676条，公众满意率在99%以上，被社会公众亲切地称为“及时雨”“一线通”。省市各级领导和市局主要领导多次亲临热线视察慰问，省交通运输厅厅长游庆仲亲切来电，对盐城交通服务热线工作给予了充分肯定。热线先后被江苏省交通运输厅、共青团江苏省委授予“省级星级文明窗口”；被江苏省妇女联合会授予省级“巾帼文明岗”；被共青团江苏省委授予“青年文明号”；被盐城市人民政府授予“人民满意基层服务单位”；被盐城市妇女联合会授予“盐城市三八红旗集体”。

规范平台管理 树立热线品牌

“96196”热线服务是一项长期、细致、惠民的系统工程，所涉及的内容更是包罗万象，群众期望值很高，为保证服务工作取得实实在在的成效，热线每年科学制定年度工作目标，定期梳理阶段性重点工作计划，每周召开工作例会、典型案例剖析会，总结交流工作情况，分析群众诉求热点难点问题，强化岗位目标管理，定期举行工作“回头看”，规范各类来电和交办件的登记管理，学习南京等地先进经验，查找不足，充实提高，形成了有计划、有部署、有督查、有总结的滚动式循环工作机制。

同时,热线紧扣社会关注的热点,积极扩大服务面和服务层次,大力开展对内对外宣传活动,充分利用报纸、电视、电台等市内外宣传媒体,《盐城交通服务热线简报》《盐城交通》、盐城交通网站、"96196"交通服务热线本身等宣传阵地,深入宣传热线的工作职责、工作目标、工作范围和服务内容,定期组织员工到全市各大服务窗口、各县(市、区)长途汽车客运站宣讲热线工作内容和服务承诺;利用重要节日设点集中宣传,发放热线手册,调查社会对热线的知晓度。这些宣传推广,提高了公众对热线服务工作的认识、了解,充分展示了盐城交通良好的对外服务形象。

学习培训交流　提高服务本领

热线始终坚持以人为本,强调"在学习中工作,在工作中学习",努力提高服务素质。自成立以来,不断强化群众来电无小事的服务意识,养成严守纪律、雷厉风行、服务至上的良好作风,坚持每周一下午为固定的业务学习日不动摇,定期与相关单位开展业务对接交流活动,邀请相关单位处室负责人对热线话务员进行培训。2013 年 3 月,市公交总公司划入交通行业后,热线立即邀请公交总公司负责同志进行业务宣讲,学习了解公交发展概况、公交线路走向、公交投入情况、公交市民卡办理手续等。热线紧紧围绕创建学习型单位,立足岗位成才,开展普通话、电脑录入、厅馆讲解等岗位练兵、竞赛活动,比业务、比特长、比服务、比贡献。目前,"比学赶帮超"在热线内部已蔚然成风。热线还定期组织员工参加省厅轮训,参观市内外重大成就展:到大众等 4S 修理厂学习车辆救援维修流程;到政府"12345"公共服务平台、移动公司、电信公司等部门服务平台学习调研。2013 年热线负责同志还专程带队到 12319 数字化城市管理指挥中心、市公交总公司、盐阜公路运输集团、市客运管理处等针对热线投诉工单办理和春运期间出现的热点难点问题进行业务对接交流,不断提高员工服务技能。

追求工作创新　推广惠民服务

96196 盐城热线始终坚持立足本职,开展具有行业特点的特色活动,提高服务效率和社会美誉度。一是严格执行"首问负责制""限时办结制""责任追究制"。使用文明用语接听电话,坚持统一着装、挂牌上岗、一站式服务,让公众时刻感受到交通热线的温馨服务。热线采取普通事项电话督办、加强现场督办、重要问题呈请领导批示督办、召开专题会议集中督办重点事项,一督到底等方式,加强诉求件的督查办结力度,提高服务满意度。二是开展月度绩效考核。热线按照岗位职责分别制定话务班长、话务组长、话务代表考核细则,奖罚分明,逐月考核,奖惩兑现。经考核推荐,已有徐静、奕蕾、王蓉、徐郑、曹雯 5 名话务员获得"交通服务之星"称号。三是始终要求全体人员牢固树立"五个服务"思想,为公众服务、为经营业户服务、为社会服务、为交通建设与管理服务,为地方经济发展服务,把公众和社会满意作为衡量工作的标准之一。四是不断拓展业务。2013 年专门与盐城汽车客运站建立了业务协作关系,尤其是 12328 开通后,24 小时为广大群众提供免费的票务咨询服务,在春运期间发挥了重要的作用,为广大群众的出行提供了方便。五是建立通报制度,接受各方监督。对诉求办理过程与效果,热线定期形成《话务情况通报》,发送相关单位,及时通报公众诉求办理工作。热线定期对办理过程和结果进行质效评估,组织满意度调查。通过多方努力,工单办理的质量与效果不断提高,服务水平不断提升,受到市政府平台和社会各方的好评。

加强团队建设　展示青春风采

96196 盐城交通服务热线是一支年轻人的队伍。为使团队始终充满朝气和活力,保持昂扬奋发、顽强拼搏的精神状态,"96196"积极开展文明创建、各类竞赛和爱心服务活动。在省厅每年举办的话务代表业务竞赛中,盐城热线每次都精心组织,认真准备,通过内部选拔择优推荐话务代表参加省厅比赛，连续3年取得优异成绩，加强了与全省13市话务员之间的相互交流与学习，增进了感情。热线每年利用重大节日、纪念日积极开展各种健康的文化娱乐活动，让大家在活动中陶冶情操、接受教育、增长知识、张扬个性、完善自我。通过参加党的知识竞赛、“三八”妇女节、“五四”青年节活动、青年志愿者活动、交通文化艺术节等系列活动，使员工感受到集体的温暖，增强了团队凝聚力。积极参与社会公益事业，每年组织职工慰问市儿童福利院，向儿童福利院的孩子们捐款，让这些孩子感受到来自社会大家庭的温暖。热线还认领帮扶三名安徽省芜湖市失学儿童，长期通过个人捐款资助。在汶川、玉树等地发生地震灾情时，热线人员积极捐款，交纳特殊团费、党费，向灾区奉献爱心。热线话务员还积极参加盐城市市级机关工委举办的运动会，并取得了好成绩，徐静获得女子一百米第二名，来蕾获得八百米第八名。

新的一年，“96196”盐城热线将全面贯彻落实党的十八届三中全会精神，在局党委的正确领导下，坚持民生为重、服务争先，全力强化四项工作：一是进一步提高工作效率和服务质量，完善知识库系统的建设及使用，为市民的出行提供更优质的服务。二是切实加强话务回访工作。安排专人检查各类工单办理答复情况以及公众对办理结果的评价，督促相关单位提高服务质量和答复率，提升群众对热线的满意度。三是全面提升服务品质，监控服务流程，科学评估服务行为，切实改进薄弱环节。四是进一步规范热线管理，按照新的管理规定和考核办法加强热线日常动态考核工作，绩效优先，奖罚有据，努力打造一支业务过硬、素质优良的年轻团队。

骏马追风扬气魄，寒梅傲雪见精神。伴随着盐城交通现代化进程的加快，热线将以更加真诚的笑容和更加周到的服务做好本职工作，用自己的青春年华，用自己文明的话语、优质的服务、无私的奉献，书写出青春绚丽的华章，让生活更充实，让工作更精彩，让“青年文明服务热线”放射出更加灿烂的光芒！

（作者单位：盐城市交通运输局）

专记3

青春激扬勇创新　服务追求无止境

——盐城民航站“飞燕班组”创建全国“青年文明号”纪实

潘　晓　耿昌华

“飞燕班组”成立于2004年，由盐城民航站从事售票、客货运、值机、安检等服务工作的女员工组成，现有成员32名，其中党员7名，35周岁以下青年28人，平均年龄28周岁。成立以来，“飞燕班组”秉承“以人为本、和谐为本、诚信为本”的职业操守，坚持“微笑、亲情、无差错”理念，为近100万旅客提供了一流服务，她们用卓越的服务和可亲的形象，赢得了中外旅客的广泛赞誉。2008年，被命名为市级“青年文明号”，2010年，被命名为省级“青年文明号”。2007年以来，“飞燕班组”先后荣获“全国三八红旗集体”“全国模范职工小家”“全国交通运输行业文明示范窗口”“全国‘安康杯’竞赛活动优胜班组”等4项国家级表彰，还获得全省表彰8项、全市表彰9项。2007年，飞燕班组所在的盐城民航站荣获“全国五一劳动奖状”；2011年，被中央文明委表彰为“全国文明单位”，是全国100多个中小机场中仅有的两获奖单位之一，也是全省交通运输行业八个全国文明单位之一。这些荣誉无不凝聚着“飞燕班组”团员青年们的辛劳和汗水，彰显着“飞燕班组”在全国青年文明号创建历程中的点点滴滴。

一、强化科学管理,夯实创建基础

“飞燕班组”成立之初,航站党组织就明确提出了创建全国“青年文明号”的奋斗目标,实施“一把手”工程,将“青年文明号”创建活动融入党政工作中,推动“青年文明号”创建与航站发展形成良性互动。一是建立科学创建机制。以青年文明号创建为载体, 出台《2008—2012 年文化建设实施纲要》、《文化手册》、《“飞燕班组”服务品牌创建实施意见》,明确创建目标、计划和措施,完善创建机制。二是健全创建组织机构。2007 年年初,航站成立了以党政负责人为组长的“青年文明号”创建工作领导小组,2008 年航站团委成立 “飞燕班组”团支部,2011 年航站党总支设立“飞燕班组”党小组,形成了“党建带团建”和“团建促党建”的新格局。三是营造浓厚创建氛围。建立文化长廊,营造催人奋进的文化氛围,提高班组青年的文化素养,同时不断丰富员工业余文化生活, 组织开展航站趣味运动会;参与“微笑盐城”人物评比,当选为“盐城十佳微笑人物”并获得“最佳礼仪风范奖”;参加“创业让女性更美丽”颁奖典礼,荣获最佳表演奖;参加“岗位建新功、巾帼展风采”形象展示,荣获特等奖;参加“魅力交通”女职工时装表演大赛,荣获团体一等奖。四是加强业务技能培训。积极参加普通话等级培训和考试, 邀请外教进行英语和韩语培训;安检岗位每周开展业务训练和技能比武;运输岗位定期派员前往民航专业培训机构参与培训和学习。五是号手联动稳步推进。原号长袁欣 2008 年被评为省级“青年岗位能手”,目前已经走上了领导岗位。“微笑大使”秦莉、现任号长张卓先后被评为十大“盐城交通服务之星”。“飞燕班组”的团员青年们正成为推动民航发展的主力军和为民服务的先锋队。

二、创新服务理念,打造优质品牌

为打造优质服务品牌,“飞燕班组” 团员青年们从岗位实际出发,努力在服务水平、服务技能和服务规范上寻求突破,在全省率先提出“三化、三心”服务理念。2011 年,首次提出以“规范?温馨?幸福”为核心的文化建设理念,今年又确立了以“规范”为核心,努力培育“安全第一,预防为主”的安全文化;以“温馨”为目标,努力培育“文明在机场,满意在空港”的服务文化;以“幸福”为理想,努力培育“爱站如家,追求卓越”的绩效文化。盐城民航文化建设纳入《2012—2020 年全省交通运输文化建设布局规划》重点建设项目,“飞燕班组”被列入全省交通运输行业创先争优基层建设示范点。在创建和提高服务标准方面, 出台了《窗口服务标准》,内容涉及值机服务、登机口服务等 12 大项,细化服务标准 98 条。近 3 年,“飞燕班组”服务人次年均增加 59.16%, 为全省 8 个民用机场之首。2012 年 1 月和 4 月,“飞燕班组” 的青年们保障和服务医疗急救包机, 为重病台胞和韩国旅客架设了一道“空中绿色生命通道”,江苏卫视《新时空》栏目对其进行了报道, 在社会上引起较大反响,《中国民航报》《新华日报》也在头版对“飞燕班组”的先进事迹进行了专题报道。

三、拓展服务方式,彰显民航特色

“飞燕班组”始终以“人无我有、人有我优、人优我先”为追求目标,让“微笑、亲情、无差错”的服务理念融入到每一个服务细节中, 把程序化的服务,变成让旅客可感知的服务,在全国民航系统率先推出“十个一”民航服务工作标准,即“给正在办理登机牌的旅客一句亲切的问候, 给候机楼内休息的旅客一个关注的眼神, 给经过身边的旅客一个礼貌的示意,给焦虑的旅客一句安慰的话语,给无人陪伴的小旅客一份来自空港妈妈的关怀,给老人一份亲人般的体贴, 给正在安检的旅客一种被尊重的温馨感觉,给 VIP 贵宾一份小小的惊喜,树立一个完美的窗口工作人员形象, 给旅客留下一个美好的回忆”。在服务特色方面,除民航行业规定的服务外,青年们针对服务中的难点,寻找行之有效的解决方案, 确保旅客得到百分百满意服务。近阶段,航班延误成为社会关注的热点,也是民航服务的难点,“飞燕班组”认真分析、精心研究总结了一套航班延误服务措施,确保航班延误服务不延误,用实际行动诠释着“想旅客之所想,急旅客之所急”的服务理念。

四、延伸服务触角,履行社会责任

“飞燕班组”团员青年们将“青年文明号”创建活动与青年志愿服务相结合,成立志愿服务队,深入街道社区,开展“关爱老人,情系敬老院”“金秋助学”“学习雷锋好榜样、满意服务在空港”等主题志愿者活动。近三年,志愿服务活动20余次,参与人数500多人次。同时鼓励员工参加义务献血、扶贫助残、植树造林以及捐款捐物活动。2008年以来,累计各项捐款75761元。日前,“飞燕班组”与市文明办联合向全市道德模范发放“道德模范VIP服务卡”,启动“为文明开启绿色通道、让好人尊享贵宾服务”活动,成为全国民航系统首个推出面向精神文明建设先进个人提供专门服务的班组。

青春激扬勇创新,服务追求无止境。青年们将在各级领导的关心指导下,继续推进“青年文明号”创建工作,积极探索和提炼创新工作方法,团结和带领广大青年,立足岗位,争创一流,用青春的誓言,扎实的行动,展现交通运输行业良好的精神风貌,为地方经济社会发展建功立业、奉献青春。

(作者单位:盐城南洋机场有限责任公司)

第四编　基础设施建设

公路建设

【概述】

“十二五”期间，盐城市共实施了G228（临海高等级公路）盐城段、S234盐城段、S226亭湖至大丰段、S233射阳至建湖公路、S125盐城段等17个骨干项目，建设总规模达797.46公里，累计建成通车里程为576.52公里，完成投资144.60亿元。比“十一五”期间累计投资额增长17.66%。在全市以高速公路为骨架、以干线公路为主体的公路网络中，基本完成了七纵（G204、G228、S226、S229、S231、S232、S233）十一横（S125、S303、G344、S326、S327、S328、S329、S331、S337、S349、S352）的干线公路新、改建工程。至2015年年末，全市公路里程达19525.55公里，比2010年末增加了6.03%；公路密度达到115.31公里/百平方公里、27.03公里/万人，分别比2010年末增加了6.28%、19.23%；公路桥梁1.53万座44.76万延米，分别比2010年末增加了2.68%、5.18%。全市167个乡镇、2288个行政村100%通达公路。

公路建设中注重质量管理和技术创新。在质量管理方面，市公路处对全市干线公路建设加强监督指导，积极开展质量创优活动，落实工程质量责任制，加大质量抽检力度，确保市处抽检频率不少5%，及时进行质量管理经验的总结和交流，分析质量情况，研究问题，提出措施，消除隐患。推行首件工程认可制，并全方位地参与首件认可评价工作。对全线大桥、特大桥、水稳和沥青面层等施工技术要求较高的重点部位，市公路处要求各县（市、区）项目办委托专业咨询机构实行全过程质量监控和技术服务，将工程建设质量提高到一个新的层次。同时，市公路处大力开展管理创新活动，打造建设管理的新亮点，力争在争先创优活动中取得大的突破。在干线公路建设行业管理中严把“八关”（计划执行关、设计审查关、施工标准关、首件认可关、质量抽检关、文明施工关、履约考核关、计量支付关），不断提高公路建设质量。

在技术创新方面，市公路处为了不断提升盐城市干线公路项目建设品质，在“十二五”期间，根据全市干线公路工程建设的实际情况，深入开展“科技创新”活动，积极推动科技创新、理念创新，推广和运用“三新技术”成果，提高项目建设科技含量，各县（市、区）多次在工程建设中采用新型施工技术及建设材料，涉及路基、路面、桥梁、防护等多项分部工程的技术创新，提高了项目建设的科技含量，使全市干线公路在科技化、精细化施工水平方面得到了整体提升。在临海高等级公路盐城段建设中，根据其建设特点，大力推广和应用“三新技术”，积极开展新科技研究，在成功引进桥面铺装红外找平、附属工程滑模施工等技术的基础上，积极组织相关工法的申报工作，有机活性矿物在沥青面层中的应用也顺利通过省厅结题。积极推广应用预应力智能张拉、柔性管涵、悬浮搅拌桩、干法施工深水承台、井点降水等一批三新技术，同时积极洽谈并使用了橡胶沥青、新型型钢伸缩缝、新型桥面防水涂料、沥青路面抗车辙剂等新材料，大大提高了工程建设品质。S125盐都段上面层施工使用了温拌沥青技术，S331盐都段采用了滑模施工技术，S233建湖段、S331建湖段、S331盐城东段跨沈海高速大桥等项目根据《江苏省普通国省干线公路建设工程桥梁预应力智能张拉与压浆施工技术指南》和《江苏省普通国省干线公路建设工程抗裂嵌挤型水泥稳定碎石路面基层施工技术指南》要求，采用了智能张拉和智能压浆技术；S304东台高兴东段、S610东台段采用了抗裂嵌挤型水泥稳定碎石技术。

表 28　**2015 年盐城市公路里程按行政等级分布情况**　公里

区域	合计	国道	省道	县道	乡道	村道	专用公路
盐城市	19525.55	654.35	1270.50	2950.63	6292.54	8264.00	93.54
亭湖区	1348.82	58.04	116.57	175.54	396.73	601.94	–
盐都区	1615.49	14.30	202.20	197.31	533.92	667.77	–
东台市	3255.10	105.65	173.09	500.05	931.28	1545.04	–
大丰市	3096.85	147.97	106.36	461.27	920.57	1374.53	86.15
建湖县	1797.86	19.17	139.98	294.64	594.42	749.66	–
射阳县	2500.48	114.77	156.79	367.21	887.85	973.87	–
阜宁县	1950.41	31.45	173.15	318.81	682.97	744.04	–
滨海县	2162.95	83.33	149.86	312.29	756.78	860.69	–
响水县	1797.58	79.68	52.50	323.51	588.02	746.47	7.39

表 29　**2015 年盐城市公路里程按技术等级分布情况**　公里

区域	总计	等级公路						等外公路
		合计	高速公路	一级	二级	三级	四级	
盐城市	19525.55	17603.14	359.08	1394.27	2495.38	1481.78	11872.64	1922.42
亭湖区	1348.82	1302.46	54.42	177.25	145.68	60.92	863.19	46.35
盐都区	1615.49	1615.49	53.47	156.06	258.63	132.39	1041.95	–
东台市	3255.10	3047.42	35.50	179.83	387.71	271.80	2172.58	207.68
大丰市	3096.85	2746.25	38.75	213.66	413.16	287.64	1793.64	350.60
建湖县	1797.86	1684.31	42.78	144.56	296.43	117.21	1083.33	113.55
射阳县	2500.48	1964.63	58.55	154.45	333.60	113.80	1304.23	535.85
阜宁县	1950.41	1646.23	20.43	142.69	279.55	120.38	1083.19	304.19
滨海县	2162.95	1878.43	27.30	131.32	209.90	179.61	1330.30	284.52
响水县	1797.58	1717.91	26.89	95.05	170.71	198.02	1227.23	79.67

表 30　**2015 年盐城市公路里程按路面等级分布情况**　公里

区域	总计	有铺装路面(高级)			简易铺装路面(次高级)	未铺装路面(中级、低级、无路面)
		合计	沥青混凝土	水泥混凝土		
盐城市	19525.55	16831.56	5157.01	11674.55	41.21	2652.79
亭湖区	1348.82	1264.73	440.32	824.41	–	84.09
盐都区	1615.49	1574.29	512.18	1602.10	41.21	–
东台市	3255.10	3047.42	817.02	2230.41	–	207.68
大丰市	3096.85	2125.00	840.21	1284.80	–	971.85
建湖县	1797.86	1684.31	515.93	1168.38	–	113.55
射阳县	2500.48	1964.63	656.73	1307.90	–	535.85
阜宁县	1950.41	1646.23	458.28	1187.95	–	304.19
滨海县	2162.95	1878.43	508.72	1369.72	–	284.52
响水县	1979.58	1646.51	407.63	1238.89	–	151.06

2015 年盐城市公路桥梁按道路行政等级分布情况

表 31　　公里

项目	合计		合计中含危桥		互通式立交桥		按使用年限分						按跨径分								涵洞
							永久性		半永久性		临时性		特大桥		大桥		中桥		小桥		
	座	延米	座	延米	座	延米	座	延米	座	延米	座	延米	座	延米	座	延米	座	延米	座	延米	道
合计	15288	447554.66	3793	77342.40	2	89.00	15090	443009.66	188	4421.00	10	124.00	6	14018.32	420	98355.35	2909	118353.02	11953	216827.97	17
国道	281	46887.51	–	–	2	89.00	281	46887.51	–	–	–	–	4	11576.24	96	28489.29	87	4707.61	94	2114.37	–
省道	716	54467.94	–	–	–	–	716	54467.94	–	–	–	–	2	2442.08	112	31314.46	228	12448.27	374	8263.13	–
县道	2094	73542.23	128	3568.10	–	–	2067	72849.23	26	673.00	1	20.00	–	–	114	22501.80	470	22230.64	1510	28809.79	–
乡道	5789	129293.08	1553	31382.10	–	–	5716	127654.08	67	1583.00	6	56.00	–	–	57	7898.80	1015	38837.80	4717	82556.48	6
村道	6400	143055.90	2112	42392.20	–	–	6302	140842.90	95	2165.00	3	48.00	–	–	41	8151.00	1104	39877.70	5255	95027.20	11
专用公路	8	308.00	–	–	–	–	8	308.00	–	–	–	–	–	–	–	–	5	251.00	3	57.00	–

2015 年盐城市公路桥梁按行政区划分布情况

表 32　　　　公里

项目	合计		合计中含危桥		互通式立交桥		按使用年限分						按跨径分							
							永久性		半永久性		临时性		特大桥		大桥		中桥		小桥	
	座	延米	座	延米	座	延米	座	延米	座	延米	座	延米	座	延米	座	延米	座	延米	座	延米
盐城市	15288	447554.66	3793	77342.40	2	89.00	15090	443009.66	188	4421.00	10	124.00	6	14018.32	420	98355.35	2909	118353.02	11953	216827.97
亭湖区	1433	34779.08	329	5602.00	–	–	1433	34779.08	–	–	–	–	–	–	26	8992.52	59	2922.25	1348	22864.31
盐都区	2598	57142.20	243	4736.50	–	–	2596	57120.20	1	10.00	1	12.00	–	–	31	8851.60	228	10185.75	2339	38104.85
东台市	2841	89375.17	867	21717.90	–	–	2676	85359.17	164	3996.00	1	20.00	–	–	65	13074.76	1329	47932.50	1447	28367.91
大丰市	1929	61033.80	440	9380.20	2	89.00	1926	60981.80	3	52.00	–	–	–	–	70	15109.60	327	14615.66	1532	31308.54
建湖县	2054	45676.39	812	13088.90	–	–	2029	45267.39	19	353.00	6	56.00	1	1431.08	43	8576.80	142	7093.51	1868	28575.00
射阳县	1819	54306.80	765	15204.50	–	–	1819	54306.80	–	–	–	–	–	–	59	15255.30	161	7859.20	1599	31192.30
阜宁县	1338	41288.79	244	4890.30	–	–	1335	41242.79	1	10.00	2	36.00	–	–	56	14147.36	213	8684.69	1069	18456.74
滨海县	557	27846.51	44	1460.60	–	–	557	27846.51	–	–	–	–	3	3855.24	48	8323.91	225	10007.98	281	5659.58
响水县	719	36105.92	49	1261.50	–	–	719	36105.92	–	–	–	–	2	8732.00	22	6023.50	225	9051.68	470	12298.74

（胡俊良）

国　道

G228（临海高等级公路）盐城段

【概况】 G228（临海高等级公路）是江苏省沿海开发战略中作为串联带动临海地区港口、临港工业园区、农副产品加工产业基地、重要的土地后备资源开发区、临港城镇的重要公路基础设施，是以服务沿线区域产业带开发、城镇带培育和沿海港口发展，支撑区域现代农业、生态旅游发展，巩固海防的先导型和基础型的开发性干线公路，对加快沿海开发具有极其重要的战略意义。路线北起连云港赣榆与山东日照交界处，南至南通启东，与沿江高等级公路衔接，经过连云港、盐城、南通3个市，全长521公里，总投资158亿元。

图1

临海高等级公路总体走向图

临海高等级公路盐城段全长240.85公里，按一级公路标准建设，总投资64.72亿元，建设年限为2010—2014年。项目北起响水县陈家港镇与连云港相接，南讫东台黄海原种场与南通相连，沿线经过响水县、滨海县、射阳县、亭湖区、大丰区、东台市6个县（市、区），其中响水段22.31公里，滨海段35.28公里，射阳段60.55公里，亭湖段9.64公里，大丰段68.93公里，东台段44.14公里。全线按双向四车道一级公路标准建设，并按6车道预留用地，路基宽度26米，设计行车速度100公里/小时，新建大桥、特大桥37座，中小桥29座，涵洞及通道526道。该项目由响水、滨海、射阳、亭湖、东台、大丰等6个县（市、区）负责建设，自2010年开始各县（市、区）陆续开工建设，于2013年全线建成通车。其中，亭湖段于2015年11月完成竣工验收工作，东台段、大丰段计划于2016年上半年完成竣工验收工作，射阳段、滨海段、响水段计划于2016年下半年完成竣工验收工作。“十二五”期间累计完成投资56.72亿元。

建设依据 2010年1月5日，江苏省发展改革委员会（以下简称省发改委）以苏发改交通发〔2010〕7号文件批准盐城市临海高等级公路立项建设。5月20日省发改委以苏发改基础发〔2010〕594号文件批复该项目可行性研究报告。5月21日，省发改委以苏发改基础发〔2010〕598号文件批准通过盐城先导试验段初步设计。在先导段开工建设后，盐城市积极组织申请报批其余段落的初步设计。因为线路分别经过盐城国家级珍禽自然保护区和江苏省大丰麋鹿国家级自然保护区，为确保落实生态保护措施，有效减少对沿线敏感自然保护目标的影响，经研究，决定对原设计路线进行适当调整，同时为同步配合沿线环评审批工作，对全线初步设计进行分段申报，分别为响水至滨海段、射阳至亭湖段、大丰段、东台段。2011年7月

25日,省发改委以苏发改基础发〔2011〕1170号文件批准盐城响水至滨海段初步设计;12月29日,以苏发改基础发〔2011〕2199号文件批准射阳至亭湖段初步设计,以苏发改基础发〔2011〕2200号文件批准大丰段初步设计;2012年,以苏发改基础发〔2012〕1186号文件批准东台段初步设计。

建设模式 建设管理总体原则为"省市县共建,以县为主,市配合"。盐城市政府成立临海高等级公路建设领导小组及管理办公室,负责总体建设管理工作,组织协调项目报批、省补资金拨付管理、工程施工监管及重大设计方案变更审批等。各县临海高等级公路建设领导小组及管理办公室是项目建设责任主体,负责施工图设计、工程组织实施及地方配套资金筹措。

组织机构 为加强组织领导,确保工程建设顺利实施,盐城市政府成立了以市长为总指挥、分管副市长为常务副总指挥的临海高等级公路盐城段工程建设指挥部。市交通运输局抽调精兵强将组建盐城市临海高等级公路建设工程管理办公室,办公室下设综合科、计划科、质监科、安全科等4个职能科室,负责项目的前期协调报批、省补资金使用管理、工程质量、进度、安全监管及设计方案变更审批等工作,同时还成立驻临海高等级公路盐城段纪检监察组,指导全线廉政建设工作。沿线各县(市、区)也各自成立了临海高等级公路建设领导小组及管理办公室和纪检工作组,作为项目建设责任主体,负责工程组织实施及地方配套资金筹措。

制度建设 盐城市临海高等级公路建设工程管理办公室(以下简称市临海办)在工程建设初期,结合市临海公路建设的实际情况及管理模式,制发了《临海高等级公路盐城段管理考核办法》,明确市、县临海办的工作职责和管理职能,细化了项目管理目标、考核奖惩办法,从而做到目标明确、责任到人;下发了《临海高等级公路盐城段质量管理任务分解的通知》《临海高等级公路盐城段工程质量管理办法》《临海高等级公路盐城段试验检测管理办法》等一系列质量管理制度,进一步明确了建设、设计、施工、监理、咨询和服务单位的质量管理行为和质量责任;印发了《临海高等级公路盐城段廉政建设实施意见》等一系列廉政管理制度,明确了各级纪检部门和参建单位、个人的廉政工作要求。市临海办通过每周例会、每月工作会议、每季度工程推进会及时排查存在问题、总结经验教训、部署工作任务。各县(市、区)临海办也根据自身的特点,强化制度建设,落实岗位职责,保证了工程管理有据可依、有序开展、有效落实。

质量管理 针对临海高等级公路质量管理的实际情况,市临海办以制度建设为基础,以监督考核为抓手,将质量控制与季度考核和履约考核相结合,以奖代补、以罚代惩,充分调动各参建单位强化质量管理工作的积极性和创造性,在质量体系完善、质量安全意识提高、质量管理手段强化等方面都取得了较好效果。同时市临海办还高度重视质量管理日常巡查工作,通过质量督查工程师和省市联合质量检控中心的高频率检查,及时发现施工过程中的质量问题、质量隐患和薄弱环节,采取现场会、座谈会、约谈会等多种形式,着力强化质保体系建设,强化施工过程控制,强化施工工艺改进,有针对性地开展质量问题整改、质量通病防治工作,关键质量控制指标明显提升。在省市联合质量检控中心频繁巡查、定期检测的同时,督促各建设单位组建业主中心试验室,在全线工地试验室强制推行视频监控系统,实现从单纯对施工质量监管向包括试验检测行为在内的全方位、全过程质量管理转变,充分发挥工地试验室在质量管理中的前哨作用和管理效能。市临海办为了强化事前防控,开展质量通病防治活动,编印了《临海高等级公路质量通病防治手册》,从源头上加强质量管理,在施工工艺上提倡精细化、标准化,全面提高临海高等级公路道路和桥梁工程的耐久性、安全性和可靠性。强化管理人员业务培训,先后举办了4期技术、管理培训班，并进行了从业人员应知应会知识考试，进一步促进了各建设、施工、监理单位工程技术人员优化知识结构，增强技术素质，提高质量安全管理水平；强化劳动者技能培训，精心组织编写了10万字的《临海高等级公路盐城段建设工程劳动者技能手册汇编》，内容涵盖了22个劳动作业岗位，分层次组织一线工人学习。滨海段还举办劳动技能竞赛，为提高全体劳动者的基本素质、安全意识和作业技能发挥了极其重要的作用。

针对项目的特点和实际情况，市临海办在确定全线技术难度大、复杂程度高的工程结点的同时，突出标准化工地建设、工地试验室管理、路基沉降观测、桥梁监控咨询、路面技术服务、施工技术安全方案审查等关键环节，突出软基处理、台背回填、混凝土施工、钢筋保护层厚度控制等关键工序，突出管理相对薄弱、存在问题较多的关键路段，经常性地开展日常检查和专项督促，及时召开情况通报会、现场分析会、专家咨询会，完善质量、安全保证体系，研究重点环节的管理措施，落实强化管理的具体办法，加大考核奖惩力度，真正做到以点带面，以重点促一般，以先进促后进，促进质量管理水平的全面提高，钢筋保护层厚度等质量控制指标得到了明显提升。同时，市临海办还积极推广应用预应力智能张拉、柔性管涵、悬浮搅拌桩、干法施工深水承台、井点降水等一批“三新”技术，努力提高工程建设品质。

在做好工程建设质量管理的同时，市临海办还根据盐城临海路的建设特点，积极开展新科技研究，在成功引进橡胶沥青SMA沥青面层、服务区快速建房技术、桥面铺装红外找平技术、附属工程滑模施工技术的基础上，积极组织相关工法的申报工作，同时，《有机活性矿物在沥青面层中的应用》也顺利通过省厅结题。

工程档案内业资料　内业资料是反映施工过程中各项情况的基础资料，市临海办在工程建设的自始至终，多次强调，各施工、监理单位在紧抓施工现场实体工程质量的同时，高度重视内业资料管理，确保按照有关程序、规定，真实、及时、全面、有效地对施工现场进行记录，监理组对报审资料严格审查，保证资料的完整性、规范性、溯源性。交工验收时，各县(市、区)临海办做到工程资料齐全、分类明确、内容真实可靠。

交工验收监理和质监机构评分情况　临海高等级公路盐城段按设计要求率先完成建设任务，该段线路平面顺适、纵坡均衡、横断面合理，路面整洁、美观、平整密实，路基稳定，边坡无明显冲刷，排水畅通，外观尺寸满足设计要求，行车视线开阔、平稳舒适，标志、标牌、标线醒目完整，桥涵构造物几何尺寸达到设计要求，桥面排水良好，强度满足要求。工程建设、设计、监理、施工等单位质量保证体系健全，安全管理措施得力，保证了正常通车。达到了分项工程合格率100%和安全生产无事故的项目建设管理目标，圆满完成了任务。

临海高等级公路盐城段主要参建施工、监理单位一览表

表 33

段落	桩号	路基、桥梁标		监理标	
		标段号		标段号	中标单位
响水段	K26+500-K37+500	LHXS-LQ1 标	盐城市路桥建设工程有限公司	LHXS-JL1 标	江苏泰康工程咨询监理有限公司
	K37+500-K48+532	LHXS-LQ2 标	江苏港通路桥集团有限公司		
滨海段	K48+532-K58+730	LHBH-LQ1 标	华源建设集团有限公司	LHBH-JL1 标	江苏泰康工程咨询监理有限公司
	K58+730-K70+000	LHBH-LQ2 标	中城建第二工程局集团有限公司		
	K70+000-K79+000	LHBH-LQ3 标	江苏海通建设工程有限公司		
	K79+000-K83+366	LHBH-LQ4 标	南京东部路桥工程有限公司	LHBH-JL2 标	苏州市方圆红儒工程监理有限公司
射阳段	K83+366-K103+666	LHSY-LQ1 标	江苏嘉隆工程建设有限公司	LHSY-JL1 标	盐城市交通工程咨询监理有限责任公司
	K103+666-K116+566	LHSY-LQ2 标	江苏中瑞路桥建设有限公司		
	K116+566-K120+166	LHSY-LQ3 标	中铁十四局集团有限公司		
	K120+166-K126+166	LHSY-LQ4 标	四川星星建设集团有限公司	LHSY-JL2 标	江苏泰康工程咨询监理有限公司
	K126+166-K128+166	LHSY-LQ5 标	中铁十四局集团有限公司		
	K128+166-K143+866	LHSY-LQ6 标	南京东部路桥工程有限公司		
亭湖段	K143+866-K154+860	LHTH-LQ1 标	南京江宁经济技术开发区市政工程有限责任公司	LHTH-JL1 标	江苏泰康工程咨询监理有限公司
大丰段	K154+860-K165+000	LHDF-LQ1 标	江苏宏鑫路桥建设有限公司	LHDF-JL1 标	盐城市交通工程咨询监理有限责任公司
	K165+000-K176+700	LHDF-LQ2 标	江苏中瑞路桥建设有限公司		
	K176+700-K188+200	LHDF-LQ3 标	江苏通达建设集团有限公司		
	K188+200-K190+700	LHDF-LQ4 标	中城建第二工程局集团有限公司		
	K190+700-K192+500	LHDF-LQ5 标	江苏交通建设集团有限公司	LHDF-JL2 标	盐城市交通工程咨询监理有限责任公司
	K192+500-K202+500	LHDF-LQ6 标	大丰恒昌交通建设工程有限公司		
	K202+500-K213+000	LHDF-LQ7 标	南京东部路桥工程有限公司		
	K213+000-K222+510	LHDF-LQ8 标	江苏四通路桥工程有限公司		
东台段	K222+510-K234+116	LHDT-LQ1 标	江苏瑞桓建设有限公司	LHDT-JL1 标	理工大学工程兵工程学院南京工程建设监理部
	K234+116-K244+616	LHDT-LQ2 标	江苏交通建设集团有限公司		
	K244+616-K254+116	LHDT-LQ3 标	江苏嘉隆工程建设有限公司		
	K254+116-K266+623	LHDT-LQ4 标	江苏润扬交通工程集团有限公司		

（胡俊良）

【响水、滨海段同日开工】 2011年1月1日，响水、滨海县分别举行临海高等级公路开工典礼，中共盐城市委常委、常务副市长陈正邦分别出席仪式并致词。盐城军分区政委宋修明，市交通运输局局长管亚光，两县县委、县政府主要领导参加了开工典礼。陈正邦副市长指出，盐城的沿海开发正面临着前所未有的历史机遇，建好临海高等级公路意义深远，任务光荣。要求两县县委、县政府切实抓好工程建设管理工作，继续为全市沿海开发树好榜样；各级各部门要加强协调服务，积极主动帮助解决工程建设中存在的困难和问题，努力营造良好的施工环境，确保工程顺利建设。（边有成、赵琼）

【亭湖段推行试验室视频监控系统】 根据市临海办的统一部署，2011年4月，临海高等级公路亭湖段在总监办、项目经理部工地试验室建设中率先建立了视频监控系统，在每间试验室和室外试验场地均配备监控探头和专用电脑，对所有室内试验工作进行全过程录像和存档，封堵试验频率不足等管理漏洞，确保试验工作的真实性。此项举措将在临海高等级公路盐城段全线普及推广，以进一步夯实工程质量管理基础。（姚昌海、董军、徐铁）

【射阳县审计局全程跟踪审计】 为确保工程建设资金得到合理有效使用，切实提高资金使用效益，射阳县审计局自2011年5月向射阳县临海办派驻审计组。审计组将重点对临海高等级公路射阳段工程资金流向、工程施工变更的合理性、施工单位施工组织设计方案的科学性及隐蔽工程施工等进行全程跟踪审计。审计组的驻点跟踪审计将为临海高等级公路建设筑起一道“防火墙”。（徐勇）

【交通部门督查】

张立早督查盐城段工程建设 2011年6月9日，省交通运输厅临海办主任、公路局局长张立早带领局机关有关科室负责人督查临海高等级公路盐城段建设工程。省厅公路局副局长、临海办常务副主任宋国森、纪委书记伏如元，市交通运输局局长管亚光等陪同视察。张立早一行察看省临海办驻地、市质量控制与检测中心后，实地查看大丰、东台段施工现场，仔细了解工程建设进展情况，听取建设单位的情况汇报。在充分肯定成绩后，张立早强调要进一步强化责任意识，增强使命感；一定要把标准定在“示范工程”上，对待质量问题要拉得下脸、下得了手、打得要痛，重奖重罚，绝不姑息迁就；要加强廉政建设和安全管理，打造沿海开发的龙头工程、优质工程、廉洁工程。（徐铁）

姜竹生到盐检查工程质量 2011年6月15

日，省交通质监局局长姜竹生一行到临海高等级公路射阳段检查工程质量工作。省厅公路厅副局长、省临海办常务副主任宋国森，市临海办主任周启兆，射阳县交通运输局主要领导等陪同检查。检查组一行先后检查了一标工地试验室、二标施工现场、五标桥梁施工工地，还查看了老海堤段高填土路基现场。姜竹生对射阳段的质量管理给予充分肯定，同时强调临海路射阳段线路长，土质复杂，软基处理路段多，大中型桥梁较多，技术难度大，一定要加强质量管理，建立严格的质保体系，尤其要控制好关键部位和工序的施工，确保省厅提出的争创“扬子杯”目标的实现。（徐勇）

省交通运输厅领导考察亭湖段建设 2011 年 9 月 23 日，省交通运输厅副厅长一行在市、区交通部门领导陪同下，考察了临海高等级公路亭湖段建设情况。省厅领导充分肯定了亭湖段的工程质量和进度在全线领先，同时明确一要加强组织领导，明确各方责任，保证机构运转正常，现场管理有力。二要周密计划安排，切实解决工程进度不平衡问题，保证工程整体推进。三要强化现场管理，完善各项制度，严把工程质量的各个关口，确保工程始终处在受控状态。（孙宏连、夏春华）

【射阳段推广柔性管涵施工】针对软基路段多，地基基础不均匀沉降易导致涵洞破坏的问题，射阳县临海办在省、市临海办的指导下，积极推广柔性管涵施工。2011 年 9 月，首批共建柔性管涵 4 道。柔性管涵是采用波纹状管或由波纹状板通过连接、拼装形成的一种涵洞形式。波纹管由钢、铝或塑料等材料制成，具有工期短、重量轻、安装方便、耐久性好、工程造价低、抗变形能力强、减少通车后养护成本等优点，还具有优良的受力特征，轴向和径向同时分布因荷载引起的应力应变，可以更大程度上分散荷载的应力集中，更好地发挥钢结构的优势。尤其在软土、膨胀土地带，具有明显的经济效益。（徐勇、卞东）

【启动工程质量安全竞赛活动】为加快推进临海高等级公路建设，确保安全优质，2011 年 10 月，市交通运输局制发了《临海高等级公路盐城段工程质量安全竞赛活动实施方案》，动员所有施工、临理单位积极开展工程质量安全竞赛活动。通过比质量，创“扬子杯”优质工程；比安全，创平安工地达标示范工程，促进临海高等级公路又好又快建设。质量安全竞赛按照月度检查、季度考核、年终评审的办法，对表现突出的单位授予红牌或流动红旗予以表扬，实行奖优罚劣。（陶涛、姜卫）

【赵鹏考察临海高等级公路工程建设】2012 年 5 月 15 日、21 日，市委书记赵鹏分别考察临海高等级公路大丰、东台段建设。市委常委、秘书长戴元湖，市交通运输局局长管亚光及大丰、东台市委、市政府负责同志陪同视察。赵鹏一行先后查看了大丰段两个施工现场和东台段 S352 北段及梁垛河大桥施工现场，现场详细了解工程进展和时间节点安排。对大丰倒排工期，精心组织抢工会战，坚持高标准、高速度和东台全力以赴以快补晚，实现工程快速推进的工作力度予以肯定。他同时强调，要抢抓当前晴好天气，在 6 月入梅前备足原料、上足机台，全力以赴完成土方等路基工程。市有关部门要全力做好服务工作，协调资金等要素，确保工程按时间节点竣工通车。（陆建平）

【现场会办景观绿化建设方案】2012 年 10 月 9 日，市交通运输局局长管亚光，总工程师陈日晓，市临海办主任周启兆等领导现场会办临海高等级公路亭湖、大丰、东台段景观绿化建设方案。管亚光一行逐段查看了道路两侧的地形地貌和周边环境,现场听取设计单位的方案设计汇报,与当地交通部门会商研究设计思路和建设方案,对沿线农田段、村庄段、林场段、滩涂段等不同类型地段的设计方案提出了建设性的指导意见,对重要节点的打造提出了创新的设计思路。他要求建设单位进一步解放思想,拓展思维,充分展示临海公路独特的自然景观;合理选择适生树种、苗木规格和组合方案,全力打造震撼人心的景致效果,充分利用各具特色的地形地貌,精心设计景观节点和观景小品,全面提升公路服务质量;高度重视公路红线外的绿色通道建设标准,对严重有碍景观的杆线、房屋等一定要花大力气进行整治,保证公路环境的和谐统一;瞄准目标任务,加快前期工作推进,合理安排好道路施工和绿化栽植工序,真正把临海高等级公路打造成精品工程、样板工程和生态大道、景观大道、旅游大道。(唐海峰)

【史和平出席劳动竞赛动员大会】临海高等级公路建设劳动竞赛动员大会于 2012 年 11 月 15 日在盐城召开。副省长史和平出席会议并讲话,会

议由省政府副秘书长陆志鹏主持,省交通运输厅厅长游庆仲作动员讲话,省总工会副主席胡同军宣读临海高等级公路建设劳动竞赛实施意见,盐城、南通、连云港三市代作表态发言,最后,副省长史和平亲自启动活动仪式并发表讲话。他强调要在充分认识开展劳动竞赛对加快推进临海高等级公路建设重要意义的基础上,重点抓好五方面工作:一是要以劳动竞赛促项目进度;二是要以劳动竞赛促工程质量;三是要以劳动竞赛促科技创新;四要以劳动竞赛促安全稳定;五要以劳动竞赛促廉政建设,确保临海高等级公路建设按预期目标顺利推进。(徐铁、顾枫)

【首创快速建房新技术】2013 年 11 月 1 日,临海高等级公路大丰服务区施工图设计审查会在南京召开。该服务区建设采用蒸汽轻质加气混凝土快速建房技术。该项技术在全省交通工程服务区房建属首次应用,采用装配式钢结构与成品化单元房结合建造的方式,在房建领域也属国内首创。这项技术与传统建房的理念比较实现了六个转变:建筑工地变为制造工厂、室中作业变为地面操作、农民工变为技术工、手工砌筑变为现场组装、脚手架变为流水线、建材运输变为单元物流;具有三大特点:一是建设效率高,施工工期短,更加快捷方便;二是技术先进,质量可靠,增强了隔音、抗震、防水性能;三是节约成本,绿色环保,减少了对大丰麋鹿保护区周边环境的影响,体现了建筑外墙维护保温装饰一体化,降低了施工污染。(徐铁)

【盐城段在全线三市中率先全线贯通】2013 年 10 月下旬,随着中山河大桥最后一片箱梁安装合龙,临海高等级公路盐城段实现了全线贯通,成为沿线三市中首家贯通的市。2010 年 6 月 1 日,临海高等级公路先导段在盐城大丰市开工建设,时任省长罗志军亲自为临海高等级公路奠基揭幕。至 2011 年年底,盐城段全线开工建设。盐城段全长 240.85 公里,占道路全长 46.23%,也是盐城交通建设史上单体投资最大(概算总投资约 65 亿元)、里程最长、技术最复杂、环保要求最严(通过丹顶鹤和麋鹿两个国家级自然保护区),建设标准最高的工程。截至 2013 年 10 月底,全线软基处理、涵洞通道、路基土石方、路面底基层、路面基层、桥梁下部结构和板、箱梁安装等项工程均已全部完成,沥青下面层已完成 86%,上面层已完成 72.70%,提前实现全线贯通目标,在省组织的全线“六比六赛”劳动竞赛第一阶段考核中,盐城市临海办获得第一名。(唐海峰、徐铁)

【启动环境整治工程】自 2015 年 4 月初开始，临海高等级公路盐城段启动为期一个月的环境整治。在完善交通功能方面，主要是增加和完善了交通指示标识、硬化和整治沿线交叉道口。在美化镇容村貌方面，重点抓好沿线镇村拆违拆危整破，彻底解决脏乱差问题，提升公共设施配套、绿化美化、饮用水安全保障、道路通达、建筑风貌、村庄环境。在提升沿线环境方面，按照"水清、河畅、景美"的要求，开展沿线河道整治、疏浚积淤，清除明坝暗埂，连通水系，确保河坡、堆堤按标准整治到位，绿化、种草等水土保持设施达到标准；严控沿线工业污染源、畜禽养殖污染、生活污水直排入河，建立长效管护责任。沿线县（市、区）按规划做好公路用地外侧 50 米绿色通道、主要交叉道口和观景台节点绿化提升完善工作，加快公益性公墓建设，做好散坟迁建工作。（盐记）

【灌江口大桥建成通车】该桥位于响水县陈港镇境内 G228 的 K28+884 处，横跨三级航道灌河，连接盐城、连云港两市的沿海大通道。桥梁全长 4366 米，主桥全长 756 米，为 5 孔(60.8+117.2+400+117.2+60.8)米斜拉桥，引桥全长

3610 米，南引桥为 52 孔 1790 米，桥跨布置为 3×(6×40)+5×40+3×(6×30)+5×30+3×(2×30)(盐城养护)；北引桥为 53 孔 1820 米，桥跨布置为 5×(6×30)+5×40+3×(6×40)(连云港养护)，下部构造为桩基础墩台结构。桥面净宽 33 米，设计荷载为公路 -I 级，设计行车速度为 100 公里 / 小时，于 2012 年 8 月 23 日隆重开工，副省长史和平到响水陈港镇出席开工典礼并致辞，与省有关部门，盐城、连云港两市领导一起为工程奠基。经过广大建设者近三年的艰苦努力，于 2015 年 7 月建成通车，工程造价 13.85 亿元。（胡俊良）

G344（原 S304）东台段

【概况】该项目起点位于与 G228（临海高等级公路）交叉处，沿黄海森林公园北侧向西，经新曹农场、弶港，跨东台河，经曹撇与 S226 相交，经头灶镇与沈海高速公路交叉，与新长铁路相交，跨越通榆河后，止于东台与兴化交界处，接 G344 兴化段。线路全长 69.57 公里，其中新建 53.20 公里、改造 16.37 公里。全线按一级公路标准建设，设计车速 100 公里 / 小时，总投资 22.33 亿元。"十二五"期间实施了一、二期工程，建成通车 21.94 公里，完成投资 7.80 亿元。

一期工程 G344（原 S304）东台市区北绕城段，该段西连开发区迎宾大道，东接城东新区经四路，途径市经济开发区、东台镇、城东新区；跨越通榆河、川东港等骨干航道，下穿新长铁路。全长 12.64 公里（含通榆河大桥 1 座及下穿新长铁路隧道），设计车速 100 公里 / 小时，设计荷载公路 I 级。工程于 2011 年 10 月开工建设，2013 年 12 月通过交工验收，总投资约 5 亿元。

二期工程 G344 东台西段扩建工程（原 S304 高兴东公路段），路线起点位于东台西环路与高兴东公路交叉处，终点位于东台市与兴化市交界处。全长 9.33 公里，按一级公路标准建设，设计车速 100 公里 / 小时。工程在原有老路上拓宽改造，于 2013 年 3 月开工，2015 年 1 月通过交工验收。总投资约 2.80 亿元。（胡俊良）

【东台西段拓改工程加速推进】G344 东台西段拓改工程，原为高兴东公路，于 2002 年建成通车的二级公路，自 2013 年 3 月按双向四车道一级公路标准实施改造。因工程施工中不中断交通，给安全管理增加了难度。交通工程建设者先后克服不利天气因素和高粘土含水量大、不易蒸发风干等

困难，想方设法加速推进路桥建设。至 2014 年 4 月，已经完成 80%的工作量，其中路基开挖回填及桥涵施工全部结束，正在进行水泥稳定碎石路面基层摊铺，自 5月下旬套搭进行沥青混凝土下面层施工，计划 6 月上旬完成水稳基层摊铺。（仇锦云）

【东台西段进入上面层摊铺阶段】2014 年 9 月 4 日，雨过天晴，G344 东台西段（高兴东公路）迅速掀起建设热潮。交通工程建设者瞄准 9 月底主体

工程竣工的总体目标，抢抓雨隙，加班加点，突击会战，决心以优异的成绩向国庆节献礼。在沥青下面层摊铺全部结束后，已进入上面层摊铺阶段，并以每个晴天工作日 1.20 公里的速度向前推进。施工人员凌晨 5 点即开始拌和沥青混合料，晚上 7 点半后才收工，可望 9 月中旬结束该道工序。（仇锦云）

【东台西段通过交工验收】2014 年 9 月 26 日，G344 东台西段沥青路面摊铺任务全面完成，主体工程竣工。此后套搭进行标线漆划、防撞护栏安装、桥头伸缩缝安装、中分带绿化岛备土绿化等附

属工程。该项工程于 2015 年 1 月通过交工验收。（仇锦云）

省　道

S75（阜建高速公路）

【概况】阜宁至建湖高速公路项目（简称阜建高速公路）是江苏沿海开发的重要交通基础设施之一，也是省“十二五”规划中“县县通高速”目标的收官之作。其建设对于完善区域高速公路路网结构，便捷阜宁、建湖两县对外交通联系，提升区域投资环境，促进沿线地方经济社会发展，具有十分重要的意义。

该项目北起阜宁县城西 S329，向南经硕集西，在东益经济开发区以东与规划东益大道东延线相交，设置东益互通，跨越嘎粮河及新长铁路，通过规划的建阳石油机械产业园，分别与新老 S234、向阳路西延段相交，于向阳西路设置建湖西互通，于建湖高新产业园西侧接盐淮高速公路并设置蒋营枢纽。路线全长 36.20 公里。

建设规模及主要技术标准　项目全线采用双向四车道高速公路标准，设计速度 120 公里 / 小时，桥涵设计汽车荷载等级采用公路 I 级，设计洪水频率为 1/100，路基宽度 28 米，路桥同宽。全线设置主线收费站 1 处、匝道收费站 2 处，在淮安南设置管理分中心；全线有特大桥、大桥 9 座，中桥 17 座，通道 45 道（不含利用桥孔），涵洞 118 道，互通式立交 3 处。全线征用土地 190.58 万平方米，征用取土场 226.43 万平方米，拆迁房屋 6.70 万平方米。工程概算投资 21.35 亿元。

工程特点及难点　一是项目所经区域村落密

集，区域内居民房屋一般沿河而建，形成“一渠、一路、一宅、一沟”的特征，项目与河流、道路多为斜交，改移沟渠和道路工作量大，地方矛盾较为复杂。二是全线有23.90公里属于软土路段，不良地基占全长66%，软基采用换填、堆载预压、水泥搅拌桩、PTC预制管桩等单一或组合方式处理，处理工作量大，隐蔽工程管理要求高。三是跨越河流、航道密度较大，被交等级道路较多，造成全线构造物规模较大。桥梁长度占路线总长的13.40%，桥涵构造物造价达到路基桥涵主体造价的47%。四是沿线与本项目交叉的主要等级公路有：S329、X304（东板线）、X305（硕东线）、X203（硕公线）、新S234、老S234、水源路、东板线、淮盐高速公路等；主要河流有射阳河潮河段、夏粮河北建港沟、南建港沟等，桥梁和互通立交数量较多、结构复杂，施工中安全风险点多，交通组织管理任务重，质量安全控制难度大。

项目建设机构设置及职能 阜建高速公路建设采用“省市共建、以市为主”的建设管理模式，江苏省交通工程建设局（以下简称省交建局）作为建设期法人负责开展工程建设管理的各项监管工作，盐城市高速公路建设指挥部（以下简称市高指）负责项目建设的现场管理工作，阜宁县、建湖县设立指挥部具体负责征地拆迁、地方矛盾协调和服务保障工作。阜建高速公路工程建设一直坚持“高标准、高起点、高水平、高效率、高目标”的要求，省交建局严格遵守基本建设程序，通过公开招标选择施工和监理单位。省交建局及市高指按照合同条款对施工、监理等参建单位进行有效的监督、管理。结合江苏省及本工程的具体情况，制定严格的工程管理制度和技术文件，对工程的质量、进度、投资、安全进行科学管理与严格控制。

建设目标 建设总目标：以“创百年工程、建生态高速”为统领，按照“发展理念人本化、项目管理专业化、工程施工标准化、管理手段信息化、日常管理精细化”的要求，积极推行现代工程管理，内强素质、外树形象，力争把阜建高速公路打造成具有“一流的内在质量、一流的外观质量、一流的沿线设施、一流的环境景观、一流的档案资料、一流的工程管理”的高速公路示范工程和廉政工程。

质量目标：分项、分部工程优良率达到100%，分项工程一次报验合格率达到95%以上，消除主要质量通病，项目质量优良。

进度目标：完成省交建局的计划目标，确保2015年10月全面建成。

安全目标：杜绝较大安全生产事故和安全责任事故，争创省级“平安工程”示范项目。

廉政目标：工程优质、人员廉洁、资金安全、群众满意。

创新目标：依靠科技进步，整合各方力量开拓创新，力争在关键技术难题上有所突破和创新；在现代工程管理理念指导下，努力提升工程管理水平，积累高速公路现代工程管理经验，培养一批高素质的工程建设和管理人才。

环保目标：与自然和谐，达到省级环保验收标准。

①工程质量管理。阜建高速公路紧紧围绕省厅、省交建局对全省高速公路建设提出的“确保全国领先、力争全国第一”的总体要求和“六个一流”建设目标，按照“创百年工程、建生态高速”的管理思路，以施工标准化为主线，积极推行现代工程管理，坚决贯彻“五化”要求，坚持把工程质量作为第一要务来抓，全力打造施工精细、质量优良的高速公路工程。2014年，阜建高速公路项目被列入“江苏省交通建设优质工程”挂牌创建项目，创建成“施工标准化”省级示范项目。

一是加强质保体系建设。从市高指到各参建单位，阜建高速公路自上而下层层建立了“质量创优工作领导小组”和“施工标准化领导小组”，按照“五化”要求，建立健全质量保证体系，严格落实质量创优责任，全面开展QC小组活动，为阜建高速实现质量创优目标提供有力的组织保证。

二是加强制度规范。着重做好《江苏省高速公路施工标准化指南》进一步深化、细化、具体化工作，编发了阜建高速公路《工程项目管理制度汇编》《精细化施工手册》《施工作业标准化操作手册》和《环境保护手册》等一整套规范性文件。同时，针对施工中出现的具体问题，制发了一系列规定，进一步细化了质量控制要求，规定了各种问题的处罚程序、处罚标准，及时对相关制度进行补充和深化完善。例如：为加强桥涵台背回填施工质量控制，印发了《关于加强阜建高速公路桥涵台背回填施工质量控制的通知》，就台背回填的范围、顺序、层厚、碾压、检测等环节提出细化、明确的控制要求。

三是扎实开展施工标准化工作。全面贯彻落实《江苏省高速公路施工标准化指南》，坚持以工地标准化优化施工环境，以工艺标准化提升工程品质，以管理标准化强化现场管理，在扎实做好部、省"规定动作"的基础上，积极稳妥地选择"自选动作"，大力采用新设备，推广新工艺，在实践中不断丰富和发展施工标准化的内涵，提升施工标准化的水平，实现了工地建设、工程质量、安全管理"三提升"的目标。

工地形象明显提升。所有标段项目部驻地建设既有统一的基准要求，又因地制宜，兼顾地方建设规划和地形特点，努力实现驻地建设的安全、美观、实用，把各标段项目部打造成花园式驻地。临建工程按照主线工程做，严格编制施工方案，高标准完成便道便桥建设，便道做到晴雨两用，便桥满足施工全周期重载需要。围绕集约化要求，着力打造工厂化"三场"。各标段的拌和场、钢筋加工场和预制场按要求集中设置，实现了混合料集中拌制，钢筋集中加工，构件集中预制，充分发挥工厂化施工优势。

工程质量明显提升。坚持把工程外观质量与内在质量并重并举，着力从规范现场施工班组的工艺操作入手，强力推进"五个强化"，即强化标准化施工、强化施工工艺、强化规范统一、强化现场管理、强化质量检测，确保了工程内在质量和外观质量都有了明显提升。

安全管理水平明显提升。坚持"安全就是发展"的理念，把抓好安全生产作为首要任务之一，以创建"平安工地"活动为抓手，以临时用电、临边防护和高空作业为重点，进一步建立健全安全生产管理体系，落实安全生产责任，完善安全管理制度，加大安全教育培训力度，不断提高安全管理科学化、系统化、规范化水平。阜建高速公路安全生产形势稳定，未发生一起安全责任事故。

四是加强通病防治。按照"粗活细做、细活精做、精益求精"的要求，全面推行精细化施工，以一线工程人员为重点，大力开展《高速公路质量通病防治手册》的宣贯和培训，以改进施工工艺为重点，突出加强对路床、台背回填、砼施工、水稳、沥青面层施工工艺等隐蔽工程、关键部位的质量控制，有效防治质量通病。特别是在沥青面层施工过程中，建立和实施了四项制度和四个办法（即：领导带班制、步查巡检制、工前工后分析会制、质量问题处理处罚制；《阜建高速公路沥青路面封闭施工管理办法》《阜建高速公路沥青混凝土面层材料验收管理办法》《阜建高速公路沥青混凝土面层施工质量管控系统管理办法》《阜建高速公路沥青混凝土面层施工管理奖罚规定（试行）》），有效地控制了沥青面层质量通病的发生。

五是加强现场监管。工程管理人员坚持与施工、监理单位同步作息，重抓施工、监理单位质保体系的正常运转，重抓重要部位、关键环节、关键工序的质量控制，强化通报、整改、复查力度，努力做到"三个到位"，即对问题原因的认识到位、及时返工处理和补救措施到位、对责任人的查处到位，确保问题整改闭合。通过开展定期和不定期的拉网式检查，确保质量问题和隐患整改率达到100%。

六是加强首件工程认可。严格执行省交建局

制定的《首件工程认证制实施规定》，深入推行首件认可制，把首件认可由分项工程延伸到所有工序，把首件的示范效应拓展到施工的每个基础单元，着重开展了水泥双向搅拌桩、路基填筑、台背回填、小型构造物、立柱、箱梁现浇、梁板预制、安装及桥面系、路面基层、沥青面层等分项工程的首件施工认可，以期统一工艺要求，统一机械配备，统一过程控制，统一质量验收，做到工艺、工序执行到位、旁站人员配备到位、过程巡查及检测到位，有效防范了质量风险的发生。

七是加强试验检测。编制了“中心试验室工作大纲”，严把试验检测工作中的基础建设、试验室建管、抽查与评定等三个关口，确保试验检测体系的有效运转，充分发挥试验检测作为工程质量“评判尺”的作用。严格执行试验检测人员上岗制度，明确了试验检测人员岗位职责、操作规程、工作流程和纪律；严格执行进场备案登记和审查制度，强化资格认定；积极开展技能竞赛活动，不断提高试验检测水平；加大现场检测力度，确保原材料试验、标准试验和实体抽检频率。

八是加强典型引路。按照外引内联的思路，以培树内部先进典型为重点，以技术革新、工艺改良和新设备推广使用为着力点，坚持典型引路，切实加强内外交流，及时学习、总结好的经验和做法。重点开展了样板工程评比活动，先后评比了样板便道、样板立柱、样板路基、样板箱梁、样板防撞护栏、样板边沟安装等示范工程，通过典型引导，进一步增强全体参建人员精品意识，进一步统一了全线所有标段施工标准，提高了施工水平。

九是大力推进管理创新和技术革新。实行“看板”管理，列出各工序、各工艺的流程和图表，明确原材料、半成品、构配件等各环节的质量控制要点和责任人员。积极推广新技术、新设备、新工艺、新材料应用，依靠技术进步推动工程质量上台阶。例如：桥梁墩台帽全部采用钢模施工，有效地提高了砼外观质量；预制箱梁均采用了智能压浆工艺，通过超声检测和切片检查，有效地检验了压浆效果；支座垫石施工采用了可调节钢模，有效地提高了支座垫石的合格率；防护排水工程预制块施工采用了相对集中的工厂化生产，提高了预制质量。大力开展质量管理小组活动，组织QC课题攻关和创新，累计共有5个标段的8个课题获江苏省交通运输行业优秀质量管理小组成果奖，《支座垫石施工质量控制》《提高水稳基层分层摊铺粘结质量》获得江苏省优秀质量管理小组成果奖。

②工程进度管理。

一是抓好施工前期工作，保障项目顺利实施。精心组织实施征地拆迁。市、县高指严格按照“三清一通视”的要求，坚持公开、公平、公正的原则，严格规范程序，实行阳光操作，确保拆迁经费封闭运行，确保资金运作规范安全，同时强化督查和协调，确保拆迁工作按政策要求顺利实施，全线仅用5个月时间全面完成拆迁任务。组成专门班子，强化对上、对下和部门间的协调沟通，确保施工队伍顺利进场。积极协调设计单位和国土部门及早完成阜建高速公路勘测定界和征地资料组卷、上报工作，争取省、市国土部门支持，及早落实阜建高速公路用地指标。

二是加强计划管理，确保工程建设有序推进。开工之初，市高指就编发了《阜建高速公路工程项目总体实施纲要》，明确总体建设计划安排，明确年度建设任务。每年年初，根据年度目标任务确定的时序进度要求，按照适度超前的原则，制定科学合理的阶段建设计划。通过计划的制定、分解和落实，力争把任务分解到月、旬、日，分解到每个标段、班组和岗位，以阶段保全年，以标段保全线；建立工程进度定期督查报告制度，逐季逐月督查考核，确保工程进度按时序要求推进。

三是深入开展劳动竞赛，不断掀起工程建设新高潮。根据项目总体实施计划，结合阶段施工特点，紧紧围绕进度、质量、安全三大主题，以推进施工标准化为主线，适时组织开展以阶段施工重点为内容,以“六比六赛”(即“比质量,赛工程优良率;比进度,赛工程形象;比科学态度,赛科技创新;比团结,赛协作精神;比管理,赛组织计划、文明施工;比安全效益,赛遵章守纪、无事故”)为评比内容的劳动竞赛活动,采取平时、月度、季度检查相结合,平时考核与季度考核相结合,与优质优价、优奖优酬挂钩,与企业信誉评定挂钩,严格奖罚兑现,有效地调动了各参建单位和一线管理、施工人员的积极性、主动性,有力地推动了工程建设。

四是加强现场管理,努力实现工程建设全面均衡推进。按照“超前指导、充分准备、一着不让、狠抓落实”的要求,抓住制约工程进度的关键环节,通过组织专题会、协调会、座谈会等形式,充分了解、掌握各关键分项工程的进展情况和影响工程进展的各个关键因素,研究、采取针对性措施,合理协调各施工环节,及时解决各类问题。同时,加大对落实情况的现场督查和协调,确保工程建设全面、均衡、快速推进。

五是抓好地方矛盾协调,营造优良的施工环境。阜建高速公路建设过程中,因水系调整、征地拆迁、道路损毁等因素引发的各类地方矛盾频发。为给工程施工创造良好的外部环境,市、县高指牢固树立以人为本的理念,坚持“事前控制、过程协调、主动服务”的原则,充分发挥服务协调作用,对可以预见的矛盾隐患,采取超前排查、超前协调、超前防范的工作措施,力争把矛盾消除在萌芽状态。对已经发生的矛盾,及时介入、限时解决,全力营造良好的施工环境。

③工程安全管理。按照《公路工程建设现场安全管理标准化指南》等文件的要求,以创建“平安工程”为载体,以安全标准化为主线,进一步建立健全安全生产管理体系,落实安全生产责任,完善安全管理制度,加大安全教育培训力度,深入开展专项整治,阜建高速公路安全生产形势持续保持稳定。2014年,阜建高速公路项目获得“省级平安示范工程”称号。

一是建立健全组织体系。按照《公路工程建设现场安全管理标准化指南》要求,建立了“阜建高速公路建设、监理、施工单位安全管理网络”,将安全管理网络延伸至各劳务队伍,形成纵向到底、横向到边的安全管理体系。按照分工负责、齐抓共管的原则,以“人人有责、级级有责”为目标,层层签订安全生产责任书,把安全生产责任落实到班组、落实到岗位、落实到人头。

二是完善安全管理制度。先后制定出台了16项安全生产管理规范性文件,汇编成《阜建高速公路工程安全生产管理文件汇编》,以文件形式印发至每个安全管理人员,做到安全生产管理有章可循、有规可依,为全面推进安全生产管理提供了坚实的制度保证。

三是加强安全教育培训。从提高全员安全意识、防范能力和综合素质的要求着手,突出岗位操作、隐患辨识、安全防范、遇险处置等培训,努力做到全员教育培训经常化、新进人员培训制度化、特种作业人员培训规范化、现场教育培训实用化,使全体员工人人熟练掌握标准、规范操作,自觉抵制“三违”行为,做至“四不伤害”。

四是加大安全检查整改力度。采取重点抽查与日常检查相结合的方法,坚持检查与整改并重,突出重点环节、部位、岗位和时段的检查和隐患整改,加大督查力度,严格奖罚,确保安全生产隐患和问题得到有效整改。

五是狠抓应急处置能力建设。为有序、高效地组织事故应急救援工作,市高指制定了《阜建高速公路工程安全生产事故综合应急预案》,定期组织开展应急救援预案演练。开工以来,先后组织了触电事故、火灾消防事故、高空坠落、支架坍塌等应急救援观摩演练17次,参练人员520多人次。

六是深入开展专项整治。通过组织开展“两节两会安全检查”“安全隐患治理排查月”“安全生产月”“优质优价、优监优酬考核”等一系列活动,保持安全警钟长鸣,确保安全管理持续、高效,力控安全生产形势稳定。

七是全面推行安全标准化。以推进“平安工程”建设为载体，加大《公路工程建设现场安全管理标准化指南》学习、贯彻、执行力度，统一施工和安全防护标准，加强临边防护、高空作业、便桥、临时用电、支架现浇等安全防护标准及专项方案审查和落实，施工安全操作基本得到规范。

④工程环境保护管理。阜建高速公路坚持以环境保护为核心，以对生态环境最小破坏和最大恢复为原则，将生态环境保护与工程施工同步实施，以扬尘、废水排放控制和垃圾处理为重点，着力减少环境污染。一是印发了《阜建高速公路环境保护手册》，从制度层面和操作层面对参建单位施工行为进行全面规范。二是加强环保措施的改进和创新，全线搅拌桩耗用22万吨水泥由袋装改为罐装，既降低了施工成本，又减少了粉尘排放；拌和站实行封闭式管理，拌和、搅拌设备全封闭运转，减少交叉污染；构件养护用水循环使用，既节约用水，又有利环保；全线清表土方按标段集中堆放，留作中分带绿化填土，减少了取土量，有利于绿化栽种；与地方签订废弃物集中处理协议，将驻地垃圾、工地废弃物交由地方环保部门定期集中清理。

⑤工程档案资料管理。项目档案是工程建设和管理过程的真实反映。阜建高速公路档案管理工作始终坚持“争一流、创一流、成一流”的总体目标，严格按照《江苏省高速公路建设项目档案管理标准(修订稿)》的规定，建立了成熟、可行、易操作、好查询的项目档案管理机制，将档案管理工作与工程建设同部署、共推进、齐完成，达到了内容完备、形式多样、分类明晰的要求。

一是建立健全组织机构，强化制度建设。市高指成立了档案管理工作领导小组，明确由技监处牵头负责，各处室协同配合。各参建单位也照此建立了以总监、项目经理(或总工)为组长的档案管理网络。结合项目建设特点，从制度建设入手，统一规范工程用表，先后制定了《阜建高速公路实行档案集中统一管理的规定》《隐蔽工程影像资料定期报送制度》《档案安全保卫工作制度》和《工程档案保证金制度》，严格按制度规定考核奖惩，有力地推进了项目档案管理工作的顺利开展。

二是规范档案管理，保证项目档案的完整性。印发《江苏省高速公路建设项目档案管理标准(修订稿)》，明确项目建设、设计、施工、监理、科研等归档文件材料的收集范围，明确各单位、各部门应收集资料的详细目录，确定了各自应收集的交(竣)工文件范围。重视项目前期管理文件材料收集，指定专人收集项目前期批复性文件，对缺失的文件及早追溯尽快收集，并及时进行组卷、扫描、装订、归档工作。以隐蔽工程、特殊结构工程的方案审查、工程质量检查、安全管理现场会议等重要环节影像资料的收集整理为重点，加强声像资料的归档工作，确保声像资料“应归尽归”。

三是严把四个关口，确保工程档案材料的准确性、规范性。在资料收集关口，力求做“快”。按照档案整理与项目建设同步进行的要求，各单位、各部门第一时间收集整理完善档案资料，绝不事后再补。在资料整理关口，力求做“齐”。要求各项目部专职档案员根据工程推进情况认真细致的梳理工程档案，该归档的资料全部归档，坚决杜绝遗漏，确保档案真实反映工程建设管理实际情况。在资料审核关口，力求做“严”。在工程档案收集、上传过程中，同步审核该工程文件是否符合档案规范的真实性、完整性、规范性等基本要求。在资料归档关口，力求做“全”。根据《江苏省高速公路建设项目档案管理标准(修订稿)》的规定，合理进行单元划分，做到按分部、分项工程建立卷盒，遵循施工工序先后顺序科学、规范分类存档，完善整个项目档案的分类体系。

四是推进数字档案建设，确保档案的系统性。按照《江苏省高速公路建设项目档案管理标准(修订稿)》要求，积极开展工程档案的信息化、数字化工作，各参建单位统一配备了工程档案管理系统软件，通过软件将文件分类要求与各单位、分部、分项工程的划分相结合，建立了十分详细的资料收集结构树。要求所有参建单位利用管理系统软件同步进行工程档案的收集、组卷、归档，确保了项目文件的系统性、完整性、及时性。

⑥科研创新与技术推广。

一是针对桥头过渡段水泥搅拌桩软基处理，以往常采用桩长单一突变的方法过渡，易造成差异沉降，经优化，改为桩长与桩距同时过渡的方案，来保证路基沉降变形的协调和连续，减少差异沉降引起的病害。

二是本项目软基处理工作量较大，设计只给出布桩原则和工程量，经细化，采取了布桩图方案，共节省水泥搅拌桩 50.90 万延米，节约工程投资 2000 余万元。

三是应用“沥青路面施工质量管控技术”，通过对前后场施工实时监控、数据自动采集分析、动态预警，强化沥青路面施工质量管理与控制。

四是推广使用新设备、新工艺。采用弯箍机、弯曲机、滚焊机等数控钢筋加工设备，提高了钢筋加工速度和精度，钢筋绑扎使用了定型高强度保护层垫块。箱梁预制全面推广应用了智能张拉和智能压浆设备。

五是防护及排水工程小型构件实行了工厂化集中预制，采用流水线生产模式，实现混凝土振捣高频低幅低噪，喷雾养生，托盘打包运输的生产工艺，既保证了构件的强度和外观质量，又减少了运输破损。

六是超高排水路段，改暗沟加砼盖板方案为暗沟切缝方案，提高了路面的整体美观度。针对沥青路面施工的薄弱环节，在中分带附近，全线采用了分层撒布热沥青 50 厘米宽，进行防水处理，有效地防止了可能出现的水损坏。

七是对塔吊、架桥机安装了安全监控报警系统(黑匣子)，建立了安全电子台账，为“科技兴安”进行了有益的尝试。

⑦工程合同与财务管理。严格合同管理。对于进场的人员、机械、施工队伍，严格按照合同约定进行定期核查，对未按投标书承诺配备人员设备的，要求其限期整改，或履行变更手续；通过公开招标委托社会审计机构独立、客观地开展跟踪审计，将关口前移，及时发现和解决工程建设过程中的各种问题。对于工程实施过程中出现的变更补偿等，严格按设计变更及索赔审核程序办理，所有设计变更工程费用在项目实施完成、验收合格并办理设计变更指令后才能支付。

严格财务管理。工程拨款严格按照合同文件和《江苏省高速公路工程项目计量管理办法》等文件执行；严格执行《会计法》、财政部《基本建设财务管理规定》和《江苏省交通工程建设局财务管理办法(暂行)》等一系列财务法规和管理办法，实行财务支付会签制度，扎实做好财务管理基础工作；严格执行项目跟踪审计制度，定期不定期进行内部审计，保证了建设资金足额到位、专款专用和使用安全。

⑧工程廉洁管理。

一是强化风险防控责任体系建设。阜建高速公路建设项目派驻纪检监察组，在省驻高速公路建设项目纪检监察办公室具体领导下，负责阜建高速公路建设项目党风廉政建设工作。参建单位均建立健全廉洁管理组织机构，明确了廉洁工作负责人，配备了专兼职廉洁管理员，形成了覆盖参建各方的廉洁管理网络。落实廉洁管理经费，遵照法律法规和党风廉政建设规定开展工作。

二是强化制度建设。按照“横向拓展到各施工监理单位、中心试验室，纵向延伸到后勤物资保障、日常财务管理”防控要求，制订下发《盐城市高速公路建设指挥部廉政风险评估管理暂行办法》《关于推广应用 < 廉政风险防控手册 > 的实施意见》等规范性文件；修订完善了《党风廉政建设责任制》《廉洁自律十项规定》《廉政教育制度》《廉政合同制度》等16项廉政建设制度，并摘录《中国共产党纪律处分条例》《中华人民共和国刑法》等有关章节汇编成《党风廉政建设手册》，印发到所有参建单位和全体人员，做到有章可循、有法可依。

三是强化责任落实。市高指负责人与内设各处室负责人签订《党风廉政建设约谈提醒书》《廉洁责任书》，与施工单位、监理单位、中心试验室等现场参建单位负责人签订《廉洁合同》《廉洁责任书》，建立"一级抓一级，层层抓落实"的工作机制。施工单位与其分包单位，材料供应、重大设备租赁等单位，监理单位与施工单位，中心试验室与施工单位均签订《廉洁合同》。通过各参建单位之间签订责任书，互相制约、互相监督、共同承担廉洁管理责任。

四是强化宣传教育。通过开设专题廉洁教育课，组织观看廉政教育宣教片，开展廉洁告知教育，组织全体参建人员进行反腐倡廉和作风建设相关知识培训和测试等，开展形式多样的法纪法规教育、职业道德教育和廉洁从业教育活动，不断增强参建人员的法规意识、自律意识和他律意识，增强拒腐防变能力，形成风清气正的良好氛围。

五是强化监督检查。以推行项目信息公开为载体，构建了参建单位相互监督、纪检监察机构再监督的全员监督体系。设立举报箱、公布举报投诉电话、公示栏，对重大事项及时公示，主动接受社会监督。开展明查暗访、飞行检查、走访了解等形式多样的监督检查活动，检查了解廉政规定执行情况。及时查处信访举报，为工程质量安全及人员清廉提供有效保障。

六是强化考核奖罚。以保证工程建设任务全面完成为目标，构建廉洁考评与项目考核"四同步"的考核奖惩体系。严格《廉洁合同》履约考评，每季度对施工、监理单位进行考核，考核结果与工程管理考核结果一道上报，以维护廉洁合同的严肃性。阜建高速公路工程建设中，未发现违规违纪现象，实现了廉政建设零投诉。（周正殿、朱高峰）

【杨根林到盐专题会办高速公路建设】2012年新年伊始，省交通控股有限公司董事长、总经理杨根林到盐专题会办盐城高速公路建设，市委副书记、代市长魏国强，及周古诚、崔仕明、丁建奇等市领导，省交通控股有限公司副总经理、党委副书记常青出席会办会。会议明确了阜建高速、盐丰高速建设有关事宜。

魏国强在讲话中指出，近年来，盐城经济社会快速发展，在全省的位次不断前移。交通条件的改善，特别是高速公路的发展，使盐城对外沟通联系更加便捷，对全市经济跨越发展起到了重要促进作用。"十二五"期间，盐城市仍将把交通基础设施建设放在各项工作的重要位置，作为抢抓沿海开发战略机遇的重要抓手，以更大的力度加快推进，进一步改善盐城交通条件，为经济社会实现新的跨越发展提供重要支撑。盐城市将进一步加深与省交通控股有限公司的密切合作关系，各有关县（市）、市有关部门要主动做好对接与服务工作，为高速公路项目顺利建设创造良好环境。

杨根林对盐城市长期重视支持交通事业发展表示感谢。他说，江苏沿海开发上升为国家战略，这是千载难逢的历史机遇，沿海大开发，交通基础设施建设首当其冲，省交通控股有限公司将主动融入沿海开发，改善盐城等沿海地区交通基础设施条件，优化沿海路网结构，更好地服务于港口、港城建设，服务于沿海开发。

会后，魏国强等陪同杨根林一行赴阜宁县，现场察看了阜建高速公路开工准备情况。

（记者 原载《盐城交通》2012年1月10日1版）

【阜宁到建湖高速公路建设工程奠基】2012年1月10日上午，阜宁至建湖高速公路建设工程举行奠基仪式。市委书记赵鹏出席仪式并宣布奠基。省交通运输厅副厅长王永安、省交通控股有限公司副总经理陈祥辉，省厅党组成员、省交建局局长何平，市领导冯永农、陈正邦、崔仕明，以及市有关部门和阜宁、建湖主要负责同志等出席奠基仪

式。仪式由副市长丁建奇主持。

市委常委、常务副市长陈正邦在讲话中说，市委、市政府高度重视阜建高速公路建设，全力为项目推进提供优质高效的服务。希望阜宁县、建湖县组织专门班子，配备精干力量，做好征地拆迁等矛盾协调工作，确保为工程建设营造良好的外部环境；希望工程施工单位高标准施工、高质量建设，努力将阜建高速公路建成优质工程、精品工程、示范工程。

王永安在讲话中表示，省交通控股集团、省交建局等相关部门和单位要全力以赴，积极推进各项工作。项目施工和监理单位要精心勘测，加快施工图纸设计，用一流的管理、一流的设计、一流的技术、一流的施工，高质量、快速度建设好阜建高速。（记者　原载《盐城交通》2012年1月10日1版）

【交通部门督查】

管亚光督查阜建高速公路建设　2012年9月15日上午，市交通运输局局长、党委书记管亚光督

查阜建高速公路建设。市交通运输局副局长周忠、裴义婷，阜宁县委书记王锦胜、建湖县副县长孙海山等陪同督查。管亚光一行先后考察了阜宁一标、建湖三标建设现场，听取了阜宁、建湖两县高指、工程沿线乡镇关于征地拆迁情况汇报和阜宁一标工程施工情况汇报，在建湖召开了办公会议。管亚光肯定阜建高速公路建设取得的成绩后，对当前工作提出五点要求：一是思想上高度重视。市、县两级交通部门要上下一心，群策群力，攻坚克难，努力夺取阜建高速公路建设全面胜利。二是要集中人力、物力、财力做好让地、交地工作，确保工程按计划顺利施工。三是全力做好矛盾协调工作。市、县高指和项目办的同志要进驻工程一线，及时化解矛盾，为工程施工创造良好的外部环境。四是要启动连接工程的前期工作，力争与高速公路同步实施。五是要抓好施工过程中的安全工作，在抓好安全施工的同时，着重抓好财务安全，保证资金专款专用，封闭运行，征地拆迁补偿资金要及时、足额发放到位。（薛宗林）

省交通运输厅领导督查阜建高速公路建设　2013年6月19日，省交通运输厅领导督查阜建高速公路建设。要求建设单位坚定信心，攻坚克难，坚持"能快则快，好中求快"的原则，以"创精品工程，建生态高速"为目标，以施工标准化为主线，以劳动竞赛为抓手，以进度、质量监管为重点，全面加强建设全过程控制，力争把阜建高速公路打造成具有"一流的内在质量，一流的外观质量，一流的沿线设施，一流的环境景观，一流的档案资料，一流的工程管理"的高速公路示范工程和廉政工程，向党和人民交出一份满意的答卷。（周正殿、朱高峰）

王永安督查质量安全管理　2013年8月6日，省交通运输厅副厅长王永安率省厅安全处处长董志海、质监局局长姜竹生等一行对阜建高速公路建设进行质量安全督查。市交通运输局副局长周忠陪同督查。督查组一行冒着高温查看阜建

高速公路建湖段施工现场，详细了解工程建设、质量安全管理和施工标准化活动开展情况，并与相关建设单位人员进行交流反馈。

王永安肯定了阜建高速公路项目在“三场”建设、桥梁下部构造施工、结构物成品保护、土方施工、便道修建等方面比较规范，取得了实质性成果。同时要求确立两个理念：工程质量在沈海高速和盐淮高速建设质量的基础上再提升，必须坚定不移地贯彻落实好标准化建设的各项要求；要牢记质量的隐患是最大的安全问题，把软基处理作为重中之重，一个单元性的工作来抓，有效利用沉降观测手段，加强分析的份量，坚持进度服从质量，实行总监负责制。要求省交建局和盐城市高指现场管理机构要把握工程推进的均衡发展，优化施工；进一步营造全线施工的安全氛围，加大安全督查力度，对高空作业等重点环节加强隐患排查和整改，确保施工安全。结合施工指南，做出阜建高速项目的特色，积极迎接省和交通运输部的各项检查。（周正殿、朱高峰）

何平到盐现场办公 为加快推进阜建高速公路建设，2014 年 10 月 11 日上午，省交建局局长何平、副局长赵□在市交通运输局局长管亚光、副局长周忠陪同下查看施工现场后，进行现场办公。他表示，阜建高速公路整体质量安全可控，近期雨水的干扰打乱了项目整体推进计划，但总体形象进度、投资仍在稳步推进。下一步必须紧紧围绕年底完成底基层、基层水稳目标不动摇，进一步落实精细化管理要求，统筹安排好后续房建、绿化等附属工程建设，为全面完成年度计划作出贡献。（周正殿、朱高峰）

【全线贯通】2014 年 12 月 25 日，中铁二十四局集团有限公司阜建高速公路 FJ-JH1 标段顺利完成跨新长铁路大桥左幅箱梁架设施工，现浇箱梁于 12 月 28 日全部完成，截至 2015 年 1 月 8 日，左幅箱梁全部架设完成，至此阜建高速公路实现全线全幅贯通，将为后续工程推进扫除障碍，为 2015 年全面建成通车打下坚实基础。（周正殿、朱高峰）

【获评省级“平安工地”示范工程】2014 年 12 月 30 日，阜建高速公路在省厅质监局组织创建“平安工地”活动中，获评省级“平安工地”示范工程。

阜建高速公路自 2012 年开建以来，根据省厅、省交建局统一部署，市高指牵头组织，各工程建设单位积极响应，按照“平安工地”建设考评标准，结合项目自身特点，以安全标准化建设为主线，强化宣贯培训力度，以开展各类专项活动为抓手，外业为主内业为辅，双管齐下，持续开展“平安工地”创建活动，平稳度过了主线跨盐淮高速枢纽施工期交通组织、主线跨新长铁路大桥封销施工等重大工程安全节点，实现了自项目开工以来安全生产零事故的好成绩。（周正殿、朱高峰）

【姜竹生、缪玉玲检查工程建设情况】2015 年 7 月 28 日下午，省交通运输厅工程质量监督局局长姜竹生、省交通工程建设局副局长缪玉玲冒着酷暑到阜建高速检查工程建设，并送来消暑降温物品慰问一线施工人员，叮嘱项目施工负责人要对一线工人负责，采取有效防暑降温措施，注意劳逸结合，确保安全度过高温期。市交通运输局副局长周忠等陪同检查慰问。

姜竹生肯定阜建高速公路各项工程质量水平和沥青砼施工质量管控系统应用效果，同时，要求继续加强原材料质量控制，关注施工机械性能，减少施工工艺波动，持续改进、追求卓越。并要借鉴近期其他高速公路施工的经验教训，增加非标试验研究沥青老化性能与集料的握裹力，探索沥青砼路面早期损坏原因。

缪玉玲要求各参建单位把当前工作重点放在沥青砼路面质量上，统筹兼顾各项附属工程，按期保质建成阜建高速，力争达到“十二五”末国内领先水平。（周正殿、朱高峰）

【开展2013年第二季度劳动竞赛】 自2013年4月1日起，阜建高速公路项目全线开展为期3个月的二季度劳动竞赛活动。以路基土方填筑、小型构造物、下部结构砼、上部预制砼施工为竞赛主要内容，以推进工程标准化为主线，以“六比六赛”即比质量，赛工程优良率；比进度，赛工程形象；比科学态度，赛科技创新；比团结，赛协作精神；比管理，赛组织计划、文明施工；比安全效益，赛遵章守纪、无事故为评比内容，动员和组织所有参建单位和人员积极投身劳动竞赛活动，按照施工标准化的要求，牢牢抓住第二季度施工黄金时段，以一丝不苟抓质量，争分夺秒抢进步的苦干实干精神，迅速掀起大干第二季度的热潮，确保实现时间过半、任务过半。市高指将组织定期检查考核，并将考核结果与优质优价、优监优酬挂钩，与企业信誉评定挂钩，在一定范围内进行通报。（高综）

【阜建高速公路通过交工验收】 省交建局于2015年10月26—27日在阜宁县天鹅湖大酒店召开阜建高速公路工程项目交工验收会议。成立了由省交建局局长何平任主任委员，省交通运输厅、省交建局、江苏交通控股有限公司、盐城市人民政府、市交通运输局、市高指、江苏宁靖盐高速公路有限公司以及设计、施工、监理单位的代表组成的交工验收委员会。下设道路桥涵组、交通工程组、档案资料组等3个交工验收检查小组，对路基、路面、桥涵、通道、互通立交、安全设施、房建、绿化、环保和监控、通信、收费、供电、照明系统等工程进行了实地察看，对交工资料进行了抽检。验收委员会听取了阜建高速公路工程项目执行报告、设计执行报告、施工执行报告、监理执行报告以及收费站点、房建及相关工程项目、交工档案、三大系统机电工程等专项验收报告以及3个交工验收小组的检查意见。最后交工验收委员会认为：阜建高速公路工程管理科学严谨，克服了征地拆迁协调难度大，实际工期短等突出困难，大力推行施工标准化和“平安工地”建设等活动，工程精细，质量优良。（周正殿、朱高峰）

【S75建成通车】 2015年11月2日，S75（阜建高速公路）建成通车。阜建高速公路是江苏沿海开发重要交通基础设施之一，也是江苏省“十二五”规划中“县县通高速”目标的收官之作。至此，省内所有县（市）全部有高速公路连通。全省高速公路通车里程达4600公里，密度为全国第一。

阜建高速公路线路全长36.20公里，全线采用双向四车道高速公路标准,设计速度120公里/小时。笔者测算,按照时速120公里,从阜宁主线收费站上高速，不到20分钟即可抵达蒋营枢纽,驶入盐淮高速,往东可接入S29(盐靖高速)、G15(沈海高速);往西可接入G2(京沪高速)、G25(长深高速),通达全国各地。

据悉，阜建高速公路还有一个名字叫阜兴泰高速支线，所以阜建高速公路今后还有望往南连接兴化、泰州两地,通过泰镇高速泰州大桥,连通苏中、苏南地区。(周正殿、朱高峰)

盐丰高速公路

【概况】盐淮高速公路大丰港至盐城段(简称盐丰高速公路)是江苏省“五纵九横五联”高速公路网规划中“横二”丰(沛)县至大丰港高速公路的重要组成部分,项目东接大丰港,西与S18盐淮高速公路、G15沈海高速公路衔接。路线经过大丰港经济区,上海市海丰农场,大丰市大中镇、新丰镇,盐城经济技术开发区步凤镇,设大丰港互通、大丰北互通,终点接盐淮高速公路步凤枢纽一期工程,路线全长36.61公里。全线采用双向四车道标准,路基宽度28米,设计行车速度120公里/小时,桥涵设计汽车荷载等级公路Ⅰ级。初步设计批复概算20.71亿元,建设工期4年。

工程建设快速推进。该项工程于2013年10月开工建设，截至2015年12月底当年完成实物工程量3.80亿元,占省厅下达的年度计划3.60亿元的105.56%,项目累计完成投资12. 56亿元,占总投资20. 71亿元的60.65%。全线路基土方填筑402万立方米、32座桥梁、111道涵洞通道全部完成;防护排水工程安装完成80%;水稳底基层完成97.20万平方米,占总量的100%;基层完成91.90万平方米,占总量的100%;桥梁桥面铺装、护栏工程、路面排水及中分带全部完成,房建工程、绿化工程全面启动,将于2016年建成通车。

图2

盐丰高速项目概况图

工程实体质量水平总体向好。盐丰高速项目办切实加强工程现场质量管理，依照工程考核奖惩制度,组织开展日常巡查和定期考核,利用工程周会、月会定期通报各标段工程质量、进度、安全管理情况，并进行评比和奖惩。对项目办日常巡查、省交建局抽查及省厅质监局督查中发现的问题,采取专人跟踪,并要求总监办严格督促各项目经理部就存在的问题制定方案逐条整改，确保落实到位。从检查情况来看,全线总体质量控制情况良好,各项检测指标稳中有升。全线软基处理双向搅拌桩自检、强检共1344根,合格率100%、优良率99.50%;PHC管桩共抽检71根,I类桩100%;路基土方压实度一次报检合格率97%以上；桥梁桩基共1310根,A类桩100%;构筑物混凝土强度合格率100%;钢筋保护层厚度合格率92.40%;支座垫石高程合格率97.30%;桥面水泥混凝土铺装(调平)层平整度合格率87%。其余项目全部达到省局质量工作目标要求。

工程安全生产形势持续稳定。2014年、2015年盐丰高速连续两次获评“平安工地”建设省级“示范工程”。盐丰高速坚持“安全第一、预防为主、综合治理”的工作方针，贯彻落实新《安全生产法》的各项要求，以建设工程落实施工方案专项行动、“安全生产月”活动和安全生产标准化建设为抓手，不断提升安全管理水平，切实增强安全保障能力，安全管理工作成效显著，全线安全生产形势持续保持稳定。落实安全生产责任，市高指与总监办、各项目经理部每个季度签订安全生产目标责任书。强化现场监督管理，尤其是抓好重大节日、重要桥梁、关键工序和特殊结构施工的安全检查。组织安全施工方案审查，对路面施工单位驻地及场站建设临时用电施工安全专项方案进行会审，督促完善施工安全方案及具体落实。开展安全应急演练，分别在FY-1标三场、FY-2标三场和FY-3标现场举行交通事故、高处坠落和支架坍塌等应急救援演练，在FY-21标拌和场进行了安全综合应急救援演练，在FY-22标拌和场进行了消防应急救援演练，通过系列演练，提升了应急处置能力。强化宣传教育培训，通过组织新《安全生产法》的学习宣贯、安全生产技术规范的培训学习、分季度开展安全培训教育，组织观看安全生产警示教育片，先后培训400多人次，有效增强了全体参建人员的安全生产意识，提升了安全管理水平。

施工标准化建设深入推进。盐丰高速深入贯彻执行《江苏省高速公路施工标准化指南》，着力树立典型示范，引领标准化活动深入推进。一是严格执行首件认可。先后开展水泥搅拌桩、路基分层填筑、台背回填、小型构造物、立柱、箱梁现浇及梁板预制等项首件工程施工。要求做到技术参数执行到位、旁站人员配备到位、过程巡查及检测到位，确保工程施工质量。二是开展样板工程评比，先后评选出样板便道、样板立柱、样板路基和样板通道等示范工程。组织各参建单位进行路基土方96区、桥面调平层等标准化施工工艺现场观摩学习，互相取长补短。通过典型工程引导，统一全线施工工艺，增强参建人员精品意识。三是积极开展QC小组活动，大力推进技术创新、管理创新。盐丰高速中心试验室QC小组、FY-1标立柱保护层控制QC小组、FY-2标QC小组获得2015年度江苏省交通行业优秀质量管理小组。四是推广应用“三新”技术。要求路面施工单位在水稳施工设备上加设数据采集设备，即水稳质量管控系统。通过水稳质量管控系统的投入运用，能收集系统采集的实时数据，了解现场的施工状况，及时发现问题、解决问题，加强了水稳混合料后场质量控制，减少了水稳反射裂缝发生机率，工程质量稳定，得到了多方面的好评。（朱高峰）

【立项获批】2011年7月7日，省发展改革委员会苏发改基础发〔2011〕1048号文正式批复盐淮高速公路大丰港至盐城段项目建议书。批复原则同意大丰港高速公路路线起自大丰港附近，向西与临海高等级公路、S226交叉，经大丰市区北，止于盐淮高速公路盐城东枢纽，路线全长约35公里。原则同意全线按高速公路标准建设，估算投资18亿元。建设项目资本金由江苏交通控股有限公司与大丰市人民政府共同投入，资本金以外部分通过申请银行贷款等多渠道筹措解决。

大丰港高速公路的建设，必将对全省沿海开发，加快推进大丰港城发展，提升港口集疏运条件，进一步完善区域高速公路网络，促进沿线区域经济社会发展起到积极的推动作用，具有十分重要的现实意义。（单庆高）

【前期工作进展顺利】2012年2月，省国土资源厅通过了建设项目用地预审，6月28日，项目工程可行性通过省发改委审查。12月31日，项目初步设计通过省发改委审查。同时，市交通部门认真配合国土部门做好征地报批工作，委托开展征地拆迁稳定风险评估，完成备案手续。土地勘界、拆迁入户调查、施工图审查、施工招标全部结束。（朱高峰）

【工程项目推进有力】市委、市政府高度重视盐丰高速公路建设，将该项目列为2013年市委、市政府“三重工作”中的重点工程，市委、市政府主要领导多次批示全力加快盐丰高速工程建设启动工作，分管领导主持协调对接有关工作，市国土、规划、农林等部门积极配合开展项目基本建设程序。市交通运输局局长管亚光多次会办盐丰高速前期工作，带领盐城交通人打好项目立项、规划、土地等攻坚战。裴义婷副局长担纲市高指副指挥，靠前指挥盐丰高速项目建设管理。2013 年 6 月，从市交通系统抽调具有丰富高速公路建设管理经验的工程技术人员和管理人员，组建市高指盐丰高速公路项目管理办公室(以下简称盐丰项目办)，具体承担项目建设现场管理任务。并依据交通运输部及省交通运输厅有关高速公路工程项目管理的规定，结合本项目的建设特点，制定了一系列质量安全管理制度，建立“政府监督、法人管理、社会监理、企业自检”的四级质量保证体系，加强施工全过程控制，以确保工程质量目标的实现。(朱高峰)

【建设总体计划确定】盐淮高速公路大丰港至盐城段工程建设的总体计划安排是:2013 年为项目启动年，主要是积极推进项目前期各项准备工作，完成施工、监理单位的招投标，确定参建单位，全面开工建设。2014 年为基础夯实年，重点是完成全线特殊地基处理和全部路基土方，完成所有小型结构物和桥梁下部结构，基本实现全线贯通。2015 年为上部攻坚年，完成路面底基层、基层和桥梁上部结构施工，开展房建工程和交通工程预埋工作。2016 年为决战决胜年，完成沥青路面下、中、上面层，同步实施房建工程、绿化工程、照明工程、交通工程及机电工程等附属工程施工，圆满实现省厅提出的建成“精品工程、品牌工程”目标任务，全线建成通车。(朱高峰)

【推行标准化建设】2013 年 9 月，在各标段中标单位确定后，盐丰项目办立即着手组织了全线施工、监理单位第一次见面会，明确标准化建设各项要求，督促各项目经理部尽快按照标准化要求完成项目部驻地及三场建设。盐丰高速公路作为江苏第一条全标准化施工的高速公路，按照打造精品工程的总要求，从源头抓起，严格实行工地建设标准化、施工工艺标准化、工程管理标准化、安全管理标准化、监理工作标准化、试验检测标准化。并于 9 月 5 日在项目办驻地召开第一次见面会的同时，举办施工标准化暨平安工地建设培训班。省交建局领导、市交通运输局副局长裴义婷出席。盐丰项目办主任周启兆主持了见面会和培训班，项目办全体工作人员及大丰一标施工、监理单位有关人员共同参加。会议强调盐丰高速公路作为全省第一条全标准化施工的高速公路，从工程开工伊始就要坚持严格要求，规范管理。一是强化人员考核，确保履约到位。二是建立学习制度，加强业务学习。三是加大工作力度，推进三场建设。(朱高峰)

【组织专项方案审查】自 2013 年 10 月 24 日起，盐丰项目办根据工程的时序进度和阶段工作重点及难点，适时组织召开专项方案审查，对重大施工技术方案、工作大纲进行严格把关，加强施工技术指导。先后组织召开了 FY-1 标、FY-2 标、FY-3 标的临时用电方案审查会，水泥土搅拌桩施工技术研讨会等，对如何完善施工方案提出了具体的指导意见，为精细化施工提供了有力的技术保障。(朱高峰)

【出台工程建设管理纲要】2013 年 10 月，盐城市高速公路建设指挥部制定出台了《盐淮高速公路大丰港至盐城段工程建设管理纲要》。《纲要》涵盖了工程概况、项目特点与难点、总体建设目标、总体实施计划、建设保障措施等工程建设全方位全过程。《纲要》明确了盐丰高速公路保持全国领先，力争全国第一的总体目标。分别细化了工程安全、质量、工期、廉洁、环保、创新等各项创建目标。以“建精品高速，树品牌形象”为建设宗旨，内强素质、外树形象，实现从业人员一流、管理水平一流、材料设备一流、施工工艺一流、作业环境一流、建设成果一流的“六个一流”目标，把盐淮高速

公路大丰港至盐城段工程建设成为全省第一条全标准化的高速公路。（朱高峰）

【市领导考察】

朱克江考察盐丰高速公路建设 2013年11月18日，中共盐城市委书记、市人大常委会主任朱克江视察盐淮高速公路大丰港至盐城段工程建设。通过现场查看，朱克江对10月份开工建设以来的施工进度表示满意，并对下一步工程建设提出了明确的要求。（朱高峰）

谷家栋率市人大代表视察盐丰高速 2014年6月19日，市人大常委会副主任谷家栋带领部分市人大代表视察盐丰高速工程建设。视察组通过现场查看，充分肯定盐丰高速开工建设以来的成绩，并对下一步建设工作提出了殷切的希望。（朱高峰）

王荣察看工程项目推进情况 2015年8月6日，市政府副市长王荣赴盐丰高速公路工程建设

工地，现场查看工程建设情况。市政府副秘书长陈锋、市交通运输局局长管亚光、副局长裴义婷等陪同察看。

在盐丰高速公路工程k20+200—k20+600路面水稳底基层试铺段现场，王荣查看了施工过程，听取了项目推进情况汇报，对工程进度和施工质量表示满意，并对一线施工人员表示慰问。他勉励项目建设管理人员，既要克服前期雨水偏多的不利影响，加快工程推进力度，又要做好防暑降温，加强劳动保护，突出工程安全管理。他强调，项目建设和管理部门一定要按照省市领导对工程建设提出的要求，注重标准化施工，坚持科学调度、统筹兼顾、均衡推进，切实抓好质量、安全与环保等工作，力争把盐丰高速公路工程建成优质工程、环保工程、精品工程。（盐丰办）

朱克江再次考察盐丰高速公路建设 2015年8月8日上午，中共盐城市委书记朱克江再次考察盐丰高速公路建设，并亲切慰问施工一线人员。

在了解了项目建设情况后，朱克江实地查看了盐丰项目跨S226主线桥、FY－2标96区施工现场，对工程质量总体控制良好表示满意。同时指出，最近几年盐城交通基础设施现代化建设取得了重大突破，交通系统功不可没。盐丰高速项目起

点高、区域位置优越、项目意义重大，又处于大丰撤市建区的重要历史时期，对推动盐城大市区建设，以港兴市，促进沿海经济发展具有重大的作用。朱克江要求盐丰高速建设管理人员要按照省市管理部门的要求，严抓工程质量安全，均衡推进施工进度，把盐丰高速公路建成盐城最高水平、全省领先水平的优质工程。

市委常委、秘书长潘道津，市委常委、大丰市委书记倪峰，副市长王荣等陪同视察。（朱高峰）

【加强质量检查严格首件认可】自2013年12月3日起，盐城市高指及盐丰项目办先后下发了施工分包管理办法、承包人考核管理办法、首件工程认可制及标准化施工有关文件规定，明确了管理程序及水泥搅拌桩优良率达98%以上的标准。盐丰项目办秉承“质量第一”的理念，不断强化质

量管理工作。坚持做到责任落实到位、制度执行到位、监管督查到位，严把材料进场准入关、重点部位控制关和质量试验检测关，确保工程质量始终处于良好的受控状态。各项目经理部和总监办全面落实各项质量保证措施，严格执行首件工程认可制，做到技术参数执行到位、旁站人员配备到位、过程巡查及检测到位，确保工程施工质量。（朱高峰）

【组织软基处理施工培训】2013 年 12 月 12 日，盐丰项目办组织软基处理施工培训班。省交建局领导、市高指有关处室负责人、盐丰项目办全体管理人员、总监办主要人员及全线各标段总工、道路工程师、软基施工班组长和机长等共 104 人参加了学习。培训班邀请东南大学交通学院杜广印教授专题讲授了《水泥土搅拌桩施工质量控制》，邀请省交建局陈光伟科长讲授了《水泥土搅拌桩的检测方法》。通过这次培训，参训人员增强信心，一致表示要用培训所学知识指导施工，确保软基施工优良率达 98%以上，消灭不合格桩。（朱高峰）

【推进"两桩"施工】2013 年 12 月 21 日，盐丰

项目办主任周启兆主持召开了水泥土搅拌桩和桥梁钻孔灌注桩施工专题推进会。会议明确要求各标段开工桩基台数、施工规范程序、质量标准和考核处罚措施。对桩基延迟开工及桩基开工数量达不到要求的，按规定进行经济处罚。项目办将按时间节点要求，严格对照检查，狠抓督查确保措施落实到位。会后，各项目经理部正按会议要求，细分目标任务，配足机械设备，开展劳动竞赛助推工程建设，竭尽全力，确保按时全面完成软基施工阶段目标任务。（张红兵）

【推进征地拆迁工作】盐丰高速公路大丰段及开发区段房屋拆迁工作早在 2013 年年初即已全面启动。全线房屋拆迁工作由拆迁事务所牵头，采取镇包村、村包组，镇、村、组联动包干到户的办法。截至当年年底拆迁工作进展顺利，大丰段境内应拆房屋 90 户，已签订拆迁协议 84 户。开发区段境内应拆房屋 77 户，已签订拆迁协议 74 户。全线施工红线放线已经完成。（朱高峰）

【召开标准化建设现场推进会】2014 年 3 月 22 日下午，盐丰项目办组织召开标准化建设现场推进会。会议要求：一是全面推进施工标准化，打造示范工程。全线所有施工、监理及检测单位要对照标准化建设要求，进一步加大创建力度，不折不扣完成各项目标任务。要切实规范施工行为，严格落实监理职责，强化检测质量抽查，全面提升工程质量水平。二是深入推进工艺标准化，打造精品工程。以精细化管理为主线，推行精细管理，严格精致施工，从抓细节、抓工程的各道工序、工艺以及管理的各个要素入手，查找质量控制薄弱环节，采取针对性措施，切实提升施工工艺水平。三是大力推进安全标准化，打造平安工地。要以平安工地创建为载体，严格执行安全标准化规定，切实消除安全生产隐患，提高安全管理水平，确保安全生产无事故，积极争创省级平安工地。四是积极推进廉政标准化，打造廉洁工程。深入贯彻执行中央八项规定、省市十项规定，不打折扣、不搞变通，坚决纠正"四风"，通过廉政标准化制度建设，进一步规范全体参建人员职务行为，更好地服务盐丰高速公路工程建设。（朱高峰）

【组织施工安全培训】2014 年 3 月 26 日，盐丰高速在项目办驻地举办了一期施工安全技术培训班。省交建局质量安全技术监督处费国新副处长及有关科室负责人出席，市高指周启兆副指挥

及有关处室负责人、盐丰项目办全体工程管理人员、总监办主要人员及各施工标段项目经理、分管安全的副经理、总工和安全员共60多人参加了培训。有关专家分别解读了《江苏省高速公路建设工程施工安全技术规程》和《公路工程建设现场安全管理标准化指南》,通过施工安全技术学习,切实增强安全意识,严格落实安全责任,提升安全管理水平,确保安全生产无事故。

市高指副指挥兼项目办主任周启兆就贯彻落实施工安全新规程、安全管理标准化指南和加强当前安全生产工作进行了部署,要求各参建单位坚持“安全第一、预防为主、综合治理”方针,进一步加大安全投入,落实安全责任,创新管理措施,上下联动,齐抓共管,切实做好盐丰高速安全生产工作。一要落实参建各方安全生产主体责任,建立健全安全生产责任体系和各项安全生产管理制度。二要进一步明确盐丰高速创建2014年度省级平安示范工程目标。三要突出安全工作重点,强化日常安全管理。四要持续抓好安全培训,各参建单位要组织对施工安全技术规程和安全管理标准化指南再学习、再落实,增强一线操作人员安全意识,规范安全生产行为,杜绝违章违规作业。(朱高峰)

【召开征地拆迁矛盾协调推进会】2014年4月10日下午,盐丰高速项目办组织召开征地拆迁矛盾协调推进会,盐城经济技术开发区管委会、沿线交通运输局、有关乡镇及上海海丰农场分管领导参加了会议。

会议通报了盐丰高速当前工程进展情况,听取了大丰市及盐城经济技术开发区相关部门和乡镇的征地拆迁工作情况汇报,分析了当前制约工程建设的问题和矛盾。会议指出,盐丰高速沿线经过两个市(区)多个乡镇及上海市海丰农场,征地拆迁任务重、矛盾协调难度大。自项目开工以来,大丰市和盐城经济技术开发区的沿线乡镇高度重视,全力推进征地拆迁,加快落实土地交付,积极协调地方矛盾,市委常委、政法委书记、盐城经济技术开发区党工委书记丁宇4月9日还专程查看工程现场,专题会办存在的问题,为工程建设创造了良好的外部条件。但随着路基工程的大面积开展,主线上少量房屋仍未拆除,部分管道杆线尚未迁移到位,地方矛盾时有发生,局部地段严重制约了工程的快速推进。会议经过讨论明确:大丰段4月15日前必须拆除目前严重阻工的关键节点上的房屋及设施,保证全线便道的贯通,4月底前基本解决征地拆迁和杆线迁移问题;开发区段力争4月底前完成全部征地拆迁工作。

市高指副指挥裴义婷最后指出,盐丰高速作为市委、市政府2014年“三重工作”中的重点工程,工期紧、任务重,当前正是施工黄金时期,大丰市及盐城经济技术开发区相关部门和单位要进一步加强组织领导,创新工作思路,切实加大征地拆迁力度,着力协调解决地方矛盾,以钉子精神打好攻坚战,确保4月底全线无障碍施工。(朱高峰)

【开展“百日劳动竞赛”活动】2014年4月22日,盐丰高速项目办在总监办驻地召开工程建设推进会,项目办全体管理人员,各标段项目经理、总工及质检、试验、安全负责人,总监办总监、副总监和中心试验室负责人参加了会议。

会上，各施工、监理单位汇报了第一季度工作完成及软基处理百日劳动竞赛活动开展情况、第二季度总体工作计划和近期重点工作安排。项目办下达了第二季度建设计划任务，并就开展第二季度劳动竞赛活动和当前工作进行了部署。会上，通报了软基处理百日劳动竞赛考核结果。

市高指副指挥裴义婷指出，盐丰高速今年建设任务繁重，第二季度工作对于全面完成年度计划目标至关重要。要进一步细化目标任务，强化进度管理。根据任务目标倒排工期，严格时间节点，加大人员设备投入，确保按期完成任务。要进一步明确质量定位，提升质量水平。按照打造成典型示范工程的目标定位，完善质量保证体系，强化现场质量管理，切实提升工程质量水平。要进一步强化安全监管，以创建省级“平安工地”示范项目为目标，严格落实安全生产责任制，认真开展日常安全

检查，确保安全生产无事故。要进一步规范施工行为，全面推进标准化建设。按照施工标准化要求，优化施工工艺，严格工程管理，提高施工效率和实体工程质量。要进一步加强组织领导，全面开展第二季度劳动竞赛，做到以劳动竞赛促工程进度、质量、安全、创新、廉洁等协调推进，打造盐丰高速特色亮点。（张红兵、朱高峰）

【交通部门督查】

姜竹生带队综合督查工程质量 2014 年 5 月 14 日至 16 日，省交通运输厅质量监督局局长姜竹生带队对盐丰高速公路进行质量监督技术交底并开展第一次质量综合督查。督查组对盐丰高速质量监督工作的依据、标准、程序、方法和工作要求进行了详细交底和说明，并分组对施工、监理单位质量保证体系、工地试验室、施工工艺、内业资料、实体质量等进行了全面的检查。（朱高峰）

交通运输部督查组到盐开展质量安全综合督查 2014 年 10 月 16 日至 18 日，盐丰高速代表江苏在建高速公路项目接受交通运输部组织的质量安全综合督查。交通运输部安全与质量监督管理司司长成平带领部质量安全督查组一行 9 人对在建的盐丰高速进行质量安全综合督查。省交通运输厅副厅长王永安，省厅党组成员、交建局局长何

平、市交通运输局局长管亚光等领导陪同督查。

16 日下午，副市长王荣出席汇报会并致辞。部督查组听取盐丰高速公路建设管理情况汇报后，分成综合组、路基组、桥梁组及施工安全内业组等 7 个小组依照交通运输部《公路水运工程质量安全督查办法》对盐丰高速公路建设质量和安全生产工作进行了全方位的综合督查，分别实地查看工程建设现场，抽检实体工程质量，查阅建设、设计、施工、监理及检测单位工程质量安全内业资料和工地试验室运行情况。

18 日上午，在督查反馈会上部督查组对盐丰高速公路建设管理和质量安全工作给予了充分肯定，同时，针对督查中发现的问题，提出了整改意见与建议。成平指出，通过督查可以看出江苏交通主管部门在交通工程建设管理上走在全国前列，盐丰高速管理到位、制度健全、检查有力，各项质量安全活动开展有声有色，保持了江苏省一贯的高标准。他还针对迎检氛围太浓、创新不足、操作

层面责任落实不够到位等问题。要求盐丰高速各参建单位:一要重抓责任落实到位。要在完善现有规章制度的基础上切实抓好“最后一公里”质量安全工作责任落实问题，确保在施工组织各个环节的责任全部落实到人。二要重抓标准化建设。要把注重精细化和确保实用性结合起来，通过标准化手段实现保证质量安全工效的目标。三要重抓关键人员管理。特别是抓好项目经理的管理,使之对建设品牌工程起到关键作用。最后成平要求江苏要按照高标准严要求，促进工程质量安全管理水平再上一个新台阶,确保工程全优,继续保持全国领先水平。

何平、王永安分别对整改工作提出了具体明确的要求。(朱高峰)

省厅质监局再次组织质量综合督查 2015年4月15至16日,省厅质监局组织对盐丰高速公路工程项目开展质量综合督查。市交通运输局副局长裴义婷陪同检查并出席反馈会。督查组一行按照内业、外业分工,先后实地巡查了盐丰高速公路工程项目三个标段的路基桥梁现场施工情况,查阅了施工、监理单位质量管理内业资料,抽查了实体工程及原材料质量。在反馈会上,督查组对各标段工程质量和监理工作逐一进行了点评，提出了整改意见。在肯定的同时指出了在施工工艺、内业资料、监理工作等方面存在的问题和不足。裴义婷要求各单位要高度重视督查反馈意见,认真对照、逐条整改,确保问题整改闭合;要举一反三、防患于未然，以更严更细的态度切实提高施工质量。(朱高峰)

何平督查盐丰高速公路建设 2015年9月15日,省交通运输厅党组成员、省交通工程建设局局长何平一行赴盐丰高速,督查工程建设情况。省交建局副局长缪玉玲、市交通运输局局长管亚光、副局长裴义婷陪同。何平一行深入巡查路面施工单位拌和场和水稳摊铺现场，跨S226主线桥,FY-2标段,对路基、路面、桥面施工的原材料质量、检测数据控制、外观形象、内在质量等进行仔细检查和详细询问。在现场会办会上,何平听取了工程建设管理情况的汇报，回复了项目推进过程中遇到的问题。并要求各单位抓住施工黄金时段,加快工程建设进度、优化工序安排，确保年度计划圆满完成。均衡推进后续房建、绿化等工作,为圆满实现总体建设目标打下坚实基础。要按照施工标准化要求,扎实抓好质量、安全和环保工作。要持之以恒抓好项目党风廉政建设，努力建设一支清正廉洁的建设队伍。(朱高峰)

缪玉玲带队督查“深化打非治违和专项整治行动”开展情况 2015年11月9日至10日,省交建局副局长缪玉玲带领局质技处、工程三处负责人对盐丰高速公路“深化打非治违和专项整治行动”开展情况进行专项督查,市交通运输局、市高指相关负责人陪同。缪玉玲一行检查了各标段施工现场安全管理情况，查阅了各参建单位安全管理台账及“深化打非治违和专项整治行动”相关资料。在反馈会上督查组肯定了成绩,并针对问题提出了整改意见与建议。缪玉玲强调:一要咬定目标不放松，确保既定通车目标和年度任务计划全面按时完成。二要继续深入开展“深化打非治违和专项整治行动”,各参建单位要对存在的问题认真整改,加强施工安全过程控制,确保安全生产形势持续稳定。三要将本次安全专项督查作为提升工程安全水平的契机,全面开展自查自纠,举一反三,做好后续施工安全管理工作。(朱高峰)

【开展廉政课堂进工地活动】2014年6月12日上午，省交建局纪委在盐丰高速开展了廉政课堂进工地活动，邀请盐城市纪委党风室相关负责人为参建人员上了一堂党风廉政建设教育课。省交建局纪委副书记韩亚洲、监察室主任陆新民、工程三处副处长王峻、市交通运输局纪检组长赵明出席，市高指副指挥周启兆及盐丰项目办全体管理人员及各项目经理部、总监办主要管理人员共计40余人参加学习。市纪委党风室副主任谢伟通过对发生在盐城市的典型案例的剖析，从为什么要抓作风建设、当前作风建设的现状如何以及如何抓好作风建设三个方面，直观再现“四风问题”对国家和单位的损害，阐明加强作风建设是推进反腐倡廉建设的客观要求，要通过统一思想、完善制度、强化监督和严肃惩处切实改进作风取信于民。此次教育活动取得了良好的廉政建设效果，将促进盐丰高速工程顺利推进，切实为“工程优质、干部优秀”保驾护航。（朱高峰）

【省厅考核评估“平安工地”创建工作】2014年11月13日，省厅“平安工地”建设考核评估小组对盐丰高速公路进行了考核评估。考评小组依据《江苏省公路水运工程“平安工地”建设考核评价标准》（2013年版）对盐丰高速公路工程逐段进行考核。验收过程中，考核评估小组通过听取各参建单位创建汇报、翻阅内业资料、查看施工现场等方式，对本次申报考核的1家建设单位、1家监理单位、3家施工单位进行了全面的检查和评分，对盐丰高速公路“平安工地”创建工作充分肯定和较高评价。（朱高峰）

【召开劳动竞赛推进会】2014年11月中旬，盐丰项目办召开劳动竞赛推进会，对“六比六赛”活动和迎部检工作进行总结表彰。盐丰高速开建以来，相继在全线开展了以“两桩”项目为重点的百日劳动竞赛，以路基土方、结构物施工为重点的第二季度、第三季度劳动竞赛和以预压段路基土方、桥梁下部结构、“平安工地”创建为重点的第四季度劳动竞赛，努力营造争先创优的建设氛围，不断掀起“比、学、赶、帮、超”的建设高潮。会议号召全线参建者弘扬铁军精神，积极宣贯竞赛主题，细化竞赛任务目标，进一步明确海堤复河桥和步凤枢纽等关键节点的考核要求和奖惩措施，严格对照考核，全力助推工程施工。（朱高峰）

【加强冬季施工安全管理】2014年12月初，盐丰高速现场管理机构召开全线安全管理人员会议并下发冬季安全生产专项通知，专题部署冬季施工安全生产工作。针对冬季施工特点，要求各参建单位在强化施工安全管理过程中要突出“七个重点”，确保安全责任层层落实到每个环节、每个岗位、每个人员。一是突出大型机械设备管理。重点做好设备的检测、维修和保养，提高防冻、防风及防倒塌的能力，确保设备安全可靠。二是突出强化现场防冻防滑措施。严禁雨雪和大风天气强行组织施工作业，加强从业人员的御寒防滑训练，及时清除积水积雪，确保车辆、机械防滑防冻。三是突出防高空坠落管理。施工现场的临边、临水、预留通道、湿接缝等，要严格按照相关规定进行防护并且设置醒目的预防高空坠落的安全警示牌，要规范设置桥梁施工上下通道和高空作业爬梯、登高作业人员必须戴好安全帽、系好安全带、穿好防滑鞋、用好防护手套。四是突出施工现场布设的规范。全线便道便桥、交叉路口设置规范醒目的安全警示、警告标志、标牌。五是突出施工现场消防安全管理。强化易燃易爆物品的管理，合理配置有效灭火器、消防桶等器材和设施，及时排除事故隐患。六是突出用电及防中毒管理。加强施工现场的临时用电管理，严格执行“三级配电、二级漏保、一机一闸、一漏一箱”配电及保护要求，严禁私拉乱接。宿舍内禁止煤炉加温取暖，防止烟气煤气中毒和火灾事故。七是突出冬季施工安全教育培训。强化对新《安全生产法》的宣贯，组织一次专项的冬季施工安全教育和应急处置知识培训，及时组织施工安全技术交底，确保防护措施充分落实。同时，盐丰高速现场管理机构还将严格按照生产责任制和责任追究制的规定，强化巡查、严格考核，一着不让抓好管控，确保冬季安全生产无事故。（蒋卫民、孙银楼）

【开展技术创新】盐丰高速公路开建以来，通过《高性能功能聚合物半刚性防锈涂料在钢筋混凝土结构中的应用研究》和《振动法加固可液化地基在淮盐高速公路（大丰港——盐城段）应用研究》等课题的研究和推广运用，进一步应用新

技术、新工艺、新材料给工程建设以有力支撑。（朱高峰）

【加强安全教育培训】2015 年 4 月 7 日上午，盐丰项目办组织开展二季度安全培训教育，盐丰项目办全体工程管理人员，总监办总监、副总监、安全监理，各项目经理部项目经理、总工、分管安全副经理、专职安全员共计 40 余人参加了培训。此次培训首先对《公路工程施工技术规范》《企业安全生产责任体系五落实五到位》及相关安全生产知识进行了宣贯解读，随后全体参培人员共同观看了《走进新安法》视频和安全警示教育片。市高指有关负责人要求全体参建单位认真领会培训内容，要将新的《安全生产法》学深学透，全面落实安全生产主体责任，要认真吸取警示教育片中的事故教训，结合施工实际和节后复工安全大检查情况，全面排查整改隐患，加强安全保护措施，要切实增强“平安工地”创建常态化意识，一着不让、举一反三，确保盐丰高速项目健康有序向前推进。（朱高峰）

【召开二季度工地会议】2015 年 4 月 9 日，盐丰项目办召开第二季度工地会议，总结交流第一季度工程建设工作，表彰一批劳动竞赛暨“双优”考核先进单位、先进个人，下达第二季度建设任务，拉开了第二季度劳动竞赛暨“双优”考核评比活动的序幕。盐丰项目办有关负责同志出席会议并讲话。会议通报 2015 年 1 至 3 月份，盐丰高速公路共完成实物工作量 5997 万元，占第一季度计划的 109%，实现了年度开门红。会议指出第二季度是完成全年建设任务的关键季节，也是施工的黄金季节。根据省交建局安排和市高指年度计划要求，盐丰高速项目第二季度要完成实物工程量 7974 万元，路基土方填筑 90%、完成全部小型构造物，确保 6 月底全线半幅贯通。会议要求各单位要明确目标任务，细化落实措施，确保施工安全与质量达标。（朱高峰）

【组织安全应急演练】2015 年 4 月 27 日至 29 日，在沿线三个标段施工现场组织了交通事故、高空坠落、支架坍塌 3 个科目的应急救援综合演练。演练由盐丰项目办统一组织，各标段项目经理担任现场指挥，大丰市 120 急救中心提供支持。演练科目均为道路工程施工过程中的常见事故，具有较强的针对性。整个演练准备充分，组织严密，紧张有序，尤其是 FY-3 标的支架坍塌科目，参演人员分工明确，配合密切，圆满完成演练任务。并通过现场点评，总结交流，肯定成绩，查找不足。通过动态演练检验了应急预案的可操作性，检查了应急物资、装备的准备情况，锻炼了应急救援小组处理突发事件的能力，增强了一线工人的安全忧患意识。

【3 个 QC 小组获评优秀】2015 年 4 月 28 日，盐丰高速公路中心试验室 QC 小组、FY-1 标立柱保护层控制 QC 小组、FY-2 标 QC 小组被评为 2015 年度江苏省交通行业优秀质量管理小组。

【三新技术推广应用】2015 年上半年，针对工程进入水稳基层施工阶段，盐丰项目办组织讨论、修订完善了“抗裂性水泥稳定碎石基层施工指导意见”，出台了“盐丰高速水稳施工质量管控系统管理办法”。推行工艺工法标准化，在不同单位进行不同类别标准工艺工法的试验和探索，总结经验后在全线推广应用。

【举办安全生产专题培训班】2015 年 6 月 15 日，盐丰高速举办了《省交建局工程建设安全生产监督管理办法》专题培训班，盐丰项目办全体工程管理人员，总监办总监、副总监、安全监理，各项目经理部项目经理、总工、分管安全副经理、专职安全员计 50 余人参加了培训。培训班根据国家相关法律法规，并结合工程施工实际，对《办法》进行逐条梳理和讲解，重点介绍了《办法》出台的背景、意义和重要性。通过专题培训，进一步明确了各参建单位、相关人员的职责和安全责任。（朱高峰）

【省厅考评“平安工地”创建工作】2015 年 11 月 11 日，省厅“平安工地”建设考核评估小组对盐丰高速公路进行了考核评估。考评小组4名专家，依据《江苏省公路水运工程“平安工地”建设省级“示范工地(工程)”考核评价管理办法》对盐丰高速公路工程逐段进行考核。验收过程中，考核评估小组通过听取各参建单位创建汇报、查阅内业资料、查看施工现场等方式，对本次申报考核的1家建设单位、1家监理单位、5家施工单位进行了全面检查和评分，对盐丰高速公路“平安工地”创建工作给予高度评价。(朱高峰)

【完成年度投资】截至2015年12月底，当年共完成实物工程量3.80亿元，占省局下达的年度计划3.60亿元的105.56%，项目累计完成投资12.56亿元，占概算总投资20.71亿元的60.65%。全线路基土方填筑402万立方米、32座桥梁、111道涵洞通道全部完成；防护排水工程安装完成80%；水稳底基层完成97.20万平方米，占总量的100%；基层完成91.90万平方米，占总量的100%；桥梁桥面铺装、护栏工程、路面排水及中分带全部完成，房建工程、绿化工程全面启动。(朱高峰)

S326陈家港至沈海高速段

【概况】该项目位于盐城市响水县境内，起自沈海高速公路响水互通东，向东与双六线、海七线交叉后，跨南潮河、西直河，与陈吉线交叉，止于陈家港镇，与S326东延段相接。全长23.70公里，按一级公路标准，设计车速80公里/小时，路基标准宽24.50米，总投资额5.40亿元。其中大桥1座、中小桥16座、涵洞148道。该项目于2009年3月开工建设，2011年8月建成通车，2013年10月完成竣工验收工作。“十二五”期间累计完成投资8596万元。(胡俊良)

S329阜宁西段

【概况】该项目起自阜宁城西，向西经郭墅镇、澳洋工业园，与S328交叉，跨苏北灌溉总渠、淮河入海水道，经羊寨镇，止于阜宁与涟水交界处，接S329涟水段。全长16.17公里，新改建一级公路标准，设计车速为100公里/小时，总投资3.69亿元。该项目于2009年4月开工建设，2011年4月建成通车，2015年12月完成竣工验收工作。“十二五”期间累计完成投资1.29亿元。(胡俊良)

S229盐都段

【概况】该项目起点位于宁靖盐高速盐城西互通，沿老路向西跨冈沟河，与凤凰路平交折向南，下穿盐淮高速与S331、S125平交后，终点位于盐城市盐都区与泰州兴化交界的共青大桥。线路全长19.16公里，一级公路标准，路基宽度26米，设计车速100公里/小时，总投资2.60亿元。该项目于2010年开工建设，2012年6月建成通车，2015年11月完成竣工验收工作。“十二五”期间累计完成投资1.63亿元。(胡俊良)

【进入水稳基层铺设施工阶段】2011年5月，S229盐都段改扩建工程东半幅12%灰土底基层施工基本结束，已进入水稳基层铺设施工阶段，预计6月底东半幅实现全线通车。(严俊、卞伟伟)

【通过交工验收】2012年6月29日，盐都区交通运输局邀请市交通运输局、市公路管理处、市交通工程质量监督站等单位专家对S229盐都段和步湖路一期、二期工程进行交工验收。专家组听取了工程建设情况的汇报，认真查阅了工程建设资料，并现场查看了这三个工程的实体情况。经专家组评审，三项工程通过交工验收。(严俊、沙中骐)

S226亭湖至大丰段

【概况】该项目起于S226射阳段现新洋收费站以北700米，路线撇开原新洋收费站向南拐向方强镇，在幸福河西侧200米前进，跨越新斗龙港后路线继续向南，跨越大丰港疏港航道后，止于新S332与老S332交叉口处。全长30.41公里，全线按双向四车道一级公路标准设计，道路全宽26米，设计速度100公里/小时，总投资6.99亿元。全线共有大桥4座，中小桥4座。该项目由亭湖区和大丰区负责建设，于2010年3月开工建设，

2012年12月建成通车,2015年11月完成竣工验收工作。“十二五”期间累计完成投资5.59亿元。(胡俊良)

【**建成通车**】2012年12月18日,S226亭湖至大丰段通车仪式在大丰举行。省交通运输厅副厅长王昌保、中共盐城市委常委、常务副市长戴元湖,盐城市人大常委会副主任周德祥、副市长王荣、市政协副主席李长见、市交通运输局局长管亚光,大丰市委书记倪峰、市长陈平、市政协主席韦

新等领导出席通车仪式。该段省道的建成通车,对完善盐城大市区路网体系、拓展盐城沿海发展空间、方便广大群众生产生活、促进经济社会又好又快发展都将发挥积极作用。(仲海波、王进军)

【**大丰市区拓宽段推进有序**】2014年3月,S226大丰市区拓宽段改造推进有序,一片繁忙。该段工程是根据大丰市城市发展规划需求,对德丰大桥南侧桥头至通港大道段按城市主干道进行拓宽,项目全长1.58公里,设计标准为城市主干道Ⅰ级标准,设计速度60公里/小时,汽车荷载为公路Ⅰ级,拓宽后的道路宽度为50米,总投资1500万元。工程自2013年9月开工以来,已先后完成路基土方填筑、雨水管道及检查井埋设和慢车道稳定土施工。累计完成投资600万元。下一步将进行慢车道水稳铺筑和侧分带路缘石的安装等。整个拓宽工程将于2014年5月份完成。(陈晨)

【**亮化工程建设**】为进一步改善盐城至大丰区的公路通行环境,市政府将S226亮化工程作为大丰融入市区的实事工程之一,由市公路交通部门牵头组织,沿线三个区具体实施。至2015年9月底,大丰区段的20.80公里除盐丰高速至德丰大桥4.50公里因拓宽需要暂未实施外,其余路段路灯已全部安装结束,待供电系统验收合格后即可亮

灯。亭湖区8.80公里路段路灯基础施工已全部完成,正在全面安装路灯,供电系统正在进行手续申报。市开发区0.9公里路段路灯基础已进场施工,整个工程计划于今年10月中旬全部完工。(原载《盐城交通》2015年10月5日第二版)

S234盐城段

【**概况**】该项目起点位于盐城市阜宁县古河镇与淮安市楚州区交界处,线路向东4公里后从南侧绕越古河镇,与盐淮高速阜宁连接线共线约1.50公里后上跨新长铁路,线路继续向前过射阳河、嘎粮河后进入建湖县境内,过西岗河进入亭湖区境内,路线在永丰镇南约1公里处向东接G204(宁靖盐高速公路与新G204交叉北600米左右),向南上跨宁靖盐高速公路后,折向东跨串场河后与老G204平交,继续向东下穿新长铁路、上跨通榆河,继续向东到达本项目终点宁靖盐高速青墩互通连接线,终点位于青墩镇。全长81.14公里,全

线采用双向四车道一级公路标准，设计车速100公里/小时，路基宽26米，总投资19.98亿元，该项目由阜宁县、建湖县、亭湖区负责建设，于2010年4月陆续开工建设，2012年12月全线建成通车。其中，亭湖段于2015年11月完成竣工验收工作，建湖段于2015年12月完成竣工验收工作，阜宁段计划于2016年下半年完成竣工验收工作。“十二五”期间累计完成投资13.15亿元。(胡俊良)

【阜宁段严把“三关”保障冬季施工】2011年1月，S234阜宁项目办为确保冬季施工质量和安全，明确提出要求。一是把好安全施工关。严格按照施工作业程序，认真排查各类安全隐患，及时采取预防措施，确保安全责任体系、安全防护用品、安全防护措施落实到位。二是把好材料质量关。针对建材价格上扬趋势，超前备足水稳施工材料。运用各种检测手段，把好材料质量关，做好防雨雪、防潮湿工作，严格把好材料配合比例，从源头上保障工程质量。三是把好施工进度关。在保证工程质量和安全前提下，坚持错时施工、套搭作业，及时掌握天气变化情况，见空插针，合理安排施工，稳步推进工程进度。(王永宁)

【制发《省道234亭湖段公路工程质量通病防治汇编》】亭湖区交通运输局总结近年来省、市干线公路建设中存在的质量通病，结合施工路段的地理条件，为实现打造优质工程目标，于2011年5月编制印发《省道234亭湖段公路工程质量通病防治汇编》。《汇编》对路基、桥梁、水稳路面底基层、通道箱涵、中央分隔带、防护等工程施工中，可能发生质量通病的病害类型、形成原因、防治措施等方面作了详细说明，并要求各参建单位强化施工质量管理，加大对从业人员的业务培训和技术指导，加大质量跟踪和试验频率，加大施工组织的力度和方案的优化，杜绝质量通病等问题的发生。(孙宏连)

【史和平查看S234改扩建工程】2011年8月16日，副省长史和平带领省相关部门负责人到盐

城考察调研，着重了解盐城新兴产业发展情况。其间，史和平一行察看了S234改扩建工程亭湖段和通榆运河大桥建设情况。省交通运输厅副厅长王昌保等省有关部门领导和市委、市政府主要领导陪同调研。在详细了解工程进度后，史和平对盐城快速推进S234改扩建工程建设表示满意，并要求项目负责人要进一步加大力度，加快速度推进工程建设，力争早日竣工通车，服务产业转型升级。(孙宏连)

【全线通车】2012年12月19日，S234改扩建工程全线通车典礼在亭湖区举行，副市长王荣、副秘书长陈峰、市交通运输局局长管亚光及阜宁、建湖、亭湖3县(区)政府主要负责人出席通车仪式。S234改扩建工程是市政府沿海开发的重点建设项

目之一，它的建成通车，拉近了西部腹地与东部沿海开发的时空距离，进一步促进盐城西部经济社会发展，结束了盐城与淮安两市之间长达60年之久靠二级公路相连接的历史，是盐城交通运输发展史上的重要一笔。(王荣、张静怡)

S352沈海高速公路至新G204段（S333东台琼港至G204段二期工程）

【概况】该项目东起沿海高速公路南沈灶互通，西接新G204，途经南沈灶、安丰、梁垛三镇，跨越通榆河、串场河两条干线航道，下穿新长铁路。

全长 14.24 公里，双向四车道一级公路标准，路基顶宽 26 米，设计车速 100 公里 / 小时。全线设大桥 2 座、中小桥 10 座、涵洞 58 道，下穿铁路立交工程 1 处。项目于 2011 年开工建设，2014 年 11 月建成通车，2015 年 1 月通过交工验收，"十二五"期间累计完成投资 4.90 亿元。（胡俊良）

【东台西延段桥梁桩基工程完工】S352 沈海高速公路至新 G204 段（以下简称东台西延段）自 2012 年 10 月开工以来，快速推进，至 2013 年 7 月 4 日，桥梁桩基工程施工全部结束，桥梁下部结构施工完成了工作总量的 80%，其中八达河桥已完成板梁吊装任务，超过时间进度要求。桥梁下部结构施工推进迅速，套搭预制板梁 610 片，占工作总量的 58%。路基工程也全部进入 96 区第二层施工。（仇锦云）

【东台西延段道路绿化工程完成】在 S352 东台西延段建设中，东台投资 300 多万元，至 2014 年 7 月 18 日，全面完成公路绿化、景观打造任务。在沈海高速和新 G204 两处绿化景点栽植银杏、雪松、樱花、栾树、夹竹桃等杆棵树木，在道路中分带栽植蜀桧、紫薇、海棠球、红叶石楠球等景观树 4 万多株，在道路两侧排水沟旁栽植木杉、垂杨柳和大叶女桢等经济树木 8 万多株，在边坡、路肩处移植麦冬、天堂草等 8 万多平方米。沿线各镇在道路两侧控制区域范围内实施绿色通道工程与之互为映衬，使该路段成了名副其实的景观大道。（仇锦云、梅杰）

【东台西延段投入试运行】2014 年 10 月 1 日，S352 东台西延段顺利建成投入试运行，这是东台交通人以建设实绩向中华人民共和国成立 65 周年献上的一份厚礼。S352 东台西延段是东台腹地东西走向的一条快速通道，它的建成，对加快实现"全省争先，苏中领先，苏北率先"的目标将发挥重要的作用，为实施农业产业结构调整提供了十分便利的条件。（仇锦云、梅杰）

S331 盐城段

【概况】"十二五"期间，S331 盐城段分两期建设，一是盐城东段，二是盐城西段。

盐城西段　全长 48.57 公里，按一级公路标准建设，总投资 16.18 亿元，建设年限为 2012—2016 年。该项目由盐都区、建湖县负责建设。"十二五"期间累计完成投资 15.50 亿元。

①S331 盐都段：起点位于青年路与新 G204 交叉处，自东向西穿越盐靖高速、S233、盐淮高速、S231 等公路，跨越冈沟河、盐邵线（朱沥沟）、蟒蛇河等航道，途经盐都区潘黄、盐龙、龙冈、秦南、鞍湖、中兴、学富、楼王等镇、街道，终于盐河与建湖交界处。全长 31.52 公里，按一级公路标准建设，路基宽 26 米，设计车度 100 公里 / 小时。该工程于 2012 年 4 月开工建设，2015 年 10 月完工，2015 年 12 月通过交工验收。

②S331 建湖段：起于建湖、盐都交界处的盐河（盐宝线），经建湖县沿河、颜单、恒济三镇后，与扬州宝应县相连接。全长 17.05 公里，按一级公路标准实施，双向四车道，路基宽 26 米。沿线设置特大、大型桥梁 3 座。该工程于 2013 年 5 月开工建设，计划于 2016 年 6 月建成通车。（胡俊良）

【盐城西段工程可行性报告通过省发改委审查】2011 年 9 月 22 日，省发改委组织专家对 S331 盐城西段进行工程可行性研究报告审查。该项工程跨越盐都、建湖两县（区），全长 48.57 公里，东与 S331 盐城东段相连，向东与临海高等级公路交叉，对策应沿海大开发，加快盐都、建湖乃至扬州、淮安等地向东出海具有重要意义。省发改委专家通过实地勘察现场调研，一致同意通过 S331 西段工程可行性报告。（东会平、严俊、沙中骐）

【建湖段西塘河大桥提前合龙】经过一年多的拼搏奋战，S331 建湖段改扩建工程的节点关键工程西塘河大桥于 2014 年 11 月 12 日按原定计划提前一个月实现合龙。该桥为三标段独立桥标，上跨四级航道西塘河和二级公路建宝线，全长 581.20 米，桥宽 26 米，按一级公路标准设计建设，其中主桥为 70 米混凝土箱梁。该桥的建成为 S331

建湖段改扩建工程打下良好基础，即将实现建湖镇镇通一级公路目标。（马智波）

【市区青年路高架主桥建成通车】2014年6月19日，盐城市区第一高架—青年路高架桥主桥正式建成通车。该大桥连接市区的青年路和在建的S331盐城西段改扩建工程，横跨G204、大马沟河、盐靖高速公路，全长1800米，宽43米，双向四车

道，设计车速80公里/小时，享有盐城市区第一高架美誉，自2011年11月开工建设，总投资3.10亿元。G204和青年路高架互通匝道预计2014年年底前建成通车。该大桥的建成对完善城市基础设施功能，改善区域交通状况，加快盐都高新区建设，提高城市品位都具有重要意义。（严俊、祁瑶震）

盐城东段（世纪大道东延）路线起自与临海高等级公路交叉处，向西经三龙镇、新丰镇，与S226交叉后，向北与S226共线9.13公里后，向西上跨沈海高速公路，止于盐城市区东环路，路线全长27.15公里(不含与S226共线段9.13公里)，其中大丰段16.47公里、亭湖区段10.68公里。全线按一级公路标准建设，设计车速100公里/小时，总投资11.72亿元。该项目由市公路管理处、亭湖区交通运输局、大丰市交通运输局共同实施。全线共有大桥1座，中小桥9座，涵洞48道。其中，市公路处负责实施的跨沈海高速公路大桥于2013年12月开工建设，于2015年10月建成，计划于2016年上半年完成交工验收工作。“十二五”期间累计完成投资1.23亿元。（胡俊良）

【市区第二条出海大通道开工建设】2014年1月，在市亭湖区环保产业园绍林村，大市区第二条出海大通道—新S331盐城东段正式开工建设。2011年1月，老S331盐城东段全线通车典礼举行，成为盐城市建成的第一条大市区出海通道。为适应经济全球化的深入发展，更好地承接国际(特别是日韩)产业转移，接受国内沿海发达地区经济辐射，盐城市决定开建大市区第二条出海大通道。该项目的建设将进一步促进沿海开发，与正在建设中的盐丰高速公路形成“一主一辅”疏港道路网络，拉近市区与大丰港区之间的时空距离，拓展盐城向东发展空间，对带动旅游、战备等都将起到十分重要的作用。（姜卫、王帅）

【盐东服务区将建成自驾游基地】2015年11月8日，位于亭湖区盐东镇境内S331盐东服务区建设工地一片繁忙，有序推进，将建成盐城境内首个自驾游基地。该服务区占地约26.67万平方米，于2015年4月开工建设，融“自驾宿营、科普教育、垂钓休闲、果蔬采摘、生态美食”等功能为一体，目前已完成园区道路、木屋栈桥等基础设施建设和部分绿化，将于2016年建成开张。建成后的服务区将形成以水为脉、漫行环绕的“一蕊五片花”的生态空间布局。“一蕊”即以人工湖为中心的百花湿地休闲区；“五片花”分别为环绕四周的综合服务区、汽车文化博览区、房车驿站休闲区、花果飘香休闲区和森林游憩拓展区五大功能区，还引入不同特色营地住宿区，并辅以“儿童乐园、垂钓中心、生态采摘、汽车影院、器械拓展”等户外休闲娱乐活动，真正打造成集生态营地住宿、休闲娱乐、餐饮服务于一体的综合性汽车自驾游营地。（孔德淮、方海东、祁瑶震）

S125 盐城段

【概况】S125 起自扬州仪征，经高邮、兴化，止于盐城，规划里程 161 公里，是南京至盐城的重要干线公路。S125 省道盐城段全长 45.60 公里，按双向四车道一级公路标准建设，桥涵设计荷载为公路 –I 级，桥涵与路基同宽，总投资 13.06 亿元。该项目由盐都区、城南新区负责建设，“十二五”期间累计完成投资 9.07 亿元。

①S125 盐都段：路线起自盐都冈中与 G204 交叉处，向西跨冈中河，与盐靖高速、S229 相交，经盐都现代农业示范区，跨东涡河、红九河、朱沥沟，经大纵湖镇向西南延伸，止于盐城盐都与泰州兴化交界处。全长约 42.60 公里，于 2009—2013 年分期建成 S229 至大纵湖风景区段 25.39 公里，该段计划于 2016 年上半年完成竣工验收工作；于 2015 年开工建设 S229 至 G204 段 8.70 公里；大纵湖风景区至兴化交界段 8.50 公里暂无实施计划。

②S125 城南新区段：起点位于盐淮高速公路城南互通处，向西止于与 204 国道交叉处。全长约 3 公里，于 2015 年年底开工建设。（胡俊良）

【盐都至大纵湖段工程可行性研究报告通过预审】2012 年 8 月，省交通运输厅公路局在南京组织召开了规划 S125 盐都至大纵湖段建设工程工程可行性报告预审会议。经专家评审，一致同意通过该工程工程可行性研究报告。规划 S125 起自扬州仪征，经高邮、兴化，止于盐城，是南京至盐城的重要干线公路。对于完善路网结构，加强盐城与苏中地区联系，促进地方旅游开发和社会经济发展意义重大。（姜卫）

【盐都段四期工程开建】S125 盐都段四期工程东起新 G204 东侧 600 米处，西与 S229 相交，全长 8.73 公里，按一级公路标准建设。其中盐都区冈中集镇按城市道路标准建设，路面宽 40 米。投资总概算约 3 亿元，于 2014 年 9 月开工建设，计划于 2015 年年底建成通车。

此前，三期工程已建成从 S229 至大纵湖风景区 25.39 公里双向四车道一级公路。四期工程建成后，从市区到 4A 级大纵湖旅游风景区，将实现全程一级公路通达。（祁瑶震）

S410 盐靖高速公路大冈连接线

【概况】项目起自盐靖高速公路大冈互通西侧，向西终于 S229。全长 3.18 公里，按一级公路标准建设，总投资 6846 万元。该项目于 2013 年开工建设，计划当年建成通车，于 2016 年下半年完成竣工验收工作。“十二五”期间累计完成投资 6846 万元。（胡俊良）

【开工建设】2013 年 11 月 2 日，位于盐都大冈境内的 S410 工程项目进入开挖阶段。该工程自当年 10 月 9 日开工建设以来，建设单位给足时间、人员、机械，全力推进工程建设。该工程东接盐靖高速公路，西连 S229，全长 3.18 公里，概算投资 7150 万元。至 11 月初，施工便道全部完成，路面清表完成 2 公里，冈沟河桥已进入打桩阶段，路面工程将于 2013 年底前完成水稳施工。有望 2014 年上半年建成通车。（严俊、祁瑶震）

S348 阜宁阜城至东沟段

【概况】该项目路线起自阜宁县城西南阜益公路与 S329 交叉处，向西南沿现有阜益公路扩建，经硕集镇南舍村，止于东沟镇北，与盐淮高速公路车桥互通连线相接。全长 17.50 公里，一级公路标准，总投资 3.85 亿元。项目于 2013 年 4 月开工建设，2014 年 1 月建成通车，当年 10 月完成交工验收工作。“十二五”期间累计完成投资 3.85 亿元。（胡俊良）

S610 东台段

【概况】线路起自东台城东新区新老 S333 交叉处，利用规划经四路向南，跨东台河后折向西南，上跨新长铁路和通榆河，于磊达水泥厂与东台镇中小企业园之间穿越，向西沿东台市预留城镇用地南侧边界布线，与老 G204 交叉后折向西南沿泰东河东侧并平行于泰东河，经台南西侧，与规划 S352 交叉后，在时堰镇东侧跨越安时河后继续向西南，跨越丰收河后折向南，在丰收河西侧、溱东镇东侧向南布线，在溱东镇南侧折向西至东台与姜堰两市交界处，线路全长41.12公里。按一级公路标准设计，设计车速100公里/小时，双向4车道，路基全宽26米(其中起点至K1+800段，路基设计全宽43米)，总投资16.53亿元。一期工程G204以西段全长25.96公里，于2013年3月开工建设，2015年6月建成通车，2016年1月通过交工验收，“十二五”期间累计完成投资9.50亿元。(胡俊良)

【工程建设快速推进】2013年6月17日，地表温度增至34℃，是6月以来最热的一天。当日上午10时左右，S610东台段工地上施工机械来往穿梭，到处是工程建设者忙碌的身影。挖掘机忙着沟塘清淤，铧犁机忙着耕土翻晒，旋耕机、压路机忙着碎土、压实；指挥部、监理组、项目部人员联合进行沟塘土方清淤测量。整个工程快速推进，构筑物施工全面展开，其中生产河中桥桩基工程已经结束，安时河中桥零号台12根钻孔灌注桩成功浇筑，原地面处理加速推进，最快段面已进入94区。(仇锦云)

【水稳基层开始摊铺】2014年6月，S610东台段一期工程水泥稳定碎石路面底基层摊铺工作全线展开，标志着该项工程进入路面施工阶段。该项工程自2013年3月开工建设以来，路基、桥涵施工已接近尾声，水稳基层摊铺正以每个晴天半幅

单层800米的速度向前推进，计划10月上旬开始沥青混凝土路面基层摊铺，年内主体工程竣工。(仇锦云、万爱顺)

【全线贯通】2015年5月25日，随着最后一段沥青路面摊铺结束，S610东台段一期工程主线全线贯通。S610是东台西部地区对外的重要快捷

通道，全线按一级公路标准建设，同步新建桥梁30座，箱(管)涵83道。经过两年多的不懈努力，桥涵工程全部结束，安保、绿化工程分别完成工作总量的92%和96%，预计6月建成通车。届时，从东台市区驱车至溱东仅需30分钟。(仇锦云)

S233射阳至建湖段

【概况】全长69.38公里，按一级公路标准建设，总投资20.26亿元，建设年限为2013—2016年。该项目由建湖县、射阳县负责建设。“十二五”期间累计完成投资9.20亿元。

①S233建湖段：该段从射阳县境内进入建湖后，跨越通榆河、串场河后，与G204交叉，经冈西镇南侧，绕越建湖县城，经颜单镇、恒济镇，止于与S331交叉处。全长60.50公里，全线按四车道一级公路标准建设，设计车速100公里/小时，路基宽度26米。已于2013年4月—2015年12月建成G204至建宝线段19.64公里，于2015年3月开工建设S234至S331段21.20公里，计划于2016年

开工实施 G204 以东段。

②S233 射阳段：路线起自沈海高速互通西侧，与 S329 交叉衔接，向西南沿海河镇规划边缘经过，跨越廖家沟后，沿规划连盐铁路向南，终于三界河中心。全长 8.88 公里，采用双向四车道一级公路标准建设，路基宽度 26 米，设计速度 80 公里 / 小时。该工程于 2015 年 6 月开工建设。（胡俊良）

【建湖先导段开建】2013 年 4 月 10 日，建湖县举行重点项目集中开工活动，其中备受关注的 S233 建湖段正式拉开施工序幕。中共盐城市委常委、常务副市长戴元湖，建湖县县委书记、县人大常委会主任葛启发、县长苏冬等市县领导出席开工仪式。开发区先导段 3.99 公里，按一级公路标准建设，总投资 6000 万元。葛启发要求参建单位抢抓黄金时段，倒排工期，安排充足的人力、机械，确保工程质量、进度。同时要求县开发区和相关部门协调配合，全力做好服务，为项目建设营造良好环境。戴元湖代表市委、市政府对 S233 开工建设表示祝贺，同时希望建湖以此为契机，强势推进交通基础设施建设，全力构筑适应更高水平小康社会建设的综合交通运输体系，为全市经济社会发展做出新的更大贡献。（马智波）

S332 大丰东延段

【概况】路线起自老海堤西侧，与 S332 交叉处，向东跨老海堤复河、海港复河，终点接中港区新海堤公路。路线全长 5.71 公里，全线按一级公路标准建设，设计车速 80 公里 / 小时，一般路段采用双向六车道，起点—K0+820 段采用双向八车道，总投资 1.63 亿元。该项目已于 2012 年 3 月开工建设，2013 年建成通车，2015 年 2 月完成交工验收工作。"十二五"期间累计完成投资 1.63 亿元。（胡俊良）

S351 大丰段

【概况】路线起自与临海高等级公路交叉处，向西经草庙镇北、万盈镇南，与 S226 交叉，经小海镇，与沈海高速公路交叉，跨越通榆河后，于草堰镇北侧接 G204，路线全长 43.89 公里，其中，新建 13.99 公里，改扩建 29.90 公里。全线按双向四车道一级公路标准建设，设计车速 100 公里 / 小时，路基宽度 26 米，总投资 13.60 亿元。项目设置大桥 1 座、中小桥 11 座、涵洞 82 道。工程于 2015 年 1 月开工建设，"十二五" 期间累计完成投资 2 亿元。（胡俊良）

农村公路

【概况】"十二五" 期间是盐城市农村公路建设加快发展的五年，全市新、改建农村公路 3781.10 公里，完成投资 22.75 亿元（其中新、改建农村公路桥梁 1360 座，完成投资 12.26 亿元）。按道路行政等级区分：县道完成投资 10.88 亿元，乡道完成投资 7.99 亿元，村道完成投资 16.14 亿元。从 2013 年起，盐城市还积极响应省委、省政府提出在全省范围内实施农村公路提档升级工程的决策部署，在全市范围内部署落实 2013—2018 年农村公路提档升级工作。从 2013 年起，盐城市农村公路建设的重点向提档升级转变，3 年来，全市共完成提档升级改造里程 3050.28 公里，完成投资 17.36 亿元，其中改造桥梁 891 座，完成投资 6.78 亿元。

截至 2015 年年底，全市农村公路总里程达到了 17600.71 公里，其中县道 2950.63 公里、乡道 6292.54 公里、村道 8264 公里、专用公路 93.54 公里；四级以上等级公路为 15678.29 公里。全市 11 个县〔市、区（含城南新区、开发区）〕的 99 个乡镇 2208 个行政村已全部通达四级以上等级公路，通达率达 100%。全面实现了村村通四级以上等级公路的目标，使 600 多万农民直接享受到交通发展的成果。具有代表性的实例如下：

（1）响水县 X302 陈小线南河加庆村至小尖豫东居段改造工程。此项改造路段全长 22.50 公里，技术标准为二级，路面宽度为 9 米，投资 2700 万元，主要是做石灰土底基层和二灰碎石基层，上铺沥青砼面层。

（2）响水县X304大石线大有镇康庄村至黄圩镇龙马村段改造工程。此项改造路段全长33公里，技术标准为二级，路面宽度为9米，投资6270万元，主要是做石灰土底基层和水稳碎石基层，上铺沥青砼面层。

（3）滨海县X102坎振线八滩新北至滨海港合心段改造工程。该段原路面为三级沥青砼路面，路面宽度为7米，此次改造全长16.70公里，技术标准为二级，路面宽度为9米，投资2004万元，主要是做石灰土底基层和二灰碎石基层，上铺沥青砼面层。

（4）盐都区X211楼大线楼王镇朝阳村至楼王镇蟒河村段改造工程。该段原路面为四级水泥混凝土路面，路面宽度为3.50米，此次改造全长11.06公里，技术标准为三级，路面宽度为7米，投资1216.05万元，主要是做石灰土底基层和水泥稳定碎石基层，上铺沥青砼面层。

（5）大丰区X201海堤线三龙镇下坝村至港区段改造工程。该段原路面为三级水泥混凝土路面，路面宽度为7米，此次改造全长38.39公里，技术标准为三级，路面宽度为7.50米，投资1216.05万元，主要是做石灰土底基层和水泥稳定碎石基层，上铺沥青砼面层。

（6）东台市Y004二线海堤北路□港镇六里村至□港镇海堤村改造工程。此次改造路段全长16.30公里，技术标准为四级，路面宽度为5米，投资408万元，主要是做石灰土底基层和二灰碎石基层，上铺沥青砼面层。

（7）盐都区Y828潘张线盐龙镇跃马村至盐龙镇蟒南村改造工程。该段原路面为四级水泥混凝土路面，路面宽度为3.50米，此次改造全长8.20公里，技术标准为二级，路面宽度为22米，投资984万元，主要是做石灰土底基层和水泥稳定碎石基层，上铺沥青砼面层。

（8）亭湖区Y217青特线南洋镇青墩村至南洋镇头灶村段改造工程。该段原路面为四级水泥混凝土路面，路面宽度为3.50米，此次改造全长7.79公里，技术标准为四级，路面宽度为5.50米，投资350万元，主要是做石灰土底基层和泥灰结碎砖基层，上铺水泥砼面层。

（9）阜宁县Y005流童线芦蒲镇芦蒲村至芦蒲镇双码村段改造工程。该段原路面为四级水泥混凝土路面，路面宽度为3.50米，此次改造全长9.44公里，技术标准为四级，路面宽度为6米，投资472.20万元，主要是做石灰土底基层和泥灰结碎砖基层，上铺水泥砼面层。

（10）射阳县Y115八双线临海镇华兴村至临海镇双洋村段改造工程。该段原路面为四级水泥混凝土路面，路面宽度为5米，此次改造全长12.40公里，技术标准为三级，路面宽度为7米，投资682.10万元，主要是做石灰土底基层和水泥稳定碎石基层，上铺沥青砼面层。

（11）滨海县陈涛乡长吉村村道三五吉路为新建道路。新建里程4.30公里，技术标准为四级，路面宽度为3.50米，投资106.80万元，主要是做石灰土底基层和泥灰结碎砖基层，上铺水泥砼面层。

（12）东台市溱东镇溱东村村道水产场路为新建道路。新建里程7.20公里，技术标准为四级，路面宽度为4.50米，投资322.20万元，主要是做石灰土底基层和二灰碎石基层，上铺水泥砼面层。

（13）阜宁县郭墅镇村道双昌大道刘河村至兴庄村段改造工程。该段原路面为四级水泥混凝土路面，路面宽度为3.50米，此次改造全长5.69公里，技术标准为三级，路面宽度为7米，投资569万元，主要是做石灰土底基层和二灰碎石基层，上铺沥青砼面层。

（14）盐都区龙冈镇村道龙吉公路杨斌村至大吉村段改造工程。该段原路面为四级水泥混凝土路面，路面宽度为3.50米，此次改造全长8.51公里，技术标准为四级，路面宽度为6米，投资425.35万元，主要是做石灰土底基层和水泥稳定碎石基层,上铺水泥砼面层。

（15）阜宁县吴滩镇村道火车站路吴滩镇吴滩村至双港村改造工程。该段原路面为四级水泥混凝土路面,路面宽度为3.50,此次改造全长8.43公里，技术标准为三级，路面宽度为7米，投资843.10万元，主要是做石灰土底基层和水泥稳定碎石基层,上铺水泥砼面层。(胡俊良)

【响水县重抓农村公路及危桥改造工程建设】2011年，响水全县农村公路建设项目主要是由县道大中修和危桥改造项目两部分组成。其中农村公路大中修包含4个项目计52.50公里,分别为响黄线15公里、陈小线23公里、大石线11公里、南大线3.50公里;农村公路危桥改造项目计划18项。

截至3月底,全县农村公路大中修项目已完成施工图设计，待市局审查通过后进入工程招投标程序，计划5月份开工,7月份全面完成大中修任务。农村公路危桥改造项目待省厅下达计划后,由项目所在的镇、园区组织实施,计划6月份完成工程招投标,10月份全面完成。随着这些项目的稳步实施，全县农村公路网络将得到进一步的优化和完善,人民群众的出行将变得更加便捷。(石婷、刘晓莹)

【冯永农一行考察农村交通基础设施建设】2011年12月13日,在市政协主席冯永农、市人大常委会副主任陈卫国率领盐城23名省市人大代表考察盐城农村交通基础设施建设。

代表们实地考察了亭湖区伍佑镇农村客运站、便仓镇便(仓)大(冈)公路东段建设及危桥改造工程,盐都区冈中镇客运候车亭、潘(黄)秦(南)线仰徐段农村公路示范路建设，听取了市交通运输局关于近年来交通运输发展特别是农村交通基础设施建设推进情况的汇报。代表们对近年来盐城交通系统加大基础设施投入,全力推进公路、铁路、航道及港航枢纽等基础设施建设,大力实施城乡一体化和“惠民”工程,有力促进地方经济社会

发展给予高度评价,同时就加强交通发展规划、争取政府政策支持、破解交通发展难题、推进交通又好又快发展提出了很好的意见和建议。(陆建平、姜卫)

【推进城乡交通统筹发展】2012年,盐城交通部门着力推进城乡交通统筹发展。一是加快农村交通基础设施建设。按照城乡统筹发展的总体规划和加快城乡公交一体化建设要求，重点推进农村公路建设、农村公路桥梁改造和农村交通环境综合整治工作。年内完成计划通达客运班车行政村的农村公路基础设施建设，建成农村公路608公里,实施桥梁改造292座,完成投资6.50亿元。二是加强在建项目管理。强化目标管理,细化推进措施,深化督查考核,明确建设主体责任,确保项目建设顺利推进。强化质量管理,以桥梁建设、道路附属工程为重点,加强道路厚度、宽度、强度和桥梁结构强度等重要指标的控制，对列入计划的县道改造项目做到管理全覆盖。强化资金管理,出台《盐城市农村公路建设管理考核办法》,将补助资金与项目建设严格挂钩。强化内业管理,所有内业资料规范完整,上报信息及时准确,对道路重点项目和大桥项目必须进行施工图审查。三是重视建后养护管理。深入开展“农村公路养护管理年”活动,促进全市农村公路养护管理上台阶,年内完成1—2个省级乡村公路管养及安保工程示范乡镇创建,建成20公里省级县道文明样板路及安保工程示范路。出台《盐城市农村公路大中修管理办法》,加强农村公路大、中修工程的管理。完善规范

农村公路路政管理体系，建立健全农村公路路政管理机构，推进农村公路路政管理工作。(姜卫)

【推进农村公路建管养一体化】自省委、省政府作出全面建设农村公路的重大决策以来，盐城市始终坚持把加快农村公路建设作为繁荣农村、发展农业、富裕农民的重要举措，抢抓机遇，强力推进。至2013年年初，全市新、改建农村公路1.29万公里，完成投资52.61亿元，新、改建农村公路桥梁2188座，完成投资18.32亿元，路桥总投资70.93亿元。全市9个县(市、区)所有行政村全部通达水泥路，实现村村通四级以上等级公路的目标。所有乡(镇)建立农村公路养护管理机构，配备人员和设备，建成的农村公路基本做到有路必养，并充分调动各地建设的积极性，努力提高农村公路建设养护管理水平。

紧紧围绕城乡交通一体化目标，进一步完善农村路网结构，实现县与乡镇、乡镇与乡镇之间通达二级以上公路；乡镇与行政村、行政村与行政村之间通达四级以上公路，有条件的通达三级以上公路。积极推进农村公路提档升级工程，使全市乡村道路四级公路双车道比重达30%，营运镇村公交配套道路全面改造为双车道四级及以上技术等级，桥梁安全状况明显提升，基本消灭四、五类桥梁。

着力构建“事权明确、管理高效”的农村公路管理养护体制和养护运行机制，建立以公共财政投入为主的长期稳定的农村公路管理养护资金渠道，完善农村公路管理养护的规章制度、技术规范与标准体系，打造“人员稳定、群专结合”农村公路养护队伍，逐步形成“竞争有序、健康发展”的农村公路养护市场，推动农村公路管养工作常态化、规范化。(成扬、姜卫)

【盐都建立农路建设监督网络】近年来，盐都区前移监督关口，通过开展纪检监察巡查方式，从工程设计到竣工验收，从材料检测到现场施工，加强农村公路建设的事前、事中和事后监督，坚持把经常性巡查和专项巡查结合起来，较好地发挥纪检、审计等部门的监督主体职能、群众和社会监督的辅助职能，为农路建设筑起一道道“廉政屏障”。

一是部门联动，保证农路建设巡查的广度。盐都区交通部门将农村公路建设的招投标、施工质量、资金拨付、竣工验收等方面作为巡查重点。并注重与相关部门联动，加强与区招投标中心、审计局、财政局的沟通联系，实现农村公路监督管理全覆盖。每次集中巡查邀请区纪委、公路、桥梁、质检、审计等专业人员共同参加，集体会诊。近年来对“会审”中发现的56个问题，全部及时整改到位，提升农路建设巡查的质量。二是双向介入，提升农路建设巡查的深度。该区成立由区监察局、交通运输局和相关职能部门组成的农村公路建设纪检监察巡查工作领导小组，区纪委和区交通运输局纪委实行双组长负责制。出台《盐都农村公路建设管理实施细则》，建设资金严格实行分级管理、专户存储、专款专用等项制度，统一拨付标准、统一审批流程、统一质量要求，建立健全内部财务制度，严把预算、核算关，精打细算，保证农路建设资金使用的规范性。三是多层监督，加大农路建设巡查的力度。农路建设是项惠民工程，群众看在眼里、喜在心头，十分关注，特别是一些老党员、老干部、老教师，他们主动当起义务监督员，给农路建设巡查工作注入了“社会活水”，筑起了第一道“防线”。盐都区农路养护管理除实行按级负责外，还聘请区人大代表、政协委员、媒体记者、老干部等组成行风监督员，对已建和在建农村公路进行不定时间、不定地点的明查暗访，形成政府、群众、社会监督的群控网络，促进了农路建设、管理、养护水平的提高。(王迎春、严俊、祁瑶震)

【加快推进农村公路提档升级】为全面落实省政府关于农村公路提档升级工程的通知精神，2013年9月，市交通运输局召开农村公路提档升级工程建设推进会。市局总工陈日晓通报了全市农村公路提档升级工程进展情况。2013年省厅下达盐城农村公路建设计划为242个项目计691公里，计划完成投资3.76亿元；桥梁建设计划为253座，计划完成投资1.88亿元，路桥计划总投资5.64亿元。截至当年8月底，全市实际开工建设农村公路611公里，完工235公里；农村公路桥梁开工建设163座，完工65座。为此，会议要求，进一步提高重视程度。县（市、区）交通部门要积极向县、乡（镇）两级政府宣传农村公路提档升级的重要性、必要性，加强地方政府责任主体意识，提请政府出面协调相关部门之间的关系，简化审批程序，提高办事效率；研究出台资金补助办法，争取将资金安排纳入地方财政预算，同时采取社会化渠道筹集资金，并将此项工作纳入政府工作目标责任考核系统。进一步加强前期工作。根据《管理办法》要求，四级以上公路新建、拓宽和三级以上公路桥梁应委托有相应资质的专业设计单位进行施工图设计，并按权限组织施工图设计审查，其他项目可由县（市、区）按县（乡）为单位打包设计及审查。凡不按规定执行的项目，市农路办不予拨款、不予验收、不予保留建设计划。进一步加强计划管理。各县（市、区）上报的建设项目，除需要跨年度建设的大桥工程外，均必须当年建设、当年完工，不得拖延或拒不实施。市局于年底考核排名，并抄送市、县人民政府。需调整建设方案的，按程序上报审查。进一步加大指导和检查力度。要加强对乡镇的技术指导，农路办与质检站要加强联合，对工程建设进度和质量进行监管，严格按照省厅确定的技术标准和质量要求实施。不达标的限期整改，整改不到位的一律不报省级验收，项目从农村公路建设计划中剔除。（成扬、姜卫）

【李驰调研建湖县九龙大道工程】2013年9月25日，市政协主席李驰率市政协七届十六次主席团成员到建湖县专题调研旅游经济发展情况，其中重点调研了九龙大道建设情况。建湖县委书记葛启发、县长苏冬等陪同调研。

该项工程路线全长12.78公里，按城市一级道路标准设计，路基全宽40米，桥涵荷载设计为公路–I级，工程总造价约2亿元，计划2014年年底前全线竣工。现场调研后，李驰指出，九龙大道的规划建设，对迅速提升九龙口旅游区创建省级湿地公园、省级风景名胜区至关重要，各级各部门要齐抓共管，紧密配合，以“打好基础、完善功能、改善环境”为目标，加快推进九龙大道建设，积极支持旅游业发展，把九龙口打造成盐城旅游的一个精品工程，使之成为促进建湖转型升级的重要支柱，进一步提升盐城旅游发展层次。（马智波）

养护收费

公路养护

【概况】“十二五”期间，盐城市公路养护里程逐年增加，养护要求不断提高，养护任务更加繁重，全市公路部门树立“建养并重”的理念，以“迎国检”为契机和动力，加强养护机构队伍建设，大力抓好公路养护管理，逐年提高机械化作业比例，继续推行精细养护的先进做法，积极推广应用公路养护的新材料、新技术、新工艺，不断提高公路养护管理水平和效能，总结探索强化农村公路养护管理的新路子，使全市公路好路率逐年提升，为地方经济社会发展提供安全畅通、清洁美化、平整舒适的道路保障。

2011—2015年，全市累计实施公路养护大中修目1196.90公里，折算里程398.54公里，完成投资5.38亿元。其中2015年，全市普通国省干线公路共完成沥青路面灌缝22.60万米，沥青路面维修25万平方米，处置桥头跳车36座。累计实施养护大中修项目6个134公里，以及调增项目9个450.954公里，合计584.954公里，折算里程143.221公里，完成投资2.44亿元。

2011—2015年盐城市公路养护好路率情况

表34

年份	2011	2012	2013	2014	2015
MQI	93.70	93.80	93.80	93.80	93.90
PCI 优良率	95.30%	89.30%	87.50%	87.60%	90.60%
RQI 优良率	93.50%	90.80%	88.90%	88.90%	91.60%

（胡俊良）

【交通运输部检查组对盐城干线公路养护管理进行检查】2011年5月22日—23日，交通运输部检查组对盐城市干线公路养护管理工作进行了检查。检查组听取了盐城干线公路养护管理工作情况汇报，查看了规范化管理台账资料，实地检查了普通干线公路G204“数字”公路示范段、2座管养桥梁和盐城服务区，S233“精细化”养护现场、1个大中修工程，滨海县公路站（路政大队）、东坎养

护工区和G204响水治超站，检查沈海高速公路盐东收费站、射阳服务区、路政三大队、养护中心及2座管养桥梁，并对G204响水到盐城段、沈海高速公路东台至响水段路况进行全程检测。规范完善的内业资料和畅洁绿美安优的路容路貌受到了检查组的好评。（姜卫）

【S333东台段公路大修首次使用沥青厂拌冷再生技术】2011年10月4日，S333东台段沥青路面大修工程顺利竣工，标志着新的沥青路面施工工艺首次在东台应用获得成功。该项大修工程东起S226，西至头灶集镇，全长10.15公里，投资1700万元，自5月14日开工建设，于9月2日起，在沥青混凝土下面层摊铺中首次采用了交通运输部推广的沥青厂冷拌再生新技术，走在盐城各县前列。这次摊铺下面层的主要原料为原路面起刨的旧沥青混合料，另加一定比例的新石料、水泥和浮化沥青。此项工艺节能环保、节药成本。施工中得到交通运输部公路科学研究院刘振清博士的现场指导。他告诉笔者，海母（HIRM）沥青厂拌冷再生是采用热拌工艺实现冷拌的成套技术。主要特点是：高掺量，混合料中渗配沥青面层旧料比例达到60%以上；高性能，混合料各项性能均达到热拌沥青混合料要求，具有突出的抗车辙性能、高承受能力和良好的柔韧性；高价值，拌制的混合料用于铺筑沥青中、下面基层，既节省原材料运输成本，又控制了废渣对环境的污染；低能耗，拌和不需消耗大量燃油；低排放，拌和过程实现燃油尾气零排

放；低造价，可节约40%左右的沥青资源消耗和60%以上的石料资料，具有明显的社会、经济效益。他还指出，沥青厂冷拌再生施工工艺在S333东台段应用，主要目的是让理论与实践有机结合，并根据不同区域、不同地质条件、不同气候因素，测定出不同的技术参数，为将来国、省干线道路使用新工艺进行维修提供技术支持。（仇锦云、吴翔、梅杰）

【部署G204养护管理迎部检工作】2011年5月，G204盐城段代表江苏接受交通运输部“十一五”期间五年一度的干线公路养护管理大检查，为江苏顺利实现“迎检夺冠”目标作出了积极的贡献，盐城市被评为江苏省“十一五”干线公路养护管理优胜单位。

随着“十二五”全国干线公路养护管理检查方式的改变，即由五年末一次性集中检查变为前二、三、四年份年度检查（每年占20%）和第五年集中检查（占40%）相结合的形式。2013年7月，G204盐城段将再次代表江苏省公路养护管理基层单位接受交通运输部检查。为此，市公路管理处于5月专题召开由G204沿线各县（市、区）公路管理站、收费站和相关养护单位负责人参加的G204盐城段养护管理迎检布置会。会议传达省厅公路局迎检会议精神，分析全市干线公路养护管理工作中存在的问题，市局总工程师、市公路处主任陈日晓提出明确的要求：全市公路系统要把迎检工作作为当前公路工作的重中之重，倒排工期，合理调配，突击奋战，综合整治，充分展示盐城“精细化”养护特色和全方位管理水平，全面完成迎检备查任务。相关部门要会同各地对道路技术状况、路域环境等方面迅速调查摸底，排查出存在问题，明确标准要求，落实整改措施，确保按时限、高标准推进到位。要成立专门班子，一把手亲自挂帅；加大协调力度，积极争取地方党委、政府支持，采取“人盯人、人盯事”策略，确保责任到人、到项目。（姜卫）

【公路部门加强公路养护】2013年以来，全市公路部门紧紧围绕公路养护工作考核目标，扎实推进各项养护工作，全市干线公路MQI值达93，PCI优良率达86%，RQI优良率达88%，保持了良好的公路技术状况。一是大力实施公路“五项整治”。上半年集中处治路面病害9.80万平方米，桥头跳车38座，路面灌缝15.80万米，桥头伸缩缝36道/582延米，完成路肩、边坡整修990公里，排水沟清理260公里，砌筑、维修盖板排水沟750米，维修桥梁锥坡5座，栽植乔灌木122万余株，草坪12.50万平方米。二是着力推进专项工程建设。全市实施路面大修项目1个，中修项目7个，

里程56.93公里，计划完成投资6460万元，将于9月份全部竣工。大力推行应用沥青路面热拌工艺实现厂拌冷再生技术，突出桥梁养护管理，委托专业检测机构完成了桥梁定检。三是全面提升机械养护水平。上半年，养护企业共购置铣刨机1台，养护巡查车3台，路面养护维修小型机械、绿化养护机具等30多台套，从而提高养护效率，节约养护成本，增加养护效益。四是完善养护管理制度。修订出台《盐城市干线公路小修保养检查考核与经费支付实施细则》，调整检查考核内容和方式，采取中介机构每月一次背靠背不定期检查和市公路处每季定期考核相结合的方法；做到每周有巡查，每月有检查，季度有通报，年终有奖惩。上半年共发出小修保养缺陷整改函3份，并按规定标准进行了处罚。五是加强养护队伍建设。开展路面病害维修、沥青路面灌缝、养护作规范化等劳动竞赛和技能比武活动，提高一线养护职工和应急养护队伍的综合素质。5月份成立了桥梁专业化养护维

修队伍，采用快速混凝土材料对桥梁进行快速维修。采取提供养护市场、实行异地养护的方式，筹划建立绿化专业化养护队伍，试点确定绿化专业养护线路，扶持养护企业更好更快地发展。（姜卫、苏文浩）

【通报公路养护工程中间检查情况】2014年，盐城市干线公路路面养护大中修工程项目7个，折算里程40.60公里，计划投资8000万元。为把握进度、保证质量，8月份，市公路处对全市正在实施的干线公路养护大中修工程项目进行了中间检查，并通报相关情况。

本次检查按照《江苏省普通干线公路养护大中修工程质量检验评定标准》等规定，从工程实体、内业资料、原材料和施工现场等四个方面，对基层、面层厚度、压实度及成型情况，安全管理及现场文明施工等情况进行了检查。从检查情况看，各工程项目质量、投资、进度始终处于良好的受控状态。所有大中修工程施工进度安排符合计划工期要求，质量控制总体状况良好，原材料抽检、外业指标检测全部合格，内业资料基本齐全规范，施工路段安全标志、标牌基本齐全，各公路站基本能按照市有关监督管理考核办法进行监管巡查，定期不定期巡查。针对存在问题，该处提出明确要求：各施工单位要在保证质量的前提下加快工程进度，尽快完成工程建设任务。要加强对老路病害尤其是厂拌热再生SUP-20沥青混凝土修补的质量控制，老路基层要铣刨到底，不留夹层，在确保厚度的同时要加强对压实度的控制。在沥青面层施工时要严格按照技术服务单位提供的生产配合比进行混合料的拌制，确保沥青面层的压实度、厚度、平整度等各项指标均满足设计要求。进一步重视内业资料整理的规范性、及时性。进一步加强施工现场安全管理和交通管制工作，确保施工安全。各监理单位要进一步加强工程质量尤其是老路路基、面层修补质量的控制，要加强对压实度的检查，确保原路面病害处治彻底。（姜卫）

【组织收看省厅公路局视频宣贯会】为贯彻落实交通运输部《关于印发"十二五"全国干线公路养护管理检查方案的通知》精神，省厅公路局于2015年5月18日下午召开了全国干线公路养护与管理检查方案暨全省干线公路管理养护迎检工作视频宣贯会。市公路管理处在盐设立分会场，各县（市、区）公路管理站分管负责人，养护股长、路政股长，G204国道沿线各收费站分管站长、政秘股长，市治超站负责人，处领导班子成员、机关各科室负责人一起收看了宣贯会。大家认真听取了省厅公路局关于全国干线公路养护与管理检查方案的讲解和目标任务的分解情况，省厅公路局机

关各科室逐条对省、市、县、点应准备的内容和文件归档要求进行细化明确，对下阶段迎检工作进行了布置。（王帅）

【完成年度干线公路养护工程】2015年，省厅公路局安排盐城干线公路路面养护6个大中修项目（其中路面沥青混凝土中修罩面项目4个，大修项目2个），折算里程36.71公里。经过全市公路系统干部职工的不懈努力，已于9月份全部完工，并建成通车，共完成投资1.28亿元，占计划投资的100%。项目包括S231建湖段大修工程，S329阜宁段大修工程，S231阜宁、建湖、盐都段中修工程，S327滨海段中修工程，G204盐城北段中修工程，G204亭湖、大丰段中修工程。市公路管理处在不断完善前期工作的基础上，通过招标择优选择施

工单位，狠抓工程质量和施工安全管理，更新设计理念，积极推广沥青路面热再生技术、抗裂贴技术、Superpave 改性沥青混凝土路面结构型式等新技术的应用，工程进展迅速，保质保量地按照完成了既定目标任务。（王帅）

【盐城干线公路接受"国检"】2015 年 10 月 30 日，五年一次的全国干线公路质量大检查路面质量检测组来到盐城，对抽签确定的部分干线公路路段进行质量检测。检测采取省际间互检方式，具体检测工程高度智能化，由路况检测车一次性自动完成检测工作。（顾枫）

图为吉林省检测单位的路况检测车在 G204 盐城段有关路段进行检测及市公路部门职工为检测工作做好服务保障的实况

公路绿化

【概况】"十二五"期间，全市公路部门将公路绿化作为公路建设的重要内容，公路养护的重要措施，全力推进、卓有成效。本着新建公路与公路绿化同步设计、同步施工、同步验收，改扩建公路建到哪里，绿化就搞到哪里，对既往的公路绿化通过不断地补植，提高公路绿化覆盖率和树种品位。努力打造绿色通道、景观长廊、节点公园，使公路绿化率逐年提高，为创建文明城市、环保城市、绿化城市作出重要贡献。

2011—2015 年盐城市公路绿化情况

表 35

年份	2011	2012	2013	2014	2015
公路里程（公里）	18564.62	18807.15	19141.34	19256.15	19525.55
绿化里程（公里）	16874.76	17113.47	17874.35	18150.29	18438.45
绿化率	90.90%	90.99%	93.38%	94.26%	94.43%

（胡俊良）

【开展公路绿色通道建设会战】2013 年 4 月 23 日，笔者从市公路部门获悉：目前，全市重点实施的 9 条公路绿色通道建设工程中，3 条高速公路及 3 条省道的绿色通道完善工程正在抓紧实施。3 条新建绿色通道中，临海高等级公路亭湖段基本完成，大丰、东台段正在实施中分带绿化，整理公路两侧土地，作好绿化前期准备工作；S226 亭湖、大丰段 31 公里已基本完成；S234 阜宁、建湖段中分带和公路两侧绿化进一步实施提档升级，亭湖段中分带和两侧公路用地内绿化施工单位已经进场。公路用地外已采用苗圃形式栽植绿化进行完善。此外，绿色通道会战工程外的 6 条干线公路绿色通道景观完善工程，阜宁、大丰、响水节点绿化规划设计已基本完成。

根据市政府《绿色盐城建设春季重点工程会战方案》，今年绿色通道会战工程包括盐靖、盐淮、沈海 3 条高速公路绿色通道增绿补缺工程，新建临海高等级公路、S234、S226 等 3 条省道的绿色景观通道工程，响水 S326、射阳 S329、东台 S352 等 3 条省道绿色通道景观提升工程。市局出台了《绿色通道建设实施方案》和《考核办法》，并专题召开绿色通道建设推进会，要求全面完成市政府明确的 9 条公路绿色通道建设外，再提升完善 G204、S229、S231、S125、S329 等 5 条国省干线和盐靖高速青墩

连接线计6条线路的绿色通道。为加快推进绿色盐城建设,创建国家园林城市、全国绿化模范城市创造条件。(姜卫)

【盐都建设省干线公路17个节点公园】2013年,盐都区围绕盐靖、盐淮高速公路,G204、S125、S231、S229等国省干线公路节点,共打造17个公路节点公园,总占地面积达126万平方米。

2013年5月,在盐靖高速西出口,融观赏、休憩功能于一体的66.67万平方米节点公园,正掀起绿化、基础设施建设的高潮,整个工程已完成95%。为了扮靓盐城"西大门"这一窗口,该区对用地范围内影响美观的房屋等建筑全部征用拆除,绿化范围由原来的200米见方扩到800米见方,使绿色增加了广度和厚度,景观层次发生质的变化。通过挖湖堆山,不仅解决现场土方问题,降低了工程造价,又收到坡缓水曲林深的效果。全园以水为带,连接南北两端的河流,形成活水循环,水曲景幽。盐靖高速大冈出口又是一个节点公园,占地14万平方米,施工现场负责人告诉笔者,这里原是垃圾填埋处,现在原基础填埋增高,按照"以水衬绿、以绿显水"的设计理念,在开挖人工河周边播种耐水性好、成活率高的草本植物,在堆高的土丘上栽植高大乔木作为背景,点缀一些灌木,配套曲径、拱桥和景观亭,以方便当地居民前来观赏、游玩和休憩。目前,该区17个节点公园已完成14个,至6月底一个个特色鲜明、色彩斑斓的公路节点公园将全部呈现在人们眼前。(严俊、祁瑶震)

【朱克江考察机场路绿化工程】2013年5月

30日,市委书记、市人大常委会主任朱克江考察机场路绿化工程。副市长王荣、市交通运输局局长管亚光、亭湖区委书记崔浩等陪同考察。考察组一行实地查看了机场路绿化种植和道路扩建现场,听取了亭湖区交通运输局关于机场路绿化工程方案的汇报,并与项目施工负责人进行了交谈。朱克江在充分肯定交通部门重视道路绿化、机场路景观设计和快速推进后强调指出:一要加强对苗木的管养,保证树木的成活率;二要坚持建管并重,建立绿化建管长效机制,落实管养责任;三要着力提升城市出入口品位,让生态环境更美好,城市形象更亮丽。(孙宏连、徐明)

【全市完成1056公里绿色通道建设任务】根据市委、市政府《绿色盐城建设春季重点工程会战

方案》和市局《绿色通道建设方案》,2013年,全市公路部门重点实施9条682公里公路绿色通道建设工程和6条374公里干线公路、重要接线绿色通道景观完善工程,以及市公路处管养的1200多公里国省干线公路用地内的绿化进行补植和完善。截至5月底,全市完成新建绿色通道231公里,完善提升825公里,共计1056公里绿色通道建设任务全部完成。

为完成绿色通道建设,市公路部门明确目标任务,细化建设标准,突出绿色通道建设重点工程,抓住时间节点,组织造林绿化会战。落实建设资金和绿化管护单位,严格把好设计关、招投标关、施工质量关,加强督查,努力提高绿化的成活率和保存率。(姜卫、苏文浩)

【召开全市公路绿化工作推进会】2014年3月11日,盐城召开全市公路绿化工作推进会。会

议传达贯彻了全市造林绿化工作会议精神，总结2013年公路绿色通道工程建设取得的成绩，部署2014年全市绿色通道重点工程建设任务。会议明确2014年公路绿色通道重点工程建设任务是:重点打造“二路一环”3条景观廊道,即临海高等级公路、沈海高速公路和大市区环城高速公路。总体要求是,按照“四季见绿、季季有景”高标准新建绿色通道231公里,完善提升绿色通道296公里,总投资3.60亿元。新建路段要求绿化一步到位,当年成景;对已经建成的路段要进行进一步的绿化提升。

市交通运输局局长管亚光出席会议并讲话。他指出,要服从规划,注重特色。临海高等级公路盐城北段景观廊道的建设要“四季见绿、季季有景,凸现自然”。道路两侧绿色通道宽度不少于50米,公路用地以外栽植两行常绿乔木,多行落叶乔木或全部为常绿苗圃；公路用地以内全部按照景观绿化进行设计。进一步完善临海高等级公路南段,高标准打造9个观景台。按照两侧宽度不小于20米的标准对沈海高速公路进行完善，用胸径6厘米以上常绿乔木填补空白地段,当年成景。高速出入口及匝道内要协调栽植高规格乔木，并以灌木点缀,进一步提升景观效果。环大市区高速公路绿化改造提升工程要及早落实对两侧各50米的绿化标准段施工,并根据效果及时予以设计调整,达到迅速增绿、增景的效果。要坚持标准、质量第一。做到栽一棵、活一棵,栽一片、绿一片。要强化监督,保证效果。市局专门抽调人员,配合市政府督查办,对“两路一环”公路绿色通道重点工程进行全程跟踪督导，确保今年公路绿色通道建设任务的完成，为盐城创建全国绿化模范城做出应有贡献。(唐海峰、王帅)

【陈正邦查看道路绿化重点工程】2014年5月8日，市委副书记陈正邦一行实地查看了临海高等级公路射阳、滨海和响水段两侧绿化工程推进情况,并驱车沿盐淮、沈海高速察看了环市区高速圈绿化提升工程实施情况。当看到新植好的一株株苗木错落有致、迎风挺立,在明媚阳光中吐绿纳新,为道路两侧增添了新的风景时,陈正邦表示满意。他同时指出,五月天气转暖,适合栽植常绿树种,要进一步加大组织力度,坚定既定标准,抢抓季节,全力冲刺,科学开展当前绿化工作,确保完成今年造林绿化目标任务。对已栽成的绿化,要按照保质量、保成活、保效果的要求,建立绿化养护长效机制,扎实抓好拾遗补缺工作,努力打造景色优美的公路绿色生态廊道。(黄云鹰)

【市公路处职工参与公路绿化植树活动】2015年3月12日上午，在一年一度的植树节来临之际,市公路处干部职工积极响应市委、市政府的号召,在处领导带领下,来到G204盐城服务区公路绿化苗圃参加义务植树活动。

在本次植树活动中，市公路处主要领导带头参加,分管领导严密组织,干部职工团结协作,干得热火朝天,经过两个小时的共同努力,保质保量地完成了植树任务。通过植树活动,干部职工提高了参加社会实践活动的积极性，增强了公路绿化意识,为建设绿色生态盐城贡献自己的一份力量。(李苏生、王帅)

收费公路

【概况】“十二五”期间，按照收费公路改革的精神和省交通运输厅的统一部署，盐城市于2012年撤销了G204刘庄、施庄和陈李公路新洋3个收费站，2014年新建G204东台收费站。至2015年年末，全市尚有5个普通干线公路收费站。2011—2015年，全市共收取车辆通行费5.90亿元，实现年年超计划，比总计划超额完成18.88%。

2015年盐城市公路里程按行政等级分布情况

表36

（一）

序号	站点名称	公路等级	收费公路起止桩号	收费公路里程（桥梁长度）	站点位置	主管单位
1	G204东台收费站	一级	G204 K645+867—K744+868	99.001	K743+600	盐城市公路处
2	G204新兴收费站	一级	G204 K645+867—K688	42.133公里	K645+300	盐城市新阜公司
3	G204响水收费站	一级	G204 K546+121—K600+969	54.848公里	K569+121	盐城市公路处
4	陈李公路耦耕收费站	一级	S226 K72+896—K129+888	56.992公里	K86+800	射阳县交通局
5	盐淮新线建湖收费站	一级	S234 K29+230—K88+992	59.762公里	K51+260	建湖县交通局

（二）

序号	站点名称	站点性质	收费方式	实际开征时间	核定收费截止日期	批准文号	站内人数
1	G204东台收费站	还贷性	一站一点六车道	2014.07.12	2029.07.12	苏政复【2012】22号	66
2	G204新兴收费站	经营性	一站一点四车道	1994.12.28	2018.12.28	苏政复【1994】60号	58
3	G204响水收费站	经营性	一站一点六车道	1998.03.08	2019.03.08	苏政复【1996】13号	78
4	陈李公路耦耕收费站	还贷性	一站一点四车道	2008.07.29	2016.12.31	苏政复【2001】7号	66
5	盐淮新线建湖收费站	还贷性	一站一点四车道	2012.10.26	2019.01.18	苏政复【2012】23号	54

盐城市收费公路车辆通行费收费标准
普通公路车型划分及收费标准

表37

类别	车型及规格		普通公路收费标准（元/车次）	响水、新兴收费站收费标准（元/车次）
	客车	货车		
		小型拖拉机、正三轮	5	10
第一类	≤7座		10	10
		≤2吨	12	12
第二类	8座-19座		12	12
		2吨-5吨（含5吨）	15	20
第三类	20座-□39座		15	20
		5吨-10吨（含10吨）	25	25
第四类	≥40座		15	20
		10吨-15吨（含15吨）20英尺集装箱车	30	40
第五类		>15吨40英尺集装箱车	45	60

普通公路收费站计重收费标准

表 38

站名	货车吨位	基本费率(元/车吨次)
G204 东台站	10 吨以下货车	1.50
	10 吨至 40 吨货车	1.50-1.10
	40 吨以上货车	1.10
G204 响水站	10 吨以下货车	2
	10 吨至 40 吨货车	2-1.47
	40 吨以上货车	1.47

2011—2015 年盐城市收费公路车辆通行费收入情况统计

表 39　　单位:万元

序号	收费站	2011 年	2012 年	2013 年	2014 年	2015 年	合计
1	G204 响水收费站	3277.73	3989.77	3971.29	3171.08	3061.83	17471.70
2	G204 新兴收费站	4919.02	5475.17	5005.78	4474.38	3750.49	23624.84
3	陈李公路耦耕收费站	639.43	606.30	553.30	452.69	455.56	2707.28
4	盐淮新线建湖收费站	751.33	237.34	1474.64	1605.68	1374.30	5443.29
5	G204 刘庄收费站	2664.05	1475.96				4140.01
6	G204 施庄收费站	104.80	19.28				124.08
7	陈李公路新洋收费站	673.37	359.19				1032.56
8	G204 东台收费站				1609.11	2890.86	4499.97
合　计		13029.73	12163.01	11005.01	11312.94	11533.04	59043.73

（胡俊良）

【G204 响水收费站征收实绩突破 3000 万元】2011 年 G204 响水收费站紧紧咬住年度征收计划，细化目标，强化管理，依法查处各类逃缴、漏缴车辆通行费行为。截至 8 月 23 日，该站已完成车辆通行费 2000 万元，超额完成年度计划 11.11%。下阶段，该站将积极克服清理整顿收费站带来的不利影响，加大宣传力度，强化征收管理，规范服务行为，切实开展依法征费劳动竞赛活动，不断提高车辆通行费征收率，力争全年征收实绩突破 3000 万元大关。

【全市提前完成年度征收计划】截至 2011 年 10 月底，盐城市普通干线公路 7 个收费站累计征收车辆通行费 1.09 亿元，占年度计划的 104.92%，提前两个月完成年度征收计划。该市逆势而上，强化管理，狠抓落实，在配合国家和省做好收费公路清理整顿工作的同时，切实加强通行费征收管理，促进了收费工作健康有序地开展。一是紧紧围绕目标任务，早安排、早部署，年初即把征收目标层层下达到班组，落实到个人。二是始终坚持“应征不漏、应免不征”原则，严格执行通行费征收政策，切实加大外部检查力度，从源头上控制通行费流失。三是积极开展“服务之星”活动，以活动促征收、以征收树形象，在全系统形成“比、学、赶、超”的良好氛围，得到了社会的好评。（张杰、姜卫）

【盐城按规撤销部分收费站点】根据国家五部委办有关收费公路专项清理工作通知精神和省政府撤销间距不足 50 公里的收费站实施方案，从 2012 年 7 月 15 日 8 时起，盐城市境内 G204 刘庄、施庄收费站，陈李公路新洋收费站同时停止征收车辆通行费。

为确保撤站工作稳妥有序开展，7 月 11 日，盐城市政府召开了撤站工作专题会办会，研究制定了撤销间距不足 50 公里收费站点工作方案，成立了由宣传、财政、人社、信访、公安、交通运输等部门负责人为成员的领导小组，市公路部门组成专门的工作班子，市交通运输局局长管亚光、市公路处主要负责人陈日晓等亲自到各收费站动员部署，并就收费人员普遍关心的重点问题进行答疑解惑、稳定人心。各相关收费站正在完善施工方案和安全保障方案，组织施工单位拆除收费设施，恢复路面交通，力争 7 月底前原收费区域路面符合国家规定的技术等级和标准，确保公路安全畅通。

下一步，以市公路处领导班子成员、相关科室负责人为主组成的撤站工作督查指导组将进驻各站点，重点就维护稳定、清产核资、后续管理等工作进行指导督查，就收费人员的思想动态、分流安置意向等进行摸底，为下一步清偿债务、分流安置做好准备工作。据统计，此次撤销的 3 个收费站共涉及债务余款 3.67 亿元，涉及转岗分流安置收费员工 196 人。（姜卫）

【省交通运输厅领导到盐检查有关收费站点撤销工作】2012 年 8 月初，省交通运输厅领导和省发改委等部门有关领导，在盐城交通部门相关负责同志的陪同下，先后来到 G204 原刘庄收费站和原施庄收费站的撤站现场，检查了解收费站点拆除情况。7 月 15 日，全省共有 12 个干线公路收费站停止收费，其中 10 个撤站、2 个移站。盐城刘庄、新洋、施庄 3 个收费站被列入此次撤站名单，共有近 200 人需要分流安置，任务重、困难多。停止收费后，盐城市公路部门在做好人员分流安置，确保稳定的同时，迅速安排施工队伍对有关收费站进行拆除施工。目前，除原施庄收费站因地方公安部门要求暂缓拆除外，其他 2 个收费站收费大棚和收费亭都已拆除，收费水泥地块已凿除，摊铺道路沥青面层结束。省交通运输厅领导对盐城公路部门的撤站工作表示满意，要求进一步依靠地方政府，全方位做好善后工作，确保把好事做好。（顾枫）

【S234 建湖收费站加强征稽队伍建设】为培养职工团结、务实、积极向上的团队精神，努力打造一支纪律强、素质硬、服务好的征稽队伍，从 2014 年 11 月 4 日起，S234 建湖收费站组织职工开展了为期一周的的军事化训练活动。

针对收费工作的特点，该站精心策划，采用分组分时轮训的方式，做到收费与军训两不误。军训前定立训练计划，合理安排训练时间；军训中严格考勤，不准迟到、早退、无故请假；军训后重考核，演练评比。通过军训，该站职工面貌焕然一新，步伐、手势、口号等常规动作规范统一，上下岗、交接班等工作环节中姿态端正、仪表严整、精神振作，作风严谨，展示了良好的交通服务窗口形象。（季朝晖）

专记 4

铺平滩涂成通途

——临海高等级公路东台段建设纪略

姜海涛　仇锦云

2014 年 1 月 23 日，临海高等级公路东台段建设工程顺利通过江苏省交通运输厅公路局组织的交工验收。专家认定:“各项线形指标符合设计要求,路基稳定,路面平整密实,路拱适度,排水通畅;桥涵构造物混凝土强度和几何尺寸全面达标;边坡防护设施到位；安全设施齐全，标志标线规范;绿化工程符合绿色通道建设标准,中分带绿化美观协调;档案资料收集齐全,分类清楚,组卷合理,如实反映了工程建设的全过程;各合同段单位工程合格,质量优良。同意交付使用。”

至此，临海高等级公路东台段全部建成,一条南北走向的陆上大通道尤如一条黑色巨龙纵卧黄海滩涂,开始发挥投资效益,惠及东台市百万民众。

国家战略诞生恢宏项目

2009 年 6 月，江苏沿海开发上升为国家战略。江苏省委、省政府紧紧把握时代脉搏,抢抓历史机遇,从加快沿海开发、加快苏北经济发展的战略高度出发,决定投资建设临海高等级公路。

临海高等级公路起于连云港，止于启东市圆陀角,贯穿连云港、盐城、南通三市,既是江苏沿海地区干线公路网的重要组成部分，又是江苏沿海地区最临近海岸的一条干线公路，北承山东沿海及渤海湾地区,南接上海及长三角核心区域,全长 521 公里,总投资 158 亿元。

临海高等级公路东台段建设工程起于东台、大丰两市交界处，途经一区两镇两场，止于东台市、海安县交界处,全长 44.139 公里,双向四车道一级公路标准，设计行车速度 100 公里 / 小时,桥涵荷载等级公路 –I 级。新建大桥 6 座、中小桥 10 座、箱涵 40 座、概算投资 13 亿元,是东台有史以来单体建设规模最大、里程最长、施工工艺最复杂、质量控制最严格的交通工程建设项目。

为尽快建成沿海大通道,尽早发挥投资效益,东台市委、市政府积极响应省委、省政府号召,在省交通运输厅、盐城市委、市政府及盐城市交通运输局的大力支持和直接指导下，第一时间成立办事机构,从建章立制到营造氛围,从工程招标到组织施工,从资金筹措到拆迁交地,从矛盾协调到安全督查,从质量监管到进度控制,全程跟踪服务。盐城市委常委、东台市委书记张礼祥及市四套班子领导多次深入现场,督查指导,帮助解决主要矛盾和突出问题。

2011 年 2 月 18 日，临海高等级公路东台段正式开工建设，东台又一个重大交通基础设施建设项目拉开大幕。

群策群力谱写共建篇章

临海高等级公路贯穿东台沿海经济区,□港、许河两镇,途经新曹、金东台两个省辖农场,涉及农委、水务、滩涂、广电、供电、通信等多个部门。工程需永久性征地 189.43 万平方米，取土区用地 155 万平方米，搬迁杆管线路 268 道，拆除房屋 1.09 万平方米,任务艰巨,矛盾协调工作量大。

困难面前,指挥部下辖的征地拆迁小组成员,走村串户,踏勘现场,与镇、区、场及相关部门负责同志一起,倾听群众意见,摸清不同需求,讲透政策法规,争取到了各方的理解和大力支持。

省辖金东台农场第一家集中交出承包耕地,由施工单位进行原地面附着物清理。弶港农场老党员常能林带头拆房让地，第一个完成房屋拆迁任务。许河镇负责同志身临一线,冒雪组织拆迁,全镇不到两个月就完成了主线交地任务。

管杆部门积极配合，不提条件，不讲价钱，一切服从交通重点工程建设大局，先急后缓，重点突破，按期完成了各自的杆线搬迁任务。

水产养殖承包户，不计较季节性市场差价，不因承包合同未到期而提出过高的补偿要求，将未到捕捞期的鱼、虾、蟹等提前投放市场。

林业部门主动向上级管理部门反映情况，争取政策，为工程建设赢得了时间。

取土区用地面积最大的沿海经济区，更是为施工单位提供了很多的便捷条件。

……

旗帜引领攻克道道难题

开工伊始，东台市委、市政府就确定了“建精品工程，交满意答卷；按时交付使用，助推沿海开发”工作目标。而临海高等级公路东台段地处黄海滩涂，既有大面积的饲养鱼塘，又有苗圃耕地。沙性土不稳定、渗水快，路基开挖回填没有成熟经验；盐碱地、水位高、含碱量大，综合土施工等需要“摸着石头过河”；滩涂上建桥如何解决驳坡的牢固性等，需要研究解决的新课题接踵而至。

重任面前，临海高等级公路东台段建设工程指挥部果断决策：在工程一线建立临时党支部，号召党员实施科技攻关，逐个破解难题，把党员的先锋模范作用体现在具体工作上，将“党员先锋队”队旗插在工地最前沿，并在一线培育典型，确立标杆，火线“炼金”“比学赶超”。

工程建设，拆迁交地是第一关。东台市交通运输局党委决定，在指挥部办公室下设宣传督查组、征地拆迁组、工程建设管理组。市委组织部、市委农工办以及国土、审计、财政等部门的党员同志，在临时党支部的领导下，进村（场），走企业，深入农户，做做宣传发动和政策兑现工作；办事讲党性、讲原则，公开、公正、公平、透明；遇有矛盾主动协凋，不推诿，不扯皮，认真履行了部门职能。

实施工程建设，技术攻关是必修课题。全线62名党员或三人一组，或五人一队，与技术人员一起从改变土性结构研究开始，到实施基槽开挖回填、管涵底板浇筑、桥梁灌注桩钻孔到水泥稳定碎石基层、沥青混凝土面层摊铺，再到路肩蝶形排水沟浇筑、两侧浆砌片石排水沟垒砌、路肩驳坡、绿化种植、景点打造、防护设施打设、标志标牌标线建设，无不流淌着他们辛勤的汗水。如果说工程推进迅速，是他们先前扫清了技术障碍；如果说工程质量满足设计要求、达到优良等级标准，是因为他们的模范带头、现场监管、严格要求，他们是工程建设的“铺路石”、先锋队。

路基建设正值寒冬，伴随施工人员的是一望无垠的海滩和沿海风沙。根据气象部门监测，沿海气温平均低于正常气温3—5摄氏度，特殊时段超过6摄氏度。也就是说，内地温度在零下5摄氏度时，海边温度已在零下10度左右，加上阵阵海风，身在其中，不寒而栗。面对艰苦的环境，“路基标工程党支部先锋突击队”率先倡议以大庆铁人王进喜为榜样，与天斗、与地斗、与自然环境斗，不惧风沙，不畏严寒。第一党小组组长余茂伟总是第一个走上工地，率先发动机器，率先旋耕作业；党员袁义每天都走在收工队伍的最后面。为不让假日影响阶段性目标任务完成，春节前党员们最后离开项目部，春节后党员首先进入工地。

桥梁施工钻孔灌注桩浇筑是关键，而一根灌注桩从钻孔到成功浇筑需要2—3天时间，中途不能停止作业，有的机械操作手在冰河寒风中或炎炎烈日下一坐就是三四个小时。桥梁标工程党支部党员王祖红身先士卒，严格遵守操作规程，一次作业任务不完成不离开岗位，无论白天黑夜、刮风下雪，一以贯之。

2013年盛夏，高温持续时间较长，这对交通工程建设来说既是难得的机遇，又是无声的挑战，特别是对参与沥青混凝土路面摊铺的施工人员来说更是严峻的“烤验”。建设现场没有遮阳的树荫、没有避日的港湾，唯有烈日当头、海风拂面。“是党员的跟我干。”路面标工程党支部党员毕崇阳站了出来，用行动影响参战人员起早贪黑、避开中午高温时段作业，并以平均每个工作日（晴天）12 公里的速度向前推进。渴了路边喝口矿泉水，累了轮番休息再上阵，人歇机不停，“黑色地毯”在滚滚热浪和流淌的汗水中不断延伸。他们身上的衣服一天湿了多少遍又干了多少回无法统计，深色衣服上显现出的斑斑汗渍、点点盐霜就像一幅盐碱地图。

建设工程指挥部为有效保护劳动力，在连续高温时段将大客车开上工地，供轮番休息人员临时纳凉降温、饮水喝茶。在工地开展的劳动竞赛中，省海员工会，盐城、东台市交通运输局相关领导分别到一线慰问，鼓舞斗志。

党支部组织委员袁小兵是指挥部办公室专业人员，先后参加过高兴东公路、S226、海堤公路、□时公路、S333、新 G204 等一大批省、市重点工程建设，他把所学知识和平时积累的实践经验用于临海高等级公路关键技术问题的分析、研究，圆满解决了低路堤、高地下水位的质量控制问题；在高位养殖塘的路基填筑中，推荐使用路基两侧开挖深沟与道路中心管井降水相结合的方案，解决了 5 道施工难题，仅此一项就节约建设成本 180 余万元。

为确保工程按期建成，袁小兵会同监理、施工单位，根据工程进展情况，不断细化工作方案，牵头编制了《临海高等级公路东台段建设工程劳动竞赛考核管理办法》，从计划到进度管理、质量控制、文明施工和安全措施落实，无不追求科学合理。他几乎没有星期天和节假日，整天与施工人员摸爬滚打在一起，甚至在年迈父亲身体严重不适的关键时刻也没有离开工地，只能全权委托家属、亲友照应。

一站式、“保姆式”服务是全体党员服务工程建设的一贯信条。协调用地矛盾时，小问题从不过夜，大问题不超过 48 小时。

为确保工程质量，党支部一班人以规范程序为抓手，以现场管理为重点，细微入手，点滴抓起，严把材料准入关、施工过程监控关，强化企业自检，提高抽检频率，工地试验室经常见到他们躬腰驼背的身影。

为确保廉洁工程目标的实现，工地党支部从市检察院请来法学专家，就预防职务犯罪进行法律法规辅导。同时，组织党员干部观看廉政建设板展，筑牢拒腐防线。在资金拨付上，严格计量审查、审核、审批程序，严格设计变更。在工程使用原材料最关键时刻，是党员深入一线，严把产地、质量检验关，杜绝了“百家料”问题的发生。

一个临时党支部就是一个工程攻坚克难的核心，一名普通党员就是一个作业点奋勇争先的旗手。在党支部和参建党员的带领下，临海高等级公路东台段建设推进迅速，质量隐患逐个消除，未发生一例责任在己的安全事故。

海边通途惠及百万人民

2014 年 1 月 23 日，临海高等级公路东台段正式投入试运行，一条宽阔平坦的沿海大通道开始服务广大运输业主，服务沿线民众。

工程建设过程中，累计清表 331.24 万平方米，清淤 35.87 万立方米，挖方 30.51 万立方米，填筑土方 373.96 万立方米，碎石、砂砾垫层 12.36 万立方米，湿喷桩软基处理 14.32 万延米，浇筑路肩滑模排水沟 8.51 万延米、中分带盲沟 8970 延米，片石浆砌路侧排水沟 7.67 万延米，垒砌边沟涵、超高段矩形边沟 8070 延米、路缘石 8.19 万延米，浇筑混凝土集水井 190 座、混凝土防护 1.75 万立方米；填筑 20 公分厚水泥石灰综合稳定土底基层 108.48 万平方米，摊铺水泥稳定碎石基层 35.34 万立方米，摊铺沥青混凝土面层 11.83 万立方米，浇筑桥梁钻孔灌注桩 2.26 万延米，安装波形梁护栏 105.70 公里、标志 400 块，漆划标线 7.71 万平方米；栽植经济、景观树木 239.50 万株。

如今的临海高等级公路东台段，路面犹如黑色地毯，平整光亮；黄白相间的道路标线为车辆、行人指明方向；中分带树木错落有致，避光挡沙；

蝶形排水沟、浆砌片石排水沟、水泥块件驳坡、草皮植被组成联合体，尽显个性功能：内侧绿化带构成蜿蜒长廊，形成生态环保的绿色景观；配套齐全的指路、警告、警示标志犹如不知疲倦的忠实卫士，坚守岗位，经风历雨，时刻提醒行人、车辆遵章守纪，安全重于泰山。

临海高等级公路东台段的建成，为临海高等级公路全线贯通提供了支撑，使东台融入长三角成为现实。“借港出海”、实施沿海大开发、快速发展，东台经济有了可靠保障。

临海高等级公路东台段的交付使用，缩短了东台与上海等大都市的时空距离，过去东台人去上海需要三个多小时，现在只需要两个多小时，既省时又节约了陆上运输成本；沿线村民种植的蔬菜、瓜果，养殖的渔虾，晚上采摘、捕捞，第二天早晨即可投放上海市场。

临海高等级公路东台段的建成，更带动了东台招商引资和产业结构的调整。路通了、宽了、等级高了、行驶速度快了，为客商云集东台，办厂兴业提供了快速通道。

经过三年的艰苦奋斗，东台交通人踏平滩涂成大道，谱写了东台沿海开发的又一壮丽篇章。（作者单位：东台市交通运输局）

专记 5

盐都区农村公路提档升级惠及百姓

严　俊　祁瑶霞

（1）农路提档升级　群众喜笑颜开

2015 年盛夏时节的盐都大地，草木葱茏，万物丰茂，瓜果飘香。

在全市城乡统筹示范镇郭猛镇郭护公路上，一路绿树掩映，车辆穿行其间，景观点缀村舍。蓝天、碧水、别墅、农田、乐园，勾勒出一幅和美的生态画卷。

先试先行闯新路

7 月中旬，盐都区境内楼大线、学义线、义北线、秦南线等县道如期建成通车，新塘线、斗沙线、葛武“一路两桥”等提档升级工程相继开工。看到 K9 线公交车不停地走在自家门口的路上，北龙港镇村民高兴地说：“道路提档升级，让我们过上了和城里人一样的生活。”

2013 年以前，农村机动车辆、各类货车超载超限现象较为严重，给一些标准较低、超期服役的农路、老旧桥梁带来了不小的安全隐患。尽管该区逐年加大对农村公路的养护维修力度，但全区农村公路好路率仅为 20%，“好路危桥、宽路窄桥”现象依然存在。

2013 年起，该区按照“促进基础设施向农村延伸、公共服务向农村覆盖”的发展思路，坚持将农村交通环境改善作为新农村建设的重要内容，当年投入资金 5000 余万元，对全区 ll 条计 54 公里县乡道路、16 座桥梁进行了提档升级改造。

2014 年，该区根据镇村公交发展规划，本着“宁愿亏财政也不能亏民生”的宗旨，将农村公路提档升级工程列入为民办实事项目，写入政府工作报告。围绕提高农村交通基础设施供给能力，充分发挥省补资金引导功能，建立区、镇二级配套资金建设模式，投入 6.70 亿元，一鼓作气将全区 484 公里农村公路、421 座农村桥梁彻底“大变脸、大提档”，将省政府明确的 6 年提档升级任务压缩在 2 年内完成。

提档升级惠民生

位于盐都区秦南镇的盛花村有 2000 多人口。全村以种植业为主，村里物产丰富，有香菜、山药、角瓜、黄瓜等多种农产品。2013 年前的农忙季节，外面大型农用机械进不来，村里的农产品因运不出去卖不出好价钱，村民们期盼新建道路的愿望十分迫切。

2014 年，盐都区在先试先行的基础上，提出县道达三级公路及以上标准，3.50 米宽的乡村道达 6 米宽的四级路标准，改造四、五类桥梁（危桥），实现路桥匹配，达到“安全畅通”的建设目标。

农路提档、危桥改造等一系列便民交通项目相继展开，不仅盘活了市场要素，也带动了休闲农业与乡村旅游业的发展，促进了剩余劳动力在家门口就业。

据了解，依托四通八达的农村公路，该区已建成高效示范农业面积 14.40 万亩、占耕地面积比重 18%，规模龙头企业 139 家，农业“三品”216 个。

绿化廊道靓乡村

7 月的盐都乡村公路，一行行、一排排、一片片的花草树木错落有致，满眼望去，一幅幅绿帘随风摇曳，红、黄、蓝、白有意无意的“混搭”，让这片恬静的土地多了几分姿色。

说起眼前的景象，楼王镇村民王荣海感慨地说：“以前，我们这里只有绿麦子、黄油菜，路两旁哪有这成片林。这两年，随着乡村道路新建改造，镇里在道路两旁种植了各种各样的苗木。现在好了，四季常绿，环境变美了，我们打心底里欢喜！”

交通道路绿化，既是体现一个地方绿化水平的主要窗口，又是创建绿化模范城市的重要评价指标之一。自盐都区实施“绿色通道提升工程”以来，该区交通部门主动担责，将第一轮提档升级的乡村道路列为重点，本着“路修到哪里，树栽到哪里”的原则，以提高景观品位、改善生态环境为重点，坚持绿化、美化、香化同步推进，全面实现全区道路生态化、景观化、林荫化。

“农村公路的绿化既要注重生态屏障功能，又要兼顾视觉效果。我们农村公路上基本以女贞、紫薇、竹柳等品种为首选，配合使用大枣、桃树等经济林木。”该区交通运输部门负责人介绍，“除了新拓宽改建的农村公路实施绿化栽植以外，我们还对其他县乡道路进行了绿化补植和改造提升，全力构筑‘有路必有树、有树必成荫’的道路绿色长廊。”

一条条平整、通畅、宽阔的农村公路，像条条金色缎带，把散落在盐都大地的座座村落，紧紧串联在一起。

（2）带动三农促旅游　路畅人富唱欢歌

2015 年盛夏时节，盐都乡村大地万木葱茏、满目苍翠，婉蜒的农村公路犹如一条条玉带穿行城乡、缠绕村庄，郁郁葱葱的果园和蔬菜大棚点缀两旁，满载农产品的物流货车穿梭如织，统一标识的城乡公交车辆平稳行驶乡间，家长们带着暑期里的孩子来到乡下或采摘水果，或品鲜玩水，或欣赏田园风光，如今，休闲农业、乡村旅游正越来越受到城市居民的喜爱与追捧。

农产品外销走上致富路

7 月 18 日，盐都区大冈镇佳福生态农场来了一群盐城工学院商学院的大学生们，他们正在这里开展“电子商务平台”暑期调研，大三的小夏告诉笔者，依路而建的农场如今又依靠“电子商务平台之路”，实现了订单销量的翻番，这也正是他们暑期调研的目的所在。“我的果园就建在道路两旁，水果成熟之后便于车辆运输，我们要保证水果的新鲜度，这对交通的要求很高。”来自东台的果农周彬彬介绍，之所以选择在这里办园，也是看中了这个现代农业示范园的资源优势和政策优势。如今作为全市现代农业示范园的佳富农场，采用立体种养、生态循环先进模式，种植了日本金手指葡萄、韩国黄金梨等有机农产品，年产四时鲜果 100 万公斤以上，解决农村剩余劳动力 300 人以上。

位于盐都区滨湖街道境内的盐城海王冷冻食品有限公司是省内做龙虾、鱼产品深加工的知名企业，目前，日产龙虾 30 吨，年销售额达 1.20 亿元，产品全部销往欧洲和美国。谈到农村公路的建设给企业带来的影响时，该公司总经理李晓兵十分感慨:“以前因为路不好，养殖户都是通过水路驳载,从岸边运到冷库,不仅增加了人工成本,还造成龙虾死亡。现在门口潘大路越修越宽、越修越好，公司早已从过去原产品的直接输出发展到深加工模式,每天8辆箱式货车直接从冷库出发,将生鲜虾肉发往青岛、上海等港口,每年运输成本可节约100多万元。”

目前，该区在交通便利的公路沿线建起各类设施农业、龙头企业、示范园、家庭农场等1000多个，农村居民可支配收入达1.58万元，增长11.70%。

乡村游品牌享誉省内外

“每年暑期正好是葡萄成熟的季节，一到周末,你可以看见这条路两旁满满当当停着私家车。葡萄哪里要外销,有时都不够游客们采摘的。”张庄街道王庄村支部书记张永清向笔者介绍,“这条路修好之后,促进了土地流转。交通越便利,就有更多的农民愿意种植葡萄，还有外地来的投资商租地种草莓的。”据了解,20世纪80年代,王庄葡萄园还没有现在这样的规模，那时候就三户村民种植,面积只有十几亩,每到葡萄成熟的八、九月份,因为路窄不平,只能用三轮车运往批发市场,一路颠簸下来,葡萄损坏严重,很难卖到好价钱。2000年以后，特别是穿园而过的张郑线浇筑成水泥路面后,路越修越宽、越铺越平整,葡萄园的规模现已发展到200多万平方米，葡萄业与乡村旅游业相互依存、共荣发展的模式带动了周边郑通村、龙海村300多户居民种植葡萄,居民人均年收入增加2万多元。

依靠特色休闲农业的发展带动乡村旅游的发展,在盐都区类似的发展模式还有很多。郭猛镇杨侍村潘国胜依路兴办起了草莓家庭农场,每年春季的三四月份,很多市民走进美丽乡村进行生态旅游,每天采摘草莓的游客达上千人。“每逢假期,家长带孩子到杨侍游乐场玩一圈,再到我们这边摘草莓,体验劳动的快乐。总之这条路好了,什么都好了。”潘国胜告诉笔者近期他还要扩大种植规模。

随着农村公路的提档升级,“多彩盐都、欢乐水乡”旅游品牌享誉省内外。该区精心打造的“一圈一带一湖”旅游项目风生水起,全国最美乡村杨侍村、江苏省四星级乡村旅游景点仰徐村、全国农业旅游示范点龙冈华都森林公园等地景点日益升温。

公交到家门 城乡零距离

“路修好了,听说马上就能通公交车啦。像我这样腿脚不方便的人，以后到镇上买个东西就便当多了。”谈及即将开通的镇村公交,学富镇蒋河村民吴大爷喜上眉梢。

2014年,盐都区在苏北五市的县级行政区域内率先实现市镇公交全覆盖后,围绕“2015年底前实现镇村公交全覆盖”的目标,该区同步完善城市、市镇、镇村三级客运网络,大力发展农村客运,建成农村客运站7个、便民候车亭144个,投入客运车48辆,开通镇村公交线路21条,初步实现了农村客运经营主体化,运作过程市场化,规范管理标准化。

农村公路提档升级改变的不仅是当地群众的出行方式，也为该区实施校车工程提供了硬件支撑。2014年9月,盐都区率先在苏北实施“校车工程”，该区交通运输部门及时与教育部门沟通,将原先计划排定的500个校车乘车点增加到1000个,并对全区开通校车、但未纳入农路提档升级计划的线路进行拓宽,全区共增设400多个会车点、100多个掉头点,拓宽边坡路肩20多公里,为校车安全出行奠定了基础。

“城乡公交的开通,直接带动我们对学生和老人市场的开发。”大纵湖风景旅游区曾副总经理说,“来我们这里游玩的学生、老年人原来每年只有两三万,现在几乎翻了三番,其中2/3是城乡公交带来的，特别是市区至大纵湖风景区的旅游专线开通后,每天的游客络绎不绝。”

“出门就是水泥路、抬脚迈上公交车”已由盐都城乡统筹发展的愿景变为生动现实。一条条延伸在盐都大地上的农村公路宛若畅流的血脉，正成为经济社会加快发展的新引擎，带领农民踏上全面建成小康社会的康庄大道。

(3)建管养齐头并进 乡村路保护有力

2015年，盐都全区第二轮农村公路提档升级正在全面推进，两轮6亿多元的投资将有效改善农村村民出行环境。路变宽了，车子更多了，但一个新问题摆在了盐都交通人面前，如何对农村公路实行常态养护长效管理？

多措筹资推动机械养护

说起农村公路机械化养护，盐都区公路站养护工、盐都区十佳文明新事获得者程风桂深有感触。“30年前，每天上路养护都得带着小推车、铁锹和扫帚，我养护的第一条路是伍佑到大冈的伍大线，虽然只有3米多宽，但养护起来非常吃力，每天只能养护千把米，如果遇到填坑补塘的活儿，一天推进百十米就算不错了。”然而让他没想到的是，30个年头过去了，养护早已实现了机械化。

2015年7月初，台风“灿鸿”来袭，一夜大风、暴雨肆虐，盐都境内路边行树10棵意杨被大风折断、1处省道边坡遭暴雨水毁塌方，挖掘机、拖运机等大型机械的紧急驰援，使效率提高数倍甚至数十倍。

据了解，近年来，盐都区交运部门为了让农村公路养护更便捷、更优质，连续投入1000多万元，逐步配备安全、高效、更适合养护工作需要的挖掘机、装载机、压路机、洒水车等20多台(套)。全区20个镇(区、街道)也按统一标准配备了一定数量的养护机械，该区交运部门加强对农村公路养护工作的考核，每季严格兑现奖惩，有效促进了地方政府对农路养护机械的投入，提高了公路养护质量。

五位一体探索养护新路

盐都区郭猛镇作为盐城城乡统筹示范镇，在城乡一体化建设方面做出了富有成效的探索和实践，该镇率先启动全镇农路“三年计划”，加大“新镇区、新园区、新社区、新环境”道路建设，投入5亿元建成乡道46公里、村道184公里，达二级公路标准近30公里。在路基全硬化、边坡全绿化、安保全配套的基础上，将农村道路管护纳入集镇农村环境“五位一体”长效管护机制，实现了管养全天候、常态化。

“五位一体就是将河道保洁、绿化管护、道路清洁、垃圾清运和设施维护统一纳入集镇管理中心，由过去多部门、分散式管理归并到一个部门集中管理，实现了资源集中化。”郭猛镇公路站程卫根告诉笔者。从2015年7月1日开始，这项“五位一体”长效管理机制在盐都全区推广。

不仅如此，还在全区范围内开展农村公路管养示范镇、达标镇创建活动，各镇(区、街道)相继出台农村公路管养体制实施方案，建立健全农村公路管理养护体系。至2014年年底，盐都区农村公路列养率达100%，好路率由2012年的20%提升到80%。“有人管，有人养”的农村公路，不仅改变了农村环境面貌，也带动了农村改水、改厕、垃圾处理和河道清理等工程的实施，成为推动新农村建设的重要载体。

综合执法助力农路发展

“农村公路是农村经济发展的命脉，仅仅养护到位还不够，杜绝超载、超限运输车辆行驶才是农村公路长久发展的治理源头。”盐都区交通运输部门负责人告诉笔者：“2009年，我国实施燃油税改革，取消‘五小车辆’收费后，我们对全区各乡镇的交管所进行合并，并于2012年在全市率先成立乡镇交通运输综合管理所，开启了农村公路综合执法工作新模式。”

综合执法赋予基层交管所新的活力，该区乡镇综合交通运输管理所下设4个基层交通运输管理所，承担着全区乡镇辖区内运输、公路、港口、航道、内河交通安全等行政管理职能，这一做法不仅能对乡镇辖区内交通运输违法违规等行为进行及时制止、处罚，也使得基层交管所的执法职能得到更有效发挥。

在没有实施交通运输综合执法之前，交管所执法人员身份一直比较“尴尬”。碰到违章车辆，由于没有执法权限，只能移送路政大队或运政稽查大队处理，而现在，针对群众反映强烈的超载、超限或者辖区内维修行业管理、港口航道管理等问题，基层交管所的执法人员直接可以把问题、矛盾化解在基层一线。

几年来，盐都区乡镇综合交通运输管理所共查处超载超限车辆63台次；对39家损坏公路的单位、企业和个人进行了制止、取证和处罚，有力地保护农村公路的路产、路权，维护了运输市场秩序。（作者单位：盐都区交通局）

港口建设

海　港

【概述】

盐城港下辖大丰、射阳、滨海、响水四个港区。至2015年，盐城港已建成一类开放口岸1个、临时开放口岸1个，生产性码头泊位86个(其中万吨级以上泊位19个)，泊位总长8770延米，综合年通过能力达6018万吨。

“十二五”期间，盐城港发展步伐加快。五年中，港口建设累计投资近120亿元，年投资额连续五年均突破20亿元（2015年达到27亿元），新建万吨级以上泊位16个（5万吨级码头泊位8个），新增货物年通过能力4209万吨，年均增长53.50%；新辟汽车贸易进出口通道，新增汽车年通过能力23万辆，实现了各港口万吨级通航全覆盖。

盐城港已成为盐城市临港产业发展的重要依托和区域综合交通运输体系的重要枢纽、苏北地区及淮河流域经济社会发展和对外开放的重要口岸、江苏省沿海地区性重要港口。“十二五”期末，盐城港累计入驻各类企业近千家，其中投资数百亿元的国家电投、中海油、协鑫、大唐、博汇、德龙等一批央企、民企大项目，形成了煤炭、物流、木材石料、重型装备、石化新材料等各具特色产业园区，盐城港正向东方大港目标迈进。

大丰港区

【概况】大丰港区是盐城港主港区，是国家一类开放口岸、江苏省沿海开发重要节点、江苏省重点建设的三大海港之一。

“十二五”期间，大丰港基础设施累计投资38亿元(比“十一五”同期间增长91.40%)，建设石化

码头、通用码头、大件码头、粮食码头、滚装码头等16个万吨级生产性泊位（其中5万吨级以上码头泊位5个)，泊位线长2886.60延米，新增年通过能力2350万吨；疏浚深水引航道79.9公里，5万吨级散货船全潮单向、10万吨级散货船乘潮单向可进出港口码头；实施镍矿石堆场及粮食仓储等工程并完成一期集装箱堆场、二期散货、砂石堆场报备工作。港口基础设施日渐完善，满足生产发展需要。五年中，累计完成货物吞吐量1.52亿吨、集装箱37.51万标箱，年均分别增长54.7%和36.0%，分别比“十一五”增长18.4倍和3.58倍。其中2015年完成货物吞吐量4525万吨、集装箱17.21万标箱，分别比2014年增长11.0%和66.8%，分别比2010年增长7.52倍和3.65倍。

码头工程

【跻身规模港口行列】2011年10月16日，大丰港5万吨级石化码头、5000吨级大件码头建成，

码头泊位总数由2010年的4个跃升至8个(其中5万吨级以上大型深水泊位3个)，吞吐能力逾2000万吨。港口总体规模迈上一个新台阶,跻身规模港口行列。(薛俊、王晶)

【5万—10万吨级大件码头暨石化码头试通航】2011年10月16日,大丰港举行5—10万吨级大件码头暨石化码头试通航典礼。大件码头,泊位为5000吨级,工程总投资2.70亿元。码头安装一台单件最大起吊能力500吨桅杆吊，年吊装能力达600件以上。码头建成,将有力促进大丰港海上风电项目实施，填补江苏中部沿海无大件进出通道的空白。石化码头,工程总投资8.04亿元,建成5万吨级液体化工、5万吨级植物油泊位及5000吨级石化泊位各1个，同时配套建设各类储罐设施7.2万立方米。码头营运后，年新增吞吐能力660万吨/年。(薛俊、王晶)

【粮食码头建设】2012年4月12日，大丰港粮食码头工程开工。新建1个5万吨级散粮泊位和1个5万吨级通用泊位。散粮泊位配置1台连续式卸船机,通用泊位配置1台65吨岸边集装箱起重机和4台40吨门座式起重机。总投资6.8亿元,2013年10月18日竣工。(薛俊、王晶)

【石化码头通航】2013年5月16日，大丰港石化码头正式通航。码头使用岸线近700米,年设计吞吐能力1000万吨,是目前江苏省沿海最大的化工码头。(薛俊、王晶)

【集装箱码头投入运行】2013年10月18日，大丰港集装箱码头正式运行。码头长280米、宽45米,可靠泊10万吨级船舶,年吞吐量30万标箱。码头所有设备都装有能量收集和回馈系统，作业范围涵盖集装箱、大型件杂货等,具有工艺先进、工作效率高、低炭环保等特点,是江苏中部、盐城沿海第一个集装箱码头。(薛俊、王晶)

【石化码头靠泊装卸首艘油化品船舶】2014年3月22日,一艘名为“顺达油77”号的船舶停靠在大丰港石化码头，成为靠泊卸货的第一艘油化品船舶。其装载的柴油通过运输管网运至码头后方的中南汇仓储有限公司。(薛俊、王晶)

【通用码头通航】2014年6月8日,大丰港通用码头正式通航。码头平台长560米、宽53米,正面为2个10万吨级泊位,内侧为3个2万吨级泊位,配备45吨专用门机14台,总投资额12亿元。码头年装卸能力达1200万吨,是大丰港区迄今体量最大、能力最强、泊位最多的专用装卸平台。通用码头的通航使大丰港通航的泊位总数达到16个,年吞吐能力突破4000万吨。(薛俊、王晶)

【成功申报低碳主题性港口】2014年7月3日,《大丰港绿色循环低碳港口主题性项目实施方案》通过交通运输部评审。大丰港成为江苏沿海继连云港之后的第二个低碳主题性港口。大丰港将投资3.16亿元,从基础设施建设、装卸运输装备应用、工艺升级改造、港口智能化信息系统技术应用、清洁能源推广应用、环境保护等六个方面着手，通过包括新建码头低碳节能设备的应用和已建码头旧装备的改造等20个项目试点示范入手,推动港口绿色循环低碳发展。(薛俊、王晶)

【3个码头通过对外开放验收】2014年8月21日,大丰港石化码头、大件码头、北港2号码头对外开放工作通过由省口岸办联合江苏海事局、南京海关、省边防总队等部门组织的省级验收,并上报省政府批准后正式对外开放。(薛俊、王晶)

【滚装船码头建成试运行】2014年9月20日，大丰港滚装船码头工程开工建设,2015年11月竣工并投入试运行。码头前沿水深－14.1米,等级为7万GT，年通过能力23万标辆，总投资约8000万元。滚装船码头建成运行,对降低悦达起亚及周边车企运输成本、实现南北对流内贸输运、促进汽车贸易进出口、发展中韩陆海联运都具有重要意义，也为大丰港发展成为华东地区最大的汽车集散地和整车进出口口岸奠定了基础。(薛俊、王晶)

【首泊5万吨级危险化学品船】2015年3月

26日，长184米、宽32.2米、进港吃水12米，最大载重量5万吨的“长航翡翠”号海轮装载4.10万吨轻质循环油，安全靠泊大丰港石化码头。这是大丰港接纳的首艘5万吨级危险化学品船。（薛俊、王晶）

深水航道工程

【深水航道工程】2011年3月，大丰港深水航道工程被列入国家《综合交通运输体系“十二五”规划》，项目概算总投资15.4亿元，拟建设10万吨级全潮、15万吨级乘潮单向通航航道。航道总长79.9公里，疏浚段长46.7公里，设计底部标高16.5米。其中一期工程于2013年12月通过省发改委核准立项，按照5万吨级全潮、10万吨级乘潮单向通航标准建设(2014年6月下旬，获得交通运输部专项补助资金3.07亿元)。经过近3年试挖、科研论证，完成了工程可行性研究、初步设计、施工图设计等一系列前期工作，2015年9月6日，完成招投标工作，9月30日正式开工建设。计划2016年年底前完工。一期工程建成后，航道水深达14.5—15.0米、有效宽度210—223米，可满足散货船5万吨级全潮、10万吨级乘潮进出港口码头。(薛俊、王晶)

【15亿元打造大丰港“海上高速”】2012年10月18日上午，中国·大丰国际麋鹿节开幕式暨大丰港10—15万吨级进港深水航道试验段开工典礼在大丰港举行。江苏省副省长史和平、盐城市委书记赵鹏、市长魏国强出席了仪式。大丰港进港深水航道总长79.9公里，建成后将为大丰港开辟一条“海上高速”。大丰港10万—15万吨级港深水航道是国家交通运输部《十二五建设规划》的港口重点公共设施项目。工程总投资15.4亿元，按照底部标高10.50米，浅段疏浚长度46.70公里，10万吨级船舶可全潮、15万吨级船舶可乘潮进出港口码头标准建设，将为矿石、煤炭、粮食等各类大宗散货提供便捷、廉价的物流货运平台，为大石化、大冶金、大造纸、大物流等大进大出临港产业布局和发展提供更加便利的条件。（薛俊、王晶）

货物堆场工程

【镍矿石堆场建成使用】2011年5月10日，大丰港镍矿石堆场完工。堆场位于大丰港二期码头后方，占地面积8.12万平方米，由江苏大丰海港控股集团有限公司投资1800万元兴建，主要用于堆放镍矿石和其他金属矿石。（薛俊 王晶）

【3个堆场建设项目启动】“十二五”期末，大丰港启动3个堆场建设项目，其中，一期集装箱堆场，位于江苏象王公司东侧，占地面积约13.92万平方米，总投资0.8亿元；二期散杂货堆场，位于港区南港路北侧，占地面积约53.75万平方米，总投资1.8亿元；二期矿石堆场，位于南港路北侧、占地面积约29.57万平方米，总投资1.1亿元。3个项目，均于2015年11月26日在大丰区发改委完成报备工作。（薛俊、王晶）

【兴建盐城最大粮食中转基地】2015年下半年，大丰港仓储物流园粮食仓储一期工程投入使用。整个项目全部建成后，将配套粮食筒仓14座、平板仓1座以及变电所、内河码头等配套设施，总建筑面积达3万多平方米，集粮食收购、储备、中转、质量检测于一体，可容纳粮食500万吨。（薛俊、王晶）

【进口木材检验检疫除害中心开工建设】2015年9月19日，大丰港进口木材检验检疫除害处理中心项目破土动工。该中心是国内首个示范性全封闭式木材熏蒸除害处理项目，设计年处理能力为200万立方木材，实际年处理能力可达到350万立方米。

港池工程

【挖入式港池研究工作启动】2011年8月15日，大丰港组织召开挖入式港池开发方案汇报会。针对大丰港已建码头工程均采用长距离离岸栈桥式布置，运输成本高，港口岸线资源利用率低的实际，会议重点对大丰港一期工程北侧港口岸线及相应水陆域进行挖入式港池开发方案研究。交通

运输部规划研究院、南京水利科学研究院、省市港口局等相关部门应缴参加了会议。（薛俊、王晶）

【总体规划挖入式港池数模研究在京通过评审】2012 年 3 月，大丰港在北京组织召开了总体规划数模研究专家评审会。交通运输部、南京水利科学研究院及交通运输部规划研究院、南京水利科学研究院、盐城市港口管理局等单位的代表参加了评审会。大丰港挖入式港池项目拟对一期工程引堤向北至四卯酉河 9 公里岸线及相应水陆域实施港池开发。项目建成后将形成深水岸线约 36 公里、形成陆域面积约 50 平方公里。会上专家和代表们听取了南京水利科学研究院关于《大丰港区挖入式港池开发方案岸滩演变及稳定性分析》《大丰港区挖入式港池开发方案波浪数学模型计算》及《大丰港区挖入式港池开发方案潮流泥沙数学模型研究》三项研究报告的汇报。专家们经过认真讨论，一致认为三项报告研究思路清晰、技术路线正确、方法合理、结论可信，其成果可以作为下阶段研究工作的基础。专家们同时对各项报告提出了宝贵的意见和建议。（薛俊、王晶）

射阳港区

【概况】射阳港区为盐城港开港最早的港区。“十二五”期间，射阳港累计投资 15 亿元(比“十一五”增长 11 倍)，建成 2 个万吨级通用码头泊位，泊位岸线长 487 延米。至 2015 年，射阳港共拥有生产性泊位 23 个、岸线长 1194 延米；建成一期进港道 10 公里，万吨级散杂货船可全潮双向、3.5 万吨级散杂船可乘潮单向靠泊码头；建成货场 18 万平方米，港口综合通过能力达 700 万吨 / 年。五年中，累计完成货物吞吐量 2560 万吨，其中 2015 年突破了 1000 万吨。

码头工程

【万吨级通用码头通过工可评审】2012 年 3 月，江苏省发改委在南京组织召开射阳港万吨级通用码头工程可行性评审会，对拟建吞吐量 190 万吨 / 年(其中散货 160 万吨 / 年，件杂货 30 万吨

/ 年)的 2 个泊位项目进行工程可行性审查并通过评审。（薛俊、王晶）

【港区规划方案调整报告通过专家评审】2012 年 5 月 25 日，盐城市发改委与市港口管理局在盐城联合组织召开《盐城港射阳港区规划方案调整报告》评审会。省发改委、省交通厅、连云港海事局、盐城海事局和中交第二航务工程勘察设计院单位相关领导及专家出席了会议。与会领导、专家经过认真审查，一致认为，《盐城港射阳港区规划方案调整报告》内容基本符合射阳港实际发展需要，可以纳入《盐城港总体规划》，作为射阳港区今后发展的指导文件。（薛俊、倪代斌、王晶）

【万吨级通用码头工程】2012 年 9 月 10 日，射阳港万吨级通用码头开工。工程概算总投资 4.3 亿元，建设 2 个万吨级通用泊位码头及道路、堆场，生产、生活设施等，设计货物吞吐能力 162 万吨 / 年、集装箱通过能力 2 万标准箱 / 年。码头使用岸线 337 米，陆域纵深 510 米，后方作业区总面积 17.2 万平方米。2013 年 9 月 9 日，码头主体水工结构与导堤通过交工验收。（薛俊、王晶）

【首艘万吨级海轮停靠射阳港通用码头】2013 年 9 月 10 日，“海澄”168 号万吨海轮驶入射阳港港池，靠泊万吨级通用码头，成为射阳港自开港后迎来的首艘万吨级货轮。（薛俊、王晶）

深水航道工程

【进港航道一期工程】射阳港进港航道工程，于 2009 年 9 月获省发改委核准。工程总造价概算 17.27 亿元，按照万吨级散杂货船全潮双向通行、

兼顾3.5万吨级散杂货船乘潮通行标准设计，建设总长约15.7公里的双导堤，整治航道约10公里。2011年3月16日，一期工程开工建设，计划投资约8.7亿元，2013年9月建成后，形成万吨级船舶通航能力。（薛俊、王晶）

【疏港航道整治工程预可报告通过预审】2013年5月，省交通运输厅在南京组织召开射阳港区疏港航道整治预审会。省发改委、省交通运输厅航道局、盐城交通运输局等单位的代表和特邀专家参加了会议。会议听取了省交通规划设计院股份有限公司关于《工程可行性研究报告》主要研究结论的汇报，并进行评审和讨论。会议认为《工程可行性研究报告》内容丰富，基础资料较翔实，分析论证全面，主要研究结论总体上可信。原则同意报告推荐的建设内容、规模标准、航道平面布置、船闸及桥梁工程等初步设计方案。同时，对《工程可行性研究报告》提出了修改意见。会议要求研究单位根据会议纪要，结合与会代表和专家意见及建议，对《工程可行性研究报告》进行修改完善，再上报省厅。（梁同好）

【万吨级航道通航】2013年10月1日，射阳港区万吨级航道正式通航。航道工程建成北导堤

6.3公里、南导堤6.2公里，疏浚航道7.13公里，疏浚土方548万立方米，可满足万吨级散货船单向乘潮通航要求。（薛俊、王晶）

【进港航道二期工程】2015年3月13日，射阳港进港航道二期工程开工建设。工程概算投资9.7亿元，计划将一期工程南北导堤各延长1.6公里，建成北导堤7.8公里、南导堤7.9公里，堤头水深达到－10米；同时疏浚航道10公里，航道底部标高－10.5米、宽160米，可满足1万吨级船舶双向全天候、3.5万吨级船舶单向乘潮进港。工程预计2016年6月底前竣工。（薛俊、王晶）

【部、省拨付射阳港航道补助资金】2012年12月，射阳港进港航道一期工程，获得交通运输部专项补助资金1.21亿元；2014年4月，射阳港进港航道二期工程获交通运输部2.57亿元专项补助资金。与此同时，江苏省人民政府拨付射阳港进港航道配套资金2.60亿元。射阳港进港航道工程共获得部、省专项补助资金6.38亿元。（薛俊、王晶）

货物堆场工程

【通用码头后方陆域堆场工程】2013年4月19日，射阳港经济开发区与中交一航局签署通用码头后方陆域堆场工程合作协议，于当月正式开工建设。工程概算总投资3.2亿元，建设钢材、南侧煤炭、北侧煤炭、件杂货四块堆场及省道329拓宽东延、东围堤修筑、1号锚地建设等配套设施。2015年6月6日，工程通过交工验收，正式交付使用。

【港区物流园工程】2013年5月8日，在射阳举办的第12届经贸洽谈会上，总投资50亿元的射阳港港区物流园工程项目签约并开工建设。工程以射阳港口为龙头，规划用地面积333.33万平方米，建设海关监管区、仓储区、加工配送区、集装箱货运站、公铁中转装卸区、综合服务区等八个功能区域及配套建设水、电、气及路网等基础设施。

港池工程

【万吨级码头港池通过交工验收】2013年5月，射阳港万吨级码头港池工程开工建设。港池占地面积14.30万平方米，底部标高－8.0米，回旋半径292米，设计疏浚土方量105万立方米。同年8月2日，中交广航局“智龙号”绞吸挖泥船进入港池疏浚施工，8月底完工。2014年1月，工程通过交工验收。（薛俊、王晶）

滨海港区

【概况】滨海港区是盐城建港条件最好的港区，具有江苏沿海建设10—15万吨以上航道离岸最近，能够开发建设特大型、多功能、综合性深水大港的优越条件。“十二五”期间，滨海港累计投资42亿元，建成生产性泊位5个(其中5万吨级以上4个)，码头泊位长1368延米。其中2015年完成投资20亿元，较2014年翻了一番，建成的万吨级以上码头泊位数、岸线使用长度分别比2014年增加4个、1624延米；比2010年增加5个、1939延米。滨海港围绕“淮河门户、东方新港”定位，抓住淮河生态经济带国家发展战略规划，按照“一带、三河、一枢纽”目标要求，有序推进港口建设，发展态势向好，港口高起点规划建设效应已经显现。2012年7月，滨海港启动一类开放口岸申报工作；2014年，“申报”被列入国家口岸开放审理计划；2015年，获得交通运输部等五个部门关于“申报”的“批复意见”。与此同时，滨海港与国资、民营大企业展开探索性合作，实现了港口企业化运营。2014年，滨海港与中交一航院合资重新组建滨海港投资开发有限公司；2015年，与国电投组建国电投滨海港有限公司，共同开发建设码头、深水航道、堆场、锚地等港口基础设施项目，滨海港的发展进入了快车道。(薛俊、王晶)

码头工程

【煤炭码头一期工程项目获国家发改委核准】2012年5月，国家发改委发改基础1151号文下发了《关于江苏省盐城港滨海港区中电投煤码头一期工程项目核准的批复》，同意滨海港中电投煤炭码头一期工程建设1个7万吨级和1个10万吨级煤炭接卸泊位，码头长574米(其中，349米水工结构按靠泊15万吨级船舶设计、225米水工结构按10万吨级船舶设计)；1个3.5万吨级和1个5万吨级煤炭装船泊位（码头水工结构均按靠泊7万吨级船舶设计），码头长度484米；2个1000吨级内河装船泊位，码头长度210米；工作船泊位及其他配套设施，设计年通过能力3900万吨(其中接卸2000万吨，海港码头装船1500万吨、河港码头装卸400万吨)。项目总投资约35.06亿元，预计2012年10月份开工，2014年建成。(薛俊、王晶)

【国电投煤炭码头一期工程通过初步设计审查】2012年8月4日，盐城港滨海港5000万吨煤炭码头一期工程初步设计审查会在盐城港滨海港召开。交通运输部总工程师徐光、水运局副局长李天碧，省交通运输厅高工肖慧兴等有关专家及中电投物流有限公司党组书记周耀宗、中电投江苏分公司党组书记、总经理顾新及地方有关部门负责人出席了会议。盐城港滨海港5000万吨煤炭码头由中国电力投资集团公司投资，重点建设5000万吨储配煤中心。煤炭码头一期工程于2012年被列入江苏省沿海港口十大重点建设项目。工程将新建1个7万吨级和1个10万吨级卸船泊位、1个5万吨级和1个7万吨级装船泊位、3个500吨级河港装船泊位、海港和河港各新建1个工作船舶位，总投资约34亿元。该项目2012年5月份获得国家发改委批复，计划10月份开工建设。审查期间，与会代表和专家查看了工程项目现场，仔细听取工程初步设计介绍，并进行了审议讨论。徐光对相关单位所做的工作给予充分肯定，认为工程项目的初步设计深度和内容达到了交通运输部港口工程初步设计文件编制规定的要求。徐光希望设计单位进一步对该方案进行优化完善，形成报批稿，抓紧送审报批，使得项目尽快开工建设。(薛俊、王晶)

【国电投煤炭码头一期工程】2012年12月22日，盐城港滨海港中电投煤炭码头一期工程举行开工典礼，标志着总投资35亿元的煤炭码头全面开工建设。江苏省政府副秘书长王志忠，盐城市委书记、市人大常委会主任赵鹏，滨海县县委书记、县长李逸浩，中电投集团党组书记、总经理陆启洲等领导出席了开工仪式。煤炭码头一期工程是中电投集团滨海港大型储配煤中心的基础工程，将

建设1个7万吨级和1个10万吨级煤炭接卸泊位、1个3.5万吨级和1个5万吨级煤炭装船泊位、2个1000吨级内河装船泊位及工作船泊位等相应配套设施，设计年通过能力3900万吨（接卸2000万吨、海港码头装船1500万吨、河港码头装船400万吨），2014年年底建成。（赵琼、林海左）

【国电投煤炭码头工程进程】2012年5月2日，中电投煤炭码头一期工程通过国家发改委核准并开工建设。2015年年底，码头主体工程竣工，完成投资20亿元。（薛俊、王晶）

【北区通用码头一期工程建成试运营】滨海港通用码头一期工程，新建1个10万吨级码头，码头岸线310米，设计吞吐量330万吨/年（精铜矿150万吨、红土镍矿130万吨、废钢材50万吨），总

投资10.3亿元。项目于2014年3月开工，2014年10月完成码头水工结构，同月28日开港试航。2015年2月9日通过交工验收，同年10月取得港口管理部门运营许可证，12月2日召开试通航安全协调会议，同时，组织进港货源，码头进入试运营状态。（薛俊 王晶）

【南区液体散货码头一期工程建设】2015年5月，滨海港经济开发区与上海创诺集团、沿海工业园签订三方合作建设滨海港南区液体散货码头协议，2015年6月，开工建设。码头一期工程在防潮大堤内侧新建1个5万吨级泊位（水工按10万吨级泊位标准建设），泊位长315米，设计通过能力180万吨/年，包括附属设施计划投资11.3亿元。预计2017年年底竣工。

【北区通用码头二期工程前期准备】滨海港通用码头二期工程拟新建1个10万吨级通用码头，码头长280米，设计年吞吐量400万吨（钛磁铁矿250万吨、红土镍矿120万吨、矿建材料30万吨），计划总投资8.3亿元。2015年3月，完成项目工程可行性研究报告编制工作；2015年10月30日，通过通航安全影响论证报告专家评审。同时，码头海洋环评和海域使用报告通过评审并报批，岸线使用报至交通运输部待批。（薛俊、王晶）

深水航道工程

【10万吨级航道防波挡沙堤工程交工验收】2009年7月，滨海港区10万吨级航道防波挡沙堤开工建设，2011年11月竣工，2012年8月，通过交工验收并投入使用。防波挡沙堤由相距2300米南堤、北堤组成。其中，南堤长1980米，北堤长4800米（呈折线形展开），均为抛石斜坡堤结构，堤顶高程3.0—4.5米，堤身顶宽7.3米，总投资10亿元。（薛俊、王晶）

货物堆场工程

【启动1号、2号物流园基础设施建设】滨海港计划于北防波堤北侧，投资11.5亿元，建驳岸2658米、吹填土方695万立方米，形成94万平方米有效使用面积，用于建设1号、2号物流园金属矿物、矿建材料堆场及生产、生活辅助设施。2015年8月，项目上报备案，并同步进行海域使用等手续报批工作。（薛俊、王晶）

响水港区

【概况】响水港区位居灌河南岸，处于盐城港

最北端。“十二五”期间，响水港累计投资 23 亿元（比“十一五”增长 1.1 倍），建成大湾作业区、小蟒牛作业区、双港作业区一期码头，勤丰船业、宏海船业舾装码头、大桥作业区中联码头等 5000 吨级至 5 万吨级以上码头泊位 12 个，新增港口通过能力 1800 万吨。其中 2015 年完成投资 2.8 亿元，建成万吨级以上泊位 5 个、岸线长 4792 延米，分别比 2010 年增加 4 个、2892 延米。至 2015 年年底，响水港共拥有各类码头 45 座 53 个泊位（其中千吨级至 3.5 万吨级泊位 22 个、万吨级以上泊位 5 个、余为千吨级以下泊位）。不断完善的基础设施，满足了港口生产发展的需要，五年间累计完成货物吞吐量 6320 万吨，年均升幅 43.9%，比“十一五”增长 280%。其中 2015 年完成货物吞吐量 2030 万吨，比 2014 年增长 36.6%，比 2010 年增长 260%。（薛俊、王晶）

码头工程

【双港作业区码头一期工程】2013 年 8 月 21 日，响水港双港作业区码头一期工程开工。项目总投资 8.9 亿元，由江苏荣鑫伟业港务有限公司投资，建设 7 个 5000 吨级泊位（4 个 5000 吨级散货泊位、2 个 5000 吨级件杂货泊位、1 个 5000 吨级通用泊位，水工结构均兼顾 1 万吨级泊位），泊位

双港作业区码头施工现场

长 942 延米。设计吞吐能力 1045 万吨 / 年，主要用于钛磁铁矿砂、粉煤、块煤、还原铁、钛精矿、钢材等货种进出口。2015 年 9 月 8 日，工程通过航道行政许可事项竣工验收。2015 年 11 月 22 日，正式开港通航。（薛俊、王晶）

【小蟒牛作业区一期码头工程】2010 年 11 月 22 日，小蟒牛作业区一期码头开工。项目为 2 个 2 万吨级兼靠 5 万吨级散杂货泊位，泊位长 392 延米，主要用于德龙镍业进口红土、镍矿中转，设计年通过能力 320 万吨，总投资 5.10 亿元。2012 年 7 月，工程竣工投产。（薛俊、王晶）

深水航道工程

【灌河拦门沙治理后首次通航万吨级货轮】“十一五”末至“十二五”初，为破解困绕响水港灌河口拦门难题，提升灌河通航能力，响水港区领导下大气力对灌河入海口航道进行为期两年的疏浚，整治拦门沙段 28 公里，航道水深达——6.1 米，可通航 1 万吨级船舶。2012 年 5 月 20 日，船长 140 米装载 11336 吨煤炭的“勤丰 198”号轮，顺利驶入灌河口，安全停靠在陈家港国华电厂码头，成为灌河水域首次通航的万吨级货轮。（薛俊、王晶）

【灌河口外 10 公里规划岸线研究】2012 年 3 月 14 日，市港口管理局邀请省交通运输厅水运研究中心主任、江苏省交通规划设计院副院长王仙美一行 7 人到响水港对灌河口外 10 公里规划岸线进行研究。响水港灌河口拐弯向东海域 10 公里

岸线的建港条件研究工作引起市委、市政府高度重视，市港口局积极配合响水港启动建港条件论证工作，抓紧与相关科研单位对接，进行基础研究。（薛俊、王晶）

【灌河口 5 万吨级航道整治工程】2013 年 1 月，灌河口 5 万吨级航道整治开工。工程按照 5 万

吨级散货船舶单向通航标准疏浚航道29.19公里，总投资19.72亿元。2014年6月，完成试开挖并投入试运行。5万吨以下船舶可直接到达港口码头，无需中转。航道通航运营后，每年可为德龙镍业、国华电厂等大型企业节省8.20亿元运输开支。2015年8月，灌河口5万吨级航道整治获得江苏省发改委可行性研究报告批复，同时，通过盐城市港口局初步设计审查。（薛俊、王晶）

内河港

【概况】“十二五”期间，盐城内河港累计投资13.79亿元，新建8个作业区，120个码头泊位，其中1000吨级泊位16个、800吨级泊位32个、500吨泊位57个、300吨级泊位15个，新增港口年吞吐能力5000万吨以上。（戴万林、管荣）

【步凤作业区码头工程】位于步凤镇连申航道左岸，占用岸线1096米、土地21.67万平方米。2013年开工，先后建成1000吨级码头泊位16个，形成年340万吨港口吞吐能力。总投资2.94亿元，2015年竣工。（戴万林、管荣）

【凤冈作业区码头工程】位于盐都区盐邵航线南岸，占用岸线775米、土地9.67万平方米（含水上服务区用地）。2013年11月开工，先后建成500吨级码头泊位12个，总投资2.97亿元。2015年底竣工。（戴万林、管荣）

【新界作业区码头工程】位于新界村新洋港北岸，占用航道岸线296米、土地3.20万平方米。2014年1月开工，先后建成800吨级码头泊位10个、300吨级码头泊位6个，总投资6750万元。2015年年底竣工。（戴万林、管荣）

【东台市时堰作业区码头工程】位于时堰镇泰东河北岸，占用航道岸线924米、土地33.33万平方米。2011年年初开工，先后建成500吨级码头泊位16个，总投资1.19亿元。2013年竣工。（戴万林、管荣）

【建湖里下河作业区码头工程】位于建湖镇建口航线西岸，占用航道岸线1018米、土地25万平方米。2011年7月开工，先后建成500吨级泊位码头17个，总投资2.42亿元。2013年9月竣工。（戴万林、管荣）

【阜宁东港作业区码头工程】位于阜城镇通榆河与射阳河交汇处东岸，占用航道岸线1018米、土地25万平方米。2009年年初开工，先后建成500吨级码头泊位12个，总投资2.53亿元。2012年底竣工。（戴万林 管荣）

【阜宁水陆服务中心码头工程】位于阜城镇射阳河南岸，占用航道岸线423米、土地4.85万平方米。2014年8月开工，先后建成300吨级码头泊位9个，总投资9696万元。2016年3月竣工。（戴万林、管荣）

【射阳特庸作业区码头工程】位于特庸镇新洋港北岸，占用航道岸线190米、土地2.67万平方米。2011年年初开工，先后建成800吨级码头泊位16个，总投资570万元。2015年竣工。（戴万林、管荣）

【步凤作业区建千吨级码头申请通过专家审查】2012年6月20日，盐城市内河港计划利用通榆河1096米岸线建设步凤千吨级码头泊位作业区及开挖作业区码头至通榆河长2240米引航道申请通过了省交通厅专家组审查。步凤作业区位于国家级经济开发区步凤镇境内，为公用作业区。

计划建设千吨级码头泊位16个及相关设施，构成装卸、仓储、物流、配送、信息等多种功能综合性体系，将进一步提升盐城市区承载大项目的能力。

（朱广军、单以超）

【步凤作业区千吨级码头水工部分通过交工验收】2013年11月25日，盐城市内河港首座千吨级泊位步凤作业区码头工程（水工部分）通过交工验收。码头共有16个千吨级泊位，其中散货泊位5个、件杂货泊位6个、待泊泊位5个，设计年吞吐能力340万吨。可同时提供船舶装卸、仓储、物流、配送、信息等综合性服务。（戴万林、管荣）

【新兴作业区码头一期工程施工设计图通过专家评审】2014年3月7日，盐城内河港市区港区新兴作业区码头一期工程施工图设计通过省、市专家评审。工程位于通榆河左岸与新洋河交界以北3.3公里处，占用航道岸线803米（其中码头泊位利用岸线543米、待泊区利用岸线260米），建设500吨级散货泊位4个、件杂货泊位4个、多用途泊位2个，设计年通过能力357万吨。总投资约3亿元。（戴万林）

铁路建设

【概述】

盐城铁路建设起步于20世纪80年代，通过争取立项阶段、设计对接阶段，1998年9月，新长铁路盐城段全线开工建设。2004年6月29日清晨，一声汽笛长鸣，第一列客运列车从盐阜大地上驶过，从此结束了盐城"地无寸铁"的历史。进入新世纪后，盐城的经济建设飞速发展，新长铁路的运能很快趋于饱和，已不能适应经济社会发展和广大人民群众的出行需求。2008年12月，国家发改委正式批复建设连盐铁路，将其作为支撑江苏沿海开发的重要基础设施。"十二五"期间，盐城铁路建设进入了又一个高潮期。2013年12月，连盐铁路全线开工建设，该项目技术标准为国铁Ⅰ级复线电气化牵引、时速200公里（平面预留250公里），客货共线。盐城境内正线长约105公里，总投资105亿元。截至2015年年末，累计完成投资50.36亿元。2015年12月，徐宿淮盐铁路全线开工，正线全长314公里，技术标准为高速铁路、双线、电力牵引，设计时速250公里，项目投资估算总额为414.90亿元（工程投资386.30亿元、动车组购置费28.60亿元）其中盐城段约72公里，设阜宁南、建湖、盐城3个站，这是盐城境内第一条高速铁路，盐城人实现"高铁梦"已为时不远了。盐通铁路全线长约158公里，其中盐城段90公里，经过城南新区、亭湖区、大丰区、东台市。2015年4月，盐城至海安铁路可行性研究评审会在北京召开。当年12月，铁路总公司在南通召开盐城至南通铁路可行性研究审查会，确定本项目研究范围从盐城一次性修建至南通，推荐方案为新建双线客运专线，时速250公里。时至年底，该项目被列为由国家发改委、交通运输部发布的《城镇化地区综合交通网规划》的重点工程。盐泰锡宜铁路全线长约270公里，其中盐泰段110公里，该项目已列入江苏铁路"十二五"规划和国家发改委、交通运输部发布的《城镇化地区综合交通网规划》的重点工程。不久的将来，盐城的高铁将四通八达，与周边城市的时空距离也将大大缩短。此外，盐城市已委托中铁五院开展大市区和市域轨道交通规划研究，设计单位已完成中间成果。盐城港4个沿海港区铁路支线的前期规划工作也在积极推进之中。（计小刚、王仲林）

连盐铁路盐城段

【概况】连云港到盐城铁路（以下简称连盐铁路）是国家中长期铁路网规划项目，是沿海铁路大通道的重要组成部分，正线长234公里，为国铁Ⅰ级，双线，电气化牵引，设计速度每小时200公里，平面预留250公里。主要工程量包括11个车站，特大桥、大中桥90座，桥梁比63%，全线永久征地1005.62万平方米，拆迁量达60万平方米，总投资260亿元。2010年7月30日，连盐铁路可行性研究报告获国家发改委批准，初步设计方案鉴修方案已经审查完毕。立交、杆线、三电、三改等协议基本完成。12月26日，铁道部、省政府在连云港联合召开连盐铁路建设动员大会，部省主要领导出席动员大会并共同为工程奠基填土。盐城市境内正线长约105公里，总投资105亿元。铁路经过盐城市响水、滨海、阜宁、射阳、建湖和亭湖6个县（区）、20个乡镇（开发区、经济区），在盐城北站与新长铁路接轨。在盐城市境内设响水、滨海、阜宁东、射阳4个客站和滨海、阜宁东2个货站。连盐铁路的建设将改变响水、滨海、射阳3个县无铁路的历史。

连盐铁路盐城段于2013年12月7日开工建设。截至2015年年底，盐城市已提供全部红线用地349.59万平方米和临时用地74.27万平方米。完成拆迁1086户，累计拨付征地拆迁费用5.83亿元。先安置、后拆迁，努力实现零过渡的做法得到了省铁路办的充分肯定。“三改”（改水、改路、改渠）工程已完成180个，占总数的55.73%，正在施工32个。工程建设进入架梁阶段，2015年完成投资23.60亿元，占年度计划投资额的107.45%。累计完成投资额50.36亿元。深入开展“路地共建”，积极协调解决矛盾问题，营造文明和谐施工环境，保证铁路建设顺利进行。

连盐铁路盐城段共规划建设集中安置小区17个，建设铁路拆迁安置房710套，面积9.58万平方米，安置拆迁户588户。购买集镇安置房194套，面积2.29万平方米，安置拆迁户172户。自拆自建规划了4个集中安置点，采取统拆自建、统一建设公共配套设施、统一户型的安置方式安置100户。（计小刚、王仲林）

【连盐铁路沿线5县出台拆迁补偿及安置政策】2011年年初，连盐铁路沿线建湖、射阳、阜宁、滨海、响水5县相继出台拆迁补偿及安置政策，完善了有关交通基础设施建设征地拆迁补偿及安置方面的文件。市铁路办要求各县（区）相关政策能够覆盖可能产生补偿的所有要件，确保群众利益不受损害；坚持政策的延续性和普遍适应性，兼顾与其他基础设施建设的平衡。

【完成拆迁入户调查摸底】自2010年12月开始，市、县铁路办配合建设单位和评估单位利用近2个月的时间到现场进行拆迁入户调查，对红线范围内和红线外环评线范围内的所有房屋详细情况分别进行登记造册。经调查，全线（除亭湖区外）共有拆迁户942户，拆迁面积11.67万平方米，红线内居住608户，非居住12户，红线外295户，公益设施4处，道路改移涉及拆迁23户。2011年3月23日至4月15日，由省铁路办、徐州建指、中铁五院、市和县铁路办五方代表组成的核查小组，核查红线内96户、环评线内109户，确保了调查资料的准确性。6月，完成入户调查数据统计汇总和费用测算工作。

【完成相关桥梁防洪评价审批和道路改移放线工作】2011年4月18日至26日，市、县铁路办工作人员全程参与、协助中铁五院设计人员完成了连盐铁路盐城段道路改移放线工作。此次道路改移放线涉及沿线5个县27处，所涉及的23户拆迁户的入户调查和五方签认工作也已完成。4月29日，连盐铁路跨盐城市境内29条市、县管辖骨干河道30座桥梁防洪评价审批工作全部通过，为连盐铁路施工图的完善奠定了基础。（计小刚、王仲林）

【召开建设指挥部组成人员会议】2011年8月26日，盐城市政府召开连盐铁路盐城段指挥部组成人员会议。市交通运输局局长管亚光，连盐铁路沿线各县（区）国土资源局负责同志、铁路办主

任出席。会议由市政府副秘书长陈锋主持,连盐铁路盐城段建设指挥部总指挥、副市长丁建奇对连盐铁路盐城段建设前期工作进行部署。

会议传达了省连盐铁路建设项目用地报批工作会议精神，介绍了连盐铁路盐城段今年以来工作开展情况，研究部署了下一步阶段重点工作计划安排。会议指出,尽管全省乃至全国铁路发展宏观形势有了一定变化，但加快盐城铁路建设进程不能变,铁路建设者要统一思想、坚定信心,坚持加快铁路现代化建设决心不动摇。

会议强调，当前连盐铁路的前期工作要突出抓好五个方面：积极做好连盐铁路盐城段的征地相关工作;进一步完善征地拆迁、安置补偿的相关政策;加快推进安置小区建设、公益设施和特种养殖设施的搬迁工作;尽快出台资本金筹措方案;全力做好工程建设保障工作。(郑志龙、单以超)

【交通部门督查】

陈宏程到盐调研铁路建设工作 2011 年年末，省铁路办副主任陈宏程一行到盐调研铁路建设工作,市铁路办主任潘进山,副主任王铮、郭东成等陪同调研。

陈宏程一行先后查看了建湖上冈怡民安置小区、洋中教堂,射阳长荡云安、胜利安置小区,滨海工业园区沙庄安置小区、正红獐沟安置小区建设现场。在调研汇报会上,陈宏程要求盐城铁路建设工作明年总基调要稳中求进。首先要保大局稳定,按省铁路办维稳工作会议精神,做细各方面工作,为全省铁路办系统稳定做贡献。其次要求“进”,要在连盐铁路上有所突破,争取早日开工;在推进新长铁路盐城至海安段扩能项目上有所突破，争取早立项;在徐州至盐城、盐城至南京铁路上有所突破,前期工作迅速跟上。(郑志龙、单以超)

丁军华到盐调研铁路建设工作 2012 年 10 月 12 日,省铁路办副主任丁军华率有关处室负责人及中铁五院、省国土厅土地勘测设计院相关领导到盐调研铁路建设工作。市政府魏国强市长会

见了调研组一行,副市长王荣、市交通运输局局长管亚光、市铁路办主任潘进山等领导陪同调研。

魏国强对丁军华一行表示欢迎，并对省铁路办及有关部门多年来给予盐城的支持和帮助表示衷心感谢。调研组先后实地察看了滨海县正红镇獐沟安置小区、射阳县长荡镇胜利桥安置小区、建湖县上冈镇怡民安置小区建设现场和盐城铁路北站,并听取了盐城市铁路建设工作开展情况、目前存在的问题及下一阶段工作打算的汇报。丁军华对盐城铁路建设特别是连盐铁路前期重点工作取得的成绩给予高度评价。(郑志龙、王卫东)

刘广忠到盐督查铁路建设工作 2014 年 8 月 14 日,省交通运输厅党组书记、省铁路办主任刘广忠督查连盐铁路跨沈海高速和苏北灌溉总渠特大桥施工现场,并慰问连盐铁路施工一线人员,市政府代市长王荣平参加慰问活动。

2015 年 7 月 21 日,省交通运输厅党组书记、省铁路办主任刘广忠到盐督查铁路建设工作,副市长吴晓丹,市政府副秘书长陈锋,市交通运输局局长管亚光,市铁路办主任潘进山,苏北铁路公司总经理陶叶平,滨海县县长钱武华、副县长高明荣等陪同。

刘广忠一行查看了连盐铁路跨苏北灌溉总渠和沈海高速特大桥施工现场，听取了盐城市铁路建设工作的情况汇报。刘广忠对盐城铁路建设取得的成绩给予了充分肯定，在连盐铁路征地拆迁中实施先安置、后拆迁,努力实现零过渡办法,受到拆迁群众的欢迎，他强调要认真总结和推广这

一经验。

刘广忠强调下阶段铁路建设工作，要依据全年工作计划，超前谋划各项工作，确保年度工作目标的完成。要对照省、市政府签定的目标任务责任书，统筹安排各项工作，确保有序、有力向前推进。要根据时序进度要求，坚持问题导向，哪里有问题就跟进到哪里，举措就到推进哪里、干部就到深入哪里、工作就做到哪里。铁路办要积极做好协调服务工作，认真总结“路地共建”的成功经验，坚持“咬定青山、抓铁有痕”的韧劲，积极主动对接，逐一破解难题，把年度各项目标任务落到实处。（市铁指办）

丁军华到盐督查铁路建设工作 2015 年 4 月 21—22 日，省铁路办副主任丁军华到盐督查铁路建设工作，副市长王荣陪同。督查组一行先后察看了徐宿淮盐铁路拟开工点、建湖县庆丰镇唐庄安置小区，以及连盐铁路跨 S329 特大桥、跨沿海高速和苏北灌溉总渠特大桥、灌河特大桥等施工现场。市交通运输局局长管亚光、市铁路办主任潘进山，以及相关县（区）分管负责人一同参加了督查。

丁军华对盐城铁路建设取得的成绩，给予了充分肯定。针对下一阶段工作，他强调，要加快工程建设，做好服务保障，确保各项工作再上新台阶。连盐铁路要抓紧完成征地组卷报批工作，省铁路办建管处要督促省土地勘察院加快推进，地方政府要完善相关政策，建设单位抓紧做好概算调整和验工计价工作，抓紧完成征地拆迁扫尾工作，施工单位要积极做好借用地方道路的修复工作，避免矛盾发生和阻工现象；“三改”工程涉及群众生产生活，要与主体工程同步完成。同时做好徐宿淮盐铁路开工前期相关准备工作。

苏北铁路公司副总经理丁建伟介绍了连盐铁路 2015 年施工计划安排情况。（计小刚）

【全市铁路工作会议在响水召开】2012 年 3 月 23 日，全市铁路工作会议在响水召开。各县（市、区）铁路办主任、连盐铁路沿线各县（市、区）铁路办征地拆迁业务骨干，市铁路办相关人员出

席会议。省铁路办综合处处长、连盐铁路项目部部长蒋龙泉应邀参会，并就连盐铁路征地拆迁工作做了具体业务指导。市交通运输局副局长、党委副书记、市铁路办主任潘进山主持会议并作讲话。

会议回顾了 2011 年全市铁路建设工作，分析了目前全市铁路建设工作中的一些突出矛盾和问题及全省、全国铁路建设面临的新形势，号召全市铁路建设系统认清形势、抢抓机遇、坚定实现铁路现代化建设的信心和决心。会议明确了 2012 年全

市铁路工作的总体思路，进行具体工作部署。一是确保四季度开工建设连盐铁路盐城段。二是年底前完成新长铁路盐城至海安段改造项目（含大丰港铁路支线）立项批复；同时做征地拆迁前期调查摸底和开工前的各项准备工作。三是扎实推进盐泰锡宜及徐淮宿盐等铁路前期工作，争取将宁盐铁路列入全省“十二五”铁路发展规划，并与盐泰锡宜城际铁路同步推进前期工作。尽快开展徐淮宿盐铁路前期工作，争取年底前完成立项文件上报。会议要求各县（市、区）铁路办切实加强领导，强化协调配合，形成推进全市铁路建设的强大合力。把连盐铁路建设作为近一阶段工作的重点，集中精力、集中智慧，增强工作主动性、创造性，主动沟通协调，积极做好工作。（郑志龙、王卫东）

【铁路建设用地报批工作会议在盐召开】2013年6月25日，连盐铁路工程建设用地报批工作会议在盐城召开。省国土厅土地勘测规划院、省土地开发征用事务所及市铁路办等单位的相关负责人参加了会议。

会上，市局党委委员、市铁路办副主任周正雄介绍了连盐铁路项目的线路走向、技术标准和前期工作进展情况，并对各县（区）铁路办配合做好建设用地报批工作提出了具体要求。省土地开发征用事务所主任吴佳木通报了勘测定界数据，强调要使用报部软件组织报件，同时明确安置房用地必须按1:1的比例上报。市国土局业务处室负责人就征地具体业务进行了技术指导。

省土地勘测规划院副院长杨剑春在讲话中强调，各地制定的政策不要专门针对连盐铁路；学校、养老院等公益设施要整体拆迁；涵洞、边角地、三角地等要有四方确认，补偿要到位，但不列入征地范围；安置用地面积要按标准严格控制，安置用地选址由国土部门拿方案，报当地县（区）政府批准；用地性质按照实际地面种植物来定，防止那些通过突击种植改变土地用途的行为。

会议要求，7月10日前，各县（区）铁路办向

国土部门提供连盐铁路项目的相关批准文件、征地风险评估报告等。8月10日前，各县（区）国土局要向省国土厅上报土地征用材料。（郑志龙、王卫东）

【省市领导考察】

史和平到盐调研连盐铁路建设准备工作　2013年8月20日，省政府副省长史和平到盐调研连盐铁路建设准备工作。省政府副秘书长陆志鹏，省交通运输厅党组书记、铁路办主任刘广忠，上海铁路局常务副局长王锋，市委书记朱克江，市长魏国强等陪同调研。史和平一行查看了连盐铁路灌河特大桥和滨海县正红镇安置小区，听取了朱克江、魏国强前期准备工作的汇报。

史和平对盐城铁路建设前期准备工作表示满意，特别对盐城坚持先安置后拆迁，基本实行零过渡的做法给予高度评价。他指出，连盐铁路是江苏实施沿海发展国家战略，促进区域经济优势互补、协调发展的重要基础设施项目，是江苏“十二五”铁路建设重点项目。沿线各地和省有关部门单位要从全省发展大局出发，全力以赴做好各项服务保障工作。他强调，连盐铁路建设时间紧、任务重，必须围绕既定目标，以只争朝夕、时不我待的精神，坚持并行推进，合力协同做好下阶段工作，确保10月份开工建设。（郑志龙、王卫东）

李学勇到盐考察铁路建设　2013年12月7日，连盐铁路全线开工建设。省长李学勇到盐考察铁路建设。在阜宁、射阳两县交界处的中铁十局施工现场了解工程建设情况，看望慰问参建人员。李学勇强调，加快连盐铁路建设意义重大，沿线各级

地方政府要进一步强化大局意识、服务意识，统筹协调各方力量，努力提供优质服务保障，积极帮助铁路规划建设单位解决工程施工中遇到的困难和问题，确保工程按时序进度推进，争取连盐铁路早日建成通车。要继续妥善做好征地安置工作，切实维护被征地群众的切身利益。希望工程建设者坚持百年大计，精心组织施工，把质量意识、安全意识、廉洁工程意识贯穿到工程建设全过程和各环节。市委书记朱克江在陪同考察时表示，盐城将认真贯彻落实省委、省政府工作部署，继续扎实做好相关配套和服务工作，为工程加快建设创造良好环境和条件。

副省长史和平、省政府秘书长张敬华、上海铁路局局长郭竹学、市委书记朱克江、市长魏国强，以及省有关部门领导一起陪同考察。（郑志龙、王卫东）

罗志军到盐考察铁路建设 2014年1月15日，省委书记罗志军到盐城考察连盐铁路建设情况。当日上午，罗志军在省委常委、秘书长樊金龙

和市领导陪同下考察了连盐铁路跨沈海高速和苏北灌溉总渠特大桥建设现场，向施工一线职工表示亲切慰问。他强调，建好连盐铁路意义重大，希望全体建设者坚持百年大计、质量第一，把确保质量的要求贯彻到设计、监理和施工各个环节。同时要抓住当前有利时机，进一步加快工程建设进度，确保项目早日建成通车，并发挥好作用。

罗志军详细询问了连盐铁路项目拆迁安置情况，副市长王荣详细汇报了盐城“先安置后拆迁”、努力实现零过渡的做法。罗志军希望，铁路沿线各级党委政府在坚持群众自愿和节约用地的前提下，要认真做好被征地群众的拆迁安置工作，确保老百姓利益不受损、生活有保障。（郑志龙、王卫东）

2015年2月10日，省委书记罗志军到盐慰问连盐铁路黄沙港特大桥施工一线建设者，要求按照沿海开发总体战略，加大基础设施建设力度，不断推进铁路建设，加快推进沿海开发。盐城市委书记朱克江、市长王荣平、副市长王荣等陪同。（计小刚、王仲林）

史和平到盐考察铁路工程建设 2014年12月3日，副省长史和平到盐考察连盐铁路建设情况。省交通运输厅党组书记、省铁路办主任刘广忠，市委副书记、代市长王荣平，市委常委、秘书

长、射阳县委书记潘道津，副市长王荣陪同考察。

史和平一行查看了连盐铁路黄沙港特大桥施工现场，并看望慰问一线建设工人。史和平勉励施工单位要科学安排施工计划，合理组织交叉作业，抢抓进度，加快推进，确保连盐铁路早日建成通车。当前要注意冬季施工安全，加强工地管理，抓好封闭施工，保证工程建设质量，全力打造人民满意的精品工程。

史和平指出，连盐铁路的建设，对于促进江苏地方经济社会发展、惠及百姓民生具有十分重要的意义。各级各部门要牢固树立大局意识、服务意识，切实增强加快推进项目建设的紧迫感，为铁路

建设创造良好环境；相关部门和项目建设单位要紧密配合，严把工程质量关，加强安全监管，保质保量推进项目建设。（郑志龙）

王荣平考察连盐铁路工程建设 2015年3月6日，市长王荣平、副市长王荣一行考察连盐铁路建设工程，查看了跨沿海高速和苏北灌溉总渠特大桥。（计小刚、王仲林）

徐鸣到盐考察铁路工程建设 2015年7月8日，省委常委、副省长徐鸣到盐考察连盐铁路跨沈海高速和苏北灌溉总渠特大桥，并看望慰问参建人员。他勉励大家要精心组织施工，统筹协调各方力量，在确保工程质量的前提下，全力加快项目建设进度。副市长王荣陪同。（计小刚、王仲林）

【召开连盐铁路建设推进会】2013年9月11日，市政府召开连盐铁路建设推进会，指挥部成员

单位负责人，沿线县（区）国土局、铁路办和有关乡镇负责人参加会议。会议由市政府副秘书长陈锋主持，副市长王荣出席会议并讲话。会议听取了市铁路办主任潘进山关于省有关会议精神的传达和前期准备工作及下步工作安排的汇报，市国土局关于如何做好征地组卷工作的说明，响水、滨海、亭湖3县（区）的汇报交流。

王荣指出，今年以来，铁路建设宏观形势发生重大变化，国务院正在深入推进铁路政企分开和投融资体制改革，铁路建设面临重大机遇。各地、各部门要从全市发展的大局出发，切实增强紧迫感、责任感和使命感，以只争朝夕的精神状态，积极做好连盐铁路开工建设的各项准备工作。一是在9月20日前完成入户调查资料补充完善工作，9月底前完成拆迁费用评估。二是沿线各县（区）要抓紧做好耕地占补指标调剂平衡，做好征地红线范围内的土地勘测定界和费用测算。三是已建成的安置小区要抓紧完成配套工程建设、工程竣工验收审计和财务决算工作，还没有开工的要加大工作力度，尽快开工建设，确保明年5月底前交付使用。四是完成重建的公益设施要尽快开展竣工验收、财务决算及审计工作，所有公益设施和特种养殖场要在年底前完成搬迁。五是市政府将专题会办研究，确定最终的资本金筹措方案，有关县（区）要确保按方案明确的进度要求及时筹集到位。六是响水县要按时完成先行施工点涉及的拆迁，同时积极做好先行施工的各项准备工作，保障铁路建设的顺利进行。

王荣强调，市各有关部门一定要增强工作的积极性和主动性，加强组织领导，严格执行政策，严格督查考核，为连盐铁路建设提供强作力的组织保证。各县（区）在开工建设准备工作中要做到“四个到位”：领导到位、人员到位、资金到位、责任到位。要严格执行好征地拆迁政策，站在维护被拆迁群众权益、解决群众实际困难的高度，积极实施先安置后拆迁政策，努力实现零过渡。市铁路建设指挥部成员单位要各司其职，各尽其责，主动服务，特事特办，调动一切积极因素为铁路建设服务。充分利用各种宣传工具，采取多种形式和方法，宣传连盐铁路建设的重大意义、法律法规和相关政策，消除群众疑虑。要建立考核督查制度，实行动态考核，严格实行奖惩。纪检监察部门要全程参与建设，提前介入，全程监督。凡因工作不到位、措施不得力而延误国家重点工程建设的，将严肃追究相关部门和人员的责任。（郑志龙、王卫东）

【召开征地拆迁动员大会】2014年1月8日，盐城市召开连盐铁路盐城段征地拆迁动员大会。会议传达了市委书记朱克江关于连盐铁路盐城段建设的重要批示精神，副市长王荣出席会议并讲话。

王荣要求,各地、各部门一定要贯彻落实好朱书记的重要批示精神,从全市发展大局出发,紧紧把握新一轮铁路发展的重要机遇,以只争朝夕的精神状态做好各项工作。要按照市政府的统一部署,倒排工期,挂图作战,1 月 15 日前提供相关工程建设临时用地,6 月底前完成征地拆迁主体工作，主线全部交地;11 月底前全面完成征地拆迁工作,按工程进度计划提供建设用地,实现无障碍施工。

王荣强调,各地、各部门一定要增强工作的积极性和主动性,强化协作意识、服务意识、责任意识，为完成征地拆迁工作和推进连盐铁路建设提供强有力的保障。各相关职能部门在具体工作中,既要坚持原则,又要发挥主观能动性,上下沟通,急事急办,特事特办,超常运作,灵活变通,为连盐铁路建设开通行政审批“绿色通道”。沿线县(区)、乡镇政府和国土部门要在 1 月 15 日前完成临时用地相关审批手续，满足铁路施工需求。各县(区)、乡镇政府和有关部门要主动配合铁路施工单位开展工作。要坚持工作程序,规范征地拆迁,征地拆迁资金要做到专户存储、专款专用,规范使用,确保经得起国家审计。各级纪检监察机关要提前介入,全程监督。市政府相关职能部门要实行高位督查、重点督查,对工作不力、严重影响工程进度的地方和部门要采取必要的行政和组织措施。通过比进度、比质量、比安全、比稳定,开展征地拆迁工作竞赛,并严格奖惩。

连盐铁路盐城段建设指挥部领导和成员单位及市相关部门分管领导,沿线各县(区)交通运输局、国土局、铁路办、各乡镇主要负责同志和中铁十局、中铁十二局、中交三航局相关负责人参加了会议。市铁路办、市国土局、滨海县政府在会上作表态发言。市政府与沿线六个县(区)和市直相关部门签定了连盐铁路盐城段征地拆迁责任书。(郑志龙、王卫东)

【连盐铁路跨沈海高速公路和苏北灌溉总渠特大桥第一墩开始浇筑】2014 年 3 月 13 日，由中铁十局施工的连盐铁路跨沈海高速公路、苏北灌溉总渠特大桥 51 号墩开始浇筑,这是连盐铁路浇筑的“第一墩”。连盐铁路跨沿海高速、苏北灌溉总渠特大桥全长 12592.84 米，是连盐铁路控制性工

程。该工程钻孔灌注桩 3232 根,共 18.90 万延米,设计墩台共 362 个。大桥于去年 12 月 15 日开工建设,工期约 24 个月,计划于 2015 年年底竣工。(郑志龙、王卫东)

【征地拆迁推进会在响水召开】2014 年 5 月 30 日,为加快连盐铁路盐城段征地拆迁工作步伐,市政府在响水县召开连盐铁路盐城段征地拆迁工作推进会议,副市长王荣到会并讲话。市政府副秘书长陈锋主持会议,市交通运输局局长管亚光,响水县委书记马俊健，市连盐铁路建设指挥部相关单位领导出席会议,沿线各县(区)分管领导、铁路办主任，徐州建设指挥部和建设单位负责人参加会议。

与会人员实地察看了中铁十二局铺架基地、黄沙港特大桥、连盐铁路跨S329铁路大桥、苏北灌溉总渠和淮河入海水道特大桥及连盐铁路第一墩、中山河特大桥、灌河特大桥施工现场，参观了中铁十二局、中铁十局、中交三航局指挥部，感受了如火如荼的铁路建设现场氛围。市铁指办主任潘进山通报了开工以来连盐铁路盐城段建设情况及下一步工作安排。各县(区)汇报了征地拆迁和配合施工的情况，市直有关部门做了交流发言，徐州建设指挥部、工程建设单位介绍了工程进展情况。

王荣充分肯定了连盐铁路征地拆迁工作所取得的成绩。他说，截至目前，连盐铁路盐城段共需提供红线用地342.47万平方米，已提供红线用地306.40万平方米，占总数的89.47%；提供临时用地72.20万平方米，占总数92%；修建施工便道88

公里，搭建便桥1900延米；共需拆迁1053户，已签订拆迁协议992户，占总数的94%；已拆迁848户，占总数的80%；累计拨付征地拆迁资金2.08亿元。征地拆迁工作取得了阶段性成果，实现了预期目标。王荣强调，下一步要加快拆迁进度，围绕施工进度及时提供建设用地。6月底前完成征地拆迁主体工作，主线全部交地，同时完成“三杆”迁移工作；11月底前全面完成征地拆迁外业工作，实现无障碍施工。各县(区)要加快推进集中安置小区建设和公益设施、特种养殖场搬迁。已经建好的要尽快做好竣工验收和结算工作，科学制定分房方案，及时分到拆迁群众手中，让老百姓能尽早入住，努力实现零过渡。要全力服务施工一线，积极做好铁路建设过程中的矛盾协调工作，与乡镇干部多沟通交流，把矛盾纠纷化解在基层、化解在萌芽状态。要坚决贯彻执行朱克江书记关于连盐铁路建设的重要批示精神，开通绿色通道，坚持特事特办，及时足额发放征地拆迁补偿款，维护好群众利益和社会大局稳定。同时，也要保证其他群众的权益不受损害，避免产生新的矛盾。最后，王荣还依据93号令实施细则，对取土坑的取土深度及补偿标准等具体问题明确了处理意见。(郑志龙、王卫东)

【拆迁安置工作推进会在射阳召开】2014年7月24日下午，市铁指办在射阳县海河镇召开连盐铁路盐城段拆迁安置工作推进会，连盐铁路沿线各县(区)铁路办和有关乡镇负责同志出席会议。会议通报了全市征地拆迁安置工作情况，对已完成征地拆迁任务的射阳县、亭湖区以及海河镇等11个镇区进行了表彰奖励。

会议要求，各县(区)要按期保质完成连盐铁路拆迁安置工作。9月份要完成征地拆迁主体工作，主线全部交地，完成“三杆”迁移；11月底前全面完成征地拆迁外业工作，实现无障碍施工。各地各单位要高度重视拆迁扫尾工作，确保在9月底前全面完成任务。各县(区)、各乡镇要切实履行属

地管理职能，加强矛盾协调解决，防止强装强卸、哄抬价格、随意阻工现象。要深入施工一线，及时帮助施工单位排忧解难，积极开展共建活动，努力构建密切的路地关系，共同营造文明和谐的铁路施工环境。(郑志龙、王卫东)

【首联悬灌连续梁顺利合龙】2015年5月15

日上午，中铁十局连盐铁路跨S329特大桥悬灌连续梁在连盐铁路全线率先合龙。（计小刚、王仲林）

【架梁施工启动】高大挺拔的桥墩一字排开，蔚为壮观，一台巨大的双导梁公铁两用架桥机正将1片长32米、重148吨的预制T型梁拎到桥墩上方，对准位置后轻轻放下。这是2015年9月7日，记者来到亭湖区新兴镇同心村采访连盐铁路盐城段建设时看到的场景。

“连盐铁路盐城段目前已基本完成路基处理和桥梁下构工程，进入架梁阶段，春节前将开始铺轨，2017年市民就能乘上动车出行。”市铁路办负责同志介绍。

“这台架桥机日架梁能力2单线孔，平均每月架梁50单线孔，后期将增加1台日架梁能力为5单线孔的架桥机。架设速度将大大提升，预计2016年12月底前盐城境内桥梁将全部架通。”承建连盐铁路VI标段的中铁十二局负责人说，通榆河特大桥的地下施工部分及其桥梁墩身的施工都已全部完成，跨通榆河连续梁正24小时不间断施工抢进度。

“连盐铁路盐城段因为水网密布，所以90%是高架。开始架梁施工，标志着铁路建设进入会战期、攻坚期。”市铁路办负责人边说边摆出一串数据。截至目前，连盐铁路盐城段已完成地基处理1343万延米，占设计数的97.60%；完成桥梁桩基1.72万根，占设计数的99.30%；完成承台2059个，占设计数的96.80%；完成墩台身2016座，占设计计数的94.80%；架梁54片，占设计数的0.74%；今年以来已完成投资14.28亿元，占年度计划投资额的64.92%。（记哉）

徐宿淮盐铁路盐城段

【概况】徐宿淮盐铁路自京沪高铁徐州东站引出，经睢宁、宿迁、泗阳、淮安、阜宁、建湖，终至盐城，正线全长314公里。技术标准为高速铁路、双线、电力牵引，设计时速250公里，项目投资估算总额为414.90亿元，其中工程投资386.30亿元，动车组购置费28.60亿元。其中盐城段约72公里，设阜宁南、建湖、盐城3个站。2015年2月12日，国家发展改革委批复了新建徐州至淮安至盐城铁路项目建议书。8月28日，国家发展改革委批复了新建徐州至淮安至盐城铁路的可行性研究报告。10月17日，中国铁路总公司、江苏省人民政府批复了新建徐州至淮安至盐城铁路的初步设计。12月28日，徐州至淮安至盐城铁路全线开工建设。

徐宿淮盐铁路盐城段经历了“从无到有”“从有到无”“从低到高”“从高到优”的艰辛争取历程。“从无到有”，徐宿淮盐铁路原本不在国家“十二五”铁路规划中，初期筹建时为徐州至宿迁至淮安，后经多方努力完成徐宿淮盐铁路立项工作。“从有到无”，在项目推进时曾出现将“徐宿淮盐”铁路与“连淮扬镇”铁路合并为“徐淮扬镇”铁路的方案。“从低到高”，2015年组织评审时，淮安至盐城段拟按时速200公里对新长线改造，后经市委、市政府全力争取全线“统一设计、统一标准、同步建设”，最终确定全线一次性建成时速250公里的客运专线。“从高到优”，徐宿淮盐铁路解决了盐城由徐州前往北京快速出行需求，但南京方向并未解决。经过市委、市政府积极争取，徐宿淮盐铁路在淮安增设了盐宁高铁联络线，建成后盐城到南京只需要一个小时二十分钟。徐宿淮盐铁路年内全线开工建设，创造了高速铁路项目“当年立项、当年设计、当年建设”的纪录。（计小刚、王仲林）

【专家组到盐城勘察】2014年5月4日，由中国铁路总公司、上海铁路局和中铁第五勘察设计

院组成的专家组到盐城对徐宿淮盐铁路盐城段线路走向、设计方案进行现场勘察，这标志着徐宿淮盐铁路进入选址勘察和即将开工建设阶段。

市委书记朱克江陪同勘察并与专家组进行交流，对中国铁路总公司及相关单位长期以来给予盐城发展的支持帮助表示感谢。他强调，未来盐城市将认真贯彻落实省委、省政府工作部署，继续扎实做好相关配套和服务工作，为工程建设创造良好环境和条件，促进徐宿淮盐铁路早日建成通车。专家组一行先后实地查看了建湖站、盐城北站和盐城站，他们表示将认真吸纳地方意见和建议，结合现场勘察情况，对徐宿淮盐铁路盐城段的线路走向、站场改造等进行细致研究、科学论证，拿出最优设计方案，努力使铁路更好地为沿线地区经济社会发展和人民群众服务。

省铁路办副主任俞强、副市长王荣、市委副秘书长陈建翔、市政府副秘书长陈锋、市交通运输局局长管亚光、市铁路办主任潘进山等陪同勘察。（郑志龙、王卫东）

【何元庆一行到盐城调研铁路建设】2014 年 7 月 10 日下午，上海铁路局副局长何元庆一行 15 人，到盐调研徐宿淮盐铁路建设综合开发需求，踏勘阜宁县益林火车站，阜宁县政协副主席、副县长

陈志国，县交通运输局主要负责人陪同调研。何元庆仔细听取了阜宁段铁路线路走向选址介绍，并详细询问益林火车站运营情况，最后确定线路走向选址初步意向。（王永宁、唐燕春）

【俞强一行到盐开展“三解三促”活动】2014

年 11 月 6 日，省铁路办副主任俞强一行到盐开展“三解三促”活动，市铁路办主任潘进山、建湖县副县长孙海山等陪同调研。

俞强一行来到新长铁路建湖火车站，对徐宿淮盐铁路路线的走向及客运站场选址等进行实地勘查，并听取了有关情况汇报。潘进山简要介绍了盐城铁路建设情况。孙海山汇报了连盐铁路建湖段施工保障、建设进展和徐宿淮盐铁路建湖段线路走向、站址位置等情况。中铁五院介绍了徐宿淮盐铁路有关方案的设计情况。

通过实地勘查和听取汇报，俞强对建湖县提出的徐宿淮盐铁路境内路线走向和客运专线站址选择的建议方案表示认可。同时，对徐宿淮盐客专建设的具体方案设计：一要与城市规划和发展和谐统筹；二要与综合交通运输体系构建和谐统筹；三要与综合开发和合理利用和谐统筹；四要与生态发展和环境友好和谐统筹，最大限度地发挥铁路运输应有的经济效益和社会效益。（马智波）

【立项获批】2015 年 2 月，徐宿淮盐铁路项目得到国家发改委正式批复。据悉，批复中已明确，徐宿淮盐铁路为全线高速铁路，沿线经 9 个站，即徐州东、双沟、睢宁、宿迁、泗阳、淮安东、阜宁南、建湖、盐城站。据悉，这条高铁将力争在今年上半年、确保在第三季度开工，工期为三年半左右。

2 月 12 日，国家发改委下发了《国家发展改革委关于新建徐州至淮安至盐城铁路项目建议书的批复》（发改基础〔2015〕282 号文件）。批复文件同意已纳入《长江经济带立体交通走廊规划（2014－2020 年）》的新建徐州至淮安至盐城铁路

项目的基本方案，线路自京沪高铁徐州东站引出，经睢宁、宿迁、泗阳、淮安、阜宁、建湖，终至盐城，正线全长314公里。技术标准为高速铁路、双线、电力牵引。

项目投资估算总额为414.90亿元，其中工程投资386.30亿元，动车组购置费28.60亿元。由中国铁路总公司和江苏省人民政府共同出资建设。

从市铁路建设办公室获悉，徐宿淮盐高铁盐城段长约72公里，设阜宁南、建湖、盐城站共3个站。徐宿淮盐铁路全线为高速铁路，这将打破盐城不通高铁的历史。目前铁路总公司对徐宿淮盐定位已经由江苏省内的一条城际铁路，变为区域性路网的一部分，甚至是全国干线通道的一部分。这条铁路向西接徐州，经京沪高铁北上可直达北京；向东接淮安和盐城，其中，在淮安可经建设中的连淮扬镇铁路直达苏南，而在盐城，经规划中的沿海铁路可直达上海。一旦建成，不仅大大方便苏北四个城市的往来，还将形成一条重要的区域性干线铁路，进而成为苏北城市群通向外围城市群的客运交通骨干网。

徐宿淮盐铁路将作为京沪高铁客源分流的第二通道，成为苏北腹地最重要的铁路大动脉之一。现在京沪高铁徐州至蚌埠间的通过能力已经十分紧张，几乎难以再插入新的班次。徐宿淮盐铁路贯通后，将有大量班车从徐州分流到徐宿淮盐，为京沪高铁减压。届时，西安、北京至上海的往返火车将可能被分流到徐宿淮盐高铁，从徐州到盐城再到南通、上海。也就是说，在盐城站就可以搭上很多班次的“过路车”。

批复还要求深化淮安至盐城段建设方案，统筹推进盐城至海安铁路扩能工程前期研究工作。市铁路建设办公室工作人员介绍，盐城至海安铁路扩能工程将有望在2016年上半年开工建设，这或将成为盐城的第二个高铁工程项目。（计小刚、记哉）

【朱克江对铁路建设工作作出批示】2015年2月25日，市委书记朱克江得知全市铁路建设工作在2014年度全省铁路建设工作目标任务考核中荣获一等奖第一名，同时得知徐宿淮盐铁路盐城段高铁项目得到国家发改委立项的消息后，立即作出重要批示：“铁路建设工作取得重大突破，市交通、铁办系统作出积极贡献，谢谢你们！今年望接续努力，一着不让抓衔接，抓到位落实。”（计小刚、记哉）

【可行性研究报告获省政府与铁路总公司会签】2015年5月上旬，徐宿淮盐铁路可行性研究报告获省政府与铁路总公司会签，即将上报国家发改委审批。在可行性研究报告中，淮安联络线已纳入徐宿淮盐铁路建设范围。（计小刚、王仲林）

【陶叶平到盐城考察铁路建设准备工作】2015年5月13日，苏北铁路有限公司总经理陶叶平一行到盐城查看徐宿淮盐铁路建湖段的相关现场。建湖县委副书记、县政协主席张连国陪同考察。陶叶平一行先后查看了建湖县庆丰镇唐庄安置点、建阳镇顾杨农民公寓安置点、高作镇安置房幸福家园小区等现场，并听取了相关单位的情况汇报。

陶叶平对建湖县加快推进徐宿淮盐铁路建设所做的工作给予肯定。他说，建湖县在铁路建设的前期工作中，实行“先安置、早搬迁、零过渡”的政策，将加快推进徐宿淮盐铁路开建的步伐，提升建湖段铁路建设水平。

张连国对陶叶平一行的到来表示欢迎。并表示将进一步抓紧做好当前准备工作，力争铁路工程早日开工建设。（马智波）

【可行性研究报告评估会在盐城召开】2015年6月24日至26日，徐宿淮盐铁路可行性研究报告评估会在盐城召开。市长王荣平、市委副书记戴元湖、副市长王荣出席会议。中国国际工程咨询公司交通产业发展部副主任朱军、评估专家、省铁路办副主任俞强、上海铁路局副局长周红云等参加会议。国家发改委、中国铁路总公司、国家铁路局、中国国际工程咨询公司、上海铁路局以及省铁路办等省有关部门，铁路沿线各市相关部门、设计单位以及评估专家组有关专家参加会议。（计小刚、王仲林）

【王荣平考察开工准备工作】2015年6月30日至7月1日，市长王荣平一行考察徐宿淮盐高铁开工建设准备工作。市政府秘书长徐龙波、副秘书长陈锋，市发改委、财政局、规划局、交通运输局、铁路办、环保局、国土局等部门及阜宁县、建湖县、亭湖区的主要领导陪同考察。

王荣平一行先后察看了盐宁双向联络线、沿线车站选址和重要节点，以及各县（区）拆迁安置点、搬迁企业，听取了沿线县（区）和市相关部门的情况汇报，并对加快推进徐宿淮盐高铁开工建设准备工作提出明确要求。他强调，要进一步增强使命感和责任感，按照下半年开工建设的目标，深入细致做好各项准备工作，凝聚各方力量，确保早开工、早建设、早运营，让盐城人民早日圆上"高铁梦"。

在淮安市马甸镇，王荣平仔细察看了解盐宁双向联络线选址情况。在得知曲线半径、设计时速等情况后，他对线路设计创新表示肯定。在察看高铁盐城站、阜宁南站、建湖站规划站址时，王荣平要求，必须高起点规划设计、高标准施工建设、高水平运营管理，力争在全国同类城市中处于领先地位；要结合城市总体规划和土地利用规划，同步研究高铁站周边地块综合开发，带动区域经济加快发展；要引进先进设计理念，融合各种换乘方式，着力打造现代化综合交通枢纽。

王荣平十分关心高铁沿线群众和企业的搬迁安置工作，先后察看了阜宁县益林镇学府安置小区、建湖县庆丰镇唐庄安置小区、亭湖区新兴镇三灶村集中安置小区规划建设情况以及苏湘烟花爆竹公司，与当地居民、企业负责人亲切交谈，希望大家全力支持盐城高铁建设。他嘱咐当地负责同志，要严格落实相关政策，细致做好群众工作，加

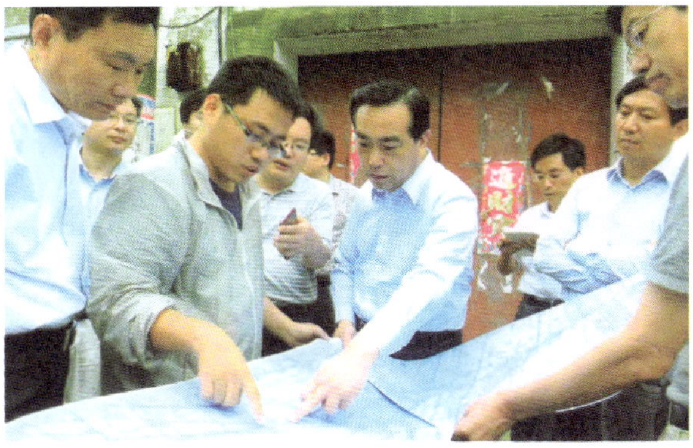

快完善小区配套，为搬迁安置创造良好条件。王荣平还察看了阜宁、建湖、亭湖的开工备选点，以及跨范公路大桥和跨新洋港特大桥等重要节点工程的现场，要求认真做好开工前的各项准备工作。（市铁路办）

【研究部署前期准备重点工作】2015年7月1日下午，市铁路办召开会议，迅速传达贯彻王荣平市长考察徐宿淮盐铁路盐城段开工准备工作时的指示精神，研究部署前期准备重点工作，明确要求，细化目标，落实措施，确保工程顺利开工建设。会议强调，要按照市委市政府的部署要求，贯彻落实王荣平市长有关指示精神，积极争取省铁路办和苏北铁路公司的指导，在市交通运输局党委的领导下，围绕徐宿淮盐铁路下半年开工建设目标，进一步增强使命感和责任感，深入细致做好各项准备工作，确保早开工、早建设、早运营，让盐城人民早日圆上"高铁梦"。明确重点抓好五个方面工作：一是积极推进项目前期有关工作，配合有关部门，争取在8月份获得可行性研究批复，8月底前完成初步设计，9月底前完成施工图设计，10月底前完成招标；配合省铁路办和苏北铁路公司、省、市国土部门完成先行用地的上报审批；配合亭湖区完成开工点征地拆迁工作，确保无障碍施工。二是7月份全面启动调查摸底和预评估工作。在7月13日前完成拆迁费用的预评估工作，确保在9月10日前全部完成调查摸底工作。三是在7月份启动拆迁群众先安置，工厂企业早搬迁，努力实现零过渡，为徐宿淮盐铁路在盐城开工创造良好的

外部条件。四是与苏北铁路公司、省铁路办、中铁第五设计院做好沟通汇报，将全线单跨最大的盐城特大桥跨新洋港处定为盐城段开工点，确保10月份在全市先行开工。五是7月份全面开展“高铁宣传月”有关宣传工作，深入宣传高铁建设对促进全市经济社会发展和方便群众出行的重大意义，教育和引导广大干部群众以实际行动支持铁路建设，营造全社会关心支持铁路建设的良好舆论氛围，保障高铁建设顺利推进。（市铁指办）

【召开建设指挥部成员会议】2015年7月10日，市政府召开徐宿淮盐铁路盐城段建设指挥部成员会议，副市长王荣出席会议并讲话，进一步明确做好铁路开工建设各项准备工作及各部门的职责任务。

【可行性研究报告获批】2015年8月28日，国家发展改革委批复了新建徐宿淮盐铁路的可行性研究报告。

【朱克江对徐宿淮盐铁路建设作出批示】2015年9月2日，市委书记朱克江对徐宿淮盐铁路建设作出批示：“徐盐高铁盐城段的建设，是我市重大交通基础设施规划建设历史性突破，并对其他路段高铁的布点建设起到带动作用，直接推动着盐城迈入‘高铁时代’，盐城由此有幸成为沿海连接内地的重要铁路交通枢纽。为此，市发改、交通、铁路办等各有关方面做出了积极贡献。望抓住机遇、干劲不松，主动扎实做好各项开工准备工作，争取尽快开建，并确保质量做成精品工程、示范工程。”

【召开开工前准备工作会议】2015年9月21日，市铁路办召开徐宿淮盐铁路开工前准备工作会议，潘进山主任主持。会议传达贯彻了省铁路办9月18日召开的徐宿淮盐铁路开工前准备工作会议精神，具体部署了盐城段开工建设前的各项准备工作。具体时间节点为：2015年9月底至10月初获得初步设计批复；10月份完成先期开工标段施工图审核工作；11月份开展先期开工标段施工、监理招标工作，完成剩余标段施工图审核工作；11月底完成先行用地及先期开工标段开工报告批复，完成剩余标段施工监理招标工作；12月份开工建设。

下阶段，重点抓好八项工作：近期取得初步设计批复；尽快完成放线工作；完成征地拆迁入户调查工作；完成先行用地的土地报批工作；完成徐宿淮盐铁路盐城特大桥跨新洋港段先行开工点的征地拆迁工作；全面推进“先安置、早搬迁、零过度”工作；完成徐宿淮盐铁路3000万元资本金的筹措上缴工作；筹备召开徐宿淮盐铁路盐城段征地拆迁动员大会。

【初步设计获批】2015年10月17日，中国铁路总公司、江苏省人民政府铁总鉴函〔2015〕1148号批复，同意新建徐州至淮安至盐城铁路项目初步设计。（计小刚、王仲林）

【孔文亚一行踏勘先行开工点情况】2015年12月4日上午，中铁总公司工管中心副主任孔文亚、省铁路办副主任丁军华、上海铁路局副局长李迎九一行到盐踏勘徐宿淮盐铁路盐城段先行开工点情况。市政府副秘书长陈锋、市交通运输局局长、铁路办主任管亚光等陪同踏勘。

孔文亚一行来到徐宿淮盐铁路盐城特大桥跨新洋港部分地段，现场踏勘了解盐城段先行开工点的准备情况，听取了市铁路办关于开工准备工作的情况汇报。孔文亚一行感谢盐城市委、市政府对铁路建设工作的高度重视和大力支持，对盐城段开工准备工作给予肯定，他强调，铁路建设是国

家经济稳增长的重要举措，希望盐城再接再厉，加快推进征地拆迁工作，确保工程顺利开建设，圆满完成年度投资任务。

盐城段开工地点定在徐宿淮盐铁路盐城特大桥跨新洋港部分地段，大桥全长27.90公里，施工工期30个月，总投资20.10亿元，跨新洋港部分的主跨为312米。盐城特大桥是徐宿淮盐铁路全线里程最长、跨径最大的特大桥，也是全线控制性工程。目前，大桥北端约1.70公里路段拆迁已基本完成，具备先行开工条件。（市铁路办）

【建设指挥部召开第三次会议】2015年12月11日下午，徐宿淮盐高铁盐城段建设指挥部召开第三次成员单位会议。市委书记朱克江就高标准高效率做好开工准备工作作出重要批示，市委副书记、市长王荣平出席会议并讲话，副市长王荣主持会议。

徐宿淮盐高速铁路盐城段预计本月下旬全线开工建设，将创造高速铁路项目“当年立项、当年设计、当年建设”的纪录。朱克江在批示中指出，加强铁路建设特别是高铁建设，是推动盐城新一轮改革发展的重要支撑，是保障和改善民生的重要内容。徐宿淮盐高铁的开工建设，是盐城市重大交通基础设施规划建设的历史性突破，并对其他高速铁路布点建设起到带动作用，盐城将成为东部沿海地区高速铁路网的重要节点和交通枢纽。市各相关部门、沿线各县区要高度重视，周密部署安排，强化责任落实，优质高效做好各项准备工作，着力营造一流施工环境，确保徐宿淮盐高铁顺利开工建设，确保建成精品工程、示范工程，让盐城人民早日圆上“高铁梦”。

王荣平在听取工作情况汇报后指出，今年7月份以来，高铁沿线县（区）和市各有关部门按照市委市政府统一部署，紧紧围绕年内开工目标，齐心协力、凝心聚力，做了大量卓有成效的工作，准备工作得到各方面充分肯定。徐宿淮盐高速铁路开工建设对盐城经济社会发展和扩大对内对外开放合作，将起到重要促进作用。各地各部门要凝聚共识、抢抓机遇，切实增强紧迫感和责任感，进一步营造支持高铁建设的浓烈氛围，全面做好迎接铁路建设大军进驻盐城的各项准备工作。要不断强化机遇意识，只争朝夕地做好盐通沪高铁项目立项工作，确保明年开工建设，推动盐城全面进入“高铁时代”。要明确任务、突出重点，优质高效地完成征地拆迁、群众安置、资本金筹措等工作，确保铁路建设无障碍施工。他要求，同步做好综合交通枢纽规划建设、铁路沿线环境综合整治和农业结构调整等工作，使徐宿淮盐高铁盐城段成为展示全市城乡建设成就和良好生态环境的靓丽风景线。要强化领导，明确职责，保障各项工作顺利实施。各地各相关部门负责同志要深入现场、靠前指挥，及时协调解决相关矛盾和问题。做到以人为本、依法拆迁、和谐拆迁。要围绕支持氛围最浓、拆迁工作最好、服务协调最优、路地关系最和谐的目标，为徐宿淮盐高速铁路建设创造良好环境，推动铁路早建成、早运营。为盐城发展插上腾飞翅膀。（市铁路办 记哉）

【全线开工建设】2015年12月28日，徐宿淮盐铁路全线开工建设。当天上午，开工仪式在位于淮安市的中铁上海局承建的Ⅵ标段跨宁连高速公路特大桥工地隆重举行。省委副书记、代省长石泰峰、副省长徐鸣、中国铁路总公司副总经理杨宇栋、上海铁路局局长郭竹学、中铁上海局董事长荣树森出席了开工仪式。

【征地拆迁动员大会在建湖召开】2015年12月30日下午，市政府在建湖县庆丰镇召开徐宿淮盐铁路盐城段征地拆迁动员大会，徐宿淮盐铁路盐城段建设指挥部各成员单位负责同志，沿线各县（区）国土局、交通运输局、铁路办和沿线乡镇负责同志出席了会议，省铁路办建管处和苏北铁路公司领导应邀出席。市政府副秘书长陈锋主持会议，副市长王荣出席会议并讲话，他对征地拆迁工作提出了明确要求。（计小刚、王仲林）

盐通铁路

【概况】盐城至南通铁路自盐城站引出，通达到南通西站，是沿海铁路的重要组成部分，线路全长约158公里，盐城境内90公里，经过城南新区、亭湖区、大丰区、东台市。

2011年3月，江苏省铁路办和上海铁路局联合向铁道部报送了《关于报送新长铁路盐城至海安段扩能改造项目建议书的请示》。项目建议书推荐方案为新建双线，国铁Ⅰ级200公里时速客货共线。2015年4月，盐城至海安铁路预可行性研究审查会在北京召开。推荐方案为盐城至海安新建双线客运专线，时速250公里。当年12月，铁路总公司在南通召开盐城至南通铁路可行性研究审查会，确定该项目研究范围从盐城一次性修建至南通，预示着该项目终于迈出了实质性的一步。（计小刚、王仲林）

【刘国林一行到东台调研城际铁路规划建设工作】2015年5月18日，中铁第五勘察设计院刘国林一行就盐城至海安城际铁路东台段的线路及站场规划建设工作到东台市考察调研，市铁路办主任潘进山陪同调研。

调研组先后对新长铁路东台火车站及相关地段进行了实地考察了解，盐城至海安城际铁路设计总负责人刘国林与专业技术人员一起深入现场，察看线路情况，并听取了东台市有关部门对盐城至海安城际铁路东台段建设的规划设想。他们还从城际铁路的建设标准、方案原则、技术要求等方面，进行了具体的沟通交流。刘国林表示，他回去后将尽快把地方上的意见和建议报告给领导，在工程设计时全面考虑地方上的意见，积极为地方经济社会发展多做一些贡献。（姜海涛 仇锦云）

【可行性研究审查组到盐城实地考察线路走向】2015年12月21日至22日，盐城至南通铁路可行性研究审查组的专家率先到盐实地考察线路走向情况。市长王荣平接见并陪同专家组一行人员，市委常委、副市长王荣等陪同踏勘。市交通运输局局长、市铁路办主任管亚光参加了踏勘活动。专家组一行实地察看了盐城火车站出站端、通榆河桥位、大丰站站址及东台站等地的情况。

盐城至南通铁路全长约158公里，盐城境内90公里，经过盐城的城南新区、亭湖区、大丰区、东台市，该线路从盐城站引出，通达到南通西站，是沿海铁路的重要组成部分，随着青连铁路、连盐铁路、沪通铁路的加快建设，将形成自烟台经青岛、连云港、盐城、南通直达上海的东部沿海铁路通道，是苏北五市广大群众通往上海的最近路径。

盐城至海安段铁路于2015年4月份已通过了铁路总公司预可行性研究审查，目前由中国铁

路第五勘察设计院进行可行性研究及勘察设计。该项目对实施国家沿海发展战略，策应长三角区域经济一体化，加速实现江苏更高水平小康社会，促进江苏沿海产业带的发展，具有十分重要的意义。该项目将有利于加强沿海城市轴间联系，促进沿线城市间经济互动和发展，优化铁路网结构，提高通道整体运输能力，以及提升区域铁路运输服务水平和服务质量。该铁路将极大地方便盐城群

众的出行，对于盐城接轨上海、服务上海、加快发展意义重大。据悉，这条铁路的设计将与徐宿淮盐铁路采用同一标准，为时速 250 公里的客运专线，中国铁路总公司已将盐通铁路列为 2016 年预开工项目，将 2016 年底开工建设。（市铁路办）

【盐通、盐泰锡常宜铁路被列为国家城镇化地区综合交通网规划的重点工程】2015 年 12 月，国家发展改革委员会、交通运输部对外发布了《城镇化地区综合交通网规划》（以下简称《规划》）。《规划》详细介绍了包括盐城在内的长江三角洲交通网络规划，并把盐城至南通铁路（盐通铁路）、盐城经泰州至宜兴铁路（盐泰锡常宜铁路）列入长江三角洲地区规划重点工程。

图 3

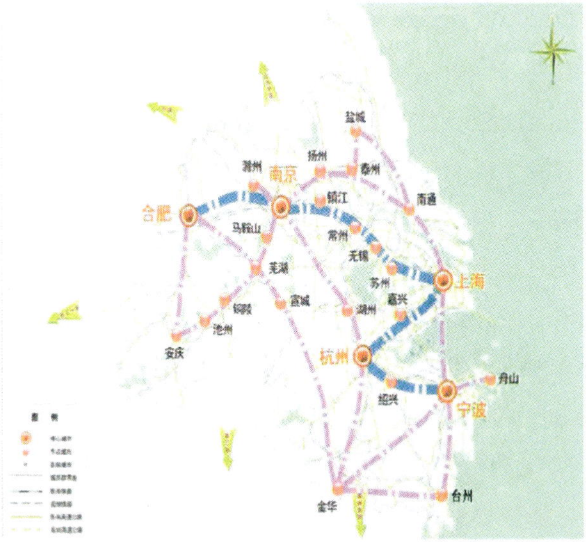

长江三角洲城镇化地区综合交通规划布局示意图（图片来源于网络）

城镇化地区涵盖 215 个城市　该《规划》以《全国主体功能区规划》《国家新型城镇化规划》等为依据，分区域、分阶段、差异化地对京津冀、长三角、珠三角、长江中游、成渝、海峡西岸、山东半岛、哈长、辽中南、中原、东陇海、关中—天水、北部湾、太原、滇中、黔中、呼包鄂榆、兰州—西宁、天山北坡、宁夏沿黄、藏中南等 21 个城镇化地区的交通发展作出了规划布局。这些城镇化地区涵盖 215 个城市，包括核心城市和节点城市，目前，人口和 GDP 分别约占全国的 65% 和 90%。

《规划》表示，长江三角洲地处东部沿海与长江流域的结合部，是全球重要的现代服务业中心和先进制造业基地，交通网络规划区域包括上海、南京、杭州、宁波、苏州、无锡、常州、南通、扬州、镇江、泰州、盐城、湖州、嘉兴、绍兴、金华、台州、舟山、合肥、芜湖、安庆、池州。未来应构建连接上海、南京、杭州、合肥、宁波的“三角形”和以上海、南京、杭州、合肥为中心的放射状快速城际交通网络。

盐城被列为长江三角洲的节点城市　在长江三角洲城镇化地区综合交通规划布局示意图中，盐城被标注为长江三角洲的节点城市。到 2020 年，京津冀、长江三角洲、珠江三角洲三大城市群基本建成城际交通网络，相邻核心城市之间、核心城市与周边节点城市之间实现 1 小时通达，其余城镇化地区初步形成城际交通网络骨架，大部分核心城市之间、核心城市与周边节点城市之间实现 1 至 2 小时通达。

在长江三角洲地区规划重点工程表格中，盐城至南通铁路（盐通铁路）、盐城经泰州至宜兴铁路（盐泰锡常宜铁路）列入其中。经此轮重点工程的建设之后，至 2020 年，长江三角洲地区城际铁路运营里程将达到 6400 公里（其中利用路网铁路 4000 公里、新建城际铁路约 1270 公里），覆盖全部节点城市 26 个和 80% 以上的县（市）；新建和改扩建国家高速公路约 1700 公里。建设长江三角洲内河高等级航道网。

盐城至南通客运专线 2017 年年底有望开工　对盐城而言，盐城至南通客运专线工程极为重要，它将使得盐城尽快接轨大上海，充分接受上海的经济辐射。未来，连盐铁路和徐宿淮盐铁路，都需要依靠这一段铁路和计划于 2019 年完工的沪通大桥“南下”，使盐城快速通达上海。记者了解到，这条铁路近期将组织可行性研究报告审查，争取 2017 年年底开工。

盐城经泰州至宜兴铁路(盐泰锡常宜铁路)已被列入铁路发展规划，它将成为贯穿江苏南北的中轴线，并南接浙江等地，在区域路网上具有十分重要的意义。这条铁路起自盐城，经过泰州、无锡，在宜兴与宁杭高铁接轨，途经盐城境内城南新区、盐都区和亭湖区等地。(记哉)

盐泰锡宜城际铁路

【概况】盐泰锡宜城际铁路北接新长铁路，起自盐城，经过大丰、兴化，至泰州，与宁启铁路相交，之后跨越长江经无锡，终至宜兴市，与宁杭铁路接轨，全线长约270公里，其中盐城段约33公里。该项目已被列入江苏铁路“十二五”规划，2013年1月，召开盐泰锡宜城际铁路盐泰段规划研究工作大纲审查会，3月底提交线路初步方案。2015年12月，盐泰锡宜铁路已被列为由国家发改委、交通运输部对外发布的《城镇化地区综合交通网规划》的重点工程。

【盐泰段规划研究工作大纲审查会在盐召开】2013年1月6日下午，盐泰锡宜城际铁路盐泰段规划研究工作大纲审查会在盐城召开，来自上海及省内的多位设计专家倾听了盐城、泰州各相关单位的意见，初步确定盐泰段的线路是由盐城市区出发，经过大丰市连接泰州的兴化市。

据了解，目前，苏北、苏中地区仍没有一条高等级城际铁路，尤其是拥有800多万人口的盐城市，作为沿海大开发的核心城市之一，尚无一条直接与省会城市(南京)连接的铁路，这直接影响着江苏城镇体系整体规划的进程;同时，为促进全省经济社会的快速发展，实现沿海、沿江的联动发展，盐城市也迫切需要有一条快速城际铁路与苏锡常经济发达地区相连接。

记者从审查会上了解到，初步设计的盐泰锡宜城际铁路的大致走向为：盐城—兴化—泰州—无锡—宜兴。盐泰锡宜城际铁路北接新长铁路，起于盐城，南行约100公里经兴化至泰州，与宁启铁路相交，之后跨越长江经无锡终至宜兴市，与宁杭铁路接轨。盐泰锡宜通道由北至南跨越淮河、长江两大流域，江苏、浙江两大省份，苏北、苏中、苏南三大区域，经过盐城、泰州、泰兴(省直辖县)、无锡4个地市单位的9个区县，连接了黄海、长江和太湖，是沟通长江南北和苏浙两省的重要通道。盐泰锡宜全线长约270公里，跨度范围大，影响深远，在如此大的范围中，各地区存在较大的发展程度不均衡性。此项目还可以将南北跨度约为270公里的苏中、苏北、苏南不同城市纳入“2小时快速交通圈”，为加快苏北、苏中快速崛起提供重要支撑。盐泰锡宜城际铁路的规划建设将是江苏区域协调发展的重要体现。省铁路办公室已完成《江苏铁路“十二五”建设发展规划》的编制及报批工作，在该规划中，盐泰锡宜城际铁路被列为江苏“四纵四横”铁路规划中轴通道的重要组成部分，其中泰锡宜段为近期建设区段，盐泰段作为远期建设区段。随着区域内社会经济及城镇体系的发展，沿线区域对盐泰锡宜城际的铁路需求日益强烈，为充分预留城际铁路的建设条件，省铁路办公室牵头，联合泰州市发改委、盐城市铁路建设办公室对盐泰锡宜城际铁路盐泰段开展规划研究，重点研究内容为:结合泰州及盐城市经济社会发展情况、城市总体规划和综合交通规划等，研究、理清盐泰锡宜城际铁路盐泰段与相关线路(新长、连盐、宁启、泰锡宜等)的基本关系，基本确定线路线位及接轨点、主要车站位置等控制性节点及相关工作。

盐泰锡宜城际铁路盐泰段，起自盐城，经兴化至泰州，全长约110公里。盐泰锡宜城际铁路盐城段的规划方案将在2013年3月上旬提交初步报告进行审查，再形成送审稿，组织专家论证后，将大致于3月底修缮完善、提交成果。(陆建平 徐群群)

机场建设

【概况】

“十二五”期间，盐城市民航基础设施建设累计完成投资6.5亿元，比“十一五”增长225%，其中2015年完成基础设施建设投资3.5亿元，比2014年增长75%。

飞行区改扩建工程（包括机坪、跑道延长等）分一期工程和二期工程。一期工程主要建设项目包括：场道工程（扩建机坪、道肩3.35万□，扩建后整个机坪可停放8架C类飞机）、站坪照明及机务用电工程、近机位临控系统工程、登机桥（新增登机桥3座，达到4个登机桥）及其他工程，投资概算为6516. 61万元。该工程由江苏省发展改革委批准立项，由上海民航新时代设计研究院有限公司设计，施工单位为空军第一建筑安装工程总队，监理单位为上海华东民航机场建设监理有限公司。2012年8月开工建设，2013年12月建成并投入使用。二期工程主要建设内容是将跑道向东北方向延长600米至2800米，同步延长滑行道，配套建设空管、气象、助航灯光、消防、应急救援工程等附属工程，投资概算为4.5亿元。由国家发改委和解放军总参谋部批准立项，上海民航新时代设计研究院有限公司、空军工程设计研究局设计。建设单位为空军第三建筑安装工程总队（场道）、四川华西安装工程有限公司（助航灯光）、南京空港机电工程技术有限公司（空管设备）、江苏金贸建设集团有限公司（土建）、江苏智信盈通金属科技有限公司（围界）、监理单位为上海华东民航机场建设监理有限公司。2014年8月开工建设，2015年6月建成并投入使用。

航站区改扩建工程主要包括：新建T2航站楼3万平方米，新增5座登机桥，楼前设置高架桥和车道边雨棚；扩建停机坪约8万平方米。增加站坪位数12个，达到19个机位；新建地下停车库1.97万平方米；新建航空配餐中心及职工食堂3600平方米，新建旅客过夜用房及职工宿舍7600平方米，新建公安、安检、机务、物业用房及特种车库约9000平方米；新（扩）建场区道路、绿化景观及供电、供水、排污等配套设施，投资估算约12.76亿元。同时配套完善机场集疏运体系，建设机场快速干线工程，全长4.56公里，按一级公路标准建设，工程估算投资2.98亿元。本期工程建成后，将满足2025年旅客吞吐量280万人次、货邮吞吐量2万吨、典型高峰小时旅客量1658人次、典型高峰小时飞机起降15架次。2015年4月，T2航站楼建筑方案正式招标确定。2015年5月，市领导确认深化设计方案。2015年7月16日，江苏省发展改革委批复项目建议书。2015年11月30日，江苏省发展改革委正式批复可行性研究。2015年12月17日，民航华东管理局和江苏省发展改革委组织初步设计方案专家审查。

机场改扩建工程

【市政府召开《盐城南洋机场（民用部分）总体规划》评审会】2011年9月14日，《盐城南洋机场（民用部分）总体规划》（以下简称《总体规划》）评审会在盐召开。《总体规划》根据《江苏省民航“十二五”至2020年发展规划》和国家沿海开发战略规划，结合盐城经济社会发展的现实需要，着重解决了目前盐城南洋机场飞行区跑道、滑行道技术标准偏低，站坪机位不足、无货机坪及专用货机位等制约机场客货运输发展的问题。会议同意《总

2011年9月14日，《盐城南洋机场（民用部分）总体规划》评审会在盐召开。市委常委、常委副市长陈正邦出席会议

规》提出的盐城南洋机场近、远期规划目标年分别为2020年和2040年,定位为中型机场、飞行区为4C机场。同意飞行区布局,近期跑道延长600米,两侧道肩分别加宽2.5米,扩建机坪,增加机位至14个(10C4D),航站区向东北扩建,会议同意适时考虑机场迁建等问题,同时对站坪布局等问题提出调整的要求。

【《盐城南洋机场(民用部分)总体规划》获批】2012年3月16日,《盐城南洋机场(民用部分)总体规划》获民航华东地区管理局批准。规划以2020年为近期规划目标年,2040年为远期规划目标年。近、远期定位均为中型机场。近期按照年旅客吞吐量120万人次、年货邮吞吐量2.2万吨、年飞机起降1.34万架次规划,远期按年旅客吞吐量300万人次、年货邮吞吐量5万吨、年飞机起降3.23万架次规划。规划共分飞行区规划、航站区规划、货运区规划、工作区规划、空域规划及飞行程序设计方案、空中交通管理系统规划、消防救援设施规划、供油设施规划、地面交通系统规划、公用设施规划及管网综合规划、用地规划和环境保护工程规划等12个部分。其中,飞行区规划确定近期飞行区指标为4C,远期为4D。机场现有跑道长2200米,根据航空业务量预测,2020年高峰每小时飞机起降5架次,为满足所有C类飞机全重起飞、部分D类飞机减载起飞的需求,近期规划跑道向东北方向延长600米,总长度达到2800米;航站区规划确定满足近期旅客吞吐量120万人次、远期300万人次的需求。现有航站楼面积为1.31万平方米,能够满足近期发展需求;远期规划航站楼扩建1.57万平方米,扩建后面积为2.88万平方米。近期站坪规划机位8个(1B7C),其中近机位4个(4C)、远机位4个(1B3C);货机位1个(1D),兼作除冰机位。远期站坪规划机位12个(1B11C),其中近机位7个(7C)、远机位5个(1B4C);货机位2个(1C1D),兼作除冰机位。

【通过机场使用许可证检查】2012年8月20—23日,盐城南洋机场通过民航华东地区管理局和民航江苏监管局对机场使用许可证的检查。

【可行性研究评估会在盐召开】2013年4月18日—19日,盐城南洋机场改扩建工程项目可行性研究评估会在盐召开。评估会由中国国际工程咨询公司组织,中咨公司专家组及军方总参、空司、航空大学、民航局、华东局、空管局、江苏监管局、省、市发改委、市交通、住建、国土、水利、环保和可行性研究编制单位上海民航新时代机场设计院有限公司、民航华东飞行程序研究院等单位,市有关领导参会。本期主要建设内容:现有跑道延长600米至2800米,相应延长平行滑行道,增建东北端联络滑行道、跑道中部垂直联络道,增设22号跑道仪表着落系统,新建一座塔台及附属用房,改造航管、气象、通信等设施;扩建消防救援设施,扩建特种车库(含场务用房)以及相关军航设施。会议认为该项目可行。

【水土保持方案通过专家评审】2013年5月5日,江苏省水土保持办公室在南京召开《盐城南洋机场改扩建工程水土保持方案报告书(送审稿)》技术评审会。江苏省水利厅、盐城市水利局、亭湖区水利局、南京农业大学、南京林业大学、江苏省水文水资源勘测局、江苏省水利工程科技咨询有限公司、建设单位盐城市交通运输局和盐城民航站、水土保持方案编制单位江苏省水利科学研究院等单位的代表和特邀专家共20人出席会议。

与会代表和专家观看了项目区现场影像资料,听取了建设单位关于项目前期工作进展情况的介绍和方案编制单位关于方案内容的汇报。经认真讨论,专家组认为,盐城南洋机场改扩建工程水土保持方案依据充分、内容全面,项目及项目区概况介绍较清楚,水土保持工程界定较准确,水土流失防治和监测基本可行,水土保持监测内容完整,达到了可行性研究阶段深度,符合国家水土保持法律、法规的规定和要求,待进一步补充、完善后可上报审批。(刘春兰)

【环境影响报告技术评估会在盐城召开】2013年7月11日—12日，盐城南洋机场改扩建工程项目环境影响报告技术评估会在盐城召开。评估会由环保部委托环保部环境工程评估中心组织。参会代表来自省环保厅、省环境工程咨询中心、市政府、市环保局、市交通运输局、市规划局、亭湖区政府、亭湖区住建局、湿地珍禽自然保护区、民航新时代设计院、南京国环环境科技发展公司等单位，以及环评专家组9人。会议评估结论：该项目建设符合《中国民航发展第十二个五年规划（2011—2015）》要求，报告书预测军民航噪声在运营初期直接影响盐城市规划已建成的居住区，与城市规划有冲突，盐城市政府决定并承诺将规划未建的居住等用地调整为非噪声敏感用地，原则同意进行规划调整，给出具体调整方案。该项目主要产生噪声、水、生态和环境风险等不良环境影响，在落实报告书和技术评估会提出的各项环境保护措施和要求，在具体落实优化起降方向调整方案的条件下，从环境保护角度分析，该项目建设可行。

【可行性研究报告获批】2014年1月26日，国家发改委和解放军总参谋部批复同意实施盐城南洋机场改扩建工程。此次改扩建工程主要建设项目包括：将现有跑道向东北方向延长600米至2800米，相应延长滑行道，配套建设航管、通信、气象、消防等设施。机场改扩建工程的实施将进一步提升盐城机场综合保障能力，改善盐城交通条件，同时对促进盐城经济社会发展和扩大对外开放具有重要作用。

【飞行程序设计军民航协调会在济南召开】2014年4月29日，盐城南洋机场飞行程序设计军民航协调会在济南召开。会议就盐城南洋机场飞行程序设计（含PBN程度）进行讨论，并达成一致意见。

【初步设计获批】2014年5月4日，江苏省发改委和民航华东地区管理局正式批复盐城南洋机场改扩建工程初步设计。

【工程开工】2014年7月18日上午，盐城南洋机场改扩建工程（跑道延长）开工建设。副市长王荣冒雨到南洋机场考察改扩建工程推进情况。

2014年7月18日上午，副市长王荣冒雨到南洋机场考察改扩建工程推进情况

【项目通过竣工验收】2015年6月3—5日，盐城南洋机场改扩建工程（一阶段）、盐城南洋机场仪表着陆系统更新工程竣工验收会议在盐城南洋机场进行。参加会议的有江苏省鸿岩土勘察设计有限公司、空军工程设计研究院、上海民航新时代机场设计研究院有限公司、中国航空港建设第三工程总队、四川华西安装工程有限公司、江苏智盈通金属科技有限公司、南京空港机电工程技术有限公司、上海华东民航机场建设监理有限公司、盐城市公路工程试验检测中心有限公司等单位。民航专业工程质量监督总站华东地区监督站监督了整个验收过程。

竣工验收范围包括：1.场地工程：跑道向北延长600米、宽50米。平行滑行道向北延长845米、宽23米。跑道北端新建垂直联络滑行道长139.5米、宽30米。新建、更新围界。新建巡场路、下滑台道路。2.目视助航灯光及消防工程：延长段新建跑道边灯、中心灯、入口灯等。新建北灯光站，跑道两

盐城南洋机场改扩建工程（跑道延长）正在进行跑道摊铺

端各新建一座500立方米消防水池等。3. 空管工程:新建22号跑道Ⅰ类仪表着陆系统,下滑台合装测距仪,新建气象观测场,迁建气象观测站,扩容气象自动观测系统、飞行区内通信管网。4.更新04号跑道Ⅰ类仪表着陆系统1套,下滑台合装测距仪,更新航向信标和天线阵等。

竣工验收委员会通过对盐城南洋机场改扩建工程(一阶段)、盐城南洋机场仪表着陆系统更新工程进行专业验收,经讨论后一致认为:盐城南洋机场改扩建工程(一阶段)、盐城南洋机场仪表着陆系统更新工程严格执行基本建设程序,相关手续齐全,工程质量优良,施工安全可靠,进度满足总体目标要求,项目投资控制在概算内,该工程项目已按批准的设计内容与施工承包合同完成,工程质量合格,一致同意通过竣工验收。

【完成校验飞行】2015年6月15—16日,盐城南洋机场改扩建工程(一阶段)、盐城南洋机场仪表着陆系统更新工程通过了飞行校验。

【完成行业验收】2015年6月17日,民航华东地区管理局组织对盐城南洋机场改扩建工程行业验收,民航江苏监管局、民航华东质监站、盐城南洋机场有限公司、驻场部队以及有关勘察、设计、施工、监理、检测等单位参加了验收,并成立了行业验收组,组织实施行业验收工作。

验收依据:《江苏省发展改革委、民航华东地区管理局关于盐城南洋机场改扩建工程初步设计的批复》(苏发改设施发〔2014〕439号);民航华东地区管理局《关于盐城南洋机场仪表着陆系统更新工程初步设计及概算的批复》(民航华东函〔2013〕117号)以及国家和民航现行标准、规范。

验收范围为:向北延长跑道600米,同向延长滑行道845米并新建端联络道;新建飞行区消防、排水工程;新建及改造围界,新建巡场路与消防道路,新建消防救援站,配置特种车辆。配套建设跑道、滑行道新建部分的助航灯光,更新跑道、滑行道所有助航灯光,新建北灯光站及配套设备。新建22号仪表着陆系统,更新04号仪表着陆系统,迁建气象观测站并扩建气象自动观测系统。(新建塔台工程、更新塔台及航管楼工艺设备尚在建,暂不具备验收条件。)

验收组分别听取了建设、设计、施工、监理、运行及质量监督等单位的汇报,分为场道工程组、助航灯光工程组、空管工程组、安保消防设备组、工程概算及档案组五个专业验收小组。各验收小组进行了现场检查、抽样检测、资料查阅等工作,形成了各专业小组验收意见。

行业验收组听取了各专业小组汇报并进行了认真研究,认为本次提交验收的盐城南洋机场改扩建工程符合初步设计批复以及国家、民航现行技术标准和规范的要求,工程质量合格,主要设施设备运行正常,满足使用要求,档案资料基本齐全,同意通过行业验收,待试飞合格后同意开放使用。

【完成试飞】2015年6月24日,盐城南洋机场改扩建工程(一阶段)、盐城南洋机场仪表着陆系统更新工程通过试飞。

【2800米跑道正式对外开放】2015年6月25日,盐城南洋机场2800米跑道正式对外开放(民航华东地区管理局2015年6月24日颁发的《民航机场使用许可证》道面等级号:04号跑道0－2200米PCN52/R/B/W/T;200－2350米PCN48/F/B/W/T;2350－2800米PCN53/R/B/W/T)。

机坪扩建工程

【可行性研究报告通过评审】2012 年 3 月 20 日，盐城南洋机场机坪扩建工程可行性研究报告通过江苏省发展改革委员会和民航华东地区管理局在南京联合组织召开的评审会评审。

【初步设计获批】2012 年 6 月 28 日，盐城南洋机场机坪扩建工程初步设计获得江苏省发改委批复，标志着盐城南洋机场机坪扩建工程的前期手续全部完成。

【工程开工】2012 年 8 月 28 日，盐城南洋机场机坪扩建工程动工，工程由空军一总队承建，项目总投资 6600 万元。扩建机坪 3.13 万平方米，总面积达到 4.09 万平方米，由现在 3 个机位扩大到 8 个机位。

盐城南洋机场机坪工程施工进行场地浇筑

【工程竣工验收会在盐召开】2013 年 12 月 12 日—13 日，盐城南洋机场机坪扩建工程竣工验收会在盐城南洋机场召开。会议由建设单位盐城民航站组织。参加会议的有勘察单位江苏省铭城建筑设计研究院，设计单位上海民航新时代机场设计研究院有限公司，监理单位上海华东民航机场建设监理有限公司，施工单位空军第一建筑安装工程总队、盐城市公路工程有限公司、深圳中集天达空港设备有限公司、盐城市成峰网络工程有限公司、上海艾伯克斯照明设备有限公司、检测单位盐城市交通工程质量检测中心有限公司的代表，民航华东质量监督站对整个竣工验收过程进行了监督和指导。

【扩建后投入运行】2014 年元月 1 日，盐城南洋机场扩建后的新机坪正式投入运行，扩建后的机坪，机位由原来的 3 个增加到 8 个，其中近机位由原来的 1 个增加到 4 个。2013 年 12 月 31 日，盐城南洋机场机坪扩建工程通过由民航华东地区管理局组织的行业验收。

航站区改扩建工程

【盐城南洋机场发展规划及 T2 航站楼建设方案专家咨询会在盐城召开】2015 年 1 月 29 日，盐城南洋机场发展规划及 T2 航站楼建设方案专家咨询会在盐城召开。专家组最终形成了一致意见，认为盐城地区航空业务量的迅速增长，实施航站楼扩建是必要的。近期建设目标年为 2025 年，建议新建航站楼功能面积 3 万平方米。航站区规划设计方案要进一步深化，更好地满足旅客出行和民航安全运行需要。

图为咨询会场

【立项获批】2015 年 7 月 16 日，航站区改扩建工程、T2 航站楼及相关配套设施、总投资 15.3

亿元项目获省发改委立项(预可行性研究)批复。同时推进规划、国土、环评、节能评估、民航行业意见、军方意见等10项前期手续。

【可行性研究报告获批】2015年11月26日，航站区改扩建工程、T2航站楼及相关配套设施，总投资15.3亿元项目获省发改委可行性研究报告批复。初步设计通过评审；施工图编制完成；T2航站楼桩基工程完成；房屋拆迁和坟墓迁移全面启动，机场快速干线工程前期工作全部完成。

【王荣平市长专题会办南洋机场改扩工程】2015年8月11日下午，市长王荣平到盐城南洋机场现场察看改扩建工程，并主持召开会办会，协调解决项目建设中的问题。

王荣平指出，实施机场改扩建工程，是我市主动对接"一带一路"国家战略、深入实施新一轮沿海发展的必然要求，对推动盐城航空事业加快发展、打造现代综合交通运输体系具有重要意义。要坚持着眼长远、布局合理、功能完善、衔接畅通、安全高效，深入研究机场当前及今后一段时期发展定位、目标任务，制定完善机场"十三五"及中长期发展规划，抓紧编制航空物流园、集疏运体系等专项规划，把信息化、智能化、低碳化理念融入规划，切实提高规划设计水平。

王荣平要求，要齐心协力，抓住用好国家政策机遇，一路绿灯办理项目审批手续，创新办法落实资金、用地、人才等要素，推动航站区工程快速实施。坚持把高标准、严要求贯穿到工程建设全过程，明确时间进度，合理安排工期，确保工程质量，努力打造经得起历史和群众检验的优质精品工程。进一步增加航点、加密航线、优化航班、完善网络，着力构建盐城至上海、盐城至首尔"一日商务圈"。要提升机场运营管理和服务水平，完善应急预案和防范控制措施，保障机场安全运行，打造安全、便捷、群众满意的沿海现代化国际空港。

副市长王荣，市有关部门和亭湖区负责人参加。(“机场建设”条目由徐峻江、嵇绍宏提供)

航道建设(养护)

【概述】

"十二五"期间，盐城市应经济快速发展需要，加大内河航道建设力度，累计投入23.90亿元(是"十一五"的5倍，超过前十一个五年计划总和)，实施刘大线航道、连申线航道东台段、小中河航道整治，建成三级航道25.73公里、四级航道55.70公里；新建刘庄船闸1座；开工在建小中河四级航道17.50公里、滨海船闸、运盐河船闸及阜宁船闸3座；与此同时，实施盐邵线航道、盐宝线航道盐城段等14项养护专项工程，累计新建护岸86公里，疏浚土方200余万立方米，工程优良率100%，保证全市4000多公里干支线航畅通。经过航道人不懈努力，盐城航道发生了历史性的变化，几代人"通江达海接运河"的梦想终于成了现实。至2015年，盐城市境内有航道287条，总里程4490.70公里(约占全省内河航道总里程的五分之一)，其中，二级航道25.08公里、三级航道283.05公里、四级航道140.78公里、五级航道347.91公里、六级航道301公里、七级航道465.60公里、等外级航道2782.82公里，交通船闸4座，水上服务区5个，内河港码头泊位472个，泊位总长1.97万延米，水路运输基础设施日渐完善、配套。(戴万林)

航道整治

刘大线航道(大丰港疏港航道)整治工程

【概况】刘大线航道，西起刘庄镇通榆河口，东至大丰港区内河港池，全长55.70公里。2009年12月开工，按照航道底宽不小于40米、口宽不小于60米、最小水深2.5米、最小弯曲半径320米、浚挖土方1100万立方米、两边护岸106.70公里、可通航500吨级船舶四级航道标准进行全线整治。同时，配套建设停泊锚地、水上服务区各1处，船闸1座，桥梁16座，工程总概算投资13.20亿元。2012年12月18日交工通航。(戴万林)

【推进平安工地建设】2011年7月15日，刘大线项目办公室召开“平安工地”建设推进会。各施工单位经理、项目总工，各监理单位总监、总监代表等出席了会议。会议传达贯彻了江苏省交通厅《关于进一步推进全省公路水路建设工程“平安工地”建设暨开展实施安全专项整治工作的通知》《关于切实抓好全省公路水路交通工程预防坍塌事故隐患治理的紧急通知》等文件精神。项目办围绕“平安工地”建设提出三点意见：一、全面落实“谁主管谁负责”“管生产必须管安全”的安全生产责任制。二、深入开展安全生产大检查，对围堰、高边坡、基坑、桥梁以及可能受到洪水、塌方、滑坡体

影响的部位加强监察，及时发现并排除隐患。三、按照规定，备足抢险器材，并组织好安全生产突出事故演练，以防不测。（陈海峰）

【组织小木桩生态护岸检验标准研讨会】2011年10月中旬，刘大线航道整治工程项目管理办公室在大丰组织召开了小木桩生态护岸检验标准研讨会。盐城市交通工程监督站、东南大学、江苏省

交通规划设计院及施工、监理单位领导、专家和代表出席了会议。与会人员在察看施工现场，听取施工单位南通航务工程有限公司、江苏科兴工程建设监理有限公司关于小木桩护岸施工和检测汇报基础上，经充分分析、讨论，形成了小木桩生态护岸检验标准初步意见。会议认为，施工和监理单位按照2010年10月12日《关于研究LDX-HDSG3标杉木桩施工工艺的会议纪要》确定的检验项目，分别于2010年12月、2011年6月、2011年9月进行了3次检测，每次均按5米距离取一个测点的要求，对施工工程进行全面测量，事实证明，检测的方法正确、数据可信。（陈海峰）

【部分航道开坝通航】刘大线航道整治工程管理办公室，在充分调查研究并得到交通质监机构同意的基础上，于2012年2月对大丰干河以东局部航道先行验收，开坝通航，超前为沿线大中型企

刘大线航道整治工程部分航段先行开坝通航

业提供服务。仅联鑫钢铁一家企业，每个月就可以节省1万元运费。（陈海峰）

【管亚光检查整治工程】2012年6月13日，市交通局党委书记、局长管亚光察看刘大线航道整治工程。大丰市政府副调研员、交通运输局局长朱学忠，盐城市航道处、大丰市交通运输局及刘大线项目办负责人陪同察看。管亚光一行顶着烈日，先后察看了航道、桥梁、船闸施工现场。在座谈汇报会上，管亚光结合察看情况提出四点要求：一是进一步明确刘大线航道建成时间节点，力争国庆节前开坝放水，确保年底前建成通航。二是按照形

象工程要求，将新团船闸打造成刘大线疏港航道上精神文明建设示范基地。三是请大丰市政府及相关职能部门加大工作力度，抓紧落实拆迁矛盾纠纷协调扫尾工作。四是盐城航道处提前介入，认真研究刘大线建成后航道管理问题。（刘安奎、刘姗姗、管荣、陈海峰）

【全线通航】2012年12月18日，刘大线全线通航仪式在大丰刘庄船闸举行。刘大线航道整治工程，西起刘庄镇与通榆河三级航道相连，东至大丰港内河港池，全长55.70公里，按四级航道标准建设，概算总投资13.20亿元。刘大线疏港航道整治是盐城历史上单体规模最大、投资最多的航道基础设施建设项目。刘大线疏港航道全线通航是盐城市水运大发展、大建设的开篇之作。（陈海峰、戴万林）

【13座桥梁通过竣工验收】2013年9月23日上午，刘大线航道整治工程13座桥梁验收会议在大丰召开。省航道局、大丰市政府、盐城市交通工程质量监督站、盐城市航道处、省交通厅派驻盐城纪检组、大丰港管委会、大丰市交通局及有关单位领导、代表出席了会议。与会人员察看了工程现场，查阅了有关资料，听取了工程设计、建设、施工、监理等单位执行报告及交工档案验收意见、盐城市交通工程质量监督站验收意见和盐城市交通工程监督站交工质量鉴定意见。交工验收委员会一致认为：整个工程严格按照国家基建程序实行了项目法人制、招投标制、工程监理制、合同管理制；各参建单位建立健全了安全保障体系，全面落实了质量安全责任，悉心组织，精心施工，工程质量、进度、投资、安全得到了有效控制；桥梁总体轮廓清晰、线形顺适，各项几何尺寸符合设计要求，混凝土外观平整光洁，强度合格，桥梁桩基检测资料表明桩基完整性良好。据此，交工验收委员会认可盐城市交通工程质量监督站对13座桥梁工程的质量鉴定意见，工程质量为合格等级，同意交工验收，即日起交付试运行。（陈海峰、戴万林）

连申线航道东台段整治工程

【概况】连申线航道东台段，北起泰东河出口处，南至海安县古贲镇通盐村，全长25.70公里。2010年12月29日开工，按照设计标准新建护岸49公里、开挖水上土方364万立方米、水下土方342万立方米，形成底宽不小于45米、口宽不小于70米、最小水深不小于3.20米、最小弯曲半径不小于480米、可通航1000吨级船舶的三级航道标准进行全面整治。同时，配套建设桥梁7座，船舶锚地、水上服务区各1处及两岸绿化等工程，概算总投资7.50亿元。2013年12月交工验收。（戴万林）

【开工建设】2010年12月29日上午，盐城市交通运输局、东台市人民政府共同举行连申线航道东台段整治开工典礼。盐城市副市长、连申线航道东台段整治工程总指挥丁建奇，盐城市交通运输局局长、连申线航道东台段整治工程副总指挥管亚光，东台市市委书记祁彪，东台市市长、连申线航道东台段整治工程副总指挥葛启发等参加典

礼仪式。连申线航道东台段整治工程，利用原有航道单边或双边按三级航道标准进行拓宽、局部裁弯取直。项目永久征地102.47万平方米、拆迁房屋2.26万平方米、建设护岸49公里、开挖水上水下土方706万立方米，配套建设船舶锚地1处、改建桥梁7座及沿岸绿化等工程，概算总投资7.5亿元。（仇锦云、郭永峰）

【完成航道施工招标】2011年4月6日，连申线航道东台段整治工程航道施工招标工作正式开始。5月9日完成资格预审。7月1日评标工作在南京完成。经网上公示，无锡市航道工程有限责任公司为航道施工1标中标单位，苏州大通工程建设有限公司为航道工程2标中标单位，南京航务工程有限公司为航道施工3标中标单位。连申线航道东台段整治管理办公室负责和三个中标单位分别签订了施工合同。航道施工招标的顺利完成，为连申线航道东台段整治工程年内全线开工打下了坚实的基础。（梁同好、郭永峰）

【启动房屋拆迁和土地征用】2011年10月28日，东台市召开连申线航道东台段整治工程拆迁动员大会，全面启动房屋拆迁及土地征用工作。连申线航道东台段整治工程需要拆迁房屋2.26万平方米（其中厂房1600平方米、楼房4500平方米、平房1.20平方米、附房4500平方米）、永久性征地102.47万平方米、堆土及临时用地266.67万平方米。会议要求相关职能部门立即行动起来，采取得力有效措施，如期完成房屋拆迁和土地征用任务，绝不拖延连申线航道东台段整治工程后腿。（仇锦云、刘姗姗）

连申线航道东台段施工现场

【5个月完成投资2.28亿元】截至2012年5月底，连申线航道东台段整治工程已完成2.28亿元投资，占总投资额30%。三个航道标段累计浇筑护岸底板1.27万延米、墙身9400延米，开挖土方63万立方米，回填压实岸墙间空隙3600延米，分别占各自工作量的28%、21%、17%和8%。7座大桥4座开工建设，其中振中大桥，钻孔灌注桩及下部结构全部完成；永新大桥完成钻孔灌注桩22根；梁一大桥完成钻孔灌注桩35根；控制性工程新灶大桥，已浇钻孔灌注桩81根、主墩承台2个及部分连续箱梁，4座在建大桥共完成投资2287万元，占投资总额41%。（仇锦云、刘姗姗、管荣）

【省交通厅质监局对质量保障体系进行专项督查】2013年3月19—20日，省交通厅质监局组织专家对连申线航道东台段整治工程建设单位质

量保障体系和工程质量进行专项督查。专家们结合工程进度，对桥梁2标的振中大桥、梁一大桥的原材料和实体工程进行抽检。检查组对连申线航道东台段整治工程质保体系建设和实体工程质量控制情况表示肯定，要求各参建单位进一步完善

质量保障体系，以科学方法指导质量管理工作，正确处理质量与进度之间关系，在现有成绩的基础上加强工程精细化管理，搞好文明施工和平安工地建设，努力把连申线航道东台段整治工程打造成优质精品工程。（唐文晋）

【整治工程加快推进】截至2013年8月底，连申线航道东台段整治工程已累计完成投资6.44亿元，占概算总投资85.90%。其中航道工程累计完成一级挡墙4.34万延米，占工程总量99.80%；二级挡墙3.51万延米，占工程总量99.20%、疏浚土方380.50万立方米，占工程总量99%，合计完成航道工程投资3.14万元，占合同总量98.80%。整个航道于6月份已全线贯通，桥梁工程，新灶大桥、振中大桥、梁一大桥已建成通车，永新大桥进入桥面沥青摊铺阶段，9月中旬建成通车。其余三座桥，下部结构和上部预制全部完工，正进行主跨梁板吊装和接线工程施工，9月底主跨全部合拢。桥梁工程累计完成投资1.90亿元，占合同总量90%。（戴万林、管荣）

【主体工程提前完工】2013年9月29日，连申线航道东台段整治工程主体工程顺利完工，具备交工验收条件，比计划提前了3个月。连申线航道东台段整治工程共浇筑一级挡土墙43.47公里、

二级挡土墙35.40公里，共疏浚土方380.50万立方米，完成投资3.18亿元；桥梁工程中4座已建成通车，其余3座正在系杆拱主肋吊装，完成投资2.10亿元，12月底交付使用。（仇锦云、郭永峰）

【通过交工质量鉴定】2013年10月29日，连申线航道东台段整治工程通过省交通厅质监局、航道局组织的交工质量鉴定验收，所建工程全部合格。鉴定组专家通过现场检验，审阅档案资料，听取设计、监理、施工和业主单位的情况汇报后认为：航道工程布置合理，线形顺畅，弯段圆顺，外形尺寸、高程、航道口宽满足设计要求；一线挡土墙岸线顺直，重力式护岸（锚地）现浇墙身及压顶混凝土强度合格，表面平整；变形缝基本顺直，填缝饱满，缝宽一致；二级护岸箱式绿化挡墙、自锁块挡墙、互锁块护坡及填料符合设计要求。建成通车的振中、永兴、梁一、新灶4座大桥，线形顺实，轮廓清晰，桥型美观，主桥连续箱梁相邻块体混凝密实，钢管拱肋、风撑线形圆顺，焊接外形均匀，线型良好，符合设计要求。（仇锦云、刘姗姗）

小中河航道整治工程

【概况】小中河系人工开挖河道，北起阜宁船闸，南入射阳河，全长17.35公里，为六级航道。由于年久、河窄、水浅、船多，小中河成了水路运输现实状况中的瓶颈，制约了盐城经济发展，亟待解决。为此，2015年10月，盐城市航道处根据盐城市委、市政府要求，组织力量对小中河航道按照可通航800—1000吨级标准型船舶四级航道标准进行全面整治，砌筑重力式护岸30.6公里、生态护岸5.7公里，疏浚土方114万立方米，同时改扩建船闸1座、桥梁11座，估算总投资3.60亿元，船闸预计2016年11月建成。

【省航道局领导到盐就小中河、阜宁船闸现状进行调研】2014年4月28日，省厅航道局领导到盐城就阜宁县人大代表提案对小中河、阜宁船闸现状进行调研。盐城市交通运输局、阜宁县、市航道处等领导陪同调研。调研组一行察看小中河后来到阜宁船闸，在详细了解了船闸运行、功能分布、水系调整及管理体制等情况，并与盐城交通局、阜宁县政府进行充分勾通后认为，阜宁船闸及小中河航道是连接苏北大运河、连申线这两条省内“两纵”干线航道最便捷的通道，也是目前制约水路运输现实状况中的瓶颈，需要解决。省航道局

领导表示在条件成熟船闸重新规划布局地理条件具备，地方政府落实土地、资产、人员等相关问题的基础上，省航道局可以考虑对阜宁船闸和小中河航道采取相关技术手段，提升航道、船闸通过能力和保障水平，为盐阜老区经济社会发展提供必要的水运支撑。（陈海峰、戴万林）

【项目预可行性研究汇报会在盐召开】2014 年 10 月 24 日，小中河航道整治工程预可行性研究究汇报会在盐城召开，市航道处相关部门和单位及设计单位省交通科学研究院的专家、代表出席了会议。市交通局局长管亚光、副局长周忠及阜宁县委常委、副县长薛扬等参加会议讨论。会议在听取设计单位关于《小中河整治工程项目建议》汇报后，就船闸、航道、桥梁等节点问题展开讨论。大家一致认为，对阜宁船闸和小中河实施集中规模改造，采取相关技术提升航道、船闸的通过能力和保障水平，迫在眉睫。会议要求设计单位按照讨论的意见，尽快修改完善可行性强、实施便利、投资节省、便民利民、低炭环保的项目建设方案；市航道处等相关职能部门要迅速与省交通厅、厅航道局对接，确保项目列上计划，尽早落地；阜宁县政府要对现阜宁船闸电站土地确权、机构设置、产权及人权划转问题形成方案，妥善处理好前期各项准备工作，协同配合，创造条件，力争 2015 年船闸改扩建工程先期动工。（陈海峰）

航道养护改善工程

盐邵线航道盐城段养护改善护岸工程

【概况】“十二五”期间，盐城市航道处分四期实施盐邵线航道养护改善护岸项目，共建护岸 28 公里、疏浚土方 50 万立方米，总投资 1.93 亿元。其中，2011 年第一期，护岸 5 公里，投资 1500 万元（含地方配套资金 200 万元）；2013 年第二期，护岸 3 公里，投资 1380 万元（含地方配套资金 600 万元）；2014 年第三期，护岸 8 公里，投资 2800 万元（含地方配套资金 600 万元）；2015 年第四期，护岸 12 公里，投资 4450 万元（含地方配套资金 850 万元）。（戴万林）

【盐城城郊段护岸工程通过竣工验收】2012 年 9 月，盐邵线航道盐城城郊段护岸工程通过省航道局、市航道处竣工验收，并被评为优良工程。盐邵航道盐城城郊段护岸长 5000 米，2011 年 10 月开工，投资总额 1500 万元。2012 年 6 月竣工。工程分两个标段，其中第一标段位于龙冈境内，长 4000 米，由淮阴市水利建设有限公司中标承建；第二标段位于秦南镇境内，长 1000 米，由南通市航务工程有限公司中标承建。护岸工程统一采用重力式结构，底部标高□1.0 米、顶部标高 1.8 米。（蔡文富、殷国炜）

【龙冈至古殿堡段二期护岸工程通过竣工验收】2013 年 9 月 17 日，盐邵线航道龙冈至古殿堡段二期护岸工程通过市航道处竣工初步验收。同月 22 日，省航道局检查组对该项目进行了竣工验收，并将此工程评为优良工程。龙冈至古殿堡二期护岸工程，位于秦南砖桥村至富康村之间，长 3000 米，2013 年 4 月开工，总投资 780 万元，2013 年 9 月竣工。工程分两个标段，其中，第一标段，护岸长 1500 米，由淮阴水利建设有限公司承建；第二标段，护岸 1500 米，由济宁市港航局工程处中标承建。两个标段工程均采用重力式结构，按底部标高 -0.7 米，顶部标高 2.0 米标准建设。（蔡文付、仲靖霞）

【龙冈至古殿堡段第三期护岸工程】龙冈至古殿堡段第三期护岸工程位于秦南镇境内，护岸长度 5000 米，2014 年 3 月开工，投资约 1500 万元。

龙冈至古殿第三期护岸工程

同年12月竣工。工程分两个标段实施，统一按混凝土重力式结构标准施工。（蔡文付、唐红星）

盐宝线航道盐城段养护改善护岸工程

【概况】“十二五”期间，盐城市航道处分六期对盐宝线航道盐城段实施养护改善护岸工程，累计护岸58公里，疏浚土方95万立方米，总投资2.18亿元。其中，2011年第一期，护岸2公里，投资650万元（含地方配套资金100万元）；2012年第二期，护岸5公里，投资1800万元（含地方配套资金300万元）；2013年第三期，护岸6公里，投资1880万元（含地方配套资金500万元）；2014年第四期，护岸5公里，投资2025万元（含地方配套资金800万元）；2014年第五期，护岸20公里，投资6500万元（含地方配套资金1400万元）；2015年第六期，护岸20公里，投资6900万元（含地方配套资金1800万元）。（戴万林）

【省交通厅航道局到盐调研航道养护工作】2013年10月31日，省航道局副局长黄岩、徐斌及其部分处室负责人，在盐城市交通局副局长周忠、市航道处主任陈建斌、盐都区航道管理站站长陈平等人的陪同下对盐都区航道养护情况进行调研。在盐宝线航道盐都区龙冈航段，调研组一行实地考察了10多公里护岸工程的建设及管理情况，听取了有关建设单位的工作汇报。调研组对盐城航道处近几年充分利用省交通厅6100万元拨款及自身配套资金，累计建成桩式及重力式护岸13公里、疏浚土方120万立方米，提升船舶通过能力至500吨级的成绩表示肯定。调研组希望盐城市航道处、盐都区航道站再接再厉，高标准完成好养护专项工程，确保质量全面创优；长远规划，周密谋划好各年度航道基础设施建设项目，把有限的资金用好用足；加强航政管理和执法力度，切实维护航产航权。（唐红星）

【龙冈至新河庙段第五期护岸工程】2014年3月，盐宝线航道龙冈至新河庙段，采用C20浆灌砌块石重力式结构，投资1300万元，护岸5000米。工程进展顺利，至6月中旬，完成全部工程量的45%，年底竣工。盐都区航道站双线作战，同时加强对盐邵线龙冈至古殿堡第三期及盐宝线龙冈至新河庙段第五期各5000米护岸工程的支持和监管

力度，确保两线1万米护岸全部建成优良工程。（蔡文付、唐红星）

航道日常养护

【概况】“十二五”期间，盐城市航道部门，按计划及时对航道进行维护保养，累计清障扫床1.10万公里，疏浚土方62.70万立方米，护岸17公里，维护航标5400多座次，维持船闸安全运行1825天，加上航政管理、工程测量、航道统计和流量观测、安全管理、船艇修理和保养、航道设施管理、设备及信息化系统维护、站务建设应急工程等费用，共投入资金1.10亿元。（戴万林）

船闸建设

刘庄（新团河）船闸工程

【概况】刘庄船闸位于大丰市刘庄镇新桥村境内，占地面积5.33万平方米。船闸由一座闸室长120米、口门宽18米、槛上最小水深4米船闸和一座口门宽18米防洪闸（通航孔）组成。船闸布置在

左岸、防洪闸布置在右岸，两闸中轴线间距离23米，设计通航船舶为500吨级。船闸、防洪闸于2011年1月1日同时开工，两闸总投资1.07亿元。2012年12月18日一起建成通航。（戴万林、陈海峰）

【船闸闸门成功拼装】2012年8月16日，经过施工单位连续奋战，刘大线航道整治工程刘庄（新团）船闸完成了三道闸门拼装工作，为年底前开坝通航奠定了坚实的基础。刘大线航道刘庄（新团）船闸位于大丰市刘庄镇新桥村通榆河东约1100米处，由一座120米×18米×4米的船闸和一座口门18米宽防洪闸（通航孔组成）。船闸布置在左岸，通航孔布置在右岸，中轴线相距23米，设计通行500吨级船舶。此次拼装的三道闸门均为

钢质平板提升门，采用卷扬式启闭机开关闸门。每道闸门长18米、高7.3米、厚1.6米，重37吨。新团船闸建成并投入使用，将为刘大线航道全线贯通提供强有力的保障。（陈海峰）

【日均收取船舶过闸费4000元】刘大线航道（大丰港疏港航道）于2012年12月18日全线通航。新建的刘庄船闸位于大丰市刘庄镇新桥村通榆河东约1100米处，设计通行500吨级船舶。截至2013年1月7日，仅试运行20天，刘庄船闸就收取船舶过闸费8.06万元，日均4000元，且呈稳步上升趋势。刘大线航道整治工程是江苏沿海开发上升为国家战略后建设的第一条高等级疏港航道，也是盐城航道重点工程建设的破茧之作。

滨海港疏港航道滨海船闸工程

【概况】滨海船闸位于滨海港疏港航道废黄河地涵南侧。2014年4月8日开工，按照闸室长180米、口门宽18米、槛上最小水深4米，设计通过船舶500吨级，船闸正向最大水头1.74米、反向最大水头3.23米，闸首短廊道输水IV级水工建筑标准建设。总投资约1.60亿元，预计2016年年底交工。（戴万林）

滨海港疏港航道运盐河船闸工程

【概况】运盐河船闸位于滨淮镇头罾村中山河与运盐河交汇处。2014年4月8日开工，按照闸室长180米、口门宽18米、槛上最小水深4米，最大通过船舶500吨级，船闸水位差2.55米，最大按核水头2.70米，闸首短廊道输水IV级水工建筑物通航标准建设。总投资约1.60亿元，预计2016年年底交工。（戴万林）

【工程启动】2013年8月22日，盐城港滨海港区疏港航道船闸项目办公室正式入驻，标志着滨海港疏港航道船闸工程项目开始运作。市航道处主任陈建斌、滨海县交通局局长王亚平参加了启动仪式。会上，项目办负责人介绍了滨海港疏港

航道前期工作情况，并明确了项目办工作职责、人员分工及近期工作安排。王亚平指出，滨海县政府高度重视滨海港疏港航道工程，希望船闸工程尽快开工。他表示，滨海县交通局将全力以赴，协调解决好各方面矛盾，为施工单位创造良好的外部环境。陈建斌强调五点意见：一是要充分认识滨海港疏港航道船闸工程对滨海港建设及地方经济发展的重要意义；二是要明确责任，认真履职，创造性开展工作；三是要优化施工方案，强化项目推进；四是要严格内部管理；五是要抓好党风廉政建

设。(杨激雷)

【前期工作顺利推进】滨海港疏港航道滨海船闸、运盐河船闸均按Ⅳ级水工建筑物通航标准建设,相关前期工作快速推进。2013年11月上旬,勘察和设计单位将滨海船闸控制点移交给滨海船闸监理单位南京公正监理公司。监理公司根据控制点,确定船闸位置及高程,施工单位即可以按照设计图纸进行施工。与此同时,运盐河船闸已进入招标程序。江苏国际招标公司、滨海港疏港航道船闸工程项目办在滨海召开运盐河船闸土建及监理项目投标前会议,运盐河船闸土建及监理投标单位代表参加了会议。江苏国际招标公司向投资单位介绍了运盐河船闸概况,提醒投标单位在投标过程中需要注意的问题,并带领投标单位察看了运盐河船闸闸址现场,解答了投标单位提出的相关问题。投标工作2013年11月底完成。(戴万林)

【省交通厅质量监督局检查工程质量保障体系运行情况】2015年4月15日,省厅质监局对滨海港区疏港航道两座船闸工程质保体系运行及安全质量控制情况进行专项检查。检查组认真听取了业主、监理、施工单位有关工程建设质量、安全管理情况汇报,查看了工程实体和内业资料,在施工现场,就有关工艺和质量控制要点与施工、监理单位进行了交流,并对质保体系运行及施工工艺提出了具体意见和建议。项目办要求参建单位结合自身实际和检查反馈意见,在细节上切实加强工程质量控制、安全管理等方面的管理力度,完善内业资料,确保滨海港疏港航道船闸工程质量创优平稳推进。(杨激雷、朱婷婷)

【省交通厅航道局检查工程安全管理工作】2015年6月25日,省厅航道局副局长董刚一行在市航道处主任陈建斌陪同下对滨海港航道两座船闸工程安全管理工作进行检查。检查组成员实地查看了滨海港航道船闸施工现场并听取了市航道处关于滨海港疏港航道船闸工程建设及安全管理情况汇报和项目办、施工单位关于安全管理的具体对策措施介绍。检查组董副局长对船闸安全管理工作总体情况表示肯定,并对船闸安全管理进一步提出了具体要求。项目办和施工单位表示,将按照检查组的意见狠抓落实,确保工程建设优质高效,不发生任何安全事故。(杨激雷)

【实现投资"双过半"】至2015年5月下旬,滨海港疏港航道两座船闸工程已完成投资4328.78万元,占年度投资计划54.11%,累计完成投资1.77亿元,占概算总投资53.30%,提前实现了时间过半、任务过半的节点目标。其中,滨海船闸完成97万立方米土方开挖、全部完成闸室底板和闸室墙浇筑、现浇箱梁和桥面铺装层、闸门制造;运盐河船闸,完成靠船墩21座、闸室底板11块、闸室墙3对及闸门基本结构制作4扇。(杨激雷、朱婷婷)

【省交通厅质监局验收创建平安工地工作】2015年11月下旬,省交通厅质监局"平安工地"评估专家组对滨海港疏港航道两座船闸工程创建"平安工地"工作进行评估验收。专家组先后对滨海船闸、运盐河船闸进行了施工现场检查,听取了创建单位工作汇报,查看了内业资料,对滨海船闸、运盐河船闸在创建"平安工地"中所做的工作给予肯定,并同意通过验收。(杨激雷)

阜宁船闸扩容改造工程

【概况】阜宁船闸扩容工程位于陈集镇闸东村境内。2015年年初，阜宁船闸扩容改造工程开工，按照闸室长180米、口门宽33米、槛上水深4米Ⅳ级水工建筑物通航标准建设，总投资1.50亿元。预计2017年年底建成通航。（戴万林）

【变更隶属关系及扩容改造】根据市委、市政府关于将阜宁船闸及电站河堤管理处成建制划转盐城市交通部门并更名为盐城市阜宁船闸管理所，为市航道处下属副科级公益二类事业单位及阜宁船闸扩容改造由市交通局委托市交通投资有限公司融资、市航道处按Ⅳ级水工建通航标准组

织实施建设决定，2015年5月16日，阜宁县委、县政府、盐城市交通运输局共同启动船闸管理机构改革、阜宁船闸扩容改造工程。座谈会上，市交通运输局局长管亚光指出，阜宁船闸扩容和小中河整治是盐城市政府确定的“三重工程”之一，建成后将使京杭运河、通榆河之间的横向连接畅通无阻，必将有效助推地方产业结构调整及经济转型升级，相关单位要深刻认识和领会项目实施的重大意义，瞄准目标，全力以赴，确保2016年10月、力争6月交工通航。阜宁县委书记顾云岭强调，阜宁全县上下，特别是涉及阜宁船闸扩容改造和小中河航道整治的相关单位，一定要把思想认识和行动统一到市委市政府的重大决策部署上来，全力协助市交通运输局将这件大事、要事办实办好。（陈海峰、管荣）

水上服务区建设

【概况】“十二五”期间，全市投资3.25亿元，建成5个水上服务区，为水路运输业的发展提供了强有力的支撑。

【凤冈（盐邵航线）水上服务区工程】位于盐都区盐龙街道盐邵航道右岸，占用航道岸线784米、占地面积9.67万平方米。2013年11月开工，先后建成码头500吨级散货泊位6个、件杂货泊位3个、待泊泊位3个，综合服务楼1幢，加油（汽）站1

座及堆场、仓库、装卸机械等设施，可为往来和在码头装卸的船舶提供物流、维修及机械配件等船上用品供应、餐饮、超市购物、垃圾处理全方位服务。工程概算投资1.10亿元。2015年12月竣工投入运营。（戴万林、管荣）

【新界水上服务区工程】位于亭湖区新兴镇新界村新洋港与通榆河交汇处，占用航道岸线长300米、占地面积3.20万平方米。2014年1月开工，先后建成码头300吨级集装箱、散货泊位6个，综合服务楼1幢，加油（汽）站1座及堆场、仓库、码头吊机等设施，可全方位为来往及在码头作业的船

舶提供周到的信息、加油、加气、加水、充电、维修、船务用品供应及餐饮、购物、垃圾处理等服务。工程概算投资6750万元。2015年12月建成投入使用。(戴万林、管荣)

【阜宁水陆服务中心工程】位于阜宁县城阜东大桥东侧射阳河南岸,位置优势突出,向南经通榆河可通长江;向东经三条疏港航道可直通盐城海港4个港区;向西经射阳河、苏北灌溉总渠可直通京杭大运河、淮河。服务区占用航道岸线长423.7米、占地面积4.85万平方米。2014年8月开工,先后建成码头300吨级通用泊位2个、待泊泊位3个、检修泊位1个,综合楼1幢,加油(气)站1座,

船舶、汽车修理车间各1个,仓库1幢,可为汽车、船舶提供物流信息、加油、加水、加气、充电、维修、购物、餐饮、垃圾处理等全方位服务。工程概算投资9696万元。预计2016年3月建成投产。(戴万林、管荣)

【大丰大中水上服务区工程】位于大丰大中镇刘大线航道德丰大桥东侧,占地面积1.60万平方米。2012年7月开工,由中国江苏国际经济技术合作公司承建、江苏科兴工程建设监理公司承监,建

成综合楼1幢(含办公室、医务室、餐厅、日用品与船舶配件超市用房)、维修车间1个、加油(气)站1座,船舶垃圾回收站1座,可及时为船舶提供全方位服务。工程总投资2500万元。2013年8月建成投入使用。(戴万林 管荣)

【连申线东台段航道水上服务区工程】位于东台镇三灶村连申航道西岸,占地面积2.40万平方米。

米。2014年1月开工,先后建成1000吨泊位8个、船民服务中心1个、船舶修理车间1个、服务用房2幢,工程总投资2450万元。2015年1月投入使用。(戴万林、管荣)

专记 6

追　梦

——连申线东台段航道整治工程建设纪实

市航道管理处

2013 年 12 月 18 日，省交通运输厅、省发改委组织的相关部门专家对连申线（东台至长江段）航道整治工程验收结束，这标志着苏北地区又一条内陆运河顺利诞生，并成为东部沿海的黄金水道。

科学决策绘新篇

连申线苏北段，是江苏沿海地区重要的内陆运河航道，南起南通，途经盐城，北至连云港，全长 426.5 公里。1958 年始建，靠百万民工肩挑人抬初成雏形，后于 1964 年、1985 年、1993 年和 2007 年多次续建，却始终未全线贯通，有些地段坝埂不断，无法通航；有些地段半幅成河，只能通过小吨位船舶；有些水面则被围网养渔，移作它用。纵观全线，浅滩连片，“梗阻”不断，通江达海这一几代人的梦想，几经努力未能实现。有识之士为之呼号，付出艰辛。

2009 年 6 月，江苏沿海开发上升为国家战略。省委、省政府紧把时代脉搏，抢抓历史机遇，高屋建瓴，宏伟规划，果断决策重启连申线苏北段航道整治工程，大力拓展绿色水运事业，加快苏北发展。一项集长江引水、灌溉排涝、航道运输于一身的连申线航道整治工程应运而生。

盐城市委、市政府积极响应省委、省政府号召，迅速建立机构，明确职责，落实总体进度要求，全力实施连申线东台段航道整治工程。

市交通运输局，东台市委、市政府在省交通运输厅和省厅航道局的直接指导下，第一时间成立办事机构。从建章立制到营造氛围，从资金筹措到拆迁交地，从矛盾协调到安全督查，从质量监管到进度控制，环环紧扣，分秒必争。

2010 年 12 月 29 日，连申线东台段航道整治工程开工建设。自此，江苏省干线航道网盐城境内有史以来的第一个重大基础设施建设项目拉开大幕。

工程建设严管理

连申线东台段航道整治工程起于泰东河、通榆河交汇口，终于盐城、南通两市交界处，全长 25 732 公里，按三级航道标准实施疏浚护岸、桥梁改造，配套绿化、标牌、智能设施，建设时长 36 个月。

连申线东台段地质情况复杂，河面宽窄不一，不但内有淤泥暗沟、外有鱼塘网箱，而且岸边码头相连，岸坡料场成堆。航道一标段有规模企业 1 家，中、小型民营企业数十家；航道二标段被老 G204 将航道拦腰截断；航道三标段则有首尾相连的成片渔簖 4.2 公里、规模种植的蚕桑树 17.4 万平方米；桥梁一标和桥梁二标要同时封闭 7 座驻地居民日常生产（生活）用的交通桥梁。全线 307 户居民需拆除房屋 4.1 万平方米，永久性征地 102 万平方米，临时性租地 260 万平方米，矛盾协调任务繁重。

困难面前，东台指挥部和盐城项目办一班人知难而进，迎难而上。不回避矛盾，与驻地镇、村、组负责同志携手，走村串户做群众思想工作；不畏艰辛，踏勘现场化解主要矛盾。

施工过程中，项目办、监理组、承建单位的管理人员坚守一线，靠前指挥，及时发现隐患，及时弥补不足，及时解决问题。地处交通要道、矛盾相对集中的安榆大桥旁每天都有他们的身影；驳岸护坡的工地上到处都留下了他们的脚印。

抓质量，争创精品工程。实施首件认可，探索最优施工工艺；围绕常见质量通病，开展专题研究，拿出最佳解决方案；推行质量问题通报制度，严格考核奖惩;严肃质量管理程序,健全质量保证体系,所建工程表里如一,全部达标。

抓安全,把“平安工地”创建贯穿始终,奋力争创省级“示范工地”。项目办拿出200多万元,专项奖励获得省级“示范工程”荣誉称号的参建单位;对达不到要求的单位同基数实施处罚,季评季结,不打和牌。对结构复杂、施工难度大、专业性强的十项工程,邀请专家“会诊”,进行方案审查、优化,强化事前控制。安全技术交底纵向延伸到一线工人。组织开展工地消防、基坑坍塌、人员落水等应急救援演练,把施工现场安全防护标准化、场容场貌规范化、安全管理程序化推向纵深,工程安全无事故。

抓进度,适当超前。合理编排施工计划;传递压力,不断开展劳动竞赛;抓节点,攻难点,组织会战,以阶段性目标任务的完成保总体目标的全面实现。

抓廉政,从我做起。把“不拿一分钱,不抽一包烟;不吃一顿饭,不喝一杯酒”作为铁的纪律,一以贯之。严谨计量支付程序,杜绝拖、延、卡、拿;规范设计变更过程,鼓励相互监督实施。格言警句、诗歌词曲上墙悬挂,人物故事、典型案例逢会必讲。将“廉政建设责任公示牌”“廉政承诺公示牌”立于工地,常念“廉政经”,常敲“警示钟”,常打“预防针”。

承建单位进场初期就把争创“扬子杯”、打造优良工程列为主攻目标,自加压力,组织攻关。从打桩围堰、基坑开挖、软基处理、底板浇筑、一级挡墙、二级护岸、生态护坡、土方疏浚到绿化种植、景点打造;从便桥搭设、新桥建设到旧桥拆除,高强度管理,铁手腕把关。

工程监理严格施工计划执行,严把材料准入关、过程检验检测关、时间节点把控关、关键工序技术人员在场关,在岗尽责,一丝不苟。

参建人员战严寒、斗酷暑,五加二,“白加黑”,抢工期,保节点,风餐露宿,不辞辛劳。6月17日,老G204与通榆河、串场河交汇处的水下土方开挖任务顺利完成,比计划工期提前了13天;8月30日,航道疏浚全面竣工,比计划工期提前了1个月;12月15日,7座桥梁主体工程全部竣工。不断航施工,船行波冲刷围堰极易造成基坑决堤坍塌;地质条件不同,挡墙及挡墙底板浇筑工艺不一;航道疏浚不可影响船舶正常通行;旧桥拆除重建,风险大,技术要求高等四大难题在工程建设者手中迎刃而解。

科技创新结硕果

“改革传统施工模式,组织小组课题攻关,鼓励成员科技创新”是连申线东台段航道整治工程的一大特色,实践“把先进的科学技术转化为劳动力”亮点纷呈。

创新定制、使用标准化钢滑模。施工过程中,承建单位一改小型模板立模浇筑的传统做法,采用5毫米厚的钢板定制10.2米长的组合模具,在底脚上安装滚轮。模具安装前,内表面残渣清理、脱模剂涂刷时间短;现场拼装时,螺栓连接紧固,墨斗弹线、仪器校正简单;调整模具高度时轻便省力;形成的整体模具接缝少,成品外观质量优。课题组《提高混凝土施工质量》被中国交通企业管理协会评为“交通行业2013年度优秀质量管理小组”,《鱼塘段滑模施工工艺研究》荣获“2013年度江苏省交通行业优秀质量奖”。

率先使用塑料模具实施互锁块件浇筑。传统的互锁块件预制均是通过钢制模具、机械预热、干料压制而成,蜂窝气孔,表面粗糙,加拌粉煤灰后,成品颜色灰暗,形象不佳,成本较高。课题小组创新将原材料拌合后人工铲入定制的塑料模具,平板机振捣,养护后拆模,工艺简单,成品外观光滑白亮,强度高,成本低。鲜明的个性特点、清晰的整体效果令人耳目一新。《互锁块预制质量控制》荣获“2013年度江苏省交通行业优秀质量奖”。

创新种植耐水植物、土袋替换竹篱笆实施生态护岸。东台段航道整治工程累计采用了6种护岸结构形式,生态护坡是其中之一。实践中,项目办因地制宜,有选择地推广以种植芦苇为主的水生植物实施护岸。为有效解决生态护岸稳定性环节相对薄弱的问题,课题小组对原设计由杂木桩、活体木柱和钢丝组成的一级护岸结构形式,试用桩顶布置连锁块,调整水生植物的种植位置和范围,改变杂木桩的设置密度等进行优化。土袋替换竹篱,有效削弱了船行波影响,减小了水流对岸坡的冲刷。

领先实施土方综合利用,最大限度保护耕地。连申线东台段航道整治工程累计开挖水上土264万立方米,疏浚水下土385万立方米,工程量大是不争事实,解决不好不但浪费资源而且将成为航道安全的一大隐患。实践中,承建单位从节约用地、保护耕地、维护生态环境入手,采取就近利用的方法实施土方吹填。凡能用于航道围堰、墙后回填、岸线整平的水下土方,晾晒、风干、固化后二次再用;对富余土方,一方面支持地方砖队建材企业发展,另一方面帮助沿线村、组填充沟塘洼地。资料显示,在航道疏浚的385万立方米水下土方中,有130万立方米用于沿线砖瓦建材企业,90万立方米用于废弃坑塘填充,73.3万立方米用于护岸回填;累计复垦土地33.5万平方米,综合利用土方494万立方米,利用率高达76.18%。

创新桥梁通病防治。突出水泥混凝土块件钢筋保护层厚度控制、细石水泥混凝土钢管拱压浆和大型机械水上吊装作业三大课题,以精细保质量,以管理保安全。搭设的便桥牢固稳定,安装的支架负重不弯,拱肋吊装一次成功,浇筑的水泥混凝土全部达标,有盐城第一跨的新灶大桥一次通过专家验收。

领跑工程档案电子化、信息化、网络化,实施档案资料综合利用。工程建设过程中,项目办坚持纸质档案与电子档案、声像档案同步建设,一手抓文字材料的规范形成和软件资料的搜集归档,一手抓电子(声像)资料的采集储存,逐步形成了"文档一体化管理系统",先后整理出文书档案1898卷,并同步形成了电子(声像)档案。2013年11月14日,经江苏省交通运输厅、江苏省交通运输厅航道局、盐城市档案局等单位组成的专家小组初验收,认定"文件材料形成程序规范,签署完备,收集齐全;案卷分类科学,组卷合理,编目清楚;管理设施齐全,运转安全"走在全省同类工程前列。

惠民成果人人赞

2013年12月15日,随着最后一座大桥主体工程竣工,连申线东台段航道整治工程全部竣工。累计开挖(疏浚)水上(水下)土649万立方米,新建护岸48717米,改建大桥7座,建设服务区1处,栽植绿化树木9000多株,打造景观景点2处,完成投资7.5亿元。

如今的连申线东台段,航道宽阔,两侧挡墙直立,沿岸树木成行,打造的景点尽显时代风光,智能化管理设施犹如不知疲倦的忠诚卫士,经风历雨,"守土固疆"。设施齐全、环境优美的服务区,不断为过往船舶添油加汽、补给淡水、维修机械。

航道通了,通江达海美梦成真;等级高了,千吨船舶在此过往好似江心泛舟;通航条件好了,航速快了,水运成本大幅度下降,水运物流迅猛发展,南来北往的船舶不断将苏北的农副产品运往苏南,又源源不断地将江南的砂石等原材料带回江北,载重吨由几百吨发展到上千吨,日船舶通过量由几十艘发展到几千艘。

连申线东台段航道缩短了盐城与苏南大都市的时空距离,千吨级船舶绕道泰东线进入长江的历史成为过去,单程节省时间10个多小时,成了名副其实的黄金水道。

连申线东台段航道的建成带动了区域经济发展,沿线建工建材企业蜂拥而至,依水发展,先后诞生民营企业十多家。东台市傲龙新型建材有限公司依靠地缘优势转型升级,不断扩容,产品由单一的烧砖制瓦发展到轻质隔墙板——石膏砌块制造和淤泥多孔砖、保温砖烧制。直接受益的江苏磊达集团每年可节约运输成本百万元。

滚滚长江东逝水，北转徊流哺育苏北人，盐城航道人在辞旧迎新之季，用实践交出了合格答卷。

市内环高架快速路网工程建设

【概述】

盐城市区快速路网规划方案由“田”字型＋射线组成，共十二条道路，分别由西环路、北环路、东环路及南环路组成的环线和青年路、范公路组成的十字线以及西环路南延、青年路西延、新洋港大道、范公路北延、青年路东延及南环路东延六条射线组成。快速路路网路线全长约 89 千米，设计标准主车道双向六车道，辅道单向不少于两车道；设计车速主车道 80 千米／小时，辅道 40 千米／小时；新建桥梁设计荷载公路—I 级。2009 年概算总投资 130 亿元。

根据城市发展情况以及市民交通出行的实际需求，快速路网工程分期实施，近期实施“一环五射”内环高架快速路网工程，即范公路南段（青年路至南环路段）、南环路西段（范公路至西环段）、西环路南段（南环路至青年路段）、青年路西段（西环路至范公路段）组成的“一环”（规划方案“田”字型的 1/4），范公路北段（青年路至宁靖盐高速公路盐城北互通）、南环路东段（范公路至沿海高速公路盐城开发区互通）、西环路南延（南环路至徐淮盐高速公路盐城南互通）、青年路西延（西环路向西，至新 204 国道折向南，至宁靖盐高速公路盐城西互通）、西环路北延（青年路至蟒蛇河大桥南）组成的“五射”。

“一环五射”内环高架快速路网工程总长 57 千米，预算投资 92 亿元，分一期工程（全长 13.6 千米）、二期工程（全长 46 千米，其中复线工程 2.6 千米，两期里程合计时扣减）。建成后将形成覆盖城市大部分区域的快速道路网络。届时由老城区、城南新区内任意一点出发，15 分钟内基本可以进入城市外围高速公路环线，从而有效解决市区大部分区域市民的快速出行问题。

快速路网未来建设，将根据城市发展和市民的出行需求，择机实施。

一期工程（范公路北段）

【概况】“一环五射”内环高架快速路网一期工程为范公路北段（含北环线跨新长铁路和通榆河段 1.8 千米），是“一环五射”中第一条射线，工程全长 13.6 千米，总投资 24 亿元，2012 年 11 月开工建设，2015 年 9 月全面建成通车。

工程位于开放大道东侧，紧邻新长铁路布设。起点接老 204 国道（新兴互通附近），由北向南分别与北环路、建军路、青年路相交、终点与世纪大道相接，总长 11.8 千米，同时为了实现城市环线的闭合，北环路开放大道至通榆河东段 1.8 公里也纳入项目一并实施。

一期工程穿越城中村和老城区，包括 2 座特大桥（范公路新洋大桥和北环路通榆河大桥）、1 个立交枢纽（北环与范公路立交枢纽）、1 个大型互通（范公路与建军路互通），施工技术难度大，征地拆迁困难。2013 年 6 月 18 日至 2013 年 9 月 17 日市政府重点工程办公室牵头，对全线征地拆迁工作进行了为期 3 个月的突击，为施工推进创造了较好的现场条件。

一期工程对整个内环高架建设起着先导和示范作用，建成后形成了盐城主城区南北交通大走廊，并连通北环路，实现了城市环线的闭合，促进了沿线“城中村”改造和城市东北片经济开发，推动了大市区的均衡发展。2015 年 9 月通车后，由火车站至宁靖盐高速公路盐城北出口的行车时间，已由过去的 30 多分钟缩短到不足 8 分钟。

新洋大桥、北环枢纽为一期工程中的重大控制性节点。

新洋大桥：新洋大桥为全省长江以北城市地区最大的斜拉桥，是盐城地标性建筑之一。大桥起点桩号 K7+652，终点桩号 K9+423，全长 1771 米：主桥长 456 米（中间最大主跨 216 米）、北引桥长 210 米、南引桥长 1105 米。大桥为双塔四索面部分斜拉桥，主桥结构形式采用塔墩固接、塔梁分离的三跨连续体系，左右幅分离布置。桥面双向八车道，单幅桥宽24.25米，设计车速80千米/小时；桥塔为三柱式桥塔，塔高63.5米。南引桥设置2个匝道，全桥设置4个人行梯道。大桥主桥由江苏省交通工程集团承建，2012年12月6日开钻，2014年12月18日主跨合龙。

新洋大桥雄姿

北环枢纽：北环枢纽是整个内环高架工程的第一个大型立交枢纽，范公路和北环路主线部分设计车速80千米/小时，匝道部分设计车速40千米/小时。范公路主线桥起点桩号MK6+212，终点桩号MK6+782，全长570米；北环路高架主线桥起点桩号NK17+838.919，终点桩NK18+444.479，全长1352.62米。主线桥均采用分幅断面形式，单幅桥宽12.75米。互通匝道目前实施FA(辅道)、A、B、C、D、F、H共7条匝道，分8.5米和9米两种桥宽形式，总长2073米。远期规划预留E匝道和G匝道位置。

市内环高架快速路网“一环五射”工程中的北环枢纽

【《盐城市快速路网工程管理文化丛书》刊印】为确保把快速路网工程建成“政府放心、群众满意”的精品示范工程，项目管理办公室从2010年9月始，根据高速公路和干线公路建设经验，结合本项目实际，组织编写“盐城市城市快速路网工程管理文化丛书”，丛书共8册，分别为《内部精细化管理手册》《项目精细化管理手册》《项目精细化施工手册》《临时设施标准化和环境保护手册》《项目精细化试验手册》《安全精细化管理手册》《质量通病防治手册》《档案精细化管理手册》。2011年1月丛书刊印，设计、施工、监理、技术服务等单位签合同进场时，丛书随即发放到各单位，并要求进一步分发到各施工作业班组和监理驻地办，施工前认真学习领会，工作中贯彻到位。

市内环高架快速路网工程管理文化丛书

【市长会办范公路快速路工程BT合作】2011年4月13日，市长召集会议，专题会办范公路快速路工程BT合作问题。市政府分管领导，市交通运输局、财政局、审计局、规划局、国土局、法制办、招投标办等部门和单位负责人参加。会议明确由市交投公司与由南京嘉盛集团和江苏国信资产管理集团共同出资组建的项目公司—江苏国苏建设有限公司签定BT合作协议，与江苏国信资产管理集团签定项目拆迁、附属工程及其他建设资金融资协议。会上明确拆迁责任由属地政府负责，由市规划局确定用于BT还款的市区10000亩土地红线（2011年第26号专题会议纪要）。

【BT合作框架协议签订】2011年4月19日，盐城市与南京丰盛集团签订BT合作框架协议。其后，丰盛集团旗下子公司嘉盛集团组建项目部，开始范公路主体工程进场施工准备。6月28日，建军路互通工程开工。

【BT合作谈判具体条款】2011年4月至2011年12月，在市审计局全过程参与下，快速路网工程项目管理办、各总监办等单位与嘉盛集团进行BT合作的具体条款谈判。谈判的主要内容包括施工方案的选择、取费的标准、定额选用等，最终除泥浆是否外运等问题须进一步商榷外，其他事情基本谈妥。

【市政府领导会办决定分段申报用地】2011年6月16日，副市长丁建奇召集会议，专题会办范公路快速路工程建设事宜。亭湖区政府、市城南新区、市开发区管委会、市发改委、规划局、交通运输局、国土局、房管局、城乡建设局、环保局、供电公司等部门和单位负责同志参加。会议商定将范公路分为新洋大道、南城大道、南环路枢纽三段，分别向省争取独立选址用地计划。（2011年第37号专题会议纪要）。

【赵鹏慰问建设者】2011年10月8日，市委书记赵鹏到建军路互通工地，视察工程推进情况，慰问工程建设者。

【项目建设暂停】2011年11月，因市政府主要领导调任连云港市委书记，范公路先导段和建军路互通施工暂停。

【建设方案调整】2012年3月27日，市长魏国强调研范公路先导段工程建设情况，提出对范公路的建设规模和方案进行调整。7月4日，市发改委印发盐发改审〔2012〕102号文件，批准盐城市交通运输局提出的城市快速路系统范公路段工程项目建议书。7月6日，市长魏国强主持召开市长会办会，明确范公路快速路建设按照“总体规划，分期实施；标准不变，功能不降”原则分步实施到位，建设方式不再采用BT模式，按照正常招投标项目实施（2012年第2号市长办公会议纪要）。

【重新招标开建】2012年8月20日，调整后的范公路工程（内环高架一期工程）重新招标，分为5个标段。工程北起于北环路，南至世纪大道段，全长9.3千米。共有52家单位报名参加竞标，市交通运输局建管办、市公路处纪检室、市审计局全过程监督。江苏省交通工程总公司、山东鲁桥建设有限公司等5家具备一级资质的施工企业中标。2012年11月17日，范公路工程（内环高架一期工程）在LQ1标首先开工。其余4个标段在12月底前相继开工，其中，苏北城市内河第一斜拉桥新洋大桥的南岸主墩桩基于12月2日开钻。

【首开全市交通项目跟踪审计先河】2012年12月11日，市审计局跟踪审计组进点范公路工程。作为全市交通建设首个跟踪审计项目，市审计局在项目全线派驻了6个审计小组，审计人员从工程计量到设计变更，以及对沟塘处理等隐蔽工程的查验，每一个环节都全程参与。月度工程计量亦先由现场审计组审核，再交市审计局审定并出具跟踪审计意见单，最后才提交项目管理办支付。

市内环高架快速路网范公路工程跟踪审计进点会议

【范公路工程建设指挥部成立】2012年12月12日成立范公路工程建设指挥部，发布《盐城市人民政府办公室关于成立市区范公路工程建设指挥部的通知》（盐政发〔2012〕173号），副市长王荣任指挥，市政府副秘书长陈锋、市交通运输局局长管亚光任副指挥。指挥部下设督查协调办公室和项目管理办公室，陈锋兼任督查协调办公室主任，管亚光兼任项目管理办公室主任。

【朱克江、魏国强分别考察工地】2013 年 4 月 17 日，市委书记朱克江、副市长王荣和市相关部门主要负责人视察建军路互通工程建设，市交通运输局局长管亚光陪同视察。5 月 14 日，市长魏国强视察范公路工程推进情况。

市委书记朱克江(上图右二)、
市长魏国强(下图左三)分别视察工地

【重点办介入拆迁攻坚】2013 年 6 月 18 日至 9 月 17 日，市政府陈锋副秘书长牵头，每晚 9 点在市重点办集中会办，协调解决范公路工程(内环高架一期工程)拆迁让地、管杆线迁移和施工矛盾，市交通运输局分管领导，项目管理办主要负责同志，工程建设涉及部门、单位的分管负责人参加会办。经过 3 个月的攻坚，制约工程推进的主要问题矛盾基本解决。

【开展“六比六赛”百日劳动竞赛】2013 年 9 月 25 日始，全线开展以“六比六赛争一流，全员大干一百天”为主题的秋季百日劳动竞赛活动。具体包括：比质量管理，赛创新创优；比工程进度，赛组织协调；比安全生产，赛文明环保；比档案资料，赛精细规范；比和谐稳定，赛人性管理；比廉政建设，赛团队素质。活动分三个阶段进行，每阶段都将根据履约考核内容，进行详细的考核评分。为了确保竞赛活动取得实效，经与审计部门沟通，管理办明确了奖惩兑现办法。次年 4 月 10 日，全线再次开展“春季百日劳动竞赛”。

【范公路北延段开建】为进一步改善城北地区交通出行条件，根据市政府指示，市交通运输局对范公路北延段（北环路至宁靖盐高速公路盐城北出口）原有设计进行优化，纳入范公路工程(内环高架一期工程)一并实施。北延段总长 4.3 千米，分 3 个标段建设，施工、监理单位按正常程序网上公开招标，市交通运输局建管办、市公路处纪检室、市审计局全过程监督。2013 年 10 月 28 日，范公路北延段开工。

【范公路先导段试通车】2014 年 1 月 28 日，范公路工程先导段(大新河至世纪大道)建成并试通车。该段长 1.3 千米，2010 年 9 月 29 日开建，其后一度中止，2012 年 11 月恢复施工。

【王荣平要求高起点建好范公路】2014 年 8 月 2 日市长王荣平视察范公路工程新洋大桥建设工地，2014 年 10 月 7 日察看范公路工程北环枢纽。视察中，王荣平要求建设单位立足高起点、高定位，严格工程质量管理，精打细算，建成精品工程、廉洁工程。

2014 年 10 月 7 日，市长王荣平(右三)察看北环枢纽

【范公路附属项目建设】2015年2月25日,市委书记朱克江听取内环高架一期工程范公路绿化方案汇报，提出进一步优化意见。2015年3月6日,市长王荣平视察交通工程项目,在范公路新洋大桥现场与工程建设、设计、施工单位的同志一起研究路灯、护栏等建设方案。

【科研成果通过鉴定】2015年6月5日,项目管理办与上海交通大学合作开展的“路基填筑施工对结构物的稳定性和变形影响的研究”课题(此前被列为江苏省交通运输科技项目),在省交通运输厅通过科技成果鉴定,评审专家认为其“达到了国际先进水平”。

【范公路北段通过交工验收】2015年6月25日，内环高架快速路网一期工程—范公路北段主线通过盐城市公路管理处组织的交工验收。

【范公路北段建成通车】2015年9月28日，市交通运输局召开新闻发布会，宣布内环高架快速路网一期工程—范公路北段正式通车。副市长王荣到通车现场(新洋大桥)慰问工程建设者。

市内环高架快速路网一期工程通车,副市长王荣(前右三)、市交通运输局长管亚光(前右二)到通车现场慰问工程建设者

【新洋港大桥申报“扬子杯”】新洋港大桥申报“扬子杯”工作于2015年10月通过相关专家的初步验收。与此同时经省交通质量监督站检查评分,LQ3标、LQ4标达到省级“平安工地”示范点标准,LQ1标、LQ2标、LQ5标达到省级“平安工地”达标点标准。

二期工程(“一环四射”)

【概况】内环高架快速路网二期工程由“一环四射”组成,全程高架,总长46千米,概算投资68亿元,2015年2月先导段开工，5月全线开工,计划2016年年底建成。

二期工程包括4个大型立交枢纽:青年路与范公路立交枢纽、西环路与青年路立交枢纽、西环路与南环路立交枢纽、南环路与范公路立交枢纽。主体工程分7个标段建设，施工单位中6家为工程总承包特级资质(其中“中”字头央企3家),1家为一级资质。2015年2月先导段(范公路南段)开工，同年5月主体6个标段全面施工,2015年12月新增的204国道高架段开标进场。工程计划2016年年底前建成通车。

工程建成后,连同一期工程构成“一环五射”快速路网，将极大提高市区道路交通容量和快速疏解能力,促进城市布局的调整优化,带动沿线土地的开发利用，为盐城建成江苏沿海中心城市奠定基础。届时,由老城区、城南新区内任意一点出发,15分钟内可进入市区外围高速公路环线。

二期工期按线路分，由4条高架（含地面系统)构成:

范公路高架(建军路至南环路段)。全长8.78千米,高架连续上跨大庆路、青年路(高架立交)、世纪大道、新都路、聚亨路、盐渎路、纬十二路、南环路(高架立交)等道路。共布设上下匝道9对,主辅出入口1处，分别在青年路南侧、世纪大道两侧、新都路两侧、盐渎路两侧、赣江路北侧以及海洋路南侧分别设置1对上下匝道，在建军路互通南侧布设1处主辅出入口。

范公路高架

南环路高架（沿海高速公路盐城开发区互通至西环段）。全长12.90千米，高架连续上跨九华山路、峨眉山路、五台山路、东环路、希望大道、天山路、范公路（高架立交）、开放大道、经七路、跃马路、解放南路、西环路（高架立交）等道路。共布设上下匝道6对，主辅出入口2处，分别在五台山路西侧、希望大道两侧、人民路东侧、解放南路西侧各布设上下匝道1对，在普陀山路东侧、西环－南环互通东侧各布设1处主辅出入口。

南环路高架

西环路高架（徐淮盐高速公路盐城南互通至蟒蛇河大桥南）。全长11.93千米，高架连续上跨盐仓大道、斗沙线、南环路（高架立交）、纬十四路、海洋路、园中路、盐渎路、新都路、世纪大道、东进路、青年路（高架立交）、双元路、大庆路等道路。共布设上下匝道6对，主辅出入口2处。分别在海洋路南侧、盐渎路北侧、世纪大道南侧、东进路南侧、大庆西路南侧各布设上下匝道1对，在蟒蛇河大桥南侧和盐城南互通北侧各布设1处主辅出入口。

西环路高架

青年路高架（宁靖盐高速公路盐城西互通向北到青年路，向东至长亭路）。全长12.40千米，高架路连续上跨经一路、镇西路、奋进路、西环路（高架立交）、盐马路、解放南路、迎宾南路、人民南路、开放大道、文港路、范公路（高架立交）、天山路等道路。共布设上下匝道6对，主辅出入口1处。分别在经一路东侧、奋进路西侧、解放南路两侧、开放大道两侧各设置1对上下匝道，在G204与世纪大道交叉口布设1处主辅出入口。

青年路高架

【王荣平召开市政府常务会议，确定二期工程方案】2014年10月9日，市长王荣平实地调研内环高架快速路网整体规划情况，要求立足长远，高水平规划，尽快完善二期工程建设方案。10月21日，市长王荣平听取市交通运输局关于内环高架快速路网二期工程建设方案的汇报，他要求有关单位科学决策，规划一步到位，特别要加强与火车站枢纽、机场的衔接；在实施时序上要合理安排，尽量减少对市民出行的影响。10月22日，市长王荣平主持市政府常务会议，听取内环高架快速路网建设情况汇报，确定二期工程建设规模和方案（常务会议纪要2014年第4号）。11月15日，市发改委对市交通运输局关于盐城市城市快速路网二期工程可行性研究报告作出批复（盐发改审〔2014〕147号）。

【14天完成范公路南段征地征收任务】2014年11月29日、12月20日，副市长王荣2次召集会议，会办范公路南段征地征收工作。同年12月

29日城南新区成立征收指挥部，工作正式启动，通过伍佑、新都、新河三家街道和11个征收工作组的14天努力，至2015年1月11日晚，被征收的138户全部签订协议，征收房屋面积约4.5万平方米，比计划提前4天完成任务，成为征收工作新样板。

【盐城市快速路网建设有限公司成立】2014年12月2日，盐城市人民政府批准成立盐城市快速路网建设有限公司，总经理杨成楼。该公司作为内环高架快速路网建设的项目法人，负责项目招标和建设管理工作。

【招标确定工程设计单位】2014年12月10日，内环高架快速路网二期工程施工图设计单位开标。由江苏省交通规划设计院中标青年路、西环路、范公路高架设计任务(含地面系统)，中国交通建设集团第一公路勘察设计院有限公司中标南环路高架设计任务(含地面系统)。

【市内环高架快速路网工程项目管理办公室成立】2015年1月24日，盐城市交通运输局发文成立“盐城市内环高架快速路网工程项目管理办公室（简称‘项目管理办’）”(盐市交办〔2015〕6号)。陈日晓任主任，赵明、陈惠民任副主任，办公室内设规划计划处、工程管理处、安全监管处、财务审计处、综合处、双征办公室、纪检监察室。同日，成立“盐城市内环高架快速路网工程重大事项协调领导小组”(盐市交办〔2015〕7号)，组长管亚光。

【7个标段工程中标施工单位】江苏省交通工程中标承建范公路南延段NY标（2015年1月20日试开钻，2月14日正式开钻），中国交建集团第一公路工程局第五工程有限公司中标承建南环路N标(2015年4月27日开钻)，中国交建集团第三航务工程局有限公司中标承建青年路Q2标(2015年5月8日开钻)，北京城建集团有限责任公司中标承建西环路X2标(2015年5月10日开钻)，中铁四局集团有限公司中标承建西环路X1标(2015年5月14日开钻)，济南城建集团有限公司中标承建青年路Q1标(2015年5月15日开钻)，南通路桥工程公司中标承建204国道高架段G标(2015年12月23日约谈，次年1月开钻)。

【市政府召开二期工程开工动员大会】2015年2月14日，内环高架快速路网二期工程开工动员大会在NY标盐渎路口召开。市长王荣平出席大会并作动员讲话，提出创省优、争国优、努力冲刺“鲁班奖”目标，并宣布内环高架二期工程正式开工。

【世纪大道西延设计调整为青年路西延】考虑到世纪大道为盐城市西向主干道，车流量非常大，加之现有道路红线宽度不足，道路绿化带内的广玉兰等树木生长旺盛，绿化景观较好，如果按照原方案在该段道路上进行高架建设，不仅对现有道路的交通带来巨大压力，还会破坏已有的绿化景观，根据市委书记朱克江要求，将世纪大道西延高架方案变更为青年路高架西延，至204国道后折向南接宁靖盐高速公路盐城西互通。2015年4月7日，市长王荣平听取青年路西延及枢纽方案汇报。2015年5月11日，市委书记朱克江专题听取青年路西延建设方案汇报，对新的设计方案作了肯定。

【地面辅道设计4改6】根据市长王荣平提出的快速路网建设须高起点、高要求指示精神，为了保证“快速路网建成通车后不留堵点隐患，不管高架还是地面辅道都能快速出行”，项目管理办将原设计方案中的西环路盐渎路以南双向4车道地面辅道系统变更为双向6车道。

【专业检测监控单位招标引入】专门设2个检测标，通过招标引入江苏森淼工程质量检测有限公司、中交公路规划设计院有限公司2家专业检测单位，代表业主负责工程试验检测管理工作，做到发现质量问题有通报、有整改、有复查，且每月形成月度质量分析报告，对质量检测情况进行统计分析，发现问题，提出建议，供业主决策。为确保青年路、南环路通榆河大桥施工监控，以及成桥荷载试验等重点难点工作的万无一失，又专设监控标，苏交科集团股份有限公司中标。

【王荣平专题会办高架建设】2015年5月3日，市长王荣平听取内环高架快速路网工程项目推进情况汇报，并对资金筹措和指挥部工作作了安排；5月4日带领市直相关部门、单位负责人视察快速路网工程建设情况，会办工程建设中存在的问题，落实责任主体，并就工程建设管理、资金筹措等方面问题作进一步明确；5月8日进一步听取青年路西延建设方案汇报，要求对高架道路与宁靖盐高速盐城西出口的衔接问题再作细化研究。

【廉政建设长抓不懈】项目管理办高度重视廉政建设，适时开展各项廉政教育活动。2015年5月10日，内环高架项目管理办组织全体管理人员、各施工标段项目经理、总工、各监理标段总监共50多人，赴响水县检察院廉政教育基地接受廉政教育。

【补充和完善《盐城市快速路网工程管理文化从书》】项目管理办针对二期工程体量大、参建人员多和全程高架的新特点，于2015年5月对已有的《盐城市快速路网工程管理文化从书》进行补充和完善，增补了项目管理办《工作职责、内部管理制度》汇编，新编《内环高架桥梁施工标准化手册》，以进一步规范工程现场，确保施工的精细化、标准化。

【媒体向市民宣传高架路工程建设】2015年5月16日，市交通运输局局长管亚光和盐城广播电视台台长史学健一行进行磋商，制定了电视宣传方案，同时进一步加强与盐阜大众报社（含新媒体）的合作，多渠道、全覆盖宣传内环高架建设对城市发展和百姓民生的重要意义，形成强大的舆论声势，有效打消了部分干部和市民思想中的错误认识，为内环高架建设赢得了良好的社会环境。

【交警配合做好交通秩序维护】内环高架建设涉及城区青年路、西环路、南环路、范公路的交通导改，交通秩序维护任务繁重。2015年5月19日，副市长、市公安局局长夏存喜视察内环高架施工保障工作，听取交警支队前期交通保障情况汇报，并对今后工作进行了部署和安排。市公安局副局长崔恒华及盐都区、亭湖区、城南新区、经济开发区公安（分）局负责同志参加。

【项目管理办提出“六个零”管理目标】工程开工后，项目管理办明确提出“安全生产零事故、工程质量零缺陷、时序进度零延误、项目投资零浪费、生态环境零影响、廉政建设零腐败”管理目标，建立创优工作组织网络，健全覆盖所有施工环节的质量保证体系，出台了《关于明确内环高架快速路网工程创优相关事项的通知》，规定“工程创优经费按合同价的1%控制，在完成创优目标后支付”，充分调动各单位的创优主动性。

【市审计局跟踪审计组进驻工地】2015年7月1日，市审计局在内环高架快速路网工程项目管理办公室召开审计进点会议，启动二期工程项目跟踪审计工作。此次市审计局共派出7个审计小组，6个常驻已开工的项目部、1个负责附属项目审计。

【项目管理办开设创优讲堂】为提高全员质量创优意识和技术水平，项目管理办开设创优讲堂，自2015年7月始不定期邀请业内知名专家学者来盐，利用夜间时间对全线工程技术和管理人员授课，把行业最先进的理念和技术带到高架项目建设中。各施工标段也根据要求，在不同的施工阶段，适时对员工开办技术讲座。

【人脸考勤系统安装】项目管理办在各标段统一安装人脸考勤系统，通过每天考勤和违约金的自动计算，确保主要关键性管理和技术岗位人员在岗在位，避免投标承诺和实际在场人员“两张皮”问题，从根本上保证施工和监理现场技术力量。

【安全管理内外业并重】2015年6月26日，项目管理办在市交通大厦302会议室举办“安全生产月”演讲比赛；6月30日在范公路南延标举行高空坠落应急演练；7月3日项目管理办组织青年路Q1、Q2标联合开展交通事故伤害和火灾应急演练；7月15日项目管理办邀请省“平安工地”专家来盐，对各施工、监理单位进行“平安工地”建设和安全管理培训。

【采购材料质量从源头把关】对项目部拟采购的材料，由项目管理办工程处和纪检监察室联合总监办、项目部到材料供应源头调查取样。审查确认符合要求的留样以供对照，凡擅自进场的材料一律不予接受，进场材料复检不合格的也一律清退。对项目部拟合作劳务队伍，项目管理办也派出纪检监察室参与的考察小组，调查摸底其实际施工能力和以往工作业绩，凡能力不足或以往业绩不符合项目管理办要求标准的，坚决不许入场，项目部擅自安排入场的一律清退出场(先后共清退4批)。

【“四新”技术推广运用】项目管理办围绕桩基施工、钢筋施工、模板和支架施工、混凝土生产及施工、箱梁施工等关键工序，大力推广新技术、新材料、新工艺和新设备“四新”技术的运用，以提高工程质量、提升工作效率、降低材料和能源的消耗。如全面强制采用预应力智能张拉与压浆技术，在盐城地区首次使用高30多米、长近200米的大型现浇梁移动模架、全自动液压行走箱梁钢模、全自动辊轴摊铺机；推广运用建筑业十项新技术，包

新型盘销支架被广泛使用

括“混凝土裂缝防治技术”、“清水混凝土模板技术”等7个大项18个子项。全线组织开展了17个QC课题，其中12项获全国或母体公司所在省区(直辖市)二等以上奖项。

南环高架自动滚轴混凝土摊铺机正在施工，为盐城地区首次使用

【监控系统安装】在作业现场、混凝土拌和站安装监控系统，全过程监控，以确保前场施工和后场拌和的质量时刻受到严格控制。对砼运输车辆设定行车路线，并安装GPS定位系统，以保证浇筑现场砼供料的准确及时，避免因供料不衔接而影响砼实体质量。

【工厂化生产】为了方便质量控制，避免现场施工容易出现的不确定、不规范情况，项目管理办

大力推进工厂化生产，凡具备工厂化生产条件的项目，一律通过后场工厂进行标准化生产。不仅正常的混凝土、预制梁、钢筋构件实行工厂化生产，部分墩柱钢筋成品、盖梁(台帽)钢筋成品也通过工厂化生产后，吊运到现场安装，既提升了效率，又有效保证了制作质量。

【**影像交验**】项目管理办鉴于隐蔽工程在隐蔽后，如果发生质量问题，不仅会造成返工等巨大经济损失，还可能造成人员伤亡事故。为了确保隐蔽工程施工质量，在隐蔽工程施工、验收、签证时，实行全过程拍照或录像，且拍摄时标识标牌统一采用白底黑字标牌进行标识，从而在保证隐蔽工程交验制度化、规范化、程序化的同时，做到影像资料的齐全、完整、真实。

【**开展劳动竞赛活动**】2015年7月28日，市总工会、市交通运输局联合开展“2015年度盐城市内环高架快速路网劳动竞赛活动”。在“五比五赛”活动中，项目管理办通过召开“三好三差”现场会等形式，使竞赛活动全面开展。

开展劳动竞赛，建设者们日夜突击

【**王荣平带队协调涉铁事宜**】2015年7月28日，市长王荣平带领相关部门同志，专程到上海铁路局协调内环高架二期工程青年路、南环路上跨新长铁路相关事宜，使涉铁项目推进工作取得了实质性进展。

【**项目管理办临时党支部成立**】2015年8月7日，经中共盐城市交通运输局委员会批准(盐市交委〔2015〕39号)，市内环高架快速路网工程项目管理办公室临时党支部成立，孙加刚任书记。临时党支部成立后，在全线开展多种形式的党工联建活动，对7个标段42个“党员先锋队”“青年突击队”“工人先锋号”集中授旗。

向“党员先锋队”“青年突击队”“工人先锋号”集中授旗

【**市主要领导酷暑慰问一线工程建设者**】2015年7月31日，8月8日，市长王荣平、市委书记朱克江先后到内环高架工地，调研工程建设推进情况，慰问高温酷暑期间工作在施工一线的工程建设者。

【**协调矛盾保障施工推进**】2015年8月12日，市监察局听取内环高架施工矛盾有关情况汇报，形成每周与项目管理办进行会商机制，推动施工矛盾的解决。同日，市政府副秘书长陈锋召集供电等部门有关人员专题会办高压供电线路迁移问题，明确工期要求；8月13日，市政府副秘书长陈锋召集盐都区有关人员会办研究青年路与西环路互通枢纽处施工矛盾(盛世华城小区反映距离过近问题)。

市长王荣平酷暑慰问一线工程建设者

【**绿色施工按区域划定责任单位**】2015年8月20日，市政府成立“市区城市道路综合巡查总队”（盐政办发〔2015〕60 号），明确内环高架沿线工程红线范围内绿色施工管理由高架施工单位承担，内环高架绿色施工稽查执法大队督查；工程红线范围外环境整治由属地政府或单位承担，综合巡查总队督查。

【“圆梦高架、幸福盐城”摄影大赛启动】为宣传内环高架建设成果，展示工程建设者形象，体现“汇聚正能量、共圆中国梦”的时代精神，盐城市文学艺术界联合会和项目管理办联合决定举办“圆梦高架幸福盐城”摄影大赛。2015 年 9 月 28 日，摄影大赛在青年路 Q1 标一工区钢筋场正式启动。市文联主席嵇绍乾、市高架项目管理办主任陈日晓、市摄影家协会主席王拥军出席启动仪式。

【高架路建设者在全国摘金奖】2015 年 10 月 24 日，内环高架青年路 Q2 测量工马志伟代表中交三航局，在央企职工技能大赛中摘得金奖。其后，又被授予“全国技术能手”和“全国青年岗位能手”称号。

测量工马志伟正在精心操作

【开展技能竞赛】2015 年 11 月 11 日至 13 日，项目管理办举行内环高架试验检测技能竞赛，全线施工、监理单位工地试验室的 138 名从业人员全部参赛。竞赛活动的开展，为培养试验检测技术人才，提高一线质量管理水平，实现“创省优，争国优，努力冲刺鲁班奖”目标奠定了基础。

开展试验检测竞赛，为“创省优、争国优”奠定基础

【基层项目工会在内环高架成立】2015 年 12 月 11 日，全市第一家基层项目工会在中交一公局第五工程有限公司南环 N 标成立。当月，其他已进场的 5 个标段也相继成立了项目部工会。工会积极开展各种文体活动，宣传正能量。

2015 年年末，内环高架各标段工会联合举办“金猴迎春，追梦高架”全线文艺会演

【课题研究】开展科研课题的攻关和研究，既是项目建设“软实力”的展现，也是工程创优的另一种社会责任。二期工程建设中，项目管理办与多家科研机构合作开展了诸多课题研究，并获得了多项成果。主要包括：

（1）与上海交通大学合作开展“高架桥头差异沉降新型处治方法应用研究”，与盐城市天泽科技有限公司合作进行“混凝土拌合站管控系统研究”

两项研究都已获得盐城市科技进步三等奖。(2)与江苏省规划设计院合作开展“高架雨水收集系统应用研究”,以解决城市面临的内涝频发、径流污染、雨水资源大量流失、生态环境破坏等诸多雨水问题。(3)与苏交科集团道路工程研究所合作开展“多孔隙环保路面技术在城市高架中应用的研究”,以降低高架行车噪音对周边居民生活的影响。(4)与苏交科集团道路工程研究所合作开展“水泥混凝土桥面抛丸技术综合应用”“抗施工损伤桥面防水粘层在城市高架中的应用”两项研究,以减少沥青路面的早期损坏,提高桥面系统的使用耐久性。(5)济南市城建集团青年Q1标“提高墩柱钢筋验收合格率”课题在山东省城市建设管理协会主办的QC成果发布会中,荣获一等奖。

【绿色施工】(1)围挡长廊助力绿色施工。为防尘、隔音、挡光,建了全长近42千米的施工围挡长廊。每块围挡高2米多、宽3.4米,双层夹芯板结构,无论在韧度、强度、美观度上都比常用的单层波形彩钢板要好很多。围挡长廊还成为城市形象宣传的新窗口。据统计,全线围挡上共张贴喷绘宣传画7600多幅,画面主体以宣传社会主义核心价值观和盐城新清好空气、好环境为主。(2)“36字方针”严控绿色施工。项目管理办根据市委书记朱克江提出的“道口不乱、地面不脏、裸土覆盖、标识统一、围挡一致、净车出场、冲洗干净、地损即补、奖罚分明”绿色施工36字方针,制定了《盐城市内环高架快速路网工程绿色施工管理标准》和《盐城市内环高架快速路网工程绿色施工管理奖惩办法(试行)》。在项目管理办的要求下,全线各标段普遍使用低噪音砼搅拌棒,购置了车辆冲洗装置。凡高噪音施工,尽最大可能地安排在大白天进行,把夜间的宁静还给居民。为了抑制扬尘,所有标段都配备了洒水车和清扫车,并安排专职保洁队伍打扫现场卫生。46千米全线洒水车、清扫车总数达到24台,专职保洁人员达到360多人,如此配置,在很多大城市也很少见。(3)“五个到位”力保绿色施工。一是洒水降尘到位。非下雨天气,每天早晨7点前、中午11点、下午2点和5点施工现场内外道路必须洒水1遍,其他时段须根据天气情况和现场需要随时洒水。二是路面保洁到位。每天早晨7点前,清扫车上路清扫1遍,同时人工保洁1遍。对机械难以清扫的部位围挡根部和路缘石根部由人工清扫,以保证保洁工作全覆盖,不留死角。同时,各标段安排专门的维修队伍负责围挡维护,确保围挡完整、清洁、美观,时时亮丽如新。三是道口整治到位。在交叉道口围挡口20米范围内,不堆放施工建筑材料和机具,暂时存放的物品机具做到整齐有序,以保持道口围挡通畅,不影响驾驶员行车视线。四是车辆清洗到位。各标段在车辆进出口设置洗车台,派专人值守,没有经过冲洗的车辆不得进出施工现场。为方便市民区分和监督,所有内环高架渣土车辆前挡风玻璃上,张贴有统一编号的醒目标识。五是路面维修到位。成立沥青路面专业维修队,负责全线施工现场道路沥青面层的维修工作。各标项目部对损坏地段修补好基层后,由专业维修队摊铺沥青,以保证道路通行的舒适性。对无法立即处置到位的较大坑塘则进行围护,保证行人和车辆的通行安全。同时,各标段派安全员巡视,以便及时发现各种问题并处置到位。(4)向社会公示保障绿色施工。内环高架项目管理办采用社会监督与自我排查“双管齐下”的手段,对全线绿色施工工作持续加大奖惩力度,对整改不力的标段给予考核扣分、经济处罚。通过报纸、网络等多种媒体,把工程全线各标段每一个段落的详细位置和相应的绿色施工责任人手机号码,环保监理工程师手机号码一一公示,且责任人和监理工程师都按A、B岗要求设置双人,确保能24小时无空隙响应。如果市民发现施工扬尘、夜间高噪音、泥浆外溢、垃圾乱倒等影响环境的行为,可在第一时间拨打所属标段管理责任人电话投诉。为了最大程度地方便市民举报,项目管理办还将全线环境保护监理工程师标准照和手机号码在所监

保洁人员在清扫路面

管标段的施工围挡上张贴公布，让市民在发现问题时，在前后100米范围内就能找到投诉电话，从而迅速制止不文明施工行为，促进绿色施工水平的提高。(5)成立绿色施工稽查执法大队，监督绿色施工。为进一步强化绿色施工管理，同时对经过内环高架施工区域的社会渣土车进行有效监督，盐城市交通运输局专门成立了内环高架绿色施工稽查执法大队，从全市各县(市、区)抽调了20名具有丰富的路域环境整治经验的路政执法人员，分成5个小组，划片包干，动态巡查，以确保所负责标段绿色施工措施落实到位。巡查中，对于不符合绿色施工要求的，坚决做到发现一起，查处一起；对在绿色施工中表现突出的集体和个人，及时给予奖励，以提高现场人员的工作积极性。当发现车身不洁或有撒、漏问题的社会渣土车时，则迅速通报城管执法部门联合整治查处。（“市内环高架快速路网建设”所有条目和插入照片均为顾枫提供）

专记7

内环高架，铺就城市空中快速通道

——市区内环高架快速路网工程建设纪实

邵建华　张兆领　张少森　顾　枫

2016年12月30日，一个注定要载入盐城城市发展史册的日子！这一天下午2点18分，备受市民关注的市区内环高架快速路网二期工程全线通车，建设历时20个月、600天。至此，已通车的内环高架快速路达57公里，形成了“一环五射”的路网系统，为大市区交通绘制出一幅新版图，盐城正式迈入“立体交通”时代。

建筑是凝固的乐章，城市是建筑的画卷。仅仅20个月—600天，市区内环高架二期工程从无到有，上万名建设大军科学组织，高效施工；各级干部赤诚为民，排忧解难；广大群众充分理解，积极支持，成就了路桥建设的“盐城速度”。

齐心协力共筑高架梦

道路承载着城市的历史与梦想，承载着老百姓的厚重期盼和美好希冀。

近年来，盐城市抢抓“一带一路”、江苏沿海开发、长三角一体化等重大国家战略机遇，沿海中心城市建设的步伐进一步加快。以“产业强市、生态立市、富民兴市”为发展方针的盐城，社会经济实现了跨越式大发展，百姓出行提前迈入“汽车时代”，但出行难问题也接踵而至。市委、市政府审时度势，从民生需求出发，抢抓近些年工程建设成本和融资成本相对较低的良机，科学决策，果断拍板上马建设内环高架快速路网工程。

市区内环高架快速路网工程是市委、市政府重大民生实施项目，也是盐城市城市提升“十大工程”之一。已经建成通车总里程57公里，其中，一期工程范公路北段已于2015年9月建成通车。二期工程全程高架长达46公里，呈“一环四射”形式，5月全面开工，建有4个大型枢纽、25对上下匝道，并与大市区周围的沈海、盐徐、宁靖盐高速连接。

内环高架工程在大市区施工，涉及单位多，地表、地下情况极其复杂，可谓困难重重，任务艰巨。

市委、市政府坚定信心，动员各方面力量，凝心聚力办大事，涉及部门、单位既各负其责，又紧密合作。根据不同时期的工作重点，分别主攻突破，同时在工作坚持以人为本，实事求是，换位思考，在执行政策，不违反规范程序的前提下，努力照顾方方面面的合理利益诉求，为群众做实事，以心换心，确保双征工作和谐快速地推进。

工程建设期间，得到了广大市民的极大支持。他们不仅胸怀大局，舍小家顾大家，在房屋征收、土地征收方面积极配合，还放眼长远，努力克服施工给生活和出行带来的种种不便，对远道而来的外乡施工企业给予极大的理解和包容。“眼下受点小罪，将来子孙后代就享福了。”沿线许多居民这样告慰自己，也这样说服周围偶有异议的邻居。

市区内环高架二期工程凝聚着全市百姓关注的目光，也是展示建设者拼搏奋斗、争当先锋的大舞台。榜样的力量、指挥的正确，激励和带动了一大批普通施工人员特别是青年职工，夜以继日、加班加点，不分白天黑夜奋战在一线，他们是高架上的“最美风景”。

南环路N标箱梁架设中采用双机抬吊架梁工法，要求技术人员到高墩上配合，51岁项目安全总监李建峰说：“年轻人没经验，上去我也不放心，我上！”29岁的总工程师李江却说：“我是总工，我必须上！”榜样影响带动了一大批青年施工人员。青年路Q2标的青年团员林文志，任一工区工段长，只要工地有活，不管刮风下雨都能看见他奋斗的身影，人送外号“小旋风”。全标段最高墩桩施工时，桩位下发现大型结构物障碍，他认真研究图纸，果断采用280旋挖钻机加配精钢钻头，只用40分钟就破除障碍，保障了施工的顺利推进……

通过20个月—600天，上万名高架工程建设者以及各级党委、政府、市民的共同努力，市区内环高架快速路网二期工程已经全线通车。高架双向六车道，全线无红绿灯，盐城市区绝大多数居民，出行至环城高速公路出入口的行车时间不超过15分钟，真正体现出入市区快进快出的“盐城速度”。盐城师范学院城市与规划学院院长陈洪全教授对内环高架的建成通车给予高度评价。他说：“内环高架建成通车，不仅实现了主城区的快速通行，拉大了城市框架，使市区路网格局更加完善合理，大力提升了城市形象和品位，同时为城市做大做强提供了强力支撑。”

科技创新书写新篇章

建设之初，市委、市政府就下达军令状：创省优、争国优，冲刺鲁班奖。“创优靠的是科技创新，内环高架工程大力推广运用新技术、新材料、新工艺和新设备，不仅提升了工作效率，降低了材料和能源消耗，更提高了工程质量。”市交通运输局副局长、市高架项目管理办陈日晓说，“高架从头到脚、从桩基到桥面到附属设施，隐藏着多达23项新技术、4项新工艺、1项新材料。施工过程中，广泛开展QC小组活动，12项获得全国或母体公司所在省区（直辖市）二等以上奖项。”

“住建部建筑业10项新技术”和“江苏省建筑业10项新技术”在高架建设中的运用几乎无处不在：

—桩基、墩柱、承台、梁体钢筋加工，全面运用部新“建筑用成型钢筋制品加工与配送技术”；

—钻桩施工，运用了“旋挖钻孔灌注桩施工技术”“砼固体废弃物资源化利用技术”，既提供了工作效率、降低了建设成本，又减少了项目碳排放；

—主墩承台施工运用了“地下水控制技术”“模板支撑技术”“钢板桩支护技术”“混凝土裂缝控制技术”等；

—梁体结构钢筋运用“高强钢筋应用技术”，既保证了结构安全，又节约了成本，并且提高了梁体跨度，提升了高架主体结构美感，还扩大了桥下空间，方便交通；

—伸缩缝运用“纤维混凝土技术”，以增强结构强度，提高使用耐久性；

—桥面运用了“钢筋焊接网应用技术”和“原

浆机械抹光技术”；

—路灯全线采用 LED 路灯，灯光明亮，且节能高效，初步估算一年可节电 200 多万度；

—现场管理运用省新“信息化应用施工现场远程监控管理技术”，在后场和试验室安装监控摄像头 100 多个，在前场施工机械上安装智能信息采集设备 60 多套，运料车辆上安装 GPS 定位设备；

……

各施工标段还结合现场情况，积极组织技术攻关，进行工艺创新：

济南城建 Q2 标项目部在潘黄枢纽施工中，为解决空间逼仄、回旋场地不够问题，在盐城地区首次应用高 30 多米、长近 200 米的大型现浇梁移动模架；

中交一公局 N 标在桥面铺装中引进全自动辊轴摊铺机进行铺装施工，极大地提高了铺装效率和工作质量；

中交一公局 N 标自行研制全自动液压行走箱梁钢模进行梁体预制，不仅提高了生产速度，还有效改进了箱体外观工艺水平；

全线路基桥涵标全部采用预应力智能张拉与压浆技术。

同时，在高架匝道桥头填筑时，首次采用 EPS 和泡沫混凝土等新型填筑技术，以节省施工时间，降低未来桥上沉降，提高行车舒适性。

创优，同样离不开严格的项目管理。为了建设一流工程，实现创优目标，市高架项目管理办立足“六个零”（安全生产零事故、工程质量零缺陷、时序进度零延误、项目投资零浪费、生态环境零影响、廉政建设零腐败），招标时就将合同价的 1% 专列为创优经费，完成创优目标才予支付。施工单位进场后严字当头，建立严格质控体系，从原材料到成品质量控制各个环节进行严格管理。

在追赶进度的同时，市高架项目管理办全面执行“首件工程认证制”，由监理把好开工关、隐蔽工程检验批验关、计量支付关等重要关口。质量管理如果出现问题，首先对监理单位问责。此外，专门设置检测标和监控标，加强对工程的试验检测和质量监控，对工作中发现的质量问题，有通报、有整改、有复查，每月形成月度质量分析报告。

“质量是工程的生命，工程质量零缺陷是必备的要求。就拿钢筋检测来说，必须要做冷弯性能、屈服强度、质量偏差和伸长率等实验，不合格的一律清退出场。”内环高架工程处相关负责人说，我们有三道关卡保证工程质量，首先是施工单位对施工进场材料进行 100% 的自检，然后由工程监理进行 20% 抽样检测，最后由项目办检测中心进行 5% 抽样复检。

科学施工劲炫绿色风

适应特殊情况，打破传统常规，对现场施工进行科学决策，是又快又好建成内环高架的又一个重要因素。2016 年 11 月初，项目管理办根据天气预报和往年气候情况分析，针对高架桥上风速大、气温下降快的特点，组织原本负责地面沥青施工的 LM2、LM3 标上高架突击抢工，使高架桥面沥青赶在寒流来临之前摊铺到位，保证了后续伸缩缝施工和其他附属设施安装的按计划推进。

一系列非常规之举，不仅保证了工程质量，还挤出了隐藏在工序衔接中的工期余量，其他兄弟城市往往需要 2—3 年时间才能建成的高架工程，盐城仅仅用 20 个月就建成通车。

绿色施工，关乎内环高架的社会形象，关乎大市区百姓民生。为此，高架项目管理把绿色施工放在质量同等重要的位置来抓。

在编制招标文件时，就明确投标控制总价的 1% 为“施工环保费”，在工程建设过程中单独计量支付，极大地调动了各项目经理部加大人员、设备投入的积极性；

除范公路南段个别路段外，全线采取了高标准施工围挡，不仅防尘、隔音、挡光，还成为城市形象宣传的新窗口，标准高于一线城市工程建设项目。坚持绿色施工,所有围挡都按照统一规格要求制作,不仅具有一定的防尘、防风、防噪音、防泥浆外漏效果,而且外侧张贴了精美图画,使围挡成为城市的一道风景线。

从细节入手抓落实。围绕“道口不乱、地面不脏、裸土覆盖、标识统一、围挡一致、净车出场、冲洗干净、地损即补、奖罚分明”36字方针,各标段组建绿色施工队,一方面负责负责围挡维护,确保完整、清洁、美观;另一方面做好环境保洁工作,全线共配置洒水车、清扫车24辆,专职保洁人员360多名。各标段车辆进出口设置洗车台,没有冲洗的渣土车不得进出施工现场,且所有渣土车在挡风玻璃前都贴有统一编号的专用标识,方便市民监督。为防止扬尘扰民,在洒水压尘的同时,围挡内外3天以下用不到的裸露土方都必须用绿网覆盖。为保证市民夜间休息,全线各标段普遍使用低噪音砼搅拌棒。2015年中高考期间,恰逢施工全面开始,为了确保两不误,在科学安排现场施工的同时,项目管理办领导分头带队,进行夜间巡查,对一中等重点敏感地区24小时值班看护,确保无噪音干扰考生。

市区内环高架施工主要在原道路中间进行,施工中不得不将原人非车道临时改作机动车道,以保证市民出行,而人非车道建设标准达不到机动车道要求,且还有大量超重车辆行驶,因此道路破损情况较为严重。为了保障市民出行需要,各路基桥涵标都成立了道路修补队,专门负责临时车道的修补维护。对一时来不及修补的破损路段或其他有特殊需求路段,则铺设临时钢板以保证交通。

在高架建设过程中,盐城市“双管齐下”监督绿色施工。通过各类媒体公示绿色施工举报电话,在围挡上公示环境保护监理工程师手机号码(设AB岗),让市民发现问题时,前后步行不超过100米就能找到投诉电话,并确保打通。同时,从各县(市、区)抽调20名具有丰富路域环境整治经验的路政执法人员,成立了内环高架绿色施工稽查执法大队,对全线绿色施工进行巡回稽查,以确保绿色施工管理措施的落实到位。

20个月来,绿色施工保证了盐城优良生活环境不打折。尽管高架工程在市区大面积施工,“盐城好空气”依然在全省独占鳌头,多次进入全国前十佳。与此同时,盐城还在创建全国文明城市、国家环保模范城市、省优秀管理城市等活动中取得佳绩,内环高架绿色施工还被省建设厅列为城市管理典型案例。(作者单位:邵建华、张兆领,盐阜大众报社;张少森,市交通运输局;顾枫,市内环高架项目办)

站场建设

公路客货运输站场

客运站场

【概况】截至2015年年底,全市共有48个客运站,其中一级客运站6个、二级客运站5个、三级客运站4个、四级客运站11个、五级客运站22个。“十二五”前夕及期间新增了盐城汽车客运北站、建湖汽车客运站、阜宁汽车客运站、东台汽车客运站。与2010年年底相比,客运站总数减少5个,一级客运站增加3个、二级客运站减少2个、三级客运站减少4个、四级客运站减少2个。

【盐城汽车客运北站】2009年开工建设,2011年11月30日上午,盐城市政府为民办实事重点工程市区汽车客运北站正式启用。盐城汽车客运北站是盐城市区规划建设的枢纽客运站,位于市区开放大道359号,开放大道西侧,234省道南侧,南接盐城白马购物广场。按二级站标准建设,设计发送能力8000人次/日,项目总占地面积3.13万平方米,主体总建筑面积为1.36万平方米,停车场面积为2.33万平方米,站前广场6660平方米,内有停车位96个,共有检票口16个,售票窗口12个。总投资6000多万元(盐阜公路运输集团、盐淮运输有限公司、江苏白马商城分别按51%、26%、23%股比共同投资建设)。主营市区沿204国道往北方向的市、县际客运班车,日发班次684辆,为方便群众到北站乘车,市区有8条公交线路直达汽车北站,其中2条BRT线路。汽车北站的启用解决了盐城市区客运场地设施不足的问题,同时撤销四个临时过渡性站点,为老城区改造提供了更大的空间,并减小了市中心区域交通压力,对推进城市交通集约、方便市民出行、促进区域经济发展有着重要意义。至此,盐城市区形成了由盐城汽车客运站、盐都汽车客运站和盐城汽车客运北站组成的公路客运枢纽系统。

【建湖汽车客运站】2008年10月开工建设,2010年5月16日建成试运营,工程总投资6000万元。该站位于建湖县城建宝路与向阳路交汇处,于2010年11月被省交通厅评定为一级客运站,占地面积65.47万平方米,建筑面积2万平方米,站房面积5200平方米,停车场面积2.66万平方米,站前广场6750平方米,发车位432平方米,候车大厅1047.8平方米,售票大厅585平方米,停车位228个,日均旅客发送量可达1.82万人次。

新建湖汽车客运站是集长途客运、县乡客运、城市公交、出租车于一体,实现了多种客运方式之间的"零换乘"和"无缝连接",极大地方便了广大旅客的出行,打造了建湖城西地区城市的新名片。

【阜宁汽车客运站】阜宁汽车客运站于2011年3月开工建设,2013年5月16日建成试运营,该站位于阜宁县城南新区204国道与香港路交汇处,按国家一级汽车客运站标准建设,占地面积10.13万平方米,主站楼1.90万平方米,总投资9200万元,建成的汽车客运站售票厅576平方米,候车厅2963平方米,售票窗口18个,检票口22个,发车位27个,停车位220个,站前广场5018平方米,日发送旅客可达1.5万人次。

新启用的阜宁汽车客运总站集长途客运、城乡客运、城市公交、出租汽车服务于一体,实现多种交通运输方式之间的无缝对接和零换乘,是盐城市内目前功能最齐全、面积最大的综合交通枢纽之一。该站的建成启用是阜宁县委、县政府为民办实事民生工程,对有效解决老城区交通拥堵问题,提升阜宁交通客运服务能力,推动阜宁经济发展具有长远的意义。

【东台汽车客运站】东台市汽车客运站于2012年5月动工建设,2015年5月建成,同年6月16日试运营,工程总投资1.67亿元。该站位于东台市站前路6号,与火车站、民生汽车客运站隔路相望,为"新长铁路东台站综合客运枢纽"的组成部分,是苏北设施一流、环境一流、服务一流、功能齐全的一级汽车客运站。客运站占地面积8.59万平方米,其中站前广场1万平方米,建筑占地面积1.32万平方米,绿化面积1.63万平方米。营运客车243台,经营线路127条,日发班次602个,日行程9.16万公里,线路覆盖京、沪、浙、鲁、豫、皖、辽、闽六省二市及省内各城市、市内各乡镇,南北运距达3400公里。其一流的设施设备、现代感的设计风格、智能化的科技装备、配套齐全的功能成为东台市一道亮丽的景观,是东台交通工程的一座地标性建筑,为东台市的民生工程增色添彩。　　("客运站场"条目由姜华中提供)

货运站场

【概况】"十二五"期间,市运管部门加强了货运站场管理与建设,严格按照站场管理相关要求,不断规范货运站场的经营行为,积极争取省厅货运站场建设资金奖励,不断加强货运站场、物流园区(中心)的规划与建设,在有条件的县(市、区)建设货运站管理示范工程,推进各种运输方式的便捷衔接,已经培育出一批规模较大、功能较完善的货运站场。截至2015年年底,全市规模较大的物流场站共计36家,其中物流园区8家。

各县(市、区)结合优势产业,形成了各具特色的货运站场,一批新建货运站场也正在规划建设中。大丰港物流园区依托港口优势,发展了一批套港口发展的货运站场项目；建湖世宇物流中心已经成为里下河地区规模最大、功能最全、辐射带动能力最强的现代钢材货运站场；江苏捷顺国际物流有限公司专门从事集装箱堆场、中转、仓储、运输业务，与大丰港合作开展了大丰港分层组合甩挂运输；江苏神龙明物流有限公司货运站场基础功能相对完善，拥有货运网络信息交易平台，具备较强管理能力和硬件条件，获得了 2012 年度江苏省道路货运 10 佳质量信誉站场称号；江苏华晓医药物流有限公司主要从事药品仓储配送经营，经营网络健全，日常管理严格规范，获得了“江苏快货”品牌企业称号。

【神龙公路港】2012 年，江苏神龙明有限公司在盐城城西南物流园区新征地 6.67 万平方米，新上“神龙公路港基地项目”，于 2014 年 12 月建成使用，总投资 2 亿元。截至 2015 年年底，拥有经营

神龙公路港专用运输车辆

场地 3.6 万平方米，入住商户 68 户，形成集客、货集散交易、电子商务、信息服务、仓储、配送、转运、汽修、加油、住宿、餐饮、娱乐于一体的现代服务业基地，成为带动周边、面向全省、辐射全国、具有一定影响力的“内陆无水港”物流枢纽平台。公司自主开发使用了 MIS 物流管理信息系统，自行建立了北斗 /GPS 监控中心，所有商品车专用运输车辆全部安装了北斗 /GPS 卫星定位系统。

【大丰港物流园区集装箱配送中心】大丰港物流园区集装箱配送中心于 2010 年 6 月开工建设，

大丰港物联大厦

总投资 2.24 亿元，2013 年 12 月底建成投入使用。位于一期集装箱海关监管区域内，占地面积 15.33 万平方米。2010 年完成 1.5 万平方米路面硬化，2012 年完成 3.5 万平方米路面硬化、新增 2 台正面吊、2 台轨道吊、1 台堆高机和 3 台集铲等设备，并于 2012 年年底完成土建工程。2013 年新上 2 台桥式卸船机。

集装箱(粮食)码头

大丰港作为上海港喂给港，依托中海、中外运等大公司和韩国南星海运、上海仁川、浦海航运、宁波镇海、OCL、MSC、长荣、马斯基、COSCO 等一批有实力的船公司加密外贸内支线，满足客户需求。集装箱配送中心的建立，对大丰港物流园区打造大交通、大物流起到了积极的推动作用，为货主节约了成本，为物流园区增加了效益，为江苏沿海开发、打造江苏中部特色产业亿吨大港、构建大交通大物流的现代物流业发展格局奠定了坚实的基础。

【盐城世宇物流有限公司世宇物流中心】盐城世宇物流有限公司为了积极策应建湖县委打造石油机械特色产业集群战略，2011年经上级主管部门批准实施钢材物流中心二期建设项目，进一步加强与机械产业配套服务能力。项目总投资1.36

世宇物流中心

亿元，主要建设专业钢材市场、钢材水运中转区、钢材仓储装卸运输区。项目于2012年年底已初步建成现代物流中心，具备转运分拨、仓储集散、批发交易、加工配送、信息咨询、商贸服务和港口装卸等多种功能，截至2015年年底已成为里下河地区规模最大、功能最全、辐射带动能力最强的现代钢材物流中心。

【阜宁港物流园区】阜宁港物流园区位于阜宁县城与省级经济开发区结合部，东连沈海高速公路、连盐铁路、204国道，西接京沪高速、淮安机场，南临新长铁路、建阜高速公路。即将建设的沿海高速铁路在园区附近设客、货运和军用物资站，国家级航道通榆运河、射阳河在集聚区内交汇。园区核

阜宁港码头

心区国家内河二类水路口岸—阜宁港，是河海联运、江河换装的天然良港。独特的公路、铁路、水路“三位一体”交通优势，极大地缩短了园区与苏南及长三角地区的时空距离。

区域内原有物流等各类企业83家，新注册物流企业11家，签约投资超亿元项目2个，主要从事以建材、煤炭、粮食、矿石为主的件、散货物流配送服务，已形成钢材、五金、汽配等专业市场。园区将按照“政府主导、市场引导、企业运营”的发展模式，打造物流组团、生产组团、商贸组团，建设港口物流区、专业市场区、商务服务区、出口加工区四大功能区，加快三产服务业发展步伐，全面建成江苏省现代服务业集聚区。

【盐城亚邦物流中心】盐城亚邦物流中心有限公司成立于2012年7月，位于江苏省重点物流基地——盐城市城西南现代物流园区内，新204国道以东、新创路以南、文昌路以西、盐渎路以北，总投资7.2亿元，注册资金2亿元，占地面积21.2万平方米，总建筑面积13.03万平方米，重点发展日用品物流、食品物流、第三方物流、专线物流、医药物流等，建设物流信息平台及相关配套服务项目。一期工程总面积占地约7.60万平方米，建筑面积4.68万平方米，建筑占地面积1.93万平方米，停车场及维修场3.5万平方米，2013年9月开工建设，2014年11月通过竣工验收并投入使用。二期工程建筑面积3.11万平方米，2015年年底竣工验收全部完成。

盐城亚邦物流中心有限公司由中国500强企业亚邦投资控股集团投资兴办。亚邦投资控股集团有限公司是江苏省百家重点培育企业、江苏省高新技术企业、国家火炬计划重点高新技术企业，设有博士后科研工作站和省级技术中心。

盐城亚邦物流中心建成后，为入驻企业提供全方位的配套服务，有银行、保险、税务、餐饮、住宿、娱乐、邮政、电信、加油及各种融资渠道，营销、培训、信息、咨询及电子商务等公共服务体系，将

亚邦公路港

亚邦公路港交易中心

成为江苏东部沿海物流配送中心，主要配送区域以盐城为中心的200公里范围内的市、县、乡(镇)，通过建立智能化信息采集、现代化仓储设施、一体化物流运输体系，成为国内最先进、最具活力的现代智慧物流园区之一。

【中运物流园】江苏中运物流有限公司是上海虹桥发展集团公司投资兴建的从事仓储物流的企业，注册资本1000万元。中运物流园一期项目在江苏省盐城市新洋经济区龙桥村征地6.67万平方米，新建仓储物流中心项目，项目总投资1.35亿元，建筑面积3.50万平方米，年营业收入1.20亿元，利税900万元。该园2012年9月开工建设，2014年5月建成。

中运仓储物流配送中心二期建设项目，是公共仓储平台项目，位于交通极为便利的省级物流园区—盐城现代物流园内，也是盐城市首批现代物流仓储配送中心项目之一。该项目资金由企业自筹，总投资1.5亿元，占地4.53万平方米，规划建设面积2.49万平方米，于2012年9月开工建设，2014年建成运营。该项目包括物流仓储区、公共服务区、办公区、生活服务区等功能区，开展建材、日用消费品、家用电器仓储、代理、运输、配送、快递、装卸、装箱等物流服务。主要对接新长铁路盐城北站大宗商品临时仓储，盐城市内各县(市)货物到达、中转、分流，盐城市区内短途配送业务，业务辐射苏北、苏中地区。二期物流园年经营货物运输配送达100万吨，提供仓储面积超过2.50万平方米，营业收入3亿元以上。

【江苏双山集团股份有限公司射阳物流中心】为了更好地满足全县企业持续快速发展和现代物流发展，双山集团整合双山、振阳两家运输公司资源，于2014年元月成立射阳唯一的物流中心——江苏双山集团股份有限公司射阳物流中心，服务全县企业。物流中心有员工59人，内设二部三科二中心——物流部、仓储部，营运调度科、安全技术科、财务科，客服中心和理货中心。公司有运输车辆22辆，总吨位445吨(其中物流中心10辆，227吨；原双山运输公司12辆，218吨尚未转户)；物流中心现有土地2.25万平方米，其中库房面积4000余平方米、停车场地1.25万平方米、办公用房380平方米，各项安全生产、消防设备等配套设施齐全。中心主营道路普通货物运输和道路普通运输站、普通货物仓储、搬运装卸等业务，运营状况良好。（“货运站场”条目由葛浩提供）

公交站场

【概况】“十一五”期末，市公交总公司只有3个停车场，首末站5个，面积1.34万平方米，2011—2015年，市本级和各区按照合力建城的要求，共新建10个停(回)车场，面积为21万平方米，投资额为2.41亿元。新增首末站17个，面积5.31万平方米，投资额6550万元。站场总面积26.31万平方米，是原来的19.6倍，投资额3.06亿元。

【盐城市公交调度中心】盐城市公交调度中心于2010年9月开工建设，2011年5月竣工并投入使用。该车场是全市公交指挥调度中心，位于盐都区潘黄镇野丁村二组，占地面积3.6万平方米，总投资5000万元，主要用于公交车的停放、保养、维修、加油等作业。2014年盐城市公交调度中心停保场二期工程立项扩建6.67万平方米。2015年8月31日，二期工程前期4.74万平方米开工建设，土建工程含保养工间、检测线各一幢，围墙1100余米，配套工程含停车场地4.5万平方米、雨污水管道、强弱电、给水消防、路灯绿化等。

【亭湖大道公交回车场】亭湖大道公交回车场于2013年开工建设，位于跃进路与清溪路交叉口，占地面积1.33万平方米，项目总投资1800万元。该车场为公交营运车辆的停发和乘客的上下车服务，也是组织驾乘人员和车队相关人员休息和学习的场所，同时还用于公交车的停放、保养、维修等作业。

亭湖新区公交回车场站外面貌

【漓江路公交回车场】漓江路公交回车场于2013年开工建设，位于盐城市开发区漓江路与希

漓江路公交回车场站外面貌

望大道交叉口，占地面积2万平方米，项目总投资1800万元。该回车场主要用于公交车的停放、保养、维修等作业。

【环保科技城公交枢纽】环保科技城公交枢纽位于市环保产业园新民村境内，东沿省道226，南沿环保大道。2012年被市列入大市区城建重点工程，由亭湖区交通运输局负责投资建设。该项目总占地1.87万平方米，其中停车场1.45万平方米、综合调度楼1557.8平方米、车辆维修车间520平方米，以及换乘候车亭、配电房、加油站、洗车场等配套设施，总投资2000万元，可同时停放100辆公交车。项目于2013年6月立项，2014年2月工程启动，2015年5月工程通过竣工验收。科技城公交枢纽是盐城大市区连通东部城乡的重要交通枢纽，它的投入使用，不仅对大市区东部公交线路集散、布局起到重要的保障作用，也将为城乡居民出行提供快捷、便利的交通条件，为大市区城乡公交一体化以及丹顶鹤旅游公交的建设提供必要的补充。为配合环保科技城公交枢纽的使用，市公交总公司将5路、27路公交班线的终点站延伸至此，另K202公交也途经此站。

环保科技城公交枢纽站外面貌

环保科技城公交枢纽站内面貌

【解放南路 BRT 回车场】解放南路 BRT 回车场位于伍冈河南、解放南路西侧，占地面积 1.33 万平方米，项目总投资 2000 万元，实施主体为城南新区。该车场主要用于公交车停发、保养、维修等作业。该回车场于 2014 年 8 月开工建设，2015 年 8 月建成通车。

【盐龙公交枢纽站】高新区盐龙公交枢纽项目位于振兴路东、纬四路南，占地面积 2 万平方米，建筑面积 2.5 万平方米。项目包括 12 层办公主楼及 3 层商业裙楼，有 76 个车位的公交枢纽停车场。项目于 2015 年开工建设，建成后将成为大市区部分公交和盐都城乡公交的首末站，乘客在回车场内可实现零距离换乘。（“公交站场”条目和照片由吉海蓉、马建民提供）

盐龙公交枢纽站面貌

公共自行车站点

【市区公共自行车共建成 400 个站点】2014—2015 年，市区公共自行车共建成站点 400 个，其中 2014 年 250 个、2015 年 150 个。共投入资金 1477.6 万元，其中 2014 年投入 545 万元、2015 年投入 932.6 万元。（孙根山）

公共自行车站点

第五编 交通运输

陆路运输

【概述】

“十二五”期间，全市累计完成公路旅客运输量5.50亿人次，旅客周转量537.50亿人公里，分别比“十一五”期间增长48%和41%。其中2015年全市完成公路客运量0.94亿人次，客运周转量83.30亿人公里，分别比2010年减少21.36%、33.55%。“十二五”期间，全市累计完成公路货运量3.02亿吨，公路货物周转量546.50亿吨公里，分别比“十一五”期间增长26%和205%。其中2015年全市完成公路货运量0.52亿吨，货运周转量140.05亿吨公里，分别比2010年减少25.30%、增长144.46%，道路运输生产能力持续增长。全市累计投入6.87亿元，更新客运车辆1255辆，集装箱等专用车辆增至1.14万辆，各类专用货车占全市营运货车比重提升至26.60%。截至2015年年末，全市拥有营业性客货汽车4.56万辆，比“十一五”末增长2 3.30%。其中公路客运车辆2628辆8.31万客位，比2010年年末分别下降28.63%、18.10%；全市有各种货车4.10辆42.48万吨，分别比2010年年末增长23.20%、46.12%。全行业共有纯电动等各类新能源汽车532辆，呈现大幅度增长。全市机动车维修企业发展到1033家，驾驶培训机构达86家，全行业运输从业人员达18万人，分别是“十一五”末的1.70倍、1.40倍和1.30倍，基本满足了经济快速发展和人民群众生活水平不断提高带来的旺盛需求。（成荣广）

旅客运输

【概况】“十二五”期间，全市交通运输部门精心组织，全力以赴，圆满完成春运保障任务，共安全发送旅客3680多万人次，春运量呈逐年上升趋势，2015年完成782.50万人次，其中公路完成753.30万人次，分别比2010年增长25.80%、26.22%，还完成清明、“五一”、端午、中秋、“十一”小长假等节假日，以及高考、中考、青奥会、H7N9禽流感疫情等重点时段的旅客运输组织保障任务，全市道路运输行业未发生一起因监管责任不到位而引起的同责以上重大交通事故。（成荣广）

【部署2011年春运工作】1月17日，市交通运输局召开全市交通运输系统2011年春节运输工作动员大会，全面部署全系统春运工作。

春运从1月19日开始，至2月27日结束，为期40天。据预测，春运期间全市探亲流、旅游流、民工流及节后学生流均将有不同幅度的增加，公路旅客总发运量将达614.30万人次，铁路旅客总发运量将达26万人次，民航旅客总发运量将达1.70万人次，分别比去年同期增长3%、13%、30%。同时，盐城作为劳务输出大市，预计全市民工发运量比去年同期增长3.50%左右。全市大、中专院校

学生发运量预计比去年同期增长4%左右。为确保广大旅客“走得了”“走得好”，全市拟投入春运的营运客车3401辆10.12万座，安排应急备用运力171辆7190座，安排加班运力（含包车）1.71万班次。

在春运工作动员会上，市交通运输局副局长薛华要求全市交通运输系统牢固树立科学发展观，依照“科学组织、安全第一、以客为主、优质服务”的春运指导原则，站在服务广大人民群众安全便捷出行、积极构建和谐社会的高度，加强领导，精心组织，超前准备，突出重点，强化措施，落实责任，切实做好春运各项运输组织工作。与此同时，要科学组织运力，制定运输方案和应急预案，强化安全监管，确保运输设施安全畅通，开展形式多样的便民活动，提高服务质量，确保旅客走得及时、安全、有序，全力打胜交通运输部门年度工作第一仗。（刘俊华）

【各运输部门有序开展春运】为迎接春运，全市各运输单位层层部署春运工作，确保运行有序。2011年1月19日，春运第一天，市交通运输局副局长薛华和市运管处主任陈红旗等领导带队深入到车站、机场等地检查春运。

市交通运输局和市运输管理处领导在盐城汽车客运站检查春运工作

盐城民航站副站长谢桂根就做好春运工作接受媒体记者采访

全市铁路、公路、航空等运输部门采取有效措施，积极应对客流高峰。盐城火车站增开一列由淮安开往南京方向的临时旅客列车，同时设立举报点，严厉打击倒卖车票行为。盐城汽车客运站为方便旅客购票出行，除增设多个售票窗口外，还实行电话订票、网上购票。民航站增开去广州、北京的航班。

运输各部门以“情系旅途、平安春运”为宗旨，努力实现“旅客购票方便、客车正班正点、出行快捷安全、满意程序提高”的目标，确保旅客“走得了”“走得好”。（陆建平、邱明华）

【童小田到盐检查水上春运工作】2011年1月27日，省地方海事局局长童小田到盐检查水上春运工作，并向奋战在春运一线的水运职工致以亲切的慰问。市、县交通、海事部门领导一起陪同检查。

童小田一行先后来到滨海县王庄、吕港渡口，现场察看水上春运工作开展情况，慰问一线渡工，详细了解渡工生活、渡船养护、春运客流等

情况；仔细查看了候渡亭、码头、道路、渡船等设施建设情况，强调各级政府、交通部门一定要为广大旅客提供快捷、方便、舒适的交通环境，要特别注重乡镇渡口的安全管理，提高水上交通安全管理水平，以扎实有力的管理措施保障水上春运安全。地方海事部门要全力做好水上春运工作，在组织机构、人员值班、应急预案等环节要进一步细化，把工作做好、做实、做到位。安全责任一定要落到实处，救生消防设备要配全、配好，确保

过渡旅客的人生安全。

童小田对滨海县水上春运工作给予充分肯定，并希望滨海县交通、海事部门进一步加强水上春运检查监督，采取更加得力的措施，保畅通、保安全，确保辖区水上交通安全形势持续稳定。市地方海事局局长陈正华、滨海县政府副县长姚兆春等陪同检查。（张正亮）

【市四套班子领导慰问春运一线职工】2011年2月3日，大年初一上午，市委书记、市人大常委会主任赵鹏，市委常委、常务副市长陈正邦，市委常委、秘书长戴元湖，市委常委、政法委书记丁宇，市人大常委会副主任陈卫国、市政府副市长夏存喜、市政协副主席李长见、市政府秘书长倪崇彦等市四套班子领导，在市交通运输局局长管亚光、盐阜公路运输集团董事长陆进等陪同下，来到盐城汽车客运站亲切看望并慰问坚守春运岗位的一线干部职工，送上新春祝福和节日问候，感谢他们为全市人民能度过一个欢乐祥和的春节做出的奉献。

客运站内忙着出门拜年和探亲访友的旅客熙熙攘攘，个个脸上带着笑意。赵鹏一行来到候车大厅，与车站职工和旅客们亲切交谈，向大家送上新春的祝福。在车站安检处，赵鹏详细询问了安检流程，察看了安检设备的运行状况，要求越是在节日期间，越要绷紧安全这根弦，把保障春运安全当作第一位的任务。赵鹏还叮嘱车站领导安排好员工们的调休，做好充分准备应对节后的返程高峰和恶劣天气造成的影响，保障市民们过一个欢乐、平安、祥和的新春佳节。（陆建平、王敦祥、王景）

【冒雪加强春运督查】2011年2月10日下午，市政府副市长丁建奇在市交通运输局局长管亚光的陪同下，检查了神龙客运站、盐城汽车客运站、民航站等地春运工作。丁建奇要求针对冰雪雨雾等恶劣天气，进一步强化安全意识，落实安全措施，积极做好应急保障工作。严格交通安全源头监管，合理调度、科学组织运力，全力保障旅客出行和重点物资运输。

2月10日，新年的第一场雪与春运旅客返程高峰不期而遇，为进一步加强全行业安全工作的监督检查力度，推动春运安全工作的稳步深入开展，市交通运输局党委决定立即启动恶劣天气应急预案，局领导班子分工带队，局机关各处室及相关部门人员组织8个春运督查小组，分赴各地交通系统开展节后春运安全生产工作专项督查，了解春运安全工作组织开展情况，实地督促客运站、危化品运输企业、渡口等单位春运工作。

2月10日下午，市局党委副书记、副局长潘进山带领市运管处及局机关相关处室人员检查了盐都汽车站、龙冈纪舍渡口等地春运安全工作。潘进山指出，渡口安全是乡村交通的重中之重，一定要加强渡工的安全教育，坚决做到警示标牌要清、渡口记录要全，渡工持证上岗，严禁非法渡运，确保水上安全形势持续稳定。（蒯晓春）

【2011年春节黄金周全市共安全运送旅客突破100万人次】2011年2月2日至2月8日（除夕至初六），春节黄金周期间全市共安全运送旅客计107.53万人次，比去年同期增长5.92%。其中：公路发运旅客102.88万人次，比去年同期增长6.42%；民航发运旅客2280人次，比去年同期增长15.74%；铁路发运旅客4.43万人次，比去年同期减少4.77%。2月8日旅客流量达19.79万人次，春节黄金周客流达到高峰。（市局春运办）

【陈红旗一行检查春运安全】2011年2月10日上午，市运管处主任陈红旗一行，在雨雪纷飞中，对亭湖区盐淮运输有限公司春运安全工作和亭湖区最大的危险品运输企业苏运物流有限公司进行春运安全检查。在盐淮公司检查时，陈红旗肯定该公司春运安全管理工作抓得比较实，要求该公司继续做好安全工作，过细检查场内车辆营运安全和驾驶人员情况，特别是车辆出站前一定要做到逐车检查、登记，决不允许出站车辆有超载和旅客夹带危险品现象，确保春运安全。

在苏运物流有限公司，陈红旗一行听取了该公司负责人关于企业春运期间安全生产情况的汇报，查看了企业安全管理台账和GPS卫星定位监控系统的使用情况，询问了企业公司化管理进展情况。陈红旗要求该公司要加强对危险品运输从业人员的业务培训；加大对驻外车辆的安全管理力度；加强车辆技术管理，定期进行维护修理，严格车辆安全技术检查。（张峰、吴飞）

【做好2011年高、中考考生运输安全保障工作】2011年普通高考将于6月7日开始，为切实做好考生运输组织和安全保障工作。市运管处按照市交通运输局和市教育局联合下发的《关于认真做好2011年普通高中学业水平测试、普通高校对口单招、高考和中考学生运输安全保障工作的通知》精神，为确保考生运输安全、优质、及时、有序，从加强组织领导、强化安全措施、强化优质服务、加强值班值守四个方面提出了明确的要求。要求运输保障工作必须做到“六个到位”，即运输车辆落实到位、驾乘人员配备到位、安全教育落实到位、安全责任明确到位、安全保障措施到位、应急预案落实到位。同时，要求参运人员做到“六不”，即不开超速车、不开超载车、不开疲劳车、不开带“病”车、不开酒后车、不开侥幸车，确保安全、准点接送考生。运送考生的车辆必须车况良好，安全设施齐全，且承运前必须全面检查、严格把关，确保车辆技术状况符合要求。各级交通运政稽查部门在考试期间，加大路检路查力度，严禁社会车辆及不符合安全要求的车辆运送考生。各送考学校必须租用具备经营资质的客运企业车辆运送考生，不得租用信誉不高、存有安全隐患的个体车辆和“黑车”，确保圆满完成考生运输组织和安全保障任务。（市运管处）

【做好端午节旅客运输保障】市运管部门针对2011年端午节小长假的探亲流、旅游流、学生流及天气的特点，采取“一早二禁三协四强五查”的措施保障端午节期间旅客运输安全。

一是早计划、早安排、早部署，制定完善高峰客流、突发客流应急预案，准备充足人力车辆，加强组织调度，保障旅客运输需要。

二是禁止安全技术状况不达标车辆和未取得从业资格证件的驾驶人员参加运输，要求各运输企业对客运车辆进行一次安全检查，对驾乘人员进行一次排队摸底，不符合要求的车辆和人员不得参与节日运输。

三是协调组织运力，合理安排，防止可能发生的突发性运力紧张和意外运力故障问题，确保旅客走得好，走得及时。

四是强化司乘人员安全、业务教育培训，着力提高司乘人员的安全意识和责任意识；加强24小时值班，保持信息畅通。

五是查处车辆超载和疲劳驾驶等违章行为，严格查堵携带危险品乘车。同时，检查客运站的服务措施，如增设售票点，延长售票时间，提前预售票、发放团体票、联网售票、在旅客集中的场所备齐开水、晕车药、针线包等物品，真正做到想旅客所想、急旅客所急。（成荣广）

【东台在全省率先使用LNG城乡客运班车】

"我们28座的客运班车一般一天要跑200多公里。烧气比烧油一天能省六七十元。"2011年10月26日，东台市区至唐洋镇客运班车驾驶员崔志红兴奋地说。从当年10月1日起，东台市在道路运输节能减排方面迈出坚实一步，城乡客运班车全部使用液化天然气(LNG)新能源汽车，不但节约了营运成本，还减少了污染排放。省交通运输厅运输管理局充分肯定了这一在全省率先实施的举措，并将逐步推广。

2011年东台市率先投入运营的LNG客车

工作人员正在对城乡客运班车加注LNG燃料

LNG是液化天然气的英文缩写。天然气经净化处理和零下162摄氏度的深度冷却后形成液体，在标准大气压、常温状态下，其体积约为同量气态天然气的1/600。据介绍，与原来的燃油车相比，LNG清洁能源车突出优点表现为：大幅度降低尾气排放量，接近"零排放"。同时，在运行过程中，车身的平稳性能也将大幅度提高，并能节约运营成本。10月26日，记者在东台民生客运站停车场现场体验时，拿白色纸巾对准排气管，司机猛踩油门，不但闻不到异味，连纸巾也看不到附着的黑色物质，纸巾只是被LNG燃烧排放的水汽稍稍打湿。

"从柴油动力客运班车过渡到LNG动力客运班车，是我市道路运输事业发展的一次飞跃。"东台市运输管理处主任张世荣说，城乡客运班车"油改气"是东台市委、市政府为民办实事工程，是响应国家号召，推行绿色客运、实现节能减排的重要举措。2011年7月上旬，东台启动了市内客运班车"油改气"工作，报废、淘汰了老旧中巴车，更新使用以LNG为燃料的绿色环保汽车。先期投资1880万元购置的77辆LNG绿色环保客车已经投入运营，开通的14条班线，覆盖全市14个镇、3个园区、2个省辖农场。今后，东台市将按照打造沿海生态城市的战略要求，扩大新能源客车使用覆盖面，大力发展绿色交通。新增的出租车、城市公交车、城乡客运班车将全部使用以LNG为燃料的车辆。同时，计划用2到3年的时间对现有客运车辆实施"油改气"工程。（邵建华、袁海）

【2012年春运任务圆满完成】2012年春运期间，全市未发生重大交通安全责任事故，圆满实现了"安全、便捷、有序、优质"的春运目标。自1月8日开始，到2月16日结束，历时40天，全市共完成旅客发运量721.89万人次，其中：公路旅客发运量701.63万人次，民航旅客发运量1.48万人次，铁路旅客发运量18.78万人次，分别比去年同期增长5.40%、6%、16.63%、下降12.54%。春运期间，全市公路运输部门日均投放客车3738辆次、10.56万座、1.09万班，分别比去年同期增加3.80%、40.48%、3.69%。（徐辉）

【2013年春运保障工作新闻发布会召开】2013年1月21日下午，盐城市召开2013年春运保障工作新闻发布会。此次会议由市政府办公室和市交通运输局联合召开，市委宣传部相关负责人、市电子政务中心代表、市直交通单位负责人、市各新闻单位记者等参加了发布会。

市交通运输局副局长薛华在新闻发布会上明确今年春运从1月26日起至3月6日结束，历时40天。介绍了市交通运输系统春运工作准备情况。明确全市交通运输部门将以党的十八大精神为指导，以“平安春运”为主题，按照“以客为主、科学组织、协调配合、安全有序”的春运指导原则，加强领导，精心组织，科学谋划，狠抓落实，扎实做好运输组织和安全保障各项工作。根据调查分析，全市今年春运工作主要有旅客流量有所增长、客流高峰比较明显、保畅通任务繁重、安全形势依然严峻等四个特点。为此，全市将精心计划、严格落实、加强监管，以安全、畅通、和谐、有序为重点全力做好今

年的春运工作。市交通运输局制定了《盐城市交通运输系统2013年春节运输组织保障工作方案》，以强化运力准备、强化换乘衔接、强化应急保障为抓手做好春节期间运力保障，确保旅客出行。通过严把“四关”全面落实春运安全措施。一是严把车船关。对投入春运的车、船设备逐一检查，不合格、不安全的一律不准投入春运。二是严把人员关。对驾驶人员进行排队摸底并强化安全教育和培训，严禁超员、超速、超载和疲劳驾驶，严格落实长途夜班车凌晨2时至5时停车休息制度。三是严把告知关，推行客运安全告知制度。四是严把监管关。督促企业切实加强对长途班车、旅游包车、危化品运输车辆实行动态监控。春运期间，各级运管部门对全市所有二级汽车客运站实行驻站管理，保证春运工作安全有序、优质文明服务。（成荣广）

【王荣到盐城南洋机场督查春运工作】2013年2月7日上午，副市长王荣在市交通运输局局长、党委书记管亚光，副局长、民航站站长崔花的陪同下，到盐城南洋机场督查春运工作，并慰问春运一线的干部职工。在机场候机大厅，王荣与正在进行当日首个航班—韩国首尔航班保障准备工作

的机场工作人员亲切握手，并代表市政府向民航干部职工表示节日的问候。在听取盐城民航站春运工作情况汇报后，他充分肯定了该站在春运前阶段所取得的成绩，并指出，盐城南洋机场虽小，但“小有大作为，小有高地位，小有大前途”。他要求，盐城南洋机场全体干部职工要继续努力，紧紧围绕“平安春运”主题，继续安全、有序地做好民航春运保障工作，确保今年春运各项目标任务顺利完成。（徐明）

【开展春运安全生产督查】为做好2013年春运期间的安全工作，市交通运输局组成督查组从1月下旬至2月中旬，在全系统组织开展2次拉网式安全生产督查。

这次督查主要通过实地检查各地客运站、危险品运输企业、渡口安全生产情况，重点了解各地春运安全工作组织开展情况，包括“三关一监督”执行、危桥险段、重点渡口防范措施落实、运输市场监管，以及突发事件应急预案和处置措施落实等。各检查组对检查出的各类安全事故隐患，一经发现立即督促整改，及时消除隐患。同时发出整改通知书，落实整改责任、完成时限和整改要求，确保全系统安全生产形势稳定。（成荣广）

【应对降雪天气保障春运安全有序】2013年2月18日至19日，盐城市境内普降中雪。全市各级

交通运输部门迅速启动应急预案，全力应对降雪天气、保道路畅通，保春运安全有序。

运管部门加强客运站点驻站管理，做好运输组织协调工作。针对雨雪天气旅客运输的特点，一方面要求各客运站做好旅客服务工作，稳定旅客情绪；另一方面要求运输车辆使用防滑设备，并限速行驶，保证客运秩序稳定。同时加强危货运输的监管，加大巡查力度和现场指挥，特别是对春运重点路段、重点部位的巡查，确保春运道路运输安全。

公路部门积极组织公路扫雪防滑，重点对G204、S331、S233、S231等国省干线公路及部分交通流量大的支线公路高桥头、急弯、陡坡、事故易发路段加强警戒，全力清除积雪，采取防滑措施，保公路安全畅通。

盐城民航站及时启动冰雪天气应急预案，组织200余人的扫雪队伍和吹雪车、清扫车等对机场积雪积水进行突击清扫，使飞行区完全达到飞行标准，机场重新开放。

地方海事部门出动221名海事人员分成9个片段包干作业，在重点渡口、码头实施定线、定段、定人监管，加强水上巡查，要求渡口码头铺设防滑材料，有渡乡镇加强渡口安全监督检查。

航道部门加强航道巡查，保证航标灯正位率、发光率，确保航道安全畅通。（成荣广）

【盐城汽车客运站应对春运节后客源高峰】随着2013年春运节后客源高峰的来临，盐城汽车客运站组织全体员工抗严寒、战风雪，节日期间坚守在生产一线，全力以赴搞好春运各项工作。

针对部分班车站外违章拉客、组客现象有所抬头，“三拉”人员拉客现象逐渐增多等特点，盐城汽车客运站要求站场稽查队在不断加大对班车营运秩序规范力度的同时，延伸工作区域，严禁班车站外拉客、倒客现象的发生。会同新河派出所驻站警备室，严厉打击“三拉”人员拉客、组客现象。节后全站继续深入开展“五星之旅、平安和谐”春运服务竞赛活动，始终坚持“服务零缺陷、满意百分百”的服务理念，不断丰富服务内涵，拓宽服务领域。积极开展免费送票上门业务，延长售票时间，实行全天候服务。“五星使者”“优秀员工”“沙惠林服务班”等先进集体和个人充分发挥典型示范作用，全面提升服务质量。积极为老、弱、病、残、孕等

特殊群体旅客开通“绿色通道”，提供周到服务。践行八项服务承诺，积极推进“五星之旅”品牌建设，让优质文明服务贯穿春运始终，确保不发生责任事故和滞留一名旅客，让旅客走得开心、走得安全、走得满意。（张卫东、董萍）

【开展春运扎口联动稽查】为确保2013年春运安全有序，市运管部门制定了春运期间国道扎口稽查计划，采取市县联动的方式，在G204各路段及各高速路口开展扎口检查。重点整治未取得道路运输经营许可，擅自从事道路旅客、货物（含危险品）运输和无《道路运输证》的车辆从事道路运输经营等违规违章活动。全市共出动稽查车93辆次，执法人员527人次，检查各类运输车辆1700多辆次，查处各类运输违章案件18件，其中查处非法营运1件、不按规定站点停靠7件、未按规定线路经营4件。通过检查，全市道路运输市场秩序得到了进一步规范，有效地净化了道路运输市场环境，保障了春运期间人民群众的出行安全。（张韬）

【运管部门认真组织2013年高、中考考生运输】高、中考考生运输组织保障工作是交通惠民、为民办实事的一项重要工作。据有关部门统计，

2013年全市共有4.40万人参加高考，6.30万人参加中考。考试时间分为两个时段，高考时段为6月7日至9日、中考时段为6月16日至18日。为切实做好今年全市高、中考考生运输组织和安全保障工作，确保圆满完成考生运输任务，全市运管部门按照“保畅通、重安全、精服务”九字要求，确保考生运输工作“零差错”。

“保畅通”，科学调度考生运输车辆，合理安排运输线路，在市区范围内合理调配公交车辆，临时优化线路走向，并适当调整了考生相对集中的线路公交的发班时间，同时要求各承运企业进一步完善考生运输应急预案，落实好考生运输的备用车辆和驾乘人员，确保整个运输及时有序。

“重安全”，加强对考生运输安全工作的督查，认真落实各项安全措施，承运车辆必须是具有营运资格的专业运输企业车辆，并要求进行逐车全面、细致、严格的安全检查，确保所有参运车辆技术状况良好。切实加强对参运人员的安全教育，严格遵守安全操作规程，严禁超载、超速，确保安全、准点接送考生。凡是学校集中编队接送考生的车辆，承运企业要明确安全队长带队，当地交通运输管理部门要安排执法车辆开道护送。

高考期间，市出租行业开展“爱心助考”志愿服务活动

“精服务”，各级交通运输部门和承运企业切实做好优质服务工作，为广大考生提供安全、舒适、文明的乘车环境。承运企业选派政治素质高、驾驶技术精、安全意识强、服务态度好的驾驶人员和车容车貌良好的客运车辆担任运送考生任务，既保证安全、准点接送考生，又做到文明服务、优质服务。（刘俊华、成荣广）

【兴迪自动洗车线在东台民生公交公司投入使用】2013年8月27日上午，投资30万元新购的兴迪自动洗车线在东台市民生公交公司投入使用，文明城市创建又添靓丽一景。

据介绍，人工洗车每辆需要25～30分钟，自动洗车每辆只需要3～5分钟，工作效率提高近9倍；过去洗车每辆用水500公斤，现在只需要100公斤左右。按此计算，民生公交公司拥有的120辆客车，过去4～5天才能清洗一遍，现在只需要1天时间就可以实现全覆盖，而且洗出来的车子清洁、整洁、美观，人力投入少。自动洗车线用于城市公交在盐城乃至全省都处于领先位置。

此次新上的兴迪自动洗车线原则上专用于城市公交，特殊情况下也可为社会车辆提供服务，以利设备利用率的最大提高，尽可能将科技成果转化为劳动生产力。（仇锦云）

【做好新兵运输组织保障工作】根据国务院、中央军委征兵命令，2013年度征兵工作时间调整为夏秋季。今年新兵运输工作自9月5日开始，到9月底结束，全市共将运送新兵3370人。

为切实做好全市新兵运输组织保障工作，市交通运输部门高度重视，把它作为一项严肃的政治任务抓紧抓实，专门下发了《关于切实做好2013年新兵运输工作的通知》，与市征兵部门联合召开会议，全面进行动员部署，做到“六个到位”：一是组织领导到位。专门成立了以局主要领导为组长，分管领导为副组长，各相关部门负责人为成员的

新兵运输工作领导小组。各县(市、区)交通运输局和承担新兵运输任务的运输企业也都成立相应的新兵运输领导小组和工作班子,明确专人负责。在运输新兵期间,各承运企业落实专人值班值守,发现问题及时解决。二是承运车辆落实到位。优先安排公司化经营和“江苏快客”品牌车辆承运,所有承运车辆技术状况均达一级车标准,车辆安全设施设备配备齐全有效,确保车辆技术状况良好,共安排符合条件的参运车辆109辆次3828座。三是参运驾驶人安全教育到位。参加新兵运输的驾驶员是经过严格挑选的具备营运驾驶员从业资格且有多年良好驾驶经历,政治、技术、身体素质好,职业道德和安全意识强的驾驶人员,共安排符合条件的驾驶员120多人,对所有参运人员进行一次安全政治教育,在新兵运输期间严禁饮酒,严禁疲劳驾驶、超员、超速行驶,严禁麻痹、侥幸,确保新兵运输安全。四是安全措施落实到位。今年明确承担新兵运输任务的运输企业是江苏盐阜公路运输集团有限公司及所属子公司,其他单位车辆、个体车辆或挂靠车辆一律不得从事新兵运输。起运前对所有参运车辆和驾驶人员逐一进行严格核查,未经核查及核查不合格的车辆和驾驶人员,一律不得参加新兵运输;凡3辆以上运输车队,实行编队制度,由安全车队长带队出车。五是沟通协调到位。从9月4日起,各承运企业落实专人于每天下午5点前,主动与当地征兵办和接兵部队对接第二天的运输计划,从9月5日起每天报告当日的新兵运输计划执行情况。同时,市交通运输主管部门主动会同当地物价、征兵部门,采取切实可行的措施,加强对新兵运输价格的管理和协调,配合物价部门加强对新兵运输承运企业执行政府定价的情况进行跟踪监督。六是优质服务到位。深入开展文明服务、礼貌待兵活动,为新兵候车乘车提供优质服务,为新兵创造一个优良的乘车环境。想方设法帮助部队解决运输中的实际困难,在全社会树立交通运输部门支援国防建设、全心全意为部队服务的良好形象。(孙根山、成荣广)

【部署2014年春运工作】为认真贯彻落实国家、省、市关于做好2014年春运工作的部署和要求,切实做好全市今年春运期间客货运输组织和安全保障工作,市交通运输局于2014年1月10日在盐召开了全市交通运输系统2014年春节运输工作会议,市局2014年春节运输工作领导小组成员单位分管领导、市局春运办公室成员,各县(市、区)交通运输局分管局长、运管处主任、海事处处长,全市三级以上客运企业和旅游包车客运企业主要负责人,市直道路危货运输企业主要负责人参加了会议。

会议传达了省交通运输厅《关于认真做好2014年道路水路春运工作的通知》和省公安交巡警总队和省交通运输厅运输管理局《关于认真做好2014年春运车辆和驾驶人源头安全监管工作通知》精神,并强调了加强2014年春运期间安全生产事故信息报送工作。

局春运办主任薛锋对全市交通运输系统春运工作进行了部署,强调了五点要求,一是要加强组织领导,层层落实责任。二是要精心组织,确保春运工作健康有序。三是要强化工作措施,确保春运安全和行业稳定。四是要开展优质服务竞赛,树立行业新风。五是要加强信息宣传,做好春运统计。市交通运输局副局长薛华对做好今年春运工作,从提高认识、切实增强做好春运工作的责任感和使命感;狠抓落实、全力做好春运安全保障工作;强化领导、全力做好春运优质服务工作三个方面提出了明确的目标和要求,确保旅客走得及时、安全、有序。

会上,各县(市、区)交通运输局、市直交通各相关单位分别向市交通运输局递交了2014年春运工作目标责任状,市客管处、各县(市、区)运管处、三级以上道路客运企业、市直危货运输单位分别向市运管处递交了春运工作目标责任状。(董胜卫、成荣广)

【魏国强考察盐城汽车客运北站春运安全工作】2014年1月24日下午，市委副书记、市长魏国强率领相关部门负责人考察了盐城汽车客运北站春运安全工作。魏国强详细询问了春运以来盐城汽车客运北站的安全生产情况，并实地察看了客运站整个春运安全运行流程。针对近阶段该车站每天客流量达8000人次左右，最高时达到2万人

次的现状，他强调，现在是客运高峰期，安全至关重要，要密切关注客流变化，科学调度运力，加强春运车辆检修，保证旅客平安出行；要强化驾驶员的安全教育培训，督促驾驶员严格遵守各项安全管理的法律法规；提升服务质量，为广大旅客提供安全、舒适、便捷、高效的运输服务，确保每位旅客过上一个平安欢乐祥和的春节。市交通运输局局长管亚光等陪同考察。（成荣广）

【春运交通执法突出6个重点】2015年春运工作启动以来，市交通运输局突出重点做好春运期间交通运输行政执法工作，确保全市交通运输市场“安全、有序、顺畅、和谐”。

春运交通执法突出六个重点：一是强化对客运车辆运输安全、运输秩序、服务质量、车容车貌、从业人员的职业道德以及其他不文明行为的执法检查，以高压态势，查处客车违法兜客、倒客、甩客等严重侵犯旅客权益的行为和其他违法行为。二是重点打击和整治非法营运车辆违法载客，违法违规私自从事加班、顶班、包车，接驳临时客运、客车不进站经营、站外揽客，客车不按许可的线路、

班次、站点等客运经营许可事项营运等违法违章违规行为。三是加强对危险货物运输的执法检查，严格规范道路、水路危险货物运输市场，严厉查处未经许可、使用无效证件、无从业资格证从事道路危险货物运输及非法改装危险货物运输专用车辆等违法行为。四是加强对出租车的执法监管，对出租车不打表计费、拒载旅客、故意绕道等违章行为严肃查处，进一步规范出租车的客运经营行为。五是加强内河港口、干线航道的巡查，落实联动执法机制，查处“三无”船舶，同时加强对渡口、码头的监督检查，确保港口、航道的安全畅通。六是严厉打击各类超限超载运输行为，确保道路桥梁安全畅通。（刘泉、李武生）

【2015年春运保障任务圆满完成】2015年3月16日，从市春运办获悉，从2月4日至3月15日共40天的春运中，全市共完成旅客发运量782.50万人次，比去年同期增加1.13%，未发生重大安全责任事故。其中公路旅客发运量753.30万人次，比去年同期增加0.54%，日均投放客车3613辆次、发班1.10万班次；民航旅客发运量3.70万人次，比去年同期增加31.83%；铁路旅客发运量25.50万人次，比去年同期增加17.44%。（记哉、成荣广）

【开通盐城至南京城际定制快客班车】为满足客运市场需求，方便乘客在居住、工作地点就近换乘，2015年4月28日盐城至南京定制快客班车开始售票运营。投入运输的3辆定制快客班车是奔驰威霆商务车，每辆6个客位。南京停靠站点为南京南站和禄口机场，每天两个对班。盐城汽车客运

站至南京南站的发车时间为5:40、8:30，票价180元，同时间发车到南京禄口机场的票价为200元。从南京南站至盐城汽车客运站的发车时间为13:20、15:30，票价180元。同时盐城至南京(华东饭店)定制班车也已上线营运，盐城汽车客运站具体发车时间为7:50、13:50，票价160元。在市区一定范围内，车辆可根据乘客需求上门接送，非常方便快捷舒适，相比普通客车票价只多了几十元，除了在售票窗口可以购票外，乘客还可在巴士管家手机APP上购票。(成荣广)

【“巴士管家”手机APP可订购长途汽车票】2015年9月15日上午，盐城汽车客运站“巴士管家”手机APP客户端正式上线。旅客在手机上下载安装“巴士管家”后，可以支持购买返程票、异地票、儿童票，余票查询、扫码进站等业务，就相当于把售票员请到了旅客的手机里。

“以后买票不用跑车站了。”准备返回南京的孟丽是该站第一位成功安装“巴士管家”并购票成功的旅客。她在车站工作人员的引导下，下载、安装、注册、购票，用时不到5分钟就完成了整个流程。“以后买票只需要1分钟左右就行。”车站工作人员解释道，首次安装时需要输入手机号码、支付渠道等个人信息，而第二次购买，这些程序都不需要再次设置，所以购票将缩短时间，提高效率。

据了解，巴士管家平台是汽车票和用车的网络信息平台。平台主要为用户提供汽车票网上购票、汽车票余票查询、汽车票在线咨询、汽车时刻表查询、汽车站信心查询等服务。用户登录“巴士管家”后，通过查询预订，填写购票信息、提交订单、在线支付，购票完成后会收到电子客票信息。信息中包含了取票车站、取票密码、发车时间、电子保险、客服电话等信息。用户可以根据取票信息在出发站自动取票机或取票窗口取票登车。

盐城汽车客运站站长钱纪中介绍，“巴士管家”APP客户端已经覆盖了除南京以外的省内各大车站，旅客可以使用客户端，订购省内任意两座城市间的往返车票。购票成功后，可凭手机上接收到的条形码，直接扫码进站登车。如果旅客需要车票报销，可以在出发站窗口取票。“注册成功的新用户还可以得到8元红包，在购买车票时可直接使用。”钱纪中说。(记哉)

【2015年“国庆黄金周”全市安全发送道路旅客117.32万人次】2015年“国庆黄金周”过后，笔者从市运管处获悉，在刚刚过去的国庆长假七天中，全市累计安全发送道路旅客117.32万人次，日均发送道路旅客16.76万人次，累计发班5.92万班次，全市运输市场秩序良好，实现了安全、平稳、有序的工作目标。

国庆期间，全市各级运政管理部门落实责任，提前备运，成立了假日运输领导工作机构，制定了应急预案，实行24小时值班制度，及时处理旅客投诉；强化安全监管，严格执行“三关一监督”制度，抓好源头管理，对全市二级以上客运站全部实行驻站管理，督促运输企业做好安全运输工作。同时，加强运输市场监管，发现违章立即纠正，有力地保障了客运安全有序。(成荣广)

【站场稽查大队开展国庆假日运输专项检查】2015年国庆期间，为加强对盐城汽车客运站客运班车的有序管理，确保旅客安全出行，市运输管理处站场稽查大队从9月30日到10月7日对该站进出客运班车，按照“三不进站六不出站”要求开展“拉网”式专项检查。在这次检查过程中，站场稽查大队的执法人员加班加点、坚守岗位，秉公执法，对检查中发现的运输经营不规范的客运班车，情节轻微的给予批评教育；情节严重的，要求其立即停止运输，纠正违章运输行为，消除安全隐患后

再进行营运。此次专项检查活动，站场稽查大队共出动执法人员32人次，检查客运班车2000余辆次，纠正、查处不规范经营客运班车40多辆。

这次专项检查活动，有效规范了盐城汽车客运站的班车客运秩序，查纠了不规范营运班车的安全隐患，维护了旅客的合法权益，获得了群众一致好评。（李武生、陈军）

普货运输（交通物流）

【概况】“十二五”期间，盐城市道路普通货物运输紧紧围绕省厅、市局交通发展规划和总体部署，以转型升级、发展物流为主线，以深化改革、创新创业为动力，以行业安全、服务经济为重点，稳中求进，开拓进取，推进全市货物运输与物流业健康发展，不断提升行业管理与政务服务水平，深化产业结构调整力度，完善货运物流发展体系。截至2015年年末，全市道路货物运输业户2.28万户，同比减少8.73%，营运货车4.10万辆42.48万吨，车辆数同比减少3%，车辆平均吨位10.46吨，同比增长2.90%。其中：厢式、罐式和专用运输车辆1.14万辆10.21万吨，占比26.60%。

全市现有AAAA级物流企业3户（江苏悦达物流有限公司、江苏神龙明物流有限公司、江苏河海运输股份有限公司）。发展快速货运，“十二五”期间，全市培育“江苏快货”品牌企业1家（江苏华晓医药物流有限公司），培育“江苏快货”品牌线路48家，累计获得“江苏快货”品牌补助114万元。畅通城乡物流渠道，提升民生服务质量，“十二五”期间全市培育省级农村物流示范企业13户，累计获得农村物流补助260万元。依据国家、省有关部委关于推进城市共同配送工作的意见，市运管部门组织开展城市共同配送试点运作，江苏盐阜公路运输集团、盐城奥新新能源汽车有限公司制定城市共同配送合作实施方案，开展城市共同配送试点。为顺丰物流、滴滴快运等社会信誉良好、具备配送能力的企业积极与公安、邮政等部门进行协商协调，争取车辆进城优惠措施，满足城市居民消费需求。开展先进运输方式试点，提升组织化程度，大丰港物流和盐城捷顺物流结合自身运作特点组建甩挂联盟，实行运输车辆和甩挂站场资源共享，合作实施分层甩挂运输，提高运行效率，获得省交通运输厅第四批省级甩挂运输示范项目。（成荣广）

【推进交通物流业发展】2013年8月23日，市运管处召开全市推进交通物流业发展座谈会，市运管处主任薛锋、副主任吴少松参加会议，与部分交通物流企业代表共同探讨交通物流业的发展大计。

会议组织学习了交通运输部《关于交通运输推进物流业健康发展的指导意见》，并结合盐城交通物流业发展实际，解读相关条款，鼓励交通物流企业开拓思路，以《意见》作为指导，做大做强企业，共同推进全市交通物流业快速健康发展。

参会企业代表分别介绍了企业运营状况、未来发展方向，并对全市物流业发展提出了建设性的意见。

薛锋概述了全市交通物流业发展现状，并针对代表所提问题进行释疑解答。他指出，盐城交通物流业的发展，从政府到企业均十分重视，各类政策也相继出台，但与物流业发达的城市相比还存在一定差距。就推进全市交通物流业的加快发展，他强调，一要修改完善发展规划，围绕交通物流业发展的指导思想、基本原则、规模布局、政策措施等进一步完善，形成目标明确，可操作性强的盐城市交通物流发展规划。二要强化基础设施建设，物流园区、物流企业要加强横向联合，互通有无、共建共享，构建信息网络。三要学习外地先进经验，形成各具特色的交通物流模式。四要扶持龙头企业发展，合力搭建行业、企业物流信息平台。五要研究出台扶持政策，促进全市交通物流业健康稳定发展，管理部门要及时给予物流企业帮助指导。六要强化物流人才培养，通过引进、培训、自学等渠道，培养一批支撑物流业发展的专门人才队伍。七要加强企业之间、企业与交通部门之间经常性沟通，集思广益，共同推进交通物流发展。（葛浩）

【物流项目战略合作协议签订】为进一步建立健全全市综合运输体系，加快推进货运枢纽型物流园区建设，拓展和促进全市现代物流业发展，2015年1月4日下午，市交通运输局与盐都区政府联合举行盐城传化公路港物流项目战略合作协议签约仪式。浙江传化物流集团副总裁徐炎、传化集团北部大区发展部副部长张治梁、高级法务王有民、发展部高级拓展经理姜蓬，市交通运输局局长管亚光、副局长薛华、市铁路办副主任周正雄，盐都区政府区长吴本辉、副区长商建明及相关部门负责人出席签约仪式。

盐城传化公路港物流项目地理位置优越，位于新G204与新都路附近，西址规划珍时路东红线，东址规划双纲河蓝线向西10米，南址规划盐岭路北红线，北址规划盐盘路南红线，隶属盐都区现代物流园，规划面积约10.80万平方米。项目由市交通投资有限公司与苏州传化集团共同开发经营，初步概算投资约为1.5亿～2亿元。

该项目在整合全市物流资源的基础上，着力打造高效物流服务平台，其定位为现代物流集聚区，以“公路港”物流运作模式为主，兼具政府公共服务、物流信息交易、大型仓储物流、城市快速配送、综合配套服务等功能，项目建成后将为盐城及周边地区提供高效优质物流服务，全力促进地方物流产业升级和地方经济发展。

签约仪式上，传化物流集团副总裁徐炎与市运输管理处主任薛锋代表双方签订了项目合作协议。（成荣广）

【交通物流基地建设初具规模】随着盐城经济发展和沿海开发战略的加快实施，全市物流业呈现持续健康发展的良好态势，各地依据自身的区位条件、资源优势和产业特色，加快推进物流专业化、特色化发展，物流服务体系逐步完善。按照省交通运输厅《“十二五”交通物流发展规划》提出的全省加快建设“18大园区、39个中心和若干农村物流站点的三大层级交通物流基地体系”，其中盐城市1个物流园区、3个物流中心，现已建成大丰港物流园区、阜宁港物流中心、盐城现代物流中心、建湖里下河物流中心等物流园区、物流中心，并已逐步凸显集聚效应。“十二五”期间，全市共有5个物流中心项目获得省交通运输厅补助经费950万元。

大丰港码头实景

盐城市委、市政府确定的全市23个“市级以上服务业集聚区”中，涉及市区及亭湖区、盐都区、经济开发区集聚区15个，其中城西南现代物流园区为物流业发展特色园区之一，已进驻悦达摩比斯物流、起亚配送物流、华晓医药物流、亚邦物流、神龙物流、苏宁物流等大型物流企业。（成荣广）

【交通物流专业发展各具特色】培育发展货运专线运输,市区范围内现有货运交易市场4个,现有货运专线企业200多家,提供涵盖仓储、配送等一体化物流服务，专线运输辐射全国大部分省、市。“十二五”期间,全市培育“江苏快货”品牌企业1家、“江苏快货”品牌线路48家,累计获得“江苏快货”品牌补助资金114万元。

神龙公路港基地

围绕交通物流园区、物流中心和物流配送点三级物流体系建设总体目标，对照农村物流示范点设施和服务标准实施分类跟踪培育，以农村生活消费品、农业生产资料和农产品等为“三农”服务的物流企业和网络也得到蓬勃发展,“十二五”期间全市培育省级农村物流示范企业13户,累计获得农村物流补助资金260万元。

依据国家、省有关部委关于推进城市共同配送工作的意见，市运管部门组织开展城市共同配送试点运作,江苏盐阜公路运输集团、盐城奥新新能源汽车有限公司制定城市共同配送合作实施方案,开展城市共同配送试点;还为顺丰物流、滴滴快运等社会信誉良好、具备配送能力的企业积极与公安、邮政等部门进行协商协调,争取车辆进城优惠措施,满足城市居民消费需求。

江苏华晓医药物流专业配送车队

始终将发展甩挂运输作为转变运输方式、降低物流成本、促进节能减排的突破口,积极推动运输组织方式不断优化。支持和推进甩挂运输发展,引导企业间合作交流，大丰港物流和盐城捷顺物流结合自身运作特点组建甩挂联盟，实行运输车辆和甩挂站场资源共享,合作实施分层甩挂运输,提高运作效率,现已投入牵引车34辆、挂车54辆(其中LNG牵引车25辆)实行甩挂运输,并获得省交通运输厅第四批省级甩挂运输示范项目。

江苏华晓医药物流调度经营中心

引导货运与物流企业开展专业化物流服务,实施物流供应链管理，全市商品车发送、汽车配件、烟草、医药、家电、电子商务、冷链物流等专业物流运输服务各具特色,得到长足发展。

阜宁古河粮食仓储物流有限公司流程图

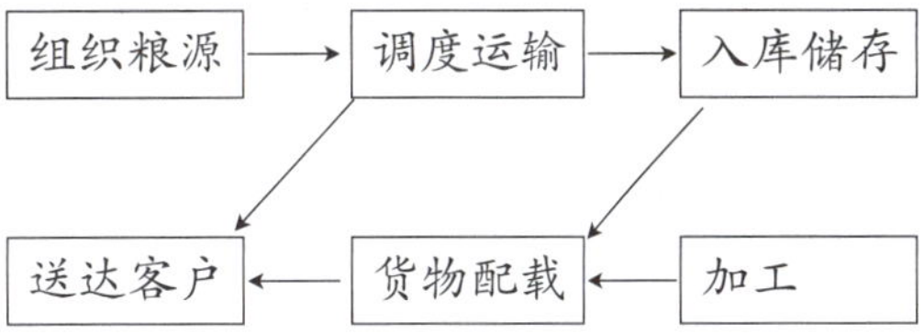

1、公司全景

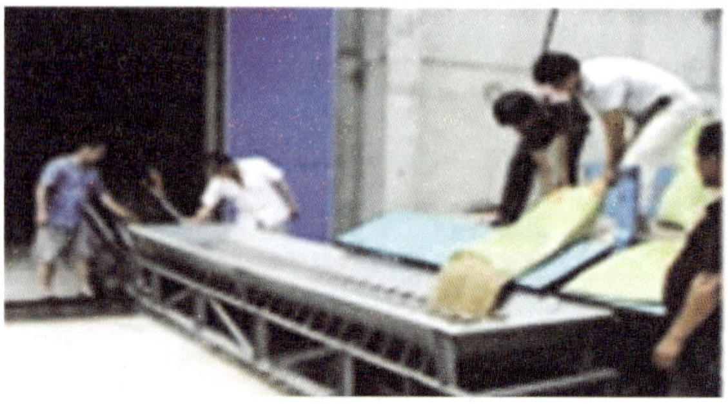

2、粮食收储入库

3、工人正在检测粮食品质

4、上船外运

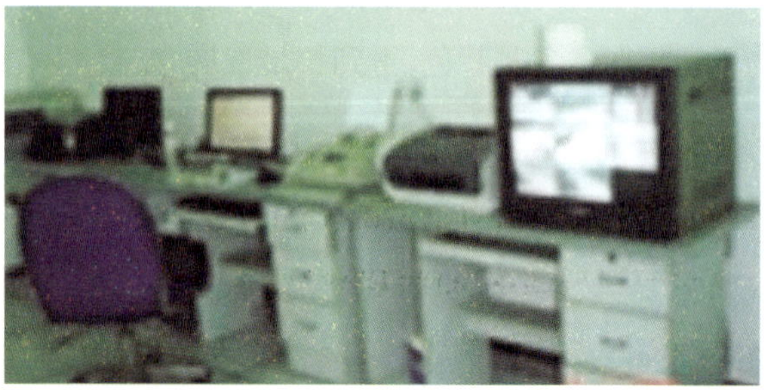

5、闭路监控系统

6、装车外运

（成荣广）

【交通物流信息化建设快速发展】全市现有为全社会提供物流信息服务平台12个，全市22家企业有物流信息管理系统,56家有TMS运输管理系统,50家有CRM客户管理系统,36家有电子订货系统,18家有电脑辅助捡货系统,28家有电子数据交换系统。

神龙公路港信息中心大厅

神龙公路港数据中心

（成荣广）

危货运输

【概况】“十二五”期间，全市交通运输部门严格贯彻落实国家有关部门关于加强道路危险货物运输安全监管的相关法规和通知要求，突出重点，强化和规范道路危货运输安全监管，实施道路危货运输企业、从业人员、运输车辆全方位监管，保持道路危货运输监管高压态势，切实消除安全隐患，维护安全形势稳定。截至2015年年末，全市拥有道路危险货物运输企业32户，道路危险货物运输车辆636辆(不含挂车)1.40万吨，分别比2010年减少15.79%、减少10.80%、增加35.92%。其中：厢式运输车72辆703吨、罐式运输车302辆6540吨、集装箱运输车65辆2179吨。(成荣广)

【开展老旧车辆清理工作】为切实保障全市危险品运输安全稳定，2012年8月，市运管处开展全市危险品运输市场老旧车辆清理工作。

此次清理工作的重点是全市运输剧毒、易爆炸、强腐蚀等高危品种车辆，对道路危货运输管理规定出台前不符合运输安全技术条件的33辆老旧车辆进行逐步清理，使其尽快退出道路危货运输市场。截至8月底，已有4辆老旧车辆申请注销危险品运输资质，19辆老旧车辆申请取消剧毒、易爆炸、强腐蚀等高危品种运输范围，剩余车辆相关企业均作出按期清理承诺，确保在当年9月底前完成全部清理工作。(成荣广)

内河运输

【概况】盐城市地处里下河水网地区，河道纵横，287条、4490.70公里航道干支相连，水路四通八达；通航设施齐全，水系衔接贯通；船舶适航配套，满足用户需求；港口遍布城乡，装卸及时方便，水路运输条件得天独厚，久盛不衰。陆路货运兴起之后，水路货运虽呈微幅下降趋势，但因其具备运量大、成本低、节能环保等优势，仍一直占据半壁以上江山。“十二五”期间，水路完成的货运量、货运周转量分别占同期水路、陆路货运量，货运周转量总和的60.32%和66.20%。其中2015年水路完成的货运量、货运周转量分别是陆路货运量、货运周转量的1.81倍和1.76倍。

至2015年，盐城市水路货物运输(含危化品运输)共有运输业户190户(普通货物运输业户181户、危化品运输业户9户)，运输服务业户29户；有货物运输船舶1.25万艘420.85万载重吨(其中危化品运输船舶210艘、10.03万载重吨)，5万载重吨以上规模普通运输业户14户；有内河港码头泊位472个(最大靠泊能力1000吨级)、码头岸线长1.97万延米、装卸机械1104台套。“十二五”期间，累计完成普通货物运量(不包括危险品、化学品运量)4.38亿吨、周转量(不包括危险品、化学品周转量)，比“十一五”分别增长了58.74%和107.92%；完成危险品、化学品运量1634万吨，周转量34.56亿吨公里，比“十一五”分别增长52.56%和99.88%；完成内河港口货物吞吐量1.56亿吨，比“十一五”增长了20.93%。其中，2015年完成普通货物运量9612万吨、周转量225.46亿吨公里，比2011年分别增长了21.38%和68.81%；完成危险品化学品运量358.96万吨、周转量8.42亿吨公里，比2011年分别增长21.27%和67.06%；完成内河港口货物吞吐量3674.95万吨，比2011年增长34.52%。(陈荣广)

内河普通货物运输

【加快推进内河水运强市建设步伐】“十二五”期间，随着江苏沿海大开发和长三角经济一体化两大战略实施，盐城航道步入了“大投入、大建设、大发展”阶段。五年中计划投入36亿元，对全市“一纵十横六连”航道进行全面改造升级，重点对刘大线航道、连申线航道东台段、滨海港疏港航道、射阳港疏港航道、小中河航道进行整治，构成盐城高等级航道网，大幅提升了船舶通过能力；同时将投入22亿元，积极推进内河港口等级标准化、布局集中化、作业机械化建设，着力构建水运枢纽，全力将盐城打造成水运强市，为盐城区域经

济社会发展提供强有力支撑。(陈海峰、戴万林)

【关于《加快内河水运发展实施意见》出台】2012 年 11 月 6 日,盐城市政府出台了《关于加快内河水运发展的实施意见》(以下简称《意见》),为盐城内河水运快速发展确立了指导思想、主要目标、任务、保障措施、统筹及协调机制。《意见》明确,加大财政投入,地方政府每年安排内河航道建设专项资金不小于 1 亿元。各市(县、区)政府要进一步加大对内河水运建设、维护和水上突发事件应急保障的投入,积极安排财政性资金用于内河水运建设,并根据需要逐步扩大资金规模。《意见》提出,加快干线航道和内河港口建设、强化内河水

运物流功能、推进内河船型标准化、提升内河水运信息水平、提高安全保障和应急处置能力、加快构建绿色水运体系、服务和带动流域经济社会发展等方面意见要求。《意见》强调,把内河水运发展作为全市综合交通发展的优选领域,按照“加快发展、科学发展、统筹发展、和谐发展、绿色发展”的方针,坚持解放思想、深化改革,注意统筹规划,加大资金投入,强化政策措施,加快建设步伐,全力推进干线航道网和内河港口建设,显著提高内河发展的质量效益和现代化水平,不断增强内河水运服务的支撑和保障能力,更好地服务于沿海开发和全市经济的协调发展。(陈海峰 戴万林)

【江苏河海公司获全国先进物流企业称号】2014 年 10 月 16 日,在北京召开的 2014 年度全国先进物流企业表彰会上,江苏河海运输股份有限公司被中国交通运输协会表彰为“2014 年度全国先进物流企业”,获此殊荣在全省水运企业中尚属首家。江苏河海公司系全省内河运输龙头企业,年

运输能力近 1000 万吨。“十二五”期间,公司抓住江苏沿海地区上升为国家发展战略和长三角地区一体化两大国家发展战略,加快转变经济发展方式,转型升级调整结构,节能减排增效益,重点抓“四个”转型:一是轮队向货轮转型;二是由单一燃料向 LNG 双燃料转型;三是传统水运向综合物流型转型;四是粗放型运输向品牌运输转型。公司 2014 年 10 月底即将投产的 LNG 双燃料动力船“江苏河海货 1”号轮,70%用 LNG,30%用柴油,能耗与单一使用柴油相比,节约 20%左右,成为江苏省 LNG 双燃货轮第一船。(胡立友)

【内河船舶全部装上自动识别系统】针对盐城为水运大市,航道占全省航道总里程 1/5,船舶占全省船舶拥有量 1/3 实际,盐城市海事局动员引导航运业户安装使用 AIS 设备(自动识别系统)。截至 2014 年 11 月,全市 8000 余艘 100 吨以上内河船舶全部安装使用了 AIS 设备(自动识别系统),为保障船舶安全航行和海事安全监管发挥重要作用。AIS 系统能自动识别周边船舶的船籍、船位、航线、航速、航向和转向速率,能在“互见中”进行船与船、船与岸、船与港口短信息交流,相互提醒,互相配合,避免碰撞事故发生,实现水运安全保障高度科技化。(陈文昌、赵树海)

【审批和拆解老旧破杂船舶列江苏省之首】至 2015 年 4 月 8 日,盐城市共审批申报老旧破杂船舶拆解 1012 艘,已拆解其中的 362 艘,发放拆解补助资金 214 艘 2348 万元。审批申报船舶拆解数和拆解船舶完工数均列全省之首。2015 年,盐城市

计划拆建内河标准船舶1950艘。市交通运输部门遵循“立足现状、突出重点、政府引导、市场推动”的工作思路，严格贯彻执行国家相关政策，切实采用技术、经济、法律、行政等综合手段，强力推进长江干线船舶标准化工作，一一与相关单位和责任人签订船舶拆解承诺书和责任奖，落实拆解计划，明确具体拆解时间，把拆建船舶标准化建设工作真正落到实处。（唐余生、赵树海）

【船型标准化工作结束】2012年9月11日，市运管处在大丰召开全市长江干线船型标准化推进工作会议，对老旧船舶拆解工作进行动员部署。2012年10月29日，省运管局在盐都区召开了全省长江干线船型标准化工作座谈会，通报了全省已拆解船舶1279艘，占拆解总数的57.6%。从2013年起，国家和省相关部门陆续出台了《“十二五”时期推进全国内河船型标准化实施方案》及《江苏省“十二五”时期推进内河船型标准化工作的实施意见》等文件，号召、引导、鼓励内河运输船舶技术升级，实现标准化、现代化。盐城市各级交通主管部门、职能单位、运输业户积极响应，身体力行，切实将船型标准化这一利国惠民政策落实到实处。2014年9月19日，市财政局、市交通局联

标准化船舶在建造中

合召开了船型标准化工作推进会议。截至2015年年底，全市共拆解改造各类船舶1922艘、加装生活污水处理设备192艘、新建LNG示范船9艘，船舶平均载重吨比上年同期上升8%，共发放政府补贴2.29亿元，内河船型标准化工作圆满结束。（唐余生、赵树海）

内河危化品货物运输

【加强危化品水运监管】2012年1至5月份，滨海县地方海事处通过开展危化品水上运输专项整治活动，建立新规，着力打造“责任链”，编织“安全网”，全县危化品水路运输监管得到了有效加强。表现在：第一，组织机构落实，安全责任到位。专门成立危化品水上运输整治领导小组，制定目标方案，任务定人、定岗、定艇。第二，监督检查落实，纠正违章到位。明确专人、专艇在指定的区域内巡航督查，发现隐患当场纠正。第三，学习培训落实，宣传教育到位。每半年定期对安全检查员、申报员、押运员进行专业知识培训和资质认可。同时，将危化品运输安全知识编印成册，及时发送到企业和船民手中，供学习对照，牢记运输安全初衷。第四，宗旨责任落实，奖惩措施到位。按照谁主管谁负责的原则，对辖区的危化品生产、装卸、储存、经营、运输等环节进行全面登记、建档、分解落实责任。（张正亮）

【依法查处违法卸载危险品船舶】2012年8月23日，“苏连云港货0190号”散装液体危险品酒精货船，在安徽芜湖卸货后签证返回燕尾港，进入响水境内后，将船停靠在响水船闸南首东侧500米处非危险品专用的砂石场码头。在未向响水海事管理部门申报批准的情况下，擅自将船舱内剩余的400公斤酒精往一辆货运卡车上卸货，被正在巡航的海事执法人员当场查获，违法作业行为被依法制止，有效地避免了可能导致危险品爆燃恶性事故的发生。依据《中华人民共和国内河交通安全管理条例》第三十二条之规定，响水县地方海事处依法对“苏连云港0190号”船作出了罚款人民币5000元的决定，警告当事者，吸取教训，别再发生类似的违法事件。（陈海峰、李飞）

【开展危险品运输企业动态检查】为加强水路液货危险品运输管理，确保水上运输安全，促进盐城域内水运市场健康有序发展，根据交通运输部《国内水路运输经营资质管理规定》及《江苏省水

路散装液体危险品运输管理工作规范》要求，市运管处于2012年10月25日至31日，在全市组织开展一次内容包括企业专职管理人员的配备、运力规范、基础台账建立、档案管理、管理制度落实以及安全生产经营行为等在内的全市国内水路液货危险品运输企业动态检查。市运管处要求各地充分提高思想认识，加强组织领导，树立市场准入与后续监管并重理念，对检查中发现的问题进行重点整改并组织验收。对符合《国内水路运输企业经营资质预警管理办法》规定的记分行为，要签发动态监管记分通知书和预警通知书；对安全管理制度和责任不落实的企业，要明确提出整改意见；对达不到经营资质条件要求的，责令限期整改，经过整改仍达不到资质条件的，按照有关程序规定取消其水路液货危险品运输经营资格。（陈广荣）

【加强危化品码头监督管理】2015年9月6日，盐城市航道管理处领导带领内港、航政、计划等职能部门，处直属航道站、射阳县内港办等单位执法人员，赴中国石油盐城特庸油库码头进行安全监督检查，并对新洋港航道通航状况进行调查研究。在油库专用装卸码头现场，航道处领导要求油库码头负责人及管理人员认真从思想上、行动上吸取天津爆炸事故教训，切实把安全生产放在工作第一位，严格落实生产安全责任制，层层签订责任状，以高度负责的态度搞好安全生产管理和监督，落实有针对性预防演练等强力措施，杜绝违章操作等带来的隐患，确保内河港危化品码头运营处于安全无事故状态之中。（陈广荣）

【加强危险品运输船源头管理】为加强危险品运输船舶源头管理，消除滋生事故的隐忧，2015年11月12日，滨海县地方海事处执法人员深入到沿海工业园区，对到港的危险品运输船舶安全管理系统进行船员适任证书、特培证、船员现场履职、船岸检查制度落实、助航设施配置、人员资质、劳动保护、应急措施执行、装卸作业流程规范等情况进行严格认真、深入细致地检查。针对发现的不足和隐患，海事执法人员严格要求运输业户落实措施，立即整改，达不到要求者，不予签证离港，坚决把事故苗子消灭在源头。同时，千叮万嘱船方，深刻吸取近几年发生在江苏省几起严重水上交通事故教训，强化安全责任意识，筑牢防范堤坝，确保水上危险品运输万无一失。（张正亮、张伯荣）

【响水县地方海事处被确定为全省危化品专项检查单位】"十二五"期间，响水县地方海事处执法人员在依规依法履职，严格执行危化品运输船舶申报和100%实船签证制度的同时，将常年在港从事危化品运输船舶证件、文书及相关信息资料复印件归档，建立船舶数据库，实施全天候动态跟踪监督管理。五年中，累计检查过境及在港危化品运输船舶4889艘次、200.36万载重吨，分别比"十一五"增长83.45%和97.85%，发现的问题得到及时纠正和惩罚，保证了危化品运输在响水境内水域一帆风顺，安全进行。2012年至2014年，响水县地方海事处连续三年被江苏省地方海事局确定为全省危化品专项安全检查定点单位。（边有成）

县（市、区）内河货物运输（含危险品、化学品运输）

【东台市内河货物运输】2015年，东台市有货运船舶7645艘8.30万载重吨。"十二五"期间，累计完成水路货运量8878万吨、货运周转量182.54亿公里，比"十一五"分别增长24.20%和25.60%。其中，2015年完成水路货运量2030万吨、货运周转量41.86亿吨公里，比2011年分别增长37.99%和39.97%。（姜海涛、仇锦云）

【大丰市（区）内河货物运输】2015年，大丰区有货运船舶196艘6.47万载重吨。"十二五"期间，累计完成水路货运量2182.37万吨、货运周转量47.04亿吨公里，比"十一五"分别增长54%和57%。其中2015年完成水路货运量492.56万吨、货运周转量10.64亿吨公里，比2011年增长30%和31%。（王进军、陈征涛）

【盐都区内河货物运输】2015年，盐都区有货运船舶1004艘17.28万载重吨。"十二五"期间，累计完成水路货运量4163万吨、货运周转量53.65亿吨公里，比“十一五”分别增长11.90%和14.01%。其中2015年完成水路货运量918.24万吨、货运周转量12.01亿吨公里，比2011年分别增长5.60%和6.90%。（严俊、王银忠）

【亭湖区内河货物运输】2015年，亭湖区有货运船舶487艘15.57万载重吨。“十二五”期间，累计完成水路货运量505.76万吨，货运周转量14.16亿吨公里，比“十一五”分别增长14.68%和12.50%。其中2015年完成水路货运量129.61万吨、货运周转量3.63亿吨公里，比2011年分别增长1.20%和1.70%。（周珊珊、孙宏连）

【建湖县内河货物运输】2015年，建湖县有货运船舶2152艘83.71万载重吨。“十二五”期间，累计完成水路货运量2235万吨、货运周转量87亿吨公里，比“十一五”分别增长36%和27%。其中2015年完成水路货运量447.20万吨、货运周转量17.40亿吨公里，比2011年分别增长36%和27%。（马智波）

【射阳县内河货物运输】2015年，射阳县有货运船舶546艘19.40万载重吨。“十二五”期间，累计完成水路货运量1903.70万吨、货运周转量47.94亿吨公里，比“十一五”分别增长1.85%和0.78%。其中2015年完成水路货运量361.50万吨、货运周转量8.65亿吨公里，比2011年分别下降6.20%和11.71%。（秦文龙、徐永刚）

【阜宁县内河货物运输】2015年，阜宁县有货运船舶1895艘5.40万载重吨。“十二五”期间，累计完成水路货运量2033万吨、货运周转量44.81亿吨公里，比“十一五”分别增长13%和14%。其中2015年完成水路货运量398万吨、货运周转量9.49亿吨公里，比2011年分别增长11%和16%。（王永宁、杨正中）

【滨海县内河货物运输】2015年，滨海县有货运船舶734艘23.54万载重吨。“十二五”期间，累计完成水路货运量1580万吨、货运周转量31.83亿吨公里，比“十一五”分别增长36%和6.50%。其中2015年完成水路货运量690万吨、货运周转量20.70亿吨公里，比2011年分别增长6%和6.50%。（陈伯森、赵琼）

【响水县内河货物运输】2015年，响水县有货运船舶1669艘35.84万载重吨。“十二五”期间，累计完成水路货运量4237万吨、货运周转量98.90亿吨公里。比“十一五”分别增长25%和35%。其中2015年完成水路货运量1012万吨、货运周转量20.20亿吨公里，分别比2011年增长15.40%和25.50%。（边有成）

内河港口搬运装卸

【东台港区搬运装卸】至2015年，东台港区拥有内河港码头泊位149个、码头长4120延米、各类搬运装卸机械225台(套)。“十二五”期间，累计完成货物吞吐量5155万吨，比“十一五”增长83%。其中2015年完成货物吞吐量968万吨，比2011年下降29.86%。（姜海涛、仇锦云）

【大丰港区搬运装卸】至2015年，大丰港区拥有内河港码头泊位83个、码头长2104延米、各类搬运装卸机械78台(套)。“十二五”期间，累计完成货物吞吐量2890.60万吨，比“十一五”增长55%。其中2015年完成货物吞吐量650.20万吨，比2011年增长28.80%。（王进军、陈征涛）

【市区港区搬运装卸】至2015年，大市区港区拥有内河港码头泊位94个、码头长4649延米、各类装卸机械291台套。“十二五”期间，累计完成货物吞吐量2702万吨，比“十一五”增长131.27%。其中2015年完成货物吞吐量842.70万吨，比2011年增长83.86%。（严俊、王银忠）

【建湖港区搬运装卸】至2015年，建湖港区拥有内河港码头泊位14个、码头长2430延米、各类搬运装卸机械150台(套)。“十二五”期间，累计完成货物吞吐量1200万吨，比“十一五”增长25%。其中2015年完成货物吞吐量316万吨，比2011年增长50%。（马智波）

【射阳港区搬运装卸】至2015年，射阳港区拥有内河港码头泊位74个、码头长4086延米、各类搬运装卸机械179台(套)。“十二五”期间，累计完成货物吞吐量1012.45万吨，比“十一五”下降34.95%。其中2015年完成货物吞吐量265.55万吨，比2011年增长7.57倍。(秦文龙、徐永刚)

【阜宁港区搬运装卸】至2015年，阜宁港区拥有内河港码头泊位18个、码头长1230延米。“十二五”期间，累计完成货物吞吐量1119万吨，比“十一五”增长7.60%。其中2015年完成货物吞吐量265.50万吨，比2011年增长6.50%。(王永林、杨正忠)

【滨海港区搬运装卸】至2015年，滨海港区拥有内河港码头泊位28个、码头长810延米、各类搬运装卸机械46台(套)。“十二五”期间，累计完成货物吞吐量1385万吨，比“十一五”增长27.80%。其中2015年完成货物吞吐量350万吨，比2011年增长了8.67%。(陈柏森、赵琼)

【响水港区搬运装卸】至2015年，响水港区拥有内河港码头泊位12个、码头长300延米、各类搬运装卸机械35台(套)。“十二五”期间，累计完成货物吞吐量929万吨，比“十一五”增长50.20%。其中2015年完成货物吞吐量189万吨，比2011年增长16.67%。(边有成)

海上运输

【概述】

盐城市东临黄海，有582公里海岸线，可利用港口海岸线128.20公里，其中深水港口海岸线64.90公里。“十二五”期末，已动用22.50公里，建成和在建中的四个港区，具有区位适中、长年不冻、风浪较小、泊稳条件好的优势，海运条件难得。近海运输虽有发展，但企业规模小，且经营情况不太景气，而从事远洋运输的企业还是空白。

近海运输

【概况】盐城市近海内贸货物都由一些规模不大的海运小企业承运。由于小本经营，船舶吨位偏小，管理跟不上，缺乏足够竞争力，“十二五”期间，企业经营在起起伏伏。

至2015年，盐城市有近海运输企业10家、船舶63艘17.49万载重吨5.25万千瓦。“十二五”期间，累计完成货运量1380万吨、货运周转量110.48亿吨公里，与“十一五”同期比较，分别下降42.83%和32.54%。其中，2012年完成货运量412万吨、货运周转量38.42亿吨公里，与2011年同期比较，分别增长了6.31%和7.97%；与2013年同时比较，分别增长了14.90%和12.24%。2015年完成货运量208万吨、货运周转量12.98亿吨公里，与2011年同期比较，分别下降了46.11和66.23%；与2012年同期比较，分别下降了49.51%和66.23%，处于不稳定状态。

【大丰港引航工作有序开展】2011年6月，大丰港引航站办理了引航站法人证书及组织机构代码证；8月办理了收费许可证。至此，大丰港引航工作步入了正轨。当年，共引航船舶458艘次，其中，长180米以上船舶121艘次，实现领航零事故目标。(薛俊、王晶)

【大丰港至宁波港内支线首航】2013年5月7日，来自宁波港的“新瓯7号”集装箱货轮停靠大丰港一期码头，成为大丰港首条挂靠宁波港的内支线船舶，大丰港与宁波港成功实现了对接。该航线是继大丰港至上海港之后开通的第二条集装箱内支线，每周两个航班，进一步拓展了大丰港中转服务网络，为大丰港开辟了一条新的进出口途径。(薛俊、王晶)

【大丰港至上海港内贸集装箱航线首航】2013年9月13日，大丰港至上海港内贸集装箱航线首航仪式在大丰港一期码头举行。该航线的开通，进一步密切了大丰与上海乃至世界的联系，为盐城腹地及周边地区货物畅通进出提供了一条高效便捷的通道。(薛俊、王晶)

【大丰港启动申报设立自由贸易港】2013年

11月，大丰市政府向国家和省有关部门申请设立大丰港自由贸易港。规划以现有大丰港省级现代物流中心、B型保税物流中心为支撑，建立金融商贸、保税物流、保税加工、商务办公四大功能区共5.8平方公里，并预留拓展区4.5平方公里。（薛俊、王晶）

【射阳港卸载从澳大利亚进口的大麦】2014年3月4日，来自澳大利亚的5000吨级货轮"盛安达79号"满载大麦靠泊射阳港码头。澳大利亚大麦是射阳县海越麦芽公司首次经射阳港进口的外贸物资。

【射阳港石材产业园进口石料船舶成功进港】2015年10月3日，货轮"松茂9号"港载3745吨从印度进口的石料顺利抵达射阳港。该批石料为射阳港产业园首个航次进口英国棕、印度蓝两个品种石料。

【响水陈家港二类口岸扩大开放通过省级验收】2013年8月2日，江苏省口岸办等有关部门对响水口岸开放工作进行考核验收，一致同意陈家港为二类口岸，扩大对外开放。（薛俊、王晶）

远洋运输

【概况】"十二五"期间，盐城市无远洋运输企业，进出口国际贸易货物，都由外部远洋运输企业承运。（薛俊、王晶）

【大丰港—韩国平泽港国际班轮开通】2012年5月16日，大丰港—韩国平泽港国际航线暨蓝

色旅游航线开通典礼在大丰港大件码头隆重举行。该航线每月5个航次，它的开通，将为盐城悦达起亚提供更好的物流支撑，为盐城市汽车产业发展作出积极贡献。（薛俊、王晶）

【大丰港推动开通中韩陆海联运通道】2014年7月30日，由交通运输部、海关总署、国家质检总局等有关部门组织的调研组来大丰港调研中韩陆海联运开通工作。当年初，大丰港正式启动中韩陆海联运口岸筹备工作，积极推进中韩陆海联运试点，取得了成效。建设中韩陆海联运通道，将有效改善对韩出口商品结构和流通方式，带动制造业和服务业发展，深化对韩多领域、多层次交流合作，对进一步增强沿海港口竞争及辐射能力，提升区域经济综合实力具有重要意义。（薛俊、王晶）

港口吞吐

【概况】至2015年，盐城港大丰、射阳、响水三个港区（滨海港区正在建设中，没有投入生产）共拥有生产性码头泊位85个、码头泊位总长8460延米。其中万吨级泊位14个、码头泊位总长3593延米。开通航线27条，其中内贸航线19条，外贸航线8条，船舶可往返上海、宁波、太仓、连云港、日照、青岛、营口、大连等国内港口及韩国仁川、釜山、平泽、光阳等国际港口。"十二五"期间，累计完成港口货物吞吐量2.40亿吨，集装箱37.51万标箱，比"十一五"分别增长5.45倍和3.58倍。其中2015年完成港口货物吞吐量7575.94万吨、集装箱17.21万标箱，与2011年同期比较，分别增长了24.10%和66.80%。（薛俊、王晶）

大丰港货物吞吐

【概况】至2015年，大丰港拥有生产性码头泊位35个（其中万吨级泊位9个）、码头泊位长3740.6延米，港口综合通过能力2883万吨/年。拥有内外贸航线14条，船舶可往返连云港、青岛、上海、宁波及韩国平泽、釜山、仁川等国内外港口，件杂货可经上海、宁波港中转至欧美等各大港口，平均航班密谋达44班/月，承担了全市70%进出口任务。陆域向腹地延伸至河南周口及皖北、鲁西南等地区。"十二五"期间，码头累计靠泊船舶7688

艘，比“十一五”增长2.81倍，其中2015年靠泊船舶1670艘，比2014年增加17艘、比2010年增加290艘。五年中，港口共完成货物吞吐量1.52亿吨、集装箱37.51万标箱，比“十一五”分别增长18.40倍和3.58倍。其中2015年完成港口货物吞吐量4525万吨、集装箱17.21万标箱，比2014年分别增长11.06%和66.80%，比2010年分别增长7.52倍和3.65倍。（薛俊、王晶）

【2011年4个月货物吞吐量同比翻一番】 2011年5月13日，一艘7.7万吨级美国“托姆斯卡恩”号国际航线货轮满载7万吨焦化煤炭，靠泊大丰港区二期码头，再一次刷新了大丰港乃至盐

停泊在大丰港的货轮正在装卸

城地区有史以来停泊最大货轮的记录，大丰港码头的承载能力得到充分检阅。同日，俄罗斯“维吉姆”号货轮满载4500立方米俄罗斯产木材，靠泊大丰港二期码头。截至4月底，在煤炭、木材、建材、农副产品等货种的带动下，大丰港完成货物吞吐量276万吨，同比增长267.14%；完成集装箱9257万标箱，同比持平。（薛俊、王晶）

【吞吐量首次突破1000万吨】 截至2011年11月4日，大丰港货物吞吐量达1086万吨，成为盐城港第一个吞吐量突破千万吨的港区，填补了我省沿海中部无千万吨级大港的空白。

【2012年第一季度实现货物吞吐翻一番】 2012年第一季度，大丰港码头累计靠泊中外货轮266艘(次)，实现货物吞吐量450万吨，同比增长了131.00%，实现了首季开门红。（薛俊、王晶）

【集装箱吞吐量突破10万标箱】 2014年，大

大丰港集装箱码头在集装箱装船

丰港积极向皖东北、鲁西南等地区延伸腹地范围，与中远、中海、中外运等11家国际干线船务公司全球集装箱运输网络达成合作，成功开辟大丰港至宁波港、上海港、青岛港的外贸内支线，集装箱承运量大幅提升。截至12月26日，大丰港集装箱吞吐量突破10万标箱，同比增长102.50%，再创历史新高。（薛俊、王晶）

射阳港货物吞吐

【概况】 至2015年，射阳港区拥有生产性码头泊位23个(其中万吨级生产性码头泊位2个)，码

射阳港码头卸船作业

头长 1307 延米，综合通过能力 700 万吨 / 年。拥有内贸航线 2 条，船舶可往返连云港、日照等国内港口。“十二五”期间，码头累计靠泊货船 8500 艘，比“十一五”增长 63.5%，其中 2015 年靠泊船只 3400 艘，比 2014 年增加 1700 艘，比 2010 年增加 2430 艘。五年中港口共完成货物吞吐量 2560 万吨，年均增长 48%，比“十一五”增长 63%。其中 2015 年完成货物吞吐量 1020 万吨，比 2014 年增长 100%，比 2010 年增长 251%。（薛俊、王晶）

【万吨级码头 10 月货物吞吐量超 10 万吨】 2014 年 10 月，射阳港相继进港停靠船舶 25 艘，天天有船在港作业，全月累计完成货物吞吐量 10.69 万吨，创历史新高。射阳港万吨级码头吞吐的货种以石子、海砂等散杂货为主，多来自山东海阳港、乳山港，分散至射阳各大建筑工地。（薛俊、王晶）

【码头运营效率显著提升】 2014 年，射阳港依托万吨级码头，加强市场开拓力度，积极寻找货源，组织生产，全年完成吞吐量 510 万吨，超额 2% 完成了年度计划。安全、及时、高效地为海越麦芽公司、连盐铁路射阳段和射阳县内各大建筑工地提供了粮食、石料等原材料供应。（薛俊、王晶）

射阳港码头集装箱装船作业

【2015 年首季运营超额完成目标任务】 2015 年 1–3 月份，射阳港万吨级码头累计靠泊货轮 40 艘次，完成货物吞吐量 20 万吨，首季实现经营收入 120 万元，超额完成各项计划指标。（薛俊、王晶）

【货物吞吐量同比翻一番】 2015 年，射阳港港口经营围绕“靠泊航次、货物装卸量、经营收入实现翻番”的奋斗目标，积极拓展石材、粮食、煤炭、建材、木材、钢材、油品等附加值较高的货源货种，努力提高码头运营水平，全港全年货物吞吐量首次突破 1000 万吨，达到 1020.43 万吨，同比增长 100%。（薛俊、王晶）

响水港区货物吞吐

【概况】 至 2015 年，响水港拥有生产性码头 45 座泊位 53 个（其中千吨级至 3.5 万吨泊位 22 个、5 万吨级以上泊位 5 个），码头泊位长 4792 延米；内外贸航线 11 条，其中内贸航线 10 条、国际外贸航线 1 条；船舶可往返天津、青岛、南京、广州等国内及菲律宾、印度尼西亚等国际相关港口。“十二五”期间，码头累计靠泊货轮 1.17 万艘，比“十一五”增长 150%。其中 2015 年靠泊货轮 3080 艘，比 2014 年增加 510 艘，比 2010 年增加 1150 艘。五年中共完成港口货物吞吐量 6253 万吨，年均增长 43.90%，比“十一五”增长 2.80 倍。其中，2015 年完成港口货物吞吐量 2030 万吨，比 2014 年增长 33.6%，比 2010 年增长306%。（薛俊、王晶）

【同时靠泊两艘 5 万吨级国际货轮】 2014 年 8 月 5 日，响水港宏海港务公司码头首次同时靠泊两艘 5 万吨级国际货轮。一艘为长 190 米、5.69 万载重吨的巴拿马籍“海洲 7 号”；一艘为长 190 米、5.70 万载重吨的马绍尔群岛籍“旅行者号”。两艘 5 万吨级外轮同时到来，不仅标志着响水港码头具备了停靠和卸载、装载大型货轮的吞吐能力，同时也标志着响水港发展迈上了新台阶。（薛俊、王晶）

响水港宏海港务公司首次停靠两艘 5 万吨级货轮

【被交通运输部批准为“临时开放口岸”】2015年6月，响水港宏海码头正式获得国家交通运输部批复，成为临时开放口岸。国外货轮可以直接靠泊响水港区码头装货、卸货，不再需要从连云港等港办理中转手续，有效地减少了中间环节，大幅降低了运营成本，帮助海运企业做大做强，实现港航互利双赢。同时，临时开放口岸的获批，进一步提升了响水港依河傍海的优势，为盐城港各港区联动发展和港口货物吞吐量不断攀升注入了新的活力。（薛俊、王晶）

民航运输

【概述】

（1）至2015年年底，共开航线27条（韩国首尔、日本大阪、日本静冈及中国台北、香港、北京、上海、广州、深圳、南京、成都、重庆、武汉、昆明、西安、长沙、天津、厦门、大连、哈尔滨、沈阳、桂林、三亚、海口、福州、温州、海拉尔），2015年年底在飞航线22条，其中国际（地区）航线4条。每周进出港航班125班，开通的城市有北京、广州、昆明、长沙、大连、武汉、沈阳、哈尔滨、厦门、上海、西安、深圳、天津、南京、成都、重庆、桂林、福州、香港、台湾，韩国的首尔，日本的静冈、大阪等。比2010年增加航线16条，航班增加75班，开通城市增加14个。

（2）“十二五”期间，累计客运量228.42万人，其中进港98.24万人（其中过站34.56万人），出港130.18万人，比“十一五”期间分别增长295%、307%、286%、246%。其中2015年民航客运量85.19万人，其中进港33.21万人，出港51.98万人，另过站18.9万人，比2014年分别增加61.10%、50.54%、68.66%、100%，比2010年分别增长345%、280%、400%、895%。

（3）“十二五”期间民航货邮量累计1.34万吨，进港9421吨，出港3948吨，比“十一五”分别增长31.93倍、41.02倍、20.56倍。其中2015年民航货邮量3005.7吨，其中出港2102.1吨，进港903.6吨。比2014年分别增长38.99%、45.27%、26.25%，比2010年分别增长86.09%、102.81%、56.14%。

（4）国际（地区）航线

2015年国际航线有韩国首尔、日本大阪和静冈、泰国曼谷，地区航线有中国的台湾、香港。

（5）国内航线

2015年国内航线有北京、广州、上海、天津、南京、成都、重庆、昆明、沈阳、哈尔滨、西安、长沙、武汉、海口、厦门、大连、温州、海拉尔、桂林、三亚。

航线发展

【概况】“十二五”期间，盐城南洋机场始终把服务地方经济发展作为机场发展的根本立足点，充分发挥和依托一类开放口岸优势，坚持以国际航线带动国内航线，增加航点、加密航班，调整航线结构，完善航线网络，实行错位发展，做强竞争优势。“十二五”末，盐城南洋机场实现对外开辟直飞日韩3条国际航线和港台2条地区航线，对内直达北上广深等全国七大行政区域17个大城市空中通道，在飞航线22条，比“十一五”末增加了16条航线，周航班量125班次，比“十一五”末增加了3倍。航空运输规模容量不断扩大，不仅推动盐城人气的不断集聚，加快国际物流、信息流、资金流向盐城快速传递，也为盐城打造东部沿海汽车城、韩资密集区、台商投资高地和提升地方经济外向度奠定了坚实的基础。

【开通韩国首尔国际货运航班】2011年3月30日，盐城至韩国首尔国际货运航线开通，航班由中国邮政航空公司B737型号飞机执飞，单程载货15吨，计划每周运行3班，近期执行周三、周五两班。

【盐城被确定为两岸直航大陆方面客运定期航班新增航点】2011年6月16日，盐城至台湾定期航点得到两岸航空主管部门确认，在两岸航空主管部门召开的“两岸航空运输第五次沟通工作会议”上，经双方商谈，江苏盐城被正式确定为两岸直航大陆方面客运定期航班新增航点。

【开通上海(浦东)航班】2011年7月2日,上海(浦东)-盐城-首尔-盐城-上海(浦东)航班开通,每周一、四、六,由东方航空A320机型执飞。

【开通台北直航航班】2011年9月7日,盐城至台北直航航班正式开通。开通台北盐城直航航班是盐城航空事业发展的重大突破,是盐台两地合作交流的崭新篇章,对于扩大两地经贸合作和多方面交流,对手方便两岸民众走亲访友、观光旅游都具有十分重要的现实意义。盐城至台北航班由台湾中华航空、长荣航空和东方航空公司执飞,台北桃园机场为直航机场,航程约1500公里,飞

2011年9月7日,盐城南洋机场开通直达台北航班。市委书记赵鹏在台北出席首航仪式

行时间约两小时。

【开通台南航班】2011年11月17日,一架从台南飞来的立荣航空包机抵达盐城南洋机场。此次包机是两岸航空主管部门在"两岸航空运输第五次沟通会议"上达成共识,并经民航华东地区管理局时刻批复及空管局航路审核后确定的不定期旅游包机。民航局共批准同意11月17日和23日两个班次,由立荣航空执飞,航线为台南-盐城-台南。

【北京航班加密至每周10班】2012年7月11日晚,从首都国际机场飞来的CA583航班缓缓降落在盐城南洋机场,这是盐城南洋机场加密后首架航班。新加密的航班班期为周三、周五和周日各1班,加之原先每日1班,盐城-北京航班量达到每周10班。

【开通泰国曼谷航班】2012年9月26日晚,一架空客320飞机从泰国曼谷飞抵盐城南洋机场,标志着盐城-泰国曼谷航班正式开通。该航线是盐城南洋机场继首尔、香港、台北后第四条国际(地区)航线。至此,盐城机场成为苏北地区拥有国际(地区)航线数量最多的机场。

【开通武汉航班】2012年11月1日,开通盐城—武汉航班,每周二、四、六,由东方航空A320机型执飞。

【首尔航班加密至每周4班】2013年12月1日,盐城-首尔航线将由原来每周两班加密至每周四班,班期为周一、周三、周四、周六。该航线由东方航空A320飞机执飞。

【韩亚航空执飞盐城-首尔航线】2013年2月2日上午,一架注册号为HL8255来自韩国首尔仁川国际机场的韩亚航空公司民航客机稳稳地降落在盐城南洋机场的跑道上,这是盐城南洋机场首尔国际航班开通9年来的第一架外籍飞机,它标志着盐城至首尔国际航班已进入两国民航飞机

2013年2月2日上午,韩亚航空公司开通盐城—首尔国际航班

对飞"时代"。

【北京航班加密至每天2班】2013年8月2日,盐城—北京航班实现每天2班运行,均为国航B737机型执飞。两个航班时刻分别为中午和晚上,为广大旅客前往北京提供更多的航班时刻选择。

【开通厦门、哈尔滨航班】2013年9月6日,开通厦门—盐城—哈尔滨航线,由厦门航空公司

波首 737 执飞，每周二、五、日各 1 班。

【开通武汉、沈阳航班】2013 年 11 月 20 日盐城机场开通武汉—盐城—沈阳航班。航线的开通不仅为往来三地的游客提供快捷有效的交通方式，还将武汉、盐城、沈阳这三座汽车城串联在一起。该航班每周三、五、日各 1 班，航班号是 CZ6229/30，由南航波音 737 执飞。

【开通西安、上海航班】2014 年 2 月 18 日，开通西安—盐城—上海航班，由东方航空空客 A320 执飞，每周 3 班。

【开通大连航班】2014 年 3 月 31 日，开通盐城—大连航班，由南航航空公司 738 机型执飞，航班号 CZ6635/6，每周一、四、六 3 个班次。

【旅客吞吐量首次突破 50 万大关】截至 2014 年 12 月 11 日，盐城南洋机场年旅客吞吐量达 500700 人次，首次突破 50 万人次大关，较去年同期增长 52%，标志着盐城南洋机场实现历史性突破，是盐城南洋机场发展的崭新篇章，也是盐城经济社会发展和开放水平大幅度提升的重要标志。

图中旅客为 2014 年第 50 万人次

【开通深圳—盐城—天津航班】2014 年 12 月 21 日，开通深圳—盐城—天津航班，由春秋航空公司执飞，采用空客 A320 飞机 180 座机型，每周一、

【香港航空开通盐城—香港航线】2015 年 3 月 31 日起，香港航空将开通盐城—香港往返航线，每周三班。该航线开通后，市民从盐城乘坐航班抵达香港后，使用“经港飞”服务转机当天即可到达普吉、曼谷等东南亚热点旅游城市，更加高效便捷。

盐城往返香港的航班由原先的每周两班，增加至每周二、五、日三班，由香港航空最新的空中客车 A320 客机运营，采用全经济客舱布局，整架客机拥有 174 个座位，而且座椅前后之间的距离达到了 76 厘米，乘坐舒适感较好。

香港至盐城的航班号 HX210，每周二 13:00 从香港机场起飞，15:55 降落盐城南洋机场；每周五 10:55 从香港机场起飞，13:50 降落盐城南洋机场；每周日 11:35 从香港机场起飞，14:30 降落盐城南洋机场。盐城飞往香港的航班号为 HX211，每周二 16:55 从盐城起飞，19:50 降落香港机场；每周五 17:05 从盐城南洋机场起飞，20:00 降落香港机场；每周日 17:05 从盐城南洋机场起飞，20:00 降落香港机场。

香港航空连续五年被全球最具公信力的航空服务测评机构 Skytrax 评定为“四星级航空公司”。今年，香港航空服务全面升级，在香港机场启动全新紫荆堂贵宾室和无缝中转服务，并且提供行李托运和专人引导服务，确保旅客在 60 分钟内完成中转，打造香港航空无忧中转。推出的“经港飞”产品，可以实现盐城至普吉、曼谷当天转机；盐城至巴厘岛隔夜中转；进一步方便全市市民前往东南亚国家旅游度假。

【首尔航班每周 6 班】2015 年 5 月 15 日，盐城往返韩国首尔的航班每周五增加一班。至此，盐城往返韩国首尔航班增加至每周二、三、四、五、六、日各一班。此次增加的航班由东航执飞，航班号为 MU217/MU218，时刻和周三、周五航班时刻一致。

【开通日本航线和桂林航线】2015 年 5 月 28 日，盐城南洋机场开通盐城—日本(静冈、大阪)国际航线和盐城－桂林国内航线，每周 4 班，由北京首都航空公司空客 A319 机型执飞。

【开通福州—盐城—海拉尔航班】2015 年 7 月 7 日，开通福州－盐城－海拉尔航线，班期为周二、周四和周六，由厦门航空公司 B737-800 机型执飞。

【开通重庆－盐城－大连航班】2015 年 7 月 27 日，开通重庆－盐城－大连航线，由山东航空 B737 机型执飞，每日 1 班。

【开通南京航班】2015 年 8 月 20 日，开通盐城－南京航线，由东方航空 A320 机型执飞，每日 1 班。

【开通成都、海口航班】2015 年 10 月 25 日，开通成都、海口航班，使得盐城南洋机场的在飞航线达到 22 条，周班次达 111 班。

客货运输

【概况】“十二五”期间，盐城南洋机场共计保障航班 2.40 万架次，同比增长了 192.24%；旅客吞吐量实现 228.42 万人次，同比增长了 294.6%；货邮吞吐量实现 1.34 万吨，同比增长了 238.89%。

【2011 年航空运输量】2011 年共保障航班 2558 架次，实现旅客运输量 23.23 万人次，货邮吞吐量实现 2323.3 吨，航班架次、旅客运输量、货邮吞吐量分别较 2010 年同期增长 22.28%、21.42%、43.84%。

【2012 年航空运输量】2012 年共安全保障航班 3350 架次，进出港旅客 31.69 万人次，货邮吞吐量 2842.4 吨，航班架次、旅客运输量、货邮吞吐量较 2011 年同期相比分别增长 31%、36.4%、22.3%。

【2013 年航空运输量】2013 年共安全保障航班 3668 架次，完成旅客运输 35.43 万人次，货邮 3034.6 吨，航班架次、旅客运输量、货邮吞吐量较 2012 年同期相比分别增长 9.5%、11.8%和 6.8%。

【2014 年航空运输量】2014 年共安全保障航班 5536 架次，完成旅客运输 52.90 万人次，货邮 2162 吨，航班架次、旅客运输量、货邮吞吐量较 2013 年同期相比分别增长 50.9%、49.3%、－28.8%。旅客量增幅全省第一。

【2015 年航空运输量】2015 年共安全保障航

班8840架次，实现旅客吞吐量85.20万人次、货邮吞吐量3005.7吨，航班架次、旅客运输量、货邮吞吐量较2014年同期相比分别增长59.7%、61.1%、39%。

口岸功能

【空运货栈挂牌成立】2011年3月4日，盐城南洋机场空运货栈正式挂牌成立，盐城南洋机场成为江苏省内继南京禄口机场、苏南硕放机场之后第三家拥有空运监管货栈的机场。空运货栈的投入使用标志着盐城南洋机场的国际进出港货物可在机场直接办理海关业务，大大提高了机场国际进出港货物运输的通关效率，为盐城南洋机场谋划开通首尔货运包机，积极发展国际进出港货运业务，成功打造长三角北翼重要的区域性国际航空货运中转支线机场奠定了坚实基础。

【空运货栈存储场地通过卫检验收】2011年5月25日上午，江苏出入境检验检疫局组织对盐城南洋机场空运货栈存储场地进行卫检验收，验收组一致认为盐城南洋机场空运货栈符合国境口岸存储场地卫生规范，通过验收。

【免税店试营业开业】2012年12月29日，盐城南洋国际机场免税店试营业开业，不仅填补了盐城市和盐城南洋机场免税店的空白，还结束了苏北地区没有免税店的历史。免税店设在国际候机楼出港候机区内，出境店总面积118平方米，入境提货点16平方米，出境店分为两期，第一期运营面积为70平方米，主要销售烟、酒、食品等免税商品和有税商品。

图为副市长王荣、市交通运输局局长管亚光视察免税店开业情况

【台湾居民口岸签注点启用】2013年2月5日，盐城南洋机场台湾居民口岸签注点正式启用。盐城南洋机场是2013年大陆新增的两个台湾居民口岸签注点之一，也是大陆第31个、江苏省第4个获批开办台湾居民口岸签注的机场。

当天乘坐立荣航空B-7130航班的台湾居民罗希文领取加签3个月一次入出境签注的台胞证

【与中国邮政速递物流盐城公司签署战略合作协议】2015年5月15日，盐城南洋机场有限责任公司与中国邮政速递物流股份有限公司战略合作签约仪式暨新闻发布会在盐城南洋机场举行。双方合作利用立体化交通运输网络，打造集仓储、运输、供应链金融、保税通关等为一体的全方位物流服务平台，使盐城南洋机场建设成为盐城邮政速递物流跨境电子商务的重要口岸与基地，打造“盐城邮政”与“盐城南洋机场”双品牌。

图为盐城机场与盐城邮政速递物流签署战略合作框架协议

（“民航运输”条目和插入照片由徐峻江、池小虎、耿昌华提供）

专记 8

“冰”“火”一线牵

——盐城民航争取牵手哈尔滨、厦门航线纪实

张兆领　潘　晓　耿昌华

2013 年 9 月 6 日起，开通厦门—盐城—哈尔滨航线，由厦门航空公司波音 737 执飞，每周二、周五、周日各 1 班。该航班 11:10 从厦门机场始发，12:50 到达盐城机场，13:35 从盐城机场起飞，15:45 到达哈尔滨机场。下午 16:35 从哈尔滨机场返回，18:55 到达盐城机场，19:40 从盐城机场起飞，21:20 到达厦门机场。

这就意味着，盐城人梦寐以求的旅游度假胜地，素有“东方莫斯科”之称的“冰城”哈尔滨，和骄阳似火、有着“东方夏威夷”美誉的厦门都纳入了盐城“两个小时飞行圈”。

打通厦门、哈尔滨两市的空中通道，是众所期盼。

即将开通厦门—盐城—哈尔滨航线消息发布后，立刻在社会上产生强烈反响。

阜宁烟草局的徐先生听说要开通哈尔滨航线，立即上网购买了首航哈尔滨的机票。原来，他儿子今年考取了哈尔滨的一所大学，9 月 8 日是新生报到日期。他说：“坐火车要一昼夜，硬卧要花近 500 元。现在网上提前订的机票，只花 700 元，大约两个小时就到了。”而市区的一位家长则不无遗憾地说：“要是再提前十来天通航多好啊！我孩子 8 月 25 日前就要到厦门大学报到，盐城到厦门目前连火车也没有，坐大巴要 20 来个小时，太累！如果到南京或上海转乘火车，那就更烦，时间也更长！”在网上，这一航线受到广大网民的一致好评。一位盐城网民毫不掩饰内心的激动：“作为盐城人，我真的感觉很幸福！国际和地区的香港、台北、首尔航线，国内的北京、广州、昆明、武汉、长沙等航线，加上现在的厦门、哈尔滨航线，出了家门就能飞，即使在一些大城市也未必能有我们这么便利！”

而市民和网民们最兴奋的莫过于通过这一航线在短时间里就能体会“冰”“火”两重天的感受了！

众所周知，哈尔滨是我国著名的“冰城”。每到冬季，这里举办的哈尔滨国际冰雪节吸引国内外大批游客，尤其是来自热带、亚热带的人们届时可以在皑皑白雪的环境里欣赏冰灯、雪雕美景，参加很多冰雪娱乐项目，感受冰雪文化和冰雪旅游的独特魅力。同时，哈尔滨有着“东方莫斯科”“东方小巴黎”等美称，其市内建筑中西合璧，格调鲜明，高大的圣索菲亚教堂、尼古拉教堂，造型奇巧的俄罗斯木屋，典雅别致的歌特式楼宇，欧式建筑的中央大街，雅洁明快的建筑色调，繁华如锦的都市风貌，处处有着异域情调。

而厦门位于福建东南端，南与漳州接壤，地处中国东南沿海，九龙江入海处，背靠漳州、泉州平原，濒临台湾海峡，面对金门诸岛，与台湾宝岛和澎湖列岛隔海相望。作为现代化国际性港口风景旅游城市，拥有 AAAAA 级旅游景区鼓浪屿。海浪、沙滩、美景等组成了激情似火的画面，连美国前总统尼克松都称赞其为“东方夏威夷”。

让热浪侵袭的闽南人到哈尔滨感受冰雪大世界，让裹着厚厚寒衣的东北人脱下寒装遨游在厦门温暖的海水里，让逐渐走向富裕的盐城人感受这“冰”“火”两重天，这样的航线能不是民心所向，众望所归吗？

厦—盐—哈航线更是一条经济航线，三地经贸交流将更密切。

听说厦门—盐城—哈尔滨航线即将开通，最

高兴的人群莫过于在盐闽商。盐城福建商会常务会长梁小鹤掩饰不住内心的激动:“终于通了!闽商们再也不用几十个小时长途跋涉了!”

据盐城福建商会现任会长黄常顺介绍，上世纪90年代开始,闽盐交流掀起高潮,大量闽商涌入革命老区盐城。在闽商的联络下,闽盐的经济交流也日益密切。2005年8月,在盐城福建商会首任会长谢锦官的联络下，盐城市党政代表团赴闽考察交流,并在泉州举办“盐城(泉州)经贸洽谈会”,吸引了170多位闽籍客商参加洽谈，共签协议46项,意向投资约35亿元。2007年6月,市政府组成160多人的考察团赴厦门,举行“2007盐城(厦门)现代物流投资说明会暨集中签约仪式”活动,会上集中签约17项,意向投资近30亿元。

但众多闽商到盐城投资因没有直达航班、旅途劳累而影响投资热情，有的甚至放弃了在盐发展兴业。一位祖籍福建的美国客商到盐考察,乘机从华盛顿经过北京转至盐城，临别时留下了一句话:“盐城发展前景不错,就是进出不太方便,能否申请一条到福建的航班呢?”2009年的政协六届二次会议上,阜宁建材厂的周建国、东方女子医院的詹天福等人得知盐城将开通至香港的航班，便提案希望能将福州作为经停地，开通盐城—福州—香港航线,但由于香港航班是国际航班,中途不能经停,闽商们这一愿望没能实现。

2012年3月,黄常顺等人又提请政府开通盐城—上海—福州航线。报告中指出,目前,在盐闽籍人士近10万人，企业3000多家每年缴税达数百亿元，已成为盐城经济建设和社会事业发展中不可少缺的一支力量。加上分布在盐城周边城市如淮安、宿迁、徐州、连云港、泰州等闽商人数众多,并且这些地方也都没有开通赴闽航线,想回去一趟,极其不便,因此,希望早日开通闽盐航线。

而东北地区与盐城的人文交流虽比不上闽盐,但两地之间的经济交往比较密切。大庆等地一直是我市传统的建筑劳务市场，也是盐城市石油机械和阀门的销售市场，盐城市的羽绒等制品更是畅销东北,通过“中国·哈尔滨国际经济贸易洽谈会”(简称“哈洽会”)销往俄罗斯等境外市场。几年前,盐城市虽然开通了到哈尔滨的火车,但两千多公里的路程要经过漫长的二、三十小时才能到达,一趟下来精疲力尽。开通两地之间的航线,也是两地人们的愿望。

“一条成熟的航线需要经过一段时间精心培育才能稳定。”盐城民航站一位负责人解释之所以选择开通“厦门—盐城—哈尔滨”,是因为航线能不能长期运行下去，关键看是否有稳定的客源。“厦门和哈尔滨都是旅游热点城市,旅游客源可以分摊一部分成本。更重要的是三地之间的经济交流可以培育大量的公商务客源。”这位负责人表示，厦门与福建省会福州及周边城市之间交通十分便利,闽商很容易通过厦门航班转往八闽各地。同样,有了哈尔滨航线,盐城与东北三省乃至东北亚和东欧相关国家的经济交流会更加密切。

空中接轨厦、哈等主要城市,更是盐城经济社会发展大局的需要。

7月中旬的市委六届三次全会上,市委书记朱克江在论及盐城经济社会发展大局，构筑交通发展大通道时，明确提出盐城南洋机场要优化航线设置，大幅度提升航空运力，打造面向日、韩等国及我国香港、台湾地区国内主要城市的便捷通道。”

市交通运输局在贯彻落实市委六届三次全会精神时,一致认为打造国内主要城市便捷通道,积极发展空港经济,是盐城经济社会发展的需要。市交通运输局党委书记、局长管亚光明确要求盐城民航站从“全面小康社会建设”“努力建设美丽盐城”高度,以“新型工业城市、统筹发展城市、创新创业城市、生态文明城市、和谐幸福城市”的战略定位,把盐城南洋机场建设成“美好盐城”的“美丽空港”。尤其是在航线拓展上,要调动一切有利因素,主动协调航空公司,树立“经停”“加降”理念,配套“旅游”“包机”航班，拓展东南西北，次第开通盐城至国内主要城市及旅游城市的航线，逐步形成较合理的航线网络结构。

盐城民航站多年来围绕盐城产业结构调整升级，立足服务盐城地方经济发展，全力以赴开辟国内国际航线。相继加密广州、北京航班，开通昆明、武汉、长沙、三亚、哈尔滨等航班。紧紧围绕市委市政府强化日、韩等国及我国香港、台湾地区招商的目标，先后开通盐城至韩国及我国香港、台湾航班和韩国首尔货运包机。利用口岸优势，引进台湾华航、长荣航空和韩国韩亚航空等外籍航空公司执飞盐城航班，适时开通泰国曼谷、台湾高雄季节性旅游包机航班。截至2013年7月底，盐城南洋机场周航班最高达到87班。

市委六届三次全会为盐城民航的航线开拓指明了方向，他们不断加大协调力度，多次赴北京、长春、厦门等地，请民航主管部门、空军各级审批部门支持盐城民航航线发展，多次与厦门航空公司进行艰苦的谈判协商，请求厦航减少经停省会南京的航班，采取经停盐城的方式，开通厦门—盐城—哈尔滨航线。8月19日，办妥航线开通各项手续的盐城民航站对外发布消息，9月6日开通厦门—盐城—哈尔滨航线。次日，厦航各地面服务保障部门对盐城南洋机场进行运行合格审定实地考察，对盐城机场保障能力给予了肯定，当天签订相关地面服务保障协议。

厦门—盐城—哈尔滨航线的开辟，让盐城多了一条连接东南沿海与东北之间的空中纽带，也让盐城民航近年来确立的“大飞机，满天飞”空中构想迈出了更加坚实的一步。我们有理由相信，随着盐城民航越来越多国内外航线的开辟，广大市民将越来越多地享受到城市经济发展成果带来的喜悦。

（作者单位：张兆领，盐阜大众报社；潘晓、耿昌华，盐城南洋机场有限责任公司）

铁路运输

【概况】“十二五”期间，全市铁路累计完成旅客运输量1435万人次，比“十一五”期间增加了82%。东风悦达起亚商品车铁路装车基地项目全面启动，将为重点企业发展提供更优质的铁路运输服务。

2015年，经过盐城境内12对24次列车，比2010年（8对16次列车）增加4对8次列车。

2015年全市铁路完成客运量433.52万人，其中发送旅客224.22万人，到达旅客209.30万人，分别比2010年（全市铁路完成客运量205.15万人，其中发送旅客109.24万人，到达旅客95.91万人）增加111.32%、105.25%、118.23%。

2015年全市铁路完成货运量135.05万吨，其中货运发送量16. 75万吨，到达量118.30万吨，分别对比2010年（全市铁路完成货运量34.20万吨，其中货运发送量4万吨，到达量30.20万吨）增长294.88%、318.75%、291.72%。（计小刚、王仲林）

【盐城火车站时刻表调整】自2011年7月1日零时起，盐城客运列车时刻表将有大幅度的调整，同时增开1趟泰州—北京之间运行的T217/6、T215/8次（途径盐城）特快旅客列车。

在盐城火车站新时刻表上，除南通至济南的K772到发时刻没有变化外，其余列车到发时刻都进行了调整。具体如下：

泰卅—北京T217/6次，21:50到达盐城，21:55发出，第二天9:43到达北京；T215/8次，19:38从北京出发，第二天7:16到达盐城，沿途停靠淮安、沭阳、新沂、徐州、德州、沧州、杨柳青。

南通—新沂的K8600/K8599次，恢复原南通—淮安运行区段，取消沭阳、新沂站办客，终到站为淮安。

扬州—成都的K248次、K247次增加兰考站办客，停止德阳站办客。

盐城—南京K8575次，盐城7:35始发（推迟

25分钟),11:44终到南京(推迟16分钟),沿途各站微调;K8576南京13:58始发(推迟1小时55分钟),盐城18:38终到(推迟2小时26分钟),沿途各站均推迟2小时20分钟左右。(严铁)

【开行长三角货物快运列车】从2014年9月9日晚6点起,上海铁路局首开“长三角货物快运列车”,“敞开收货”办理长三角地区零散货物的快运业务。许多市民关心怎么收费,办理方式是怎么样的?送达时间需要多久?就这些问题,记者采访了盐城火车站党总支书记周立超。

敞开收货开辟货运“绿色通道”。10日上午9点20分,正好有一批瓷砖抵达盐城火车站。“这批瓷砖是凌晨4点多从泰州火车站发货的,不到15吨,‘站到站’的费用约600元,加上火车站到沿海国际灯饰城的费用总共1000元左右。”周立超说。“与公路等运送方式相比,铁路的优势在中长途运输费用较低。另外,这次‘长三角货物快运列车’提供‘门对门’‘门到站’‘站到站’‘站到门’等多种服务方式供客户灵活选择。”周立超介绍,工作人员可上门取货、上门送货,客户也可以自行送货、取货。

过去铁路货运只是办理大宗和整车运输的业务,但如今铁路部门把目光瞄准到了最有潜力的零散物流市场,出台了量身定做的长三角货物快运列车。

“‘长三角货物快运’可以为零散货物和小批量货物提供综合物流服务,对只有几吨、几十公斤的货物也‘来者不拒’。”周立超说,此举可以满足长三角地区中小企业灵活分散的物流需求,为物流企业提供安全便捷的绿色物流通道。

“长三角货物快运”由专门的货物快运列车承担,列车等级为快速货物班列,采取固定车次、固定编组、固定时间、固定路线、固定停站的“五固定”方式。每天以南京西火车站为支点,分别开行南环、北环列车,业务范围覆盖上海、江苏、浙江、安徽200个行政区县。同时还可提供哈尔滨、成都、重庆、昆明、兰州、乌鲁木齐等方向货物的集结和运输服务。

盐城有6个办理作业站点。目前“长三角货物快运列车”共开行2对4列,分别为:南环顺向1列,南环逆向1列;北环顺向1列,北环逆向1列。运行时间南环约42小时,北环约38小时。

记者了解到,全市有盐城、阜宁、建湖、盐城北、大丰西等5个作业站,东台1个办理站。货物从办理站运至作业站要收取运输费用。

许多市民担心发货、送达时间不确定,周立超说:“列车运行时速最高120公里,本环线可实现隔日达到,即客户当天托运的货物,含托运日第三天交付客户。南、北环线交换最远运距的货物可实现‘5日达’。值得一提的是,货列实行客车化开行模式,货物运送如同旅客乘车,到点上车,到站下车,快装快卸。”

记者了解到,有一些货物不得办理运输。比如有特殊运输需求的货物:如易腐烂变质、需要冷藏、保温或加温运输的货物;易污染其他货物的污秽品:如未经过消毒处理或未使用密封不泄露包装的牲骨、湿毛皮、粪便等;易碎物品:如玻璃、陶瓷制品等(托运人包装处理后能保证货物运输安全的除外);散装的煤、灰、焦炭、沙、石、土、矿石、砖等。

电话、网络等7种渠道办理。“长三角货物快运列车”收费标准按里程和实际重量计算,最小计费单位是10公斤。“泰州到盐城是41元/吨·公里,如果从泰州运300公斤大米到盐城,‘站到站’只需10多元,比公路货运便宜。”周立超说。

同等服务、同流向、同质货运价格低于公路快线市场价。记者了解到,货物快运列车的运输费用包括铁路运费、接取送达费和保价费。站到站收取铁路运费,门到门(站到门、门到站)加收相应的接取送达费,保价费根据需求收取。

客户可通过快运业务办理站、公布的营业电话、铁路人员上门、12306网站“我要发货”、12306客服电话、上海铁路局官方微信平台及12306网站客户自助服务七种渠道办理。

记者登录 12306 网站点击“我要发货”后，随机跳出订单框，客户可登记姓名、电话、货物等信息。目前，列车运行沿线业务办理站达到 248 个，无轨站 224 个，受理点总数达到 472 个。(盐阜记载)

【开行盐城至南京特快旅客列车】为满足广大人民群众出行需求，进一步压缩盐城至南京间铁路客车的运行时间，盐城市向上海铁路局申请开行盐城与南京间特快旅客列车，作为盐城高铁建成前的过渡性措施。2015 年 7 月 28 日，市长王荣平亲自带队拜访上海铁路局，与上海铁路局局长郭竹学商谈，随后市铁路办多次到上海铁路局客运处、运输处进行对接协调，协商开行特快列车需要解决的具体问题，新长车务段也在积极争取、协调。当年 11 月 26 日，新长车务段段长王少峰专门向市长王荣平汇报了开行的具体方案。2016 年 4 月，市铁路办与上海铁路局新长车务段商定，并向市政府主要领导汇报，在盐城至南京站间增加点对点旅客列车 1 对（总运行时间控制在 3 个小时内），并对现开行的 2 对列车时间点进行优化调整（总运行时间控制在 3 小时 30 分钟左右），形成盐城至南京站早、中、晚对开客车的格局。（计小刚、王仲林）

2015 年盐城市境内铁路列车表

表 40

序号	列车车次	起点	终点	境内停靠站点
1	K247	成都	扬州	盐城、东台
2	K248	扬州	成都	东台、盐城
3	Z51	北京	南通	盐城、东台
4	Z52	南通	北京	东台、盐城
5	Z139	北京	南通	盐城
6	Z140	南通	北京	盐城
7	T215	北京	泰州	阜宁、盐城
8	T216	泰州	北京	盐城、阜宁
9	K563	太原	南通	盐城、东台
10	K564	南通	太原	东台、盐城
11	Z155	哈尔滨	泰州	建湖、盐城、东台
12	Z156	泰州	哈尔滨	东台、盐城、建湖
13	K8575	盐城	南京	盐城、东台
14	K8576	南京	盐城	东台、盐城
15	K771	济南	南通	阜宁、建湖、盐城、东台
16	K772	南通	济南	东台、盐城、建湖、阜宁
17	K8505	淮安	南通	阜宁、建湖、盐城、东台
18	K8506	南通	淮安	东台、盐城、建湖、阜宁
19	K417	兰州	泰州	阜宁、建湖、盐城
20	K418	泰州	兰州	盐城、建湖、阜宁

续表 40

序号	列车车次	起点	终点	境内停靠站点
21	K8625	盐城	南京	盐城、东台
22	K8626	南京	盐城	东台、盐城
23	K8599	徐州	南通	建湖、盐城、东台
24	K8600	南通	徐州	东台、盐城、建湖

（计小刚、王仲林）

城市客运

公交客运

【概况】“十二五”期末，市区共有 961 辆公交车，73 条线路，线路长度 1591.6 公里，分别比“十一五”期末增长 2.75 倍、2.21 倍和 2.95 倍。公交线网不断优化。根据城市的发展和社会需求，结合城市公共交通专项发展规划，市公交公司每年都要对现有公交线路、站点进行调研，在广集民意的基础上逐一摸底、设计和论证，新辟、优化、加密公交线路不低于 10 条，不断减少公交盲区，逐步增强公交辐射力，使线路走向更加科学合理。从 2013 年年初实施城乡公交一体化工作以来，在市交通运输局党委领导下，由市运管处牵头，市公交公司积极推动盐都区、开发区、亭湖区境内的市镇公交、镇村公交开通工作，在不足两年时间内，实现郭猛、盐东、步凤等 13 个乡镇、30 多个自然村通达公交车，圆满完成市政府下达的大市区城乡公交全覆盖的目标任务。

公交重要活动

【召开优质服务达标活动】2011 年 5 月 18 日，市公交总公司召开了优质达标活动表彰暨争创市民满意公交线路、争当公交服务明星动员大会，会上总结了上阶段优质服务达标线路评比活动情况，对获得“优质服务示范线”的线路进行授牌，并对下一阶段如何开展好“争创市民满意公交线路、争当公交服务明星”的活动作了具体部署。

2011 年 5 月 18 日，市公交总公司领导为获得“优质服务示范线”的线路进行授牌

【庄兆林慰问公交一线职工】2011 年 8 月 3 日，市委常委、组织部部长庄兆林，市人大常委会副主任、市总工会主席陈卫国等市领导到公交四分公司慰问公交一线职工。公交职工在高温季节坚守工作岗位为市民提供便捷、优质的服务，他代表市委、市政府向大家表示衷心的感谢，并嘱咐大家要做好防暑降温工作。庄兆林一行向现场职工发放了毛巾、矿泉水等夏季用品和有关安全培训手册，在炎炎夏日为广大一线职工带来一份清凉。

2011 年 8 月 3 日，市委常委、组织部长庄兆林给公交职工发放夏季使用品

【开展城市公交走进社区活动】为让更多的市民了解公交、熟悉公交，掌握公交信息，倡导公交出行，2011 年 9 月 23 日，根据省厅运管局统一部

署，盐城市公交总公司开展了以"倾听市民心声，提升公交服务"为主题的"城市公交走进社区"咨询服务活动，大力宣传"中国城市无车日"，倡导绿色出行，享受低碳生活。

活动分别在紫薇花园、五星小区、盐南新村、盐城汽车客运站、火车站设立咨询服务点。现场向市民发放宣传材料10000份、《市民出行方式调查问卷》5000份、《公交服务满意度调查问卷》500份，并设建议、投诉记录簿4本，就市区公交线路布局、站点时刻安排，服务出行质量等方面问计于民，同时现场解答市民的相关咨询，为盐城市公交服务科学发展收集了第一手资料。

市运管处每年组织公交走进社区活动

【魏国强调研城市公交】2012年3月28日上午，市长魏国强察看了城市快速公交系统运行情况，并与随同人员一起兴致勃勃地乘坐BRT，亲身体验城市快速公交的方便快捷。魏国强强调，大力发展公共交通，是缓解城市交通压力的重要举措。要进一步加大投入，把城市公交延伸到达市区的镇村，示范推动全市范围内的城乡客运一体化，让老百姓享受到更多的方便与实惠，培养百姓良好的出行习惯。副市长丁建奇和市规划、建设、交通等部门负责人陪同。

市长魏国强参观BRT站台

【开展"三大排查"活动】2012年4月23日，市公交总公司召开了"三大排查"活动动员大会，解决影响全司安全稳定的各类问题。在排查社会矛盾方面，主要排查社会各界对公交营运线路的走向、服务等方面提出的建议和要求，尤其是要注重化解各类矛盾、处理各类信访投诉积案；在排查安全治安隐患方面，主要是排查各停车场夜间停车安全，驾驶员疲劳驾驶、超速行驶、闯红灯等习惯性违章问题；在排查基层基础薄弱环节方面，注重排查基层组织、安全生产机构和内保组织规范化建设，以及落实治安防范措施方面存在的问题。对排查出来的各类矛盾纠纷，要求采取扎实措施，将矛盾化解在萌芽之中，总公司领导班子全体成员，中层干部、机关工作人员出席了会议。

【开展文明引导活动】为纪念开展学习雷锋活动50周年，公交总公司团委向公司青年志愿者发出倡议：崇尚"我为人人，人人为我"情怀，积极投身文明乘车引导活动，营造文明、有序、安全的公交乘车环境。2013年3月1日，由10名青年志愿者分5个小分队在建军路、大庆路、人民商场、招商场、汽车北站等4个BRT站台和18个常规公交站台流动服务，解答市民疑问、发放公交线路图、维持候车秩序、宣传文明乘车风尚。他们准备了

公交青年志愿者解答乘客疑问

100 只方便袋、两捆包装绳、近 1000 份公交线路走向表及报纸等备用品，随时提供给乘客。公交团委的文明引导乘车志愿者行动不但受到市民的好评，同时也引起了新闻媒体的关注，总公司团委负责人接受了市广播电台记者的采访，并借此向广大市民倡导“我排队、我让座、我文明、我快乐”的文明乘车习惯。

【王荣实地察看公交安全生产工作】2013 年 6 月 9 日，副市长王荣一行实地察看五星客运站 BRT 公交回车场，检查节日交通运输安全生产工作，并对公司的安全生产工作作出肯定。王荣指出，节假日是客运高峰时段，人流量大，保障每一位乘客的安全至关重要，相关部门一定要提高认识、增强责任意识，把乘客安全放在第一位，认真检查各个工作环节和流程，安保措施一刻不放松，确保节假日期间交通运输安全生产。

2013 年 6 月 9 日，副市长王荣考察公交安全生产工作

【开展五项活动庆“七一”】2013 年“七一”前夕，市公交总公司组织开展“五个一”活动，庆祝中国共产党成立 92 周年。“五个一”活动为：一是上

表彰 2012—2013 年度优秀共产党员

一次党课。二是重温一次入党誓词。三是表彰了一批 2012—2013 年度先进党支部和优秀共产党员。四是组织一次走访慰问老党员和生活困难的党员。五是组织党员集中收看一部电教片《狠刹浪费之风》。

【创建工作攻坚战全面展开】2013 年 8 月 14 日，公交总公司召开全体中层以上干部、机关处室、线路班组长人员会议，传达了市交通运输局创建推进动员大会精神，对下阶段工作作了全面部署。一是加大宣传力度。将《创建国家卫生城市任务分解表》和创建国家卫生城市“十大工程”的主要内容印发 200 余份到每条线路、每个班组。二是按照“公交总公司车厢卫生达标合格率和服务达标合格率”考核标准，对 400 多辆营运车辆全面检查整改。创建领导小组成员每天凌晨 4 点半到车场和职工们一起，对车辆一台台查，一台台过。三是严格执行营运纪律。明确要求驾乘人员挂牌服务，统一着装，营运途中一律使用普通话。四是时刻绷紧安全这根弦，要求每一位驾驶员坚决执行交通规则，文明行车。五是对公交候车亭、办公区、生活区每天保洁。六是加大督查力度，除稽查大队 12 小时不间断检查外，处室人员全部上路检查，由总公司领导带队，包线路、包站头，对容易出问题的地方不惜代价整改。

【开展车辆冬防工作】为全面做好冬季公交车辆的维护保养工作，确保生产营运正常，2013 年 11 月 28 日，市公交总公司全面开展冬防工作，就车辆检查、教育发动、检查验收等几方面工作进行了部署。一是车辆冷却系统换液，更换符合盐城地区标准的防冻液，日常做好检漏工作，并检查节温器是否正确安装。二是检查发动机机油型号，更换车辆三滤一器（机油滤芯、柴油滤芯、空气滤芯、油水分离器）。三是时刻关注天气情况，提前更换柴油标号，预防油料随冷凝结。四是检查变速箱、差速器、助力泵等各总成件中润滑油和压力油液的标号，更换冬季用油。五是对车辆刹车气管路与高压储气筒进行全面检查,更换干燥瓶,保证气管畅通无堵塞和储气筒无积液。六是对大电流电线电路如电瓶线、暖风线等进行重点摸排,提前排除短路起火隐患。七是检查车内灭火器、安全锤等消防器材,须全部配齐和保证有效。

【开展“情满返乡路”活动】为全面推进城乡公交一体化工作,市公交总公司2013年开通了盐都区11个乡镇、9条线路,实现了盐都区城乡公交一体化全覆盖,极大地方便了居民的出行。2014年春节前期,返乡的务工人员增多,但对家乡交通的变化,他们还不太了解,对K4、K5等公交线路走向还不清楚,为做好引导工作,市公交总公司和盐都区交通局一起开展了“情满回乡路”志愿者活动。2014年1月28日,他们头戴红帽,身穿红马夹,手拿印有9条市区至盐都各乡镇的公交线路走向表,向人们发放。进长途车站、进公交站台、进公交车厢,除了发放宣传单,他们还帮返乡的人提拿行李、解答市民的咨询,这次活动共发放宣传单约200余份。

公交志愿者在公交车上发放宣传单

【总公司领导慰问特困职工和家属】“扶贫济弱”是公交总公司党委和所有干部群众坚持的一项工作,除对社会特困户结对帮扶外,对本单位特困家庭也一直坚持送温暖。公交现有生重病、家庭困难职工及伤残职工近30名,总公司党委除按政策对他们进行补助和工作上的帮助外,逢年过节,总公司党委都以不同形式对他们进行慰问,2014年春节、元宵节期间,市公交总公司组织人员为困难职工送上慰问金、食品和祝福,使他们过一个祥和的节日。

【魏国强调研公交场站建设】2014年3月18日,市长魏国强实地调研察看包括公交3个场站建设为内容的交通民生实事工程建设情况。魏国强乘坐BRT一号线来到城南新区,先实地察看了科教城公交回车场建设情况,当听说近期该回车场就可以投入使用,可解决公交6条线路、80多辆车的调度回车时,魏国强很高兴,他要求公交加强管理,更好为市民出行服务。随后,魏国强一行来到市公交调度中心,认真听取了公司关于公交调度中心二期工程扩建工程的汇报,现场明确要求,在省国土厅公交二期工程土地独立选址计划下达前,市国土局尽快利用市政府国家土地计划50亩先期调剂使用;盐都区政府要全力做好土地、拆迁等方面工作;设计单位要创新工作思路,积极推广生态绿色环保停车场。市交通局要跟踪落实,抓紧做好项目工程建设工作,力争6月底前完成。他要求市规划局要抓紧做好市中心小型枢纽站的10亩土地规划选址工作,力争今年年底建成并投入使用。魏国强又听取了新增300辆公交车的时序进展情况,要求市交通局抓紧做好今年公交车的招标、购置工作,市财政局做好资金落实,确保5月份投入营运。

【开展争创“共产党员示范岗”活动】为扎实推动党的群众路线教育实践活动向纵深发展,进一步充分发挥共产党员先锋模范作用,激发广大党员的工作热情,大力营造比服务、比安全、比创新、比效益的工作氛围,从2014年5月12日开始,公交近百名一线党员驾驶员在工作期间全部佩带党徽,亮明身份,接受群众的监督。在此基础上,各党支部开展争创“共产党员示范岗”活动,首批先在一线驾驶员中开展,评比目标为:作风过硬,能够自觉遵守党的章程;带头遵守企业各项规章制度,做到安全行车无事故,优质服务无投诉,车容车貌均达标;积极引导职工做好安全行车、优质服务等各项工作,在各项工作中能起到示范带头作用。为确保活动开展顺利,总公司成立了创建“共产党员示范岗”活动领导小组,统筹推进活动开展过程中的各项日常工作。对符合授牌条件的党员驾驶员,总公司集中公示,公示结束后统一授牌。

【公交两职工被评为“盐城好人”】2014 年 7 月 1 日,市公交总公司 K5 线驾驶员刘荣俊、乘务员浦丹丹被评为 5 月“盐城好人”,这是公交职工首次获此殊荣。他们都是 80、90 后新员工,工作非常认真,用心服务。K5 线工作人员上的是常日班,平均工作时间在 13 个小时左右,收入也就 3000 多元,面对失主遗失的 4.4 万元巨款,他们连一丝占有的念头都没有。他们说,刚进单位,接受总公司岗位培训的第一课就是职业道德培训,公交是社会的窗口,驾驶员、乘务员是窗口的第一道风景,只要手握方向盘、手捧票盒,就要对生命敬畏,对乘客负责。“一言一行代表着企业形象,一人一车事关企业声誉”的服务宗旨永远记在心中。虽然是新员工,他们一丝不苟、规范操作、文明服务,在本职岗位上挥洒着热血青春。

【开展规范操作技能培训】为进一步提高全体营运驾驶员的驾驶技能,快速掌握新型车辆的操作要领,实现节能降耗的目的。从 2014 年 12 月初,市公交总公司利用 1 个月的时间对驾驶员进行规范操作全员培训。与以往培训方式不同的是,此次培训采用三级培训、梯次展开的办法,即:总公司对各分公司选报人员进行一级培训;各分公司由安全经理负责组织一级培训人员对线路班长进行二级培训;线路班(组)长对全体驾驶员进行三级培训,最终实现对全公司近 850 名营运驾驶员的规范操作培训全覆盖。

图为 65 路线路班长周一浩在纠正驾驶员坐姿

【开展“暖冬行动”助力春运】为推动志愿服务在春运工作中发挥更大作用,盐城公交总公司团委组织青年志愿者在春运期间到线路开展导乘公益活动。2015 年 2 月 5 日上午,首批 20 名公交志愿者们身穿标志性马甲,头戴红帽,分别在火车站、五星客运站、招商场等人员密集的公交站台、公交回车场向乘客宣传《盐城市城市公共汽车乘坐规则》,协助工作人员劝阻携带管制工具、易爆易燃等物品的乘客上车,引导乘客文明乘车,做好秩序维护和乘客疏导工作,并现场发放“2015 年公交线路走向表”,接受乘客和市民的询问。上午共发放 500 多份。这次志愿服务行动为期 40 天,他们着力在“真实、用心、惠民、长效”上下功夫,展示公交青年人的形象。

图为公交青年志愿者为乘客搬运行李

【开展党团日活动】为适应大市区城乡公交一体化的营运需求,提升广大党员干部、团员青年业务骨干的管理水平,进一步增强宗旨意识、责任意识、服务意识。2015 年 3 月 20 日,公交党委开展党员干部、新招录大学生、青年业务骨干代表“赴基层、走线路、进车厢”党团日活动,主要内容是了解盐都区部分市镇公交的营运、乘客对公交服务的需求及职工的生活休息情况。公司纪委书记夏建龙带队,18 名同志参加了活动。

【开展警示教育活动】2015年7月2日，市公交总公司组织全体领导班子成员及基层单位、机关处室负责人到盐城监狱开展廉政警示教育活动。警示教育活动中，大家参观了服刑人员的生活区、工作区等场所，了解了服刑人员接受教育改造的过程，听取了2名因受贿犯罪在押服刑人员的现身说法，用他们真实的犯罪过程、心路历程和蜕变经历，给大家上了一堂生动的警示教育课。广大党员干部内心受到了强烈的震撼，体会到了自由和尊严的宝贵，大家一致表示一定要按照“三严三实”的要求做人做事。

【市局领导和相关单位、部门负责人调研公交】2015年8月3日，市交通运输局局长管亚光、副局长崔花带领市局工委、市运管处等相关单位和部门负责人，来到公交一线，了解职工的生产生活情况。在城西公交回车场，管亚光一行仔细察看了休息室、调度室等场所，并与一线职工悉心交谈，耐心听取他们的意见和建议。管亚光要求，市公交总公司要切实转变观念、思路和方法，按照标准化、规范化、人性化的要求，加强“职工之家”建设，加快公交场站内职工生活配套设施建设，如空调、冰柜、床铺等，让驾乘人员享受更舒适的休息环境；定期对场站进行维护、整修，让驾乘人员的休息场所得到安全保障；加强场站文化建设，让驾乘人员有一个丰富而充实的休息空间。在城北公交停车场，管亚光在调研中现场解决在建设过程中的一系列问题，要求坚持规划先行，科学编制公交场站建设规划，提高公交场站建设用地综合开发利用率；要加强目标管理，确保公交场站建设按时序进度推进。

【市区公交进入全空调车时代】2015年8月10日，市区正式淘汰最后22辆无空调的公交车，此举标志着盐城市区公交进入全空调车时代，同时也意味着盐城成为为江苏第四、苏北第一个实现公交空调全覆盖的地级市。另外，换下来的公交车作为机动车备用。

【开展全市公交驾驶员职业技能竞赛】2015年9月9日，由市总工会、市交通运输局、市人力资源和社会保障局联合主办的市公交驾驶员职业技能竞赛，在市公交总公司城南公交调度中心举行。本次比赛共有来自市公交总公司、滨海、建湖、大丰、东台、射阳、阜宁等地7家单位的48名优秀公交车驾驶员参与竞赛。比赛内容分为理论考试和操作考试，经过一天的紧张对决，最终市公交总公司罗峪峰、孙云龙、李永华包揽了比赛前三名。

【参观新四军抗战大型专题展】为纪念中国人民抗日战争胜利70周年，帮助公交青年重温历史，牢记军民万众一心、众志成城、共御外侮的辉煌战斗历程，弘扬新四军将士不朽的铁军精神，2015年9月11日上午，市公交总公司团委联合关工委组织全司青年职工参观“浴血奋战、英雄盐城”新四军抗战大型专题展。青年职工代表先后观看了新四军纪念馆和泰山庙。在纪念馆广场，新老团员重温了入团誓词，举行了交旗仪式，团员代表发言，纷纷表达了为公交事业发展献计献策，为公交的明天做出贡献的决心。

图为公交新老团员在新四军纪念广场宣誓

【开展“公交出行宣传周”活动】每年9月16日至22日是“公交出行宣传周”，为进一步提高广大市民对优先发展城市公交的认识，推动城市公交优先发展战略，市公交总公司精心组织“公交出行宣传周”系列宣传活动。2015年9月18日上午，市公交总公司组织青年公交志愿者走进野丁社区和泰嘉园小区开展“公交出行宣传周”暨“城市公交走进社区”活动，志愿者们向市民集中宣传优先发展公共交通对生态文明建设以及缓解城市交通拥堵的重要意义，发放了市区最新公交出行指南，解答市民关于办理老年卡、寿星卡等公交卡的咨询，征求市民对于公交线路、营运方面的意见与建议。

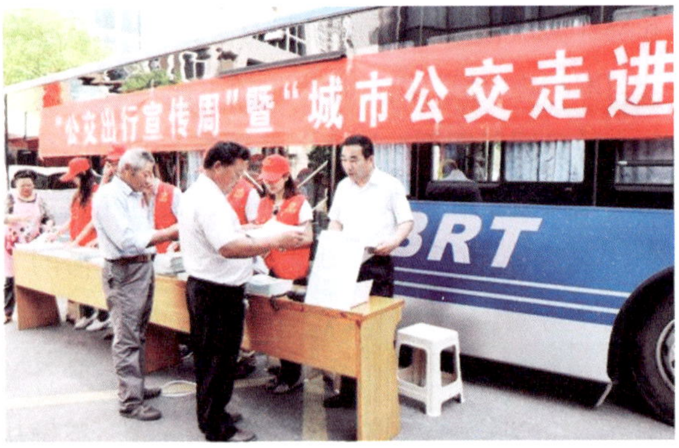

图为公交志愿者与社区居民亲切交流

【开展“党员模范传帮带流动讲堂进站场”活动】为进一步发挥先进示范引领作用，弘扬“干就干好”精神，在全市上下掀起比学赶超热潮，市公交总公司党委结合“三严三实”专题教育活动，于2015年9月21日上午在火车站公交回车场举行市公交总公司党员活动日暨第二期道德讲堂活动。本次活动的主题为“党员模范传帮带流动讲堂进站场”，通过组织部分党员、模范代表进线路、进站台、进车厢，给驾驶员实习生讲解自身工作经验并进行现场操作演示，帮助他们尽快掌握业务技能。活动现场，代表们不仅与实习生互相交流工作经验与技巧，还上车为实习生做操作示范，增加了讲堂的趣味性与实用性，使得现场学习氛围异常浓厚。

图为公交先进工作者用小道具为学员们传授工作经验

BRT 运营

【B2 公交线路开通】市民翘首期盼的盐城BRT环线（简称B2）于2011年2月20日正式开通载客营运。

这是继解放路BRT成功运营后市委、市政府大力实施公交优先战略的又一惠民举措，开通后的B2公交线路与解放路BRT及其支线形成“一主一环五支”的快速公交网络，使市民的出行更加便捷、更加经济、更加舒适。

B2公交线路始建于2010年7月份，沿途设置22个站台，实行双向环线运行，即开放大道、新都路、解放路、黄海路构成环线，全长17公里，2011年1月30日试车。

B2公交线路采用新式中央岛式站台，快速公交站台设置在道路的中间，BRT车辆停靠时，通过左侧开门提供乘客上下车。中央岛式站台全长72米，可同时容纳约400人候车，同一站台可双向乘车，占用的道路资源比侧式站台节约2/5，中央侧式站台实行同台同向免费换乘，而中央岛式站台实行同台双向免费换乘。

【B支5公交线路开通】为进一步方便市民出行，提高BRT覆盖率，市公交总公司于2011年4月15日正式开通B支5公交线路。具体走向为：汽车客运北站、开放大道、黄海路、文港路、大庆路、人民路、东进路、解放路、世纪大道。西环路、盐读路、景观大道、纬十四路、高职园区停车场。具体停靠站点有汽车客运北站、白马市场、明珠世贸商城……高职园区停车场，共42个。

B支5公交线路全长21.6公里，投放17辆单开门柴油车，行车间隔8分钟左右，营运时间为6:00至20:00，全程票价1元。

【B支3公交线路开通】2011年8月29日，B

支3公交线路正式开通，该线路由盐城经济技术开发区公交回车场发往城西公交回车场，全长19.8公里，从市开发区公交回车场经松江路、黄山路、盐渎路、希望大道、新都路、天山路、世纪大道、开放大道、东进路、西环路至城西公交回车场。具体停靠站点有市开发区公交回车场、市开发区管委会、盐城国际会展中心……城西公交回车场，共30个，其中水街南站为中央岛式站台，可免费换乘B2线。

图为B支3公交线路开通现场

【B支4公交线路开通】备受广大市民期盼的公交B支4公交线路于2011年9月23日正式开通，途经道路：市高新区公交回车场、经四路、世纪大道、西环路、新都路、人民路、东进路、开放大道、青年路、范公路、火车站。沿途停靠站点有市高新区公交回车场、市中小企业创业园、盐都区政府……火车站，共10个。首班车早6点，末班车晚8点，全程票价1元。至此全市“一主一环五支”的快速公交网络已全部形成。

图为B支4公交线路开通

【B支6公交线路开通】市公交总公司于2014年4月30日正式开通B支6公交线路，具体走向为：从城西公交回车场、黄海路、解放北路、建军路、人民路、东进路、开放大道、新都路至卡迪欢乐世界。沿途停靠站点有城西公交回车场、黄海路西环路口……卡迪欢乐世界，共27个。

B支6公交线路首班发车时间为6:00，末班发车为20:00，发车间隔约8分钟。实行无人售票，全程票价1元。

图为B支6公交线路开通

公交车辆

【2011年采购70辆中大双开门公交车】为了进一步完善BRT系统，提高BRT的运行效率，改善出行条件，市公交总公司分别于2011年1月份购买20辆、4月份购买20辆、8月份购买30辆，共70辆车型为中大YCK6128HC的12米BRT双开门公交车，开通和加密BRT线路，切实提高了快速公交BRT运行效率，方便市民的出行，市民满意度极大提升。

【引进CNG车辆】2012年8月，市公交总公司首次引进20辆车型为中大YCK6105HCN CNG的车辆，用于优化、新辟公交线路，提高公交出行分担率，扩大公交线路的覆盖率。该车使用压缩天然气，有利于环保。

【2013年采购232辆公交车】2013年下半年通过政府采购方式购买232辆环保公交车。其中100辆厦门金旅LNG车辆（车型:XML6105J28CN使用液化天然气）。30辆10米厦门金龙（车型:XMQ6127G1),102辆厦门金龙超级电容车辆（车型:XMQ6106AGHEV7)。

【2014年采购420辆公交车】随着城乡公交一体化工作的持续推进,不断新增、加密、优化公交线路,2014年5月，市公交总公司通过政府采购方式购买300辆公交车。其中重点引进210辆新能源插电式混合动力车辆[120辆厦门金龙气电混合(车型:XMQ6106AGHEV12)车辆、40辆12米厦门金龙油电混合（车型:XMQ 6127GHEV19）车辆、50辆宇通油电混合（车型:ZK6105CHEVPG1)车辆],公交出行分担率不断提高,获得广大市民好评。

【2015年引进纯电动公交车】2015年12月,市公交总公司首次引进车型为登达SGK6108BEVGK的纯电动公交车20辆是完全由可充电电池提供动力源的公交车,具有无污染、噪音小、零排放等特点。据了解,新年首批亮相市区街头的10辆88路纯电动公交车充一次电约需3小时,满载可行驶约200公里。另外,为方便车辆随时充电,确保正常营运,在两端公交回车场都设有充电桩。

图为投入88路的纯电动公交

城乡公交一体化

【大冈K4、葛武K401公交线路开通】2013年8月1日，市公交总公司正式开通市区至盐都大冈、冈中、葛武公交线路。

市区至大冈线路为公交K4线，具体走向为火车站经范公路、青年路、凤凰南路、229省道、卧龙路、呈祥路至大冈公交回车场。K4线首班6:20,末班18:30,间隔约20分钟。票价:1元起价,全程5元。具体停靠站点有:盐都汽车站、前进新村、市中心血站……大冈回车场,共45个。

市区至葛武线路为K401线，具体走向为城西公交回车场经西环路、就龙路、小海路、盐马路、世纪大道、盐城路、新都路、开创路、南纬路、吴抬路、步湖路、双岗路、卧龙路、葛大路、武荣路、郝荣景区。K401线首班6:20,末班18:30,间隔约20分钟。票价:1元起价，全程6元。具体停靠站点有:城西公车回车场、盐城艺术高中、市一院(卫校)……郝荣景区,共76个。

以上两条线路投放的车辆均为国内知名生产厂家生产,配置高性能空调客车,给市民提供一个安全、舒适的乘车环境。

【尚庄K501公交线路开通】市公交总公司2014年1月8日正式开通通达尚庄的K501路公交线,这是继盐都区K6路开通后的第4条市镇公交线路。

K501公交线路的走向为城西公交回转场、西环路、毓龙路、建军路、盐马路、世纪大道、西环路、新都路、G204、(双新大道)步湖路、庆福新村公交回转场。沿途停靠站点有城西公交回车场、盐城艺术高中(四中)、市一院(卫校)、泰山庙(先锋国际广场)等67个。

K501线路首班发车时间为5:40，末班18:20,实行有人售票,全程票价6元。

【大纵湖K5和北龙港K9公交线路开通】2014年1月10日正式开通通达大纵湖的K5路和通达北龙港的K9路公交线。

K5 线的具体走向为：火车站、青年路（G204、世纪大道）、S229、双新大道、楼大线、溪湖公交回转场。沿途停靠站点有黛安芬公司、五星街道、盐都驾校……北宋，共 67 个。

K9 路线的走向为：火车站、青年路、盐马路、世纪大道、S229、S331、义北线、北龙港公交回转场。沿途停靠站点有火车站、盐城汽车客运站、黛安芬公司、五星街道……北龙港回车场，共 79 个。

【秦南 K601 公交线路开通】 市公交总公司 2014 年 1 月 12 日开通通达秦南的 K601 公交线路，走向为西城中央公交回转场、大庆路、盐马路、小海路、健康路、黄海路、S234、S233、汞北线、泽夫北路、北环公路、S331、泽夫南路、秦南公交回转场。沿途停靠站点有西城中央、桃源居（苏豪名邸）、前进新村……秦南公交回车场，共 56 个。

该线路首班发车时间为 5:40，末班 18:20，实行有人售票，全程票价 5 元。

【莘野 K7、红星 K8 公交线路开通】 2014 年 1 月 15 日正式开通 K7 线和 K8 路公交线。

K7 线的具体走向为：盐都汽车站、盐马路、世纪大道、S229、S331、莘野公交回车场。沿途停靠站点有盐都汽车站、中国人寿、新苑小区……莘野，共 77 个。

图为 K7 路公交线路开通

K8 线的具体走向为：西城中央公交回车场、大庆路、盐马路、小海路、健康路、黄海路、S234、S233、洪学线、S331、红星公交回转场。沿途停靠站点有：西城中央、桃源居（苏豪名邸）、前进新村……红星公交回车场，共 63 个。

以上两条线路实现有人售票，票价 1 元起价，1 元进级，全程 7 元。

【亭湖区开通 2 条市镇公交】 2015 年 1 月 1 日，亭湖区开通市镇公交 K2 和 K202 两条线，大市区实现城乡公交全覆盖。

K2 线从盐城汽车客运站回车场、范公路、大庆东路、文港路、建军东路、老 331 省道、盐东镇集镇路、331 省道、中路港中心路、中路港北路至丹鹤路至海堤路连接线。沿途停靠站点有盐城汽车客运站、火车站、大庆东路范公路口……丹顶鹤保护区，共 40 个。

K202 线走向为：从盐城汽车客运站回车场、亭湖大道、环保大道、S226、S331、盐东镇集镇路、黄新线至丹鹤路至海堤路连接线。沿途停靠站点有丹顶鹤保护区、兴农村、西潮河桥……盐城汽车客运站，共 46 个。

以上两条线路实现有人售票，票价 1 元起价，1 元进级，全程 7 元。首班发车时间为 6 点，末班在盐城汽车客运站发车时间为 18:00，末班在丹顶鹤站发车为 17:40。

【龙冈 K10 公交线路开通】 为弥补高新区与经一路的公交盲区，进一步加强龙冈工业园区、高新区与市区的联系，满足盐都区广大企业职工和居民出行需要，2015 年 8 月 18 日，市公交总公司新辟开通盐都城乡公交 K10 线，大市区城乡公交一体化布局得到进一步改进和完善。

K10 线路实行无人售票，全程票价 1 元，共投放 4 辆新能源空调车，首班 6:30，末班 18:00。该线路途经盐都汽车站、大庆西路、经一路、世纪大道、经二路、鹿鸣路、华锐路、世纪大道、双新中路、青年西路、凤凰路、华兴大道、龙同镇政府。沿途停靠站点有盐都汽车站（雅家乐大庆西路店）、前进新村、桃源居……龙冈镇政府，共 28 个。

另外，因 K10 线路的开通，原由龙冈杨树村开往盐都西区管委会的区间车途经站点全部被覆盖,故取消该线路。

常规线路

【临时开通4条免费公交线路】根据市政府的部署安排,市公交总公司在2013年9月27日至29日“第十届(2013)江苏农业国际合作洽谈会”活动期间开通4条免费公交线路,每线路4辆车,共计16辆车,累计运营9360公里。

【30路公交线路开通】为进一步方便城南新区居民的出行,市公交总公司2013年9月30日开通公交30路线,途经城南公交调度中心、神州路、纬十四路、开创路、南纬路、神州路、新都路、西环路、毓龙路、迎宾路至公交四分公司。沿途停靠站点有城南公交调度中心、神州路、文汇路……公交四分公司等35个公交站点。

30路线为无人售票车,首班6:30,末班18:30,班次平均间隔10分钟左右。

【新辟8路和51路两条公交线路】2014年7月2日,在锣鼓和鞭炮声中,崭新的22辆金龙公交车欢快地驶出城南新区科教城回车场,投放到新辟的公交8路线和51路线上。这是2014年政府为民办实事工程首批新增124辆公交车中的一部分,也是市区城乡公交一体化系统工程的一个环节。

8路公交线路走向为:火车站、范公路、大庆路、文港路、毓龙路、西环路、大庆路、文港路、青年路、范公路、火车站,具体停靠站点有:火车站、范公路、大庆东路……火车站,共31个。

51路公交线路走向为:科教城公交回车场、园中路、海阔路、戴庄路、世纪大道、开放大道、青年路、盐城汽车客运站。具体停靠站点有:科教城回车场、交通技师学院……盐城汽车客运站,共22个。

【60路公交线路开通】为做好市区公交线路的优化调整工作,提升公交覆盖面和分担率,方便市民出行,中秋、国庆双节期间市公交总公司于2015年9月30日新辟60路公交线路。

线路走向:汽车客运北站、234省道、兴城路、北环路、人民路、学海路、城南新区公交回车场。沿途停靠站点有汽车客运北站、兴城路234省道路口、兴城路新洋路口……城南新区公交回车场,共35个。

60路贯穿人民路,实行无人售票,全程票价1元。线路共投放12辆车运营,首班6:00,末班18:30。

图为60路公交线路开通

【82路公交线路开通】市公交总公司2015年12月26日开通公交82路线。

82路公交线路走向为:城西公交停车场、西环路、小海路、盐马路、世纪大道、盐城路、新都路、府西路、聚亭路、人民路、纳海路、铁军路、纬十五路、城南新区公交停车场。沿途停靠站点有城西公交回车场、盐城艺术高中(四中)、市一院(卫

图为82路公交线路开通

校)、市三院南分院……城南新区公交回车场,共31个。

82路共投放12辆运营,首班6:20,末班18:40,无人售票,全程票价1元。

(“公交客运”条目和照片由吉海蓉、徐永琴提供)

出租车客运

【概况】“十二五”末,盐城市区共有1250辆出租汽车,8家经营企业,从业人员达3100人,其中规模最大的企业拥有277辆出租车。1250辆出租汽车中合作经营810辆,公车公营440辆,公车公营中实行员工制管理的340辆。车型主要有东风悦达起亚生产的远舰和赛拉图两种,其中远舰212辆、赛拉图1038辆。经营权实行有偿使用,有偿使用费为1万元/年·辆。

【出租车集体承诺“节日不涨”】2011年1月,市区8家出租汽车企业集体向社会公开作出服务承诺:春节期间不涨价。以往每年农历腊月二十五六到正月十五之间,盐城的出租车司机有个不成文的“行规”:春节期间“讨喜钱”,上路不打表,起步价从7元涨到10元。而此番集体承诺具体内容,包括严格执行出租汽车收费标准,主动打表计费、唱票找零、出具规范票据,不故意绕道,不采用欺客、宰客、抢客、倒客、甩客等不正当手段经营,原则上不拼客等。盐城市客管部门同时公布投诉电话,发现违规行为,一经查实,违章车辆停运整顿,并对出租车公司及当事人予以重罚。

【出租车到期经营权重新出让】截至2011年3月31日,市区共有571辆挂靠经营出租车经营权到期,涉及车辆占总数的一半以上。为了确保此项工作顺利实施,实现平稳过渡,市客管处经过认真调查研究、广泛征求意见,对出让方案数易其稿,不断深化完善,最终确定了“老车老办法”的出让方式。经市政府批准同意,从4月20日开始精心组织、周密部署此项工作,通过大力宣传发动、严格落实责任、规范操作程序等措施,稳步推进到期经营权出让工作。至5月22日,571辆经营权到期车辆的企业出让协议和经营承包人合同签订工作全部结束,圆满实现了“顺利实施、平稳过渡、统筹兼顾、保持稳定”的预期目标。

【市级城市客运管理职能顺利划转移交】2011年6月22日,市政府专题召开了出租车管理和市城市客运交通管理处移交工作会办会议,研究部署了市客管处移交工作,明确了市客管处成建制划转市交通运输局,隶属市运输管理处直接管理。7月25日,市编办、市人力资源和社会保障局、交通运输局、城乡建设局等部门正式举行了市城市客运交通管理处划转移交仪式。至此盐城市级城市客运管理职能划转移交工作顺利完成,理顺了公交、出租行业管理关系,实现了平稳过渡。

【开展出租车营运秩序专项整治】2012年6月,市区出租行业开展了交通营运秩序专项整治活动,从加强宣传引导入手,通过新闻媒体宣传、召开各层各级会议、印发宣传资料、平台发布信息等多种行之有效的宣传方式,迅速掀起专项整治的活动热潮。此次活动重点整治出租车营运秩序和交通秩序。依法查纠车容车貌不整、乱收费、违章拒载、强行拼客、欺客甩客等营运违规行为,达到车容车貌整洁、经营行为规范,社会投诉率降低60%以上。依法管理闯红灯、违章停靠、急停猛拐、超速超载、遮挡牌照等交通违法行为,使出租车出行遵章守纪、文明行车,交通违法率降低50%以上。

【出租车“气运价格联动”办法出台】为应对车用天然气价格变动,2012年盐城结合实际,制定出台《市区客运出租汽车运价天然气价格联动办法》(以下简称《办法》)。该《办法》主要以市区客运出租汽车司机收入和成本为测算基础,以维持政府油价补贴为基本保证,以出租车司机年平均收入不低于当年在岗职工平均工资为增收目标,当车用天然气价格变动对运营成本的影响达到一定程度时，主要采用价外加收燃料附加等方式，疏导运价矛盾。《办法》还明确了“气运价格联动”的主要保障措施，加强客运出租汽车成本监测，严格控制各种涉车收费。

【《盐城市出租汽车服务质量信誉考核办法（暂行）》出台】2013年，市客管处为着力打造“诚信出租客运”，出台《盐城市出租汽车服务质量信誉考核办法（暂行）》，细化质量信誉考核内容；把车载终端设备使用、车辆定期检验、市监管和企业台账、档案基础等工作纳入企业管理体系中，建立了质量信誉考核系统。《办法》对出租车企业客运质量信誉考核实行千分制，考核内容划分为服务质量、经营行为、安全生产和企业管理四个方面，考核采取平时考核与集中考核相结合的办法，公开、公平、公正地组织实施。根据考核分值的高低，将所有注册的出租客运企业分别评定为优良、合格、基本合格和不合格。在推进客运质量信誉考核评级过程中，有效调动了出租车企业规范经营的积极性。行业管理水平、企业管理能力、驾驶员服务质量都得到了明显提升，市场秩序基本保持规范。

【更新出租车】2013年上半年经多次征求意见、反复调研论证，从7月起正式启动车辆更新工作，更新车型为地产赛拉图，并由东风悦达起亚公司对远舰出租车经营者给予适当补偿。通过周密部署和科学组织，2个多月时间分3批更新完毕695辆，更新过程中无一起矛盾，市区出租车车容车貌大为改观。“十二五”期间，市区出租车全部更新到位，车容车貌和车辆安全得到有力保障。

【新增240辆出租车】2014年11月市区新增的240辆出租车已陆续上路营运。新车增加了行车记录仪、车内监控探头、乘客满意度评价器以及刷卡器等设备，智能系统全部联网、联控调试后，市民乘坐新增出租车时可实现服务评价、刷卡付车费。此次新增的出租车车身颜色与以前的出租车颜色一致，车身上部为宝石蓝、车身下部为尊贵黄，车型为东风悦达起亚赛拉图。实行公司化、员工制管理，企业为驾驶员交纳社保，车辆运营实行错峰交接班，缓解市民高峰打车难的问题。

新增的240辆出租车整装待发

【加强出租车运营监管】2014年4月，市客管处在加强对出租车驾驶员职业道德教育、落实出租车企业主体责任的基础上，近期又推出标本兼治的八项措施，扎实整治出租车违规经营行为：一是从出租车企业抽调人员分成3个检查组，对市区各主要路段进行路面巡查，检查出租车运营情况，遏制出租车运营中的“任性”行为。二是在火车站、汽车站、飞机场等客流量较大的地段设立固定稽查点，从乘客上下车过程中检查出租车是否违规经营。三是每周组织不少于一次夜间检查，努力扭转出租车夜间运营投诉较多的状况。四是对市区各个路段进行分片包干、落实出租车监管责任，市交通运输局督查组进行不定时督查。五是把出租车车容车貌、安全设施、服务督卡摆放、出租车顶灯是否统一安装LED显示屏、坐垫套的安装和清洗、车身的标志、标识及是否携带证件都纳入监督检查的范畴。六是在市区出租客运行业开展以“整洁、规范”为主要内容的环境综合治理，规定市区1250辆出租车每月必须到出租车企业接受车辆卫生、车辆标识、车容车貌的综合检查，以达到车辆标识规范、颜色统一、车容车貌干净整洁的目的。七是按照集中清洗和自行清洗的两种方法定期换洗坐垫套，客管部门分别在火车站、汽车站、飞机场设点检查验收。八是严厉打击非法营运黑车，维护出租车市场秩序，进一步净化出租车运营环境。

【实行出租车春运违章两次亮“红牌”制度】2015年2月，市区1250辆出租车全部经“体检合格”参与为期40天的春运。出租车客运企业与市客管处签订工作责任承诺书。春运期间，所有出租车驾驶员必须打表收费，实打实收，主动找零、给票，严禁不按表收费和乱收费。发生一起不正确使用计价器，不主动打表，不按表收费、找零，不出具票据或其他情节恶劣的营运违章行为的，对当事人予以1000元经济处罚，车辆停运一天；同一车辆发生两起的，对当事人予以3000元经济处罚，车辆停运3天；同一车辆发生三起的，一律中止营运资格，所属企业解除承包人经营合同。驾驶员在春运期间发生上述营运违章达2次以上的，除接受必要的处罚外，一律注销营运服务资格，三年内不得从事本行业。

严格执行交通法律法规。出租车不得乱调头、乱停乱靠、巧闯红灯、严禁超员带客、闯禁区、超速行驶、疲劳驾驶。严禁驾驶员利用出租汽车从事违法活动。如出现人为责任事故和重大问题的，要严肃追究企业责任。管理部门将视情节轻重，依据有关法律、法规对企业实行通报批评、停业整顿、收回经营权等处罚。

【完成运政在线相关车辆信息录人】2015年，根据《中华人民共和国道路运输管理条例》及交通运输部有关规定，市客管处严格按照先许可后运营这一原则，对无道路运输经营许可资质的经营业户补发《道路运输经营许可证》。已完成市公共交通总公司、市区8家出租汽车公司的《道路运输经营许可证》发放以及运政在线相关车辆信息录入工作。

【爱心助考】为方便考生出行，保证考生能顺利参加高考，2015年6月3日上午在红星美凯龙广场，市客管处、市广播电台及市交警支队联合组织神龙、悦达两家出租汽车企业及“爱心车队”“阳光车队”等35辆出租汽车、驾驶员代表举行了“2015年爱心助考活动”启动仪式，为广大高考考生在考试期间提供免费、义务接送。市客管处已连续15年组织爱心助考活动。

高考期间，市区每天有100辆出租车参加“爱心助考”活动，参加该活动的车辆前窗内统一放置醒目的爱心助考标识。考生出示高考准考证，及相关证件可免费乘车。在整个“爱心助考”活动期间，所有参加活动的出租车驾驶人员严格遵守交通法律、法规，在考场区域不鸣笛，保持车容整洁，座垫套做到干净整洁，服务优质，确保考生乘坐舒心。100辆“爱心助考”车辆分布在神龙、新亚、悦达、鸿雁、明光等8家出租车企业，车辆配备了统一呼叫台，考生及家长在遇到出行困难时，可拨打69665092、88207110电话。

2015年中考、高考期间，市出租行业同样开展“爱心助考”志愿服务活动

【推进无纸化办公等信息化建设】“十二五”以来，市客管处经过对网络办公系统不断的升级改造，功能日趋完善，由最初的信息管理到现在基本无纸化办公，各项功能基本满足管理需要，如服务质量信誉考核、服务监督卡办理、违章投诉处理、网络办公、继续教育管理等，并能够与出租车GPS实时联通。车载设备方面，出租车辆从2007年起开始安装GPS，2011年全覆盖，并建设了调度中心。2014年新增车辆使用了电子服务监督卡，并开通了刷卡支付功能，其他车辆已于2015年全部实施到位。

（“出租车客运”条目和照片由吴登成提供）

公共自行车客运

【概况】2014年市委、市政府为解决市民出行最后“一公里”问题，作出了建设盐城大市区城市公共自行车服务项目的重要决策，并明确由市运管处负责建设和运营管理。

2014年8月，盐城市启动了盐城大市区公共自行车服务系统项目建设，并列入市委市政府为民办实事的民生工程。至2015年1月中旬建成250个自行车站点，安装6600个锁车器，投放6000辆公共自行车。根据市民的迫切愿望，2015年6月又实施了二期项目，新增自行车站点150个，安装锁车器4800个，投放公共自行车4000辆，2015年年底，共建成400个自行车站点，安装11400个锁车器，投放1万辆公共自行车，覆盖了市区更大范围、更多人群，让更多市民享受到公共自行车的福利。同时专门建立了城市公共自行车管理中心，开通了服务网站、便民服务热线及手机微信、二维码服务功能，设立了6个市民办卡服务点，建立了2个维修保养中心，购置了5辆运营调度车，运营服务人员全部培训合格上岗。

【城市公共自行车服务系统项目新闻发布会】2014年11月14日，盐城举行大市区城市公共自行车服务系统项目新闻发布会。市交通运输局副局长薛华、市政府新闻联络处单连军处长等领导参加了新闻发布会，现代快报、中国新闻网、省广播电台、扬子晚报等近20家国家、省市级媒体出席发布会。

该项目投资建设和运营管理采用“政府主导、设备租赁、服务外包、市场运作、监督考核”的模式，实行“统一品牌、统一标准、统一设施、统一平台”和“网络布点、通借通还、24小时全天候”的运行模式。以覆盖中心城区繁华地段为主，兼顾市经济开发区、城南新区、亭湖区和盐都区部分区域。城市公共自行车站点主要设置在居民生活区、行政中心、学校、大型商贸区、公园等人流比较集中的地段。

市区公共自行车服务系统建设情况新闻发布会

【公共自行车服务系统启用】2014年12月16日下午，市区公共自行车服务系统试运行仪式在盐城汽车客运总站顺利举行，副市长王荣宣布盐城市区公共自行车服务系统正式启用，市交通运输局局长管亚光对该服务系统进行了详细介绍，同时36名市民代表参加公共自行车试运行骑行，体验低碳绿色生活。目前市区已经建成152个公共自行车站点，安装锁车器4158个，共有3000辆公共自行车全面投入运行。

副市长王荣宣布活动正式启动

【4G网络助力公共自行车租赁】为进一步提升盐城公共自行车服务项目智能化水平，不断方便市民使用，2015年2月，盐城公共自行车服务系统项目与盐城移动通信有限公司强强合作，利用盐城移动4G网络为全市首批250个公共自行车租赁服务站点与公共自行车数据管理调度指挥中心提供数据传输，方便调度指挥中心及时将下达的指令传递至各租赁服务站点，同时调度指挥中

心也能获取各停车站点反馈的实时车辆状态数据，了解车辆使用停放情况，掌握各个站点的车辆使用规律，在借还车高峰期进行车辆调配。

【公共自行车服务系统被评为市级机关“十大创新服务举措”】2015年3月，市运管处组织实施的“盐城市区城市公共自行车服务系统”被评为2014年度市级机关“十大创新服务举措”。2014年以来市运管处立足运输行业工作实际，主动践行党的群众路线，扎实转变工作作风，积极优化服务模式。探索创新行业发展服务民生新思路、新举措，全力推进“盐城市区城市公共自行车服务系统项目”。2015年1月底，盐城市区公共自行车服务系统已经建成260个公共自行车站点，安装锁车器6900个，投放6000辆公共自行车。主要覆盖了中心城区繁华地段，兼顾城南新区、市经济开发区、亭湖区和盐都区部分区域。还专门建立了城市公共自行车管理中心，开通了服务网站、便民服务热线及手机微信、二维码服务功能，设立了7个市民办卡服务点，建立了2个维修保养中心，购置了5辆运营调度车，运营服务人员全部培训合格上岗。日均借车近8000多人次，日最高借车次数达1.2万多人次，深受广大市民的欢迎。

【公共自行车二期工程150个站点建成】2015年8月，市区二期公共自行车服务项目规划建设的150个站点已建好，计划投放的4000辆自行车也于8月底安装到位，同时新增加的3辆调度车也配备到位。至此，盐城大市区已建成400个公共自行车站点，投放10000辆自行车。截至2015年年底，已为市民办理借车卡6.2万张，日均借车量达1.2万人次，最高日借车量达1.8万多人次，市民借车量与日俱增，受到了社会各界和广大市民的热烈欢迎和高度评价，构成了大市区一道别样的亮丽风景。

【举行“低碳生活，绿色出行”公共自行车骑行活动】2015年9月22日是“世界无车日”，也是我国第九个“城市无车日”。为了深入推广这一活动，市运管处、市公共自行车服务中心在建军路铜马广场联合举行骑行公共自行车活动，旨在引导市民尽可能选用自行车、公共交通、步行等出行方式，减少对小汽车的使用和依赖，以达到节约能源、减少污染、改善环境的目的。本次活动的主题是：低碳生活，绿色出行。市民代表20人、公共自行车服务中心员工30人，统一着装，沿铜马广场→建军路→开放大道→东进路→解放路→铜马广场的路线骑行。

志愿者绿色骑行

（“公共自行车客运”条目和照片由孙根山提供）

专记 9

盐城快速公交(BRT)让城市的血脉流得更畅

吉海蓉

快速公交(BRT)是吸取了轨道交通优点,并获得一定时空优先权和政策优先支持的一种新型城市公交系统，也被人形象地称之为地面上的地铁系统。近几年,引入 BRT 的城市除了北京、广州、厦门、杭州、郑州、常州等 10 多座较大城市外,许多中小城市也相继投入使用。盐城地处苏北,是传统意义上的经济欠发达地区，城市公共交通基础设施比较落后,“建设 BRT，让盐城市民享受到苏南城市居民同样的待遇,提高幸福指数”是市委、市政府大力实施公交优先战略、加强发展民生工程建设的重要举措。自开通以来,BRT 极大地发挥了公交的城市功能,在服务地方经济建设、推动城市发展、方便市民出行等方面发挥了积极作用。

一、BRT 快速公交建设背景

2006 年以来,盐城积极抢抓江苏沿海发展和长三角一体化发展两个国家战略机遇，大力实施城市化和城市现代化战略,城市功能不断增强,城市特色逐步彰显。截至 2009 年年末,城市建成区面积达 83 平方公里,市区人口达 66.3 万人,但城市快速发展伴生的一些问题也日益凸显：市区交通拥堵、公交发展滞后、市民出行方式落后等,这些成为摆在市委、市政府和城市建设管理者面前的难题。学习外地经验,加快城市快速公交系统建设势在必行!

1.项目概况

盐城 BRT 是江苏省内、长江以北地区首条快速公交线,目前已形成“一主一环六支”快速公交系统,线路全长为 156 公里。BRT 项目包括硬件设施和智能信息系统,硬件设施项目有 45 座 BRT 站台,近 40 公里公交专用道,投入营运车辆 134 辆。快速公交智能化系统是一个综合性系统，采用先进的设计理念,易扩充、升级、管理和使用,通过快速公交调度指挥中心实行对快速公交运营服务全程监控和管理。BRT 站台设有安全门、LED 信息显示器、语音广播系统、售检票系统及信号传输、红外线周界防范等多项智能系统。

2.目的意义

BRT 极大地发挥了公交的城市功能,在服务地方经济建设、推动城市发展等方面发挥了积极作用。它的开通不仅是盐城公交发展史上的一座里程碑,也是市委、市政府的一项民心工程,在成为城市建设重要标志的同时，它还带来了沿线城市风貌的焕然一新，改变了市民的出行观念和出行方式，更让盐城公交的企业综合实力和服务品质、社会满意度得到迅速提升。

二、快速公交(BRT)实施建设

1.实施部门

盐城市委、市政府在学习省内常州、广东广州、河南郑州、山东济南等城市 BRT 建设经验的基础上,认真研究盐城市市区 BRT 的建设方案,最终确定“分片发展,合力建城”的原则。市区 BRT 建设以世纪大道为界，分别由市城乡建设局和市城南新区承担建设任务，由市土地储备中心承担解放路及道路两侧 7 个地块的拆迁任务。

2.主要实施过程

2009 年 7 月,被称为江苏长江以北第一条快速公交在盐城解放路开工建设。2010 年 2 月 10 日,解放路 BRT 一号(主)线试运行,同年 5 月 1 日正式运行。与一号线同期开通的还有两条支线:B 支 1 和 B 支 2 线。为了让更多的老百姓从城市建设和发展中得到实惠,市委、市政府乘势而上,赴济南、广州等城市考察后决定在开放大道建设

BRT二号线。这项工程于2010年7月开工建设，2011年1月30日试运行，同年2月20日正式运行。与此配套运行的B支3、B支4、B支5也相继开通。截止到2011年9月,市区“一主一环五支”的BRT线路全面运行。2014年4月30号,开往开发区卡迪欢乐世界大型游乐场的B支6线开通，至此快速公交线路总长度达156公里。

3.资金来源与保障

BRT项目全部由政府投资建设,建设初期共投入59690万元。其中道路建设34000万元,BRT站台2500万元。开通初期,BRT主线使用20辆18米新型快速公交车，环线使用20辆12米双开门车辆,5条支线共投放80辆12米单开和双开门BRT车，共投入10690万元。另外，盐城市投入4500万元用于建设快速公交智能化系统。

4.项目实施过程中的公众参与

市建设部门利用几个月的时间赴国内开通BRT的城市实地调研，结合盐城实际制定可行的规划。在项目实施过程中,通过问卷调查、座谈会、网络、公交热线等多种渠道听取市民意见、建议，并将BRT建设方案、乘坐方式、路线规划方案等有关事项在盐城主流媒体和盐城公交总公司网站上公示,对于市民的合理化建议全部予以采纳。

三、快速公交设施效果

1.改善了城市公共交通面貌。开通之初,BRT车辆是当时盐城市公交车单车造价最高、性能最优、配置最全的车辆,开启了公交空调车的先河，同时快速公交系统实行智能化控制、信号优先、自动语音报站，其运力和运行效率是常规公交的两倍。而且BRT一号末班车延长至晚上10时,其他支线末班时间平均在晚上8时,间隔时间平均在5分钟左右,所有BRT站台还可实行免费换乘,使盐城市城市公共交通的品质得到提升。

2.改变了市民出行方式。BRT线路开通以来，其快速、高效、经济、舒适的运行特点受到广大市民的欢迎,客运总量逐年提升:2010年5—12月客运总量为995万人次,2016年全年客运总量达3611万人次。目前快速公交系统平均日均客流为7.8万人次，占公交总公司日均客流总量的30%。经有关部门统计，随着BRT的开通,2016年年底公交车的出行分担率为17.1%，比2009年提升了近10个百分点,广大市民对BRT的认可大大超过了预期的效果。

3.优化了城市公交线网布局。2010年,为配合城市快速公交系统BRT的全面运营，市公交总公司适时优化调整了19条常规公交线路。近几年来,随着常规公交线路的增多,特别是大市区城乡公交一体化的实施，我们每年都要优化线路5至10条，实现常规公交线路与BRT线路的无缝对接,互相补充、互相配备。到目前为止,我市已形成以快速公交为主网向四周辐射延伸、覆盖大市区的城市公交网络，市区公交运载能力和服务质量均大幅度提高。

四、快速公交建设的经验与创新点

1.主要经验

在论证BRT线路道路改造时,盐城市选择了道路宽度条件较好的解放路和已确定进行道路改造的开放大道作为BRT环线道路。在道路改造方案上,优化道路资源配置,在不实施大规模道路拆迁的情况下，保证了道路改造前原有社会车辆的路权,通过压缩道路绿化带等宽度,拓出了BRT专用车道。在开放大道BRT改造中还采用了中央岛式站台，实现乘客同台换乘，大大节省了道路空间。另外,盐城市在学习省内常州、广州、郑州、济南等城市BRT建设经验的基础上，认真研究谋划市区BRT的建设方案。经反复论证,最终确定“一主一环五支”的建设运营方案,即以黄海路、解放路、新都路、开放大道构成P字型BRT道路环线，经环线向外,分别辐射出开往火车站、沿海工业博览城等五条支线,P字型BRT道路环线覆盖了老市区主要客流密集区，并通过解放南路和开放大道两条南北向主干道，实现了老城区和城南新区的有效衔接。2014年4月30号，B支6线开通，“一主一环六支”的快速公交系统最终形成。

2.项目的创新点

盐城BRT不仅成为苏北城市交通的耀眼之星，也是在中小城市实施公交优先、公交先行的成功典范。然而，这份令人满意的成绩单离不开公交人优质的服务与无私的奉献。B1线线路班长刘飞就是服务典型中的引军人物。在近二十年的营运服务中，他总结出“诚心、耐心、热心”的“三心”亲情服务方式，为无数的乘客送去最真诚、优质的服务。这种朴实、务实的服务理念和服务方法在B1线迅速推广，并取得一定的社会成效：2012年被列为“盐城市公交总公司新训驾驶员理论培训教材”，2011年，盐城公交将B1线命名为“刘飞温馨服务示范线”，这也是盐城公交第一个以员工姓名命名的服务品牌。该品牌成为全国交通运输系统优质服务窗口。另外，2012年建军路BRT站台被省总工会评为“江苏省五一巾帼标兵岗”，其创建的品牌“微笑名片”荣获盐城市交通运输系统优质服务品牌。

3.快速公交让城市的血脉流得更畅

快速的不仅仅是BRT,在市委、市政府的关心支持下，盐城公交正在提速发展：2013至2016年，线路将增至78条，客运总量突破1个亿；“十二五”期间，新增公交车597辆，累计完成投资29616.51万元。政府将继续增加车辆，预计到2016年年底将达1100辆；公交站场建设力度同样在不断加大，截止到2015年年底，站场总面积达394.4亩，五年增加了近7.2倍；大市区城乡公交一体化工作全面完成，14个乡镇，20多个自然村全部通达公交车，真正实现让城市发展的成果惠及到更多的老百姓。

优先发展公共交通事业是建设幸福盐城的一项重点工程，是方便市民出行的一件大事，是市政府实施重点民生实事。公交优先，公交必须优秀。盐城交通人将继续履行行业宗旨，加强管理，提高服务，让盐城快速公交走的更远，让城市的血脉流得更畅。（作者单位：盐城市公交总公司）

第六编 交通管理和执法

路 政 管 理

【概述】

“十二五”期间，盐城市公路部门以维护路产路权为重点，以服务社会为理念，以畅安舒美为目标，认真履行管理职责，保障公路安全畅通。2011—2015年，全市共立案查处路政案件1.52万件，其中处罚1.06万件，处理4307件，结案率100%；依法办理路政许可231件，大件运输许可2303件；收取路产赔(补)偿费4146.60万元，罚款1754.1万元；投入路政装备配备更新经费1003万元，标志标线维护经费7324万元；投入安保工程建设经费4000余万元，建设13条国省干线公路安保工程1252公里，清除障碍物1.53万立方米、非标悬挂物1.23万余块，取缔马路摊点2730余处，有效保障了盐城干线公路的安全畅通，维护了路产路权。(胡俊良)

产权维护

【概况】重视法律法规宣传，造浓路政管理氛围。市公路处每年通过印发宣传单、张贴宣传标语、广场设立咨询点、电视电台、公路巡回宣传、新闻报道等多种形式，大力宣传路政管理。各地把握时节，有针对性地开展公路管理宣传：每年年初，开展“路政宣传进万家”活动，将路政宣传年画送到公路沿线群众家里，开展面对面的交流；开春以后以宣传公路法规、明确公路产权为重点，严防群众在控制区内违法建筑、利用边坡种植；在5—6月、10—11月，以宣传禁止在公路上打谷晒场、焚烧秸秆，保障公路安全畅通为重点；日常巡查发现有乱堆乱放则以人民法院判令违法者巨额赔偿的案例进行法规宣传。上述有针对性的特色宣传，不仅效果明显，而且群众喜闻乐见。

认真履行监督职能，加大路政巡查力度。公路部门在全系统明确路政管理“三定三包”(定任务、定标准、定奖惩和大队包面、中队包片、个人包线)责任机制，明确岗位职责和奖惩措施，确保日常路政管理工作取得实效。认真执行巡查监督、施工路段监管等制度，定期开展夜查、步查，及时将巡查情况录入巡查管理系统，原始记录保管存档；规避安全责任风险，保留文件、照片、视频等监管痕迹，对巡查中发现的占道经营、堆物、乱搭乱建等问题，及时下发整改通知书限期改正，对影响道路交通安全的，以文件函告、挂号邮寄、上门通告、电话记录等方式告知相关部门予以及时纠正。推行公路路政与养护的联合巡查机制，加强重要路段、路侧险要、视距不良路段的巡查监督。建湖、滨海等地积极探索公路管养一体新模式，组织全站路政和养护联合推行公路管养一体工作，齐抓共管，取得较好成效。按照管理职责和侧重点，路政与养护进行联合巡查，当场进行沟通协作，确保做到“四及时”，即“及时发现、及时上报、及时沟通、及时处置”。同时，路政、养护在实施夜查、步查、桥梁检查、安全检查等专项检查中加强联合、互通信息，推动各项管理措施及时落实到位。加强公路日常养护与清扫保洁，及时做好路面、路肩、边坡、绿化带及公路沿线各类设施的养护工作，及时处治公路出现的各类病害。

依法查询涉路案件，坚决维护路产路权。对公路巡查中发现的问题和群众举报的涉及公路案件，及时依法处理。2013年5月，滨海公路站联合公安交警部门强制封闭S327的18个中分带开口，建湖公路站封闭S231、S234中分带开口42处。2014年2月，市区南环路搭接G204施工设计“桥头＋平交”存在严重安全隐患，市公路管理处多次函告建设部门，后经过安全评估改为“互通立交”；2—5月，盐都公路站对S231和S125交叉口加油站擅自搭接和规范许可多次予以函告整改。4月，建湖县公路站及时制止在新建S233建筑控制区内违法建筑物和供电部门准备抢先设置供电铁塔3座。5月初，市公路管理处对阜宁开发区擅自将S329K67+800处防护栏改为木质护栏函告整改。5月底，各路政大队提请地方政府、联合公安对禁止公路打谷晒粮进行公告或电视宣传。2014年，对地方政府负责建设的S352、S610、S333、梁广路等4条道路搭接G204，中分带开口未及时办理许可、未提供安全评价报告，以及施工路段现场标牌设置不规范等安全隐患予以函告。组织多次全市涉路施工路段检查，重点检查了搭接道口、上跨公路、路面修补、路面改造、老路拓宽、桥梁改造等涉路施工事项，包括占用路肩施工、半幅施工和断车施工路段，从规范许可、严审现场管理方案、加大巡查监管力度、规范监管文书、强化安全责任等方面要求监管、建设、施工单位提高思想认识，加强监督管理，及时消除施工路段安全隐患。整治违法道口，对新增搭接道口进行安全评估、规范许可以及隐患整治，对无法规范许可、影响交通安全而强行搭接的交叉道口发函整改或联合交警提请安监部门牵头处置。规范、高效受理公路行政许可，提高大件运输超限许可办证效率和服务水平，加强许可事项的事前、事中、事后监管。开展不可解体物品违法超限运输专项整治，结合盐城实际，促使全市范围内不可解体物品生产运输企业依法实施超限运输。强化道口、中分带开口等路政执法监管。每年初联合公安部门召开全市交警、路政基层部门负责人联席会议，针对全市干线公路擅自搭接、中分带随意开口、广告牌影响视距、乱停乱放等公路部门难以独立解决、存在的安全隐患，由公安交警部门明确安全责任主体，联合函告违法主体。“十二五”期间，提请市政府出台了《盐城市公路路政管理办法》《国省道沿线加油(气)站设置管理办法》和《新改建普通国省道公路路政管理考核办法》等规范性文件，使路政管理有了完备的地方法规依据。(胡俊良)

2012年9月2日，响水县路政大队在S226 K3+920公路建筑控制区内拆除违章建筑水泥砖简易棚屋。同时，与附近村委会协商组织一次公路沿线村民学习公路法律法规知识，以提高公路沿线村民爱路护路意识(周 进)

2013年4月15日，响水县公路站组织路政大队与养护公司联合清理辖区内国省干线公路边坡违章种植。同时，散发宣传材料200余份，教育违章种植居民9人，收到了清除一片，宣教一片的效果(周 进)

响水县公路站会同沈海高速公路路政大队参与华东六省一市联合整治超限运输行动，2013年5月14日8时至次日8时，出动路政执法人员30名、车辆6辆，检测车1辆。通过加大宣传力度，达到预期效果(周进)

2013 年 10 月，盐都区公路管理站组织路政、养护人员对辖区内占用公路打谷晒场现象开展专项治理。出动执法人员 60 余人、车辆 4 辆，清理打谷晒场 56 处，同时搞好路政法规宣传(仇金留、侍劲夫)

2014 年 5 月 13 日，盐都区公路站路政人员在 S125 K11+785 处巡查时发现有商贩占道经营，立即宣传相关法律法规，制止占道经营行为，保障公路安全畅通(仇金留、徐新军)

2015 年 4 月 28—30 日，市公路管理处联合市县两级公安部门参与，在 G228 与 S329 交叉口采取守卡检查和流动检查、日间检查和夜间突击相结合的方式，重拳出击，严查车辆超限运输，确保干线公路畅通和路桥安全(杨学斌)

2015 年夏收期间，盐都区乡镇综合交通运输管理所 10 天中整治公路打谷晒场 10 起。同时，会同当地村组，帮助解决晒场问题(严俊、祁瑶震)

【宣贯《公路安全保护条例》】国务院第 593 号令颁发的《公路安全保护条例》(以下简称《条例》)于 2011 年 7 月 1 日正式施行。

为帮助广大群众了解《条例》，熟知相关责任、权利和义务，增强学法、知法、懂法、守法的观念和意识，在全社会形成爱路、护路的良好氛围，6 月 24 日以来，市公路处及时召开了全市公路系统《条例》宣贯会议。处路政、养护、法规部门就《条例》相关章节条款进行逐项解读、辅导。市交通运输局副

局长、市公路处党委书记、主任葛春宽阐明了《条例》出台的重大意义，就《条例》宣贯工作提出了明确的意见和具体要求。7 月 1 日，市县两级交通公路部门在当地广场开展了集中宣传活动。市公路处、直属公路站组织行政执法人员在市中茵海华广场设立宣传咨询台，现场介绍《条例》的内容，接受咨询；悬挂宣传横幅 2 幅、制作宣传板块 3 块、散发宣传材料 2500 份、循环播放公路法律法规音

像。各县(市)公路站根据市公路处统一部署,在各地也同时开展广场宣传日活动。响水公路站在县城滨江路开展广场宣传活动，发放宣传单500余份,在治超站点悬挂条幅2条,利用路政执法车深入乡镇开展流动宣传,通过电视台开展媒体宣传,并主动到领导机关和政府部门开展送法宣传。滨海公路站在县城吉达广场开展宣传活动，制作宣传版报8块,架设巨型宣传拱门1处,向过往行人发放宣传挂图62张、宣传资料1300份,接受咨询34人(次)。先后向公路沿线乡镇、企业、居民送发《条例》手册120本,在《滨海报》、县电视台、广播电台开展宣传4次,制作宣传横幅5条,张贴标语30张,并出动宣传车2辆在县内主干线公路与街道开展巡回宣传。阜宁公路站在县铁军广场设立咨询台,开展“贯彻《条例》促进公路可持续发展”为主题的宣传咨询活动，执法人员先后向市民发放《条例》小册子和宣传单2000余份,并出动宣传车12辆次进行巡回宣传。射阳公路站在县人民大会堂设立宣传台，分管县长和交通运输局长亲临宣传现场进行宣传讲解；同时在射阳电视台新闻节目中巡回播放《条例》宣传标语,在射阳广播台《鹤乡新农村》广播节目中对《条例》主要内容和重要条款进行解读,在公路沿线桥梁刷写宣传标语、悬挂宣传横幅，利用流动宣传车在公路沿线开展宣传活动。建湖公路站将《条例》发放到每一位干部职工手中,并充分利用周前会、月工作例会组织安排大家学习并组织抽查测试，确保全站干部职工能够熟练掌握《条例》相关内容。

同时组织路政、治超执法人员深入客货运站、治超执法站(点)、公路沿线村组、砂石场、物流运输企业等场所，通过悬挂宣传标语、张贴宣传图片,发放宣传单、宣传手册等形式进行宣传活动,在全社会形成爱护公路，依法保护公路的良好氛围。盐都区公路站组织路政执法人员在法制广场、物流集散场所、客运中心等地方设立了宣传点,通过播放录音、悬挂横幅、发放宣传手册、现场咨询等方式详细地向群众和运输企业介绍《条例》,共计发放宣传手册300余册，为100余名过往群众提供现场咨询服务。大丰市公路站在市区名都广场开展了专题宣传,其发放宣传单600余份,接受群众咨询20多人次。该市交通运输部门的领导走上街头,到现场接受群众咨询,就《条例》主要内容和贯彻要求以及具体条款答疑解惑。东台公路站组织全体路政执法人员在市法制广场进行宣传,主动耐心向前来咨询的群众进行讲解，累计发放宣传单150份,并利用当地的广播、报纸向全社会进行宣传。(*刘志军、顾成湖、姜卫*)

【滨海县推行“三位一体”公路巡查模式】 2011年5月,滨海县交通运输局副局长兼县公路站站长李涛率领该站养护管理股、路政大队、道桥公司养护科的9名技术人员与路政管理执法人员驱车170余公里进行干线公路综合巡查，当天现场清除S226线公路旁违法树木堆积1处,S327线违法砂石堆放2处,现场会办G204、S328线花草修剪与路肩整理工作方案2项，由此滨海公路史上“三位一体”公路巡查新模式正式开启。

过去公路巡查都是分条进行各司其职，公路站养护部门实行的是定期公路养护作业计量考核，路政部门每天依法上路巡查侵害路产路权影响公路畅通的公路违法行为，道桥公司养护科的人员也每天驱车上路对养护员工实行“五项整治”的督查及各工区养护人员出勤情况的抽查，这种各敲各的鼓的巡查方式，不但不利于管养一体工作中具体事项的协调与整改，而且每天多层次车辆的巡查造成了人力财力的严重浪费。为此，滨海县公路站党总支本着抓改革增效能的原则，适时调整工作思路，经过反复调研与协商，出台了《干线公路综合巡查实施办法》，该《办法》既有指导思想、组织领导，又界定了养护、路政、公司三个巡查处置小组的各自职责及工作协调模式，从而开启了滨海公路巡查工作实行“三位一体”的新模式。（杨廷龙、刘国朋）

【阜宁县查处一起严重超载违章行为】2012年8月30日凌晨1时30分，阜宁县路政大队一中队执法人员在S329查获一辆严重超限货运车辆，经检查和检测，该车为六轴车，车货总重为126.49吨，实际超载71.49吨。路政执法人员依法要求车主对超载车辆进行卸驳载，直至符合车辆核载标准，对车主给予经济处罚的同时进行说服教育。

2012年来，随着地方经济的快速发展，货运车辆超限运输行驶公路现象日渐突出，严重破坏公路和桥梁，极易引发道路交通事故，危及人民群众的生命财产安全。针对超限运输屡禁不止的现象，阜宁县路政大队一方面研究整治对策，一方面加大查处力度，把超限运输治理工作列入常态化管理，使超限车辆行驶得到有效遏制。（殷旭、叶正兴）

【盐都区加强公路两侧建筑控制区管理】2013年以来，为遏制公路两侧乱搭乱建违法行为，盐都区公路站采取有效措施，积极完善监控网络，加强对辖区内建筑控制区的监管，做到及时发现、尽早介入。一是加强源头管理。路政人员一发现有违法、违章建筑的苗头，就及时宣传提醒，及时现场制止、向站汇报，从源头抓起，将违法建筑消灭在萌芽之中。二是实行综合治理。对所辖路段进行全面调查摸底，健全完善有关资料。积极加强与国土、建设、沿线乡镇及村组的横向联系，充分发挥各职能部门优势，实行信息共享。发现有违章建筑物和构筑物，及时进行制止和处罚。三是加强法规宣传。加大交通法规宣传力度，增强护路爱路意识。通过宣传单、宣传牌、宣传车等形式加大对《中华人民共和国公路法》《江苏省公路保护条例》等法律法规的宣传，争取沿路群众的理解支持，自觉维护公路建筑控制区的管理。四是完善管理机制。落实个人责任，进一步完善路政巡查责任追究制度，加大考评检查力度，激发路政管理人员工作能动性和主动性，提高路政人员的责任意识，对违法建筑实行全天候监管，努力杜绝违法建筑。（仇金留、徐新军）

【阜宁县整治S328“马路市场”】“这里再也不象以前那样堵车了，我们出行方便多了，政府部门确实为老百姓办了一件实事，心情很舒畅。”这是阜宁县陈集镇闸东村一位居民对整治后的S328省道腰闸段的路域环境，向笔者道出的心声。

占用公路“集市贸易”一直是社会各界反映强烈的突出问题，多年来也一直困绕着地方政府和公路管理部门。2013年以来，车辆司乘人员和群众曾多次反映S328公路阜宁县境内腰闸路段占道经营出现死灰复燃现象，导致车难开、路难走，存在安全隐患。针对上述现象，阜宁县公路管理部门一直高度重视，路政执法人员的宣传和整治工作一直没有间断过，也取得一定的整治效果，但是，当地大多数菜农、商贩的交通安全意识和法制观念相对淡薄，自觉性差，每每形成“你整治我撤退，你离开我继续”的“游击战”现象。在治理过程中，甚至还存在部分“马路市场”经营者不听劝阻，与执法人员发生肢体冲突的尴尬局面。

S328省道阜宁县境内里程约45公里，与其他国省道路不同，它是铺设在苏北灌溉总渠大堤上的省级公路，阜宁公路部门只负责路面养护和管理，公路两侧及之外区域属县水利堤防部门管理，所以该路段“马路市场”的管理工作牵涉当地政府以及政府其他多个部门，只有多方联手，才能彻底整治。近期，由该县公路管理部门牵头当地城管、工商、堤防、派出所等部门，对马路市场进行了联合整治。目前，占路为市的现象得到了有效制止，马路市场所造成的拥堵现象得到有效改善，存在于道路两旁违规经营的摊贩要么规范入店经营，要么迁入市场。当地群众以及过往司乘人员对改观后的状况表示满意。当然，像马路市场这样“老大难”问题，必须形成合力，常抓不懈，才能得到根本解决。

日前，笔者乘车前往S328省道阜宁腰闸段，发现昔日像赶集一样人涌车堵的现象已经不见了。笔者了解到，整治前，当地商贩在原本就不宽敞的公路两侧摆满了摊点，再加上途经车辆，更是拥堵不堪，不仅影响当地百姓的日常出行，也耽误途经车辆驾乘人员的宝贵时间，更易引发重特大交通事故。据了解，该县公路管理部门将持续不断地加大对上述及周边路段的执法巡查力度，一旦发现违章占道经营等行为，及时协同有关部门严肃查处、彻底清理，确保群众出行便捷，公路安全畅通。目前该县已形成了针对公路“马路市场”管理的长效机制，从根本上保证群众的生活、出行方便。（嵇卫东、殷旭）

【双管齐下抓治超】2013年以来，市公路部门采取源头管理和路面执法双管齐下的办法，狠抓公路治超，使非法超限运输车辆擅自行驶公路的行为得到有效遏制。至当年十月底，全市共出动执法人员1.40万余人次，检查车辆1.70万余辆，查处超限超载车辆2963辆，卸驳载货物2.15万吨，平均超限率控制在2.50%以内。

市公路执法部门以依法治超、从严治超确保公路安全畅通为中心，以提升执法为民意识强化职工素质狠抓站点管理为重点，完善工作机制，深化源头治理，强化路面执法，规范执法行为。严格推行目标考核，全面实施超限治理目标责任管理，将全年任务进行细化分解，市处与各站分别签订目标责任书，把超限治理与其他工作统筹扎实推进。强化宣传工作，开展“三走进”活动，积极宣传“超限运输”的危害和治超工作重要性。同时加快推进基础设施建设，完善射阳治超站称重检测信息工程建设，完成东台、大丰治超站称重系统工程验收，完成阜宁S328、S329不停车检测系统的选址、审核、招标、评标等工作，9月20日组织施工队伍进场，目前土建工程已完成70%，其他项目正在组织实施中，年底将全部完工。

在执法行动上，始终保持路面治超高压态势。针对超限严重区域，在建立路面查超常态工作机制的基础上，组织2次由公路、公安等部门参加的联合专项整治行动，对响水（G204、S326）、滨海（G204、S327）、阜宁（G204、S329、S231）、建湖（G204、S231、S233、S234），以及盐都、亭湖区部分路段和节点，开展专项集中治超行动。积极开展跨部门、跨区域联动执法，推进关联处罚工作。同时，强化与沿海高速路政支队协调，组织联合治超行动方案，开展沈海高速公路盐城境内各大队与沿线普通公路路政大队进行联合治理超限运输，依据各自职责和分工，统一时间、统一行动，以保护公路基础设施为目标，以高速、地方、区域和部门联动为手段，坚持依法行政与服务群众相结合，实现沈海高速公路及地方普通公路部门对车辆超限超载的综合整治，稳步推进沈海高速公路路政支队、普通公路路政大队超限运输联合治理工作。此外，进一步建立完善超限车辆抄告制度，为推进关联处罚奠定基础。

为提高办事效率，该处坚持政务公开，推行“行政执法服务承诺制”“首问负责制”，设置“举报投诉电话”“群众意见箱”，设立“执法监督台”“车辆超限超载认定标准、超限超载车辆检测、卸货和处罚执行程序”公示栏，严格执法、规范执法，主动接受社会监督。同时，推行阳光执法，严格执行查处分离制度、卸驳载管理制度、重大案件集体讨论等工作制度、治超案件进行网上运行制度、强化执法规范化监督力度、执法公示和投诉举报制度、执法监察和文书互审、评审制度，执法过程中严格按照操作程序进行管理，杜绝了“吃、拿、卡、要”现象和公路“三乱”行为的发生。积极提升队伍素质，3月份组织了1期全市超限检测员岗位技能培训，参培人员的业务基础、工作流程、设备使用、设备保养和维护水平得到提高。6月初根据市交通运输局《执法队列大会操实施方案》的要求，为“内强素质，外树形象”，组织五项执法队列会操训练班，努力打造作风优良、纪律严明的执法队伍，树立了公路部门良好的执法形象。(姜卫)

【《盐城市公路路政管理办法》出台】为加强公路路政管理，保障公路完好畅通，充分发挥公路在现代化建设中的经济效益和社会效益，根据《中华人民共和国公路法》《公路安全保护条例》《江苏省公路条例》和有关法律、法规、规章的规定，2014年，盐城市人民政府制定并印发了《盐城市公路路政管理办法》(以下简称《办法》)。

该《办法》由总则、公路路政管理职责、公路和公路用地管理、公路建筑控制区管理、公路标志和非公路标志的管理、超限运输管理、法律责任和附则八章组成。从2015年1月1日起施行。(姜卫)

【开展“路政宣传月”活动】2015年5月，市公路处集中开展“路政宣传月”活动，在国省干线公路桥梁以及执法站点悬挂宣传横幅，张贴宣传标语；通过走访厂矿企业、深入沿线村镇发放宣传资料、咨询点现场咨询等多种途径广泛宣传《公路法》《公路安全保护条例》《江苏省公路条例》《盐城市公路路政管理办法》等法律法规，为广大群众讲解占用公路审批许可、公路超限运输许可、公路设施损害赔偿标准以及禁止在公路上打谷晒粮、禁

止在公路建筑控制区内乱搭乱建等方面内容，近距离为广大群众发送公路法律法规知识。为扩大宣传效果，借助电视新闻字幕滚动、微短信平台信息发送、车辆流动播放录音，路政管理人员走进校园、走进社区、走进企业，广泛开展交通安全法律法规宣讲活动等多种形式，积极向广大群众和服务对象进行法制宣传，进一步增进大家对公路法律法规知识的了解，增强群众爱护护路意识和自觉性，为社会公众创造良好的道路交通环境。(胡俊良)

【两市三县联合整治公路超限运输】2015年6月，响水、滨海、灌南两市三县公路管理站在当地公安交巡警部门的配合下，联合开展代号为“飓风”的超限运输集中执法整治行动，打击恶意超限运输行为，提高治超工作成效，保护公路桥梁安全。

3天集中执法行动，共计出动执法车14辆，路政、公安交巡警41名执法人员组成6个执法组，实行四班三运转连续执法检查，共计检查货车427辆，查处超限违法车辆31辆，罚款9万余元，卸驳载货物320余吨，有力地打击和遏制了该区域超限车辆行驶公路的势头，为推进公路超限运输源头治理工作奠定了坚实基础。(刘泉、侍劲夫)

环境整治

【概况】公路环境事关安全畅通和文明建设，“十二五”期间，公路部门着力解决集镇等部分路段环境脏乱差问题，拆除公路控制红线内搭建的

临时性棚屋、垃圾池等违法建/构筑物，取缔公路两侧占道摊点和店外经营，引导群众规范经营，整治公路沿线的非公路标志。保持路容路貌整洁、美观，加强路边水果摊点的管控；对公路边坡上违法种植的农作物进行清理并做好宣传教育工作；与地方政府沟通拆除迁移公路用地内的垃圾池（桶），清除公路用地范围内堆放的建筑、生活垃圾和其它堆积物，遏制向公路上乱倒生活垃圾现象。

2013年4月，重点整治了S331楼王集镇段长达十几年的“顽疾”砂石市场，联合地方政府成功迁移砂石市场。5月，市公路处联合地方政府重点整治G204沿线刘庄、运河等“老大难”集镇段。6月，滨海县公路站争取县政府支持后，拆除G204沿线乡镇搭建垃圾池70个；盐都区公路站联合公安、当地政府拆除G204冈中段K672处遮挡视线、严重影响交通安全的大型广告牌。11月，全市组织路域环境专项督查，全面清理G204、S226、S229、S331、S329等干线公路沿线刘庄、白驹、草堰、郭猛、兴桥等10多个集镇段沿线成段灯杆道旗广告，以及G204五烈镇大型商业广告牌1处。

2014年4月，为遏制渣土车、商砼运输车污染路面的现象，保证路容路貌的整洁和交通安全，市公路管理处在全市范围内开展渣土车、商砼运输车污染路面专项整治活动。同时联合公安、城管等部门突击检查，采取教育与处罚相结合的形式，对运输砂石、建材等车辆要求平仓、覆盖运输，杜绝抛洒滴漏现象发生。路政执法人员深入运输企业，沿线建筑工地、涉路施工单位、砂石经营点，耐心细致地宣传“抛洒滴漏”给公路安全通行带来的危害。5月，盐都区公路站查处一起街道办事处在蟒蛇河桥G204公路用地范围内修建大型广告牌的违法行为，经多次执法制止，当事人自行予以拆除。6月，对大丰城管部门擅自批准S332路灯广告予以函告并实施整改。7月，建湖公路站与政府沟通协调拆除迁移S233公路用地内垃圾池（桶）25个，拆除上冈镇镇区长距离设置的灯杆广告以及S231开发区段4块悬臂式非标。9—11月，市公路管理处对全市公路桥下空间有无堆积、搭建等现象进行梳理整治，对桥下棚亭居住和易燃物堆积、交叉口大型广告牌影响视距等函告安监、交警、地方政府等部门联合处置，对桥下长期驻船的函告海事等相关部门联合处置。

2014年完成盐城市全省挂牌整治的公路重点集镇11个。年初，按照“技术现状、分隔现状、交叉现状、标志设置、路侧环境、路面环境、电缆电线跨越公路、跨线桥梁设置广告、悬挂横幅以及地方政府整治环境态度”等方面进行了调查，拟定整治方案。下半年，联合地方政府组织实施整治，取缔出店经营、拆除影响观瞻或妨碍视距的建筑等，交警部门负责路面乱停乱放、占道经营等交通秩序整治；公路部门负责非标广告的清理以及公路设施的完善，禁停标志的设置，一级公路机动、非机动车道隔离设施的完善，截至年底，11个挂牌集镇段全部整治结束。

提前介入G228路政管理，提请市政府牵头制定临海高等级公路路域环境相关管理办法，对临海高等级公路沿线1000米视线范围内有碍观瞻的建/构筑物实施清理和管控。2014年10月，对G228进行非标集中整治。组织G228沿线6个路政大队，出动30多名路政人员、6辆执法车、1辆大型吊车等对G228盐城段非标实施专项整治，3天内集中力量共拆除55块固定非标。同时利用城乡环境整治契机，对阜宁、射阳境内国省道灯杆非标进行全面清理。10月提请市政府对高速公路、国省道公路两侧高炮广告拖挂、锈蚀、空白版面进行处置整改，并由市委督查办进行督查。

2015年5月，完成普通国省道公路的控制区范围内电杆（塔）的调查工作，并开展在公路两侧非法埋设的电杆（塔）的整治工作，期间共清除堆放电杆420根，拔除违法埋设电杆260根，有效改善了公路安全通行的环境。5月19日上午，响水路政大队在巡查G204时发现K552+800—K553+400

下行处公路用地范围内有人擅自埋设了16根电线杆，存在安全隐患，执法人员立即让施工队停止埋设施工，并到小尖镇变电所要求对违法埋设电线杆进行限期整改。变电所不仅推脱是盐城市电力公司安排，而且让施工队继续强行施工。响水路政大队为确保路产路权完整，改善公路通行环境，当日下午，组织32名执法人员，出动8辆执法车和1辆吊车、1辆平板车对违法埋设的电线杆进行了强制拆除。（胡俊良）

2013年7月23日，盐都区公路站对辖区内G204两侧违章堆放的电线杆进行专项整治。共出动执法车4辆、吊车、运输车各2辆、人员20余名，强制移除水泥电杆60余根（仇金留、徐新军）

2013年7月23日下午，亭湖区乡镇交通运输综合管理所在亭湖区南大线发现一辆半挂车停靠路边，车头上翘，有30米长的路面被机油污染。执法人员随即设置临时警示标志，疏导过往车辆，同时帮助驾驶员联系汽车维修工，让其取土覆盖污染的路面，消除安全隐患，恢复路容路貌（袁加亮、董伟、孙宏连）

2013年10月28日—31日，盐都区公路站对辖区内G204、S331、S233等干线公路开展路域环境整治。共出动路政、养护人员50余名，执法车5辆、清障车2辆、装载机1台，清理违章堆积物30余处、非标15处，清除边坡违章种植1000多平方米，路容路貌焕然一新（仇金留、徐新军）

2014年8月，响水县路政大队对境内道路特别是通往省城的国省干道进行全面排查，对标志标线进行重新漆划，以畅、洁、绿、美、安的道路环境迎接全国青奥会胜利召开（顾宏）

2014年10月9日，大丰公路站对G228（临海高等级公路）南段公路用地内非标及路域环境进行整治，维护路产路权，改善道路通行环境（吴爱彬、丁飞、宋艳）

2015 年 11 月下旬，盐都区公路站组织施工人员对 S231 蟒蛇河桥、S233 洪渡大桥、S331 蟒蛇河桥等 3 座大桥布设桥梁排水系统，防止有害液态物质通过桥梁泄水孔流入河中污染水域(仇金留、徐兴梅)

2015 年 11 月下旬，响水县公路站养护巡查人员发现 G228 K2542—2543 处有大量泥土污染路面，该站随即安排养护人员清除路面泥土，并调动洒水车将路面冲洗干净(吴志刚、黄萌)

【东台市整治沈海高速公路沿线广告设施】 2011 年 4 月中旬以来，东台市公路管理站根据上级统一部署，对市高速公路沿线广告设施进行为期二个月的清理整治。该站以“综合整治，建章立制，长抓不懈”为工作思路，以“绿化、美化、净化、亮化、畅通、有序”为公路交通环境整治工作目标，加大高速公路广告设施整治力度，全力改善沈海高速公路路容路貌，努力提升城市形象和品位。

整治期间，该站一是迅速贯彻落实上级会议精神，组织相关人员学习《江苏省高速公路沿线广告设施整治意见》《盐城市人民政府办公室关于在全市开展高速公路沿线广告设施整治工作的通知》，确保严格按照上级要求开展高速公路沿线广告设施整治工作。二是成立由市政府分管市长任组长，市委宣传部、市交通运输局、城管局、住建局、工商局等部门为成员单位的整治工作协调小组，并成立办公室具体负责广告设施整治期间的日常工作。三是加强宣传，营造良好的整治工作氛围。组织召开了广告单位负责人参加的关于高速公路广告整治工作动员大会，传达上级有关会议精神，安排了东台市高速公路高炮广告整治工作步骤，对高速公路红线控制区内广告设施进行了分析并提出了整改措施，结合省、市整治工作的具体要求做了解释和沟通，要求业主积极配合整治工作，争取自行改造、出新、迁移。

至 6 月中旬，需迁移的 6 块广告牌已全部拆卸，重新选址安装；需修复出新的 23 块广告牌，已完成出新，其中因广告损坏更换出新 4 块，老化褪色更换出新 8 块。

该站还将继续加大整治工作力度强化巡查，建立整治工作长效机制。严格按照“治旧控新”的原则，加大巡查力度，对高速公路沿线老化破损的广告设施及时下发整改通知，限期整改出新到位；对新设置的广告设施严格审批标准，合理确定高速公路沿线广告设施数量和布点；对违法设置的广告设施发现一件、查处一件，做到第一时间发现、第一时间处置，实现整治工作长效化。(张进)

【滨海县开展“S327 文明镇村带”创建活动】 2012 年 5 月 16 日，滨海县文明委通过下发通知和召开专题会议等形式，全面部署“S327(滨海段)文明镇村带”创建工作，要求用两年时间把 S327 沿线镇村打造成展示文明和谐的长廊。

S327 是滨海近年来单体投资最大的一条省级公路，全长 71.94 公里，贯穿境内东坎、八滩等 8 个镇区，是滨海境内的一条重要交通大动脉，也是展示滨海交通建设成果的一张“名片”。滨海此次开展的创建活动旨在“公路搭台、群众唱戏”，以优化亮化公路环境为抓手，把沿线镇村打造为县级以上文明镇村，从而进一步加强农村精神文明建

设、深化文明城乡创建。活动以提高沿线城乡文明程度和群众素质为目标，以开展群众性创建活动为重点，将提升公路环境、镇区形象与为群众办好事、办实事有机结合。活动强调各相关部门与沿线镇村要通过创建达到“活动组织领导有力、城乡环境优美整洁、镇村道德风尚良好、为民服务优质规范、社会秩序安定祥和、创建工作扎实有效”的目标，并按照属地管理、统筹规范、分点实施、定期推进、限期达标的原则，第一年抓启动见实效，第二年抓深化出成果，成为全县“文明镇村带”。此项活动把创建文明镇村，帮助沿线群众建设美好家园与打造“平安大道”“和谐大道”“生态大道”“顺畅大道”有机地结合起来。在活动部署不到一周的时间内，东坎、界牌、八巨、八滩、滨淮等乡镇已雷厉风行全面行动，装有喇叭插着彩旗的活动宣传车在S327线上不时巡回宣传；清理沿线沟塘的10余台挖掘机轰鸣不息，粉刷墙壁、整治草垛、整理路渠的村民随处可见。对沿线镇村和群众这种蓬勃高涨的参与热情滨海电视台专门在每晚播放的《滨海新闻》节目中开设专栏进行了报道。县交通运输部门在这项活动中更是顺风顺势积极参与，县公路站3个工区100多名养护职工在S327集中开展公路“五项整治”活动和精细化养护劳动竞赛活动，用6天时间除做好正常公路保洁外，还精心修整标准化路肩23公里，对辖区内的公路中间花草带进行了一次规范化的修剪。县路政大队为确保S327线公路设施的安全完好，进一步加大对该省道的巡查频率，除每天实行两次以上的全程巡查外，还集中力量实行昼夜定点与流动相结合的公路“治超”，通过高压治理态势确保该线始终处于安全完好顺畅的良好状态。

以公路环境整治为抓手，带动沿线乡镇文明创建活动在滨海是一项一举多得的创举，深受沿线群众的欢迎，他们切身感受到：“公路畅了，村庄美了，河塘清了，民风纯了，我们老百姓将活得更舒坦。”（刘国朋）

【建湖县优化公路环境】为进一步优化公路环境，2013年首季，建湖县公路管理站推出多项举措精心打造安全、舒适、畅通的公路环境。一是精心打造畅通公路。该站全面推行精细化养护，以路面养护为重点，加大路面病害防治力度，规范科学养护规程，提升公路服务能力。同时，积极开展“抓路容、保路况、强管理”的劳动竞赛，保障道路畅通。二是精心打造安全公路。该站加强与公路沿线乡镇政府的沟通和协调，突出抓好非法占用公路、乱堆乱放、违章建筑等综合整治，进一步规范公路标志标牌的设置。据不完全统计，已发放各种路政宣传单200份，清理路面堆积物11处9立方米。三是精心宣传公路形象。该站充分利用报刊、电视、网络等媒体，采取开辟专栏等形式大力宣传公路形象，充分展示养路工人的新风貌、新形象。四是精心打造高效机关。建立机关效能建设长效机制，着力解决一批影响机关效能、损害发展环境的突出问题，同时，该站还要求机关工作人员每周至少有2天深入基层，与一线职工零距离接触，解决一线职工的工作和生活困难。（郑湖）

【盐都区整治非公路性标志】为进一步加强非公路性标志管理工作，净化国省道干线公路路域环境，确保公路安全畅通，2013年4月，盐都区公路站按照“大力宣传、依法整治、规范执法”的工作原则，按中队所管辖区分成调查组，采用徒步调查、实际测量等方式对辖区公路用地、公路建筑控制区内现有非公路标志进行调查摸底登记。在调查中发现没有审批手续违法违规设置或陈旧老

化、安装不规范导致安全隐患的非公路标志牌，向相关责任人送达整改通知书，责令限期整改或自行拆除，并耐心细致地做好相关法律、法规、政策的宣传解释，征得当事人的理解和支持。对《违法行为通知书》送达后逾期不自行拆除的单位和个人，张贴公告，发放《强制拆除告诫书》和《强制拆除决定书》，依法进行强制拆除。整治期间，该站共发放宣传材料200余份，清理违法违规设置或不规范的非公路标志牌10块，张贴公告20张。（仇全留、徐新军、侍劲夫）

【滨海县整治国省干线公路沿线广告设施】 2013年4月28日，滨海县召开整治国省干线公路沿线广告设施工作动员部署大会，全县国省干线公路沿线各镇区及相关部门主要负责同志参会。会议传达贯彻了滨海县政府印发的《关于加强国省干线公路沿线广告设施管理工作的实施意见》，该县交通运输局负责同志通报了滨海境内国省干线公路两侧广告牌设置情况与存在的问题，东坎、界牌、八巨、八滩、滨海港等镇区相关人员对全面做好辖区内广告牌的整治工作做了表态发言，副县长姚兆春就公路广告牌整治工作提出具体要求。

姚兆春指出：公路沿线的环境是对外展示形象的第一窗口，沿线广告牌的设置是否规范，不但关系到路客路貌，还直接关系人民群众生命财产的安全。因此，对那些设置离路太近、结构锈蚀、形态怪异、内容未经审核的广告标牌实行彻底整治，既是对人民生命财产安全高度负责的要求，也是政府履行管理社会职能的表现。要从讲政治顾大局的高度充分认识到此项整治工作的重要意义，在宣传发动、专项整治、检查验收三个阶段要认真履行职能，实行属地包干。整治业绩将纳入年度综合考核，整治业绩显著的将在年终实行加分并予以表彰；因工作不力整治工作未到位的，将逐级追究相关领导的行政责任。各镇区、各部门要在整治活动中统一标准、统一时间、统一步调，要按实施方案的要求各司其职，密切配合，通过出重拳下猛药，确保全县主干线公路两侧的环境符合“硬化、美化、净化、亮化”的要求，为纵深推进“五大会战”、保障全县经济社会平稳健康发展构建强大的交通支撑。

为切实加强对全县国省干线公路沿线广告牌整治工作的领导，滨海县已成立了以分管县长为组长，县相关部门和镇区主要负责同志为成员的领导小组，此项整治活动从5月份开始，7月底结束。（刘国朋）

【盐都区整治道路运输车辆抛、洒、滴、漏】 为进一步优化路域环境，提高通行能力，2013年11月，盐都区公路站对辖区内国、省干线公路开展运输车辆抛、洒、滴、漏专项整治活动。一是抓好源头管理。该站路政人员主动到辖区内部分运输企业进行相关法律法规宣传，争取企业负责人的理解和支持，做好对抛、洒、滴、漏车辆的管理。二是做好现场宣传。向途经的运输车辆发放相关宣传资料，对存在抛、洒、滴、漏现象的运输车辆进行现场宣传教育，使车主认识到运输车辆污染路面的严重性和危害性，并自觉对车辆采取有效密封措施。三是加大查处力度。对经常抛、洒、滴、漏，严重污染路面并屡教不改的车辆，发现一起、查处一起，提高震慑力，保持高压态势。整治以来，该站共发放相关宣传资料500余份，宣传教育“抛、洒、滴、漏”车辆80余辆，处罚有关车辆多起，有效地改善了路容路貌，保证了公路安全畅通。（仇全留、侍劲夫）

【建湖县开展路域环境整治】2014 年国庆黄金周即将到来，为确保社会大众国庆期间安全愉快出行，进一步营造“畅、安、舒、美”的公路通行环境，连日来，建湖县公路管理站组织路政与养护部门联合集中开展路域环境整治活动，取得显著成效。

该站加强路面突发病害处治，加大辖区内管养的国省干线路域环境整治，集中人力、调用装载机和吊车对公路两侧的障碍物、堆积物进行清理。共计清除路边砂石料 130 立方米、桥下堆积物 33 立方米、占道经营亭棚摊点 7 处、固定非交通标志 11 块、移动非标 25 块、路灯广告牌 206 面、拆除违章建筑 1 处。该站同时完善公路安保设施，在路政与养护巡查中发现被过往车辆撞坏的标志、防撞护栏、防眩板、警示桩等安保设施，及时上报实施修复更新。加大路面清扫保洁和污染路面运输车辆治理的力度，及时清扫路面及公路用地范围内的垃圾杂物，严厉查处污染公路违法行为，确保公路安全畅通、环境优美。（周为公、郑湖）

【东台市整治国省干线公路环境】2014 年 10 月以来，东台市公路管理站组织员工依法对国省干线公路环境进行综合整治，确保路况良好，行车安全，路产路权不受侵害。

10 月 12 日，笔者在临海高等级公路东台段看到，该市路政执法人员与盐城市公路管理处及所属各县（市）路政管理人员紧密配合，采取联合执法的方式，对道路两侧控制区范围内的违法建筑、构筑物，乱堆乱放，乱搭乱建，私自设立的非交通性标志牌以及“牛皮癣”进行清理，累计拆除附着式、悬挂式、立柱式广告牌 17 块，得到了沿线村民的大力支持。经政策宣传，非法设立“非标”的户主也表示充分理解。

为有效根治在路边乱设小广告这一顽疾，路政执法人员还采取氧焊切割和抡锤砸碎的方法对遗留的水泥立柱实施破坏性处理，没收了拆解后的广告牌残件。公路管理部门提醒广大市民，为了您和他人家庭幸福，请不要在路边违章搭建，摆摊设点，蓄意侵占路产路权和人为损坏道路公共设施。（仇锦云、薛步东、张进）

安全保障

【概况】以保障公路快速、安全、便捷出行为目的，有效履行公路管护职责和社会责任为重点，不断提高标志标线和安保设施的管护水平，确保公路标志标线和沿线安保设施设置规范、完好、醒目。强化施工路段监管，组织涉路施工培训。2012—2014 年，共组织 4 期涉路施工知识培训，对涉路施工监管内容、流程、施工作业规程进行专题辅导。加强公路小修保养、大中修等施工路段日常监管，开工前、过程中、通车前，各路政大队对施工和安全标志及通车前恢复情况等及时进行核查和监管。

2013 年 5 月，市公路处制发《盐城市国省干线公路标志标线维护管理考核办法（试行）》，从日常管理、路政监管、维护巡检、养护流程、验收与经费拨付等五个方面进一步规范标志标线监管流程。根据省交通运输厅公路局的要求，坚持和执行交 / 竣工验收前公路标志标线的预检机制。2013 年来，先后对 10 多个竣工路段进行预检，并将预检情况函告建设单位。通过预检，全市新（改、扩）建公路建设单位明显提高了公路标志标线的重视程度，进一步推动全市新（改、扩）建公路安保设施建设，提升公路安全通行服务水平。组织开展对学校、幼儿园、医院、养老院等接入路段，以及重要交叉口标志标线专项整治。开展全市普通国省道平面交叉路段安全技术状况调查，规范公路安全设施设置。加强标志、标线等安全设施的日常监管，路政大队巡查和维护巡检发现问题及时、规范上报，维护单位及时响应处置。加强与安监、交警等部门的协调沟通，对交警提出的安全隐患进行现场查看，以国标和省公路局规范为标准，提出合理优化意见实施处置。12 月，组织路政大队分管领导、综合股长学习省公路局制定的 G205 江苏段畅安舒美示范路标志标线技术指南、安保设施优化意见等技术规范，并现场观摩 G205 淮安、宿迁段。通过学习讨论和现场观摩，各路政大队对标志标线"规范监管、优化设置"有了直观的感受。2014 年 8—11 月，对全市二级干线公路桥梁简易护栏路段进行调查、拍照、优化设计、整治，共涉及 S226、S233、S326、S329、S331、S333 等 6 条省道 79 座桥梁，采取标志优化（限速标志）、标线优化（震荡线、车行道分界线）、护栏更新等整治措施，投资 180 多万元。2011—2015 年期间，累计投入安保工程建设经费 4000 余万元，建设 G204、S231、S233、S326、S327、S332、S333、S226、S229、S234、S328、S329、S331 共 13 条国省干线公路安保工程 1252 公里，有效保障了盐城干线公路的安全畅通。（胡俊良）

2011 年国庆期间，东台市公路管理站放弃假日休息，组织施工人员，漆划农村二、三级公路中心标线 140 多公里，将在 10 月底前全部完成漆划任务（仇锦云、吴翔、张静）

2012 年 5 月 22 日上午，盐都区公路站发现 G204 K646+300—K646+500 处一整幅车道上晒满麦子。路政人员严肃批评教育当事人并帮其一起清扫麦子，及时消除了安全隐患（仇金留、陈海霞）

2013 年 5 月下旬，响水县公路站发现一辆变型拖拉机运输砖头侧翻在 G204K562 处，并有机油污染路面。路政人员立即隔离现场，提醒行人绕道，组织养护人员对油污进行加砂防滑处理，确保公路安全畅通（高海涛）

2013 年 8 月初，建湖县公路管理站路政人员冒着烈日加强公路巡查，维护公路标志标牌，图为该站安排专业人员对盐淮高速公路建湖出入口的标志标牌进行规范更新（周为公、郑湖）

2014 年 2 月，全市公路交通安全生命工程方案论证会在建湖县公路管理站召开。全市公路系统的路政安全工作负责人参加会议，就如何排除国省干线公路的安全隐患展开热烈讨论，研究制定切实可行的整治方案，确保公路安全、完好、畅通（周为公、郑湖）

2014 年 3 月中旬，响水路政大队会同响水交巡警大队开展了为期一周的公路安全联动大检查，对辖区内国省道，特别是 S326 平交道口安全状况进行全面调查摸底，对不符合公路技术标准的道口提出整改意见，统一组织归并或封闭（顾宏、高海涛）

2014 年 6 月上旬，盐都区公路站组织路政、养护人员对干线公路标志标牌和安全设施进行全面检查，对缺失、破损的安全设施进行维修或更换。图为该站路政人员在 S125 现场指导更换安全设施（仇金留、徐新军）

2014 年 8 月 12 日，盐都区公路站组织路政人员到鞍湖街道办事处大顾居委会，向村民讲清公路打谷晒场、桥下堆积物资的安全隐患，以及擅自拆除公路附属设施引发交通事故的法律责任，增强广大村民爱路护路意识（仇金留、方萍、熊井生）

2015 年 6 月 16 日，市公路处参加全市统一组织的“安全生产月”集中宣传咨询日活动，在市区中茵海华广场共展出公路交通安全知识展板 12 块，散发宣传资料 1 万余份，直接或间接为群众服务上万人次（安监科）

2015 年 7 月，市公路管理处组织专业技术人员对国省干线公路上 2 座特大桥、98 座大桥、171 座中桥和 407 座小桥进行外业定期检查，针对桥梁上下部结构检查出的各类病害，提出切实可行的处置方案，及时消除安全隐患（刘浩）

【加强夏季公路安全管理】2011 年，针对夏季持续高温、阴雨天气多，易引发安全隐患实际，市公路处切实加强管理，完善防汛抗旱应急预案，真正做到防患于未然。一是落实措施，突出抓好防汛、防台、防暑、防火、防爆、防雷击等六防工作，落实安全防范措施，强化安全监督管理，杜绝各类重大责任事故的发生。二是抓好施工路段、危桥改造的现场管理，规范完善交通标志标线和安全防护设施，组织专人对施工机械和操作人员进行检查，防止塌方、触电、坠落、机械和工伤事故的发生。三是加强路政管理、路面维护、保持标志标线正确醒目。加大日常巡查力度,确保公路安全设施齐全完好,道路技术状况良好。四是加强对辖区公路桥梁进行全面检查,做到抢险人员到位、材料到位、设备到位,确保汛期公路行车安全。五是启动防汛抢险预案,备足防汛抢险物资,落实防汛值班,保证24小时通讯联络畅通。六是加强收费站点的安全管理,保证抗洪抢险物资运输车辆优先、顺利通行。七是加强内部管理,组织地各种机械、车辆、用电设备和公共卫生的检查,确保高温和汛期公路交通安全形势持续稳定。(姜卫)

【亭湖区做好农路桥梁隐患排查整治工作】2011年8月,亭湖区交通运输局根据省、市关于开展公路桥梁隐患排查整治工作的通知精神,精心组织安排,抽调精兵强将组成排查整治工作小组,聘请经验丰富的桥梁施工养护外援人员、县道沿线乡镇农路办人员和中心交管所工作人员对全区境内县、乡、村道上的1000余座桥梁进行逐一排查,并同步更新农村公路桥梁管理系统,对县、乡道上的所有桥梁及涵洞等构造物排查工作同步进行。

在排查工作中,排查整治小组对全区境内每座桥梁详细数据进行核实并现场与地图核对。该局将此次排查工作作为一次全区境内桥梁尺寸测量、桥梁地名核实大普查,并做好桥梁病害调查、完善桥梁照片等项工作,为全区桥梁资料的收集、完善打下坚实基础,对进一步加强桥梁的安全管理工作提供了有力保障。(夏春华)

【建湖县整治道路桥梁安全隐患】2011年8月上旬,建湖县政府召开道路桥梁隐患集中整治专项行动工作会议,副县长孙海山出席会议并讲话。

孙海山要求,各部门、各镇区要围绕“预防发生垮塌事故,确保桥梁通行安全”目标,全面排查掌握全县城区桥梁、国省道干线公路桥梁、乡镇道路桥梁和农村机动车通行桥梁等所有桥梁的技术状况、评定等级、桥型、建设年限,对排查出的质量问题和安全隐患,按照相关技术标准和规范立即限期整治;要建立责任明确、监管有效的道路桥梁建设使用安全管理长效机制,强化安全隐患执法监督,严格桥梁的日常巡查和定期监测制度,制订和落实相关应急预案,坚决杜绝道路桥梁垮塌事故,为全县经济社会全面协调发展提供保障。

本次道路桥梁安全隐患集中整治时间从8月12日到9月5日,为期25天。会上,各镇区和县交通运输局、安监局、公安交巡警等相关部门分别与县政府签订了《道路桥梁安全隐患整治工作目标责任书》。(马智波、鞠瑞荣)

【东台市维修桥梁保安全】2011年8月,东台市公路管理站组织人员对干线公路桥梁病害进行修复,消除安全隐患,力保行车舒适,通行顺畅。

此次桥梁病害修复主要集中在新G204,S226、S229、S333等4条国、省干线公路上。重点解决桥头伸缩缝破损开裂、桥头跳车、存在行车安全问题。

据了解,这些道路桥梁有的由于设计标准偏低,通过车辆载重量大,超负荷运行;有的因为使用时间过长,车流量大而不同程度地出现了一些病害情况。特别是桥头伸缩缝,多数桥梁局部发生了混凝土开裂、钢筋断裂或下陷现象,如不及时处理,不但会缩短桥梁使用寿命,影响投资效益,而且乘车人员极不舒适,安全得不到保障。此次维修的方法以局部开凿处理、更换损坏伸缩缝、重新浇筑高强度水泥混凝土为主。据统计,十几天来东台市公路管理站已组织修复病害桥梁5座,投资达20多万元。(仇锦云、吴翔、梅杰)

【落实干线公路重点桥梁安全监控措施】为切实加强干线公路桥梁安全监管工作,2011年7—9月份,盐城市公路管理处委托江苏省交通科学研究院对全市干线公路管养桥梁进行了定期检查。从本次定期检查的情况来看,该市管养的国省干线公路运营桥梁总体技术状况较好，但仍有10座桥梁整体技术状况被评定为三类。

鉴于上述情况，为进一步加强全市干线公路运营桥梁的安全管理工作，该处要求各养护单位明确监控措施及监控责任人。根据《盐城市普通干线公路桥梁养护管理实施细则》要求，对整体技术状况评定为三类的桥梁，实施重点监控，养护承包企业每周观测不少于1次，管养单位每半月巡查一次。对部件评定为三类或以上的桥梁，养护承包企业、管养单位每半月观测一次。日常监控的重点部位为桥梁基础及上部主要承重构件，观测桥梁基础是否外露、悬空、有无明显移位，上部主要承重构件裂缝有无发展，是否出现异常的竖向振动、横向摆动等情况，并做好详细的记录。监控过程中，养护单位如发现桥梁病害有加剧现象，应立即报告管养单位，管养单位应根据现场检查情况立即采取相应措施，并立即上报市公路处进行现场复查，确定相应对策。（苏文浩、姜卫）

【阜宁县加强涉路施工安全监管】为进一步强化涉路工程安全管理，2013年以来，阜宁县公路管理站按照上级公路主管部门的工作要求，认真贯彻"安全第一，预防为主"的工作方针，积极开展涉路施工安全监管工作，确保不发生因安全监管不力而引发的重、特大责任事故。一是抓好各施工单位从业人员的安全教育和培训工作，特别是加强对施工作业车辆司机安全教育，提高从业人员安全意识，落实安全责任，做到安全工作有布置、有落实、有检查，牢固树立安全第一思想，做到警钟长鸣。二是敦促各施工单位配备专职安全员，做好对施工人员的安全监督和现场交通秩序的指挥，保证车辆通行有序；严禁施工作业车辆违章调头、逆向行驶，在确保安全的前提下，由安全员引导出入施工作业区，并注意观望；督促施工机械停放在路面安全区域，不妨碍和堵塞交通，确保过往车辆和行人安全。三是加强施工安全监管，落实安全防范措施，要求施工单位在现场作业过程中按规定设置"前方施工""道路变窄""车辆慢行"等标志以及导向牌、夜间施工警告灯等涉路施工安全设施，严禁标志标牌不全而进行涉路施工；同时要求施工单位及时修复和更换破损的安全警示标志，切实保证各项安保设施齐全、醒目、完好。四是组织定期安全检查和不定期突击检查，经常性地深入施工现场，加强监督管理，对违反涉路施工安全的项目，责令限期整改，经整改不符合安全规范的一律作停工处理，时刻为施工单位和施工从业人员敲响安全警钟；同时要求施工单位增加安全巡查频率，确保事故隐患及时排除，为公路畅通和车辆行人的安全提供保障。（殷旭）

【盐都区抓好涉路秸秆禁烧】为有效防止因秸秆焚烧而引发道路交通事故的发生，确保辖区内农忙期间干、支线公路安全畅通。2013年5月以来，盐都区公路站多方联动狠抓涉路秸秆禁烧工作。一是成立秸秆禁烧工作领导小组。明确工作思路和实施方案，严格按照职责分工和工作部署，落实秸秆禁烧工作责任。二是加大路政巡查力度。全体路政人员采取提早上班，明确分工，责任到人等措施，及时依法制止、处理焚烧秸秆行为，把隐患消除在萌芽状态。三是多种形式宣传禁烧。采取出动宣传车、悬挂横幅、张贴标语、散发告知书等多种形式，多角度、全方位宣传秸秆禁烧工作相关法律法规，向村民讲清焚烧秸秆的危害，交通安全工作的重要性及秸秆还田的好处，不断提高群众禁烧秸秆的自觉性和主动性，从源头上消除焚烧隐患，共同维护好公路交通环境和行车秩序。四是联防联动治理。主动会同当地镇政府，按乡镇属地，实行分段包干，责任到人，层层建立责任制，确保秸秆禁烧工作的各项要求得到有效落实，共同治理焚烧现象。（优金留、徐新军）

【建湖县加强施工路段安全监管】为进一步加强平安公路创建力度，建湖县公路管理站对照全市公路系统创建平安公路目标要求，结合当前正在开展的2013年"安全生产月"活动，细化措施，

落实责任，对辖区内的国省干支线路面病害进行全面处置维修，同时加大对施工路段的安全监管，按照涉路施工规定要求，在施工现场设置规范齐全的安全指示标志，明确专人值班，既要保证该站养护施工作业人员的人身安全，也要确保过往车辆和行人的通行安全。（周为公、郑湖）

【开展公路安全应急保障演练】为有效检验市公路应急预案的可操作性和有效性，进一步提高应急反应能力，确保全市国省干线公路在发生严重自然灾害及突发事件时安全畅通，2013年7月，市公路管理处在市公路养护应急处置中心开展了公路安全应急保障演练。演练采取情景模拟、人机（电脑）对应、现场指挥的方式进行。演练按照“事件发生—应急反应—现场控制—处置方案—善后处理”五个环节进行。演练时根据情景推进，各相关单位、部门和人员以书面形式提供处理意见，口头表述，电脑演示，人机对应，同步进行，特别注重事故现场的快速处置能力。此次演练，通过快速奔赴现场、明确任务分工、一切准备就绪及信息反馈

上报等内容、程序，做到了反应迅速、有条不紊，达到了预期的演练目的，增强了市公路管理处应急队伍应对公路突发事件的处置保畅能力。（王帅）

【举办公路标志标线维护监管技术培训班】为进一步加强公路标志标线的维护、监管，规范公路标志标线的设置要求和标准，提高标志标线维护、监管水平，2014年4月，由市公路管理处组织的全市公路标志标线维护、监管技术培训班在建湖县公路管理站开班。全市公路系统近100名负责公路标志标线维护、监管工作的相关人员参加了培训。此次培训班专门邀请到公路标志标线维护、监管方面的学术带头人为大家授课，培训的内容主要包括公路交通标志和标线设置规范、公路标志标线的巡查、监管、维护等专业知识，具有很强的实用性，能更好地收到公路标志标线设置科学、规范和系统的效果，尽最大化地满足广大公路使用者的出行需求，进一步保障公路安全畅通。（周为公、郑湖）

【开展安全生产月“四大主题周”活动】2014年6月，为全国第13个、全省第21个“安全生产月”，市公路处开展四大主题周活动。

活动第一个星期为安全生产事故警示教育周。通过组织观看警示教育片、安全教育微电影、安全生产情景剧、警示教育展，举行安全教育大讨论，对典型事故进行剖析，深刻吸取教训，用事故教训推动企业落实责任、完善措施，防范同类事故发生。第二个星期为安全文化周。组织单位职工群众积极参与安全精神、理念、制度、警句征集活动，组织参加全国安全生产卡通形象创意大赛以及全国职业病防治知识竞赛，夯实安全生产文化基础。第三个星期为安全生产宣传咨询周。组织开展以“坚守红线、从严执法”为主题的安全宣传咨询活动，面向社会公众集中宣传习近平总书记关于安全生产重要讲话精神、坚守红线意识深刻内涵和安全生产法律法规及安全常识，提供政策法规、应急救援等方面的咨询与服务。第四个星期为应急

预案演练周。广泛开展不同层级、形式多样的应急演练，将演练活动与安全知识教育和应急救援培训相结合，提高从业人员安全意识和防灾、逃灾、避灾、自救、互救能力。（姜卫）

【公路部门应对台风“灿鸿”袭击】2015年7月，为有效应对今夏第一个超强台风“灿鸿”的袭击，盐城公路部门紧急部署处直各单位、各县（市、区）公路站、重点项目办紧急联动，顶风冒雨，最大程度地降低台风暴雨对公路交通带来的影响，全力保证广大群众的出行安全。

7月11日上午，该处领导班子成员分别带队来到盐靖高速公路盐城西互通改造工程工地、G204服务区以及市公路机械维修服务中心等重点单位、重点工程施工现场，现场检查防台的各项准备工作。让施工单位加固工地的标志牌、吊车、脚手架等设备，并及时撤离施工人员。

公路养护、路政等一线人员及时上路开展安全检查，排除安全隐患，盐都区路政人员在S233线清理了10棵倒伏的高约8米的行道树，滨海县在S327、S226、S328及坎振线县道两侧清理了134棵折断、倾倒的行道树。全市累计出动路政、养护人员1000多人次，为抗击台风袭击、保道路安全畅通作出了积极的努力。（王帅）

【抗击台风“苏迪罗”全力护路保畅通】2015年8月10日至11日，超强台风“苏迪罗”侵袭盐城，对道路交通造成严重影响。

8月10日晚，大丰出现9至11级大风，最大雨量达460多毫米，短短几个小时，城区一片汪洋。23条管养线路普遍受灾，老G204、海堤线、新草线、海益线、南草线、双草线等干支线公路险情频发，大量行道树倒伏，S226一待安装的高炮广告牌被狂风吹倒在公路上，形成事故隐患，严重危及行车安全。险情就是命令。大丰公路站组织100余名养护工和30多名社会临时工顶风冒雨，奋力抢险，清理倒伏树木780多棵，协调业主单位迁移高炮广告牌，及时排除了险情。

在射阳，辖区内G228、S226、S329、S328及海堤公路旁行道树、交通指示牌等被台风袭击，并伴有不同程度的倒塌，交通严重受阻。当日凌晨3点，该县组织养护人员，分组奔赴受灾路段实施抢险。经过近6小时的奋力拼搏，共清理倒塌行道树1000余棵，全县受灾公路恢复正常通行。

在阜宁境内的G204、S234、S328等多条公路两旁的部分树木倒伏、折断，严重影响了交通和行人安全。该县公路站立即组织抢险队员50人，抢险车辆12辆，抢险机械设备15套，顶着狂风暴雨进行突击抢修，共清理倒伏、折断影响交通和行人安全的树木318株。（严俊、仇金留、祁瑶震）

【响水县规范公路平交道口标志标线设置】为全面提升标志标线管理水平，进一步保障人民群众安全出行，2015 年 10 月，响水县公路站强化标志标线的管护工作，严格规范辖区干线公路平交道口标志牌设置，按照支线道口视线良好情况设置“停”“让”等禁令标志，并重新漆划标线。

该站此次是根据《G205 江苏段畅安舒美示范路创建标志标线维护与安全保障工程建设技术指南》和《江苏省普通干线公路标志标线技术状况评定手册》规范辖区干线公路平交道口标志牌设置的，并同步建立了标志标线台账档案。（周进）

队伍建设

【概况】路政工作涉及千家万户，是公路工作的一个标志性窗口，处处体现公路人的形象。盐城市公路管理处始终把加强公路路政队伍建设、作风建设放到突出重要的位置，常抓不懈。每年组织学习省公路局路政管理、标志标线管护、安保工程建设三个年度工作手册，领会工作手册宗旨和要求，培养“建设是技术，养护是技术，路政更是技术”的理念。狠抓执法业务培训，提高队伍素质。通过业余学习、参加培训、案件交流、讲座解疑等形式，实施文化素质强制达标工程，提高执法人员的综合素质和独立办案能力。严把执法人员入门关，将有文凭、有水平、有能力，能胜任路政工作的年轻人员通过考核录用到路政管理工作岗位，健全考核奖惩机制，实施末位待岗制，增加执法人员的压力，并变压力为动力；推进“优秀路政中队”创建工作。加强学习与培训。抓好路政人员日常学习，每月每人完成学习笔记 1 篇，纳入考核内容并适时组织交流。2013—2014 年，贯彻全省公路“规范、严格、阳光、智能、文明”五项执法行动计划，围绕路政执法程序规范化、执法行为标准化、执法方式人性化、岗位技能熟练化，开展路政执法技能练兵，积极参加省市组织的执法队列大会操、技能大比武活动，组织法律法规考试，根据考试成绩实施奖惩措施，执法队伍整体素质得到进一步提升。（胡俊良）

【组织路政人员参加全省路政路面宣传标牌征集活动】 2013 年，市公路处积极响应省公路局号召，组织路政人员参加全省路政路面宣传标牌征集活动，鼓励全体路政执法人员集思广益、踊跃投稿，活动期间累计收到宣传标语投稿 100 余条，版面设计 15 个，投稿人 80 余人。经省公路局筛选评定，盐城市公路管理处获得组织“一等奖”，宣传标语共获得了一等奖 1 条、二等奖 3 条、三等奖 2 条、优秀奖 2 条。同时，规范路政执法人员服装的审批、发放及日常着装管理，建立健全路政装备的使用和管理制度，加大路政执法车辆使用情况的督查力度。（胡俊良）

【举办公路治超技能培训班】2013 年 3 月 19 日，盐城市公路处在市治超站举办了一期公路治超岗位技能培训班。全市公路管理系统 10 个县（市、区）治超站点、市处相关科室 33 名执法人员参加了培训。培训主要分为执法文书制作、检测员

岗位行为规范及工作流程、交通手势队列训练、路政执法系统操作、检测磅使用调试维护保养及工作流程等五大部分。通过培训达到了预期目的，取得了明显成效。（李永芳、刘泉）

【组织收看全省公路系统“苏路学堂”专题讲座】2013 年 5 月 9 日，第二期“苏路学堂”顺利开课，盐城市公路处组织全体干部职工以视频会议形式，认真收看学习了全省公路系统“苏路学堂”第二期专题讲座。“苏路学堂”是推进江苏公路学习型行业建设的重要载体。本期讲座的主要内容是《资治通鉴》启示录，由清华大学张国刚教授主

讲。张国刚教授通过深入浅出的讲解让大家知晓了《资治通鉴》对工作生活的指导意义。（苏华）

【建湖加强路政执法业务培训】为进一步规范路政执法人员的执法行为，提高全体路政执法人员的业务素质，建湖县公路管理站紧紧围绕“规范执法、严格执法、阳光执法、智能执法、文明执法”五项执法行动的要求，2013年先后组织4期路政业务和法律法规学习培训班，主要学习《公路法》《公路安全保护条例》《行政处罚法》《公路行政

执法规范》等法律法规。为检验学习成效，对学习内容进行考试，根据考试成绩实行奖惩措施，同时作为路政执法人员年终评选先进的重要依据，此举有力促进了路政执法人员法律法规的学习，确保公路执法业务水平得到提升。（周为公、郑湖）

【建成盐城公路移动终端对讲平台】为加强全市公路执法信息化装备建设，丰富路网指挥调度通信手段，2014年7月，市公路处举办“盐城公路移动终端对讲平台”操作使用培训班，各公路管理站、收费站、治超站等执法、窗口部门的一线执法人员参加了此次培训。盐城公路移动终端对讲平台是通过和盐城公路的SIP电话系统、视频会议系统组成了无线网和有线网的系统通信平台，在盐城市路网调度与应急指挥中心增加了对讲调度台，为一线执法人员配备了手持对讲终端设备，并将音频接入省、市视频会议系统，从而实现了省、市、县的三级现场对讲联运。目前该系统已在全市公路系统进行推广使用，市公路应急指挥中心负责对一线执法人员的日常指挥。该平台的建设为提升公路执法形象、加强路网调度提供了有力的保障。（市公路处）

航政管理

【概述】

航道行政管理简称航政管理。航政管理是航道部门的主要职责。随着管理机构演变，在市航道处设立航政法规科专门负责航政管理，各县（市、区）航道站也相应设立航政航标股，具体履行航政管理职能。《江苏省航道管理条例》（以下简称《条例》）实施前，全市航道管理机构受市交通局委托对航道实施管理。《条例》施行后，全市市县两级航道管理机构自行行使航政处罚权及许可权。全市境内除军事专用航标外，其他专用航道也均接受当地航道管理机构的业务监督及指导。航道是综合利用的社会资源，相关部门按照分工，各自依法履行职能。为了更好地实施航道行政管理，航道部门与水利、渔政、公安、海事、运管、城管、环保等多部门建立了协同管理的机制。

“十二五”期间，全市航道部门共办理航政许可315件，处罚（理）航政案件100件，巡航54.74万公里，扫床1.18万公里，更换航标60座次，及时清除堆废弃场、打捞沉船沉物，坚持优质服务，依法从严管理，有效保护航产航权，保障航道安全畅通，未发生因管理原因造成航道堵塞事故。（戴万林）

许可服务

【概况】2011—2015年，全市航道部门共办理行政许可315件，其中桥梁许可79件，码头许可151件，其他许可85件；共处罚(理)涉航行政案件100件，罚款3.19万元，收取赔(补)偿费3265.08万元，有效地维护了航道安全畅通。在实施航政许可和航政管理中，坚持主动服务、优质服务，为水运企业、广大船民和涉航施工单位提供及时有效的服务，为地方经济发展保驾护航。

表41　2011—2015年盐城市航道系统航政许可和行政处罚情况

年份	航政许可(件)				行政处罚		
	合计	桥梁	码头	其他	处罚(理)案件(件)	罚款(万元)	收取赔(补)偿费(万元)
2011	74	12	41	21	7	0.67	216.53
2012	48	8	23	17	7	0.47	261.94
2013	109	18	68	23	27	0.575	994.37
2014	51	29	6	16	33	0.88	974.93
2015	33	12	13	8	26	0.595	817.31
合计	315	79	151	85	100	3.19	3265.08

（戴万林）

盐城市航道管理处自觉按照市委、市政府“三服务”的要求，积极主动上门为涉航企业提供服务。图为2012年5月市航道处领导与省航道局有关部门负责人及航政管理人员，到盐城内河港区开发区步凤作业区专用航道工程现场会办工作(孙文)

2014年7月中旬在“行政执法服务月”活动中，盐都区航道站航政执法人员来到交通重点工程——S233跨蟒蛇河大桥施工现场，对涉航许可项目实施重点辅导，使相关单位尽快获得了航政许可(唐红星、王庆丰)

【响水航道站服务地方经济实现“零投诉”】2011年以来，响水航道站不断完善服务设施，强化服务手段，采取多种有效措施服务地方经济发展，实现了航道服务经济“零投诉”。

该站先后实行“首问负责制”、“服务承诺公示制”、“电话预约制”、“举报查实制”、“主动登门服务”等制度，不断提高服务质量。“首问负责制”让每一位到站办理业务的服务对象，只要接触、询问站里的任何一位工作人员即为第一责任人，要在第一时间把服务对象带到相关股室，联系落实到具体经办的责任人，办理相关业务。“服务承诺公示制”是将服务承诺、许可条件、办理程序、审批期限、收费依据等事项公布上墙。并聘请行风监督员，设立举报箱和举报投诉电话，接受社会各界监督，做到阳光审批服务。实行“电话预约服务制”，只要有服务对象一个电话，航道管理人员按照预约条件及时到位等候，节省服务对象办事时间。实行“随需随到服务制”，无论是星期天，还是节假日，只要有服务对象需要了解或办理相关业务，有关航政人员及时到场，落实解决相关事宜。实行“举报查实制”，只要接到涉航举报，在第一时间内赶赴现场，调查、核实、解决，并回复举报人。实行“提前介入服务制”，凡知晓有意向来响涉航办企的，主动与客商衔接，宣传航道法律法规、灌河及临海的区位优势、产业特色及沿海开发政策等。实行“主动登门服务制”，凡有新落户涉航企业，及时主动登门，提供咨询论证服务，主动参与涉航项目的论证，提供经济、适用的建设意见，为企业领导层决策提供依据。实行“优惠政策服务制”，对新引进的项目放宽政策，有政策弹性的一律按低限服务，鼓励客商投资兴业。实行“高效审批服务制”，按照审批要求，主动告知或帮助企业办理行政许可前的必备手续，主动帮助与上级主管部门衔接联系，努力快速把审批事项办好办结，保证在限定审批期限内将审批手续交给服务对象。实行“严明廉政服务制”，对许可标准、审批条件一律实行集体研究确定，减少执法人员自由裁量权，并按程序办理许可手续，避免请客送礼等不良现象发生。（吉开生、熊洪亮）

【滨海县开展航政执法百日“访、谈、巡”活动】为全面贯彻落实盐城市航道系统2012年航政管理工作意见精神，进一步增强航政工作的主动性和创造性，全面提升航道服务社会的能力和水平，滨海县航道管理站认真开展航道行政执法百日“访、谈、巡”活动。

该站高度重视“访、谈、巡”活动，成立了以行政主要负责人为组长的领导小组，并根据滨海实际情况研究制定了“访、谈、巡”活动计划，发动全体职工参与“访、谈、巡”活动。首先，做好“访”的工作。主动上门调查了解服务对象的意见和建议。该站航政航标股与分管领导一起对临海高等级公路上所有在建的桥梁主动上门帮助办理航道行政许可。对县供电公司损坏丁字港航道边的标牌进行了恢复验收和赔偿处理，并帮助该公司办理临跨过河高压电线的行政许可手续。其次，主动做好“谈”的工作。该站邀请沿海化工及福泰化工等涉航单位对在航道管理及行政执法过程中的行风作风及服务态度等进行座谈，充分征求服务单位的意见和建议。再次，按规做好“巡”的工作。认真落实省厅航道局巡航管理制度，对通榆河等主要干线航道进行了巡查，及时拆除了2处鸭棚和2处违章码头，有力地保证了滨海干线航道的安全畅通。（严开林）

【直属航道站为春耕物资运输服务】2013年3月，盐城市航道处直属航道站组织干部职工深入航道巡查，为春耕物资运输船舶保驾护航。

直属航道站辖区地处市区周围，货源集散多，船舶流量大。春耕开始后，运输春耕物资的船舶剧增，为了确保航道安全畅通，该站组织人员深入航道进一步检查维修航道设施，先后对10多处航道标识重新油漆，使标识更加醒目。加大巡航密度，先后排除了3处事故隐患，组织航政艇先后为40多艘春耕物资运输船队引航。同时，还为春耕物资运输船舶送水送菜，开辟绿色运输通道，确保春耕物资运输船舶安全畅通。（傅臣毅）

【盐都区航道站推行“一站式”服务】2013年5月，盐都区航道管理站航政人员在例行巡航过程中，发现盐邵线古殿堡段正在建设一处水质监测站，经过现场勘察，设计标准与航道规划相差比较大。考虑到该监测站直接为盐龙湖水源保护区服务，关系到市区数十万人口的饮用水安全问题，该站人员主动靠前服务，积极推行“一站式”服务和“说理式”执法模式。会同市航道处航政科、盐都水利局、环保局、盐龙湖建设工程处进行现场办公，对该监测站进行现场定位。航政执法人员依据2009年省干线航道网规划图，并结合航道现状，确定了该监测站站房建设位置和取水栈桥位置。让站房位置按原规划图向后退了20米，确保其在盐邵线航道五改三的规划红线外。同时，航政人员积极告知行政许可的相关事项，确保不影响该工程在汛期前完工，为全市人民提供安全水源环境保驾护航。（殷国炜）

【东台市推进内河港口发证工作】2013年以来，东台市内河港口管理处四措并举，扎实推进港口经营许可证发证工作。一是开展法规宣传。召开港口企业负责人座谈会，宣传相关法律法规，并就如何方便快捷办理港口经营许可证进行了广泛交流座谈。通过详细解读法律法规以及省市对内河港口持证经营的相关要求，现场解答港口企业提出的问题。二是主动上门服务。采用走出去的方式上门服务，并把上门服务企业与宣传法律法规融为一体。有计划地深入港口码头，耐心宣讲有关规定，对具备许可条件的港口码头，及时跟踪服务，协助其完善相关资料。三是多与镇区对接。为了让港口码头走上规范经营轨道，该处采取措施，多与镇、区分管人员对接，联合召集港口码头相对人，集中辅导、集中办理，提高办事效率，降低办事成本。四是加强内部联动。港航联合执法，登门拜访，密切协作，与码头业主交流沟通，取得良好效果。

东台内港处通过深入细致地开展工作，有效地拉近了管理部门与被管理者的距离，增强了港口企业及相对人的法律意识，让港口码头相对人对申请办理港口经营许可证的思想从模糊概念上升到清晰认识、从被动接受上升到主动申报、从要我办证上升到我要办证的彻底转变。全年新发港口经营许可证20本，另有20余个码头已经完成检测评估，基本具体发证条件，区域内内河港口经营行为得到了进一步规范。（杨海波）

【盐城水上服务区应用船舶岸电技术】2015年9月，盐城刘大线航道（大丰港疏港航道）大中水上服务区PEC9111低压岸电系统正式签订供货协议。至此，全市境内包括连申线东台、盐城、阜宁，盐邵线盐城及刘大线大中等5个水上服务区，已全部应用船舶岸电技术。

近年来，盐城市航道部门围绕发展需求，致力提升内河航运的服务质量和水平，大力推进水上服务区建设，年内先后有5座水上服务区建成并投入运行，为过往船舶及船民提供加油加气、餐饮、汽修、仓储、装卸等服务。为拓展航道服务民生的领域和功能，市航道管理处经过不断地研究探索，在水上服务区全面推广应用岸电技术，促进航道节能减排，打造节能、低碳、环保的绿色航道。

岸电技术，即电子静止式岸电电源，又被称为"低温熨烫"式电力转换，指的是货轮、集装箱船等商用船舶到港靠泊码头后，立即关停船用发动机，用电缆线插座接通港口码头上的供电设施链，船舶供电线路与岸电联网，船舶照明、空调、设备等一切用电均由岸电提供保障，直至船舶离港。与传统船舶柴油发电机供电相比，岸电具有零排放、零油耗、零噪音、高效率等特点。

据悉，盐城市还将在内河公共码头等处推广应用岸电技术，倡导节能环保，拓展服务功能，提升船民生活质量。（戴万林）

巡航执法

【概况】加强巡航，严格执法是航政管理的重要内容，是保障航道安全畅通的重要措施。2011年，市航道处举办说理式执法和行政强制法培训班各1期，组织参加上级的执法业务培训班7期。通过培训，进一步提高了执法人员的执法理念、执法业务水平。全系统行政许可、行政执法、航标管理等均实现了信息化管理。2012年，市航道处组织全系统以"面向服务保障对象，提升服务保障能力"为主题的航道行政执法百日访、谈、巡活动。通过走出去、请进来、上门宣讲、参观座谈、法律法规宣传咨询日等多种形式，有效提高航政执法社会认知度，促进航政管理工作的顺利开展。同时组织2次执法文书评查互查活动，推进执法行为规范化。自2012年7月开始，市航道处统一组织开展“三超一无”（超长、超宽、超吃水，无船名牌）船舶整治活动，至2013年年末，共发放“专项整治活动宣传手册”等宣传资料4000多份，制作宣传牌12块，悬挂横幅标语24条，出动宣传车36台次，出动宣传艇52次，出动宣传人员280多人次。共向地方海事处通报了50余次，向相关船闸通报了20余次，整改船舶400余艘。连申线（东台段）航道通过“三超一无”船舶专项整治活动，进一步规范了船舶的标志标识、航行、作业、停泊行为，有效防范和遏制水上事故发生，保障航道畅通和水上交通安全，保护广大船员的切身利益，船员的安全、责任意识明显增强，水上交通安全隐患得到有效整改，船舶通航秩序有了明显好转。2015年4月，全系统集中开展《中华人民共和国航道法》（以下简称《航道法》）宣贯活动，组织执法人员到街头广场、相关单位、涉航企业事业单位等进行宣讲，通过问答的形式让涉航相对人和广大人民群众了解《航道法》具体内容，共送达《航道法》单行本4500余本，解答咨询4000余人次。全市共110名航政人员，分4批参加省厅航道局举办的全省航道系统《航道法》培训班。

“十二五”期间，全市航道系统巡航里程达54.74万公里，扫床1.18万公里，清除堆废弃物183吨、沉物50吨、沉船66艘、沉石3吨、违章码头17座，拔除水泥桩304根，投资168.30万元，更换航标标体32座、标灯28座，保障了航道安全畅通，未造成航道24小时以上的堵塞。

2011—2015年盐城市航道系统巡航、清障扫床、更换航标情况

表42

年份	巡航里程（万公里）	扫床里程（公里）	清除废堆弃物（吨）	清除沉物（吨）	清除沉船（艘）	清除沉石（吨）	清除违章码头（座）	更换航标标体（座）	更换航标标灯（座）	投资金额（万元）
2011	10.16	2074	120	11	23		12	5		28
2012	11.37	2091	2	2	10	3	1	4	22	26.30
2013	11.28	2190	2		10			5		20
2014	11.25	2900.15	9	37	10		3	12		58
2015	10.68	2578.80	50		13		1	6	6	36
合计	54.74	11833.95	183	50	66	3	17	32	28	168.30

（戴万林）

2014年2月，盐都区航政管理人员对境内干线航道进行全方位巡查，坚决杜绝干线航道违章建筑。图为航政人员巡视沿河码头处理护岸上的违章建筑（殷国炜）

【推行航政管理有奖举报制度】为打击破坏和非法占用航道的违法行为，2012年2月，盐城直属航道站出台航道行政管理有奖举报制度。制度明确，凡是发现有11种破坏和非法占用航道违法行为的公民都可以向航道管理机构举报，举报被现场确认属实或者经调查被确认属实的，按收取赔偿金或罚款额5%的现金奖励给予举报人。

举报内容包括：未经航道管理机构审查同意，擅自建设、设置与通航有关的设施，或者未按照审查决定内容建设、设置的；在航道上实施疏浚、清障作业,将废弃物弃置在航道内和航道边坡上的;船厂、港池、排水口、码头等在使用过程中造成航道淤浅,未按要求疏浚、清障的;未按规定设置、维护专用标志的;在通航水域内设置固定渔具、种植水生植物或者围河养殖的;向航道内倾倒砂石、泥土、垃圾以及其他废弃物的;危害、损害航标、标志标牌和整治建筑物等航道设施的;在航道边坡、航道边坡外侧5米以及航标周围20米范围内堆放物料、建造房屋的;在航标周围20米范围内设置非交通标志标牌的;在船闸引航道内设置码头、装卸设施、加油站、趸船的;触碰航标不报告、危害航标、破坏航标辅助设施、影响航标工作效能的。(刘泉)

【东台市上航巡查引入失职问责制】为维护航道畅通和航行安全,保障航产航权不受侵犯,自2013年3月起,东台市航道管理站在航道巡查中引入失职问责机制,旨在进一步强化航道行政管理现场监管力度,将航道巡查落到实处。

东台航道站管辖的航道大多远离市区,穿乡过镇,一些违法行为往往带有很大的突发性和随意性,且取证相对比较困难。为使巡航能够真正起到及时发现、制止航道违章违法行为的效果,该站将航道巡查任务逐项明确落实到人头,并优化巡航线路,明确巡查任务、范围、重点,制定了严格的奖惩制度。制度规定,对巡查不到位、未能及时发现、及时制止违章行为而造成严重后果的,严肃追究相关责任人的责任。该站还要求航政执法人员严格执行航道巡查制度,增加航道巡查次数和频率,同时要认真翔实地填写航道巡查日志。对巡航中发现的各类违法行为,要做到及时依法处理,确保通航环境和通航秩序良好,维护辖区航道的安全畅通。(卢约成、刘珊珊)

【盐都区跟踪管理涉航建筑】2013年5月,盐都区航道站航政执法人员对中央储备粮库盐城尚庄分库码头建设项目进行跟踪管理。在施工放样时发现该码头未按行政许可要求放线,将严重影响到航道发展规划,当即责令该企业立即停止施工。该企业负责人与航政人员进行沟通后,承诺未得到许可不再施工,请求航道站帮助企业尽量减少损失。航政人员秉持"急企业所急,想企业所想,急事急办,特事特办"的服务态度,针对施工现状所涉及部门,5月14日,商请市内河港口管理处、市航道管理处航政法规科、工程养护科,盐都水务局、交通运输局和尚庄镇政府相关负责人,一同到中储粮尚庄分库码头所处航段进行实地勘察研究,对照等级航道规划及港口管理要求,对现场进行实测计算,各职能部门共同研究协商,为该企业的码头建设提出修改意见,同意该企业以消防水池西墙为起点向航道边推进不超过25米,而水务局计划在盐邵线左岸建设的挡土墙工程暂缓实施,由航道部门在今后的航道等级"五升三"养护整治工程中建设。这样既避免该企业码头因违章建设而拆除重建造成重大损失,又保障了航道规范化管理的要求。(王庆丰)

【滨海县联合取缔航道违章建筑】2013年5月21日,滨海县交通运输局组织航道、地方海事、港口管理等水上执法部门对中山河航道界牌镇航段一处违章建筑进行调查取证。该违章建筑为当地村民盛某未经许可擅自在航道边坡砌筑码头,且中山河航道已规划为滨海港疏港航道。经联合调查取证后,立即予以取缔,并通知当事人限期至有关部门处理。(王丽萍、李建军)

【大丰市加大内河港口执法力度】大丰市内河港口管理处自2013年年初成立以来,始终坚持"依法行政、文明执法、高效服务、勤政为民"的宗旨,不断加大执法力度。年初,大丰内港处得知通榆河白驹段沿岸有5座无证浮吊非法进行货物装卸,扰乱当地内河港口经营秩序,污染当地水环境,先后5次进行调查取证,并送达《违法行为通知书》和《限期改正(拆除)决定书》。4月23日,该处联合白驹镇政府、地方海事等相关部门组成执法队,对违法港口设施进行强制执行,全部予以清理取缔。

江苏博汇公司系大丰市市委、市政府引进的大型企业,该公司由于未按照规范建设码头,港口经营许可一直未能办理。该处一方面积极服务,引导企业健全各项管理制度,完善安全消防设施,督促企业加强安全生产管理,并尽力帮助企业完善各项手续,力争能够获得港口经营许可。另一方面,对博汇公司未经依法批准,建设港口设施使用港口岸线予以查处。目前,该案已申请人民法院强制执行。

当年,该处共查处内河港口违法案件近20件,有力地维护了区域内内河港口经营市场秩序。(王金荣)

【盐都区规范航政执法】2014年,自党的群众路线教育实践活动开展以来,盐都区航道站进一步规范航政执法自由裁量行为,防止选择性执法、随意性执法行为的发生。该站把规范执法自由裁量权作为建设"阳光型"航道的重要举措,全面提高执法人员素质、提升管理服务水平,树立盐都航道人的新形象。在执法过程中,该站把文明执法和依法处罚有机结合,禁止以罚代管,特别是今年对干线航道违规小码头和侵占航道边坡违规下货的行为,在执法过程中,全面实行首次违章告诫不处罚。今年已批评教育沿河企业和水运业主达20人次,均给予了"人性化""首违不罚"处理,取得了较好效果。但对人为故意破坏护岸、边坡的行为,只要违法事实清楚,性质较重的,一律依法进行查处,执法人员在执法过程中做到轻重有度、处罚有

据,禁止以人情等因素给予优待或重罚,确保"阳光"操作,规范执法到位。(殷国炜)

【盐都区航道站加强夏季巡航】2014年夏季,盐都区航道站一是合理调整巡航时间,利用清晨和傍晚气温不高时段安排执法人员上航巡查。二是加强对巡航过程中的□望,提高巡航效率。对贪图凉快在干线航道内"野泳"的个人及时制止;对借机突击构筑违章碍航设施的行为立即查处。三是乘艇巡查和乘车巡查相结合。对于地处偏僻的航道主要乘坐航政艇巡查,对于交通较为便利的镇郊航道,尽量乘坐执法车巡航,尽量节约巡航开支。四是现场巡查与遥控遥测相结合。利用无线信号监测境内8座航标发光正常率,一旦遥测系统提示异常,立即安排专人上航现场检修。近日,该站积极协调安监部门共同对兴盐界河一处违章建筑进行处理,确保夏季汛期航道安全畅通。(唐红星)

【直属航道站创新执法方式】一是倡导"前置式"执法。航道执法人员针对执法过程中可能出现的问题和矛盾先进行摸底分析,研究对策,做到早发现、早制止、早处理,努力把问题解决在萌芽状态。二是实施"亲和式"执法。通过各种渠道深入辖区定报企业、涉航企业和水运单位宣传航道法律法规,提醒企业自觉遵守有关规定。消除部分执法对象存在的对立及侥幸心理。三是推行"提醒式"执法。对日常巡航检查中发现的苗头性违法行为及尚未构成行政处罚的轻微违法行为进行提醒警示,有效预防了严重违法违规行为的发生。四是采用"服务式"执法。航道执法人员树立执法就是服务的工作理念,在优化服务中提高执法效率。随着盐城市城市建设不断发展和新一轮公路建设高潮的掀起,市区涉航桥梁建设工程方兴未艾,该站在桥梁工程开工前及时和建设、设计单位联系,在工程预可性研究、工程可行性研究及初步设计等工程前期阶段,提出桥梁通航标准和技术要求,与建设、设计单位研究解决设计方案中存在的问题,实

现了工程建设和航政管理的“双赢”。五是坚持“说理式”执法。在查办案件时做到教育与处罚相结合、执法与普法相结合,突出以案说法,向当事人说清违法行为及社会危害性、适用的处罚依据和理由、自由裁量权行使理由和不予采纳当事人观点的理由等,帮助当事人分析原因,使当事人充分认识到行政处罚行为的合法合理性,减少因法规解释不到位而滋生的执法矛盾,更好地体现了依法行政和以人为本的原则,增强航道行政执法的说服力和公信度。(刘泉)

【直属航道站启动“巡航执法周”】自2015年5月18日起,盐城直属航道站组织开展了为期一周的“巡航执法周”集中执法行动。

此次执法行动在通榆运河、盐邵线、盐益线、新洋港等等级航道上进行拉网式巡查。巡查重点锁定8个方面:航道范围内是否存在未经许可或对通航、航道养护构成较大安全隐患的临、跨(穿)航道等与通航有关的建筑物;涉航工程被许可人是否按照航政许可决定书所载明的技术标准和尺度进行施工,是否采取保障航道安全畅通的措施,是否及时清除施工遗留物,是否恢复或者补偿损坏航道设施;航道范围内是否存在影响船舶安全航行的渔网渔簖、沉船等碍航物;航道(码头)养护、改造过程中是否存在不合理施工行为;航道范围内是否有施工泥浆、生活垃圾乱倒现象;主干线航道护岸是否存在淘空、塌落、不均匀沉降现象;标志标牌及告示牌是否存在缺损、严重褪色、倾斜、被遮挡等情况;在航标周围20米内是否有钻孔、挖坑、采掘土石、堆放物品或者进行明火作业,在航标周围是否有抛锚、拖锚、捕鱼或者养殖水生物及影响航标工作效能的其他行为。

通过“巡航执法周”行动,进一步提高航政管理水平,对涉航违法建设经营行为持续保持高压态势,做到文明执法、依法行政,确保航道安全畅通和船舶安全航行,策应盐城内环高架快速路网等民生重点工程的顺利推进。(刘泉)

内港管理

【概况】市航道管理处自2010年8月增挂“盐城市内河港口管理处”牌子,增设内河港口科以来,认真履行内河港口管理职能,不断规范内河港口经营行为,促进盐城内河港口健康有序发展。(戴万林)

【部署2012年全市内河港口管理工作】2012年4月16日,市内河港口管理处召开全市内河港口管理工作座谈会,各县(市、区)港口管理部门主要负责人、市内河港口管理处分管领导和内河港口科全体人员出席会议。市交通运输局党委委员、总工程师陈日晓到会并讲话。

会议汇报交流了当年第一季度内河港口管理工作情况,并针对存在问题,研究对策措施。会议认为,全市货港费征收工作已全面启动。通过组织教育培训,加强政策宣传,建立征管制度,采取多种措施,努力化解征收工作中的困难和问题,建湖、射阳、大丰、响水相继开征货港费,为全市开了个好头,截至3月底,全市已征收货港费15万元。各地认真贯彻执行市交通运输局《关于进一步明确全市内河港口管理职能的通知》,逐步建立健全内河港口管理机构,但发展不够平衡,少数地区因机构不全,使内河港口管理工作尚未开展或管理还不够到位。会议要求,各地要进一步重视内河港口建设规划,制定规划时要有前瞻性,规划一经批准不能随意调整;要认真落实《危险化学品安全管理条例》,进一步明确港口危险化学品安全监管职责,切实做好危险化学品安全监管工作;要强化货港费征收工作,攻坚克难,打开局面,逐步提高征收率;要根据《港口法》相关规定,加强“浮吊船”的管理,对符合条件的发放《港口经营许可证》。

最后,陈日晓讲话肯定了全市内河港口工作所取得的成绩,要求下一步内河港口管理工作要做到“四个统一”:一是统一机构设置,明确机构成立期限,明确人员数量、素质要求,并保持人员固定。二是统一工作标准,内河港口管理工作刚刚起步，千头万绪，市内港处要认真研究具体要做哪些工作，各项工作如何规范运作，如何做好基础工作。三是统一执法资质、执法服装、执法文书、经营许可证发放条件等。四是统一收费政策，确保票、款安全，收费环节不出任何问题。（朱广军　单以超）

【联合开展专项整治活动】根据全市内河港口建设和经营行为专项整治活动动员部署会议精神，2012年5月，盐城市地方海事局和市内河港口管理处联合组织全市地方海事系统和内河港口系统在全市范围内开展内河港口建设和经营行为专项整治活动。专项整治活动范围为全市内河新开工及在建的港口建设项目和从事货物装卸作业的港口码头。主要包括十项内容：一是港口岸线

使用、初步设计、施工图设计未经批准，擅自开工建设的。二是未按规定办理设计变更手续擅自改变项目建设规模和内容的。三是未依法履行港口工程招投标、质量监督和开工备案手续开工建设的。四是未进行交工验收或交工验收不合格，或未办理试运行备案手续擅自投入试运行的。五是未申领“港口经营许可证”从事港口经营活动的。六是未申领“危险货物港口作业认可证”从事港口危险货物作业活动的。七是未及时办理“港口经营许可证”“危险货物港口作业认可证”延续或年审手续的。八是擅自扩大港口经营或港口危险货物作业范围的。九是港口特种设备未按规定审验或审验不合格继续使用的。十是管理人员、现场作业人员未依法取得有效的上岗资质从事港口生产作业的。

专项整治活动历时近7个月时间，共分四个步骤实施，第一阶段为宣传发动阶段（5月10日至6月30日）。要求各地迅速部署，加强宣传，营造浓厚氛围。第二阶段为集中整治阶段（7月1日至8月31日）。按照省市专项整治要求，对在建港口项目、港口经营行为分类整治，及时整改。第三阶段为集中查处阶段（9月1日至10月31日）。针对整治方案中的10个方面内容，分步骤、有重点开展现场执法行动，依法对违法违规港口建设、经营行为进行集中取缔和处罚，进一步净化港口建设和经营市场环境。第四阶段为总结表彰阶段（11月1日至11月30日）。此阶段及时协调解决在专项整治活动中遇到的各种困难和问题，实施检查考核，总结专项整治工作，建立长效管理机制。（朱广军）

【东台市部门联动整治内河港口经营行为】2012年11月1日至8日，东台市地方海事、运输管理、内港管理、水警大队四部门联动开展内河港口专项整治工作。

对未申领取得港口经营许可证的，不得从事港口经营活动，地方海事机构不予签证，擅自离港船舶由地方海事机构对其进行处罚，并通报港口行政管理部门，港口行政管理部门责令码头立即停止违法经营活动，没收非法所得，并进行相应处罚。按省交通运输厅港口局《关于进一步明确港口经营许可有关事项的通知》要求，取得港口经营许可证后，方可从事相应的港口经营业务。（郑涛华）

【亭湖区及时制止违法建设码头行为】2013年3月11日上午，亭湖区内河港口管理办公室执法人员在港政执法巡查中发现青墩连接线新洋港大桥北侧有一施工现场，经查明是市建工集团下属一商品混凝土企业因市区串场河改造搬迁至此，并擅自占用岸线约120米。该企业在未取得岸线和准建等审批手续的情况下，准备开工建设码头。执法人员立即责令该企业停止违法建设行为，并要求该企业按照港口法律法规以及交通运输部《港口岸线使用审批管理办法》的规定进行项目申

报，从而及时制止了一起违法建设码头行为的发生。（江峰）

【明确2013内河港口管理五项工作】为认真总结内河港口管理工作的成绩和经验，推进全市内河港口平稳持续发展，2013年5月8日，市内河港口管理处组织召开全市内河港口管理工作座谈会。市内河港口管理处分管领导出席会议并讲话，各县（市、区）港口管理部门主要负责人参加会议。会议总结了前阶段内河港口管理工作，要求2013年全市内河港口管理部门要以“内河港口管理提升年”活动为契机，全面推进各项工作开展，重点做好以下五项：一是进一步加强队伍建设。各县

（市、区）确保5名以上专职管理人员，力争建成港政执法大队。二是切实加大违法行为查处力度。贯彻实施港口系统“五项执法行动”计划，全面规范港政执法行为。通过拉网式大检查，加大对违规建设项目和经营行为的查处力度。三是做好经营许可证发放工作。重新对辖区内河港口码头调查核实，按照省厅港口局《关于进一步明确港口经营许可有关事项的通知》要求，做好经营许可证发放工作。四是加大货物港务费征收力度。目前全省联网收费工作已经启动，还没配备好收费设备的单位尽快落实到位，迅速启动联网收费工作，规范征收。五是切实加强安全监管工作。相关单位要尽快督促未持证危化品港口企业完善手续，确保持证经营。进一步明确港口危险化学品储罐安全监管职责，确保万无一失。（单以超、李文华）

【推进内河港口建设和管理规范化】2013年，全市内河港口管理系统紧紧围绕“优化布局控资源、调整结构促转型、强化服务稳增长、夯实基础保安全”主旋律，把握内河港口发展重大机遇，应对各种困难和挑战，全面加快科学发展步伐，推进内河港口建设和管理规范化。

一是规划引领，构建内河港口总体框架。《盐城内河港总体规划》已通过审查，报市政府审批。盐城内河港按照行政区划划分为8个港区，47个公用作业区，其中主要作业区17个、一般作业区30个。

二是迎难而上，内河港口建设全面推进。截至11月底，全市内河港口建设已完成投资1.30亿元，占年度计划8000万元的162.50%。东台、建湖、阜宁、步风作业区的4个规模码头主体工程基本建成。市区城西凤冈、城东新界作业区已完成工可报告，取得规划、园林、航道、海事部门相关批复，其中城西凤冈作业区码头工程岸线使用申请已经报省局待批。新兴作业区、大丰港区华海及明珠等码头项目也在快速有序地推进之中。

三是科学管理，行业管理水平明显提高。经营许可进一步规范。截至11月底，新增发港口经营许可证68本，全市内河港口持证经营码头282座，持证率达73%，较上年上升13个百分点。执法力度进一步加强。全市依法责令限期整改10家，清理取缔20余座非法浮吊，进一步规范了港口建设及经营秩序。规费征管扎实推进。以管理促征收，以服务带征收，全市已征收货物港务费300余

万元,占省局下达年度征收计划的 150%。安全监管有效提升。完成与安监部门港区储罐安全职责划分,落实监管职责、杜绝监管盲区。全市内河港口未发生一起安全生产责任事故。

四是服务企业,行业形象实现新的提升。为帮助企业解决资金缺口这一制约港口码头规模化发展的瓶颈,更好地服务经济社会发展,市内港处一方面及时做好跟踪服务,帮助企业完善建设程序,积极向上争取并合理安排资金 3000 余万元。同时,创新思路,通过借助市交通投资公司投融资平台筹集资金,向省有关主管部门争取补助资金,向承租方吸收资金等“拼盘”方式,拓宽投融资平台,高起点规划、高标准建设、高速度推进城西凤冈作业区、城东新界作业区码头项目建设。(朱广军、单以超)

【全市内河港口工作会议召开】2014 年 2 月 26 日,全市内河港口工作会议在盐召开。市局党委委员、副局长裴义婷到会并讲话,市内河港口管理处主任陈建斌作工作报告。会议总结回顾了 2013 年全市内河港口工作,客观分析了内河港口发展面临的形势和问题,全面部署了 2014 年全市内河港口工作。

2013 年,全市内河港口管理工作取得六大成效:基础设施建设顺利推进,全市内河港口计划项目建设完成投资 1.30 亿元,占年度计划 162.50%;内港发展规划有序展开,初步构建内港发展总体框架;港政监管能力有效提升,清理取缔 30 余座非法浮吊,新增发港口经营许可证 72 本,持证率达 74%;安全监管力度不断加大,未发生一起港口安全责任事故;规费征收管理扎实推进,全年累计征收货物港务费 381 万元,占省局下达年度计划 190.50%;城东新界、城西凤冈两个服务民生的码头工程顺利实施,完成投资 5000 余万元。

2014 年,全市内河港口管理系统要以党的群众路线教育实践活动为动力,进一步加快结构调整,提升内河港口规模发展水平,优化港口布局;进一步加快基础设施建设,完成投资 2.90 亿元,建成市区港区城东新界、城西凤冈作业区码头,加快建设市区港区步凤作业区码头工程;进一步提升行业管理水平,维护市场经营秩序;进一步强化安全监管,夯实全行业安全发展基础;进一步加强队伍建设,打造务实清廉的行业形象。(李文华)

【全市内河港口管理围绕五个重点】2014 年,全市内河港口管理工作紧紧围绕“五个”重点,全面推进市内河港口持续健康发展。一是进一步加快结构调整,完善《盐城内河港总体规则》,同时启动“十三五”规划编制工作,结合城市化改造和港区功能调整,对利用效率较低的小码头占用岸线资源进行整合,推动小、散、弱码头向规模化公用港区集中,提升内河港口规模发展水平。二是进一步加快基础设施建设,年内建成市区港区城东、城西作业区码头,加快建设市区港区步凤作业区码头工程,完成投资 2.90 亿元。三是进一步提升行业管理水平,按照港口码头作业持证率达 80%,其中干线航道港口码头作业持证率达 100%的目标要求,做好《港口经营许可证》发放工作,针对全市内河港口码头存在的违法经营行为进行集中整治,凡未申领《港口经营许可证》的,一律不得从事港口经营活动,保护持证经营者合法权益,切实维护良好的市场经营秩序。四是进一步强化安全监管,全力推进安全“三化建设”,大力开展安全检查“三项行动”,着力构建安全生产“三大体系”,夯实全方位安全发展基础。五是进一步加强港口人才队伍建设,加强执法人员法律法规和业务技能的

教育培训，加强党风廉政建设，打造务实清廉的行业形象。（单以超、李文华）

【推进“内河港口达标年”活动】2014年年初，在全市开展“内河港口达标年”活动。为不断推进全市内河港口规范化建设进程，10月16日，市内河港口管理处召开“内河港口达标年”推进会议，对内河港口达标年活动进行总结和推动。

达标年活动开展以来，全市内河港口管理部门积极采取措施，工作取得初步成效：一是抓达标，持续提高经营许可证持证率；二是抓整治，规范内河港口建设经营秩序；三是抓建设，推进内河港口规模化进程；四是抓规划，切实做好内河港口合理布局；五是抓征收，为内港发展提供必要的资金保障。

会议要求下阶段工作要围绕“整治一批，达标一批，建设一批”的工作思路，推进“内河港口达标年”活动的深入开展。一是深入开展专项整治，严厉打击内河港口违法建设经营行为，建立崭新的内河港口建设经营管理秩序。二是全面强化安全监管，开展“打非治违”专项行动，推进安全标准化建设，切实保障内河港口安全持续稳定。三是推进管理改革，扎实做好内河港口简政放权工作。四是加大执法力度，不断提升内河港口依法行政水平。五是强化基础工作，为推进内河港口发展提供坚实保障。（单以超、李文华）

【市政府《关于加强全市内河干线航道港口岸线及建设管理意见》出台】2015年4月15日，市政府印发《关于加强全市内河干线航道港口岸线及建设管理的意见》（简称《意见》），《意见》依据《中华人民共和国港口法》《江苏省港口条例》等法律法规，对保障港口岸线资源的合理开发与利用作出了明确规定，将进一步推进全市内河港口向规模化、集中化、机械化方向发展。

《意见》指出，建设内河港口项目使用港口岸线的，必须符合《盐城内河港总体规划》。禁止违反内河港口总体规划和港区控制性详细规划建设内河港口设施。新建内河港口项目必须取得岸线许可，履行基本建设程序。

《意见》明确，要坚持“政府主导、属地管理、部门联动、齐抓共管”的原则，切实加强对在内河航道特别是内河干线航道违法使用港口岸线、违法建设港口设施的查控工作。各县（市、区）人民政府、盐城经济技术开发区管委会、城南新区管委会牵头组织对本辖区内内河港口码头违法行为查控工作。发展与改革、经济信息、国土资源、城乡建设、水利、规划、环境保护、安全生产监督、航道、海事等部门和机构按照各自职责依法做好内河港口的相关管理工作。

《意见》要求，各地要建立健全内河港口管理机构，加强内河港口管理力度，抓紧抓好内河港口规划、建设、港口经营、安全等管理工作，要强化监督考核，实行部门联动，鼓励举报投诉，严肃追究问责，建立健全内河港口长效管理机制。（朱广军、单以超）

安全保障

【概况】安全是航政管理工作的重中之重，“十二五”期间，全市航道部门认真贯彻落实“安全第一、预防为主、综合治理”安全方针，强化和落实主体责任，以隐患排查治理为基础，落实定期巡航、及时扫床清障，更新航标，保障航道安全畅通；强化涉航涉港施工安全管理和机务管理，制定完善各类应急预案，并及时组织演练，不断提高突发事件应急救援能力，努力实现安全生产标准化。（戴万林）

2012年7月，响水县港口管理局港口行政执法人员根据新出台的《危险化学品安全管理条例》的职能定位和2011年度“港口经营许可证”年审与换发工作安排，深入危化品企业码头进行安全检查。图为港口行政执法人员正在与企业负责人就夏季高温天气安全作业和强化码头值班制度等工作进行交流(徐卫东)

2013年9月，盐都区航道管理站在卫生城市创建过程中，航政执法人员走遍辖区内所有干线航道、港口、码头，向涉航企业、船户宣传创卫知识，查找影响航道生态环境的薄弱环节和事故隐患，对违章和碍航建筑物坚决实施拆除，号召沿线群众共同促进美丽航道建设，共建美好家园(唐红星)

为确保航道安全畅通，东台市航道站于2013年10月中旬用3天时间，对通榆河、泰东线等高等级航道进行系统性扫床，共完成航道扫床100多公里，图为航政人员正在扫床(许同明、肖圣江、周健)

2014年8月8日，市内河港口管理处召开全市内河港口青奥会安保工作专题会议。会议要求：各县(市、区)内河港口管理部门要认清形势、高度重视；明确责任、认真履职；注重细节、强化基础；加强联动、依法规范，切实做好青奥会安保工作(单以超、李涛)

【东台市保障汛期航道安全畅通】为了切实做好2011年的航道防台、防汛工作，东台市航道管理站落实四项措施，确保汛期航道安全畅通。

一是提高思想认识，明确工作职责。全面落实“一岗双责”，把安全责任分解落实到每一个股室、每一个职工，要求大家明确各自工作职责。二是加强安全管理，落实应急措施。进一步完善汛期航道保障应急预案和应对措施，做好救灾物资、设备保障、抢险队伍等各方面的准备工作。三是加强巡航排查，消除安全隐患。组织相关人员对干线航道进行巡航排查，并对航标、指路牌、标志标牌、码头进行拉网式安全隐患排查，坚决杜绝麻痹大意和侥幸心理，排查一个、整改一个，把事故苗头消灭在萌芽状态。四是及时组织清障，确保航道畅通。积极组织相关人员对辖区干线航道进行清障，及时清除渔网渔簖等碍航物，确保汛期航道安全畅通。(许同明、周健、周建华)

【东台市推行航道安全风险抵押办法】2011年以来，东台市航道管理站针对航道工程安全生产面临的新情况、新问题，不断探索管理方式和方法，逐步将安全风险抵押办法推向深入。

该站在以往实行全站人员风险抵押金的基础上，当年8月又制定了工程施工项目安全风险抵押实施办法，重点是单位在内外部工程施工过程中，实行单位法人及施工的自然人安全风险抵押。风险抵押金标准按照工程项目的投资比例交纳,并设专户存储,主要用于工程项目安全生产基本保障、隐患整改、资料整理以及施工人员安全生产奖励等方面的支出。安全风险抵押办法的推行,进一步规范了航道工程作业程序和施工人员的操作行为,有力地促进了该站安全生产工作的顺利开展。(卢约成、周健)

【滨海县开展航道百日安全大检查活动】2011年11月,滨海县航道管理站认真贯彻落实市交通运输局关于开展百日安全大检查工作的文件精神,组织精干力量对航道、设备、办公场所、出租房进行细致彻底的安全大检查。一是责成航政航

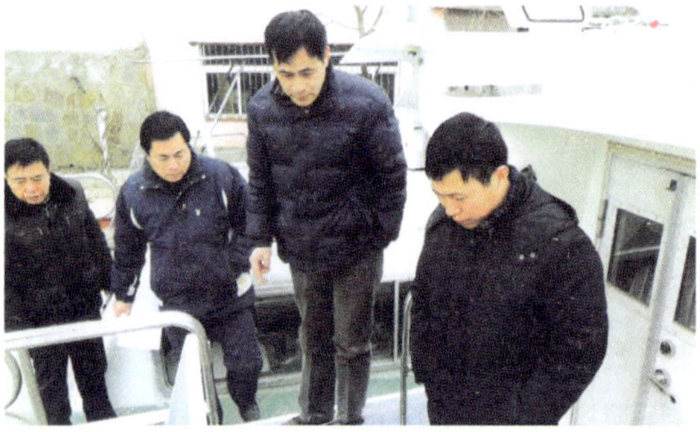

标股利用航政艇对全县主要航道进行一次全面的巡查,消除碍航隐患,确保航道安全畅通。二是对该站所属车辆、检查艇及网络机房逐一进行仔细检查,保证车艇设备技术状态良好。三是对办公楼的消防设施进行排查,做好单位内部安全管理工作。四是加强对出租房屋安全管理工作,加大检查密度,明确安全责任,保证不出问题。该站一直坚持月度例行安全检查,坚持每月安全例会制度,切实强化安全教育,努力提高职工安全生产意识,为各项工作任务的顺利完成提供良好的工作环境。(杨激雷、王丽萍)

【阜宁县做好航道防汛工作】2012年5月以来,阜宁县航道站未雨绸缪,采取多项措施做好当年防汛工作,受到地方领导称赞。一是对区域内583公里航道进行了突击整治,先后清除河面垃圾、杂草50多吨,清除鸭栏、鱼簖等碍航物12处。二是在事故易发航段设立警示牌,在主要干线航道设立监控点,实行全天候监控。三是对航标、宣传牌、界牌、指路牌等进行维护保养,确保正常运转。四是制定汛情应急预案,并组织人员进行演练,确保拉得出打得响。五是筹备了树棍、塑料袋等防汛物资。六是利用信息平台,对来往船舶进行实时导航,确保区域内583公里航道在汛期安全畅通。(张明、丁孝荣)

【亭湖区港口办加强安全检查】2012年7月,亭湖区内河港口管理办公室联合区各交管所对辖区内所有的港口码头进行全面的安全检查。对在检查中发现的安全隐患,责成相关企业制定整改方案,提出解决问题的具体措施,并明确整改的时间节点要求。在督促企业抓好现场管理的同时,要求企业在危险部位设立警示牌并安排人员值班,确保万无一失;对不能及时整改的企业,要求他们建章立制,制定方案,提出解决办法,并订立整改计划表,明确整改事项、整改措施、整改要求、整改责任人以及整改完成时限。同时,根据省厅港口局《关于进一步明确港口经营许可有关事项的通知》(交港务〔2012〕1号)文件精神,该办主动与具有码头检测资质的南京南大工程检测有限公司联系,请他们派专家上门,为辖区内中鼎混凝土、新高混凝土及保龙混凝土3家公司所属的码头分别进行安全检测和评估,待检测合格后,按照有关规定,为这些企业发放港口经营许可证。(江峰)

【加强危化品码头安全监管】为规范内河港口经营秩序,加强内河港口危化品安全管理,2012年7月25日,市内河港口管理处会同滨海县港口管理局港政执法人员顶烈日、冒酷暑,来到滨海县头罾化工园区,对该园区吉华化工有限公司、福泰化工有限公司、江苏省海盐化工有限公司、苏普尔化学、江苏森达沿海热电有限公司等五家企业的相关危险化学品码头进行一次细致的安全检查,做好港口法制宣传,同时,对这些企业如何强化安全管理、完善管理资料、规范操作程序,如何申领“港口经营许可证”“危险货物港口作业认可证”进

行了专门的业务指导。此举得到企业充分认可，为加强该县内河港口特别是危险化学品码头的安全监管起到较好地推进作用。（单以超、宋亚洲）

【"五一"前组织内河港口安全检查】为及时查找安全隐患，预防事故发生，维护全市内河港口安全生产秩序稳定，2013 年 4 月 27 日，市内河港口管理处组织港政执法人员对市直几家大型港口企业码头进行全方位安全大检查。在检查现场，执法人员认真听取企业负责人有关安全管理情况介绍，仔细查看企业安全生产责任制落实、安全生产规章制度、应急预案演练、证照完备以及员工安全培训教育等相关情况。

从检查情况看，市区内河码头安全形势基本稳定，但也发现一些问题：有的码头使用未经检验合格的吊机；消防设施配备数量不足；安全管理人员力量不足。针对检查中发现的问题，执法人员督促相关单位严格按照安全生产标准化工作的要求，采取有效措施，加大码头安全投入及自查力度，定期对码头作业机械、机具进行安全性能检测，确保安全运行。（单以超、周艳萍）

【开展港口码头夏季安全隐患排查】为进一步加强内河港口码头夏季安全监管，切实稳定港口安全形势，市内河港口管理处从 2013 年 8 月 3 日开始，对辖区内所有内河港口码头进行安全隐患排查。一是明确职责。要求各港口企业落实港口安全生产的主体责任，重视夏季安全生产工作，根据季节特点，对存在的问题及时落实整改。二是查找隐患。对辖区内的港口企业逐户走访，认真排查安全隐患，针对存在问题提出整改要求，特别是针对防台防汛及防暑降温的相关措施落实情况，要求港口企业提高防范意识，及时消除安全隐患。三是严加防范。要求各港口企业建立完善的安全管理制度，做好安全应急应对措施，进一步明确值班人员、值班电话、值班车辆，责任到岗，责任到人，防止安全事故险情等信息倒流，确保信息沟通及时到位。

通过排查进一步规范港口企业的安全生产行为，强化安全管理基础，完善安全设施和安全制度。进一步打击内河港口码头违法行为，提升码头监管水平，有效遏制一般事故，对杜绝重大事故的发生，起到积极地促进作用。（单以超、周艳萍）

【盐都区创建"平安航道"】"船行千里路，平安是港湾"，盐都区航道站结合辖区航道实际，自 2013 年 9 月以来，把创建"平安航道"与保障航道畅通有机结合，全面提升航道管理水平。一是加强领导，精心组织。制定创建"平安航道"实施方案和相关应急预案，并进行针对性的模拟演练。二是突出主题，开展宣传。突出"和谐领航、服务有道"主题，营造浓烈的创建氛围，加强对执法人员和管理相对人的宣传。三是强化巡查，联动执法。查纠侵占损坏航道违法行为，依法治航，重点打击未经许可非法建设涉航设施的行为，开展航道清障扫床工作，做好航标维护，确保航道畅通。与水政、海事、公安等相关部门密切合作，联动执法，提高航道安全管理水平。四是创新形式，务求实效。树立"责任、监管、保障"全覆盖的理念，达到安全监管体制机制标准化、安全工作研究科学化、隐患排查治理常态化、应急管理工作高效化、安全教育培训制度化。（殷国炜）

【盐都区力保雾霾天气航道安全】2013 年冬季雾霾天气较多，对船舶航行影响较大，盐都区航道站未雨绸缪，完善专项应急预案并组织演练，积极做好雾霾天气各项安全防范工作。

一是加强航标巡查，确保标位准确、颜色鲜艳、灯光明亮。特别是加强对施工水域临时助航标志、桥涵警示标志的检查，保证航标正常发光率。二是加强水位观测，及时探测航道水深，发布航道信息，并提醒船舶驾驶人员加强观望，谨慎操作，防止船舶发生碰撞、触礁事故。三是密切关注天气变化信息，做好大雾天气的应急准备工作，随时发布雾霾天气预警。四是要求航政执法人员注意自身安全，巡航时必须穿着救生衣，巡航中加强了□望，严禁超速行驶的行为。五是督促公务车驾驶员

注意雾霾天气行车安全，提前做好车辆检查和各项准备工作，确保安全行车。（殷国炜）

【直属航道站首创“1234”安全工作法】2013年11月，市航道处直属航道站接到全国“安康杯”竞赛组委会颁发的奖牌和证书，该站首创“1234”安全工作法获“全国班组安全建设与管理优秀成果展示二等奖”，是全市交通系统唯一获得该奖项的单位。

“1234”安全工作法中的“1”是指每天上午召开一次安全班前会，灌输安全理念。“2”是指每天下午下班前进行“两查”，即事故隐患排查和隐患监控点检查。“3”是指三级安全责任制，即个人、股室、分管站长安全责任制。“4”是指坚持四项制度，即坚持每月一次安全形势分析；每季度进行一次安全制度完善；每半年进行一次安全理念探讨；每年进行一次安全技能培训。这是该站在安全工作实践中总结出来的一套切实可行、行之有效的工作方法，这种方法集安全理念灌输，安全制度建设、安全技能培训，安全文化建设等于一体，能最大限度地挖掘人的安全潜能，充分激发职工安全工作的创造力，提升安全管理水平。据悉，省有关部门将推广他们这一做法。（傅臣毅、于敏）

【全市内河港口安全暨春运安全保障工作会议召开】2014年1月14日，全市内河港口安全暨春运安全保障工作会议在盐城召开。各县（市、区）内河港口管理部门主要负责人，市内河港口管理处全体员工出席会议。会议总结了2013年安全管理工作，全面部署2014年安全工作及春运安全保障工作，市内河港口管理处与各县（市、区）内河港口管理部门签订了《2014年度内河港口安全管理工作目标责任书》和《2014年内河港口春运工作目标责任书》。

会议部署2014年内河港口安全工作：一要加强对全市内河港口新建、改建、扩建从事港口危险货物等建设项目的安全条件审查。二要加大对内河港口经营企业，特别是危险货物港口企业的

安全监管力度。三要进一步加强港口危险货物事故应急救援演习。四要进一步加强“1+3”安全监控体系建设，强化“两个主题”落实，持续推进安全监管方式和手段创新，确保不发生一起因监管不力而造成的安全责任事故。

会议部署了2014年春运安全保障工作：一是加强领导，全面落实春运安全工作责任制。二是细化措施，做细做实内港安全防范工作。三是深入排查，切实做好单位内部稳定工作。四是加强值班。及时准确上报辖区内河港口安全管理工作信息，特别是事故信息，不得发生信息倒流现象。（李文华）

【薛华督查港口建设施工安全工作】2014年5月21日，市交通运输局副局长薛华带领市局安全处等机关处室人员，到市区内港凤冈作业区码头项目建设工地，现场督查施工安全生产工作。薛华在详细了解并查看工地安全生产情况，仔细询问施工安全保障措施及工程质量监管等情况后指出，确保建设工地的安全生产，关系到建设工人的生命安全；确保工程的建设质量，关系到人民群众的切身利益。施工单位一定要牢固树立“安全第一”意识，落实安全防范措施，消除安全隐患。项目管理人员和施工监理单位要认真履行安全生产工作职责，加强对施工安全和质量安全的自查自纠，合理安排工期，制定科学的施工方案、安全应急预案，确保工地安全生产。

在听取施工情况汇报后，薛华强调：安全管理工作要落实到人，发现问题要及时报告，对部分存在安全隐患的问题，要及时整改，把安全隐患消灭在萌芽状态。参建各方要各负其责，在加快工程

进度、确保工程质量的同时，重点做好安全生产工作，确保项目施工安全。（陈海峰、单以超）

【举办安全生产标准化自评员培训班】为加快推进全市内河港口企业安全生产标准化建设，2014 年 7 月 29—30 日，市内河港口管理处在盐城交通技师学院举办了全市内河港口企业安全生产标准化自评员培训班。全市内河港口企业安全部门负责人及安全管理人员，内河港口管理部门从事安全监管工作的负责人共 60 余人参加了培训。培训班邀请了中国船级社质量认证公司南京分公司 3 位专家进行授课，培训重点围绕安全文化建设、安全监管、相关法律法规、内河危货码头企业安全生产标准化体系建立与实施以及安全生产管理体系自评活动等进行了讲解与分析，帮助和指导企业掌握安全生产标准化体系建设的内容、程序和要求，着力提高内河港口企业安全生产标准化体系建设、运行水平以及安全生产管理水平。通过培训，进一步提升了内河港口安全监管水平，促进了港口企业的良性发展，为企业健康发展提供安全保障。（单以超、李涛）

【东台市航道站加强机务安全管理】为进一步深化创建“平安航道”活动，2014 年 7 月，东台市航道管理站积极做好机务安全管理各项工作，一是建立健全机务管理网络。成立机务安全管理领导小组，全面落实各项措施，从上到下层层签订机务安全管理目标责任书，将机务安全管理责任逐级分解、层层落实。做到安全指标分解到人，安全责任细化到岗。二是加强机务人员的业务技能培训，强化机务考核体系。制定业务培训大纲，明确学习内容，定期进行业务技能培训，培训结束后进行考核，严把人员上岗关。三是加强职工安全思想教育，提高职工责任意识和安全意识，坚决杜绝麻痹大意和侥幸心理，狠抓隐患的排查整改，努力提高安全保障能力。四是强化机务设备的现场管理和维修保养工作。落实车船机务设备的维护保养和修理，做到勤检查、勤保养，随时保持设备的良好技术状况，确保机务安全。（卢约成、刘珊珊、周建华）

【组织油库码头应急救援演练】2014 年 8 月 26 日下午，市内河港口管理处在中石油射阳特庸油库码头组织应对突发事件的救援演练，市安监局、市交通运输局及市内河港口管理处相关领导到现场观摩指导。

此次演练旨在落实消防安全防范措施，切实强化全市内河港口青奥会安保工作。演练模拟油库码头 2＃ 泊位 93＃ 汽油输油管线，由于压力过高突然爆裂导致的油品泄漏，油库应急小组在应急救援封堵泄漏点、回收油品过程中，泄漏油品遇静电火花造成泄漏油品爆燃事故。各应急救援人员根据指令，按照事故应急救援预案的职责分工，从“实战”出发，及时妥善地处理好这起泄漏事故，演练任务圆满完成。通过演练，进一步检验了应急预案的可行性和可操作性，提高了从业人员的安全防范意识，提升行业主管部门与危化品企业多方联动响应的应急处置能力。（单以超、周艳萍）

【陈建斌督查通榆河专项整治工作】为全面完成市委、市政府部署的通榆河专项整治工作，2014 年 9 月初，市航道管理处主任陈建斌多次乘航政执法艇实地察看通榆河市区段内河港口整治工作现场，详细了解整治工作进展情况。对沿线砂石场无一家进行装卸作业的现状给予了肯定。

对下一步整治工作，陈建斌要求：内河港口管理部门要充分认识通榆河整治的重要性、必要性和紧迫性，做到组织、人员、经费三到位；要加大与海事、公安、水利等相关部门的联合执法力度，坚定信心，攻坚克难，坚决制止砂石运输船停靠装

卸，拆除装卸砂石浮吊，清除砂石装卸平台，坚决把砂石源头切断，按期圆满完成整治任务，确保市区饮用水源安全。（单以超、周艳萍）

【全市航道系统安全生产3000天无事故】 2014年9月，从市航道管理处传来喜讯，根据盐城市航道处印发的《安全生产千天竞赛活动管理办法》规定：安全生产千天竞赛以“3000天”为阶段目标进行循环，实现第一个、第二个、第三个千天，不断实现新目标。截至当年9月，盐城航道系统共10个基层单位连续实现第三个安全生产1000天，有力地保障了盐城航道的安全畅通和全市重点物资的安全运输。

2012年以来，市航道管理处始终坚持“安全第一，预防为主，综合治理”方针，牢固树立安全发展理念，以建立和巩固安全生产长效机制为目标，全面提高职工的安全意识和自我防护能力，确保了安全生产可控、能控、在控。突出健全完善安全生产责任体系，建立四级群众安全监督组织，实现安全管理的群防群治；突出航闸运行现场安全管理，完善和实行标准化、规范化的安全放闸流程，落实“两防”工作措施，严格执行《危险品船舶过闸管理规定》；开展安全应急预案实战演练，针对航闸安全工作实际特点，分门别类建立完善安全生产应急管理预案12项，逐步建立航闸突发事件应急处理体系，提高快速反应和应急实战能力；深化“1＋3”安全监控体系建设，制定出台《“1+3”安全监控工作体系实施办法》《监控点日巡查评价制度》《事故隐患整改制度》《避免重大事故奖励制度》和《重大事故隐患举报奖励制度》等多项管理制度，定期排查、辨识、评估事故隐患危险源点，做到点源辐射形成网络，确保原有和新增危险源点随时处于在控和可控状态。目前全市航道建有A级监控点112个、B级监控点72个、C级监控点29个危险源点信息库。

为保障盐城航道安全畅通、船闸安全运行和船舶有序通过，市航道管理处主任陈建斌表示，安全生产是盐城航道发展的永恒主题，安全生产只有起点没有终点，全市航道各基层单位将以取得的千天竞赛成绩为新的开端，坚持安全发展的理念，一着不让地推进安全责任、安全检查、专项整治、安全监管等措施的落实，为盐城经济发展提供水上运输支撑。（戴万林）

【“五一”节前组织危货码头安全检查】 为进一步加强全市内河港口危险货物码头的安全监管，稳定内河港口安全形势，市内河港口管理处从2015年4月23日起，组织人员分赴各县（市、区），对全市内河港口危险货物码头进行安全专项检查。

此次安全专项检查的重点是，危化品装卸企业的安全生产标准化达标工作以及码头的安全设施。检查组共对全市7家装卸危化品的企业（码头）逐一进行检查，对检查中现场发现的问题及时下发整改通知，落实整改的时间和要求，确定监管重点。通过这次安全专项检查，全面掌握了内河危险货物码头的作业情况，推进了危险货物作业场所审批、作业资质认可，进一步完善安全设施和安全制度，打击了内河危险货物码头违法行为，提升内河危险货物码头监管水平，将有效遏制一般事故，杜绝重大事故的发生。（周艳萍）

文明创建

【开展串场河市区段文明创建】 为迎接盐城新一轮文明城市创建测评，盐城航道部门根据市交通运输局统一安排承担串场河市区段（南环路至热水河段）文明创建任务。为确保实现水面无漂浮物、无杂船，河道畅通，水体清洁无异味的创建

目标,2011年5月30日，盐城市航道处召开了创建文明城市动员大会,传达贯彻市交通运输局《关于下发文明城市创建工作任务细化分解表的通知》,成立文明创建工作领导小组,正式启动文明城市创建工作,多措并举打响“水绿盐城”内河创建攻坚战。

一是迅速统一思想,明确创建要求。增强干部职工创建文明城市的责任感、紧迫感,把创建工作作为当前一项重大而紧迫的任务，确保高标准高质量地完成航道部门承担的各项创建指标。二是深入调查摸底,制定实施方案。处党委书记束必专带领创建领导小组成员上航全程摸底，对串场河市区段的水上、水面、水体和岸线进行全面调查,弄清创建的重点、难点和焦点,厘清自身能解决的问题、需要沿河各单位协助解决的问题、提请上级机关帮助解决的问题，以此制订切实可行的实施方案,并逐步建立高效联动长效管理机制。三是切实加强领导,落实创建责任。航道处责任科室和直属站迅速组成清理组、协调组、督查组和宣传组,健全工作机制,明确责任到人,强化工作合力,加强督查,及时通报,研究解决工作中的困难和问题。该处在经费较紧的情况下，优先安排创建经费,迅速投入人员、艇力,充分发挥航道职能,攻坚克难，确保指定河段创建工作在复查和测评中达标不失分，为盐城顺利通过省级文明城市复查和全国文明城市创建工作先进市的测评做出盐城航道人应有的贡献。(王仰红、成耀辉、刘泉)

【实现串场河市区段整治目标】2011年6月以来,市航道部门积极参与文明城市创建,全力整治串场河市区段水域环境,基本实现“畅、洁、绿、清”的整治目标,充分展示“水绿盐城”的亮丽形象。

串场河市区段原有各类残破杂船近百艘,杂船横亘堵塞航道,船主乱拉电线私接水管,生活垃圾随意抛撒,水体变黑水质极差,安全隐患比比皆是。市航道处组成水上杂船、沿岸垃圾、水面漂浮物等3个清理工作组，对串场河市区段实施综合整治。工作组成员多次登上杂船,深入细致地做好船主工作,与沿河社区对接,加强对沿岸企业居民的管理。整治工作得到相关部门、社区、企业和船主们的理解、支持和配合。在广大市民的积极关心,社会各界的大力支持下,串场河市区段的综合整治目标基本实现，该段河道杂船被清重新畅通了,水质慢慢变清了,岸边绿色怡人的景观又恢复了,成为人们休闲好去处,放眼望去,水城河道重放光彩。(王仰红、成耀辉、戴万林、刘泉)

【射阳港船闸管理所文明创建见实效】2011年以来，射阳港船闸管理所三个文明建设协调发展、成绩突出、群众满意,社会广泛认可,并获得了“全国交通行业‘安康杯’竞赛优秀班组”“江苏省工人先锋号”“江苏省精神文明建设工作先进单位”“盐城市文明单位”“全市交通系统先进堡垒党支部”等多项荣誉。在荣誉面前该所并未踌躇不前,而是以高起点、严标准,继续认真抓好各项工作的落实，不断迈入新的台阶。船闸在运行管理上,强调以安全为前提,以服务为宗旨,树立以人为本的管理理念,努力寻求管理与服务、安全与效益的最佳契合点,积极探索船闸运行新模式,每年开放闸1000多次,保持安全快捷的通航秩序。坚持24小时所长值班制度、“首问负责制”、“AB”角工作制,加强现场管理,规范管理行为,着力提高管理水平和服务质量。积极开展创建“船闸绿色通道”等品牌活动,采取一系列便民利民措施,建造了运调监控中心，改善了闸区和收费大厅服务环境,在征收大厅更新了舒适美观的便民椅,增添了饮水机、便民杯,常用药品,提供天气预报等服务项目,为船民提供贴心服务,树立了良好的船闸形象,受到过闸船民的广泛赞誉。(李丛玉、唐梅梅)

【建湖县创建文明平安航道】2011年建湖航道站积极开展文明平安航道创建活动。认真组织执法人员学习贯彻《江苏省航道管理条例》和《江苏省人民代表大会常务委员会关于加强通榆河水污染防治的决定》等相关法律法规，树立管理就是服务的理念，努力提高航道公共安全环保意识及行政执法人员政治业务素质，做到学法、懂法，不断提高文明执法、依法治航水平。

该站普法教育，采取理论与实践相结合、组织学习与职工自学相结合、普法教育与航道法律法规培训相结合、法规学习与实践案例相结合的方法，努力提高学法用法效果。同时加强航道巡查、查纠侵占损坏航道违法行为，依法治航，主动联系渔政、海事、公安等相关部门实施联动执法，强化执法工作力度。坚持文明执法、说理执法，晓知以理、动之以情。创建活动期间，共清除航道上碍航渔簖4处、侵占通航水域围堰20米、围网鸭栏3处、毛竹树桩110根。在执法过程中耐心向管理相对人宣传政策法规，打造文明平安航道及保护通航水域环境的重要性，较好地提高了航道公共安全、文明环保意识，保障了航道安全畅通，为水上交通运输事业又快又好的发展作出积极贡献。（倪波）

【参与联合整治通榆河市区段】2014年，为巩固文明城市和省级文明样板航道创建成果，由市委、市政府牵头，市公安局、城乡建设局、规划局、城市管理局、交通运输局、水利局、农业委员会、环境保护局八个部门联动把通榆河市区段整治作为加强水源地保护与环境治理，确保居民饮用水安全的重大民生工程，经过6个多月的全力推进，通榆河市区段整治工作取得明显成效，共迁移畜禽养殖场22个、取缔非法浮吊船42艘、关闭砂石场48个、拆除其他违章建筑55个、清除各类违章建筑2.90万平方米、清运砂石建材160.90万吨。（戴万林）

队伍建设

【概况】航政管理归根结底要靠人，市航道部门在“十二五”期间，加大职工培训力度，努力提高职工队伍素质；推进基层站所“三基三化”建设，努力打造服务品牌；加强执法基地建设，不断改善管理装备，提高执法能力和服务水平。（戴万林）

市直属航道站全力打造行业服务品牌，创建的“航标服务班组”在航政管理、执法服务、航道养护、文明创建、班组建设等工作中成绩突出，先后荣获全国五一劳动奖状、全国工人先锋号、江苏省企事业先进班组等荣誉称号，成为行业的标杆单位。图为2011年11月“航标服务班组”为船民服务（孙东阳、成耀辉）

市交通运输局从2013年4月下旬开始在全系统开展形式多样的行政执法岗位大练兵大比武活动。图为航政执法人员体能达标、执法手势、队列会操训练现场（刘泉、罗春勇）

【加强港政人员学习培训】2013年以来，市内河港口管理处把执法人员的学习培训作为强化“内功”和推动发展的源动力，采取多种形式不断提高执法人员的业务素质和服务功能。

一是按需施教培训。针对执法人员在业务工作中存在的薄弱环节，有组织、有计划地开展相关法律法规、港口业务的学习培训，重点组织学习《中华人民共和国港口法》《危险化学品安全管理规定》《江苏省港口条例》等法律法规和急需的港口业务知识，提高执法人员业务素质。二是理论联系实际。结合港政执法工作实际，以经常遇到、难以下手、易出差错的问题为切入点，有针对性地进行学习培训，增强执法人员的业务水平和执法能力。通过带着问题学，急用先学，以学促干，变被动为主动。三是创新学习形式。搭建学习交流平台，针对工作中遇到的问题开展港口业务大讨论，组织相互交流切磋，找出解决热点、难点问题的方法和途径。充分调动执法人员学习的积极性、主动性、创造性，创新学习形式，活跃学习氛围，提高学习效果。（单以超、周艳萍）

【全省第五期港口危险货物从业人员培训班在盐举办】8月21日—23日，省交通运输厅港口局在盐城举办2013年全省第五期港口危险货物从业人员培训班。盐城、南通、宿迁3市的危险货物港口企业主要负责人、装卸管理人员、申报人员、集装箱装箱现场检查员共91人参加了培训。

各位授课老师结合本职工作，围绕危险货物基础知识、法律法规及标准规范、散装液体港口危险货物作业、安全设备设施选型配备及应用、石油化工码头企业安全生产标准化等相关内容进行深入讲解。通过培训进一步贯彻落实交通运输部《港口危险货物安全管理规定》，对提高危险货物港口企业从业人员的业务素质，掌握港口安全管理的相关法规、基础知识和专业技能，对危险货物港口企业强化安全管理、持证合法经营起到积极的推进作用。（朱广军、单以超）

【马永青到市直属航道站调研职工队伍建设】2013年11月21日，省总工会副主席马永青到市航道管理处直属站就如何提高职工队伍素质进行调研。马永青察看了该站职工书屋、职工读书学习室、道德讲堂、荣誉展示室等，在听取了相关情况汇报后，对该站开展读书学习活动，提高职工素质的做法给予充分肯定，赞扬直属航道站单位不大，成立时间不长，职工人数不多，但全力创建学习型组织，不断提升职工素质，并长期坚持不懈，取得这么多荣誉，不简单、不容易，做法和经验值得推广。

该站成立于1997年。建站以来，结合“两争一树”活动，在职工中不断掀起读书学习热潮，有效地提升了干部职工素质，全站有近20人获大专以上文凭，10多人成了一专多能操作能手，职工素质的提升推动了全站各项工作的开展，连续八年获得“全省航道系统创先争优先进集体”称号，先后被省总工会评为“学习型班组”“学习型班组示范点”“五一创新示范岗”“江苏省企业事业单位先进班组”“江苏省五一文明班组”，连续九年被市文明委授予“盐城市文明单位”称号，被盐城市评为“人民满意基层服务单位”，被省文明委评为江苏省文明单位，并先后获得中华全国总工会授予的“全国职工书屋”“全国五一劳动奖状”“全国工人先锋号”等荣誉称号。

市总工会党组书记、副主席仇鼎文，副主席周新民、彭勃及市交通工委主任陈志超等一起陪同调研。（孙东阳、傅臣毅）

【东台航道站加强行风作风建设】2014年以来，该站以党的十八大精神为指导，采取一系列行之有效的措施，加强作风行风建设，提高职工队伍素质。一是严格工作纪律。在办事程序、服务态度上下功夫，切实提高服务质量；加强政策宣传，推行事项公开和阳光操作，自觉接受群众监督；着力整合服务功能，努力提高机关服务效率；设置工作人员去向告知牌，各岗位职责牌、去向牌，工作人员联系方式等一目了然。二是严格生活纪律。对全体党员干部进行社会公德、职业道德、家庭美德、个人品德教育，规范道德行为，加强法制教育和廉洁自律教育，增强防腐倡廉意识；倡导俭朴生活作风，反对铺张浪费；严禁工作日饮酒和公款吃喝。

切实转变生活作风，维护党员干部清政廉政形象。三是严格学习纪律。要求全所干部职工自觉加强学习，从自身找问题、找原因，遵章守纪，以良好的工作作风、饱满的服务热情和高效的工作效率做好本职工作。通过学习，使自己政治理论水平有所提高，业务能力有所增强，工作方式和方法有所创新。（卢约成、薛军、周健）

【射阳县内河港口执法基地改建项目启动】 2014年9月27日，射阳县内河港口行政执法基地改扩建项目正式启动。根据省交通运输厅港口局《关于加强港口行政执法基地建设的通知》及市内河港口处有关部署精神，全市所辖基层内河港口管理机构需扎实有序推进港政执法基地建设，统一港政执法标志标识，打造外观统一、装备完备、管理规范的基层执法站所形象。射阳县内河港口行政执法基地位于射阳县陈通大桥北侧东150米处，紧邻射阳县小洋河，占地面积约480平方米，在原有办公用房基础上进行改扩建。主体两层、局部三层，建筑面积360平方米，附属用房160平方米，改扩建经费约26万元。该基地建成后，将进一步改善射阳内河港口执法基地外观整体形象，对全面提高射阳内河港口综合执法能力，规范港口建设及经营行为，强化安全监管等具有重要意义。（李文华）

【开展基层执法站所“三基三化”建设试点工作】 2015年，市航道处在全市航道系统中积极开展“三基三化”站所培树工作。经各基层站（所）申报、市处推荐，该处大丰航道站被市交通运输局列为全市交通系统“三基三化”试点单位。大丰站“三基三化”示范单位建成后将成为全市其他航道站（所）建设的示范。（戴万林）

运输管理

【概述】

“十二五”期间，全市运输管理部门紧紧围绕建立综合运输体系和统一开放、竞争有序的运输市场这一总体目标，不断深化转型升级，积极推进科学发展，出现了五大变化。

一是运输条件全面改善。公路建设再掀高潮，高速公路里程增加，国省干线网络密布，农村公路提档升级。水路建设跨越历史，通江达海，更加顺畅。港口码头快速发展，服务设施不断完善。站场建设不断升级、星级车站逐年增加，公交设施全面改善，物流园区星罗棋布。公用自行车更是后起之秀，改变了人们近距离的出行方式。这些为水陆客货运输的发展，实现城乡公交一体化和绿色出行创造了优越的条件，提供了快捷舒适的出行方式。

二是结构调整成效明显。运输市场经济成分实行多元化，通过整合重组，企业规模化，经营公司化。车辆结构不断优化。客运车辆不断走向大型化、高档化、快捷舒适；货运车辆不断走向专用化、密封化，配套齐全。公交车辆不断走向舒适化、清洁化，节能环保。船型的结构实行标准化，吨位逐步增大，并开始引进清洁能源，实行油改汽。经营方式逐步形成特色化，创建“快客”“快货”“快修”等服务品牌。

三是行业管理不断规范。管理法律法规更加健全，“十二五”期间，国家、省、市出台了一系列新的法律法规，使行业管理更加有法可依。各级交通、运管部门注重法律法规的宣传贯彻。2012年11月，《江苏省道路运输条例》（以下简称《条例》）颁布后，市交通运输局采取八项措施抓实《条例》的宣传贯彻。通过广泛宣传、座谈讨论、重点释疑、办班培训等多种形式，使之家喻户晓，社会皆知，达到经营者清楚，管理者明确的目的。运管部门在全系统推行“五种方式”，实行人性化执法、规范化执法。严格把握处罚自由裁量权，杜绝人情执法，随意执法。

四是安全监管到位有力。严格实行“三把关一监督”，对客运车站继续实行驻站管理制度，市运管处专门成立市区站场稽查大队，把好道路客运、春节等重大节日运输安全工作关口。对货物运输重点把好危货运输安全，加强从业人员培训，加大检查监督力度。对汽修、驾培行业按照有关规定抓好安全监管。在水陆运输行业全面推行安全生产标准化建设和考评工作，落实企业安全生产主体责任，不断提高安全管理工作水平，确保全行业未发生重特大安全责任事故。

五是队伍建设得到加强。通过在岗位学习、集中培训、组织参观交流、测试考评、技术比武等多种形式，提高运管人员思想素质、文化素质和业务素质。2011 年以来，全面推行乡镇交通运输行政执法改革和外观形象建设，通过“三基三化”建设试点，全面推进乡镇交管所建设，严格履行交通运输综合执法职能。（成荣广）

客运管理

【概况】“十二五”期间，全市道路客运业得到了长足的发展。客运基础设施总量达到一定规模，社会运力紧张状况得到全面缓解，运输能力和运输服务水平有了较大提高，对经济和社会发展有很大的促进作用。道路运输市场主体向多元化方向发展，形成了多种经济成分经营者并存、共同发展的局面，市场机制在配置道路运输资源中的作用日益明显，极大地满足了广大城乡居民的出行需求。加大客运企业整合力度，积极推行公司化、集约化经营。按照“一县一站一企”思路，基本完成县（市）客运企业整合，新组建盐城吉顺、东台东宇、阜宁诚达 3 家客运公司，全市 168 条客运班线、479 辆客运班车实现了公司化经营。“江苏快客”品牌效应明显，128 辆“快客”车辆驰骋大江南北。城乡客运一体化加速推进，截至 2015 年年末，全市行政村客运班车通达率达 100%，40%的乡镇开通镇村公交。道路客运不断改进服务方式、提高服务质量。联网售票、手机订票、预约送票、设点售票等极大地方便了旅客出行。市区所有公交车实行空调化，大部分公交车使用清洁能源，实行绿色环保运营，让乘客更加舒适。新增出租车 240 辆，并对 1010 辆出租车进行顶灯更换，有效缓解市民出行“打的难”。（成荣广）

【建湖县加强运输环境整治】根据县文明城市创建的统一部署，2011 年 5 月，建湖县交通运输局集中人力、精力，加大运输环境综合整治，全力优化县城环境。此次整治活动集中对城区所有道路客运班车的车容车貌、班车挂牌运行、出站超载、“三品” 查堵以及客运站文明规范化服务等进行督促。从源头狠抓超载客车违规经营，督促进站车辆做好车内卫生，挂牌经营；查处班线客车长线短跑、串线经营、站外带客、乱停乱靠、甩客卖客等违规经营行为；利用电子监控中心，对城区监控点的客运经营行为进行全天候的监控。

与此同时，运管现场执法人员从严查处各种无证非法经营、违规经营行为。重点对客运站、火车站前广场营运和停靠秩序进行现场管理，禁止“摩的”、“面的”非法经营；打击乡镇“面的”及私家车在城区无证非法经营，确保城区道路客运行业以崭新的精神风貌、规范的市场秩序、良好的经营环境，迎接全国文明县城检查验收。（马智波、鞠瑞荣）

【开展旅游包车专项整治】为认真汲取“7·22”京珠高速公路发生的特大交通事故教训，进一步规范全市旅游包车客运市场秩序，严厉打击各类旅游包车违法违章营运行为，确保旅游包车运输安全，结合 2011 年 7 月 1 日起全省正式启用铝质省际、市际包车客运标志牌，根据省交通运输厅运管局的统一部署，在全市范围内集中组织开展了为期一个月的旅游包车客运市场专项整治。具体分为两个阶段组织实施，第一阶段为 8 月 1 日—15 日，由市运管处客运管理科牵头，全面核查企业经营资质和有关管理制度落实情况，主要做到“四查”，即查资质、查制度、查管理、查车辆；第二阶段为 8 月 16 日—31 日，由市运管处统一组织，各级稽查管理部门以各自辖区内现场稽查为主，重点查处未经许可或超越许可，擅自从事道路旅游包车经营及持旅游包车标志牌车辆违规从事班线运输等违法违章经营行为，并对省籍旅游包车是否按规定使用新版省、市际包车标志牌，包括讫点地标贴、经营许可情况证明及旅游包车客运车辆GPS设备配备、使用情况进行检查、登记。整治期间，市运管处稽查科分别于8月20日、26日牵头组织全市运政稽查部门开展了两次突击联动稽查，重点在市境内的盐靖高速、盐淮高速、沈海高速公路出入口实施设点专项检查。整治期间，全市共核发新版铝质省、市际包车客运标志牌172块，检查登记旅游包车216辆次，查纠旅游运输违章行为6起。（成荣广）

【全市农村道路客运成品油补贴发放工作结束】根据省、市财政部门的要求，盐城市交通运输局进一步明确了补贴对象、标准，发放方法、程序和要求，要求各县（市、区）交通运输局高度重视，按照属地管理的原则，积极会同当地财政部门制定具体补贴资金发放办法。2011年8月中旬，全市对2010年符合补贴条件的2095辆农村客运车辆应发放5793.47万元成品油补贴资金，全部发放到位，确保了农村客运市场的稳定。（成荣广）

【首次发布年度道路客运经济运行分析和市场供求信息】为及时、准确公布全市道路客运经济运行动态，全面科学分析市场供求状况，引导道路客运行业健康发展，根据《中华人民共和国政府信息公开条例》《中华人民共和国道路运输条例》，2011年6月，盐城市交通部门首次发布《年度道路客运经济运行分析和市场供求信息报告》(以下简称《报告》)。《报告》全面统计分析了全市道路客运市场供给的基本情况和市场运行的基本特征。全市共有客运企业35户，其中拥有100辆以上营运客车的企业10户；营运客车总数为3459辆，其中中高级客车1477辆；客运班线944条，其中高速客运班线条数达到284条。日均旅客发送总量达9.78万人，平均实载率为57.96%。2010年全年完成道路客运量1.19亿人次、周转量125.37亿人公里，分别比2009年增长11.19%、11.28%。

特别值得一提的是，农村运输条件全面改善，全市开行城乡客运班线206条，平均日发6058个班次，拥有城乡客运车辆1586辆。累计投入8000多万元，新建34个农村客运站，394个农村客运候车站亭，农村客运班车已通达1960个行政村，行政村班车通达率达到96%。全市实现了通客运班车的行政村一次换乘到县城、二次换乘到地市的基本目标，为城乡客运统筹发展打下了较好的基础。

《报告》指出，全市道路客运行业受宏观经济持续向好及上海世博会拉动，总体运行形势稳定，客运量稳中有升，客运结构持续改善，市场集中度进一步提高，场站基础设施建设加快。同时分析了道路客运业发展的趋势：重点提到了铁路、航空运输的快速发展和城乡客运一体化的快速推进，必将对全市道路客运带来严重挑战，道路客运行业将面临更加激烈的市场竞争，今后除客运企业整合或客运线路整合需新成立道路客运企业外，原则上不再发展新的道路客运企业。今后要通过对道路客运企业进行严格的质量信誉考核，对照企业履行经营权使用合同的实际情况，对长期经营行为不规范、投诉上访不断的客运线路，实行预警公示制度，依法停班整顿，直至取消经营资格。要提升旅游运输业服务质量和服务水平，以做强做优旅游运输业，适应全市旅游业发展的需要。（成荣广）

【开展市区客运秩序整治】为切实规范盐城大市区各汽车客运站及周边地区客运秩序，2012年3月，市运管部门开展为期一个月的市区客运秩序专项整治。重点整治未经许可或超越许可擅自从事道路客运（含城市出租汽车）经营；客运班车不按核定的站点停靠或不按批准的线路行驶，极少部分客运班车长期不进站经营；市区汽车客运站、火车站周边地区客运班车违章停靠；旅游包车从事班线运输等。整治分部署排查、督促整改和集中整治三个阶段组织实施。运政稽查部门深入开展客运秩序调查,结合整治方案,制订具体实施计划;强化舆论宣传,重点对客运企业、汽车客运站、停车场及站外配客点宣传有关交通运输法律法规和整治通告,加强企业自律;注重整治效果,及时研究分析解决整治中遇到的新情况、新问题,做到组织协调到位、工作责任到位、措施落实到位,打击力度到位,使此次专项整治取得明显实效。(王仲军)

【召开镇村公交开通规划方案汇报会】 4月26日下午,市交通运输局召开全市2012年开通镇村公交乡镇规划方案专题汇报会。各县(市、区)交通运输局局长围绕全市2012年26%的乡镇开通

镇村公交的目标,分别从城乡客运统筹发展组织机构和工作班子落实情况;本辖区"十二五"城乡客运统筹发展规划编制及评审情况,"十二五"期间镇村公交发展整体规划安排;今年开通镇村公交乡镇的具体实施方案及推进措施,包括路、桥改造计划、农村客运站、亭建设计划、线路安排、车辆投入数量、经营主体、计划开行时间、资金来源、扶持政策;以及需要上级主管部门帮助协调解决的问题等四个方面作了汇报。市交通运输局对全市镇村公交开通的基础设施建设和开通镇村公交目标措施作了具体的安排部署。(成荣广)

【推广使用LNG客运汽车】 2012年11月23日,市交通运输协会在东台市召开推广使用LNG客运车辆工作座谈会,东台市运管处等5个单位就LNG客车推广使用情况作了经验介绍。

首批77辆燃气客运班车全部投入运行

LNG(液化天然气)汽车是继CNG(压缩天然气)汽车和LPG(液化石油气)汽车之后于近年才开始发展起来的一种新型环保汽车,同时具有CNG和LPG的优点,且克服了它们的不足,因此具有更强的实用性,被公认为是今后燃气汽车的发展方向。从2011年起,盐城市交通运输主管部门在全市客运行业中推广使用LNG客车,到目前,共投放LNG客车达193辆,其中东台市共投放129辆,占东台市客车总量的38%,在盐城地区乃至全省同等城市中处于领先位置。从运营实际情况看,使用LNG客车可节约能耗成本27%左右,尾气排放中的一氧化碳、碳氢化合物、氮氧化合物、二氧化硫、颗粒物分别约下降90%、50%、30%、70%和40%,铅化物排放接近于零,具有节能经济,安全环保,车辆维护成本低、续驶里程长,原料储存占用空间小、便于运输四大优点,有广泛的推广应用价值。(成荣广)

【阜宁县整治客运市场】 自2013年3月26日开始,阜宁县运管处在辖区开展代号为"重拳出击"的客运市场专项整治,全力打造安全有序的运输环境。一是加强客运站安全监管,狠抓源头治理工作。进一步督促阜宁汽车客运站严格落实"三不进站六不出站"规定,县运管处驻站办强化对旅客进站危险品检查点、检票口和班车出站稽核处等关键岗位服务质量的监督检查力度,利剑直指各类安全隐患。二是加大运输违章行为的查处力度,狠抓动态稽查管理。调配3辆安装车载监控取证

系统的执法车，围绕辖区重点路段，关键场所不间断巡查，利剑直指各类非法营运、站外上下客、倒客、甩客和出租车不按规定使用计价器等违章行为，持续净化辖区运输市场环境。三是加大联合执法力度，狠抓客运站场周边秩序整顿。按照行动方案，成立由县运管处牵头，驻站治安办等组成的综合执法单元，“拳头”直指客运站附近涉嫌拉客的“黄牛”、非法营运的“黑车”，重拳治理“黄牛”拉客这一严重侵害消费者合法权益的行为，高限处罚扰乱客运市场秩序行为，不断净化旅客出行环境。（张玉银、李广）

【射阳县加大出租车管理力度】2013年5月，射阳县交通运政管理处为规范出租车经营行为，提高公共交通服务质量，根据射阳县政府统一部署，在该县经贸洽谈会期间加大城市出租车管理力度，营造良好的城市公共交通服务氛围。该处针对出租车不打计价器乱收费等群众反映强烈的违章经营行为开展检查，采用节假日正常查、夜晚突击查等方法，对损害广大旅客合法权益的违章行为进行严厉查处。截至5月5日晚，共查处出租车不打计价器乱收费行为17起，均进行了相应的行政处罚。同时，积极向广大群众散发宣传单，提醒市民发现出租车不打计价器收费行为的可以拒付车费，并向运管部门进行举报投诉。（何卫东）

【加强火车站周边运输秩序整治】为进一步维护盐城火车站及周边地区良好的道路运输市场秩序，全力推进盐城争创国家园林城市、国家卫生城市“双创”目标顺利实现，从2013年9月5日起，市运管处加强运政稽查，加大盐城火车站及周边地区道路运输市场秩序整治力度，实行每天早6:00至晚9:00无缝衔接驻点检查制度，严肃查处各类道路旅客运输违章经营行为；联合公安交巡部门开展打击“黑车”专项整治行动；积极配合城管部门开展盐城火车站站前停车场内社会车辆停放秩序管理等。同时，根据前一阶段驻点值守情况，进一步研究制订了更为科学规范、切实可行的《驻点稽查方案》，严格实行“网格化”监管，明确工作目标、监管区域、责任追究，为全面完成“双创”工作任务做出积极的贡献。（王仲军）

【运用远程监控系统监管客运秩序】2014年3月，市运输管理处首次运用远程监控系统查处盐城汽车客运站周边客运班车乱停乱靠等违章行为，运政稽查人员足不出户就能轻松实现对该站周边营运秩序的“全时段”监管。

“十二五”以来，盐城市不断加大运政稽查的科技含量，充分运用远程监控系统的优势，整合全市公交车、出租车、客运班车GPS调度指挥系统和危险品车辆GPS远程监控系统，实现综合指挥、集中监控、在线稽查等一体化监管功能，打造“智能稽查”，实现稽查管理从传统静态管理向智能动态管理的转变。此次利用车站周边监控探头对周边道路进行实时监管，发现部分客运班车存在违章停靠上下客等现象，通过监控查处违章客运车辆7辆，并要求违章车辆所属公司规范车辆日常营运秩序，杜绝此类现象的再次发生。此举有效地净化了汽车客运站周边道路旅客运输秩序，为全市创卫工作创造了良好的运输环境。（成荣广、张韬）

【联合整治汽车客运站周边秩序联席会议召开】2014年4月10日上午，市运管处组织召开整治汽车客运站周边秩序联席会议，市交警支队、市城市管理行政执法支队等部门领导参加了会议，会议商定了综合整治实施方案，提出了具体工作要求，明确了整治分工和职责。将严肃查处出租车擅自拼客、宰客、拒载、不打计价器、异地经营等违规行为，坚决取缔电动三轮车、摩托车及非法营运人力三轮车从事载客等违法违章行为，联合打击非法营运“黑车”。同时加密公交线路，适时开通夜间公交和区间公交，制作大市区公共交通示意图，完善旅客乘坐公交和出租车通道，方便旅客出行，打压“黑车”生存空间，确保国家卫生城市创建任务圆满完成。（张韬）

【站场稽查大队成立】为有效维护盐城汽车

客运站周边运输经营秩序，达到运输有序、经营规范的目的，进一步提升客运站的文明窗口形象，市运输管理处与盐阜公路运输集团有限公司共同组建成立了站场稽查大队，2014年11月中旬正式上岗执法。

盐城汽车客运站共抽调了17名思想正派、工作负责、身体健康的正式员工到站场稽查大队工作，由市运输管理处进行道路运输有关法律法规培训，组织日常学习，提高执法和服务水平。稽查大队配备了统一的制式服装、执法车辆。站场稽查大队主要负责打击该区域范围内非法车辆从事道路旅客运输经营行为；协助打击在该站拉客的“黄牛”及违法车辆；查处客运班车站外上下旅客、装卸行李等行为；规范出租车经营行为，查处拒载、拼客、不打表等行为；处理有关运输经营投诉举报案件；整治该区域内的非法客运组客点。通过系列举措，有效地推动交通运输行业创建文明城市工作，保证站场运输市场规范有序。（明海、董萍）

【盐都区最后一批农共中巴车退出运输市场】2015年2月12日上午6时，盐都区龙冈镇黄庄公交回车场灯火通明，由盐城市区开往龙冈集镇的3路公交车向北延伸6公里，到达盐都区与建湖县仅一河之隔的小村庄黄庄村。在此路段曾运营多年的14辆农村公共中巴车正式停运，这标志着该区所有农村公共中巴车在全市率先退出运输市场。

作为大众出行交通工具的农村公共中巴车曾经风行数十载，在盐都城乡运营整整28年之后，现已彻底退出历史舞台。取而代之的是覆盖盐都城乡的大容量绿色公交车，使城乡居民共享发展成果。（严俊　祁瑶震）

【连续15年组织“爱心送考”】2015年6月3日上午，在盐城市红星美凯龙广场，随着的哥的姐们把“爱心送考”标志贴到出租车身上，2015年的盐城市“爱心送考”活动正式启动，高考期间，盐城市区将有100辆出租车为考生提供免费服务。市客管处已连续15年组织这样的“爱心送考”活动。

此次“爱心送考”活动由盐城市城市客运交通管理处会同盐城市公安局交通警察支队、盐城广播电视台广播传媒中心共同发起，在市区出租车行业得到了积极响应，爱心车队、阳光车队、神龙雷锋车队、新亚先锋班组、明光文明特使等车队和广大出租车驾驶员踊跃报名参加。在爱心送考期间，考生只要遇到贴有“爱心送考”标志的出租车，都可以凭准考证免费乘坐。同时，他们还为部分困难家庭考生和居住较偏僻、难以打到车的考生提供上门接送服务。考生可以拨打爱心热线88207110进行提前预约。

“高考是人生中重要的一件大事，能为考生提供一些方便我们都感到很开心。我们会把车内打扫得干干净净，让考生坐得舒舒服服。”作为阳光车队的一名出租车司机李书亚自2007年就开始参加爱心送考。在整个“爱心送考”活动期间，所有参加活动的出租车驾驶人员严格遵守交通法律、法规，在考场区域不鸣笛，保持车容整洁，坐垫干净，服务优质，确保考生乘坐舒适，按时赴考。（刘俊华）

【快速推进城乡客运一体化】“十二五”期间，盐城交通部门编制完成了《盐城市区城乡公交一体化发展规划》《全市镇村公交发展规划》《关于加快推进全市城乡客运统筹发展的实施意见》等文件，并经市政府批准正式出台。经过全市交通运输部门共同努力，截至2013年年底，全市农村客运班车通达1805个行政村，全市行政村客运班车通达率已达100%。截至2015年年底，全市已实行城乡客运一体化班线67条，班车612辆，城乡客运一体化班车通达乡镇59个，城乡客运一体化率达50.43%。

【镇村公交快速发展】盐城市交通部门以科学发展观为指导、坚持以人为本、服务民生的理念，将统筹城乡客运协调发展作为解决城乡居民“行有所乘”的民生工程，坚持公交优先、城乡一体、绿色低碳的发展理念，创新体制机制，整合系统资源，加强网络衔接，改善基础设施条件，加快城乡客运一体化发展，为地方经济社会发展提供服务保障。2015年全市新增16个乡镇开通镇村公交，并经省交通运输厅验收合格。截至2015年年末，全市通过验收合格的乡镇达41个，共开通110条线路，累计投放车辆205辆，覆盖行政村678个，镇村公交开通率为40%，超额完成了省定“十二五”镇村公交开通率35%的工作目标。

【发布2015年道路客运经济运行分析和市场供求信息】盐城市交通部门认真做好2015年道路客运经济运行分析和市场供求信息发布工作。截至2015年年底，全市共有道路客运企业49户，其中拥有100辆以上客车的企业13户、拥有50至99辆的3户、拥有50辆以下的33户(其中个体经营者7户)；拥有营运客车2796辆，其中：省际客运班车349辆，占客运车辆12.48%；市际客运班车505辆，占客运车辆18.06%；县际客运班车569辆，占客运车辆20.35%；县内客运班车1253辆，占客运车辆44.81%；旅游车、机动车及县内包车120辆，占客运车辆的4.29%。全市共有道路客运班线968条，其中，省际班线221条、市际班线281条、县际班线237条、县内班线229条。营运班车辐射北京、天津、上海、浙江、广东、福建、山东、内蒙、辽宁、黑龙江、广西、云南、湖北、陕西等22个省、直辖市、自治区。全市等级车站48个，其中一、二、三级汽车客运站，分别为6个、5个、4个，三级以下农村客运站33个。

【创建“江苏快客”品牌】盐城市运管部门不断完善“江苏快客”品牌班车日常管理、考核奖惩制度及退出机制，提升“江苏快客”品牌班车内在质量，扩大社会认知度。完善相关标准，在全市旅游包车客运中开展“江苏快客”品牌创建活动，强化品牌客运的示范引领作用，使企业竞争向服务质量竞争、品牌竞争转化，切实提升了道路客运行业服务水平。截至“十二五”期末，全市拥有“江苏快客”品牌客运车辆128辆，上海、南京、无锡、常州、镇江、苏州等客运班线在品牌创建活动中，起到了示范、引领作用。

【二级以上汽车客运站实现联网售票】“十二五”期间，盐城市运管部门积极落实各项惠民利民举措，不断优化全市道路客运联网售票系统的管理体制和运行机制，加快系统技术升级和功能扩展，为网上购票、手机订票、自助售票、银行等代售点购票、出行信息查询等公共服务提供技术支撑，为实现运费网上结算、运输组织、数据统计等服务提供有力保障，为行业管理部门科学决策提供准确的数据信息。进一步扩大联网售票覆盖范围，将联网售票网点延伸至中心乡镇客运站，实现了全市所有二级以上汽车客运站联网售票。

【加强车辆动态监管】按照《道路运输车辆动态监督管理办法》(交通运输部、公安部、国家安全监管总局令〔2014〕5号)，严格执行“车辆在运营、监控在值守”的规定，强化车辆动态监控，保证所属车辆卫星定位装置正常在线，确保车辆在控受控，严禁卫星定位装置出现故障不能保持在线运输车辆从事经营活动。利用“重点营运车辆日常运营规范性监督系统”对盐城客运车辆进行抽查并对抽查情况进行通报。每月两次对客车的超速行驶、窜线经营、包车未申请标贴经营、车辆GPS轨迹异常、车辆卫星定位系统7日以上不在线及凌晨2时至5时违法行驶等情况进行全市通报，每天对车辆卫星定位系统5日以上不在线进行通报，对通报的车辆逐一严肃查处并下发整改通知单要求其整改。对超速行驶的车辆，根据相关法律法规，设置超速行驶限值，确保客运车辆夜间(22时至次日凌晨5时）行驶速度不得超过日间限速的80%；对窜线经营、凌晨2时至5时未停驶的车辆停班整改；对行驶轨迹异常的车辆严肃查处。同时，对阶段性停运车辆要求其及时办理报停手续，对短期停运、不便办理停运手续的车辆，要求其至少三天发动车辆一次，上传数据；对已退出经营的车辆，要求其及时办理“道路运输证”注销手续或停运手续。(成荣广)

货运管理

【概况】“十二五”期间，盐城水陆货运、交通物流得到长足发展。道路货运创建“江苏快货”品牌企业12家，水路货运通过船型标准化，逐步达到企业规模化，经营集约化，交通物流方面编制和实施了《盐城市“十二五”交通物流发展规划》，加快推进交通物流园区和物流中心建设，强化项目建设跟踪服务，帮助大丰港物流中心、阜宁港物流中心、建湖里下河物流中心等5家物流基地项目获得省交通物流基地投资补助950万元。引导培育神龙公路港等10家龙头大型物流项目。大丰港物流和盐城捷顺物流实施了甩挂运输项目合作联盟，已成为省级甩挂运输示范企业。全市新增15家农村物流示范点，共获得省交通运输厅专项补助300万元。江苏河海运输股份有限公司、江苏神龙物流有限公司获得国家4A级物流企业、全国先进物流企业称号。(成荣广)

【开展水运企业经营资质年度核查】2011年5月，市运管处圆满完成全市水路运输企业经营资质年度核查工作。全市共核查水路货物运输企业190户，其中核查水路普通货物运输企业178户，核查水路液货危险品运输企业12户。对年度核查中发现存在问题的22户水路货物运输企业要求其限期整改。对既不符合要求又不提请核查的5户水运企业，将依照有关规定逐级上报取消其水路运输经营许可证。(董亚洲)

【鲍学训到盐城调研货运与物流工作】2011年12月21日，省运管局副局长鲍学训一行到盐城调研货运与物流工作。鲍学训一行对江苏悦达物流有限公司、江苏宏健粮油科技发展有限公司进行实地调研，听取了盐城市货运与物流管理工作情况汇报。鲍学训高度肯定了盐城市运管处在货运与物流方面所取得的成绩。他指出，在当前形势下，各级领导都非常重视货运与物流管理工作，运管部门要潜心研究经济发展趋势，找准切入点，深入引导行业发展，进一步提升产业质量。他强调，一要根据地方经济发展实际，加强交通物流龙头企业培育；二要创新行业管理模式，促进货运和交通物流健康发展；三要积极开展货运与物流工作转型，积极打造现代交通物流；四要根据江苏省“十二五”交通物流规划，进一步加强相关配套设施支撑。

【推进农村物流试点工作】根据农产品的季节性、分散性、多样性、易腐性等特点，2011年以来，市运管部门结合该市乡镇工业发达、产业集聚效应明显的优势，选择多种农村物流服务模式进行试点，阜宁古河粮食仓储有限公司、东台市千禧福食品有限公司等7家企业被列入省级农村物流示范点。

市运管部门采取多项措施，不断促进农村物流稳步发展。一是政策引导。认真研究和制定促进农村物流发展的政策措施，进一步优化农村物流发展环境。二是扩大试点。在已有试点企业的基础上，在全市推广发展农村物流的做法和经验，总结完善农村物流的运行体系，提升农村物流经济效益和社会效益。三是树立品牌。规范管理，统一标识，提升形象，打造农村物流品牌企业。四是完善提高。进一步完善农村物流网络和服务功能，增加业务范围，扩大服务对象，以物流量的扩张促进农村物流效益的提升，增强农村物流发展后劲。截至2012年7月，又成功培育6家农村物流企业并推荐为省级农村物流示范点，有力地促进当地农业增效和农民增收，带动农村经济的发展，服务社会主义新农村建设，真正使农民得到实惠。

【省级农村物流示范点通过验收】2012年9月25日，省运管局评审组到盐验收省级农村物流示范点。近年来，为进一步服务农村经济的发展，盐城市运管处在全市范围组织开展农村物流试点工作。各县（市）运管部门结合本地实际，选择多种农村物流服务模式进行试点。2012年，在已培育成功阜宁古河粮食仓储有限公司、东台市千禧福食品有限公司等7家省级农村物流示范点的基础上，再次深入调查，根据盐城地域经济实际，选择东台市方圆物流有限公司等6家试点企业推荐上报省级农村物流示范点。

省局评审组在对申报项目进行实地考察后对盐城的农村物流发展给予高度评价，认为盐城运管处因地制宜，根据盐城物流发展现状，精心选择多种模式，有力地推动农村物流的发展，走在了全省的前列。至此，全市层次分明、职责明确、高效运转的市、县、镇三级农村物流网络体系已基本建立，较好地满足了农副产品进城、农用物资下乡和农村生活日用品运输的需求，取得了良好的经济和社会效益，受到了广大群众的欢迎。（成荣广）

【113家货运企业被评为AAA级质量信誉企业】根据交通运输部《道路运输企业质量信誉考核办法（试行）》和《江苏省国内水路货运企业质量信誉考核办法（试行）》要求，市运管处扎实开展货物运输企业质量信誉考核工作，引导货运企业提升规模和档次，打造行业诚信品牌。

考核工作分企业自评，县级运管部门初评，市级运管部门审核公示、汇总上报，省运管部门审批四个阶段进行，考核内容主要围绕货运企业一年来的经营行为、运输安全、服务质量、社会责任、企业管理等方面依据相关标准进行评定打分，对发现的问题及时提出整改意见。截至2012年9月，共完成全市477户具有5辆汽车以上的道路货运企业和188户国内水路货运企业的质量信誉考核评定工作。经省运管局核准，被评定为AAA级的有113家（其中道路货运企业76家、水路货运企业37家）。

通过质量信誉考核，市运管处将根据企业信誉等级，按照“扶优限劣”的原则，实施分类监管，建立有效的市场准入、退出机制。同时将考核结果在盐城运政网上进行公布，让社会知晓，货主选择。（董亚洲）

【苏北片区“城乡物流双向体系建设”课题研讨座谈会在盐召开】2012年10月18日，苏北片区城乡物流建设座谈会由市运管处牵头在盐城召开，盐城、徐州、连云港、淮安、宿迁五市城乡物流双向体系建设课题主要负责人参加会议。会议落实了苏北各省辖市城乡物流建设基本情况调查工作任务，并对《城乡物流双向体系建设研究（征求意见稿）》进行了讨论，确立了以双向体系为中心，结合运管部门培育城乡物流双向体系主体，发展新型模式的主旨。会议还对城乡物流建设下一步的工作进行了部署，各市运管部门将对全市双向体系的建设展开进一步调研，对城乡物流建设优秀物流主体及先进模式进行调查分析，推进苏北片区城乡物流双向体系的发展。

【加强重点超限超载货运单位源头管理】为加强超限超载源头管理工作，2012年12月，市运管处根据《公路安全保护条例》和江苏省交通运输厅《关于转发交通运输部〈关于加强道路货运车辆超限超载源头治理工作的通知〉的通知》（苏交运〔2011〕69号）精神，开展了货运车辆超限超载源头重点企业排查工作，最终确定重点货运源头单位20家。市运管处要求各县（市、区）运输管理机构认真履行源头治超工作职责，加强对全市货运车辆超限超载源头的治理工作，落实重点货运源头单位主体责任，采取定期和不定期相结合的方式开展巡查，加强货运源头监管，建立“黑名单”制度，进一步有效遏制违规装载超限运输行为。

【完成全市运输汽油罐式车辆油气回收治理工作】根据市政府盐政发〔2011〕193号《盐城市人

民政府关于实施蓝天工程改善大气环境的意见》和2013年第2号专题会议纪要要求，市运管处高度重视、狠抓落实，按期按规定完成油气回收装置安装工作。

2013年6月，全市共有油罐车134辆，其中，运输汽油罐式车辆42辆、运输柴油的罐式车辆92辆。按市政府有关要求，市运管处组织全市油品运输企业对运输汽油罐式车辆进行油气回收改造治理工作，截至当年6月底已全部完成，运输柴油罐式车辆按有关规定暂未要求安装油气回收装置。42辆运输汽油罐式车辆中，29辆为出厂时就已安装油气回收装置，13辆为后期改装油气回收装置，42辆车油气回收装置均已安装到位并经质监部门检验合格。

此外，市运管处还将进一步加强油罐运输车辆管理，确保其符合规范要求。对于运输汽油罐式车辆新申办“道路运输证”，必须提供由市质检部门出具的已安装油气回收装置的“罐体检验报告”或相关证明，否则不予发放道路危货运输证件；对于已取得“道路运输证”的罐式车辆申请运输汽油的，应当凭市质检部门出具的已安装油气回收装置的“罐体检验报告”或相关证明申请变更经营范围；对于已取得“道路运输证”的运输汽油罐式车辆申办“道路运输证”年度审验时，须提供由市质检部门出具的已安装油气回收装置的“罐体检验报告”或相关证明，否则不予办理年度审验手续。

【“江苏快货”品牌建设取得成效】2015年1月，省交通运输厅下发《省交通运输厅关于公布2014年度“江苏快货”品牌企业及品牌线路的通知》(苏交运〔2015〕1号)，其中盐城市运管处上报江苏悦达国际货物运输代理有限公司、盐城顺丰运输有限公司等15家企业共计27条线路，被评定为“江苏快货”品牌线路，在全省排名前列。至此，全市已有74条“江苏快货”品牌线路、1家“江苏快货”品牌企业，品牌线路累计获得省交通运输厅114万江苏快货品牌补助资金。

【完成农村物流示范项目申报工作】2015年3月，市运管处按照省运管局《关于组织申报农村交通物流示范项目的通知》(苏运货〔2015〕23号)明确的申报企业的相关类型和申报条件，经认真组织审查和筛选，上报符合农村交通物流示范项目企业的江苏百科医药有限公司、盐城市三禾物流有限公司、盐城市顺丰速运有限公司、盐城市申通快递服务有限公司、江苏省邮政速递物流公司盐城分公司5家企业。此前，全市已有13家农村物流企业建成示范项目，2015年，示范项目对企业提出了更高的要求，也将进一步激励企业积极拓展核心优势，进而提升全市农村物流发展工作。

【推进道路危货运输电子运单填报工作】危险货物运单是《汽车运输危险货物规则》(JT–617)要求的承运人与托运人之间强制使用的单据，是国际危险货物运输的通用规则，也是管理部门进行安全监管的重要载体。施行电子运单管理制度工作，是转变政府职能、强化危险货物道路运输源头管控和事中、事后监管一项重要举措，能够切实提高危险货物道路运输安全管理水平。根据省交通运输厅、安监局、公安厅、环保厅《关于实施危险货物道路运输电子运单管理制度的通知》(苏交运〔2015〕51号)的要求，2015年7月—9月是文件要求的电子运单填报试运行阶段，市运管处积极推进全市32家道路危货运输企业的电子运单填报工作。通过宣贯文件、建立机制、组织培训、及时沟通，自2015年10月，全市所有道路危货运输企业全面落实电子运单填报工作。(成荣广)

驾培管理

【概况】“十二五”期间，盐城市机动车驾培管理按照上级要求，深入贯彻实施“一个办法、三个大纲”，坚持以改革的精神、创新的理念、有效的措施，围绕全面提升驾培行业的整体素质、不断提高培训质量和学驾人的满意度，扎实推进驾培行业现代化管理、规范化管理和信息化管理各项工作，努力维护驾培行业健康有序发展。“十二五”期末，全市共有驾培机构86家，其中一级6家、二级63家、三级17家。“十二五”期间，全市共完成初培驾驶员报班审核91.25万人，完成从业资格培训8.03万人次。（成荣广）

【机动车驾驶教练员继续教育实施集中培训】2012年4月26日，全市机动车驾驶教练员继续教育培训班在盐城交通技师学院举办。培训班以《江苏省机动车驾驶人培训管理办法》为重点，进一步加强对教练员的职业道德、价值观、教学技能和水平等方面的教育和培训。全市共135人参加了培训和考试，并将考试成绩记入教练员年度考核表中，整个培训取得了较好效果。

【《盐城市区机动车驾驶员培训行业发展规划》出台】通过三个多月的调研、论证，由市运管处制定的《盐城市区机动车驾驶员培训行业发展规划》（以下简称《规划》）于2012年10月底成功出台。这一规划的出台，对于进一步规范机动车驾驶员培训经营行为，提高机动车驾驶人培训质量，预防和减少道路交通事故，促进盐城市区驾培行业健康、稳定、有序发展，有着重要的意义。

《规划》明确驾培行业坚持科学发展、优化结构，以人为本、服务群众，供需平衡、适度超前，依法行政、改革创新等基本原则，通过对驾培行业发展现状和发展需求的客观分析，确定了市区未来四年驾培行业发展的目标和方向。《规划》明确，市运管部门将遵循市场规律，严把资质关，重点培育、规范一、二级驾校，严格控制三级驾校，坚持优胜劣汰，对不达标驾校坚决取缔，在保持适度增长的前提下，把发展的重点从“量”的增长转移到“质”的提高上来。

【启用驾驶培训GPS车载记时系统】车载培训记录仪升级改造工作是提升驾驶员培训质量、利用科技方法防止弄虚作假的重要举措。盐城市驾培行业从2012年8月30日第180期开班的学员起，全面启用GPS培训记时系统。这标志着全市车载培训记录仪升级改造工作圆满完成，并进入实质性运行阶段。

升级后的培训管理系统，具有三套记时系统：分别在省驾培智能化系统、学员IC卡、GPS平台中，学员培训结束后，系统自动将智能化系统中的数据与GPS平台中的培训数据进行对比，吻合后方可打印《培训记录》，否则，记录在案，作为分析原因或处罚作假案件的证据。升级后的GPS记时系统可以根据每个驾校许可的经营地址，在GPS管理平台设置电子围墙，驾校的教练车如不在许可的经营地址进行倒桩、九项培训，车载培训记录仪将不予计时，这些措施有效打击了非法设点培训。同时，GPS管理平台可为每位学员提供培训学时即时查询、评价功能。学员培训下车后，可通过电脑或手机在盐城学驾网即时查询本人已培训学时，也可通过此平台，对教练员进行评价、投诉。

GPS定位系统的全面启用为加强教练车、教练员的管理，打击非法设点培训、培训学时作假提供了强有力的手段，也便于驾校实施对教练员、车辆培训地点、培训线路、培训间隔时间、车辆下班停放地点及车辆培训效率等方面的管理，从而提升全市的驾培行业管理水平。

【制发《驾培行业管理行政合同》规范文本】为加强驾培机构安全管理、诚信教学和行风建设，2013年4月23日，市运管处统一制发了《驾培行业管理行政合同》规范文本。5月10日前，全市驾培机构全部完成《驾培行业管理行政合同》及《教练员责任状》签订工作。

《驾培行业管理行政合同》对市、县两级运管处，驾培机构三方面的权利义务、违约责任等作了明确规定。同时规定，市级管理部门每年不少于1次、县级管理部门每年不少于4次对驾培机构进行检查监督管理；驾培机构使用伪造、非法转让、串用、倒卖《培训记录》和伪造培训学时的，取消其当年申报教练员资格，并在3个月内整改到位，整改期间予以停班。《教练员责任状》则对教练员文明教学、规范教学、廉洁教学等要求作了重申，对教练员教学行为规范、责任落实、奖惩措施等都作出了具体明确的规定。

【实行驾校教练员继续教育“登记注册”制】为确保所有教练员都能按规定参加继续教育，市运管处对未参加2013年度继续教育及考试不合格的教练员进行了逐一核查登记，专门下发了通知落实到人头，严防漏训，并于2014年1月9日至10日专门举办一期补训班。重点学习《江苏省机动车驾驶人培训管理办法》、驾培智能化系统及车载GPS终端操作、《机动车驾驶培训教学与考试大纲》《客货驾驶员从业资格培训考试大纲》及汽车驾驶节能操作规范、安全教育等。通过培训，给平时总是忙于工作的教练员提供机会参加系统学习，不断提高他们的综合素质和教学水平。

【启用驾培智能化管理新系统】经过项目准

2012年5月，市运管处召开车载培训记录仪升级选型大会，强化全市驾培行业智能化管理

备、需求调研、软件开发、功能测试、平台部署等过程，全市驾培智能化系统升级成功，从2013年7月30日第202期起，全市所有驾校全面启用新系统，76家驾校新招收的学员共5010人均从新系统报名并通过开班审核。截至7月31日，76家驾校通过信息共享系统共约考成功5.19万人，其中科目一约考成功1.87万人、科目二约考成功1.85万人、科目三约考成功1.48万人。新系统的使用确保了与公安考试部门数据的顺利对接，受到驾校、运管部门和公安考试部门的欢迎。

【开设在校大学生暑期学驾“绿色通道”】暑假期间是各驾培机构培训的高峰期，为了方便在校大学生暑期学驾，使他们能充分利用假期时间认真学习，参加培训，保质保量地完成培训学时，顺利通过考试取得驾驶证。市运管处主动与公安部门对接协商，全市各驾培机构于2013年7月9日专门为在校大学生开设了暑期学驾“绿色通道”，增加了一期“暑期学生学驾专班”计划，共有3035名大学生报名参加学习培训。同时要求各驾培机构要想学生所想、急学生所急，切实做到优先报名、优先学习、优先考试“三个优先”，服务好暑期在校大学生学驾，此举得到了驾培机构及大学生的一致好评。

【在全省率先启用驾培GPS电子围墙】2013年8月1日，市区24家驾培机构全部在GPS管理平台上设置并启用了电子围墙，这标志着盐城在全省率先全面启用了GPS电子围墙，此举进一步加强了全市教练车、教练员的管理，减少了驾培机构之间的矛盾，规范了驾培机构经营行为，提高了驾培管理水平。

全市运管部门逐步推广驾培行业GPS电子围墙，对教练车、教练员实施全过程动态监管。在指导各县(市)驾培机构先行使用GPS电子围墙的基础上，对市区驾培机构根据核定的主体驾校和培训点的经营地址，在盐城驾培GPS管理平台设置了电子围墙。各驾培机构的教练车如不在核定的经营地址内进行倒桩等科目二培训，车载培训记录仪将不予计时，为有效打击非法设点培训、培训学时作假提供强有力的保障。

【率先实行从业资格无纸化考试系统】为进一步规范从业资格培训行为，提高从业资格考试的公正性、规范性和透明度，不断提升全市道路运输从业人员的培训、考试质量，从2013年8月3日开始，盐城道路运输从业资格考试在全省率先实行无纸化。

年初，市运管处组织开发了从业资格培训考

试系统，该系统包括练习系统和考试系统两部分，在练习系统中，驾校可以根据学习进度情况，针对考试内容适时安排学员进行模拟练习考试。在考试系统中，理论考试增设了系统随机排位功能，并在考试电脑上安装了摄像头，随机抓拍四张学员考试照片打印在成绩单上，有效防止了代考、作弊等违规现象。学员须凭学员卡和指纹进行身份自动确认后方可参加学习和考试，杜绝了参考人员“偷梁换柱”的现象。

该系统针对驾校学员报名、学习、送审和运管部门审核、准考证打印等业务流程，进行科学设置，实现了从业资格报名、培训、考试、学员信息、考试结果自动汇总，使从业资格的招生、培训、考试更加规范、科学、简便，真正实现了从业资格考试无纸化。

【从业资格理论考试和实践考试数据成功“对接”】2013 年 10 月 26 日，盐城市从业资格证管理系统中的理论考试和实践考试两个子系统成功实现数据“对接”，所有数据实现网上流转，这标志着全市从业资格证考试过程真正实现“全无纸化”。

【道路运输驾驶员从业资格理论考试启用新题库】为进一步贯彻落实交通运输部《道路运输从业人员管理规定》，完善道路运输从业人员从业资格教学和考试制度，根据《交通运输部关于发布中华人民共和国道路旅客运输驾驶员及道路货物运输驾驶员从业资格考试大纲的通知》要求，盐城市从 2014 年 3 月 1 日起，从业资格考试启用新的理论考试题库。新题库中，客运类别共有 497 题、货运类别共有 466 题。与原题库相比，虽然新题库数量和考试难度略有下降，但是要求驾驶员更加注重职业岗位基本知识的掌握，更加贴近道路运输生产活动的实际情况。新题库的启用，大大提升了全市道路运输驾驶员的从业意识、专业知识、驾驶技能和服务能力。

【13 家驾校被评为省信誉驾校】2014 年度江苏省机动车驾驶培训学校培训质量信誉等级评定结果揭晓。盐城共有 13 家驾校榜上有名。其中江苏盐阜公路运输集团有限公司培训中心、盐都区汽车驾驶技术学校被评为省机动车驾驶培训信誉 AA 级驾校，盐城交通技师学院驾驶培训有限公司等 11 家驾校被评为省机动车驾驶培训信誉 A 级驾校。

【道路运输驾驶员继续教育使用“江苏交通学习网”】按照有关规定，道路运输驾驶员继续教育每两年一个周期，累计时间不少于 24 学时。从 2014 年 7 月 1 日起，市运管处在全市范围内推广使用“江苏交通学习网”平台，深入开展道路客货运输驾驶员继续教育，至当年年底实现了网上继续教育培训率达到 50%以上的目标。通过“江苏交通学习网”参加继续教育最为便捷，“江苏交通学习网”可自动记录培训学员的学时信息，当学员完成全部课程学习后，“江苏省运输管理业务系统”将自动生成继续教育记录。

【王亚农、陈晓峰获评省机动车驾驶培训明星教练员】根据省运管局《关于推选机动车驾驶培训明星教练员的通知》要求，经各驾校推荐申报、市运管处审核上报，省运管局组织评审，并进行社会公示，盐城交通技师学院驾驶培训有限公司王亚农、东台市储运有限公司汽车驾驶员培训学校陈晓峰获评省明星教练员。通过评选活动，起到引领示范效应，营造驾培行业加强职业道德素养、规范教学行为、提高培训质量的良好氛围，全面推动驾培市场的诚信建设。

【通过 EMS 为道路运输从业人员送证到门】为方便道路运输从业人员，创新服务模式，市运管处于 2015 年 3 月推出一项便民服务措施：通过 EMS 为道路运输从业人员送证到门。学员只需在报名时填写一份 EMS 面单，交纳 20 元邮寄费，考试通过取得道路运输从业人员从业资格证后即可享受邮政部门提供的“点对点，面对面”的送证到门服务。该举措节省了学员取证时间及往返差旅费用,进一步完善交通行政服务流程,提升服务水平。为确保EMS邮寄服务落到实处,专门制定《EMS从业资格证服务流程》,对整个流程进行规范,并详细规定了邮件无法投递、变更邮寄地址等特殊情况的处理办法。

【驾培智能化系统全面升级】从2015年8月上旬开始,盐城驾培行业不断完善驾培智能化系统功能,对全市9个县(市、区)2812台车载培训计时记录仪进行全面升级改造,升级改造工作于当年12月底前全部完成。

升级后的驾培智能化系统作了3项调整:一是实行有效训练时间设置。教练车训练时间从早上5点至晚上22点为有效训练时间,除此之外的训练时间不予以记录。二是录入学员近期正面免冠照片。学员报名时,驾培机构须一律使用学员近期照片录入智能化系统,智能化系统不再读取身份证照片信息。三是升级后的培训记录仪具备拍照功能。规定拍照时间为学员签到及学员签退两个时点,签到及签退工作必须由学员本人完成。照片拍摄后将自动传输到数据库中和学员报名时的照片进行比对。

【运用奖励措施推进信誉驾校创建】2015年,市运管处创新工作思路,加大激励力度,推进驾培行业健康优质发展。为充分发挥先进驾校的示范引领作用,对上年度被评为信誉驾校的驾培机构在下一年度采取以下奖励措施:1. 对取得A级信誉的驾校在原核定的报班名额基础上,奖励3次每辆车增加2人的报班名额;对取得AA级的信誉驾校,给予奖励5次每辆车增加2人的报班名额,对取得AAA级信誉的驾校,给予奖励7次每辆车增加2人的报班名额。2.对连续两年被评为信誉驾校的驾培机构,在原奖励的基础上可申请增加1次每辆车增加2人的报班名额。3.对驾培机构在市级以上新闻媒体报道好人好事先进事迹的,给予奖励2次每辆车增加2人的报班名额。此举注重信誉考核结果的应用,提高了全市创建信誉驾校的积极性,推动了驾培行业规范经营、优质服务,促进了驾培行业健康稳定发展。(成荣广)

汽修管理

【概况】"十二五"期间,汽车维修行业作为重要的民生服务业,得到了长足的发展。2015年年末,全市共有汽车维修业户1033户,其中一类52户、二类282户、三类(含摩托车修理)699户。比2010年分别减少7.69%、3.70%,增加56.67%,减少21.02%。全市汽修企业中拥有各种品牌车型的4S、3S和特约维修服务站100多家,专业化维修和连锁快修等新型维修业态已初具规模。全市共创建"江苏快修"品牌企业25家、"绿色汽修"品牌企业11家。形成以一类为龙头,二类为主导,三类为补充,多种经济成分并存、多种业态模式互补、服务供给充足、社会保障有力的机动车维修市场结构。2015年全市维修总量达113.92万辆次,总产值5.60亿元,比2010年分别增长17.33%和54.56%。全市共有汽车综合性能检测站9个,检测线16条,年检测能力达39万辆次,2015年检测总量达31.64万辆次,比2010年增长243.20%,为保障道路运输安全提供了技术支撑。各级运管部门鼓励和支持现有综检站转型升级,拓展业务范围,全市已有6家综检站承担"三检合一"的职能。(成荣广)

【开展"绿色汽修"创建活动】为了进一步深化资源节约型、环境友好型行业建设,促进机动车维修行业资源利用集约化和环境保护常态化水平得到全面提升,打造低碳交通,享受绿色生活,自2011年3月开始,盐城全面开展机动车"绿色维修"创建工作,编印和实施《创建绿色汽修店员工120问》和《绿色汽修指导书》,抓好试点示范,建成"绿色汽修"企业20多家,并获得部、省"绿色汽修技术应用"专项资金补助近200万元。

全市运管部门成立"绿色汽修"创建工作领导小组,以运管所属车辆技术科(股)为职能载体,以各汽修企业为主要对象,加大宣传力度,开展技能培训。盐城佳源汽车服务有限公司汽车修理厂等10家试点单位联合向全市机动车维修企业发出倡议,共同营造创建"绿色汽修"的浓烈氛围。形成一个领导有力,上下联动、全员参与的创建网络,保障"绿色汽修"创建活动取得实效。

【开展"3·15汽车维修质量服务月"活动】为维护广大消费者的合法权益，让有车族"放心消费",市运管处每年都在全市组织开展以"诚信铸品牌,质量促发展"为主题的"3.15汽车维修质量服务月"系列活动。在全行业营造"服务规范、公平竞争、创建品牌、客户满意"的消费环境,促进汽车维修企业提高服务意识、转变服务理念、规范服务行为。

一是成立组织,制定方案。市运管处专门成

立活动领导小组,研究制定活动实施方案,使活动围绕主题,内容丰富多彩,扎实有效地开展。二是宣传发动,营造氛围。及时召开动员大会,明确活动主题、要求和实施步骤,动员全员参与。通过在维修企业张贴倡议书、宣传标语、悬挂横幅、召开发布会等形式加强宣传，为活动的开展营造浓烈的氛围。三是深入基层,咨询解答。市运管处领导通过走进直播室的方式，对有车族关心的维修质量、配件、价格等问题进行释疑解答;在市区东方汽车广场等人流、车流相对集中地段开展现场咨询服务活动,宣传《机动车维修服务规范》《机动车维修管理规定》《江苏省机动车维修管理条例》等维修管理法律法规，对合法经营维修企业的识别和选择、维修质量保证、机动车维修记录填写、维修合同签订、维修结算清单组成、维修纠纷处理、维权方式和渠道等车主关心的问题和内容进行现场解答。四是形式多样,力求实效。各维修企业通过悬挂横幅,张贴标语,发放活动倡议书等形式,向社会公众作出惠民服务承诺；通过现场提供义务询诊,宣传用车、养车基本知识,普及汽车维护修理常识;部分维修企业还开展免费洗车、免费诊断、工时费打折等特色服务,让利于消费者。五是组织学习，提高素质。通过组织学习有关法律法规、技术标准规范,加强职业道德教育,提高从业人员综合素质,自觉开展优质修车、诚信服务,促进机动车维修规范化、标准化作业。六是以月促年,长效管理。在活动期间,运管部门组织开展维修质量、服务质量专项检查,采取明察暗访等多种形式,检查企业服务热线工作情况,有关公示制度落实情况、维修救援网络运行情况。平时还联合工商、城管等部门开展无证维修、占道经营、越级修理、配件使用等情况专项整治,以净化维修市场环境,促进维修行业健康有序发展。

【建立"江苏快修"品牌绩效评价体系】2012年市运管处通过"江苏快修"品牌绩效管理评价体系认证调研,建立了以"四个确立"为核心内容的"江苏快修"品牌绩效评价体系。

一是确立"江苏快修"品牌建设的模式和定位。使其服务价值更多地体现在对社会的贡献,赢得社会和公众的认可,引领行业科学发展。二是确立新形势下"江苏快修"品牌蕴含的新内涵。"快修"服务特色,体现在"五快"(简称5F)上:执行新标准、新要求快(FNSR),运用新技术、新工艺快(FNTP)，提供公共服务快（FPS)，投诉处理快(FCH),提供维修速度快(FMS)。三是确立"江苏快修"品牌绩效评价标准。涵盖方便快捷、规范优质、绿色环保、诚信平安、资源共享、满意共赢等六个方面。四是确立政策引导、企业创建、行业规划、社会满意的品牌创建保障措施,使"江苏快修"品牌建设真正实现社会责任和经济效益双赢。

【**汽车维修管理实行联席会议制度**】为加强部门协调配合，形成汽修行业管理合力，2014年3月，市运管处建立汽车维修行业管理联席会议制度，并首次召开了由汽车维修、车辆保险、物价评估等部门参加的联席会议。会议就如何加强汽车维修信誉等级在事故车修理选择中的引导作用以及车辆维修工时标准、车辆零配件价格第三方报价机制、事故车定损修换标准、事故车残值处理标准等方面建立协调联动机制进行了研讨。并明确了联席会议工作机构和职责、工作制度和规范，建立了联动合作、诚信互评、联合打假、争议处理等四方面的工作机制。联席会议制度的建立，对促进全市汽修行业科学发展、和谐发展起到了积极的推动作用。

【**创建"盐城汽车义诊"服务品牌**】根据省交通运输厅《关于开展"江苏车大夫"品牌建设的指导意见》精神，结合盐城实际，由市运输管理处主办，市汽车维修行业协会运作，汽车维修检测企业自愿参与创建了"盐城汽车义诊"服务品牌。该品牌由28名车大夫组成专家团队，主要通过网络远程互动、实体门诊轮班坐诊、节假日进社区等运行模式，为广大车主免费提供汽车诊断检测、汽修政策法规咨询、维修纠纷调解等项服务。自品牌创建以来，共解答车主咨询600多人次，免费故障诊断120辆次，成功调解汽车维修纠纷5起，得到了用车一族的欢迎和好评。

【**100家汽车维修企业获评省级信誉企业**】

自2011年以来，盐城汽车维修行业持久开展"放心消费"活动，严格开展汽修企业质量信誉等级考评工作。当年4月，经过省交通运输厅和省放心消费创建活动办公室评定，全市有盐城佳源汽车服务有限公司汽车修理厂等11家维修企业获得AAA级信誉等级，盐城邮政局汽车修理厂等36家维修企业获得AA级信誉等级，盐城市通达汽车修理有限公司等53家维修企业获得A级信誉等级，全市共计100家维修企业获评省级信誉企业。通过他们的引领示范作用，推动了全市维修行业又好又快地发展。

【**汽车维修质量信誉考核成效明显**】市运管部门不断完善汽车维修"放心消费"创建活动和质量信誉管理考核的指标评估体系，引导和督促企业牢固树立"诚信兴商"理念，增强商业道德和社会责任，为消费者提供优质产品和服务。以记分考核为抓手，从维修质量、服务水平、经营行为、环境保护等诸方面对维修企业全面实施督查和记分，做到信誉考核的常态化。对不同信誉等级企业实施差别化管理，使维修行业管理法规及其配套制度得到有效实施。2015年度，全市有287家企业被评为省汽车维修信誉等级企业，其中，AAA级17家、AA级56家、A级214家，6家维修企业被中国汽车维修行业协会表彰为"先进维修企业"。信誉评定结果已成为政府采购招标、事故车修理和保险定点维修等优先条件之一，起到了引导消费和提升信誉价值的作用。

【**加强汽修人员从业资格培训**】按照考、培分离的原则，市运管处与盐城交通技师学院开展合作，对参加从业资格考试的人员集中开展培训，统一组织考试考核。在对学员进行维修行业法规标准和职业道德考试考核的同时，还将"绿色汽修"建设要求、服务质量规范内容等进行培训，增强他们节能环保、规范服务的能力和意识。强化持证从业人员继续教育和诚信考核，提高从业人员队伍服务技能和维修质量。自考核点成立以来，共举办

29 批汽修从业人员培训、考试,工种涵盖机修、质检、电工、钣金、涂漆、接待、结算,考试人数达 1200 人次;举办 8 期继续教育培训,对 1989 名持证人员进行诚信考核。

【支持快修企业发展连锁经营】“十二五”期间,全市运管部门大力支持快修企业发展,鼓励连锁经营,建成“江苏快修”品牌企业 25 家,快修直营连锁企业 2 家,“1+N”型连锁企业 2 家。企业通过开设连锁门店和服务网点,将维修服务延伸至大型社区、重点乡镇等综合服务点,为广大汽修消费者提供限时、快捷、周到、优质的服务;“车之家”和“亿嘉通”等已逐步建成具有本土特色的直营连锁快修品牌企业。

【建立汽车维修救援网络】“十二五”期间,盐城运管部门以交通 96196 信息平台为支持,以骨干维修企业为节点,建设布局合理、覆盖全市、快速反应、救援有力的汽车维修救援网络。统一和规范了救援服务流程、救援台帐、入网标志牌、施救车辆标识和施救人员标志服,打造维修救援服务品牌。救援入网企业已由成立之初的 32 家发展至 45 家,通过 96196 服务平台指挥入网企业及入网企业自主实施汽车维修救援服务年均超 3000 辆次。(成荣广)

安全监管

【概况】“十二五”期间,全市运管部门认真履行“三关一监督”职能,开展各类安全活动,加大督查力度和事故隐患排除整治力度,积极推进安全生产标准化建设,落实运输企业安全生产主体责任,确保全市水陆客货运输企业未发生重大安全责任事故。(成荣广)

【整治卧铺客车安全隐患】2011 年 9 月至 11 月,全市运管部门对卧铺客车安全隐患进行集中整治,主要是逐车逐线对卧铺客车隐患开展全面的排查整治,重点排查卧铺客车安全性能,铺位设置是否符合国家标准要求,应急出口是否通畅,车辆是否存在非法改装,相关安全管理制度是否健全落实等问题。通过明察暗访等方式进行定期不定期抽查和巡查,对客运企业及卧铺客车安全管理和隐患集中整治工作开展情况进行督查,发现问题及时纠正,建立长效管理机制。

【开展“安全管理提高年”活动】2011 年年初,市运管处在全市运管系统继续开展“安全管理提高年”活动和创建“平安运管示范点”活动,坚持“抓运输行业管理必须抓安全”的工作思路,以构建和谐运管、又好又快发展为己任,严把“三关一监督”,认真履行安全监管职责,督促道路运输企业落实安全生产主体责任,推行“1+3”安全监控工作体系,开展隐患排查治理和道路客运、危货运输安全生产专项整治,使全行业安全意识进一步增强,安全体制机制进一步完善,安全责任进一步落实,安全投入进一步加大,安全管理进一步规范,安全保障能力进一步提高,保持全市运输行业安全形势持续稳定。实现了确保各项运输行政许可符合安全规定,确保运输行业安全监管全面到位,确保运输企业安全主体责任全面落实,确保安全隐患排查治理不留死角,确保全市运管系统创建平安运管示范点达标率达 60%以上,确保全市道路运输行业不发生因监管不到位而引起的安全责任追究案件的“六个确保”目标。

【开展营运客车暗访工作】2011 年 9 月中旬至 9 月底,全市运管部门结合卧铺客车隐患集中整治工作,开展了以营运客车安全为主题的暗访活动。为及时发现问题,查找安全漏洞,各级运管部门分管领导、相关科室负责人对凌晨 2 点至 5 点运行的长途卧铺班车全程跟车暗访,真实掌握道路客运经营的第一手资料,切身体验和感受道路客运安全管理状况,找准道路客运安全薄弱环节,督促企业限时整改,从而保证营运客车安全运行,促进全市道路客运业持续健康发展。

【开展 2012 年“安全生产月”活动】2012 年 6 月,市运管处按照上级主管部门的部署和要求,深入组织开展全国第 11 个、江苏省第 19 个“安全生产月”活动。活动以宣传贯彻《国务院关于坚持科学发展安全发展促进安全生产形势持续稳定好转的意见》《盐城市人民政府关于进一步加强安全生产工作的实施意见》《盐城市“十二五”安全生产规划》《道路旅客运输企业安全管理规范》为主要内容,以全面深化运输企业“1+3”安全监控工作体系为抓手,以落实企业安全生产主体责任和行业监管主体责任为重点,紧紧围绕“科学发展,安全发展”活动主题,开展安全生产事故警示教育周活动、安全生产宣传咨询日活动、“生命之歌”大家唱活动、安全文化周活动、应急预案演练周活动、“安康杯”企业主体责任竞赛活动和“四创建”工作推进活动,取得较好效果。

【开展“道路客运安全年”活动】根据交通运输部、公安部、安全监管总局联合下放的《“道路客运安全年”活动方案》和省交通运输厅、公安厅、安全生产监督管理局联合下发的《关于深入开展“道路客运安全年”活动的通知》(苏交运〔2012〕30号)要求,结合道路客运安全管理实际,2012年,全市深入开展了“道路客运安全年”活动。通过活动全面推进客运驾驶人素质教育工程,贯彻落实《道路旅客运输企业安全管理规范》,切实提高道路客运车辆动态监控管理水平,突出抓好旅游包车客运安全管理,扎实开展“安全带—生命线”专项行动,严管重罚客运车辆严重交通违法行为,积极推行客运站安全管理标准化。

【开展道路运输行业事故隐患百日整治活动】为了深入推进安全生产领域“三大排查”和“打非治违”工作,根据市委、市政府统一布置,市运管处于2012年8月1日至11月10日在全市道路运输行业深入开展了“事故隐患百日整治”活动。集中排查整治了以下事故隐患:一是2012年以来在“三大排查”“打非治违”以及各种专项安全检查中排查发现但尚未整改到位的事故隐患。二是各运输企业运营的卧铺客车安装车载视频装置及使用方面的问题;长途卧铺客车落地休息制度执行不到位情况。三是“安全带—生命线”专项行动落实不够问题。四是运输企业对GPS监控主体责任落实不到位。五是已被市、县(市、区)以及市各有关部门挂牌督办但尚未验收销号的事故隐患。六是“百日整治”活动中排查发现的事故隐患。

【开展“事故隐患排查治理月”活动】为贯彻落实上级有关文件精神,2013年4月,市运管处在全市道路运输行业集中开展“事故隐患排查治理月”活动。依据国务院安委办《安全生产事故隐患排查治理体系建设实施指南》对事故隐患类型的划分,结合各地、各单位的实际,进一步明确隐患排查治理的内容,并学习借鉴北京顺义、镇江新区等地隐患排查治理的经验,细化隐患排查治理的标准,分类分层制定本行业、本单位安全检查表,逐步实现隐患排查治理的规范化。

【开展百日安全生产大检查】根据全省交通运输安全生产电视电话会议精神和市交通运输局要求,市运管处从2013年6月25日至9月30日,在全市道路运输行业集中开展百日安全生产大检查。此次检查的重点是“三个突出”。一是突出道路客运安全。全面检查客运车辆技术状况和安全设施设备配备情况;客运驾驶人从业资格和交通违法记录情况;卫星定位监控系统动态监管执行情况;驾驶员配备、驾驶时间、运行速度规定执行情况;道路客运安全告知制度落实情况;“安全带—生命线”活动落实情况;汽车客运站安全管理制度落实情况。二是突出道路危险化学品运输安全。包括全面核查危化品运输企业经营资质;加强对危化品运输车辆安全检查,强化对从业人员安全教育;加强危险货物运输标志管理;加强对危险货物运输车辆卫星定位监控系统动态监管等情况。三是突出城市客运安全。

【整治旅游包车客运】为进一步规范道路旅游客运经营秩序,促进旅游客运业健康发展,根据省运管局有关通知精神,2013年8月,市运管处在全市集中整治旅游包车客运。通过整治,实现旅游包车经营行为规范有序，严格遵守相关法律法规和行业规范，规范使用省、市包车标志牌，起、讫点标贴和经营许可证明，按照包车合同从事经营活动，不异地经营(起讫点均不在车籍所在地)、不擅自从事班线客运经营等；旅游包车车辆技术状况良好，定期维护和检测，车载卫星定位装置运行正常并接入全省重点营运车辆联网联控系统。客车安全带、灭火器等安全设施配备齐全有效，监督电话、安全告知等标识齐全；驾驶人素质优良，安全文明行车，运输服务优质高效，违规经营车辆有效遏制的目标。

【推进道路客运企业安全生产标准化建设】根据交通运输部和省交通运输厅、省安监局部署，为加快推进全市道路客运企业安全生产标准化建设，确保按时完成达标考评工作，2013年8月1日，市运管处在盐城召开全市道路客运企业安全生产标准化建设推进会议，对客运企业如何加快安全生产标准化建设进行辅导、培训，听取盐阜公路运输集团做好安全生产标准化建设达标考评工作的经验介绍，部署全市客运企业安全生产标准化建设达标考评工作。截至2015年年底，全市有25家运输企业通过安全生产标准化达标考评，领取了等级证书。其中：一级达标企业有盐阜公路运输集团(含长运公司、快客公司、联运公司)、盐城汽车客运站、盐阜公路运输集团修理公司、盐城市公交总公司4家；二级达标企业有盐阜公路运输集团大丰公司等19家；三级达标企业有建湖县建益运输有限公司等2家。

【开展道路运输行业打非治违专项行动】为认真贯彻市安委会关于集中开展“六打六治”打非治违专项行动的通知，深刻吸取昆山“8·2”特别重大事故和近期全国交通运输领域发生的特别重大事故教训，促进全市道路运输行业安全生产形势持续稳定，市运管处下发了《关于在全市道路运输行业集中开展打非治违专项行动整治安全生产突出问题的通知》，从2014年9月22日起，在全市道路运输行业集中开展“打非治违”专项行动，整治安全生产突出问题。按照“全覆盖、零容忍、严执法、重实效”的总体要求，严格落实停产整顿、关闭取缔，上限处罚和严厉追责“四个一律”的执法措施，集中打击、整治突出的违法违规行为，着力解决影响安全生产的重点难点问题，有效防范和坚决遏制重特大交通事故，切实维护全市道路运输行业安全稳定。

【对道路运输行业进行暗查】为贯彻落实国家、省、市关于安全生产工作的决策部署，从2015年1月20日起，市运管处对道路运输行业进行“四不两直”暗查工作。暗查时间分五个时段：春运期间（2月10—12日）、五一节前（4月27—29日）、世界反法西斯和中国人民抗日战争胜利70周年活动前(8月26—28日)、中秋国庆前(9月22—24日)、对800公里以上长途客运班线跟车暗访一次(10月19—23日)。通过暗查摸清道路运输行业安全生产真实情况，督促企业进一步落实安全生产责任；预防和减少道路交通事故的发生。

【开展“道路运输平安年”活动】根据省交通运输厅、省公安厅、省安监局印发的《2015“道路运输平安年”活动实施意见》，结合全市道路运输安全管理实际，市运管处组织开展了“2015道路运输平安年”创建活动。在活动中，各级运管部门坚持以落实道路运输企业安全生产主体责任为主线，以进一步加强重点营运车辆动态监管为抓手，以联合开展打非治违活动为载体，全面强化长途客运、农村客运、道路危货运输安全监管工作，严把运输车辆技术关，实现了安全管理科技和信息化水平进一步提高的目标，安全生产队伍素质进一步提升，安全生产综合治理能力进一步增强，逐步形成企业负责、政府监管、行业自律、社会监督的安全生产工作长效机制。

【举行道路客运行业驾驶员安全承诺宣誓启动仪式】2015年7月17日，市安监局、市公安局、市交通运输局在盐城汽车客运站举行道路客运行

业驾驶员安全承诺宣誓启动仪式，出席仪式的有各县（市、区）运管处分管领导，全市道路客运企业、旅游包车客运企业和二级以上客运站主要负责人，驾驶员代表60人。仪式首先观看了“道路客运驾驶员安全承诺示范片”，接着驾驶员、交警代表宣读倡议书，驾驶员代表进行安全承诺宣誓；最后现场观看了盐城汽车客运站发班车辆驾驶员安全承诺宣誓。通过此项活动进一步提高驾驶员安全意识和责任意识。驾驶员安全承诺宣誓主要是要求道路客运车辆发车前，当班驾驶员要向乘客进行“面对面”的安全承诺，承诺在驾驶过程中做到“五不两确保”，即：不超速、不超员、不疲劳驾驶、不接打手机、不关闭动态监控系统，确保乘客系好安全带，确保乘客生命安全。

【开展危货运输行业安全生产大检查】为吸取天津“8·12”特大爆炸事故教训，坚决杜绝重特大事故发生，市运管处组织开展全市道路危货运输行业安全大检查。检查工作落实了三项要求，一是高度重视危货运输安全管理工作，各级运管部门和道路危货运输企业，强化了红线意识和底线思维，切实履行“三把关一监督”职责。二是严格落实道路危货运输企业安全生产主体责任；严格执行凌晨2—5时禁行规定和夏季高温运输要求。三是加大明察暗访力度，对检查中发现的问题，及时落实整改，如无法立即整改到位的一律停运。（成荣广）

队伍建设

【概况】运管队伍建设是搞好运输管理的关键，“十二五”期间，盐城市以乡镇交管所综合执法改革为龙头，以“三基三化”为标准，全面推进乡镇交管所建设。以《江苏省道路运输条例》为主要内容，加强运政执法人员的培训，不断提高运管队伍综合素质。（成荣广）

【启动乡镇交通运输综合行政执法改革】为了加强乡镇交通运输管理所的规范化建设，实施乡镇区域内交通运输综合行政执法，市交通运输局根据苏政复〔2010〕52号文及省机构编制委员会办公室、省交通运输厅联合制定的苏编办发〔2011〕2号文件的要求，于2011年3月31日下发了《盐城市交通运输系统乡镇交通运输综合执法改革实施意见》（以下简称《意见》）。

《意见》要求各县（市、区）交通运输局及市直交通各执法单位要以科学设置乡镇交管机构、明确乡镇交管所的具体管理职责为核心，建立健全乡镇交通运输综合行政执法体制，理顺乡镇交管所与县（市、区）交通运输部门所属的公路、运管、港口、海事、航道机构之间的关系，确保交通运输行政执法工作协调、规范运行。根据全市乡镇交通运输综合行政执法改革工作序时进度安排，2013年4月起与市编委办协商，制定方案；5月拿到编办批文，全面启动改革工作，组建乡镇交通运输综合管理机构，明确机构职责和定员定编；6月市局组织进展情况督查，各县（市、区）交通运输局基本完成人员定编定位工作；7—9月组织开展执法人员业务培训，新的乡镇交通运输综合管理体制投入运行。

《意见》明确对乡镇交通运输综合行政执法机构的设置，有条件的县（市、区）应当单独设立具有法人资格的综合管理机构；对没有条件单独设立的，可在各地运管处增挂综合管理所的牌子。

《意见》的出台，对把握好改革的总体目标及改革应当坚持的基本原则，解决实施改革的重点难点问题，提供了帮助。在全市乡镇交通运输综合行政执法改革过程中具有重要的意义。（李金荣、李建东）

2012年2月27日上午，盐都区乡镇交通运输综合管理所正式揭牌成立，下设4个乡镇交通运输管理所，具体负责辖区内的交通运输综合执法工作。盐都区委常委张瑞卿、市交通运输局副局长薛华等出席揭牌仪式(严俊、李正新、卞伟伟)

【推进乡镇交通综合执法形象标准化建设】为促进全市乡镇交通综合执法形象"四统一"标准化建设工作，2013年3月21日，盐城市交通运输局组织召开了由各县(市、区)交通运输局分管法制工作负责人、法制科科长、乡镇综合所所长参加的执法形象标准化建设推进会。

与会人员实地观摩了已完成统一执法形象建设工作的试点单位亭湖区南洋、新兴两个交管所。赏心悦目的交管所外观和纪律严明、管理规范的执法队伍给与会人员留下了深刻的印象。大家认为，从内外观统一执法形象建设，内观规范、外观出新，整体效果较好，体现了行业特色。会议还总结了全市乡镇综合执法外观形象建设阶段性工作成果，对该项工作的组织领导、时序进度、质量标准、细节效果等提出了具体要求。(李永芳 刘泉)

【举办《江苏省道路运输条例》宣贯培训班】《江苏省道路运输条例》(以下简称《条例》)于2012年11月29日经江苏省十一届人大常委会第三十一次会议审议通过，并于2013年4月1日起正式施行。为切实加强《条例》的学习贯彻和宣传力度，指导全市运政执法人员更好地熟悉、掌握和运用《条例》，进一步规范全市道路运输市场管理。在《条例》施行前夕，市运输管理处邀请省运管局政策法规科有关负责人就《条例》主要内容做深入细致解读，全市运管系统近百名运政执法人员参加了培训。

培训主要从《条例》出台的背景、特点、道路运输安全、管理业态、服务民生解难题、市场退出机制、具体配套制度等方面进行了细致讲解。同时，通过视频文件、以案讲案的形式，分析阐述了

执法过程中存在的一些实际发生的问题以及解决方法。在互动环节，就参训执法人员提出的实际执法问题，省厅运管局政策法规科有关负责人一一做了解答。通过培训，全市运政执法人员进一步深刻了解《条例》的条款内容和精神实质，为不断提高管理能力和服务水平奠定了基础。

4月8日上午，市交通运输局召开《条例》宣贯培训会，市交通运输局副局长薛华就贯彻实施《条例》作动员讲话。

《条例》对立法调整范围进行了全面修订，增加了机构改革后交通运输部门新承担的公交、出租汽车客运、汽车租赁、交通物流等管理内容，强化了道路运输安全管理和信息化管理，并在推进城乡、区域客运一体化和货运的专业化、集约化及交通物流业发展等方面作出了创新性规定，全面构建了新时期全省道路运输发展和管理的法律制度。《条例》的颁布实施，有利于加快道路运输建设的步伐，充分发挥道路运输的比较优势和潜力，促进道路运输结构调整，推进技术进步和节能减排，进一步提升道路运输发展的质量和现代化水平。

会议要求，各地交通运输部门要充分认识《条例》颁布实施的重要意义，准确把握立法精神

和主要内容，全力做好宣传培训工作，为保障经济社会平稳较快发展和人民群众安全便捷出行作出积极贡献。（赵 君）

【亭湖区交通基层执法场所标准化建设通过省厅验收】2013 年 7 月 16 日，全省交通基层执法场所外观形象标准化建设验收小组，对亭湖交通基层交管所执法场所标准化建设工作进行了验收。

验收组一行先后察看了黄尖、南洋、新兴交管所的标准化建设执法场所，充分肯定了亭湖交通运输局在交通运输部开展的执法场所标准化建设中，能结合自身特点，注重内外兼修，创新理念、创造特色，高起点定位、高标准要求、高品味建设，为全省树立了品牌。

国家燃油税费改革后，亭湖区交通运输局根据新形势、新任务、新要求，大力推进交管职能改革，强力推行以“一个核心五个转变”“十化十统一”为主要内容的规范化建设工作，将行业工作的重点调转到服务发展、服务民生之中，实施了工程建设、行业管理、执法流程、执法场所、执法服饰、档案资料、人员管理等交通规范化建设。系统上下精神面貌、服务方式、工作效能、社会形象等都发生了深刻变化。2012 年，按照部规范和省厅“四个统一”要求，该局将标准化建设与提升人员综合素质、交通品牌创树结合起来，一所一个方案，一所一个特色。南洋的“交管前哨”、新兴的“文化走廊”、黄尖的“道德讲堂”、便仓的“牡丹卫士”、新城的“绿色新城”等，既有全局的酝酿，又有细微的考量和地域的特色，外观和内涵相互融通；既展示了基层执法场所的外观形象的标准化，又体现了各基层交管所固有的特色内涵。基层交管所标准化建设被市交通运输局列为样板；规范化、标准化建设受到了省交通运输厅游庆仲厅长及省、市行风、作风督查组的好评。（袁加亮、孙宏连）

自 2013 年 8 月下旬以来，亭湖区加强对乡镇交管所综合执法人员培训。图为综合执法人员正在进行执法手势训练（袁加亮、孙宏连）

【召开稽查典型案例评析会】为着力提高全市运政执法队伍的整体素质，帮助执法人员正确实施行政检查、行政处罚和行政强制措施，营造依法治运的良好氛围，2013 年 9 月，市运管处召开了全市稽查典型案例评析会。各县（市、区）运管处分管法制工作的领导、法规科科长 20 余人参加了会议。

本次评析活动采取以案说法的形式，围绕三个主题进行讨论：一是使用车载监控系统或者其他监控设施设备查处营运车辆违章行为的取证要

素。二是快递运输的行政管辖问题。三是新《道路危险货物运输管理规定》出台后实践应用中出现的问题。

通过各类主题的讨论，引导执法人员就其中的关键点展开分析。在评析现场，大家发言踊跃，纷纷表示评析活动鲜活、直观，易学易懂，受益匪浅，达到了预期的效果。（赵君）

【完成乡镇交管所外观形象建设】盐城市于2014年1月15日全面完成乡镇交管所外观形象建设。

统一乡镇交管所外观形象是实现交通运输对外行政执法形象“四个统一”（统一执法标识标志、执法证件、执法服装、执法场所外观）的重要组

成部分。为保障此项工作的扎实推进，盐城市交通运输局在2013年度部门预算中安排了188万元，对通过验收的交管所以奖代补的形式每所补助4万元。各县（市、区）交通运输主管部门根据省交通运输厅《统一全省交通运输基层执法场所外观形象建设实施方案》和市交通运输局“标准不低、速度不慢、内容不少、督导不松、效果不差”的具体要求，严格标准，精心组织，规范操作，基层执法场所外观形象建设有序推进。2013年8月，结合全省交通运输行政执法评议考核，亭湖区南洋交管所等35个交管所外观形象建设率先通过省交通运输厅验收。12月中下旬，余下的建湖县上冈交管所等12个交管所外观形象建设通过省交通运输厅验收。至此，全市51个乡镇交管所中，具备外观形象建设条件的已全部建设完毕。

改造后的乡镇交管所有统一的单位名称、执法标识、门媚、牌匾、灯箱、立面色带和玻璃防撞条等，外墙立面主要由白色、蓝色和黄、蓝色条组成，整体效果较好，体现了行业特色。作为直接服务人民群众的乡镇交管所全面完成外观形象建设后，标识统一、醒目，外观规范、大气，既方便群众识别和监督，又促进了全市交通基层站所正规化建设，提升了交通运输执法整体形象。（刘泉）

【开展运政执法人员“技能达标”考核活动】开展运政执法人员“技能达标”活动是2014年省厅运管局进一步贯彻落实“五项执法行动计划”，增强运政执法人员综合素质和履职能力，切实提高运政执法队伍执法技能水平的一项重要举措。为做好这项工作，全市各县（市、区）运管处按照“全面覆盖、分级负责、专业特定、注重实效”的总体要求，牢固树立“增强技能就是增强队伍战斗力”的理念，认真制定技能达标活动培训方案，组织执法人员进行身体体能、岗位技能培训。在此基础上，市运输管理处于2014年7月26—27日组

织全市运政执法人员进行“技能达标”考核，全市共296名执法人员分别在市区、东台、建湖、阜宁4个考核点参加了身体体能、岗位技能达标考核，参加考核人员达标率100%。（赵君 李月华）

【三县（市）增加乡镇交通综合所内河港口管

理职能】2011 年以来,市交通运输局在理顺乡镇交通管理体制,强化乡镇综合执法力量,提高乡镇交通执法管理和服务发展能力方面作了许多积极有益的探索。为弥补部分县(市)级内河港口监管力量的不足问题,强化内河港口建设和经营管理,切实维护内河港口建设和经营秩序,该局积极协调市、相关县(市)编办,相关县(市)交通运输局和市内河港口处等有关部门,将县一级内河港口管理职能划入乡镇综合所职能范围。2014 年 10 月,大丰、射阳、滨海三县(市)乡镇综合所已增加了内河港口管理职能。(刘泉)

【全市 13 个基层执法站所规范化建设试点单位确定】为积极引导和鼓励全市交通运输系统

基层执法站所开展以"三基三化"(基层执法队伍职业化、基层执法站所标准化、基础管理制度规范化)为主要内容的规范化建设工作,深入推进依法行政,市交通运输局在严格审核申报材料和综合评价的基础上,于 2015 年 5 月确定 13 个基层执法站所为今年规范化建设试点单位。

开展"三基三化"建设试点,旨在加快推进基层执法队伍职业化建设,明确基层执法站所建设分类标准,逐步形成"三基三化"建设制度框架体系,为在全系统推进"三基三化"建设创造和积累经验,提供借鉴。试点工作从今年 5 月开始,到 12 月基本结束,分建设准备、实施推进、评估总结三个阶段。在试点基本结束时,将组织对试点单位进行全面验收、总结,并制定出包括基层执法站所机构设置和人员配备标准、基层执法站所基础设施标准、基层执法站所装备配备标准、基层执法站所人员外勤补助制度等管理制度,以及符合"全市交通系统实际的"三基三化"框架体系。(孙一明、刘泉)

地方海事管理

【概述】

"十二五"期间,盐城地方海事部门以水上交通安全监管为中心,注重源头管理,强化船舶管理,规范船员管理,加强渡口管理,大力推进撤渡工作,不断落实航运公司安全生产和防船舶污染主体责任,完善航运公司安全监管体系,完成航运公司安全体系审核。全市共办理船舶检验 5.57 万艘次(其中建造检验 1799 艘、营运检验 5.39 万艘次)船舶登记 2.94 万件次,力保船舶适航。继续推进船型标准化工程,截至 2015 年年末,已拆解 1254 艘,发放补贴资金 1.42 亿元,拆解数列全省之首。全市组织船员培训 116 期,7093 人,签发各类证书 3.75 万本,达到船员适任。严格规范执法、提升应急搜救能力,全系统共查处和纠正违章船舶 11.97 万艘次,救助遇险船员 202 人次,遇险船舶 170 艘次,挽回经济损失 2112.20 万元,全市水上辖区未发生重特大水上交通事故和因管理不到位而造成 8 小时以上航道严重堵塞事故,未发生

船舶污染水体事件。加强海事船检队伍和装备设施建设,队伍素质得到提高,装备设施不断完善,处于全省领先地位。(赵树海)

源头管理

【概况】航运公司是水上安全管理的源头,地方海事管理必须从源头抓起。“十二五”期间,市地方海事部门严格航运公司安全体系审核,加强安全服务体系建设,落实航运公司安全生产与水上防污染主体责任,提高航运公司安全与防污染管理水平,协助省地方海事局对辖区航运公司安全体系审核35次,船舶体系审核126艘次,保障辖区水上交通安全形势持续稳定。

【开展全市航运公司调查摸底工作】按照省地方海事局苏地海事〔2013〕84号文的要求,盐城市地方海事局于2013年10月底前完成了辖区航运公司基本情况的调查摸底工作,辖区共有航运公司189家,船舶1.32万艘,船员2.28万人,绝大部分航运公司建立了安全管理制度。截至2015年12月底,全市共有航运公司161家、船舶1.18万艘、船员2.30万人。

2013年10月23日,市地方海事局局长陈正华率相关科室负责人到响水调研指导水上交通安全工作(葛玉华、李飞)

【加强航运公司监管工作】按照上级有关文件的要求,自2013年起,盐城市不断加强辖区航运公司监管工作,“十二五”期间,共对辖区航运公司实施日常监督检查800余次。检查中对各家公司的安全管理制度和相关台账资料进行了检查和梳理,重点检查公司落实有关法律法规和上级有关文件规定情况、机构和人员资质情况、安全管理制度建设和落实情况、船舶和船员档案管理情况、船舶动态控制情况,要求各家公司对现有制度进行进一步完善,确保制度能够符合上级文件要求并且得到有效落实,相关台账资料一定要及时更新并留存。

【定期召开安全生产形势分析评估会】“十二五”期间,全市分片区组织召开水上安全形势分析评估会8次,辖区航运公司安全生产形势分析评估会1次。通过分析评估会议,及时分析辖区航运公司安全生产形势,通报航运公司安全生产管理情况,指出公司在检查中存在的问题,督促公司落实安全生产主体责任,并提出下一步监管工作计划。

【督查航运公司整改安全隐患】“十二五”期间,全市地方海事部门共对辖区航运公司实施日常监督检查800余次,共发现安全隐患1000余处,分别做出了一周内纠正、一个月内纠正和三个月内纠正三类处理意见,督促航运公司按要求在规定的时间内完成整改。截至“十二五”期末,市地方海事局对航运公司已整改的问题全部实施了验证。

【联合组织安全管理约谈】“十二五”期间,盐城市地方海事局特邀盐城市运输管理处分别召集5个县地方海事处和26家航运公司,进行了安全管理约谈。约谈的对象主要为无固定经营办公场所、不接受日常安全监督检查、拒绝整改发现的问题、未参加安全生产形势分析评估会和内河船舶参与海上运输等情况的航运公司。针对被约谈航运公司存在的问题,分别提出了三点安全管理措施:一是要健全相关组织机构,明确落实整改责任;二是要对安全管理工作重抓建章立制,狠抓措施落实;三是要配足专职管理人员,切实履行岗位职责。

【建湖县开展船舶专项治理行动】2014年3

月 18 日，建湖县地方海事处召开由辖区 34 家航运企业负责人参加的船舶标志标识、超载、超拖专项整治会议，发放整治通告、宣传材料 200 多份，以改善通航环境，保证水上交通安全。

该处通过船舶签证、现场巡航等手段，重点查处船舶标志标识不规范、船舶超载和船队超拖等三项主要违法行为，同时加强对港口码头的监

管，杜绝船舶源头超载货物，限制超拖船队过闸。对查出的违法行为先纠正再处罚，消除水上安全隐患。（何兆梅）

【加强航运公司相关人员培训】一是 2013 年 9 月 23 日，盐城市地方海事局召开了全市航运公司安全监管人员会议，采取以会代训的方式宣讲了航运公司安全监管的相关法律法规，并对全市航运公司安全监管工作提出了新的要求。二是为认真贯彻落实《中华人民共和国安全生产法》和《中华人民共和国航运公司安全与防污染管理规定》，强化航运公司安全生产主体责任，进一步提升航运公司岸基人员的业务能力，督促航运公司做好安全工作，市地方海事局于 2015 年 2 月 2 日组织全市建立航运公司安全管理体系的公司办公室主任、海务和机务管理等岸基人员进行为期一天的“面对面”交流安全业务培训。重点对驾驶台资源，消防、救生设备，主动力及辅助设备、防污设备和船员实操等方面进行讲解，并突出对检查内容、存在问题和处理依据等，使参训人员充分了解海事船舶安全检查依据、程序和要求。

【市、县联手加强对航运公司的安全督查】为加强安全督查，“十二五”期间，盐城市地方海事局每年度参与县地方海事处检查的航运公司数占辖区航运公司总数的 10% 以上。2014 年，各县（市）地方海事处对所辖 189 家航运公司的安全与防污染管理工作进行了监督检查，市局派员重点参与检查了运行安全管理体系的 7 家从事危化品运输和 14 家规模较大的航运公司。2015 年，各县（市）地方海事处对所辖 164 家航运公司实施了监督检查。市局派员重点参与检查了运行安全管理体系的 7 家从事油品、化学品运输的航运公司和 17 家规模较大的航运公司。在联手督查中，针对航运公司安全管理存在的问题，分别提出整改要求：一是按规定建立公司安全与防污染管理的方针、目标，安全责任制度等九项制度；二是在建立制度的基础上，狠抓落实，做好船员教育培训、设备维护保养、安全检查、应急训练和演习、船岸联系等工作；三是按制度要求，建立相应的台账并及时如实记录。

【开展内河船舶参与海上运输专项治理】根据省地方海事局《关于进一步加强内河船舶参与海上运输专项治理的通知》的要求，盐城地方海事部门积极配合省局做好辖区内河船舶参与海上运输的船舶召回工作。一是组织相关航运公司进行安全管理约谈，积极向航运公司相关人员宣传内河船舶从事海上运输的危害性，宣传水上交通法律法规，落实航运公司安全生产主体责任，增强内河船舶经营人的法制观念，提高航运公司从业人员的遵纪守法意识，自觉遵守水上交通有关法律法规，坚决不参与海上违法运输活动。二是督促航运公司切实加强内部教育管理，加强对公司船舶的跟踪，掌握船舶动态，及时发现并查纠内河船舶参与海上运输行为。三是责成相关航运公司立即组织召回违法参与海上运输船舶。“十二五”期间，全市辖区非法从事海上运输的 6 艘内河船舶均已被成功召回。（赵树海）

船舶管理

【概况】船舶管理包括船舶检验、登记、签证、船型标准化、防船舶污染等。“十二五”期间，全市共办理船舶建造检验1799艘、船舶营运检验5.39万艘次，实现零差错。船型标准化工程进展顺利，至2015年年末，共完成拆解1254艘，发放补贴资金1.42亿元，拆解数名列全省之首。全市共有内河运输企业176家，实际管辖船舶1.20万艘，未发生重大污染事件。

①船舶检验。“十二五”期间，盐城船舶检验工作以船检机制改革为动力，以提高船检服务质量为中心，以队伍建设和规范管理为主线，以建造检验为重点，持续、全面、有效地运行船检法定检验质量管理体系，全面清理船舶重复登记号、整治船舶标志标识、排除危化品运输船舶安全隐患，大力推进京杭运河船型标准化工程，船检机制不断创新改革，队伍素质不断提高，船检质量显著提高，船检创新服务特色造船业被市委、市政府确定为创新服务项目，全力打造“廉洁高效”船检，较好地完成船检质量目标，未发生船检质量事故和群众投诉案件。

2011—2015年盐城市地方海事部门完成船舶检验情况

表43

项目	数量	总吨位（万吨）	总功率（万千瓦）	备注
建造检验	1754艘	71.70	33	
建造检验	45艘	3.90	1.30	含改建
营运检验	53925艘次	1030	645	
入籍船舶	1363艘	58	23	含内、外地船舶
转出船舶	953艘	40	19.20	
图纸审查	1192套			
船用产品检验	4132台套			
吨位丈量复核	6500艘			
船舶拆解监督检验	2034艘			

②船舶登记。“十二五”期间，全市地方海事部门共办理船舶登记2.94万件次，其中所有权登记7170件次、国籍登记1.56万件次、注销登记6070件次、抵押权登记646件次、光船租赁登记23件次、发放IC卡8044件次、授予船舶识别号2427件次（新建1932件次，旧船495件次）、办理配员证书2.40万件次，整个船舶登记实现零差错。

③船型标准化。实行船型标准化是调整船型结构，淘汰老旧船舶，保障水上交通安全的重要举措，是一项利国利民的实事工程。盐城是水运大市，“十二五”期间，大力推进船型标准化工程，共完成船舶拆解1254艘，位列全省之首。

④防船舶污染水域。“十二五”期间，市地方海事部门认真贯彻落实《江苏省通榆河水污染防治条例》，根据市政府保障饮用水源安全的总体部署，较好地保障了饮用水源安全，未发生一起危化品船舶污染水体险情。（赵树海）

【改革船检管理机制】“十二五”期间，盐城地方海事部门进一步创新改革船检机制，合理配置检验力量，探索出一整套船检管理新模式。目前，全市船检实施统一组织、统一配置、统一标准、统一收费的“四统一”管理模式。船舶检验证书交付、技术文件资料归档统一由盐城市地方海事局负责实施，现场检验根据船舶类型、吨位、危险程度、技术含量等综合因素由盐城市地方海事局船检科统一安排给适任的检验组、验船师或者是县(市、区)地方海事处船检人员具体实施。这种模式既保证了船舶检验标准的统一、人员的适任、资料的规范,又能解决验船师数量相对不足、各县之间忙闲不均等问题,同时又方便了船东,节约了成本。通过几年的努力,基本形成了一套高效、规范、和谐、廉政的船检管理模式。

【船检部门服务造船业发展】盐城船检部门以新建船舶为重点,以提高检验质量为目标,有力促进全市船舶工业的发展。"十二五"初期,盐城辖区内大多数造船企业规模小,生产设施、设备简陋,技术人员严重缺乏、造船工艺落后,船舶建造质量参差不齐。通过市船舶检验部门五年的努力,现状大有改善。市辖区内所有船厂都建有3个以上硬质达标船台,通过了盐城市地方海事局焊接工艺认可,投资新建桁吊或新购汽车吊等起重设备。大中小规模船厂各具特色,船舶、海上设施及船用产品建造质量明显提高,军品、大型工程船舶以及其他特种船舶订单持续上升。据统计,全市船舶工业在"十二五"期间,解决就业超过5000人,创造GDP15亿元以上。全国第一艘内河双燃料LNG船舶在市辖区内勤丰船厂建成下水,上海绿动及江苏鸿运订制的189艘LNG船舶已陆续开工。东台东方船厂生产的生活污水处理装置获得CCS船级社、江苏省船舶检验局型式认可,生活污水处理设备、船舶污油水分离处理设备行销全国,部分产品成为军方指定产品。全市现有68家船厂中,获得渔船生产资格的超过15家,新近东台永海船厂通过船级社工厂认可,获准生产危化品船舶,这在小型船厂中也是不多见的。

【船舶法定检验质量管理体系运行良好】"十二五"期间,全市船检管理的新模式进一步完善,以法定检验质量管理体系为抓手,进一步规范检验行为,严格按照作业文件实施各项检验业务,对体系运行中发现的的不合格项目,认真分析原因,制定纠正或预防措施,落实责任人和完成时间,切实提高体系运行质量,推动船检质量持续提高。在每年体系审核中,盐城船检的体系运行质量,船检工作质量一直保持在全省前列,多次获得上级主管机关的好评。在多次征集的服务对象调查表中,群众满意度达到95%以上。"十二五"期间,全市船检未发生一起质量事故,未发生重大工作过错,较好地贯彻了船检质量方针并完成了船检质量目标。(赵树海)

【省地方海事局在响水设点开展危船专项安全检查】2014年8月30日,省地方海事局在通榆河响水船闸开展为期5天的危化品运输船舶设点专项安全检查活动圆满结束。活动期间,共检查危化品运输船舶12艘,检查缺陷235项。

此次活动通过省局优秀船舶安检员的"传经送宝",有效提高了盐城辖区内危化品运输船舶安全管控能力和海事执法人员的安检水平。通过专项安全检查,严把危化品运输船舶适航、船员适任、货物适装关口,保证了船舶的安全性能,切实维护了船员的切身利益,充分体现了海事人员服务船员的职业操守。(季晋、李飞)

市地方海事局专项安检组,在辖区集中蹲点开展危化品运输船舶专项检查活动,图为2014年9月11日海事执法人员在阜宁县双昌码头对危化品运输船舶进行检查(赵树海、韩廷武)

【打造“廉洁高效”型船检】为适应盐城造船业发展的新形势，盐城市地方海事局积极推行船检管理创新，打造“廉洁高效”型船检。自2011年起，建立内部监督机制，有效防范各种不正之风。《船检服务廉政风险告知单》涵盖了船舶检验每项业务，制定船舶检验业务回访反馈制度，由盐城市地方海事局组织人事科进行电话回访；打造“数字船检”。建立“盐城船检”和“盐城造船”群，建立船检数据中心，记录保存现场检验影像以便追溯，将船检政策、上级文件等与船厂、验船人员密切相关的内容及时传达到相关方；建立健全验船人员轮岗制度，全体验船师轮岗已实现常态化。

【船舶登记实行政务公开】盐城市船舶登记工作职能自2006年年底按照行政审批“三集中三到位”的要求，调整到市地方海事局行政许可服务科。具体业务全部通过“船舶登记系统”实施，登记业务系统部、省、市联网，可以适时监督。所有登记业务证书及相关资料全部在市政务中心海事窗口生成，以“窗口受理、内部运作、统一收费、承诺办结”的模式为广大行政相对人服务，印发《海事服务指南》向社会公开，接受社会监督，保证船舶登记工作阳光操作，公正公开。

【规范船舶登记工作流程】2011年以来，盐城市地方海事局严格按照交通运输部海事局颁布的《船舶登记工作规程》《海事执法业务流程》以及《船舶登记档案管理规定》等有关规定开展船舶登记工作，切实落实船舶登记三级审核（审批）制度，做到初审、复审、批准三级管理，初审、复审、批准人员结合各项登记业务特点及各自审查要点各司其职，共同把关，着力保证船舶登记工作规范开展。

【加强船舶登记档案管理】2011年以来，根据交通运输部海事局《船舶登记档案管理规定》和省地方海事局考核要求，在日常工作中市地方海事局认真做好船舶登记归档工作。对证书制作、管理，材料流转、归档内容、装订顺序及归档时间都有明确的规定，做到船舶登记一船一档。

【实行“三三制”，推进船型标准化】船舶拆改定点船厂直接影响长江干线船型标准化的质量和进度。为此，盐城市地方海事部门自2011年以来，积极推行“三三制”，加强定点船厂的监督管理，对拆改质量、信誉等方面实施跟踪考核，确保船厂严格执行合同，按规定的要求拆改船舶，保证拆改质量和进度，全市涌现出同舟船舶有限责任公司等一批先进典型，收到较好效果。

实行“三三制”，就是在船舶拆解质量上做到“三严”。一是严格执行船厂与船东签订的《长江干线老旧船舶拆解合同》，按期完成船舶拆解任务。二是严格按规定对拆解船舶实施预切割，提高船型办派出现场监督人员的工作效率。三是严肃出具船舶拆解完工证明书，向船型办反馈船舶拆解时间和实施拆解情况。在便民服务上达到“三最”：船舶拆解速度最快，船舶拆解收费最低，在废钢处理上船东受益最高。让定点船厂甘当船型标准化的“推进器”。

【盐城内河船舶拆解数位列全省之首】盐城是水运大市，在册内河营运船舶1.50万余艘。为确保超额完成内河船舶拆解任务，市地方海事部门和运输管理部门采取“合力驱动、鼓励拆解、优质服务、规范监管”等措施，加快推进船舶拆解进度。截至2015年10月底，共申报受理拆解船舶1972艘，已核批1652艘，拆解完工1254艘，发放补贴资金1.42亿元，船舶拆解数位列全省之首，全国前茅。

【加强船舶防污染宣传培训】“十二五”期间，市地方海事局及时发布关于对连申线盐城段、泰东线东台段实施载运危险货物船舶夜间禁航的航行通告”，制作“通榆河水环境保护告船民书”和船舶污染防治船民调查问卷，加强宣传和教育；每年举办1期或2期危化品水运申报员培训班，发放证书；在大市区饮用水源取水口16处树立防船舶污染饮用水源警示宣传牌41块，提高船员和沿岸群众保护饮用水源意识。

【健全船舶防污染应急预案】“十二五”期间，市地方海事局认真把握辖区防船舶污染规律，结合相关法律法规的更新，及时修订完善《盐城市地方海事系统内河交通事故（险情）应急预案》，同时，制定盐城市地方海事局《防止船舶污染重大事件应急预案》《饮用水源保护区巡航检查制度》《应对处置市区供水突发事件应急预案》《水上搜救应急预案》等应急预案，有效提升应急保障能力。

【动态管控危化品运输船舶】2011 年以来，积极加强船舶防污染监管工作，全市 5 个管控点认真落实危化品运输船舶管控和动态报告制度，从严控制通行全市辖区的水路运输危化品品种、数量，加强通榆河、泰东河等危化品运输船舶通过量大的重点航道现场巡航监管，对所有进入辖区营运的危化品运输船舶实行登船检查，认真查验危险货物准运单、申报单和船舶实际载运货种是否相符，把好源头监管关，确保始发出港的危化品船舶适航、货物适装；与环保、公安、水利、港口等部门联动协作，加大对进入辖区的危货船舶管控力度，强化危险品作业码头安全和防污染设备设施检查；抓干线航道危化品船夜间禁航，对连申线盐城段、泰东线东台段水域实施载运危险货物船舶夜间禁航，通榆河沿线各县（市、直属）地方海事处采取白天正常巡航检查与夜间突击检查相结合方式，加强对危险品运输船舶的管控。

【建立大市区饮用水源视频监控系统】自 2012 年 4 月 1 日起至 2015 年 12 月，盐城市地方海事局分批投入 200 万元，在亭湖、盐都区通榆河、蟒蛇河段建立视频监控系统，结束饮用水源保护区没有视频监控系统的历史，并整合信息资源，达到全方位、全链接、全覆盖，当年年底投入使用。同时整合监管资源，推动视频监控系统、AIS（船舶识别系统）和 GPS 系统整合衔接，覆盖全市干线航道、重点危化品码头和饮用水源保护区，形成视频监控网络。同时，加强船舶安检，特别是危化品船舶安全检查、应急装备设施以及现场执法处罚调查取证装备设备建设，提高执法监管的有效性和科学化。

【组织危化品运输船舶专项检查】为适应全市现有化工园区、企业水路运输的需求，盐城市地方海事局“十二五”期间每年牵头组织全市危化品水路运输污染防治专项检查活动，专门成立工作组，抽调业务骨干对大丰博汇化工码头、亭湖新兴油库和阜宁澳洋化工码头、滨海沿海化工码头到港的危化品运输船舶实施专项检查，检查散化船缺陷，对应的整改要求当场告知当事船舶船长或相关责任船员。同时，从危化品水路运输市场准入、港口码头源头管理和现场监督检查等环节，重点加强船舶危险货物申报的检查，加大对运输危险化学品瞒报、谎报行为的打击力度，加强对申报单的查验，对未使用正确运输名称或货物品名模糊等有怀疑的货物强化检查，对存在欺骗、造假、提供虚假证明材料、故意瞒报、谎报等违法行为的单位和个人，根据相关法律法规予以处理，并作为重点监督检查对象。积极发动社会监督，拓宽瞒报、谎报危险化学品的信息来源，对瞒报、谎报行为严格按规定进行处罚，有效促进海事监管效能。

【联手保护饮用水源】按照市清水走廊建设要求，扎实开展水源保护区日常巡查，利用视频监控系统对大市区一级水源保护区实施全天 24 小时有效监控，禁止任何船舶停泊。2015 年，与公安、环保等部门协作联动，协调建立排污企业利用船舶作为交通运输工具转运危险废物的管控机制，畅通信息通报渠道，及时获取排污企业与船舶签订的危险废物运输合同、危险废物岸上接收处理等信息，共同做好排污企业利用船舶二次转移危险废物的监督管理，坚决禁止利用船舶运输含剧毒危险化学品或交通运输部门规定禁止通过水上运输的危险化学品废物，集中开展“清水雷霆”行动，严厉打击船舶非法运输、倾倒工业废液行为。“十二五”期间未发生船舶严重污染水体事故。

【参与大市区河道环境整治】2011年以来，在市委、市政府强力组织下，参与市河环境综合整治，在全国文明城市、全国卫生城市创建中，督促帮助新洋港、蟒蛇河等沿河社区清除河道两岸岸坡垃圾4520余吨，清理岸坡较大的暴露垃圾点49处。在通榆河环境综合整治中，共劝阻、驱走砂石运输船500多艘，拖离、拆除浮吊船43艘。

【完成内河船舶生活污水处理装置改造】内河船舶生活污水防污改造主要是引导船东在船舶上安装生活污水处理装置，避免未经处理的生活污水排放后污染水域。根据规定，符合改造条件的船舶种类为江苏省内河运输船舶中，2011年9月1日前安放龙骨、400总吨及以上、有营运证的机动货船。为调动船民改造积极性，国家对符合条件船舶进行生活污水防污改造给予一定补贴，补贴标准为1000总吨以下3万元、1000至2000总吨(不含)4万元、2000总吨及以上5万元。2015年6月，盐城市地方海事局经过调查摸底，全市符合船舶生活污水防污改造条件的船舶共有192艘。2015年7月29日，该项工作正式启动，通过采取强化宣传发动、确定改造企业、全程跟踪督查等措施，截至2015年11月底，全面完成了改造工作任务，促进了船舶绿色航行。(赵树海)

船员管理

【概况】盐城市地方海事部门“十二五”期间，有效运行船员管理质量管理体系，组织开展“船员培训质量管理年活动”，严格船员考试发证审批程序，共对盐城交通技师学院举办的116期船员培训班实施监督检查187次，组织各类考试116期，7093人次参加考试，签发基本安全合格证、船员服务簿、特培证书和适任证书等各类证书3.75万本，未发生因违规签发船员证书而导致的水上交通事故，未发生因签发船员证书错误而导致船舶被滞留。(赵树海)

【宣传贯彻船员考试发证新规则】2011年，全市地方海事部门认真宣传贯彻落实新的《中华人民共和国内河船舶船员考试和发证规则》(交通运输部2010年第1号令，以下简称《规则》)。为及时、有效、平稳和有序地按照《规则》要求做好全市船员培训、考试和发证工作，市地方海事局组织全市189家航运企业负责人或业务经办人、船员服务机构负责人和辖区地方海事机构相关人员集中宣贯《中华人民共和国内河船舶船员考试和发证规则》；组织全市10家县级以上医疗机构签订《船员体检责任书》，督促相关医疗机构严格按照《规则》有关要求，认真组织船员体检工作；组织召开盐城市船员培训管理工作会议，进一步理顺船员培训和考试工作关系，提升全市船员培训服务水平。(赵树海)

【全省船员培训管理系统操作人员培训班在盐城开班】2013年8月19—20日，省地方海事局在盐城举办了“江苏省船员培训管理系统操作人员培训班”，各市地方海事系统和船员培训机构有关人员共60余人参加了培训。

培训班邀请南京敏思科技有限公司的有关技术人员对“江苏省船员培训管理系统”的使用方法、操作技能等方面进行了讲解示范，收到了较好的效果。该系统将于2013年10月1日在全省推广使用。从而增加了船员培训报名和缴费在网上操作的渠道，提高船员培训服务水平，推进“四型海事”建设。(陈文昌、赵树海)

【开展“船员培训质量管理年”活动】为积极响应和落实《国务院关于依托黄金水道推动长江经济带发展的指导意见》，促进地方水运经济发展，提高船员培训质量，为内河水运事业输送更多更优的合格船员，2015年，盐城地方海事系统组织开展“船员培训质量管理年”活动，督促辖区培训机构切实提高船员培训质量。活动开展以来，辖区培训机构从“加强船员培训师资、管理人员的资质管理”等九个方面改进培训软、硬件条件，更好地服务于船员培训。培训机构采取小规模办班，精细化教学，稳步提升了船员考试的合格率。

【做好船员适任证书重新签发工作】《中华人民共和国内河船舶船员考试和发证规则(2010年)》实施以来，盐城作为全国内河船员大市，船员管理部门克服工作人员少，服务船员数量大的突出矛盾，积极认真组织“船员适任证书”的重新签发工作。2011年全市完成内河“船员适任证书”重新签发1.62万人次，“十二五”期间共组织“船员适任证书”重新签发2.36万人次。

【船员管理质量管理体系通过验收】为进一步做好全市船员管理工作，规范船员考试发证行为，2014年1月1日，市地方海事局船员管理质量管理体系正式运行，7月11日，船员管理质量管理体系顺利通过省地方海事局考核；9月组织内部审核和安全管理评审；12月份顺利通过交通运输部海事局验收组的验收。体系运行以来，全局船员管理坚持以体系文件为指导，工作更加规范，流程更加顺畅。(赵树海)

2014年7月11日，市地方海事局对该市内河船舶操纵模拟器项目第一阶段工程进行验收。系统性能良好，运行流畅，顺利通过验收(陈文昌、顾宗海)

【监督检查船员培训工作】根据《船员培训监督检查办法》，盐城地方海事部门加强对培训机构的监督管理，不断提高培训质量。督促培训机构增强培训师资力量，增配培训所需的设施设备，督促培训机构学习和落实《中华人民共和国船员教育和培训质量管理规则》，认真运行培训机构质量管理体系，逐步提升船员培训质量。“十二五”期间，全市共对辖区培训机构举办的116期船员培训班实施监督检查184次，对监督检查中发现的问题全部下发整改通知书，并限期整改到位。

【运行各类船员培训考试管理系统】“十二五”期间，全市船员管理部门积极运行使用“内河船员管理系统”“中国海事局计算机考试系统”“江苏省船员电子考试系统”“江苏省内河船员引航技能数字化多模式训练与考试系统”“江苏省内河船员考试管理系统”“江苏省内河船员培训管理系统”“中华人民共和国协同管理平台”“船员实操考试自动评判系统”等船员培训考试系统，从源头上把好船员考试的质量关，较好地完成了各类考试组织工作。

【完成各类船员考试工作】“十二五”期间，盐城市地方海事局共举办基本安全考试44期，考试2288人次；举办适任考试70期，考试4385人次。利用“苏海考1”船舶组织538名船员考试，利用船舶驾驶操纵模拟器组织300名船员考试。(赵树海)

渡口管理

【概况】“十二五”期间，盐城地方海事部门实行现场巡航与视频监管相结合，推行日常检查与专项检查相结合，实施法规宣贯与消除隐患相结合；切实加强客渡船舶安全监管，对渡口实施差别化管理，规范运行渡口视频监控系统，随时查纠渡运安全隐患，取得了全市乡镇渡口安全无事故的好成绩。同时，积极推动、配合有关方面建设代渡桥梁，使农村群众出行条件得到改善，有力地服务了新农村建设。(赵树海)

为坚决杜绝渡运事故的发生，确保水上交通安全,2011 年 9 月,盐都地方海事处深入渡口检查落实渡运安全工作。图为执法人员在西城桥渡口向渡工宣讲“湖南邵阳 9.9 沉船事故”,要求渡工吸取教训,警钟长鸣(王勇军、征国军)

2012 年 5 月 31 日、6 月 1 日，阜宁县地方海事处分两期对全县所有乡镇渡船船员进行安全培训。图为海事执法人员为渡口船员授课现场(朱国华、韩廷武)

2013 年 4 月 24 日上午,市地方海事局“五一”节前水上交通安全督查组会同响水县地方海事处对响水苗寨大桥施工现场、七套梅湾渡口等地进行安全检查。对发现的安全隐患及时提出整改意见,并要求相关单位限时整改到位,保证人民群众过一个安定祥和的“五一”小长假(季晋)

2014 年 4 月 2 日，响水县地方海事处与县交通运输局安全科联合对辖区渡口渡船进行清明节前安全大检查。重点检查渡工渡船证书、渡船结构质量及救生安全设施等。对检查中发现的问题，检查人员当场提出整改要求，并督促相关渡工立即整改(仇金留、徐新军)

【宣传贯彻《内河渡口渡船安全管理规定》】 2014 年 10 月，各级地方海事部门通过发放宣传册、张贴宣传标语、可变情报板、加强协调指导、强化教育培训等形式,宣传贯彻《内河渡口渡船安全管理规定》,营造良好渡运安全氛围,力保不发生人为渡运事故。对渡口较多的县,报请安监、交通主管部门牵头组织召开由乡镇政府负责人、渡运安全管理人员、渡口运营人参加的宣贯会议,及时将新《规定》的精神向与会人员讲清讲透。对渡口较少的县(市、区)通过发放宣传册等有效形式将新《规定》宣传到乡镇政府和渡口运营人。

【开展渡口安全大检查】 2013 年，市地方海事局组织全市渡口安全大检查。检查中积极向广大乘客讲解渡运安全知识和救生衣穿着规范,增强广大乘客的渡运安全意识，自觉抵制渡船超载等违法行为，自觉养成上船主动穿着救生衣或手持个人救生浮具的习惯;加强协调指导,推动政府落实安全管理主体责任；各地方海事处督促乡镇人民政府建立并组织落实渡口安全管理责任制和安全管理制度;在渡运高峰期间,加强组织协调和派员进行安全值守；对每班渡工的证件进行一一检查审核,把平时爱喝酒的渡工列出名单,作为重点检查对象，同时，检查渡工的精神状态，如果发现渡工的精神不佳，就当场给予停班休息。抽调坚持原则、敢唱“黑脸”的执法人员担任安检的负责人，具体负责渡口的检查工作。在安全检查中，严格按照规章制度办事，实行“谁检查、谁签字、谁负责”的制度，从渡口的审核、证书与渡船的比对、渡船的检查，层层把关、环环相扣，不让一艘“病”渡船运营。要求各渡口加强船舶安全自查，强化安全隐患排查治理制度，确保安全工作不留死角、不留缺陷，保证辖区所有客渡船处于适航状态。当年，以市安委会文件通报渡口安全大检查情况，挂牌整改渡口隐患，力保全市乡镇渡口安全无事故。

【有序推进渡口撤并】盐城地方海事部门积极做好渡工和地方群众的宣传工作，主动与各有关乡镇进行协调和衔接，做好撤渡手续的申报、奖励资金的到位，推动渡口撤并工作，努力减少渡口数量，根治渡运隐患。对渡口码头因渡运环境发生变化等无法满足相应技术标准的，建议地方政府重新审批或撤销；对上下游有桥梁代渡或者渡运量较小、长期处于停渡状态的渡口，积极建议地方政府予以撤并；用足用活政策，按照撤销1道渡口奖励5万元的激励方法，加大渡口撤销力度，“十二五”期间全市共撤渡92道，使全市渡口总量下降至104道，大丰区率先成为无渡区。

【加强渡工安全教育培训】盐城地方海事部门采取多种形式加大渡工安全教育培训力度，不断提高渡工的安全操作技能。对所有渡船渡工每年进行不少于4小时的安全培训，培训内容包括船舶航行、救生、消防设备的使用、航行水域航道特点、典型事故案例分析、水上交通安全法律、法规、规章与渡运安全管理等有关内容。同时，地方海事执法人员经常现场加强对船方责任人、渡工的安全教育，坚决杜绝“三无”船舶参与营运。通过培训教育，提高渡船渡工安全意识，使渡工自觉遵守渡口渡船管理制度，按照水上交通安全操作规则操纵和管理渡船。

【分步安装启用重点渡口视频监控系统】盐城地方海事部门着力推动全市渡运由静态到动态、由时段到全过程监管的转变。2013年，在亭湖立新、阜宁三份港、东台临塔2、阜宁闸北三组、射阳上坎、滨海官滩等6个主要渡口。安装了视频监控系统。2015年计划落实安装26道、27点渡口视频监控系统，这样监控中心值班人员就可以通过视频监控系统，采用广播喊话纠正其违规行为。对于冰冻、风雪、雨雾等恶劣天气，值班人员通过视频监控“电子眼”能及时向船员和渡工发出提醒和警示，一旦发现违法违规行为，则立即通过语音广播或电话及时制止和纠正，基本杜绝了以往单靠现场检查手段纠正船舶超载、冒险航行、乘客和渡工（船员）未穿（拿）救生设施渡运等违章行为，做到静态管理与动态管理相结合，实现“防、控、打”一体化，有效避免了渡运事故的发生。

【免费发放渡运救生浮具】根据辖区渡船救生衣、救生圈老化与遗失等现状，及时将省地方海事局下拨的4000多个救生浮具逐一免费发放到辖区所有渡船渡工手中，同时将海事流动课堂搬到渡船上，海事执法人员认真细致向渡工面对面传授救生浮具的使用方法，并向渡工和乘客现场进行了示范。海事执法人员还嘱咐渡工按规定把这批救生浮具摆放到位，处于随时可以取用的状态，确保渡船乘客100%穿救生浮具、救生衣，确保乘客乘上放心渡、安全渡，确保汛期渡运安全。（赵树海）

港航监督

【概况】“十二五”期间，盐城市地方海事部门紧扣港航监督管理工作中出现的新情况、新特点和人民群众普遍关心的热点、难点问题，推进管理创新，工作亮点纷呈。全系统共查处和纠正违章船舶11.97万艘次、救助遇险船员202人次，救助运输船舶170艘次，挽回经济损失2112.20万元。全市水上辖区未发生重特大水上交通事故和因管理不到位而造成的8小时以上航道严重堵塞事故。

（赵树海）

【部署重点时段水上安保工作】盐城地方海事部门十分重视重点时段水上安保工作，精心部署每年春运、清明、安全生产月、中秋、国庆、“两会”、汛期和上海亚信会、南京青奥会、国家公祭日、抗战胜利70周年纪念日等重点时段的水上安保，做到早部署、早准备、早落实。强化与气象、港口、航道等部门联动，利用手机短信、GPS、可变情报板等多种途径及时有效发布重点时段、航段通航安全信息。强化对水上交通安全隐患排查整治情况以及特殊时段期间的应急值班安排、应急预案准备情况进行监督检查，保证了一方平安。

【开展水上交通各类整治活动】“十二五”期间，市地方海事局有序组织船舶标志标识、船舶超载、船队超长拖带和“打非治违”“六打六治”、严格执法推进年等专项整治活动，做到组织有力、目标明确、任务具体、措施扎实，有效整改了水上交通安全隐患。开展水上交通联合执法行动和水上交通安全进校园活动，探索执法服务新模式。全面配发和规范使用执法记录仪，提升现场监管能力和执法效能；推进信息化管理，提高智慧海事水平，全市共有8000余艘100总吨以上内河运输船舶安装使用了AIS自动识别系统；将省地方海事局明确的“五个更加”29项具体任务逐项逐条分解落实，按时序进度开展严格执法年推进活动；对40家小微企业和符合免征条件的1109艘船舶进行登记，免征船舶港务费。（赵树海）

2013年5月，大丰市地方海事处会同港口管理部门联合执法，依法取缔了通榆河上的一艘无证工程浮吊船舶（王纪军、仇育富）

【保障涉水重点工程建设】及时为在建涉水工程提供水上交通管制服务，认真做好“水工”作业的行政许可，督促施工单位严格落实相关安全保障措施。“十二五”期间，为盐城市区内环高架、连盐铁路、大丰疏港航道、滨海疏港航道、串场河整治、小中河、新水源等涉水工程以及市区河道水草拦截、蟒蛇河杂船停靠点的消防安全隐患整治等市重点工程建设提供了有力的安全保障，较好地保障了重点工程建设顺利施工和船舶通航安全。（赵树海）

盐都地方海事处深入水工作业现场，指导文明安全施工，维护船舶通航秩序，保障船舶通航安全和工程顺利进行。图为2011年8月27日该处在盐宝线光明桥施工现场监管的情形（王勇军、征国军）

【加强水上游船安全监管】2014 年以来，按照省地方海事局统一部署，组织全市水上旅游专项检查，突出水上游船安全监管。在扎实抓好盐都大纵湖、建湖九龙口两个风景旅游区安全监管的同时，针对市区先锋岛和盐都杨侍村两处封闭水域涉水旅游项目、大丰荷兰花海涉水旅游项目，主动登门宣传、服务引导，督促项目设置单位落实安全管理要求。此外，各县（市）地方海事处还重点加强通航水域的巡查监管，防范无证农船、渔船以及“三无”快艇非法载客旅游观光行为发生。

【组织水上搜救应急演练】按照上级要求和《盐城市地方海事局内河交通突发事件应急协调工作指引》，及时组织修订全市水上交通突发事件（事故）应急预案，增强预案的针对性、实用性和指导性。积极推进计划招标购置的应急设备器材，全面加强 9 个应急设施设备库的配备和管理，充分发挥内河搜救分中心作用。积极组织各类应急演练，提升水上搜救水平。2015 年 6 月 3 日，亭湖地方海事处联合射阳县地方海事处，组织江苏河海运输股份有限公司、江苏河海物流有限公司等单位在盐城市新洋港水域海螺水泥厂待泊区举行船舶碰撞和人员落水搜救演练。6 月 15 日，亭湖地方海事处在通榆河市区水域开展冲锋舟应急抢险训练，重点对冲锋舟拆装程序、冲锋舟离靠岸、水上航行、定点停靠、水上打捞搜救等科目进行实战化训练，进一步提高了水上搜寻救助能力。6 月 19 日，建湖县地方海事处联合县航道部门在建口线黄土沟水域开展了消防应急搜救演练。6 月 29 日下午，响水县地方海事处开展了 2015 年夏季应急消防搜救演练暨 6 月份安全月演练，演习分为灭火器使用、应急消防泵操作、冲锋舟组装等六个科目，演习过程中全体人员积极参与，互相学习，有效地提高了现场人员的应急救援水平。7 月 31 日，市地方海事局组织冲锋舟应急抢险训练和公务船操作技能比赛。（赵树海）

【建湖县加大水运安全检查力度】2015 年 8 月 16 日，建湖县地方海事处根据上级紧急通知精神，为认真吸取天津港“8·12”爆炸事故教训，紧急对上岗勤务点、县城趸船和黄土沟海事所开展交叉检查，对辖区内渡口、码头、风景区及重点航段进行全面安全大检查。该次检查分三个组实行定点、定线包干，责任到人。第一组在检查中发现大

洋桥渡口人员的渡工证及渡船未进行年度检验，当即责令立即停运。第二组重点对县城内的水运企业、码头及重点航段进行安全检查，确保航道畅通。第三组重点加强对九龙口风景旅游区的水上安全检查，对检查中发现的安全隐患及时落实整改措施，确保整改到位。（刘宏飞）

【优化重点水域通航环境】针对串场河市区段、阜宁小中河、滨海中山河、大丰疏港航道和四卯西河、通榆河响水段等易发生堵塞事件的重点河段，五年来，市地方海事局每年都加强重点河段交通管制。按照管制方案编制要素，优化监管方案，强化监管措施的落实，提高交通管制的效果；

加强与气象、水利等部门的沟通和协作，修正水位、航道水深和通航最大净空高度等数据，利用可变情报板、手机短信平台等渠道，加强航道通航安全信息发布；根据水位变化，适时公布重点河段限航船舶尺度，加强市际、县际之间的协调、联动，共同采取防堵保畅措施；加大巡航检查力度，规范船舶航行、停泊、作业秩序，及早发现、及时处置堵航苗头；严格执行12395水上搜救24小时值班制度和事故、险情接处规定，确保突发事件能够得到及时、有效处置，确保不发生航道堵塞事件。

“十二五”期间，全市累计发生水上交通事故64起，死亡14人，沉船21艘，直接经济损失1224万元。比“十一五”期间累计发生水上交通事故减少23起，死亡减少7人，沉船减少10艘，直接经济损失减少561万元。其中，2015年发生水上交通事故27起，死亡2人，沉船6艘，直接经济损失135万元。2014年发生水上交通事故35起，死亡2人，沉船7艘，直接经济损失160万元。（赵树海）

队伍建设

【概况】市地方海事队伍建设主要包括人员教育培训和装备设施建设两个方面。“十二五”期间，市地方海事部门认真贯彻落实全面从严治党的各项要求，扎实开展党的群众路线教育实践活动，不断深化“三严三实”专题教育，持之以恒地贯彻执行中央八项规定和省市委十项规定，推动“两个责任”落地生根；不断开展各项活动，加强队伍培训教育和公务员招考；进一步巩固作风建

2012年9月21日，市地方海事局在宿迁市举办的江苏省水上搜救应急大比武中，以“见红旗就扛、见荣誉就争”的顽强拼搏精神，最终荣获二等奖。（严海事）

设的成果，把纪律和规矩挺在前面，持续提升海事队伍综合素质。五年来，市地方海事局始终坚持把加快装备现代化建设摆上最突出的战略位置来推进，共投入资金7000多万元，是“十一五”装备总投入的5倍多，是1988年至2010年装备总投入的近3倍。从而强化了管理执法手段和服务水平。（赵树海）

【开展主题教育活动】先后开展了群众路线教育实践活动和“三严三实”专题教育活动。根据上级党委的安排部署，认真开展专题教育活动，制定了实施方案、分阶段活动计划，统一购买了一批学习材料，如《履职忠告》《理论热点面对面》《习近平谈治国理政》《习近平关于党风廉政建设和反腐败斗争论述摘编》《优秀领导干部先进事迹选编》《领导干部违纪违法典型案例警示录》等给党员干部学习。党委书记带头给全体党员上好群众路线和“三严三实”等专题党课。局领导班子成员亲自撰写个人对照检查材料，并召开专题民主生活会，进行了严肃的批评与自我批评；制定了详细的整改措施，并出台和完善了一批机关内部管理制度，全局上下的精神面貌焕然一新。

【加强海事队伍教育培训】2011—2015年，市地方海事局通过公务员统考招录9人，其中本科6人，研究生3人。同时抓好全员政治学习，坚持每月集中学习一次，由书记带头授课，各局长领学，学习最新时政热点，传达上级指示精神，重点学习习近平总书记系列重要讲话精神，学习贯彻党的十八大和十八届三中、四中、五中全会精神，保持政令畅通、和谐稳定。通过学习十八届五中全会精神，为全局工作开展和“十三五”规划理清思路。通过集中学习新修订的《中国共产党纪律处分条例》和《党员领导干部廉洁自律准则》，精心打造清正廉洁海事队伍。抓好中心组学习，坚持集中学习（每月一次）与个人自学相结合。努力为干部职工创造学习条件，方便干部职工学习，建立了全市首家海事“职工书屋”。有计划、有组织地安排执法人

员先后参加省地方海事局、市交通运输局组织的专项培训和考试,鼓励领导干部带头学法,开展了10次中心组学法活动，并编制领导干部学法用法导读材料,增强学习效果。开展执法轮训,增强执法人员的依法行政意识和遵纪守法意识，不断提高执法水平和业务能力,分别于2012年分3期组织了全系统205名执法人员业务轮训;2014年分2期组织共114人参加的一线执法人员技能达标轮训;2015年分2期组织88名适龄执法人员参加执法轮训。坚持以考促学,分别举行3次《行政强制法》《行政处罚法》《行政许可法》学习、考试,并参加市交通运输局抽考。开展专题法律讲座,分别组织了行政法律知识、《内河避碰规则》《安全生产法》《行政诉讼法》等专题法制讲座活动,通过专家解读,加深对法律的理解和运用;分别组织水上应急技能大比武、执法文书培训、说理式执法研讨、执法队列大会操、执法岗位练兵和“技能达标”等活动。2013年6月,市地方海事局代表队在全市交通系统执法队列大会操比赛中取得第一名的好成绩。

【开展形式多样的党建活动】市地方海事局党委高度重视基层党组织建设和党员活动开展,每月20日前后,由各党支部牵头,通过政治学习、观看教育片、志愿者服务等形式开展党日活动,增强党员的党性意识。组织党员观看《焦裕禄》《杨善洲》等专题影片,学习优秀共产党员的先进事迹。组织党员参与通榆河、蟒蛇河市区段沿河垃圾清理整治工作,为创建文明城市多作贡献,增强党员为民服务、奉献社会意识。召开建党92周年纪念大会,重温入党誓词。开展纪念抗战胜利70周年系列活动，到泰山庙参观新四军大型抗战主题展览,启发党员发扬传统、不忘初心、永葆先进性。

【抓好干部职工廉政警示教育】开展“5·10”警示日教育活动,召开行风监督员座谈会,组织市直地方海事系统干部职工参观廉政主题公园,观看《大无大有》《依然在路上》等专题教育片,在重要节假日给干部职工发送廉政宣传短信，提醒大家保持清正廉洁,远离不正之风。按照市交通运输局2014年反腐倡廉巡查提出的反馈意见,积极向上级编制及职务主管部门申请设立纪检专职干部。同时,注重加强现有兼职纪检干部培养,组织4名干部参加交通运输部党校组织的纪检监察干部培训班。

【开展“向马浪岗海事所学习”活动】2015年,市地方海事局专门制定了活动实施方案，召开专题部署学习会，在全市地方海事系统掀起向马浪岗海事所学习的高潮。召开“弘扬马浪岗精神、践行社会主义核心价值观”专题心得交流会,引导大家向先进学习,明确自身努力的方向。组织部分职工赴马浪岗海事所实地学习，组织海事人员收看马浪岗海事所事迹视频报告会，开展向马浪岗海事所学习心得体会征集活动，并将优秀文章报省地方海事局进行编辑出版。

2015年6月5日,盐城市地方海事局参观学习马浪岗海事精神(赵树海)

【开展行风明查暗访活动】市地方海事局注重行风建设,定期组织开展行风明查暗访活动,督导大家进一步树立依法行政、规范管理、文明服务、廉政自律的理念,进一步筑牢干部职工防腐拒变的思想堤坝,使全体执法人员“执法为民、服务群众”的理念进一步明确,依法行政、廉洁执法的意识进一步增强。2015年,制定了局长、书记明察暗访实施方案,对全市12个基层执法站(所)开展明察暗访,重点检查了规范执法、政务公开、廉政建设、优质服务、工作落实等5个方面的情况，并发放240份行风测评表，征求服务对象意见和建议。有效纠正了一些执法不规范、不文明行为，发掘了一些基层海事所的好经验、好做法，进一步树立了盐城地方海事人忠诚、干净、担当的良好形象，行风建设取得了新的进展。

【举行海事职务等级标识授予仪式】2015年10月10日，盐城市地方海事局举行海事职务等级标识授予仪式，陈正华局长宣读交通运输部海事局和江苏省地方海事局授予海事职务等级标识的批复，盐城市交通运输局副局长薛华分别为全市

地方海事系统行政、技术三级监督长以上代表授衔。至此，全市地方海事系统正式推行职务等级标识制，成为全市交通运输部门中第一支授衔的队伍。（赵树海）

【加大“三化”海事建设宣传力度】市地方海事局十分重视海事系统宣传报道工作，制定“十二五”新闻宣传考核指南和宣传信息工作要点，运用“互联网+”宣传平台，通过报刊、杂志、网站不断发表海事信息报道和专业论文。建设局机关文化长廊和门厅电子屏，在市地方海事局门户网站上开设宣传专栏，方便群众了解、学习海事法规、政策。协同盐城电视台，拍摄《今日交通》短片。利用手机短信和微信，向行政相对人发送普法短信。结合全国“安全生产月”、“12·4”全国法制宣传日暨国家宪法日等契机，组织法宣志愿者到法治广场、船舶、水运企业开展主题法制宣传教育活动；开设“水上法制课堂”，由执法人员在现场说法，答疑解惑。开展现场说法活动，由领导带队上船头，结合现场查处的案例向船民说清法理，使其主动纠正违章行为。强化日常和重点典型宣传，全系统五年共在各级媒体上发表文章5000多篇，发表文章数处于全省地方海事系统和全市交通运输系统领先地位，年年被评为全省地方海事系统新闻宣传工作先进单位，树立了地方海事（船舶检验）为民执法良好形象。

【建造更新钢质执法海巡艇和趸船】“十二五”期间，盐城地方海事系统先后建造执法趸船11艘、海巡艇28艘、趸船码头11座，购置执法车22辆。巡逻船已经初步形成了系列标准船型；执法趸船设计先进，功能齐全，船上有办公室、宿舍、签证大厅、会议室、值班室、餐厅、卫生间兼淋浴间，并配有网络、电脑、电话、传真、电子监控等现代化办公设施，使经过的船舶可以直接靠泊接受安全检查，过往船户不用上岸就能每天24小时随时办理船舶进出港签证手续，不仅提高了海事部门的工作效能，还为广大船民提供了更加便捷的服务。

【建成江苏省最大的船员电子考场】为提高船员的安全意识和业务技能，盐城地方海事部门严格实行考培分离，大力加强培训机构软硬件建设，船员培训机构在全国首批获得交通运输部海事局许可。2011年1月27日，总投资300多万元、建筑面积500平方米、拥有180台电脑、电子监控全覆盖的江苏最大船员电子考场在盐城投入使

用，在全省率先组织船员在互联网上进行船员考试模拟训练和推行电子化考试，在互联网上看到每期100多名船员考试情况，有利于克服船员侥幸心理、考试作弊现象，从而提高船员业务技能和安全知识水平，确保船员适任。

【江苏省首艘多功能综合救助打捞船在盐交付首航】2012年12月18日，江苏省首艘多功能综合救助打捞船“盐救捞壹号”投入使用。该船主船体与浮箱拼装后，船长32.16米；型深32米，水线长32米，垂线间长30.70米，总宽19.38米、主扒杆总长度30米，设计起吊重量110吨，总吨位293

吨，续航力72小时，为钢质单底、单甲板、单舷横骨架式尾机型内河自航、拼装组合式多功能救捞船，主要作业功能有沉船、危船、桥梁等航道障碍物的清除、吊装、打捞，抢险卸载，应急防污染等，该船的建造和使用，能保障全市辖区航道船畅其

行、货畅其流，对盐城经济社会发展和沿海大开发具有促进保障作用。（赵树海）

【建成江苏省首艘二类船员实操考试船】2013年4月18日，盐城市地方海事局建造的江苏省首艘二类船员实操考试船“苏海考1号”投入使用。船内配备AIS自动识别系统和电子监控系统，可全程记录和监督船员的实操考试情况和考官的廉洁公正情况，还可结合考试模拟器，提高实船操作、电子模拟在实操考试中的应用比例，为船员实操考试提供硬件支撑，从而更好地为社会船员提供优质服务。（赵树海）

【举行海巡艇驾驶员技能比赛】2013年8月6—8日，在市区新洋港水域，市地方海事局牵头举办了省内首次海巡艇驾驶员技能比赛。参加比赛的对象为全市地方海事系统在职在岗（含辅助执法人员）的驾驶员，每支参赛队由4名队员组成，其中领队1名、参赛队员3名（驾驶员2名、水手1名），比赛时分成两小组，由2名驾驶员分别与水手组队。参赛驾驶员持有内河三类及以上船员适任证书，水手持有《船员服务簿》或海事行政执法证件，年龄不超过55周岁，身体健康。

比赛内容由理论测试与实操竞赛两部分组成，其中理论成绩占总分30%，实操成绩占总分70%。比赛设单项奖、团体奖和优秀组织奖。15名选手经过5个小时的实操竞赛，并结合理论测试成绩，6人胜出获奖。（陈文昌　赵树海）

2014年7月初，阜宁县地方海事处在汛期到来前，积极开展水上搜救应急设备操作技能培训，防止关键时刻"掉链子"。图为工作人员进行搜救快艇的组装和操作演示(朱国华、韩廷武)

【建成苏北首家船舶操纵模拟器】2014年12月19日，盐城市地方海事局投资建造的苏北首家全中文、全任务、多功能内河船舶操纵模拟器项目通过交通运输部海事局专家组的评审，它将与该局建成的江苏省最大二类船员考试船"苏海考1号"配套，科学、公正、公平地培训、考核船员，可举行一、二、三所有类别的内河船员考试。该项目共建有1个七通道的主本船、2个五通道的副本船、10套桌面系统，投资500多万元。项目运行后，可提高实操考试的安全性，避免实船考试安全的不确定性；可实现船舶无法组织的实操考试，如应急应变，恶劣天气条件下的船舶操纵等项目、长江电子航道图的使用等；可避免考试期间租赁船舶难的问题，降低考试成本，可实现随到随考；可实现助航设备、通讯设备的操作；货物积载与系固的操作等，真实感强；可实现航行数据记录和自动识别，并具有回放和讲评功能；还可实现航行环境的评估等功能。

【盐城市内河搜救基地项目开工建设】2015年，市委、市政府为民办实事项目工程—盐城市内河搜救基地开工建设，基地主体建筑规模为3284平方米，传达室等附属建筑74平方米，总计3358平方米，项目概算总投资3953万元(其中土地600万元、建筑安装1140万元、设备948万元、辅助配套工程523万元、规费及管理费用466万元、其他预备费用276万元)。(赵树海)

工程管理

【概述】

"十二五"期间，市交通工程质量监督站实现交通工程项目质量监督覆盖率100%；全市交通重点工程项目质量优良率达到100%，一般工程项目合格率达到100%。通过品牌工程创建、施工标准化、质量通病防治和平安工地创建四大载体的充分运用，全面提升工程质量安全管理水平。以"平安工地"建设为载体，以"打非治违""事故隐患排查治理月""安全生产月"等活动为抓手，加大全市交通建设安全监管，实现安全施工无事故。深入开展全市交通系统涉企中介机构治理活动，规范监理企业工作行为。开展全市试验检测机构专项检查活动，加强试验检测工作管理，规范了试验检测行为。组织全市公路水运工程监理、试验检测考试、培训，提高了监理、试验检测从业人员的业务技能和工作质量。(朱晶晶)

质量监督

【概况】工程质量是交通工程的生命。"十二五"期间，市交通运输局十分重视交通工程质量，通过制发文件、召开现场会、加强监督检查等措施切实保证各项交通工程质量达标创优。市交通工程质监站认真履行工作职责，加大监督检查力度，不断提高服务水平，确保全市交通工程项目质量合格率100%，交通重点工程项目质量优良率100%。

2012年12月6日，省交通运输厅副厅长王永安在盐城主持召开了全省部分市质监站站长座谈会(朱晶晶)

【响水港区码头建设工程质量监督检查】2011年8月9日上午，市交通质监站站长陶杰一行来到响水港区，对小蟒牛作业区2×20000吨级公用码头工程和大湾作业区2×3000吨化工码头建设工程质量进行监督检查。陶杰一行首先察看了施工现场，随后查阅了工程相关资料，并对下一步工作的开展提出了指导性意见。县交通运输局副局长周运飞及建设单位、施工单位、监理单位相关人员陪同检查。

小蟒牛作业区2×20000吨级公用码头工程目前正进行桩基处理及上部结构预制和安装准备。大湾作业区2×3000吨化工码头工程由江苏大和氯碱化工有限公司投资建设，具体将建成3000吨级工业盐散货泊位和3000吨级液体化工泊位各1个，预计2011年底竣工。目前施工单位、监理单位已全部进场，并做好开工各项准备工作。两大工程的建成将进一步增强响水港区货物吞吐能力，满足港区企业日益增长的需求，成为拉动响水经济发展的重要保障。（徐卫东、石婷、刘晓莹）

【开展干线公路试运行期质量专项检查】2011年9月中旬，市交通工程质监站对部分干线公路工程试运行技术状况进行了专项监督检查。检查结果显示少数项目局部路段存在不同程度质量病害，主要表现为车辙、坑槽、网裂、推移和桥头不均匀沉降等。针对检查中发现的问题，该站及时与相关单位交换了意见，下发了试运行期质量缺陷整改通知书，并提出三点要求：一是建设单位应及时组织施工单位、监理单位对该工程项目进行全面认真调查，将病害种类、数量、程度、质量隐患和安全隐患等查清查实，对病害产生的原因进行分析。二是建设、施工、监理单位对试运行期道路质量要给予高度重视，进一步落实措施，科学地确定公路路面的养护对策，提高养护质量，并建立切实有效的运作机制，对路面病害做到尽早发现，及时处置，加强跟踪观测，确保道路使用安全，更好地发挥公路的社会效益和经济效益。三是工程设计、施工和管理养护等环节，要根据病害产生的原因，在今后的工程建设中要进一步优化设计、规范施工、精心养护，经常保持道路技术状况完好，提高工程使用的耐久性。（朱晶晶）

【加强在建桥梁施工质量控制和检查】盐城市交通运输局积极部署，深入贯彻落实全国交通运输安全生产紧急电视电话会议精神，进一步加强全市在建桥梁工程质量安全监督工作，并于2011年10月下发了《关于切实加强全市在建桥梁工程施工质量控制和检查的通知》（以下简称《通知》）。

《通知》要求：全市各有关单位深刻认识近期全国多起桥梁坍塌、断裂事故警示，提高质量安全意识，加强施工质量管理，严格落实相关措施，切实提高桥梁工程结构的可靠性、耐久性和安全性。一要落实参建各方质量安全责任，进一步规范施工、监理行为，确保工程质量。二要加大施工过程质量控制力度，切实降低各类质量缺陷发生率。三要加强对桥梁工程质量缺陷的预防预控。四要加强对缺陷责任期运行桥梁的养护管理工作。从而进一步提高全市桥梁工程施工质量水平，实现长效管理目标，消灭桥梁质量通病，防止发生各类质量问题。（陶涛、姜卫）

【全市干线公路建设工程质量管理现场会在射阳召开】2011年11月11日，全市干线公路建设工程质量管理现场会在射阳召开，市交通运输局副局长、公路处主任葛春宽，射阳县人民政府副县长顾为何等领导出席，全市各县（市、区）交通运输局分管局长、质监站长、相关县（市、区）临海办负责人、工程科长及参与干线公路建设的施工监理单位项目经理、监理组长参加会议。

会议组织与会代表观摩了临海高等级公路射阳段LQ3标、LQ6标施工现场，传达了全省干线公路桥梁工程现场会精神，通报了2011年全市干线公路建设工程质量督查情况。葛春宽讲话指出，近几年来，全市干线公路建设取得历史性突

破，基本形成以高速公路为主骨架，以“六纵十二横”干线公路为主体的公路网。工程质量管理水平实现逐年稳步提高，在建和已建成的桥梁工程质量处于良好的受控状态。但工程建设管理工作中还存在现场从业人员能力水平不高，施工工艺落后，现场管理粗放，外部建设环境复杂等突出问题。要抓好干线公路建设质量的过程控制，有效提高干线公路建设管理水平，就应做到把握“一个核心”，抓住“两大载体”，注重“三个加强”。即始终把质量摆在核心位置，积极开展施工标准化活动、推广“混凝土质量通病治理”经验，加强原材料、路基路面工程、桥梁工程的重点管理。他还强调在抓好工程建设管理的同时，也要加强廉政建设，实现工程管理与廉政建设双丰收。（徐勇）

【《临海高等级公路盐城段质量管理办法》出台】临海高等级公路工程是全省沿海开发交通基础设施建设的重点工程，盐城市交通运输局在全力推进工程建设进度的同时，以制度建设为抓手切实加强工程质量管理。2011年11月，市交通运输局制发了《临海高等级公路盐城段工程质量管理办法》(以下简称《办法》)，进一步加强临海高等级公路盐城段建设工程质量管理工作。

《办法》共计九章五十三条，确立了临海高等级公路盐城段工程实行政府监督、法人管理、社会监理、企业自检的质量保证体系，明确了质量管理部门和质量负责人。《办法》设定了工程质量目标，明确了建设、设计、施工、监理、试验检测、项目咨询及技术服务单位各自的责任和日常行为管理制度。《办法》还对在省市县各级检查中发现问题、工程出现严重质量问题及发生工程质量事故分别做出了明确的处罚措施。

《办法》的制定和执行，将有效规范临海高等级公路盐城段工程质量管理行为，提高质量管理水平，完善质量管理考核机制，确保工程质量。（高艺）

【S333东延段建设工程通过交工验收】2012年3月3日下午，S333东延至临海高等级公路段建设工程通过交工验收。S333东延至临海高等级公路段建设工程西起东台市沿海开发区迎宾路，东至临海高等级公路，全长4.90公里，双向四车道一级公路标准，设计时速100公里。经施工单位自评和监理单位复评，各合同段合格率均为100%。被盐城市交通工程质量监督站评为质量合格工程。

【东台时堰作业区码头一期工程质量综合督查】2012年3月13日，市交通工程质监站对盐城内河港东台港区时堰作业区码头一期工程进行综合质量监督检查。检查采取查看外观实体、查阅内业资料和抽测工程质量的方式进行。就检查发现的问题，检查组当场向建设、施工和监理单位进行反馈，并要求各参建单位迅速组织整改到位，确保不留质量安全隐患。

【举办交通重点工程档案业务培训班】2012年5月4日，市交通运输局举办全市交通重点工程档案业务培训班。各县(市、区)交通运输局、市直各单位、全市各交通重点项目建设、施工、监理单位办公主任、试验室主任、档案员及其他涉档人员共200多人参加培训，创造了盐城交通历史之

最。培训班特邀东南大学韩以谦教授就交通工程档案建设进行专题讲座。韩教授运用程序示范、操作演示、互动交流等方式，对交通建设主体部门、施工单位如何按照规范要求搞好档案的资料收集、整理、归档、装订、验收、移交及怎样保证档案的真实性、完善性、系统性、成套性等问题进入深入浅出、通俗易懂、细致翔实的讲解、传授。受训人员普遍感到受益匪浅，纷纷表示要充分运用学到的前沿知识、科学理念、现代技术，脚踏实地，努力进取，切实把交通档案尤其是交通工程档案搞好，为交通运输现代化建设提供更加可靠优质的档案服务。

【大丰通港大道改扩建工程通过交工验收】2012 年 9 月 22 日，市公路管理处、市交通工程质量监督站联合邀请相关专家对大丰通港大道改扩建工程进行交工验收。经过专家组内业、外业审查，通港大道改扩建工程交工验收获得通过。通港大道改扩建工程全称为大丰通港大道快速公交系统（简称 BRT 工程），道路扩建工程在原有 S332 的基础上，对大丰市区至大丰港区之间的道路按双向八车道标准进行改造升级。该项目的建成通车，对促进江苏沿海开发、助推三港建设，全面改善大丰沿海投资环境、提升大丰港区居住环境起着极其重要的作用，也将为车辆出行提供更为安全、舒适、快捷的道路环境，为大丰“双核一带”发展战略提供重要支撑。（朱晶晶）

【东台市交通工程质量检测中心及时服务重点工程建设】2012 年 10 月 2 日 9 时，检测车辆已来到 S352 东台西延段建设工程安丰集镇 800 米

先导段工地，技术人员开始对综合稳定土以下部分路基进行弯沉值质量检验，随着仪表数字的显示，阶段性施工结果一目了然。东台市交通工程质量检测中心服务重点工程建设随叫随到，受到中标承建单位好评。（仇锦云）

【调研考核县级交通工程质监机构建设】2013 年 1 月中旬，市交通工程质监站组织调研组对全市 9 个县（市、区）交通工程质量监督站进行了调研考核。在调研考核各县（市、区）上一年度交通工程质量安全监督工作情况后，分别进行讲评，并对质监机构的编制、人员、经费情况以及县（市、区）质监工作模式、推进质监执法工作等提出了指导性意见和建议。

【召开全市交通工程质监站站长座谈会】2013 年 3 月 15 日，市交通工程质监站召开了全市交通工程质监站站长座谈会，全市 9 个县（市、区）交通工程质监站站长出席会议。会议传达学习了全省交通建设工作会议和全市交通运输工作会议精神。各县（市、区）站分别就 2012 年质监工作成绩和 2013 年质监工作计划、当前质监工作面临的形势及加强质监队伍建设等方面作了交流发言。会议要求 2013 年进一步提升全市交通建设工程质量安全监管水平，要充分利用施工标准化和品牌工程建设两个载体，狠抓从业单位主体责任和监管部门监管责任的落实，强化交通工程质量安全监管手段和有效性，进一步加强质监队伍建设，不断提升监管能力和信息化水平。（朱晶晶）

【召开全市交通工程建设管理暨质量工作会议】2013 年 8 月 6 日，市交通运输局召开全市交通建设管理暨质量工作会议，副局长裴义婷，总工程师、市公路处主任陈日晓出席会议并讲话。各县（市、区）交通运输局、市直相关单位分管领导、职能科室负责人参加了会议。会议通报了 2013 年上半年全市交通工程在建项目建设进度、建设管理及质量检查情况，市航道处，盐都区、射阳县、阜宁县交通运输局分别作了交流发言，对全市交通工

程建设管理和质量管理工作做了全面部署。

裴义婷在讲话中充分肯定了全市交通建设管理和前期工作推进取得的成绩，指出今年全市交通系统以“三重”项目推进为突破口，克服困难，破解瓶颈因素，奋力争先，全面推进8大类42个交通项目建设，实现了项目前期快速推进、新开工项目迅速启动、续建项目全面推进的目标，基本建设程序不断规范，工程建设管理水平实现新的提升，全市交通基础设施建设完成情况良好，顺利实现了“双过半”目标。她同时指出，全市交通工程建设仍面临着困难和挑战，对下一步工作她提出了六点要求：一是以推进项目建设为重点，确保投资

任务全面完成；二是以强化计划管理为重点，确保项目前期快速推进；三是以规范用地行为为重点，确保建设程序不断完善；四是以创新招标机制为重点，确保行业监管水平提高；五是以强化履约考核为重点，确保诚信体系管理到位；六是以现代工程管理为重点，确保建设管理水平提升。

陈日晓总结了全市近年来质量管理工作的成功经验，分析了当前全市交通工程质量安全形势，要求全系统查找问题。就着力打造交通“品牌工程”创建、施工标准化、质量通病治理活动提出四点要求：一是培树典型示范，着力打造交通“品牌工程”；二是开展专项治理，着力消除工程质量通病；三是加强精细施工，着力推进施工标准化建设；四是依靠科技创新，着力促进工程品质提升。（刘孝江、吉荣）

【对临海高等级公路进行质量监督回访检查】2015年5月18—26日，市交通工程质监站组织对临海高等级公路工程进行缺陷责任期质量监督回访检查。本次检查依据《江苏省公路工程质量鉴定工作程序及标准》（苏交规〔2012〕6号），检查重点包括交工验收时工程质量检测报告和交工验收报告中提出的质量问题和要求落实处理情况；路基、路面、桥梁以及交通安全设施工程的质量状况；运营期间有无新病害产生和新老病害处理情况以及工程缺陷责任期质量养护管理工作情况等。检查结束后，对质量监督回访检查情况提出了要求和建议，针对存在的问题，要求相关建设单位组织施工、监理单位进行整改，确保路况质量和结构物的安全。

【召开市区快速路网工程质量检测工作大纲评审会】为做好盐城市区快速路网工程质量监督工作，促进工程质量水平不断提升，2015年9月2日，市交通工程质监站主持召开了《盐城市区内环高架快速路网工程中间质量检测、交（竣）工质量鉴定检测、质量回访检查工作大纲》（以下简称《大纲》）评审会，市交通运输局、市内环高架快速路网工程项目管理办公室等单位代表、市区快速路网工程质量监督组成员以及特邀专家参加了会议。该站首次采用招投标方式确定了市区内环高架快速路网工程质量监督检测单位为江苏省交通规划设计院有限公司，明确检测工作内容为路基、路面、桥涵中间质量检测、交（竣）工验收质量鉴定检测及质量回访检测等。通过此次评审，将进一步修改完善《大纲》，保证该项工程质量始终处于受控状态。（朱晶晶）

安全监管

【概况】交通建设工程安全是交通工程质监管理的重中之重。“十二五”期间，市交通工程质监部门以创建“平安工地”为抓手，以交通企业安全生产标准化建设为动力，组织开展“安全生产月”“事故隐患排查治理月”“打非治违”等项活动，落

实交通施工、监理、检测机构安全管理主体责任，建立健全安全管理体系，加大施工安全监督检查力度，实现全市安全施工无事故，“平安工地”创建位居全省前列。（朱晶晶）

2012 年 5 月 8 日，市交通工程质量监督站在亭湖召开全市交通工程安全监督工作会议，全市 9 个县（市、区）的交通工程质量监督站负责人出席了会议。（孙宏连）

【举办公路工程质量安全知识培训班】2011 年 7 月 14 日，市交通工程质量监督站在盐城交通技师学院举办了一期公路工程质量安全知识培训班。全市干线公路各施工单位项目经理、总工、质检负责人、试验负责人；监理单位总监、总监代表、试验负责人及各专业监理工程师共 130 多人参加了培训。培训班紧密结合工程实际、针对性和可操作性强。通过培训和考试进一步提高了全市交通工程建设者的质量安全意识，促进各施工、监理单位工程技术人员加强业务学习，优化知识结构，提高技术素质，推动全市交通建设工程质量安全工作有序开展，培训班取得了预期效果。（朱晶晶）

【刘大线项目办部署安全管理及“平安工地”建设】为贯彻落实省交通运输厅关于加强施工安全管理、推进“平安工地”建设等一系列文件精神，积极应对当前旱涝急转的极端天气，有效预防洪涝灾害对工程建设的影响和对人身财产安全构成的严重威胁，进一步规范项目建设安全管理和施工现场安全操作行为，2011 年 7 月 15 日，刘大线项目办召开工程安全管理暨“平安工地”建设推进会。各施工单位项目经理、副经理，项目总工、副总工，安全工程师；各监理单位总监、副总监，总监代表、安全工程师；项目管理办公室全体人员参加会议。

会议传达了省交通运输厅《关于进一步推进全省公路水运建设工程“平安工地”建设暨开展施工安全专项整治工作的通知》《关于切实抓好全省公路水运工程预防坍塌事故隐患治理工作的紧急通知》，及省交通运输厅质监局安全培训会议精神；解读了《刘大线航道整治工程安全生产经费支付办法》。

刘大线项目办副主任朱三宝就当前安全工作强调三点意见：一要提高认识，全面落实安全生产责任制。要坚决贯彻“谁主管谁负责”和“管生产必须管安全”的原则，进一步明确各标段主要管理人员的安全责任，切实把当前安全生产工作提上十分重要的位置。二要突出重点，深入开展隐患排查治理工作。参建各单位要针对各自施工区域的突出问题，采取有效措施，全面开展安全生产隐患排查治理工作，狠抓隐患整改。同时，要按规定储备应急救援器材，适时组织演练，强化对工程实体及周边环境的监控预测，有效预防地质灾害对工程建设的破坏。三要精心组织，全面开展安全生产大检查。各施工监理单位要突出对施工现场和驻地的隐患排查，对可能受到洪水、塌方、滑坡体影响的部位要加强防范，必要时进行人员转移。同时，还应加强对围堰、高边坡、基坑、桥梁等重点工程部位，以及临时用电设施、大型起重吊装设备等排查，发现隐患，及时消除。为优质、高效、安全地

完成刘大线航道整治工程建设任务奠定坚实的基础，提供强有力的保证。(陈海峰)

【召开“平安工地”创建活动推进会】2011年10月31日，市交通工程质量监督站组织召开“平安工地”创建活动推进会。全市9个县(市、区)交通工程质量监督站站长参加会议，市交通运输局安全处处长宋长松应邀出席会议。会议组织与会人员到省“平安工地”临海高等级公路大丰段LM1、LM2标进行现场学习观摩，并通过模拟考核、交流情况的互动方式，取得较好效果，推动了全市创建“平安工地”迎评准备工作扎实有效开展。宋长松就全市交通建设工程安全工作从思想认识、责任落实、措施保障、执行力度等四方面提出了明确要求。会议要求进一步巩固“平安工地”创建成果，将“平安工地”创建纳入常态化管理。

【开展2012年“安全生产月”活动】2012年6月，盐城市交通工程质量监督站组织开展“安全生产月”活动。本次活动以“科学发展、安全发展”为主题，按照“安全生产事故警示教育周”“安全生产宣传咨询周”“安全文化周”和“安全生产应急预案演练周”四个阶段实施。活动包括制度评查、安全讲座、图片展评等内容。通过新颖的内容、多样的形式，推动安全文化理念、安全法律法规和安全科教知识普及，提高全市公路水运建设工程安全保障能力。

【加强双节期间安全检查】2013年1月，市交通工程质监站组织相关人员对全市公路水运工程项目开展元旦、春节“双节”期间安全生产工作专项督查。重点检查了从业单位安全生产责任制落实、一线施工人员安全培训教育、安全技术交底及风险告知、特种作业人员持证、安全生产应急管理、“平安工地”创建活动的部署与落实、防高空坠落和防坍塌专项行动、“打非治违”专项行动活动成果。同时对施工现场临建设施、施工临时用电、机械设备管理、脚手架及支架搭设、深基坑防护、高空作业、水上作业、起重吊装等安全重点部位和重点环节进行了重点检查。坚决杜绝双节期间发生重特大安全生产事故，确保在建工程项目施工安全。

【“平安工地”创建工作接受考评】2014年11月17—20日，省级“平安工地”示范项目考核考评专家组到盐城对市内高速公路、干线公路及重点水运工程项目进行了考评。从考评的初步结果看，全市“平安工地”创建工作亮点纷呈，通过率远远高于全省的平均水平，部分二级总承包企业从中脱颖而出。(朱晶晶)

【召开省级“平安工地”示范项目现场观摩会】2014年12月11日，市交通工程质量监督站在S331建湖段改扩建工程JH－LQ1标施工现场召开全市“平安工地”示范项目现场观摩会。各县(市、区)交通工程质监站负责人，公路、航道安监机构负责人、安全科长以及S331建湖段改扩建工程JH－LQ1标建设、施工、监理单位40余人参加了会议。

在集中观摩S331建湖段改扩建工程JH－LQ1标省级“平安工地”示范项目建设现场后，与会人员在项目部召开座谈会。会上，建湖县交通运输局和S331建湖段改扩建工程JH－LQ1标项目部分别介绍推进和创建省级“平安工地”的经验，各参会人员就如何推进“平安工地”、企业安全生产标准化建设和加强安全监管进行了热烈的讨论。市交通工程质量监督站领导总结回顾了全市“平安工地”创建工作，并就进一步推进“平安工地”、企业安全生产标准化建设和新《安全生产法》的宣贯提出了具体的要求。(刘其良)

【《盐城市公路水运工程“平安工地”建设考核评价标准》顺利出台】2015年4月3日，市交通工程质监站制定并出台《盐城市公路水运工程“平安工地”建设考核评价标准》。考核评价采用100分制，内业和外业各占50分。各单位总体评分达70分及以上的为达标级；80分及以上、85分以下的为市级示范；85分及以上的推荐申报省级示范；省级考核达到90分及以上的，由省厅推荐申报部级示范。同时采取“平安工地”创建成果与公路水运建筑施工企业安全生产标准化达标考评工作挂钩的方式，以推动全市“平安工地”创建工作，常态化开展“平安工地”建设活动，切实将有关安全法律法规、技术标准落实到实处，全面夯实安全工作基础，提升安全管理水平。（朱晶晶）

行业管理

【概况】加强交通施工、监理、试验检测行业管理是交通工程质监管理的重要责任。“十二五”期间，市交通工程质监部门认真贯彻有关法律法规和行业标准，加大检查监督力度，规范交通建设市场生产经营行为。通过组织自培和参加上级的培训、考试，不断提高从业人员的技术素质和业务技能。（朱晶晶）

【参加全国2011年公路水运工程监理工程师过渡考试】2011年9月，全市公路水运工程监理从业人员报名参加全国2011年公路水运工程监理工程师过渡考试圆满结束。全市报名参加考试的人员共计223人，其中公路监理工程师153人、公路专业监理工程师44人、水运工程监理工程师22人、水运工程专业监理工程师4人。所有报名材料上报省交通运输厅质监局并成功通过会审。

【召开推行工地试验室视频监控现场会】2011年4月13日上午，市交通工程质监站召开了全市交通重点工程工地试验室及独立试验检测机构推行视频监控系统现场会。参加会议的有各县（市、区）交通质监站站长、全市独立交通工程试验检测机构负责人及部分施工、监理单位负责人。推行试验检测视频监控，是盐城市交通工程质监站学习借鉴高速公路试验检测管理工作经验，创新质监方式的重要举措，对进一步加强工地实验室及独立试验检测机构管理，规范试验检测行为，提高试验检测人员的稳定性，试验检测数据的客观性、真实性和准确性，杜绝假试验、假数据、假资料等提供了保证，能够有效促进公路水运工程建设质量的提高。

【开展公路水运工程试验检测机构专项检查】为进一步加强全市公路水运工程试验检测工作管理，规范试验检测行为，提高试验检测工作质量。2011年10月12日至19日，市交通工程质监站采取市、县质监站联动的方式，组织对全市交通工程工地试验室和等级试验检测机构开展了专项检查。共检查工程工地试验室44家、等级试验检测机构20家。并组织专家对盐城市百信工程检测有限公司、滨海县衡达工程检测有限公司和盐城市交通规划设计院工程质量检测中心等承担社会委托试验检测的3家机构进行了重点检查。从检查结果来看，各试验检测单位均认真贯彻落实有关文件精神，结合自身实际、加大投入、加强管理，有效巩固了试验检测专项治理活动的成果，总体实力和管理水平得到提升，运行状况良好。（朱晶晶）

【全市2012年公路水运工程试验检测人员考试报名工作结束】2012年4月份，市交通工程质监站积极组织全市公路水运工程试验检测从业人员，报名参加全国2012年公路水运工程试验检测人员考试。全市报名参加全国2012年公路水运工程试验检测人员考试的人数再创新高，共计达661人，居全省各市前列。其中报考公路试验检测工程师226人、公路试验检测员337人、水运试验检测工程师59人、水运试验检测员39人。相关报名材料已上报省交通运输厅质监局并顺利通过会审。（高艺）

【召开试验检测工作座谈会】2012年4月25日，该站召开了全市交通工程试验检测工作座谈会。全市19家交通工程试验检测机构负责人、部分县(区)质监站负责人出席会议。会议主要有三个方面内容。一是参会代表现场观摩了市公路处公路工程质量检测中心。二是传达学习了省局有关试验检测工作会议精神和相关文件精神，并就开展全市交通工程试验检测比对试验工作进行了部署。三是就如何培育第三方检测市场以及如何加强和改进检测工作,进一步规范试验检测行为,提升试验检测能力和水平进行了研讨。

【开展2012年度试验检测机构比对试验】2012年4月至6月，市交通工程质监站在全市范围内组织开展了2012年度公路水运工程乙级与丙级试验检测机构比对试验。比对试验共涉及四类样品试验项目(土工、水泥、沥青、钢筋),全市19家公路、水运工程综合乙级、丙级等资质的试验检测机构参加了比对活动。通过比对活动的开展,进一步加强了全市试验检测机构管理，验证了试验检测机构的能力，提高了试验检测人员的质量意识和专业技能，为全市交通建设工程质量提供更好的技术保障。

【组织监理从业人员报名参加全国2014年公路水运监理工程师过渡考试】2014年9月5日，该站组织全市公路水运监理从业人员参加全国2014年监理工程师过渡考试，共计137人次,同时，组织全市公路水运试验检测从业人员参加试验检测工程师过渡考试,共计344人次。

【开展第三方试验检测机构专项检查】2015年12月15日—20日，市交通工程质监站针对全市第三方试验检测机构数量众多、水平不一的实际,为规范检测行为,加强行业管理,组织对全市10家第三方试验检测机构进行专项执法监督检查。在东台市交通工程检测中心,发现该检测机构更换了检测和办公地址却未及时办理变更手续，检查人员依法进行现场询问和调查取证，当场制作询问笔录和勘验笔录等文书，并向当事人现场宣读有关记录,共同签字确认,责令违法行为人在规定期限内办理检测和办公地址变更手续。此次专项检查不仅提升了该站执法人员执法水平,而且实现了该站执法案例零的突破。(朱晶晶)

安全管理

【概况】

“十二五”期间,全市交通系统进一步贯彻执行安全工作方针,建立完善“党政同责,一岗双责”为核心的安全生产责任体系，深化专项整治与隐患排查治理，强化部门间安全生产信息共享与联合监管,安全生产综合治理水平不断提升,连续五年获得市安委会安全生产目标管理考核优秀格次,受到市委市政府表彰。五年来,未发生重特大交通运输生产安全事故；水上搜救成功率保持在98%以上,水上交通事故起数、死亡人数较“十一五”分别下降35.20%和26.70%;“两客一危”车辆入网率和“两客一危”船舶动态监控覆盖率达到100%;港口码头企业安全生产标准化达标率达到100%，道路客运企业安全生产标准化达标率达到96%；全市渡口数量由2010年的196道减少到104道,实施了对重点渡口、重要取水口的视频监控和1300公里国省干线公路安保工程;“平安工地”建设成效显著,盐丰高速等7个标段项目通过了“省级示范工程”评估。(张兆发)

宣传教育

2013年2月,市交通运输局副局长薛华主持召开全市交通安全工作会议

2014年7月，市交通运输局局长管亚光主持召开全市安全工作视频会议

【开展专题安全宣传教育】2011年6月12日，市交通运输局组织交通执法窗口单位35人走上街头专题开展交通安全宣传咨询活动，共展出图板10块，印发宣传材料9000余份，接待群众咨询230余人次，收到良好效果。通过“安全生产月”活动，全系统共悬挂横幅标语361条，出专题板报232期，报纸专板2期，张贴安全警语4200多条，发放宣传材料3.60万余份，积极营造交通安全氛围。还开展“生命之歌”大家唱选拔竞赛活动，增强干部职工安全意识。

2013年6月，在全国第12个、江苏第20个“安全生产月”活动中，盐城交通系统紧紧围绕活动主题，开展各项宣传教育活动。全系统悬挂横幅标语157条，张贴宣传标语4939条，出专题板报1232期，报纸专版12期，发放宣传材料5.60万余份，并利用BRT、出租车等移动显示屏，广泛宣传交通安全月活动内容，通过座谈会、演讲比赛等安全文化活动，积极宣传交通安全，营造安全生产氛围。是月10日，市交通运输局组织交通执法窗口单位40余人走上街头开展咨询服务活动，展出图版10块，印发宣传材料1万多份，接待群众咨询280余人次，提高交通安全知晓率。

【学习宣贯新《安全生产法》】2014年，新《安全生产法》颁布实施后，盐城交通系统采用多种形式，认真组织学习宣传贯彻。一是组织干部职工认真学习，全面解读。全系统征订新法释义读本近千册，引导各类人员认真研读，深刻领会新《安全生产法》立法精神和实质内涵。二是抓好重点单位、重点领域的宣传贯彻。制定宣传贯彻工作方案，做到领导分工责任明确，宣传贯彻重点突出，保障措施健全落实。三是开展社会宣传活动。充分利用广播、电视、网络、报纸、杂志等新闻媒体，广泛宣传新《安全生产法》。通过演讲会、知识竞赛、文艺演出等多种形式，让广大干部、职工和人民群众充分了解，自觉执行新《安全生产法》。（张兆发）

集中培训

【举办交通安全知识讲座】2011年6月，在“安全生产月”活动中，举办交通安全知识讲座3期，培训600多人。积极发动交通企事业单位组织从业人员参与“学文件、考规章”活动，使职工的安全知识水平得到进一步提高。当年11月，由市交通运输局局长管亚光题序、安全监督处处长宋长松编著的《安全的呼唤》—交通安全讲座专辑由中国建筑工业出版社出版发行。

【市安监局督查交通安全培训】2013年5月23日，市安监局对盐城汽车客运站、苏石油运输有限公司等单位安全生产培训工作进行了专题督查，从培训计划的制定到培训工作的落实，从安全经费的投入到培训经费的使用，从培训档案的建立到培训考核的记录都得到了充分的肯定，给予了较好的评价。

【加大交通安全培训力度】新《安全生产法》颁布实施后，在认真组织宣传贯彻的基础上，2015年，盐城交通系统紧密结合安全生产工作实际，有针对性地就如何准确把握和运用法律法规指导安全生产监管工作，如何强化重点行业和重点领域安全生产责任等问题，进行系统的学习和研究，通过多形式多渠道强化交通安全培训，切实提高全行业各级安全管理人员的安全生产监管能力和水平。（张兆发）

专项活动

2014年6月，盐阜公路运输集团组织"安全责任 重在落实"主题演讲活动

2014年8月6日，省交通运输厅副厅长王永安顶着炎炎热日带队对盐城市交通运输"安全生产检查整改专项行动"工作开展情况进行综合督查。

2015年6月，市交通运输局在中茵海华广场组织"安全生产月"宣传活动

【"事故隐患集中整治月"活动】2011年6月，根据"事故隐患集中整治月"活动要求，盐城市交通运输局进行专题部署，提出明确要求，并成立5个专项检查、整治组。开展了企业自报、部门监管和社会监督等多种形式的自查与督查，通过网站、报刊等媒体向社会公布举报电话(96196)。当月，全市交通运输行业共投入安全隐患整改资金近700万元，发现一般安全事故隐患524起，当场整改512起，限期整改12起；发现重大安全隐患1起，为阜宁小中河陈集镇、新沟镇境内兴隆桥、老阜淮桥等2座碍航危桥，填报了《重大水上事故隐患登记表》，按照属地管理原则，要求阜宁交通部门及时上报阜宁县政府将其列入"十二五"计划进行改造。

【"安全生产月"活动】2014年，盐城交通系统紧扣主题，扎实开展"安全生产月"各项专项活动。一是运用多种形式开展"安全生产月"宣传活动。通过悬挂横幅标语、张贴安全警语、出刊专题板报、刊发报纸专版、发放宣传材料，利用BRT和出租车移动显示屏发布信息，宣传"安全生产月"内容。通过6月1日全市集中启动仪式、各类动员会、座谈会和演讲比赛等宣传交通安全，营造安全生产氛围。二是举办安全知识讲座，培训从业人员900多人，提高广大职工安全技能。三是集中开展咨询活动。6月16日，市交通运输局组织交通执法单位40余人走上街头开展咨询服务活动，通过展出图版、发放宣传材料，共接待咨询群众280多人，扩大交通知名度，树立交通安全的良好形象。四是组织全系统一线员工800多人参加"一报两刊"安全生产知识竞赛活动和通过"生命之歌"大家唱文娱比赛选拔活动，增强职工安全意识和做好安全工作的主人翁意识。

【"平安交通"创建活动】盐城市交通系统自2010年起，集中开展"平安交通"示范点创建活动。各参创单位对照创建考核细则和创建要求，积极争创"平安公路""平安运管""平安水域""平安航道""平安工地"等各类达标和示范点单位。截至2011年年底，全市有39个基层单位通过考核验收。其中，盐都区公路管理站等20个基层单位被授予"平安交通"示范点称号，19个基层单位被授予"平安交通"创建达标单位。

2013年，盐城交通各部门在制定"平安交通"创建活动方案的同时，还分别制定了道路客运安全、公路超限治理、渡口渡船安全管理专项整治回头看和交通工程建设防坍塌、防坠落、反三违等专项行动方案。各单位都能按照行动方案的总体目标、工作措施、时间节点和任务要求积极开展工作。在前两年开展"平安交通示范点"创建工作的基础上，全行业进一步加大创建工作宣传力度，将创建工作触角向基层延伸，向纵深发展。

经过全系统上下共同努力，圆满完成省厅提出的基层站、处、所三年内创建达标率100%的目标要求。经市局考核验收，全行业共有33个基层单位创建成省厅级和市局级"平安交通"示范点，26个单位被评定为"平安交通"创建达标单位。平安交通创建工作，充分展示了交通部门争创一流的意识，也为交通安全基础工作的规范化建设奠定了坚实基础。（张兆发）

监督检查

2014年6月，省交通运输厅副厅长王昌宝检查五星客运站安全

2014年8月，省交通运输厅副厅长王永安检查滨海官滩渡口安全

【修订完善安全生产责任制】2011年，市交通运输部门组织修订完善《盐城市交通行业安全生产责任制规定》，对交通系统内各层各级的安全工作职责作了进一步的明确，得到市安委会的充分肯定，市安监局主要领导批示向全市转发市交通行业安全生产责任制规定，要求各地政府、各类行业管理单位认真学习借鉴交通部门的这一做法。

【严格安全生产执法】2011年，盐城交通系统以压降事故起数和死亡人数、控制较大事故，努力杜绝重大事故为目标，严格按照国务院、省安委会的部署和市政府领导指示要求，突出抓好道路客运、工程建设、水上交通、路政安全、内河港口、危险货物运输等方面的安全执法。以更加严密的组织方式、更加有力的打击措施、更加严格的监管手段，严厉打击交通运输行业各类非法违法生产经营建设行为，进一步规范安全生产法治秩序，有效防范和坚决遏制较大以上事故发生，促进全市交通行业安全生产形势持续稳定，为迎接中国共产党成立90周年创造良好的安全生产环境。

【集中排查整治事故隐患】2012年，为迎接党的十八大的胜利召开，市交通运输局根据市委、市政府的统一部署和要求，决定在全市交通系统开展"事故隐患整治百日攻坚"活动。在"三大排查""打非治违"以及各种专项安全检查中排查发现但尚未整改到位的事故隐患；已被市、县（市、区）以及市各有关部门挂牌督办但尚未验收销号的事故隐患；百日攻坚活动中排查发现的事故隐患。各地、各单位组织专家和技术人员参加，对本地、本单位隐患排查整治情况进行专项督促检查，确保隐患得到彻底整改。全市公路部门全年立案查处案件2648件，清除道路障碍物2万立方米，非标悬挂物2004块，取缔非法摊点1623个、马路市场5处；查处超限运输车辆2433辆，实施卸驳载1.54万吨，有效保护了公路的路产路权和公路安全畅通。运管部门共查纠各类道路运输非法违法营运案件4230件，有效地维护了道路运输市场秩序的稳定。航道部门清除违章搭建码头7座,拔除航道暗桩35根,清理航道沉船13艘。地方海事部门加大督查力度,保障水上交通安全。对市安委会挂牌督办的S226、S331、S328和G204交叉路段安全隐患,逐一落实了整改措施,做到事事有着落、件件有回音。

【加强在建工程安全检查】2012年,盐城市交通运输局组织公路桥梁施工、工程机械维修、桥梁技术管理、交通工程质量管理、公路规划设计、工程施工电力安全等各类专家,历时两天、行程近800公里,对临海高等级公路盐城段沿线4个县(市)在建的5座大跨度桥梁施工安全情况进行了专项检查。认真撰写专题报告,对查出的59条安全隐患和问题进行细致分析并提出了改进意见,取得了良好的效果。

【开展施工安全检查,策应“项目推进月”活动】2013年,市交通运输局开展交通重点工程“项目推进月”活动。4月9日,市局安监处会同市交通工程质量监督站,组织相关人员对市续建重大交通工程项目S125施工安全进行了专项检查。检查人员通过查看该项目重点部位朱沥沟大桥施工现场,对存在于临时用电、临边防护、便桥搭建等方面的安全隐患进行逐一点评,分别与业主、监理、施工单位交换了意见,进一步明确落实各方的安全责任,有效提高了工程建设相关人员的安全意识,为保证重大交通项目稳步健康推进奠定了良好的基础。

【开展百日安全大检查】2013年6月13日至9月10日,市交通运输局组织8个专业团分条线对全行业进行了专项检查和督查,省厅领导及组织专家组5次到盐进行安全督查,共查出安全隐患2598条,其中2565条安全隐患已当场实施了整改,其余隐患已明确专人落实责任限期整改,各县(区)挂牌督办的67起安全隐患已全部整改到位。对省安委办“8.27”交办的七大项整改内容,于9月2日及时督办并回复。下发安全检查整改意见38份,共落实整改资金230万余元。通过自查与督查、明查与暗访,有效防范和坚决遏制了重大事故发生。

【排除S328原设计的重大安全隐患】2014年,市交通运输局检查发现S328下穿国道的连接线匝道路面太窄,转弯半径太小,构成了重大安全隐患,从而引起市政府主要领导的高度重视。市局积极支持属地滨海县政府向省公路部门争取相关政策,通过变更设计、追加资金、投入足够的工程技术人员,使这一重大安全隐患按既定的时间和要求得到了顺利整改。通榆河盐城市区段既是三级航道,又是饮用水源保护区。长期以来,浮吊船和砂石运输船屡禁不止,造成重大安全隐患。2014年,市局主要领导亲自挂帅,分管领导坐阵一线靠前指挥,组建专门工作班子,精心制订方案,全力推动通榆河整治工作。市地方海事、航道、内河港口管理部门抽调专门执法人员,对通榆河市区段实施划段包干,加强巡航检查和驻点值守,经过艰苦细致的工作,42艘浮吊船和相关的砂石运输船全部清除。此外,还投入30余万元,雇用打捞施工船3艘,对通榆河沿线10艘废弃水泥船进行打捞清除,从而保证航道安全畅通,水源清澈达标。

【消除新长铁路沿线施工安全隐患】2014年,市局在新长铁路公司安全检查中发现盐城境内新长铁路沿线施工存在不少安全隐患,多次发函给市政府、市安委会和相关部门。市局本着对地方安全高度负责的精神,积极协助市安委会对相关问题进行认真的梳理,并充分利用市铁路建设办公室经常与铁路管理部门打交道的人脉资源,积极做好沟通协调工作,最终使这一安全隐患从根本上得到了有效的解决。

【开展安全生产突击检查】2015年,为吸取昆山“8·2”特大交通事故的教训,根据全省交通运输安全生产“8·15”电视电话会议要求和厅领导讲话精神。盐城交通系统共组织检查组440个,突击检查企业1808家(次),排查一般事故隐患3164项,整改3155项,整改率99.70%;重大事故隐患10

项，整治 9 项，整改率 90%。打击非法违法生产经营行为 3616 起，整治违规违章 3472 起，收缴罚款 353.60 万元，交通企业停产整顿 3 家，暂扣吊销证照 1 家。

【督查打非治违行动】2015 年，针对全国各地连续发生的多起重特大安全生产事故，特别是昆山“8·2”特别重大事故，市交通运输局迅速作出积极反应，层层明确安全工作责任，以实际行动认真贯彻落实中央领导同志和省市领导关于安全生产的重要批示指示精神，采取明察暗访、“四不两直”和突击检查的方式，对生产经营中非法违法行为进行“回头看”，集中整治安全生产中突出问题。专项行动开展以来，全系统共出动执法检查人数 6943 人次，参加执法检查专家 123 人次，检查企事业单位 902 家(次)。排查事故隐患 4336 起，整改事故隐患 4334 起，限期整改 2 起，开展联合执法 284 人次，联合执法检查企业 825 家，共查处交通行政案件 823 起，处罚金额 143 万余元，关停、取缔非法企业 5 家，从而对非法经营违章经营形成高压态势，将事故隐患消灭在萌芽之中。(张兆发)

标准化建设

2014 年 3 月，市运管处组织全市道路客运企业安全生产标准化培训

【加大资金投入，保障交通运输安全】2011 年，市公路部门投入公路安保资金 448 万元，增加各类交通标志 60 块、道口警示桩 4700 根、防撞护栏 2320 米，漆画标线 2.29 万平方米。同时加大路政管理力度，清除障碍物 3158 立方米、非交通标志 718 块；取缔路边摊点、马路市场 680 处，有效保障了公路的安全畅通。市地方海事局投入 400 多万元新建 1 艘融应急打捞、应急卸载、应急防污为一体的多功能救捞船，购置了一批应急船舶防污器材。投资 310 万元，年内新建 8 艘海巡艇，充实应急装备，保障水上交通安全。

2013 年，安全投入力度进一步加大。公路部门投入安保资金 1800 多万元，有效改善了公路通车安全环境。航道部门投入资金 1100 多万元，组织航道疏浚、护岸建设、航标改造、清除沉船沉物。地方海事部门投入 1600 多万元，购置巡查车辆船艇、建造多功能水上搜救打捞船舶，全年建成代渡桥 5 座，撤渡 6 道，保障了交通运输安全。

【推进交通运输企业安全生产标准化建设】2013 年，根据上级关于实施安全生产标准化建设的统一部署，盐城市交通运输局以交通运输部印发的《交通运输企业安全生产标准化考评指标》为标准，以道路客运企业为先行，积极推进全市交通运输企业安全生产标准化建设。当年 10 月申报一级道路旅客运输企业的江苏盐阜公路运输集团即完成自评申报工作，等候交通运输部组织考评确认，其他客货运输企业都紧张有序地抓紧自评申报工作。至年末，全市 24 家道路客运企业、30 家道路危险货物运输企业通过自评向省交通运输厅申报考评。

【部分交通运输企业通过部厅级考评达标】2014 年 3 月，省交通运输厅安排考评机构首批对盐城市 10 家道路客运企业进行了考评，6 月份对通过考评的企业在省厅交通网站上公示，均已通过二、三级考评，相关证书正在办理中。交通运输部安排考评机构对盐城市申报一级资质的运输企业进行了考评，其余申报企业还未安排考评。截至年末，全市已有 14 家运输企业通过安全生产标准化达标考评（含江苏盐阜公路运输集团 3 家一级达标企业和市公交总公司一级达标企业，证书已发）。具体达标企业如下：一级达标企业(4 家)：江苏盐阜公路运输集团(含长运公司、快客公司、联运公司)、盐城汽车客运站、江苏盐阜公路运输集团修理公司、盐城市公交总公司。二级达标企业(8家):江苏盐阜公路运输集团大丰公司、大丰汽车客运站、江苏丹鹤汽车运输有限公司、建湖县恒祥运输服务有限公司(建湖汽车客运站)、盐城市神龙旅行社有限公司、射阳新城运输服务有限公司(射阳汽车客运站)、江苏中太旅游运输服务有限公司、盐城市天马旅行社有限公司。三级达标企业(2家):建湖县建益运输有限公司、建湖县捷安运输有限公司。

【推进交通运输企业加快安全生产达标步伐】2015年,市交通运输局专门成立的达标工作服务组开展调查研究,对照达标任务,逐一梳理企业情况。相关行业条线主管部门深入客运及危货运输企业,面对面宣传政策,了解企业达标差距、需求及困难,帮助企业确定达标计划,理顺达标思路,指导企业完成达标自评的准备工作。经过部、省考评机构的严格考核,江苏盐阜公路运输集团、盐城公交总公司和盐城汽车客运站等7家企业已通过了一级标准化资质考评,23家道路客运企业,除1家客运企业正在整改中,其余全部完成二、三级安全标准化考评,10家港口码头企业、17家危险化学品运输企业通过考评,剩余15家危货企业、29家公交出租企业全部提交了自评报告,等待省交通运输厅安排考评机构评审。

应急预案与演练

2011年4月,市交通、公安、消防、安监在南洋机场进行反恐综合应急演练

2013年5月23日,市公交总公司组织消防演练(吉海蓉)

2015年9月,市航道管理处组织中油盐城(新兴)油库进行应急预案演练

【统筹安排"十二五"期间应急管理体系建设】2011年,盐城交通明确"十二五"应急管理体系建设目标,积极推进应急平台体系建设,建立全市交通运输应急指挥调度中心,制定交通运输应急资金保障制度,加强交通运输应急队伍建设,着力提高道路运输应急物资保障能力。与此同时,结合当年二月在响水境内发生的一艘危化品运输船舶发生燃烧事故的处理,认真总结经验教训,对交通安全突发事件应急处理工作制度进行了进一步的修订和完善,为有效处置各类安全突发情况奠定了良好的基础。交通各条战线、各基层单位,也都能结合自身工作实际,对各类安全管理制度进行了进一步的修订和完善,有效促进了安全工作的规范有序开展。

【修订完善《盐城市交通系统突发事件总体应急预案》】2013年,盐城市交通运输局进一步修订完善《盐城市交通系统突发事件总体应急预案》，并对全市交通水陆运输、工程建设等各条战线的应急管理工作提出新的要求，每个预案均从应急指挥、应急响应、各级各部门的具体分工到配合专业队伍具体处置等方面制订了详细具体的工作措施。切实建立起“日常有人管、遇事有组织、处置有队伍”的系统应急工作机制。全系统建有应急队伍542人，其中专业人员129人。

【通过应急演练，提高突发事件的处置能力】 2013年5月29日，由市公安局机场分局牵头，在盐城南洋机场举办组织“航空器炸弹威胁应急演练”。盐城民航站消防、安检、医护、地服和空管等有关部门参加演练。盐城市口岸办，海关、检验检疫等驻场单位领导现场观摩。6月21日，市航道处组织盐都区航道站在盐邵线进行溺水、电击、灭火等应急演练。6月25日，市高指在阜建高速钢筋加工场组织了由22名施工人员参加的人员触电事故应急救援演练。通过演练，对项目部临时用电人员触电应急救援预案进行了实际的操作，进一步提高了全体员工对人员触电事故处理的报警和前期应急处理能力，锻炼了应急救援队伍的实战能力。6月26日，市公路处根据《盐城市公路管理处突发事件应急预案》及实施细则制订的内容，进行了公路安全预案应急演练。6月28日，市地方海事局与亭湖、盐都地方海事处组织了水上搜救、船舶防污实战演练，取得了较好的演练效果，有效地促进了市地方海事系统应对内河事故、险情快速反应能力的提高。2014年5月27日，在盐城新兴油库2# 码头进行了皮龙爆裂防溢油、火灾救援综合预案两个科目的演练。6月4日，盐城电视台在2套《7点看法》栏目对该演习进行了报道。10月11日上午，盐城市副市长王荣、民航江苏监管局副局长张峰、市政府副秘书长陈锋组织由市公安、消防、医疗等单位参加的机场应急救援演练。演练模拟情景为某航空公司航空器前起落架出现空中故障，请求在盐城南洋机场紧急迫降。演练得到了民航江苏监管局督导组的充分肯定。各级各类交通部门和单位均能结合工作实际，认真组织开展应急预案演练工作，全系统开展各种演练72次，有效地锻炼了安管队伍、提高各类人员的安全意识、增强应对处置突发事件的能力。

2015年，全市交通系统开展“演练周”活动，共进行安全演练50余场次。通过演练，增强了干部职工预防事故意识和面对交通安全突发事件的应急救援和自救能力，进一步提高了全市交通系统应急救援的组织指挥水平和快速反应能力。（张兆发）

交通执法

【概况】

“十二五”期间，盐城交通运输局依法行政和法制建设在市委、市政府领导和市法制部门指导下，以国务院《全面推进依法行政实施纲要》和《关于加强法治政府建设的意见》为指针，认真实施法治交通战略，积极推进依法行政，加快政府法治部门建设，全市交通依法行政取得了丰硕成果，受到省交通厅及盐城市委、市政府多次表彰，行政执法评比考核多年名列全省前茅，连续6年被省交通厅表彰为“全省交通系统依法行政先进集体”，荣获“法治盐城建设先进集体”7连冠，被市政府命名为全面推进依法治市试点单位和诚信执法示范单位。

1. 强化交通法制建设组织领导

“十二五”期间，市交通运输局成立了依法行政工作领导小组，率先出台了《关于全面建设交通运输法治政府部门的意见》，对全市交通系统依法行政工作作了七年规划和总体部署。每年将交通部门法治政府建设的八项主要任务纳入“五位一体”目标考核内容，按照明确的重点任务和具体的考核标准，认真组织实施，并与交通建设管理、交通改革发展同步研究部署、同步督办落实、同步检查验收、同步考核奖励。

2. 完善交通法规体系建设

“十二五”期间,市交通运输局为适应法治政府部门工作需要,着力交通法规体系建设,先后出台了《加快城市公共交通优先发展的意见》《加快城市公交一体化的实施意见》两个政策性文件和《盐城市公路管理办法》《盐城市内河干线航道岸线使用和建设管理实施意见》《盐城市交通建设项目招标代理机构管理办法(试行)》三个规范性文件。同时,对盐城交通局建局以来行成的42件规范性文件进行了五轮评估,保留了《盐城市农村公路建设管理实施细则》《盐城市人民政府关于农村公路建设的实施意见》等12件;修订了《盐城市农村公路养护管理考核办法(试行)》1件;重新出台了《盐城市地方重点建设管理办法》1件;制定或修改完善了《盐城市交通运输行政复议和行政诉讼案件报告制度》《盐城市交通运输重大决策听证制度》《盐城市交通运输局行政执法与刑事司法衔接工作制度》《盐城交通运输局“以案释法”制度》等一系列制度性文件,为交通规范执法提供了强有力的制度保障。

3. 提升交通行政审批服务质量

“十二五”期间,市交通运输局按照改革创新要求,经过“取消、下放、转移、融合、挂起”五轮认真清理,取消了全部非许可审批,确定并向社会公示市级交通行政权力438项,比原赋予的行政权力减少了146项。确定的市级交通权力,在网上公开透明运行并向县级延长,覆盖率达100%。市级交通行政许可,全部进入市政府行政审批大厅,按照“四制、四零”标准,实行“一窗式受理、一站式审批、一条龙服务”,加速审批流程,形成审查窗口办结,后台审查流程不超过两次流转,所有事项一律在五个工作日内办结,构建了盖章最少、收费最少、材料最少和流程最短的高效政务服务平台,实现了法定职责必须为、法无受权不可为和清单之外无权为。

4. 坚守重大行政决策法定程序

“十二五”期间,市交通运输局始终把重大行政决策纳入法制化、制度化、透明化轨道,坚守决策法定程序。实行公众参与、专家论证、行政首长负责相结合的民主决策机制。决策过程中广泛听取各方面意见、建议,防止决策的随意性、主观性和盲目性。对于重大决策,须通过严格评估,在取得合法许可,才能进行具体决策程序。“十二五”期间,市交通局实施的徐宿淮盐高铁,市内环高速路网,南洋机场改扩建,阜建、盐丰高速等18项工程项目及新增出租车运力,出台内河港规划等重大决策,都是经过严谨认真评估,合法性审查通过后形成的。对于公交线路设置、调整、客运站场建设及规范性文件出台等涉及公共利益的决策事项,一一按规定组织听证,将搜集到的合理意见、要求,作为决策的重要依据,保证决策有充分的民意基础。

5. 加强交通行政执法监管

“十二五”期间,市交通运输局严字当头,加大行政执法监管力度,严防趋利执法、乱作为、暗作为及庸懒散执法现象发生。通过部设交通执法联系点,建立明察暗访工作机制,深入交通基层执法单位,及时发现和处理交通行政中存在的问题;及时邀请市人大代表、政协委员、市民观察团,“进交通、看交通、评交通”,对交通为民生办实事情况进行“公述民评”;交通行政人员也自觉以“三送一听”等形式,主动上门执法服务,认真听取意见、建议和批评,虚心接受群众监督;切实按照《盐城交通运输工作规范手册》《规范性文件、重大行政许可、决大行政处罚决定备案审查工作手册》有关规定要求,加强日常执法内容记载,坐实监督考核依据,把依规按章办事变成每个执法人员的自觉行动。对于执法中出现的“微腐败、微渎职、微差错”行为予以严肃处理,以零容忍倒逼零侥幸。

6. 开展“六五”学法、守法活动

“十二五”期间,市交通运输局组织全系统干部职工深入开展“六五”学法、守法活动。在宣传学习、贯彻落实国务院《全面推进依法行政工作实施纲要》《关于加强法治政府的意见》、省政府《关于推进法治政府建设的意见》《江苏省公路管理条例》和国家《航道法》《安全生产法》《行政诉讼法》的基础上，扎实践行依法治市“1个意见4个规范”试点工作、诚信执法建设“六五”普法终期考核验收，强化依法行政、依法执法意识。为此，市交通运输局在全系统建立了行政执法以案释法专家库、124名信息员组成三级法制宣传网络和152名执法人员组成普法自愿者服务队，广泛开展“六走进”活动，送法规、送服务、送文明，到工厂企业、到社区、到农村，上下形成了办事依法、遇事找法、解决问题用法、化解矛盾靠法的浓烈氛围。一个市场主体守规矩经营的自觉意识普遍提高，行业自律的积极性日渐增强，执法人依法行政的底线思维牢牢扎根的法治交通环境已经形成。

7. 建设高素质行政执法队伍

“十二五”期间，市交通运输局锁定“政治坚定，业务精通、作风优良、执法公正”用人目标招录人才，凡条件不合格者，一律拒之门外。对于已建成的执法队伍，实行行政执法主体资格管理制度、执法人员个人资格管理制度、执法人员证件管理制度，切实用严格的制度，管好执法队伍，管好执法队伍中每一个人。同时，开设法治讲堂，邀请专家学者讲法，提高执法人员法治理论水平和执法技能；组织三年执法大轮训，对全市1600多名行政执法人员进行为期8天的法律基础知识、行政执法专业知识和体能与军事全封闭培训，提高参与人员综合素质；组织执法比武，搭建执法人员强素质、显身手、创一流的竞技舞台，625名交通行政执法人员参加了技能竞赛，构建了交通运输战线上一幅亮丽的风景。（刘泉）

【省人大评估组到盐调研】2011年5月27日，省人大常委会副主任朱龙生率省人大评估调研组到盐城开展《江苏道路运输市场管理条例》立法后评估调研工作。市委书记、市人大常委会主任赵鹏陪同考察，省人大常委会委员高咏沂，法制委副主任委员、常委会法制工委副主任王腊生，财经委副主任委员张益新，省交通厅副厅长汪祝君等陪同调研。市人大常委会副主任周古城、副市长丁

建奇出席座谈会并陪同调研。（陆建平）

【启动五项执法行动】2012年7月17日，市交通运输局召开了全市交通运输系统贯彻落实省厅《全省交通运输五项执法行动计划》文件和“五项执法行动”动员会议。副局长薛华在动员讲话中提出三点要求：一是要认清形势，统一思想，充分认识规范和改进交通运输执法的重要性和紧迫性；二是加强领导，各地各单位要建立由本单位主要负责人任组长、负责法制工作的负责人为副组长的“五项执法领导”小组，确保五项执法行动有序开展；三是明确任务，强化措施，按照《盐城市交通运输五项执法行动计划分解表》，切实将五项执法行动的各项工作任务落到实处。（刘泉）

【省交通运输厅行风作风检查组到大丰区航道站调研】2014年11月18日上午，江苏省交通厅行风作风调研组到大丰航道管理站就“践行党的群众路线教育、争创群众满意窗口”和创建“群众满意基层站所”等选项展开调研座谈。调研组一行通过查看现场、听取汇报、与职工座谈等方式详细了解该站在执法文书制作、各类相关台账记录及行政执法工作运作情况，特别对该站在推进行风作风建设、品牌创建方面所探索出来的新举措、新思路、新做法做了重点询问。调研组对大丰航道站创造性地推行出一整套的“衣、食、住、行”管理

办法表示赞赏和肯定，一致认为大丰航道站在务实、创新实践中探索出来的加强行风作风建设的得力举措，为大丰航道站树立了良好的社会公共形象。品牌的力量又激励着本单位干部职工自我约束、自

【省交通行政执法人员大轮训第一期培训班在盐开班】2014 年 12 月 23 日，江苏省交通行政执法人员大轮训第一期培训班在盐城交通技术学院开班。来自淮安、南通、连云港、盐城等市交通运输局共 272 名交通执法人员参加了首期培训。通过 8 天全封闭半军事化培训，参训的学员进一步强化了文明执法、规范执法和依法履职意识和能力，为

省厅三年执法大轮训启动开了个好头。

【市交通行政许可大厅迁至市政府行政服务中心】2015 年 1 月，交通行政许可大厅搬迁至市政府行政服务中心。市直交通所有行政许可事项全部进入中心交通窗口办理，展示了盐城交通全新的窗口服务形象。（刘泉）

【开展新常态交通行政监督考核】2015 年 1 月份，市交通运输局编印下发了《交通运输行政执法工作手册》《交通运输行政执法工作记录簿》，发至全市所有交通执法人员。按照要求对行政执法各项工作进行适时记录，并进入行政执法人员年度执法档案，对交通行政执法工作进行常态化监督和考核。（刘全）

【交通部法制司魏东在盐城法治交通大讲堂讲座】2015 年 2 月 2 日上午，市局举办 2015 年第一期盐城法治交通大讲堂培训，邀请交通运输部法制司副司长魏东到盐城做依法治国专题讲座。局党委书记管亚光主持讲座，各县（市、区）交通局、市直各执法单位近 200 人参加了活动。魏东做了题为《依法治国与法治政府部门建设》的讲座，从治国理政的战略层面详细解读了《中共中央关

于全面推进依法治国若干重大问题的决定》的指导思想、总目标和主要任务的深刻内涵，对依法行政和交通运输法治政府部门建设进行了详细阐述，为交通干部职工运用法治思维去思考和开展工作指明了通向成功的正确方向。（刘泉）

【市交通运输局获“法治盐城建设先进集体”七连冠】2015 年 5 月，市局被盐城市政府评为 2015 年度全市推进依法行政建设政府工作先进集体。“十二五”期间，市局连续五年获得此项殊荣。加上 2009 年、2010 年两次，市交通局七连冠获“法治盐城建设先进集体”称号。（刘泉）

【举行普法志愿者服务队授旗仪式】2015 年 5 月 7 日，市局举行以“弘扬志愿精神，汇聚普法力量、展现青春风采”为宗旨的普法志愿者服务队授旗仪式。市直各执法单位 30 名普法志愿者参加了

授旗仪式。仪式上，普法志愿者代表宣读了倡议书，局领导为普法志愿者队授了旗。（刘泉）

【《交通行政许可工作规范》出台】2015 年 6 月 23 日，市局出台《交通行政许可工作规范》，为进一步全面提升“一站式”服务质量和水平提供可靠的保证。（刘泉）

【全省“三基三化”建设试点现场会在盐召开】2015 年 7 月 15 日，江苏省交通运输厅在盐城市亭湖地方海事处召开全省交通运输系统“三基三化”建设试点现场会。在观看《勇于担当铸就“三基三化”》专题汇报片、查阅台账资料、察看试点建设现场后，督查组对亭湖地方海事处立足自身实际，认真思考谋布局，突出细节抓基础，强化管理转作风，不怕困难勇担当，积极探索求创新，全面开展“三基三化”建设试点工作，表示充分肯定。（刘泉）

【市政法委到市交通运输局调研“四个行为规范”试点工作】2015 年 7 月 29 日，市委常委、政法委书记丁宇一行对市交通运输局践行全面推进依法治市“四个行为规范”试点工作和交通运输依法行政工作进行调研。丁宇在充分肯定交通局“四个行为规范”试点工作取得成绩的同时，要求交通运

输部门继续深刻领会和把握“四个行为规范”的科学内涵和精神实质，全面深化“四个行为规范”实施，认真组织试点工作“回头看”，进一步查漏补缺，提炼总结试点工作取得的经验和实践成果，努力形成富有交通特色，具有示范、突破带动作用，可被全市借鉴、复制、推广的经验模式，为全市提供试点样板。（刘泉）

【市交通运输局在全省交通运输依法行政工作会议上作交流发言】2015 年 7 月 30 日，省厅召开了全省交通运输依法行政工作会议。管亚光局长代表盐城市交通运输局在会上作了题为《基础建设与执法监管并重，全力打造法治交通建设新常态》的交流发言。盐城市交通运输局依法行政的做法与经验受到与会领导的充分肯定。（刘泉）

【“六五”普法工作通过省厅检查验收】2015 年 9 月 8 日，市交通局“六五”普法工作顺利通过省交通运输厅检查验收。省厅验收组认为盐城市交通局“六五”普法工作，有机构、有人员、有规划、有安排、有措施、有保障，工作扎实，内容充实，资料全面，效果显著，一致通过验收。（刘泉）

【举办第二轮“双百”法制宣讲报告会】2015 年 10 月 29 日，盐城市交通运输局第二轮“双百”法制宣读报告会在盐城市交通技师学院举行。会议邀请中国法学会会员、市“双百”活动宣讲团成员、维世德（盐城）律师事务所主任律师陈巍炜主讲。来自南通、淮安、宿迁、连云港、宿迁五市交通运输综合执法人员、盐城市交通运输系统法制业务骨干等近 300 人聆听了讲座。

【全市交通综合执法改革工作启动】2015 年 11 月 25 日，市政府召开了全市城管和交通运输领域综合行政执法体制改革动员会。会上，下发了盐政发〔2015〕170 号《关于印发盐城市城市管理和交通运输两个领域综合行政执法体制改革试点工作实施意见的通知》，全面部署开展综合执法改革工作，全市交通综合执法改革工作正式启动。（刘泉）

第七编 党群工作

党建工作

概述

“十二五”期间，盐城市交通运输局党委及系统各级党组织，紧紧围绕全市交通运输工作中心，深入贯彻落实党的十七大，十八大，十八大三中、四中、五中全会及习近平总书记系列讲话精神，以群众路线实践教育为契机，强化党的作风廉政建设、行业文明创建，不断将人才优先战略、交通舆论宣传、信访监察、行业维稳、行业进步、行业工会发展和帮扶解困等党的事业推向深入，充分激发了广大交通干部、职工社会主义劳动积极性和创造性。在建设综合交通、智慧交通、绿色交通、平安交通、民生交通、法治交通和综合交通网络现代化、公众出行服务现代化、货运与物流现代化、信息技术信用现代化、交通运输治理能力现代化方面取得了丰硕成果，胜利地完成和超额完成“十二五”期间各项目标任务。

至2015年年底，市交通运输局党委拥有10个党委、22个党总支、148个党支部共180个基层党组织，3106名党员(女党员466名)。“十二五”期间，有70个党委(党总支、党支部)被上级党组织评为先进党委(党总支、党支部)，有194人次被评为优秀党员，有26人次被评为优秀党务工作者。市局机关党委被市机关工委评为“五好示范机关党组织”，2007—2015年，市交通运输局连续9年被市委、市政府表彰为目标任务绩效考核综合先进单位，2010—2012年分别被省委、省政府，市委、市政府表彰为“江苏省文明单位标兵”和“盐城市文明行业标兵”。

组织人事

【概况】“十二五”期间，在中共盐城市委领导下，盐城市交通运输系统各级党组织和广大党员干部认真学习贯彻党的十八大和习近平总书记系列重要讲话精神，认真落实全面从严治党要求，深入开展党的群众路线、“三严三实”、“两学一做”学习教育，积极强化党员队伍的建设和管理，充分发挥交通基层党组织的战斗堡垒作用和广大党员的先锋模范作用，为盐城交通运输现代化提供了坚强的思想和组织保证，党的队伍随之得到发展和壮大。至2015年，盐城市交通运输局党委已拥有10个党委、22个党总支、148个党支部共180个基层党组织、党员3106名(女党员466名)，其中非公企业党委4个，党总支16个，党支部89个，党员1939名。

(1)抓思想建设，葆党员先进本色

市交通运输系统各级党组织，始终将思想建设作为充分发挥党员先锋模范作重要途径，借以：①提升党员干部理论水平。通过“学习型”党组织建设，实施每月一次中心组理论学习任务部署，形成以局党委中心组为龙头，以直属单位党组织中心组为中枢，以各级基层党组织中心组为主体的“三级联动”学习机制，党员干部积极参加学习，自觉接受教育，陶冶情操，思想政治素质得以不断升华。②提升党员干部服务水平。交通运输局及系统各单位、部门、企业，把教育培训干部职工，放在突出位置上，在按年度计划推进基础培训全覆盖的同时，突出重点，加大力度、提升培训格次，组织领导层、管理层干部到新加坡，清华、上海交大深造，参加每年一度6个高层次交通论坛，接受高端教育，补强建设交通服务交通本领。③提升党员干部道德水平。市交通运输局党委十分重视党员干部德能建设，坚持采用测德、问德、评德、察德、议德、核德的科学方式，加强对科级以上党员干部政治品质和道德品行建设，并对其进行全面、历史、辩证的评价，引领交通党员干部模范践行社会主义核心价值观，讲党性、重品行、作表率，做社会主义道德的示范者、诚信风尚的引领者、公平正义的维护者，坚决抵制拜金主义、享乐主义和极端个人主义，保持昂扬奋发的精神状态。

(2)抓行风建设，树交通为民形象

市交通运输局党委及各级党组织，在持续开展的群众路线教育中坚持：①聚焦点、整四风。通过开展“治三公、查三在”和整治“慵懒散拖”等活动，积极落实阳光党务、政务及网络发言人制度，公开服务承诺，窗口服务单位和执法部门党员全部佩戴党徽上岗，虚心自觉接受服务对象和社会大众监督。②查行动、评效果。实施行业作风建设明察暗访和考核评估制度，市直交通单位采用“公述民评”的方式，不断将行风建设推向深入，以公众满意度作为评价行风建设成果的标尺。③树典型、立标竿。市交通运输局及各交通部门、单位、企业注重培育典型，扩大引领潮流的标竿队伍，每年都有一批优秀党支部、优秀共产党员、优秀党务工作者及“交通服务品牌”、“交通之星”“交通服务之星”，加入到先进集体、先进个人行列。盐城民航站“飞燕班组”被表彰为全国青年文明号、巾帼文明岗；盐城公交总公司“刘飞温馨服务示范线”荣获江苏省第四批优质服务品牌、省交通运输厅“十大优质服务品牌”和“全国交通运输行业文明示范窗口”称号；市航道管理处刘大线大中水上服务区荣获盐城市“五星级文明窗口”称号；全系统涌现全国文明单位 1 个、省级文明单位标兵 1 个、省级文明单位 23 个、市级文明单位 56 个、全国劳模 1 人。

(3)抓队伍建设，强干部担当意识

市交通运输局及各交通单位、企业，遵循党的干部政策，在育人、选人、用人上下功夫：①轮岗换位交流。实行变岗移位交流与干部队伍能力建设、事业实际需求、锻炼培养年轻干部、完善干部培养管理机制紧密结合，充分利用不同岗位不同理念、知识、技术、才能要求，锻炼、培养复合型人才。②竞争择能上岗。局及各企事业单位树立正确的用人导向，坚持德才兼备、以德为先的用人标准，严格选人用人程序，公开、公平竞争，择德、择能录用人才，真正把那些政治上靠得住、工作上有本事、作风上过得硬、人民群众信得过的人选拔到合适科室、部门、单位、企业的领导岗位上去。③提升执政能力。为提升执政能力，市交通局党委专门制定了《关于认真落实全面从严治党要求，切实加强市直交通系统党员干部管理的实施意见》，各级党员领导干部切实以“四个表率”“十个严格”规范自己的作为，着力提高自身的领导水平和决策能力，努力把党组织班子建设成为政治坚定、求真务实、开拓创新、勤政廉政、团结协调、有担当意识的领导核心。

(4)抓根基建设，增强党的活力

市直交通运输行业各级党组织，既登高望远，筹划未来蓝图，又注视眼前，强化根基建设：①健全基层组织。按照党建“七一工作法”，完善基层党组织构架，所有部门、单位，尤其是非公有制企业都建立健全党组织，哪里有交通行业立足，哪里就有党的组织存在。②遵循章法办事。市交通运输局党委强化基层工作制度建设，对有关党务审批事项及财务管理等 7 个方面的 16 项现行制度进行梳理，修订了其中 7 项，新建了 19 项，确保了各级党组织基础工作有条不紊地进行。③坚持“三会一课”制度。各级党组织自觉按照党的基本学习、生活和工作制度，及时召开小组、支部会议，学习文件、交流思想、谈论工作，开展批评与自我批评，互相帮助，互相促进，共创和谐稳定政治局面。班子领导成员放样子，带头讲党课、学党章、守党规，引领小组、支部成员做合格党员。④及时给党的肌体补充新鲜血液。遵照党的“坚持标准、保证质量、改善结构、慎重发展”的方针，适时将交通系统各条战线涌现出来的先进分子引导、培养并接纳到党内，输入新鲜血液，增强党的肢体活力，永保党的伟业、党的江山代代相传。

(5)抓廉政建设，从源头防范腐败

市直交通运输行业各级党组织，以党风廉政建设为己任，剑在弦上，持续发力：①领导身先士卒。按照“两个责任”“一把手”亲自抓，分管领导具体抓、纪检监督抓，无缝对接，步步为营，一着不让。市直交通单位自觉实行“一把手”、四个“不直接分管”制度，从源头防范和杜绝腐败现象的发生。②监管严字当头。市交通运输局党委对市直交通系统副科级以上干部实行落实“两个责任”集中约谈和签字背书，并利用每年“510”教育周等形式开展多样教育活动，警钟长鸣。同时，对连盐铁路、阜建高速、盐丰高速、范公路等重点工程项目派驻纪检监察组，实行施工全过程党风廉政建设情况跟踪检查监督。③及时快速查处案件。交通系统各级纪检、监察部门对各渠道有关党风廉政建设方面的来信、来访等信息，及时组织力量、落实人头，认真调查，在弄清事实的基础上，快速作出惩处决定，以案警人，减少以至杜绝类似违纪案件再度发生。

【举行纪念建党91周年大会】2012年6月30日，盐城市交通运输局隆重举行纪念建党91周年大会。局机关全体党员、市直交通各单位科级以上干部、总支（支部）书记、职能科室人员及职工代表近150人参加了会议。会上，局党委书记、局长管亚光强调：一要牢记党史，忠于使命，踏实践行“三个代表”重要思想、“科学发展观”，勇于创新，开拓进取，与时俱进，脚踏实地，为人民群众谋福祉。二要围绕小康目标，加快推进公路网络化、铁路高速化、公交一体化进程。三要突出重点，克难求进，以建党91周年为新的起点，真抓实干，创先争优，以优异成绩向党的十八大献礼。

局党委副书记、副局长潘进山在会议总结时提出三点要求：一要层层组织发动，采取多渠道、多元化手段宣传好、落实好这次会议精神。二要紧紧围绕“服务发展抓党建，抓好党建促发展”这一主题，着力提升交通党建工作科学水平，促进交通

运输事业又好又快发展。三要着眼全年，抓好当前，落实责任，充分发挥广大党员干部模范作用，确保全年各项目标任务胜利完成。（成荣广）

【召开全系统“四项排查”工作会议】2012年8月，盐城市交通局召开“四项排查”工作部署会议。局领导班子成员、各县（市、区）交通局、市直交通各单位、交投公司主要领导、职能部门负责人、局

机关全体工作人员计90多人出席了会议。

局党委副书记、副局长潘进山主持会议，副局长薛华传达了省市有关“四项排查”会议精神，副局长周忠对全市交通系统“排查突出信访问题、排查风险预警项目、排查安全事故隐患、排查基层基础工作薄弱环节”四项排查进行了部署，局长管亚光作了题为《深入开展“四项排查”全力维护行业稳定》的讲话。管亚光强调，全市交通运输系统要

充分认识开展"四项排查"，抓好稳定的特殊意义，切实把加强"四项排查"、维护社会稳定，实现"四个确保"作为当前各项工作重中之重来抓，坚持预防为主、发现在早、处置在小、管理在严、化解在快，着力消除隐患点，着力重抓薄弱点，要做到工作责任到位，化解措施到位，领导包案到位，追究机制到位，为社会营造和谐、稳定、安宁的环境。（李长　刘泉）

【开展卡耐基训练模式培训活动】2012 年 10 月 20 日，市交通运输局在盐城交通技师学院开展"高绩效管理与领导力"的课程培训活动，由著名培训机构—美国卡耐基训练的资深讲师孙彬启先生担任主讲。培训课程围绕"发展自己 / 发展组织的领导力、高绩效管理与沟通、人际关系 / 团队合作"三个主题循序渐进进行训练。开放式的培训，让每个学员都有足够参与和练习的机会，能够快速领悟和掌握组织领导、管理沟通、团队合作技能，提升自己的综合素质。学员们认为虽然培训时

卡耐基训练模式培训班

间不长，但每个人收获满满，并表示一定要把获得的真才实学应用到各自具体工作实践中去，为盐城现代交通事业的发展无保留地贡献出自己的智慧和力量。（王栩、殷莺）

【机关党委召开换届选举大会】2012 年 11 月 2 日，市交通运输局机关党委召开换届选举大会。局机关、铁路办、局老干部支部全体党员出席了会议。市级机关工委副书记徐新浪，市交通运输局党委书记、局长管亚光到会并作了讲话。局党委副书记、副局长、机关党委书记潘进山代表上届机关党委向大会作了工作报告。

大会按照《局机关党委换届选举办法》差额选举产生了 11 名机关党委委员，潘进山当选局机关

党委书记，陆建平当选局机关党委副书记。

会上，管亚光对局机关党委换届表示祝贺并提出了"增强四个意识，做到四个坚持，不断开创机关党委工作新局面"的要求和希望。徐新浪对交通运输局机关党委今后工作提出奋发进取，再创机委党委工作新局面，以优异成绩迎接党的十八大胜利召开的殷切要求。（张静怡）

【召开"传达贯彻十八大精神党员干部大会"】2012 年 11 月 16 日，盐城交通局召开市直交通单位认真贯彻党的十八大精神党员干部大会。局党委书记、局长管亚光在会议总结讲话中就下一步传达贯彻十八大精神和做好当前工作提出四点要求：一是各单位要层层召开会议，迅速将十八大会议精神传达到基层党支部每一个党员。二是将学习十八大会议精神列为各级中心组学习的核心内容，认真制定学习计划，确保学深学透。三是以十八大精神激励交通系统干部职工，全力以赴，确保完成和超额完成全年各项目标任务。四是响应十八大号召，认真谋划 2013 年主攻方向，明确工作思路和重点，及时编排计划和落实措施，为夺取新的一年更大胜利奠定坚实基础。（陆建平）

【市交通直属企业党建工作】2013 年 9 月 4 日，市交通运输局党委召开市直交通企业党建工作座谈会。局党委有关领导、市直各交通单位主要负责人、局机关各处室责任人、交通企业服务中心全体同志出席了会议。

局党委副书记、副局长、市铁路办主任潘进山主持会议。局党委书记、局长管亚光到会并讲话。管亚光对市直交通企业前期党建工作给予充分肯定，对今后进一步加强党建工作提出三点意见：一要以交通现代化为目标，统领全行业各项工作。二要以市场为导向，健全各项功能，加强交通服务业发展。三要以党建工作为抓手，提高企业整体素质。管亚光强调局党委要加强企业党建工作领导，

要像抓高速公路、铁路建设一样，从抓好市直交通企业党建工作入手，推动企业发展，帮助企业做大做强。局机关要多多走进企业，建立企业联系制度，积极为企业办实事、解难事、做好事，促进企业共享资源、共同合作、共同发展。（陆建平）

【与清华大学合作举办交通系统领导干部能力提升培训班】2013年10月25日至31日，市交通运输局与清华大学联手举办盐城交通系统领导干部素质能力提升高级研修班顺利结业。来自全市交通运输系统51名副科级以上干部在市局副局长裴义婷带领下，参加了为时一个星期封闭式培训。其间，局长、党委书记管亚光聆听了研修班部分课程。

本次研修班，紧贴交通运输管理实际和社会现实，开设了当前社会矛盾和热点问题、政府公共管理和执政新理念、领导科学与艺术、社会管理创新与社会稳定等10个研修专题，由9位具有较高学术造诣专家教授讲学、学员们每天集中和自学达10多个小时，刻苦钻研做学问、沉心静气做学生。求知若渴的学习态度得到了专家学者的普遍认可。

通过一个星期研修，受训干部拓宽了视野，了解了国家乃至世界最新的经济形势、理论成果、最适用的管理艺术，极大地提高了自身决策思维和理论水平，增强了把握大局、学习创新、沟通协调和处理复杂问题的能力，为未来更好担当盐城交通运输现代化发展的重任打下了坚实的基础。（王莹、刘泉）

【举办市直交通企业中高级管理人员培训班】2013年11月15日，市交通运输局举办了市直交通运输企业中高级管理人员“企业管理与管理创新”专题培训班。市级交通企业领导班子成员、机关处室负责人、各二级单位党政主要领导以及交通企业服务中心全体人员共120人参加了培训。培训中，学员们认真听取了盐城师范学院教授、管理学博士万良杰关于管理创新、产业集群、产业转移、市场营销、高技术成长等课题及领导科学与艺术、执行力、职工素质建立、现代管理等内容讲座。

企业管理与管理创新专题培训

受训人员感到万教授的讲学内容丰富实在，既有企业管理创新的最新成果，又有管理企业的良方妙法，实用性很强，对如何更好引领企业科学管理、创新管理、领潮管理，推进建立现代企业管理制度体系，具有重要的指导意义。（陆建平、张琴）

【市委党建工作检查组检查了解交通系统基层党组织统一党日活动开展情况】2015年9月21日，市委党建工作检查组一行3人在组长栾峰的带领下，到市交通运输局检查了解全系统基层党组织“统一活动日”开展情况。副局长崔花陪同考察。

检查组首听取了市交通运输局关于市交通运输系统各级基层党组织在科学安排好统一活动日

“五项基本任务”的基础上，积极创新，先后组织开展了“党员模范传帮带，流动讲堂进站场”“穹顶之下，清洁水源”“弘扬伟大抗战精神，共筑中华复兴梦想”、“走进行业一线，关注市民出行”等一系列具有行业特色的党建活动，以及党组织与群团组织共建、机关与行业单位共建、与社区共建文明等情况汇报。接着深入公交火车站回车场观摩市公交总公司以“党员模范传帮带、流动讲堂进站场”为主题的党员活动日暨第二期道德讲堂活动开展情况；走访市地方海事局直属盐都地方海事处龙冈海事所，了解全体党团员深入蟒蛇河一级饮用水源保护区开展义务劳动情况。检查组对市交通局系统基层党组织结合交通工作实际创新“党员统一活动日”的做法给予了充分肯定。（王栩）

【省内多家媒体聚焦2015年盐城交通新闻发布会】2015年9月28日上午9:00，市政府新闻办公室在市交通运输局301会议室举行2015年交通民生实事工程重点项目新闻发布会。《新华日报》《现代快报》《扬子晚报》、中国新闻网、省广播电台、《江苏法制报》、新华社新华网、《江南时报》、中国江苏网、人民网江苏视窗、《盐阜大众报》《盐城晚报》《东方生活报》、盐城电视台、盐城广播电台、中国盐城门户网站等省内多家新闻媒体派员参加。市交通运输局局长管亚光，副局长薛华、崔花、陈日晓，以及市交巡警支队、市公路处、市运管处、市公交总公司等部门单位负责同志应邀出席新闻发布会。

发布会公布，近年来盐城市委、市政府把加快建设公、铁、水、空、港全要素综合交通运输体系建设，着力改善群众出行条件作为一项重要的民心工程来抓，全市交通基础设施建设取得了长足的进步，广大市民切身感受到了交通工程建设带来的便利和实惠。2015年，市委、市政府以更高标准、更大力度、更强决心，深入推进交通民生实事工程，先后安排上马了内环高架快速路、盐靖高速公路盐城西互通改造、亭湖环保科技城公交枢纽、S226亮化工程、城市公共自行车二期等重点项目。其中市区内环高架快速路网总投资86.50亿元，规模居建市以来单体工程投资之首。目前，一批交通民生实事工程重点项目已经建成并正式投入使用，市民的出行条件将再次迎来质的飞跃。

发布会上，副市长王荣到内环高架快速路一期节点工程新洋港大桥宣布市内环高架快速路网一期工程建成通车。新闻发布会后，省内多家新闻媒体的记者还参观了亭湖环保科技城公交枢纽启用及市内环高架快速路一期工程建成通车的现场。（顾枫、徐清）

宣传教育

【概况】“十二五”期间，市局交通宣传教育工作以党的十八大，十八大三中、四中、五中全会精神及习近平总书记系列重要讲话精神为指引，按市委、市政府关于宣传思想文化总体要求，紧贴盐城市现代交通运输事业发展实际，不断创新思维，改革进取，扩大交通宣传对内对外覆盖面，强化舆论先行引领作用，努力培育、践行社会主义核心价值观，全力打造综合交通、智慧交通、绿色交通、平安交通、民生交通和法治交通，讲好交通故事，激发广大交通人和社会大众共创交通伟业的积极性和创造性，为盐城市社会经济发展和人民群众生活水平提高作出新的、更大的贡献。

（1）坚持交通宣传教育正确方向

“十二五”期间，盐城交通运输局紧紧围绕深入学习贯彻习近平总书记系列重要讲话精神、“三严三实”“中国梦”等主题宣传教育活动和陆海空水交通基础建设实际，积极组织、邀请中央、省市级媒体，先后深入盐城机场、铁路、高架路网等交通各项重要工程现场体验、采访和座谈，及时报道盐城交通建设的最新成就，充分展现了盐城交通人在加快建设综合交通和服务经济社会发展特别是百姓出行方面所作出的巨大努力。

（2）发挥交通宣传教育平台作用

“十二五”期间，不断拓展宣传平台，提升交通宣传教育能力。以《盐城交通》报为平台，累计发布交通新闻3600余篇；以盐城交通官方网站为平台，累计发布交通新闻1.8万余篇；以市级机关新闻媒体为平台，累计报道交通新闻1600余篇；以省级以上媒体为平台，先后报道交通新闻30余篇；以2014年年底，新成立的《今日交通》电视栏目为平台，及时宣传报道“三创三先”“雷锋车组”、志愿者服务“周周行”“爱心车队”等一系列先进典型，并积极回应媒体、群众关注的民生问题，提高舆论引导，着力营造有利于交通科学发展、和谐发展的良好氛围。与此同时，关注网络舆情，加强监测、研判和引导，积极回应网民呼声，及时应对处置了如收费公路清理等一批重大舆情，防治了事态发酵扩大，把“舆情”解决在萌芽状态，为交通运输事业发展创造了宽松的社会环境。

（3）建立交通宣传教育新闻会议与新闻发布制度

“十二五”期间，为及时处理不断产生的各类交通信息，市交通运输局坚持每个季度都召开新闻工作会议，对交通运输行业的宣传教育重点、舆论热点进行梳理、总结、研究和部署。国庆、中秋节前夕，主动配合市政府新闻办，专题召开保障群众过好“两节”新闻发布会。日常，加强与各级媒体联系，积极应对交通运输突发事件和公众关注的焦点问题。对于露头的初始矛盾，及时关注，选准时机、地点、通报情况，阐明立场，正确引导，寻求理解，消除误解，解决当事人合理关切，树立了交通运输系统开放、负责任的良好形象。“十二五”期间，全市交通系统未发生一起重大新闻事件。与此同时，通过举办网络宣传专题培训班、新闻宣传人研讨班，持续提升宣传管理负责人的新闻舆论的引导能力和重大新闻题材的策划能力。在此基础上2015年上半年，组织召开了全市交通新闻宣传工作座谈会，回顾总结了近几年的宣传工作取得的成绩和存在问题，并就如何加强工作联系，进一步抓好交通新闻工作进行深入探讨，取得了共识，为全市交通运输系统新闻宣传创新发展提出了新的思路。

（4）提升交通宣传教育新闻采编能力

搞好交通宣传教育新闻队伍建设，加强领导，健全组织机构，建章立制，充实队伍，提升专业和相关人员思想政治水平、语言文化水平、新闻专业水平及信息采集、编辑水平，严格按照新闻报道的及时性、准确性、可靠性、时代性要求，全力办好《盐城交通》《盐城交通运输年鉴》《盐城交通运输志》等出版物，办好《今日交通》电视栏目，讲对、讲全、讲好盐城交通故事，全面、客观、公正报道、宣传交通战线行业管理，市场开拓、生产经营，客货运输，公路、航道、铁路、桥梁、港口等基础建设方面取得的成就及文明创建中涌现出来的先进集体、先进个人的先进事迹，树立起人民交通为国家，人民交通为人民的清新形象。

【《盐城交通》创刊发行300期】2011年10月8日，《盐城交通》创刊发行300期，《江苏交通新闻》于2011年10月发来贺信，表示热烈祝贺。贺信全文如下：

盐城交通报：

欣闻盐城交通报创刊发行300期，在这喜庆时刻，谨向盐城交通报社表示热烈祝贺，向报社全体同志和广大通讯员致以亲切问候！

5年多来，报社在市交通运输局党委的正确领导下，坚持以邓小平理论和“三个代表”重要思想为指导，深入贯彻落实科学发展观，高举旗帜，创新进取，传播文明，为盐阜大地涂抹上青春勃发的亮丽色彩,感染并影响了交通系统广大职工。报社全体同志和广大通讯员秉持高度的政治意识、大局意识、责任意识和阵地意识,为盐城交通运输三个文明建设做出了积极贡献。

希望继续发扬党的新闻工作的优良传统,按照胡锦涛总书记提出的"高举旗帜、围绕大局、服务人民、改革创新"总要求,坚持正确导向,发挥自身优势,进一步贴近实际、贴近生活、贴近职工,不断增强新闻宣传的吸引力和感染力,不断提高舆论的引导能力和新闻传播能力,把体现党和政府的要求与反映职工群众的心声统一起来,把思想性、指导性、可读性、吸引力统一起来,不断做精做强,为促进沿海开发和盐城交通运输事业的科学发展做出新的更大贡献。

《江苏交通新闻》

二〇一一年十月

【管亚光接受省市媒体聚焦采访】2011 年 10 月 8 日,《盐城交通》报创刊发行 300 期前夕,盐城市交通局党委书记、局长管亚光就盐城交通舆论宣传工作接受了省市媒体聚焦采访。经过深入访

谈,参与媒体一致认为,盐城市交通局党委书记、局长管亚光任内一直重视交通舆论宣传,经常强调机关职能部门、交通各企事业单位要加大工作力度,不断有组织、有计划、有重点开展各种卓有成效的宣传活动,形成交通舆论宣传强势,为盐城交通改革发展、创新突破提供思想动力和舆论保障。(《盐城交通》)

【中国新闻网文章:"盐城'一事一办'提速撤渡建桥"】2012 年 9 月 10 日,江苏省射阳县地方海事处对辖区渡口的渡运量经过调查摸底,决定撤销四明镇向阳、合德镇凤凰和千秋镇解放等三道日渡运量很小的渡口。这是该处落实盐城市地方海事局"一事一办"提速撤渡工作的又一成果。

盐城是渡口大市,2011 年年底全市有在册渡口 189 道,约占江苏省渡口总数的三分之一。2012 年以来,该市地方海事部门在抓好客渡船舶安全检查、隐患整改,全力保障渡运安全的同时,采取"一事一办"的方法,大力推进撤渡步伐,努力减少渡口数量,根治渡运隐患。

据了解,盐城市已建成大丰合新、新北、韦灶,建湖运东,阜宁胡湾、北湾等七座代渡桥,在建盐都区潭东渡口、响水县苗寨渡口两座代渡桥,同时抓紧办理 18 道渡口撤渡手续。为顺利撤销渡运量较小的渡口,海事部门主动与渡口所在乡镇沟通协调,动员有关方面采取每天增开农用班车、协调学生就近上学等措施,满足沿岸群众的交通需求。对遗留的射阳河张圩、汛西代渡桥接线道路工程问题,射阳县委、市地方海事局等有关方面将渡桥道路接线作为关注民生工程的重点来抓,一事一议、一事一办推动撤渡建桥工作。目前,两岸四处 15 公里的接线道路工程已全面启动,年底有望全部通车。

代渡桥

【组织党政纪条规知识竞赛活动】2013 年 1 月 15 日,盐城市直交通系统举办以"清风沐交通,廉洁伴我行"为主题的党政纪条规知识学习教育

竞赛活动决赛。市直交通系统563名党员干部参与党政纪条规知识答题，16个代表队48名选手参加小组初赛。经过激烈角逐，6个代表队获得决赛资格，最后海事局代表队获得第1名。

在比赛结束会上，局党委书记、局长管亚光指出，近年来全市交通系统反腐倡廉建设虽然取得了积极进展，但任重而道远，仍需继续努力。针对问题，管亚光提出四点要求：一要强化教育，进一步提高廉政自律思想意识；二要严明纪律，严格执行廉政建设各项规定；三要明确责任，认真落实党风廉政建设担当；四要加强监督，严肃查处违纪违规行为。（郑志龙、唐伟东）

【举办党的群众路线教育实践活动轮训班】 2014年3月14日，市交通局党委举办全市交通系统党的群众路线实践活动轮训班。局机关全体党员干部、市直交通单位科级以上干部、盐阜集团、港口集团、新阜公司、中城建等四个单位领导成员及各县（市、区）交通局分管领导、市局督导组成员等195人参加培训。

培训班上，受邀专家学者围绕“重温党史，坚定信念，坚定不移践行党的群众路线”主题展开讲座：新四军纪念馆副馆长孙国栋指出，战争年代，新四军靠群众路线，铸就了铁军精神，今天我们搞建设，要传承好新四军践行群众路线的遗志，就必须依靠铁的信念取信群众、铁的作风根植群众、铁的纪律赢得群众、铁的队伍造福群众；上海复旦大学干部培训中心主任、教授张全弟认为，共产人的宗旨就是为群众办事，“群众的呼声是工作第一信号，群众需求是工作第一选择，群众满意是工作第一标准，群众困难是工作第一责任”，心里真正有群众，就能自觉做到“知民情—在一线了解，解民忧—问题在一线解决，暖民心—感情在一线融合，听民意—干部在一线考核”；党史党建研究部副教授唐金玲强调，践行党的群众路线，党员干部自己必须先“照镜子，正衣冠，洗洗澡，治治病”，轻装上阵，以严的纪律，严的标准，严的措施，向“四风”开战，努力净化环境，助推党员干部思想认识进一步提高，作风进一步转变，群众关系进一步密切，为民清廉形象进一步树立，政权根基进一步夯实。

【宣传贯彻《江苏省道路运输条例》】 2013年4月1日，《江苏省道路运输条例》（简称《条例》）正式下发实施。8日上午，全市宣贯《条例》培训会议在盐城召开。市交通运输局副局长薛华在会上就贯彻实施《条例》问题作了动员讲话。

薛华指出，新版《条例》对立法调整范围进行了全面修订，增加了机构改革后交通运输部门新承担的公交、出租汽车客运、汽车租赁、交通物流等管理内容，强化了道路运输安全管理和信息化管理，并在推进城乡、区域客运一体化和货运的专业化、集约化及交通物流业发展等方面作出了创新性规定，全面构建了新时期全省道路运输发展和管理的法律制度。

薛华强调新版《条例》的颁布实施，有利于加快道路运输建设步伐，充分发挥道路运输的比较优势和潜力，促进道路运输结构调整，推进技术进步和节能减排，有利于进一步提升道路运输发展的质量和现代化水平。

薛华最后要求，各地交通运输部门要充分认识《条例》颁布实施的重要意义，准确把握立法精神和主要内容，全力做好宣传培训工作，为保障经济社会平稳较快发展和人民群众安全便捷出行做出积极贡献。（赵君）

【召开党的群众路线教育实践活动推进会】 2014年9月4日下午，市局党委召开党的群众路线教育实践活动推进会。局领导班子有关成员，机关全体工作人员，市直交通各单位主要领导、分管领导、教育实践活动办公室主任，市局督导组全体成员参加了会议。

局长管亚光在讲话中充分肯定了前阶段教育实践活动取得的成绩，并指出存在问题，对于下阶段的实践教育活动提出三点要求：一是以“钉钉子”精神，抓好整改，取信于民，做到：突出问题导向，全面细化整改任务；突出专项整治，全力推进整改落实；突出群众满意，全程接受社会监督。二是以“抓常、抓细、抓长”为要求，推动作风建设常态化，做到：把推动作风建设与强化建章立制结合起来；把推动作风建设与抓好经常性党建工作结合起来；把推动作风建设与抓牢基层夯实基础结合起来。三是以严格的责任落实，确保活动不走过场，取得实效。要强化组织领导，明确责任，做到上下联动，齐抓共治，统筹兼顾，“两手抓，两不误，两促进”，敬终如始，不折不扣抓好交通系统实践教育活动。

【举办江苏交通现代化宣贯培训班】2014 年 9 月 24 日，江苏交通运输现代化宣贯培训班在市交通运输局 301 会议室成功举办。市局领导班子全体成员，局机关、市铁路办、港口局及市直交通各单位副科级以上干部，各县（市、区）公路、航道、运管、海事处（站）等部门的负责人参加了培训。省交通运输厅副巡视员惠先宝应邀为培训班作专题讲座。局长、党委书记管亚光参加培训并致辞。

管亚光指出，交通运输是国民经济的基础性、先导性、战略性产业，是保障和改善民生的重要服务行业。加快推进交通运输现代化建设，是交通运输转型发展的必然选择，是全面建成更高水平小康社会、向基本实现现代化迈进的重要保障。要全面掌握江苏交通运输现代化的基本内容和内在要求，深刻领会交通运输现代化的精神实质和核心理念，确保交通运输现代化在盐城落地生根、全面推进。

惠先宝在讲座中详细阐述了江苏交通运输现代化的基本内涵和内在要求，提出了建设综合交通、智慧交通、绿色交通、平安交通、民生交通、法治交通“六大交通”发展理念及实现综合交通网络现代化、公众出行服务现代化、货运与物流服务现代化、信息技术应用能力现代化和交通运输治理能力现代化“五个现代化”的发展目标，明确了今后江苏交通发展方向和重要建设任务。（丁胜吉荣）

【《新华日报》文章：“构建更具开放性的沿海立体大交通”概要】2015 年 2 月 3 日，《新华日报》发表“构建更具开放性的沿海立体大交通”署名文章（简称文章），报道了“十二五”期间，盐城市沿海立体大交通长足发展的情况。

文章介绍，“十二五”期间，盐城交通取得了长足进步。截至 2015 年年初，全市公路总里程已突破 2 万公里，是全省里程最长、一级公路里程最长的省辖市；铁路建设取得历史性突破，特别是高速铁路建设在市委主要领导带领下多方协调对接，不辞辛劳，凭着老区人民的热诚和坚韧，项目终于取得进展。2014年8月18日，省政府致函国家铁总，要求提高徐宿淮盐铁路盐城段的建设标准，建设高速铁路，今年1月5日，国家铁总正式发函国家发改委，同意徐宿淮盐铁路盐城段按照高速铁路标准统一设计、同步建设，标志着盐城将迈入“高铁时代”。航道建设实现了“通江达海”的目标，大丰港疏港航道、通榆河东台段航道已建成通航，滨海港疏港航道正在建设，目前全市正在推进“通江达海连运河”计划。民航改扩建停机坪工程投入使用，跑道延长工程正在推进。新开通盐城至西安、大连、深圳、天津等城市的航线，机场2014年进出港人数突破50万人次。大市区实现市镇公交一体化全覆盖，开通至大丰市的城际公交，城市公交客运总量突破1亿人次。积极推进绿色低碳交通出行，开通市区公共自行车服务系统，先期布设站点250个，投放车辆6000辆，解决了市民出行“最后一公里”问题，深得群众赞誉。

文章指出，盐城市已基本形成公铁水空港全要素综合交通运输体系，但对照习近平总书记视察江苏时提出的5个“迈上新台阶”要求，对照盐城市委六届六次全会提出的“建设新盐城、发展上台阶”目标，全市交通发展仍有较大差距，加快发展、绿色发展、现代化发展任重道远。面对新形势新任务新常态，必须加快盐城交通的现代化建设。文章就盐城大交通的继续发展问题提出四点对策意见：一要着眼大规划，全面提升盐城作为沿海地区综合交通枢纽的中心地位。要跳出盐城看盐城，放眼全国看盐城，用世界眼光看盐城。不仅把盐城当作中国沿海中部节点城市来打造，更要把盐城放在我国东部沿海中心枢纽城市来看待。通过“盐城——一个让人打开心扉的地方”的品牌效应，吸引更多的海内外客人到盐城，观赏“东方湿地、鹤鹿故乡”，分享清新空气、灿烂阳光，来盐城深呼吸，让盐城由江苏东部沿海的节点城市彻底转变为全国东部沿海交通枢纽城市。二要推进大建设，全面启动重大交通基础设施建设。抢抓国家“十三五”规划修编及新一轮铁路规划调整的机遇，积极向上争取支持，加快启动盐城“三大快速通道体系”建设。对外重点是高铁、空港和海港快速通道。连盐铁路要尽快建成通车，徐宿淮盐客专尽早开工兴建，盐通苏嘉及盐城至南京城际铁路列入省里规划，加快开展市区轨道交通研究和立项工作，早日圆上盐城人民“高铁梦”；南洋机场改扩建工程早日完工，T2航站楼加快启动建设，旅客吞吐量要突破100万人次；海港要迅速形成集聚效应，装箱吞吐量力争翻番。市区内环高架系统，必须加快实施进度，力争一年半时间全部建成到位。尽快确定市区与各县（市、区）主城区之间的城际快速通道的建设方案，利民惠民。三要加速大转型，全面推动盐城交通绿色低碳发展。盐城要实现绿色发展、绿色转型，交通运输转型升级是题中之义，是发展的必然。要加快推进城乡交通一体化，大力提升公共交通服务，不断提高公共交通分担率。要突出农村路网升级改造，提升通达密度和深度，拓宽农路宽度，为城乡客运一体化建设奠定基础。要突出现代物流业发展，不断扩大甩挂运输联盟，建设交通物流港，形成产业链，构建大网络，培育大支柱。四要服务大民生，全面构筑现代综合交通运输体系。进一步发挥交通基础设施建设对城乡一体化发展的支撑和引领作用，在完善大市区联系各县（市、区）县城快速通道的同时，全面实施农村公路提档升级黑色化改造。突出智慧交通发展，早日建成市区综合客运枢纽、综合交通指挥中心、水上搜救中心、应急救援中心等服务保障设施，让广大群众在出行时实时了解各类出行信息，随意选择“公铁水空”出行方式，实现“公铁”之间乃至“陆空”之间的“零换乘”。进一步完善公共自行车服务系统，让每一位市民充分体会“最后一公里”的便捷，让每一位客人充分享受盐城真正意义上的现代交通服务，以交通现代化引领盐城迈入绿色发展新时代。

【德国职业教育专家应邀到盐城交通技师学院访问】2015年2月11日下午，德国教育交流促进会德国职业教育专家教授密布斯先生一行 3 人应邀到盐城交通技师学院访问。在院领导的陪同、带领下，专家们首先参观了学校新校区及实训教学场所。他们对学校的校园环境和教学设施，以及汽车专业的教育教学成果表示赞赏和肯定。接着院方和专家们围绕职业学校的教育改革和汽车行

业发展的新途径展开交流和讨论。来访专家着重介绍了德国职业教育现状，并对交院的汽车专业课程设计与教学提出了宝贵建议。双方就引进德国汽车行业的培训与考核标准、共建汽车技能人才培训中心进行了友好的协商。访问取得了成功。

文明创建

【概况】“十二五”期间，盐城市交通运输行业在市文明委和省交通厅领导和部署下，坚持把文明创建融入交通运输发展的各个环节之中，按照交通中心工作总体要求，紧密结合交通行业特点和具体实际，充分利用不断创新的活动载体，大力动员和组织广大干部职工，积极投身各种形式文明创建活动，掀起一波一波向前浪潮，助推着先进集体、先进个人不断涌现。五年中，累计创建了全国文明单位 1 个、省级文明单位 23 个，市级文明单位 56 个；文明行业 4 个，文明单位标兵 3 个，文明行业标兵 1 个，文明机关标兵 1 个。其中市交通运输局分别被省委省政府、市委市政府表彰为 2010—2012 年度“江苏省文明单位标兵”和 2012 年“盐城市文明行业标兵”；市公路处被评为全国“安康杯”竞赛先进集体；盐城民航站“飞燕班组”被表彰为全国青年文明号、全国巾帼文明岗；“飞燕班组”和盐城公交“刘飞温馨服务示范线”荣获江苏省优质服务品牌和省交通厅“十大优质服务品牌”；市航道处、市公交总公司、盐城汽车客运站被评为全省交通企业文化建设先进单位。1 人当选全国劳模；1 人入围中国好人候选人；3 人当选盐城好人；2 人入围 2015 年度“感动交通”十大人物候选人。

(1)提升综合素养，筑牢文明创建基础

“十二五”期间，盐城市交通运输局把职工队伍综合素养的提升作为文明创建的基础工作，放在重要的位置上，常抓不懈。每年按照计划全面组织职工群众学文化、学业务、学技术，不断推进知识更新。与此同时，选拔干部赴新加坡、清华大学、北京大学参加深造培训，举办每年 6 个高层次交通论坛及主题讲座，着力提升干部队伍的理论水平和领导才能。在此基础上，紧密结合持续开展的群众路线教育活动，建立纵到底、横到边的立体教育学习网络。①采用大堂课、中心组学习、支部活动、小组讨论等方式，组织全系统党员干部认真学习党章、党纪、党规及习近平总书记系列讲话。②采用办班、讲座的方式，组织系统内党员干部参加 2 期由市交通局举办的轮训班，由清华大学、北京大学、中共中央党校等知名院校博导主讲的 6 场专题报告会。③采用回顾历史，追悼先烈的方式，到“五条岭”重温入党誓词，到新四军纪念馆聆听“铁军”史诗讲座，到泰山庙参观“浴血奋战，英雄盐城”专题展览。通过连续、系列的宣传、教育、学习、培训、深造，交通系统广大党员、干部、职工的文化、技术、业务、思想、政治综合素养得到充分提升，为文明创建深入持久开展打下了坚实的基础。

(2)树立为民形象，展示文明创建成果

“十二五”期间，市交通局抓住盐城市创建文明城市历史机遇，努力推进交通行业文明创建工作一步一个脚印扎实展开。①舆论先行，营造文明创建人气氛围。以《盐城交通》、市交通局门户网站、盐城市主流媒体《交通专栏》等为舆论载体，以

站场、码头、车厢、公益广告栏为舆论阵地，以交通窗口单位、公交车、出租车、电子显视屏、语音播放器等为舆论工具，以数以万计卡片、传单、材料，数以千计标语、横幅，数以百计文艺演出、广场演讲为舆论手段，深入广泛、反复宣传文明创建目的意义、任务要求、经验成果、典型人和典型事，借以吸引人群、凝聚人心、积集人气，形成交通系统干部职工人人参与文明创建，社会公众热情支持文明创建强烈氛围。广大交通人用践行社会主义核心价值观的实际行动，积极投身以社会公德、职业道德、家庭美德、个人品德为重要内容的文明创建，为营造和谐、稳定的社会环境作出了奉献。②添加硬件，补强文明创建物质基础。新购600辆公交车，更新800辆出租车；相关单位、部门新置10多台LED显示屏、数千张候车座椅、数千套文明标识，为公众出行提供更为及时方便、文明舒适的出行物质条件。与此同时，组建“雷锋车队”“爱心助考车队”“敬老爱幼自愿者服务队”“巾帼自愿者服务队”“青年自愿者服务队”“文明劝导自愿者服务队”，开展“文明志愿者周周行”“学习雷锋好榜样志愿者集中行动日”“机关干部感受交通新变化基础体验”等系列活动，走进社区、街道、车站、道口，为需要帮助的人排忧解难，提供温馨、周到爱心服务，在公众心目中塑造了交通人的美好形象。③巡查督促，助推文明创建健康发展。成立文明创建督查组，对交通各单位执行文明创建责任状、文明城市创建责任书情况进行巡回检查。对检查中发现的问题，开出整改通知单，要求有关单位立即整改。对问题较多、整改难度大的单位，则由局领导召集相关单位主要负责人具体会办，确保整改到位。较真较劲的督查和一着不让的整改，推动了全行业文明创建工作的有序开展，也得到了市文明委领导的充分肯定，盐城电视台多次报道市直交通系统文明创建工作的经验做法。

(3)及时评优激励，助力文明创建

“十二五”期间，市交通局及行业各单位领导对文明创建十分重视，各科室、职能部门齐抓共管。①高目标定位。凡考核目标达不到要求者，不予参加年度评优奖励。②高要求运行。让有实践经验和有开拓精神的人主导或参与文明创建工作，善于通过“走出去，请进来”的方式取经接宝，借以推进交通行业单位之间互看、互学、互助，形成在比中学，学中赶的竞赛热潮。③高水准管理。落实专人值守文明网，对文明创建每项工作、每次活动，不仅网上有记载，还要形成纸质材料，逐一收集，年终装订存查。④高品位活动。市交通局一年一度举办“交通文化节”，用艺术手段颂扬盐城市交通行业在改革开放、文明创建中取得的骄人业绩，展示交通人奋发进取，勇于登攀的精神风貌。市公交总公司将道德讲堂搬到公交车上，受到乘客赞许。市交通局机关、市直交通单位组织的职工开展太极拳表演、“展青春魅力，看巾帼风采”时装表演、“魅力交通，舞动幸福”健身操比赛、“展示风采、闪光交通舞台”主持人比赛、“我的中国梦为交通现代化建设献一策”VCR活动、“走工地、送文艺”徒步话交通活动、“新盐城、大交通、好青年”主题团日活动及“幸福大交通，欢乐一家亲”包饺子联欢会等品位高雅，形式新颖多样、内容健康活泼，贯穿文明创建始终，受众喜闻乐见的特色，成为市交通行业文明创建过程中浓墨重新的一笔。五年创建，五年丰收，盐城交通人以高昂的斗志超额完成“十二五”各项目标任务，同时收获国家级、省级、市级文明单位83个，文明行业文明单位标兵5个，全国劳动模范、中国好人、盐城好人5人，可谓是三个文明建设全面丰收。

【服务社会承诺】2011年6月，盐城市交通局制订并向社会颁布了五条服务承诺：

一、全力推进“十二五”交通发展目标落实。切实推进包括公路、航道、内河港口、铁路、机场等51项工程的建设，新建农村公路406公里，实施危桥改造235座，全力服务社会经济发展和人民群众安全便捷出行。

二、提供高效优质的交通许可审批服务。进一步加强交通行政许可服务中心建设，打造交通窗口服务“许可 BRT”品牌，实行行政许可“一门式”船舶检验零距离等交通特色服务。全面落实 AB 角，首问负责，一次性告之，限时办结，全程服务等措施。

三、严格规范交通行政行为。实施行政权力网上运行，严格规范行政收费和执法行为，主动接受企业、从业人员和新闻媒体监督。

四、认真纠正损害群众利益的问题。强化交通基础建设中依法征地意识，先征后用，按政策补偿，费用及时到位；严肃处理施工企业恶意拖欠和克扣农民工的工资，维护农民工的合法权益；与公安部门建立联动执法机制，加大对公路“三乱”、超限运输等违章行为打击力度，保护经营者的合法权益。

五、加强机关处室人员依法履职情况督查。对机关工作人员履行职责、依法行政、廉洁从政及首问负责制、限时办结制等情况进行经常性效能监督，及时发现和认真处理违规问题，踩上红线者，一律按照党纪党规与相关法律规定处理，同时追究相关领导责任。(《盐城交通》)

【实现综合先进“五连冠”】盐城交通局在市委、市政府 2011 年度目标任务绩效考核表彰大会上一举获得年度责任绩效考核综合先进奖、五好班子建设优秀奖、安全生产工作奖、信访稳定工作奖、投融资工作奖等八个奖项。其中，年度责任绩效考核综合奖，自 2007 年起实现了“五连冠”。(陈建斌　陆建平)

【改进作风九项规定出台】2013 年 5 月 10 日，市局党委制定并颁布关于改进工作作风、密切联系群众九项 31 条规定：

一、狠抓调研落实；二、推进接访下访；三、精简会议活动；四、规范文件简报；五、严格考察出访；六、规范公务接待；七、加强公车管理；八、严肃财经纪律；九、坚持廉洁从政。其中 6 条具体规定为重中之重：1.严禁违规干预或插手交通工程招投标、材料采购、质量安全等经济活动及交通行政、行政执法工作；2.严禁收、送礼金、有价证券、支付凭证和商业预付卡，严禁参加施工单位和管理对象宴请、误乐、旅游等活动或转嫁、摊派、报销各种费用；3.严肃干部人事纪律，严禁跑官、要官、拉关系、说情等不正之风，坚持交通各事业单位招录人员必考制度；4.严禁领导干部大操大办婚丧喜庆活动；5.严禁从事有悖社会公德、职业道德、家庭美德活动，严禁参加任何形式赌博活动；6.严禁利用职权和职务影响力为配偶、子女及其他亲属经商办企业提供便利，谋取私利。

九项规定从公布之日执行。市局办公室、组织人事处、审计财务处、监察室每年年度，对执行规定情况进行检查，凡违反规定的，坚决予以严肃处理。(《盐城交通》)

【召开全市交通行业作风建设推进会】2013 年 6 月 4 日，市局召开全市交通运输行业“转作风作表率，创新创业争一流”作风建设推进会。局领导、机关处室人员、各县(市、区)交通局负责人、市直交通单位科级以上干部、市直交通企业领导班子成员出席了会议。

会上，驻局纪检组长仇筱云宣读了局党委《关于转发中共盐城市委〈关于重申党政机关工作人员作风纪律的规定〉的通知》。接着，与会人员观看了中纪委拍摄的《狠杀浪费之风》录像片。最后，党委书记、局长管亚光在讲话中提出四点要求：一、务必保持高度政治自觉性，始终重视行风建设；二、务必加强个人修养，集聚干事业正能量；三、务

必正视存在问题,确立鲜明激励导向;四、务必着力长效机制建设,落实过硬保障措施。(王莹)

【收听收看省交通厅“学、转、树”视频会议】2013年3月6日,市交通在盐城分会场组织收听收看省交厅召开的“学雷锋、转作风、树交通形象”视频会议。市局领导潘进山、葛春宽、崔花,局机关处室、市直交通单位、交通服务行业窗口负责人,先进典型代表出席了视频会议。

会议开始,厅党组书记刘大旺首先致词。他指出,今天是毛泽东等老一辈无产阶级革命家为雷锋同志题词五十周年纪念日,省交通厅决定在全省交通行业扎实开展“学雷锋、转作风、树交通运输形象”活动,努力营造进取氛围,领跑交通先行,用“学雷锋”推动转作风,以“转作风”塑造交通新形象,让交通运输贴近群众更紧,服务群众更实。

接着,连云港市新浦汽车总站“雷锋车手”代表胡春兰,全国劳动模范、南京汽车客运南站党支部书记李瑞作了学习雷锋先进事迹介绍;宿迁市交通局长沈学标、省厅运管局局长汪学君作了党风廉政建设经验交流发言。

省厅视频会议结束后,市交通局党委副书记、副局长潘进山在盐城分会场就如何贯彻落实省厅视频会议精神,要求各单位采取得力措施,深入推进“学、转、树”活动,确保“为民、务实、清廉”理念在盐城交通行业落地生根,开花结果。(盐交组)

【文明创建助推公铁水空跨越发展】2011年—2013年,盐城市交通运输系统紧紧围绕交通运输现代化目标,以文明创建促进和推动交通运输事业加速发展。三年来,全市交通基础设施建设累计完成投资242.8亿元,公铁水空实现了历史性跨越,交通文明创建更是硕果累累:市交通局连续6年被市委、市政府表彰为目标任务绩效考核综合先进奖,连续2年被表彰为精神文明建设先进集体和党风廉政建设奖,连续3年被市文明委、总工会表彰为文明行业和工会工作综合先进集体,并被评为2008—2012年度人民满意公务员先进集体。

3年来,盐城市交通运输局两个文明创建能取得如此突出的成绩,主要是由于:一是强化创建组织领导,着力完善两个文明创建,齐抓共管机制;二是强化思想道德建设,着力提供两个文明创建队伍整体素质;三是强化优质服务意识,着力增强交通两个文明创建惠民力度;四是强化文化引领力量,着力激发干部职工参与两个文明创建热情。(徐清)

【管亚光假日调研公交站场建设】2013年9月15日,市交通运输局局长、党委书记管亚光利用假日休息时间,带领市运管处、市公交总公司有关负责同志,调研大市区6个公交站场建设情况。市交通运输局副局长薛华、亭湖区常务副区长杨雪峰、盐都区委常委张瑞卿、亭湖区副区长周晓东及亭湖、盐都两区交通局、住建局的有关负责同志陪同参加了调研。

管亚光每到一处,都认真听取相关建设工程情况汇报,并针对建设过程中存在问题提出具体解决方案和下一步工作推进意见。在青年西路公交枢纽站，管亚光对照建设规划图向盐都区分管负责同志逐一了解了土地征收、整体布局和功能分布等情况。他指出，青年西路枢纽站要作为连接西区与市区的重要交通枢纽工程，立足高起点规划，高品位建设，高速度推进，高质量保障。

在现场召开的办公会上，管亚光局长就进一步推进市区公交场站的建设提出了四点要求：一、坚持能快则快的原则，全力加快公交场站建设进度，确保将为民实事办好办实；二、抓紧做好规划设计工作，特别是盐都区和环保产业园区要加快落实好项目土地指标，为项目建设提供便利；三、做好与各建设主体的对接和督查工作，市运管处要牵头抓好项目推进，及时解决工程建设中遇到的问题，每半月进行一次工程进展情况汇报；四、全面提升企业形象，市公交总公司要抓好线路规划、车辆调度，搞好营运服务，驾、乘、站工作人员要统一着装，文明用语，让群众感受到交通发展带来的新变化。（吉海蓉　王莹）

【机关党委被市级机关工委评为“五好示范机关党组织”】2014 年 7 月 1 日，在市级机关纪念建党 93 周年大会上，市交通运输局机关党委再次被市级机关工委表彰为“五好示范机关党组织”。

近年来，市局机关党委通过抓机制创新、抓理论研究、抓基层组织、抓载体建设，不断构建党建工作新平台。持续开展党建带群建、主题党日、先进事迹报告会、心得交流会、机关大党课等活动。领导干部带头实施“三解三促一加强”“三走进三服务”，机关党员干部到工地、下农村、进社区（到毓龙洋中社区、阜宁县新沟镇）开展结对帮扶，为交通企业困难职工家庭儿童送去学习用品、图书

和慰问金，为基层、为群众解难事、办实事、做好事。与此同时，大力实施“党建品牌工程”“支部建在项目上，党旗飘扬第一线”等系列品牌，被市级机关工委和省交通厅一致认可。（潘晓、陈延鸣、耿昌华）

【机关党委组织践行核心价值观签名践诺活动】2014 年 9 月 29 日，市局机关党委组织“践行核心价值观，传递正能量”签名践诺活动。局机关党员、入党积极分子共 58 人参加签名仪式。这次活动，进一步激发了机关广大党员干部和要求加入党组织的积极分子逐梦盐城交通、争担中华民族伟大复兴历史重任的积极性、创造性，充分凝聚正能量，强化责任感、紧迫感，切实把社会主义核心价值观内化于心、外化于行，为蒸蒸日上的盐城交通运输现代化建设不断作出新的更大的贡献。（高俊湘）

【召开“公述民评”大会】2015 年 11 月 16 日，市交通局召开面对面接质询“公述民评”大会。各界民评代表、市直交通单位主要负责人、市局处室中层以上干部出席会议。市委党委、优化办副主任王加林到会。会议由市纪委驻交通局纪检组组长赵明主持。

会上，局机关综合计划处、市航道管理处、市公交总公司三个单位主要负责人分别就认真落实全面从严治党要求，优化作风，增强工作执行力，提升服务技能，加快惠民工程建设等方面进行述

职,并诚恳接受省、市、区各级政协人大代表、党代表及民评代表质询。对代表们提出的各种问题,接受质询的单位采取不回避、不隐藏的虚心态度,面对面进行耐心、坦诚、翔实的解答说明或整改承诺,受到了代表们比较满意的评价。在此基础上,代表们还以书面形式,对受质询对象进行了背对背的评议。

最后,市局党委书记、局长管亚光在会上作了发言。他认为各位民评代表的质询中肯,问题聚焦,对交通各部门在今后的工作中进一步发扬成绩、整改存在问题有很大的启示和帮助。他强调三点:一要进一步明确开展"公述民评"活动的重要意义,增强行风建设的自觉性;二要进一步优化监督环境,自觉主动接受各方监督;三要进一步强化问题整改,分类落实,全程督办,确保各项建议、意见件件有落实、有结果、有回音。(许卫 杨海丰 顾枫)

专记 10

日出江花红胜火

——写在喜迎《盐城交通》创刊发行 300 期之际

丁孝荣

金秋十月,丹桂飘香。我们伴随着《盐城交通》300 期的脚步,迎来了又一个硕果累累的季节。我们分享着收获,分享着喜悦,更分享着激动!

我们铭记:2005 年 7 月 15 日,我市交通发展史上第一份交通人自己的报纸—《盐城交通》诞生了。她是传声筒,传播着市局党委的思路和决策;她是进军号,激励着每一个交通人奋发进取,创新创业;她是 T 型台,展示着新时期"先行军"的骄人风采。

六年来,她秉承"围绕中心、服务大局、传递信息、交流经验"的宗旨和"贴近交通、贴近基层、贴近生活"的思路,迈着矫健而又坚定地步履走来,成为交通百花园中一朵绽放的奇葩!

300 期的生日,如约而至,她青涩中含着自信,娇柔中透出坚强,厚重中孕育着深刻。300 期,不仅仅是个平凡数字。那淡淡的墨香,沁人肺腑;那一排排汉字犹如跳动的音符,在演奏着交通人战天斗地的旋律;那就是一份答卷,是盐城交通人呈现给全市 800 万人民的喜悦和希望。

翻阅这 300 期《盐城交通报》,我们感到沉甸甸的,沉重中包含着喜悦,喜悦中寄托着希望,希望中积淀着力量。不觉对陈建斌、陆建平所领导的编辑队伍的敬佩油然而生,而更多的是被他们团队的独具匠心与执着追求而感动。

300 期,她记录着历史。回眸过去,她不辱使命,真实地记录着高速公路会战、大丰疏港工程、农村公路通达工程、省级文明样板路创建、通榆河省级文明航道创建、治理车船外挂、船型标准化改造、波音 737 大飞机飞北京、盐城直航台湾等交通建设的重大历史事件和美好瞬间。特别是"跨越海洋的梦想、飞向蓝天的梦想、接轨上海的梦想、通江达海的梦想、路网成片的梦想"等重大专题的隆重推出,既记录了交通人的奋斗足迹,又反映了全市八百万人民的共同愿景,在全市乃至全省引起较大反响。

300 期,她演绎着精彩。图文并茂,追求卓越是《盐城交通》编辑们的一贯作风和追求。而打造"品牌"、创建"窗口"、树立"形象"又是他们的一个战略重点。六年来,《盐城交通报》通过高品位、全角度、多层次的表现形式,成功的推出了五心服务的"飞燕班组"、全国学习型单位盐城市航道管理处直属站、全国五一劳动奖章获得者阅永华等一批先进典型,尤其是用独特的视角,精美的文字和精彩的图片,展示了交通人时代特征和精神风貌。

更值得一提的是2007年8月3日第39期上“盐城交通工程建设者战高温写实”、2007年8月27日第45期上“市局综合处领导督查通榆河大桥施工现场”等图片,构图新颖、技法高超、美轮美奂、赏心悦目。正如一位乡镇领导所言,平时工作忙,看报纸就是扫一下大标题、看一些图片,《盐城交通》的图片给人美的享受。

300期,她传承着文化。《盐城交通》是交通文化的传播者。六年来,她注重弘扬行业文化,传播时代精神,反映干部职工心声,提升交通形象,她以传媒特有的亲和力成功地架起交通干部与职工、交通与社会各界的交流平台,成为连接各方的桥梁与纽带。特别是在内容上,开辟出《文明文化》专栏,既提升了交通行业的文化底蕴,满足了交通干部职工的不同文化需求;又以“润物无声”的方式,塑造了交通行业的品牌,增强了交通行业文化的凝聚力和渗透力。因此,我要赞美你《盐城交通》,你有着蒲公英般的品格,给你一杯泥土你就能安家,给你一滴雨水你就能发芽,给你一缕阳光你就能成长。感谢你,交通文化的天使。你褪去了创刊初期的稚嫩,正以成熟的姿态展现在大家面前。

300期,她编织着梦想。“雄关漫道真如铁,而今迈步从头越”。300期凝聚了过去不平凡的业绩,更预示着一个全新起点。我们欣赏《南方周末》千期献辞中那句直抒灵府的话:“文人心怀书生意气/谁不念洛神飞袂曲水流题/然国脉民虞江湖庙堂/艰险跋涉只为了这千年一脉的进退忧伤/一份理想/一个新闻人共同的使命和方向/我们来而复往……”理想、使命与方向,同样是《盐城交通报》编辑记者们孜孜以求的力量源泉。他们追逐着时代的脚步,在编织着千千万万个交通人的理想。

日出江花红胜火,我们希望《盐城交通》这朵奇葩,在交通事业又好又快发展的沃土中尽情绽放。展望未来,我们有理由相信,《盐城交通》的明天将更加美好!(作者单位:阜宁县航道管理站)

纪检监察

【概况】

“十二五”期间,市纪委、监察局驻市交通运输局纪检组、监察室在盐城市纪委和市交通运输局党委领导下,按照《中共盐城市交通运输局党委贯彻落实中共中央〈建立健全惩治和预防腐败体系2013—2017年工作规划〉实施办法和责任书》等相关文件规定要求,认真履职,主动作为,积极进取,成效显著。五年中,全市交通运输系统累计修改或新出台反腐倡廉制度94项、组织反腐倡廉文件学习216次、每年开展一次“5·10”警示教育活动,累计开展预防腐败制度落实情况专项检查活动120次、组织全市交通系统纪检监察干部和相关人员200余人次参加交通部、市纪委和驻交通运输厅纪检组举办的相关培训,进一步提高履职能力。同时,对交通系统反腐倡廉制度执行情况进行定期不定期巡察,先后发现并查处违规违纪案件76件,函询、约谈106人次,对其中7名干部职工进行提醒、诫勉谈话和行政处理。一个风清气正、政通人和、奋发向上的盐城交通运输大环境、大气候正逐步形成。

1. 压力传导,落实两个责任

“十二五”期间,驻市交通运输局纪检组、监察室全力协助市局党委制定出台了《盐城市交通运输局党委关于落实党风廉政建设党委主体责任和纪委监督责任的意见》及关于落实“两个责任”检查考核、责任追究《暂行办法》等法规性文件,每年把交通运输局党委的工作任务分解落实到分管领导、责任单位与部门,明确了强化党委主体责任和纪委监督责任的总体要求、责任落实和保障措施;明确了检查考核对象、内容、方法、结果运用及责任追究的形式。全系统各级党组织,通过集中谈话、述职述廉、责任考核等措施,逐级固化责任链条;各级纪检监察机构协助党组织严格责任分解、责任考核和责任追究,层层传导压力,重担众人担当。局领导班子成员履行“一岗双责”,在按照分工搞好党政工作的同时,自觉加强对职责范围内党风廉政建设工作的督查指导,双重职责,各出成绩。“十二五”期间,市直交通各单位“一把手”未出现因落实主体责任不力被追究责任的现象。

2. 狠刹四风,力推廉政建设

“十二五”期间,驻市交通运输局纪检组、监察室深入贯彻落实中央八项规定、省市委十项规定和局党委九项三十一条规定,并健全完善各项配套制度,形成针对性很强的工作机制。通过及时受理群众来信来访举报、相关部门移送及媒体批露的问题线索,分门别类,顺藤摸瓜,严查各种违纪违章行为,尤其是紧紧盯住重要节点,对照“十个严禁”要求,对公款吃喝、公务用车、小金库、公款出国(境)旅游、工程招投标等问题进行专项治理。经过2000多次明察暗访活动,及时发现和严肃查处了发生在群众身边的“四风”和腐败问题,对涉事的7名干部职工及时提醒、诫勉谈话和行政处罚,并在全市交通系统进行通报,借以进一步教育广大党员干部,形成不想腐、不能腐、不敢腐的强烈氛围,推动党风廉政建设不断向常态化、长效化方向健康发展。

3. 严惩厉治,实施“五个必查”

“十二五”期间,驻市交通运输局纪检组、监察室,以协助交通运输局党委惩治腐败,建设廉洁交通为己任,主动作为。凡党员干部中一般性违纪违规行为,采取早教育、早发现、早处理等手段,及时把可能酿成贪腐的苗头消灭于萌芽状态。但对于违反政治纪律的必查;违反中央八项规定、省市委十项规定和局党委九项三十一条规定的必查;严重损害群众切身利益的必查;不作为、乱作为的必查;党的十八大之后不收敛不收手、问题线索反映集中、群众反映强烈、现在重要岗位且可能还要提拔使用的领导干部必查。“十二五”期间,涉事的106人受到函询约谈,7名党员干部受到相应处罚。

4. 教育引领,筑牢反腐防线

“十二五”期间,驻市交通运输局纪检组、监察室,坚持以人为本,从教育入手,按照周密的学习计划,组织交通系统党员干部自学、集体学习《廉政荐读》《案件选编》《以案说纪,警钟长鸣》等材料、文章、文件,从巩固党的执政基础、维稳久安,实现中华民族伟大复兴的广角度、大视野深刻认识反腐倡廉的历史意义、现实意义和深远意义,从内心、从灵魂深处激发廉洁自律、反贪拒腐的自觉性、主动性和积极性,争当时代激流中强者、勇者。在此基础上,以每年开展的“5·10”警示教育活动为契机,组织党员干部收看警示教育影片,赴廉政教育基地参观,充分利用发生在全国、全省以及盐城交通系统触目惊心的典型贪腐案例教育身边人,警示党员干部,忠于党和人民事业,严守党纪党规,不越红线,不蹈别人复辙,做合格的共产党员、合格的中国公民,无憾无畏前进在人生大路上。与此同时,定期组织党员干部,参加以“守纪律、讲规矩”等为主要内容的党纪、政纪、廉政法规知识考试和竞赛,推动党风廉政学习教育不间断、一浪高过一浪,持续向前。

5. 深入工地,加强工程廉政监察

“十二五”期间,驻市交通运输局纪检组、监察室,将交通工程建设领域党风廉政建设纳入监管范围,采取针对性措施,紧紧抓在手上。对于农村公路、桥梁建设,实行纪检监督巡查制,主动与交通工程职能部门监督管理、公路站监督管理、施工单位自我监督管理有机结合在一起,齐抓共管。对于投资额度较大的交通工程招投标项目,实行纪检监察跟踪制,全程参与过程中的主要环节及其干部人事、资金使用情况的监督检查。在重点交通工程项目中推行廉洁标准化管理,在市高速公路建设、铁路建设、高架工程建设、阜宁船闸改扩建、小中河整治工程中,按照《江苏省交通工程建设局工程项目现场廉洁管理标准化指南(试行)》等文件要求,建立“质量第一、安全至上、廉洁保障”“建品牌项目、创廉洁工程”及“工程优质、干部廉洁、资金安全、群众满意”廉政管理标准化目标，实行标本兼治，综合治理，惩防并举，注重预防的廉政标准化管理，为交通工程廉洁建设提供了强有力的政治纪律保证。

表 44　2011—2015 年驻市交通运输局纪检监察领导任职情况

姓　名	职　务		任职	离职	备注
	党内	行政			
仇筱云	驻局纪检组组长，局党委委员		2004 年 7 月	2013 年 10 月	
赵　明	驻局纪检组组长，局党委委员		2013 年 10 月		
阎立群	驻局纪检组副组长，监察室主任		2002 年 11 月	2011 年 7 月	
郑志龙	驻局纪检组副组长，监察室主任		2011 年 7 月		

（郑志龙、唐伟东）

【市交通运输局机关出台践行廉政风险防控手册】2011 年 8 月，驻交通局纪检组、监察室根据《交通基础设施建设项目廉政风险防范手册》、《交通工程建设管理人员廉政风险自我防范手册》精神，参与制定并出台了《盐城市交通运输局机关廉政风险防范管理手册》，界定了局机关工作人员廉政风险防范内容、管制措施、惩处条款，进一步增强了机关党员干部党纪、政纪意识，推动了清正廉洁建设的健康发展。（郑志龙、唐伟东）

【省交通运输厅综合督查组到盐调研】2011 年 11 月 7 日至 8 日，省交通运输厅副巡视员惠先宝带领省厅综合督查调研组来盐城对市交通运输工作展开综合调研，副市长丁建奇会见督查组一行。市交通运输局党委副书记、副局长潘进山，市港口管理局长朱新龙，市交通运输局副局长葛春宽，市港口管理局副局长裴义婷，射阳县县长吴本辉、副县长顾为何陪同督查。（陆建平、顾枫、徐男）

【省委省政府“四项排查”督查组到市交通局督查】2012 年 9 月 5 日，以省水利厅副厅长张小马为组长的江苏省委省政府“四排四查”督查组一行到市交通局督查指导“四排四查”工作。盐城市副市长陪同督查。督查组听取了市交通运输局局长管亚光汇报，到盐城民航站、盐城五星客运站等单位现场走访和查看相关台账资料，对盐城市交通运输局“四排四查”取得阶段性成效给予充分肯定和较高评价。（李晨、刘泉）

【开展学习党纪政纪条规知识竞赛活动】2012 年 8 月至 12 月，驻局纪检组、监察室在市直交通系统组织“清风沐交通，廉政伴我行”党纪政纪条规学习竞赛活动。市直交通系统 563 名党员干部积极参与，经考核筛选，16 个代表队 48 名选手参加了小组赛，在初赛中取得较好成绩的 6 个代表队进入了决赛。党纪、政纪条规知识学习竞赛，提示交通人，反腐倡廉，捍卫党纪、政纪，任重道远永

远在路上。（郑志龙、唐伟东）

【督查市直交通单位党风廉政建设开展情况】 2013年5月3日至6日，驻局监察室牵头，联合交通局办公室组成督查组，历时4天时间，采用明察暗访方式，对市直交通各单位贯彻落实中央八项规定、省委市委十项规定和市交通局党委九项三十一条规定情况进行细致督促检查。督查组在充分肯定各单位贯彻落实规定取得成效的同时，指出了存在的不足，并进一步指明了继续努力的方向。（郑志龙、唐伟东）

【营造廉洁交通文化氛围】 2013年10月，驻市交通运输局纪检组、监察室，参与举办了“一路风清伴我行”廉政诗歌、散文征集活动。系统内广大党员、干部积极响应，踊跃参加，25首廉政诗歌、24篇廉政散文相继入围。经评选产生的优秀诗歌、散文，在《盐城交通》上一一刊出，扩大交通廉洁文化的溢出效应和社会影响力量，营造盐城交通“风清气正、路畅人和”和谐氛围与交通人反腐倡廉坚强信念，铸就党员干部正确的权利观、地位观和荣辱观。（郑志龙、唐伟东）

【市交通运输局召开党的群众路线实践教育活动动员大会】 2014年2月27日，市交通运输局召开全市交通运输系统党的群众路线教育实践活动动员大会。市、县（市、区）交通运输局、市直各单位领导班子成员，局机关工作人员出席会议。局长管亚光主持会议并作动员讲话，就进一步开展群众路线教育实践活动提出三点要求：一是要加强学习教育，广泛听取意见；二是要深入查摆问题，

认真开展批评；三是要抓好速改落实，注意建章立制。（郑志龙、唐伟东）

【惩治和预防腐败实施办法与责任分工意见出台】 2014年3月，驻局纪检组、监察室参与研究并制定出台了《中共盐城市交通运输局委员会贯彻落实中共中央〈建立健全惩治和预防腐败体系2013—2017年工作规划〉实施办法和责任分工》意见，对未来五年深化全系统惩治和预防腐败体系建设工作进行了全面部署和统筹安排，为拒腐倡廉不断取得新的进展提供了强有力的措施保障。（郑志龙、唐伟东）

【党风廉政建设党委主体责任、纪委监督责任意见出台】 2014年3月，驻市局纪检组参与研究并制定出台了《市交通运输局党委关于落实党风廉政建设党委主体责任和纪委监督责任的意见》，明确了党风廉政建设市交通局党员承担主体责任、驻局纪检组承担监督责任的总体要求、责任落实和措施保障。党委、纪检各担所担，各司其职，互相促进，共同为党风廉政建设贡献力量。（郑志龙、唐伟东）

【市交通运输局开展“机关下基层 党员服务上一线”活动】 2014年3月20日，市交通运输局机关党委牵头组织30多名党员深入范公路施工第一线，与项目办临时党支部党员们就党的群众路线教育实践活动开展情况进行座谈交流，互相启发，相互促进。与此同时，项目办向机关党员详细介绍了工程进展及一线党员顽强拼搏，奋力攻关的感人事迹，并诚肯征求了机关党员建议意见。（徐铁）

【开展反腐倡廉情况巡查活动】 2014年年初，驻局纪检组、监察室组织对市直交通两个单位反腐倡廉制度执行情况巡查，对发现的问题及时进行通报并提出20多项限期整改意见。相关单位积极响应，立即采取措施，责任落实到人、任务落实到位、时间落实到天，确保存在问题得到及时整改。充分彰显了纪检监察巡查对反腐倡廉的促进

和推动作用。(郑志龙、唐伟东)

【市交通运输局党委开展“缅怀革命烈士重温入党誓词”活动】2014 年 4 月 1 日,市交通运输局党委组织开展党员干部“缅怀革命烈士重温入党誓词”活动,党委领导班子全体成员,局机关全体党员干部,市直交通各单位科级以上党员干部,盐阜集团、港口集团、新阜公司、中城建等单位领导班子全体成员 200 多人,参加祭扫五条岭革命烈士陵园,局党委书记管亚光带领大家缅怀革命烈士,重温“我自愿加入中国共产党,拥护党的纲领,遵守党的章程,履行党员义务,执行党的决议……”入党誓词,使党员干部受到了又一次深入心灵的洗礼。(徐铁)

【市交通运输局机关党委召开群众路线教育活动学习心得交流会】2014 年 4 月 29 日,市交通运输局机关党委召开了机关全体党员党的群众路线教育实践活动学习心得交流会,局领导以普通党员的身份参加了活动。交流会首先由各党支部推选出的 6 名党员代表作学习心得交流发言;接着集体学习市委书记朱克江《让崇德向善风行盐城大地》文章;最后全体党员一起收看了专题教育

影片《焦裕禄》。交流会形式新颖、内容丰富、效果显著,受到欢迎。(张静怡)

【市交通运输局召开专题民主生活会情况通报会】2014 年 7 月 18 日,市交通运输局召开群众路线实践活动民主生活会情况通报会。局机关全体党员干部、市直交通单位领导班子成员离退休老同志等出席会议。局长管亚光主持会议并通报

专题民主生活会情况,找出了领导班子存在的主要问题及导致问题出现的思想根源,落实了“加快科学发展、切实践行为民服务的信心和决心;巩固疑心聚力,创业创新的良好局面;制定了着眼长远、立足当前,求真实干的整改措施。市委第十三督导组副组长洪承志对市交通运输局专题民主生活会给予了充分肯定。(杨海丰、徐铁)

【“治三公、查三在”整治活动实施方案出台】2014 年,驻市局纪检组、监察室参与研究并出台了《盐城市交通运输局群众路线教育活动“治三公、查三在”专项整治活动实施方案》,对机关工作人员在岗、在位、在状态“三在”情况进行专项治理整顿,并于每月进行定期不定期的明察暗访,督促党员干部坚守工作岗位,遵章守纪,秉公廉洁办事,为交通运输事业尽职尽力、无私奉献力量。(郑志龙、唐伟东)

【市交通运输局召开党风廉政建设“两个责任”集中约谈会】为认真落实党风廉政建设党委主体责任、纪委监督责任、进一步增强领导干部廉洁自律意识和组织纪律观念,2014 年 9 月 19 日,市交通运输局党委召开党风廉政建设“两个责任”约谈会,局长、党委书记管亚光集中约谈了局机关、

市直交通单位163名副科级以上干部并签字背书。（郑志龙、唐伟东）

【构筑反腐倡廉思想防线】2015年5月，驻市交通运输局纪检组、监察室组织局机关和市内环高架路工程建设人员100多人，赴响水县检察院教育基地接受警示教育。同时组织市直交通系统140多人参加"守纪律、讲规矩"党纪政纪知识测试，从多角度、多举措入手，充分提高广大党员干部对党风廉政建设重要性、紧迫性认识，切实从思想上牢牢构筑拒腐防贪的防线。（郑志龙、唐伟东）

【市交通运输局召开全市交通运输系统党风廉政建设工作会议】2015年3月19日，市交通局召开全市交通运输系统党风廉政建设工作会议。市交通运输局党委班子全体成员，各县（市、区）交通运输局主要负责人、纪委书记（纪检组长）、监察室主任，市直交通各单位领导班子成员、中层正职及专兼职纪检干部，盐阜公路运输集团、港口集团、新阜公路有限公司、中城建第二工程局党政主要负责人、纪委书记，市局机关科级以上干部出席了会议。局长管亚光对2014年全市交通系党风廉政建设作了全面总结，肯定了成绩，找出了存在问

题并对全系统今后党风廉政建设提出了五点要求：一是以严明的政治纪律和政治规矩为根本，着力营造守纪、讲规矩的政治生态；二是以强化考核与问题追究为抓手，全面落实"两个责任"；三是以改革创新为动力，着力完善治本之策；四是以制度建设为主线，着力规范权力运行；五是以强化措施为保障，着力推动作风建设深入发展。（郑志龙、唐伟东）

【市交通运输局组织机关干部赴响水检察院警示教育中心接受廉政教育】2015年5月15日，市交通运输局组织机关干部和市内环高架路工程建设者100多人，赴响水县检察院警示教育中心接受廉政警示教育。大家听取了响水检察院关于党风廉政建设情况介绍，参观了反腐倡廉典型案例和成果展示厅，观看了《作风建设永远在路上》警示教育影片，心灵上受到了一次直观、生动、振

撼洗礼，进一步筑牢了每个人拒腐防变的思想防线。（郑志龙、唐伟东）

【市交通运输局举办全市交通运输系统信访业务培训班】2015年5月28日，市交通运输局举办全市交通运输系统信访业务培训班。各县（市、区）交通运输局办公室分管主任、市直交通企业分

管领导、从事信访工作负责人、经办人及交通企业二级单位分管领导、部门负责人近100人参加了培训。市信访局办信处负责人应邀到培训班授课。市纪委派驻市交通运输局纪检组长赵明在培训班总结讲话中对信访工作提出四点要求：一是全面认清信访形势；二是强化信访工作责任；三是规范办理信访事项；四是灵活有效处理信访案件。（李翔　曹曙）

【市交通运输局召开“三严三实”专题教育党课暨工作部署会】2015年6月6日，市交通运输局召开“三严三实”专题教育党课暨工作部署会。局机关、铁路办全体人员，市直交通单位科级以上干

部，交通非公企业单位领导班子成员参加了专题党课学习。局党委书记管亚光给大家上了一堂以践行“三严三实”、推进“四个全面”为主线的专题党课。管亚光重点强调，要把“三严三实”贯彻到管党治党的全过程，贯彻到营造良好政治生态之中，贯彻到推进盐城交通现代化发展进程之中，贯彻到打造忠诚干净担当的交通干部队伍建设之中，贯彻到建立健全作风建设长效机制之中，以“三严”祛歪风、以“三实”聚正气，为加快盐城交通运输现代建设提供坚强政治保障。（杨海丰、黄丽华）

【组织党员干部接受革命传统教育】2015年8月，驻市局纪检组、监察室，牵头组织党员干部到“五条岭”缅怀革命先烈，重温入党誓词；到泰山庙参观“浴血奋战、英雄盐城”新四军抗战大型专题展览；到新四军纪念馆听馆长讲述“铁军”英雄革命史诗，缅怀先烈，继承遗志，反腐倡廉，弘扬正气，振兴盐城交通，为实现中华民族伟大复兴中国梦而奋勇向前。（郑志龙、唐伟东）

【提拔干部须过廉政知识考试关】2015年8月，驻局纪检组、监察室组织对45名拟提拔科级干部分四期进行廉政知识专题考试。设定分数线为80分，过不了关者，需要补考，补考仍不达标的，要再行补考，直到拿到及格成绩单，方可被提拔使用。通过学用结合，以考促学，以考促廉的方式，增强交通部门干部廉洁自律意识，牢固树立勤政廉政观念。（郑志龙、唐伟东）

【市交通运输局科级以上干部接受尚德昭廉教育】2015年11月13日，市交通局局长管亚光带领市直交通系统副科级以上党员干部80多人集中参观了市尚德昭廉教育馆“勤政楷模、厚德流光”“前车之鉴、警钟长鸣”“踏路留印、任重道远”三个部分。通过融进声、光、电元素的图片介绍、摄影直视、配音解读等现代手段，大家对党风廉政的正反面典型案例认识深刻，爱憎分明，一致认为尚

德昭廉教育直观生动感染力度大，影响深刻久远，表示要以尚德昭廉模范为榜样，立足本职岗位，牢记宗旨，清正廉洁，真抓实干，为盐城交通运输事业发展贡献全部力量。（郑志龙、唐伟东）

工会工作

【概况】

“十二五”期间，盐城市交通工委紧紧围绕全市交通运输工作中心，着眼大局，服务大局，努力维护广大交通职工合法权益，积极带领各条战线上的交通人立足岗位，建功立业，争创一流，用脚踏实地的行动，切实践行社会主义核心价值观。

五年中，交通工委组织发动交通系统职工6万多人次，参加了各类劳动竞赛、技术比武、基层炼兵、评先创优、济困帮扶、奉献爱心活动10余种，做到月月有安排，年年出新彩，交通职工的社会主义劳动积极性和改革创新的潜能得到充分激发，典型的人和事不断涌现，先后脱颖而出各类先进集体100多个次、先进个人100多人次。

1.交通文化建设

“十二五”期间，交通工委积极配合市交通运输局，在全系统组织发动干部职工大力营造和践行社会主义核心价值观浓厚氛围，打造和谐交通、品牌交通、幸福交通、文化交通理念，内抓管理，外树形象，高度重视广大交通职工精神文化生活，把社会主义核心价值观培育和践行融入到行业建设、管理、服务和发展的全过程。2011年—2015年，通过连续参加举办第七至第十一届彰显盐城交通文化品牌的交通职工文化艺术节，为广大交通人搭建了弘扬交通文化，展示健康向上人生轨迹、敢为人先时代风采、勇攀一流高峰的平台。广大参与者紧紧围绕“崇尚文明，构建和谐交通、文化交通”主题，积极开展时代感突出、形式活泼多样、内容催人奋进的“自行车慢骑”、“卡拉OK”、棋牌、球类、拔河、游泳比赛、诗歌绘画、摄影创作及演讲、文艺演出等活动，助推职工思想、政治、文化、技术业务素质的全面提升。五年文化艺术节中，经大众参与，层层评选，累计产生了“交通之星”50人、“交通服务之星”50人、交通品牌20个、为交通职工树起了学、追、赶、超标杆，促进人们脚踏实地，奋勇向前。与此同时，在系统内广泛持续开展了创建“模范职工之家”、“工人先锋号”、“人民满意基层服务单位”、“书香企业”等活动，推动交通文化建设不断上台阶。2015年6月，市航道管理处在全省交通运输座谈会上以“发掘铁军文化资源、铸造航道文化品牌”为题作了多媒体交流发言，受到普遍好评，同年11月，在合肥市召开的“第十届全国交通文化建设高峰会”上被表彰为“2015年全国交通运输文化建设优秀单位”。盐城地市方海事局、盐阜公路运输集团大丰有限公司、大丰区公路管理站的文化长廊布设的“荣誉集锦”“安全监管”“服务社会”“保障民生”“队伍建设”“健康驿站”等栏目，图文并茂，内容不时更新，充分展示交通行业特殊的文化内涵，传递着团结、拼搏、奋发、追梦的正能量。

2.劳动竞赛

2011年至2015年，盐城市交通工委紧扣“建功十二五、创新促发展”主题，以“工人先锋号”为载体，以江苏沿海大开发为重点，广泛组织交通职工深入开展技术创新、技能比武、岗位练兵、合理化建议、节能减排、农民工平安返乡及安康杯等劳动竞赛活动。整个交通战线呈现一片热气腾腾景象。在刘大线航道整治、连盐铁路盐城段、连申线航道东台段、滨海港疏港航道船闸、市内环高架快速路网等建设工地上，工人、技术人员、管理人员争先、创优、抢时、夺效，你追我赶，克难求进，捷报频传，先进的事和人不时出现。市公路机械化施工处省道331养护改造工程和LM1标项目经理部，被中国海员工会评为全国交通基础设计建设重点工程劳动竞赛先进集体。市航道处直属航道站、江苏河海运输公司苏射108轮队荣获“全国工人先锋号”称号。市临海高等级公路(G228)监管办计划科、刘大线航道整治项目办、射阳公路站合德养路工区获“江苏工人先锋号”称号。连申线航道整治项目办获“盐城市工人先锋号”称号。市公路处、滨海县交通局、东台市交通局、亭湖区交通局、射阳县路桥建设养护公司荣获盐城市重点工程劳动竞赛优秀组织单位奖。范鹏、唐兆明、颜红标、陶涛、孙伟、杨永忠等获省、市功臣个人称号。在技能比武和岗位练兵比赛中，市交通局获2013年9月全省交通运输行业公务船艇操作职业技能竞赛三等奖、胡兵才获船舶驾驶个人第9名，4名参赛选手均被省交通厅授予“江苏省交通行业技术能手”称号。盐阜公路运输集团客车驾驶员卞□获盐城市第六届职业大赛“技术状元”称号。在盐城市客运企业驾驶员节能操作与技能比赛中，罗裕峰、张健2名选手获 “盐城市五一劳动奖章”、6名选手获“盐城市技术能手”称号、12名选手获“盐城市五一创新能手”称号、54名选手获申报高级工资格。在第三届“宇通杯”公路驾驶技能比赛中，吴涛、蒋士良分别获得“节能技术标兵”和“驾驶技术能手”称号。在“农民工平安返乡(岗)安全服务竞赛中，市运管处、盐阜公路运输集团盐城汽车五星客运站、盐阜公路运输集团东台有限公司获全省交通行业“农民工返乡(岗)安全服务竞赛先进集体”称号；王建明获全国交通行业“农民工平安返乡(岗)安全服务竞赛先进个人”称号；薛锋、王秀平、陈林获省交通行业“农民工平安返乡(岗)竞赛先进个人”称号。在全国“安康杯”竞赛中，盐城民航站飞燕班、响水航道站、响水运管处货运股、大丰航道站、大丰公路站、市航道处直属航道站获“全国‘安康杯’竞赛优胜班组”称号。亭湖海事处苏海巡C901艇、市航道处盐都区航道站江苏航政209艇获“全国水系统安全优秀船舶”称号。江苏河海运输公司射航9号轮队船长伍忠明获 “全国优秀船员”称号。市公路处获“全国‘安康杯’竞赛优秀组织单位”称号。市航道处、市公交总公司三分公司68线路、盐阜公路运输集团获“全省‘安康杯’竞赛先进集体”称号。陈柏森、段益芹、王梅生获“全省‘安康杯’竞赛先进个人”称号。

3. 关爱职工

“十二五”期间，市交通工委心系职工，想职工所想、帮职工所需，切实维护职工合法权益，增强了工会组织的向心力、凝聚力，被职工亲切地称为“娘家人”。五年中，每逢元旦、春节，局及各级工会组织累计走访慰问困难企业50多家、困难家庭4000多户(其中困难劳模100多户、农民工近500户)，带去筹措的慰问金500多万元，及时把党和政府的温暖送到困难职工的心坎上。一年一度的高温季节，工会组织牵头，各相关单位、部门参加，及时为交通重点工程一线职工代表、农民工代表、执法岗位代表送去防暑降温用品、安全卫生知识、法律法规读本，帮助职工增强防暑、安全和维权意识。时刻关爱女性职工家庭，尤其是帮助哺乳期有困难的女职工排忧解难，消除压力，享受生活，感受社会大家庭的温暖。同时积极开展有利于女职工身心健康、奋发向上、拼搏进取的系列活动，激

2013年市交通工委工会工作会议提出：让工会成为职工的欢乐之家

发潜能，让巾帼才智在交通建设中发光升华。

4.工会建设

“十二五”期间，市交通工委按照中共中央《关于加强和改进党的群团工作的意见》要求，以创建五个示范基地为契机，紧密结合实际，扬长避短，破旧立新，建章立制，全面加强工会组织自身建设。通过文件学习、教育培训，进一步树立会员及职工群众工人阶级意识、国家主人翁意识，肩负中华民族复兴历史使命意识；通过深入开展“民主管理、工人先锋号、文化建设、班组建设、和谐单位建设”、“争创模范职工之家，争做优秀工会干部”及“合格基层工会”等系列活动，强化基层工会建设，

增强基层工会的吸引力和凝聚力，引导广大职工当好改革创新的支持者、促进者、践行者；通过建立健全企业工会组织，吸纳农民工入会，注入新鲜血液，发展壮大基层组织力量，为工会工作不断取得新的更大成就奠定坚实的基础。工会建设的深入，推动工会及交通运输工作不断取得新的成绩，一批一批先进集体、个人随之涌现出来。其中，市航道处工会、盐都区交通局工会、东台市汽车公司工会、射阳县航道站工会、盐阜公路运输集团工会及盐城路桥建设公司工会被中华全国总工会表彰为“全国模范职工之家”；滨海县交通局、亭湖区交通局、盐城民航站工会获“全省交通行业先进集体”称号；盐城市公路机械化施工处LM1标项目经理部、S331养护改善工程获中国海员工会“全国交通基础设施重点工程劳动竞赛先进集体”称号；江苏河海运输公司、盐城地方海事局行政许可服务科、阜宁地方海事处获“江苏省‘五一’劳动奖状”；市航道处直属航道站、江苏河海运输公司苏射108号轮队获“全国工人先锋号”称号。沙惠林被中华全国总工会表彰为“全国劳动模范”；宋大成获中华全国总工会“全国五一劳动奖章”；刘玉楼、徐海红被中华全国总工会表彰为“全国优秀工会工作者”；王德健被表彰为“江苏省劳动模范”；秦长国、张海霞、袁小兵被表彰为“盐城市劳动模范”；倪文中、管亚光、唐兆明、范鹏、顾汝中、汪沛获江苏省工会“五一劳动奖章”；陈志超获“全省优秀工会工作者”称号；丁荣安、刘其东、周春雷、孙东阳、吴建珠、傅毅获“全省交通行业优秀工会工作者”“全国交通运输系统工会工作先进个人”称号；陈竹祥被省交通厅表彰为“全省交通行业十佳文明职工”；沈超被省交通厅表彰为“全省交通行业文明职工”；刘飞被省交通厅表彰为“全省交通系统劳动模范”；潘进山、钱敏红、施晓钟、周展、张建成被省交通厅表彰为“全省交通系统先进工作者”。

2011—2015年市交通运输局工委领导任职情况

表45

姓名	职务	任职	离职	备注
陈志超	工委主任	2005.12		副处级
徐海红	工委副主任	2006.12		正科级

（徐海红）

【第七届交通职工文化艺术节暨第一届交通职工运动会在交院隆重举行】2010年6月至15日，盐城市第七届交通职工文化艺术节开幕式暨

市局局长、党委书记管亚光（左一）宣布第七届职工文化艺术节暨第一届交通职工运动会开幕

第一届交通职工运动会在盐城交通技师学院体育中心隆重举行。市交通局局长管亚光及潘进山、周忠、葛春宽、陈志超、陈日晓等局领导出席了开幕式。市交通局机关、各县（市、区）交通局、市直交通单位及盐阜公路运输集团共19个代表队400多名运动员及教练员参加了第一届交通职工运动会，一起角逐100米短跑、4×100米接力跑、跳远、铅球、跳绳、拔河等20个项目。（陆建平 孙东阳 顾枫）

【市交通局召开全市交通系统工会工作会议】2012年2月27日，市交通工委在盐召开全市交通系统工会工作会议。市总工会副主席周新民，各县（市、区）交通局、市直交通各单位分管工会工作的

领导和工会负责同志，各单位推荐表彰的先进基层工会负责人、受表彰的工会工作者、工会积极分子，市直单位先进女职工组织负责人、先进女职工作者，局机关各处室负责人计 120 多人参加了会议。会上，市局党委委员、交通工委主任陈志超作了工作报告。他强调全市交通工会组织要以劳模精神和“三创三先”新时代江苏精神为引领，立足岗位，创先争优，以技术创新、技能提升、班组建设为重点，深入开展“建功‘十二五’、创新促发展”劳动竞赛，高扬“工人先锋号”旗帜，围绕加快沿海地区发展的目标任务，以优异的成绩迎接党的十八大胜利召开。市总工会副主席周新民在讲话中对交通工委 2011 年工作给予高度评价，同时希望交通工会工作再接再厉，再上新台阶。市局副书记、副局长潘进山在最后的总结讲话中表示，要进一步加强党对工会工作领导，加大工会干部培训力度，提高工会工作者学习创新能力、服务大局能力和做好群众工作能力，把组织建设好，把活动开展好，把作用发挥好，为不断创造交通工作新业绩而不懈努力。（徐海红）

【河海公司获“全国优秀职工书屋”称号】2012 年 4 月，江苏河海运输股份有限公司被全国总工会评为“全国优秀职工书屋”。

【市运管处获“农民工平安返乡（岗）优质服务竞赛先进集体”】2012 年度，市运管处获全省交通行业“农民工平安返乡（岗）安全优质服务劳动竞赛先进集体”称号。

【王兆喜、梅正荣出席盐城市第七届交通职工文化艺术节闭幕式】2013 年 1 月 8 日，盐城市第七届交通职工文化艺术节落下帷幕。省总工会副主席王兆喜、省交通厅副厅长梅正荣，盐城市人大副主任、总工会主席陈卫国，市政府副市长王荣、市交通局长管亚光等出席了闭幕式并观看了文艺汇演。省总工会副主席王兆喜、省交通厅副厅长梅正荣在讲话中对盐城市交通局持续成功举办交通文艺节表示肯定与赞赏，同时殷切期望盐城交通战

盐城市第七届交通职工文化艺术节举行闭幕式，江苏省总工会副主席王兆喜，省交通厅副厅长梅正荣，盐城市人大副主任、总工会副主席陈卫国，盐城市人民政府副市长王荣，市交通局局长管亚光等出席会议。王兆喜（左）、梅正荣（中）、管亚光（右）在会上讲话

线广大干部职工，认真贯彻落实党的十八大精神，积极进取，奋发有为，做深化改革、推动科技进步、促进社会和谐发展的楷模；做勤奋劳动、诚实劳动、创新劳动的先行者，为建设“美好江苏”作出更大贡献。（徐海红、孙东阳）

【一批巾帼班组建成“全国、全省巾帼文明岗”】2013 年 3 月，盐城民航站飞燕班组经全国妇联城镇妇女“巾帼建功”活动领导小组评定，成为“全国巾帼文明岗”。2011 年 3 月，盐城“96196”交

2013 年 3 月 15 日，盐城 96196 交通服务热线被盐城妇联授予“三八”红旗集体荣誉称号

通服务热线、2013 年 3 月建湖航道站政秘股、2014 年 3 月市公路工程试验检测中心检测三班先后建成“全省巾帼文明岗”。（徐海红）

【召开全市交通系统劳模先进事迹报告会】2013 年 4 月 20 日，市交通局召开全市交通系统劳模表彰大会。沙惠林、刘飞等劳模在大会作先进事迹报告。（徐海红）

【市交通系统干部职工心系灾区无偿献血】2013 年 7 月 11 日，市交通工委参与市局机关党委组织市直交通系统“爱心献灾区”无偿献血活动，

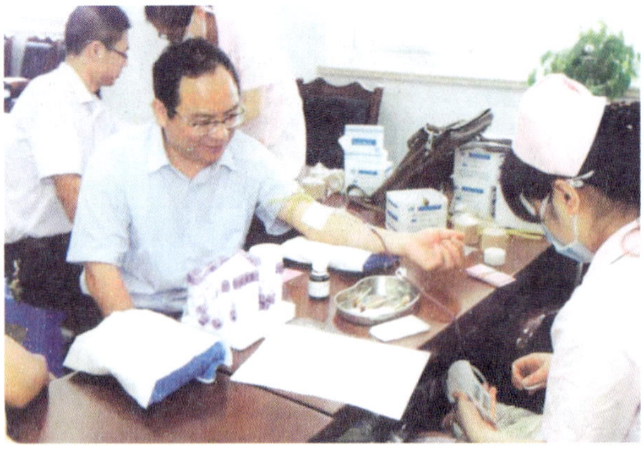

干部职工积极响应争先恐后踊跃参与，仅两个小时就捐献了18800毫升鲜血。交通人用真心、真爱、真义向四川地震灾区献上了人间大爱。（王静怡、王莹、殷莺）

【第八届交通职工文化艺术节圆满谢幕】2013年12月27日，市第八届交通文化艺术节闭幕式暨盐城交通之歌职工文艺汇演在盐城交院隆重举行。市交通局、各市（县、区）交通局、市直各交通单位、盐阜公路运输集团、新阜公路有限公司、中城建第二工程局等领导班子成员及干部职工代表500多人出席闭幕式并一同观看文艺会演节目。闭幕式上，同时隆重表彰了经广大职工投票推选产生的2013年10大“交通之星”、10大“交通服务之星”、5个交通服务品牌、10个“人民满意基层服务单位”等先进集体和个人。管亚光局长在讲话中对第八届交通文化艺术节的成功举办和荣获10大“交通之星”等先进集体和个人表示热烈祝贺。他指出，举办第八届交通文化艺术节，既是贯彻落实党的十八届三中全会精神又一新举措，又是盐城交通发展进入新时期、新阶段的又一次文化盛会，更是加快盐城交通科学发展、打造交通特色文化的又一生动实践。这样的交通文化艺术节，我们将一届一届持续办下去。（孙东阳）

2013年12月27日，盐城市第八届交通文化艺术节

【走访慰问离退休干部和困难职工】2014年1月20日至23日，市局党委副书记、副局长、铁路办主任潘进山，副局长薛华等领导同志先后率队走访慰问了市直交通企业55名离退休老干部和特困职工。潘进山在座谈中认真听取了多方面意见和要求，对他们的暂时困难予以理解，并表示尽可能援手相助。与此同时，市交通企业服务中心，按照局党委的指示，积极主动向市解困办、军转办、总工会、民政局争取资金援助。截至当月24日，已从获得的解困资金中拿出160多万元，分别送到企业离退休老干部、伤残军人、企业军转干部、各级劳动模范、特困职工、特殊大病人员、子女上学困难职工计5215人手中，每个受助者都深切地感悟到了党和政府的关怀和交通大家庭的温暖。（张志军）

市交通局开展“把温暖送到职工家”春节慰问活动。局领导潘进山、薛华等带队

【召开劳模先进事迹报告会】2014年5月20日，市交通局、交通工委在盐召开了全市交通运输系统劳动模范先进事迹报告会。市交通局党委委员、交通工委主任陈志超，市交通局党委委员、副局长、民航站站长崔花，市局机关、市直交通单位有关负责人共一百名党员干部出席了会议。报告会由局党委委员、工委主任陈志超主持。特邀代表全国“五一”劳动奖章获得者、省工会“十三大”代

表、人社部授予的“全国技术能手”常州公路运输集团“乔森工作室”带头人乔森首先主讲。他向大家介绍了“乔森工作室”全体成员在创新突破，节能减排中取得骄人成绩的成功做法和先进经验。接着，本市公路管理处机械化施工处王德健、市公路处公路检测中心范鹏、盐阜公路运输集团沙惠林、市公交总公司刘飞等四位劳模，讲述了各自甘于奉献、勇于创新的业绩。局党委委员、副局长崔花在总结讲话中，对乔森、王德健、范鹏、沙惠林、刘飞五位劳模辉煌业绩予以高度赞扬。她要求全交通系统党员干部自觉以党的群众路线教育实践

活动为动力，弘扬劳模精神，奋力创先争优，努力谱写“中国梦”盐城交通新篇章。（徐海红、张静怡）

【江苏省总工会到盐城检查重点交通工程劳动竞赛开展情况】2014年10月15日，江苏省总工会副主席曹海等一行到盐城检查重点交通工程劳动竞赛开展情况。省交通厅副厅长梅正荣等陪同，市交通局局长管亚光、市铁路办副主任周正雄等前往连盐铁路滨海特大桥、滨海港区疏港航道船闸施工现场迎接并介绍工程进度及劳动竞赛开展情况。（戴万林）

【交通志愿者文明创建在行动】2014年11月

1—2日，市交通系统青年志愿者们在中国海盐博物馆、市儿童福利院等处开展了交通文明志愿服务行动。在海盐博物馆，志愿者们向参观者宣传环境卫生、禁烟、爱护花草树林知识。在儿童福利院，志愿者们向小朋友赠送了面霜、湿纸巾等日常用品，并与小朋友互动游戏。（徐海红）

【市总工会、妇联为“爱心母婴室”授牌】2015年初，在市交工委倡导、助推、支持下，女职工较多且人流较为密集的盐城南洋机场、盐阜公路运输集团五星汽车站建立了“爱心母婴室”，配备用房、桌椅、婴儿车、热水瓶、毛巾及服务人员，有效地解决了内部女职工及乘客中婴儿哺乳的困难，受到内外公众的一致好评。据此，6月份市总工会、妇联为2家“爱心母婴室”同时授了牌，对他们创建“爱心母婴室”的做法给予充分肯定，并决定作为劳动关系和谐稳定的典型，在全市推广。此举充分体现了市总工会、妇联、交工委对女职工的关心和爱护。（徐海红）

【“十二五”期间“三八节”庆祝活动年年出新】“十二五”期间，每年“三八”妇女节，交通工委、局妇委会、团委都联手组织内容各异、精彩纷呈的纪念活动。2011年举办了“关爱女性健康，提高生活质量”女职工保健知识讲座；2012年举办了“魅力交通，美丽女性”女职工时装表演赛；2013年举办了“盐城交通巾帼风采摄影展”（其中10幅作品送省、市巾帼风采摄影作品展，均获优秀组织奖，有6幅作品被评为优秀奖，并参加展出）、“幸福大交通，欢乐一家亲”女职工包饺子大联欢；2014年举办了“庆三八女职工健身操、健身舞比赛”；2015年举办了“创意盐城，活力交通”女职工快闪舞蹈秀表演。一次次活动，从不同角度展示了交通半边天的别样风采。（徐海红）

2012年三八节，交通局组织“魅力交通 美丽聚会”时装表演活动。市交通局领导管亚光、潘进山等接见并与参演代表合影

2013年三八节，市交通局副局长崔花参加市直交通单位女职工包饺子联欢活动

2014年“三八节”市交通局组织女职工“魅力交通 舞动人生”健身操比赛

2015年三八节，市直单位青年女职工在盐城五星汽车客运站上演快闪舞蹈秀

【吸纳农民工加入工会】交通工委响应省厅海员工会、市总工会号召，加强工会基层组织建设，积极引导、协调、帮助相关单位、部门开展建会工作。2013、2014年间，盐城市区8家无工会组织的出租汽车公司，相继实现了工会组织零的突破。2015年12月11日，中交一公局五公司盐城快速路N标建立了工会组织，300余名农民工成为工会会员。同年12月20日，盐城快速路Q1标5个项目部也建立了工会组织，1200余名农民工进入工会会员队伍。农民工的加入，为工会组织发展注入了新的血液，提供了新的动力。（徐海红）

【盐城市第九届交通职工文化艺术节闭幕演出】2015年1月18日，市交通工委参与举办的盐城市第九届交通文化艺术节闭幕演出在市交通技师学院举行。市交通局领导班子全体成员，各县（市、区）交通局、市直单位领导班子成员，受表彰“交通之星”“交通服务之星”代表，局机关全体人员出席了闭幕式。市交通运输局管亚光出席仪式并在会上致辞。

【市航道文化品牌创建经验在省交通运输工会主席座谈会上交流】2015年6月，在常州召开的全省交通运输工会主席座谈会上，市航道处以“发掘铁军文化资源，铸造航道文化品牌”为题作了多媒体交流发言，受到与会人员好评和肯定。

共青团工作

【概况】

“十二五”期间，共青团盐城市交通运输局委员会紧贴全市交通运输中心，坚持服务交通运输发展大局、服务交通青年成长大方向，努力开拓共青团工作新局面，吸引青年、凝聚青年、组织青年、带领青年为盐城交通现代化建设建功立业，培养、储备人才。

1. 坚持理论学习，助推青年健康成长

“十二五”期间，市交通运输局团委及系统团组织从提高素质、围绕发展、服务交通三个层次入手，采用学习会、报告会、培训班等形式，组织团员青年、团干部学理论、学政策，及时将团中央，团省、市委有关文件、领导讲话编印成册，发到各基层团组织，引导动员团员青年，紧密联系工作中的重点、热点和难点问题以及自身成长实际展开深入讨论，充分提高广大团员青年包括洞察力、判断力、处置力在内的工作才干和政治思想觉悟及文化理论水平。局团委、系统各级团组织，以党建为样式，在全系统各级团干和团员青年中同步开展党的群众路线教育实践活动和“两学一做”，全力推动“学习型”团组织建设。与此同时，积极弘扬红色文化，以参观新四军纪念馆、周总理故居等方式，重温先辈们为中华民族出生入死、抛头颅、洒热血的英雄业绩，激发广大团员青年热爱祖国的革命热情，坚定将无数烈士用生命换来的伟业一代一代传承下去的信念。学党建、促团建，成果显著。局团委结合青年人朝气蓬勃、勇于探索的特点，有针对性地开展各种特色活动，营造更多摔打锻炼、可充分激发团员潜能的机会，助推青年人成长成才。2011 年至 2015 年间，局团委先后有 12 名团员青年成为“江苏省青年岗位能手”；有 16 名团员青年成为“盐城市青年岗位能手”；有 32 名团员被推荐发展为党员，占党员发展人数的 12%；有 11 名党员被培养成团干部；有 6 名优秀的团干部被培养成基层党务工作者。

2013 年 6 月下旬，市交通运输局团委组织系统交通青年学习贯彻共青团中央十七大会议精神

2. 加强组织建设，带领青年争先创优

“十二五”期间，局团委、系统各团组织不断加强自身建设，努力提高团组织的战斗力、凝聚力。2012 年 12 月 13 日，局团委召开了第六次团员代表大会，选举了新一届团委领导班子，形成了机构健全、分工明确、富有战斗力的新团队。各直属单位也及时召开了团代会，所有单位均建立了团组织，消除了团建的空白点。至 2015 年年底，市局团委有直属团委 5 个、团支部 4 个和相应的团小组，形成了比较完整的组织网络。团组织的各项活动持续、有效展开，其中“青”字号品牌创建不断出新。自盐城南洋国际机场获得全国“青年文明号”荣誉称号之后，市局团委乘势组织发动市直交通系统职工参加“青”字号品牌创建活动，“青”字号新品牌不断涌现。“96196”盐城交通服务热线、盐城市交通安全设施应急抢修突击队等 15 个集体陆续获得“省级青年文明号”荣誉称号，扩大了市直交通单位“青年文明号”队伍，形成了“青”字号品牌体系。与此同时，市局团委动员、引导、带领广大团员青年积极投身交通基础设施建设主战场，以重点工程项目工地、运输服务窗口、交通执法一线为平台，挥洒青春，施展才华，建功立业，争当“交通好青年”。经过层层推选、微信投票、评委审定，12 名团员青年获“江苏省青年岗位能手”、16 名团员青年获“盐城市青年岗位能手”称号，市交通运输局机关、市运管处、市地方海事局 3 个团支部被评为“江苏省五四红旗团支部”，市公路管理

处团委被评为“盐城市五四红旗团委”，市交通运输局团委连续五年被团市委评为综合先进单位。

3. 开展爱心行动，扩大青年奉献空间

“十二五”期间，局团委、市直各交通团组织，根据年轻人好学上进、勇于担当、乐于奉献的特点，积极组织开展形式多样、内容丰富、惠及公众的爱心活动。2015 年 2 月 5 日，市交通运输局团委参与组织的“厚德盐城，红红火火过大年”暨“青春志愿行·温暖回家路”春节“暖冬行动”在盐城客运总站拉开帷幕。汽车站的志愿者们为南来北往回家过年的学生、军人、农民工等旅客，端茶送水、搀老携幼、搬运行李；市航道处书法爱好者，挥毫泼墨，现场书写春联，赠送旅客；市公交总公司将流动道德讲堂搬到公交回车场，向乘客宣讲社会主义核心价值观；省交通系统劳动模范刘飞、省节能降耗标兵陈文兵现身说法，热情介绍安全行车、优质服务、绿色交通经验……“暖冬行动”，让旅客享受着寒冬中的浓浓暖意。四十天的春运过后，江苏盐阜公路运输集团盐城汽车客运站志愿者组织等 5 个集体，被省交通运输厅和团省委联合表彰为“暖冬行动”先进集体；6 名春运服务志愿者被表彰为“暖冬行动”先进个人。2013 年春节前夕，市交通局团委、驻盐武警部队团委，联合组织青年志愿者献爱市福利院儿童活动，将事先精心准备好的棉衣、食品、玩具、压岁钱等送到孩子们手上，为孩子带去春天般的温暖。向盐城市儿童福利院奉献爱心，盐城市交通运输局团委组织的青年志愿者已坚持了五年。每个星期，至少有 2 名志愿者到福利院搂一搂、抱一抱、亲一亲这些特殊孩子，像孩子亲生父母一样，春天带他们出去踏青，夏天带他们出去冲凉，秋天带他们出去散步，冬天带他们出去晒太阳，让这些孤残儿童同样拥有童年的美好时光。2015 年 8 月，天津滨海新区发生一起特大爆炸事故，牵动着盐城交通人的心。8 月 21 日，局团委参加局机关党委组织的“心系灾区、无偿献血”活动，动员来自局机关、公路处、航道处、运管处、民航站、公交总公司等市直交通单位 83 名党团员干部、青年踊跃参加爱心献血活动。半天时间，共献出鲜血 2.06 万毫升，盐城交通人及时为蒙难受伤的同胞兄弟姐妹送去人间真情、血浓于水的大爱。

2015 年 2 月 5 日，市交通局团委组织参与交通青年志愿者服务春运“暖冬行动”启动仪式

市交通运输局团委组织团员青年到市儿童福利院开展志愿者服务

表 46 2011—2015 年盐城市航道系统航政许可和行政处罚情况

姓名	职务		时间		备注
	党内	行政	任职	离职	
王栩		团委书记	2011.04		
王琳		团委副书记	2012.11		
李苏生		团委副书记	2012.11		
殷莺		团委副书记	2012.11		

（殷莺）

【建功“十二五”观摩会在市局召开】2011 年 4 月 2 日，团市委宣传工作暨全市“我与祖国共奋进——立足新起点，建功‘十二五’”形势政策教育活动观摩会议在市交通运输局召开。与会人员观摩了市交通运输局、市团委举办的形势政策宣讲会。通过听取专题报告，观看盐城交通“十一五”成就专题片、配乐之声朗诵、青年演讲、有奖竞答

在交通运输形势政策宣讲会上，团员青年代表配乐诗朗诵《建功十二五 青春在闪光》

等形式，充分展示了盐城交通运输事业在“十一五”期间取得的辉煌成绩和“十二五”的宏伟蓝图及盐城交通运输青年建功“十二五”的信心和决心。（王栩）

【搭建交通大龄青年户外拓展联谊交友之桥】2011 年 8 月 19 日至 21 日，盐城市交通局团委组织全市交通系统 40 多名未婚团员青年赴青岛、日照两地，举行“我们一起去看海”户外拓展联谊交友活动。此次活动，以倡导文明新风为原则，以服务单身青年为宗旨，以营造和谐氛围为要求，采取拓展训练、篝火晚会、一起看海、互相交流等方式，为青年搭建了相互认识、彼此沟通、增进了解、阳光交友的平台。三天户外拓展联谊，既拉近了交通系统青年男女间的距离，建立了同事间的友谊，拓宽了寻朋交友的渠道，又为解决交通青年单身问题作了有益的尝试，受到了一致好评。（王栩）

【参与少儿手拉手结对交流活动】2011 年 8 月 26 日，盐城市交通运输局关工委、工委和团委联手组织 22 名交通职工子女，赴阜宁县陈良中心小学，与师生代表展开了一次丰富多彩的手拉手结对交流活动。局关工委主任徐世春在致辞中指出，青少年是中华民族的未来和希望，青少年的健康成长关系到党和国家的前途、命运和社会主义事业的成败，对青少年的教育是一项功在当代、利在千秋的大事。徐世春要求所有交通少年要认真学习农家少年的好思想、好品德和刻苦学习、迎战困难的勇气，树立信心，奋力进取，向上成才，努力把自己锻炼培养成“四有”少年。接着，局工委、团委及交通行政审批中心的相关负责人向陈良中心小学捐助了 3000 元帮扶资金，给 20 多名学生代表赠送了书包等学习用品。随行的交通职工子女也赠送了他们精心挑选的图书和学习资料，并相互找对子，交朋友，亲切而广泛地进行交流，拉近了城市和农村孩子心灵上的距离，插上了比翼双飞的翅膀。最后，在孩子们歌声、舞姿、乐器等表演及演讲中，圆满地结束了手拉手结对交流活动。（王栩）

【开展金秋户外亲近大自然活动】2011 年 10 月 3 日，局团委联合机关第二党支部，组织市直交通单位青年职工前往市华都森林公园开展亲近大自然拓展活动，丰富了团员青年国庆假日生活，增强了青年们之间的感情和工作上团结协作的能力。（王栩）

【召开纪念建团 90 周年学习会】2012 年 5 月 13 日，盐城市交通运输局团委召开了由交通系统各级团组织负责人及部分团员代表参加的纪念中国共产主义青年建团 90 周年纪念会。与会同志全文学习了胡锦涛总书记在纪念建团 90 周年大会上的重要讲话。讨论中，大家一致认为，胡总书记的讲话充分体现了党对青年一代的亲切关怀和对共青团工作的高度重视，寄托着党对青年一代的殷切期望，为当代青年健康成长，为共青团事业不断开创新局面进一步指明了前进方向。（王栩）

【组织市直交通系统第二届主持人大赛】2012 年 10 月至 11 月，局团委在全系统组织“展示青春

风采、闪耀交通舞台”第二届主持人大赛。共有25位选手参加初赛，13名选手脱颖而出，进入了决赛。局党委书记、局长管亚光现场观看了比赛。局党委副书记、副局长、铁路办主任潘进山在致辞中鼓励交通系统青年职工，要把通过这次竞赛展示

的智慧、才干，迸发的激情活力运用到各自的工作实践中去，努力为交通现代化建设发出更多的光和热。（王栩、殷莺）

【共青团市交通运输局第六次代表大会召开】2012年12月13日，共青团盐城市交通运输局第六次代表大会在交通大厦召开。团市委副书记盛

共青团市交通运输局第六次代表大会代表合影

艳、市交通运输局工委主任陈志超出席会议，市交通运输局组织人事处处长许卫主持会议。大会选举产生了共青团盐城市交通运输局第六届委员会。（王栩、殷莺）

【市交通局团委开展“迎接十八大 展示青春魅力”拓展培训活动】2012年10月4日，盐城市交

通局团委“迎接十八大 展示青春魅力”专题拓展培训在盐城交通技师学院举行，市直交通运输系统118名团员青年参加了活动。

【团市委调研交通运输系统团组织建设工作】2013年4月11日，共青团盐城市委组织部在市交通运输局召开了由各单位团支部书记参加的座谈会，对交通运输系统团组织建设工作情况进行调研。会上，团支部书记们就各自单位青年工作特点、班子配备、工作思路、成绩进行汇报并对青年诉求及对共青团工作建议发表了看法，提出了意见。团市委组织部负责同志对大家的发言一一进行了点评，并对提出的关于团干兼职、团的经费、团干培训以及团组织是否可以覆盖编外人员等问题作了翔实的解答，为交通运输系统团组织的发展、工作指明了方向。（殷莺）

【市交通局团委组织团员青年体验军营生活】2013年5月3日，市交通运输局团委组织50名团员青年赴市武警第二中队展开“体验军营生活，加快交通发展”主题活动。团员青年们接触了枪械、防爆、抢险装备，观摩了武警官兵擒拿格斗演示，观看了魔鬼训练纪实影片。武警官兵严明的纪律，

市交通运输局团委组织青年团员体验军营生活

过硬的本领，优良的作风深深地感染了每一个团员青年。大家表示，一定要以武警官兵为榜样，立足本质、扎实工作，为实现盐城交通现代化贡献青春。（殷莺）

【举办青年自编、自导、自演 VCR 短片评比活动】2013 年 5 月 27 日上午，局团委举办了以“我为盐城交通现代化建设献一策”为内容的 VCR 短片评比活动。市交通运输局党委副书记、副局长、铁路办主任潘进山出席并讲话。在本次活动，广大交通青年采取自编、自导、自演的形式，将自己呕心沥血为盐城交通现代化进言献策拍成 VCR 短片，通过视频形式一一展示出来，彰显出年轻人追逐交通梦的创新和担当。经过评委初评，市公交公

司、运管处、局机关、民航站、航道处、海事局、公路处、交校 8 家单位拍摄的 VCR 短处脱颖而出，进入决赛。最终，市公交公司《我的中国梦，我的交通情》短片以 90 分高分夺得第一名。（杨海丰、殷莺）

【组织“微爱传递，助 Ta 圆梦”公益行动】2013 年 7 月 8 日，局团委响应团市委号召，向市直交通系统广大干部职工尤其是团员青年发出倡

议，动员大家，伸出援手，解囊相助，为家庭经济困难的优秀学子圆大学梦。市直交通各单位积极响应，很快募集了 3 万元善款，资助 10 名贫困大学生走进了高等学府。（殷莺）

【开展未成年人“七彩夏日”活动】2013 年 7 月 31 日，局团委组织市直交通系统职工子女、五星小学结对帮扶学生以及部分城市低收入家庭子女共同参加了“七彩夏日”未成年人暑期主题活动。在市局青年志愿者带领下，46 名学生来到盐城市武警支队直属大队某中队，参观了战士宿舍、荣誉室、图书馆、阅览室、各种现代化武器及抢险、爆破、反恐等装备；观摩了战士们擒拿格斗、一招制敌和日常体能训练表演；观看了刑警官兵的“魔鬼训练周”短片。军人铁的纪律、吃苦耐劳精神、无往而不胜的过硬本领，给了孩子们深入心灵的励志教育。走出军营，交通志愿者在征得监护人同意、

未成年人自愿的前提下，组建一支由 12 周岁以上青少年构成的志愿者队伍，立即奔赴盐城五星汽车总站，展开小小志愿者行动。孩子们身穿红马夹，头载小红帽分成三组，一组帮助擦拭栏杆、玻璃上的灰尘；一组用便携车帮助女士、老弱病残者搬送行李；一组帮助车站工作人员劝导乘客文明出行、自觉接受随身携带物品安检。小志愿者行动，让孩子们尝到了服务社会的苦辛和无私奉献的甜美。（杨海丰）

【组织团员青年“走工地、送文艺”徒步宣传活动】2014 年 4 月 30 日，为纪念“五四”运动 95 周年，盐城市交通运输局团委组织市直交通系统 100 多名团员青年深入盐丰高速公路建设工地，开展“走！东进！”—徒步穿越盐淮高速公路（S18）东延线宣传活动，向盐丰高速公路建设者们奉献了一场精彩的文艺演出。上午 8 点半，随着副局长崔花

扣响发令枪，市直交通系统12支参赛队伍72名队员，从盐丰高速公路三标出发，徒步近5公里经二标段后原路折返，总行程近10公里。徒步活动中参赛者沿途完成模拟的“铁军东进、虎口拔牙、发展敌后、杀敌建勋、反攻誓师”等设定项目。同时评委，根据各参赛队在“植物学大师、百姓话交通、我行我摄、和谐交通人、LNT环保达人、宣传大使”等环节的不同表现给予相应的得分。各支队伍充分发挥团队精神，全部完成了规定任务。经过评委评定，市地方海事局、盐丰高速公路项目部、市公交总公司荣膺三甲，其他单位都获得了风尚奖。接着，裴义婷副局长宣布文艺慰问演出开始。局团委

以组织青年自愿者排练的10个多精彩节目，为盐丰高速公路的建设者献上精美的文艺大餐，既丰富了交通一线工程建设者的精神生活，又激励了他们投身盐城地方经济建设和盐城交通运输事业改革发展的积极性和主动性。（杨海丰、张静怡）

【开展“相约樱花园，共建生态城”公益行动】 2015年4月6日上午，盐城市交通运输局团委组织市直交通各单位青年志愿者前往大洋湾公园开展“相约樱花园 共建生态城”交通绿色环保志愿者公益行动。市交通运输局机关及其下属单位市公路管理处、市航道管理处等单位30多名青年志愿者与市交通运输局副局长崔花一道参与行动。志愿者们首先在“相约樱花园 共建生态城”的活动展板上签名。随后，志愿者兵分三路，走进园区，协助园区保洁人员捡拾垃圾；劝阻游客不要乱扔垃圾、随地吐痰、糟蹋花草，自尊自爱文明游园；向游客宣传捍卫蓝天、保护环境理念，游客们也以实际行动对志愿者们的志愿服务活动表示支持。文明踏

青、守规游园，保护环境、共建生态城市的主旋律在樱花园、在交通志愿者和游人之间唱响，经久不息。（王栩、殷莺）

【举行“新盐城、大交通、好青年”“五四”主题团日活动】 从2015年3月份开始，局团委在全系统开展寻找盐城“交通好青年”活动。经过层层推选、深入挖掘、微信投票、评委评审等环节，共有10名工作在不同岗位的青年获得“交通好青年”荣誉称号。5月7日，局团委举行“新盐城、大交通、好青年”主题团日活动，以视频短片、诗歌朗诵、激情演讲、脱口秀、歌曲舞蹈等形式展示了交通好青年辛勤付出、默默坚守、爱岗奉献的美好形象。（王栩、徐明）

【上海交大在盐办班提升交通中青年干部能力】 2015年6月上旬，盐城交通运输局联合上海交通大学在盐城举办提升盐城市交通运输系统中青年干部能力提升培训班。来自全市各县（市、区）交通运输局及市直各交通单位54名中青年技术、管理干部走进上海交大课堂，封闭式聆听专家教授们专题讲座。市铁路办主任潘进山、市交通运输局副局长崔花、市铁路办副主任周正雄、市纪委派驻局纪检组组长赵明一同参加了培训。这次培训是市交通运输局继与清华大学联合开办培训班后，又一次利用全国知名高校优质教学资源进行集中培训交通干部。培训课程围绕盐城市交通运输系

统中青年领导干部综合素质和工作能力的提升设置，不仅有中国新常态与智慧城市战略、现代城市高品质交通系统及其实现方面内容，还有干部职场解压与自我成长、机关干部法律思维与现代政府管理、创新思维与创新能力培养、习近平“四个

全面”战略与“三严三实”思想解读等方面内容。为拓宽视野，把握时代脉搏，培训班还组织学员们参观考察了上海自由贸易试验区和上海市交通综合信息平台。学员们普遍反映，此次培训获得了大量当今最前沿、最具时代感科技、管理、信息知识和满满的正能量。大家表示，要将所学到的知识和提升的能力充分运用到交通运输工作实际中去，为盐城交通现代化建设做出新的、更大的贡献。（王栩、殷莺、杨海丰）

【组织青年志愿者服务培训活动】2015 年 10 月 22 日，局团委组织市直交通系统青年志愿者前往大丰参加志愿者服务培训，学习志愿服务基础知识和户外拓展活动技能，并参观了上海大丰知青馆和国家级生态村恒北村。参观学习中，志愿者

们体会最深的是心灵上受到了老一辈知识青年们当年“上山下乡”在农村的广阔天地里挥洒青春、汗水，无私奉献、攻坚克难、吃苦耐劳的精神感染、熏陶和激励。通过培训，志愿者们表示，将会以更大的热情投入到志愿服务活动中去，为盐城市国家级文明城市创建活动贡献自己的青春力量。（王栩、殷莺）

第八编 人物·荣誉

模范人物

全国劳动模范和五一劳动奖章获得者

全国劳动模范——沙惠林 女，汉族，1969年3月出生，大专文化，中共党员，亭湖区人，1990年3月参加工作，现任盐城汽车客运站"沙惠林服务班"班长。多年来，沙惠林坚持一切从旅客出发，一切为旅客着想、一切使旅客满意，带领服务班姐妹们，立足岗位，忘我工作，无怨无悔地为众多旅客道出声声问候、抛洒片片真情，谱写了一曲曲爱与奉献的青春乐章。为开展好创新型班组建设，不断提升服务理念，沙惠林充分利用班前、班后会时间定期交流，不断探讨服务工作中好经验、好做法、新举措。沙惠林带领服务班集体学习哑语和一门外语，并每年进行定期培训学习，并在服务班形成了行之有效的学习制度。沙惠林根据工作需要及服务工作的实际，积极总结推广出"沙惠林工作法"。沙惠林工作法树立了"服务零缺陷、满意百分百"的服务理念，确立"把自己比旅客、视旅客作亲人"的服务定位，实行"来有迎声、问有答声、走有送声"、开展以"主动问候旅客、主动导乘导购、主动扶老携幼、主动接待旅客、主动排忧解难、主动征求意见"等为主要内容的工作法。在"沙惠林工作法"的基础上，成立沙惠林工作室，工作室以"团结、勤俭、务实、创新"的精神积极贯彻客运站各项经营方针，紧紧围绕客运站各项中心工作开展各项活动，为劳模提供交流、服务的平台，全方位、多角度、深层次通过多种形式推广劳模经验、实现交流互动、提高服务技能等创新工作。"沙惠林工作室"目前已成为盐城汽车客运站弘扬劳模精神、发挥劳模作用的有效载体。在工作之余，沙惠林服务班还热心公益事业，为四川汶川、青海玉树等地积极募捐善款，为失学儿童捐资助学，为社会福利院老人奉献爱心，组织班组员工开展无偿献血活动。自2006年以来，"沙惠林服务班" 在沙惠林的带领下，累计收到旅客表扬信、表扬意见5300余封(条)，锦旗25面，资助特困旅客助行600余人次，无偿资助旅客6000余元，并先后获得全国"城镇妇女巾帼建功示范岗""全国优秀质量管理小组"、省"青年文明号""创新工程示范岗"等多项荣誉。2015年4月被中共中央、国务院授予"全国劳动模范"称号。

全国五一劳动奖章获得者——宋大成 男，汉族，1980年7月出生，建湖县人，大学文化，工程师，中共党员，2002年7月份参加工作，任盐城市路桥建设工程有限公司副总经理。2002年从扬州大学毕业后，一直从事一线施工与管理工作，勤奋学习，扎实工作，善于开拓，追求创新。先在江苏省铁路工程总公司接受基层施工锻炼，2009年回到公司任

沪陕高速江都一标项目副经理，协助经理内抓管理，外搞协调;2010年主动请缨与相关同志一起开拓宿迁地区交通工程市场,成效显著,两年中标工程量达3亿元。团结一班人对所中标承建的项目千方百计筹集资金,狠抓质量,确保进度,确保安全,历次履约考核均为“A”,得到业主和省、市、县(区)主管部门的表扬。2012年荣获“江苏省五一劳动奖章”,2013年当选为亭湖区政协委员，2014年4月被授予“全国五一劳动奖章”殊荣。

省(部)劳动模范和五一劳动奖章获得者(按授奖时间顺序排列)

省劳动模范——宋伟宏 男，汉族，1954年11月生,大学文化,中共党员,江苏省建湖县人,1973年3月参加工作,高级工程师，一级建造师,现任盐城市路桥建设工程有限公司党委书记、董事长、总经理,市第五届政协委员,市第五届党代表,区第七、八、九届人大代表。他率领盐城市路桥建设工程有限公司干部职工经过20多年的奋力拼搏，使企业由1988年创建时的十几个人、七八辆小板车的运输队发展成为拥有近3亿元资产的、全市唯一具有国家公路工程施工总承包一级资质的施工企业。路桥公司先后参加南京禄口机场、沿江、连霍、盐通、江海、江六、宿新高速公路等多项国家、省、市重点工程的建设,曾荣获部优奖2项、詹天佑奖4项、扬子杯8项、省优工程36项、市优8项,优良率达98%。2010年中标江六高速公路、宿新高速公路等4个项目,合同价近10亿元,实现结算产值6.5亿元,上交国家税收2881万元（其中亭湖区入库税收466.30万元)。当年9月作为盐城市企业代表在全省构建和谐企业交流会上进行了典型经验介绍；公司并购省农垦化肥厂,以民营企业回报社会、回报地方的强烈社会责任感成功地化解了老国企破产中尖锐复杂的矛盾,没有发生过一起职工上访事件和职工违法犯罪行为,先后被省总工会、市有关部门授予“模范职工小家”“和谐企业”。公司连年受到省、市行业主管部门和市、区人民政府的表彰。由他独创的“无拉杆施工工艺”被全省推广应用。在1999年交通质量年活动中,被江苏省交通厅评为“先进个人”;2001年被盐城市人民政府授予“第五届优秀企业家”称号,并载入《盐城骄子》名录;2003年,享受“盐城市人民政府和亭湖区人民政府特殊津贴”和市政府授予“盐城市知名企业家”“盐城市第一届创业企业家”以及在盐通高速公路施工中被省高速公路建设指挥部评为“优秀项目经理”;2004年、2005年、2006年分别荣获“江苏省建筑业优秀企业经理”“盐城市第七届优秀企业家”“盐城市企业管理突出贡献奖”殊荣;2008年获“盐城市五一劳动奖章”;2009年在江海高速公路建设中被省交通厅评为“优秀项目经理”;2010年被评为盐城市劳动模范;2011年4月被评为江苏省劳动模范。

省劳动模范——徐爱华 男，汉族，1972年10月生,在职研究生学历，中共党员，江苏省阜宁县人,1997年9月参加工作,高级工程师,历任阜宁县公路管理站技术员、站长。该同志相继负责和参与了40多个市、县交通重点工程项目建设,完成工程量达2.12亿元,创利1300多万元,经上级质监部门检查验收,每项工程质量优良率均达100%,取得工程建设质量高、安全好、效益佳的良好业绩。他在公路养护管理工作中，创造性地提出“精益求

精、注重细节、追求精致”的工作思路，并在养护实践中具体为八化标准，即路肩草坪化、边坡线条化、路田分隔化、路面清洁化、行车舒适化、道口标准化、养护机械化、管理信息化，从而提高了养护水平和养护质量，始终保持县内公路安全、畅通、完好、整洁。市公路处总结了该同志的“八化”精细养护，在全市继而在全省获得推广。2009 年他被授予市五一劳动奖章，2010 年被评为市劳动模范，2011 年 4 月被评为江苏省劳动模范。

省劳动模范—王德健 男，汉族，江苏阜宁人，

1972 年 2 月出生，本科学历，高级工程师职称，1994 年 8 月参加工作，2006 年 4 月加入中国共产党，现任盐城市公路机械化施工处工会主席。该同志参加工作以来，十几年如一日，扎根公路交通工程施工一线勤勤恳恳、精益求精、攻克技术难题，用饱满的工作热情，充足的工作干劲，永不停歇的进取精神，默默耕耘在三尺驾驶台上，用实际行动写着新时期共产党员的风采。1995 年底，市公路处从美国进口了一台价值三百二十万元的沥青摊铺机。他经过多次试验，终于摸索出成功的操作方法。2000 年 9 月，正在盐金线上紧张作业的摊铺机发生了故障，王德健判断是机械离合器的摩擦片烧坏了，如向美国厂家订购至少要一个月，他亲手设计，做出制造摩擦片的磨具，大胆采用石棉材料代替美国的玻璃纤维，终于成功了，只花了 5 天，以原件四分之一的造价生产出了自己的摩擦片。就这样，从理论到实践再到理论，如此循环，他很快成了一个熟练的摊铺机操作手、工程机械设备维护的技术骨干、工程机械设备的行家，每年为单位节约设备检修经费几十万元。他的付出赢得了领导和职工的高度信任，他多次被评为盐城交通公路系统先进工作者、“红旗机手”“优秀文明职工”，2001 年被市总工会授予盐城市“五一劳动奖章”、2004 年荣获江苏省交通行业“金桥奖”、2009 年 4 月获省“五一劳动奖章”等荣誉，2011 年 4 月被评为江苏省劳动模范。

全国第十三届“金锚奖”—陈仁友 男，汉族，

1950 年 7 月出生，大专文化，中共党员，江苏省滨海县人，1969 年 8 月参加工作，高级经济师、高级职业经理人，江苏河海运输股份有限公司董事长。该同志坚持改革创新谋发展、提速增效拓市场、共克时艰增效益，实施“产权明晰到船头，风险落实到人头”的船舶切块改制和股权流转，使 2000 年时亏损 1270 万元的企业步入了良性发展的轨道。在江苏省内河水运企业中率先打造水运品牌，首推运输服务“五项”承诺，以服务赢得市场、以质量占领市场、以品牌造就市场，使河海品牌声名远扬。公司现已形成水上运输（河运海运）、船货代理、煤炭销售、宾馆食宿、仓储配送、商品混凝土六大经济板块，先后荣获全国物流百强企业、国家 4A 级物流企业、全国先进物流企业等多项荣誉称号。2012 年 6 月获得全国第十三届“金锚奖”（相当于省劳动模范），并相继获得全国百名杰出经济人物、江苏省交通运输先进工作者、盐城市优秀企业家、盐城市劳动模范和射阳县十佳道德模范等荣誉称号。

全国交通运输系统劳动模范——刘飞 男，汉族，1965 年 10 月生，初中文化，中共党员，江苏省盐城市大丰区人，1998 年进入盐城市公共交通总公司工作，2010 年任公交 B1 线线路班

长。近 20 年的驾驶生涯中，他把车厢作为实现自己人生价值的舞台，用“奉献、文明、守法”的职业操守展示着公交形象，安全行车 121.20 万公里无事故，无一起有责社会投诉，无一起违纪记录，实现了人与车、服务与被服务的和谐统一。20 年来他 7 次被主管局评为全系统先进工作者，先后荣获省“技术标兵”、市“五一创新能手”，先后荣获“盐城市五一劳动奖章”“全省交通运输系统驾驶节能标兵”“全省交通运输系统劳动模范”。2015 年 4 月被评为全国交通运输系统劳动模范（享受省劳模待遇）。2011 年 7 月，总公司将 B1 线命名为“刘飞温馨服务示范线”，近 5 年来，在全线路工作人员的共同努力下，此品牌先后获得全省交通运输系统优质服务品牌、江苏省优质服务品牌、全国交通运输行业文明示范窗口。

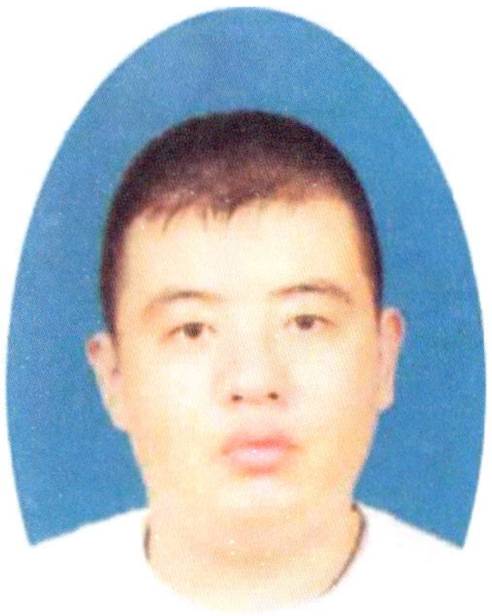

全国交通运输系统劳动模范—李飞 男，汉族，1983 年 4 月出生，中专文化，江苏省盐城市大丰人，2006 年成为大丰港码头第一代门机操作手，现任盐城港大丰港区港口有限责任公司维修中心副主任。10 年来，他刻苦钻研，吃苦耐劳，默默无闻，不断积累经验，以精益和创新诠释新时代的“工匠精神”，实现了从普通操作工到“门机状元”的飞跃。10 年来，李飞和他的班组没有出过任何安全事故，大丰港二期码头去年货物吞吐量达 2000 多万吨，其中李飞带领的班组作业量达到 940 多万吨。2012 年被江苏省总工会授予“五一劳动奖章”，2015 年被国家人力资源和社会保障部、交通运输部联合表彰为“全国交通运输系统劳动模范”。

省劳动模范—陈竹祥 男，汉族，1968 年 7 月出生，亭湖区人，中共党员，高中文化，1985 年 5 月参加工作。现任江苏盐阜公路运输集团有限公司车辆修理公司“金扳手维修班”班长，汽车修理高级技师。

该同志从事汽车修理工作 30 余年，主要擅长沃尔沃等进口豪华大客车的维护和修理。工作中他突出“主动”和“诚信”两大特点，积极推行“保姆式”服务，定期为车辆“问诊把脉”，大大减少了车辆故障发生率，为江苏快鹿盐城公司 60 多台高级豪华大客的安全正点运行作出了积极的贡献。由于他的勤奋工作和无私奉献，近 3 年来，为集团创造直接经济效益达 100 余万元。2010 年 4 月他当选为“盐城市劳动模范”；2010 年 9 月他被江苏省人民政府授予“江苏省有突出贡献高级技师”；2012 年他发明的汽车漆膜修补操作法被江苏省交通运输厅评为“交通运输职工先进操作（工作）法”；2013 年 7 月，被盐城市人民政府授予“盐城市有突出贡献高级技师”荣誉称号；2015 年 12 月他组织的“金扳手 QC 小组”被评为全国优秀质量管理小组、盐城市“安康杯”竞赛优胜班组。2016 年 3 月他被评为江苏省交通运输行业“十佳文明职工”，4 月被中共江苏省委、江苏省人民政府授予“江苏省劳动模范”称号。

省劳动模范——倪文中 男，汉族，1963 年 12 月出生，大专文化，江苏省射阳县人，高级经济师，1985 年 7 月参加工作，现任江苏河海运输股份有限公司副总经理、工会主席。他勤于学习强素

质。多年来,坚持刻苦学习,先后取得了经济师、国际货运代理、工程师、注册安全工程师、标准化从业人员、高级经济师等资格证书。他开拓创新争一流。工会工作创新创优创特色,坚持塑造河海特色文化,引领企业健康发展。公司荣获全国优秀职工书屋、江苏省五一劳动奖状、省模范职工之家、省和谐劳动关系模范企业、全省交通运输工会工作文化建设示范基地,蝉联全县财税贡献大户称号。他敬业奉献创新业。敢于创新,锐意进取,加快产业结构调整,转变经济发展方式,推动了企业转型发展新跨越;倡导了"为客户创造价值"的服务理念,开发了远程视频监控系统,公司荣获"江苏服务业名牌"称号;论证并筹建创办了射阳县首家混凝土搅拌站,成为公司重要经济板快;主持了服务业标准化试点工作,严格流程,构建体系,一举通过了省级考核验收,公司成为全省首家内河航运服务业标准化示范单位。2014 年 4 月荣获江苏省五一劳动奖章。2016 年 4 月被省委、省政府授予"江苏省劳动模范荣誉称号"。

省五一劳动奖章获得者——管亚光 男,汉族,1960 年 11 月生,研究生学历,中共党员,江苏省阜宁县人,1977 年 9 月参加工作,现任盐城市交通运输局局长、党委书记,盐城市铁路建设办公室主任。2003 年 1 月当选江苏省第十届人代会代表,2006 年 8 月由盐城市盐都区区委副书记、区长调任市交通局党委书记,2007 年 2 月任市交通局局长、党委书记兼任盐城市铁路建设办公室主任、党组书记。2010 年 2 月任市交通局局长、党委书记兼任盐城市港口管理局党组书记。2008 年 1 月当选盐城市第六届政协委员,2011 年 9 月当选江苏省第十二次党代会代表、盐城市第六次党代会代表。2012 年 6 月当选盐城市第七届政协委员。2013 年 4 月,荣获江苏省五一劳动奖章(享受市劳模待遇)。

管亚光自任市交通运输局局长、党委书记等职务以来,坚持科学发展观,以中国特色社会主义理论体系为指导,全力以赴推动盐城交通运输事业跨越式发展。组织制定盐城交通运输"十一五""十二五"发展规划,并认真抓好落实。带领全交通系统广大干部职工积极抢抓沿海开发、长江经济带和国家"一带一路"发展的新机遇,以构建现代化综合交通运输体系为目标,强势推进盐城交通运输各项工作上台阶,实现了全市公路总里程超 2 万公里,其中农村公路 14000 多公里、新建一级公路 1600 公里的"三个全省第一"的目标;阜建高速建成通车,盐丰高速全线贯通;盐靖高速盐城西出口改扩建工程提前完成,成为盐城市道路和城市建设的新亮点;城市高架快速路一期工程建成通车,二期工程全面开工建设,徐宿淮盐铁路开工建设,盐城已进入"高铁时代";刘大线航道、连申线东台段航道建成通航,使全市内河航运加速"通江达海接运河";加快盐城港口建设,"一港四区"发展格局已经形成,2015 年货物吞吐量达 7575 万吨。盐城南洋机场已建成国家一类开放口岸,2015 年开通航线 27 条,跻身区域中等机场行列,其中在飞航线达 22 条,周航班量达 125 架次,2015 年旅客吞吐量突破 85.20 万人次,列全国 50 万人次机场第三名;盐城大市区快速公交 BRT 形成"一主一环六支"新格局,城市公交运输量突破 1.3 亿人次;城市公共自行车达 1 万辆,城乡公交一体化建设惠及城乡数百万人口赢得群众广泛赞誉。与此同时,他带领全市交通系统广大干部职工勇于争先创优,精神文明建设实现新的提升。文明交通、文化交通、平安交通、清廉交通建设取得新进步。近几年没有发生一起重特大安全责任事故。市直交通系统全部创建成市级以上文明标兵单位;市交通运输局连续 7 年荣获全市目标任务绩效考核综合先进奖,多次被评为市精神文明建设先进集体,建成市文明行业标兵、省文明单位标兵。他注重盐城交通运输行业特色文化品牌的创建,倡导弘扬交通运输文化、丰富职工文化生活。在他的提议下,连续举办了十届盐城市交通职工文化艺术节,全力营造“奋发向上,和谐共进,团结拼搏,勇争一流”的浓厚氛围,充分展示了盐城交通人“服务人民、奉献社会”的先行军风采。他严于律己,倾力党风廉政建设,打造阳光和谐交通。市交通运输局多次被市评为党风廉政建设先进集体和“五好班子”,被省交通运输厅评为作风建设先进集体,并在全省作典型经验介绍。他本人连续7年获市委、市政府目标任务综合考核先进个人,2013年4月,荣获江苏省五一劳动奖章。

省五一劳动奖章获得者——唐兆明　男,汉族,1963年11月生,本科学历,中共党员,江苏省射阳县人,1982年7月参加工作,现任射阳县交通运输局局长、党委副书记。他结合射阳交通工作实际,立足岗位,求真务实,创新创优,敬业奉献,他紧扣“服务发展”主题,主攻项目促发展、提升服务惠民生、深化改革促转型、转变作风树形象,为射阳实现跨越赶超发展提供了强有力的交通支撑。2010年至2013年年底,累计完成交通基础设施投入近20亿元,新改扩建公路450多公里。县境内以海堤公路、临海高等级公路、226省道、沈海高速、四长线为“五纵”和以328省道、329省道、233省道为“三横”的“五纵三横”骨干路网基本形成。农村路网在“村村通”的基础上不断延伸和加密。特别是在临海高等级公路建设中,积极倡导交通工程建设精细化管理的理念,实现工程质量优质化、安全生产常态化、施工管理标准化、廉政建设制度化,在省临海高等级公路建设管理办公室综合考核中连续多次获得第一名。他2011年被盐城市政府表彰为全市基础设施建设“先进个人”,2012年被省交通运输厅表彰为全省交通运输行业“百名先锋模范党员”,2013年4月被省总工会授予省五一劳动奖章称号,2013年10月被盐城市国防动员委员会表彰为“支持国防建设十佳领导”。他所在的射阳县交通运输局党委被盐城市委表彰为“先进基层党组织”。

省五一劳动奖章获得者——范鹏　男,汉族,1974年5月生,大学文化,江苏省连云港市人,1993年3月参加工作,工程师职称,现任盐城公路工程试验检测中心副主任、盐城城市快速路网工程管理办公室工程科副科长。他从事交通工作20多年来,始终埋头奋战在工程管理第一线,近年来先后参加了G204盐城段、大市区南环路、临海高等级全路和城市快速路网工程建设。无论在什么项目上,他都勤勤恳恳、任劳任怨地做好领导分配的每一项工作。特别是对大桥、特大桥的监管,技术难度大、质量安全风险高,他主动请缨,干中学、学中干,以争先创优为立足点,以新技术、新工艺、新材料推广运用为手段,狠抓现场标准化、规范化建发,圆满地完成了一座又一座大桥建设任务,其中S331跨通榆河大桥还获得了“扬子杯”奖,他被大家亲切地称为“范大桥”。目前正在实施的范公路工程位列全市“三重项目”之首,包括特大桥2座,其中新洋港大桥塔高63.50米,主跨216米,不仅是盐城大市区“第一桥”,也是苏中、苏北地区城市范围内最大跨径的斜拉桥,为了做好监管工作,他在协助科长抓好全线施工的同时,反复研究特大桥的图纸、资料,主动向业内专家登门请教,与施工单位一起研究制定施工方案,并在

工作中严格监查落实质量、安全保障措施,确保了项目推进的平稳有序。目前,项目全线工程质量检验合格率100%,无一起安全事故发生,受到了上级和社会各界的广泛好评。他本人因此多次受到市交通主管部门的表彰,2013年4月,被省总工会授予省五一劳动奖章。

省五一劳动奖章获得者——顾汝中

男,汉族,1957年11月出生,大学文化,中共党员,1976年9月参加工作,江苏大丰人,工程师职称,历任公社会计、经管站长、副乡长、乡党委副书记,2001年9月任大丰市公路站站长,2005年6月任大丰市交通运输局副局长。该同志长期从事农村工作,自2001年调入交通系统后,自觉地钻研业务,干中学、学中干,很快发展成交通工程建设的行家里手,并于2006年取得了工程师职称。该同志秉承和发扬了长期以来养成的“不怕吃苦,甘于奉献”的工作精神,为大丰的公路管理发展,农村公路建设与管理,尤其是临海高等级公路建设与管理付出了大量的汗水和辛勤的劳动。

在公路站工作期间,他团结和带领一班人,艰苦奋斗,经过三年多时间不懈努力,把一个资不抵债1500多万元的基层公路站,建成盐城地区综合实力最强的先进公路站。在分管农村公路建设与管理期间,他带领市、镇两级农路办的同志,严格管理,齐抓共管,经过五年多时间的努力,先后建成农村公路956公里,改造桥梁160座。连续五年没有出现一项不合格的工程、没有发生一起安全责任事故,连续五年保持盐城第一,连续五年获得省交通厅的表彰与奖励。2002年被盐城市政府记二等功一次,2005年、2006年连续两年被省交通厅表彰为农村公路工作先进个人;2009年、2010年度连续两年被盐城市人民政府表彰为交通工程建设先进个人,2014年3月获得江苏省五一劳动奖章。

省五一劳动奖章获得者——惠德林

男,1964年3月出生,阜宁县人,中共党员,本科文化,工程师,1983年7月参加工作。现任盐城市铁路建设办公室建管处、安全处处长。

2014年年初,盐城市政府召开连盐铁路盐城段征地拆迁动员大会后,该同志多次深入现场,了解掌握拆迁进度,协调解决问题和矛盾,在国家利益不受侵害的同时切实保护拆迁群众利益最大化。全心全意为群众着想,减少了征地拆迁阻力。截至2014年年底,已提供全部红线用地,共计5148亩;提供施工所需的临时用地1114亩;已拆迁1058户,占总数1062户的99.60%。截至2014年年底,已建成安置房825套,在建安置房215套,已签订安置协议799户,已有513户集中安置的群众拿到安置房钥匙。在建设过程中多次到施工现场,了解工程进度,检查工程质量。认真研究各县(区)的安置政策,提出合理化建议。2014年已向省铁路办申请征地拆迁资金2.15亿元,对符合拨付资金条件的各县(区)及时拨付资金,确保征地拆迁工作顺利进行。对各县(区)铁路办上报的资金申请逐项审核,确保准确无误、专款专用。截至去年年底,已下拨各县(区)征地拆迁资金2.86亿元。在征地拆迁和施工过程中,该同志认真协调解决矛盾和问题,定期对各县(区)和施工单位在施工进程中存在的矛盾和问题进行汇总梳理,适时召开连盐铁路盐城段矛盾问题协调推进会,商讨解决施工过程中出现的种类问题和矛盾。2014 年 12 月被江苏省总工会授予江苏省五一劳动奖章。

省五一劳动奖章获得者——汪沛　男，汉族，1963 年 4 月出生，中共党员，研究生学历，滨海县人，1982 年 7 月参加工作。现任江苏盐阜公路运输集团党委副书记、工会主席。该同志任集团工会主席以来，以维护和保障职工权益为核心，推行企务信息公开，和谐劳资平等关系，倡导管理创新创优，被职工群众誉为“贴心娘家人”。关爱员工生活，对职工医疗保障体系创新补充，建立大病医疗互助机制，79 人受助达 40 多万元，坚持职工有病、有事必访，并通过“博爱万人捐”等公益活动，凝聚企业发展动力。重视基层工会“职工小家、心灵驿站”建设，创新提出职工工资“五年倍增”方案，2006—2010 年工资年均增幅 10%，2011—2015 年已实现 5 年工资累计涨幅 100%，使员工共享企业发展成果。引导岗位建功，通过组织驾驶技能练兵、站务操作比赛、发动机维修比武等，引导学习型企业、知识型员工建设，先后选拔市级以上技术能手 20 余名，集团建司以来更有 43 人先后荣获全国、部省级劳模称号。突出文化领航，领导建设盐城汽车站“五星之旅”、大丰站“五心驿站”、阜宁站“学雷锋小组”等品牌建设，2014 年建成并使用的“沙惠林劳模工作室”于 2016 年 3 月被江苏省委确定为全省首批 10 个“学雷锋活动示范点”之一。此外还组织“火红七月”大型红歌会、组编“盐汽之歌”、创刊《五星之旅》车载杂志、建设“盐汽梦”文化长廊等平台，汇聚文化合力。集团多年被盐城市评为“劳动保障诚信示范企业”“劳动保障和谐企业”，多次被省市部门确立为各类示范工作点，2013 年 8 月，被中华全国总工会授予“全国模范职工之家”荣誉称号。2015 年 4 月该同志被江苏省总工会授予“江苏省五一劳动奖章”。

表 47

市（厅）劳动模范[含享受市（厅）劳模待遇]和五一劳动奖章获得者统计（按授奖时间顺序排列）

序号	姓名	表彰时所在单位	表彰时职务	荣誉名称	授予单位	授予时间	备注
1	肖广和	江苏河海运输股份有限公司	副总经理	盐城市劳动模范	市总工会	2011.4	
2	徐　辉	阜宁县公路管理站	副站长	市五一劳动奖章	市总工会	2011.4	
3	闾立群	盐城市交通运输局	纪检组副组长 监察室主任	省纪检监察先进工作者（享受市劳模待遇）	省委、省政府	2011.6	
4	薛　锋	市运输管理处	党总支副书记	市五一劳动奖章	市总工会	2011	
5	戴古祥	滨海县汽车有限公司		市五一劳动奖章	市总工会	2011	
6	宋绍华	市航道管理处	安全机务科科长	市五一劳动奖章	市总工会	2012.4	
7	王晓琴	盐阜公路运输集团东台有限公司	售票员	市五一劳动奖章	市总工会	2012.4	
8	杨金山	盐阜公路运输集团东台有限公司		市五一劳动奖章	市总工会	2012	
9	卞　□	盐阜公路运输集团东台有限公司	驾驶员	市五一劳动奖章	市总工会	2013.1	
10	詹阜蓉	盐城市交通规划设计院	办公室主任	市五一劳动奖章	市总工会	2013.3	
11	秦长国	盐城市公路处	副主任	盐城市劳动模范	市政府	2013.4	
12	袁小兵	东台市公路管理站	站长	盐城市劳动模范	市政府	2013.4	
13	卢乃铨	建湖县交通运输局	局长、党委书记	盐城市劳动模范	市政府	2013.4	
14	苗久成	盐都区交通运输局	副局长	盐城市劳动模范	市政府	2013.4	
15	孙云龙	盐城市公交总公司	驾驶员	市五一劳动奖章	市总工会	2013.4	
16	张海霞	盐阜公路运输集团盐城汽车客运站	服务班班长	市劳动模范	市政府	2013.5	
17	崔冬生	盐城市路桥建设工程有限公司	副总经理	市五一劳动奖章	市总工会	2013.5	
18	潘进山	盐城市交通运输局、市铁路建设办公室	副局长、党委副书记、市铁办主任	省交通系统先进工作者（享受市劳模待遇）	省人社厅、省交通运输厅	2013.12	
19	张建成	响水县交通运输局	局长、党委书记	省交通系统劳动模范和先进工作者	省人社厅、省交通运输厅	2013.12	

续表 47

序号	姓 名	表彰时所在单位	表彰时职务	荣誉名称	授予单位	授予时间	备注
20	王东祥	阜宁县公路管理站	站长、党支部书记	省交通系统先进个人	省人社厅、省交通运输厅、省公务员局	2013.12	
21	钱敏红	市地方海事局		省交通系统先进工作者(享受市劳模待遇)	省人社厅、省交通运输厅	2013	
22	施晓钟	大丰市港口管理局		省交通系统先进工作者(享受市劳模待遇)	省人社厅、省交通运输厅	2013	
23	周 展	建湖县公路管理站		省交通系统先进工作者(享受市劳模待遇)	省人社厅、省交通运输厅	2013	
24	戴启永	阜宁县公路管理站	副书记	市五一劳动奖章	市总工会	2014.4	
25	童为连	射阳县公路管理站	副站长	市五一劳动奖章	市总工会	2014.4	
26	郑建宏	盐城市港口集团东港公司	营业处主任	市五一劳动奖章	市总工会	2014.4	
27	江 平	盐阜集团快客公司	驾驶员	市五一劳动奖章	市总工会	2014.7	
28	李志胜	盐阜集团快运公司	驾驶员	市五一劳动奖章	市总工会	2014.7	
29	沈秀梅	盐阜集团大丰公司	站务员	市五一劳动奖章	市总工会	2014.8	
30	吴 懈	盐城市航道管理处	信息技术科科长	市五一劳动奖章	市总工会	2014.11	
31	王 平	阜宁县交通运输局		市五一劳动奖章	市总工会	2015.4	
32	沈红业	射阳县公路管理站	副站长	市五一劳动奖章	市总工会	2015.4	
33	梁同好	市航道管理处	工程养护科科长	市五一劳动奖章	市总工会	2015.4	
34	沈 超	盐城市公交总公司	驾驶员	市五一劳动奖章	市总工会	2015.6	
35	罗峪峰	盐城市公交总公司	驾驶员	市五一劳动奖章	市总工会	2015.6	
36	刘荣生	盐阜公路运输集团培训中心汽训队	队长	市五一劳动奖章	市总工会	2015	
37	张 健	盐阜公路运输集团快运公司	驾驶员	市五一劳动奖章	市总工会	2015	

表 48

受省（部）级及以上表彰的先进个人统计（按授奖时间顺序排列）

序号	姓 名	表彰时所在单位	表彰时时任职务	荣誉名称	授予单位	授予时间	备注
1	陈志超	市交通运输局	工委主任	省优秀工会工作者	省总工会	2011.2	
2	王建明	市运输管理处	工会副主席	2011 年“春运农民 平安返乡（岗）安全优质竞赛”先进个人	交通运输部 中国海员建设工会全国委员会	2011.4	
3	洪登富	市航道管理处直属航道站	站长	2008—2009 年度无偿献血奉献奖金奖 2010—2011 年度无偿献血奉献奖铜奖	卫生部 国家红十字总会	2011.6 2011.11	
4	刘玉楼	建湖县公路管理站	工会主席	全国优秀工会工作者	全国总工会	2011.10	
5	孙东阳	市航道管理处	工会副主席	全国职工职业安全知识竞赛优秀奖	全国安康杯竞赛组委会办公室	2011.11	
6	陈志超	市交通运输局	工委主任	全国交通建设系统优秀工会工作者	中国海员建设工会	2011	
7	孙根山	市运输管理处	客运科科长	江苏参与 2010 年上海世博会先进个人	省委、省政府	2011	
8	刘荣生	盐阜公路运输集团	驾培中心班长	省企事业优秀班组长	省总工会、经贸委、工商联	2011	
9	翟怀宇	东台市交通运输局乡镇交管所	交管员	全国无偿献血奉献奖金奖	卫生部 中国红十字会 解放军总后勤部 卫生部	2008.12 2010.12 2012.12 2015.3	
10	梁同好	市航道管理处	工程养护科科长	全国航道管理与养护先进工作者	交通运输部	2012	
11	朱三宝	市航道管理处	副主任	2010—2011 年全省交通建设劳动竞赛先进个人	省总工会、省交通运输厅	2012	

续表 48

序号	姓名	表彰时所在单位	表彰时时任职务	荣誉名称	授予单位	授予时间	备注
12	刘亚梅	市航道管理处	财务科副科长	省五一巾帼标兵	省总工会	2012	
13	薛建明	市运输管理处		文明职工	省总工会	2012	
14	傅臣毅	市航道管理处直属航道站	政秘股长	省优秀工会积极分子	省总工会	2013.3	
15	马中秀	市航道管理处	女工委副主任	全国女职工劳动保护特别规定知识竞赛活动优秀个人	全国总工会女工委	2013.8	
16	曹荣杰	盐阜公路运输集团东台有限公司出租车公司	驾驶员	全国见义勇为英雄司机	中华见义勇为基金会	2013.12	
17	徐海红	市交通运输局	工委副主任	全国优秀工会工作者	全国总工会	2013	
18	汪　沛	盐阜公路运输集团有限公司	副总经理	省优秀工会工作者	省总工会	2013	
19	陈柏森	滨海县交通运输局	办公室主作任	省优秀工会工作者	省总工会	2013	
20	袁爱兰	江苏河海运输股份有限公司		省优秀工会积极分子	省总工会	2013	
21	卢约成 许同明 刘珊珊 薛　军	市航道管理处东台航道站	站长 书记 工会主席 站长助理	全省职工“我身边的安全故事”优秀创作奖	省安康杯组委会	2013 2013	
22	沈跃文	盐阜集团客运站	站长助理	全国《全国女职工劳动保护特别规定》知识竞赛活动优秀个人奖	全国总工会女职工委员会	2013	
23	王翠凤	盐阜集团东台公司	经理助理	全国《全国女职工劳动保护特别规定》知识竞赛活动优秀个人奖	全国总工会女职工委员会		

续表 48

序号	姓 名	表彰时所在单位	表彰时时任职务	荣誉名称	授予单位	授予时间	备注
24	武建春	盐阜公路运输集团		全国《全国女职工劳动保护特别规定》知识竞赛活动优秀个人奖	全国总工会女职工委员会	2013	
25	崔花	市交通运输局 民航站	副局长 站长	全国三八红旗手	全国妇女联合会	2014.2	
26	何招莲	江苏河海运输股份有限公司射轮 68 号船		全国优秀船员家属	中国海员建设工会、中华人民共和国海事局	2014.6	
27	蔡二伟	盐城市交通规划设计院	副院长	中国公路学会科学技术奖	中国公路学会	2014.12	
28	赵树海	盐城市地方海事局		全国交通系统诗歌作品优秀奖	交通运输部	2014	
29	顾 军	大丰区航道管理站	政秘股副股长	全国无偿献血铜奖	国家卫计委	2015.3	
30	伍忠明	江苏河海运输股份有限公司射阳 9 号轮船	船长	全国优秀船长	中国海员建设工会、中华人民共和国海事局	2015.6	
31	王文法	盐城市公交总公司	总经理、党委书记	推动中国快速公交发展突出贡献个人	中国土木工程学会城市公共交通学会	2015.11	
32	虞 鹏	射阳县腾飞出租汽车公司	驾驶员	全国见义勇为英雄司机	中华见义勇为基金会	2015.12	
33	庄家磊	市地方海事局		全国职工《安全生产法》知识竞赛活动优秀个人	全国安康杯组委会办公室	2015	
34	孙东阳	市航道管理处	工会副主席	省优秀工会工作者	省总工会	2015.12	
35	沈跃文	盐阜集团客运站	站长助理	江苏省优秀工会工作者	江苏省总工会	2015	
36	沈跃文	盐阜集团客运站	站长助理	全国工会财务知识网上竞赛二等奖	中国工会会计学会	2015	

集体荣誉

2011—2015 年全市交通系统受市级及以上表彰的单位(集体)统计

市交通运输局

表 49

2011 年

序号	荣誉称号	授奖单位	授奖日期
1	2007 和 2009 年度江苏省群众性精神文明建设先进单位	省交通运输厅	2011.1
2	“让出行满意，为党旗增辉”纪念中国共产党建党 90 周年职工文化艺术系列活动优秀组织奖	省交通运输厅	2011.1
3	绿色盐城建设先进集体	市委	2011.1
4	2010 年度全市招商引资工作先进集体	市委	2011.1
5	2010 年度全市农村经济社会发展和农民增收工作先进集体	市委、市人民政府	2011.1
6	2010 年度市区“三服务”工作先进集体	市为企业服务活动领导小组 市委组织部	2011.1
7	2010 年度全市目标任务绩效考核先进集体	市委	2011.2
8	2010 年度全市公共机构节能工作先进集体	市人民政府	2011.2
9	2010 年度中国盐城网站内容保障工作先进单位	市人民政府办公室	2011.2
10	2010 年度全市政务信息工作先进单位	市人民政府办公室	2011.3
11	2010 年度档案管理先进集体	省交通运输厅	2011.3
12	2011 年度全省春运工作先进集体	省春节运输领导小组	2011.3
13	2011 年全市春运工作先进集体	市春运工作领导小组	2011.3
14	2010 年度八大类重点工程建设先进集体	市委	2011.3
15	2010 年度环保目标责任状饮用水源保护和农村环境综合整治工作先进集体	市人民政府	2011.4
16	2010 年度全省交通运输依法行政先进集体	省交通运输厅	2011.5
17	2010 年度全市政府信息公开工作考核优秀	市人民政府办公室	2011.5
18	全市纪检监察先进集体	市委	2011.6
19	2010 年度全省交通运输系统信访工作先进集体	省交通运输厅	2011.8
20	创建新一轮文明城市工作先进集体	市委	2011.8
21	2008、2009 和 2010 年度在当地作风建设评议中名列前十名	省交通运输厅党组、省交通运输厅	2011.11
22	“十一五”后三年(2008-2010)全省交通工程混凝土质量通病治理和“两创三比”活动先进集体	省交通运输厅	2011.11
23	盐城市“巾帼文明岗”风采展示优秀节目和组织工作先进集体	市妇女联合会	2011.11

表 50

2012 年

序号	荣誉称号	授奖单位	授奖日期
1	盐城市 2011 年度妇女工作目标考核先进集体	市妇女联合会	2012.1
2	2011 年度档案管理工作先进单位	省交通运输厅	2012.1
3	江苏省交通运输系统第二届“交通杯”职工乒乓球比赛优秀组织奖	省交通运输厅	2012.1
4	新一轮绿色盐城建设先进集体	市委	2012.1
5	2011 年度全市目标任务绩效考核先进集体	市委	2012.1
6	2011 年度信息工作先进集体	市委办公室	2012.2
7	2011 年度中国盐城网站内容保障工作先进单位	市人民政府办公室	2012.2
8	2011 年度市长信箱来信办理工作先进集体	市人民政府办公室	2012.3
9	2012 年全市春运工作先进集体	市春运工作领导小组	2012.3
10	2011 年度全市交通重点工程建设先进集体	市人民政府	2012.3
11	2011 年交通运输内部审计工作先进单位	省交通运输厅	2012.3
12	饮用水安全盐阜行活动优秀组织奖	市饮用水安全盐阜行组委会	2012.3
13	2011 年度八大类重点工程建设先进集体	市委	2012.3
14	2011 年度环保目标责任状饮用水源保护和农村环境综合整治工作先进集体	市人民政府	2012.4
15	2011 年度全市法治政府建设工作先进集体	市人民政府	2012.5
16	2011 年度工程建设领域项目信息公开和诚信体系建设工作先进集体	市治理工程建设领域突出问题工作领导小组	2012.5
17	2011 年度全市饮用水源保护和污染减排工作先进集体	市人民政府	2012.6
18	长江干线船型标准化推进工作获三等奖	省交通运输厅船型标准化领导小组	2012.6
19	2011 年度全省交通运输系统信访先进集体	省交通运输厅	2012.7
20	2011 年度全省交通系统信访工作先进集体	省交通运输厅	2012.8
21	全省公路水路交通运输行业人才资源统计调查工作先进集体	省交通运输厅	2012.12
22	盐城市维护社会稳定工作先进集体	市委	2012.12
23	江苏省公共机构节能示范单位	省省级机关事务管理局	2012.12

表 51

2013 年

序号	荣誉称号	授奖单位	授奖日期
1	2012 年度平安单位	市委	2013.1
2	2012 年度全市政务信息工作先进单位	市人民政府办	2013.1
3	全省交通系统 2012 年度档案管理先进单位	省交通运输厅	2013.2
4	2012 年度全市目标任务综合考核先进集体	市委	2013.2
5	2012 年度绿色盐城建设先进集体	市委	2013.2

续表 51

序号	荣誉称号	授奖单位	授奖日期
6	2012 年度全市节能型机关建设先进集体	市人民政府	2013.2
7	2012 年度扶贫开发工作先进单位	市委	2013.3
8	2012 年度全市旅游工作先进集体	市人民政府	2013.3
9	盐城年鉴工作先进集体	市人民政府	2013.3
10	2012 年度中国盐城网站内容保障工作先进单位	市人民政府办	2013.3
11	2012 年度全市政府信息公开工作考核先进单位	市人民政府办	2013.4
12	2013 年全市春运工作先进集体	市春运工作领导小组	2013.4
13	市人大代表建议协委员提案办理工作先进单位	市人民政府	2013.4
14	2011-2012 年度全省交通运输依法行政先进集体	省交通运输厅	2013.5
15	盐城市党的基层组织党务公开示范点	市党务公开工作领导小组办	2013.6
16	法治盐城建设先进集体	市委	2013.7
17	2013 年绿色盐城建设春季重点工程会战先进集体	市委	2013.8
18	2012 年度全省交通运输系统信访工作先进集体	省交通运输厅	2013.9
19	2011-2012 年度全省交通运输行业作风建设优秀单位	省交通运输厅	2013.12
20	全市“人民满意的公务员集体”	市委	2013.12

表 52

2014 年

序号	荣誉称号	授奖单位	授奖日期
1	2013 年度全市综合考核优秀	市委	2014.1
2	2013 年度平安单位	市委	2014.2
3	2013 年度市直部门和单位重点工作考核为先进单位	市人民政府	2014.2
4	2013 年度安全生产工作考核先进	市人民政府	2014.2
5	2013 年度全市政务信息工作考核为先进单位	市人民政府办公室	2014.2
6	2013 年度市级行政执法部门依法行政考核为优秀等次	市全面推进依法行政工作领导小组	2014.2
7	2013 年度全省交通运输工作考核二等奖	省交通运输厅	2014.2
8	2013 年度档案管理工作先进单位	省交通运输厅	2014.2
9	2013 年度市政府门户网站内容保障工作考核三等奖	市人民政府办公室	2014.3
10	2013 年度全市政府信息公开工作先进集体	市人民政府办公室	2014.3
11	2013 年度绿色盐城建设工作考核先进单位	市人民政府	2014.3
12	2013 年度扶贫开发工作先进单位	市委	2014.3
13	2014 年全市春运工作考核为优秀单位	市春运工作领导小组	2014.3
14	全市“六五”普法中期先进集体	市委	2014.6
15	2013 年度全市依法行政工作先进集体	市人民政府	2014.7
16	2014 年度绿色盐城建设工作先进集体	市人民政府办公室	2014.12

表 53

2015 年

序号	荣誉称号	授奖单位	授奖日期
1	全市 2014 年度综合考核综合先进	市委	2015.2
2	2014 年度全市政务信息工作考核先进单位	市人民政府办公室	2015.2
3	2014 年度市区城市建设工作考核先进集体	市人民政府办公室	2015.3
4	全省交通运输系统 2014 年度档案管理工作先进集体	省交通运输厅	2015.3
5	盐城市第三次全国经济普查先进集体	市第三次全国经济普查领导小组	2015.3
6	2014 年度全省交通运输重点工作目标考核二等奖	省交通运输厅	2015.4
7	创建国家卫生城市暨创建全国文明城市提名城市工作考核先进集体	市委	2015.4
8	2014 年度全市政府信息公开工作先进集体	市人民政府办公室	2015.4
9	2014 年度全市社会稳定风险评估工作先进集体	市维护社会稳定工作领导小组	2015.4
10	2015 年全市春运工作考核为先进集体	市春运工作领导小组	2015.4
11	2014 年度综治和平安建设工作先进集体	市社会治安综合治理委员会	2015.4
12	2015 年全省交通行政执法评议考核前五名	省交通运输厅	2015.10

表 54

市铁路建设办公室

序号	荣誉称号	授奖单位	授奖日期
1	市政府综合目标考核奖	市政府	2011—
2	2011 年度全省铁路工作先进集体	省铁路办	2015
3	2012 年度全省铁路工作先进集体	省铁路办	2012.2
4	2014 年度全省铁路建设工作目标任务考核一等奖	省铁路办	2013.4
5	2015 年度全省铁路建设工作目标任务考核一等奖	省铁路办	2015.2
6	2015 年江苏省五一劳动奖状	省总工会	2016.1

市港口管理局和各港区

表 55

市港口管理局

序号	荣誉称号	授奖单位	授奖日期
1	全市沿海开发工作先进集体奖	市人民政府	2012
2	2011-2012 年度全省交通运输依法行政先进集体	省交通运输厅	2013
3	全市服务发展创新创优奖	市人民政府	2013
4	全省港口职业技能竞赛优秀组织奖	省交通运输厅 省总工会 省人力资源与社会保障厅	2014
5	全市安全工作优秀奖	市人民政府	2014、2015
6	2012—2014 年度全省交通运输行业文明单位	省交通运输厅	2015

表 56

大丰港区

序号	单位名称	荣誉称号	授奖单位	授奖日期
1	大丰区港口管理局	全省交通运输系统先进集体	省人社厅 省交通运输厅 省公务员局	2013
2	盐城港大丰引航站	全省交通运输系统“群众满意基层站所”	省交通运输厅	2013
3	盐城港大丰引航站	文明示范窗口	省交通运输厅	2015

表 57

市内环高架项目管理办公室

序号	单位名称	荣誉称号	授奖单位	授奖日期
1	高架路项目办	市重点工程劳动竞赛先进集体	市政府	2014.12
2	高架路一期工程 LQ3 标(新洋港大桥标)项目部	省工人先锋号	省总工会	2014.5

表 58

市公路管理处

序号	单位名称	荣誉称号	授奖单位	授奖日期
1	市公路管理处	盐城市 2011 年度市区城市建设工作先进集体	市人民政府	2012.2
2	市公路管理处机械化施工处	盐城市 2011 年度“安康杯”竞赛优胜企业	市总工会 市安全生产监督管理局	2012.2
3	市公路管理处	盐城市 2011 年度脱贫攻坚工作先进单位	市委市政府	2012.3
4	市公路管理处	2011 年度盐城市重点工程劳动竞赛优秀组织单位	市总工会	2012.3
5	市公路管理处	盐城市 2011 年度全市交通重点工程建设先进集体	市人民政府	2012.3
6	市公路管理处	全省交通运输科技工作先进集体	省交通运输厅	2012.6
7	市公路管理处	2011 年度盐城市文明行业标兵	市委 市政府	2012.7
8	市公路管理处直属公路站	全省交通运输工会工作“工人先锋号”示范基地	省交通运输厅	2012.11
9	市公路管理处	全省交通重点工程建设劳动竞赛先进集体	省交通运输厅省总工会	2013.3
10	市公路管理处	全国“安康杯”竞赛活动优胜单位	中华全国总工会、国家安全生产监督管理总局	2013.6
11	市公路管理处	江苏省文明单位	省精神文明建设指导委员会	2013.11

续表 58

序号	单位名称	荣誉称号	授奖单位	授奖日期
12	市公路工程试验检测中心有限公司检测一部	江苏省五一劳动荣誉奖章	省总工会	2014.4
13	江苏省交通工程集团有限公司盐城市范公路工程 LQ3 标	江苏省工人先锋号	省总工会	2014.4
14	市公路机械维修服务中心	全省交通运输行业第三批“百个先进保垒党支部”	省交通运输厅	2014.7
15	市公路管理处	盐城市 2014 年度扶贫开发工作先进单位	市委、市人民政府	2015.5
16	市公路超限治理检测站	2012–2014 年度全省交通运输行业文明示范窗口	省交通运输厅	2015.6

市航道管理处

表 59

序号	单位名称	荣誉称号	授奖单位	授奖日期
1	射阳港船闸管理所	江苏省交通运输行业“安康杯”竞赛优胜班组	省交通运输厅	2011.1
2	直属航道管理站财务征收股	江苏省交通运输行业“巾帼文明岗”	省交通运输厅	2011.3
3	阜宁县航道管理站	盐城市 2010 年度“安康杯”竞赛优胜企业	市总工会	2011.3
4	市航道管理处	盐城市 2010 年度“安康杯”竞赛优秀组织奖	省总工会	2011.3
5	市航道管理处	2010 年度人口计生工作创新奖	市计生委	2011.3
6	市航道管理处工会	全省交通运输行业工会工作先进集体	省交通运输厅	2011.3
7	直属航道管理站	全国工人先锋号	中华全国总工会	2011.4
8	江苏航政 209(盐都航道站)	2010 全国水运系统安全优秀船舶	中国海员建设工会全国委员会、交通部安全委员会	2011.6
9	市航道管理处	全省职工“安全在我心中,平安 – 安全歌曲大家唱”演唱优秀奖	省总工会	2011.9
10	直属航道管理站	江苏省企事业先进班组	省总工会	2011.9
11	直属航道管理站	盐城市劳动竞赛先进班组	市总工会、市经济和信息化委员会、市工商业联合会	2011.9
12	市航道管理处工会	全国模范职工之家	中华全国总工会	2011.10
13	市航道管理处	“全国职工职业安全卫生知识竞赛”优秀组织单位	全国安康杯竞赛活动办公室	2011.11

续表 59

序号	单位名称	荣誉称号	授奖单位	授奖日期
14	市航道管理处	全市“全国职工安全健康知识活动”优秀组织奖	省总工会	2011.11
15	市航道管理处工会	全省交通运输行业工会工作先进集体	省交通运输厅	2012.2
16	连申线东台段航道整治工程项目办	2011 年度全市重点工程劳动竞赛工人先锋号	市总工会	2012.3
17	直属航道管理站	2011 年度全省交通运输行业“安康杯”竞赛优胜班组	省交通运输厅	2012.3
18	市航道管理处激扬 QC 小组	全国交通运输行业 2013 年度优秀质量管理小组	中国交通企业管理协会	2012.8
19	市刘大线航道整治工程项目办	2010–2012 年全省交通重点工程建设劳动竞赛先进单位	省交通运输厅、省总工会	2012.11
20	市航道管理处	“全国职工安全卫生知识竞赛”优秀组织单位	全国安康杯竞赛组委会办公室	2012.11
21	大丰市航道管理站	全省交通运输工会工作“民主管理示范基地”	省交通运输厅	2012.11
22	直属航道管理站	全省交通运输工会工作“班组建设示范基地”	省交通运输厅	2012.11
23	市刘大线航道整治工程项目办	江苏省工人先锋号	省总工会	2013.1
24	直属航道管理站	全国班组安全建设与管理优秀成果展示二等奖	全国安康杯竞赛办	2013.1
25	市航道管理处工会女工委	盐城市“先进女职工组织”	市总工会	2013.2
26	射阳县航道管理站	2012 年度安康杯竞赛优胜班组	市总工会	2013.2
27	射阳县航道管理站工会	江苏省模范职工之家	省总工会	2013.3
28	建湖县航道管理站政秘股	江苏省巾帼文明岗	省巾帼建功领导小组	2013.3
29	建湖县航道管理站、东台市航道管理站	盐城市“职工书屋”	市总工会	2013.3
30	盐城市航道管理处	2012 年度江苏省交通运输行业“安康杯”竞赛优胜单位	省交通运输厅	2013.4
31	连申线东台段航道整治工程项目办	2012 年度全市重点工程劳动竞赛“工人先锋号”	市竞赛委	2013.5
32	市航道处激扬 QC 小组、远航 QC 小组、技术攻关 QC 小组	2013 年江苏省交通运输行业优秀质量管理小组	省交通企业协会	2013.5
33	市航道管理处技术攻关 QC 小组	2013 年江苏省优秀质量管理小组	省质量管理协会、省总工会、省妇女联合会、省科学技术协会	2013.7

续表 59

序号	单位名称	荣誉称号	授奖单位	授奖日期
34	市航道管理处	江苏省“安康杯”全省职工“我身边的安全故事”表演二等奖	省竞赛组委会	2013.9
35	盐都区航道管理站	2012 年全国水运系统安全优秀班组	中国海员建设工会全国委员会交通运输部安全委员会	2013.9
36	市航道管理处工会	盐城市“联手兴家”活动先进单位	市总工会	2014.1
37	盐都区航道管理站工会	盐城市模范职工之家	市总工会	2014.1
38	市航道管理处	2013 年度江苏省交通运输行业“安康杯”竞赛优秀班组	省交通运输厅	2014.3
39	直属航道管理站、东台市航道管理站	2013 年度江苏省交通运输行业“安康杯”竞赛优秀班组	省交通运输厅	2014.3
40	大丰市航道管理站财务征收股	盐城市“五一”巾帼标兵岗	市总工会	2014.3
41	市航道管理处市区水上服务区项目管理办公室	盐城市工人先锋号	市总工会	2014.4
42	大丰市航道管理站	江苏省“职工书屋”示范点	省总工会	2014.10
43	大丰市航道管理站“阅读·悦读”活动项目	第五届“江苏职工读书月”活动优秀项目奖	省总工会	2014.11
44	市航道管理处	2014 年度江苏省交通企业文化建设先进单位	省交通企业协会	2014.11
45	市航道管理处工会	2014 年度全国职工公共安全健康知识普及竞赛活动活动优秀组织单位	市总工会	2014.12
46	市航道管理处滨海疏港航道船闸项目管理办公室	2014 年度盐城市劳动竞赛先进集体	市劳动竞赛委员会	2015.1
48	刘庄船闸管理所工会	盐城市模范职工之家	市总工会	2015.1
49	市航道管理处	2014 年度全省交通运输行业“安康杯”竞赛优胜单位	省交通运输厅	2015.3
50	市航道管理处滨海疏港航道船闸项目管理办公室	江苏省工人先锋号	省总工会	2015.4
51	市航道管理处滨海船闸 QC 小组、运盐河 QC 小组	2015 年江苏省交通行业优秀质量管理小组	省交通运输厅、省交通企业协会	2015.4
52	响水航道管理站工会	盐城市模范职工之家	市总工会	2015.8
53	市航道管理处	全国交通运输文化建设优秀单位	中国交通企业管理协会	2015.10

表 60

市运输管理处

序号	荣誉称号	授奖单位	授奖日期
1	“迎世博迎亚运讲文明、满意在交通”优质服务竞赛活动优胜单位	省交通运输厅	2011.1
2	2010-2011 年度全省依法行政示范点	省政府依法行政工作领导小组	2011.1
3	江苏省参与 2010 年上海世博会先进集体	省委、省政府	2011.2
4	2010 年度安全生产工作先进集体	市安委会	2011.4
5	2011 年全市春运工作先进集体	市春运办	2011.4
6	2011 年江苏省交通运输行业春运农民工平安返乡（岗）安全优质服务竞赛活动先进集体	省交通运输厅	2011.5
7	2010 年度盐城市文明标兵行业	市委	2011.10
8	全省汽车客运服务员职业技能竞赛优秀组织奖	省交通运输厅	2011.10
9	2011 年全国交通运输行政执法评议考核优秀单位	交通运输部	2012.1
10	2012 年全市春运工作先进集体	市春运工作领导小组	2012.3
11	市区道路交通综合整治工作先进集体	市政府	2012.3
12	2012 年江苏省交通运输行业春运农民工平安返乡（岗）安全优质服务竞赛活动先进集体	省交通运输厅	2012.5
13	2012—2013 年度省级依法行政示范点	省全面推进依法行政工作领导小组	2012.6
14	第二批全省交通运输行业“百个先进保垒党支部”	省交通运输厅	2012.9
15	2011 年度盐城市文明行业	市文明委	2012.11
16	2010—2011 年度全省优秀运政管理机构	省交通运输厅	2013.1
17	2013 年全省春运工作先进集体	省春节运输领导小组	2013.3
18	蓝天工程建设工作先进集体	市政府	2013.3
19	2013 年全市春运工作先进集体	市春运工作领导小组	2013.4
20	全市社会稳定风险评估优秀项目——市区至江苏盐城国家级珍禽保护区公交旅游专线项目	市维稳工作领导小组	2013.6
21	2010—2012 年度江苏省文明单位	省文明委	2013.10
22	2012 年度盐城市文明行业	市文明委	2013.11
23	2014 年全省春运工作先进集体	省春节运输领导小组	2014.3
24	2014 年全市春运工作先进集体	市春运工作领导小组	2014.3
25	1、“十大创新举措”盐城市区城市公共自行车服务系统项目 2、“十大服务实事”提名奖—推进盐城大市区城乡公交一体化	市优化办等	2015.2
26	2015 年全省春运工作先进集体	省春运领导小组	2015.3
27	2015 年度全市春运工作先进集体	市春运领导小组	2015.4
28	2015 年道路运输安全管理与保险保障服务先进单位	中国道路运输协会	2015.10
29	盐城市文明单位	市文明委	2015.11

表 61

市地方海事局

序号	荣誉称号	授奖单位	授奖日期
1	2011 年度脱贫攻坚工作先进单位	市委	2012.3
2	2012 年度市区城区建设工作先进集体	市政府	2013.2
3	平安交通示范单位（亭湖地方海事处）	省交通运输厅	2013.2
4	工人先锋号（行政许可服务科）	省总工会	2013.4
5	2010—2012 年度省文明单位	省精神文明建设指导委员会	2013.10
6	2013 年度盐城市文明标兵单位	市委市政府	2013.10
7	2013 年度盐城市文明行业	市精神文明建设委员会	2013.10
8	群众满意基层站所（东台、响水）	省交通运输厅	2013.12
9	盐城市第三批人民满意基层服务单位（亭湖地方海事处）	市人民政府办公室	2014.2
10	江苏省工人先锋号（船舶检验科）	省总工会	2014.4
11	2014 年度全国职工公共安全健康知识普及竞赛活动优秀组织单位	全国安康杯竞赛组委会办公室	2014.11
12	2012—2013 年度省级“青年文明号”（服务大厅）	省交通运输厅团省委	2014.12
13	2014 年度江苏省“安康杯”竞赛优胜单位	省总工会、省安监局	2015.4
14	2014 年度扶贫开发工作先进单位	市委、市政府	2015.5
15	2014 年度“江苏省五四红旗团支部”	团省委	2015.5
16	2012—2014 年度全省交通运输行业文明示范窗口（船检科）	省交通运输厅	2015.6
17	2013—2014 年度市文明单位	市精神文明建设委员会	2015.10

表 62

市交通工程质量监督站

序号	表彰内容	表彰单位	表彰日期	备注
1	平安交通示范单位	省交通运输厅	2013.2	
2	盐城市文明单位	市精神文明建设委员会	2013-2014 年度	

表 63

盐城交通技师学院

序号	表彰内容	表彰单位	表彰日期	备注
1	2012 年度全省机关事业单位工考工作先进单位	省人社厅	2012.11	
2	2013 年度全省退役士兵教育培训工作先进单位	省民政厅等	2013.12	
3	2013 年度教育部 PPG 校企合作“优秀合作院校”	教育部	2014.3	
4	2014 年江苏省技工院校示范专业（汽车维修）	省人社厅	2014.6	
5	2014 年江苏省技工院校重点专业（建筑施工）	省人社厅	2014.6	
6	2014 年江苏省技工院校精品课程（汽车电控发动机构造与维修）	省人社厅	2014.6	
7	全省交通运输行业第三批“百个先进堡垒党支部”（第一支部）	省交通厅	2014.9	
8	全省职业教育先进单位	省教育厅等六部门	2014.10	

续表 63

序号	表彰内容	表彰单位	表彰日期	备注
9	2015 年江苏省高技能人才培养示范基地	省人社厅	2015.6	
10	2015 年江苏省技工院校精品课程:汽车底盘构造与维修	省人社厅	2015.6	
11	2015 年江苏省技工院校重点专业:艺术设计、会计	省人社厅	2015.6	
12	2015 年度成人高等教育“优秀函授站”	盐城工学院	2016.1	
13	2014-2015 年度南京林业大学成人高等教育招生工作先进函授站	南京林业大学	2016.3	
14	2012 年度全市五一巾帼标兵岗(驾培公司服务大厅)	市总工会	2013.2	
15	2012 年度盐城市“巾帼文明岗”(学院教务处专业教研一组)	市妇联	2013.3	
16	2012 年度盐城市文明单位	市文明委	2013.11	

市交通规划设计院

表 64

序号	荣誉名称	授奖单位	获奖时间	备注
1	329 省道阜宁西段改扩建工程可行性研究报告获江苏省优秀工程咨询成果三等奖	省发改委	2011.12	
2	2011 年度盐城市文明行业标兵单位	市人民政府	2012.7	
3	331 省道盐城西段改扩建工程预可行性研究报告获江苏省优秀工程咨询成果三等奖	省发改委	2012.11	
4	临海高等级公路工程第一阶段劳动竞赛优秀技术服务单位	省交通运输厅临海高等级公路建设管理办公室	2013.10	
5	125 省道盐都至大纵湖段预可行性研究报告获江苏省优秀工程咨询成果奖	省发改委 省工程咨询协会	2013.12	
6	全国交通基础设施重点工程劳动竞赛优胜班组	中国海员建设工会全国委员会	2014.12	
7	江苏省勘察设计行业优秀企业	省勘察设计协会	2015.3	
8	2014 年省交建局优秀质量管理小组成果奖	省交通工程建设局	2015.9	

市交通档案馆

表 65

序号	荣誉名称	授奖单位	获奖时间	备注
1	全省交通系统 2010 年度档案管理工作先进集体	省交通运输厅	2011	
2	全省交通系统 2011 年度档案管理工作先进集体	省交通运输厅	2012	
3	全省交通系统 2012 年度档案管理工作先进集体	省交通运输厅	2013	
4	全省交通系统 2013 年度档案管理工作先进集体	省交通运输厅	2014	
5	全省交通系统 2014 年度档案管理工作先进集体	省交通运输厅	2015	
6	全省交通系统 2015 年度档案管理工作先进集体	省交通运输厅	2016	

表 66

市交通综合信息服务中心

序号	荣誉名称	授奖单位	获奖时间	备注
1	“巾帼文明岗”	省妇女联合会 省城镇妇女“巾帼建功”活动领导小组	2011.3	
2	人民满意基层服务单位	市人民政府	2012.2	
3	交通运输信息化工作“先进集体”	省交通运输厅	2012.4	
4	江苏交通服务热线 96196 知识竞赛“团体三等奖”	省交通通信信息中心	2012.11	
5	盐城市三八红旗集体	市妇女联合会	2013.3	
6	2013 年度盐城市政府信息公开工作先进集体	市人民政府办公室	2014.1	
7	2013 年度市政府门户网站内容保障工作先进单位二等奖	市人民政府办公室	2014.3	
8	2014 年度盐城市政府信息公开工作先进集体	市人民政府办公室	2015.4	

盐城南洋机场有限责任公司（盐城民航站）

盐城民航站

表 67

序号	荣誉名称	授奖单位	获奖时间
1	2010 年度盐城市文明标兵单位	市文明委	2011.9
2	飞燕班组全省交通运输行业创先争优活动十大典型	省交通运输厅	2011.7
3	飞燕班组 2009—2010 年度全省“巾帼建功”活动先进集体	省妇联 省城镇妇女“巾帼建功”活动领导小组	2011.3
4	全国职工安全卫生知识竞赛优秀组织单位	全国安康杯竞赛组委会	2012.11
5	全国文明单位	中央文明委	2011.12
6	安检移交民航管理 20 周年先进集体	中国民航局	2012.4
7	盐城市文明单位	市文明委	2012.8
8	2009—2011 年度全省交通运输行业文明示范窗口	省交通运输厅	2012.3
9	“飞燕班组”获 2011 年度全国“安康杯”竞赛优胜班组	中华全国总工会 国家安全生产监督局	2012.1
10	飞燕班组获 2011 年度民航华东地区“安康杯”竞赛优胜班组奖	民航华东管理局	2012.2
11	盐城民航站第一党支部获第二批全省交通运输行业“百个先进保垒党支部”称号	省交通运输厅	2012.9
12	盐城民航站“飞燕班组”党小组获全省交通运输行业创先争优示范点	省交通运输厅	2012.9
13	盐城民航站获全省交通运输行业创先争优“创新载体”提名奖	省交通运输厅	2012.9
14	2012 年度全省交通运输行业工会工作先进集体	省交通运输厅	2012.2
15	2011 年度民航华东地区“安康杯”竞赛优胜单位奖	民航华东管理局	2012.2
16	盐城民航站为 2011 年度江苏省安全文化建设示范单位	省安全生产监督局 江苏煤矿安全监察局	2012.3

续表 67

序号	荣誉名称	授奖单位	获奖时间
17	盐城民航站获首批江苏省军民共建精神文明活动示范点	省委宣传部、省文明办、省军区政治部	2012.11
18	飞燕班组在“创新盐城——优秀服务品牌·人物”评选活动中获提名奖	市委办、政府办	2012.3
19	盐城民航站2011年度江苏民航服务业统计工作先进单位	民航江苏监管局	2012.1
20	盐城民航站被授予2010—2012年度江苏省文明单位	省精神文明建设指导委员会	2013.10
21	盐城民航站被授予盐城市2012年度文明标兵单位	市委	2013.11
22	飞燕班组获2012年度全国巾帼文明岗	全国妇联	2013.3
23	飞燕班组获2011—2012年度全国青年文明号	共青团中央、交通运输部	2013
24	盐城民航站获2012年度全省民航机场行风建设先进单位	省国资委	2013.3
25	盐城民航站被评为2013年度江苏省交通企业文化建设先进单位	省交企协会	2013.11
26	盐城民航站“飞燕班组”获盐城市首批文明优质服务十大品牌	市文明委	2013.3
27	飞燕班组获2012年度江苏省创建群众满意基层站所示范单位	省政府纠风办	2013.7
28	盐城民航站获2012年度江苏省无线电台管理先进单位	省无线电管理局	2013.4
29	盐城民航站获2012年度民航华东赛区“安康杯”竞赛优胜单位	民航华东局	2013.1
30	盐城民航站获2012年度江苏信息工作先进单位	民航江苏省监管局	2013.1
31	盐城民航站获2012年度江苏民航服务业统计工作先进单位	民航江苏省监管局	2013.1
32	盐城民航站安检站获2012年度江苏省青年安全生产示范岗	团省委、省安监局	2013.2
33	盐城民航站获2013年度江苏民航服务行业统计工作先进单位	民航江苏监管局	2013.12
34	盐城民航站表彰为2013年度全国“安康杯”竞赛优胜单位	中华全国总工会 国家安监总局	2014.5
35	盐城民航站为2013年度民航华东地区“安康杯”竞赛优胜单位	民航华东局	2014.1
36	盐城民航站安检站蓝天金盾班组为2013年度民航华东地区“安康杯”竞赛优胜班组	民航华东局	2014.1
37	盐城民航站2014年度民航华东地区“安康杯”竞赛优胜单位	民航华东局	2015.2
38	盐城民航站安监站被认定为2014年度全国青年安全生产示范岗	团中央、国家安监局	2015.4

盐城南洋机场有限责任公司

表 68

序号	荣誉名称	授奖单位	获奖时间
1	蓝天金盾班组 2014 年度民航华东地区“安康杯”竞赛优胜班组	民航华东局	2015.2
2	盐城南洋机场有限公司 2015 年度全省春运工作先进集体	省春节运输领导小组	2015.3
3	盐城南洋机场运输志愿者服务队 2015 年江苏青年志愿者服务春运暖冬行动先进集体	团省委、省发改委、公安厅、运输厅	2015.5
4	盐城南洋机场有限公司 2013—2014 年度市文明单位标兵	市委、市政府	2015.10
5	盐城南洋机场有限公司 2012—2014 年度全省交通运输行业文明单位	省交通运输厅	2015.12

市公共交通总公司

表 69

序号	单位名称	荣誉名称	授奖单位	授奖时间
1	盐城市公共交通总公司	2012 年度市级文明单位	市精神文明建设指导委员会	2013
2		2010—2012 年度省级文明单位	省精神文明建设指导委员会	2013
3		2014 年度盐城市五一劳动奖状	市总工会	2014
4		2014 年度江苏省交通企业文化建设先进单位	省交通企业协会	2014
5		2013—2014 年度盐城市文明单位	市委、市政府	2015
6		2012—2014 年度全省交通运输系统文明单位	省交通运输厅	2015
7	刘飞温馨服务示范线（B1 线）	江苏省工人先锋号	省总工会	2011
8		江苏省城市公交行业十佳文明公交线路	省交通运输厅	2013
9		江苏省交通运输系统第五届优质服务品牌	省交通运输厅	2014
10		全省第四批优质服务品牌	省文明办	2014
11		全国交通运输行业文明示范窗口	省交通运输厅 交通运输部	2015
12	1 路线	江苏省巾帼文明岗	省妇女联合会	2015
13	市公交总公司流动道德讲堂	2015 年江苏青年志愿者服务春运暖冬行动优秀项目	共青团江苏省委	2015
14	B2 线	江苏省青年文明号	共青团江苏省委	2015
15	“快乐巴士传馨”服务项目	江苏省青年公益项目大赛三等奖	省民政厅、共青团江苏省委	2015

表 70

盐阜公路运输集团有限公司

序号	荣誉名称	授奖单位	获奖时间
1	省春运工作先进集体	省春运工作领导小组	2011.3
2	江苏省质量管理小组活动优秀企业	省质量管理协会、省妇女联合会、省总工会、省科学技术协会	2011.7
3	全国交通运输节能减排优秀贡献企业	中国交通管理协会、国联资源网	2012.6
4	全国交通行业质量管理小组活动先进企业	中国交通企业管理协会、交通行业优秀企业管理成果评审委员会	2012.8
5	春运农民工平安返乡(岗)安全优质服务竞赛活动先进集体	省交通运输厅	2013.4
6	省交通运输行业质量管理小组活动优秀企业	省交通企业协会	2013.5
7	省交通运输行业质量管理小组活动优秀企业	省交通企业协会	2014.4
8	中国道路百强诚信企业	中国道路运输协会	2014.6
9	安全生产宣传文化工作先进集体	省交通企业协会	2015.2
10	省交通行业质量管理小组活动优秀企业	省交通企业协会	2015.4
11	中国道路运输百强诚信企业	中国道路运输协会	2011
12	全国维护消费者权益—诚信服务满意单位奖	中国保护消费者基金会	2011.1
13	中国交通企业管理成果卓越单位奖	中国交通企业管理协会、交通行业优秀企业管理成果评审委员会	2011.11
14	江苏省交通运输行业“春运农民工平安返乡(冈)”安全优质服务劳动竞赛活动先进集体奖	省交通运输厅	2011.2
15	中国道路运输诚信建设十佳示范单位奖	中国交通企业管理协会	2012.6
16	中国道路运输百强诚信企业	中国道路运输协会	2012
17	全国交通运输行业诚信建设十佳先进单位奖	中国交通企业管理协会、交通行业优秀企业管理成果评审委员会	2012.6
18	江苏省道路运输客运企业“AAA”级质量信誉单位奖	省交通运输厅	2012
19	江苏省春运工作先进集体奖		2012
20	江苏省交通行业质量管理小组活动优秀企业奖	省交通企业协会	2012.5
21	全国“模范职工之家”	全国总工会	2013
22	全国双爱双评先进企业工会奖	全国总工会	2013
23	全国交通运输节能减排先进企业	中国交通企业管理协会	2013.6
24	江苏省质量管理小组活动优秀企业奖	省质量协会、总工会、妇联、科协	2013.7
25	全国交通运输行业诚信企业奖	中国交通企业管理协会	2014.6
26	江苏省交通运输行业质量管理小组活动优秀企业奖	省交通企业协会	2014.4
27	江苏省春运工作先进集体奖		2014
28	江苏省工人先锋号奖—盐城汽车客运站“沙惠林服务班”	省总工会	2014

续表 70

序号	荣誉名称	授奖单位	获奖时间
29	江苏省《女职工劳动保护特别规定》知识竞赛优秀组织奖	全国总工会女职工委员会	2014
30	全国交通运输行业诚信企业(集团)奖	中国交通企业管理协会	2015.6
31	全国交通行业优质质量管理小组奖	中国交通企业管理协会	2015
32	中国公路小件快支运 50 强品牌奖	中国交通企业管理协会	2015
33	江苏省质量管理小组活动优秀企业奖	省质量管理协会	2015.4
34	江苏省"安康杯"竞赛优胜单位奖	省总工会	2015

表 71

东台市交通运输局

序号	单位名称	荣誉名称	授奖单位	授奖时间
1	东台市交通运输局	盐城市文明单位	市文明委	2012
2	东台市交通运输局	盐城市文明单位	市文明委	2013
3	东台市交通运输局	全省交通运输行政执法评议考核优秀单位	省交通运输厅	2015
4	东台市交通运输局政务服务中心"交通窗口"	盐城市工人先锋号	市总工会	2015
5	东台市公路管理站	盐城市文明单位	市文明委	2011
6	东台市公路管理站	盐城市文明单位	市文明委	2012
7	东台市公路管理站	省文明单位	省文明委	2013
8	东台市地方海事处	盐城市文明单位	市文明委	2015
9	东台市航道管理站	盐城市文明单位	市文明委	2012.11
10	东台市航道管理站	盐城市文明单位	市文明委	2013.11
11	东台市航道管理站	江苏省交通运输行业"安康杯"竞赛优胜组	省交通运输厅	2014.3
12	东台市航道管理站	首批省级平安交通示范点	省交通运输厅	2014.3
13	东台市航道管理站	盐城市文明单位	市文明委	2015.11
14	东台市运输管理处	船型标准化工程先进集体	省交通运输厅	2011.12
15	东台市运输管理处	百个先进堡垒党支部	省交通运输厅党组	2012.7
16	东台市运输管理处	人民满意基层服务单位	省交通运输厅	2012.12
17	东台市运输管理处	优秀运政管理机构	省交通运输厅	2013.1

表 72

大丰区交通运输局

序号	荣誉名称	授奖单位	获奖时间
1	市文明单位	市文明委	2012.10
2	省文明单位	省文明委	2013.10
3	省文明单位	省文明委	2013.10
4	盐城市文明单位	市文明委	2013.10

续表 72

序号	荣誉名称	授奖单位	获奖时间
5	全省交通运输行业作风建设先进单位	省交通运输厅	2013.12
6	盐城市“五一”巾帼标兵岗	市总工会	2014.3
7	职工书屋	省总工会	2014.4
8	盐城市五星级文明窗口	市文明办	2015.2
9	盐城市廉政文化建设示范点	市纪委	2015.8
10	盐城市文明单位	市文明委	2015.10

盐都区交通运输局

表 73

序号	单位名称	荣誉名称	授奖单位	授奖时间
1	盐城市盐都区交通运输局	全市农村公路 建设和养护先进单位	市政府	2012.3
2	盐城市盐都区交通运输局	先进堡垒党组织	省交通运输厅	2012.9
3	盐城市盐都区交通运输局	江苏省模范职工之家	省总工会	2013.4
4	盐城市盐都区交通运输局	2010－2012 年度江苏省文明单位	省文明委	2013.10
5	盐都区航道管理站	2007—2009 年度江苏省文明行业	省文明委	2011.1
6	盐都区航道管理站	2009 年度盐城市文明行业	市文明委	2011.2
7	盐都区航道管理站	2010 年度盐城市文明行业	市文明委	2011.1
8	盐都区航道管理站	2011 年度盐城市文明单位	市文明委	2012.8
9	盐都区航道管理站	2010—2012 年度江苏省文明单位	省文明委	2013.10
10	盐都区航道管理站	2012 年度盐城市文明单位	市文明委	2013.10
11	盐都区航道管理站	2013—2014 年度盐城市文明单位	市文明委	2015.11
12	盐都区航道管理站	2013—2015 年度江苏省文明单位	省文明委	2016.9
13	盐都区公路管理站	文明单位	市文明委	2012.8
14	盐都区运输管理处	2011—2014 年荣获盐城市市级文明单位	市文明委	2014.4
15	盐都区运输管理处	2014 年“盐城市四星级文明窗口”	市文明委	2015.2
16	盐都区运输管理处	2015 年全省“优秀运政机构”先进集体	省交通运输厅	2016.2

亭湖区交通运输局

表 74

序号	单位名称	荣誉名称	授奖单位	授奖时间
1	亭湖区交通运输局	盐城市创建新一轮文明城市工作先进集体	市委	2012.1
2	亭湖区交通运输局	2010—2012 年度文明单位	省精神文明建设 指导委员会	2013.2
3	亭湖区交通运输局	盐城市法治建设先进单位	市委、市政府	2013.3
4	亭湖区交通运输局	2012 年度盐城市文明单位标兵	市委、市政府	2013.3

续表 74

序号	单位名称	荣誉名称	授奖单位	授奖时间
5	亭湖区交通运输局	2013—2014 年市级依法行政示范点	市政府	2013.5
6	亭湖区交通运输局	2011—2012 年度全省交通运输依法行政先进集体	省交通运输厅	2013.6
7	亭湖区交通运输局	2013 年绿色盐城春季重点工程会战精品工程	市委、市政府	2013.8
8	亭湖区交通运输局工会	全省交通运输行业工会工作先进集体	省交通运输厅	2012.2
9	中共亭湖区交通运输局委员会机关支部	第二批全省交通运输行业“百个先进保垒党支部”	省交通运输厅	2013.2
10	亭湖区交通运输局南洋交管所	群众满意基层站所	省交通运输厅	2013.12
11	亭湖区交通运输局新兴交管所	2014 年度优秀基层执法机构	省交通运输厅	2014.12

射阳县交通运输局

表 75

序号	单位名称	荣誉名称	授奖单位	授奖时间
1	射阳县交通运输局	先进基层党组织	市委	2013.6
2	射阳县交通运输局	盐城市文明单位	市文明委	2015.10
3	射阳县公路管理站	盐城市“五一劳动奖章”	市总工会	2011.4
4	射阳县公路管理站	“盐城市职工书屋”	市总工会	2012.5
5	射阳县公路管理站合德养路工区	江苏省“工人先锋号”	省总工会	2013.4
6	射阳县公路管理站	江苏省文明单位	省精神文明建设指导委员会	2013.10
7	射阳县公路管理站	江苏省“安康杯”竞赛先进集体	省总工会 省安监局	2014.2
8	射阳县公路管理站	盐城市模范职工之家	市总工会	2015.1
9	射阳县公路管理站办公室	盐城市“五一巾帼标兵岗”	市总工会	2015.3
10	射阳县万里行客运有限公司	盐城市模范职工之家	市总工会	2012.2
11	射阳县万里行客运有限公	江苏省“工人先锋号”	省总工会	2015.4
12	司汽车综合性能检测站 射阳县地方海事处	全省交通运输行业先进基层保垒党组织	省交通厅	2014.7
13	射阳县地方海事处	盐城市文明单位	市文明委	2015.10
14	射阳县航道管理站	江苏省文明单位	省精神文明建设指导委员会	2013.10
15	江苏河海运输股份有限公司	江苏省五一劳动奖状	省总工会	2012.4
16	江苏河海运输股份有限公司	江苏省物流服务标准化试点(示范)单位	省质量技术监督局 省发展和改革委员会	2013.9
17	江苏河海运输股份有限公司	江苏省服务业名牌	省名牌战略推进委员会	2014.12

续表 75

序号	单位名称	荣誉名称	授奖单位	授奖时间
18	江苏河海运输股份有限公司	江苏省著名商标	省工商行政管理局	2015.1
19	江苏河海运输股份有限公司	盐城市文明单位	市文明委	2015.10
20	射阳县交通工程质量监督站	群众满意基层站所	省交通运输厅	2013.12

建湖县交通运输局

表 76

序号	单位名称	荣誉名称	授奖单位	授奖时间
1	建湖县交通运输局	2010 年度法制盐城建设示范单位	市委、市政府	2011.6
2	建湖县交通运输局	2012 年全省交通运输工会工作先进集体	省交通运输厅	2013.5
3	建湖县公路管理站	“十一五”全省公路养护管理优秀公路站	省交通运输厅	2011
4	建湖县公路管理站	“全省交通运输系统工会工作和谐单位示范基地”	省交通运输厅	2012
5	建湖县公路管理站	“职工书屋”	省总工会	2013.5
6	建湖县公路管理站	“2010-2012 年度江苏省文明单位”	省文明委	2013.10
7	建湖县公路管理站	全省交通系统“群众满意基层站所”	省交通厅	2013.12
8	建湖县公路管理站	“人民满意基层服务单位”示范点	市政府	2014.2
9	建湖县交通运输管理处	“2010-2012 年度江苏省文明单位”	省文明委	2013.10
10	建湖县航道管理站	职工书屋示范点	市总工会	2012.5

阜宁县交通运输局

表 77

序号	单位名称	荣誉名称	授奖单位	授奖时间
1	阜宁县交通运输局	2011 年度全市交通重点工程建设先进集体	市人民政府	2012.03
2	阜宁县交通运输局	2011 年度全市农村公路建设和养护先进集体	市人民政府	2012.03
3	阜宁县交通运输局	2012 年度全省交通运输工会工作先进集体	省交通运输厅	2013.3
4	阜宁县交通运输局	2010—2012 年度江苏省文明单位	省文明委	2013.11
5	阜宁县交通运输局	全省交通运输行业作风建设(2011—2012 年度)先进单位	省交通运输厅	2014.1
6	阜宁县交通运输局	全省交通运输工会工作先进集体	省交通运输厅	2014.4
7	阜宁县交通运输局	2014 年度绿色盐城建设先进集体	市人民政府	2014.12
8	阜宁县交通运输局	江苏省五一劳动奖状	省总工会	2015.4
9	阜宁县交通运输局	双拥模范单位	市委、市政府	2015.6
10	阜宁县交通运输局	2015 年度绿色盐城建设先进集体	市人民政府	2016.01
11	阜宁县地方海事处	2010—2012 年度江苏省文明单位	省文明委	2013.10
12	阜宁县地方海事处	江苏省五一劳动奖状	省总工会	2015.4

续表 77

序号	单位名称	荣誉名称	授奖单位	授奖时间
13	阜宁县地方海事处	2013—2015 年度江苏省文明单位	省文明委	2016.9
14	阜宁县公路管理站	2010—2012 年度江苏省文明单位	省精神文明建设指导委员会	2013.10
15	阜宁县公路管理站	全省交通运输系统群众满意基层站所	省交通运输厅	2014
16	阜宁县公路管理站	2013—2015 年度江苏省文明单位	省精神文明建设指导委员会	2016.9

滨海县交通运输局

表 78

序号	单位名称	荣誉名称	授奖单位	授奖时间
1	滨海县交通运输局	全省离退休干部先进党支部	省委组织部、省老干部局	2011.6
2	滨海县公路管理站	“十一五”全省公路养护管理“优秀公路站”先进集体	省交通运输厅	2011.12
3		优秀工区 东坎工区 先进集体	省交通运输厅	2012.2
4		模范职工小家 滨淮工区 先进集体	省总工会	2012.2
5		江苏省工人先锋号先进集体	省总工会	2012.4
6		2010-2012 年度江苏省文明单位先进集体	省精神文明建设指导委员会	2013.10
7	滨海县乡镇交通运输综合管理所	全省交通运输系统群众满意基层站所	省交通厅	2015.1
8		盐城市文明单位	市文明委	2015.10
9	滨海县地方海事处	盐城市文明单位	市文明委	2011.10 2012.10
10	滨海县航道管理站	盐城市文明单位	市文明委	2011.10 2012.10 2013.10 2015.10
11		2010—2012 年度江苏省文明单位	省文明委	2013.10
12		档案工作三星级标准	省档案局	2014.1

响水县交通运输局

表 79

序号	单位名称	荣誉名称	授奖单位	授奖时间
1	响水县交通运输局	省级依法行政示范点	省全面推进依法行政工作领导小组	2011.3
2	响水县交通运输局	省级依法行政示范点	省全面推进依法行政工作领导小组	2012.3
3	响水县交通运输局	盐城市创先争优先进基层党组织	盐城市委	2012.7

续表 79

序号	单位名称	荣誉名称	授奖单位	授奖时间
4	响水县交通运输局	省级依法行政示范点	省全面推进依法行政工作领导小组	2013.3
5	响水县交通运输局	全市农村公路建设与养护先进集体	市人民政府	2013.3
6	响水县交通运输局	全省交通运输系统先进基层党组织	省交通运输厅党组	2013.7
7	响水县交通运输局	省级依法行政示范点	省全面推进依法行政工作领导小组	2014.3
8	响水县交通运输局	2014 年度全市法治社会建设先进单位	市依法治市领导小组	2015.6
9	响水县运输管理处客货运管理股	全国“安康杯”竞赛优胜班组	中华全国总工会、国家安监总局	2011.1
10	响水县地方海事处	2011 年度盐城市文明单位	市文明委	2012.9
11		2010—2012 年度江苏省文明单位	省文明委	2013.11
12		全省交通运输系统“群众满意基层站所”	省交通运输厅	2013.12
13		2012 年度盐城市“安康杯”竞赛优胜班组	市总工会、盐城市安监局	2013.2
14		全省交通运输行业第三批“双百双先”先进堡垒党支部	省交通运输厅	2014.8

第九编 县(市、区)交通

东台市交通

2012年6月3日,盐城市交通运输局管亚光(左二)一行察看连申线东台段航道整治工程

2011年11月16日,盐城市交通运输局副局长潘进山(右一)等一行察看连申线东台段航道整治工程

2012年3月3日,S333东延至G228段通过交工验收

2013 年 5 月 1 日,S304 东台绕城段提前建成通车

2013 年 10 月 11 日,S333 弶港至 G15 段通过竣工验收

2013 年 11 月 2 日,G228 东台段主体工程完工

2014 年 9 月 26 日,G344 东台西段主体工程竣工

2014 年 10 月,S352 东台段建成投入试运行

2015 年 6 月 6 日,S610 东台段主体工程竣工

2015年7月，东台市苏赵公路改扩建交工验收

2013年9月29日，连申线东台段航道整治主体工程提前完工

东台市交通局、东台市义工联合会开展志愿者服务活动

【概况】

至2015年,东台市已拥有:

公路3255.10公里,其中,高速公路35.50公里,一级公路179.83公里、二级公路387.71公里、三级公路271.80公里、四级公路2172.58公里、等外级公路207.68公里,公路密度129.40公里/百平方公里。

航道562.11公里,其中,三级航道70.08公里、五级航道53.30公里、六级航道26.72公里、七级航道153.33公里、等外级航道258.68公里。铁路36.395公里。

站场8个,其中,公路客运站7个(一级车站1个、二级车站2个、三级车站1个、四级车辆3个)、火车客运站1个。

船闸2座。

内河港口码头 89座(其中持证码头81座)、码头泊位290个、码头岸线长1.52万延米。

一、基础设施建设

"十二五"期间,东台市累计投资59亿元,共建成大小交通基础设施200多个。

1. 公路建设

"十二五"期间,公路建设完成投资50亿元,建成一级公路109公里、二级公路95公里、四级公路1460公里。

(1)东台市北海西路改扩建工程。长4.40公里,2010年开工,按城市快速交通标准建设,总投资2.50亿元。2011年年底建成通车。

(2)G344东台段改扩建工程。长21.97公里,按路基宽26米、设计行车速度100公里/小时一级公路标准建设,总投资7.36亿元。工程分两期实施,其中第一期为东台市绕城段,长12.64公里。2011年开工,投资5.28亿元。2013年5月竣工。第二期为东台市西环路至东台、兴化交界段,长9.33公里。2013年4月开工,投资2.08亿元。2014年年底竣工。

(3)盐城市海堤海防公路东台段改扩建工程。长58.67公里,2012年2月开工,按二级公路标准建设,总投资1.20亿元。2013年12月通过交工验收,2016年4月21日通过竣工验收。

(4)G228东台段新建工程。长44.14公里,2011年2月开工,按路基宽26米、设计行车速度100公里/小时一级公路标准建设,总投资13亿元。2014年1月23日通过交工验收。

(5)S352东台段改扩建工程。长14.26公里,2012年10月开工,按路基宽26米、设计行车速度100公里/小时一级公路标准建设,总投资4.90亿元。2014年10月建成投入试运行。

(6)□富路东延段改造工程。长2.48公里,2014年9月13日开工,按二级公路标准建设,总投资500万元。2015年5月通过交工验收。

(7)S610二期东台段新建工程。长26公里,2013年3月开工,按路基宽26米、设计车速100公里/小时一级公路标准建设,总投资7.80亿元。2015年6月6日主体工程竣工。

(8)□新线改造工程。长10.61公里,按二级公路标准改造,路面宽7.5米,总投资1500万元,2015年12月17日通过交竣工验收。

(9)梁广公路改扩建工程。长14.40公里,2013年4月开工,按一般路段路基宽12米、规划镇区路基宽15米、设计行车速度60公里/小时二级公路标准建设,总投资9800万元。2015年7月交工验收。

(10)苏赵公路改扩建工程。长9.20公里,2013年4月开工,按一般路基宽12米、规划镇区路基宽15米、设计行车速度60公里/小时二级公路标准建设,总投资4200万元。2015年7月交工验收。

(11)农村四级公路建设及危窄桥梁改造工程。2011年至2015年,东台市新建农村公路1460公里,投资4.60亿元;提档升级农村公路105公里,投资1.10亿元;改造县道危桥39座,乡村道危桥101座,投资0.60亿元。

2. 航道建设

“十二五”期间,东台市累计投资7.63亿元,实施连申线航道东台段整治、通榆河、串场河、泰东线航道东台段疏浚及泰东线航道与安时河交界处护岸等工程。

(1)连申线航道东台段整治工程。长25.73公里,2010年12月29日开工,按三级航道标准开挖水上土方264万立方米、疏浚水下土方385万立方米、护岸48.72公里,总投资7.50亿元。2013年通过交工验收。

(2)通榆河东台段护岸疏浚工程。2011年上半年,实施通榆河东台市区段护岸工程,疏浚墙前土方2.80万立方米,总投资40万元。当年下半年竣工。

(3)串场河东台段护岸及疏浚工程。2011年至2013年,投资189万元,实施串场河东台段护岸及疏浚工程。其中,2011年对东台市区江苏金吉福食品有限公司220米段护岸,投资69万元;2012年对东台市区东升桥至泰东线段挖浅,疏浚土方2.60万立方米,投资80万元;2013年对泰东线与串场河交界处挖浅,疏浚土方2.40万立方米,投资40万元。

(4)丁保河唐洋镇区段护岸工程。2014年至2015年,投资1075万元,实施丁堡河唐洋镇区段护岸3000米工程。其中,2014年一期工程护岸1000米,投资300万元;2015年二期工程,护岸2000米,投资735万元。

3. 站场建设

“十二五”期间,投资1.41亿元,建成一、二级汽车客运站各一座。

(1)东台市民生汽车客运站工程。占地面积3.54万平方米。2009年10月开工,按二级汽车客运站标准建设,总投资3500万元。2011年1月建成投入运行。

(2)东台市汽车客运站工程。占地面积8.59万平方米。2012年8月开工,按一级汽车客运站标准建设,站内设有候车楼、驾驶员培训中心、物流中心、修理厂、检测站、站前广场、站内停车场等配套设施,总投资1.20亿元。2015年8月31日投入试运行。

二、水陆运输

1. 公路客运

至2015年,东台市拥有公路客运汽车773辆、1.99万个座位。“十二五”期间,累计完成客运量4432.20万人、客运周转量46.74亿人公里,比“十一五”分别下降21.99%、上升11.17%。其中,2015年完成客运量1056.70万人、客运周转量11.07亿人公里,比2011年分别增长40.89%和39.90%。

2. 公路货运

至2015年,东台市拥有货运车辆6872辆、7.18万载重吨。“十二五”期间,累计完成货运量7120万吨、货运周转量68.42亿吨公里,比“十一五”分别增长38.20%和31.80%。其中,2015年完成货运量1652万吨、货运周转量68.42万吨公里,比2011年分别增长41.31%和43.42%。

3. 水路货运

至2015年,东台市拥有货运船舶7645艘、8.30万载重吨。“十二五”期间,累计完成水路货运量8878万吨、货运周转量182.54亿吨公里,比“十一五”分别增长24.20%和25.60%。其中,2015年完成水路货运量2023万吨、货运周转量41.86亿吨公里,比2011年分别增长37.99%和39.97%。

4. 港口装卸

至2015年,东台市内河港拥有各类搬运、装卸机械225台(套)。“十二五”期间,内河港累计完成货物吞吐量5800万吨,比“十一五”增长83%。其中,2015年,内河港完成货物吞吐量1829.15万吨,比2011年增长46%。

三、行业管理

1. 公路管理

(1)坚持道路日常性、预防性、周期性养护维修。“十二五”期间，累计灌缝沥青路面7.86万米，沥青热再生修补路面4680平方米，挖补沥青路面病害11.75万平方米，整理路肩边坡411公里，维修盖板排水沟4620米，硬质处理S226、S333线居民区路肩1210平方米。同时，2011年至2015年，投资1.39亿元，对国、省、县道部分路段计150.80公里进行路面病害处理、小修保养、中大修改造，国省干线道路优良率达100%、公路状况指数稳定在94.70以上。

（2）实行路域环境整治常态化。“十二五”期间，不时进行路域环境整治，先后依法清除障碍物、堆积物4280立方米、摊点379个，拆除违章垃圾池20处231平方米、道路控制区范围内乱搭乱建68处、非标悬挂物997块、高炮广告牌61块。保持道路通畅、两旁环境整洁。

（3）及时办理涉路案件。对于累计发生的40件行政许可案件、53件行政处理案件、337件行政处罚案件，一一依法依规审结，无一件行政复议撤销、行政诉讼败诉案件出现。

2. 航道管理

（1）维护航道，保证航行畅通。“十二五”期间，东台市累计投入1295.4万元（比“十一五”增长78.60%），用于航道维护性疏浚和护岸。其中，投资40万元，实施通榆河航道东台市区段护岸墙前土疏浚及续建工程；投资69万元，对串场河东台市区江苏金吉福食品有限公司段护岸220米；投资12万元，对泰东线与安时河交汇处护岸50米；投资80万元，对串场河东台市区段东升桥至泰东线段进行疏浚；投资40万元，对泰东线航道与串场河航道交汇处进行疏浚；投资1064.4万元，对丁堡河航道唐洋集镇区段护岸3000米。同时，累计航道扫床1555公里，及时清理水下残桩及其他碍航物，打捞17艘事故沉船，航标也得到充分保养和维护，干线航道通航保障率保持在95%以上。

（2）巡航执法，依法清障。“十二五”期间，累计出动执法车（艇）1430多次，行程5.81万公里，依法清理渔网渔簖131处，拆除违章码头10处；配合地方海事处、公安水警大队整治停靠在市区航道上农杂船46艘，拆解了其中43艘，航道变得通畅无阻。

（3）履行职责，诚信办事。“十二五”期间，对境内320家涉航企业及时办结行政许70件。同时，按规定办理航道行政案件9件、航道处罚案件4件，收取违章罚款3700元，解缴航道赔补偿费561.35万元。五年中，未发生行政复议变更、撤销和行政败诉案件，未发生因管理职能履行不到位造成24小时以上断航事故。东台市航道站2011年至2014年，被盐城市精神文明建设委员会评定为“盐城市文明单位”；2011年至2015年，被盐城市交通运输局表彰为“交通系统目标任务综合考核先进集体”、被东台市精神文明建设委员会评定为“东台市文明单位”。2013年被江苏省交通厅确定为省级平安交通示范点、江苏省交通运输行业“安康杯”竞赛优胜组。

3. 运输管理

（1）换代运输工具，助力环保运输发展。“十二五”期间，累计淘汰效率低、能耗高、污染重中巴车149辆、“黄标车”716辆及其他部分客、货车辆；拆解老旧船舶358艘。同时，更新出租汽车383辆、高档客车32辆。至2015年，东台市计拥有新型出租汽车383辆，城市公交车140辆（其中LNG绿色环保车98辆），厢式货车、专用货车5039辆，为高效、低炭、环保运输发展奠定了物质基础。

（2）治理整顿，助力法治交通发展。运输管理部门通过经常性路巡，累计发现并及时整治各类道路运输违章案件1794件，其中，查处非法营运车135辆，查扣违规教学车37辆，取缔非法培训点、报名点16处，收缴出租车顶灯、计价器等非法营运标志171套。同时先后检查乡镇汽车维修、驾培企业148户；运输车（船）4200多辆（艘）；巡查农村公路116条、3.64万公里，查处交通违章案件496起；监管农村公路建设现场12次，督查整改质量缺限107次。交通运输在法治中发展。

(3)与时俱进,助力现代运输发展。“十二五”期间,以创建品牌线路为导向,尽心帮助、推动东台市亚东物流公司“东台—无锡”“东台—常州”班线,东台市恒通物流有限公司“东台—南京”“东台—温州”班线,东台市鑫顺物流有限公司“东台—杭州”班线,成长为江苏省交通运输厅批准的“江苏快货”品牌线路;以促进农村物流业兴起为契机,全力培育东台市千禧福物流有限公司、翠源食品股份有限公司、方园物流有限公司、康兴物流有限公司、百科药业有限公司升格为江苏省农村物流示范企业;以发展智慧交通为纽带,运用高科技成果建成城市客运监控调度中心,实施GPS系统全天候对140辆公交车、383辆出租车的运行轨迹实施精确定位;“89518951”服务热线,24小时受理旅客咨询、投诉;电话“召车”服务率先在全省县级城市中实行;东台汽车客运站自动售票,梁垛、安丰、富安联网售票与时俱进;Wi-Fi(无线网络)设备相继在部分长途班车、城市公交车上安装使用。跟着科技潮流,运输现代化日渐向前发展。

4. 地方海事管理

(1)按规办事,诚信服务。“十二五”期间,累计为业户办理船舶签证7.66万艘次,安检船舶8261艘次;收取港务费与特种秩序维护费1571.11万元、船舶检验费2717.87万元,行政处罚费416.97万元;代征车船税149.26万元。依规诚信履职,受到社会肯定。

(2)应急救难,保航顺畅。值守人员全天候在岗,及时应答求救,快速派出救助力量,累计打捞沉船15艘,解困搁浅船舶65艘、遇险船员95人;科学处置2艘受损危险品运输船舶,避免水源污染恶性事故发生;打档疏导船舶,排除塞档阻航12起。没有发生一起因人为责任而停航事件。

(3)阳光执法,治理违章。“十二五”期间,累计依规依法查处一般程序行政案件299件、简易程序行政案件3767件,整治长年停靠在市区航道上农船89艘、迁移46艘、拆解43艘,解决了多年遗留下来的老大难问题。所办案件,无一件涉及到乱收费、乱罚款、乱设卡问题。东台市地方海事处先后被江苏省地方海事局表彰为“全省地方海事船检工作先进集体”、被盐城市交通运输局表彰为“全市交通运输系统目标任务综合考核先进集体”、被盐城市地方海事局表彰为“全市地方海事系统先进单位”。

5. 内河港口管理

2012年5月3日,东台市内河港口管理处成立(为东台市船闸管理所更名),同年7月26日挂牌行使职能。

(1)制定东台市内河港口发展规划、年度工作计划,并组织实施。

(2)依据《中华人民共和国港口法》《江苏省港口条例》《盐城内河港总体规划》,对港口码头经营许可、安全设施、作业环境、污染防治等事项进行检查监督。

(3)依法核发港口经营许可证47本(户)、危险货物企业作业附件证2本,审批危险货物作业申报223件,与港口生产企业签订安全目标责任状141份,规范建立港口码头档案58份,内河港口管理日渐正轨化。

四、安全生产

1. 落实“党政同责、一岗双责、失职追责”安全生产责任制。东台市交通局坚持年年与7个行业行政监管单位及8个交通企业主要负责人签订年度安全生产责任状,将安全生产层层落实到实处。

2. 定期不定期组织安全生产检查。“十二五”期间,东台市交通系统累计组织安全生产检查900多次,发现并整改隐患650多起。

3. 严格执行安全生产法规。“十二五”期间,东台市交通局组织安全生产专项执法1192次,发现并处理违章违法案件5977起,防微杜渐,五年中未因违法违规而发生一起重大安全事故。

五、法治建设

1. 多形式开展法治宣传教育。在系统内部，通过发放各种法治学习资料、开办16期执法人员培训班、组织学员参加东台市公务员法治理念主题比赛和“万人学法”等活动，提高广大党员干部学法、执法的自觉性、积极性；在系统外部，利用证照年审、春节运输、专项整治和“18”法治宣传日、“12·4”国家宪法日、法治集市等活动，发放法治宣传材料逾10万份，接受群众法治咨询万余人次，同时充分利用车站广播、宣传栏，服务窗口公示栏、电子触摸屏，城市公交车、出租车车载LED显示屏，大力宣传交通法律法规知识，让法治交通植根社会大众。

2. 法治建设制度化。依据《东台市交通行政执法岗位责任制及相关配套制度》《东台市交通运输局推行说理式执法相关制度》，确立交通运输局和所属执法单位从负责人到一线执法人员岗位责任47个，修改完善执法人员培训考核、持证上岗、执法协调、检查监督、投诉处理、结果公示、案件报备审查、案卷文书评查、错案责任追究等制度28项；建立完善说理执法培训、说理执法文书、说理执法监督、说理执法工作流程、说理执法考核等制度6项。整个交通法治建设和工作流程在严格的制度下进行，职责分明、流程科学，可操作性强。

3. 规范使用行政权力。经过全面清理，将确立的交通420项行政权力编制成7类37项主要职责、21种运行流程的行政权力事项清单、权力事项责任清单、行政权力运行流程图。其中权力事项，提交东台市行政权力中心在网上公开透明运行，接受法治监督系统和电子监察系统的监管；市交通局各行政执法单位的行政许可权力事项整合成17项进驻东台市政务服务中心，实行一站式服务、一个窗口对外，一条龙式规范服务。

4. 探索综合执法新模式。充分整合交通行政执法资源，积极探索交通综合执法新模式。组织公路路政、道路运政和综合执法人员开展道路运输综合执法行动；组织海事、航政、港口和综合执法人员展开水上综合执法行动，形成“一个意见、二个办法、三项职责、四类台账”的新的交通综合执法工作机制，大大提高了执法的质量与效果。

六、廉政建设

1. 年年逐层签订党风廉政建设责任状，细化责任内容，固化责任链条，保证党风廉政建设朝着正确方向，一步一个脚印前进。

2. 采用召开警示教育大会、播放警示教育宣传片、组织参观廉政教育基地、手机发送廉政提醒短信等形式，不断提醒党员干部严防死守、拒腐防贪思想防线。

3. 将权力锁进制度“笼子”，握权人时时、处处、事事严格遵章守纪，按章按法办事不越红线，彻底铲除物资采购、工程招投标、干部升迁、投资取向等领域容易滋生贪污腐败的温床。

七、文明创建

“十二五”期间，东台市交通运输局以“学先进、树新风、创一流”活动为载体，以提高交通干部职工队伍整体素质为重点，以深入推进政风行风和文化建设为抓手，文明创建取得了丰硕成果。先后涌现出无偿献血道德模范翟怀宇、扎根公路数十年敬业奉献模范陶玉明，勇斗歹徒、见义勇为模范曹荣生，盐城市劳动模范原东台市交通工程质量监督站站长袁小兵，盐城市“五一”劳动奖章获得者原东台市汽车运输公司驾驶员崔爱平等一批先进个人典型。与此同时，东台市交通局被盐城市交通运输局表彰为“文明创建工作先进集体”，2012年、2013年，连续两年被盐城市精神文明建设委员会评定为“盐城市文明单位”，2013年被东台精神文明建设委员会评定为“东台市文明单位”。

2011—2015年东台市运输局领导任职情况

表80

姓名	职务		任职	离职	备注
	党内	行政			
刘晔	党委书记	局长	2014.11		
朱海滨	党委副书记	副局长	2013.8		
	党委副书记 纪检组长		2015.4		
周东常	党委委员	副局长	2001.1		
杨宏根	党委委员	副局长	2012.8		
王伟建	党委委员	副局长	2013.7		
袁小兵		工委主任	2013.8		
	党委委员	工委主任	2013.10		
	党委委员	公路管理站 站　长	2015.4		
华安	党委委员		2015.5		
华林秦	党委委员	副局长	2004.8		2015.9被“双规”
秦志水	党委书记	局长	2008.2	2013.11	调出
朱殿明	党委副书记	副局长	2010.4		
		副主任科员	2011.10		歇岗
翟德平	党委副书记	副局长	2010.3		
		副主任科员	2013.6		歇岗
葛柳荣		副局长 主任科员	2010.4		歇岗
丁凤池	纪检组长		2004.1		
		副主任科员	2012.7		歇岗

(姜海涛、仇锦云)

【G344东台绕城段一级公路建成通车】G344东台绕城段西起东台迎宾大道，东至城东新区经四路与东进路交叉处，全长12.64公里。2011年，按路基宽26米，路面宽24米，设计行车速度100公里/小时一级公路标准开工建设。同步实施2座大桥，7座中、小桥，45道涵洞，1道下穿铁路立交桥工程，工程总投资5.28亿元。2013年5月1日主体工程竣工，同年12月13日通过交工验收。(姜海涛、仇锦云)

【梁广公路通过交工验收】梁广公路东起梁垛镇人民路，西至兴化市张郭镇境内的泰东河南岸，全长14.4公里。2014年，按照一般路段路面宽9米、路基宽12米，规划镇区段路面宽14米、路基宽15米，设计行车速度60公里/小时二级公路标准建设。同步实施大桥1座、中小桥26座、箱涵4道、圆管涵2道和绿化工程。2015年7月，通过交工验收。总投资9800万元。(姜海涛、仇锦云)

【弶富路东延段通过交工验收】弶富路东延

段西起原新东乡，东至海堤海防战备公路，全长2.48公里。2014年9月13日，按二级公路标准实施改造。同步新建桥梁1座、箱涵1道，2015年5月，通过交工验收。工程总投资500万元。（姜海涛、仇锦云）

【连申线东台段航道整治通过交工验收】连申线东台段航道起于泰东河与通榆河交汇口，止于通榆河盐城、南通两市交界处，全长25.73公里。2010年12月29日开工，按三级航道标准开挖水上土方264万立方米，疏浚水下土方385万立方米，新建护岸48.72公里，改建大桥7座。同时建设水上服务区1处、河心小岛1个、航道标志标16处、景观点2处，总投资7.5亿元。2013年12月18日通过交工验收。（姜海涛、仇锦云）

【交通运输综合管理所成立】2012年3月，东台市交通运输局撤销时堰、安丰、三仓、唐洋、曹丿、头灶、廉贻、台城8个中心交通管理所，组建成立东台市交通运输综合管理所及时堰、安丰、三仓、唐洋、□港、头灶、东台7个镇交通管理分所。东台市交通运输综合管理所，实行镇区域内交通运输综合行政执法，7个镇交管分所统一以东台市交通运输综合管理所名义行使执法权。（姜海涛、仇锦云）

【开展水上杂船专项整治】2013年6月，东台市对市区内河农杂船舶进行专项整治。由东台市交通运输局牵头，东台市地方海事处、东台市航道管理站、东台市公安局水警大队联合实施。经过3个月努力，累计迁移常年停靠在市区内河航道上的农杂船舶46艘，拆解了其中43艘，既保障了航道畅通、消除了市区内河两岸脏乱差现象，又有效地控制了区域水源污染问题发生。（姜海涛、仇锦云）

【推行说理式行政执法】为全面推进说理式执法，东台市交通运输局建立并完善了说理执法工作流程、说理执法培训、说理执法监督、说理执法法文书制作、说理执法考核等6项制度，制订了行政执法全过程说理操作规范，编制了说理式执法文书模板，有力地推进了说理式执法的开展。（姜海涛、仇锦云）

【规范交通行政权力阳光运行机制】“十二五”期间，东台市交通局对拥有的交通运输行政权力事项进行全面清理，确认并编制了420项行政权力、7类37项主要职责、21种运行流程的行政权力事项清单、权力事项责任清单、行政权力运行流程图。其中，赋予各行政执法单位17项行政许可权力行政审批职能向一个科室集中，承担审批的科室向市政府服务中心集中，行政审批事项向电子政务平台集中后进驻东台市政府行政中心，实行一站式服务，一个窗口对外服务、一条龙服务，确保权力在笼子中、在阳光下，在网上公开透明运行。（姜海涛、仇锦云）

大丰区交通

2015 年 5 月，江苏省召开沿海开发会议，省委书记罗志军(左二)、省长李学勇(左一)、盐城市委书记朱克江(右二)察看大丰港集装箱码头

2014 年 11 月 18 日，省交通厅行风作风检查组一行赴大丰航道站了解创建“群众满意基层站所”等活动开展情况

2012 年 6 月 13 日，市交通局长管亚光(左三)一行察看刘大线航道整治工程

2013 年 2 月 5 日，大丰市委书记倪峰(右二)一行检查春运安全生产工作

2013 年 9 月 12 日，大丰市委常委郭超(左三)带队检查交通运输行业管理工作

2015 年 1 月 6 日，大丰交通局长陈新明(左二)邀请相关专家和领导现场研讨博汇危化品码头安全管理问题

2012 年 7 月,S226 大丰北段建成通车

2013 年 9 月 30 日,G228 大丰段建成通车

2014 年 10 月,S332 大丰东延段(通港大道)主体工程竣工

2013 年 6 月初，大丰通港大道 BRT 站台竣工投入使用

2010 年 12 月 11 日，盐城市交通运输局、大丰市人民政府举行刘大线航道整治工程全线开工仪式

2012 年 12 月 18 日，刘大线航道竣工通航

2013 年 4 月，整治竣工后刘大线航道

【概况】

至2015年,大丰区境内已拥有:

公路3096.74公里,其中,高速公路38.75公里、一级公路213.06公里、二级公路413.16公里、三级公路287.64公里、四级公路1793.64公里、等外公路350.60公里,公路密度101.33公里/百平方公里。

航道717.51公里,其中三级航道36.29公里、四级航道59.10公里、六级航道27.33公里、七级航道290.57公里、等外航道304.22公里。

铁路26.29公里。

站场10个,其中公路客运站9个、火车站1个。

内河港码头75座,泊位75个,码头岸线长5669.50延米,最大靠泊能力500吨级。

一、基础设施建设

"十二五"期间,大丰区累计完成交通基础设施建设投资90亿元。

1. 公路建设

"十二五"期间,大丰区累计新建、改扩建各类公路近1200公里,同步改造危窄桥梁266座。

(1)大丰通港大道快速公交系统(BRT)工程。长28.40公里,2010年4月开工,项目分两期进行。第一期,实施道路扩建及绿化、亮化工程,投资11亿元;第二期,实施BRT及配套设施工程,投资2.50亿元。2011年7月1日,主体工程竣工通车。2012年5月,BRT建成投入运营,成为盐城市境内首条双向八车道出海大通道。

(2)G228大丰段工程。长68.93公里,2010年10月1日开工,按路面宽26米、六车道预留、四车道实施一级公路标准建设,总投资17.60亿元。2013年9月30日建成通车。

(3)S226大丰北段工程。长20.80公里,2010年6月开工,按路面宽26米、双向四车道一级公路标准建设,总投资5.10亿元。2012年7月建成通车。

(4)S332大丰东延段工程。长5.71公里,2012年8月开工,按路基宽24.50米、双向四车道一级公路标准建设,投资1.70亿元。2014年10月,主体工程竣工。

(5)S18大丰段工程。长31.60公里,2013年下半年开工,按路基宽28米、双向四车道高速公路标准建设。同时,配套建设大丰港主线入口,上海农场、大丰入口北互通,盐城东枢纽(二期)及新丰服务区,总投资17亿元。预计2016年年底全面建成通车。

(6)S351大丰段工程。长44公里,按路基宽26米、双向四车道一级公路标准建设,工期三年,工程概算投资13.60亿元。预计2017年底竣工。2015年1月20日,G228至草庙镇13.20公里路基1标开工。

2. 航道建设

"十二五"期间,投资14.63亿元,实施航道整治、疏浚、护岸及船闸、水上服务区等工程建设。

(1)刘大线(大丰港疏港航道)整治工程。长55.70公里,2009年12月开工,按砌筑护岸106.71公里(两岸护岸里程之和)、疏浚土方83.60万立方米四级航道标准整治,总投资13.20亿元。2012年12月18日交工通航。

(2)刘庄船闸工程。位于刘大线航道与连申线航道(通榆河)交汇处,由一座闸室长120米、宽18米、水深4米船闸和一座口门宽18米防洪闸组成。2011年1月1日开工,总投资1.07亿元。2012年12月18日建成。

(3)大中水上服务区工程。位于大丰区S226德丰大桥东侧。2003年8月开工,投资2000万元。2013年7月竣工。

3. 站场建设

沈灶汽车客运站工程。位于沈灶小街东首,按四级客运汽车客运站标准建设,投资250万元。2011年12月建成并投入使用。

二、水陆运输

1. 公路客运

至2015年，大丰区拥有客运汽车503辆、7600座位。“十二五”期间，累计完成客运量4705.22万人、客运周转量26.83亿人公里，比“十一五”分别增长27%和22%。其中，2015年，完成客运量961.12万人、客运周转量5.43亿人公里，比2011年分别增长9%和6%。

2. 公路货运

至2015年，大丰区拥有货运汽车6012辆，4.91万吨。“十二五”期间，累计完成货运量2318.81万吨、59.39亿吨公里，比“十一五”分别增长84%和88%。其中，2015年完成货运量553.23万吨、货运周转量14.24亿吨公里，比2011年分别增长42%和44%。

3、水路货运

至2015年，大丰区拥有水运船舶196艘、6.47万载重吨。“十二五”期间，累计完成货运量2182.37万吨、货运周转量47.04亿吨公里，与“十一五”同期相比，分别增长54%和57%。其中2015年完成货运量492.56万吨、周转量10.64亿吨公里，比2011年分别增长30%和31%。

4. 内河港口装卸

至2015年，大丰区内河港口拥有各类搬运装卸机械78台(套)。“十二五”期间，累计完成港口货物吞吐量2890.60万吨，比“十一五”增长55%。其中2015年完成港口货物吞吐量650.20万吨，比2011年增长28%。

三、行业管理

1. 公路管理

(1)整治路域环境。“十二五”期间，累计出动执法车4360辆次，上路巡查5.76万公里，清理各种非法标志牌1136块、各类堆积物9566立方米、边坡种植4832平方米、经营摊点176处。与此同时，维修保养干线公路标志牌132块、标线1.36万平方米，修复防撞护栏2836米，增设警示桩596根、交通安全标志牌82套、防撞护栏2854米，净化、美化了路域环境。

(2)查处违章案件。“十二五”期间，累计受理、立案并查处行政处罚案件1424起、行政处理案件310起，办理行政许可48件，依法收取各类路产赔(补)费574.80万元、罚款319.30万元，维护了国家路产的完整和安全。

(3)精心养路、护路。“十二五”期间，累计养护国道1159.16公里，维修沥青路面10.85万平方米，灌缝沥青路面14.70万米、贴缝1.25万米，维修路肩平台30万平方米，绿化提档升级20.80公里，国省道MQI平均值达93.72，其中，国道五年MQI平均值达93.96；累计养护县乡村公路1.37万公里，其中，县道2275.27公里、乡道4602.98公里、村道6801.04公里。县道沥青路面累计维修11.81万平方米、中修表面处理累计12.02万平方米；村道水泥路面累计维修6.18万平方米。县道五年MQI平均值83.60，县道好路率81.66%、乡道好路率77.24%、村道好路率77.88%，处于较好的水平。

2. 航道管理

“十二五”期间，累计巡航430天，航程8.21万公里，其中，扫床航道2574公里，清除水下沉石104吨、水下暗桩12根，打捞沉船8艘，维护航标120座次，更换升级串场河航标6座，航标正位率达99%以上。同时，及时办理临、跨、过河建筑设施许可73件、行政处罚案件2件、行政处理案件25件，依法收取罚金6000元、征收航道赔(补)费1297.98万元，为350家企业提供了涉航法律服务。

3. 运输管理

(1)把牢运输秩序关。“十二五”期间，执法人员累计上路巡查4.10万人次，检查客车1.50万辆次、货车5万辆次，及时发现并处理违章案件2192起，罚款278.13万元，有效地维护了交通运输秩序。

(2)尽心服务运输业户。“十二五”期间，每年按时为水陆运输业户车船办理年检换证，其中2015年,如期让5048户道路运输业户5713辆客、货车辆,11户水路货运业户252艘船舶拿到了“两证”,受到了广泛好评。与此同时,累计办理行政许可4760件,申报者及时从中获益。

（3）全力助推现代运输业发展。紧抓市场机遇,策应社会经济发展需求,积极推进现代物流运输业角逐水陆运输市场,宣传、引导、培植了物流业户222户,新增货运车辆842辆,壮大了现代物流运输业实力。经过市场洗礼、检验并经专业部门综合性考核，认定了A信誉等级企业3家、AA级信誉等级企业2家、3A级信誉等级企业1家,有效地扩大了市场占有率，显示了新型运输业旺盛的生命力。

4. 海事管理

(1)巡逻督查,维护航行秩序。“十二五”期间,累计出动海巡艇2.68万艘次,巡航18.36万公里,检查各类船舶9.44万艘，处理水上交通事故26起,结案率100%。

(2)查处违章,警示教育当事者。“十二五”期间,累计查处海事行政处罚案件1.96万件,其中,一般程序案件157件、简易程序案件1.94万件。同时,办理行政许可25件、船舶进出港签证7.91万次,罚款435万元,无一差错或行政复议、行政诉讼败诉案件发生。

(3)快速反应,抢救遇险船舶。“十二五”期间,严格按照水上交通安全应急反映机制办事，接到求救信息后,快速出动救援力量,先后及时成功解救201艘遇险船舶，挽回船主间接经济损失1000多万元,直接经济损失也降到了最低。

5. 工程管理

(1)坚持质量第一方针。“十二五”期间,凡受理监督的工程项目,一律按照《盐城市交通建设工程质量监督规定》和《盐城市农村公路建设质量管理办法》的意见要求办事。

(2)严格质量管理责任制。推行交通工程建设全面质量管理,健全工程质量监管体系,明确责任主体,细化职责分工,责任到人。

（3）全程跟踪质量监督。“十二五”期间,对G228大丰段、S226大丰北段改扩建工程、农村公路及桥梁改造工程、海益线五号桥及拖拉机站桥改造工程、海堤海防战备公路大丰港区北段道路工程、麋鹿自然保护区接通G15工程、南白线白驹大桥及新便线龙堤大桥改建工程、农村公路提档升级工程、通港大道改扩建工程等工程实施全过程、全方位质量跟踪监督管理和交(竣)工验收。

四、安全生产

（1）紧绷安全生产之弦不松劲。“十二五”期间，通过各种定期不定期形式安全检查，深排细找，累计发现客货运输生产中安全隐患2825条，针对存在问题，投入350万元整改资金和足够人力,量身制定对策,及时把各种隐患一一消灭在萌芽状态。其中3起比较严重的隐患,上级主管部门高度关注,挂牌专人督办。经涉事职能部门、责任企业、单位,担当努力,问题迅速得以解决。工程施工安全,同样作为重中之中,紧抓不放。“十二五”期间，相继开展45次交通建设工程专项整治活动,共查出事故苗子75个,通过认真及时整改,全部化险为夷。

（2）推进安全生产标准化建设。“十二五”期间，大丰区交通安全管理部门积极推行安全生产标准化建设，指导帮助企业健全和完善生产安全管理体系,制定安全生产标准化建设达标计划,督促企业按照标准对达标进程进行自查自评自我促进,安全生产态势普遍向好。经过省交通厅考评机构的严格考核，盐阜公路运输集团大丰有限公司通过了安全生产一级标准化资质考评，联运公司通过了安全生产二级标准化资质考评;其他企业,全部提交了自评报告，等待交通运输厅安全考评机构评审。

(3)组织安全生产应急预案演练。“十二五”期间,大丰区交通局根据生产事故具有突发性、偶然性的特点，设计各种可能的预案，以应急演练周等形式，多次组织企事业单位进行实战化练兵。每次活动，都邀请安监、公安单位领导和基层单位分管安全负责人观摩，交通局主要负责人到现场指挥并做总结点评讲话。通过演练，锻炼和提高了交通系统应急管理队伍处置突发安全事件的能力。

五、法治建设

1. 深入进行法治教育。“十二五”期间，累计出动宣传车、艇1200余次，张贴法治宣传材料2900余份，悬挂宣传标语67条，发放宣传材料1.70万余份，持续开展交通法律法规知识宣传教育进广场、进社区、进企业活动。同时，积极组织交通系统广大干部职工学法，执法人员、公务员每年学法不少于60学时，下属单位干部、职工学法每年不少于4次。2014年至2015年间，还分8期，共组织119名执法人员参加省交厅大轮训活动。

2. 探索建立说理式执法新模式。从2011年开始，大丰区交通局开始探索建立说理式执法新模式。经过一段时间筹备，在初步形成说理式执法规范性程序的基础上，选择客货运输行业作为说理式执法试点，取得了较为明显的效果。至2015年，说理式执法，已在大丰区公路、航道、海事、交通行政执法部门推广，实现了全覆盖。

3. 确认交通行政权力事项。经过认真清理，确认交通行政权力事项345项，其中行政许可30项、行政处罚270项、行政强制21项、行政审批4项、行政确认6项、其他14项。对核准的行政权力事项逐一编制内、外部流程图，固化行政程序。同时，将办理行政事项的法定环节和步骤细化到每个岗位，实现了办理程序自动流转，网上运行，阳光透明。

六、廉政建设

1. 健全“两个责任”体系。交通局主要负责人履行党风廉政建设“第一责任人”职责，班子成员全部落实“一岗双职”，实行一手抓交通改革发展，一手抓反腐倡廉。党委成员以身作则，带头按《交通工程项目党风廉政建设责任制》、《进一步加强财务管理制》、《招投标管理补充规定》等六项廉政建设制度履职，形成按制度办事、用制度管人、靠制度管权的机制。同时，局主要领导与分管领导，分管领导与各单位、各部门主要负责人层层级级签订《党风廉政建设目标责任书》，特别是工程项目开工前，交通局在与建设单位签订施工合同、安全合同的同时必须签订廉政合同，不让党风廉政建设有一点空白地带存在。

2. 筑牢反腐思想防线。大丰区交通局党委坚持把拒腐反贪作为党风廉政建设重要一环，紧抓不放，遇事必谈，逢会必讲，尤其是充分采用每周星期六党校学习时间，以通报各级纪检监察机关查办的典型贪腐案件等形式，用活生生的案例，对党员干部进行警示教育，启发每个人从中吸取教训，戒备自己，远离贪腐。同时，每年组织局领导班子全体成员、各单位中层以上干部、工程一线和机关全体工作人员，观看廉政微电影等警示教育片、到华丰农场大丰区廉政教育基地、大丰区看守所、盐城市廉政文化公园、盐城监狱、盐城新四军纪念馆接受廉政教育，筑牢反腐思想防线。

3. 适时进行廉政约谈。交通局党委恪尽职守、防范未然，凡廉政中苗头性、倾向性问题早咬耳朵、早扯袖子、早打预防针。平时通过个别约谈、重要节日前集体约谈形式，对机关中层以上干部、下属单位负责人进行预防性教育；工程建设领域，凡千万元以上工程项目廉政约谈制度雷打不动，属于本级工程，重点环节实行纪委监察室全程参与制，不留死角。尽管如此，仍有个别人顶风贪腐作案。2014年1人被处以党内严重警告，2015年1人被立案调查。

七、文明创建

1. 开展学典型，树新风活动。通过开展“文明交通劝导周周行”“学雷锋”志愿服务、“道德讲堂”讲道德、学做“大丰好人”和“盐城交通好青年”等系列活动，启发、引导、动员广大干部群众积极参与文明创建,形成一个学习先进典型、争当时代楷模的热潮,不断将交通文明创建推向新的阶段。

2. 培育先进集体、先进个人。随着《交通运输行业创建五年行动规划纲要》深入贯彻落实,文明创建不断向纵深发展,一批批省、市、县级先进集体、先进个人脱颖而出。其中,顾汝中荣获省总工会“五一”劳动奖章;海事处潘克林、巴士公司刘德波入选盐城好人;治超站沈海星被评为盐城市首届交通好青年;陈连兴、张海涛、陈辉文、唐曙涛、许彪被评选为盐城市交通运输系统“交通之星”;柏红卫、唐曙涛、许健被评选为“交通服务之星”;航道站创建成省级职工之家、盐城市级廉政文化示范单位;“许冬升服务班组”和“大丰港BRT公交服务班”被评选为大丰区“交通服务品牌”。

3. 奉献爱心,扶贫济困。“十二五”期间,大丰区交通系统充分发挥集体和个人的力量,向600余名特困职工发送慰问金和扶贫款近200万元;向红十字会“博爱”基金会、“金秋助学”“慈善一日捐”捐助13万多元;同时捐赠“母亲邮包”50个,慰问贫困大学生、孤儿、军转遗属2万多元,情洒交通,爱心暖人。

表81

2011年—2015年大丰区交通运输局领导任职情况

姓名	职务		任职	离职	备注
	党内	行政			
刘中海		副局长	2011.02		
陈黎		副局长	2012.09		
胡德玉	纪检书记		2012.09		
钟海波		副局长	2013.01		
丁同权		副局长	2013.01		
陈胜祥		副局长	2006.01	2013.01	
朱家茂		副局长	1998.08	2013.01	
陈连兴		副局长	2006.04	2013.01	
丁荣安		工委主任	2010.04	2013.01	
盛晓红		工委主任	2013.12		
朱学忠	书记		2001.5	2001.11	
	副书记	局长	2001.11	2014.01	
	书记		2014.04	2014.12	
陈新明	副书记	局长	2014.01	2015.12	
	书记	局长	2014.12	2015.12	
顾汝中		副局长	2004.4	2014.12	
徐文新	书记		2015.12		
		局长	2016.03		

(王进军、陈征涛)

【通港大道快速公交（BRT）建成通车】2012年5月，大丰区双向八车道通港大道快速公交系统(BRT)投入运营。通港大道长28.40公里，分两期施工，总投资13.50亿元。其中，第一期为道路扩建及绿化、亮化工程，投资11亿元。第二期为BRT车站、配道工程及车辆购置，投资2.50亿元。(王进军、陈征涛)

【刘大线（大丰港疏港航道）整治交工通航】2012年10月，刘大线(大丰港疏港航道)整治竣工，交付通航。该工程西起刘庄镇通榆河口，向东经新团河、胜利河，转北向平地开新河接北中心河，向东经大丰干河、二卯酉河至大丰港区内河池，全长55.70公里。2009年底开工，统一按四级航道标准整治，总投资15.50亿元。(王进军、陈征涛)

【G18大丰港至盐城段工程建设】2013年下半年，G18大丰港至盐城段开工建设。该工程起于大丰港经济开发区环港路与城东路交界处，终至G18盐城东(步凤)枢纽，全长36.60公里，其中大丰段长31.60公里。全线按双向四车道高速公路标准建设，连同大丰港主线入口、上海农场互通、大丰北互通、盐城东枢纽(二期工程)及新丰服务区，总投资20.71亿元，其中大丰段投资17亿元。预计2016年年底建成通车。(王进军、陈征涛)

【五成行政村开通公交车】2013年至2015年间，大丰区先后开辟14条镇村公交线路，投放16辆公交车辆，开通了南阳、西团、草庙、小海、大桥、万盈6个镇村公交车。在全区212个行政村班车通达率100%的基础上，有五成、106个行政村通了公交车，镇域范围内，票价1元，既省钱又方便人们出行。2015年计划增开草堰、白驹两镇镇村公交，将进一步扩大镇村公交覆盖面。(王进军、陈征涛)

【车辆维修行业尽职担当】“十二五”期间，大丰区车辆维修行业应需发展壮大，至2015年已拥有一类维修企业1家、二类维修企业34家、快修企业5家，从业人员1150人。2015年，整车修理近7500辆次、总成修理2100辆次、二级维护4.50万辆次、专项修理6万辆次、快修保养6万辆次、救援维修12辆次、施救维修1100辆次；同时检测各类车辆1.47万辆次、二级维修竣工质量检测8200辆次、技术等级评定6124辆次。整个行业尽职担当，服务态度好，修理质量高，工期速度快，深受用户欢迎。(王进军、陈征涛)

【培训车辆合格驾驶人员】“十二五”期间，大丰区驾校采用驾培智能系统及GPS围墙等高科技手段，让教练车在运管部门许可的训练场地培训，在公安部门划定的线路上训练，确保对车辆驾驶人员培训严格按教学大纲有序、有效进行。五年中，累计培训合格学员7.87万人。至2015年年底，大丰区已拥有9所驾校、300辆教练车、310名教练员，当年培训学员1.48万人。所有驾校都比较出色，其中交通驾校被江苏省运管局评为“江苏省机动车驾驶员培训学校培训质量信誉A级”。

【率先成为盐城市无渡区(市、区)】2011年，大丰区还有渡口11道。“十二五”期间，先后建成新丰镇韦灶、草堰镇合新、小海镇新北和海中4座代渡桥，撤掉6道渡口。2015年11月25日，经大丰区人民政府批准，拆除大丰经济开发区域内5道渡口。至此，大丰区全境无渡口，结束千年渡运历史，成为盐城市首个无渡区(市、县)。(王进军、陈征涛)

【水路危险运输管理到位】“十二五”期间，大丰区交通局相关职能部门联手对水路危险品运输严加管控，凡危险品运输船舶进入辖区水域，必须“先报港、后进港，先申报、后装卸”；凡区内危险运输船舶必须安装GPS定位和AIS识别系统，全天候接受动态监控；凡危险品运输船舶必须在签证时接受严格船舶适装性能、船员配备及专门培训情况检查，对存在安全隐患的船舶不予签证，在隐患消除前禁止离港或进港。严苛管理出成果，五年中，大丰区内危险品运输船舶未发生一起安全事故。(王进军、陈征涛)

亭湖区交通

2013 年 5 月 27 日，江苏省交通运输厅厅长游庆仲(左二)在亭湖区南洋交管所调研

2012 年 5 月 28 日，江苏省交通运输厅副厅长王永安(左三)在亭湖区检查交通安全安全工作

2013 年 10 月 18 日，江苏省交通运输厅副厅长梅正荣(左三)检查亭湖区渡口安全

2012 年 7 月 7 日，盐城市委书记、人大主任赵鹏(左二)察看亭湖大道东延上跨 G15 接线工程

7 月 1 日上午，市委副书记、市长王荣平(左三)在亭湖区察看徐宿淮盐高铁亭湖段建设工作

2012 年 11 月 18 日，S234 亭湖段改扩建工程竣工通车

2012 年 12 月 19 日,G228 亭湖段竣工通车

2012 年 12 月 19 日,S226 亭湖段改扩建工程竣工通车

2012 年 12 月 31 日,亭湖大道上跨 G15 接线工程建成通车

盐城机场路绿化工程被市委、市政府评为2013年绿色盐城春季重点工程会战精品工程

2015年1月11日，亭湖区黄尖镇市镇公交与大市区实现无缝对接

2013年3月1日，央视4套节目组采访亭湖区交通民生工程建设

深入开展调查研究，关注交通民生事业

【概况】

至2015年,全区已拥有:

公路1348.82公里,其中,高速公路55.42公里、一级公路177.25公里、二级公路145.68公里、三级公路60.92公里、四级公路863.19公里、等外级公路46.35公里。

航道161.41公里,其中,三级航道36.50公里、五级航道111.44公里、六级航道13.47公里。

铁路35.5公里。

站场8个,其中,一级、二级汽车客运站各1个,农村汽车客运站4个,火车客运站、货运站各1个。

内河港码头52座，码头岸线长8040延米，泊位164个,最大靠泊能力300吨级。

一、基础设施建设

“十二五”期间,亭湖区累计投资29.20亿元,建成和在建各种交通基础设施项目204个。

1. 公路建设

“十二五”期间,投资17.47亿元,新建、改扩建公路、桥梁项目198个。

(1)S234亭湖段改扩建工程。长19.73公里,2010年7月1日开工，按双向四车道、设计车速100公里/小时一级公路标准建设，总投资6亿元。2012年12月19日竣工。

(2)S226亭湖段改扩建工程。长9.61公里,2010年12月28日开工,按路基顶宽26米、双向四车道、设计时速100公里/小时一级公路标准建设,概算投资3亿元。2012年12月19日竣工。

(3)G228亭湖段新建工程。长9.64公里,2010年12月开工，按路基顶宽26米、设计车速100公里/小时、双向四车道一级公路标准建设,概算投资3亿元。2012年12月19日竣工。

(4)亭湖大道上跨G15接线新建工程。长6.62公里,2012年3月21日开工，按路基宽69.5米、双向6车道、设计车速100公里/小时公路—Ⅰ级标准建设,概算投资3.9亿元。2012年12月31日竣工。

(5)农村公路及桥梁新改建工程。2011年1月8日至2012年12月28日，投资1.32亿元,建设农村公路项目94个233.64公里；投资0.25亿元,建设农村公路桥梁项目100个(座)。至2012年年底,亭湖区实现了等级公路“村村通”。

2. 铁路建设

“十二五”期间,计划投资36亿元,用于连盐铁路、徐宿淮盐高铁亭湖段建设。至2015年已完成其中的10亿元投资。

(1)连盐铁路亭湖段工程。长13.83公里,

2010年启动前期准备工作,2013年12月开工建设,2015年年底,进入架梁铺轨阶段,完成总投资10亿元。预计2017年竣工。

(2)徐宿淮盐高铁亭湖段工程。长22公里,2014年12月启动前期工作,2015年12月开工建设,总投资26亿元。预计2019年竣工。

3. 站场建设

“十二五”期间,投资1.23亿元,建成二级客运站1个,农村客运站1个,公交枢纽回车场1个。

(1)盐城客运汽车北站工程。位于亭湖区开放大道359号(白马商场北侧),由盐阜运输集团和亭湖区盐淮汽车公司、白马商场共同投资1亿元,盐城交通运输局、亭湖区交通运输局联合招标建设。工程于2009年开工,2011年11月30日竣工投入运营。

(2)伍佑农村客运站工程。位于2011年11月区划调整前的亭湖区伍佑街道通榆南路9号(区划调整后为城南新区佑街道通榆南路9号),2010年9月18日开工建设,总投资300万元。2011年9月10日竣工。

(3)环科城公交枢纽回车场工程。位于盐城市环保产业园新民村境内,东沿S226,南沿环保大道。2014年5月1日开工,投资约2000万元。2015年5月18日竣工。

4. 内河港口建设

新界作业区码头工程。“十二五”期间,投资5000万元,推进城东新界作业区码头等项目的建设。至2015年底,作业区码头已完成除机械设备安装以外的基础设施建设,预计2016年上半年投入使用。

二、水陆运输

1. 公路客运

至2015年,亭湖区拥有客运汽车29辆、1102个座位。“十二五”期间,累计完成客运量3326.18万人、客运周转量为20.62亿人公里,比“十一五”分别下降2.28%和2.52%。其中,2015年完成客运量1079.47万人、客运周转量6.86亿人公里,比2011年分别增长88.70%和91.61%。

2. 公路货运

至2015年,亭湖区拥有厢式货运汽车、普通货运汽车共5078辆、4.33万吨。“十二五”期间,累计完成货运量530.56万吨、货运周转量6.90亿吨公里,比“十一五”分别增长20%。其中,2015年完成货运量99.55万吨、货运周转量1.29亿吨公里,比2011年分别增长18.35%和17.83%。

3. 水路货运

至2015年,亭湖区拥有货物运输船舶487艘、15.57万载重吨。“十二五”期间,累计完成货运量505.76万吨、货运周转量14.16亿吨公里,比“十一五”分别增长14.65%和12.50%。其中,2015年完成货运量129.61万吨、货运周转量3.63亿吨公里,比2011年分别增长1.20%和1.70%。

4. 内河港口装卸

至2015年,亭湖区拥有各类装卸机械261台(套)。其中,吊机98台,装载机及铲车78台,输送带85条。“十二五”期间,累计完成港口货物吞吐量3000万吨,比“十一五”增长6.67%。其中,2015年完成港口货物吞吐量790万吨,比2011年增长16.46%。

三、行业管理

1. 公路管理

(1)认真执法,整治道路环境。路政人员坚守前沿阵地,不时组织巡查执法活动,现场累计发现并及时清理打谷晒场469处、占道经营170起、越位电力杆线5根;制止乱堆乱放、违章建筑、道口随意搭接杆(管)线等违法行为260多起;拆除非法广告牌83块、违章横幅43条,路域环境整齐、靓丽、无障,面貌一新。

(2)精细养护,保障车辆畅行。道路维护专业队伍恪尽职守,精细护养公路、桥梁,境内842.60公里、1026座桥梁技术状况始终处于良好状态。

其中,县乡道好路率平均达到80%,处在较好的水平上。与此同时,认真捍卫公路权益,及时审理办结涉路赔偿案件21件,有效地保障国家路产免遭损失。

2. 运输管理

(1)整顿道路秩序。累计出动稽查车辆6236辆次、稽查人员1.24万人次,检查车辆1.82万辆次,查获各类违章案件2044起,对其中客运违章336起、货运违章1705起及时进行了处罚。

(2)淘汰落后运能。深入宣传、动员运输业户,落实国家有关老旧运输工具更新换代政策,累计淘汰能耗高、效率低下、污染严重的老旧客货营运汽车1603辆、船舶69艘,代之处于先进水平的运输车辆和船舶,取得了效益、环保的双重成效。

(3)推进公交一体化。为社会大众出行方便、舒适着想,全力助推城乡公交一体化发展,成功开通城市公交线路52条、镇村公交路线10条,其中BRT快速公交线路8条,合计投放公交车534辆。至2015年年底,全区实现镇村公交通达率100%、市镇公交通达率100%,村民在家门口就可以乘上公交车。

(4)助力现代运输发展。帮助运输、维修业户创业,拓展市场空间,新辟物流快线7条,新增农村物流示范点2家,新建“江苏快修”品牌汽车维修企业2家,受益业户插上了现代运输的腾飞翅膀。

3. 内河港口管理

2012年,亭湖区内河港口管理部门成立,业内工作开始运行。

(1)夯实管理基础。开展内河港口管理“基础年”“提升年”活动,搞好基础工作,推动港口管理规范化进程。

(2)整顿经营秩序。针对港口码头散乱,运作无序状况,进行专项整治,先后取缔通榆河等沿线小、散码头32座,明确经营主体,规范经营行为,稳定了经营秩序。

(3)严格履行职责。按照法定费率,及时依法征收应征货物港务费140万元。同时,加强港口安全巡查监督,狠杀违章,杜绝隐患,未发生一起安全责任事故。港口管理逐步走上了正轨。

4. 乡镇交通综合管理

(1)内部协同执法。各乡镇交管所相互协作,密切配合,协同执法165次,共出动执法车491辆、执法人员1012人次,累计检查运输车辆2300辆,其中立案处理道路运输违章案件19件。

(2)外部联动执法。各乡镇交管所与运管、公路、港口、航道、海事等行业管理部门以及辖区公安派出所、交警中队等相关执法部门相互支持借力,实施联合执法。其中,联合区港口办开展法律法规宣传30次,联合区运管处和市航道、海事部门开展专项检查26次,邀请派出所和交警中队开展联合检查19次,协助区公路管理养护处理办理公路赔偿案件7件,收到了令各方满意的执法效果。

四、安全生产

1. 加大舆论宣传力度,强化“安全第一”意识。“十二五”期间,交通系统累计设点安全宣传29次,悬挂横幅和张贴安全宣传标语1374条,出动宣传车(艇)719次,发放安全宣传单1.75万余份,在报刊、杂志发表安全信息167条。安全宣传无处不在,安全思想深入人心。

2. 及时组织安全检查,消除事故隐患。“十二五”期间,交通系统共组织612次安全生产检查,查出各种隐患1457条,交通主管部门向当事企业、单位及时签发事故隐患整改通知书82份,安全生产事故苗头被一一消灭在萌芽状态。

3. 打击非法、超限运输,维护市场经营秩序。“十二五”期间,交通执法部门累计查处营运驾驶人员无从业资格证案件401件、无道路运输证案件121件、无道路经营许可案件17件、不按规定线路行驶案件21件、不按核定的站点停靠案件91件、非法改装车辆从事运输案件4件、未按规定使用客运线路标志牌案件5件、包车未经批准擅自跑客运班线案件2件,及时将极易造成安全事故、不守法规的非法经营者逐出了运输市场。

4. 严字当头,加强危化品运输管理。交通职能部门严加危化品运输管理,规定境内所有危险化学品运输企业电子路单一律上网;危险化学品运输车辆一律与GPS监控平台对接;罐式危险化学品运输车辆一律安装安全阀自动切断装置,确保危险化学品运输在安全保障的笼子里进行。

五、法治建设

1. 深入开展法治宣传。充分利用“六五”普法载体,通过报刊杂志、网络、街头宣传,寄法规资料到企业,在服务大厅设立公示栏、触摸显示屏等方式,广泛进行法治宣传。“十二五”期间,累计设点宣传45次,悬挂横幅和张贴宣传标语725条,出动宣传车(艇)1100次,发放宣传单2.5万余份,在报刊、杂志发表普法信息159条,深入宣传社会,充分提升了包括交通人在内受众的法治建设的积极性和参与度。

2. 认真学习法律知识。领导班子带头,每年集中学法2次。公务员每年学法40个学时,行政执法人员每年参加法律知识更新培训,学习时间不少于15天。同时,积极组织执法人员参加省、市组织的法治建设大轮训和行业专业培训,听取专家对法律知识深度解读,提高受训人员学法、守法、用法能力。学法热潮一浪高过一浪,法治知识普及面越来越大。

3. 严格规范执法行为。遵循执法岗位制、重大案件集体讨论制、执法责任追究制、重大案件法治部门审核制、行政处罚自由裁量基准制等一系列执法监督制度,将所有行政许可、审批事项全部纳入亭湖区行政审批中心办理,并在政府权力网上运行。其中,运输管理部分行政许可、审批事项还同时在省交通厅运政在线上运行。与此同时,邀请人大、政协和行风监督员、新闻媒体到执法单位和执法现场督导;并充分利用服务厅摄像头、执法车上录音笔、摄像机、照相机等高科技手段及“公述民评”等措施,对每一个执法行为进行监督。“十二五”期间,亭湖区交通职能部门累计办理的交通各类行政许可2680件;审验货运车辆营运证件22303本、船舶营运证件2888本、业户《从业资格证》2.55万本;通过1.57万辆营运车等级评定、3.66万辆汽车检测、1.02万人汽车驾驶员资格培训,无一例违规行为许可或行政许可被投诉。亭湖区行政审批中心交通窗口多次被亭湖区行政审批中心授予“红旗窗口”单位。

六、党风廉政建设

1. 党委承担党风廉政建设主体责任。交通局党委把党风廉政建设作为重中之重担在肩上,承担起主体责任,纪检承担起监督责任,党风廉政建设被融入党政主要工作之中。每年年初都如期召开党政领导班子成员述职、述廉专题会议,邀请人大代表、政协委员、新闻媒体、群众代表、现场指导监督,听取评判。同时,通过“社会民评”活动形式,广泛征求社会各界对交通运输系统党风廉政建设和作风建设的意见要求。在此基础上制定出年度党风廉政建设目标和对策措施,并在网上向社会公示,切实在具体工作中践行。

2. 开展形式多样党风廉政教育活动。结合“纯洁性”“群众路线”“三严三实”等专题教育活动,邀请专家学者、党风廉政正反两个方面典型代表举办讲座、报告会5场,组织参观“廉政公园”接受廉政文化教育5次,观看反腐倡廉专题教育片15场次,参加市(区)“510”、市看守所警示教育7场次。广大干部党员从形式多样的教育中深切体会到党风廉政建设事关党的执政根基稳固及中华民族兴衰存亡,永远前行在路上,来不得半点松懈和掉以轻心。

3. 实行权力公开运行。交通局坚持实行行政权力运行公开化、制度执行流程化、跟踪监管全程化,忠实履行兑现交通政务信息网上发布全覆盖;交通工程项目按规定公开招标全覆盖;交通工程建设全程纪检巡查、跟踪审计全覆盖;执法处罚案件、行政许可事项网上公示全覆盖;重要人事安排、大额资金使用集体研究按流程图操作全覆盖,实现真正意义上的权力在阳光下运行。

七、文明创建

1. 实施文明创建项目化管理。参照交通工程项目化管理模式,将文明创建内容、时间进度、具体要求、责任单位、督查考核、社会评议进行量化,编印成项目化手册,按月度、季度、半年、全年逐个层次进行检查考核,逐一消号,循序扎实推进。

2. 践行社会主义核心价值观。以道德讲堂为平台,广泛开展社会公德、职业道德、家庭美德和个人品德的教育活动,营造团结、和谐、奉献、向上社会环境,践行交通干部职工社会主义核心价值观。

3. 城乡共创文明。交通局与盐东镇艳阳村、新兴镇倪杰村结对,同步开展文明创建活动。同时,筹措资金300万元,帮助两个村修建道路7公里,推动了小康村建设进程。

4. 爱心援手相助。雅安发生地震后,交通系统干部职工心系灾民伸出援手,解囊捐赠善款4万多元,及时为灾区献出一分爱心。

5. 文明创建成果显著。五年来,亭湖区交通系统累计获省、市、区各类表彰1400项,其中,区运管处、新兴、南洋、黄尖三个交管所被评为市级文明单位,南洋交管所被市交通运输局授予"交管前哨"行业服务品牌。

2011—2015年亭湖区交通运输局局领导班子任职情况

表82

姓名	职务		任职	离职	备注
	党内	行政			
于正亚	党委书记		2012.5	2015.3	
于正亚		局长	2005.3	2012.5	
孙加刚	党委书记		2009.1	2012.5	
孙加刚		局长	2012.5	2015.3	
成月红	党委书记	局长	2015.3		
周亚民	党委副书记	副局长	2005.3	2013.7	
刘卫东		副局长	2002.10		
邹必春		副局长	2010.3		
耿　忠		副局长	2012.12	2015.3	
陶永成		副局长	2007.1	2015.3	
王　芹	纪检组长	工委主任	2006.1		
朱德芳		副局长	2008.9		
徐　猛		副局长	2008.9		

(周珊珊、孙宏连)

【史和平查看在建S234工程】2011年8月16日,江苏省副省长史和平在盐城市委书记、市人大常委会主任赵鹏,市委常委、秘书长戴元湖,副市长丁建奇、谷家栋等领导陪同下,查看了建设中的S234亭湖段工程。史和平要求相关部门要瞄准时间节点,精心组织,统筹安排,在保证质量和安全的基础上加快建设进度。(周珊珊、孙宏连)

【率先在全市推行农村客运车辆GPS定位系

统】为加强道路运输安全管理,预防和减少交通事故,提高农村客运班车服务质量,亭湖运输管理处根据有关文件精神,结合区域农村客运班车的实际,率先在全市推行农村客运车辆GPS卫星定位系统安装使用工作,并接入江苏重点营运车辆联网联控平台。截至2011年8月底,全区共投入资金达6万多元,完成了66辆农村客运班车GPS车载监控设备安装,安装率达100%。(周珊珊、孙宏连)

【亭湖大道跨G15接线工程建设】亭湖大道跨G15接线,起于环保大道,与经一路平交,向西上跨G15,终至S331,长6.19公里。2012年3月21日开工,按照路基宽69.50米,双向六车道,设计车速100公里/小时公路Ⅰ级标准建设,概算投资3.90亿元。2012年年底竣工。(周珊珊、孙宏连)

【赵鹏检查亭湖大道东延上跨G15接线工程】2012年11月3日,市委书记、市人大常委会主任赵鹏,在市领导戴元湖、潘道津,亭湖区领导崔浩、李东成及市、区相关部门负责同志陪同下,察看了亭湖大道东延上跨G15接线工程。赵鹏对项目在短短的7个多月时间里,就完成2.5亿元投资的成绩表示非常满意。赵鹏要求继续坚持高定位,进一步提升项目的建设水平,紧扣时间节点,密切配合,切实解决项目推进中的困难,在保证安全和质量的基础上,加大项目的推进力度。(周珊珊、孙宏连)

【S234亭湖段改扩建工程竣工通车】2012年12月9日,概算投资6亿元的S234亭湖段改扩建工程顺利竣工通车。S234亭湖段始于盐城市亭湖区与建湖县交界处西岗河桥东侧,向东经永丰镇、新兴镇,与S29和G204交叉,跨越串场河、下穿新长铁路、跨越通榆河,进入青墩镇,止于青墩互通连接线,全长20.4公里。全线按一级公路标准建设,设计车速100公里/小时,2010年7月1日开工建设。(周珊珊、孙宏连)

【G228亭湖段竣工通车】2012年12月19日,G228亭湖段顺利竣工通车。该项目始于新洋港大桥南侧,途经黄尖镇、新洋农业试验站、盐东镇,与S331平交,向南经方强农场,终至西潮河桥,长10.87公里。全线按照双向四车道一级公路标准建设,概算投资3亿元。(周珊珊、孙宏连)

【游庆仲在亭湖区调研交通工作】2013年5月27日,江苏省交通运输厅厅长游庆仲一行在亭湖区进行"三解三促"调研活动。调研组先后察看了亭湖区物流园区交易信息中心大厅、江苏中远物流有限公司、南洋交管所和亭湖区农村公路养护中心等单位、企业,详细了解各自"三解三俭"活动开展情况,肯定了所取得的成绩,并为今后继续前进指明方向。(周珊珊、孙宏连)

【魏东在亭湖区调研基层交管所"三基三化"建设情况】2015年2月1日,交通运输部政策法规司副司长魏东到亭湖区交通运输局调研基层交管所"三基三化"建设情况。魏东对亭湖区基层交管所的标准化建设、规范化运作、项目化管理及内外部联合执法、"双绿双延""四制四零"等特色工作予以较高的评价。魏东强调指出,交通运输部开展"三基三化"建设,是为了更好地推进依法治国、依法行政,更好地贴近群众、贴近一线,更好地为人民服务,希望亭湖区交通运输局能将现有的好经验、好做法进一步总结提高,在全市推广、在全省出彩、在全国争先。(周珊珊、孙宏连)

【黄尖至G228接线通车】2015年9月6日,黄尖至G228接线顺利通车。该项目全长约3公里,2014年12月开工,按二级公路标准建设,总投资3200万元。(周珊珊、孙宏连)

盐都区交通

2015年3月6日,市委副书记、市长王荣平(前左二)一行察看盐都农村公路提档升级工程

2015年8月6日,盐城市副市长王荣(左二)一行在S331调研交通建设

2013年5月10日,连接市高新区、盐都张庄街道振兴路蟒蛇大桥建成通车

2013 年 7 月 3 日，盐都双新大道三期工程竣工通车

2015 年 10 月，S29 盐城西出口建成通车

2015 年 12 月，S331 盐都段与 S231 平交口通车

2015 年 12 月,S331 盐都段通过交工验收

“十二五”期间,盐都区提档升级后的农村公路

2015 年建成投入使用的楼王荸野汽车站

“十二五”期间，盐都区境内累计新建航道护岸46.4公里，均被评为优良工程

2011年5月23日，盐都区公路管理站人员迎候全国干线公路养护管理组对G204盐都段检查验收

2011年6月25日，盐都区交通运输系统举行庆祝建党90周年重温入党誓词暨红歌大家唱纪念活动

【概况】

至2015年,盐都区已拥有:

公路1615.49公里,其中,高速公路53.47公里、一级公路156.06公里、二级公路258.63公里、三级公路132.39公里、四级公路1014.95公里,公路密度184.80公里/百平方公里。

航道379.50公里,其中,三级航道36公里、四级航道34公里、五级航道9公里、七级航道101公里、等外航道199.5公里。

公路客运站2个。

内河港码头25个,码头泊位29个、码头岸线1810延米、最大靠泊能力500吨级。

一、基础设施建设

"十二五"期间,盐都区累计完成投资60多亿元(是"十一五"的5倍),续建、新建交通基础设施项目400多个,其中超亿元项目10个、超5亿元项目5个。

1. 公路建设

"十二五"期间,盐都区公路建设完成投资28亿多元,新增一级公路109公里,改建县乡道路154公里,实施农村公路提档升级482公里,新建改建农桥400多座。

(1)S229盐都段改扩建工程。长19.18公里,2010年6月开工建设,总投资约1.5亿元。2012年6月竣工。

(2)S125盐都段改扩建工程。长34.33公里,总投资10.20亿元,分四期实施。其中,第一期工程,长3.80公里,2009年6月开工,投资8000万元。2012年12月竣工。第二期工程,长3.80公里,2010年7月开工,投资6000万元。2012年6月竣工。第三期工程,长18公里,2012年3月开工,投资5.80亿元。2013年12月竣工;第四工程,长8.73公里,2014年12月开工,投资3亿元。预计2016年12月竣工。

(3)S331盐都段改扩建工程。长3公里,2011年7月开工,投资5500万元。2012年6月竣工。

(4)S410盐都段新建工程。长3.20公里,2012年10月开工,投资1.12亿元。2013年12月竣工。

(5)青年路高架桥新建工程。2011年10月开工,桥宽43米,长1.8公里,横跨S29、G204和大马沟河,为盐都交通建设史上"第一大桥",总投资3.10亿元。2014年6月竣工。

(6)振兴路蟒蛇大桥新建工程。2011年开工,投资1.20亿元。2013年4月正式通车。

(7)双新北路蟒蛇河大桥新建工程。2013年9月开工,投资1.20亿元。2014年12月竣工。

(8)S331盐都段新建工程。长31.52公里,2013年工程启动,总投资13.80亿元。2015年12月全线通车。

(9)县道改扩建、农村公路提档升级工程。2011年至2015年,完成龙学线、学义线、楼大线、义北线、新塘线等县道改扩建及农村公路提档升级、桥梁新建改建工程。

2. 航道建设

"十二五"期间,盐都区投资2.84亿元,用于航道整治、养护、驳岸及水上服务区等建设工程。(1)航道整治护岸工程。2011年至2015年按三级航道标准,分五期对盐邵航道盐都段实施整治护岸工期,共护岸46公里,投入经费1.11亿元。其中,2011至2013年实施第一、二期工程,护岸龙冈至古殿堡段,长8公里,投入经费2400万元。2014年实施第三期工程,护岸5公里。2015年实施第四期工程,护岸龙冈至古殿堡段,长12公里,投入经费3000万元。2015年提前实施2016年第五期工程,护岸龙冈至古殿堡段21公里,投入经费4158万元。2012年至2013年,按四级航道标准,分两期,实施盐宝线航道龙冈至新河庙整治护岸工程,共护岸11公里,投入经费3210万元。

(2)航道整治疏浚工程。2013年,实施盐宝线航道盐城段浅段应急疏浚工程,疏浚土方5.01万立方米,投入经费100万元。2014年4月,实施盐宝线航道大黄土沟至建湖与宝应界牌段应急疏浚工程，疏浚土方11.67万立方米，投入经费300万元。2015年，实施盐邵线航道秦南段护岸墙前土3200米疏浚工程，疏浚土方10.16万立方米，投入经费250万元。

(3)航道养护工程。2011至2012年，分别实施冈沟河航道第六期、第七期、第八期疏浚工程，合计疏浚土方6.10万立方米、疏浚长度计1935米，投入经费116万元。2011年，在冈沟河航道郭猛镇孙英村段，与江苏博拓新型建材有限公司拼盘建设护岸400米，投入经费50万元。

(4)盐邵线盐城水上服务区工程。位于盐龙街道境内盐邵线航道南岸，占地面积10万平方米，由市交通投资有限公司筹资、市航道管理处和盐都航道管理站负责招标建设。2013年10月开工，按照设计要求，利用盐邵线航道784米岸线新建12个500吨级散货泊位、件杂货泊位（年吞吐量500万吨）及相关配套设施，总投资1.20亿元。2015年11月竣工。

3. 站场建设

“十二五”期间，盐都区投资1.91亿元，建成城市公交枢纽、农村客运车站、港湾式候车亭等一批工程项目。

(1)农村客运车站工程。2015年新建大纵湖红星和楼王莘野两个农村客运汽车站，合计投资130万元。

(2)候车亭、招手站工程。2011年至2015年，新建300对港湾式候车亭和500多对农路招呼站牌，总投资980万元。

(3)公交枢纽工程。2014年10月开工建设盐龙BRT公交枢纽工程，总投资1.80亿元。预计2016年3月竣工。

二、水陆运输

1. 公路客运

至2015年，盐都区拥有客运汽车99辆、2563个座位。“十二五”期间，累计完成客运量6132.38万人、客运周转量8.33亿人公里，比“十一五”分别增长13.17%和12.83%。其中，2015年完成客运量1421.25万人、客运周转量1.67亿人公里，比2011年分别增长6.30%和7.80%。

2. 公路货运

至2015年，盐都拥有货运汽车3215辆、2.67万载重吨。“十二五”期间，累计完成货运量4353.16万吨、货运周转量95.57亿吨公里，比“十一五”分别增长10.27%和12.47%。其中，2015年完成货运量870.73万吨、货运周转量17.45亿吨公里，比2011年分别增长5.30%和6.70%。

3. 水路货运

至2015年，盐都区拥有货运船舶1004艘、17.88万载重吨。“十二五”期间，累计完成货运量4163万吨、货运周转量53.65亿吨公里，比“十一五”分别增长11.90%和14.01%。其中，2015年完成货运量918.24万吨、货运周转量12.01亿吨公里，比2011年分别增长5.60%和6.90%。

4. 内河港口装卸

至2015年，盐都区拥有各种港口装卸机械共30台(套)。“十二五”期间，累计完成港口货物吞吐量565万吨，比“十一五”增长1.5%。其中，2015年完成港口货物吞吐量121.17万吨，比2011年增长1.70%。

三、行业管理

1. 公路管理

(1) 创新管理模式。2013年至2015年，在S331盐都段新建工程中，结合质量信息全面推广使用实际，工程技术人员成功自主研发了管理信息平台手机客户端—盐都工程掌上档案馆，创造了质量信息储存、查找新模式。这一成果，在全国交通运输局局长培训班上作了现场演示，受到普遍好评。同时，还在全市建设了首个公路养护应急基地，使G204成功通过“十二五”国检。

(2)净化路域环境。“十二五”期间，累计依法拆除公路违章建筑14处、“非标”1621块，清除违章堆放219处、4559平方米。

(3)科学严谨执法。“十二五”期间，累计立案查处路政案件1015起，结案1012起、撤案3起，案件查处率、结案率均达100%。其中在治理超限运输中，查处超载货车969辆，卸载货物1.99万吨。此外，还及时办理路政许可57件，收取路赔费用556.33万元。

2. 航道管理

“十二五”期间，航道管理部门恪尽职守，航政艇累计上航上线940多天，巡航8.60万多公里，现场发现和解决问题；执法人员及时办结行政许可27件、行政处罚案件18起，制止和清除违章建筑38起，收取航道赔(补)偿费418.50万元；辖区内航道安全畅通，未发生船舶交通事故、火灾事故、重责以上工伤事故和重大机损事故；航道建设工程未发生任何安全生产责任事故。“十二五”期间，盐都区航道站被市交通运输局表彰为“平安交通示范点”、被盐都区政府表彰为“安全生产工作先进监管单位”。

3. 运输管理

(1)抓关键。“十二五”春运期间，把关投入技术状况良好客运汽车1195辆，安全发送旅客485万人，比“十一五”分别增长8.34%和5.20%；高考、中考期间，协助挑选165辆客车，顺利完成4.56万人次考生接送运输任务，及时把党和政府及交通人的关爱送到旅客和考生的心坎上。

(2)助企业。“十二五”期间，抓住发展机遇，引导、培育物流企业2家、运输业户20家，新增普通货运汽车1474辆，增强了陆路运输经营实力。与此同时，及时为运输业户提供周到服务，“十二五”期间，累计年审陆路运输业户2058家、核发道路营运证3386本，其中2015年年审水路运输11家、船舶1004艘，物流企业船舶年审率达100%。

(3)治违章。深入持久开展“打非治违”活动，全方位加强运输市场监管，累计出动检查车2022辆次、执法人员1.27万人次，检查车辆1.79万辆，共查处违章车辆658辆，其中查处违章客运车辆269辆。

4、海事管理

(1)深入巡查监督。积极开展以内河水上交通安全秩序管理为主要内容多项专项整治活动，实施24小时全方位水上监管。累计出动海巡艇7317次、执法人员2.55万人次，巡航8.88万公里，检查船舶3.72万艘（其中过境危险品船舶220艘），疏堵航道150多次，救助遇险船舶67艘次，并对5000多艘次防污设备不合规船舶进行了处罚。

(2)抓好节点安全。“十二五”期间，凡春节运输、“五一”黄金周、安全生产月、“十一”国庆等重要时段，执法人员都深入现场，及时发现和处理问题，维护正常安全秩序。在此基础上突出重点，先后多次对农用自备船舶、运输企业船舶开展“三超”及船上最低配员等专项整治活动，全力从源头上铲除滋生事故的温床，为节点运输提供安全保障。

(3)加强渡口管理。“十二五”期间，通过建桥撤渡和调整布局，先后撤销朱陈西、郝荣、西城东、潭东、张本5道渡口。对在渡渡口实施严格管理，每个月全面检查一次，及时发现并彻底整改了古西北、纪舍两渡口安全隐患。

(4)吸取事故教训。“十二五”期间，盐都区境内累计发生水上事故8起、死亡2人、沉船5艘、直接经济损失15万元。与“十一五”同期相比，水上事故减少3次、死亡人数减少2人、沉船减少3艘、直接经济损失减少5万元。其中2015年，发生水上交通事故2起，无人死亡、沉船1艘、直接经济损失2万元，与2014年相比，发生事故减少1起、死亡人数减少1人、沉船艘数减少2艘、直接经济损失减少3万元。尽管安全形势有所好转，但对发生的事故，盐都交通局及职能部门、运输企业，都从中深刻汲取教训，采取得力措施，防止和杜绝类似的事故再度发生。

四、安全生产

1. 齐抓共管。建立健全“党政同责、一岗双责、失职追责”安全生产责任制，实行党政、纪委、监察齐抓共管，齐挑安全生产重担，把安全生产主体责任、监督责任和保障责任落实到实处。

2. 企业担当。强化企业基层管理，增强车队、船队、车间、班组、车头、船头等安全生产单元及单元中的职工个人安全生产经济意识、人命关天意识、法律责任意识，自觉从每一个基层做起、从每一个人做起、从每一个生产环节做起，主动把生产和安全有机的结合在一起，每个生产单元和职工个人，既把自己当成生产者，又把自己当成安全捍卫者，生产必须在充分的安全保障下进行，不能蛮干，不能冒险，不能不计后果。与此同时，企业还密切结合实际，不时开展各种假定情况下应急演习活动，提高对突出安全生产事故的处置能力。

3. 警钟长鸣。“十二五”期间，盐都区交通系统先后9次开展安全生产大检查，对暴露出来的251处隐患立即整改，一条一条落实到职能部门、责任生产单位和责任人头上，整改结果逐一接受复查，不让一个问题走过场，尤其对于路查中发现的超限运输行为，实行联合执法，及时予以严厉打击，安全生产警钟不时在耳边鸣响。

五、法治建设

1. 加强执法队伍建设。“十二五”期间，全面组织执法人员知识达标、能力提升、岗前应知应会业务培训和学习贯彻《宪法》《行政诉讼法》《航道法》等法律法规，做到人人知法、懂法、用法、护法。同时，先后分8个批次安排69名执法人员参加江苏省交通厅组织的执法大轮训，提高了执法人员的执法理论水平、政策水平和技术水平。

2. 完善行政审批流程。推行电子政务，将传统的关门审批、个人权力审批，转化成网上公开审批、联合审批、透明审批，整个权力在阳光下运行，在社会大众监督下运行。

3. 探索求新执法模式。实行公路、航道、运管、综合、港口和海事部门联合执法、统一执法，实现了执法的及时性、透明性和公正性。在联合执法中，先后办理行政许可197件、处罚案件373起，收取公路赔(补)偿费291.70万元，取得了显著的联合执法效果。

六、党风廉政建设

1. 持续开展廉政警示教育。密切结合党政工作和重大活动，采取分类、分层进行廉政教育的方式，组织机关党员干部收看党风廉政电影、电视教育片，参加预防职务犯罪及党纪政纪条规知识测试及“四前谈话”等活动，提高了党员干部对党风廉政教育必要性、紧迫性的认识。

2. 加强交通工程建设廉政监管。在交通工程建设中引入廉政监督机制，实行纪检、监察进项目、进工地制度，尤其是对农村交通路、桥工程建设，坚持事前监督、事中监督和事后监督不中断。同时，坚持把经常性巡查和专项巡查、信息举报有机结合起来，充分发挥纪检、审计等部门监督主体职能及群众监督、社会监督的辅助职能，为农路建设筑起了一道“廉政屏障”。2014年11月份，盐都区农村公路纪检监察巡查工作获得盐城市先进集体荣誉称号。

3. 强化纪委执纪监督问责职能。在交通重点工程中推广应用廉政风险防范手册，组织工程建设管理人员深入排查廉政风险点，对症下药，防范未然。同时，配合盐都区纪委，在S229工程建设项目部开展廉政风险防控专题访谈活动，组织相关人员收看工程建设领域专项治理案件录像，在充分提高反腐防腐认识的基础上，签订廉政承诺书，使工程建设项目部和监理单位进一步增强“工程优质、资金安全、群众满意”清正廉洁的目标意识。纪委的检查监督，除在桌面上展开外，还采取深入基层、深入现场、深入群众等方式，明察暗访150多次，及时曝光并处理违纪违法18人，初步形成了“不想腐、不能腐、不敢腐”氛围。

七、文明创建

1. 推行交通文明下乡。紧密结合盐城市园林城市、文明城市、卫生城市创建,积极开展"清风文艺下乡行""大巴开进咱们村""交通红马甲自愿服务行"及"文明导乘"等活动,为社会特别是乡村大众送服务、送文明、送新风,展现了盐都交通人乐于担当、乐于奉献的精神风貌。

2. 弘扬传统交通文化。以党风廉政建设典型为素材,自编、自导、自拍了具有传统交通文化特色、时代感强烈的廉政微型电影《左右》。经过多轮评选入围,并于 2015 年 9 月 15 日至 10 月 31 日,由江苏省纪委宣传部组织在中国江苏网、新华网江苏频道、清风扬帆网"清廉江苏"微信公众号、新浪微博 @、清廉江苏等媒体和网络平台上联合举办的全省廉政微电影视频评选活动中,受到 52 万多名网民的关注和好评, 在全省 102 部参评作品中排名第九,荣获三等奖。

3. 创新特色交通服务。深入开展理念超前、方法创新、形象良好、有推广价值,被社会普遍认可的特色服务活动,涌现出的"诚信交通""满意运输""航道一站通" 服务被选入盐都区十大服务名牌。其中,"航道一站通"被市交通运输局推荐参加第六届江苏省交通运输行业优质服务品牌评选。

4. 奉献交通大爱之心。组织交通系统干部职工进社区,参加义务劳动;进村居,送路产、路权法律知识下乡;进社会,向灾区、贫困学子、困难家庭捐款捐物,送温暖、献爱心。

2011—2015 年盐都区交通运输局领导班子成员任职情况

表 83

姓名	职务		任职	离职	备注
	党内	行政			
李建华		局长	2008.10	2012.01	改任
顾勇		局长	2012.01		
吕明光	书记		2010.08	2012.01	调任
李建华	书记		2012.01	2013.08	处分
张兆祥	书记		2013.08		
霍东仁		副局长	1999.09	2012.06	协理员
戚思文		副局长	2004.01	2012.01	协理员
薛亚山		副局长	2008.01		
苗久成		副局长	2009.03	2013.10	调任
刘旺军		副局长	2012.08		
徐建华		副局长	2012.01		
储启文		副局长	2012.06		
李建华	副书记		2008.10	2012.01	改任
孙广宇	副书记		2007.02	2013.08	调任
顾　勇	副书记		2012.01		
朱洪斌	副书记		2012.01		
吉采书	纪委书记		2010.04		

(严俊、王银忠)

【S231 盐都段交工验收】2011 年 6 月 11 日，S231 盐都段工程验收委员会在听取情况汇报、查看工程现场、检查交工验收资料的基础上，经讨论同意通过交工验收，正式交付管养。（严俊、王银忠）

【S229 盐都段工程质量受省交通运输厅表彰】2012 年 5 月，在省交通运输厅公路局对 2011 年盐城全市干线公路建设项目工程质量考核评定中，S229 盐都段工程质量成为盐城市众多在建工程中唯一受到省公路局表彰的项目。（严俊、王银忠）

【游庆仲调研指导盐都区交通运输工作】2013 年 5 月 27 日，省交通运输厅厅长游庆仲在盐城市副市长王荣、市交通运输局局长管亚光、盐都区区长羊维达等陪同下调研指导盐都交通运输工作。游庆仲一行实地察看了 S125、S331 盐都段和青年路高架桥等在建工程建设情况，详细听取盐都区交通立足“三个服务”，不断加快交通基础设施建设的情况汇报。讲话中，游庆仲充分肯定盐都交通运输工作，希望继续加快交通基础设施建设，促进城乡客运统筹发展，锁定目标，重点重抓，推进青年路高架桥、朱沥沟大桥、S410 等工程建设，确保如期建成。（严俊、王银忠）

【“小红帽”志愿导乘传递爱心】2014 年 1 月 24 日，由盐都区文明办和盐都区交通运输局联合举办的“传递心温暖，情满回乡路”的导乘志愿行动在盐城市五星客运站正式启动。来自全市 28 家单位、200 多名志愿者头戴小红帽在五星客运站、火车站、盐都汽车站和神龙汽车站开展为期三天的导乘活动，展示了自愿者乐于奉献的精神风貌和大爱无疆的宽广胸怀，受到社会的普遍好评。（严俊、王银忠）

【率先实现市镇公交全覆盖】2014 年 1 月 15 日，盐都区第三批 6 条市镇公交线路投入运营，在苏北五个市县级行政区域内率先实现市镇公交全覆盖。最后一批市镇公交开通涉及区内 7 个镇（街道）13 条农共班车线路、151 辆农共班车、300 余名从业人员，转型改造数量之多、难度之大前所未有。2011 年，盐都区启动城乡公交一体化工程。按照“政府主导、乡镇收购、部门协同、稳步推进”原则，突出试点先行，分批推进郭猛、大冈、冈中、葛武等镇（街道）市镇公交开通工作。陆续收购农共班车 240 辆，投放新车 141 辆，为全区群众提供一个“出门就有公交车，一次换乘到市区”的安全、便捷的交通出行条件。（严俊、王银忠）

【创建全国首家“交通工程掌上档案馆”】2014 年，盐都交通运输局管理技术人员成功研发了管理信息平台—手机客户端，简称“交通工程掌上档案馆”。通过这个档案馆，交通工程项目建设全过程中包括立项、环评、招投标前期文件等各项资料，随时随地都可以用手机调阅。参建单位，可通过权限共享对项目动态等进行全程监管。工程监理人员，用手机就能随时签署施工过程中形成的计量、验收资料，通过上传查看质量实体照片和视频，实现了工程建设智能化管理。

【最后一批农公中巴车“退市”】2015 年 2 月 12 日，由盐城市区开往龙冈镇 3 路公交车北延，覆盖盐都区最后一条农共中巴营运线路，14 辆中巴车正式“下岗”，退出历史舞台。（严俊、王银忠）

【G204 盐都段通过国检】2015 年 10 月 30 日，交通运输部自动化路况快速检测车以不间断运行方式对 G204 盐都段 22.30 公里进行路面平整度和路面损坏面情况检测，各项技术指标均达到规定要求，顺利通过了国检。为迎接国检，盐都区交通运输局克服时间紧、任务重等困难，多措并举，集中力量，严格对照国检的要求抓落实，先后完成路面修补 1.20 万平方米、路面灌缝 1.38 万米、排水沟清理 2.60 万米、绿化补植树木 1800 株、大桥锥坡维修 5 座等，实现了公路路况的大进位和公路养护面貌的大改观，为通过国检奠定了坚实的基础。（严俊、王银忠）

射阳县交通

2011 年 10 月 9 日，江苏省长李学勇(中)一行察看射阳港

2013 年 5 月，省交通厅长游庆仲(左二)察看射阳公路建设养护情况

2011 年 6 月 15 日，省交通厅质监局长姜竹生（前左三）到临海高等级公路射阳段检查工程质量

2013 年 10 月 1 日，盐城市委书记朱克江(前)宣布射阳港万吨级航道通航

2012 年 11 月 1 日，盐城市副市长王荣(右三)一行察看临海高等级公路射阳段建设情况

2011 年 8 月 24 日，盐城市常务副市长陈正邦(左二)一行察看 G228 射阳段工程建设情况

2015 年 6 月 2 日，射阳县委书记戴荣江(左二)察看射阳港

2012 年 8 月，射阳县交通局党委书记唐兆明（前左一)向 G228 射阳段党员突击队授旗

2009 年 8 月,G15 至射阳港接线建成通车

2014 年 8 月,G228 射阳段建成通车

2015 年 10 月,S329 射阳段改扩建竣工通车

2015 年 4 月，射阳县实施农村路桥“双三百”工程,实现五年规划一年建成目标

2013年5月，射阳公路站举办第十三届职工文化艺术节

【概况】

2015年，射阳县已拥有：

公路2500.48公里，其中，高速公路58.55公里、一级公路154.45公里、二级公路333.60公里、三级公路113.80公里、四级公路1304.23公里、等外级公路535.85公里，公路密度120.46公里/百平方公里。

航道765.10公里，其中，五级航道168.66公里、六级航道25.02公里、七级航道52.57公里、等外级航道518.85公里。

铁路21公里。

站场3个，其中，公路汽车客运站2个、火车站1个。

船闸1座。

内河港码头65座，其中普货码头63座、危货码头2座，泊位65个，码头岸线长4577.54延米，最大靠泊能力800吨级。

一、基础设施建设

“十二五”期间，射阳县累计投资50亿元(较“十一五”增长30.20%)，用于各种交通基础设施建设，累计完成大小项目121个。

1. 公路建设

“十二五”期间，射阳县交通按规划完成国、省、县道公路新建、改扩建335.30公里、桥梁78座、农村公路300公里、桥梁提档升级300座，累计投资23.46万元。

(1)G228射阳段新建工程。北从临海镇灌溉总渠起，南至新洋港止，长60.55公里。2011年4月开工建设，投资额17亿元。2014年8月建成通车。

(2)S329射阳段改扩建工程。从海通镇北首起，至射阳港口止，长13.40公里。2014年12月开工建设，投资额1.2亿元。2015年10月建成。

(3)长(荡)青(墩)公路改扩建工程。从长荡镇起，至亭湖区青墩镇交界处谭洋河桥止，长6.8公里。2015年5月开工建设，投资1425.70万元。当年12月建成通车。

(4)特(庸)青(墩)公路新建、改扩建工程工程。东起特庸镇G226，西至盘(湾)步(凤)线，长7.50公里，其中4.60公里为新建公路，其余部分为改建公路。2015年5月开工建设，投资3277.60万元。当年11月建成通车。

(5)盐(湾)青(墩)公路新建工程。从盘湾镇起，至亭湖区青墩镇交界谭洋河桥止，长3公里。2015年5月开工建设，投资3277.60万元。当年12月建成通车。

(6)农路路桥“双三百”工程。2015年1至12月，实施新建农村道路300公里、桥梁300座“双三百”工程，总投入2.28亿元，五年计划一年建成，有效地解决了农村运输难、出行难问题。

2. 航道建设

“十二五”期间，投资108万元，实施部分航道疏浚和护岸工程。

(1)通(榆河)合(德)航道海河段第六期疏浚工程。2006年至2011年，分六期对通合线海河段进行疏浚，累计疏浚土方15万立方米，投入资金300余万元。其中2011年为通合线海河最后一期疏浚工程，长1.2公里，疏浚土方2.50万立方米，投入资金48万元。

(2)射阳河藕耕段护岸工程。长700米，分两期建设。其中，300米段，2011年7月开工，投资30万元，当年9月竣工。400米段，2013年7月开工，投资30万元，当年10月竣工。

3. 铁路建设

连盐铁路射阳段建设工程。途经海河、新坍、长荡三镇，长近21公里。2013年12月开工建设，至2015年年底，已完成投资5.6亿元，路基、桥涵全部建成，进入架梁、铺轨阶段。预计项目投资总额21亿元。2017年5月建成通车。

4. 站场建设

“十二五”期间，射阳县先后投入6096万元，实施火车站及公路站亭、站牌等项目建设。

(1)连盐铁路射阳火车站工程。位于海河镇条海村境内，占地面积8808.6平方米。2014年开始前期准备工作，计划2016年10月开工建设，预计投资600万元。2017年11月建成投入使用。

(2)公路客运站亭、站牌工程。“十二五”期间，投入96万元，用于公路客运站亭、站牌建设。其中投资40万元新建客运站亭20对，2011年建成14对，2015年投资56万元新建客运站牌140对。

5、内河港码头建设

中石油特庸油库码头新建工程。占用航道岸线190米、土地面积4万平方米，建设2个200吨级(兼靠300级)油船泊位，泊位总长159米。2011年8月开工建设，投资500万元。2012年10月竣工。

二、水陆运输

1. 公路客运

至2015年，射阳县拥有公路客运车辆319辆，8450个座位。“十二五”期间，累计完成公路客运量1861.30万人、客运周转量30.79亿人公里，比“十一五”分别增长1.40%和0.72%。其中，2015年完成公路客运量380.60万人、客运周转量6.13亿人公里，比2011年分别增长5.90%和0.87%。

2. 公路货运

至2015年，射阳县拥有公路货运车辆4535辆、5.17万载重吨。“十二五”期间，累计完成货运量1713.60万吨、货运周转量29.01亿吨公里，比“十一五”分别增长1.45%和2.60%。其中，2015年完成货运量335.50万吨、货运周转量5.77亿吨公里，比2011年分别下降1.34%和1.00%。

3. 水路货运

至2015年，射阳县拥有货运船舶546艘、19.40万载重吨。“十二五”期间，累计完成货运量1903.70万吨、货运周转量47.94亿吨公里，比“十一五”分别增长1.85%和0.78%。其中，2015年完成货运量361.50万吨、货运周转量8.65亿公里，比2011年分别下降6.20%和11.71%。

4. 内河港口装卸

至2015年，射阳县内河港拥有各类固定式吊机71座，装载机108台，输送带142条。“十二五”期间，累计完成内河港口货物吞吐量1247.01万吨，比“十一五”下降19.88%。其中，2015年完成港口吞吐量265.55万吨(危货11.65万吨)，比2011年增长8.34倍。

三、行业管理

1. 公路管理

(1)持续进行路域环境整治。先后整治打谷晒场1.50万平方米，水果、早点、服装等占道流动摊点1089处；拆除违法建筑180平方米、灯杆广告5410块、非交通标牌1901块；清理非法堆积物25

万立方米;移出路域内电线杆216根;封闭中分线道口104处,路域环境大为改善。

(2)认真履行行政执法职责。路政人员通过行政执法专项整改、路政法治宣传月、行政执法服务月及创建人民满意基层服务单位、诚信执法单位等活动,深入一线,巡查执法,累计发现违章违法事项2500多起,其中路政许可42件,立案查处案件534件,感化教育1900多起,人们自觉遵章守法风气逐步形成。

(3)努力改进路况维护模式。实施精细养护、全面养护、预防性养护,不断提升公路机械化养护水平,一级公路路面保洁机械化率保持在100%水平上。至2015年年底,干线公路平均优良率高达95.90%。

2. 航道管理

(1)巡航执法,维护航道秩序。"十二五"期间,航政人员身不离一线,累计巡航2028人天,行程6.20万公里,及时发现和解决问题,维持航道顺畅。

(2)阳光行政,依法办事。"十二五"期间,累计清除违章设置网具19处、垃圾与废弃物29处101.30吨、碍航树木52棵;办理辖区航道内临、跨、过河建筑物许可事项37起;办结行政处罚、处理案件13起;收取航道赔(补)偿费200.70万元,工作依规依法,高效公正,阳光透明,受到社会好评。

(3)细心维护航标,为船舶导航提供精准服务。对境内航标坚持定期不定期巡查、维护、保养、修理、更新,从不间断。至2015年,境内共拥有航标22座(改建4座、新建2座),其中发光标9座,航标正位率、发光率均保持在100%的水平上,全天候为过往船舶导航保平安。

3. 运输管理

(1)服务大局,搞好重点运输。"十二五"期间,按时、安全完成春节、中高考、新兵等重点运输任务。其中,春节公路客运发送旅客286.50万人、公交车发送旅客374.20万人、出租车发送旅客463.20万人,无一事故困扰;高考投入客车158辆,运送考生6589人次、中考投入客车87辆,运送考生4257人次,无一异常发生;新兵入伍,投入客车42辆59车次,运送兵员1304人,无一险象出现。

(2)抓住机遇,搞好现代运输。"十二五"期间,根据市场新的需求,积极引导、带领运输企业向现代物流运输挺进,先后培植农村物流示范点3家、江苏"快客"品牌线路10条、"快货"品牌13个,新增运输业户32家、维修企业11家、驾驶员培训学校4家,为运输经济发展增加了新的活力和增长点。

(3)更新运具,搞好绿色运输。根据车船更新换代的相关政策,动员鼓励企业、个体业户淘汰效率低、能耗高、污染重的老旧破杂客运黄标车48辆、货运黄标车177辆、运输船舶176艘,新增节能环保普通货车562辆、运输船舶867艘,水路运输逐步绿色化。

(4)尽心尽职,搞好法治交通。"十二五"期间,累计受理并办结各类运输行政许可428件、运输许可事项2.50万件、投诉举报796起;查处运输违章1758起,其中黑车运输123辆。同时,2015年,年审道路危货业户6户、水路运输企业20家,车辆4897辆、船舶867艘,道路危货、水路运输业户年审率达100%,法治交通运输落实到了实处。

4. 地方海事管理

(1)巡航监督,查处违章。"十二五"期间,累计上线巡航时间3000小时,航程达1.74万公里,现场检查船舶3000多艘次,查处船舶违法违章行为2700余次,排除航道堵塞隐患30多起。同时,签证船舶5000多艘次,行政处罚300多起,未发生一起行政复议、行政诉讼、行政赔偿案件,无任何"三乱"行为发生。

(2)监控渡运,杜绝隐患。"十二五"期间,射阳县地方海事部门牵头实施境内建桥撤渡工程,渡口由"十一五"末38道减少到23道,下降了

39.5%。对于尚存渡口实施全方位、全天候监督管理，不时组织专项或接受交通系统全面安全检查，及时发现隐患及时整改，责任到领导、到船头渡工，一竿子到底，至2015年22年中，无一事故发生。

（3）重大活动，安全保障贯穿始终。凡重要节庆和要事，射阳县海事部门都把水上安全作第一要务列上突出位置，抓住不放。其中上海亚信会议和南京青奥运动会期间，先后出动车船100多次，投入人力300多人次，工作深入细微，防范未然，圆满地完成了任务。

5. 乡镇交通综合管理

2013年10月，射阳县乡镇交通综合管理所成立并开展工作。根据工作职责范围，将乡镇辖区13个驾培训练点、66户机动车维修业户、39家内河港口作为工作的点；516条1129公里农村公路、622座农路桥梁作为工作的线，每月对“点线”督查一遍，巡查日记记录详细，台账资料全面完备，巡查横向到边，纵向到底，不留安全死角；同时，加大对乡镇辖区内的维修、驾培、运输市场查处等领域执法力度，先后查处各类行政处罚案件200起，未发生一起行政复议被撤销和行政诉讼案件。

6. 工程质量管理

（1）公路建设质量督查全覆盖。“十二五”期间完成了60.58公里一级公路，130.30公里二、三级公路，701.80公里四级公路以及678座农村公路桥梁新、改建工程质量监督工作任务，实现了各个等级公路及农村桥梁质量监督全覆盖。

（2）干线公路验收合格率高。“十二五”期间，累计完成境内干线公路30个参数2300批6900个样品的现场取样和试验检测工作，在建的干线公路项目经省、市检查验收，一次性合格率保持在98%以上，位于全市前列。

（3）检测质量数据现场认定，真实可靠。相关质量数据均由建设单位、监理单位、施工单位现场签字确认，保证采集的数据真实可信，杜绝人为因素影响。

（4）重视质量问题举报，及时整改到位。“十二五”期间，共收到8次工程质量问题举报，经查证后，一一组织专门力量，进行有效整改，绝不让交通工程百年大计毁于点滴质量问题。

7. 内河港口管理

“十二五”期间，射阳县内河港口通过开展“基础年”、“提升年”、“达标年”及“打非治违”等活动，港口建设和经营秩序明显好转。为巩固成果，2014年，投入近35万元资金，将原陈洋运政中队的业务用房改造成全市首家内河港口执法基地，并花30万元，新购2辆执法车和12台执法记录仪，有效提升了港口管理水平和应急能力。至2015年年底，境内《港口经营许可证》持证率达98%以上，港口建设及生产经营秩序走上了正轨。

四、安全生产

“十二五”期间，射阳县交通局、安全职能部门、水陆运输企业、交通工程施工单位，坚持“安全第一、预防为主、综合治理”方针，“全面开展安全生产大检查，深化‘打非治违’和专项整治行动”及时纠正安全违章行为4000多起，发现和整改事故隐患1300个，解除县政府挂牌督办安全隐患12起，保障了各项生产活动安全有序进行。五年中，全系统未发生安全生产死亡或一次3个以上重伤生产安全事故；没有发生两起以上同类生产安全事故、重伤累计2人以上的事故；没有发生造成人员伤亡、但直接经济损失达300万元以上的生产安全事故，县交通局连续5年被盐城市交通局和射阳县政府表彰为“安全生产先进单位”。

五、法治建设

1. 宣传教育先行，交通法律法规走进社会大众。通过邀请专家学者讲法、下乡送法及多种媒体读法等方式，反复宣传、贯彻、落实《公路法》《港口法》《航道法》《道路运输条例》《强制法》等法律法规，让交通法律法规深入交通人及社会大众心田，为法治交通建设打下坚实的基础。

2. 严于律己,依法行政。"十二五"期间,射阳县交通局认真贯彻落实国家、省、市有关文件及自身制定的《依法行政工作要点》《行政执法单位考核细则》和《法治宣传教育工作要点》等规定,强化交通法治建设,形成了领导、干部、职工学法、懂法、按法办事良好氛围。工作中坚持把公众参与、风险评估、集体讨论等步骤作为重大决策的必经程序,防止领导个人拍脑袋武断乱作为,切实把依法行政落实到实处。

3. 忠诚履职,透明公正办理案件。认真落实行政执法责任制,加大路政治超、非法营运等事项执法力度,累计查处并公正透明办结各类行政处罚案件2428件。同时,办理各类行政许可481件,比"十一五"增加了13.40%。

六、党风廉政建设

1. 建立党风廉政风险防控机制。交通局所属各执法部门,根据各自工作性质、特点,理清重点权力运行流程,找出各部位、各环节、各岗位潜在的风险点,制定出相应的对策措施,建立起严密的防控网络,实行有效的内部控制。

2. 行政权力上网公开运行。对于工程招投标、行政执法、人员招录和干部选拔任用实行网上运行,全过程公开,接受系统内及社会大会广泛监督。

3. 厉行节约"三公经费"。严格落实各项厉行节约措施,杜绝吃喝玩乐,大把花钱的浪费歪风。"十二五"期间,局机关"三公经费"支出大幅减少,比"十一五"下降了55%,其中招待费下降60%。

4. 领导班子成员在党风廉政建设中当表率。党政领导,人人从自身做起,自觉执行民主集中制、集体议事规则、民主生活会、廉政谈话、诫勉谈话及述职述廉述法述德和报告个人有关制度,带头自律。同时,组织10多批次500多人次参加党风廉政建设图片展和警示教育活动。尽管党风廉政建设已成摧枯拉朽之势,但仍有人顶风违纪。"十二五"期间有16人被立案调查。

七、文明创建

"十二五"期间,县交通系统以"道德讲堂"为平台,领导带头讲文明、树新风,掀起了一波一波以"学转树"、培育先进典型、志愿者文明服务、结对帮扶、关爱"空巢老人"、关心下一代等为内容的文明创建热潮,弘扬了社会主义核心价值观,先进典型不断涌现。截至2015年,全系统已建成省级文明单位2家、市级文明单位5家、县级文明单位11家,全国工人先锋号集体2家、"江苏省工人先锋号"1家,国家级"职工书屋"1家、省县级"职工书屋"5家,省级"青年文明号"1家,市、县级"青年文明号"6家。同时,建成"丹鹤汽运"、"水上畅行365"、"温馨服务、畅享航道"、"十佳星级文明窗口"、"交通便民直通车"等一批交通服务品牌。

表84

2011—2015年射阳县交通运输局领导班子任职情况

姓名	职务		任职	离职	备注
	党内	行政			
倪祝青	党委书记	局长	2001.6	2011.1	
	党委副书记	局长	2011.1	2013.3	
	党委书记		2013.3	2014.2	
唐兆明	党委书记		2011.1	2013.3	
	党委副书记	局长	2013.3		
徐阳林	党委书记		2014.2	2015.11	
沈永华	党委副书记	副局长	2008.10	2013.3	

续表 84

姓名	职务		任职	离职	备注
	党内	行政			
王远来	党委副书记	副局长	2003.5	2010.4	
王卫门		副局长	1998.4	2010.12	
安志鸿		副局长	2006.3	2013.3	
	党委副书记	副局长	2013.3	2015.11	
乔保雨		副局长	2004.12	2012.6	
沈国斌		副局长	2008.10		
周林官	纪委书记		2008.10	2013.3	
		副局长	2013.3	2015.11	
朱　俊		副局长	2011.8		
路红军		工委主任	2011.9	2013.3	
	纪委书记		2013.3	2015.7	
李　玲	党委副书记		2014.2		
黄劲花	纪委书记		2015.7		

（秦文龙、徐永刚）

【G228 射阳段建成通车】G228 射阳段，是射阳县历史上单体投入最大的交通工程。该路段北起临海镇灌溉总渠，南止新洋港全长 60.55 公里，为新建高等级公路。2011 年 4 月开工建设，投资额 17 亿元。2014 年 8 月建成通车，改写了射阳县境内无国道的历史。（秦文龙、徐永刚）

【连盐铁路射阳段工程建设】连盐铁路射阳段长 21 公里，途径海河、新坍、长荡三镇，海河镇条海村设有射阳火车站。2013 年 12 月开工建设，至 2015 年底，已完成投资 5.60 亿元，路基、桥涵全部竣工，进入了架梁、铺轨阶段。预计项目总投资 21 亿元，2017 年 5 月建成通车。（秦文龙、徐永刚）

【实施农村路桥“双三百”工程】2015 年，射阳县实施农村路桥“双三百”工程（新修建农村道路 300 公里、桥梁 300 座），完成投资 2.82 亿元，实现了五年规划一年建成的目标，有效解决了农村群众出行难的问题。

【全市第一艘钢质执法趸船在射阳县投入使用】2013 年 3 月，盐城市地方海事系统第一艘现代化海事执法趸船在射阳县投入使用。趸船长 26.70 米，分上下两层，具备为运输船舶报港、安检以及水上交通安全监管等功能。船上配备 4 名执法人员，一艘海巡艇，一辆海事执法车。执法趸船的投入使用，有效改善了基层行政执法条件。（徐永刚）

【江苏河海公司连续七年蝉联射阳县纳税大户】2013 年 2 月 8 日，射阳县 2013 年度目标任务综合考核总结表彰大会召开。江苏河海公司，被表彰为射阳县纳税大户奖，连续七年蝉联此殊荣。（徐永刚）

【江苏河海公司运输实施“一线牵”封舱法】2013 年 11 月 5 日，江苏河海公司专程前往邳州港，对承运江苏华昌集团煤炭的射航 106 船队成功实施了“一线牵”封舱法，标志着“一线牵”封舱法在公司南北方船队全面采用。该封舱法安全、可靠、保险，成了河海公司品牌，客户的物资进了船舱就等于进了保险箱，受到了广大客户的一致好

评。(秦文龙、徐永刚)

【江苏省第一艘LNG双燃料动力货轮建成下水】2014年12月23日，由江苏河海公司投入近400万元，江苏勤丰船务有限公司承建的江苏省LNG双燃料动力货轮第一船—"江苏河海（货)1"在鞭炮声中从船台上徐徐下水。该货轮长57.3米，宽12.9米，载重吨位1500吨，采用柴油和LNG天燃气作为双燃料。(徐永刚)

【江苏省交通物流协会内河水运专业委员会年会在江苏河海公司召开】2015年4月18日，江苏省交通物流协会内河水运专业委员年会在江苏河海公司金羊宾馆隆重召开。江苏省交通运输厅、交通运输部长航局、南京市政府滨江开发办、江苏省交通物流协会、全省各市运输管理处、射阳县交通运输局等领导及全省内水运企业代表出席会议。射阳县人民政府副县长徐曼到会致词，公司党委书记、董事长陈仁友作会议交流发言。(秦文龙、徐永刚)

建湖县交通

2015年4月4日，江苏省政协主席张连珍（右二）等考察建湖交通工作

2014年5月10日，省交通运输厅厅长游庆仲（前左三）调研建湖交通运输工作

2011年8月18日，建湖县委书记王荣（主席台右三）到交通运输局调研指导工作

2015年4月10日，建湖县委书记葛启发(左二)等县领导察看交通重点工程

2015年10月18日，建湖县委书记陈平(左一)察看盐徐高速东互通工程

2012年10月25日，建湖县长苏冬(前右二)调研交通发展规划

2012 年 7 月,S234 建湖段建成通车

2015 年 5 月,建湖双湖大桥建成通车。

2015 年 6 月,建湖县九龙大道建成通车

2015 年 10 月 30 日,阜建高速建湖段建成通车

2015 年年底,S331 建湖段建成通车

省市媒体聚焦采访建湖县交通运输局局长卢乃铨

【概况】

至2015年,建湖县境内已拥有:

公路1797.86公里,其中,高速公路42.78公里、一级公路144.56公里、二级公路296.43公里、三级公路117.21公里、四级公路1083.33公里、等外级公路113.55公里。

航道550.40公里,其中,三级航道17.38公里、四级航道49.84公里、五级航道36.61公里、六级航道55.03公里、七级航道63.46公里、等外级航道338.08公里。

铁路29.30公里。

站场13个,其中,公路客运汽车站12个(一、二级汽车客运站各1个、五级客运汽车站10个)、火车客运站1个。

内河港码头1座,码头泊位18个、泊位岸线长4400延米、最大靠泊能力500吨级。

一、基础设施建设

"十二五"期间,建湖县累计投资56.6亿元,先后建成交通基础设施项目86个。

1. 公路建设

"十二五"期间,完成投资52亿元,新建、改扩建高速路15.80公里、一级公路75公里、二级公路65公里、三级公路86公里、四级公路180公里、农村公路346.10公里。

(1)阜建高速公路建湖段新建工程。长15.80公里,2012年6月开工,按主线路基宽28米,双向四车道,设计车速120公里/小时一级公路标准建设,总投资约9.48亿元。2015年10月建成通车。

(2)徐盐高速公路建湖东互通新建工程。2013年11月10日开工,概算投资1亿元。2015年10月底竣工。

(3)阜建高速公路建湖西互通新建工程。2013年11月开工,总投资1.20亿元。2015年10月底竣工。

(4)S234建湖段改扩建工程。长38.17公里,按路基宽26米,桥梁结构物与路基同宽,按一级公路标准建设,桥梁设计载荷为公路—Ⅰ级,总投资7.93亿元。项目分南环段、西环段、西段、东段四期实施。其中,南环段2007年7月开工建设,2008年10月份竣工。西环段2009年3月开工建设,2010年5月竣工。西段2010年3月开工建设,2010年12月竣工。东段2010年10月开工,2012年7月竣工。

(5)S331建湖段改扩建工程。长16.74公里,2013年8月开工,按路基宽26米,双向四车道,设计车速100公里/小时一级公路标准,分五个标段建设,概算投资6亿元。2015年年底,全面建成通车。

(6)S233建湖段改扩建工程。长60.47公里,按路基宽26米,一级公路标准设计,其中,开发区段3.99公里,按路基宽45.50米,一级公路整体式城镇断面标准设计。项目分北段、西段、东段三期实施,概算总投资17.60亿元。其中,北段工程,2013年4月开工,2015年11月建成通车。西段工程,2015年4月开工,计划2016年年底竣工。东段工程,计划2016年6月开工,2017年年底竣工。

(7)农村公路、桥梁改造工程。2011年投资9613万元,提档升级农村公路67.80公里,改造农桥23座。2012年,投资1.00亿元,提档升级农村公路28.55公里,改造农桥31座。2013年,投资4934万元,提档升级农村公路56.61公里,改造农桥13座。2014年,投资5870万元,提档升级农村公路73.14公里,改造农桥11座。2015年,投资1.63亿元,提档升级农村公路120公里,改造农桥12座。

2. 航道建设

"十二五"期间,投资9706万元,实施航道疏浚和护岸工程。

(1)盐益线航道夹荡港段第三期疏浚工程。2011年3月开工,疏浚土方2.55万立方米,投入资金50万元。2011年10月竣工。

(2)建口线航道城南新区段护岸工程。长

3502米,投资881万元。项目分两期实施,其中一期工程,2012年5月开工,护岸2242米,疏浚护岸墙前土方6.50万立方米,2012年12月竣工。二期工程,2012年10月开工, 护岸1260米,2013年5月竣工。

(3) 盐宝线航道新河庙至宝应县界段护岸工程。长26公里,总投资8630万元。项目分两期实施,其中第一期工程,2014年5月开工,护岸10公里,投资2880万元,同年12月竣工。第二期工程,2015年5月开工, 护岸16公里, 投资5750万元(含拆迁费1250万元),预计2016年3月竣工。

3. 铁路建设

"十二五"期间,计划投资47.70亿元,建设连盐铁路建湖段和徐宿淮盐高速铁路建湖段。

(1)连盐铁路建湖段建设工程。长8.58公里,2013年12月开工建设,2015年进入轨道铺设阶段,总投资约9.53亿元。预计2017年竣工。

(2) 徐宿淮盐高速铁路建湖段建设工程。长29.82公里,2015年12月开工建设, 总投资约38.17亿元。预计2019年7月竣工。

4. 站场建设

"十二五"期间,投资2000万元,建成4座农村五级客运汽车站及芦沟盐宝河码头、公交候车亭、站牌等工程,同时进行建湖通用机场建设前期准备工作。

(1) 农村客运汽车站建设工程。2010年至2014年,投入资金630.62万元,建设4座农村五级汽车客运站。其中,宝塔车站2010年7月24日开工, 投入资金118.22万元,2011年6月8日竣工。芦沟车站2011年10月18日开工,投入资金116.40万元,2013年1月3日竣工。冈西车站2011年10月18日开工,投入资金133万元,2013年7月16日竣工。建阳车站2013年10月8日开工,投入资金263万元,2014年8月7日竣工。

(2)芦沟盐宝河码头作业区工程。位于芦沟镇盐宝河大桥东侧, 占地面积6.33万平方米。2015年江苏龙鸿建设工程有限公司与盐城富超建材有限公司共同出资1353万元,建成2个300吨级码头泊位,配备2台吊机,年吞吐量45万吨左右。

(3)建湖九龙通用机场建设工程。"十二五"中期,建湖县委托济南军区司令部牵头,组成有民航空管及航空气象专家参加的专家组, 对建湖县通用机场建设规划进行空域评估并获得通过。机场飞行区占地面积33.33万平方,计划2016年10月开工,项目根据总体规划预留1600米跑道。一期工程按照设计跑道长800米、宽30米1B等级机场标准建设,同时配套升降带、滑行道、停机坪、飞机库、控制塔台、通信导航、燃料供应、气象服务等附属设施,总投资约5亿元,预计2017年年底前竣工。

5. 内河港口建设

"十二五"期间,建湖县投入3.62亿元,用于建设内河港作业区、国家二类口岸工程。

(1) 建湖港区里下河作业区建设工程。2011年7月开工,总投资2.42亿元。2013年9月竣工。
(2)国家二类口岸硬件建设工程。在按照国家二类口岸标准搞好配套设施基础建设的基础上, 经建湖县人民政府申请,2011年9月,江苏省人民政府批准同意在盐城内河港建湖港区设立国家二类口岸。2013年11月,通过省口岸办公室、海关、海事、商检、边防等省级查验单位现场验收,准予对外开放。2015年2月,南京海关批准同意配套设立海关监督场所。至此,建湖内河港区具备了国家二类口岸开通运营所有条件。

二、水陆运输

1. 公路客运

至2015年, 建湖县拥有客运汽车335辆、8777座位。"十二五" 期间, 累计完成客运量4029.30万人、客运周转量23.53亿人公里,比"十一五"分别增长0.80%和0.85%。其中2015年,完成公路客运量798.40万人、4.78亿人公里,与2011年同期比较,客运量下降了1%、客运周转量增长了6.20%。

2. 公路货运

至2015年,建湖拥有货运汽车2323辆、2.21万载重吨。“十二五”期间,累计完成公路货运量467万吨、货运周转量5.13亿吨公里,比“十一五”分别增长35%和28%。其中,2015年完成公路货运量95.43万吨、货运周转量1.03亿吨公里,比2011年分别增长35%和28%。

3. 水路货运

至2015年,建湖县拥有水路运输船舶2152艘、83.71万载重吨。“十二五”期间,累计完成水路货运量2235万吨、货运周转量87亿吨公里,比“十一五”分别增长36%和27%。其中,2015年完成水路货运量447.20万吨、货运周转量17.40亿吨公里,比2011年分别增长36%和27%。

4. 内河港口装卸

至2015年,建湖内河港口拥有各类搬运装卸机械共150台(套)。“十二五”期间,累计完成内河港口货物吞吐量1200万吨,比“十一五”增长25%。其中,2015年完成内河港口货物吞吐量316万吨,比2011年增长50%。

三、行业管理

1. 公路管理

(1)精心养路。遵循“养护也是发展”理念,全身心投入,全力以赴养好路、护好路。“十二五”期间,每年平均处治路面病害6.8万平方米,摊铺基层1896立方米,开槽灌缝6.2万余米,整修路肩边坡56万平方米,清除路边堆积物1320立方米,栽植各类树苗7万余株,境内国、省干线好路率达94%以上,县道好路率达82%以上。

(2)科学治路。采用联合执法、驻点值守、遥测跟踪等方式方法,实施依法治路、科技治路和源头治路。“十二五”期间,累计查处路政案件4600余件,查纠超限车辆4100多辆,清除非交通标志796块,清除摊点、棚亭近2000个,极大提高了全县公路安全运行和通行效率。

2. 航道管理

(1)精心维护航标。定期不定期对境内近100座航标进行巡查、维护、保养和检修,保持正位率100%、发光率100%,为船舶提供准确的导航服务。

(2)一线履行职责。累计出动航政艇1200航次,行程78万公里,及时发现并清除暗桩420根、碍航渔网渔簖16处,查纠违章400余次。与此同时,加强在建工程水上水下施工区域航道安全监管,强制施工单位落实通航安全保障措施,设置助航、导航标志,杜绝影响船舶正常航行现象出现。

(3)投身联合执法行动。先后出动航政艇50余艘次,执法人员180余人次,参与徐宿淮盐高铁建湖段涉及射阳河、黄沙港、东塘河航道和S233通榆河大桥水域航政监管和行政许可工作,圆满完成了指令性任务。

3. 运输管理

(1)抓好节点运输。积极参与组织、引导、督促运输企业,圆满完成“十二五”期间春运、黄金周、中高考、新兵入伍等节点客运任务。其中2015年,春运期间,日均投入客车418辆,正班发车1454班次、加班发车352班次,运送旅客40.06万人;“两考”期间,投入客车1735辆次,运送学生2.45万人次;新兵入伍期间,投入15辆客车,运送入伍战士341人次,整个节点运输顺利、安全,无一意外发生。

(2)维护正常运输秩序。采用日常巡查、联合执法、蹲点值守和专项整治等手法,累计出动稽查车5015辆次、执法人员2.06万人次,检查各类违章案件1767件(其中查处“黑车”491辆),为守法经营业者创造了良好的市场环境。

(3)发展绿色运输。引导、协助运输业户更新换代老旧运力,增强发展后劲。“十二五”期间,累计完成251辆出租车改型升级及“油改气”,更新客车93辆、货车1705辆,拆解船舶490艘,水、陆运输企业、个体业户家底变厚,实力增强,市场竞争力明显提升。

(4)助力现代交通企业成长。“十二五”期间，建湖县交通运管部门，紧跟市场潮流，先后引导、协助培育适应现代运输业需求的公路客运企业2家、货运企业50家、驾培企业2家、维修企业70家，农村物流企业2家，交通服务品牌“江苏快客”1家、“江苏快货”4家、“江苏快修”1家。

4、地方海事管理

(1)吸取渡口事故历史教训，警钟长鸣在耳。“十二五”期间，深刻吸取历史上渡口沉船死人教训，紧抓渡运安全不放。五年中对全县7道渡口、8艘渡船进行40次拉网式普查，累计检查渡口350余道次，参加检查人员达900多人次，及时发现并消除了隐患，保证渡运在安全状态中进行。

(2)加强九龙口风景区安全管理，防范未然。连续18期办班，强化旅游区机驾人员培训、轮训，提升技术水平及应急处置能力；严格景区游船船检，凡技术指标、救生消防设备达不到标准者，不予参加运营；准确把好气象预报关口，及时向景区、游船、游客发布气象信息，超前做好安全防范措施准备；工作重心前移，领导班子成员实行景区联系点安全责任制，一线工作人员驻点、零距离值守，将景区安全工作落实到实处。

(3)忠于职守，尽心维护航道秩序。“十二五”期间，累计出动执法人员1.50万余人次、巡航里程6.30万公里，检查各类船舶2.50万余艘次，查处超载、违章船舶6500余艘次，疏通航道168次，保证人守规矩、船行正道，航道安全畅通。

5. 内河港口管理

(1)港口安全常抓不懈。坚持定期不定期组织港口安全检查，及时发现、排除事故隐患。同时，紧密联系实际，经常开展安全预案应急演练，增强港口搬运装卸企业应对突发事件的处置能力。

(2)“打非治违”脚步不停。邀请并联合海事、航道等部门，集中开展内河港口专项整治活动，采取关停并转方式，取缔中心港区“三无”码头，规范港口、码头的经营秩序。

(3)守住规矩走正道。严格执行港口建设法律法规，坚决打击偷建、乱建、重建码头非法行为，打造安全稳定、经营规范、竞争公平、秩序井然的港口市场，维护合法、守法经营港口企业的正当权益。

6. 工程管理

(1)学习培训，增强内功。定期组织内部专业及境内交通工程建设单位质检人员业务学习培训，更新知识，相互交流，学人所长，补己所短，共同提高，适应管理需要。

(2)检查监督，履职到位。认真实施辖区内公路小修、中修和大修工程质量监管，及时组织S234、向阳大道、九龙口大道等工程交工、竣工验收，发现质量缺陷或隐患，强制整改，合格后方可放行。

(3)把牢关口，消除后患。对境内公路、水路交通建设每个项目，每个环节，及时指导、监督施工单位严格按照设计标准、施工程序、质量要求进行施工。对质量问题的反映、投诉，及时调查处理，不留后患。

四、安全生产

1. 安全生产教育深入。适时组织开展安全“生产警示”“文化周”“安全生产咨询”及“安全就在身边”有奖征文等活动，以喜闻乐见、引人入胜的方式，深入宣传包括交通人在内的广大群众，唤起全社会对安全生产的高度重视。

2. 安全生产责任落实。县交通局领导直面担当，勇挑安全生产责任重担，与运输企业、港口企业、施工企业等经营实体签定安全生产责任状。同时，要求各企业也照此办理，层层与基层公司、班组、车队、船队、作业区、码头、车头、船头立下安全生产军令状，横到边、纵到底，安全网络全覆盖。

3. 安全生产对策得力。安全生产常抓不懈，多重举措持续发力。“十二五”期间，累计召开交通系统安全员例会62次，下发安全管理文件95份，举办各类安全人员培训班78期，组织危货运输安全、消防安全、应急救援等安全演练活动近40场，得力措施构筑了坚实的安全生产堡垒。

五、法治建设

1. 法治教育，持之以恒。“十二五”期间，先后邀请相关领导和专家学者辅导干部职工学习《安全生产法》《行政诉讼法》《航道法》等法律法规，系统接受交通法治教育，提高交通人知法、懂法、守法、护法的自觉性。

2. 执法培训，深入持久。“十二五”期间，累计举办执法考试、岗位练兵、技能竞赛等各类执法培训班28次，参培人员达3165人次。其中，2015年，离岗参加学习培训120人次，在岗人员集中学习培训5次，人均学习时间48课时以上，法律知识得以及时更新，执法能力随之相应提升。

3. 调处矛盾，维稳大局。“十二五”期间，累计处理上级交办县长热线、厅长（局长）信箱、12345政府服务平台等交办件近1500件，接待群众上访120多起，文字解答“两会”建议、提案166份，答复率、办结率100%，满意率90%以上，及时化解了相关矛盾与纠纷，维护了全系统大局的稳定。

六、党风廉政建设

1. 落实责任。全面践行党风廉政建设“两个责任”“一岗双责”责任制，坚持对发展规划、人事任免、项目立项、资金投向、工程招投标等重要事项在充分听取各方面意见的基础上，进行集体决策，科学决策，并及时在网上公示过程与结果，让权力真正在阳光下运行。同时，领导班子成员定期进行述职、述廉报告，接受民主评议和党风廉政责任追究。

2. 严守规矩。约法三章，切实遵循各项规章制度，规范党风廉政建设。“十二五”期间，建湖县交通局党委先后推出《重大事项报告制度》、《党员自律制度》、《党委班子议事制度》《党风廉政建设报告制度》《干部任用制度》《廉政“五项承诺”》《党员干部廉洁自律制度》《党委中心组学习制度》《干部学习培训考核实施意见》等一系列规章制度，规范党风廉政建设，保证党风廉政建设不走样，始终运行在正确的轨道上。

3. 拒腐防变。连续举办12期党风廉政建设培训班，对800多人次党员干部进行警示教育，党中央的“八项规定”、省市县委的“十项规定”，得到充分贯彻落实，正气不断弘扬光大，形成了不敢腐、不能腐、不想腐的浓厚氛围，拒腐廉洁成风，违规违纪的现象大大减少，风清气正的交通新貌正在形成。

七、文明创建

“十二五”期间，建湖县交通局始终把文明创建作为大事来抓，在全系统营造出学习先进、崇尚先进、争当先进的攀登进取健康向上环境，“诚信交通”“文化交通”“品牌交通”建设步步深入。“样板路”“样板航道”“文明服务窗口”“党员先锋岗”“党员红旗车”等先进集体、先进个人模范不断涌现，文明创建成果显著。“十二五”期间，县公路站、运管处、航道站先后被省文明委评为“江苏省文明单位”；交通局机关、海事处被市文明委评为“盐城市文明单位”。与此同时，积极开展“结对帮扶”“爱心助学”“牵手致富工程”等社会公益活动。“十二五”期间，全系统累计捐助扶贫解困和爱心助学等资金近120万元，践行了交通人的社会主义核心价值观。

表 85

2011—2015 年建湖县交通运输局领导任职情况

姓名	职务		任职	离职	备注
	党内	行政			
卢乃铨	党委副书记	局长	2007.11	2014.7	
朱堂珍	党委书记	局长	2014.2		2014.7 兼任局长
王　茜	党委副书记		2010.3	2014.4	调出
桑加成		副局长	2005.4	2014.7	
张景高		副局长	2007.11		2014.7 任主任科员
孙环芳		副局长	2006.3		
任学军		副局长	2009.9		
夏少青		副局长	2010.10		
王建东	驻局纪检组长		2009.10		
刘其东		工委主任	2008.6	2013.6	
胥兰凤		工委主任	2014.12		

（马智波）

【省市 10 余家新闻媒体集中采访建湖交通】2011 年 7 月 28 日,《扬子晚报》《都市生活报》《盐阜大众报》《盐城晚报》《东方生活报》《盐城交通报》等 10 余家新闻媒体记者在盐城市交通运输局办公室副主任陆建平的带领下，赴建湖县交通运输局进行集中采访。在媒体见面会上,记者们首先详细听取了近年来建湖交通运输发展的情况汇报。随后,分别到建湖县汽车客运站、S231 黄沙港特大桥、里下河物流园区南港池、冈东运河大桥等现场进行采访。其间,县交通运输局局长卢乃铨,副局长孙环芳、任学军、夏少青,局长助理胥兰凤,运管处主任朱消冰等还分别接受了记者专访。通过新闻媒体集中聚焦采访活动，极大地宣传推介了建湖交通。(马智波)

【S233 建湖段开发区先导工程建设】2013 年 4 月 10 日上午，建湖县举行重点交通工程项目集中开工仪式。其中 S233 建湖段建设正式拉开施工序幕。盐城市委常委、常务副市长戴元湖,建湖县委书记、县人大常委会主任葛启发、县长苏冬等市县领导出席了仪式。S233 建湖段工程起于射阳与建湖交界处，途经建湖上冈（含冈东、草堰口社区)、冈西、开发区、高作、建阳、颜单、恒济等镇(区),接上新的 S331,全长 60.47 公里。工程按一级公路标准设计,路基宽 26 米,工程总投资 19.4 亿元。先期开工的开发区先导段长 3.99 公里,采用一级公路整体式城镇断面标准,路基宽 45.5 米,投资 6000 万元。2013 年年底竣工。(马智波)

【251 辆出租车全面完成“油改气”工作】为进一步加快推进“绿色、低碳”交通建设,实现节能降耗,降低运营成本,从 2013 年 4 月开始,建湖县出租行业主管部门在出租车经营者自愿的前提下,推进出租汽车“油改气”工作。截至 2013 年 5 月中旬,全县 251 辆出租车全面完成“油改气”。同时,新建两个加气站,已开始正常供汽。(马智波)

【王荣赴建湖县交通运输局检查指导工作】2013 年 6 月 19 日下午,盐城市副市长王荣赴建湖调研交通运输工作。市交通运输局局长管亚光,副局长、市港口局局长葛春宽,建湖县领导葛启发、苏冬、徐宁建、孙海山等陪同调研。王荣一行先后察看了九龙大道规划、阜建高速公路建设工地。每到一处，王荣都仔细了解项目规划建设等情况，并提出相关要求。随后，王荣一行在建湖县交通运输局召开了座谈会。会上，王荣对建湖交通运输工作取得的成绩给予充分肯定。他说，近年来，建湖高度重视交通工作，初步构建了公、铁、水三位一体的综合交通运输体系。今后要继续努力，按照“六纵六横”道路框架，搞好交通重点工程。同时，要高度重视铁路建设，大力发展水运和港口事业，加快推进城乡公交一体化，确保交通运输始终能够率先发展，当好先行，为全县经济社会发展提供强有力地支撑保障。（马智波）

【盐城市铁路建设工作座谈会在建湖县上冈镇召开】2014年2月26日下午，全市铁路建设工作座谈会在建湖县上冈镇召开。会议回顾总结了2013年全市铁路建设工作情况，研究部署了今后工作任务。会上，建湖县人民政府副县长孙海山致辞祝贺座谈会顺利召开，连盐铁路沿线各县（区）铁路办和上冈镇、正红镇以及3个施工单位代表作了交流发言，市国土局领导就征地工作进行了部署，苏北铁路公司陶叶平总经理、省铁路办连盐铁路项目部部长蒋龙泉到会指导，并就近阶段连盐铁路建设有关问题提出具体要求，市铁路办副主任周正雄对连盐铁路征地拆迁工作进行详细布置，市铁路办主任潘进山作了题为“改进作风，服务一线，凝心聚力推进盐城铁路建设工程”的讲话。会议由市铁路办副主任王铮主持。（马智波）

【游庆仲一行到建湖调研交通工作】2014年5月10日，省交通运输厅厅长游庆仲一行来建湖调研。市交通运输局局长管亚光以及建湖县领导葛启发、邓小锋、孙海山等陪同调研。游庆仲一行考察了建设中的九龙大道、九龙口旅游度假区，详细了解建湖县九龙大道、九龙口旅游度假区、盐徐高速公路九龙口互通等交通基础设施的规划和建设情况。游庆仲对建湖县经济社会发展取得的成绩给予高度评价。他说，建湖城市建设起点高、手笔大，产业特色鲜明，创业氛围浓厚，经济发展势头良好。游庆仲指出，建湖要充分考虑长远发展需要，在铁路、公路、航道、交通枢纽等交通工程建设规划上要定位准、定位好，既要服务建湖自身，又要辐射、带动周边地区，为今后建湖大发展、快发展创造良好外部环境。他表示，将全力支持建湖交通基础设施建设，对增设盐徐高速公路九龙口互通等交通重点工程将尽快进行论证，力争早日立项早日上马，提升九龙口旅游度假区对外通行能力，为九龙口旅游度假区开发建设和建湖经济社会发展做出积极贡献。（马智波）

【王荣平赴建湖县检查交通重点工程】2015年3月6日下午，盐城市市长王荣平、副市长王荣带领市相关部门负责同志，赴建湖县检查交通重点工程建设情况。县委书记、县人大常委会主任葛启发，县长薛盛堂，副县长刘兆云陪同检查。王荣平一行先后察看了阜建高速公路建湖段、向阳大道等交通重点工程建设情况。在项目建设现场，听取相关情况汇报后，王荣平对建湖县精心组织，细化任务，狠抓落实，快速推进交通重点工程建设的做法给予充分肯定。他同时要求，各地、各相关部门要高度重视，把交通重点工程建设摆在突出位置，加大协调服务力度，及时解决工程建设中遇到的困难和问题，在保证施工安全和工程质量的基础上，加快建设步伐，确保如期完成各项交通重点工程建设任务。（马智波）

【张连珍赴建湖县考察交通重点工程】2015年4月4日，省政协主席张连珍赴建湖县考察。盐城市委书记朱克江、市长王荣平以及建湖县相关领导等陪同。张连珍重点考察了S331建湖段和盐徐高速公路建湖东互通等交通工程。在实地考察和现场听取该县综合交通规划情况汇报后，张连珍对建湖县主动适应经济发展新常态，把打造新环境作为今年四项重点工作之一的做法给予充分肯定。她希望建湖县继续加大交通基础设施建设力度，不断改善和优化区域环境，增强县域发展后劲，促进经济社会更好更快发展。（马智波）

【组织党员干部到市廉政教育基地参观学习】2015年5月20日上午,建湖县交通运输局组织局领导班子成员、局机关全体党员和系统二、三级单位党政主要负责人、办公室主任等50余名党员干部在局长、党委书记朱堂珍带领下赴盐城市廉政教育基地参观学习。全体党员首先跟随讲解员一道参观了廉政教育主题公园。随后,来到警示厅观摩了"作风建设永远在路上"的主题图片展,历代领导人关于作风建设的重要讲话、触目惊心的反面典型案例,使大家心灵震撼,深受教育。最后,大家来到报告厅,集中收看了关于北京市地税局原党组书记、局长王纪平和北京农商银行原副行长司伟贪腐案件的纪录片。真实的、典型的腐败堕落案例警示了全体党员干部,大家受到了一次深刻的思想洗礼。(马智波)

【葛启发检查交通重点工程建设】2015年9月14日下午,建湖县委书记、县人大常委会主任葛启发,副县长刘兆云带领县有关部门负责人,检查交通重点工程建设情况。葛启发一行先后来到S331、S233建湖段工程建设现场,详细了解建设进度、施工管理等情况,并对每项工程建设都提出明确要求。他指出,要抢抓当前施工的有利时节,加强施工组织,严格质量监督,强化安全管理,加快S331、S233建湖段等在建交通重点工程建设步伐,力争工程早日竣工,如期实现道路通、接线通、亮化通,绿化工程全部到位(三通一到位),确保顺利完成今年镇镇通一级公路的目标任务。(马智波)

【盐徐高速公路建湖东互通、阜建高速公路建湖西互通同时开通运营】2015年11月2日上午,盐徐高速公路建湖东互通、阜建高速公路建湖西互通同时开通运营。建湖县委书记陈平、县长薛盛堂出席盐徐高速公路建湖东互通开通仪式,并亲切慰问建设者和收费站员工代表。宿淮盐高速公路公司董事长陈小泉宣布盐徐高速公路建湖东互通开通运营。县领导郑中、刘兆云、唐张新参加活动。盐徐高速公路建湖东互通主线长1041.9米,匝道总长1922.8米。工程于2013年11月开工,2015年10月底竣工。阜建高速公路建湖西互通工程位于县城西侧,于2013年11月开工,2015年10月竣工。(马智波)

阜宁县交通

2012年1月10日，省交通厅、市政府举行阜宁至建湖高速公路建设工程奠基仪式

2012年9月15日，市交通运输局局长管亚光（左三）一行考察阜建高速公路建设

2013年4月22日，阜宁县委副书记、县长顾云岭（前中）一行考察重点交通建设工程和道路绿化情况

2014 年 3 月 26 日,阜宁县县长徐华明(右二)一行调研交通运输工作

2015 年 5 月 16 日,盐城市阜宁船闸管理所成立,阜宁县委书记顾云岭(左)、盐城市交通局局长管亚光(右)主要领导为闸管所揭牌

2012 年 11 月 7 日,阜宁县人大常委会党组书记、副主任仇学善(前右三)带领部分人大党委会成员和代表视察“农村交通”建设进展情况

2013 年 11 月 7 日，央视《新闻联播》报道阜宁县农村公路通达工程

2011 年初，S329 阜宁南绕城段建成通车

2011 年 6 月，S234 阜宁段工程竣工

2012 年 12 月,G204 城北大桥至收费站段建设通车

2015 年 11 月 2 日,阜建高速公路阜宁段建成通车

2015 年,沿海高速公路至阜宁连接线建成通车

【概况】

至2015年全县境内已拥有：

公路1950.41公里，其中，高速公路20.43公里、一级公路142.69公里、二级公路279.55公里、三级公路120.38公里、四级公路1083.19公里、等外级公路304.19公里，公路密度为135.54公里/百平方公里。

航道585.36公里，其中，三级航道67.53公里、四级航道17.66公里、五级航道63.18公里、六级航道3.20公里、七级航道119.98公里、等外级航道313.81公里。

铁路23.35公里。

站场6个，其中公路客运车站5个(一级、二级各1个，五级3个)、火车站1个。

船闸1座。

内河港口码头 30座，码头岸线长3800延米、泊位52个，最大靠泊能力3000吨级。

一、基础设施建设

“十二五”期间，阜宁县累计投资39.62亿元，用于公路、桥梁新建、改造；航道整治，船闸扩容，站场及港口、水陆服务区建设。

1. 公路建设

“十二五”期间，阜宁县建成等级公路720公里、提档升级农村公路728.80公里、改造危桥220座，完成投资31.56亿元。

(1)G204城北大桥至收费站段维修改造工程。长5.43公里，2012年9月开工，总投资1528.30万元。2012年12月建成通车。

(2)S234阜宁段改扩建工程。长24.16公里，2010年4月开工，按双向四车道一级公路标准建设，概算投资6.20亿元。2011年6月建成通车。

(3)S329阜宁西段二期改扩建工程。长6.80公里，2010年5月开工，按双向6车道、设计车速80公里/小时一级公路标准建设，概算投资2.20亿元。2011年建成通车。

(4)S348阜宁至东沟段改扩建工程。长22.50公里，全线按路基宽26米、双向四车道、设计车速100公里/小时一级公路标准建设，投资约6亿元。2013年年底建成通车。

(5)阜宁至盐徐高速公路车桥互通接线阜宁段工程。长20公里，2010年9月开工，按双向四车道一级公路标准建设，概算投资3.40亿元。2015年建成通车。

(6)阜建高速公路东(沟)益(林)互通接线工程。长6.50公里，2014年6月开工，按一级公路预留，上限路基宽16.50米、双向四车道、设计车速80公里/小时二级公路上限标准建设，投资1.35亿元。2015年11月与高速公路同步建成通车。

(7)阜建高速阜宁段工程。长20.50公里，2012年1月10日开工，按路面宽28米，双向四车道、设计车速120公里/小时高速公路标准建设，连同东(沟)益(林)互通、建湖互通、蒋营枢纽配套工程，总投资10.87亿元。2015年11月2日正式通车。

2. 航道建设

“十二五”期间，投资4.50亿元，用于小中河航道整治、阜宁船闸扩容改造、阜宁水陆服务中心工程建设。

(1)小中河整治工程。长17.50公里，2015年3月开工，以原六级航道为基础，按四级航道标准拓宽、浚深、砌筑驳岸及桥梁改建，总投入900万元，预计2016年10月竣工。

(2)阜宁船闸扩容改造工程。2015年3月开工，按闸室长180米、口门宽23米、槛上水深4米Ⅳ级水工建筑物通航标准扩容改建，总投资1.50亿元。预计2016年10月竣工。

(3)阜宁水陆服务中心建设工程。2014年1月1日开工，概算投资1.70亿元。预计2016年年底建成。该中心地处通榆河和射阳河交汇处，区位独特，场地宽阔，交通便捷，功能齐全，可及时周到提供水陆物流信息、货物配载、加油加气、加水充电、车船快修、生活购物、仓储装卸、污水处理等全方位服务,对于促进水陆运输结构调整,提高物流效率,改善阜宁投资环境,加快地方经济发展将发挥巨大作用。

3. 站场建设

“十二五”期间,完成投资1.03亿元,新建阜宁汽车客运总站和G204服务区等工程。

(1)阜宁汽车客运总站工程。位于阜城镇香港路与原G204交界处,占地面积10.13万平方米。2011年4月开工,按国家一级汽车客运站标准建设主站楼1.91万平方米、售票厅576平方米、候车厅2963平方米、站前广场5018平方米、售票窗口18个、检票口22个、发车位27个、停车位220个,可日发送旅客1.5万人次,总投资9200万元。2014年投入正常运营。

(2)G204阜宁服务区工程。位于阜宁经济开发区境内新、老G204交界处,占地面积2.87万平方米。2011年4月开工,陆续建成综合楼、加油站、配电房、泵房、修理间等配套工程,总建筑面积2624平方米,共投资1073万元。2012年5月建成并投入运营。

4. 内河港口码头建设

阜宁东港作业区码头工程。位于阜城镇射阳河南岸,占用航道岸线1018米、土地面积25万平方米。2009年开工,相继建成码头500级泊位12个。连同相应的配套设施,共投资2.53亿元。2012年年底建成。

二、水陆运输

1. 公路客运

至2015年,阜宁县拥有公路客运企业5家、营运客车319辆、9127座位。“十二五”期间,累计完成客运量5935万人、客运周转量129.84亿人公里,比“十一五”分别增长21%和23%。其中,2015年完成客运量1243万人、客运周转量27.18亿人公里,比2011年分别增长26.40%和26.40%。

2. 公路货运

至2015年,阜宁县拥有公路货运业户2037户、营运货车3469辆、2.67万载重吨。“十二五”期间,累计完成货运量1047万吨、货运周转量26.32亿吨公里,比“十一五”分别增长16%和15%。其中,2015年完成货运量207万吨、4.89亿吨公里,比2011年分别增长13%和14%。

3. 水路货运

至2015年,阜宁县拥有水路货运企业31家、营运船舶1895艘、5.40万载重吨。“十二五”期间,累计完成货运量2033万吨、货运周转量44.81亿吨公里,比2011年分别增长13%和14%。其中,2015年完成货运量398万吨、货运周转量9.49亿吨公里,比2011年分别增长11%和16%。

4. 内河港口装卸

至2015年,阜宁县拥有内河港码头30座,码头泊位52个。“十二五”期间,累计完成货物吞吐量1119万吨,比“十一五”增长7.60%。其中,2015年完成货物吞吐量265.50万吨,比2011年增长6.50%。

三、行业管理

1. 公路管理

(1)精细化和预防性养路。“十二五”期间,公路管理部门全面推进公路精细化养护和预防性养护,深入开展“文明样板”和“五项整治”活动,路况质量始终处于稳中向好的态势,国省道干支线公路好路率分别保持在89%和76%左右。其中,G204阜宁段在五年一度的国检中,受到全国干线公路养护管理检查组“路况质量优秀、路容路貌优秀”的赞誉,获得了较高得分,创下了阜宁在盐城第一,盐城在江苏第一,江苏在全国第一的全国干线公路国检好成绩。

(2)依法依规治路。“十二五”期间,公路执法人员深入第一线,认真履行职责,通过不间断巡逻监督,维护正常交通秩序。对发现或接受举报的交通违章违法案件及时查处,并予以通报,教育当事人、警示同行人,促进交通秩序明显好转,尤其是非法超限运输车辆明显下降并控制在1.80%以下。

2、航道管理

（1）巡航监督持之以恒。“十二五”期间，累计出航860天，行程7万多公里，及时发现和解决了涉航相关问题。同时，实施航道扫床1900公里，航标及宣传牌、界牌等设施的维护率、正常率均达100%，为来往船舶安全通航创造了良好条件。

（2）创新水上执法方式。县交通局根据省市交通主管部门相关文件精神，结合本地区实际情况，制定了《全县交通水上统一执法工作实施意见》，并相应组建了“阜宁县水上执法大队”，统一负责辖区内通航水域、港口的巡逻，实施通航秩序严格监督和管理。对船舶海事违法、超过航道等级限制使用航道、占用通航水域过驳作业、擅自从事水路营业性运输以及超越范围经营等违法行为进行检查、制止、强制和处罚，收到了联合统一执法的明显效果。

（3）及时处理群众举报案件。航政艇“110”热线24小时处于工作状态，值守人员随时受理并快速处治群众举报的各种涉航案件，维护正常航行秩序。五年中，未发生一起24小时以上人为断航事故。

3. 运输管理

（1）运用高科技手段管理公路客货运输。“十二五”期间，省、市交通行业部门推广的各项管理业务应用，在阜宁县实现全覆盖。其中，IC卡道路运输证使用率达100%；涉路案件从现场稽查到处理全过程在网上公开透明运行；客运企业、危货运输企业和拥有50辆以上重型载货汽车及牵引车的货运企业，全部安装道路运输车辆动态控制平台；驾校教练车辆一律使用学时记录仪，通过过程监管设备对车辆二维操作进行适时监督和管理。现代科学技术成果在客货运输中发挥了重要作用。

（2）加快城乡客运一体化进程。“十二五”期间，阜宁县交通局应需出台《全县城乡客运一体化的实施意见》，大力推进城乡客运一体化农村客运班车通达工程。至2013年底，全县14个镇247个行政村客运班车通达率已达100%。在此基础上，经过充分的前期准备，2014年，阜宁县交通局选择沟墩、三灶、罗桥、古河、陈良、芦蒲六个镇进行镇村公交试点，取得了显著效果。尚未开通公交的镇村有了样子，也积极创造条件，争取尽快让公交车开到家门口。预计到2016年底，阜宁县镇村公交车覆盖率有望达到100%。

（3）整合分散资源成拳头。经阜宁县交通局牵头、引导、帮助，在自主、自愿的基础上，2013年，江苏盐阜公路运输集团阜宁有限公司、盐城市星宇公路运输集团阜宁分公司（阜宁一汽）和盐城市神龙公路运输集团阜宁分公司联合组建成江苏诚达公路运输有限公司。按照《公司法》和公司章程实行统一管理、统一发包，按照“一站两点”的整体规划和站运分离的经营模式，实行集约化经营。同时，积极推进省、市际客运班线整合，完成阜宁至南京、昆山、镇江、徐州四条班线及所有农共班线公司化改造工作，全部实行公司化经营。分散力量的积集，形成了规模效应，收到了机构、管理人员精简，工具、运营线路效率提高，成本降低、竞争能力增强的明显成效。

4. 海事管理

（1）严格监控危化品运输。执法人员坚持到码头实船签证，及时掌握危化品运输船舶动态，严格跟踪监管，谨防万一。

（2）把牢渡运安全关口。实施渡口规范化建设，全面落实渡运管理责任制，坚决打击私渡和非客船载客行为。同时，对在册营运渡船按计划上岸维修保养并及时更换安全救生设备，使船舶始终处于适航状态。

（3）加强水面、水下施工管理。认真协助建设单位办理境内航道桥梁建设水面、水下活动许可审批手续，维护施工水域正常航行秩序。

（4）及时清除水下障碍。组织力量，对辖区内大沙河、郭陈河、串场河等航道上4艘无主沉船进行打捞清障,消除了航行隐患。同时,协调督促境内航运企业38艘400载重吨以上营运船舶安装了生活污水处理器,保障域内水域免受污染。

5. 工程管理

(1)工程项目100%招投标。工程监管部门严格按照交通工程建设有关法规文件要求,实行公开透明招标、投标,杜绝任何人情关、旁门左道、暗箱操作等违纪违规行为发生。

(2)廉政建设贯穿工程始终。凡政府性资金建设工程,一律实行廉政约谈制度,强化中标、建设单位廉政意识和责任意识,不碰触高压线。

(3)工程质量监督一着不让。针对境内交通工程监督全覆盖要求,采取综合督查、专项检查、交叉互查等多种形式,及时发现并切实整改存在的问题。五年中,未发生重特大交通工程质量事故,市级、县级交通重点工程建设项目均达到优良等级。

四、安全生产

(1)落实领导安全生产责任制。县交通局领导带头落实"一岗双责"、"党政同责"安全生产责任制,强化"红线"意识和底线"思维",时时把安全生产放在心坎上,落实在行动上。

(2)层层签订责任状。每年县交通局将安全生产控制指标层层分解,与下属单位及企业签订责任状,明确各自应承担的安全生产义务、责任,死守安全生产各项控制指标,不越"红线",保障生产经营活动安全进行,万无一失。

(3)严格巡察监督。持续开展各种安全生产整治活动,及时发现和解决问题。对于工程建设中查出来的隐患,按照安全专项施工方案审查制度、施工安全费用保障制度和"1+3"安全监控体系规定解决;对于航道中查出的隐患,通过拆除小中河兴隆危桥和海事、水警、船闸联合开展小中河、大沙河等航道安全整治措施解决;对于运输企业中查出的隐患,采取增加专职保安值守力量,改善旅客进站、安检、检票、上下车秩序等办法解决;对于道路中查出的隐患,运用处理桥头跳车、增补桥头限载标志、拆除违章建筑、严惩超限运输等方式解决。事故苗子被一一暴露和化解,各项生产经营活动得以在安全的环境中顺利进行。

五、法治建设

1. 法治建设舆论先行。坚持运用广场、文化周、报刊、影视、屏幕、文艺、标语等多种宣传形式,进社区、到企业、下农村,大造交通法治建设舆论,传播交通法治知识,增进广大交通职工及社会公众交通法治建设的自觉性和积极性。

2. 创新执法方式。打破交通各行业单一执法常规,推行公路、航道、运输、海事、公安执法力量联手,综合执法,努力节省执法资源,提高执法效率。

3. 深入推进法治改革。打旧常规,推进法治改革,行政许可审批全部实行"三集中、三到位",取消、调整不合时宜非许可审批8项,体现了行政许可的及时性、服务性、严肃性和改革性。

4. 提升执法形象。通过开展"三基三化""五项执法行动",交通管理行业全面实现"四统一"执法,执法人员的履职能力、行政执法形象明显提升,为交通运输持续有序健康发展提供了法律保障。

六、廉政建设

1. 宣传党风廉政建设宗旨。组织党员干部,认真学习党的十八大及习近平总书记系列重要讲话精神,不断提高人们党风廉政、拒腐防贪意识,筑牢思想防线,巩固党的长治久安执政基础。

2. 落实党政廉政建设责任制。阜宁县交通局党委制定出台了关于《落实党风廉政建设党委主体责任和纪委监督责任的意见》,明确并落实了党风廉政建设党委的主体责任和纪委的监督责任,从组织、纪律、制度上把党风廉政建设落实到实处。"十二五"期间,没有一起因违法违纪而受查处的案件发生。

3. 划定党风廉政建设红线。切实贯彻并严格按照中央八项规定和省、市委十项关于党委廉政建设规定办事,守住红线,有效地遏制了贪腐漫延势头，净化了党内与社会空气，充分调动了党员干部及广大群众积极性和创造性，加快交通现代建设步伐，为全面完成和超额完成“十二五”规划各项任务做出了积极贡献。

七、文明创建

“十二五”期间，阜宁县交通系统围绕文明创建，深入宣传发动，广泛开展学习雷锋、奉献爱心、防贫问苦、排忧解难、助学扶残以及各种形式的社会主义劳动竞赛活动，掀起学先进、当标兵，立标杆、树典型比学赶帮热潮，践行社会主义核心价值观的先进集体、先进个人不断涌现，文明建设之花开遍阜宁交通大地。“十二五”期间，阜宁县交通运输局获2010—2012年、2013—2015年省“文明单位”荣誉称号；2011—2012年、2013—2014年获市“文明单位”荣誉称号；并先后被评为全省交通运输工会工作先进集体、绿色盐城建设先进集体、盐城市双拥模范单位；被县委、县政府和市交通运输局表彰为三个文明建设和目标任务绩效考核综合先进单位；被县文明委表彰为“十佳文明行业”和“文明单位标兵”。

表86　2011—2015年阜宁县交通运输局领导任职情况

姓名	职务		任职	离职	备注
	党内	行政			
陈志国	书记	局长	局长 2006.3	2012.8	
			书记 2006.3	2010.4	
蔡跃虎	书记	局长	局长 2012.8		
			书记 2015.6		
蔡刚	书记		2010.4	2012.8	
孙超	书记	主任科员	书记 2012.8	2014.2	
			主任科员 2014.2		
陈东军	副书记	副书记	2001.4	2012.7	
李阜生	党委委员	副局长	1995.12	2015.2	
孙建国	党委委员	副局长	2000.8	2013.9	
钮彬春	党委委员	副局长	2002.10		
郭雷	党委委员	副局长	2003.12	2012.7	
杨义平	党委委员	副局长	2003.11	2013.9	
陈小琴	党委委员	副局长	副局长 2013.2		
			党委委员 2014.3		
陈建波	副书记	纪检组长	纪检组长 2005.10		
			副书记 2013.2		
管福明	党委委员	副局长	副局长 2013.2		
			党委委员 2014.3		

（王永宁、杨正中）

【S234 阜宁段主体工程竣工通车】2011 年 10 月底,S234 阜宁段长 24 公里,概算投资 6.8 亿元的一级公路主体工程竣工通车。(王永宁　杨正中)

【G204 阜宁段国检夺冠】2011 年 5 月 24 日上午,全国干线公路养护管理检查组抵达阜宁,对 G204 阜宁段的路况情况进行五年一次国检。来自湖南省、吉林省和广西省的检测车队在省、市公路、县交通和公路主管部门的陪同下,采用 CICS 路况快速检测车对 G204 阜宁段 31 公里路段进行检测,采集了路面平整度和路面损坏状况数据及公路前方图像。经综合评估,检查组给了 G204 阜宁段"路况优秀、路容路貌优美"的赞誉。全国干线公路国检结束后,G204 阜宁段得分排名全市县(市、区)之首,夺得冠军。(王永宁、杨正中)

【赵鹏到阜宁调研指导交通工作】2012 年 11 月 19 日,市委书记、市人大常委会主任赵鹏到阜宁调研指导交通建设。市委常委、秘书长潘道津,县委书记、县人大常委会主任王锦胜,县委副书记、县长顾云岭,县委副书记徐华明,县人大常委会党组书记、副主任仇学善等参加了相关活动。赵鹏一行先后深入建阜高速公路新沟镇吉沟段等建设现场,详细了解工程建设进度,认真听取"交通提速年"十大交通工程等项目建设情况汇报。赵鹏对阜宁近几年交通取得的巨大成绩给予充分肯定,称赞阜宁交通建设进入跨越腾飞加速赶超的黄金期。赵鹏要求咬住时间节点,全面加快工程建设速度,并强化质量管理,确保把"十大工程"都建设成为标志工程、放心工程。(王永宁、杨正中)

【阜建高速公路奠基仪式】2012 年 1 月 10 日,盐城市人民政府、省交通运输厅在阜宁县隆重举行建阜高速公路建设工程奠基仪式。市委书记、市人大常委会主任赵鹏宣布工程奠基。省交通运输厅副厅长王永安,市委常委、常务副市长陈正邦分别致辞。副市长丁建奇主持奠基仪式。省交建局副局长赵□介绍工程概况。省交通控股有限公司副总经理陈祥辉,省交通厅党组成员、交建局局长何平,市政协主席冯永农,市人大常委会副主任崔仕明等省市领导出席奠基仪式。县委书记、县人大常委会主任王锦胜,建湖县委书记王荣在仪式上分别发言。市委副秘书长陈健翔,市政府副秘书长陈锋,市交通运输局局长管亚光,县委副书记、县长顾云岭,县政协主席陈平,县委副书记仇学善,县人大常委会副主任钱元龙等参加活动。(王永宁、杨正中)

【G204 服务区落成运营】2012 年 5 月 28 日,阜宁县隆重举行 G204 阜宁服务区落成营运典礼。G204 阜宁服务区位于新、老 G204 交接处。按照交通运输部 B 类服务区标准建设,包括综合楼、加油站、配电房、泵房、修理间等建筑面积近 3000 平方米,总投资 1500 万元。G204 阜宁服务区是 G204 江苏境内服务设施规划和建设的重要组成部分,对于缓解司乘人员旅途劳顿,保证车辆继续安全运行起到极其重要的作用。(王永宁、正中)

【阜宁火车站开通北京、南京客运班车】2012 年 7 月 1 日晚,县委、县政府在阜宁火车站举行泰州至北京 T215/T216 旅客列车在阜宁火车站停靠和青岛至扬州 K413/K414 旅客列车经阜宁延伸至南京庆典仪式。市交通运输局局长管亚光、局副书记潘进山、县四套班子主要领导、新长车务段范立新段长、孙革红书记,市铁路办副主任郭东城、周正雄等为阜宁火车站经停北京、南京旅客列车剪彩,并为北京首发团 30 名乘客送行。泰州至北京 T216 旅客列车阜宁站发车时间为 10:32,在阜宁站停靠 3 分钟,到达北京时间为次日的 9:56。(王永宁、杨正中)

【李学勇考察连盐铁路阜宁段建设工程】2013 年 12 月 7 日,连盐铁路正式开工建设。上午 11 时半,省长李学勇一行来到位于阜宁、射阳两县交界处的施工现场,考察了工程建设情况,并看望慰问了参建人员。县委书记顾云岭向李学勇等汇报了阜宁县全面动员,努力服务连盐铁路规划建设情况。连盐铁路盐城段长约 105 公里,途经阜城镇射南、北汛、老沙、通阳等8个行政村，长8.2公里，需拆迁房屋124户。李学勇对沿线地方政府实现先安置、后拆迁、零过渡的办法表示肯定，称赞这样的拆迁让百姓得到了实惠，减少了生活麻烦，值得学习推广。李学勇同时对沿线地方政府全力服务铁路建设，积极帮助化解和协调矛盾的做法也予以高度赞誉。（王永宁、杨正中）

【阜宁港首运集装箱】2013年5月16日上午8时18分，从连云港新云台码头出发，载有24个标准集装箱的2艘货轮顺利抵达阜宁港。阜宁港至连云港内河集装箱运输航线顺利完成首航，标志阜宁港实现集装箱运输零的突破。县委书记、县人大常委会主任王锦胜，连云港港口集团副总裁、新丝路国际集装箱发展有限公司总经理张子扬、县政协主席陈平等参加首运仪式。王锦胜在致辞中，向阜宁港实现首次集装箱运输表示热烈祝贺，并要求阜宁港虚心学习连云港、扬州港、大丰港等港口先进管理经验，加快港口物流区、专业市场区、商业服务区、出口加工区的硬件和软件建设，为来阜客商提供最优惠的政策、最好的服务、最好的环境，为加快推进县域经济外向化发展作出新的更大的贡献。（王永宁、杨正中）

【盐城市阜宁船闸管理所揭牌】2015年5月16日，盐城市阜宁船闸管理所揭牌。市交通运输局局长管亚光，县委书记、县人大常委会主任顾云岭，县委常委、副县长薛扬参加了仪式。盐城市阜宁船闸管理所，由阜宁船闸电站河堤管理处成建制划转并更名而成，隶属于盐城市航道管理处，为副科级公益二类事业单位，核定编制82人，负责阜宁船闸扩容改造及运营和管理工作。（王永宁、杨正中）

【王荣平考察徐宿淮盐高铁阜宁段工程前期准备工作】2015年6月30日，市长王荣平一行考察徐宿淮盐高铁阜宁段前期准备工作情况。王荣平要求阜宁结合城市总体规划和土地利用规划，同步研究高铁站周边地块综合开发，带动区域经济加快发展。徐宿淮盐城际高速铁路起点徐州，终点盐城，全长313公里。其中阜宁段西起渔滨河，途经罗桥镇、益林镇、东沟镇14个行政村，东至嘎粮河，长约23.3公里。益林镇东兴村境内设有高铁站点（阜宁南站）。徐宿淮盐高铁项目于2015年2月份获国家发改委立项批复，7月份初步设计通过审查，铁路总公司和省政府将徐宿淮盐高铁列入了2015年开工项目。（王永宁、杨正中）

滨海县交通

2013年5月26日，省交通厅厅长游庆仲(前中)一行考察滨海港疏港航道建设

2013年4月16日，省交通厅副厅长李先友(左三)一行赴滨海考察农村公路建设情况

2015年6月25日，省交通厅航道局副局长董刚(左图右二，右图左二)一行赴滨海港疏港航道船闸检查工程安全管理工作

2011年1月1日，滨海县举行G228滨海段开工典礼。陈正邦、管亚光、王斌、姚兆春等市县领导出席仪式

2015年7月29日，滨海县县委书记李逸浩(前中)一行督查滨海港疏港航道船闸工程

2015年2月5日，滨海县县长钱武华(右一)、副县长沈乃锋(右二)考察交通工程建设，滨海县交通运输局局长王亚平(右三)介绍情况

2012年1月19日，滨海县副县长姚兆春(左四)检查春节运输安全工作

2013年,G204滨海段改造竣工通车

2013年3月14日，滨海县召开S327滨海东段（G204至滨海港港口)建设工程竣工验收会议

2015 年，G15 滨海互通改造完成

2011 年，S327 绕城段建成通车

2014 年 3 月 14 日，S327 滨海段建成通车

2012年2月10日，滨海县交通局局长王亚平(左)做客新闻媒体倾听群众心声

【概况】

至2015年滨海县境内已拥有：

公路2162.95公里，其中，高速公路27.30公里、一级公路131.32公里、二级公路209.90公里、三级公路179.61公里、四级公路1330.30公里、等外公路284.52公里，公路密度达116.80公里/百平方公里。

航道468.30公里，其中，三级航道75.00公里、四级航道40.01公里、五级航道4.45公里、七级航道180.46公里、等外级航道168.38公里。

铁路32.00公里(正在建设中)。

站场2个，其中一级汽车客运站1个，火车客运站(正在建设中)1个。

船闸4座。

内河港码头26座，码头泊位34个，码头岸长3294延米，最大靠泊能力500吨级。

一、基础设施建设

“十二五”期间，滨海县累计完成交通基础设施建设投资60多亿元，建成各类交通基础设施项目100多个。

1. 公路建设

“十二五”期间，建成G228滨海段、滨海港大道、滨海港疏港南路、14条县道改造和75个村通项目，完成投资19.49亿元。

(1)G228滨海段新建工程。长35.28公里，2011年开工，按一级公路标准建设，总投资8.30亿元。2013年建成通车。

(2)坎(东坎)振(振东)线改造工程。长43.04公里，分两期建设。其中第一期工程(陈涛至东坎)长13公里，2012年开工，按二级公路标准改造，投资1650万元，同年年底竣工。第二期工程(陈涛至振东段)长30.85公里，2013年开工，按一期工程标准建设，投资2700万元，同年年底竣工。

(3)滨海港大道新建工程。长42.75公里，按一级公路标准建设，总投资7.96亿元。工程分两期实施，其中，第一期工程(G228至盐连铁路)长32公里，2014年7月开工，投资5亿元。预计2016年7月建成通车。第二期工程(连盐铁路至G204)长10.75公里，计划2016年8月开工，投资2.96亿元。2017年12月建成通车。

(4)大桥、县道改造及村通工程。2011年至2015年，先后开工并完成S328通榆河大桥重建、五汛张圩大桥与射阳河接线、县道改造及村通项目。

2. 航道建设

“十二五”期间，投资11.45亿元，实施响坎河、张家河交界航段，响坎河新河桥航段，通榆河滨海航段疏浚及滨海港疏港航道整治，船闸、桥梁建设工程。

(1)响坎河、张家河交界河段疏浚工程。2011年8月开工，疏浚土方2.67万立方米，投资48万元。2011年10月竣工。

(2)响坎河滨海新河桥段疏浚工程。长741米，2014年7月开工，疏浚土方17.27万立方米，投资 30 万元。2014 年 9 月竣工通航。

(3)滨海港疏港航道(由中山河、运盐河段组成)整治工程。长 62.10 公里,2013 年 8 月开工,按照四级航道标准整治,护岸 56.20 公里,开挖、疏浚土方 679.50 万立方米,连同桥梁等配套设施,总投资 4.40 亿元。预计 2016 年年底建成。

(4)船闸新建工程。滨海港疏港航道新建滨海船闸、运盐河船闸各 1 座,总投资 3.32 亿元。其中,滨海船闸位于东坎镇长法村,占地面积 28.26 万平方米。2013 年 8 月开工,按闸室长 180 米、宽 18 米、水深 4 米、最大通过船舶 500 吨级 IV 级水工建筑物标准建设,总投资 1.86 亿元。计划 2016 年 6 月交工。运盐河船闸,位于头罾运销站东侧,占地面积 13.98 万平方米。2014 年开工,建设标准同滨海船闸,投资 1.40 亿元。预计 2016 年 12 月底交工。

3. 铁路建设

连盐铁路滨海段新建工程。长 31.99 公里,2013 年 12 月开工,2015 年进入铺轨阶段,计划静态投资 27 亿元,动态投资 32 亿元。预计 2017 年建成。

4. 站场建设

“十二五”期末,滨海县启动滨海火车站及通用机场建设前期准备工作。

(1)火车站建设工程。经专家、学者、相关领导、代表较长间、较宽领域调查、研究、论证,最后将车站站址选在界牌镇华林村、工业园区益李村、东坎镇会农村之间地域内。火车站以客为主、以货为辅、客货共线,计划 2016 年 7 月开工,总投资 7.50 亿元。预计 2017 年 10 月竣工。

(2)通用机场建设工程。2014 年 1 月 20 日,滨海县启动小型通用机场建设前期准备工作。在充分进行可行性研究的基础上,确定了机场按照 A 类标准规划(可供固定翼飞机使用的机场),B 类标准建设(有跑道的直升机场)的方案。2014 年 8 月委托空军工程设计研究局进行机场空域分析及场址认定。计划“十三五”期间开工建设,总投资约 5 亿元。2030 年前建成。

5. 内河港码头建设

“十二五”期间,投资 2890 万,新建化工园区内河港码头 3 座。

(1)江苏省盐海化工有限公司码头工程。2011 年 10 月开工建设,总投资 1650 万元。2012 年 9 月建成投入试运行。

(2)盐城宝聚氧化铁有限公司码头工程。2011 年 9 月开工建设,总投资 500 万元。2012 年 10 月建成投入试运行。

(3)江苏吉华化工有限公司码头工程。2011 年 7 月开工建设,总投资 740 万元。2012 年 8 月建成投入试运行。

二、水陆运输

1. 公路客运

至 2015 年,滨海县拥有客运汽车 351 辆 1.03 万座位、公交车 64 辆、出租车 300 辆。“十二五”期间,累计完成公路客运量 1325 万人、客运周转量 28.90 亿人公里,比“十一五”分别增长 10.20%和 11.30%。其中,2015 年完成客运量 229 万人、客运周转量 4.99 亿人公里,比 2011 年分别增长 17%和 18.50%。

2. 公路货运

至 2015 年滨海县拥有货运汽车 6100 辆 10.79 万载重吨。“十二五”期间,累计完成货运量 6370 万吨、货运周转量 134.17 亿吨公里,比“十一五”分别增长 8%和 8.50%。其中,2015 年完成货运量 1790 万吨、货运周转量 37.20 亿吨公里,比 2011 年分别增长 7%和 7.30%。

3. 水路货运

至 2015 年,滨海县拥有内河水运船舶 734 艘 23.54 万载重吨。“十二五”期间,累计完成货运量 1580 万吨、货运周转量 31.83 亿吨公里,比“十一五”分别增长 36%和 6.50%。其中,2015 年完成货运量 690 万吨、货运周转量 20.70 亿吨公里,比

2011年分别增长6%和6.50%。

4. 码头搬运装卸

至2015年，滨海县拥有搬运装卸机械46台(套)。“十二五”期间，累计完成内河港口货物吞吐量1348万吨，比“十一五”增长27.80%。其中2015年完成货物吞吐350万吨，比2011年增长8.67%。

三、行业管理

1. 公路管理

(1)推进路域环境综合整治。按照“畅、洁、舒、美”要求，依法拆除违章垃圾池80个968平方米、道路控制区内乱搭乱建68处、摊点515个、非标悬挂物637块、“高炮”广告牌23块，净化了路域环境，人、车畅行其道。

(2)提高国省道路况优良率。2011年至2014年，滨海县投入6425万元，对G204、S327、S226进行大中修，国道平均优良率达96.30%，技术状态指数稳定在95.80%左右。滨海公路站持续保持了省、市、县文明单位称号，公路站路政大队2012年、2015年两次被省总工会命为省“工人先锋号”。

(3)按照法律法规办案。“十二五”期间，累计办结行政许可案件31件，行政处罚案件3510件、行政处理案件135件，无一拖延、违规、违纪现象发生。

2. 航道管理

(1)及时疏浚浅段，保障航道畅通。“十二五”期间，累计投入维护性疏浚费用118万元，疏浚土方10.17万立方米。其中，2011年实施响坎河与张家河交汇处疏浚工程，投入资金48万元，疏浚土方2.67万立方米；2014年实施响坎河新河桥段疏浚工程，投入资金30万元，疏浚土方2万立方米；同年实施通榆河滨海段疏浚工程，投入资金40万元，疏浚土方5.5万立方米。

(2)巡逻检查，维护航行秩序。“十二五”期间，累计出动执法车(艇)1280多次，行程4.80万余公里，及时依法清除渔网渔簖36处，违章码头5座，打捞沉船6艘，干线航道保障达95%以上。

(3)忠实履职，诚信办事。热心服务企业，及时办结行政许可12件；严格执法，秉公处理行政处罚案件9件；维护国家财产完整，罚没航道赔偿费245万元。

3. 运输管理

(1)更新换代，助力企业淘汰落后运能。“十二五”期间，经运管等部门和企业共同努力，滨海县交通系统累计淘汰，报废，拆解能耗高、污染重、效率低的老旧破杂客货汽车1548辆532座位3.75万吨位，货运船舶142艘1.82万载重吨，新添现代、环保、高效客运汽车45辆1416座位、标准化船舶96艘6.19万载重吨。与此同时，还更新了300辆出租车及公交车，极大地提升了企业的竞争实力。

(2)面向企业，及时提供便捷服力。“十二五”期间，及时对境内1800多道路运输业户3390多辆客货运输车、8户水路货运业700多艘运输船舶进行审验检查，核发证件，保证业户经营活动不间断的进行。同时，组织对县城300余座公交站台、站点的线路图、橱窗广告、灯光亮化进行检查、维修、保洁和出新，为市民提供更为便捷的服务。

(3)抓住市场机遇，引导企业转变经营方式。“十二五”期间，根据市场需求，积极指导、协助企业、个体业户，介入厢式货车、集装箱车、多轴重型车及大吨位标准化船舶运输，发展快速货运和多式联运，推动传统运输方式快速向现代运输模式转换。江苏金陵交运集团驰骋物流有限公司、盐城市神龙运输有限公司滨海物流园、滨海县天翔运输有限公司被培育发展成为“江苏快货”企业，滨海县山海运输有限公司运营的线路被培育发展为快货品牌线路。滨海县运输业正大步迈向更加美好的明天。

4. 海事管理

(1)坚持巡航执法制度。“十二五”期间，累计检查营运货船10.18万艘，处治、纠正违章船舶1.22万艘；救助水上遇难事故10起，疏通处理影响通航秩序矛盾、纠纷119起。同时，办结行政处罚案件1.13万起，有效地维护了航行秩序。

(2)实施渡口规范化管理。五年中，先后举办13期学习班，集中培训渡工732人次；陆续进行渡口硬件建设，31道渡口渡船全部实现钢质化，并适时更换渡口守则标牌48块、添置救生衣1400件、救生圈250只、救生浮具700只。同时定期组织安全检查，及时消除隐患，防范未然，境内渡口连续40年安全无事故。

(3)开展危化品运输专项整治。“十二五”期间，累计检查危险化学品运输船舶2440艘，纠处违章500多起。同时，对危化品的船舶报港严格监管，实船签证率达到100%。

5. 内河港口管理

(1)编制港口规划。在充分调查研究、反复论证的基础上，2014年完成了《盐城内河港滨海港区总体规划》编制工作，滨海县内河港发展被纳入了法治化轨道。

(2)整顿港口企业。清理港口企业，严格按照标准对15家港口搬运装卸企业进行换证工作，条件不合者，限期整改，仍然不合格的，再次整改，直到完全达标为止。

(3)监管港口安全。对港口安全监督管理实行“全覆盖、零容忍、严执法”，尤其是危险化学品运输必须经环保部门审批和安全评估认可，做到“一泊一证”方可进行码头装卸作业。

6. 工程质量管理

(1)选择合格施工单位。严格审核施工单位和监理单位及主要工程技术人员的资质、资信情况，不合格者，坚决不予入围。

(2)健全质量监控机制。按照“政府监督、社会监理、企业自检”三级质量管理体系，实行工程建设全过程监督，及时发布《工程质量中间检查情况通报》，对于存在的质量问题，一一采取对应措施，彻底加以解决。

(3)把牢材料、施工、养护关口。对工程所用的砂石、水泥等材料实行“船检”，不合格者不上岸、不采用。施工中，上道工序全部验收合格后，方可进入下道工序。完工部分的工程，须反复精细养护，直到符合标准为止。

四、安全生产

1. 营造安全生产氛围。围绕“强化安全法治保障安全生产”“落实两个主体”责任，扎实开展“安全生产月”“安全月书画笔会”“渡运安全知识进校园”“我为生产安全献一计”等安全主旨活动，先后组织安全培训1380人次，悬挂安全宣传标语等860条，发放安全宣传材料3500份，交通人及社会大众深受教育，营造了良好的安全生产氛围。

2. 构筑安全生产防线。领导以身作则，亲自带队深入客、货运输，工程施工第一线，检查、督导安全生产，及时发现、纠正、整治生产经营中不安全及违法违规行为，消除隐患，让企业生产经营活动在平安的轨道上运行。

3. 强化安全生产责任。坚持对危险化学品运输安全严格监管，与“驰骋”“山海”等危险化学品运输企业立下安全责任状，责任明确到公司领导、车船业户、机驾人员，形成一个安全利害关系共同体，大家共担重担，共负责任，确保整运输过程万无一失。“十二五”期间，全系统未发生一起人为的安全责任事故。

五、法治建设

1. 法治宣传持久深入。“十二五”期间，陆续组织送法到基层宣讲活动26次、送法进企业宣讲活动8次，分发各类宣传资料1.60万多册，法治宣传深入交通、社会受众人心。

2. 学法培训制度化。“十二五”期间，累计集中办班12批次，其中领导班子成员集体学法21次；在岗人员集中学法28次，人均培训达260课时以上，形成一个人人知法、懂法、遵法、守法、护法的良好风气。

3. 依照法规阳光行政。执法人员严格按章诚信办事，对交通运输行政许可条件、承诺办理期限；对行政权力清单、重要发展规划、重大建设项目;对行政处罚依据、种类、程序、实施主体等信息一律在网站上公开、公示,实行阳光政务,接受社会监督。行政处理、处罚案件网上公开率、群众满意率均达100%。

六、党风廉政建设

1. 深入组织党员干部反复认真学习贯彻《廉政准则》、中央“八项规定”、省、市委“十项规定”“县委十二项规定”及《廉文荐读》《党风廉政建设文件、制度汇编》等文件、资料,提高干部、党员严守党纪、党规,不越红线,拒腐防变的主动性、积极性。

2. 构建党风廉政防火墙,建立并严格执行农路建设纪委监察巡查制度、工程建设项目招投标纪委现场监督制度、领导班子述廉评议制度、干部问责制度,不让任何形式的贿赂、收礼、受贿等贪腐歪风有可乘之机。

3. 长效运行党风廉政建设机制,警钟长鸣,反腐不止,实行廉政风险排查与防控长期对交通行业全覆盖,永远对贪腐行为零容忍,不手软,让风清交通、气正交通惠及民生、惠及社会。

七、文明创建

“十二五”期间,滨海县交通局在全系统广泛开展文明单位、文明窗口、文明职工及“交通之星”“十佳养路工人”等文明创建与评选活动,先后涌现了拾金不昧“滨海好人”出租车司机左明芝、爱岗敬业“十佳养路工人”大学生养路工王瑞华等精神文明建设先进个人和获省、市、县表彰的公路站、航道站、海事处、运管处、综合所等精神文明建设先进集体。2013年,滨海县交通运输局被省交通厅工会表彰为先进单位,被盐城市交通局表彰为文明创建工作先进集体。

2011—2015年滨海县交通运输局领导任职情况

表87

姓名	职务		任职	离职	备注
	党内	行政			
王亚平	党委书记	局长	2007.1		党委书记于2015.3始任
龚清和	党委书记		2010.3	2015.3	
陈将	副书记	副局长	2008.2	2015.3	
吴琪	副书记		2011.2	2015.3	
李涛		副局长	2007.4	2014.1	
梁建兵		副局长	2002.2		
王立新		副局长	2007.4	2014.3	
杜以春		副局长	2012.2	2015.3	
刘旭兵		纪委书记	2011.1		
张恩成		副局长	2014.7		
陈兆		副局长	2008.2	2011.2	
陈柏森		工会主席	2011.2	2013.6	
吕博		工会主席	2015.5		

(陈柏森、赵琼)

【G228滨海段工程建设】2011年1月1日，G228滨海段举行开工典礼，盐城市市委常委、常务副市长陈正邦、市政府副秘书长戴荣江、市交通运输局局长管亚光、滨海县委书记王斌、县长李逸浩等出席了仪式。G228途经滨海农场、滨淮镇、滨海港镇、振东乡、淮海农场，全长34.83公里，按路基宽26米、双向四车道、设计车速100公里/小时一级公路标准建设，总投资8.30亿元。2014年6月交工验收。（陈伯森、赵琼）

【省厅临海高等级公路项目办在滨海召开路面施工标准与安全管理会议】2013年8月29日，省交通厅临海高等级公路项目办公室在滨海县召开工程施工标准暨工程质量安全管理会议。会上滨海县临海高等级公路项目办，系统、全面汇报介绍了施工中执行质量标准与施工质量安全控制情况。与会领导、专家充分肯定了滨海临海高等级项目办工作所取得的成绩，并希望再接再励，为把G228建成全优工程继续努力奋斗。（陈柏森、赵琼）

【省发改委批复滨海港航道整治初步设计方案】2013年，省发改委苏发改基础发441号文件批复了盐城港滨港区疏港航道整治工程初步设计计划。滨海港区疏港航道起于通榆河废黄河地涵，途经中山河、运盐河、新滩北河，终至滨海港内河港池，全长62.48公里，按三级航道规划、四级航道标准建设2座船闸，改建、新建桥梁5座及两边护岸，总概算11.44亿元，其中，用于航道建设4.40亿元、用于桥梁建设3.72亿元。整个工程预计2015年底前竣工。

【连盐铁路滨海段工程建设】2013年12月，连盐铁路滨海段开工建设。铁路途经界牌、东坎、通榆、蔡桥、正红、工业园区等五镇、区21个行政村，全长31.99公里(其中70%为高架桥)。同时配套在界牌镇华林村、工业园区益李村、东坎镇会农村之间建设1座客货兼用火车站。整个路段工程动态投资32亿元，预计2017年建成通车。（陈柏森、赵琼）

【开展年度内河水域交通安全专项整治】2012年3月5日至6月30日，滨海县航道、海事、运管等部门联手，持续4个月进行2012年度内河水域交通安全专项整治行动。执法人员瞄准确保不发生一次死亡3人以上重特大水上交通责任事故；确保不发生监管不到位而造成8小时以上堵航责任事故；确保不发船舶污染水域重大责任事故；确保水上搜救成功率达95%以上目标，积极担当，万无一失，出色地完成了任务。（陈柏森、赵琼）

【境内国省干线公路通过五年一次大检查】2011年5月23日，以湖北省交通运输厅副厅长董清云为组长、吉林省公路管理副局长魏火星为副组长的全国干线公路养护管理检查组一行在江苏省交通运输厅副厅长钱国超、省交通控股公司副总经理陈祥辉、盐城市副市长丁建奇、滨海县委书记王斌、常务副县长钱武华、县交通运输局局长王亚平等陪同下，对滨海县域内国省干线公路进行五年一次大检查。通过听取汇报、现场巡察、查看资料，检查组对滨海县国、省干线公路养护管理情况予以高度肯定，一致通过了检查。

【游庆仲到滨海考察“三解三促”活动开展情况】2013年6月18日，江苏省交通运输厅厅长游庆仲一行到滨海考察“三解三促”活动开展情况。考察组实地巡查了滨海港港口、在建工程施工现场及滨海县交通工程质量检测中心、县公路管理冶超站、东坎养路工区、县交通运输管理处。在听取相关单位汇报后，结合考察情况，游庆仲对滨海县交通开展“三解三促”活动情况表示满意，并对近年来滨海县交通建设取得的成就及对地方经济作出的奉献给予高度肯定。（陈柏森、赵琼）

响水县交通

2012年8月23日，江苏省人民政府在响水举行G228灌河大桥开工仪式。省政府副省长史和平、盐城市委书记赵鹏等出席仪式

2012年8月23日，江苏省副省长史和平(前左四)等领导出席G228响水段开工仪式

2013年8月30日，省地方海事局在通榆河响水船闸为期五天危化品运输船舶设点专项安全检查活动圆满结束

2011年1月1日，响水县举行G228响水段暨S326等四条公路通车庆典礼式，陈正邦(左七)等市县领导出席仪式

2015年7月18日，响水县县委书记崔爱国(左二)等一行考察交通运输工作

2011年9月28日，响水县副县长刘中连(左一)检查渡口安全工作

2015年6月16日，响水县副县长张善荣(右二)一行检查交通运输安全生产月活动开展情况

2011年11月，响水县港区大湾作业区疏港公路建成通车

2011年12月，通榆河响水段苗寨大桥建成通车

2013 年 9 月，S326 至南河段改扩建工程建成通车

2014 年 10 月，S326 响水段养护改善工程建成通车

2014 年 10 月，G228 响水段建成通车

2015年9月22日，响水县交通运输系统职工参加县文化艺术周演出

【概况】

至2015年全县已拥有：

公路1797.58公里，其中，高速公路26.89公里、一级公路95.05公里、二级公路170.71公里、三级公路198.05公里、四级公路1227.23公里、等外公路79.67公里、公路密度124.11公里/百平方公里。

航道212.50公里，其中，三级航道71.72公里、四级航道40.01公里、等外级航道100.77公里。

船闸2座。

内河港码头32座，泊位32个、码头岸线长2300延米、最大靠泊能力1000吨级。

一、基础设施建设

“十二五”期间，响水县累计完成交通基础设施建设投资59.4亿元(其中响水港23.1亿元)，比“十一五”增长210%。其中，2015年完成投资13.20亿元，比2010年增长56.8%。

1. 公路建设

“十二五”期间，响水县投资18.62亿元，用于国、省、县、乡、村公路、桥梁新建、改建工程。

(1)大湾作业区疏港公路新建工程。长5.22公里，2010年8月开工，投资1.04亿元。2011年11月建成通车。

(2)G228响水段新建工程。长22.31公里，2011年1月开工，投资6.29亿元。2014年10月建成通车。

(3)S326响水段养护改善工程。长5.30公里，2014年4月开工，投资1.06亿元。同年10月建成通车。

(4)S326至南河段二级公路改扩建工程。长3.10公里，2013年4月开工，投资1500万元。同年9月建成通车。

(5)S326响水西段改扩建工程。长3.93公里，概算投资1.13亿元，至2015年底完成工程可行性研究文本。计划2016年12月开工，2017年底前建成。

(6)G204响水绕城段改线工程。长13.18公里，概算投资3.38亿元，至2015年底完成工程可行性研究文本。计划2016年12月开工，2017年底前建成。

(7)农村公路工程。2011年至2015年，全县农村公路新改建445.90公里，累计完成投资4.90亿元。

(8)通榆河响水段桥梁工程。“十二五”期间，新建通榆河响水段3座跨线公路桥及通榆河苗寨大桥，合计完成投资4775万元。

2. 航道建设

通榆河响水段航道疏浚工程。2013 年 7 月开工，同年 9 月通过验收。完成投资 30 万元。

3. 铁路建设

连盐铁路响水段工程。长 25.5 公里，总投资约 24 亿元。至 2015 年 12 月，已完成投资 17 亿元。预计 2018 年 7 月建成通车。

4. 站场建设

响水县汽车客运站工程。占地面积 8 万平方米，按一级客运站标准建设，概算投资 9720 万元。至 2015 年底，已完成项目前期投资 3520 万元。

二、水陆运输

1. 公路客运

至 2015 年，响水县拥有公路客运企业 5 家、客运汽车 354 辆、1.13 万个座位。"十二五"期间，累计完成公路客运量 5316.79 万人、客运周转量 59.38 亿人公里，比"十一五"分别增长 4%和 4.4%。其中，2015 年完成公路客运量 1051.73 万人、客运周转量 11.40 亿人公里，比 2011 年分别增长 3.6%和 3.8%。

2. 公路货运

至 2015 年，响水县拥有公路货运业户 164 家、货运汽车 3645 辆 4.39 万载重吨。"十二五"期间，累计完成公路货运量 1.90 亿吨、货运周转量 112 亿吨公里，比"十一五"分别增长 16.30%和 18.10%。其中，2015 年完成公路货运量 953.30 万吨、货运周转量 28.50 亿吨公里，比 2011 年分别增长 11.05%和 13.46%。

3. 水路货运

至 2015 年，响水县拥有水运企业 22 家、货运船舶 1669 艘 35.84 万载重吨。"十二五"期间，累计完成水路货运量 4237 万吨、货运周转量 98.90 亿吨公里，比"十一五"分别增长 25%和 35%。其中，2015 年完成水路货运量 1012 万吨、货运周转量 20.20 亿吨公里，比 2011 年分别增长 15.4%和 25.5%。

4. 内河港货物装卸

至 2015 年，响水县内河港码头拥有各类搬运装卸机械 35 台（套）。"十二五"期间，累计完成货物吞吐量 929 万吨，比"十一五"增长 50.2%。其中，2015 年完成货物吞吐量 189 万吨，比 2011 年增长 16.67%。

三、行业管理

1. 公路管理

（1）推进国、省道干线公路精细化养护。"十二五"期间，实施境内国省干线公路精细养护，累计完成干线公路沥青路面灌缝 60.9 万米、路面唧浆及坑塘维修 76.1 万平方米；处置危险路段 300 多处、桥头跳车 50 座；更换沿线百米桩 3600 根、里程碑 220 块、防眩板 120 套；维修桥梁伸缩缝 630 米，修复及砌筑排水设施 1300 米。2015 年年底，全县干线公路优良路率达 96.3%，比"十一五"末提高 9.5%，被省交通运输厅公路局表彰为"全省公路养护管理优胜单位"。与此同时，对农村公路进行及时、规范管理，累计维修路面坑塘 4300 平方米、板块 3200 平方米、桥梁 185 座。2012 年，响水县农村公路管理养护在全省"背靠背"检查考核中位列盐城市第一。2013 年，响水县交通运输局被市政府表彰为"全市农村公路建设与养护工作先进集体"。

（2）路政巡查与路域环境整治并举。五年中，通过定期不定期路政巡查，累计发现并依法拆除路域违章建筑 60 多处、非法广告牌 100 多块，清除违章堆放点 800 处 4700 平方米，收取路赔费 500 多万元，既保证了道路通畅，又净化了路域环境。

（3）治理超限运输持之以恒。积极主动与辖区交警、运政、高速路政等部门的联合联动，采取以夜查为主、突击行动为辅等手段，不断加大对超限超载运输行为的整治力度。"十二五"累计查处超限超载车辆 4600 辆，卸载货物 3.07 万吨，干线公路超限运输率控制在 3%以下。同时，立案处理路政案件 1200 起、结案 1200 起，路政案件查处率、结案率均达 100%。

2. 航道管理

(1)加强管理基础。“十二五”期间,补充完善了《响水县航道管理站依法治航岗位责任制》,厘清了与滨海航道站关于中山河航道界河的航政分工管理内容及运作程序,启动了境内航道扫床及等级航道设置渔网渔簖登记工作,使航道管理有章可循、有法可依。

(2)整治航道梗阻。“十二五”期间,累计出艇巡航 440 天,行程 4.10 万公里,发现纠正涉航违章 140 起,清除航道边坡堆放物料 4 处 92 吨、水下碍航障碍物 20 吨、水下残桩 5 根、向航道倾倒泥土 1 处 600 吨、围河养殖 1 处,及时排除梗阻,航道保持通畅,辖区内未发生因管理职能履行不到位而造成的 24 小时以上的断航事故。

(3)及时办理涉航案件。“十二五”期间,累计受理并办结行政许可案件 13 件、行政执法案件 20 件、触碰航标案件 12 起。同时,收取航道赔补偿费 333.08 万元。

3. 运输管理

(1)全力保障重点运输顺利进行。运管人员,深入一线,指导监督运输企业全力提供状况完好车辆、技术过硬驾驶人员、一流站场及途中服务,保证春节、“黄金周”、中高考、新兵入伍运输安全无事。“十二五”期间,县客运部门累计完成运送春节旅客 280.50 万人,中考、高考学生 15300 人、入伍新兵 2130 人,及时、安全,无一重大责任事故发生。

(2)把握市场机遇,寻找新的经济增长点。运管部门根据市场显性、隐性需求,积极布局、引导、培育物流企业 6 家,新增加运输业户 432 家、货运车辆 1300 辆。与此同时,大力推进运输企业品牌建设,陆续培育水路运输 AAA 级信誉企业 4 家、AA 级信誉企业 19 家,道路货运 AAA 级信誉企业 35 家及“江苏快货”品牌线路 2 条。企业在机遇中壮大了实力,拓展了市场,也为地方经济发展提供了强有力的交通运输支持。

(3)热心服务运输业户及时办理相关证件。“十二五”期间,县运管部门,坚持为水陆运输服务宗旨,按时年审道路运输业户 1555 户、货运汽车 3073 辆、客运汽车 1045 辆;水路运输业户 23 户、船舶 1458 艘,及时核发了相关证件,保证了客、货运输经营活动正常进行。

(4)巡逻稽查,维护市场秩序。“十二五”期间,采取定时不定点、定点不定时以及机动、重点稽查等各种行之有效的办法,加大对运输市场整治力度,累计查处各类道路运输违章案件 3351 件,打击黑车运营 323 起、站外经营 1523 起。其中申请人民法院强制执行案件 17 件,无一起行政诉讼败诉案件和行政复议撤销、变更案件,维护了经营者和消费者的合法权益。

4. 海事管理

(1)认真履职,全天候水上监管。“十二五”期间,累计出动海事执法车(艇)3341 辆(艘)次,巡航(路)10 万公里,检查各类船舶 108 万艘次,其中危险化学品船舶 4889 艘次 200.36 万载重吨;查处违章船舶 1.96 万艘次;办结海事行政处罚案件 2.23 万件;办理船舶签证 2.06 万艘次。五年中,未发生一起重特大水上交通责任事故和因管理不到位而造成的 8 小时以上航道堵塞责任事故;未发生一起行政复议、变更、撤销或行政诉讼败诉案件;未发生一起水上“三乱”行为。

(2)严字当头,把牢渡口安全关。“十二五”期间,累计对境内渡口进行 71 次拉网式普查,其中重点渡口每个月检查一次,从蛛丝蚂迹中寻觅出隐患,并有针对性发出整改通知书 30 份,限时解决问题。同时,陆续发放各种救生浮具 155 件,应急万一,确保乘客人生安全。境内渡口,多年无一事故发生。

(3)应急救助,化险解难。“十二五”期间,职守人员尽职尽力,接到求助信息,随即调集救援力量,先后救助遇难船舶 164 艘,无一人员伤亡,船主间接经济损失也减少了数千万元,受到广泛好评。

5. 工程管理

“十二五”期间,县交通工程建设项目,推行四级质量保障体系,对所有受监工程项目实行全过程、全方位跟踪监督,使工程质量始终处于受控状态。尤其是重大工程,执行监理旁站制和“一岗双职”纪委监察巡检制,实现100%交通工程质量安全监管覆盖,确保交通工程百年大计万无一失。

四、安全生产

1. 提高安全生产思想认识。定期不定期组织干部职工深入学习国家、省、市颁布的生产安全法律法规、企业制定的安全生产规章制度以及报刊杂志有关生产安全的文章,并结合实际收看生产安全宣传影视片,不断从思想上、理论上提高干部职工安全生产科学性、重要性的思想认识。

2. 注重安全生产隐患防范。“十二五”期间,通过开展“四排四查”、“打非治违”、“百日攻坚”等专项整治活动,密切结合交通工程建设、客货运输、港口装卸、渡口渡运等实际,累计组织各种安全生产检查1360次,及时整改违章906起、发现并消除隐患369起,有效地改善了全系统安全生产环境。

3. 运用高科技手段监管安全生产。“十二五”期间,境内县际以上客运班车、危险品货运车辆全部安装了GPS定位系统;城乡公交车实现了“北斗”监控全覆盖;3家危险化学品运输企业、5家道路客运企业和出租车企业全部通过县交通运输安全监控中心联网江苏省安全生产事故隐患排查治理信息系统。企业安全生产活动,时时在网络监控之中。

五、法治建设

1. 宣传教育开路。“十二五”期间,充分利用《交通之窗》栏、公示栏、服务大厅电子触摸屏等形式,大力宣传普及涉路、涉航、涉港交通法律法规知识。同时,累计出动宣传车270余辆次、宣传艇150余艘次,悬挂宣传横幅128条,张贴宣传标语398条,制作宣传展板28块,散发宣传资料6万份,答疑解难1200余人次,LED显示屏宣传400余次,受众广泛,影响面广,营造了“法治交通”强烈氛围。

2. 按照规矩行政。根据交通行政权力公示制要求,及时出台的《重大决策听证办法》《依法行政和法治建设考核标准》《执法公示制》等50余项制度规定,对授权办理的976件行政许可,全部在县政府网站上对外公示,阳光运行,接受社会、舆论全面检查监督。

3. 公正透明执法。“十二五”期间,管理人员深入路、航巡查,保持交通行政执法力度,陆续发现并及时公正透明处置各类交通行政案件2.01万件,准确无误,无一起行政败诉、有责投诉及交通“三乱”现象发生。2011—2013年,县交通局连续三年被省依法行政领导小组确定为“省级依法行政示范点”,2013—2015年,连续三年被市政府表彰为“全市法治社会建设先进单位”。

六、党风廉政建设

1. 建立健全党风廉政建设责任制。切实履行党风廉政建设“一把手”“一岗双责”责任制,县交通局党委坚持每年年初召开专题会议,研究部署全年党风廉政建设大计,制定并下发“全县交通运输系统党风廉政建设和反腐败工作实施方案”“党风廉政建设和反腐败工作任务分解意见”,提出年度党风廉政建设和作风建设工作目标和工作要求,层层签订目标责任书,党风廉政建设责任落地生根。

2. 开展多形式党风廉政教育活动。“十二五”期间,组织领导、专家、学者10次党风廉政建设专题讲座、先进模范人物3次党风廉政事迹报告会及响水县纪委6次警示教育等活动,交通系统干部职工650人次接受了深刻的党风廉政教育,提高了党风廉政建设的自觉性,从思想上筑牢了拒腐防变的堡垒。

3. 严格执行党风廉政建设法规制度。坚定不移贯彻执行中央“八项规定”和省、市、县委“十项规定”,进一步建立健全《党委会议事规则》,规范“三重一大”决策程序。同时,出台交通基础设施建设、交通行政执法等11项制度,编发《交通基础设施建设项目廉政防控手册》、《惩防体系建设制度汇编》500册,党员干部人手一册,一言一行照章办事,对于不作为、乱作为等损害群众利益的突出的“三乱”和行业不正之风问题坚决予以打击。“十二五”期间,全系统无一例严重违法违纪现象发生。2011年,响水县交通运输局被市委组织部、市委宣传部联合表彰为“盐城市基层学习型机关”;2012年,被盐城市委表彰为全市创先争优“先进基层党组织”;2013年,被省交通运输厅党组表彰为“先进基层党组织”。

七、文明创建

1. 舆论先行。“十二五”期间,运用多种通信手段,在报刊、杂志、电视等媒体上累计登播文明创建新闻稿件1780条、专题稿件13篇,较好地宣传动员广大受众积极参与到文明创建活动中来,形成了持续不断的热潮。

2. 创树典型。以“学树创建”“道德讲堂”“省文明县城”等活动为平台,持续动员组织干部职工投身文明创建,推动学、赶、树新潮一浪高过一浪,陆续涌现了县地方海事处“四型海事”、G204响水收费站“温馨365、满意100”、县汽车公司“城乡遍驰雷锋车”等行业服务品牌,文明创建香飘四野。

3. 奉献爱心。“十二五”期间,县交通系统干部群众伸出关爱之手与响水县大有镇康庄村100多贫困农户结对牵手致富,奉献爱心,解囊扶助脱贫资金98.50万元,并帮助他们选准致富项目,用好资金,争取早日走出困境,过上小康生活。

表88　2011—2015年响水县交通运输局领导班子任职情况

姓名	职务		任职	离职	备注
	党内	行政			
张建成	党委书记	局长	2010.2		
殷树望	党委副书记纪委书记	副局长	2008.2	2015.7	免职
		港口管理局副主任科员	2014.10	2015.7	
薛正标	党委委员	副局长	2009.9		
赵凤鸣	党委委员	副局长	2007.2	2012.1	
周运飞	党委委员	副局长	2009.8		
姚海忠	党委委员	副局长	2003.7	2012.1	
孙国忠	党委委员	副局长	2007.2		
顾继高	党委委员	副局长	2010.3		
王海兵	党委委员	副局长	2009.8		
蒋春仁	党委委员	副局长	2012.1		分管港口
杨国光	党委委员	港口管理局副局长	2012.4		
潘鸿坚	党委委员	港口管理局副局长	2014.5		
孙祥国	党委委员	工委主任	2003.8	2015.7	
王祥军	党委委员	副主任科员办公室主任	2012.4	2015.8	调离

(边有成)

【G228灌河大桥工程建设】2014年8月23日，江苏省政府在盐城响水举行临海高等级公路灌河大桥开工仪式，副省长史和平为灌河大桥开工揭碑。灌河大桥位于连云港和盐城两市交界的灌河下游，距出海口仅7公里，是G228的关键节点工程。大桥北起新沂河南大堤，跨越灌河，南至陈家港，接G228盐城段。大桥全长7.64公里，主桥4.37公里，双向六车道；接线长3.28公里，双向四车道。全线接一级公路，设计车速100公里/小时标准建设，概算投资15.43亿元，计划建设工期四年。灌河大桥建成后，江苏重要的沿海大通道G228将实现全线贯通。（边有成）

【S326沿海高速公路至陈家港段改扩建工程通过竣工验收】2013年10月3日，S326沿海高速至陈家港段改扩建工程顺利通过竣工验收。S326沿海高速至陈家港段，长23.70公里，2009年3月开工，按一级公路标准建设，总投资4.30亿元。2011年8月建成通车，同年9月通过交工验收。S326沿海高速至陈家港段是响水交通主动脉、是响水临港和沿灌河域带的重要通道，该路段改扩建后，对进一步凸显响水区位优势，加快沿海开发提供了强有力的交通支撑。（边有成）

【连盐铁路响水段工程建设】连盐铁路响水段长25.5公里，其中高架部分约17.5公里，路基部分约8公里。2013年3月6日开工，按国铁－Ⅰ级，设计车速200公里/小时标准建设。总投资约24亿元，预计2017年6月全面建成。届时，将彻底改变响水县无铁路的历史。（边有成）

【S326响水段开通客运班车】2011年1月1日，S326响水段正式开通客运班车。S326响水段东起响水县陈家港海堤海防公路，西至G204，全长40公里，2010年9月份建成，无客运班车通行。响水县交通运输局为满足道路沿线地区经济发展和人民出行需求，积极酝酿班车通达方案。通过协调，组织南、北响陈路各4辆农公班车以及4辆公交车，开通新S326客运班车，极大地方便了沿线群众的出行，受到普遍好评。（边有成）

【G228响水段工程建设】2011年1月1日，G228响水段建设工程举行开工典礼。盐城市军分区政委宋修明、市交通运输局局长管亚光，响水县委书记潘道津、县长马俊健等市县领导出席。盐城市副市长陈正邦出席仪式并致辞。G228是江苏省委、省政府确定的重大交通工程之一，响水段长26.05公里（含灌河特大桥），全线按一级公路双向四车道、沥青砼路面结构、设计车速100公里/小时标准建设，预计总投资17.5亿元（其中灌河特大桥投资为12亿元）。该项目建成后，对加快沿海开发具有极其重要的战略意义。（边有成）

【运输管理监控中心投入运行】2015年5月，按照交通运输部5号令《道路运输车辆动态监督管理办法》，投资17万元建成的响水县运输管理监控中心投入运行，实现了对全县客运输车辆、危货运输车辆、出租车的实时监控，及时对违规行为进行查办或抄告公安、安监部门处理，提高了交通运输监管力度。（边有成）

【开展G228路域环境综合整治活动】G228响水段长26.5公里，是响水县重要的南北过境通道。全线车流量较大，道路中隔开口、搭接道口较多，交通事故高发，安全形势严峻。2015年8月，响水县交通运输局按照全市G228路域环境综合整治工作会议部署，紧扣治超工作实际，将G228响水段中央分隔带开口整治和搭接道口环境整治与治超工作有机结合，以路容路貌整治和保障安全通行为突破口，联合管段内边防派出所，有针对性地开展整治工作，规范整治中分带开口及搭接道口，合理归并、处理影响公路通行安全的道口，保证平交道口间距合理、视距良好、安全设施齐全。同时，取缔公路两侧占道摊点和店外经营，制止车辆乱停乱靠现象，打造畅通、安全、舒适、优美的路域环境，扮靓盐城北大门。（边有成）

【成立水上执法大队】2012年6月11日，响水县地方海事方海事处增挂“响水县水上执法大队”牌子，同时撤销与其合署的响水县水上交通稽查大队。响水县水上执法大队成立后，与响水县地方海事处（响水县船舶检验处）合署办公，除了全面行使地方海事机构管辖水域的职责外，同时履行“船舶超过航道等级限制使用航道”和“占用通航水域过驳作业”的检查、制止、强制和处罚职责以及水上运政上航执法职责。（边有成）

【全市最大最先进海巡艇在响水投入使用】 2014年1月15日，盐城地方海事最大、最先进的海事巡逻艇“苏海巡0988”艇在通榆河响水段首航，正式担负起水上交通安全监管和水上搜救工作任务。该艇长25米、宽5.4米、240马力×2双发动机、钢铝结构，配备雷达、AIS、测深仪、甚高频、视频监控及进口发电机等先进设备，总造价190.88万元。该艇的投入使用，对强化辖区水上交通安全管理、提升海事快速反应能力、履行水上统一上航执法职责和开展船舶防污、水源保护、水上突发应急搜救及保护广大船员生命财产安全等将发挥重要的作用。（边有成）

附　录

地方有关交通规范性文件选编

盐城市人民政府关于加快推进城乡客运统筹发展的实施意见

为认真贯彻落实党中央、国务院关于统筹城乡协调发展、加快社会主义新农村建设和推进城乡基本公共服务均等化的战略部署，根据交通运输部《关于积极推进城乡道路客运一体化发展的意见》和省政府《关于加快推进我省城乡客运统筹发展的意见》精神，结合我市实际，现就加快推进我市城乡客运统筹发展，提出以下实施意见：

一、指导思想

以科学发展观为指导，坚持以人为本、服务民生的理念，将统筹城乡客运协调发展作为解决城乡居民“行有所乘”的民生工程，全面实施城乡客运统筹发展和公共交通优先发展的战略，强化政府保障，创新体制机制，整合客运资源，完善基础设施，优化运营组织，加强网络衔接，进一步推动我市交通公共设施向农村延伸，交通公共服务向农村覆盖，逐步实现城乡交通基本公共服务均等化，构建全方位、多层次城乡客运服务体系，为统筹我市城乡经济社会发展提供服务保障。

二、基本原则

（一）政府主导、保障公益原则。城乡客运统筹发展是事关民生的社会公益性事业，是政府强化公共服务职能的重要体现，市、县（市、区）、乡（镇）人民政府是推进城乡客运统筹发展的责任主体。县、乡两级政府要把城乡客运统筹发展所需资金纳入各级政府公共财政体系，建立规范的公共财政补贴和补偿制度，在政策保障、设施建设以及监督管理等方面发挥主导作用，加强对城乡客运统筹发展的规划、组织、协调和管理，为城乡客运营造良好的发展环境，建立城乡客运长效管理机制。

（二）公交优先、安全便捷原则。各级政府要从城市发展的长远角度出发，把公共交通的建设、管理放在优先位置，在资金、用地、税费减免等方面给予政策扶持，进一步落实“为民、惠民、便民、利民”的服务理念，构筑布局合理、站点配套、道路通畅、车况良好、价格实惠的公交客运网络。坚持城乡联动、有序衔接，合理设置城乡客运换乘点，为广大群众出行提供安全、快捷的公共客运服务。

（三）部门联动、分工协作原则。各级交通、规划、城建、财政、公安、国土、税务、安监、物价等部门要按照各自职责，加强协调配合，强化服务管理，为城乡客运统筹发展创造良好的条件。市、县（市、区）两级政府及其相关职能部门要建立职责明确、分工合理、协调有力的工作推进机制和沟通协调机制。

（四）统筹规划、有序推进原则。城乡客运统筹发展是一项复杂的系统工程，要科学制定城乡客运统筹发展规划，明确发展目标，整合城乡客运线路和站点，充分发挥城乡客运资源网络化效能，实现城乡客运资源的有效共享。对现有城乡客运经营者，通过对经营车辆收购、改造等形式进行整合，成立产权明晰、权责明确、管理科学的紧密型公交客运经济实体，因地制宜，分类指导，有序推进城乡客运统筹发展。

三、发展目标

（一）总体目标

到2015年，基本形成城市公交、县乡客运、镇村公交以及其它客运服务有机衔接、协调融合的城乡客运服务运行体系，基本形成保障城乡客运统筹发展的管理体制和政策资金扶持机制，基本实现与城市公交相同的底价补贴机制，实现城乡客运一体化。

(二)具体目标

1. 城乡客运服务网络实现全覆盖。优化完善城乡客运线网结构，城乡居民单次出行直达各乡镇，一次换乘到县(市)。到2015年，全市35%的乡镇开通符合标准的镇村公交；市主城区万人公交标台数达到15个标台，公交分担率达到35%，公交港湾式停靠站台达30%，公交专用车道设置率达11%以上；县(市)万人公交标台数达到12个标台，公交分担率达到25%，公交港湾式停靠站台达25%，公交专用车道设置率达6%以上；全市客运站、亭、回车场建设数量达到规划要求。

2. 城乡客运服务体系更加完善。城乡客运配套基础设施基本完善，城乡客运网络有效衔接，运输组织集约化水平明显提升，城市公交、镇村公交公司化经营率达100%，节能环保车型得到广泛应用，运营车辆100%符合国家环保标准，从业人员培训、考核、持证率达100%。

3. 城乡客运服务水平明显提升。建立城乡客运综合信息服务系统，引导建设城乡客运IC卡系统和候车亭GIS管理系统，部分地区实现城乡客运IC卡“一卡通”，逐步实现智能化调度运营管理。到2015年，全市城乡客运车辆卫星定位监控设备安装率达到100%，并符合相关规范要求；城乡居民对城乡客运服务满意率达90%以上；全市客运联网售票系统拓展至所有重点乡镇客运站。

四、主要措施

(一)科学编制城乡客运统筹发展规划

1. 认真组织编制“十二五”城乡客运统筹发展规划。要紧紧围绕全市“十二五”城乡客运统筹发展目标，按照“全域统筹、一体发展”的要求，在对辖区内城乡客运状况、需求和发展前景进行调查研究的基础上，把城乡作为一个整体，结合城市总体规划、综合运输规划、当地小城镇建设规划、城乡客运网络规划，科学编制行政辖区内的“十二五”城乡客运统筹发展规划，包括城市公共交通发展规划、县乡客运班车发展规划和镇村公交发展规划。盐城市区要通盘考虑亭湖、盐都、开发区和城南新区的实际，编制大市区城市公共交通发展规划。规划编制要立足整合城乡客运资源，优化客运网络衔接，科学合理布局城乡客运线网。要改进营运模式，加快农村客运经营主体整合，城市公交、镇村公交必须实行公司化经营模式。市区和县城至周边乡镇的农村客运班线要按时序进度有序改造为公交线路或者公交化运营模式，促进城乡客运经营的集约化和服务的规范化。要大力实施农村客运通达工程，实现城乡客运对行政村的全覆盖。加快镇村公交的发展，充分利用城乡客运场站设施，实现资源共享，促进城乡客运服务网络的有效衔接和融合，提高城乡客运服务的方便性。规划是实施城乡客运统筹有序发展的保障，各级政府和相关职能部门要严格执行规划。

2. 编制完善农村公路基础设施建设专项规划。要依据“十二五”城乡客运统筹发展规划，编制完善农村公路、桥梁等基础设施建设专项规划。按照路、站、运一体化的要求，继续推进农村客运站、亭建设，完善路网布局，提高路网、桥梁的技术标准和安全保障，为我市镇村公交和城乡客运发展提供良好的基础条件。

(二)加大对城乡客运统筹发展的扶持力度。

1. 加大对城乡客运统筹发展的投入。建立市、县(市、区)、乡(镇)三级政府共同保障城乡客运统筹发展的投入机制。从现在起，各级政府要将城乡客运统筹发展所需资金纳入政府公共财政预算。市政府除负责对大市区城市公交的投入外，对各县(市、区)开通镇村公交并通过验收的乡镇，在市设立的交通建设资金中给予适当补助。补助资金专款用于镇村公交车辆增加(或更新)和新技术运用等。各县(市、区)、乡(镇)两级政府要制定相应的扶持政策,加大对镇村公交的投入,确保镇村公交开得通、留得住。

2. 建立科学合理的补贴补偿机制。建立规范的城乡公共客运成本费用和政策性亏损评估制度,强化政府相关监管部门对城乡公共客运企业安全生产、营运效率、服务质量的监督考核。完善财政补贴补偿制度,对城乡公共客运企业承担的社会福利(包括老年人、残疾人、伤残军警人员、学生等实行免费或优惠乘车)和政府指令性任务,其经营性亏损以及承担的社会公共服务等政策性亏损,由各县(市、区)财政、当地乡镇在考核、考评、审计的基础上,全额予以补贴补偿。各地要因地制宜制定镇村公交税费优惠政策,构建多级保障体系。

3. 加大对基础设施用地的保障力度。规划、国土、交通等部门要对纳入规划的客运枢纽场站、公交换乘场站、首末站、调度中心、农村客运站、候车亭、停车场、公路、桥梁等基础设施用地要优先保障。对经规划确定并依法取得的城乡客运基础设施用地,不得随意挤占,不得擅自改变用途。

4. 构建合理惠民的客运票价体系。按照"公交公益性"的原则,结合财政承受能力,合理制定城乡客运票价。扩大票价惠民范围,在逐步加大城市公共交通和镇村公交覆盖面的基础上,有序实施刷卡乘车优惠,让城乡居民共享经济社会发展和城乡客运统筹发展成果,促进城乡客运服务的均等化。

(三)加快完善城乡客运基础建设和管理

1. 积极改善农村公路通车条件。对乡镇通往行政村的现有农村公路和桥梁,不符合客运车辆安全通行条件的,要纳入"十二五"规划加快提档升级改造。加快建设通往集中居住点等节点的农村公路,提高农村公路网络化水平。进一步完善农村公路安保设施,新建公路安保设施与主体工程同步竣工、同步验收。

2. 加强客运场站建设。按照路、站、运一体化的要求,在新建或者改建农村公路时,加强农村客运站(亭)建设;加强对公交港湾式停靠站台的改造,逐步完成对现有主次干道的非公交港湾式停靠站台的改造任务,对不合理的站台进行站点调整;在新建或者改建城市道路时,必须配建港湾式公交站台和公交专用车道;做到路与站同步规划、同步建设、同步交付使用。重点加快大型综合交通换乘枢纽和大型公交回车场的建设,积极改善城乡居民出行和换乘条件。

3. 强化城乡客运基础设施的管理。加强政策引导,不断完善客运站场配套设施和服务功能,确保已建成的客运站场必须投入使用。各县(市、区)、乡镇政府要加强农村公路和农村客运站(亭)等基础设施的养护与管理,提高基础设施完好率和使用率。

(四)优化完善城乡客运经营模式

1. 优化城乡客运经营结构。城乡客运必须实行集约化经营、员工化管理、标准化服务、公司化运作。为此,各地要加快对辖区内农村客运班线公司化改造的进程。各县(市、区)政府是实施城乡公交一体化和农村客运班线公司化改造的责任主体,要制定出台相关政策措施,明确改造方法和进度,深入宣传发动,有序有力推进,确保在2015年底前实行城乡公交一体化和农村客运班线公司化经营。对产权不明晰的,要通过收购、股份制等方式完成清理工作,严禁挂靠经营。未按期完成农村客运班线公司化改造的,交通运输、公安部门停止有关线路、车辆的登记许可,为城乡客运一体化发展奠定基础。

2. 优化城乡客运线网布局。按照"全域统筹、强化衔接、减少换乘"的原则,对城乡道路客运线网进行优化,保障城乡居民便利出行,提高客运效能。

3. 创新城乡客运组织模式。根据城乡居民出行需求和客流特征,对县(市)城区至周边乡(镇)

的线路,有条件的应优先选用公交车型,实行公交化运营。大力发展镇村公交。对乡(镇)到乡(镇)、乡(镇)至行政村的线路,通过新辟、改线、延伸等手段,因地制宜实现多样化的运营模式,不断扩大农村客运的覆盖和服务范围。加快盐城大市区BRT及常规公交线路的新辟和改造,推进大市区内农村客运班线公交化运营模式的改造,2013年年底前将大市区至周边乡镇的农村客运班线改造为公交线路,2015年年底前实现大市区城乡公交一体化全覆盖。

(五)切实加强城乡客运考核与管理

1. 加强城乡客运质量信誉考核。要加强城乡客运服务质量考核,定期组织服务质量群众满意度测评,构建监督考核结果与政府财政补贴补偿进行必要和适度的关联机制,将考评结果与资金补贴等扶持政策挂钩,促进企业强化内部规范化管理,不断提升安全营运水平,提高营运效率,拓展服务范围,提高服务水平,努力改善城乡居民出行服务质量。

2. 加快城乡客运技术创新。加大科技投入,积极推广智能化调度,提高运营服务水平。强化智能交通系统应用,所有城乡客运企业、车辆、线路全部纳入信息在线管理,建立城乡客运服务信息监控系统,完善应急反应机制,发挥科技手段在经营行为监管和行业经济运行分析等方面的作用。大力推广新能源、新技术车型在城乡客运的应用。

3. 确保城乡客运安全发展。坚持“安全第一、预防为主、综合治理”的方针,严格落实各项安全管理规定,强化客运经营企业安全生产主体责任,督促客运企业建立健全各项制度,加强从业人员的培训教育,切实提高安全意识和管理水平。公安部门要科学核定车辆载客数和时速,合理划定车辆停靠点,科学指导设置交通安全设施,在城乡道路条件满足通行安全的情况下,允许投入有站立乘员席的公交车型从事城乡客运。

五、工作要求

(一)加强组织领导。为加强对我市城乡客运统筹发展工作的组织领导,市政府成立由市长为组长,分管副市长、分管副秘书长为副组长,市交通运输局、财政局、规划局、城建局、公安局、国土局、国税局、地税局、审计局、物价局、安监局、信访局、维稳办等单位主要负责人为成员的盐城市城乡客运统筹发展工作领导小组。领导小组下设办公室,办公室设在市交通运输局,具体负责指导、协调、督查和组织实施工作。各县(市、区)也要相应成立领导小组,切实加强对城乡客运统筹发展工作的组织领导。

(二)加强协调合作。城乡客运统筹发展是一项系统工程,领导小组成员单位要在市政府的统一领导下,按照职能分工,切实履行工作职责,加强协调配合,形成工作合力机制、政策配套机制和资金保障机制,全力推进城乡客运统筹发展。

(三)加强督查考核。领导小组办公室要将工作责任进行分解,明确责任主体,实行年度目标责任考核,严格奖惩。市政府把城乡客运统筹发展工作列入对各县(市、区)政府考核的重要内容。乡(镇)人民政府是实施镇村公交的责任主体,各县(市、区)政府要将镇村公交发展列入对各乡(镇)政府考核的重要内容,落实工作责任。

(四)加强维稳工作。城乡客运统筹发展涉及社会多方利益,既要看到发展对城乡居民出行环境的改善,又要看到发展对相关利益人现实利益的调整,特别是农村客运班车实施公司化或公交化改造,是对现有经营人利益的重大调整。各地、各部门要高度重视推进过程中维护稳定的工作,按照“属地包干、分级负责和谁主管谁负责”的原则,正确处理好发展与稳定的关系,切实保障城乡客运统筹发展工作有序推进。

本意见自2013年11月10日起施行。

盐城市公路路政管理办法

第一章 总 则

第一条 为加强公路路政管理,保障公路完好畅通,充分发挥公路在现代化建设中的经济效益和社会效益,根据《中华人民共和国公路法》《公路安全保护条例》《江苏省公路条例》和有关法律、法规、规章的规定,结合本市实际,制定本办法。

第二条 公路路政管理,是指交通运输主管部门依法为保护公路、公路用地、以及公路附属设施(以下简称公路路产),保障公路完好畅通,控制公路两侧建设所实施的行政管理。

第三条 本办法适用于本市行政区域内国道、省道、县道、乡道(含公路收费站区)的路政管理。在建公路、专用公路、村道的路政管理可以参照本办法执行。

第四条 市、县(市、区)交通运输主管部门是本行政区域内公路路政管理的主管部门。

各级公路管理机构依法行使公路路政管理职责。

市公路管理机构,负责国道、省道的管理和监督。

县(市、区)公路管理机构对国、省道的管理范围由市公路管理机构划定。

县(市、区)公路管理机构负责县道以及乡道的管理和监督。

镇人民政府负责村道的管理。

第五条 各级地方人民政府应当加强对公路路政管理工作的领导。

规划、住建、公安、城管、国土、水利(务)、工商、价格、财政、发展改革、农委等部门,以及公路沿线的乡(镇)、村、有关单位应积极支持配合公路管理机构,协助做好公路路政管理工作。

第六条 县级以上各级人民政府应当将政府及其有关部门从事公路管理、养护所需经费以及公路管理机构行使公路行政管理职能所需经费纳入本级人民政府财政预算。但是,专用公路的公路保护经费除外。

第七条 公路路产受国家法律保护,任何单位和个人不得破坏、损坏、非法利用或者非法占用公路、公路用地、公路附属设施。

禁止任何单位和个人在公路上非法设卡、收费、罚款和拦截车辆。

第二章 公路路政管理职责

第八条 各级公路管理机构行使下列路政管理职责:

(一)宣传、贯彻执行公路管理的法律、法规和规章;

(二)保护路产;

(三)实施路政巡查;

(四)管理公路两侧建筑控制区;

(五)维护公路养护作业现场秩序;

(六)参与公路工程交工、竣工验收;

(七)依法查处各种违反路政管理法律、法规、规章的案件;

(八)法律、法规、规章规定的其他职责。

第九条 公路路政管理人员依法在公路、公路建筑控制区、车辆停放场所、车辆所属单位等进行监督检查时,任何单位和个人不得阻挠。

公路经营者、使用者和其他有关单位、个人,应当接受公路路政管理人员依法实施的监督检查,并为其提供方便。

第十条 公路路政管理人员执行公务时,应当按国家规定统一着装、佩戴标志、持证上岗。

用于公路路政管理、检查的专用车辆,应当设置统一的标志和示警灯。

第十一条 各相关部门做好公路路政管理工

作的舆论宣传，营造良好的工作氛围。

发展改革部门修订完善公路沿线产业发展规划应当与公路发展规划相衔接。

财政部门负责筹措安排公路管理、养护资金，及时足额拨付到公路管理机构，确保能够满足公路管理养护工作需要。

国土部门负责协助做好公路用地权属登记工作，及时查处公路两侧建筑控制区范围内违法占地等行为。

公安部门负责依法加强交通管理，确保公路交通秩序良好，道路畅通。坚决制止利用公路打谷晒场、设置障碍物等影响交通安全的行为，协助交通运输部门查处公路及公路用地、公路建筑控制区范围内的违法行为。

规划、住建部门负责公路两侧建筑控制区规划、建设管理，会同交通城管等部门及时查处各类违法违规行为。

工商部门负责公路沿线商业集贸市场的管理，取缔公路两侧的无证经营、出店经营，清理占用公路经营的马路市场。

城管、水利（务）等部门做好涉及职责范围内各项工作。

各类杆管线部门和单位按要求做好设置、清理相关工作。

第三章　公路和公路用地管理

第十二条　县级以上地方人民政府应当确定公路两侧边沟（截水沟、坡脚护坡道）外缘起不少于一米的公路用地。其中国、省道公路用地应不少于3米，县、乡道公路用地应不少于2米。

第十三条　公路及公路用地范围内禁止下列行为：

（一）利用公路桥梁进行带缆、牵拉、吊装等施工作业，铺设高压电力线和易燃易爆的管线；

（二）在公路桥梁桥孔内堆放物品、明火作业、搭建各类设施；

（三）倾倒渣土、垃圾，焚烧物品；

（四）摆摊设点、堆放物品、打谷晒场、设置障碍、种植作物、放养牲畜；

（五）挖沟引水、利用公路边沟排放污物，堵塞公路排水沟渠、填埋公路边沟；

（六）损坏、污染公路或者影响公路畅通的其他行为。

任何单位和个人未经公路管理机构批准，不得在公路用地范围内设置公路标志以外的其他标志。

第十四条　任何单位和个人未经许可不得占用、挖掘公路、公路用地。确因工程建设需要占用、挖掘公路、公路用地或者使公路改线的，应当事先经公路管理机构批准；影响交通运输安全的，还须征得公安机关的同意。占用、挖掘公路、公路用地或者使公路改线的，建设单位应按照不低于该段公路原有的技术标准予以修复、改建或者给予相应的经济补偿。

第十五条　修建穿(跨)越公路的各种桥梁、渡槽或者架设、埋设管线等设施的，在公路用地内架（埋）设管线、电缆等设施的，以及在建筑控制区范围内埋设管线、电缆等设施的，应事先经公路管理机构批准；影响交通运输安全的，还须征得公安机关的同意。所修建、架设或者埋设的设施应当符合公路工程技术标准的要求。对公路造成损坏的，应当按照损坏程度给予补偿。

第十六条　除农业机械因当地田间作业需要在公路上短距离行驶外，履带车、铁轮车以及其他可能损害公路路面的运输机具，不得在公路上行驶。确需行驶的，必须经公路管理机构批准，并采取有效保护措施；影响交通运输安全的，还应当经同级公安机关批准。对公路造成损坏的，应当按照损坏程度给予补偿。

第十七条　禁止在国道进行车辆驾驶教练、考试。

在省道和主要县道进行车辆驾驶教练、考试

的，必须在公路管理机构和公安机关指定的路段和时间内进行。

第十八条 造成公路、公路附属设施损坏的单位和个人应当立即报告公路管理机构，接受公路管理机构的现场调查处理；危及交通安全的，还应当设置警示标志或者采取其他安全防护措施，并迅速报告公安机关交通管理部门。

公安机关交通管理部门在处理车辆违章或者交通事故时，发现公路路产被损坏的，应当及时通知并协助公路管理机构处理公路路产赔偿事宜。

第十九条 占用、挖掘公路，跨越、穿越公路修建桥梁、渡槽，架设、埋设管线等设施或者增设平交道口的，施工单位应当编制施工路段现场管理方案，设置规范、清晰、齐全的施工标志和安全标志，加强现场管理。公路管理机构应当加强对施工路段现场的监督管理。施工需要分流或者中断交通的，应当报经公路管理机构和公安机关批准并发布公告。

施工现场的施工秩序由公路管理机构负责管理、监督。施工现场的交通秩序由公安机关负责管理、监督。

申请进行涉路施工活动的建设单位应当向公路管理机构提交下列材料：(一) 符合有关技术标准、规范要求的设计和施工方案；(二)保障公路、公路附属设施质量和安全的技术评价报告；(三)处置施工险情和意外事故的应急方案。

建设单位应当按照许可的设计和施工方案进行施工作业，并落实保障公路、公路附属设施质量和安全的防护措施。涉路施工完毕，公路管理机构应当对公路、公路附属设施是否达到规定的技术标准以及施工是否符合保障公路、公路附属设施质量和安全的要求进行验收；影响交通安全的，还应当经公安机关交通管理部门验收。涉路工程设施的所有人、管理人应当加强维护和管理，确保工程设施不影响公路的完好、安全和畅通。

第二十条 严禁盗砍、盗伐、损坏公路行道树和公路花草绿地，严禁在公路行道树上悬挂广告牌、招幌及其他物品。

供电、邮政、电信、广播电视等部门需对公路行道树进行修剪的，应当先报经公路管理机构批准。

第二十一条 禁止车辆在运输货物着地的情况下行驶。

车辆应当规范装载，装载物不得触地拖行。车辆装载物易掉落、遗洒或者飘散的，应当采取厢式密闭等有效防护措施方可在公路上行驶。公路上行驶车辆的装载物掉落、遗洒或者飘散的，车辆驾驶人、押运人员应当及时采取措施处理；无法处理的，应当在掉落、遗洒或者飘散物来车方向适当距离外设置警示标志，并迅速报告公路管理机构或者公安机关交通管理部门。其他人员发现公路上有影响交通安全的障碍物的，也应当及时报告公路管理机构或者公安机关交通管理部门。公安机关交通管理部门应当责令改正车辆装载物掉落、遗洒、飘散等违法行为；公路管理机构、公路经营企业应当及时清除掉落、遗洒、飘散在公路上的障碍物。

车辆装载物掉落、遗洒、飘散后，车辆驾驶人、押运人员未及时采取措施处理，造成他人人身、财产损害的，道路运输企业、车辆驾驶人应当依法承担赔偿责任。

第四章 公路建筑控制区管理

第二十二条 从公路用地外缘起（没有边沟、坡脚的路段从路缘石向外5米起，设置人行道的路段从人行道外缘5米起)，国道不少于20米、省道不少于15米、县道不少于10米、乡道不少于5米的区域为公路建筑控制区范围。在公路建筑控制区内，除公路保护需要和必要的农田水利设施外，禁止修建建筑物和地面构筑物。

公路建筑控制区划定前已经合法修建的不得扩建。在公路建筑控制区外修建的建筑物、地面构筑物以及其他设施不得遮挡公路标志，不得妨碍安全视距。

新建、改建、扩建公路的建筑控制区的范围，应当自公路初步设计批准之日起30日内，由公路沿线县级以上地方人民政府依照本条例划定并公告。公路管理机构应当依法对正在建设的公路实施路政管理。

第二十三条　规划和新建村镇、开发区、厂矿、学校、集市贸易场所等建筑群，其外缘与公路用地界外最小间距：国道、省道不少于200米，县道不少于100米，乡道不少于50米，并应当避免在公路两侧对应进行，应当按块形集中布局，单向垂直与公路连接，采用专用公路或辅道来解决内部的交通运输问题，防止造成公路街道化，以保障公路的运行安全与畅通。

已在公路两侧布局的集镇(村)，新建规划应当在一侧发展，禁止在原集镇(村)两侧沿公路延伸；有的路段已形成街道的，应调整规划，逐步向外拆移；公路两侧分散的建筑也要按规划要求，分批分期迁移到规划区域内。

第二十四条　公路两侧小城镇、中心村、园区建设规划必须由规划部门会交通运输、公安、国土资源、工商、建设等部门联合审查并报政府批准。公路沿线建设项目必须在批准的规划区域内进行建设，国土资源部门批征土地时应事先征询规划和公路管理部门意见。规划、建设部门办理规划、施工许可证时，应当征询公路管理部门意见。

在公路建筑控制区范围内，任何单位和个人均不得越权或违法批准修建任何永久性和临时性建筑设施，违者按照“谁批准谁负责”的原则，追究领导者和相关人员的责任。

第二十五条　在公路上增设或改造平交道口应当严格控制。确需增设或改造的，应当按照管理权限报经相应的公路管理机构和公安机关批准。属于经营性公路的，还应当征求公路经营企业的意见。

第二十六条　在公路上设置平交道口应当符合下列要求：

(一)符合公路规划、公路工程技术标准和规范；

(二)满足公路行车视距要求；

(三)与公路搭接的道路不少于一百米的路面应当采取硬化措施；

(四)有可行的图纸；

(五)有可行的施工现场管理方案；

(六)平交道口搭接公路或占用、挖掘公路、公路用地的，应按照物价部门制定的标准缴纳赔(补)偿费；对公路造成损坏的，应当按照不低于原有的技术标准予以修复或者给予相应的经济补偿；

(七)道口应当设置于公路直线段，道口开口前后五十米范围内视距良好，无遮挡视线、有碍安全的障碍物；

(八)道口之间应保持合理间距。一、二级公路单侧相邻间距不得少于五百米，三级及以下公路不得小于三百米。急路堤以及桥头接线各一百五十米范围内不得增设平交道口；

(九)道口与公路的交叉不得小于45度，道口标高应小于路面设计标高，与公路边缘过渡段纵坡一般不大于3%，开口转角应满足技术规范要求；

(十)道口设置应当保持公路路面、边沟、截水沟的排水畅通。侵占公路边沟的应当设置盖板或管涵。

无法满足前款(七)至(十)项规定的，应当修建与公路平行的辅道，在适当的地点设置道口。

第二十七条　平交道口设置单位应当按照国家有关标准和要求，在道口及被交公路上设置必要的公路标志和交通安全设施。对与四车道(含)以上公路搭接的道口，设置单位应当按照有磁标准和要求采取渠化措施。

第二十八条　平交道口设置后，道口及相关设施的管理和维护由设置单位负责。

第二十九条 扩大原平交道口规划或者改变平交道口功能等变更事项，应当按照行政许可规定和程序，重新向公路管理机构提出申请。道路通行条件发生变化，与之搭接的道口不能满足公路工程技术标准的，应当及时迁移。

第三十条 对与公路连接的连片房屋，当地人民政府和交通运输主管部门应当对其采取必要的隔离措施，并在两端设置出入道口；公路建成后新建的连片房屋与公路之间的场地，房屋所有人或者房屋使用人应当采取硬化措施。

所有与公路连接的道口必须符合低（基面低于公路）、平（场地平整）、畅(公路排水畅通)、硬(路面硬化)、美(绿化达标)的要求。

第五章 公路标志和非公路标志的管理

第三十一条 对建成的公路，交通运输主管部门和公路管理机构应当按照国务院交通运输主管部门的规定，设置明显的符合GB5768—2009国标的标志、标线，在危险路段和复杂路段设置安全警示和防护设施。

第三十二条 公路交通安全设施受法律保护，未经公路管理机构同意，任何单位和个人不得拆除、移动、涂改。

第三十三条 非公路标志设置应当遵循“严格控制、规范设置、依法管理、保障安全”的原则。

第三十四条 确需在公路两侧设置广告牌、宣传牌等非公路标志的，应当事先征求公路管理机构意见；规划、国土、城管、工商等部门参照公路管理机构意见，依法履行各自职责。

第三十五条 非标设置应当符合下列条件：

(一)符合公路工程技术标准，不得损坏公路附属设施或者影响其正常使用；

(二)支撑构件的强度、刚性、抗折弯、抗风能力、外廓尺寸等符合国家有关技术规范；设置单位应当根据国家有关标准进行验算、认证或者鉴定，出具符合标准的意见书；

（三）不得使用与公路标志相同或相近的图案、文字和色彩；

(四)有可行的交通安全保障措施；

(五)与公路设施保持必要的间距，不得附着公路标志，不得遮挡公路标志、交通信号、路灯、监控探头，不得妨碍安全视距；

(六)非标施工及设置涉及占用、挖掘公路、公路用地的，设置单位应当按照物价部门制定的标准缴纳赔(补)偿费；对公路造成损坏的，应当按照不低于原有的技术标准修复或划给予相应的经济补偿。

第三十六条 下列范围内禁止设置非公路标志：

(一)急弯曲线段内，以及陡坡、桥头范围等公路用地内；

(二)与三级以上公路或铁路交叉路口前后五百米公路用地范围内，四级及等外公路或铁路交叉路口前后两百米公路用地范围内；

(三)在公路标志、交通信号、监控探头前后各一百米公路用地范围内；

(四)公路路肩、边沟、建筑控制区内；

(五)跨越国、省道公路设置过路门式架牌。

第三十七条 非标设置单位应当加强对非标的日常维护和保养，保障非标安全、整洁、完好。对不符合安全技术要求的非标，应及时修复、加固或者拆除。因非标脱落、倒塌等致人伤害或财产损失的，设置单位应当依法承担相应法律责任。非标残破或已失去标志功能的，非标设置单位应当及时拆除。

第六章 超限运输管理

第三十八条 在公路、公路桥梁上或者公路隧道内行驶以及使用汽车渡船的车辆，应当遵守国家制定的公路限载、限高、限宽、限长标准的规定；公路交通标志有特别限制的，应当按照特别限制标准行驶。载运不可解体物品的车辆,确需超限行驶的,应当向公路管理机构申请公路超限运输许可。因超限运输对公路造成损害的,应当依法承担赔偿责任。

公路管理机构根据需要可以在公路上设置载货车辆轴载质量、车货总质量以及车货外廓尺寸的检测设施,对载货车辆进行免费检测。载货车辆应当接受检查。

新建、改建、扩建公路的,应当按照国家和省有关规划的要求同步建设超限检测站(点)。

第三十九条　市、县(市、区)人民政府应当组织交通运输、公安、工商等部门完善治理超限运输工作机制,加强超限运输的综合治理。

第四十条　车辆的外廓尺寸、轴荷和总质量应当符合国家有关车辆外廓尺寸、轴荷、质量限值等机动车安全技术标准,不符合标准的不得生产、销售。

第四十一条　公安机关交通管理部门办理车辆登记,应当当场查验,对不符合机动车国家安全技术标准的车辆不予登记。

第四十二条　运输不可解体物品需要改装车辆的,应当由具有相应资质的车辆生产企业按照规定的车型和技术参数进行改装。

第四十三条　县级人民政府交通运输主管部门或者乡级人民政府可以根据保护乡道、村道的需要,在乡道、村道的出入口设置必要的限高、限宽设施,但是不得影响消防和卫生急救等应急通行需要,不得向通行车辆收费。

第四十四条　申请公路超限运输许可按照下列规定办理:

(一)跨省、自治区、直辖市进行超限运输的,向公路沿线各省、自治区、直辖市公路管理机构提出申请,由起运地省、自治区、直辖市公路管理机构统一受理,并协调公路沿线各省、自治区、直辖市公路管理机构对超限运输申请进行审批,必要时可以由国务院交通运输主管部门统一协调处理;

(二)在省、自治区范围内跨设区的市进行超限运输,或者在直辖市范围内跨区、县进行超限运输的,向省、自治区、直辖市公路管理机构提出申请,由省、自治区、直辖市公路管理机构受理并审批;

(三)在设区的市范围内跨区、县进行超限运输的,向设区的市公路管理机构提出申请,由设区的市公路管理机构受理并审批;

(四)在区、县范围内进行超限运输的,向区、县公路管理机构提出申请,由区、县公路管理机构受理并审批。

公路超限运输影响交通安全的,公路管理机构在审批超限运输申请时,应当征求公安机关交通管理部门意见。

第四十五条　公路管理机构审批超限运输申请,应当根据实际情况勘测通行路线,需要采取加固、改造措施的,可以与申请人签订有关协议,制定相应的加固、改造方案。

公路管理机构应当根据其制定的加固、改造方案,对通行的公路桥梁、涵洞等设施进行加固、改造;必要时应当对超限运输车辆进行监管。

第四十六条　公路管理机构批准超限运输申请的,应当为超限运输车辆配发国务院交通运输主管部门规定式样的超限运输车辆通行证。

经批准进行超限运输的车辆,应当随车携带超限运输车辆通行证,按照指定的时间、路线和速度行驶,并悬挂明显标志。

禁止租借、转让超限运输车辆通行证。禁止使用伪造、变造的超限运输车辆通行证。

第四十七条　公路管理机构在监督检查中发现车辆超过公路、公路桥梁、公路隧道或者汽车渡船的限载、限高、限宽、限长标准的,应当就近引导至固定超限检测站点进行处理。

车辆应当按照超限检测指示标志或者公路管理机构监督检查人员的指挥接受超限检测,不得故意堵塞固定超限检测站点通行车道、强行通过固定超限检测站点或者以其他方式扰乱超限检测秩序，不得采取短途驳载等方式逃避超限检测。

禁止通过引路绕行等方式为不符合国家有关载运标准的车辆逃避超限检测提供便利。

第四十八条　煤炭、水泥等货物集散地以及货运站等场所的经营人、管理人应当采取有效措施，防止不符合国家有关载运标准的车辆出场(站)。

道路运输管理机构应当加强对煤炭、水泥等货物集散地以及货运站等场所的监督检查，制止不符合国家有关载运标准的车辆出场(站)。

任何单位和个人不得指使、强令车辆驾驶人超限运输货物，不得阻碍道路运输管理机构依法进行监督检查。

第七章　法律责任

第四十九条　违反本办法规定的，由交通运输主管部门和公路管理机构依照《中华人民共和国公路法》《公路安全保护条例》《江苏省公路条例》等有关规定，予以查处。

第五十条　损坏、占用、利用公路、公路附属设施或者公路用地的，应当按照省财政、价格、交通运输主管部门制定的标准给予赔偿或者补偿。

公路管理机构发现损坏公路及其附属设施的行为或者接到损坏公路及其附属设施的报告后，应当及时进行调查处理。

第八章　附　则

第五十一条　本办法自2015年1月1日起施行。2002年1月17日颁布的《盐城市公路路政管理办法》(盐政发〔2002〕11号)同时废止。

盐城市人民政府关于优先发展城市公共交通的实施意见

各县(市、区)人民政府，市开发区、城南新区管委会，市各委、办、局，市各直属单位：

为优先发展城市公共交通，提高交通资源利用效率，改善人居环境，促进城市交通和经济社会协调发展，现根据国家和省有关文件精神，结合我市实际，制定如下实施意见：

一、指导思想

确立公共交通在城市交通中优先和主导地位的战略思想，坚持政府主导、有序竞争、政策扶持、协调发展的原则，从满足城乡居民日常出行的实际需要出发，切实加大投入，完善基础设施，优化运营结构，深化行业改革，提高服务质量和效益，尽快建立起与城市规模、人口和经济发展相适应的结构合理、设施配套、高效快捷的城市公共交通体系，促进城市经济社会协调发展。

二、总体目标

至“十二五”末，初步建立以城市为中心、乡镇为节点、站场为依托，多种交通方式相互衔接，线路覆盖城乡的一体化公共交通新格局，城市公共交通的便捷性、舒适性与群众的满意度明显提高。具体目标为：

市区万人拥有公交车辆15标台以上，各县(市)12标台以上，公交运输能力满足人们的出行需求；市区公交出行分担率35%以上，各县(市)25%以上，公共交通成为广大群众出行的主要方式；城乡客运一体化覆盖率100%；公交准点率达到90%以上；建成区公交线网密度2.8公里/平方公里；站点覆盖率按300米半径计算，建成区大于50%，中心城区大于70%；建成区任意两点间公共交通可达时间不超过50分钟。市区空调车占营运车辆总数的50%以上，公共交通车辆运营速度不低于20公里/小时，公共交通专用车道设置率不低于11%，港湾式公交停靠站设置率在20%以上，新建、改扩建公交停车场8座；BRT准点率和运载能力大幅度提高，出行分担率为25%以上，成为市民出行的首选。

三、主要措施

(一) 科学编制实施城市公共交通优先发展规划

1. 尽快编制完善城市公共交通专项规划。各级政府要注重城市总体规划与综合交通规划的统筹，以公交优先优化城市空间布局、土地利用和交通专项设施规划。交通运输管理部门要根据城市综合交通规划，按照远近结合、统筹发展的要求，会同规划部门编制完善城市公共交通专项规划，根据城市经济发展要求、客流量分布和财政财力情况，合理安排公共交通实施项目。各级政府要大力支持城市公共交通规划编制工作，将规划编制所需经费纳入财政预算，确保编制任务在2012年年底前完成。

2. 实现公共交通与城市建设同步发展。老城改造必须完善公交设施安排，创新公交工具及运营方式，预留公交线路运行空间；新区建设应根据公交优先要求确定路网结构和密度，布设公交场站设施，在客流走廊内预留公交专用道设置条件，新建、改(扩)建道路应设置港湾停靠站。

3. 严格执行规划管理制度。规划、国土等部门要采取有力措施，保持规划的严肃性和权威性，切实防止和纠正违反规划、侵占公共交通基础设施及其建设用地的行为，保证优先发展城市公共交通的需要。在建设公交场站时，应事先将设计方案征求交通运输管理部门的意见；项目竣工后，建设单位应当通知交通运输管理部门参加验收，未经验收或验收不合格的，不得投入使用。

(二)加快城市公共交通基础设施建设

1. 政府主导推进建设工作。按照“统一规划、分级负担”的原则，明确各级政府主体责任，积极推进公交场站等基础设施建设，对投资建设和使用维护要建立规范合理、责任明晰的经营体制。“十二五”期间，市区及各县(市)都要配套建设公交调度指挥中心、换乘枢纽、停车场、首末站以及加油加气站等公交基础设施，积极推广新能源充电站建设，各类园区要建设或预留公交首末站建设用地。

2. 大力建设配套场站和换乘枢纽。在车站、机场、城乡结合部等客流集散地建设公共交通换乘枢纽，实现市内公共交通与对外交通的有效衔接和零距离转换。要将公共交通场站作为新建小区、大型商业网点、高校、园区、风景区以及大型公共活动场所等工程建设项目的必备基础设施，实行同步设计、同步建设，同步交付使用，对未按规定配套建设公共交通基础设施的建设项目一律不予审批、验收。

3. 加快公共交通专用道路系统建设。要把公共交通专用道路系统建设作为近期建设的重点和突破口，保证公共交通车辆对道路的专用或优先使用权。未设置公交专用通道的路段，在道路交通高峰时段要采取相应措施，保障公共交通车辆优先通行，提高公共交通车辆运行速度和道路使用效率。要科学设置公共交通优先信号系统，减少公共交通车辆在道路交叉口的停留时间，保证公共交通车辆优先通行权。加强对占用公共汽车专用道、干扰公共交通车辆优先通行的社会车辆依法查处。

(三)切实提高城市公共交通运营效率

1. 完善公交网络系统建设。根据城市发展的实际需求，在稳步增加公交线路、延长营运里程、扩大站点覆盖面的基础上，不断优化线网结构和运力配置，合理设定公交线路的班次密度、营运时间，满足人民群众日益增长的出行需求，并按照城乡一体化的要求，不断提高乡镇通达率。完善公交辅助体系，对因功能布局带来的出行需求特点各异的区域，要采取峰期接送专线车、区间快速车、社区专线车、市场专线车等方式提高公交覆盖面，满足市民不同的出行需求。

2. 加快公交车辆新增和更新速度。市区、各县(市)要确保“十二五”末公交车辆数达到省规定的万人标台数指标,政府对车辆新增、更新给予专项补贴。推广应用高动力性能、低污染、环保型节能减排产品,鼓励使用天然气、电力等新动力、新能源绿色公交车辆,“十二五”期内逐步淘汰性能低、高污染、无空调的公交车辆,提升市民乘坐舒适度。

3. 加强公共交通信息化建设。通过增加科技投入,加快公共交通信息化进程,逐步改变目前公交营运调度技术手段落后的状况。运用现代通讯和网络技术,在公交车上全面安装车载GPS设备,在公交干线逐步建设电子显示牌,方便乘客候车和换乘;借助GPS和视频监控系统建设公交运营控制中心,提高公交实时监控调度能力;进一步完善和普及公共交通IC卡系统,逐步实现公共交通IC卡“一卡通”,提高公交出行的经济性,增强公交出行方式的吸引力。

(四)加大对城市公共交通的政策扶持力度

1. 加大资金投入力度。城市公共交通的发展建设要纳入公共财政预算体系,实行统筹安排,重点扶持。要在城市基础设施配套费、土地出让金净收益、城市维护建设资金中安排一定比例的资金重点用于公共交通和综合换乘枢纽、场站及配套设施建设;公共交通建设资金占城市建设资金支出的比例应保持在5%以上。实行公交车、出租车经营权有偿出让的县(市)要将收取的经营权有偿使用费专项用于城市公共客运交通设施建设与管理。对城市发展具有重要影响的BRT项目、综合换乘枢纽、场站建设以及车辆和设施装备的配置、更新给予资金和政策扶持。

2. 建立规范的补贴、补偿机制。交通运输管理部门要会同财政、物价、审计等部门,对公共交通企业建立规范的成本费用评估制度和政策性亏损评估制度,合理界定和计算政策性亏损,核定企业的合理成本和合理利润。对不能完全通过价格补偿的政策性亏损由政府给予补贴,补贴要及时拨付。对公共交通企业开行冷僻线路,承担的老人、残疾人、军人免费乘车,学生、成人持月票乘车和完成政府指令性任务所增加的支出,经交通运输管理部门与财政部门核定后,由政府定期进行专项经济补偿。为鼓励公共交通企业新辟线路和增加运力,政府应予补贴,并由单项补贴逐步向与营业收入挂钩的综合补贴过渡。

3. 实行税费优惠减免政策。涉及公共交通基础设施建设、企业运营的相关基金和税费,财政、交通、物价、地税、建设、公安、城管、残联等部门按照各自职责积极给予优惠支持,符合减免政策的一律予以减免。任何部门和单位不得向公共交通企业乱摊派、乱收费,财政、物价、建设等部门要进一步清理对公共交通企业的各项收费项目,并公布清理后的收费项目,保护公共交通企业的合法权益。

(五)不断提高公共交通行业经营管理水平

1. 建立健全考核机制。交通运输管理部门应与公共交通企业签订《城市公共交通特许经营协议》,并在特许经营合同中,明确企业应当履行的服务质量、安全管理和车辆配置等具体内容以及承担的违约责任。要建立综合评价体系,加强监督考核,把公共交通企业营运服务状况和履行合同情况,作为政府对企业相关政策扶持和补贴资金核拨的重要依据。对经营不善、管理混乱、安全生产隐患严重的企业,要依法收回特许经营权。

2. 稳妥推进行业改革。按照公开、公平、公正的原则,运用法律、经济、行政等手段,建立规范有序、适度竞争的市场机制,优化资源配置,维护公共交通市场秩序,确保公交事业健康发展。以公司化、规范化、集约化为主导,加快现行公交经营机制改革,建立以国有为主、社会资本适度参与的良性发展经营模式。

3. 规范营运市场秩序。要建立由政府牵头,相关部门积极参与、密切配合的整治非法营运车辆组织机构,实行常态化、长效化管理,采取切实有效措施，严厉打击和有力遏制各类非法营运车辆，为城市公共交通提供良好的营运环境。交通运输管理部门要做好城市公交和农公班线的统筹协调，做到线网配置合理、资源高效利用，要加强出租车市场的管理，根据公交车服务能力和市场需求，在确保稳定的情况下，适度增加保有量。

4. 提升企业竞争能力。公共交通企业要更新经营发展理念，着力推进企业改革，加快建立现代化企业制度，积极引进竞争机制，强化内部管理和成本控制，不断提高企业的管理水平和综合效益。牢固树立品牌意识和服务意识，努力拓宽服务领域，改善乘坐环境，提高服务质量，增强公交出行的吸引力。认真研究解决公交职工收入待遇问题，保障职工合理福利待遇和合法权益，增强职工队伍的稳定性和积极性。

(六)强化组织领导、严格落实责任

各级政府应成立由主要领导为组长，交通、财政、规划、公安、国土、建设、物价、城市管理、劳动和社会保障等部门共同参加的城市公共交通优先发展协调小组，及时协调解决公交发展中遇到的突出问题，确保优先发展公共交通的各项措施落实到位，加快建立与城市经济社会发展相适应的公共交通系统。同时，要结合文明城市创建、“畅通工程”等活动，有效促进城市公共交通优先发展政策的落实。

交通运输管理部门要依法行使对公共交通企业的行业管理责任，负责编制和落实城市公共交通发展规划，批准公交线路的设置、调整和取消，代表政府与公共交通企业签订特许经营合同，并督促企业履行特许经营合同。同时，要会同有关部门建立优先发展公共交通的激励和评价机制，并定期对优先发展公共交通的工作进行评估、检查和监督。规划部门要及时完善以公交优先为主导思想的城市综合交通规划；建设部门要根据城市交通综合规划和《城市道路交通规划设计规范》(GB50220)，大力实施公共交通路网和站点建设；财政部门要建立规范的补贴补偿机制以及公共交通企业成本费用审计和评价制度，指导企业加强成本核算管理；物价部门要建立健全公共交通票价管理机制，完善公共交通票价听证制度；公安部门要研究建立公共交通专用道、优先道和公共交通优先信号系统，保障公共交通的道路优先使用权；国土资源部门要根据土地供应政策，按照《划拨用地目录》对公共交通场站等基础设施建设项目提供用地保障；劳动和社会保障部门要指导公共交通企业建立职工工资的正常增长机制，提高公共交通企业职工的劳动收入，保障职工的合法权益。各县(市、区)要结合本地实际，研究制定公共交通优先发展的具体措施，认真组织实施。

交 通 论 坛

民主管理：思想政治工作的绝佳载体

江苏交通职工思想政治工作调研组
伍开昌　陈建斌　孙东明　成耀辉

民主议政小建议，催生航道大项目——这是盐城市航道管理处 30 多年管理与思想政治工作经验的精辟总结。2005 年十二届三次职代会座谈讨论时，有代表针对盐城航道史上从无百万元以上建设投资项目提出盐城航道应进行重大航道工程项目储备的建议，引起处党委高度重视。处党委组织专题调研，锁定大丰港疏港航道工程，并迅速开展前期筹备工作。2006 年，该工程纳入省市领导的视线。2009 年年底，总投资达 13 亿元的盐城航道建设史上最大的东向达海整治工程——刘大线航道整治工程正式启动；2012年年底，该工程全面建成通航；2007年盐城基层航道职工《关于尽快实施连申线南段整治工作的建议》，得到处党委的积极响应，经不懈努力，2011年年底，投资近9亿元的盐城航道史上整治规格最高的南向通江工程——连申线东台南段航道整治工程正式启动，全面开启“通江达海”盐城航道建设史上的新篇章……民主管理作为思想政治工作的绝佳载体，在凝民心、集民智、聚民力方面发挥了重要作用。

坚持规范运行，构建党委领导、党政工青妇同心协力的思想政治工作格局。从首届职代会成立，30多年来该处机构设置几经变更，但每年的职代会从未停过。按照规范要求并结合航道管理部门实际，该处不断完善《盐城市航道管理处职工代表大会实施办法》等制度，先后建立健全处职工代表大会的组织机构、运行机构和监督机构；成立了由处党政工负责人、先进基层单位代表、先进模范代表、女职工代表和青年职工代表等成员的职代会主席团；成立大会秘书组、提案组、后勤保障等组织；按期进行换届选举工作，按标准推选职工代表，按议程组织职工代表审议、讨论和表决，确保职代会规范有序。

坚持广集群智，牢牢把握民主管理主旋律，拓宽思想政治工作的路径。每次职代会召开前，有关部门都按照民主管理原则就一些重大问题在全处广泛征集职工提案和合理化建议。对征集到的提案和建议，整理后及时提交有关部门研究落实；对涉及面较大的、有代表性的提案和合理化的建议，由处领导在职代会上专门解答。近5年来，共征集职工提案和合理化建议321条，评出优秀组织奖单位 20个，优秀提案和合理化建议奖40条。如针对国家及省、市高度重视水运发展的新形势，处机关职工《关于尽快出台（盐城市人民政府关于加快水运发展意见）的提案》，被列入全处2010年工作重点进行部署安排。经过多方努力，当年年底市政府同意了该提案并出台实施《关于加快水运发展的意见》，并承诺每年1亿元的资金支持，为水运发展提供了长效的资金支持和政策保障。

坚持处务公开，让职工在参与中增强主人翁意识，发挥思想政治工作凝心聚力的作用。根据航道事业单位的特点和实际情况，处党委三次下发《关于进一步推行处务公开加强民主管理工作的实施意见》，确定了包括航道规划和年度计划任务完成情况、单位改革方案等处务公开重点内容；先后对大丰港疏港航道整治等航道重点工程依法进行网上发布、公开招投标；2010年积极策应国家沿海开发战略，确立“管理领航，建设强航，奋力谱写盐城航道科学发展新篇章”工作目标并及时在职工群众中公开；通过召开职代会、公示、征求意见，发动职工广泛推选、认真监督，任用表彰151人次，推选了“十佳主人翁”“航道之星”。由职工代表推选先进典型，职工认同、服气、乐意学。

坚持民主议政，从职工关心的事入手，提高思想政治工作的实效。2008年初，针对费税改革实施给航道发展带来的新变化，处领导带领工会及组织人事部门负责人，一起参加基层单位的职工大会，实行“基层职工大会家家到”，面对面为职工释疑解惑，为做好下年度工作鼓劲加油，受到干部职工的一致好评，为60多名原稽征人员顺利转岗奠定良好基础。2012年该处几上几下反复讨论的《盐城市航道管理处奖励性绩效工资考核办法（试行）》，在专题职代会上全票通过。此外，广泛征求职工的意见，职代会还先后审议通过《盐城市航道管理处岗位竞聘实施方案》等20多项重要决策部署和内部管理规章。

坚持民主监督，运用职代会平台，提升党员领导干部廉政水平。该处严格执行财经纪律，坚持向职代会报告全处财务收支、预决算情况和招待费、工会经费使用等情况，对重要经费列支事项向职工代表作出详细说明；坚持职代会评议领导干部制度，职工代表对领导干部的年度述职进行德、能、勤、绩、廉方面的测评并公布，促进了党员领导干部的廉洁自律。多年来，该处从未发生一起领导干部违纪违法事件。

（作者单位：伍开昌，江苏省交通运输厅；陈建斌、孙东阳、成耀辉，盐城市航道管理处。此文发表于中宣部主管刊物《思想政治工作研究》2013 年第 5 期"创新案例栏目"，并配发专家精彩点评　2013 年）

加快民生工程建设　服务城乡统筹发展

——盐城市城乡交通一体化发展调研报告

薛　锋

统筹城乡发展，是关系到农村经济发展，构建和谐社会的大事，"十二五"期间，盐城交通运输部门不断加快推进城乡交通一体化建设，构建全方位、多层次城乡客运服务体系、城乡物流服务体系，为统筹全市城乡经济社会发展提供了有力的服务保障。

一、全市城乡交通一体化发展现状

1. 运输经济概况

盐城是长三角经济区的重要城市，区位条件优越。至 2013 年，全市一、二、三级汽车客运站分别有 6 座、6 座和 11 座。全市共有道路客运企业 35 户，营运客车 2911 辆，客运班线 931 条，通达全国 23 个省（市、自治区）。全市道路货运业户共有 3.4 万户（个体 2.98 万户），营运货车 4.51 万辆 48 万吨。

2. 农村公路现状

截至 2013 年年底，全市农村公路总里程达 17291.1 公里，其中等级公路里程占农村公路总里程的比重为 88.3%。农村危桥为 4009 座，占总数的 28.4%。全市 9 个县（市、区）所有行政村已全部通达水泥路。

3. 城乡客运现状

盐城积极实施公交优先战略，市区"一主一环五支"，总长度 131.8 公里的快速公交系统成功运营。2013 年盐城市区新增 257 辆绿色环保公交车，新开辟 K4 等 9 条市镇公交和市区 3 条公交线路，公交分担率达 13.6%。

农村交通基础设施的不断完善促进了城乡客运一体化的进一步发展。目前全市共有农村客运班线 196 条，农村客运车辆 1530 辆，东台市溱潼镇等 20 个乡镇开通了镇村公交。全市共建设有农村客运站 82 个，标准化农村客运候车亭 574 个。但除东台、响水农村客运经营公司化改造较彻底，其他各县市仍大多维持个体中巴挂靠的运营方式。

4. 城乡物流现状

全市现有规模较大型物流企业 10 户，其中占地面积达 100 亩以上的物流企业 5 户。江苏悦达物流有限公司、江苏神龙物流有限公司被中国物流与采购联合会物流企业综合评估委员会评定为 AAAA 级物流企业。大丰港物流园区、盐城市现代物流中心、江苏里下河物流中心、阜宁港物流中心"1 个园区，3 个中心"纳入了省厅物流发展"十二五"规划。同时全市已形成省级农村物流示范项目 10 个。

二、全市城乡交通一体化存在问题

盐城城乡交通一体化发展主要存在以下几个问题：

1. 城乡一体化基础设施建设略显不足。农村公路的通达深度和广度还不够，技术等级总体不高，网络有待完善，城乡客货运场站等基础设施不尽完善。

2. 组织管理方式集约化程度不高

一是农村客运市场经营主体还显分散，存在集约化程度不高的问题。二是物流业发展总体规模不大，管理水平不高。

3. 城乡二元结构性矛盾亟需打破

城乡二元结构直接导致了城乡客运和物流的分块割据，并引发了公交运营与农村客运之间的经营性矛盾，加之政策扶持上对公交的倾斜，城乡发展差距拉大。

4. 经营效益低甚至存在亏损现象

一是城市公交企业由于低票价、换乘优惠及特殊人群政策性优惠，企业经营负担过重。农村客流量小、客源不稳定、运输成本高，使得农村客运经营者亏损或勉强保本。二是物流企业竞争实力不强，社会物流运行效益较低。

5. 配套建设资金扶持力度较不足

需要提档升级的农村公路、桥梁数量多、投入大，省厅补助的建设资金远远不够。地方经济欠发达，配套资金筹措难度大。同时物流业发展，主要依靠企业自身投入和银行贷款。

6. 城乡一体化总体服务水平不高

(1)城市公交服务水平仍需提高。城市建成区覆盖广度与深度不足，服务质量也不高。(2)农村客运装备技术水平落后，客运网络也有待进一步完善。(3)多数物流企业只能简单地提供运输(送货)和仓储服务。

三、加快推进城乡交通一体化对策建议

(一)科学编制城乡交通一体化发展规划。

1.认真组织编制城乡客运和城乡物流一体化发展规划。在充分进行调研论证的基础上，把城乡作为一个整体，结合城市总体规划、综合运输规划、当地小城镇建设规划等，科学编制行政辖区内的城乡交通一体化发展规划，包括城市公共交通发展规划、县乡客运班车发展规划和镇村公交发展规划以及城乡物流发展规划。大市区要通盘考虑亭湖、盐都、开发区和城南新区的实际编制规划。规划编制要立足整合城乡客、货运资源，优化城乡客、货运网络衔接，科学合理布局城乡客、货运线网。同时科学布局物流站场、节点体系，完善体制机制，注重人才培养，强化信息网络建设，引导物流业健康发展。有效发挥城市物流对农村物流的辐射与带动作用，积极引导农村物流与城市物流实现双向交互服务。

2. 编制完善农村公路基础设施建设专项规划。要依据“十二五”城乡交通一体化发展规划，编制完善农村公路、桥梁等基础设施建设专项规划。按照路、站(场)、运一体化的要求，继续推进农村客运站(亭)、农村物流站场建设，完善路网布局，提高路网、桥梁的技术标准和安全保障，实现城乡空间形态上的一体化，为盐城城乡交通一体化发展提供良好的基础条件。

(二)加大对城乡交通一体化发展的扶持力度。

城乡客运方面：1. 加大对城乡客运一体化发展的投入。建立市、县(市、区)、乡(镇)三级政府共同保障城乡客运一体化发展的投入机制，各级政府要将城乡客运统筹发展所需资金纳入政府公共财政预算，确保镇村公交开得通、留得住。2.建立科学合理的补贴补偿机制。建立规范的城乡公共客运成本费用和政策性亏损评估制度，完善财政补贴补偿制度。同时各级政府要研究制定相应的税费优惠政策，构建多级保障体系。3.加大对基础设施用地的保障力度。规划、国土、交通等部门要对纳入规划的客运枢纽场站、公交换乘场站、首末站、调度中心、农村客运站、候车亭、停车场、公路、桥梁等基础设施用地要优先保障。4.构建合理惠民的客运票价体系，让城乡居民共享经济社会发展和城乡客运统筹发展成果，促进城乡客运服务的均等化。

城乡物流方面：各级政府根据“国八条”，从各个方面出台物流业发展扶持政策，加大物流业发展投入，加大物流业发展财政资金补贴，采取有效措施促进物流运输车辆便利通行，提高物流相关审批效率、试点农村物流保险业务等方面实施优惠政策，同时设立交通物流业发展专项引导资金，对现代物流园与物流基地建设、龙头企业培育、农

村物流发展、甩挂运输试点、物流品牌建设方面给予一定的引导资金或补助，全面支撑物流业快速有序发展。

（三）加快完善城乡交通一体化基础建设和管理。

1.积极改善农村公路通车条件。对现有农村公路和桥梁，不符合车辆安全通行条件的，要纳入“十二五”规划加快提档升级改造。加快建设通往集中居住点等节点的农村公路，提高农村公路网络化水平。同时构建“事权明确、管理高效”的农村公路管理养护体制和养护运行机制，建立以公共财政投入为主的长期稳定的农村公路管理养护资金渠道，完善农村公路管理养护的规章制度、技术规范与标准体系，逐步形成“竞争有序、健康发展”的农村公路养护市场，推动农村公路管养工作常态化、规范化。

2.加强城乡客运基础设施建设与管理。按照路、站、运一体化的要求，在新建或者改建农村公路时，加强农村客运站（亭）建设，加强对公交港湾式停靠站台的改造，对不合理的站台进行站点调整；在新建或者改建城市道路时，必须配建港湾式公交站台和公交专用车道。重点加快大型综合交通换乘枢纽和大型公交回车场的建设，积极改善城乡居民出行和换乘条件。同时各县（市、区）、乡镇政府要加强农村公路和农村客运站（亭）等基础设施的养护与管理，提高基础设施完好率和使用率。

3.科学推进物流基础设施建设与管理。在物流基础设施建设时，一定要依托编制的物流发展规划，按照省“十二五”期间规划提出的“一个大县级中心基地加2个乡镇配套基地”的原则，布设农村物流网点，加快建设物流园区、物流中心、配送中心、农村物流站点（含邮政物流网点）四个层次的物流平台，在各级政府主导的前提下，实行投资渠道多样化和投资主体多元化，加快基础设施建设，全力达成农村物流网络全覆盖的目标。

（四）优化完善城乡交通一体化经营模式。

城乡客运方面：一是优化城乡客运经营结构。城乡客运必须实行集约化经营、员工化管理、标准化服务、公司化运作。二是创新城乡客运组织模式。对县（市）城区至周边乡（镇）的线路，有条件的应优先选用公交车型，实行公交化运营。对乡（镇）到乡（镇）、乡（镇）至行政村的线路，因地制宜实现多样化的运营模式。并加快盐城大市区BRT及常规公交线路的新辟和改造，推进大市区内农村客运班线公交化运营模式的改造。

城乡物流方面：一是拓展延伸物流服务。鼓励龙头物流企业延伸产业链条，逐步向仓储、货代、联运、快递企业的功能整合和服务延伸。鼓励物流企业通过多种形式进行资产重组，向大型化、专业化物流方向发展，逐步形成与工商企业紧密配套的专业化物流服务体系。加快推进现有具备一定规模的物流企业与生产、商贸型企业及电子商务企业等的资源整合和互动发展，强化现代专业物流和第三方物流发展。加强农村物流与邮政企业、快递企业等的有效结合，向快递物流和专业配送物流发展。二是发挥先进运输方式的作用。大力发展多式联运、甩挂运输等现代运输组织方式，建立安全、高效、环保的运输系统。加强运输与物流服务的融合，加快公共物流信息平台的建设，为物流一体化运作与管理提供条件。三是探索城乡物流对接的新模式。注重城市物流和农村物流的有机衔接，构建以集约型城乡物流服务网、便利型城乡商贸物流服务网、快捷型城乡物流快运网为主的“三网一体”的城乡物流双向体系，依托城市物流，发展农村物流，实行城乡一体化发展。

（五）切实加强城乡交通一体化考核与管理。

1.加强城乡客运、物流质量信誉考核。要加强城乡客运、物流服务质量考核，定期组织服务质量群众满意度测评，构建监督考核结果与政府财政补贴补偿进行必要和适度的关联机制，将考评结果与资金补贴等扶持政策挂钩，促进企业强化内部规范化管理，不断提升安全营运水平，提高营运效率，拓展服务范围，提高服务水平和服务质量。

2.加快城乡客运、物流技术创新。一是城乡客运要加大科技投入，积极推广智能化调度，提高运营服务水平。强化智能交通系统应用，建立城乡客运服务信息监控系统，完善应急反应机制，发挥科技手段在经营行为监管和行业经济运行分析等方面的作用。大力推广新能源、新技术车型在城乡客运的应用。二是城乡物流技术创新当务之急是要强化综合物流信息平台建设，将城乡物流信息系统建设纳入到区域信息系统建设中，使农业工作者通过网络，足不出户就可以了解诸如农产品期货价格、市场供求信息、最新农业科技、气象资料等，并能够进行网上交易和各种咨询。还要求批发市场、超市、农业集团公司等物流运作主体参与到信息系统建设中，先建立适合自身运作的物流信息系统，再逐步与外界进行联网，最终形成覆盖整个区域的综合物流信息平台系统。

3.确保城乡客运、物流安全发展。坚持“安全第一、预防为主、综合治理”的方针，严格落实各项安全管理规定，强化运输经营企业安全生产主体责任，督促运输企业建立健全各项制度，加强从业人员的培训教育，切实提高安全意识和管理水平。

（作者单位：盐城市运输管理处。2014 年 7 月，此文发表于《江苏省交通政工和教育工作论文选》）

盐城地方海事信息化建设之思考

陈正华

海事系统信息化始于上个世纪 90 年代末期，经过 10 多年的建设，特别是随着水运事业和港口经济的蓬勃发展以及各地对航运安全和环保认识的不断提高，海事事业的发展越来越离不开信息化建设。然而，不可否认的是，随着应用系统越建越多，系统之间的信息孤岛现象、信息管理部门的地位和作用等一系列问题也随之而产生。如何利用现代科学技术建立合理的信息化建设规划和管理机制，从而通过信息化带动海事管理的现代化，全面提高海事监管能力和服务水平成为信息化发展过程中的重要问题。

一、主要特点

海事管理的对象涉及人、船、货三个主要的方面，其中，船舶作为交通的主要载体之一，流动性是其主要特点，同时还要涉及不同的管理对象之间的信息沟通，基于上述情况，海事信息化有如下特点：

一是数据共享性要求高。海事的管理对象在各港口的流动性比较大，因此涉及数据在各局之间的流动，表现为信息交互频繁、传输量较大。同时，各业务之间的紧密联系也要求各业务子系统之间数据共享程度较高。

二是分布式应用需求显著。海事管理涉及的机构、部门较多，管理分层，各个单位有自己的职责范围和管理需求，与此相适应，系统必须采用分布式架构，因此分布式应用和分布式数据库是海事信息化建设的重要特点。

三是应用需求变化较大。由于不同层次的管理人员对应用的需求不同，同时，随着应用认识的提升会不断对系统提出更高的要求，因此要求系统更容易配置、流程可重构，并且根据现代海事监管需求，满足移动办公和无线接入的需要。

二、建设现状

2013 年以来，盐城市地方海事局以科技创新和信息化建设为支撑，完成装备信息化建设规划预定建设任务，装备信息化管理水平和工作效能明显提高。

一是加大装备信息化建设力度。大丰市内河

搜救中心已经竣工;建成全省首艘综合打捞船“盐救捞1号”、二类船员实操考试船“苏海考1号”,开创了全省先河;8艘执法趸船投入使用;为多位验船师配备了远红外测距仪等先进的船检专用仪器或工具;完成了船员实操考试模拟器视景数据采集、设备的组装和调试工作;做好水源保护区视频监控系统维护保障;完成6道渡口的视频监控系统建设工作。

二是办公系统信息化取得进步。视频会议系统运行良好;将我局到省局的专线由原有的2M数字电路升级为6M,新增3条到海事处所的专线,对局机关网络进行重新布置,所有楼层交换机全部更新为 H3C高性能可管理式交换机,部署无线网络,部署局域网管理软件和内外网防火墙,减少网络故障并确保网络发生故障后能够尽快排除。

三是推行行政权力网上运行。严格按照行政权力网上运行系统时间节点要求,认真做好数据库数据录入工作;严格按照海事执法业务流程办事,保持网上流程与实际审批流程一致,确保行政权力实现网上阳光运行。

三、存在问题

信息化建设在取得成绩同时,也出现了一些需要关注和解决的问题:

一是信息化体制问题。海事系统的信息化机构设置是海事信息化建设的关键问题之一。盐城市地方海事系统虽然先后成立了信息化管理部门,但是由于人员编制等问题的限制,使各地的人员配备和分布不尽相同,信息化工作人员难以形成管理合力。

二是信息化标准问题。海事系统的信息化建设标准问题也对海事信息化的发展产生了一定的影响。根据业务的连贯性需求和应用的需要,海事系统内部各部门标准不一、各行其事。

三是信息化模式问题。信息化本身是一个系统工程,因此它会涉及海事各个部门,涉及海事监管和服务的变化,特别是与海事各应用系统的开发和管理模式密切相关。现有的海事部门各应用系统的建设大多采用外包的形式,由于专业公司人员对业务模式的了解存在一定的欠缺,使系统的适应性有一定局限,而且专业公司人员流动性比较大,从而导致信息系统的更新和维护面临一定的困难。比如无线网卡信号有时不好,现场签证时间长、效率低。

四、对策建议

针对信息化建设存在的问题,盐城地方海事信息化建设要做好以下几方面工作:

一是加强信息化建设。举办全系统信息化专兼职人员培训班,提高信息化操作维护能力,激发从业人员智慧;按照规划继续建设渡口视频监控系统,做好已建成的视频监控系统的日常使用和维护工作。

二是提高监管科技含量。采取信息化手段,推广、规范使用执法记录仪,增强对海事一线执法以及船舶检验的管控,提高一线人员的执法效能。指导各县处完善基层海事站所的信息化基础建设,提高一线执法部门信息化保障能力;研究制定市、县联动的信息化维护机制,重点加大县级地方海事部门的信息化排障能力,寻找快速解决信息化故障的新办法。

三是提升维护应用能力。继续规范信息化管理的各项规章制度,增强海事现场执法的后台化管理,提升信息化运行维护管理水平。进一步扩大信息化在海事船检各项工作中的应用,提高科技装备信息化、智能化水平,提升现场监管能力。

四是减少推倭扯皮现象。提请上级主管部门培养自己的开发队伍,同时加强顶层设计,将海事内部各部门信息资源兼容,减少推倭扯皮现象;将海事信息资源与政府、部门、社会共享,形成执法查纠合力,逐步解决信息“孤岛”问题。

(作者单位:盐城市地方海事局　2014年4月)

盐城“法治海事”的现状和目标及建设途径

赵树海

党的十八届四中全做出了全面推进依法治国，建设社会主义法治国家的重大决策，全会通过的《中共中央关于全面推进依法治国若干重大问题的决定》中提出，行政机关要坚持法定职责必须为、法无授权不可为。这一重大决策，将促进海事部门在法律手段、法治思维、法治方式方面深化改革，加快法治海事建设，打造人民满意海事。盐城作为江苏省乃至全国水运大市，如何运用法治思维，做到“法律授权必须为”“法无授权不可为”，推动盐城地方海事转型发展，树立行业执法为民的良好形象是摆在盐城市地方海事人面前的迫切课题，笔者经过调查研究，就盐城“法治海事”的现状、目标及建设途径作一些探讨。

一、盐城“法治海事”建设的现状和成效

盐城境内湖荡连片、港议密布，境内共有4342公里通航水域、287条通航河流，拥有船舶1.2万艘，船员3万名（其中高等级船员25000名），全市有68家造船厂、176家航运公司。全系统拥有执法船艇63艘、执法车23辆，共有在编执法人员211名，辅助执法人员155人。通过加强依法行政领导等措施，盐城“法治海事”建设已呈现“四化”。

（一）宣传教育培训常态化。运用多种方式和途径，扩大普法宣传覆盖面。强化普法工作保障，形成普法联络员、专职法制信息员、宣传报道联系人互动交流机制；借助网络、媒体等宣传平台，扩大普法宣传覆盖面和影响力，在局门户网站上及时更新海事船检法律法规、政策规定，在网站、报刊发表及时法制信息；协同电视台，拍摄专题短片，展示我局一线执法人员服务为民的好形象；开展现场说法活动，市局领导、法制人员同到一线与执法人员一起上船头，结合现场查处的案例开展现场说法，向船民说清海事法规、规定和船舶安全航行和水源区保护的重要性。强化普法教育培训，抓好领导干部学法活动，编制学法材料，组织中心组学习《航道法》，提高领导干部依法决策、依法行政的能力；加强对各县处法制骨干和执法培训师资力量的培养，利用文书会审的契机，与文书骨干交流文书制作规范和执法知识，提高文书骨干法制水平；开展专题法制讲座活动。组织《安全生产法》专题讲座，组织新《行政诉讼法》专题讲座，邀请资深律师为市局和直属处全体人员、其他各县、市处领班班子成员解读新法和十八届四中全会依法治国精神，增强其依法行政意识。

（二）行政执法行为规范化。开展水上交通联合执法行动，重点对涉水企业、港区码头和重点干线航道船舶进行法规宣传、执法检查、执法服务和执法回访，探索执法新模式；编写海事船检执法典型案例，通过案例分析研究，达到优化、改进海事行政执法行为的目的；开展诚信行政执法单位创建活动，出台创建活动实施方案，对创建工作提出具体意见，还根据创建要求，分阶段检查了解工作开展情况，亭湖、盐都直属处创建工作顺利通过验收；取消和免征一批行政事业性收费，对小微企业100总吨以下的内河船予以免征船舶港务费，并将该内容在各执法处所进行公示；对辖区内约和家小微企业和符合免征条件的船舶1091艘进行登记，做好文件的执行工作；政务公开，优化行政审批服务，编制行政服务大厅海事窗口服务指南，将执法主体、执法种类、依据、材料目录、办理程序、期限和收费标准、咨询电话等公示；继续推进省、市、县行政权力三级联网工作，编制市地方海事局责任清单，梳理部门职责、职责边界、权利事项、权力运行流程图、事中事后监管等内容；海事服务

窗口认真执行政务中心的各项规章制度，严格按照海事执法业务流程实施行政服务。

（三）行政执法监督制度化。开展行政执法督查和明查暗访活动，开展春运期间等重点时段执法督查，重点对各县处规范执法、执法公示情况进行执法督查，对渡口、渡船开展安全督查；对全系统基层执法点依法行政及行风建设情况进行督查，并对督查情况进行通报；对全系统各执法站点开展明查暗访，检查执法站点规范执法等情况。

（四）重点问题治理专项化。把严格执法推进年活动的开展，作为加强法治建设、严格依法行政、提高服务质量、锤炼队伍素质的载体，贯穿于全年工作之中。配备完善一线海事执法记录仪1台，规范使用管理要求，在执法勤务站点、办公场所增设视频监控系统。开展行政执法交叉巡视检查，在有效遏制船舶违章现象的同时，继续压减海事行政处罚案件总量，提高一般程序处罚案件比例；推进基层海事执法机构改革，加强现场执法力量；加强重点问题专项治理，继续巩固“三项整治”活动成果，同时，开展船舶配员专项整治活动，根据部海事局颁布的船舶配员新标准，集中治理我市辖区船舶配员不规范问题；开展危化品运输船舶专项整治活动，消除危化品运输安全隐患；开展船舶证书文书专项整治，严厉取缔“三无”船舶，进一步规范水上交通管理。适时组织船舶标志标识、船舶超载、船队超长拖带和“打非治违”“六打六治”等专项整治活动，做到组织有力、目标明确、任务具体、措施扎实，有效整改了一批水上交通安全隐患，取得了较好的整治效果。

全市水上辖区未发生重特大水上交通事故和因管理不到位而造成的8小时以上航道严重堵塞事故，未发生船舶严重污染水体事故，未出现行政复议或诉讼案件，未发生“三乱”行为，以规范执法、创先争优的实际行动展示了良好风采。

二、盐城“法治海事”建设的挑战和问题

海事船检机构作为经济类执法部门，新常态下将面临新形势、新桃战、新问题和新的特征。

（一）依法治国的新要求，给海事船检依法行政带来新压力。过去执法部门存在的执法不规范、只罚款不纠正、选择性执法等现象一般都作为行风问题对待，但对照依法治国的要求，这类问题就不仅是违纪违规问题，而可能被列为行政不作为、乱作为、失职渎职等违法甚至犯罪问题。尤其是盐城地方海事船检编制偏少、人员数量不足、专业验船师短缺、队伍年龄老化、法治意识不够强、执法水平不够高、执法威慑力不够、执法软弱和薄弱的矛盾短期内难以解决，使得海事部门面临着较大的廉政风险和舆论压力。

（二）水运市场的新调整，给地方海事行政执法带来新挑战。新常态下，内河水运结构从增量扩能为主转向调整存量、做优增量并举的深度调整，航运公司管理水平参差不齐、船舶种类千差万别、船员素质良莠不齐、水运环境更加复杂。特别是盐城是水运大市，船舶、船员、乡镇渡口、乡镇船舶数量及航道里程均居全省首位，安全隐患较多；近年来水运业步入低潮，船舶超载运输或带病冒险航行等违法行为的内在动力较强；越来越多的水上游乐项目催生了众多的水上旅游船艇，有的游艇无证无照，给地方海事的安全监管执法提出了新的课题。此外，船舶日趋大型化与航道条件短时期内难以显著改善的矛盾仍在加剧，超限船舶越来越多，维护航道安全畅通的压力也将进一步加大，再加之，水上交通事故调查处理取证难、说服力不强，证据不足，水上交通安全管理的形势更加严峻。去年，连申线建成通航，盐城水运实现了“通江达海”目标，进出盐城的船舶数量、吨位将不断增加，需转入低等级航道的大吨位船舶也会越来越多，危化品船舶碰撞、搁浅造成水体污染的机率加大，还有大量的船员生活垃圾和污水可能直接入水，相关防船舶污染设施未全部配备到位，小船还没有提到议事日程，对照新环保法和社会各界的越来越高要求，防治船舶污染压力更大。

（三）管理机制的新模式，给地方海事船检发展带来新变革。过去海事船检的发展模式强调基础建设，在资金管理模式上主要是自收自支、按比例定支。近年来，上级部门在预算管理上作了较大改革，但没有从根本上改变“以收定支”的传统格局。新《预算法》颁布实施，要求事权与支出相匹配以及预算支出实施项目管理和绩效管理。今年，财政在预算管理上有两个变化，一是除基本支出外，其他支出根据事权按专项管理，二是船舶港务费由过去的政府基金、专款专用，改为一般性预算收入。新的变化不仅仅是给经费管理带来不适应，更主要的是发展的模式、理念要进行重大革新。海事船检系统干部职工要有强烈的履职意识，各级领导要有精细化管理的制度意识，积极适应预算改革新要求，努力保障我市海事船检科学发展和可持续发展。长期以来，海事船检工作中存在这样那样的困难和问题，总的来看，主要是体制机制等结构性矛盾，传统监管方式和模式难以为继，基层单位干部职工改革愿望比较强烈，各级海事船检机构都作了积极的探索。目前，又面临取消船舶签证和进一步压减行政许可事项等新情况，改革具有很强的迫切性。这就需要地方海事部门一方面要在已有的基础上继续推进执法监管模式的转变，另一方面要抓住机遇，在交通运输综合执法改革中积极发挥海事船检机构专业执法部门的优势。

三、盐城“法治海事”建设的目标和途径

根据盐城地方海事的现状，结合盐城“法治海事”建设面临的压力和问题，必须运用法治思维和方式应对新挑战，加快实现维护公共安全秩序，促进航运发展，构建和谐社会的法治海事建设目标。那法治海事建设的途径是什么？主要是以下几条。

（一）深化法治理念，依法行使职权。法治思维强调法律底线不能越不能碰，凡事必须在既定的程序及法定权限内运行，树立法律至上的理念。依法行政的核心在于严格按照法定的权限和程序行使行政管理职权，关键在于做到职权法定、有效监督和高效便民。海事部门应明确“执法者”身份，做到“法有授权必须为，法无授权不可为”。要转变传统思维，要有所为有所不为。对海事而言，消极的行政行为，如行政处罚、行政强制，应是法无明文不可为；而积极的行政行为，如行政服务、行政指导只要法律不禁止即可为。海事要在优化公共服务能力、维护航运市场秩序、推动经济社会可持续发展方面“有所为”，要在行政审批、直接管理、微观管理等方面“有所不为”。在“有所为”方面，要积极行动，在依法行政基础上，扩展服务领域，提高服务能力水平。

（二）规范执法行为，完善监督机制。执法规范化是“三化”建设的基本要求，也是法治海事建设的核心。基层海事部门要贯彻落实海事行政处罚裁量基准等相关规定，完善海事执法业务流程，有效规范海事行政执法行为。要大力推进电子政务和政务公开，通过申请、受理、办理和办结的全程公开打造“阳光海事”。要结合行政审批制度改革，创新监管模式，完善监管体系，保障水上交通安全。要进一步强化以海事行政执法督察、案卷评查、执法评议和责任追究为主要形式的行政执法监督，加大对重要岗位和重点工作的监督检查，强化对整改情况的再监督，确定执法监督的结果与评价等级。认真落实行政问责制，明确首问负责制、被诉倒查制和责任追究制等工作要求和措施，打造纪律队伍，防止行政权力失控和行为失范。

（三）围绕航运市场，更好发挥作用。地方海事船检更好作用要围绕让航运市场又好又快发展来发挥。具体说，地方海事船检主要是发挥监管作用、服务作用、安全保障作用、纠偏作用、维护公平竞争作用。在实践中，要坚持只要不涉及重大公共安全即可放，只要不涉及重大公共利益即可放，只要不影响违背最广大行政相对人的根本利益即可放的原则，重点做好行政加减法，即：审批做减法，监管做加法；静态做减法，动态做加法；管理做减法，服务做加法；事前做减法，事中事后做加法。

（四）依靠法治思维，推动管理创新。法治海事建设过程中，需要依靠法治思维、法治方式，推动海事创新，科学分析、积极应对和有效破解各种新情况新问题。要按照“三化”建设要求，积极推动管理创新，推进行政方式“节约化”，行政执法“现场化”，安全监管“信息化”。海事监管实现五个转变：监管导向从依法和依规范性文件并重向依法监管转变；监管方法从静态许可向动态监督转变；监管方式从运动式专项整治向严格执法新常态转变；执法手段从刚性向刚柔相济转变；管理方式从管理向治理转变。要强化政府部门和社会力量参与、协商的多元共同管理的过程，将海事治理体系和治理能力现代化作为海事治理建设目标，实现效率、效果、效益的最大化和有机统一。要采用联席会议模式，积极使用制度、机制、协商、协议、承诺等“软行政”方式开展治理。同时，还要与有关部门实现“信息互通、执法互动”，开展综合治理。（作者单位：盐城市地方海事局　2015年10月）

新常态下公路机关党建工作的探索与思考

伏道翔

机关党建是党的建设的重要组成部分，在党建体系中处于龙头地位，机关党建在推动机关行使服务职能、转变机关工作作风、提升机关党员干部综合素质、密切党群干群关系等方面发挥着基础性和主导性作用，更直接关系到各项政策的执行落实和公路事业的发展进程。

1. 创新机关党建工作的实践探索

党的十八大以以来，盐城公路机关党建工作主动适应新常态，努力抓好党建工作机制、工作方式、活动载体、考评机制等四个方面的创新，形成了推动党建工作的一整套科学系统、行之有效的办法。

以创新工作机制为切入点，强化党建工作推力。不断建立健全机关党建工作体制和运行机制，加强和改进机关党建工作。通过建立责任机制、建立民主评议机制、建立长效机制等措施加强机关党建制度建设。

以创新工作方式为关键点，提升党建工作效力。坚持把忠实履行工作职能，高标准完成各项工作任务作为机关党建工作的出发点和落脚点，以党建工作推进各项工作。一是以抓党委中心组理论学习为基础，着力打造学习型党组织，二是“李冰工作室”“秦长国劳模工作室”等典型引领，着力打造特色工作品牌，三是以“清风公路”为核心着力打造廉洁型机关。

以创新活动载体为结合点，增添党建工作活力。为使机关党建工作明确基准点、选准切入点、把握着力点、创造闪光点，激发活力之源，通过开展多项活动，全面推进机关党建工作。一是着力营造机关党建工作氛围。二是认真开展“交通服务之星”创建活动。以创建学习型、创新型、服务型、效能型、节约型、廉洁型和人民群众满意机关为目标，不断增强党员干部的综合素质。三是扎实开展“情暖万家，结对共建”活动。四是全系统及重点工程大力开展创先争优劳动竞赛活动。

以创新考评机制为着力点，增强党建工作威力。着眼于调动各方面积极性，促进工作落实和机关整体发展、全面建设，不断创新和完善考评机制，努力打造和谐有为机关。一是细化年度绩效考核指标，科学设置考核体系。二是搭建党建工作平台。三是注重运用考评结果。

机关党的建设不断加强，党员干部素质不断提高，机关作风不断改进，机关执行力和效能不断增强，在服务大局中发挥了重要作用。

2. 在机关党建中应注意的几个问题

新常态下，随着公路运行机制改革的深入，公路机关党建工作要立足自身,围绕中心工作,结合工作职能,充分发现、把握和注意自身存在的主要问题,进而形成新认识,确定新目标,采取新举措,取得新成效。

注意与基层职工的感情问题。群众工作是我们党的政治优势,群众路线是我们党的“传家宝”。做好群众工作,不仅是广大党员干部的主观需要,更是工作要求。党的领导同志反复强调要坚持思想上尊重群众、感情上贴近群众、工作上依靠群众。切实做好新形势下的群众工作,首要的是解决好感情问题,只有在感情上与群众融为一体、打成一片,才会真正站在人民群众利益的基点上想问题、作决策、办事情。今年初,省市公路主要领导,在全省(市)范围内开展走访慰问公路系统特别困难职工活动,就是把“增感情”放在突出位置。对群众有了感情,干工作才有激情。感情不是说有就有,要借鉴和扩大关爱职工具体活动成果,通过完善各种机制、创造条件让机关党员干部经常走进基层、深入到群众中去,接触群众,了解民情,增进感情。

落实政策与实践紧密联系问题。政策的真正目的是为最大多数群众的利益服务的。落实政策也是宣传政策过程,政策能否落实下去,直接决定是不是、能不能维护人民的利益。政策落实过程中,要准确把握政策精神,全面理解政策实质,认真研究执行中出现的情况,并及时向政策制定机关如实反映,为上级调整政策作参考,为科学制定政策打基础,增强政策的针对性、实用性、可操作性。

政策落实的问题。落实是决策的生命,只有狠抓落实,才能推动工作、取得实效、促进发展。机关各项建设,要围绕中心任务,把狠抓落实作为根本要求。

工作创造性问题。创造性地开展工作,是我们党一贯坚持的一种有效工作方法。新常态下,需要我们发扬成绩,借鉴和发扬传统的经验、方法开展工作;又要求我们与时俱进,善于运用创新的手段做好工作,进一步创造性地开展工作,要更加主动地开拓创新,出谋划策,大胆实践,增强推动发展、服务协调的作用。

谋事前瞻性问题。机关干部“谋事”能力的强弱,在一定意义上决定着机关的工作质量和服务办事水平,反映着机关的整体建设水平。公路机关各部门要充分发挥“智囊”作用,认识研究思考新常态下新情况,积极主动谋事,大胆建言献策,服务全行业又好又快发展。

3. 进一步创新机关党建工作的几点想法

进一步创新思想观念,提升创造力。要大胆树立主题党建、开放党建、和谐党建、效益党建、快乐党建等理念,创新党建工作内容和方式,把公路机关党建工作放到经济社会科学发展的大环境中去研究,放到机关工作大局中去定位,从当前和长远的角度去思考,不断丰富其内涵,拓宽其外延,激发其活力,赋予机关党建雄厚的群众基础,拓展机关党建工作新领域。

进一步创新队伍建设,提升执行力。党员是开展党建活动的主体,抓好机关党建的落脚点是抓好党员干部队伍建设,目标是着力提高党员干部队伍素质、提高机关效能效率,根本举措是加强党员干部队伍学习教育,关键是要进一步创新抓学习教育的思路。一是要围绕统一党员干部思想抓学习教育。二是要围绕促进机关和谐稳定抓学习教育。三是要围绕提高党员干部理论业务水平抓学习教育。四是围绕争创一流业绩抓学习教育。五是围绕取得实际成效抓学习教育。六是围绕加强廉政建设抓学习教育。

进一步创新支部建设,提升战斗力。党支部是党员的直接管理者和各项活动的组织者,是机关党组织的基础。要通过创新党支部建设,丰富支部建设内容和方式,促进机关党建落到实处。一是落实“三会一课”制度。定期召开支部党员大会、支部委员会、党小组会,按时上好党课。二是建立和落实学习制度。定期组织开展政治理论和业务知识集中学习,建立学习考勤、交流和主题发言制度。三是建立工作安排和回顾制度。四是定期召开组织生活会。五是组织开展党员民主评议活动。六是开展与党员交心谈心活动。七是开展主题实践活动。八是开展争先创优活动。

进一步创新阵地建设,提升凝聚力。阵地是党员活动的基地,要打好这个基础。进一步创新阵地建设的内容，要切实在拓展党员发挥先进性作用的空间上做文章。一是学习阵地要有新面貌。二是教育实践阵地要有新平台。三是宣传阵地要有新载体。

进一步创新工作机制,提升保障力。工作机制创新,是抓好机关党建工作的保障。一是完善机关党建责任制。二是建立多维激励机制。三是创新示范带动模式。四是强化党建工作目标责任管理机制。五是创新督查机制。将定期督查与不定期督查、抽样督查与全面督查、专项督查与重点督查结合起来，强化督查力度，提高党建工作实效。

(作者单位:盐城市公路管理处　2015 年 10 月)

交通运输“非现场执法”法律问题研究

薛　锋

一、非现场执法的概念

非现场执法最早是在 1997 年时由深圳市公安交通管理局首先开发出“闯红灯自动拍照仪”并使用。在深圳取得实践成功经验后,全国各地纷纷前来参观、学习,之后公安部对此专门发文在各主要城市推广，非现场执法在短时间内迅速确立了在道路交通执法工作中的重要地位。时至今日,全国绝大多数城市都已设立了这项技术。

从执法模式来看，传统的交通管理执法模式为执法人员在道路上发现交通违法行为时，应当予以纠正,并责令当事人改正或者限期改正。对应当给予处罚的,再根据有关规定做出处罚决定,这里首先是执法人员要在现场主动发现交通违法行为并直接与违法行为人接触,再依程序做出处理,按此程序规定只可能从现场做起,否则谈不上“予以纠正”,其次是整个过程必须依靠执法人员来完成。而新型执法模式与传统执法模式的最大区别在于违法一旦发生即可以形成视听资料记录在案，行为人并不是在违法现场马上得知自己已被记录，而是在经视听资料经审查无误成为行政处罚证据后才按程序接受调查并接受处罚;此外,从证据的特点来看,视听资料的突出特点是能形象、生动、直观地反映案件事实,这是其他证据无可代替、比拟的,但视听资料保存依赖于一定的载体,如果仪器设备发生故障，或者有人对视听资料进行拼接、剪辑或伪造,视听资料就会出现失真或虚假。因此对视听资料应认真审查,方可用做定案的依据。这就决定了这个审查过程不可能在违法现场完成。据此,可初步归纳定义为:道路交通管理非现场执法模式;是指利用摄录器材、设备等方式收集视听资料，对道路交通违法行为实施记录并依法处罚的一种新型执法模式。

非现场执法模式特点:1.取证手段多样性,收集方式是利用科技监控设备、摄(录)像器材、经查证属实的群众举报资料等多种方式;2.确认违法行为的主要证据为视听资料，当审查确认后成为行政处罚证据时,按证据分类属于物证、原始证据、直接证据、本证,具有客观准确性、便利高效性的优点,能形象、生动、直观地反映违法事实,这是其他证据所无法代替、比拟的;3.违法行为在现场被制作记录成为视听资料，经审查成为证据后方通知当事人接受处理。

二、传统稽查模式的局限

在传统的稽查执法工作中，通常是执法人员

先发现涉嫌违法行为，接着进行系列的调查取证工作，最后告知涉嫌违法行为当事人在规定的时间内到指定地点去接受进一步的调查处理。在这个过程中，执法人员首先是要在现场，且主动发现违法行为并直接与违法当事人接触，再按照规定程序对整个违法行为作出处理。所以，整个过程只能从现场做起，其次是整个过程必须依靠执法人员来完成。因此，经常会出现这样的结果：执法人员的工作责任心越强，查处违法的数量就越多；由于执法人员的执法能力和水平不同，使执法产生的效果也不同。另外，现场执法具有即时性，不能再现事件的整个本来面貌，在一定程度上影响了执法人员正确使用执法权，将可能出现管控不力的隐患。

三、非现场执法的特点和作用

非现场执法不同于现场执法，执法人员一般不必出现在违法现场，而是通过利用较先进的技术设备（包括监控探头、执法记录仪、摄像机等电子设备）记录当事人的违法行为，并以记录结果为主要证据来对当事人依法进行处罚的一种方式。与传统的现场执法相比，非现场执法有以下几方面特点：一是查处违法行为通过一定的技术手段来进行，不受地点、时间和天气的限制，既解放了执法力量又提高了监管效率；二是监管范围广，非现场执法不受地理位置的影响，即使在没有执法人员执勤的地方，仍可实现远程实时监控，管理的死角和盲区得以有效消除；三是工作时间长，监控设备在不出现故障的前提下，基本可以实现全天候覆盖；四是查处的效率高，在利用得当的前提下，监控设备能够发现的违法行为将远远多于现场执法；五是违法证据可再现，非现场执法是以电子设备获得的视听资料作为行政处罚的主要证据，这些证据能形象、直观地反映整个违法事实，这是其他证据所无法比拟替代的；六是“查”“处”分离，执法人员不直接与当事人接触，一定程度上避免了执法不公、随意性大等问题。

四、非现场执法在运管稽查工作中的现状

目前运管部门正在逐步推进开展的非现场执法模式，将有效地改变我们现有的执法模式，更会在很大程度上改善我们目前面临的工作任务重，执法人员少的局面。

但是运管的大量一线执法工作，同交警等较为成熟运用非现场执法方式的执法单位相比，有其不同性和特殊性。简言之，就是运管日常的大量执法案件在执法主体（运管）和执法对象之外，还需要有第三方，也就是乘客的相应证言证词，才能合法合规的完成整个执法程序。从这个层面上来看，我们目前能够直接利用非现场的视听资料来作为定案依据的案件类型还是较为狭窄的，主要集中在“客运班车不按批准的客运站点停靠”和“班车客运经营者站外揽客”等一些显性违章案由的查处处理上。

对于运管现在面对的诸如“黑车”非法营运等执法重点和难点，单靠非现场执法所提供的视听证据，还不能予以有效的处理。这就需要我们在日常执法中积极探索实践，努力构建“运管式”执法机制，即实现现场与非现场的无缝链接。具体来说，就是以信息化监控设备为执法导向，以一线执法人员为执法主干，对包括场站在内等重点区域的违法违规营运行为做到第一时间发现，第一时间出动，第一时间查处，真正让我们的一线稽查能够达到有的放矢，精确打击，提升执法成效，提高执法形象。要实现这一“运管式”执法模式，要努力在以下三方面有所提升突破：

第一，要持续加大视频监控设备的部署密度。目前运管部门的信息化设备特别是在重要路段的监控探头覆盖率较低。在这种前提下，一方面应积极主动同公安（交警）及城管等执法部门沟通联系，争取得到横向部门的协助支持，利用他们的信息平台，为运管的日常执法助力，提升运管的非现场监管成效。另一方面，运管更应着手积极完善自

己的监控平台，强化信息化监管，在城区各重要地段设立探头监控并逐步增加覆盖率，实现对车站、商场等人流和车流密集地段的实时非现场管控。

第二，要积极调整执法人员勤务机制。现在的道路运输市场在不断发展，我们的执法环境也在不断变化，各类违法违规营运行为发生的地段、时间都有所改变。对此，我们要以推进非现场执法工作为契机，按照全覆盖。责任化、动态化、信息化的原则，不断完善我们的勤务机制和应急模式，通过全天候的非现场监管获取各类信息，针对各类违法违规营运现象，做到第一时间发现，第一时间出动，第一时间查处，确保有能力应对各类应急任务。

第三，要不断转变稽查执法思路。一线执法应逐步向有的放矢，精确打击转变。主要是指将原有的路面巡查或者蹲点布控等执法模式适当转变，应更多地重视群众举报和舆论曝光，将一些涉嫌经常性存在非法营运、社会影响较为恶劣的路段区域和违法车辆作为稽查关注重点，将我们有限的执法力量更多地放在这方面。针对这些地段和车辆，通过积极的非现场监控手段，帮助执法人员及时获取信息、锁定证据，从而进行有效冲击和查处，打击非法营运势头，改善道路运输市场的环境，同时更会在社会上形成良好的舆论氛围，提升交通运管的社会形象和认同度。

五、非现场执法方式的法律依据

作为执法机关，应该严格依法行政，我们交通部门欲利用非现场执法治理交通运输违法行为还需要有相关法律法规作为执法依据。现行的交通法律法规中直接或者间接涉及非现场执法的主要有：《行政诉讼法》和《交通行政处罚程序规定》中：“证据包括七类，即书证、物证、视听资料、证人证言、当事人的陈述、鉴定结论、勘验笔录和现场笔录。”在《中华人民共和国公路法》第四十三条“各级地方人民政府应当采取措施，加强对公路的保护。县级以上地方人民政府交通主管部门应当认真履行职责，依法做好公路保护工作，并努力采用科学的管理方法和先进的技术手段，提高公路管理水平，逐步完善公路服务设施，保障公路的完好、安全和畅通。”

从上述法律、法规可以看出，已经确认了“视听资料”可以作为交通行政处罚的依据，这从根本上确定了非现场执法的可行性，非现场执法获取的证据视听资料的合法性得到了确认。在《中华人民共和国公路法》中也在鼓励交通运输主管部门采用科学的管理办法和先进的技术手段，虽然并没有明确采用何种方式，但利用现代科技手段的非现场执法方式显然也应属于上述先进的技术手段之列。

因此我们交通系统采用非现场执法方式来查处交通违法行为是有一定的法律依据，但是从已有的法律法规来看，相关立法是明显滞后于实际需要的，在面对当前错综复杂的执法环境时，这样粗线条的规定显然不足以很好地去指导执法工作。

六、对非现场执法中易出现问题的建议

公安机关自利用非现场执法至今，虽已形成一套比较行之可行的操作办法，但从法治角度来讲，还存在因为立法不完善所带来的种种问题，主要包括：因立法上的缺失使得非现场执法缺少合法依据，例如，对非现场执法取证后的处罚程序缺少详尽规定，从而存在一定的诉讼风险；因已有立法简单、粗糙使得非现场执法行为不够规范，例如公示、告知程序规定不完善使得执法行为不严谨；因为法律规范之间的相互矛盾，虽然带来一时的便捷，但存在一定的诉讼隐患。

上述公安机关遇到的这些问题都是我们交通执法机关在推行非现场执法过程中值得借鉴和引以为戒的。首先从目前交通部门已有的一些法律法规来看，并没有一个明确的授权我们执法机关采用非现场执法方式进行日常执法的法律条文，我们也仅能从一些已有的法律条文的只言片语中

推断出法律制定者对于利用现代高科技手段处理交通行政处罚案件持有支持态度。其次，即便是已有的只言片语也只是散见于各种法律法规中，缺乏一个针对非现场执法的系统的法律规范来指导、规范交通非现场执法。总之，从法律规定上讲，交通行政执法机关与公安机关所面临的问题比较相近，这也是短时间内促成交通部门非现场执法实现比较大的一个拦路虎。

针对目前运管部门正在逐步推进的非现场执法机制，结合其他横向执法部门在非现场执法过程中已经出现过的一些不足和问题，我们认为在接下来推进开展的非现场执法工作中应该对以下两个方面给予关注：

第一，要确保取证的合法性。在非现场执法过程中，行政执法机关处于绝对的优势地位。因此非现场执法点的设置更要注意做到事前公示，告知道路运输参与者。电子监控设备的设置应当遵循科学、规范、合理的原则，设置的地点应当有明确规范的标志标识，要确保非现场执法在公开、公正、公平的原则下进行，提高交通非现场执法的社会公信力。

第二，要确保告知的及时性。根据《行政处罚法》相应规定，行政机关在作出行政处罚决定之前，应当告知当事人作出处罚决定的事实、理由和依据，并告知当事人依法享有的权利。在非现场执法过程中，我们的一线执法人员要严格执行非现场执法的告知义务，要切实明确并有效落实一整套的告知制度，包括告知义务、告知期限、告知方式、告知内容等，其中的告知内容应当包含当事人的违法事实、应受到的处罚、处罚的法律依据以及享有的权利等。

近年来，交通运输行业一线执法与管理工作取得了一些进步，作为执法手段之一的非现场执法也开始逐步推进。随着道路运输市场的发展和执法环境的变化，传统的执法模式已不能很好地遏制违法营运行为多发的势头，特别是在执法力量不足的情况下，依靠科技手段的非现场执法模式将会发挥重大作用。但是，在具体应用非现场执法模式的过程中，我们应该更多地从交通执法机关实际出发，努力构建执法新机制，通过调整勤务机制，转变执法思路，让我们的非现场执法更加有针对性和实效性，最终实现现场与非现场的无缝链接，切实有效提升交通执法机关对道路运输市场的监管效能。（作者单位：大丰区交通运输局 2015 年 12 月）

治理通榆河 发展水运业

陈海峰

响水县地方海事处（响水县船舶检验处、响水县水上执法大队）成立于 1987 年 12 月，隶属于县交通运输局，副科级建制。负责除二类口岸开放水域以外本县辖区通航水域的水上交通安全监管和水上交通事故调查处理。目前，在编人员 7 人，辖区内共有十条航道，其中等外航道有七条，分别是：一帆河、唐响河、黄响河、响坎河、南潮河、民生河、陈坎河；等级以上航道有通榆河、中山河、灌河三条。辖区航道总里程 240 公里。

响水县地方海事处监管的重点是通榆河，通榆河南起南通九圩港，北达连云港赣榆，全长 415 公里，是江苏省东部沿海地区江水东引北调的水利、水运骨干河道，1991 年 10 月，按三级航道标准进行规划，2001 年全线建成通航。在盐城市境内长 202.5 公里，在响水县境内长 25.6 公里，南连中山河地垄，北至灌河，船舶日流量最大达 200 余艘次，年平均每天有 8 艘危险品运输船舶途经响水县。响水县内通榆河航道上有 8 座大桥，1 道船闸、

1道取水口、5道水利农用涵闸，通榆河北延输水工程有取水口1道。

近年来，随着周边地区经济的快速发展，水路运输在响水县经济发展中的地位显得越发重要，通航水域所面临的压力也越来越大。针对目前通榆河响水段水上交通安全现状，必须根据相关法规．规范强化监督管理，营造稳定的安全形势。笔者从以下几个方面进行分析探讨。

一、通榆河水上交通安全现状

（一）航道因素

1. 通榆河规划为三级航道，在响水县境内25.6公里，航道现状是四级维护，而响水船闸下游1.6公里河段仅达六级航道标准，不仅大吨位船舶超限航行严重，而且日益增加的危化品水上运输更加剧了水源保护的困难，成为制约我县内河水运经济发展及水上交通安全管理的重要因素。

2. 通榆河和淮河交界三角岛处，西侧航道已经不能通航，东侧航道时常有船舶搁浅，主要原因一是航道设计方面原因，二是受灌河潮汐冲刷，使航道受淤变浅，水上事故频发，每年有二、三十艘船舶发生搁浅险情，已发生2起危化品船舶搁浅事故，是制约和影响我县水运业发展的一大瓶颈。

3. 通榆河与中山河交界地笼处，距离生活用水取水口上游约21公里处，由于中山河闸长年向通榆河排水，泥沙浴淀，导致河床抬升，在通榆河水位下降的情况下，必然导致船舶搁浅，继而引发堵航事件；特别在堵航船舶中夹杂有危化品运输船舶，船舶间无序挤压极易引起碰撞、搁浅，危险品船舶一旦泄漏将致污染水体事件的发生，其后果将不堪该想。自2011年下半年以来，该河段已发生8起较大规模船舶搁浅堵航现象，2012年5月2日上午7时许，中山河地笼处再一次发生因船舶搁浅堵航；积聚近60余艘船舶，当天通榆河水深仅2.54米，远远不能满足三级航道3.2米的通航水深。

4. 众多涵闸农业用水．船闸航运用水、南水北调工程调水、自来水取水口用水等多种用水叠加，致使通榆河水量突然大量减少，低于常规水深，给水上交通安全管理、船舶通航安全、船舶防污染和水源保护带来严重影响。

（二）港口码头因素

通榆河沿线有27家码头、装卸点。有16家码头获得港口管理部门的审批认可，但均未通过通航安全评估，有的设置地点靠桥太近，不符合通航安全要求，有的靠近水源保护区，有的设置在船闸引航道内，尽管形成的原因各异，但对通航安全带来的影响都是相同的，尤其这些码头及装卸点普遍无船舶垃圾、废油回收等设施，且为无证船舶进行装卸货提供方便，超载行为更是屡屡发生，给安全监管带来极大的困难，有时多帮停靠，极易造成航道堵塞、水上交通事故、污染水体等事故发生。

（三）现有港池与取水口重叠

通榆河响水船闸及预留600米港池建成于2001年，而自来水取水口建在2004年，距离船闸太近，仅2800米左右。根据《江苏省航道管理条例》第33条规定：船闸上下游800米为引航道，由船闸负责管理。2008年3月22日起施行的《江苏省人民代表大会常务委员会关于加强饮用水源地保护的决定》对取水口的规定：非长江干流河道；上游5公里，下游2公里。通榆河原预留港池虽然建设时间在2001年，客观形成了原预留的近600米港池水源保护区重叠的事实，每天单向近60余艘次船舶候潮待闸，高峰期达128艘，给通榆河响水段饮用水源带来极大的安全隐患，船舶防污监管压力倍增。

（四）待闸区不堪重负

随着经济发展，船舶单船吨位越来越大，船闸通行效率明显下降，加之受灌河潮汐和通榆河下游低等级航道影响，原600米港池待闸区已远远不能满足船舶停泊需求，导致船舶积压在通榆河待闸区内，难免停泊在二级甚至一级水源保护区内，尤其是危险品运输船舶，根据《灌河水上交通安全监督管理暂行规定》:“载运危险品船舶进人灌河水域或者在灌河水域过境、停留,应当在进出灌河水域24小时前直接或通过代理人向海事管理机构办理申报手续，经海事管理机构批准后方可进入灌河水域”。危险品船舶进不了闸,占据了待闸区的泊位，大大增加了地方海事的监管工作难度。

(五)船舶服务区、锚地、停泊设施缺失

一是通榆河响水段25.6公里全程没有船舶服务区,船舶加油、加水、维修、垃圾处理客观上存在困难,船员合理要求难以得到保证。二是灌河上游(204国道灌河大桥以西约3公里)内河管辖境内,无码头、锚地及任何靠泊设施,原有的第一作业区码头因灌河风光带建设被拆除后，导致进出通榆河船闸下游的船舶没有一处停靠之地，灌河是潮汐河流,潮差达3—4米,流速大,所以乘潮上下的大量船舶都争先恐后涌入响水船闸下游引航道停泊,极易发生事故。危险品船舶夹杂其中更加剧了安全和水源保护风险。

二、治理通榆河水上交通建议

为策应沿海大开发,充分发挥水运资源优势,建立安全、通畅、便捷、高效的水运体系,使我县内河航运优势和规模效益得以体现并步人良性发展阶段,适应我县经济社会的发展要求,根据盐城市人民政府《关于加快水运发展的意见》的精神,结合我县通榆河通航安全和船舶防污的现状，迫切需要解决以下问题:

(一)疏浚航道提升等级。根据我县通榆河、中山河航道等级低下的现状，建议由政府争取改善航道等级的立项,争取政策和资金;疏竣响水县通榆河25.6公里全境，包括中山河地笼段以及响水船闸下游1.6公里航道,提升航道等级,使航道达到三级航道技术标准，同时改响水船闸下游目前护坡式驳岸为直立式岸坡,便于船舶停泊、航行以及泄洪，彻底改变目前三角岛东侧航道不畅的现状,使制约我县水运发展、影响通航安全. 水源保护的瓶颈因素得以彻底地解决。

(二)建立水资源调度信息平台,定期对通榆河进行疏浚。同时建立通榆河水资源统一调度管理信息平台制度，有序调度水资源并及时发布信息,使交通海事部门及时掌握水情,有效采取管控措施,保证通榆河航道安全畅通。

(三)建立船舶服务区。有效解决船舶积压船闸上游航道和船舶加油. 加水、修理等垃圾处置客观需求的问题,增强水运服务保障能力,有效防止水源保护区污染。

(四)强化锚地建设,改善停泊环境。建设灌河(内河管辖水域204国道大桥以西约3公里)锚地、浮筒等硬件设施的投人,以方便船员,保障安全。同时扩大现有通榆河县城段船舶待闸区（港池)的范围,降低安全隐患,促进船舶防污,有效保证饮用水源安全。

(五)论证上移取水口,解决县城取水口和船闸待闸区的位置重叠的矛盾，解决涉及民生的饮用水源保护的问题。建议取水口上移2公里,并请有关专家调研、论证。

(六)建立水源保护区电子监控、应急搜救设备库及船舶防污基础设施。建议有关部门加大环保投入,在水源保护区设立电子监控,加强水上交通安全、船舶防污和环保监管,建立通榆河沿线船舶垃圾回收设施;加大督查和处罚力度,提高危险品运输污染防治和水上应急搜救处置能力。(作者单位:响水县交通运输局　2014年12月)

浅谈盐城快速公交发展的实践和思考

王文法

快速公交(BRT)是吸取了轨道交通优点，并获得一定时空优先权和政策优先支持的一种新型城市公交系统，也被人形象地称之为地面上的地铁系统，起源于上世纪70年代的巴西，国内引入BRT的城市有杭州、郑州、大连等10多座较大城市，江苏最早建设BRT快速公交系统的是常州市。而盐城是传统意义上的后发达地区，城市公共交通基础设施比较落后，“建设BRT，让盐城市民享受到苏南城市居民同样的待遇，提高幸福指数”是市委市政府大力实施公交优先战略、加强民生工程建设的重要举措。开通近两年来，BRT的快速、高效、便捷功能迅速彰显，在服务地方经济建设、服务市民群众、推动城市发展等方面发挥了积极作用。现笔者就盐城BRT的运营情况和今后的发展谈几点肤浅的看法和建议。

一、盐城市区实施BRT建设的必要性

近几年来，盐城积极抢抓江苏沿海发展和长三角一体化发展两个国家战略机遇，大力实施城市化和城市现代化战略，城市功能不断增强，城市特色逐步彰显。截止2009年末，城市建成区面积达83平方公里，市区人口达66.3万人，但城市快速发展伴生的一些问题也日益凸显。

一是市区交通拥堵。截至2009年年末，市区道路总面积达1255万m^2，人均道路面积达18.93平方米，但道路资源在空间分配上不合理，新发展的城南、城西、城东片区和开发区入住人口少，但道路路网密布，道路宽阔；老城区人口众多，但道路较为狭窄，人均道路资源稀缺。经济发展带来市民出行需求增加，市区小型汽车保有量急速上涨达到23万辆，老城区交通拥堵现象日益严重。

二是公交发展滞后。盐城公交起步较晚，没有形成严格意义的公交体系，走的是城市公交线延伸进郊区的发展模式，2008年年底，市区共有公交线路32条，线路总长539公里，公交车292辆，折合300标台，加之市区公交停车场、回车场匮乏(仅有8个)，市区公交的现状远远不能满足社会的需求。

三是市民出行方式落后。受原来的公交发展状况限制，市民出行选择公交车的比例较低。2008年南京交通科学研究所对我市市民的出行方式进行了调查，以自主出行方式为主，其中行人、自行车、电动车出行比例超过85%，公交分担率仅为2.34%。

二、盐城BRT的发展概况

(一)工程建设情况。在论证BRT线路道路改造的时候，我市选择了道路宽度条件较好的解放路和已确定进行道路改造的开放大道作为BRT环线道路。在道路改造方案上，优化道路资源配置，在不实施大规模道路拆迁的情况下，保证了道路改造前原有社会车辆的路权，通过压缩道路绿化带等宽度，拓出了BRT专用车道。在开放大道BRT改造中还采用了中央岛式站台，实现乘客同台换乘，大大节省了道路空间。

(二)线路方案设置情况。在学习省内常州、广东广州、河南郑州、山东济南等城市BRT建设经验的基础上，认真研究谋划我市市区BRT的建设方案。经反复论证，最终确定“一主一环五支”的建设运营方案，即以黄海路、解放路、新都路、开放大道构成P字型BRT道路环线，经环线向外，分别辐射出开往火车站、沿海工业博览城等五条支线，P字型BRT道路环线覆盖了老市区主要客流密集区，并通过解放南路和开放大道两条南北向主干道，实现了老城区和城南新区的有效衔接。

(三)运营情况。解放路BRT一号(主)线于2010年2月10日试运行，2010年5月1日正式运行。开放大道改造完成后，BRT二号(环)线于

2011年1月30日试运行,2011年2月20日正式运行。截至2011年9月,市区"一主一环五支" BRT线路全面运行。

三、快速公交实施效果

(一)改善了城市公共交通面貌。BRT车辆目前是我市公交车中单车造价最高、性能最优、配置最全的车辆。同时,快速公交系统实行智能化控制,信号优先,自动报站,其运力和运行效率是常规公交的两倍。而且BRT末班车延长至晚上10时,间隔时间平均在5分钟左右,在换乘站还可免费换乘。一主一环五支全面开通后,运行能力达到每天10万人次,接近原常规公交所有线路全年的运量。

(二)改变了市民出行方式。市委、市政府决定从2010年5月1日至6月20日BRT实行试运行,乘客免费乘坐,51天共运送乘客近200万人次。BRT的准点、便捷、安全、舒适、经济等优越性能吸引了广大市民,成为市民出行的首选。6月21日到2010年底,共运送约668.2万人次。2011年BRT全年营运收入达1534万元,客运总量达1900万人次。2010年平均日客运量3.3万人次,国庆节达4.5万人次,圣诞节达6万人次。2011年平均日客运量5.2万人次,元月1日达7.1万人次,国庆节达8.3万人次,圣诞节达13.56万人次。经有关部门统计,2011年年底我市公交的出行分担率达8.11%,广大市民对BRT的认可大大超过了预期的效果。

(三)优化了城市公交线路布局。配合"一主一环五支"7条线路城市快速公交系统BRT的全面运营,适时优化调整了19条常规公交线路,形成以快速公交为主网向四周辐射延伸、覆盖大市区的城市公交网络,市区公交运载能力和服务质量均大幅度提高。

四、盐城BRT发展存在的问题和建议

BRT对于我们来说毕竟是新生事物,在运营运过程中还存在许多问题,主要表现在:

(一)部分专用道设置达不到要求。一主一环五支运营的线路中,除开放大道和解放南路为双向六车道并设置专用车道外,其他路段特别是老城区路段,受各方面条件限制,道路建设达不要规范标准,如解放北路、黄海路为双向四车道,世纪大道、建军路、大庆路、青年路等城市主干道无公交专用车道等。特别是解放北路、建军路已成为BRT运营的瓶颈,节假日经常出现被堵塞的现象。另外新都路、南纬路向南市政基础设施建设至今仍不具备BRT通行条件。

(二)场站配套设施不到位。与其它设施改造一样,BRT线路及站点改造受限于现有条件,主线和环线首末站无法按要求建设相配套的回车场,两条线路近40辆车只能临时停靠在BRT终点站站台,尤其是环线,终点站设在商业繁华区招商场,客流、车流密集,车辆停靠不安全因素较多,而且驾驶员中途无场所休息调整,吃饭、休息都只能在车上解决。

(三)运行成本较高。目前投入运营的120辆BRT车辆没有经过市场运作招投标,全部采购于我市中大集团,由于该企业是首次生产此类型车辆,安全技术不规范,材料配件不符合标准,导致目前运行的120辆BRT车辆返修率持高不下,运行成本是常规公交的2倍多,2011年起平均每辆车机务成本每月为15—20万元左右。BRT站台同样面临控制室漏雨、灯带、照明灯光、安全门、灯箱频繁出现故障的问题,从去年下半年开始站台维修费用平均每月达1.5万元,而且呈超常规增长趋势。

(四)智能化应用水平不高。BRT车辆全部实施了智能调度系统,但由于一些职工包括少数干部思想理念陈旧,对新事物缺乏钻研、探讨的精神,知识掌握浮于表面,智能化应用水平目前还只停留在后台监督、简单运用信息技术统计人员成本、营运生产情况等常规数据,实时调度仍以人工为主,影响了运行效率。

（五）服务能力有待提高。由于近年公交发展较快，公交车驾驶员入行要求又较高，造成了我司驾驶员补充不足，缺口较大，造成公交车驾驶员工作时间过长，甚至存在疲劳驾驶的情况。与此同时，部分驾驶员因把对工作条件不满意带到了工作中，影响了为乘客提供优质、规范的服务。

BRT不仅是盐城发展史上的里程碑，也是市委、市政府为民办实事的精品工程、民心工程，要实现BRT真正意义上的成功还需做好以下几方面工作。

（一）加强道路监管力度。建议市交巡警、市城管等执法部门充分利用道理监控系统，对机动车抢占专用道、小商小贩占用车道等行为加强监管。同时进一步向市民宣传文明交通、文明行车的理念，对非机动车闯红灯、逆向行驶、乱抢车道等行为加强管理，除按规定经济处罚外，必要时还可在媒体上曝光。这是一项长期的工作，需要由公安部门牵头，城管、教育、新闻等机构通力合作，以政府的名义出台文件，形成工作机制和实施方案。

（二）加快基础设施建设进度。政府近几年都将加快公交基础设施建设列为为民办实事工程之一。在下一轮BRT站台建设和车辆购置中，可在认真调研的基础上，充分挖掘潜在招标合作对象，实行优胜劣汰，使财政资金使用效益最大化。按照“合力建城，分片包干”的原则由各区承担场站建设任务，政府有关部门需要跟踪工程进展，严格规划的严肃性和严密性，制定工作时序，强调工程进度，年内建成南纬路南、高职园区、青年西路、开发区四处回车场，建成汽车北站停车场，为BRT可持续发展提供后勤保障。

（三）加大财政扶持力度。对快速公交的运营补贴应建立规范合理的费用评价制度，核定合理的运营成本，将BRT开通运营后三年起车辆因技术指标不达标、站台建设不规范等原因产生的维护费用纳入核定的运营成本。同时提高财政补帖，提高驾驶员收入待遇，稳定职工队伍。

（四）推进智能业务知识培训。首先要提高干部职工转变观念、创新思路的意识，迅速适应现代企业管理模式。在全司范围内开展智能系统业务技能培训，通过专家授课、实践操作、自设问题、外出学习等形式实实在在地提高智能化应用化水平，并拓宽到常规公交，最终能实现车辆调度无纸化办公、网络查询公交车运营轨迹、生成日常各项数据，从而打造智慧公交、科技公交。

（五）提高服务水平和服务能力。公交企业要加强内部管理，增强驾驶员、站务员优质服务意识教育和安全监管力度，制定《快速公交驾驶员、站务员服务规范考核标准》，将安全行车、优质服务、车辆整洁等内容纳入考核范围，开展星级达标评比，工资收入和星级档次直接挂钩，每季度评比一次，请媒体参与，让市民打分，督促职工进一步规范服务行为，提升服务标准，力争将BRT打造成省内一流公交示范窗口。（作者单位：盐城市公交总公司　2012年4月）

水运呼唤职业经理人

陈仁友

优秀企业家是现代企业的灵魂，是创造财富和促进增长的发动机。美国经济学家熊彼特认为，“企业家是经济增长王国里的国王”。党的十八届三中全会提出“加快建立职业经理人制度，更好地发挥企业家作用”的决定，从战略高度强调建立职业经理人制度的重要性和迫切性。

职业经理人制度起源于西方，伴随着公司制（股份公司、有限公司）企业发展，在企业所有者与经营者发生分离时出现的所谓“经理革命”，产生了专门以从事经营管理为职业的经理阶层，乔. W

.惠斯勒是世界上第一位职业经理人。其实,在我国的历史上,早就有了职业经理人的角色。我国明清时期的晋商,建立了带有经营权与所有权分离色彩的“东家出资”、“掌柜经营”的企业运行机制,东家不干涉掌柜在经营责任范围内的经营管理活动,根据掌柜工作业绩可给于加薪、顶股分红等福利待遇。这里的“掌柜”就是现在意义上的“经理人”。

随着我国改革开放的不断深入,外企大量入驻、企业外向发展、民企蓬勃发展,大批有文化、有市场、有创造创新意识的职业经理人,为企业提速发展注入生机和活力。上世纪80年代改革开放以来,我国民营经济迅速发展,其创造的GDP和财政贡献在我国经济发展中具有举足轻重的作用。现民企面临职位交接班青黄不接时期,因年龄原因不能继续当班,子女有的又不愿接班,新时代职业经理人应运而生是对民企接班人的替代和升华。同时,我国公司制企业如何依法运作,更需规范多数企业董事长、总经理一肩挑,既当裁判,又当运动 员的弊端,使其能按《公司法》要求董事长、总经理分设,解决企业监督自律失衡,促进积极性作用更好发挥,更需职业经理人扮起重要角色。

建立职业经理人制度,是解决让专业人才管理企业的问题,不仅体现了对市场经济规律的尊重,而且更是有志向、有理想、有目标的人实现人生价值的重要平台。首先,职业经理人是“职业”而不是“官位”,“去行政化”之举避免了政府的“拉郎配”和“硬任命”。其次,职业经理人制度致力“去家族化”。不少民企从家族式、作坊式、改制式起步,不具备经营管理能力的家族成员和亲朋好友任要职已司空见惯,在一定程度上影响经济社会发展。再次,也是更为重要的,职业经理人制度可以帮企业通过“市场化”运行机制招引一批素质能力专业化、操守职业化、发展思维现代化甚至国际化的人才。

职业经理人是企业效益和股东利益的维护者和实现者。其价值是通过企业经营业绩来体现,命运与企业紧密相连,选好用活这些人才是焕发职业经理人制度生命力的关键。要坚持管理契约化。在目标责任书上明确考核指标、薪酬激励、工资福利、续聘解聘等具体内容,用看得见的经济指标充分调动积极性、激发创业信心。要坚持监督双向化。在不断完善激励机制,真正做到真放权、真放心、真扶持,依法依规自主行使董事会赋予的经营管里权限的同时,完善约束制度,强调董事会监督职能和双方监督职责,避免权力失控现象发生。要坚持通道双选化。突出外选和内聘相结合原则,一方面开创引得进、留得住、用得好的局面,另一方面激发企业内部人才的内生动力,破除职业“天花板”,不唯“外”是聘,形成职业经理人双向互动的良性局面。

好制度还要会执行,好风景期待懂欣赏。只有“东家”真心欢心,“掌柜”用心倾心,双方才会合心开心,否则,无论什么美好的憧憬,也只能是“镜中花”“水中月”。(作者单位:江苏河海运输股份有限公司　2015年6月)

对推进内河货运代理业规范发展的思考

肖广和

货运代理是商品从供应地向接收地实体流动中，根据实际需要，将运输、储存、装卸、搬运、包装、流通加工、配送、信息处理等功能有机结合起来满足客户需求的过程。内河航运是内贸运输的主力军，集商品流、信息流、资金流于一体，正在由“运输中心”向“物流中心”发展，这给内河货运代理快速发展提供了良好的机遇。本文结合我司从事内河货运代理的实践，就内河货运代理发展现状、制约因素和应对措施，谈几点粗浅的体会和认识。

一、内河货运代理的作用

传统的内河货运代理只是安排运输与制备单证的中间人，现代的货运代理是商品流、信息流与资金流的紧密结合。良好的内河货运代理，不仅有利于促进和保障内河运力的快速发展，有效降低物流成本，有利于将内河航运企业与港口、仓储、陆运等企业结成合作联盟、构建产业链，以提升物流企业的市场竞争力。除此之外，内河货运代理还有信息收集、定向发布、资金融通、信誉担保、外部仓储等作用。

二、内河货运代理的现状

目前我国内河货运代理缺少统一规范管理，没有行业标准，也没有一个行之有效的业内自律组织，从业人员文化素质、专业水平、诚信度、抗风险能力等均较低，这些不仅扰乱着公平竞争的市场经济秩序，更严重制约了我国内河货运代理业的发展，存在诸多亟待解决问题。

（一）存在问题

1. 业务水准较低，难以形成规模

当前的内河货运代理人员，一般是由改制前航运公司的业务人员（约占40%）、弃水登陆人员（约占40%）、与货主单位有一定的社会关系人员（约占20%）构成。这些人中的80%虽然从事过水运，但货运代理与货运是有一定区别的。要求货运代理从业人员要具备更全面的内河航运知识，建立更多的运力组织渠道，精于计划、组织、管理、控制，掌握更多的货源，有更精细的服务水准，而这些方面目前大多数人员不具备。

2. 代理网点分散，未能形成网络

现在的内河货运代理业从业人员很多，网点遍布各地乃至各厂码头，但个个独立，人员之间、网点之间各占山头，关联很少，各网点实际处于分散的结点状态。货源信息、运力信息不畅通，不能实现资源有偿共享，导致大量的运力资源浪费，也时常因运力调度不及时而导致客户的货物周转速度减缓，占用码头资源。

3. 经营成本过高，管理模式落后

对于大型水运企业，不仅要提供运输服务，还要有仓储、资金等综合服务，由于规模大，要负担庞大的人力成本。价格虽稍高于区域性的中小货运代理企业，但从货运代理企业年平均资产回报率来看，收益并不高。不仅说明了内河货运代理企业管理模式的落后、重复建设多、效率低下，也说明了内河货运代理企业仍有很大降低成本的空间。

4. 服务意识不强，服务层次较差

现行的内河货运代理业，绝大部分是个人从事，一般一个单位仅有1至3人左右。业务的争取主要靠社会关系、人脉资源乃至不正当竞争。服务观念落后，服务层次低，多数客户难以享受到较为全面的和低廉的物流服务。

5. 船舶技术落后，市场竞争无序

船舶载重吨位小、运距短、效率低、环节多、运力配置不合理、船舶老旧技术落后、船员工资低、员工老弱病残多、新生力量少，很大程度上满足不了货主的安全、便捷、高效及个性化的需要。

（二）制约因素

1. 运行效能受到制约

内河运输由于船型平均吨位小、航道通航能力利用不足、港口专业化和规模化不足等制约了内河货运代理的发展。就江苏内河而言，从长江进入里下河地区的船闸通过能力差，标准低，严重制约了内河船舶大型化发展。

2. 管理体制不完善

一是港航企业相互之间的分工合作不合理。二是内河货运代理市场通常涉及航道、港口、交通、海事、水利、税务等职能部门，多头管理的结果就是无人管理。三是地区封锁，相互恶性竞争腹地货源。

3. 资金投入缺乏

内河货运代理业的投资和扶持几乎为零。在投资政策上，政府对基础设施等硬件投入较大，但在物流教育、技术创新、开发与研究、市场宣传等软件方面投入和资助则明显不足，导致发展动力不足。

4. 信息化程度不高

目前利用计算机进行信息的收集、存储、管理和利用方面的能力很弱。专业人才缺乏。近几年来内河货运代理从业人员大幅增加，但其中经过正式培训的人员寥寥无几。

5. 违法打击力度不够

当前内河水运的最大乱象就是船员在运输途中偷盗、侵占承运物资。货运代理企业抓获的不法行为很多，但均因公安部门以侵占为由不予立案，到法院起诉又因诉讼时间长、费时费力、举证艰难等原因，最后皆不了了之或赔钱了事，致使不法偷盗行为猖獗。

三、内河货运代理的应对措施

1. 构建内河货运现代物流综合体系

我司系江苏内河大型水运企业，主要经营传统内河货物运输。2005 年我司在溧阳成立了南方物流分公司，经营煤炭、建材等货运代理业务，建立了以溧阳为核心，辐射“长三角”的货代经营网络。2008 年我司成立了江苏河海物流有限公司，构建了以张家港为轴心，张家港至重庆沿江物流；以徐州为轴心，济宁至苏南地区沿京杭运河物流；以苏南地区至连云港为轴心，里下河沿线物流；以秦皇岛至乍浦港为轴心，沿海物流的“四轮驱动”发展体系，大力实施以货物运输、配送、仓储、分拣等一条龙全过程的综合物流。近年来，我司在射阳港口物流园征地 230 亩新建河海联运物流园。积极实施内河运输向沿海运输转型，购买和挂靠了 5 艘海轮，拓展了射阳港电厂沿海电煤过驳二程运输。通过大力实施江海中转，多式联运，建立沿海二程运输、内河三程运输（江、河、海组合一体化）物流体系，使我司物流从当初的年货代收入 30 万元，发展成为现在的货代收入 1000 多万元、营收超亿元的现代物流企业。

2. 提供超值的货运代理服务

我司在物流发展过程中，始终坚持以市场为导向，把市场需求、客户的期望、社会责任和先进的服务理念融为一体，让员工认识到为客户服务不仅要满足客户在产品和业务上的需求，还要满足客户的心理、情感等个性化更深层次的需求，确立“解决客户的难点就是工作重点”的服务观，采取针对性强、层次性高的运输服务经营模式，大力培植和巩固忠诚客户，特别是生产型客户，这是关键。我们勇于践行运输服务“五项承诺”，为客户提供一揽子服务，用真心和真情与客户做朋友，以创造感动为追求，让客户在各个环节、各个细节上体验到河海的品味和优势，以此达到“锁定”客户的目的，为货运代理获取更高的效益回报。同时，以“品牌、管理、规模”优势，牢牢吸引一批优质的社会运力加盟，实现了承、托、代三方的共赢。

3. 提升货运代理市场核心竞争力

一是必须加快船舶的结构调整。2000 年以来，我司积极实施船舶技改和更新，所有船队已全部达到了大型化、标准化、节能化的要求。投入

2000多万元建造5艘1500吨级LNG货轮，市场竞争优势显现。二是必须由粗放型运输向品牌转型。2000年企业改制以来，确立了品牌兴企战略。为了最大限度的保证货物运输质量，专门成立了行风督查办。一次性投入50多万元，为所有船队添置渔网铅封，对运输实行集装箱全封闭式管理，使货物进了船如同进了“保险箱”。投入100多万元建立了船舶智能视频监控平台和船队全程监控视频系统。三是必须加大物流人才培养力度。近年来，我司采取送出去、请进来的方式，开展多层次物流人才培训和教育工作，现已有12名营销人员获得了国际货贷资格证书，引进大专以上的物流人才10多名，为我司物流发展提供了人才支撑。

4. 加强货运代理工作的创新

水运货运代理业务，由于所服务的货主不同、所委托的实际承运人不同，个性需求也不一样，但就全过程的操作而言，货运代理也有着很强的规律性。我司通过物流发展的成功实践，总结出了货运代理3个阶段12个步骤。3个阶段为装船前工作(托运人阶段)、装船及运输过程中的工作(承运人阶段)、交货后的工作(结算总结阶段)。装船前的工作有搜集货信息、搜集运力信息、项目报批、签订运输合同四个步骤，装船及运输过程中的工作有与承运人签订委托运输合同、监装封舱、船舶动态跟踪、交货四个步骤，交货后的工作又有质量跟踪、结算运费、支付运费、项目总结四个步骤。只有严格按照操作规程进行操作，才能既确保货主、船户满意，又可以规避货运代理风险。

5. 建立同业协会，加强成员之间的信息共享和业内自律

建议在相关部门的引导和指导下，成立内河货运代理协会，制订内河货运代理各项服务标准。同业协会要呼吁政府加大内河货运代理发展的投资和扶持，加快内河航道标准化、网络化、智能化；船舶大型化、标准化和环保化；港口机械化、大型化和多功能化；航政管理法制化、规范化和统一化建设，逐步形成与货源结构、港口、航道建设相适应，与现代物流和信息系统发展相协调，具有较高技术和管理水平的内河水路运行体系。要开发实用软件，实现信息联网共享。制定切实可行的自律措施，改变同业恶性竞争，服务质量下降，管理水平低下状况。切实让内河货运代理业既能服务好货主、服务好船运公司，又能自身得到健康良性发展。　(作者单位：江苏河海运输股份有限公司 2012年5月)

浅析工程档案在重大工程项目安全管理中的作用

孙　杨

当前，我国城市建设正处于加速发展阶段，随着新型城镇化进 程的不断加快，城镇化不断提升，二三线市都在向大城市、特大城市 方向发展。江苏省盐城市作为东部沿海开发开放地区，目前正在向800万人口迈进。城市的快速发展离不开交通重大项目的支撑。交通重点工程，大都是政府纳入发展规划和年度计划，落实资金渠道、交付政府相关部门建设和管理的工程。

一、切实强化交通重点工程档案工作的指导和监督

做好交通重点工程档案工作，是一个急需解决的新课题。业务主管部门必须超前介入，加强教育指导监督管理，推进工程建设与档案管理实现互促双赢。

1. 完善档案管理机制。档案管理部门要采取多种形式，加大宣传力度，组织工程建设行政领导、项目经理、档案管理人员，认真学习《档案法》《江苏省交通重点工程档案管理办法》《关于加强

基础设施工程质量管理的通知》、交通部《公路工程质量管理办法》和省交通厅《公路工程质量管理办法》等法律法规，宣传重点工程档案的重要性，彻实提高思想认识。每一个重点工程，都要建立健全档案管理机制，明确一名项目负责人主抓档案工作，落实专业技术人员、管理人员收集保管好档案资料，使工程档案在建设过程中始终处于受控状态，从而确保重点工程档案完整、准确。规范、及时归档。

2. 加强业务指导培训。档案管理部门要强化主动服务意识，与重点工程建设项目部加强联系，明确提出具体的档案收集、整理、移交、验收等工作要求。在工程建设过程中，组织人员到工地对档案资料工作进行检查，对工程资料员加强指导与培训，提高业务技能，提高管理水平。同时与建设单位加强沟通，保持工程档案人员相对稳定，确保档案材料收集齐全、完整、准确，交接管理实现平稳过渡。

3. 实施全程跟踪管理。交通重点工程档案工作是个动态的、较长的过程，必须实施全程同步跟踪管理。建设单位要建立健全工程档案管理制度，构建档案管理网络，明确工作人员及工作观责，将档案工作质量与工作责任、经济利益挂钩，确保竣工档案的形成质量。档案管理部门要深人施工现场进行跟踪指导服务，发现问题及时解决；全程参与工程质量检查和项目竣工验收，对工程档案加强审理鉴定，完成一项。审理归档一项。

4. 强化行政监督管理。档案管理部门要在行政主管部门的授权下，对建设单位、施工单位的工程档案工作进行业务指导、监督和检查，促进重点工程档案管理工作得到落实。必要时与建设单位签订重点工程竣工档案验收移交协议，明确规定工程档案必须由档案管理部门验收后，工程方可竣工验收，确保重点工程档案的顺利归档。同时对工作不配合的单位，提请行政主管部门及相关行政执法单位，采用行政执法手段，确保重点工程档案监督管理到位。

二、加强交通重点工程档案管理的措施建议

交通重点工程档案是重点工程不可分割的重要组成部分，是反映工程内在质量的重要依据，也是检验项目建设工作和质量的法律凭证。当前，深人贯彻国务院办公厅《关于加强基础设施工程质量管理的通知》、交通运输部《公路工程质量管理办法》和省交通厅《公路工程质量管理办法》，都着重强调交通重点工程档案管理是强化交通工程质量管理的一个重要组成部分。如何同步建设管理好公路工程档案，使之发挥应有的社会经济效益，笔者联系实际提出对重点交通工程档案管理的几项具体建议：

1. 深人贯彻工程档案归档整理办法。公路工程档案的整理，要达到《关于印发公路建设项目文件材料立卷归档管理办法的通知》、《关于印发公路工程竣交工验收办法实施细则的通知》《科学技术档案案卷构成的一般要求》(GB/T-11822-2008)的规定，分类科学，组卷合理，保持卷内文件材料排列的合理有序。

2. 把建立健全档案管理体系作为工作重点。建设项目一般有几个特点，一是都有一定的建设工期。工期一般都较长，从立项审批到最后竣工，少则一两年，多则三五年，工程一完就“人走楼空”。二是参建单位多。有设计、监理、施工等几十家单位。三是流动性强。不仅参建单位流动性强，施工人员流动性也强；四是参建单位档案意识较差。由于档案的完整准确性是在文件资料形成时就已定格，事后无法补，所以资料形成也会有几个这样的特别：一是形成的档案数量庞大，数据的齐全完整做起来特别难。二是单位众多，各单位记录数据所用表格、模式不统一。三是参建单位对档案的重视程度参差不齐，档案的准确性控制难。四是档案管理人员流动性太大，不能保证档案资料员的稳定不利用档案资料的收集齐全完整。

3. 将档案管理纳入合同管理。项目单位要将档案工作纳入项目建设管理计划和工作程序之中,采取有力措施,确保工程档案完整、准确;各有关部门要积极和档案部门协调配合,充分发挥自己的职能作用,重视和支持档案工作,努力形成条块结合、分工协作、齐抓共管的良好局面;加强监督指导,做到完成一个项目,验收一个项目,归档入库一个项目;项目档案工作与项目建设要同步进行,做到同计划、同实施、同验收。从实践来看,业主单位与各参建单位签订合同、协议时就将档案纳入条款,并以经济手段加以约束,以督促参建单位在交工验收后及时整理工程档案,并按约定及时移交业主单位,杜绝了以往工程结束后人去楼空的现象,这是一个比较有效地办法。

4. 做好工程档案的预立卷工作。预立卷工作是文件材料随时收集积累最有效的形式,它是指工程项目责任者或业务部门立卷人员,随时将工程实施前和实施中办理完毕的文件材料按照所编的归卷条款,归入相应的卷盒,预见性做好平时文件材料暂存管理的工作。

5. 做好档案案卷质量的控制工作。为保证工程档案案卷质量,首先要成立档案工作领导小组,领导小组由项目法人,管理、承包、监理、设计、施工等各单位档案人员共同组成,领导小组的职责:(1)组织宣传工作,使参建单位了解工程档案的重要性,理解并支持档案工作,使参建单位人员熟悉档案整理办法。(2)经常开展检查指导工作,平常注意加强业务交流,尽快提高工程档案人员业务能力。(2)负责本单位形成的档案资料的收集、整理、归档工作。(4)负责本单位资料的移交管理工作。(5)要及时组织档案案卷质量的检查工作,在立卷时,对照办法,检查档号、案卷题名、目录编制是否正确。在档案立卷完成后再次抽查案卷质量,如资料的齐全完整性,装订是否牢固规范。在档案移交时,根据目录组织验收并办理移交手续,通过这几个环节,使案卷达到高质量,从而创建出精品的工程档案。

抓好重点工程档案管理工作,既需要工程建设单位和档案管理部门的高度重视,同时还需要各相关单位的协同配合,只有这样才能更好地推进工程建设健康有序发展。(作者单位:盐城南洋机场有限责任公司　2015 年 4 月)

关于加快推进城乡公交一体化的建言

盐城市老科协交通分会

近年来,市委、市政府高度重视城乡公交一体化建设,市交通主管部门充分发挥引领和促进作用,大市区所有乡镇、街道办都开通了公交车,各县(市)也积极将城市公交车延伸至部分乡镇,促进了农村经济发展,加快了城乡一体化建设的步伐。但是各地发展不平衡,离上级的要求和群众的企盼还有很大差距。主要问题有五:一是亏损严重(一辆镇村公交车年亏损 12 万元左右),财政补贴难度大;二是经营主体多为民营企业或个体,运行不到位,管理困难;三是基础设施滞后,站场等不配套;四是收购中巴车难度大(缺资金,矛盾多),目前全市尚有农共中巴车 1265 辆;五是公交驾驶员队伍亟待充实提高。为加快建设城乡一体、方便快捷、安全有序、低价惠民、绿色环保的公共交通,我们建言:

一、科学规划,搞好顶层设计。“改善群众出行,统筹城乡交通发展,推进城乡公交一体化”事关盐城经济社会发展的大局。城乡公交一体化是一项系统工程,全市范围内要有一个全面科学的规划。搞好顶层设计应着重考虑以下三个问题:1. 先开通城镇公交,实现城镇公交全覆盖,还是先开通镇村公交,实现镇村公交全覆盖?这是顶层设计要研究解决的首要问题. 我们认为:应先开通城镇公交,实现城镇公交全覆盖。在优化城镇公交线路的基础上,减少镇村公交线路,形成以城镇公交为主体,镇村公交为补充的运行新模式。这是因为镇分布在县城四周,县城到镇的公路一般是三级路、二级路,基础条件好,客源较多,村里人到县城,可以先骑车到镇,然后再坐公交车到县城. 镇村公交要循序渐进,条件具备的成熟一条开通一条。2.应考虑跨区域公交车节点衔接问题,县城间公交车互连互通问题。县(市、区)规划固然必要,但不能画地为牢。原本由中巴车开通的跨区战线路,开市镇公交或镇村公交后有的被人为中断了,造成部分人员出行不便。因此;要考虑公交节点衔接和互连互通问题。3.农村公路提档升级。应根据城乡公交一体化规划的线路来进行,有的在原有公路上扩宽改造,有的需要新建。建议将城乡公交一体化列入"十三五"交通发展规划,明确目标任务,逐年分步实施;并按照"政府主导、部门联动、行业运作。共同推进"的模式,切实协调解决发展过程中的重大问题,保障资金投人优先,土地划拨优先,财税扶持优先,路权保障优先;不断提高城乡公交一体化的覆盖率。

二、加大投入,改善基础设施。各级交通主管部门应积极争取党委、政府支持和相关部门的配合,通过多种渠道积极筹集资金,本着先改善农村公路、桥梁,后公交车辆、站场设施的原则,为城乡公交提供硬支撑。农村公路提档升级要和城多公交一体化相匹配,通过加宽路面,加固危桥,增加错车道或新建公路等措施,满足城市公交通达乡镇和部分村的需要。公交设施要规划建设经济适用、美观大方、遮阳挡雨的候车站台和必要的停、回车场。

三、调整结构,保障常态运营。城乡公交经营主体应以国有运输企业为主,民营运输企业为补充。对现有经营主体,通过收购、兼并、重组等形式进行整合,以保证城多公交正常、持久开通。国有运输企业能更好地体现城市公交的公益性,它是以服务最大化为目的,而不是以盈利最大化为目的,能较好地代表政府向公众提供及时、便利。安全、舒适的公交服务产品。城乡公交运营线路应以县城到乡镇为主,兼顾沿途的村组,有条件的也可开通镇村公交。在选定公交运营线路前应注重调查,认真评估,优先考虑经济总量大、来往客源多、道路条件好,旅游资源丰富的乡镇、工业集聚区、旅游景点。城乡公交车辆应优先选择经济适用、节能环保的客车,有条件的应尽量选用新能源、清洁能源汽车。

四、加强管理,优化经营环境。运管部门应通过调整线路、联营重组、政府赎买等形式解决现有农共中巴车与城乡公交车经营的矛盾。因近年来区划调整,有的原区域内线路变成跨区战线路,回购中巴车难度加大,需高位协调。要加强检查监督,维护城乡公交经营环境,建立统一、开放、竞争、有序的客运市场。城乡公交企业要加强生产经营管理,提供安全优质服务,努力节能减排;降低成本,打造服务品牌。

五、部门配合,形成扶持合力。城乡公交一体化是一项涉及面广的系统工程,需要规划、土地、城建、工商、税务、财政、公安、城管、环保、物价等部门的紧密配合,从土地供应、站场建设,证照办理、税费征收、交通管理、站点设置、运价审批、车辆停靠等方面给予优惠和扶持,形成推进城乡公交一体化发展的强大合力。财政部门应将城乡公交补贴列入年度财政预算,并通过严格审计,及时足额地落实合理的补贴,以保障城乡公交的正常运营。交通、宣传、文化、教育等相关部门应通力协作,努力营造有利于推进城乡公交一体化的大环境。

六、严格考核,推进健康发展。城乡公交一体化是一项民心工程。城乡公交建设任重道远;离不开各级党委政府的重视。党委政府只有将城乡公交一体化建设纳入年度考核目标,抓在手上,付诸在行动上，城市公交建议"四优先"才能落到实处，已开通的镇村公交也才能做到"开得通、留得住，有发展"。因此，我们建议将每年城乡公交建设指标列入党委、政府年度目标考核内容，加大督查力度，严格奖惩制度，确保城乡公交一体化持续、稳步、健康发展。（主要调研人员：姜海昆、李世航、王寿山、马志才　2014 年 10 月）

关于加快发展交通运输物流业的建言

盐城市老科协交通分会

近些年来，我市瞄准交通运输现代化目标，以深化改革、创新体制、加强管理、科技进步为抓手，狠抓公、铁、水、空等交通基础设施建设，积极转变产业增长方式，交通物流产业规模快速增长、服务功能不断提升；但与交通运输物流现代化的要求相比，还有很大差距。为加快构建布局合理、技术先进、便捷高效、绿色环保、安全有序的现代交通运输物流服务体系，我们提出如下主要对策和推进措施。

一、加快发展交通运输物流业的主要对策

1. 党委政府加强组织领导。应着力抓好三个重点：一是制定交通运输物流业发展规划时，应因地制宜，着眼行业特点，使规划尽量科学合理，并不断修改完善，防止低水平的重复建设，造成资源浪费；二是用好用足国家扶持政策，引导企业主动转型升级做大做强，鼓励企业扩大规模、股改上市、新上项目、创建品牌、开拓市场；三是培育和发展工业园区、经济开发区、海关特殊监管区域、高新技术产业园等制造业集聚区的物流服务体系，积极引导区内企业将物流业务外包，扩大物流需求，推动区域内物流基础设施和信息平台等共享共用。

2. 王管部门规范行业管理。应按照发展规划，依法许可，严格管理，规范市场秩序，建立信用体系，按交通部的要求建立考评制度，采取记分考核、公布黑名单等手段，规范物流企业经营行为，建立统一开放、竞争有序的运输市场秩序。应实行分类指导，引导、支持、帮助企业搞好转型升级，不断提高指导服务水平。

3. 物流企业积极转型升级。大型优势物流企业应通过兼并重组等方式，对分散的物流设施资源进行整合。中小物流企业通过联盟合作，组成大型联盟体、变小为大、变弱为强，创新服务模式。优化资源配置，提高服务水平，积极推进物流运作方式转变。物流企业应加强与制造企业合作，全面参与制造企业的供应链管理，或与制造企业共同组建第三方物流企业。传统运输企业都应积极转型升级，通过招商引资、合作联盟等方法，加大投入、扩建设施、优化运力结构，改善技术装备，增强服务功能，拓展物流业务，改进物流运作方式，积极开展多式联运和甩挂运输。

4. 行业协会当好桥梁纽带。交运行业协会应通过深入企业单位开展调查研究，在了解行业情况、潜心研究的基础上，积极为发展交通物流业建言献策，当好党政和主管部门领导的参谋助手；及时反应企业诉求，帮其排忧解难，发挥好桥梁纽带作用。应组织人才培训和研讨交流，通过以会代训形式，提高行业整体素质；增强服务功能，购买政府服务，协助政府和交通主管部门做好服务工作。

二、加快发展交通运输物流业的推进措施

1. 建立协调机构，落实组织保障。市、县两级政府应建立分管市（县）长为组长，发改委牵头，相关部门参加的物流业发展协调机构，定期召开联席会议，协调解决有关问题。加大扶持力度，提供

政策保障，对上级没有明确的扶持对策，市、县两级政府应结合本地实际，尽最大可能帮助物流企业解决发展中的困难和问题。交通主管部门也应建立以运管部门为牵头单位的联席会议制度，从组织上保障交通物流业的健康发展。

2. 规范行业管理，优化环境保障。交通主管部门应坚持依法许可、依法管理、规范行政执法行为，建立良好的物流市场秩序；既要防止乱作为，也要防止不作为，为交通物流企业提供宽松的平等竞争的经营环境。

3. 通过多种渠道，拓宽人才保障。人才资源是支撑物流业发展的重要保障。要通过多种方式渠道，拓宽人才保障路径：一是引进高端人才，从国外、高等院校，物流发达地区聘用物流方面的各类高端人才，并通过以师带徒的方法培养企业人才；二是从高等院校毕业生中录用物流专业人才，并在实践中培养提高；三是通过产、学、研合作，采取高校委培、代训，专家上门授课等形式培养人才；四是企业之间合作共用专业人才。

4. 筹建公用平台，共享信息保障。建立物流信息平台，投资大、要求高，由一个企业难以完成。建议由市运管部门牵头，采取市场运作的方式，按照“谁投资。谁管理、谁收益”的原则共建交通物流信息平台。各交通物流企业可有偿使用、共享信息平台服务。

5. 坚持绿色环保，做好安全保障。鼓励物流企业使用新能源汽车，对现有燃油车船要严格排放标准，尽量节能减排，创造条件改用LNG（液化天然气）、CNG（压缩天然气）等清洁能源。坚决淘汰排放、技术不达标的老旧车船，实施内河船型标准化工程，加强船舶防污染工作，尽量减少车船排放及油污对空气、土源、土地的污染。在坚持绿色发展的同时，贯彻“安全第一，预防为主”的方针，落实企业管理安全的主体责任。加大安全隐患排查和整改力度，采取切实有效措施，确保交通物流业绿色安全发展。

6. 建立考评机制，实现绩效保障。市、县两级政府和交通主管部门应建立交通物流业发展考评机制和行业统计制度，实行定期不定期考评，防止重规划、轻落实，重建设、轻管理，重规模、轻绩效的倾向。通过严格考评，实施奖惩兑现，保障交通物流业达到预期的绩效，促进经济社会发展，为“建设新盐城，发展上台阶”作出更大贡献。（主要调研人员：姜海昆 方仁和 吴胜年 汤正亚 潘卫明 2014年10月）

媒　体　报　道

盐城汽车客运站"五星之旅"服务品牌花絮

热心助人传佳话

2012年3月3日下午，盐城汽车客运站收到一封来自东台市许河镇的感谢信，立即在车站传为美谈。

2月26日下午，票务中心服务班的班长张海霞，发现一个小姑娘蹲在15号售票口下哭泣，这引起了张班长的注意，并主动上前询问，左问右问小姑娘始终不肯说话，而且越哭越厉害，张班长费了九牛二虎的力气才把小姑娘拉起来，并扶到座椅上，经过一番劝说，得知小姑娘叫彭晶晶，是许河人。一个星期前与妈妈吵架离家出走了。原来晶晶在网上认识了一位男友，妈妈坚决不同意晶晶和在网上认识的小伙子谈对象，晶晶不听妈妈的劝阻从家里跑了出来，谁知这位男友在相处的短短几天里竟骗走了她身上的所有钱，手机没有电，更没有脸回家。张班长听后耐心地劝说："你永远是你妈妈的女儿，此时你妈妈一定很担心你，犯错不要紧，知错就改，父母一定会原谅你的。"随后又为她购买了回许河的车票，并通知她家人到车站去接她。看着小姑娘离去的背影，张海霞又开始忙碌地工作起来。（原载《盐城晚报》作者：孙芹）

旅客犯病倒地　主任相助解救

2012年6月22日下午14时30分，在盐城汽车客运站售票大厅巡视的服务员孙琴慌忙地跑着，嘴里念叨着："快打120。"并向值班主任刁明珠进行汇报。原来是一位男子癫痫病发作，倒在售票大厅的地上，全身抽搐，口吐白沫。刁主任见状立即掐住这位男子的人中，待该男子清醒了一些，刁主任扶着该男子到凳子上休息，并询问男子身上是否带药，男子艰难地取出药片服下，过了一会120急救车也到了现场，医生说由于救护及时，这位男子已经脱离危险，正在恢复之中，无需到医疗救治，只需休息片刻就行了。后经了解得知，该男子是射阳人，名叫吴国栋，今年36岁，这次来盐城谈生意，由于办事不顺利，心情烦燥而旧病发作。刁主任主动帮助他购买了盐城去射阳的车票，并将吴先生送上车，嘱咐司机一路多多照顾，吴先生非常感动地说："谢谢你们地热心帮助，在我生命危急的时候伸出援手救了我。"（原载《周末》作者：李熙、王建新）

老人家无钱乘车　服务员热心助行

2012年12月11日12时许，一位年过七旬、身穿破旧军大衣的老人步履蹒跚地来到盐城汽车客运站总服务台。服务班班长王建新细心地询问得知，老人名叫李权民，今年76岁，射阳宁海镇人，老伴患有精神病，这次李权民来盐城为老伴买药，钱都花光了仅剩下2元硬币，万般无柰到总服务台求援。王班长二话没说主动为老人买了回程的车票，还准备了一些零用钱送到老人手里，对老人说："大爷，外面天气冷，您把这钱收好，到射阳下车后，自已做公交车回家吧，不要冻着了。"老人噙着泪说："谢谢你了，好人！"（原载《周末》作者：李熙）

一碗面条暖人心

2013年2月5日上午，原定于10:30发往重庆的班车延误，导致几位旅客暂时滞留盐城汽车客运站候车大厅。临近中午，汽车站的工作人员急忙从小卖部买来了方便面，泡好开水送到旅客手中。

"每年都乘车回家，还是第一次享受这种待遇呢！"看到方便面捧到面前，陈朝进有点惊讶。工作人员不断地致歉，希望得到旅客们的谅解。看到车站工作人员一脸诚意，旅客们纷纷表示理解。据了解，由于重庆开往盐城市的班车遇到高速公路堵车，没有在上午抵达盐城，导致盐城市发往重庆的旅客暂时滞留在车站里。

吃完方便面，记者和旅客攀谈起来。陈朝进和彭善柏都是重庆忠县人，家在丰收乡，但不在同一个村。去年年初，陈朝进和彭善柏一起来到盐城市，在解放南路大庆路口西北角的工地上做工。两人都带着棉帽，“盐城比老家冷多了！”两人异口同声地抱怨。

不适应的是盐城的气候，但是令两人满意的是打工的收入。陈朝进告诉记者，一年下来，就挣了五万多块钱，而彭善柏只是眯眼笑笑默不作声。

钱已经打到账上了，回家再取，这样安全。在外打工三十年了，两人早已学会如何保护自己的钱物。“一到家就去给家人买东西去！”陈朝进已经厌倦了大包小包往家带东西习惯。他说，只要挣够钱，到哪里都能买到自己想要的东西。

谈到家人，彭善柏最关心的就是自己的孩子。他有三个孩子，都是女孩。大女儿已经出嫁，和丈夫在杭州承接水电工程，生活条件也不错。“过两天，女儿、女婿和外孙也要回家了。他们自己有车，回家的路会舒适很多。”三个孩子中，最小的女儿才几岁，彭善柏最放心不下。“盼着早点到家，和一大家子坐在桌边，喝着小酒，听孩子们讲述这一年的事。”

虽然嘴上说不会想家，但是两个人的话语中，却充满着浓重的思乡之情。

昨天下午5点多，几位滞留的旅客终于踏上了开往重庆的大巴，记忆中的家离他们越来越近了。(原载《盐城晚报》作者：唐艳、问泽祥)

出租车司机寻失主 汽车站员工齐相助

17日下午，盐城汽车客运站内人来人往，一位男士拖着一只行李箱直奔该站总服务台，焦急地向服务班沙惠林班长求助，原来他是新亚出租车公司的司机，一位小姑娘搭车时将行李箱忘记在他车上。

沙班长得知情况后立即用广播不断寻找失主，并同司机一同打开行李箱寻找可联系到失主的方式，可行李箱内除了500多元现金和一叠银行卡外，没有其它线索，沙班长立即向值班站长进行汇报，通过检发人员对所有发班班车上的旅客进行寻找，终于在扬州班车上找到了失主。这位姑娘来盐探亲，带了二只行李箱和一些土特产，匆忙中将其中一只行李箱遗忘在出租车上。沙班长经核实无误后将行李箱送到姑娘手中，女孩感激地说“真的很感谢，盐城好人真多，你们的服务真好！”(王建新)

装七千余元电脑包遗忘安检口

——车站工作人员迅速行动完璧归赵

徐州籍旅客刘国祥准备乘车回老家，匆忙间不慎将一只装有7800多元现金的电脑包落在了盐城汽车客运站安检仪上，幸好被车站工作人员及时发现并在广播中寻找失主，最终物归原主，为此徐州的班车还延迟了10分钟出站。

2014年1月23日下午2:10左右，刘国祥气喘吁吁跑进盐城汽车站候车大厅，他要赶的徐州班车再过十分钟就要发生了，他将4个包放进安检仪，在安检仪的另一端却只领走了3个包，丝毫没有意识到他将最小的电脑包给落下了。

“当时，我在接电话，头一抬发现安检仪的一段躺着一个电脑包，一连几个乘客‘过包’后都没拿起来。”服务台的工作人员说，她立即意识到这一定是马虎乘客遗忘的包，随即叫来了车站值班主任“监督”。这名工作人员打开了包，发现里面有7800多元现金、一摞证件和材料，还有几本书。

工作人员立即在广播中寻人，而此时刘国祥已经上了车没有听到广播声。工作人员又跑班车，却发现车已经开走了。当工作人员追到车站客车出口时，刚刚意识到自己丢了包的刘国祥也下了车。

刘国祥很快从服务台取回了自己的失物。而那班徐州班车，一直都停在出站口，待刘国祥上车后才开动。(张海霞 徐群群)

老人来盐寻友无果 热心员工助其回家

2014年2月19日，盐城汽车客运站服务班员工沈秀芳正忙碌着，此时，她看到一位两手空空的老人家，一脸沮丧地向服务台起来，热心的沈秀芳觉得有些不对劲，便主动上前询问。在询问过程中得知老人家姓钱，是邯郸人，到盐城来寻访好友，没想到好友已搬迁，并且原来的通讯号码也不用了，几天寻找都没找到，想买票回家，却发现身上的钱不够了，正发愁的他不知怎么的就走到了服务台，说完，老人家竟然哭了起来。沈秀芳估计老人家回乡情切，一时情绪不稳，忙安慰他，同时为老人买好车票并送上班车。临行前，老人家感激得握着沈秀芳的手连连表示感谢，而沈秀芳却只是微笑着说了句“不用谢”又回到了忙碌的工作岗位。（王建新）

老外丢钱包 车站帮找回

2014 年 8 月 4 日 11 时许，盐城汽车客运站的售票大厅里，一名 60 多岁的外国妇女用英语非常着急的对安检员王英吃力地比划着，王英连忙叫来服务班班长王建新和其他当班工作人员，让他们为这名外国老人提供帮助，大家迅速来到了那名寻求帮助的外国妇女面前。只见这位老人穿戴很整洁时尚，随身携带了一个箱子和一个手提包，她用不太熟练的中文吃力地说：“钱包……丢了，去温岭……买票……不够！”接着老人拿出出租车发票不停地重复 Taxi（出租车），这时王建新明白了，原来老人乘坐出租车来该站时将钱包丢在出租车上了。可是这么多出租车到哪里找到老太太乘坐的那辆呢？这时有人提出通过出租车发票查找。于是王建新接过她手中的出租车发票，通过发票查出该出租车所属公司，通过联系得知，出租车司机刘师傅已经发现钱包也在该站周围焦急地寻找老太太。一番周折后，刘师傅把钱包送交给老太太。在王建新等人的帮助下，老外顺利上了 12:00 的温岭班车，上车前，连声赞道：“Thank you！”

车站工作人员爱心助老 老人家人来电表感谢

2015 年 2 月 11 日，家住张家港的陈先生来电，想通过盐城晚报一角，对五星车站服务班班长张海霞道声感谢。“幸亏有了她的帮助，才让我妈平安来到张家港。”

据了解，陈先生的母亲今年 72 岁，一人居住在盐都区，今年准备到在张家港定居的儿子家过年。2 月 3 日，淅沥的细雨给原本寒冷的冬天增添了一份寒意。上午 9 时许，老人拿着邻居帮忙买的汽车票一人来到了汽车站，但由于年纪大又不识字，她一下子犯了难。正不知往哪里走时，一位穿工作服的女子来到了她的面前，问她需要哪些帮助？“这位好心的大姐不仅扶我妈妈到检票口前，提前为她检票，还搀扶着我妈上了车。途中她怕我妈冷，又去帮她倒了杯热水。上车后，看见我妈的座位比较靠后，怕老人晕车，她又和其他乘客协调，帮我妈换了座位，并交代驾驶员沿途照顾老人。”陈先生有点激动，也有歉意，自己因为年前工作太忙，无法去接老母亲过来。“这位好心的大姐还特地给我打了电话，叫我按时去车站接老母亲。实在是无法表达我们心中的谢意，想通过晚报道声感谢，我只知道好心人姓张。”

据了解，这位好心的张大姐名叫张海霞，是五星车站服务班班长。那天，张海霞像往常一样在 1 号门安检仪认真检查包裹，突然发现这位满头白发、步履蹒跚的陈奶奶茫然不知所措，于是主动上前帮助。“这些事是我们应该做的，微不足道，不需要感谢。”张海霞笑着说。（刘高珠 陈馨沂）

拿回被盗手包 乘客来电感谢

“真的很感谢车站的工作人员，要不是他们及时帮助，我的包就被小偷给偷走了。”近日，一位姓顾的女士联系盐城晚报记者，希望借本报一角，感谢盐城汽车客运站的工作人员。

顾女士告诉记者，前些天，她准备乘坐汽车去南京，“安检的时候，我刚把自己的手提包放在了安检仪上就准备走过安检通道，到一边等着拿手提包。”顾女士说，她刚走过安检通道，车站的工作人员就上前询问，站在后面的人是不是她的老公，那位工作人员说我的包被后面的男子拿走了。顾女士立即反应那人是小偷,“我老公在南京等我呢,那人不是我老公。”

听到顾女士的回答后，这名工作人员立即追了上去,边追边喊“有人抢包了！”此时,大厅里的其他工作人员听到动静后，也一起协助追赶该男子。“最后,那个拿我包的人把包扔下就跑了。”顾女士说,她后来才了解到,帮助她的工作人员叫王萍,一起追回手提包的是车站“沙惠林服务班”的工作人员。

“真的很感谢车站的工作人员,有了他们的帮助,我才能顺利追回手提包。”顾女士感激地说。(张海霞)

凡人善举在身边

2015 年 3 月 10 日下午，一位聋哑老人站在市汽车客运站售票处,焦急地用手比划着,工作人员却始终无法理解老人的意图。因为着急,老人脸涨得通红、满头大汗。沙惠林看到了这一幕,凭借多年的工作经验，她知道一般聋哑人出门身边都会带一些事先写好的小纸条。于是,她用双手比划了一个纸条的形状，果不其然，老人掏出了身份证,指了指上面的地址。老人名叫王桂玲,淮安市淮安区人。沙惠林立即按地址帮老人买了票,并和同事为其找了一个同去淮安的青年人，请她帮忙将老人安全送到家。

沙惠林劳模工作室是盐城汽车客运站以省劳动模范、省人大代表沙惠林姓名命名的劳模服务班组。多年来,沙惠林服务班组凭着真心、热心、细心、爱心和精心服务赢得旅客的称赞。

“她们一会帮人拎扛行李,一会把残疾人送上车,别看她们的做都是些小事,可这些小事却帮了旅客大忙。”正要出差去外地的市民张春晓认为：“车站是城市的对外窗口，也是城市的形象所在，觉得我们盐城到处充满了正能量，处处充满了幸福的感觉。这些凡人善举也是我们老百姓看得见，摸得着,记得住,学得上的。”

沙惠林:为旅客独创“心法”

服务班的工作是平凡的,每天只是“拎一下、扶一把、帮一点、送一程”,服务理念就是展现真情、体现爱心,虽然干不出什么惊天动地的大事,但她们始终坚持立足岗位、完善自我,从来不放过身边的每一件小事，让过往旅客感受到春天般的温暖,把客运站打造成温馨的港湾。

沙惠林在工作中总结经验，在实践中完善服务。她探索出“一树立、二定位、三声、四法、五帮助、六主动”等一套简单易行的工作方法,为企业班组建设直到了有效的促进作用。现“沙惠林工作法”已在全站全面推广实施。同时在“沙惠林工作法”的基础上,积极打造“沙惠林工作室”,做到以点带面,促进服务工作整体提升。现“沙惠林工作室”已荣获省委宣传部首批“学雷锋活动示范点”。现在旅客的出行已不满足走得了、走得安全,而是有着“更方便、更及时、更舒适、更亲和”的服务需求。这就要求沙惠林服务班服务工作与时俱进,不断提升服务来满足旅客个性化、多元化的需求。为了能给他们提供更好的服务，沙惠林经常利用休息时间到聋哑学校学习哑语，向工学院的老师学习英语口语等，不断提升自身服务技能和服务水平。同时,她还不定期组织本班组的姐妹学习,努力提高团队集体服务水平和整体政治思想素质。沙惠林同志为更好为旅客服务,带领“沙惠林服务班”全体姐妹全面实施“五星之旅”服务品牌战略。

细分工作对象 服务更周到

沙惠林结合实践工作，总结出困难群体旅客的 6 种类型,第一类型是无人陪伴的老年旅客;第二类型是肢体残疾、行动不便的旅客;第三类型是身体虚弱患病旅客；第四类型是孕妇和带小孩的旅客;第五类型是聋哑旅客;第六类型是其他特困旅客。对划分出的六类困难群体,沙惠林服务班总结出一整套规范化的服务要求和程序。通过对服务对象的细分,使得服务工作更加有的放矢,服务更规范,服务更贴切,服务效果更加直接。

沙惠林在积极做好本职工作的同时，积极反哺社会，在湖南雪灾，四川汶川、青海玉树地震期间，主动带头捐款。在自身经济条件并不富裕的情况下，自2001年起，参加南京市妇女联合会“春蕾行动”，连续十多年资助孙晔等2名贫困儿童。并多次参加团市委、市青年志愿者协会义卖献爱心活动。

近年来，沙惠林所做的工作受到了社会各界的充分肯定，赢得了社会各界的鲜花和赞誉。沙惠林和她的姐妹们在三尺服务平台，为旅客提供舒心的服务，让过往旅客充分领略到盐阜老区的文明。她把人间的真情，淋漓尽致地洒满了“窗口”，感染着一个个陌生的、熟悉的旅客的心灵。

倡议设立“特困旅客助行基金”

2004年春天的一天，沙惠林在候车厅打扫卫生时，发现一位老奶奶和一位小孩在候车，老姐姐一副长吁短叹的样子，原来是外地人来盐没了回去的盘缠，得知情况后，沙惠林掏出身上仅有的100元钱，帮祖孙俩买来了饭菜和回家的车票。

送走了老人后，沙惠林心里久久不能平静。在家千般好，出门一时难，在车站时常会碰到这样的情况：有人丢了钱包；有人出来没找着工作却花光了盘缠；还有人因突发疾病而晕倒等等。如何帮助这些旅客呢？一个念头在沙惠林的脑海里闪现：如果每人拿出一点钱，成立“爱心基金”，就能让更多特困旅客及时回家。

第二天，沙惠林与姐妹们一说，大家都拍手称好。现在，“爱心基金”已在全站推广，并成为每一位员工为旅客奉献爱心的一种有效形式。几年来，爱心基金共收到捐款3万余元，资助旅客约650人次，无偿捐助钱物近2万元。2004年、2006年沙惠林分别将荣获盐城市劳动模范、江苏省劳动模范所得的2000元资金全部用于特困旅客助行。

盐城汽车客运站“五星之旅”服务至上受好评

在盐阜大地的交通线，他们是一支先进的光荣集体，她们是盐城汽车客运站服务班，她们阳光、朝气所散发出的正能量，感染着每一位旅客，她们在全沙惠林同志的带领下，积极勇挑重担，在平凡的工作岗位上涌现出许多可歌可泣动人事迹，获得广大旅客的赞誉。她们把旅客当作亲人，为广大旅客排忧解难，帮助残疾旅客购票乘车，开通老、幼、孕妇旅客绿色通道，为了广大旅客的安全，放心的走好走了，服务班的同志一丝不苟，兢兢业业地把好安检这道关，耐心的解释、细心的为广大旅客服务赢得一片叫好声，旅客遗失的包裹、票据达数十万元，都如实地通过广播、公安交到了失主的手中，彰显出服务班同志们的一片深情。为了打造“五星之旅”这个优质品牌，服务班的同志们时刻牢记顾客至上的宗旨，用她们的青春和热血谱写一曲交通线上的赞歌。（王建新）

十字路口上的第四盏“信号灯”

我们在十字路口通常看到的是红、黄、绿三盏交通指示灯，在阜宁县城的一个交叉路口，有人说还有第四盏“信号灯”，这就是该县文明交通志愿者创设的交通示范岗。

志愿者：不要在乎个别人的“白眼”

阜宁县城上海路与香港路交叉路口是新城区主干道与老城区主干道连接的交汇处，不仅人流、车流量大，而且周边中小学校集中，在上下班和上放学高峰时段容易堵塞，一些非机动车和行人为了赶时间往往忽略交通安全，进入机动车道或违反交通信号指示。虽然有交警现场指挥，高峰时还会顾此失彼。通过与有关部门的联络沟通，由交通运输局机关、公路站、运管处、海事处、航道站志愿者组成的阜宁县交通运输系统文明交通志愿服务队取得了在这个路口的“服务资格”。文明交通志愿者的加入，极大地弥补了这个路口警力不足的问题、虽然是协助交警引导交通，但毕竟是“业余交警”，少数人对他们的引导指挥“不买账”，甚至有个别人嘲讽他们“多管闲事”。对此，志愿者周正猛告诉我们，应对这样窘境的“秘方”就是不要在乎个别人的白眼，要清楚自己是在做有益的事依。

违章者:再不遵守交通秩序就不好意思了

志愿服务都是在休息日开展,但文明交通者都很“敬业”,他们首先自己要熟悉交通规则,防止“瞎指挥”。“上岗”日期都由交通运输系统各单位志愿者轮着来,轮值表提前半年就排好了,没有特殊情况,大家都会自觉地“上岗”。每到休息日,当值的志愿者都会早早地从上一轮志愿者手中接过小红旗、小红帽,提前做好准备。在路口,他们主要任务是对行人和非机动车违章进行善意引导,宣传普及一些交通安全常识。偶尔遇到“愣头青”还要“苦口婆心”一番。他们通过自己言传身教,在十字路口不仅是引导交通,更传递了一种温馨的力量,引导人自觉的走好路,走好更远的路。笔者在这个路口问过一位被劝导的交通违章者是什么感受?他说:“为了大家安全,他们无偿服务,又牺牲自己休息时间,再不遵守交通秩序自己都不好意思了。”

群众:他们对得起文明示范岗称号

作为县城最繁忙的交通路口之一,在志愿者的参与管理下,秩序变得井井有条,这个路口的交通执勤岗位被市民评为文明交通小范岗。这不仅是市民们对交通志愿者的认。可,也是对志愿者们的最大的褒奖。为此,他们把成就感化为巨大的动力,无论晴雨寒暑,每周的志愿服务从未间断,从未脱过一次岗。冬天虽然气温低,但每次几个小时的服务,也能忙出一身汗,他们调侃说只当锻炼身体。最能考验他们的当数暑季,大暑小暑,上蒸下煮,马路上就像蒸笼一样,不要说做事,就是站在那里不动也叫人“吃不消”。附近的市民乔大妈说,一到休息日总能见到他们的身影,他们这样坚持,对得起文明示范岗这个称号。

电视台:他们是文明城市创建的一道风景

今年10月11日晚,阜宁县电视台在黄金档新闻中的《现场发现》栏目里播放了一段全县创建国家级文明县城志愿者服务的镜头,新闻采编记者专门选择了这个路口的志愿者执勤服务的场景。电视画面里,当值的县海事处王用、戴宁两名志愿者头戴小红帽、手执小红旗,正在一板一眼专心引导交通,主播称,他们是文明城市创建中的一道风景。事后,当值的两名志愿者说,他们只顾路日的人、车、灯,没注意还有镜头对准他们,一不小心上了电视,要不是别人说,他们还不知道电视里有他们的画面呢。

组织者:把这个充满正能量的“信号灯”一直亮下去

阜宁县交通运输局是省级文明单位,近年来,他们不断加强志愿者队伍建设,在全系统建立了多个志愿服务站点,并结合本部门实际,组织全系统干部职工力所能及地开展社会志愿服务活动。文明交通志愿服务是该局开展社会志愿服务的“招牌”之一,在其他志愿服务领域,他们还有结对帮扶、关爱老人、环境卫生、金秋助学、“爱心妈妈”、无偿献血等多项。负责志愿服务组织的工会主席徐正海告诉笔者,开展文明交通志愿服务活动,是该局常态化社会志愿服务活动之一,这项活动,不仅增强了全系统干部职工的凝聚力和服务社会的意识,同时也弘扬了社会主义核心价值观,传递了奉献、友爱、互助、进步的正能量。今后,他们还要把这盏充满正能量的“信号灯”一直亮下去。(作者:阜宁县地方海事处 韩建武)

一座新桥连通农民致富路 一个决策赢得民众万人心

——东台市陆海路、海前路及梁垛河海堤大桥建设带来新变化

在东台市东部沿海 港镇境内有两条乡村小路,一条叫陆海路,一条叫海前路;两路中间有一条梁垛河六级航道,桥是旧的,桥面很窄,车辆通过困难。三年间,两条路分别按三、四级公路标准实施了改造,极大地改善了村民的生产生活条件;旧桥被拆除重建,解决了“肠梗阻”问题,受益

民众交口称赞。

旧时的陆海路自然形成在一线海堤和挑河堆起的围堤上，路基无一粒砂石。“雨水冲刷后坑坑洼洼，雨淋沟随处可见；夏季太阳一晒，路面素土似面粉，有15公分厚；十几公里的路，开个手扶拖拉机要走两个多小时，自行车根本骑不起来，全靠人推着走；风吹后路面尘土飞扬，站在家门口都感到呛人，一天下来，桌面上落的灰尘能写字；在路旁边劳动的人鼻子里全是灰，偶尔有车辆通过，驾驶员车前看见路，车后面全是扬起的灰尘，什么也看不见；千亩银杏树虽有果实，但运不出去，家门口难得卖个好价钱。”村民王尤勇深有体会地说。2012年，东台市委、市政府取得上级支持，对此路按二级公路标准实施改造，建成沥青混凝土路面25公里，东接G228、海堤海防战备公路，南连S352，沿线水杉、刺柏相伴，银杏林将其拥抱，路通环境美，近万名村民受益。

紧偎着陆海路的梁垛河北有一条乡间小道，叫海前路，虽弯弯曲曲、宽窄不一，但串联多个村组，是周边村民出行的主要通道。由于交通不便，万亩良田只能种传统的玉米、三麦和豆类，经济效益不高。2012年，省市县镇四级政府共同投资，将此路按四级公路标准实施改造，局部调整了线形，浇上了水泥混凝土，硬化了路肩，汽车开到了家门口，村里通上公交车。“这都是政府为我们造的福”，居民臧美英乐得合不拢笑口。

陆海路和海前路中间的梁垛河上有一座建于1973年的简易双曲拱窄桥，连续五孔，砂石桥面，可谓是进出原海堤乡的咽喉要道，由于使用时间较长，加之海水海风侵蚀，桥体多处裂缝，钢筋裸露，桥梁栏杆残缺不全，存在安全隐患。一河隔开两岸村民，村民的生产生活十分不便，农作物交易十分缓慢。为了重建这座桥，村民们喊了十几年，终因投资过大，资金无着落而搁浅。

2012年，东台市委、市政府顺应民心，决定将旧桥拆除重建，并列为当年为民办实事重点工程。接到任务后的东台市交通运输局立即组织工程设计，实施项目招投标；协调各方关系，督促中标单位迅速进场开工建设。2013年春节前，总投资540万元，全长180米，6跨30米，净宽8米，钻孔灌注桩基础，预应力混凝土箱梁结构的大桥建成通车，附近村民自发燃放鞭炮表示祝贺。

路桥重建，路宽桥畅，增强了村民发家致富的信心，他们纷纷办起了家庭小作坊，有的搞萝卜、蔬菜加工，有的做起了超市生意，还有的当起了农民经济人。纯朴的村民一改传统的耕种方式，种起了大棚蔬菜。如今大棚西瓜、大棚青椒、大棚四季豆远销大江南北。

村民韩万青告诉笔者：过去一下雨就没法出门，路上全是坑塘，脚一踩泥浆直冒，如果在春节期间下场雪，穿件新衣服串亲戚都不敢，总要在外层再罩上一件旧衣挡着，因为路上免不了要被泥浆溅到。现在好路连接村内外，出门不是汽车就是摩托车、电瓶车，方便、速度快。

“现在路好，种大棚赚钱快，好卖，晚上摘的货第二天就能卖到南京、上海，有时候经销商还跑到田头要货，车子一直开到田边。过去种3亩地，好的年成能赚5000元；现在种大棚，一季能卖5万元，是过去的十倍。”大棚种植户周宝平不无自豪。

“现在路是新的，桥是新的，等级高、环境好，村里的人好出去，外边的人好进来，都要来看看沿海风光。我们这里有风力发电，有太阳能发电，有海水养殖，还有黄海涨潮落潮，旅游业也逐步发展起来了，仅是今年国庆长假，海边上就迎来了外地游客30多万人，他们吃海鲜，观海潮，看海堤，游森林，从来没有见过这么多的人和好车子，这里的能人一天能赚好几百块钱。”致富带头人王桂兰不无感慨。

大道通衢，带动发展；生态景观，美化环境。农村路桥建设不仅改善了农民的生产生活条件，换来了老百姓的好口碑，也为区域经济发展插上腾飞的翅膀。（原载《盐城交通》2014年11月19日第三版 作者：东台市交通运输局 仇锦云、崔亚峰）

统计资料

表 89

全市“十二五”期间交通基础设施建设投资完成情况

项目名称	计算单位	2010 年	“十二五”期间					2015 年比 2010 年增长(%)
			2011 年	2012 年	2013 年	2014 年	2015 年	
全市交通基础设施建设投资	亿元	76.77	84.81	105.41	90.25	110.60	132.44	72.52
其中:公路建设	亿元	52.30	54.51	72.73	50.85	40.66	42.40	-19.03
铁路建设	亿元	/	/	/	0.5	25.88	24.18	
航道建设	亿元	3.76	5.80	5.90	6.23	2.04	4.73	25.8
港口建设	亿元	17.59	22.54	23.95	24.47	27.46	29.23	66.17
站埠建设	亿元	1.22	0.76	2.23	2.12	1.37	1.40	14.75
市区快速路网建设	亿元	1.00	1.2	0.6	6.08	13.19	30.50	3050.00

表 90

全市公路里程年末数(按地区分)

单位:公里

年份 \ 项目		总里程	县(市、区)								
			亭湖区	盐都区	东台市	大丰市	建湖县	射阳县	阜宁县	滨海县	响水县
2010		18415.10	1200.60	1538.00	3045.60	2964.70	1668.60	2436.00	1786.80	2065.30	1709.50
“十二五”期间	2011	18564.60	1211.60	1538.00	3087.80	2967.40	1705.30	2447.50	1803.10	2091.00	1712.90
	2012	18807.15	1242.81	1546.30	3094.04	3036.21	1760.06	2465.53	1832.28	2093.53	1736.41
	2013	19141.34	1326.81	1564.44	3185.48	3075.98	1761.80	2483.61	1842.35	2138.35	1762.53
	2014	19256.15	1339.48	1577.54	3210.78	3088.00	1766.52	2483.39	1870.19	2155.80	1764.44
	2015	19525.55	1348.82	1615.49	3255.10	3096.85	1797.86	2500.48	1950.41	2162.95	1797.58

全市公路里程年末数（按行政等级分）

表 91　　单位：公里

年份 \ 项目		总里程	按行政等级分					
			国道	省道	县道	乡道	专用公路	村道
2010		18415.10	402.90	1119.10	2699.70	6280.30	93.54	7819.50
“十二五”期间	2011	18564.60	402.90	1128.10	2754.90	6280.30	93.54	7904.90
	2012	18807.15	402.88	1178.17	2873.18	6286.33	93.54	7973.05
	2013	19141.34	647.56	1202.66	2886.79	6287.11	93.54	8023.67
	2014	19256.15	647.56	1214.63	2886.66	6287.11	93.54	8126.64
	2015	19525.55	654.35	1270.50	2950.63	6292.54	93.54	8264.00

表 92

全市公路里程年末数(按技术等级分)

单位:公里

项目/年份		总里程	等级公路						等外级公路
			合计	高速公路	一级	二级	三级	四级	
2010		18415.10	16339.60	322.48	802.20	2252.10	1355.60	11607.20	2075.50
“十二五”期间	2011	18564.60	16507.20	322.50	845.70	2412.70	1305.80	11620.50	2057.40
	2012	18807.15	16760.86	322.48	994.99	2558.96	1234.85	11649.58	2046.29
	2013	19141.34	17122.27	322.48	1270.69	2597.66	1228.36	11703.08	2019.08
	2014	19256.15	17271.81	322.48	1320.36	2535.80	1307.28	11785.89	1984.34
	2015	19525.55	17603.14	359.08	1394.27	2495.38	1481.78	11872.64	1922.42

表 93

全市公路密度及通达情况

项目 / 年份		公路密度		乡(镇)通达情况			行政村通达情况		
		以国土面积计算(公里/百平方公里)	以人口计算(公里/万人)	乡(镇)总数(个)	通公路数(个)	通公路所占比重(%)	行政村总数(个)	通公路数(个)	通公路所占比重(%)
2010		108.5	22.67	167	167	100	2288	2288	100
"十二五"期间	2011	109.38	22.80	167	167	100	2288	2288	100
	2012	111.36	22.86	167	167	100	2288	2288	100
	2013	112.78	23.28	167	167	100	2288	2288	100
	2014	113.46	23.38	167	167	100	2288	2288	100
	2015	113.46	23.38	167	167	100	2288	2288	100

表 94

全市公路桥梁年末数

项目 / 年份		桥梁		按跨径分							
		总计									
		座	延米	座	延米	座	延米	座	延米	座	延米
2010		14889	425522	7	10626	430	93953	2916	116135	11536	204808
"十二五"期间	2011	14978	430526	7	10626	431	95767	2839	114538	11701	209595
	2012	15113	446746.38	7	10626.19	464	106974.16	2935	119368.33	11707	209777.70
	2013	15427	481959.93	9	13470.43	548	129911.82	2957	122609.35	11913	215968.33
	2014	15519	478798.93	9	13710.43	494	121182.98	3024	125894.07	11992	218011.45
	2015	15288	447554.66	6	14018.32	420	98355.35	2909	118353.02	11953	216827.97

表 95

全市航道里程年末数

单位:公里

项目／年份	2010	2011	2012	2013	2014	2015
总里程	4486.53	4486.53	4493.69	4488.94	4490.69	4490.69
通航里程	4342.08	4342.08	4349.24	4344.49	4346.24	4346.24
其中:二级	25.08	25.08	25.08	25.08	25.08	25.08
三级	246.98	246.98	246.98	283.05	283.05	283.05
四级	69.71	69.71	125.40	125.40	125.40	140.78
五级	294.50	294.50	294.50	302.00	302.00	347.91
六级	332.93	332.93	320.88	360.54	362.29	301.00
七级	418.10	418.10	418.10	465.60	465.60	465.60
等外级	2954.78	2954.78	2918.30	2782.82	2782.82	2782.82

表 96　全市内河航道船闸、套闸、航标情况

年份		船闸(座)	套闸(座)	交通部门管辖的船闸(座)	内河航道航标监护里程(公里)	航标(座)	
						总数	其中发光标
2010		11	26	3	723.6	85	67
"十二五"期间	2011	11	26	1	723.6	83	65
	2012	11	26	3	723.6	83	65
	2013	10	26	3	616.0	79	61
	2014	10	26	1	616.0	75	67
	2015	10	26	1	616.0	73	73

表 97

全市营业性公路客、货运输量

项目 / 年份		载客汽车		载货汽车			客运量	旅客周转量	货运量	货物周转量
		辆	客位(个)	辆	吨位(万吨)	其中牵引车(辆)	亿人	亿人公里	亿吨	亿吨公里
2010		3682	101461	26904	20.89		1.19	125.37	0.69	57.29
“十二五”期间	2011	3632	104930	34684	37.55		1.32	139.47	0.73	68.27
	2012	3284	97581	36679	41.34		1.42	148.07	0.80	77.93
	2013	3094	92163	44363	44.15	6797	0.93	83.07	0.46	123.92
	2014	2911	89867	44480	45.33	7157	0.94	83.65	0.51	136.40
	2015	2628	83094	40961	42.48	6853	0.94	83.3	0.52	140.05

注:从 2013 年统计口经发生变化。

表 98

全市港口吞吐量年末数

年份＼项目		沿海港口吞吐量(万吨)				沿海港口集装箱吞吐量(万标箱)				内河港口吞吐量(万吨)	全市港口合计(万吨)
		合计	其中			合计	其中				
			大丰港	射阳港	响水港		国际航线	内支航线	国内航线		
2010		1107.00	531.00	83.00	493.00	3.70				3054.50	4161.50
“十二五”期间	2011	2124.00	1237.00	612.00	275.00	3.10				2732.00	4856.00
	2012	3137.00	2022.00	813.00	302.00	2.17				2610.00	5747.00
	2013	5010.00	3350.00	380.00	1280.00	5.01				3258.00	8268.00
	2014	6106.01	4076.74	510.22	1519.05	10.32	1.24	1.99	7.09	3314.00	9420.01
	2015	7575.94	4524.94	1020.43	2030.57	17.21	3.09	7.85	6.27	3674.95	11250.89
	合计	23952.95	15210.68	3335.65	5406.62	37.81	4.33	9.84	13.36	15588.95	39541.90

表 99

全市港口码头泊位情况

项目 / 年份		全社会生产用码头泊位						综合通过能力							其中:万吨级泊位									
		码头泊位数(个)			码头总延长(米)			货物(万吨)			集装箱(万 TEU)				码头泊位数(个)					码头总延长(米)				
		合计	其中		合计	其中		合计	其中		合计	其中			合计	其中				合计	其中			
			沿海港口	内河港口		沿海港口	内河港口		沿海港口	内河港口		大丰港	射阳港	响水港		大丰港	射阳港	响水港	滨海港		大丰港	射阳港	响水港	滨海港
2010		618	59	559	27106	3792	23314	1816	1816		6	6			3	2		1		825	585		240	
“十二五”期间	2011	608	66	542	27632	4955	22677	5968	2888	3080	6	6	0	0	5	4		1		1433	1193		240	
	2012	608	68	540	29198	5349	23849	7775	3250	4525	6	6			7	4		3		1805	1193		612	
	2013	612	72	540	30065	6216	23849	8373	3848	4525	10.7	8.7	2		11	6	2	3		2672	1723	337	612	
	2014	556	84	472	27841	8121	19720	9939	5668	4271	10.7	8.7	2		13	8	2	3		3254	2283	337	634	
	2015	558	86	472	28490	8770	19720	10289	6018	4271	10.7	8.7	2		15	9	2	3	1	3903	2622	337	634	310

表 100

全市营业性运输内河船舶拥有量及水路货运量、货运周转量

年份 \ 项目		轮驳船总计(艘)	净载重吨(万吨)	货运量(万吨)	货运周转量(亿吨公里)
2010		15338	346.41	7357	122.08
“十二五”期间	2011	15620	399.71	8223	140.21
	2012	13727	363.26	8982	156.88
	2013	13644	398.45	8649	204.51
	2014	13410	391.68	9564	224.48
	2015	11457	386.51	9971	233.88

表 101

全市海洋运输船舶拥有量及沿海货运量、货运周转量

年份 \ 项目		艘数（艘）	总吨（吨位）	总载重吨（吨位）	净载重吨（吨位）	功率（千瓦）	货运量（万吨）	货运周转量（亿吨公里）
2010		34	39230	59093	43646	23336	350	31.88
“十二五”期间	2011	34	39230	59093	43646	23336	386	35.36
	2012	29	53682	90302	85748	21423	412	38.42
	2013	36	69561	115213	109727	28693	177	11.39
	2014	54	101264	149407	142292	42083	197	12.33
	2015	63	126247	190146	174935	52457	208	12.98

全市航空运输量年末数

表 102

项目 / 年份		飞行架次(次)	客运量(万人次)				货邮量(吨)			备注
			进港旅客	出港旅客	过站旅客	合计	货物	邮件	合计	
2010		2092	8.75	8.48	1.90	19.13	1601.00	14.18	1615.18	
“十二五”期间	2011	2558	10.92	10.42	1.89	23.23	2323.35	0	2323.35	
	2012	3350	15.24	14.59	1.86	31.69	2842.35	0	2842.35	
	2013	3668	16.82	16.14	2.46	35.42	3034.61	0	3034.61	
	2014	5536	22.06	21.37	9.45	52.88	2058.22	104.43	2162.65	
	2015	8840	33.21	33.11	18.88	85.20	2506.20	499.48	3005.68	
	合计	26044	98.25	95.63	34.54	228.42	12764.73	603.91	13368.64	

全市铁路旅客、货物运输量年末数

表 103

项目 / 年份		旅客运输(万人)			货物运输(万吨)		
		合计	发送旅客	到达旅客	合计	发送货物	到达货物
2010		205.15	109.24	95.91	34.2	4	30.2
“十二五”期间	2011	213.12	111.21	101.91	124.2	4.2	120
	2012	221.22	116.7	104.52	133.1	8.1	125
	2013	234.82	121.58	113.24	167.8	14.1	153.7
	2014	241.13	127.61	113.52	162.2	16.8	145.4
	2015	288.86	141.33	147.53	135.05	16.75	118.3

全市城市公共汽车数量及额定载客量

表 104

项目 / 年份	公共汽车数(辆)				额定载客量（客位）	标准运营车数（标台）	新增营运车数（辆）	报废更新营运车数（辆）
		空调车	安装卫星定位仪	BRT 运营车辆				
2011	830					816		
2012	930	578	709	128	53952	950	124	35
2013	1137	788	1073	159	65875	1210	210	56
2014	1504	1265	1311	167	90788	1703	544	54
2015	1711	1641	1582	167	107051	1912	294	0

表 105

全市城市公共汽车营运里程及客运量

项目 年份	停车场面积（m^2）	运营线路条数（条）	运营线路总长度(公里)		营运里程（万公里）	客运量（万人次）
				BRT 线路长度		
2011			1528.0		8118.7	9433.8
2012	125839	103	1554.0	181.0	8132.0	9903.9
2013	153739	117	2017.6	181.0	8789.8	11303.4
2014	180661	140	2731.1	201.0	8694.2	14082.5
2015	317888	141	2953.1	201.0	9154.9	15221.9

表 106

市区公共自行车设施、运营、投资情况

项目 年份	站点数量（个）	锁车器（个）	投放车辆（辆）	办卡人数（人次）	借用人数（万人次）	投资额（万元）
2014	150	4000	3000	150		545
2015	400	11400	10000	62000	420	932.6

表 107

全市城市出租汽车车辆数

年份 \ 项目		运营车数（辆）	其中								个体出租车（辆）	安装卫星定位车载终端的车辆(辆)	新增车辆	报废更新劳动车辆(辆)
			汽油车	乙醇汽油车	柴油车	液化石油汽车	天然气车	双燃料车	纯电动车	其他				
"十二五"期间	2011	2846	无统计数据									2342	/	/
	2012	2846	0	1509	187	0	0	1150	0	0	151		0	527
	2013	2846	0	1286	0	0	0	1560	0	0	151	2832	0	946
	2014	3086	0	1286	0	0	0	1800	0	0	151	3084	240	355
	2015	3086	0	886	0	110	90	2000	0	0	151	3086	0	434

注:2010 年无统计数据

表 108

全市出租汽车从业人员数及运量

项目/年份	从业人数(人)		运营收入(万元)	载客车次总数(万车次)	客运量(万人次)	运营里程(万公里)		空驶率(%)
		驾驶员					载客里程	
2011	7433	无统计数据			10634.50	42882.80	26461.60	38.30
2012	7458	6334	46269.90	5835.76	10500.70	41659.30	26075.70	37.40
2013	6435	6226	49066.10	5705.95	10974.40	42589.80	25873.60	39.20
2014	6798	6577	54605.40	5824.10	10544.00	44023.40	28265.90	35.80
2015	6735	6518	59725.90	5258.60	9968.20	46515.40	28987.70	37.70

注:2010 年无统计数据